DESCARTES

CONSELHO EDITORIAL DE FILOSOFIA

Maria Carolina dos Santos Rocha (Presidente). Professora e Doutora em Filosofia Contemporânea pela ESA/Paris e UFRGS/Brasil. Mestre em Sociologia pela Escola de Altos Estudos em Ciências Sociais (EHESS)/Paris.

Fernando José Rodrigues da Rocha. Doutor em Psicolinguística Cognitiva pela Universidade Católica de Louvain, Bélgica, com pós-doutorados em Filosofia nas Universidades de Kassel, Alemanha, Carnegie Mellon, EUA, Católica de Louvain, Bélgica, e Marne-la-Valle, França. Professor Associado do Departamento de Filosofia da Universidade Federal do Rio Grande do Sul.

Nestor Luiz João Beck. Doutor em Teologia pelo Concordia Seminary de Saint Louis, Missouri, EUA, com pós-doutorado em Teologia Sistemática no Instituto de História Europeia em Mainz, Alemanha. Bacharel em Direito. Licenciado em Filosofia. Bolsista da Fundação Alexander von Humboldt, Alemanha.

Roberto Hofmeister Pich. Doutor em Filosofia pela Universidade de Bonn, Alemanha. Professor do Programa de Pós-Graduação em Filosofia pela PUCRS.

A Artmed cresceu e agora é Grupo A. Uma empresa que engloba várias editoras e diversas plataformas de distribuição de informação técnica, científica e profissional. E que, além dos selos Artmed, Bookman, Artes Médicas e McGraw-Hill, agora possui uma nova marca exclusiva para as Ciências Humanas: **a Penso editora, que gradativamente vai substituir e ampliar a atuação da Artmed no segmento.**

D445	Descartes / Janet Broughton, John Carriero, [organizadores] ; tradução: Ethel Rocha, Lia Levy. – Porto Alegre : Penso, 2011.
	540 p. ; 25 cm.
	ISBN 978-85-63899-19-4
	1. Filosofia. 2. Descartes, René. I. Broughton, Janet. II. Carriero, John.
	CDU 1

Catalogação na publicação: Ana Paula M. Magnus – CRB 10/2052

DESCARTES

JANET BROUGHTON
JOHN CARRIERO
E COLABORADORES

Consultoria, supervisão e tradução desta edição:
Ethel Rocha
Professora Associada da Universidade Federal do Rio de Janeiro. Mestre em Filosofia pela UFRJ. Doutora pela Boston University. Pós-doutora pela Yale University.
Lia Levy
Professora Adjunta do Departamento de Filosofia da Universidade Federal do Rio Grande do Sul. Doutora em História da Filosofia pela Universidade de Paris IV-Sorbonne, França. Mestre em Filosofia pela UFRJ.

penso

2011

Obra originalmente publicada sob o título *A Companion to Descartes*
ISBN 978-1-4051-2154-5

© 2008, by Blackwell Publishing Ltd.

This edition is published by arrangement with Blackwell Publishing Ltd., Oxford. Translated by Artmed Editora S.A. from the original English language version. Responsibility of the accuracy of the translation rests soley with Artmed Editora S.A. and is not the responsibility of Blackwell Publishing Ltd.

Capa
Tatiana Sperhacke

Ilustração
Getty Images

Preparação do original
Simone Dias Marques

Leitura final
Marcos Vinicius Martim da Silva

Editora Sênior – Ciências Humanas
Mônica Ballejo Canto

Projeto e editoração
Armazém Digital® Editoração Eletrônica – Roberto Carlos Moreira Vieira

Impressão
Gráfica Editora Pallotti

Reservados todos os direitos de publicação, em língua portuguesa, à
ARTMED® EDITORA S.A.
Av. Jerônimo de Ornelas, 670 – Santana
90040-340 – Porto Alegre, RS
Fone: (51) 3027-7000 Fax: (51) 3027-7070

É proibida a duplicação ou reprodução deste volume, no todo ou em parte, sob quaisquer formas ou por quaisquer meios (eletrônico, mecânico, gravação, fotocópia, distribuição na Web e outros), sem permissão expressa da Editora.

SÃO PAULO
Av. Embaixador Macedo de Soares, 10.735 – Pavilhão 5
Cond. Espace Center – Vila Anastácio
05095-035 São Paulo SP
Fone: (11) 3665-1100 Fax: (11) 3667-1333

SAC 0800 703-3444
IMPRESSO NO BRASIL
PRINTED IN BRAZIL

Para Kathleen Hitchner Setzer e em
memória de Gene Willis Setzer

J.S.B.

Para Catherine Dowd Carriero
e Nicholas Runfola Carriero

J.C.

Autores

Janet Broughton (org.) é professora de Filosofia e decana de Artes e Humanidades da Universidade da Califórnia, Berkeley.

John Carriero (org.) é professor de Filosofia da Universidade da Califórnia, Los Angeles.

Alan Nelson é professor de Filosofia da Universidade da Carolina do Norte, Chapel Hill.

Amy M. Schmitter é professora associada de Filosofia da Universidade de Alberta, Canadá.

Barry Stroud é professor emérito de Filosofia da Universidade da Califórnia, Berkeley.

C. G. Normore é professor de Filosofia da Universidade da Califórnia, Los Angeles, e professor honorário da Universidade de Queensland, Austrália.

Casey Perin é professor assistente de Filosofia da Universidade de Massachusetts, Amherst.

Catherine Wilson é professora de Filosofia da Universidade da Cidade de Nova York.

David Owens é professor de Filosofia da Universidade de Sheffield, Reino Unido.

Deborah J. Brown é professora da Faculdade de História, Filosofia, Religião e Estudos Clássicos da Universidade de Queensland, Austrália.

Dennis Des Chene é professor de Filosofia da Universidade de Washington em Saint Louis.

Ernan McMullin é professor emérito de Filosofia da Universidade de Notre Dame.

Gary Hatfield é professor de Filosofia na Universidade da Pennsylvania.

John Cottingham é professor de Filosofia e diretor do Departamento de Pesquisa da Universidade de Reading, Reino Unido.

Lex Newman é professor associado de Filosofia da Universidade de Utah.

Lilli Alanen é professora do Departamento de Filosofia da Universidade de Uppsala, Suécia.

Lisa Shapiro é professora associada de Filosofia da Universidade Simon Fraser, Canadá.

Margaret J. Osler é professora de História e professora adjunta de Filosofia da Universidade de Calgary, Canadá.

Marleen Rozemond é professora na Universidade de Toronto.

Michael Della Rocca é professor de Filosofia da Universidade de Yale.

Michael Friedman é professor da Universidade de Stanford.

Murray Miles é professor de Filosofia da Universidade Brock, Canadá.

Paolo Mancosu é professor de Filosofia e presidente do Grupo de Lógica e Metodologia da Ciência da Universidade da Califórnia, Berkeley.

Paul Hoffman é professor de Filosofia da Universidade da Califórnia, Riverside.

Quassim Cassam é professor de Filosofia da Universidade de Cambridge e membro do King's College, Cambridge.

Sarah Patterson é professora assistente de Filosofia do Birkbeck College, Universidade de Londres.

Stephen Gaukroger é professor da Universidade de Sydney, Austrália.

Thomas M. Lennon é professor de Filosofia da Universidade de Western Ontario, Canadá.

Vere Chappell é professor emérito de Filosofia da Universidade de Massachusetts.

Wayne M. Martin é professor adjunto de Filosofia da Universidade de Essex, Reino Unido.

Abreviaturas

AT   Refere-se à edição padrão franco-latina de Descartes por C. Adam e P. Tannery, *Œuvres de Descartes*, 12 vols., ed. rev. Paris: J. Vrin/CNRS. 1964-76.

CSM   Refere-se à tradução para o inglês de J. Cottingham, R. Stoothoff e D. Murdoch, *The philosophical writings of Descartes*, vols. 1 e 2. Cambridge: Cambridge University Press, 1985.

CSMK   Refere-se à tradução para o inglês de J. Cottingham, R. Stoothoff, D. Murdoch e A. Kenny, *The philosophical writings of Descartes*, vol. 3: *The correspondence*. Cambridge: Cambridge University Press, 1991.

Apresentação

A filosofia pode ser muito direta e nenhum filósofo da tradição escreve de maneira mais direta do que Descartes. De modo intuitivo e natural, ele levanta questões que ocorrem a quase todos no decorrer da vida: o que posso conhecer com certeza? Estou sozinho no mundo? Quem ou o que me fez? Deus existe? Sou a mesma coisa que meu corpo? Se não sou, de que modo estou a ele relacionado? O ideal seria que os estudantes primeiramente se deparassem sozinhos com Descartes; de outro modo, eles perderão a intimidade e a satisfação de se confrontar sem intermediários com os argumentos e as teses desse grande pensador. Há um imenso prazer no encontro direto com as ideias de Descartes: seus argumentos céticos que põem todo nosso conhecimento em questão; o argumento do *cogito* que salva o conhecimento de nossa própria existência do abismo da dúvida; os argumentos irresistíveis (ainda que desconcertantes) de que fomos criados por um Deus perfeito; e o argumento de que, embora eu seja "realmente distinto" de meu corpo e possa existir sem ele, sou, ainda assim, mais intimamente unido a ele do que um marinheiro em relação a seu navio. Essa sensação de prazer é algo que nenhum leitor deveria perder.

Tal experiência, porém, leva com frequência o leitor principiante a querer aprender mais: mais acerca de quem foi Descartes, com quem estava debatendo, o que pensava sobre uma ampla gama de questões e o que queria dizer com seu modo muitas vezes desconcertante de pôr as coisas. Por exemplo, um leitor principiante da Primeira Meditação é levado a perguntar: "Quem é esse 'eu' que narra seu pensamento meditativo, e quais são as ciências para as quais ele pretende estabelecer resultados permanentes?". A pergunta acerca do "eu" pode envolver questões acerca da Segunda Meditação, na qual o autoconhecimento do "eu" tem um papel essencial; e a questão acerca das ciências pode levar a questões a respeito de como, no decorrer das *Meditações,* o papel dos sentidos diminui e o do intelecto aumenta no que se refere ao conhecimento do mundo. E obviamente essas questões podem levar ainda a outras: teria Descartes pensado que nossa certeza sobre a própria existência estabelece a distinção entre o corpo e a alma? Teria Descartes pensado que um físico seria capaz de fazer descobertas sobre o mundo ficando apenas sentado e pensando? Há, além disso, as teses que nos intrigam, na medida em que são formuladas em termos pouco usuais. O que é realidade objetiva? O que é causa eminente? O que é uma natureza verdadeira e imutável?

Quando surgem questões como essas, o leitor pode querer convidar um terceiro para seu encontro com Descartes: alguém que tenha estado na vizinhança e que possa compartilhar sua cultura e experiência filosófica. Que possa, por exemplo, ajudar a formar uma imagem mais completa da obra de Descartes. Afinal, ele foi um escritor produtivo e um pensador sistemático e, com certeza, seu trabalho pioneiro em matemática tinha alguma relação com o modo como abordava as questões em filosofia. Além disso, pode ser útil uma melhor compreensão do meio intelectual em que Descartes trabalhava: o tipo de ideias filosóficas com as quais foi formado e quais pode estar assumindo ou atacando (ou ambos). Por exemplo, suas ideias sobre a causalidade e a substância teriam sido tomadas de seus professores aristotélicos ou representam uma ruptura com a filosofia escolástica? Em que medida sua defesa de uma física matematizada orienta o restante de sua filosofia? O leitor pode ainda precisar de ajuda ao focalizar de modo mais detalhado as teses e argumentos mais especificamente filosóficos que são proeminentes nos escritos de Descartes, tanto aqueles que ainda são controvertidos e de interesse para os filósofos atuais – por exemplo, o ceticismo acerca do mundo externo ou o dualismo corpo-alma – quanto aqueles que, embora não sejam mais considerados como opções hoje, tinham muita força na época de Descartes, como sua teoria corpuscular do mundo físico.

Tendo em vista todos esses modos de esclarecimento a respeito do trabalho de Descartes, não surpreende que haja alguma controvérsia nos círculos acadêmicos acerca do caminho a tomar para abordar o seu pensamento. Por exemplo, alguns diriam que o estudo do trabalho de um grande filósofo como Descartes é mais bem feito por estudiosos com formação histórica especializada, enquanto outros estão convencidos de que leitores sem essa formação também podem atingir uma boa compreensão. De nossa parte, acreditamos que o esclarecimento acerca da filosofia de Descartes pode se dar a partir de *muitas* perspectivas e que seria tolice desprezar qualquer uma delas. (É claro que isso é diferente de afirmar que qualquer coisa que se escreva sobre Descartes é esclarecedora ou que todos acharão intelectualmente instigantes as mesmas perspectivas.)

Neste livro, os capítulos apresentados ajudarão os leitores de Descartes a acompanhar uma variedade de questões. Além de tratar de uma ampla gama de temas, oferece um extenso conjunto de perspectivas sobre a filosofia de Descartes, e esperamos que ajude também por mostrar que há inúmeros e diferentes modos de abordar seu trabalho de forma proveitosa. Há alguma sobreposição entre os capítulos porque os estudiosos e filósofos, cujos textos publicamos aqui, atravessam o percurso uns dos outros ao se ocuparem de diferentes linhas do pensamento de Descartes. Entretanto, em alguns pontos, os leitores vão se deparar com autores assumindo posições opostas em questões de interpretação: como sabem os leitores familiarizados com a filosofia, essa é uma característica do discurso filosófico. Ao organizar este livro, nosso objetivo não foi o de produzir uma "história" linear e consistente sobre Descartes; antes, foi o de estimular leitores questionadores de Descartes e capacitá-los a se tornarem estudiosos mais sofisticados de seu pensamento – no sentido histórico, intelectual e filosófico.

Sumário

Apresentação xi

PARTE I
O contexto intelectual

1 Vida e obra 20
STEPHEN GAUKROGER

    A infância, 1596-1618 20

    O aprendizado com Beeckman, 1618-1619 21

    As *Regras*, 1619-1628 23

    O mundo e o *Tratado do homem*, 1629-1633 24

    Uma epistemologia orientada pelo ceticismo, 1633-1641 28

    Um sistema de filosofia, 1641-1644 30

    As paixões da alma, 1643-1650 31

2 A filosofia natural de Aristóteles: corpo, causa e natureza 33
DENNIS DES CHENE

    Instituições, formas, autoridades 33

    Corpo como substância 35

    Matéria e quantidade 39

    Mudanças e causas 41

    Arte e natureza 44

3 Descartes e Agostinho 48
CATHERINE WILSON

    Dois investigadores da verdade 51

    Convergências e divergências 55

    A doutrina da Bondade do Mundo 58

    Apêndice: Passagens relativas a doutrinas comuns a Agostinho e a Descartes 62

4 Descartes e o legado do ceticismo antigo 65
CASEY PERIN

    Introdução 65

    A estrutura dos argumentos céticos 66

    Os argumentos dos céticos antigos 69

    Razões para duvidar *versus* razões para suspender o juízo 73

    Dois enigmas 75

PARTE II
Matemática e filosofia natural

5 Descartes e Galileu: copernicianismo
e o fundamento metafísico da física 80
MICHAEL FRIEDMAN

O crime de Galileu 81
O *discurso do método* 84
O fundamento metafísico da física 88

6 Explicação como confirmação na filosofia natural de Descartes 95
ERNAN MCMULLIN

Prelúdio aristotélico 95
Ambição cartesiana 97
De *O mundo* ao *Discurso* 100
Discurso, Sexta Parte 103
Os *Princípios da filosofia* 107
Conclusão 109

7 Descartes e a matemática 113
PAOLO MANCOSU

Introdução 113
O envolvimento inicial de Descartes com a matemática (até 1623) 114
Regras para direção do espírito 116
Discurso do método 119
Geometria, Livro I: A álgebra dos segmentos 121
Geometria, Livro I: O problema de Pappus 122
Geometria, Livro II: A classificação cartesiana das curvas 123
Conclusão 130

8 A ótica de Descartes: a luz, o olho e a percepção visual 132
MARGARET J. OSLER

Background 132
O mundo e o *Tratado do homem* 133
Dióptrica (1637) 136
Meteorologia (1637) 144
Princípios da filosofia (1644) 145
Conclusão 147

PARTE III
Epistemologia e metafísica

9 O método de Descartes 150
MURRAY MILES

Introdução 150
O intuitivo, o discursivo e o raciocínio 150

A ordem da intuição 152
Método analítico e método sintético 155
Método e ideal matemático 158
Matemática universal, metafísica e física 161
Conclusão 164

10 O uso cartesiano da dúvida 167
DAVID OWENS

O papel da reflexão 169
A necessidade de certeza 171
Conjecturas de Descartes 174
Suposições de Descartes 177

11 Conhecimento de si 181
JANET BROUGHTON

O tema nas *Regras* 182
Conhecimento de si e o método da dúvida 183
Nosso conhecimento de nossa existência 184
A certeza sobre nossos pensamentos 185
Consciência de si e conhecimento de nossos pensamentos 188
O alcance de nosso conhecimento de nossos pensamentos 191
A prioridade do conhecimento de si 193

12 Descartes sobre as ideias verdadeiras e falsas 197
DEBORAH J. BROWN

Introdução 197
Realidade objetiva no contexto cartesiano 199
A falsidade material e seus problemas 203
Leitura 1: Descartes abandona a falsidade material 206
Leitura 2: Conciliando falsidade material e realidade objetiva 207
Resposta ao dilema das ideias sem causa 212
A identidade das ideias 213

13 Percepção clara e distinta 216
SARAH PATTERSON

Ideias e percepções 217
Algumas explicações sobre a percepção clara e distinta 219
Obscuridade, confusão e preconceito 220
Percepção clara e distinta na Segunda Meditação 223
A natureza da percepção clara e distinta 226
Questões acerca das ideias sensíveis 228
Conclusão 231

14 Causa sem inteligibilidade e causa sem Deus em Descartes 234
MICHAEL DELLA ROCCA

Os dois passos revolucionários de Hume 234

O ocasionalismo como herdeiro do aristotelismo 236
O princípio de causalidade de Descartes e a inteligibilidade 237
Causalidade entre corpos 239
Causalidade entre mentes e corpos 244

15 Descartes sobre a substância 249
VERE CHAPPELL

O uso de Descartes do termo "substância" 249
Substâncias individuais nas *Meditações* e nas *Respostas às Objeções* 250
Descartes e Aristóteles 251
Modos e atributos: tropos 253
Duas questões adicionais sobre substâncias nas *Meditações* 255
Substância no Resumo das *Meditações* 255
Substância nas *Respostas às Quartas Objeções* 257
Substância nos *Princípios* 258
As coisas mais gerais 261
Atributos unigenéricos 261
Atributos em geral 263
Substância nas obras tardias de Descartes 265
Conclusão 265

16 Descartes e a metafísica da extensão 267
C. G. NORMORE

Extensão e substância extensa? 267
Corpos e substâncias extensas 275
Corpos, espaço e a ontologia da vida cotidiana 279

17 O papel de Deus na filosofia de Descartes 283
JOHN COTTINGHAM

Introdução: A imagem cartesiana 283
O eclipse de Deus em concepções de cartesianismo 284
A fonte de ciência 288
A dimensão ética 291
Conclusão 294

18 O Círculo Cartesiano e o fundamento do conhecimento 296
JOHN CARRIERO

Percepção clara e ver que algo é assim 297
Percepção clara e regra da verdade 300

19 O inatismo em Descartes 312
ALAN NELSON

20 Descartes sobre a vontade no juízo 327
LEX NEWMAN

Vontade na ontologia da mente 327
Vontade e juízo 329

Vontade e controle voluntário do juízo 335
Vontade, juízo e o debate compatibilista 338

21 Onipotência, modalidade e conceptibilidade **345**
LILLI ALANEN

22 O dualismo de Descartes **364**
MARLEEN ROZEMOND

A nova concepção da mente de Descartes 364
Dualismo, substâncias e atributos principais 366
Pensar sem um corpo... 370
Atributos principais e a natureza do corpo 375
Conclusão... 378

23 A união e a interação entre mente e corpo **381**
PAUL HOFFMAN

O hilomorfismo de Descartes 382
A interação entre mente e corpo 389

24 Animais **394**
GARY HATFIELD

Estatuto dos animais... 395
A origem dos animais 398
Vida, saúde e função... 400
Sentido e cognição 406
Os animais de Descartes são máquinas que não sentem? 409
O legado de Descartes.. 411

**25 Como fabricar um ser humano:
paixões e explicação funcional em Descartes** **415**
AMY M. SCHMITTER

A rejeição da teleologia e seus limites 416
Reconciliando a bondade divina com o erro na percepção e no juízo 417
A analogia com o relógio e a fabricação do corpo 420
O lugar espacial das paixões 422
A estrutura de *As paixões da alma* 426
A necessidade de um remédio geral 430

26 A ética de Descartes **433**
LISA SHAPIRO

A filosofia cartesiana e a conduta da vida 433
Juntando os pedaços dos escritos éticos de Descartes: a ética da virtude cartesiana....... 435
Textos-chave 436
O "sistema moral perfeito" e a *morale par provision* 437
A virtude cartesiana... 441
A ética da virtude de Descartes e suas metafísica e epistemologia revisitadas 446
Conclusão... 448

PARTE IV
O legado de Descartes

27 O legado de Descartes no século XVII: problemas e polêmicas 452
THOMAS M. LENNON

    Introdução 453
    Corpo-mente 456
    Subjetividade 457
    Ideias 459
    Intencionalidade 460
    Os oponentes de Descartes 462
    Conclusão 464

28 Reações contemporâneas à filosofia da mente de Descartes 466
QUASSIM CASSAM

    Panorama geral 466
    Dualismo 467
    Individualismo 471
    Acesso privilegiado 474

29 Descartes e a tradição fenomenológica 479
WAYNE M. MARTIN

    O cartesianismo de Husserl 480
    A crítica ontológica de Heidegger 489

30 Nossa dívida para com Descartes 495
BARRY STROUD

Índice 507

PARTE I
O CONTEXTO INTELECTUAL

I
Vida e obra
STEPHEN GAUKROGER

No século XVII, a reputação de Descartes apoiava-se principalmente, e em primeiro lugar, em sua matemática e depois em sua cosmologia. No século XVIII, passou, gradativamente, de sua cosmologia para sua fisiologia mecanicista, em especial sua teoria dos "animais máquinas". No século XIX, quando surge a reformulação fundamental de Kant acerca da natureza da filosofia, foi a metafísica e a epistemologia cartesianas que passaram ao primeiro plano. No século XX, na filosofia de língua inglesa, por causa da revitalização do interesse na epistemologia empirista com a ajuda do surgimento do positivismo, passou-se a considerar o ceticismo bem mais seriamente como um problema filosófico, e a epistemologia de Descartes, impulsionada pelo ceticismo, veio a ocupar o lugar central. Na filosofia francesa e na filosofia alemã, ao contrário, o interesse a partir de 1930 concentrou-se nas consequências éticas e políticas da ideia de Descartes de um eu independente do mundo no qual este se encontra, como um lugar de subjetividade que é dado antes de qualquer interação com outros sujeitos.

É possível encontrar todos esses temas em Descartes, sustentando tanto a leitura do século XVIII de Descartes como um materialista perigoso quanto a do século XX como um dualista paradigmático. De modo geral, essas posições opostas têm origem em contextos de projetos diferentes que foram de tal modo mesclados – no século XX, isso se deu quando se tomou as *Meditações* como um texto canônico – que não apenas nossa compreensão de Descartes é prejudicada como também nossa compreensão das próprias questões. É necessária uma elucidação e pode-se chegar a um considerável esclarecimento por meio da compreensão adequada do desenvolvimento dos interesses intelectuais de Descartes.

A INFÂNCIA, 1596-1618

A mãe de Descartes morreu por complicações de parto apenas um ano depois do seu nascimento, em 1596, e ele teve pouco contato com o pai, que era um membro do Conselho Parlamentar de Rennes, o que exigia sua presença nessa cidade durante vários meses no ano. Ele se mudou para lá em 1600, deixando Descartes com a avó em La Haye, onde ficava a casa da família. Em 1606, Descartes foi enviado para o Colégio Jesuíta em La Flèche, um dos colégios-modelo fundados pelos jesuítas no final do século XVI, originalmente projetados para educar os filhos dos nobres. Eram internatos e instituições "completas": à medida que as crianças passavam para séries mais adiantadas, as férias diminuíam de quatro para uma semana por ano; fora das férias só se permitia visitar os pais em casos calamitosos, e a vida na escola era regulada nos mínimos detalhes, ficando os estudantes sujeitos à autoridade exclusiva dos mestres. Ainda assim, o ambiente era projetado para ser estimulante e boa parte da atenção era dedicada a motivar os estudantes. O objetivo não era fornecer nem uma educação para o sacerdócio nem para a população em geral. Ao contrário, o objetivo era garantir que se inculcasse naqueles que ocupariam posições de poder na vida eclesiástica, militar e civil não apenas os valores cristãos, mas também um sentido articulado da valia desses valores e a capacidade de defendê-los e aplicá-los; e, sobretudo, a capacidade de agir como modelos de bons homens cristãos.

Os primeiros cinco anos do curso em la Flèche eram dedicados a fornecer ao estudante um bom conhecimento de latim, um conhecimento básico de grego e certa familiaridade com uma ampla gama de textos clássicos, predominantemente de Cícero. A maioria dos estudantes deixava o colégio depois desses cinco anos iniciais, mas alguns, entre eles Descartes, permaneciam. Os últimos três anos cobriam a filosofia de Aristóteles: dialética – sobretudo os tópicos e silogística –; em seguida, a filosofia da natureza, inclusive alguma matemática elementar, e finalmente metafísica e ética. Em geral, evitavam-se questões teologicamente controversas, e os comentários e os compêndios nos quais Descartes aprendeu filosofia tinham por finalidade a reconstrução do aristotelismo cristianizado a partir de primeiros princípios. Esses manuais continham, via de regra, uma orientação tomista, mas o estudante não lia diretamente os textos de Tomás de Aquino. Por isso, não surpreende que Descartes não demonstre familiaridade com os seus escritos antes de 1628. O que surpreende é sua falta de familiaridade com o desenvolvimento da tradição de manuais escolásticos: em 1640, ele escreve a Mersenne pedindo nomes de manuais escolásticos, mencionando que se lembrava do nome de um ou dois autores do tempo de escola, mas que não tinha visto mais nada desse gênero por 20 anos e que estava completamente desatualizado a esse respeito (AT 3: 185). Evidentemente, o interesse filosófico de Descartes se desenvolveu de modo bastante independente de sua formação escolástica.

Depois de se formar em La Flèche, ele passou algum tempo em Paris antes de frequentar a Universidade de Poitiers, onde estudou direito e talvez um pouco de medicina, tendo completado seus exames em direito no final de 1616. Cogitou uma carreira no direito, mas, em vez disso, finalmente, decidiu-se por alistar-se no exército de Maurício de Nassau. Esse exército era de um novo tipo e nele Descartes estudou defesa, arquitetura militar e várias outras habilidades da engenharia prática. É por essa época que vemos a vida de Descartes tomar um caminho intelectual singular.

O APRENDIZADO COM BEECKMAN, 1618-1619

No final de 1618, Descartes conheceu Beeckman, oito anos mais velho do que ele. Beeckman vinha trabalhando em filosofia da natureza e matemática aplicada desde 1613, quando introduziu uma nova teoria acerca do comportamento dos corpos livres (que mais tarde se tornou uma teoria da inércia). "Físicos-matemáticos são muito raros", escreveu em uma anotação de seu diário datada de dezembro de 1618, pouco depois de encontrar Descartes pela primeira vez, e observa que este "disse nunca ter conhecido alguém que exerça sua pesquisa como eu, combinando física e matemática de modo exato. E, de minha parte, nunca conversei com ninguém, além dele, que estude dessa maneira". Foi Beeckman quem introduziu Descartes à filosofia da natureza microcorpuscular quantitativa, que ele iria refazer e tornar seu próprio sistema de filosofia da natureza.

O primeiro escrito de Descartes, desenvolvido entre o final de 1618 e o início de 1619, trata de questões de matemática aplicada. Ele compôs um pequeno tratado sobre a base matemática da consonância em música, trocou correspondência com Beeckman acerca do problema da queda livre e trabalhou com ele em diversos problemas de hidrostática. O segundo e, sobretudo, o terceiro desses exercícios são de grande interesse. Na correspondência acerca da queda livre (AT 10: 58-61, 75-8, 219-22), Beeckman coloca uma questão matemática para Descartes sobre a relação entre espaços percorridos e tempos decorridos na queda livre e este parece disposto a orientar a questão para a dinâmica, buscando a natureza da força responsável pelo aumento contínuo do movimento. Essa orientação não é bem-sucedida e, na verdade, leva Descartes a interpretar mal o problema original, mas é indicativa daquilo que será um aspecto importante e fecundo de seu pensamento acerca de problemas mecânicos e, mais tarde, acerca de problemas gerais de física.

Os manuscritos hidrostáticos (AT 10: 67-74) são ainda mais interessantes. Neles Descartes volta sua atenção para um resultado paradoxal que Simon Stevin havia provado em hidrostática, a saber, que a pressão exercida por um fluido na base de seu recipiente independe da quantidade de fluido e, dependendo da forma do recipiente, pode ser desproporcional ao peso do fluido. Aqui Descartes pega uma questão que havia sido solucionada em termos rigorosamente matemáticos e vai buscar as causas físicas subjacentes do fenômeno. Considera os fluidos como consistindo de corpúsculos microscópicos cujo comportamento físico causa o fenômeno em questão e se pergunta que tipo de comportamento nesses corpúsculos poderia produzir o efeito exigido. Na verdade, é uma tentativa de traduzir o que Stevin havia considerado uma questão macroscópica geométrica para uma explicação microcorpuscular formulada em termos da dinâmica de comportamento de fluidos. Na esteira disso, Descartes desenvolve uma série de conceitos de dinâmica rudimentar, sobretudo sua noção de *actio*, que usará para pensar questões de ótica física em meados de 1620 e, mais tarde, em 1629, em questões de cosmologia. Isso é de especial importância porque toda a sua abordagem de problemas cosmológicos, por exemplo, se dá em termos do modo como os fluidos se comportam, já que são fluidos que movem os corpos celestes em torno de suas órbitas.

No final de 1619, o interesse principal de Descartes mudou para a matemática e esse interesse foi estimulado por reflexões acerca de um instrumento chamado compasso proporcional, que tinha dois braços ligados por suportes móveis, de tal forma que, quando se abria o compasso, a distância entre os braços estava sempre na mesma proporção. O compasso proporcional tornava possível que se realizasse operações geométricas, tais como a trisseção de ângulos, e operações aritméticas, tais como o cálculo de juros compostos, e Descartes se perguntou como era possível que o mesmo instrumento gerasse resultados em duas disciplinas tão diferentes como a aritmética, que trata de quantidades descontínuas (números), e a geometria, que trata de quantidades contínuas (linhas). Visto que o princípio subjacente ao compasso proporcional era o de proporções regulares, ele percebeu que havia uma disciplina mais fundamental, que inicialmente identificou com a teoria das proporções e, mais tarde, com a álgebra. Essa disciplina mais fundamental tem duas características. Primeiro, subjaz à aritmética e à geometria no sentido de que, juntamente com vários ramos da matemática, tais como a astronomia e a teoria da harmonia, eram simplesmente tipos específicos de matemática e, por essa razão, ele a chamou de *mathesis universalis*, "matemática universal". Sua segunda característica era ser uma disciplina de solução de problemas; de fato, uma disciplina de solução de problemas excepcionalmente poderosa, cujos recursos iam muito além daqueles da matemática e da geometria tradicionais. Descartes conseguiu demonstrar isso de um modo espetacular na geometria, lidando com problemas que desconcertavam os geômetras desde a Antiguidade, tais como o Problema de Pappus, mostrando, assim, como suas novas técnicas algébricas de solução de problemas poderiam transpô-los sem esforço. Entretanto, ao investigar a capacidade de sua matemática universal para a solução de problemas, Descartes suspeitou de que poderia haver uma disciplina ainda mais fundamental, da qual a matemática universal seria apenas uma espécie, uma disciplina geral de solução de problemas subjacente a toda área de investigação física e matemática. A essa disciplina mais fundamental Descartes nomeou "método universal", e é esse método que as *Regras* buscam estabelecer e explorar.

AS *REGRAS*, 1619-1628

Quando Descartes começou a trabalhar nas *Regras*, pretendia que tivesse três partes, cada qual contendo 12 "Regras". O que foi oferecido foi um tratado geral sobre método, cobrindo a natureza das proposições simples e como elas podem ser conhecidas (primeiras 12 Regras) e como lidar com "problemas perfeitamente compreendidos" (segundo conjunto de Regras) e com "problemas imperfeitamente compreendidos" (terceiro conjunto previsto). A composição, porém, deu-se em duas fases e a natureza do trabalho, de algum modo, mudou entre estas. Em 1619-1620, Descartes completou as primeiras 11 Regras e, então, aparentemente abandonou o projeto. Quando retomou as *Regras* em 1626-1628, revisou duas dessas (Regras 4 e 8) e acrescentou as Regras 12 a 18, dando títulos apenas às Regras 19-21. O cerne do trabalho prossegue metodológico e a matemática ainda é considerada como modelo – que é o que se esperaria, já que é o fato de a passagem para um método universal se dar através da matemática universal que dá plausibilidade ao primeiro. Mas as Regras completas da segunda parte, principalmente as Regras 12-14, concentram-se na questão a respeito de como é possível uma compreensão matemática do mundo apenas pela investigação do que ocorre na cognição perceptual quantitativa, isto é, daquilo que ocorre quando apreendemos o mundo em termos geométricos.

O pensamento de Descartes sobre cognição perceptual foi com certeza estimulado por seu trabalho em ótica. Ele se instalou em Paris em 1625 e começou seu trabalho sobre ótica colaborando, em parte, com Claude Mydorge. Em algum momento entre 1626 e 1628, descobriu a lei do seno da refração e, nessas bases, pôde estabelecer a curvatura necessária da superfície de uma lente para que esta refratasse raios paralelos que atingissem um mesmo ponto de sua superfície. As superfícies esféricas não eram capazes disso e resultava que as partes esféricas usadas como lentes não formavam uma imagem clara, o que era uma grande desvantagem, principalmente com relação às lentes de telescópio. Nesse período, ele também tentou desenvolver uma teoria física da luz que explicasse por que a luz, quando refletia ou refratava, tinha um comportamento geometricamente circunscrito. Seu trabalho sobre o funcionamento do sistema visual nos animais resultou em uma explicação naturalizada da cognição perceptual (Regras 12-14 das *Regulae*, mais tarde desenvolvidas em mais detalhes no *Tratado do homem*), a partir da qual começou a pensar questões acerca de nossa representação perceptual do mundo. A questão geral que orientou seu trabalho sobre a representação foi saber se haveria um meio de representar a informação de tal modo que sua verdade ou falsidade fosse imediatamente aparente. Descartes acreditou ter encontrado esse meio de representação no caso da matemática e seu objetivo era generalizá-lo na forma de um "método universal".

Mais precisamente, o problema com o qual Descartes se deparou foi o de que o método universal deveria fornecer um modo geral de legitimação do conhecimento, inclusive do conhecimento matemático, embora a álgebra também fornecesse seu próprio tipo de legitimação do conhecimento matemático. O ponto onde as *Regulae* são interrompidas e abandonadas é exatamente quando se torna claro que esses dois modos de legitimação entram em conflito. O modo geral de legitimação fornecido pelo método universal é aquele pelo qual os problemas são representados por ideias claras e distintas, e a Regra 14 expressa precisamente o que isso quer dizer no caso da matemática: significa representar as entidades puras abstratas com as quais a álgebra lida em termos de operações efetuadas sobre comprimentos de linha e, desta forma, a verdade ou falsidade da proposição representada torna-se evidente. Tomemos um exemplo: a verdade da proposição 2+2=4 não é imediatamente evidente se representada assim, mas é evidente se representamos a operação da adição como a conjugação de um par de pontos,: , com outro,: , e vemos que a soma é: : (Descartes usa comprimentos de linha, mas o princípio é o mesmo). Nesse caso, podemos ver como quantidades se juntam para formar sua soma (e isso é igualmente evidente para o caso de números muito grandes cujo valor numérico da soma não podemos computar imediatamente). Trata-se de um deslocamento bastante profundo e perspicaz por parte de Descartes. O problema que o preocupa é o de identificar as formas das demonstrações matemáticas nas quais podemos apreender não apenas que a solução ou a conclusão se segue das premissas, mas nas quais podemos retraçar o modo como a solução ou conclusão é gerada. A dificuldade que surgiu foi a de que o alcance das operações para as quais funcionava esse tipo de procedimento legitimador básico não se estendia para os tipos de operação mais sofisticados, para os quais a álgebra de Descartes funcionava. E foram exatamente essas operações que passaram a ser consideradas nas Regras 19-21, a saber, a extração de raízes de ordem superior, para o que nenhuma manipulação do comprimento de linha poderia gerar o resultado.

É nesse ponto que as *Regulae* são abandonadas e isso também marca o fim da tentativa de ter a matemática como modelo de conhecimento, a não ser em sentido meramente retórico. A partir daí, sempre que a matemática é mencionada, ela o será como um paradigma de certeza; mas, ao contrário do trabalho de 1620, isso não mais será acompanhado da tentativa de captar, em algum nível de detalhamento matemático, em que consistiria essa certeza ou de que fonte ela deriva. Na verdade, o interesse de Descartes em questões metodológicas em seus escritos tardios foi muito determinado por questões de metafísica, epistemologia e filosofia natural.

O MUNDO E O TRATADO DO HOMEM, 1629-1633

Em 1630, Descartes mudou-se para a Holanda, que passaria a ser sua moradia nos 20 anos seguintes e, desde o final de 1629, começou a trabalhar em um novo projeto, que originalmente teria três partes. A primeira parte (*O mundo*) cobriria a natureza inanimada, a segunda (*O tratado do homem*) cobriria as funções não conscientes humana e animal, e essas seriam complementadas por uma terceira parte, sobre a "alma racional", que nunca foi lançada.

O mundo apresenta uma teoria do mundo físico como algo que consiste exclusivamente de uma matéria homogênea, que pode ser considerada como contendo três tipos de corpúsculos que se distinguem apenas pelo tamanho. Com base em leis que descrevem o movimento desses corpúsculos é estabelecida uma cosmologia mecanicista, que inclui uma física celeste e uma concepção da natureza e das propriedades da luz. Descartes começa com o argumento de que o mundo pode ser diferente da imagem perceptual que dele temos e que, na realidade, nossa imagem perceptual pode nem mesmo ser uma orientação confiável para sabermos como o mundo é. Isso não é, de modo algum, um argumento cético, e assim que Descartes estabelece a natureza do mundo fica claro que podemos saber que este é muito diferente da imagem perceptual que temos dele.

A teoria da matéria é desenvolvida de modo sistemático no *O mundo*. O princípio geral a partir do qual Descartes trabalha é o de que, dado que todo corpo pode ser dividido em partes muito pequenas, é preciso que haja uma força para separá-las quando estas estão fixas umas em relação às outras, pois elas não se separam por si mesmas. Se as partes muito pequenas que constituem o corpo estiverem todas em repouso umas em relação às outras, então será preciso uma força significativa para separá-las, mas se elas se movem umas em relação às outras, então serão separadas umas das outras em uma velocidade que pode ser até maior do que aquela que se poderia alcançar pela aplicação de alguma força sobre elas. Os primeiros corpos consistem no que chamamos de sólidos, os últimos o que chamamos de fluidos e seus casos limites constituem as extremidades de um espectro no qual todos os corpos podem ser classificados, estando os sólidos rígidos em uma extremidade e os corpos extremamente fluidos na outra. Essa classificação em um espectro de fluidez fornece a base para a teoria de Descartes da matéria, pois permite a redução das propriedades da matéria à velocidade na qual suas partes se movem umas em relação às outras.

Todo corpo, seja fluido ou sólido, é feito de um tipo de matéria. Sabe-se que Descartes defende que não há vácuo intersticial na matéria: o universo é um *plenum*. Mais ainda, ele defende que, mesmo supondo que haja vácuo, o grau de fluidez de um corpo não seria proporcional à quantidade de vácuo existente entre suas partes constituintes porque as partes de um fluido seriam mais facilmente comprimidas em um todo contínuo do que as partes de um sólido. Nesse sentido de matéria, se despojássemos o mundo das formas e das qualidades tradicionais, o que nos restaria seriam suas propriedades genuínas. Esse novo mundo deve ser concebido como um "corpo real, perfeitamente sólido, que preenche uniformemente todo o comprimento, largura e profundidade do espaço em cujo núcleo se deteve nosso pensamento" (AT 11: 33). Esse corpo perfeitamente sólido é "sólido" no sentido de ser pleno e sem vazio, e se divide em partes distintas apenas por seus diferentes movimentos. No primeiro instante da criação, Deus confere diferentes movimentos às partes e, depois disso, não mais intervém sobrenaturalmente para regular seus movimentos. Em vez disso, esses movimentos são regulados por três leis da natureza, estabelecidas no Capítulo 7 de *O mundo*: primeira, um corpo permanecerá em seu estado de movimento a menos que um outro corpo o pare ou o retarde; segunda, em colisões entre tais corpos, a quantidade total de movimento se conserva; terceira, qualquer que seja a direção de um corpo em movimento, sua tendência de movimento é sempre retilínea.

Utilizando-se da teoria da matéria e das leis da natureza já elaboradas, Descartes estabelece os detalhes de uma cosmologia heliocêntrica como uma explicação de um "novo mundo" hipotético. Fundamental a toda essa cosmologia é a concepção cartesiana dos vórtices. Sendo o universo um *plenum*, para que qualquer de suas partes se mova é necessário que outras partes se movam também, e a forma mais simples do movimento que assume a forma de deslocamento será uma curva fechada, embora não tenhamos qualquer razão para crer que o universo gire em torno de um único centro: ao contrário, podemos imaginar diversos centros de movimento. Quanto mais afastada do centro a matéria girar, maior ou mais agitada será, porque seu movimento descreverá maiores círculos devido à sua maior capacidade de atualizar sua inclinação a continuar em movimento retilíneo, uma vez que, quanto maior o círculo, mais ele se aproxima de uma linha reta. Qualquer diferença em tamanho ou de agitação que possamos imaginar ter tido o universo em seu início, exceto pelas grandes porções do terceiro elemento (ver a seguir), podemos imaginar que movimento constante e colisão reduziram a diferença no tamanho da matéria, já que "os pedaços maiores tinham que se quebrar e dividir para passar pelos mesmos lugares que aqueles que os precederam". Do mesmo modo, as diferenças quanto à figura também pouco a pouco desapareceram, já que repetidas colisões apararam as pontas e toda matéria (do segundo elemento) se tornou arredondada. Por serem suficientemente grandes, alguns pedaços de matéria não se quebram nem se arredondam: Descartes se refere a eles como o terceiro elemento, e tais peças constituem os planetas e os cometas. Finalmente, as colisões produziram partes muito pequenas de matéria que se acomodaram ao espaço disponível de modo a não formar vácuo, e esse primeiro elemento é formado em uma quantidade maior do que a necessária simplesmente para preencher os espaços entre os pedaços do segundo e do terceiro elementos, e o excesso naturalmente se move para o centro, já que o segundo elemento tem uma maior tendência centrífuga para mover-se em direção à periferia, deixando o centro como o único lugar para o primeiro elemento. Ali ele forma corpos perfeitamente fluidos que giram em velocidade maior do que os corpos que os circundam e expelem matéria sutil de suas superfícies. Essas concentrações do primeiro elemento em forma de corpos redondos e fluidos no centro são sóis, e a ação de expulsar de suas superfícies é "o que tomaremos como sendo luz".

O universo assim representado por Descartes consiste de um número indeterminado de vórtices contíguos, cada um com um sol ou uma estrela no centro, e planetas girando em torno desse centro levados pelo segundo elemento. Algumas vezes, entretanto, os planetas podem se mover tão rapidamente que saem do sistema solar: então se tornam cometas. Descartes descreve a diferença entre o caminho dos planetas e o dos cometas por meio de uma atraente analogia com corpos sendo levados pelos rios: os cometas são como corpos que terão massa e velocidade suficientes para serem levados de um rio a outro, enquanto os planetas são como corpos que só são levados pelo fluxo de seu próprio rio. Planetas entram em algum momento em órbitas estáveis – quanto menos massa têm, mais ficam perto do centro – e, uma vez em suas órbitas, são simplesmente levados pelo fluido celeste em que estão. As órbitas se tornam estáveis porque, uma vez que um planeta tenha atingido uma órbita como esta, caso ele se movesse para dentro, encontraria imediatamente corpúsculos do segundo elemento menores e mais rápidos que o empurrariam para fora; caso se movesse para fora, imediatamente encontraria corpúsculos maiores que o retardariam e o fariam se mover de novo para dentro.

Em O mundo, Descartes tem um duplo êxito. Em primeiro lugar, sua teoria do vórtice explica a estabilidade das órbitas dos planetas de tal modo que apresenta uma imagem intuitivamente plausível de movimento orbital que não precisa de forças misteriosas agindo a distância: a rotação rápida do Sol no centro de nosso sistema solar, por sua força centrífuga resultante, faz com que a "piscina" de segunda matéria gire em torno dele, mantendo os planetas em órbitas como um redemoinho de água mantém os corpos em movimento circular a sua volta. Além disso, explica esse movimento em termos de noções físicas quantificáveis que são fundamentais, a saber, a força centrífuga e as tendências retilíneas da matéria em movimento. Em outras palavras, a teoria heliocêntrica é derivada de uma teoria da matéria muito simples, três leis do movimento e a noção de força centrífuga. Em segundo lugar, essa explicação permite que Descartes dê conta de todas as principais propriedades conhecidas da luz, fornecendo assim uma base física para a ótica geométrica que ele procurou, com sucesso, formular durante a década de 1620.

A segunda parte do projeto, O tratado do homem, integra o mesmo empreendimento em filosofia da natureza, estendendo o programa mecanicista para a fisiologia e se apoiando na teoria da matéria mecânica estabelecida em O mundo. Em certos pontos, o Tratado do homem foi até mais radical que O mundo. A ideia de que o mecanicismo permitiria que se explicasse tudo, desde processos físicos até o comportamento de corpos celestes, com certeza era polêmica, assim como as consequências copernicianas que Descartes dela extraiu. Mas o projeto era solo comum entre muitos filósofos da natureza na década de 1630: Beeckman, Mersenne e Gassendi, por exemplo. Com relação a uma fisiologia mecanicista, a ideia era diferente: esta era muito mais ambiciosa e muito mais ameaçadora. Em O mundo, Descartes postula um único tipo de matéria no universo e essa matéria é inerte, homogênea e qualitativamente indiferenciada. Os limites dos corpos são determinados pelo movimento relativo da matéria circundante e qualquer variação nas propriedades é uma função do seu tamanho, da sua velocidade e direção. É com essa noção de matéria que Descartes tenta explicar todas as funções e o comportamento dos animais.

A fisiologia animal, desde o início de O tratado do homem, é introduzida como o funcionamento de uma máquina. A descrição da digestão da comida é uma combinação de termos da mecânica e da química.

Primeiramente, a comida é dividida em pequenas partes e então, aos poucos, através do calor do sangue e dos vários humores comprimidos entre as partículas sanguíneas, a comida se divide em partes nutritivas e excrementícias. O calor gerado pelo coração e levado pelo sangue é aqui o ingrediente chave, e Descartes dedica bem mais atenção ao coração e à circulação sanguínea do que a funções como a digestão e a respiração. Ele admite que o sangue circule pelo corpo todo, porém, como a maioria de seus contemporâneos, rejeita a explicação de Harvey, que recorre à tese de que o coração é uma bomba, preferindo considerar o seu movimento como resultado da produção de calor. O coração é como uma fornalha, ou antes, como o sol, pois contém em seus poros "um daqueles fogos sem luz" constituídos pelo primeiro elemento e que também compõem o Sol. Na verdade, Descartes tinha realmente pouca opção, além de rejeitar a explicação de Harvey. Para aceitar que o movimento do sangue se deve à ação de contração e expansão do coração, seria preciso encontrar uma fonte de força para sua ação de bombear, o que era difícil conceber sem recorrer a forças não mecânicas. Por outro lado, defendendo sua própria concepção de que processos termogenéticos criavam pressão nas artérias, era possível ao menos apontar para fenômenos tais como a fermentação natural. Do ponto de vista da psicofisiologia de Descartes, o aspecto mais importante da circulação do sangue é o fato de que ela leva os "espíritos animais", através das artérias das carótidas, até o cérebro. Esses são separados do sangue e entram no cérebro por meio da glândula pineal, localizada no centro das cavidades cerebrais. Trata-se de um procedimento mecânico no qual os espíritos animais são as partes mais sutis do sangue e, por essa razão, podem se infiltrar na glândula pineal pelos poros, pequenos demais para qualquer coisa maior (AT 11:128).

Tendo lidado com o coração – cujo calor é o "princípio da vida" – e com a circulação do sangue, Descartes então se volta (AT 11:130) para o sistema nervoso. Este funciona através dos espíritos animais, que entram nos nervos e mudam a forma dos músculos, o que, por sua vez, resulta nos movimentos dos membros, de modo análogo à força da água nas nascentes. Em termos gerais, o que ocorre é que estímulos externos deslocam as extremidades periféricas das fibras nervosas, transmitindo ao cérebro uma estrutura isomorfa da impressão feita no órgão dos sentidos. Isso resulta em mudanças na configuração formada no cérebro pelos espíritos animais, o que pode produzir mudanças no fluxo destes para os nervos. No músculo, um pequeno influxo dos espíritos vindo dos nervos faz com que os espíritos que já estão lá abram uma válvula em direção ao músculo oposto. Os espíritos, então, fluem do músculo oposto, causando seu relaxamento e a contração do outro músculo.

Os dois maiores desafios para a fisiologia mecanicista de Descartes dizem respeito a dois temas que envolvem a noção de finalidade e que são considerados tradicionalmente como incontestáveis: a formação do feto e a cognição perceptual. No caso do desenvolvimento fetal, o objetivo de Descartes, em *O tratado do homem* e no texto fisiológico mais tardio, *Description du corps humain*, é mostrar que é possível uma explicação perfeitamente aceitável sem qualquer referência a fins intrínsecos.

Pode-se pensar a maioria dos processos biológicos em termos de finalidade: nutrição, respiração, excreção, sono, etc. Muitos processos físicos não biológicos também podem ser pensados em termos de finalidade, e Aristóteles sustentou que a explicação da queda de corpos pesados tinha que exibir a finalidade do processo. Isso faz surgir o problema a respeito de onde devemos traçar o limite. Podemos conceder que um processo possa ser descrito em termos de finalidade sem com isso conceder que a finalidade tenha um papel genuíno na explicação do processo. A menos, por exemplo, que consideremos que a teleologia deve ter um papel em todo processo orgânico natural, não tendemos a pensar que o crescimento dos adolescentes ou dos adultos precise de uma explicação em termos de finalidade. Por outro lado, podemos ter a tendência de pensar que o desenvolvimento do feto de fato exige uma explicação em termos de fins ou metas: ele se desenvolve de tal maneira porque está se tornando um cavalo, ou uma pessoa, ou um pássaro. Entre essas duas explicações há uma área cinzenta. Podemos considerar a estratégia de Descartes como uma maneira de forçar o desenvolvimento fetal a entrar para a área cinzenta; nesse caso, a questão a respeito do tipo correto de explicação não mais será mais julgada por considerações *a priori* acerca de saber se metas são relevantes, mas por considerações acerca da eficácia de uma explicação concreta para dar conta de detalhes. Resumindo, embora Descartes não exponha seu plano para lidar com essa questão, parece claro que a concepção mecanicista da embriologia envolve uma tripla estratégia: em primeiro lugar, explicar o crescimento ordinário sem qualquer referência a fins. Em segundo lugar, tratar o processo de formação e de maturação do feto meramente como uma espécie de crescimento, que envolve um aumento significativo da complexidade e da diferenciação das partes internas – maior do que o processo de crescimento da infância para a idade adulta, é claro, mas isso não o torna qualitativamente diferente. Em terceiro lugar, o mecanicista deverá mostrar como o desenvolvimento de um baixo grau de complexidade e de diferenciação interna para um alto grau de complexidade e diferenciação é algo que pode ser tratado em termos mecanicistas. O que essa estratégia permite é que se forneça uma explicação geral do crescimento em termos do modo como a matéria-prima é introduzida no organismo e transformada em tipos de material altamente diferenciados, que constituem os ossos, o sangue, os músculos, etc. Feito isso, mostra-se como é possível estender esse tipo de explicação ao caso em que os órgãos não crescem simplesmente em tamanho, mas são efetivamente constituídos.

Descartes admite uma forma genuína de cognição perceptual nos animais, os quais considera estritamente sem alma, e sua concepção altamente naturalista da cognição nos "autômatos" também se aplica a muitos aspectos da cognição humana. Mas diferentemente dos fetos, os seres humanos contêm fins intrínsecos, sobretudo o fim de compreender o mundo, e a cognição humana pode ser criticada por não atingir esse fim.

UMA EPISTEMOLOGIA ORIENTADA PELO CETICISMO, 1633-1641

Descartes suspendeu a publicação de *O mundo* e de *O tratado do homem* ao saber da condenação de Galileu e, assim, esses textos não apareceram durante sua vida. O *Diálogo sobre os dois máximos sistemas do mundo* de Galileu foi condenado pela Inquisição Romana em 23 de julho de 1633 e tal condenação teve uma clara consequência para *O mundo*. O *Diálogo* de Galileu fornecia evidência física tanto em favor da rotação diurna da Terra pelas marés quanto em favor do seu movimento orbital anual em mudanças cíclicas no curso das manchas solares. A condenação por parte da Inquisição concentrou-se na questão da realidade física da hipótese de Copérnico. Um problema central era "um assunto de fé e moral" em relação ao qual o segundo decreto do Concílio de Trento deu à Igreja o poder total de decisão. Os oponentes de Galileu consideravam a Bíblia como fonte de conhecimento científico e defendiam que o caso estava coberto pelo critério segundo o qual, se os Padres da Igreja concordavam sobre algo, não poderiam estar errados sobre os dogmas da fé. Na condenação de 1633, estabeleceu-se essa interpretação, o que implicava que o movimento físico da Terra não poderia ser explicado por meio da filosofia da natureza. Assim, não apenas ao tipo de argumento que Galileu ofereceu no *Diálogo* faltava poder para decidir a questão como também ao tipo de argumento oferecido por Descartes em *O mundo*.

Descartes teve uma dupla reação a isso. Em primeiro lugar, recolheu alguns de seus trabalhos científicos que não foram tocados pela condenação de 1633 e os publicou como três ensaios sobre ótica, meteorologia e geometria. A base cosmológica para a teoria cartesiana sobre a luz é ignorada na *Dioptrique*, sendo o seu tema central a ótica geométrica em lugar da ótica física, e as polêmicas consequências cosmológicas de sua ótica física foram evitadas. A maior parte do material do ensaio em meteorologia é bastante tradicional, mas uma seção, a que trata a respeito do arco-íris, é original e Descartes a identifica como exemplo de seu "método". Essa seção é particularmente interessante, uma vez que se opõe a certas leituras de Descartes segundo as quais, em filosofia natural, ele deduziria seus resultados de primeiros princípios, pois o procedimento adotado nesse assunto oferece um meio experimental para examinar hipóteses empíricas e um modelo de quantificação dos fenômenos óticos.

O segundo tipo de reação, apresentada no *Discurso* e nas *Meditações*, foi mais radical. A consequência última da crise provocada pela condenação do heliocentrismo de Galileu foi mudar a direção do trabalho de Descartes. Ele não abandona o interesse por filosofia natural e, até o fim de sua vida, continua considerando seu trabalho nesse campo como sua contribuição mais importante. Em uma carta de 28 de junho de 1643 à princesa Elizabeth da Boêmia, ele afirma que os princípios da metafísica devem ser compreendidos, mas que, uma vez compreendidos, não se deve mais perder tempo com eles. Em vez disso, dever-se-ia prosseguir e dedicar o próprio tempo "a pensamentos para os quais o intelecto coopera com a imaginação e os sentidos" (AT 3:695), isto é, a filosofia natural. O mesmo ponto é defendido para Burman em 1649, quando Descartes insiste que não se deve gastar muito tempo com questões metafísicas, sobretudo com suas *Meditações*, pois consistem em uma preparação para a questão principal, que "diz respeito às coisas físicas e observáveis" (AT 5:165).

Todavia, o interesse de Descartes por áreas da filosofia natural, como ótica, mecânica e cosmologia, tornou-se, depois de 1633, se não exclusivamente, ao menos bastante limitado a polêmicas e sistematização e, sobretudo, à legitimação de uma filosofia natural mecanicista por meios metafísicos e epistemológicos, algo bastante diferente do que ele fizera nos trabalhos anteriores a 1633, cujo ápice é *O mundo* e *O tratado do homem*. Sua preocupação nas *Meditações* e na Primeira Parte dos *Princípios,* obra que retrabalha as *Meditações*, é estabelecer o tipo de metafísica adequada à sua filosofia da natureza, a qual, na verdade, fundamenta o tipo de filosofia natural por ele pretendida.

As *Meditações* se utilizam de uma epistemologia orientada pelo ceticismo para sistematicamente desconstruir o mundo – o mundo do senso comum e o mundo da filosofia da natureza de Aristóteles – de modo a tornar explícitas suas suposições e sua deficiência. Descartes prossegue então metafisicamente, construindo o mundo a partir dos primeiros princípios, para o que recorre à noção de ideias claras e distintas sustentadas pela garantia divina. Isso leva a uma distinção nítida entre o domínio do mental e o do corpóreo e a uma explicação do domínio do corpóreo radicalmente diferente daquela presente no início das *Meditações*. Em virtude do fato de que nosso novo ponto de partida consiste em ideias claras e distintas (cujo paradigma é o *cogito*), não podemos nos perguntar acerca da existência do mundo corpóreo sem que tenhamos uma ideia clara e distinta do que é isso sobre cuja existência nos perguntamos. Na concepção de Descartes, a questão acerca da existência só se torna determinada e, assim, passível de ser respondida se perguntamos se algo com características determinadas existe, sendo essas características não apenas totalmente determinadas mas percebidas com segurança. A menos que nosso ponto de partida consista de coisas percebidas clara e distintamente, nunca podemos ter certeza se estamos indo a algum lugar. A questão é se há alguma concepção de mundo corpóreo disponível que ofereça uma percepção desse tipo. A resposta de Descartes é a de que ele conhece apenas uma, a saber, a percepção matemática do mundo. No final das *Meditações*, ele nos diz que as coisas corpóreas "talvez não sejam, todavia, inteiramente como nós as percebemos pelos sentidos, pois essa percepção dos sentidos é muito obscura e confusa em muitas coisas, mas, ao menos, cumpre confessar que todas as coisas que, dentre elas, concebo clara e distintamente, isto é, todas as coisas em geral, compreendidas no objeto da geometria especulativa, aí se encontram verdadeiramente" (AT 8A:80).

Se os argumentos das *Meditações* funcionam, o que Descartes estabelece é que nosso ponto de partida em filosofia da natureza deve ser um mundo despido de todas as formas e qualidades aristotélicas, consistindo em nada além de extensão geometricamente quantificável. A única filosofia da natureza compatível com esse quadro é o mecanicismo, sobretudo o mecanicismo do tipo estabelecido por Descartes na teoria da matéria e na mecânica presentes em *O mundo*. Se admitimos com ele sua teoria da matéria e dois dos princípios básicos de sua mecânica (o princípio da inércia retilínea e o da força centrífuga), então, se o argumento de *O mundo* é correto, temos o heliocentrismo, pois isso é tudo de que ele precisa. Desse modo, as *Meditações* estão diretamente conectadas com *O mundo*, fornecendo o caminho metafísico para a filosofia da natureza nele oferecida, bem como a legitimação de todo o projeto.

UM SISTEMA DE FILOSOFIA, 1641-1644

O ano em que Descartes preparou as *Meditações* para publicação marcou o início de um amargo período de cinco anos no qual ele foi atacado publicamente pelo teólogo holandês Gisbert Vœtius. Regius, discípulo de Descartes, havia entrado em conflito com alguns de seus colegas por conta de suas posições em favor do cartesianismo, e Vœtius, não conseguindo remover Regius de sua posição na cátedra de medicina em Utrecht, dirigiu seus ataques a Descartes. Durante todo esse tempo, Descartes se preparava para vincular sua filosofia natural a sua nova fundamentação nos *Princípios*, cujos quatro livros, dos seis projetados, apareceram em 1644.

Os *Princípios* começam com o que consiste, apesar da reordenação de alguns argumentos, em um sumário das *Meditações*, mas não conduz meramente a *O mundo*. Muitos dos temas tratados são os mesmos, mas o material é retrabalhado com um vocabulário metafísico de substância, atributos e modos, totalmente ausente em *O mundo* e desnecessário para seu foco em filosofia da natureza (em oposição aos propósitos legitimadores dos *Princípios*). Essa re-escrita metafísica da filosofia cartesiana da natureza lhe confere um foco inteiramente novo, uma vez que as questões de legitimidade ofuscam, nesse modo de proceder em filosofia da natureza, aquelas a respeito de como se deve compreender os processos próprios à filosofia natural. Ainda assim, o aparato metafísico introduzido na primeira parte dos *Princípios* não é gratuito. O que Descartes pretende mostrar é que seu sistema de filosofia natural é o único que satisfaz as rigorosas exigências fundacionais que devem ser satisfeitas até mesmo para se começar a estabelecer um sistema de filosofia da natureza. O movimento mais importante da estratégia fundacional de Descartes é o uso da dúvida cética para forçar a questão acerca de qual deve ser o nosso ponto de partida em qualquer iniciativa cognitiva, e para estabelecer as ideias claras e distintas como o único ponto de partida possível. Isso é reforçado por sua insistência em afirmar que não podemos nem mesmo colocar a questão da existência de algo a menos que tenhamos uma percepção clara e distinta a respeito disso sobre o que estamos colocando questões: somente se o mundo for concebido de uma determinada maneira podemos colocar as questões acerca de sua existência e sobre quais são suas propriedades.

Esse modo de proceder depende de uma compreensão da metafísica como algo motivado por preocupações epistemológicas (sob a forma da doutrina das ideias claras e distintas) e de uma compreensão de epistemologia orientada, por sua vez, por considerações a respeito de filosofia da natureza. Quanto à primeira questão, cabe notar, por exemplo, que, quando a concepção de Descartes de substância no Livro I dos *Princípios* termina por levar a duas definições incompatíveis (artigos 51 e 52), sua solução é ignorar as considerações metafísicas e resolver a questão por meio da doutrina das ideias claras e distintas (artigos 54 e 60), de modo que, a partir de então, o que assegura a Deus, à mente e à matéria o estatuto de coisas independentes não são, como antes, considerações sobre substância, mas sim o fato de concebermos clara e distintamente Deus, a mente e a matéria como completamente diferentes umas das outras. Quanto à questão do papel da filosofia da natureza, basta comparar os Livros II e IV dos *Princípios* com *O mundo* para se perceber que o papel da metafísica "epistemologizada" do Livro I consiste em fornecer uma fundamentação a um sistema de filosofia da natureza que já havia sido desenvolvido sem o benefício dessa fundamentação legitimadora.

Nesse sentido, Descartes é inflexível quanto ao que distingue seu sistema de outros, a saber, o fato de ser o único legítimo. Assim, quando, em 1646, seu ex-discípulo Regius publica sua própria versão da filosofia cartesiana da natureza, que prescinde de todo o aparato legitimador de Descartes, este imediatamente se distancia dele e o ataca em 1648 com a publicação de *Notae in Programma*. Trata-se de uma resposta ponto a ponto à versão de Regius, em que são expostos os erros a que se está sujeito quando não se pensa exaustivamente as questões em termos fundacionais.

AS PAIXÕES DA ALMA, 1643-1650

Em 1643, Descartes dá início a uma correspondência afetuosa e fecunda com a princesa Elizabeth da Boêmia, que na época tinha 24 anos. Ele não a vê com muita frequência entre 1643 e 1646, quando ela deixa a Holanda, mas com certeza teve com ela uma forte ligação pessoal até sua morte. Elizabeth pressionou Descartes quanto a inúmeros problemas sobre as paixões, levantando questões acerca da relação corpo e alma e sobre ética. Quanto aos estados afetivos, ele volta à explicação bastante naturalista que orientou sua consideração a respeito de estados cognitivos em *O tratado do homem*. Nessa correspondência, Descartes distingue "três tipos de noções primitivas", a saber, a mente, o corpo e a união dos dois (AT 3:691); é a união dos dois – isto é, para todos os efeitos, a mente encarnada – que faz todo o trabalho no que diz respeito à mente, pois esta sem o corpo não tem qualquer função na cognição perceptiva e está longe se ser claro o papel que ela desempenha no caso mais problemático do conhecimento intelectual. Entretanto, para o projeto de Descartes é crucial que a distinção entre corpo e alma não se obscureça (é nesse sentido que ele rejeita a concepção quase que universalmente aceita de faculdades superiores e inferiores). Isso é assim principalmente porque, creio, sua ética exige que ele conceba a mente humana como distinta para explicar que podemos nos afastar de nossos estados afetivos e cognitivos e fazer juízos sobre eles; para tanto, os seres humanos devem ter um centro unificado de subjetividade para além das faculdades corpóreas modulares que compartilham com os animais.

Em 1649, Descartes deixa a Holanda, para a corte da rainha Christina da Suécia. A mudança não parece ter sido bem-sucedida. A influência intelectual dominante na corte era a do humanista holandês Isaac Vossius, e sua compreensão de uma cultura intelectual era muito diferente daquela de Descartes, marginalizando-o efetivamente, apesar de sua enorme reputação. O inverno de 1649-1950 foi o mais rigoroso dos 60 anos anteriores e Descartes contraiu pneumonia. Recusando a atenção do médico particular de Christina, Johan van Wullen, que havia tomado seu partido quando do ataque feito pelo teólogo holandês Regius a seu trabalho, Descartes seguiu seu próprio tratamento de cura por vinho aromatizado com tabaco. O procedimento não obteve êxito e ele morreu em 11 de fevereiro de 1650. Seus despojos foram levados de volta à França em 1666, foram exumados muitas vezes e seu crânio, que fora removido do resto dos despojos em

1666, atualmente encontra-se no *Musée de l'Homme* em Paris.

REFERÊNCIAS E LEITURAS ADICIONAIS

Baillet, A. (1991). *La vie de monsieur Descartes*, 2 vols. Paris: Horthemels.

Beeckman, I. (1939-1953). *Journal tenu par Issac Beeckman de 1604 à 1634*. Ed. Cornelius de Waard, 4 vols. Haia, Nijhoff.

Descartes, R. (1998). *The world and other writings*. Trad. Stephen Gaukroger. Cambridge: Cambridge University Press.

Garber, D. (1992). *Descartes' metaphysical physics*. Chicago: University of Chicago Press.

Gaukroger, S. (1995). *Descartes. An intellectual biography*. Oxford: Oxford University Press.

Gaukroger, S. (2002). *Descartes' system of natural philosophy*. Cambridge: Cambridge University Press.

Rodis-Lewis, G. (1971). *L'Œuvre de Descartes*. 2 vols. Paris: J. Vrin.

2

A filosofia natural de Aristóteles: corpo, causa e natureza

DENNIS DES CHENE

Atualmente é difícil imaginar um contexto intelectual tão completamente dominado por uma figura como era o da escolástica por Aristóteles. Com exceção de certas questões bem conhecidas, supunha-se que Aristóteles estava certo desde que adequadamente interpretado. O aristotelismo, entretanto, não era um monolito congelado (Schmitt e Skinner, 1988). Durante os quatro séculos em que predominou, transformou-se continuamente e, exceto com relação a pontos fundamentais ou aqueles acerca dos quais as autoridades eclesiásticas se pronunciaram, era bastante flexível – dentro dos limites do que *lhe* parecia pensável, como em toda estrutura desse tipo.

No que se segue, apresento alguns aspectos básicos da filosofia aristotélica da natureza em torno de 1600. Faço isso tendo Descartes em mente e sob a sua perspectiva. Assim, enfatizo as concepções dos autores jesuítas. Na primeira seção desse capítulo, faço um esboço do contexto institucional e das formas discursivas nas quais a filosofia aristotélica da natureza foi apresentada, examinando sobretudo o papel da autoridade e da experiência. O restante do capítulo considera três tópicos: substância, particularmente a substância corpórea ou o corpo, mudança natural e as causas final e eficiente: arte e natureza. O objetivo é dar sentido ao contexto filosófico no qual Descartes foi educado e ao qual ele sempre respondeu. Conhecer esse contexto ajuda a prevenir as más compreensões: proporciona um Descartes que, interpretado não a partir do futuro, mas de seu passado, não será um mero porta-voz de algumas posições de nossos dias.

INSTITUIÇÕES, FORMAS, AUTORIDADES

No primeiro livro dos *Princípios*, Descartes descreve os *præjudicia* ou opiniões pré-concebidas que adquirimos cedo na vida, quando a mente está a serviço do corpo. Essas opiniões com muita frequência coincidiam com as da Escolástica. Não surpreende que Descartes pense que o aristotelismo era impingido à mente ainda em formação. No contexto intelectual do começo do século XVII, este era, antes de tudo, algo *ensinado*. A partir de 1250, o trabalho de Aristóteles era a base do currículo do bacharelado. Durante três anos, os estudantes recebiam aulas de lógica, metafísica, filosofia natural e ética, as quais tinham a forma de comentários dos textos de Aristóteles, e eram divididas em pequenas partes chamadas *lectiones* ou *textus*. As paráfrases e elucidações filológicas eram acompanhadas por *quæstiones* ou "questões" sugeridas pelo texto. Para cada trabalho que regularmente era ensinado, tinha-se uma série de *quæstiones* padrão em forma de disputas (Marenbon, 1987).

Na segunda metade do século XVII, o formato de comentários e de questões começou a dar lugar a *cursus* ou manuais

(Stone, 2005), nos quais os tópicos eram tratados não segundo uma ordem imposta no comentário pelo texto, mas sistematicamente como nas *Disputationes metaphysicæ* (1597) de Suárez ou no *Cursus philosophicus* de Roderigo Arriaga (1632). Os manuais possibilitaram uma ordenação pedagogicamente conveniente do material; uma vez que não se era mais limitado pelo texto, foi possível introduzir novos tópicos com mais facilidade. O *Cursus* (1632-1625) de João de São Tomás, por exemplo, inclui uma questão acerca da "nova estrela" observada por Tycho Brahe. *Physica* (1669-1671), de Honoré Fabri, um jesuíta que se correspondia com Mersenne e Leibniz, afasta-se ainda mais da tradição, engajando-se em controvérsias com Descartes e outros filósofos.

O fato de os comentários terem sido fundamentais para o ensino da filosofia da natureza por tanto tempo reflete a economia do conhecimento no período medieval. Em assuntos de fé, Deus era a maior autoridade, cujos juízos nos são dados na Bíblia, e os padres da Igreja, sobretudo Agostinho, eram as mais altas autoridades humanas. As esferas do conhecimento humano eram distribuídas entre muitas autoridades subordinadas à fé e consideradas verdadeiras: Aristóteles em filosofia, Galeno em medicina, Tomás de Aquino em teologia. Uma vez estabelecida, só com muito esforço uma autoridade poderia ser removida. Entretanto, em alguns campos isso ocorreu: por exemplo, em anatomia Vesalius rapidamente tomou o lugar de Galeno depois de 1570.

Os novos filósofos da geração de Descartes retratavam com frequência a atitude de seus predecessores com relação às autoridades como um acordo inquestionável. É mais esclarecedor se a considerarmos em termos de confiança e ônus da prova. Uma autoridade tem a seu favor a suposição, e o ônus de refutar as pretensões de autoridade recai com mais ou menos peso naqueles que dela discordam. Só a autoridade de Deus é absoluta. A autoridade humana é limitada não simplesmente pela fé, mas pela experiência: a opinião de Aristóteles de que o mundo é eterno foi rejeitada, antes de tudo, porque contradizia o Gênesis; os filósofos *também* se esforçavam para mostrar que esta era inconsistente com a experiência.

No século XVI, muitos eventos conspiraram para pôr em questão as autoridades humana e divina. A lista conhecida inclui as descobertas do Novo Mundo, as teorias de Copérnico, certas dissidências no interior da Igreja Cristã e as guerras que delas resultaram, o tumulto político e o revés econômico. Para desmascarar as pretensões de autoridade, evocava-se o ceticismo filosófico recuperado dos antigos. Descartes, diferentemente dos verdadeiros céticos do período, sustentava que o entendimento humano, auxiliado por um método e livre dos laços do preconceito, poderia efetivamente substituir a autoridade na busca pelo conhecimento. Ele teve o cuidado de proteger da dúvida a autoridade política e religiosa; mas, em filosofia da natureza e metafísica, sustentou que apenas o entendimento humano tem autoridade. Uma Carta a Beeckman de 1630 registra sua concepção de que aquilo que ele atingiu por raciocínio, aprendeu como se fosse apenas por seu próprio poder (AT 1: 160). Se outros lhe falaram dessas coisas, isso foi no máximo uma ocasião para que pensasse sobre elas. Em uma tal economia de conhecimento, não há lugar para a autoridade.

Apoiar-se em autoridade não excluía o apelo à experiência. *Experimentum* (ou *experientia*), termo que na época de Descartes era empregado indiscriminadamente para desginar aquilo que hoje distinguimos como experimento e observação, denotava, antes de tudo, uma verdade empírica garantida pela experiência comum (Dear, 1988). Nesses assuntos, cada um de *nós*, ou o "senso comum" de todos, é uma autoridade: o fogo queima, as plantas crescem de sementes, os animais se reproduzem em sua própria espécie. Um *experimentum* também pode ser uma verdade empírica garantida por um autor digno de confiança. A *História Natural* de Plínio fornece muitas observações originais acerca de plantas e animais. O corpo humano dissecado não faz parte da vida cotidiana. Mas o *De humani corporis fabrica* de Vesalius, dada sua autoridade, apresenta teses confiáveis sobre nossa anatomia.

Dentre as *experimenta* mencionadas nos livros didáticos, poucas são relatos de primeira mão. Eles raramente descrevem a manipulação de objetos de modo a produzir novos fenômenos – "experimentos", em nosso sentido. Isso, mais do que qualquer suposta incapacidade ou recusa quanto à leitura do livro da natureza, distingue o papel da experiência na filosofia natural aristotélica. A construção de expedientes mediante os quais se possa produzir ou reproduzir fenômenos naturais (o uso de esferas rolando em planos inclinados, por Galileu, a bomba de ar de Boyle), a geração de novos fenômenos com o objetivo expresso de testar hipóteses, o registro dos resultados em explicações em primeira pessoa – tudo isso, embora não totalmente ausente da ciência aristotélica, era acidental para a obtenção de seus fins.

As experimenta em um argumento fornecem razões prováveis. Com frequência, a elas se recorre em conjunção com argumentos *a priori* para a mesma conclusão. Suárez, por exemplo, menciona tanto as *experimenta* quanto as razões *a priori* para mostrar que as faculdades de um corpo natural devem estar unidas em uma forma. Os argumentos sobre a existência do vácuo (Schmitt, 1967) incluíam razões *a priori* (o argumento de Aristóteles, por exemplo, de que o movimento dos corpos no vácuo, que não oferece resistência, seria incomensurável em relação ao movimento em qualquer meio) e *experimenta* (o ar em um receptáculo fechado força sua saída com violência quando este é aquecido) (Schmitt, 1967).

O uso que Descartes faz das *experimenta* permanece, de muitas maneiras, próximo ao dos escolásticos. Como estes, ele combina argumentos *a priori* com *experimenta*. Além disso, sua base empírica para as analogias que com frequência ele usa são experiências comuns; e os fenômenos que pretende explicar são, na maioria das vezes, retirados da experiência cotidiana ou de outros autores. A tabela de ângulos de incidência e refração na *Dioptrique* veio de Witelo; a anatomia, do *Traité de l'homme*, dos tratados de Caspar Bauhin e outros (Bitbol-Hespériès, 1990). Não é na produção de novos fenômenos que se encontra a novidade da filosofia natural de Descartes, mas em sua concepção de substância corpórea e seu ideal de explicação causal mecanicista.

CORPO COMO SUBSTÂNCIA

Corpo, acima de tudo, é substância. Um corpo individual é uma substância "completa" composta de duas substâncias "incompletas": matéria e forma. O termo *incompleto* registra o fato de que nem a matéria nem a forma podem existir naturalmente exceto quando conjugadas uma à outra em um corpo individual. O termo *substância* era, de acordo com Aristóteles, definido de duas maneiras: logicamente, como o sujeito último de predicação, e ontologicamente, como um indivíduo capaz de subsistir separadamente de qualquer outro indivíduo.

A substância definida da primeira maneira opõe-se a *acidente* – a coisas que usualmente existem apenas "em" outra, como o calor existe apenas nas coisas quentes. A relação entre os acidentes e as coisas nas quais eles existem foi denominada *inerência*.

A substância definida da segunda maneira contrasta com qualquer entidade que não pode existir separada de outras, nem mesmo pelo poder abolsuto de Deus. Substância, nesse sentido, opõe-se a *modo*. Chamarei a relação dos modos com as substâncias de "dependência ontológica".

A figura, por exemplo, é um modo (Suárez, 1965, 25:615). Ela não pode existir separadamente da coisa figurada, nem mesmo por milagre; a definição de figura pressupõe essencialmente a existência da quantidade da qual ela é figura. A definição de alma humana, por outro lado, embora faça referência ao corpo como aquilo a que a alma é naturalmente unida e através do que exerce alguns de seus poderes, não pressupõe a existência do corpo; um dos argumentos-modelo para a imaterialidade da alma é o de que alguns de seus poderes podem operar sem qualquer órgão e, assim, a alma humana, como a sede de todos esses poderes, pode existir separadamente de qualquer substrato material.

Em sua polêmica contra a escolástica, Descartes tinha duas *bêtes noires*: "qualidades reais", como as designou, e formas substanciais. A rejeição das qualidades reais equivale à identificação entre inerência e dependência ontológica; a rejeição das formas é parte de seu programa em física de restringir as propriedades dos corpos à figura, ao tamanho e ao movimento.

A primeira *bête noire*: as qualidades reais

Por "qualidades reais", Descartes designava qualidades que, tal como as qualidades sensíveis da hóstia após a transubstancialização, pretensamente subsistiam mesmo que a substância na qual fossem inerentes houvesse sido destruída e substituída pelo corpo de Cristo. Na explicação tomista da transubstancialização, afirmava-se que as qualidades sensíveis da hóstia ineriam em sua quantidade, a qual, uma vez destruída a matéria da hóstia, não ineriam em coisa alguma. Portanto, a quantidade não poderia ser um mero modo da substância; tinha que ser uma *res*, uma coisa, capaz de existir separadamente de qualquer outra coisa, como as substâncias devem ser. Para ser um acidente não era essencial uma inerência *atual*, mas apenas uma inerência *potencial*: os acidentes têm isso, a substância, não (Fonseca, 1964, 3: 199).

O termo *real* nesse contexto (do latim, *realis*, de *res*, "coisa") pode confundir os leitores aqui. É uma questão delicada definir se Descartes considerava que as qualidades sensíveis, como a cor e o calor, são reais no sentido usual da palavra, mas quando ele nega que sejam qualidades "reais" não está negando que elas tenham algum tipo de existência independentemente de nossa concepção delas, ele está negando que sejam *res* – que elas possam existir separadamente de seus usuais sujeitos de inerência.

Ao identificar a inerência com a dependência ontológica dos modos em relação às substâncias, Descartes conclui que a doutrina das qualidades reais afirma que elas são e não são substâncias, o que é totalmente contraditório. Não surpreende que se refira à doutrina com desdém.

Para Suárez, uma *res* ou coisa é "aquilo que, em si mesmo e por si mesmo, é algo de tal modo que não requer estar sempre, intrínseca e essencialmente, unido a outro"; nem pode estar unido a outro algo exceto "por um intermediário que seja, de algum modo, dele distinto por natureza" (Suárez, 1965, 25:257). Não apenas os corpos, mas também suas qualidades sensíveis são *res* nesse sentido. Por isso, a inerência, enquanto relação de uma qualidade sensível com um sujeito, é distinta da dependência ontológica dos modos em relação às substâncias.

Res opõe-se a modos, cuja natureza requer que "estejam unidos a outra coisa". Um modo, em sua definição, inclui sua "razão essencial", uma dependência intrínseca em relação a uma outra coisa: ao considerar a definição de "figura", por exemplo, podemos ver que "figura sem quantidade" é contraditório e que nem mesmo Deus pode conservar a figura de uma coisa sem sua quantidade. Se considerarmos a definição de cor, por outro lado, veremos – visto que cores, para Suárez, são *res*, capazes de existir sem seus sujeitos usuais – que ela não envolve uma dependência intrínseca relativamente a outra coisa atualmente existente. A cor, diferentemente da figura, não depende intrinsecamente de quantidade, ainda que no curso ordinário da natureza ela ocorra apenas em substâncias quantificadas.

Nos *Princípios,* Descartes, assim como Suárez, divide as coisas em substâncias e modos ontologicamente delas dependentes. Contudo, para ele, a distinção entre inerência e dependência ontológica não tem qualquer utilidade. As substâncias corpóreas ou são idênticas ou são realmente distintas; a única outra relação que ele admite é a do modo com a substância. Visto que a essência do corpo é extensão (que aqui podemos usar com a denotação que o termo aristotélico *quantidade* denota), tudo o que pertence ao corpo deve ser um modo da extensão. Em especial, as cores e as outras qualidades sensíveis, caso realmente existam nos corpos, devem ser modos da extensão.

Uma das razões para livrar o mundo das qualidades reais, eliminando assim a inerência, era a de que, se cores não fossem apenas modos, o projeto de restringir o sistema explicativo em filosofia natural aos modos da extensão falharia. Descartes estava, portanto, obrigado a negar que as qualidades sensíveis fossem *res* (Menn, 1995: 194). Por outro lado, ele não prova que elas não podem ser modos da extensão, tomando como evidente, penso, que sua lista usual – figura, tamanho e movimento – deveria ser tratada como exaustiva.

A segunda *bête noire*: forma substancial

O objeto da filosofia natural é o corpo, mais precisamente (visto que a metafísica também trata o corpo como substância) o corpo enquanto mutável – *ens mobile* (Toletus, 1985, 4:4). Os aristotélicos nunca duvidaram de que há mudanças no mundo e de que os sentidos fornecem crenças verdadeiras sobre as mudanças. O fato é certo: o que restaria fornecer seria um esquema para descrever as mudanças e determinar suas causas. A física, além de definir o que é matéria, forma e mudança, determina os quatro tipos de causa e prova que há uma causa primeira de toda mudança, um *primum mobile*. As partes mais especializadas da filosofia natural consideram tipos particulares de corpo e as causas e efeitos a eles peculiares.

O Corpo, ou a substância corpórea é, diz Aristóteles, um composto de matéria e forma. O argumento básico para a distinção, que encontra uma versão já no *Timæus* de Platão, é o seguinte: mesmo nas mudanças mais radicais – a morte de um animal, a transmutação da água em ar pelo calor – algum componente da coisa que muda deve, é claro, ser diferente, mas algum componente deve ser o mesmo. Do contrário, não poderíamos dizer *essa* coisa mudou; teríamos que dizer que uma coisa foi substituída por outra. O que permanece através da mudança é a *matéria* da coisa (com relação àquela mudança); o que difere é a *forma*.

O argumento por ele mesmo leva a muito pouco. Não mostra que em cada coisa há *uma* matéria que permanece através de todas as mudanças; e porque uma coisa pode passar por muitos tipos de mudança, o argumento parece mostrar que ela deve ter muitas formas. Entretanto, os aristotélicos sustentavam que em toda coisa natural há uma forma que merece ser chamada de *a* forma daquela coisa: sua forma "substancial". Em uma coisa viva, por exemplo, a alma é a forma substancial, acompanhada por muitas formas "acidentais" – a quantidade e as qualidades do corpo e da alma. Também há, em toda coisa natural, uma matéria primeira, ou "primária", que permanece mesmo quando a coisa é destruída ou corrompida a ponto de se tornar outro tipo de coisa, como ocorre com o animal ao morrer.

A substância corpórea é, antes de mais nada, um composto de forma substancial e de matéria-prima. Na forma, certos *poderes* são inerentes, sendo os mais importantes os poderes ativos, característicos das espécies às quais pertence a substância. Os gatos têm o poder ativo de locomoção e apetite e o poder passivo de ver, ouvir e assim por diante. Para funcionar, esses poderes requerem certas *disposições* no corpo – determinados temperamentos ou mistura de elementos, determinadas figuras, e assim por diante. O olho, por exemplo, é redondo e contém uma umidade cristalina adequada à recepção de cor.

A forma substancial tem um papel duplo nesse esquema. Ela é sede dos poderes do corpo, a fonte a partir da qual todos eles brotam; e, porque a base sob a qual os corpos são classificados em tipos consiste principalmente nos poderes e nas disposições associadas a cada corpo, essa classificação se baseia na forma que determina tais poderes e disposições. Por essa razão, diz-se que a forma, na medida em que é considerada uma causa, confere "ser específico" à substância.

Descartes sustenta que a forma é uma peça ociosa na maquinaria da física. Os autores aristotélicos, entretanto, sabendo que alguns filósofos negavam a existência da forma, tiveram o cuidado de oferecer argumentos não simplesmente conceituais, mas empíricos, a fim de postular, além das qualidades que nos são reveladas pelos sentidos, uma forma à qual essas qualidades estavam unidas e pela qual são trazidas à existência.

Mencionarei um desses argumentos. Com base em várias *experimenta*, autores aristotélicos sustentavam que se deve fazer uma distinção entre mudança *acidental*, na qual uma coisa muda, mas permanece do mesmo tipo, e uma mudança *substancial*, que resulta em um novo tipo de coisa. Um exemplo padrão é o aquecimento da água. Dentro de certos limites, o aquecimento somente altera a "intensidade" de uma certa qualidade. Mas *in extremis* transforma a água no que consideravam ser um tipo de coisa distinto – o elemento "ar". Esse segundo tipo de mudança é tudo-ou-nada, irreversível e acompanhado de uma ampla alteração dos acidentes da água. O que era pesado se torna leve, o que era frio se torna quente, e assim por diante. A distinção fenomenal entre dois tipos de mudança é melhor explicada, acreditavam os aristotélicos, ao se postular uma distinção entre as qualidades "acidentais" da coisa e a sua forma substancial, de modo que a mudança substancial consistiria na substituição não apenas de um acidente por outro, mas de uma forma substancial por outra, juntamente com todas as mudanças por ela implicadas (Suárez, 1965, 25: 501-2).

Na física cartesiana, basicamente não há meio de distinguir entre mudança de forma substancial e mudança acidental. As coisas materiais consistem em corpúsculos, cujas figuras estão continuamente sujeitas a transformarem-se umas nas outras. Teoricamente, o chumbo poderia se transformar em ouro apenas por movimento local. Boyle, que, diferentemente de Descartes, tentava rejeitar os argumentos empíricos em favor da forma, argumenta que a distinção fenomenal é apenas de grau. Para conservar a concepção do senso comum de que há diferentes tipos de coisas, ele supõe que os corpúsculos de coisas homogêneas, como o ferro ou a água, compartilham da mesma forma ou "textura", pressupondo implicitamente que a textura tem a estabilidade necessária (Boyle, 1991).

Se o papel da forma na explicação física fosse o único ponto em discussão, Descartes poderia se contentar em substituir a obscura noção aristotélica por sua própria noção clara e distinta de figura. Todavia, os aristotélicos sustentavam que a forma substancial é, ela própria, substância e é realmente distinta da matéria (Fonseca, 1964, 2:82). Se considerarmos apenas o que é a forma segundo sua definição essencial – "aquilo que atribui ser específico à matéria" – e tomarmos essa definição como exigência de que o "atribui ser específico" seja não atual, mas apenas potencial, então não seria contraditório supor que uma forma pudesse existir sem sua matéria. Deus, que pode criar tudo o que não for contraditório, poderia fazer com que assim fosse, e a alma humana separada seria, evidentemente, um desses casos.

A forma não é nem inerente à matéria nem depende ontologicamente da matéria. Sua relação com a matéria é a relação *sui generis* da união. Exceto no caso dos humanos, Descartes não precisa dessa relação, não mais do que precisa da relação de inerência como distinta da dependência ontológica.

São também supérfluas as quase--substâncias matéria e forma, juntamente com as "qualidades reais". Cada uma dessas envolve, em sua razão essencial, uma relação, que só precisa ser potencial, com algo de que ela é realmente distinta – da forma com a matéria que lhe dá existência particular, da matéria com a forma que a especifica, das qualidades com seus sujeitos de inerência. No mundo de Descartes, por outro lado, só as coisas cujas razões essenciais são totalmente independentes são realmente distintas. A essência do corpo não contém coisa alguma que pertença à mente, e a da mente, nada que pertença ao corpo (imaginação e sensação, que usualmente demandam órgãos sensíveis, não são, estritamente falando, partes de sua essência). O que quer que não seja inteiramente independente de uma coisa deve ser inteiramente dependente desta, e não pode existir sem ela, nem mesmo pelo poder absoluto de Deus. Não há meio-termo.

MATÉRIA E QUANTIDADE

Os corpos são compostos de forma e matéria. A característica definitória da forma material é exigir a união com a matéria para existir naturalmente. Formas espirituais, embora possam interagir com a matéria, nunca se juntam a ela para formar uma substância completa. No final do século XVI e no início do século XVII, havia uma notável incerteza acerca da essência da matéria, uma incerteza que os melhores esforços dos aristotélicos e de Descartes não conseguiram dissipar.

Um ponto em que todos concordavam era o de que os corpos normalmente ocupam espaço. No contexto aristotélico, ocupar espaço é próprio de coisas que têm *quantidade*. Assim, a compreensão da matéria começa com a definição de quantidade. Entre os aristotélicos, havia discordâncias sérias. Cada uma das escolas principais tinha sua própria concepção, e mesmo entre os jesuítas havia diferenças – o comentário de Coimbra concorda com Tomás de Aquino que a essência da matéria é *pura potentia*; Fonseca e Suárez, não. As posições que vou descrever são as de Fonseca e Suárez.

A quantidade se divide primeiramente em discreta e contínua. A quantidade contínua, por sua vez, divide-se em intensiva e extensiva. A quantidade intensiva é uma propriedade de qualidades, como calor, impulso e coragem, que admitem graus. Destinavam-se longas questões ao aumento (*intensio*) e diminuição (*remissio*) de qualidades. Descartes ignora a questão. Em sua física, só o movimento local admite graus e esses são medidos por comparação das distâncias – sendo distância ou comprimento uma quantidade extensiva – percorridas por corpos em tempos iguais.

A quantidade extensiva tem três aspectos distintivos: é a medida da substância, como diz Aristóteles; admite divisões em partes integrais, cada qual podendo existir separadamente; e confere à matéria a capacidade não apenas de estar presente mas de ocupar lugares espaciais distintos. Cada um desses aspectos foi apresentado como sendo a essência da quantidade. Fonseca e Suárez (que cita Fonseca) adotam o terceiro. Fonseca, seguindo Scotus, sustenta que a definição ou a "razão formal" da quantidade é ser contínua *per se* (qualidades como cor também são contínuas, mas apenas *per accidens*, como os acidentes das substâncias quantificadas) (Fonseca, 1964, 2:639). Suárez sustenta que a razão formal da quantidade não é extensão atual, mas sim potencial, não a ocupação atual do espaço, mas uma capacidade ou um hábito para assim fazer (Suárez, 1965, 26:547). A extensão atual, portanto, é o "efeito formal" da quantidade e não a quantidade nela mesma. Desse efeito, seguem os outros aspectos: a mensurabilidade e a divisibilidade da quantidade.

Descartes sustenta que não há nada na matéria além da extensão, do que resulta que uma substância material e sua quantidade não são realmente distintas e nem mesmo modalmente distintas. Sua posição é, quase que com as mesmas palavras, a de Ockham, que defendia não haver distinção real entre substância e quantidade. Apenas da substancialidade já se seguem os três aspectos distintivos da quantidade e, visto que não se deve introduzir uma distinção real a menos que haja um forte razão para tanto, não há por que sustentar que substância e quantidade são distintas exceto em nossa concepção (Suárez, 1965, 26:533).

Vale a pena atentarmos por um momento para as respostas dos jesuítas a esse argumento. A primeira é de que, na Eucaristia, a substância do pão e do vinho é destruída e substituída pelo corpo e sangue de Cristo. A quantidade, entretanto, e as qualidades sensíveis do pão e do vinho se mantêm, pois, afinal, eles aparecem aos sentidos exatamente como antes. A quantidade, portanto, pode existir sem substância. Mas se substância não pudesse existir sem quantidade, ela seria um modo da quantidade, o que evidentemente é falso. Assim, substância e quantidade são realmente distintas (Suárez, 1965, 26:534). Descartes se depara com o mesmo argumento veiculado por Arnauld nas *Quartas objeções*. Sua dificuldade em responder – na ocasião e mais tarde – foi uma das razões para que a filosofia natural cartesiana fosse condenada após sua morte (Armogathe, 1977).

Suárez, reconhecendo que a primeira resposta ao argumento de Ockham baseava-se na aceitação do "mistério" da Eucaristia, também sustenta que a capacidade dos corpos de impedir que outros corpos ocupem seus lugares – em resumo, a impenetrabilidade – não é um efeito apenas da substância. A impenetrabilidade não resulta da essência da substância (que é, como vimos, a capacidade de existir separadamente) ou da essência da matéria. A navalha de Ockham não pode ser aplicada: quantidade deve ser distinta de substância e de matéria.

Se quantidade é distinta de matéria, então não pode ser parte de sua essência. O que é, então, a essência da matéria? Os tomistas defendem que, na medida em que não apenas quantidade, mas todos os outros acidentes da substância existem nesta em virtude da forma, a matéria, considerada por si só, não tem outra essência que a de potencialmente receber a forma e tudo o que vem com a forma: é *pura potentia*, "pura potência". Deus é *actus purus*, "ato puro": tudo o que Deus pode ser, ele é. Nesse sentido, a matéria está tão longe de Deus quanto qualquer coisa que nada é possa vir a ser. Deus tem todas as perfeições; a matéria, nenhuma perfeição, nem mesmo a da existência.

O nome que Descartes dá àquilo que não tem perfeição alguma é *nada* (AT 7:54). Na verdade, não é fácil compreender como uma entidade que não tem existência própria pode se unir a uma forma gerando algo novo – uma substância completa. Mesmo os filósofos de Coimbra, que concordam com Tomás de Aquino, sustentam que a matéria tem existência própria mesmo quando não está unida a uma forma. Sua existência é imperfeita e incompleta, de modo que, no curso ordinário da natureza, a matéria não pode existir sem forma. Que a matéria tenha uma essência que não seja apenas *pura potentia* é sugerido pelo fato de que, embora seja receptiva com relação a qualquer forma (e, nesse sentido limitado, seja *pura potentia*), ela recebe formas apenas em uma determinada ordem. Primeiro, recebe as formas dos elementos; depois, as das misturas, como a de carne e sangue, e, finalmente, as formas mais elevadas, como as das plantas e dos animais. Observando que a receptividade da quantidade por parte da matéria é uma condição natural para sua união com a forma, Suárez sustenta que é próprio da matéria ser capaz de receber quantidade. A *potentia* da matéria é, por assim dizer, tendenciosa e, portanto, não *pura*.

Nesse cenário, a posição de Descartes – de que a essência do corpo é extensão – tem dois aspectos distintivos. O primeiro é que o corpo em geral já é uma substância por ele mesmo, cuja "forma" é extensão. A extensão, como a forma, confere substancialidade ao que quer que a possua e distingue genericamente as substâncias materiais das espirituais: nesse sentido, e porque todas as propriedades dos corpos decorrem da extensão, ela parece uma forma substancial. Mas apenas até certo ponto: na física de Descartes, não há formas substanciais individuais ou específicas. A diferença entre as espécies naturais é do tipo daquela que os aristotélicos chamam de acidental. Além disso, diferentemente da forma, a extensão não pode ser separada de sua "matéria" nem mesmo por Deus.

O segundo aspecto que merece atenção é o que poderíamos chamar de o supernominalismo de Descartes. No início de sua carreira, em sua colaboração com Isaac Beeckman, Descartes já estava comprometido com uma física na qual os corpos eram concebidos como portadores de propriedades exclusivamente "mecânicas", a saber, os modos da extensão. Nas *Regras*, já o vemos defender que não se pode distinguir claramente entre extensão e corpo (AT 10: 444-

5). Em *O mundo*, alguns anos mais tarde, a matéria de seu mundo hipotético consiste apenas em extensão (AT 11: 33). Nesse texto, Descartes começa a fazer ontologia de acordo com o método. No entanto, só depois de retomar o contato com os filósofos escolásticos, no final dos anos 1630, formulou, em termos provavelmente tomados de Suárez, a ontologia das coisas criadas como uma ontologia de substâncias, atributos e modos: só então identificou espaço, quantidade e matéria. Como Ockham, Descartes sustenta que um corpo e sua quantidade são distintos apenas em nossa concepção. Porém, diferentemente de Ockham, ele considera que a quantidade – isto é, a extensão – constitui a natureza do corpo e infere que todo acidente do corpo é um modo da extensão.

MUDANÇAS E CAUSAS

Na física cartesiana, toda mudança é movimento local e toda causalidade é causalidade eficiente. Deus e a mente humana, os únicos poderes ativos no mundo de Descartes, intervêm na natureza, mas estão fora do alcance de suas leis e, portanto, fora também da filosofia natural. Por isso, as considerações sobre fins também devem ser excluídas da filosofia natural: ação, fins e cognição não podem ser separados. Descartes foi, nesse sentido, mais radical em seu afastamento da escolástica do que a maioria de seus contemporâneos e sucessores. Alguns deles, notadamente Leibniz e os platonistas de Cambridge, tentaram reintegrar as noções de ação e fins. Para compreender o que estava em questão, é essencial ter em mente os fundamentos das teorias aristotélicas da ação e do papel dos fins na natureza. Provavelmente, sendo cartesianos, nossas intuições nos enganam quando atentamos para o século XVII: o quadro conceitual que tomamos como definido era ainda muito instável.

A filosofia natural aristotélica é impregnada de finalidade. A mudança natural, se adequadamente compreendida, é uma mudança direcionada. As causas eficientes cegas e os meros movimentos de um lugar para outro são apenas casos-limite marginais. Um mundo como o de Descartes não era impensável: afinal, os aristotélicos tinham os exemplos de Demócrito e Epicuro. Todavia, considerar a mudança natural como eles ou como Descartes impossibilitaria, segundo os aristotélicos, conhecer a natureza das coisas e as verdadeiras causas das mudanças.

Atual e potencial

A distinção entre *actus* e *potentia* ("ato" e "potência") é fundamental para a concepção aristotélica de mudança natural. Diz-se que algo é tal-e-tal coisa *in potentia* se, no curso ordinário da natureza, sendo dado um agente adequado e um ambiente sem obstáculos, esse algo se torna tal-e-tal coisa. Ser tal-e-tal-coisa *in potentia* implica em possivelmente ser tal-e-tal coisa, mas, em geral, tem o sentido mais forte de *tender* a se tornar tal-e-tal em virtude de uma característica real. A semente é *in potentia* um organismo maduro, não simplesmente porque lhe é logicamente possível sê-lo, mas em virtude de algum aspecto real que a semente atualmente possui.

Faz sentido, portanto, considerar como imperfeito, como tendo sido impedido em seu desenvolvimento, algo que é *in potentia* tal-e-tal, mas que não se tornou tal-e-tal. As pessoas normalmente adquirem o sentido da visão: uma pessoa a quem falta a visão não é apenas "não olhador" no mesmo sentido em que é possível se dizer o mesmo de uma pedra: um humano "não olhador" é *cego* – é privado de visão e, assim, não possui o que um ser humano, por sua natureza, deve ter.

Ontologicamente, *actus* é simplesmente existência. O *actus* de meu poder de falar é uma enunciação existente. Contudo, *actus* não é *simpliciter* existência. É existência concebida como a efetivação ou perfeição que resulta, em circunstâncias normais, da natureza da coisa da qual é *actus*. Além disso, *actus* é uma expressão relacional, não absoluta. Um *actus* pode ser uma *potentia*. Um dos *actus* da minha alma é o poder de memória, que é, ele mesmo, uma *potentia* cujo *actus* é o registro e a recordação das percepções.

A mudança natural, ou *motus*, é "o *actus* de um ser *in potentia* na medida em que ele é *in potentia*" (Coimbra, 1984, 1: 350). Descartes refere-se a essa citação como algo escolástico sem sentido (AT 11: 39), mas os comentadores de Aristóteles, embora discordando acerca da interpretação, não viram aí nenhum problema de sentido. Acho que se pode compreender melhor a citação como um esquema para captar, em uma coisa que está mudando, exatamente em que consiste a mudança. O aquecimento é o *actus* (uma qualidade atualmente existente de calor) da coisa aquecida (que *in potentia* é quente ou, ao menos, mais quente) na medida em que é *in potentia* (ainda não tão quente como será ou como naturalmente é capaz de ser). Com relação à mudança natural, a definição de Aristóteles nos leva a pensar conjuntamente a condição pela qual a coisa inicialmente admite mudar de uma determinada maneira e o *terminus* ou ponto final natural dessa mudança. A mudança, pelo menos nos casos principais, é sempre direcionada.

A mudança natural é inseparável da ação. Mais precisamente: "Esses cinco aspectos devem ser considerados em toda ação: o agente, o paciente, a forma que é produzida, o *fluxus* da forma e os vários aspectos ou relações que dela se seguem" (Toletus, 1985, 4: 86rb). A forma é o ponto de chegada da mudança, o "fluxo" é o próprio *motus*. Alguns aristotélicos sustentaram que o fluxo é um estágio da própria forma, apontada como um dos componentes de uma sucessão de formas; outros sustentaram que era, de algum modo, distinto. Podemos deixar de lado essa discussão. O agente é a causa eficiente da forma, que é recebida no paciente, tal como o calor do Sol é recebido na Terra. Mas embora se diga que a forma é "recebida", nada passa do agente para o paciente. A forma que resulta da mudança é gerada no paciente – "extraída", como diz a concepção comum, da *potentia* da matéria do paciente.

Da assimetria entre agente e paciente, pensava-se que decorria que o agente não muda ao agir, exceto incidentalmente por ação recíproca ou mediante o aperfeiçoamento da capacidade do paciente de servir como seu instrumento. Torno-me um artesão melhor construindo utensílios melhores, mas, estritamente falando, só os utensílios são aperfeiçoados, não eu. Também se segue que ação, paixão e *motus* não são realmente distintos. "Ação" denota o *motus* na medida em que é relacionada (causalmente) com o agente; "paixão" denota o *motus* na medida em que é, ou resulta em, uma forma no paciente. Assim, quando afirma que ação e paixão diferem apenas em razão, Descartes apenas está repetindo um lugar-comum (AT 3: 428, 11: 328). Deve-se notar que o *motus* é, inequivocamente, um acidente do paciente; ao identificar ação e paixão, Descartes provavelmente não pretendia que pensássemos as paixões da alma como modos comuns da alma e do corpo.

A física cartesiana não tem muito lugar para o esquema agente-paciente. Seu evento básico é a colisão entre dois corpos, um evento em que não há assimetria pela qual se possa distinguir entre agente e paciente. Na psicologia cartesiana, por outro lado, a ação voluntária nos apresenta uma evidente assimetria entre a alma e o corpo: a mente é o agente; a vontade, seu poder ativo. Entretanto, Descartes também aplica, ainda que não com tanta propriedade, o esquema agente-paciente à sensação. Na sexta Meditação, a passividade da sensação é necessária para a prova da existência do corpo, que é, aparentemente, o *agente* da sensação. A dificuldade é que os corpos não têm poderes ativos. Se o esquema fosse seriamente aplicado à sensação, Deus, aparentemente, seria o agente. Pode-se, contudo, também afirmar que Descartes altera, como o faz em outras ocasiões, o sentido do termo tomado dos escolásticos: talvez "paciente" signifique nada além de "coisa afetada", e "agente", nada além de "antecedente causal".

Causas em geral e causa eficiente

A noção de substância como matéria-forma é associada ao esquema agente-paciente da mudança no sistema aristotélico das quatro causas. A causa *material* de uma coisa é sua matéria e a causa *formal,* sua forma. O agente ou a qualidade do agente que faz com que a matéria tenha a forma é a causa *eficiente* e o fim para o qual o agente age é a causa *final*. A razão pela qual matéria, forma, agente e fim são corretamente chamados de causas é, segundo Suárez, que cada qual, a seu modo, "dá ser" a seu efeito. Suárez usa a expressão *influere esse*, "influir ser"; o modelo aqui é o de Deus, que, na criação, a partir da plenitude de seu próprio ser, dissemina a existência a todas as coisas criadas. Esse "influxo" não é uma *transferência* de ser, mas algo como a *assimilação* de Deus pelas criaturas no que diz respeito às perfeições, entre as quais a mais fundamental é a própria existência. Assim, também no caso das relações causais ordinárias nada é transferido da causa para o efeito. O Sol não perde seu calor ao esquentar a Terra: ele retira da substância da Terra a qualidade de calor que, até então, estava nela apenas potencialmente.

Já examinamos as causas material e formal. Quanto à causa eficiente, cabe notar, antes de tudo, que Descartes concorda com os aristotélicos acerca do que pode ser chamado de seus aspectos formais. As causas eficientes exigem os seus efeitos, precedem-nos no tempo e não há ação a distância; ademais, "nada advém do nada" e, por isso, o mais perfeito não pode ser levado à existência pelo menos perfeito. A aplicação desse princípio em sua formulação geral pressupõe uma ordem de graus de perfeição (ou, nos termos de Descartes, de "realidade"). Visto que os acidentes são seres dependentes, eles são menos perfeitos que substâncias e não podem causá-las, e formas materiais não podem causar formas espirituais.

A novidade de Descartes consiste em dar início ao momento de separação entre causalidade (eficiente) e poder (ativo). Ele não tem receio de dizer que um corpo *causa* movimento em outro, mas nega que os corpos tenham o *poder* de mover uns aos outros. A questão aqui levantada foi tratada na escolástica sob o título de "eficácia das causas secundárias". Deus é a primeira causa e, evidentemente, é um poder ativo: existem outros? No aristotelismo islâmico já se tinha defendido que Deus era o único poder ativo. As coisas criadas são apenas causas "ocasionais" de mudança, em que uma causa ocasional satisfaz as condições formais de causas eficientes, sem, porém, *desencadear* as mudanças que ela produz. O ocasionalismo foi uma tentação constante para os filósofos que defendiam que o mundo havia sido criado e conservado por uma divindade onipotente. Quase todos concordavam que Deus *pode* realizar o trabalho de qualquer criatura; mas, então, não é fácil entender por que atribuir poder ativo a qualquer outra coisa: por que o mundo não dependeria de Deus nesse sentido, tal como depende quanto à sua existência?

Os autores aristotélicos argumentaram detalhadamente em favor da eficácia das causas secundárias – especialmente a vontade humana, mas também os agentes naturais. Uma alternativa – a de que as causas secundárias são eficazes e sua operação independe inteiramente de Deus – foi desde o início eliminada. A alternativa favorita era sustentar que Deus *concorre* nos atos das criaturas, que ele coopera com elas na produção dos efeitos, mas de modo a não privá-las de sua própria eficácia. Com relação à vontade humana, a posição de Descartes era clara: trata-se de um poder ativo, genuinamente eficaz. Com relação aos corpos, sua posição era ambígua e permanece tema de disputa. Cabe notar, entretanto, que (exceto pelo caso da vontade) as considerações que os aristotélicos fizeram em favor da eficácia das causas secundárias tinham pouco impacto para Descartes. Além disso, ele confiava no fato de que os aristotélicos concordariam que *se* corpo não for nada além de extensão, então, de fato, os corpos não poderiam ter poderes ativos. Como bem sabia Descartes, a extensão no mundo aristotélico é, em última instância, inerte.

Fins e causas finais

No mundo aristotélico, os fins estão em toda parte. No cartesiano, só há fins onde há mentes. Essa diferença não é tão radical quanto pode parecer. Diferentemente do próprio Aristóteles, os aristotélicos no cenário teísta tendiam a limitar os fins que são causas àqueles que eram conhecidos por um agente racional. Agentes irracionais – animais não humanos e coisas inanimadas – apenas derivadamente têm finalidades, enquanto meios para os fins divinos.

Para os aristotélicos, a questão não é se os atos naturais se conformam a fins (se tomamos esses fins como sendo os de Deus). Em vez disso, a questão é como se pode compreender fins como causas. Parte da resposta é fácil: um fim "dá ser" a uma coisa em virtude de ser sua completude ou perfeição – a realização (atualização) de sua natureza. Atualidade é existência: a coisa finalizada tem mais ser ou realidade do que a coisa imperfeita.

Compreendia-se a causalidade dos fins invocando-se, antes de tudo, o conhecido esquema da ação intencional: o pensamento do fim move a vontade a agir em direção àquele fim. Pode-se afirmar, porém – e alguns filósofos medievais *de fato* o disseram –, que, nesse caso, o fim passa a ser um tipo especial de causa eficiente. Suárez e os filósofos de Coimbra, que estavam familiarizados com o argumento, alegavam que, não obstante, a causalidade dos fins é distinta da causalidade das causas eficientes. Os fins agem sobre a vontade não simplesmente enquanto algo conhecido, mas segundo a "razão formal do bem". Meu pensamento de que comer a maçã que está diante de mim é saudável é parte de uma explicação por causa eficiente do meu ato de comê-la; mas pensar nisso, embora seja necessário para que vontade se mova, é apenas incidental para compreender como o comer a maçã se torna um *fim* em direção ao qual eu ajo. É preciso evocar o caráter salutar do comer a maçã – sendo esse ato de comer considerado sob a "razão formal" do aperfeiçoamento do corpo.

ARTE E NATUREZA

A filosofia natural de Descartes, sobretudo sua fisiologia, recorre muito a analogias entre artefatos humanos e coisas naturais. As coisas vivas são apenas configurações de matéria extensa: diferem de máquinas humanas apenas quanto à complexidade. Da estrutura das máquinas humanas, pode-se inferir a estrutura das coisas vivas com base na semelhança das operações. Na física aristotélica, por outro lado, a utilidade da arte na geração de conhecimento por analogia acerca dos poderes das coisas naturais é bastante limitada. Embora se diga que a arte imita a natureza, ela não pode servir de modelo porque a produção humana, em comparação com a criação divina, é secundária, superficial e subordinada.

I. *Secundária.* Que a arte imita a natureza, sendo, assim, secundária com relação a ela, torna-se manifesto no caso das artes figurativas. As outras artes – carpintaria, alfaiataria, sapataria –, embora não imitem efeitos naturais pré-existentes, imitam os que "deveriam ter pré-existido" e esforçam-se para moldá-los como a natureza os teria feito (Toletus, 1985, *Phys.* 2c2q6; 4: 54v). As garras, a pele, as barbatanas que a natureza deu aos animais, ela nos concedeu dotando-nos de um intelecto capaz de conceber as formas de todas essas ferramentas. A arte humana pode, assim, atingir uma imitação mais adequada do modo divino de produção do que a realizada por agentes naturais.

Apesar disso, a arte não poderia existir sem o ato criativo de Deus e os atos geradores da natureza. Deus realiza na matéria os exemplares ou as ideias divinas das formas das coisas. Os poderes ativos da natureza executam o plano divino, gerando substâncias compostas de matéria-prima e forma substancial, amparadas e embelezadas por qualidades apropriadas. A arte opera apenas nas substâncias completas da natureza. Diferentemente de Deus, ela não pode criar do nada; diferentemente da natureza, ela não pode reduzir uma substância existente à matéria-prima e doar-lhe uma nova forma substancial.

2. *Superficial*. As formas da arte não são as formas substanciais das coisas, mas suas figuras, suas formas externas. As figuras seguem as formas. São assistentes da forma, os indícios de substância. A arte humana não pode dotar a matéria de uma nova forma substancial. Para imitar os efeitos das substâncias naturais na visão, ela pode apenas empregar signos de forma, isto é, a figura das coisas. Isso se aplica não apenas às artes figurativas, mas também, em certa medida, às outras artes: o leme de um navio pode parecer uma cauda, mas só por cortesia pode ser considerado uma parte orgânica do navio. A arte permanece na superfície.

Arriaga sustentava que as formas da arte consistem meramente em locais (*ubicationes*) de substâncias preexistentes. Tudo o que mudamos é o *ubi*, o "onde", de vários fragmentos de coisas. As formas dos artefatos são apenas deslocamentos de seus materiais (Arriaga, 1632: 319; ver Des Chene, 1996: 245). Nas artes como assar e cozinhar, que não mudam simplesmente as coisas de lugar, a contribuição humana consiste apenas na aplicação de poderes naturais a pacientes adequados, como o fogo para a massa. A natureza, não a arte, produz as novas formas assim geradas; a arte apenas fornece a ocasião.

3. *Subordinada*. Os poderes da natureza são subordinados a Deus; a indústria humana é subordinada tanto à natureza quanto a Deus. Deus, escreveram os filósofos de Coimbra, produz (coisas) a partir do nada; a natureza, de seres potenciais; a arte, de seres completos: Deus criando, a natureza gerando, a arte compondo ou combinando (Coimbra, 1984, 1: 214).

As formas naturais são "ativas (*actuosæ*) e como que vivas". Mas as formas da arte são "como que inertes (*stolidæ*) e mortas, não tendo força efetiva (*effectricem vim*)". Não passam de remodelações de coisas. A figura, porém, pertence à quantidade, e a quantidade "em si mesma é inativa (*ignava*) e inerte; é dada (às coisas) pela natureza como se fosse uma outra matéria, para sustentar seus acidentes". A figura herda a passividade da quantidade. Em resumo, a arte enquanto tal não tem efeito; e, se a natureza de alguma coisa é, como diz Aristóteles, seu princípio de movimento e repouso, então os artefatos não têm natureza.

O contraste não poderia ser maior. A arte lida apenas na superfície das substâncias completas, suas formas são meras figuras e ela é inerte – mais do que qualquer substância inanimada da natureza. A natureza, por outro lado, funciona por dentro e precisa apenas de matéria-prima como material: as criaturas da natureza não apenas têm poderes ativos, mas são capazes de conferir a outros esses poderes.

Ainda assim, parece haver exemplos nos quais a arte excede esses limites. Os filósofos de Coimbra consideram três casos: autômatos, qualidades e figuras mágicas e alquimia, à qual dedicam uma questão especial (acerca das relações entre arte e natureza na alquimia, ver Newman, 2004). As estátuas de Dédalo, a pomba de Arquitas de Tarento e os restos mortais animados de Apolônio de Tiana[*] parecem todos ter possuído poderes semelhantes aos das coisas vivas. Do mesmo modo, as imagens e amuletos produzidos pelos astrólogos e mágicos naturais parecem ultrapassar em seus efeitos os poderes dos agentes naturais. E se os alquimistas podem de fato gerar ouro a partir de metal não precioso, como dizem, a arte terá conseguido não simplesmente deslocar

___

[*] N. de T.: No original, *animated stools*.

fragmentos de coisas, mas sim impor uma nova forma substancial à matéria-prima.

No entanto, tudo isso é impostura ou pode ser atribuído a causas naturais. "Nem a arte nem a forma artificial por seus próprios poderes são capazes de funcionar como a natureza" (Coimbra, 1984, 1: 218). Se bruxas e mágicos parecem dotar figuras e qualidades de poderes ativos, as ações que produzem, caso não sejam ilusórias, devem-se ao "engenho de demônios que, ao sinal (dado pela bruxa), por acordo tácito ou explícito, apressam-se em brincar com as mentes dos homens". Os instrumentos de bruxaria são apenas manifestações visíveis das intenções da bruxa. Em outros casos, atuam causas naturais comuns e a aparência de atividade em um artefato se deve ao ocultamento dessas causas. Assim é com os autômatos, cujas ações são produzidas por "pequenas máquinas escondidas", que agem de modo perfeitamente natural.

Quanto à alquimia, as conclusões dos filósofos de Coimbra é um pouco surpreendente: "Mesmo sendo extremamente difícil produzir ouro verdadeiro por receitas químicas, ainda assim não parece que se possa julgar que seja totalmente impossível". Se até agora o ouro só tem sido feito embaixo da terra, isto é apenas porque somente lá existem conjuntamente o material e os agentes necessários. Todavia, o processo natural que o produz pode ocorrer em qualquer lugar, até mesmo no gabinete do alquimista.

Tendo desse modo abordado o que chamaríamos de concepção moderna de matéria, os filósofos de Coimbra imediatamente refazem seus passos. Eles lembram o leitor que, de fato, ninguém demonstrou a arte de produzir ouro. Em todos os casos, o produto era ou bem ouro falso ou, se legítimo, era introduzido sub-repticiamente durante o processo. Os alquimistas, portanto, merecem sua má reputação. E, caso chegue o dia em que o ouro seja feito por arte, será pela aplicação de agentes naturais a materiais adequados. A arte nela mesma permanecerá sendo uma espectadora inerte. A alquimia, como a mágica natural, testa os limites da arte, mas não pode ultrapassá-los.

A arte humana, mesmo sendo capaz de produzir substâncias, permanece subordinada à natureza. Na filosofia natural de Descartes, a subordinação da arte à natureza não é totalmente rejeitada. No entanto, a diferença entre a arte humana e a arte divina não é mais a presença ou a ausência de poderes criadores. Ao invés disso, é a diferença entre o finito e o indeterminadamente grande, uma diferença em número e complexidade das partes. A arte humana é subordinada à natureza apenas acidentalmente e não essencialmente. Pode-se dizer que a arte é aquilo que é efetivamente feito de acordo com os nossos desejos; a natureza, aquilo que não é, ou que o é apenas potencialmente.

REFERÊNCIAS E LEITURAS ADICIONAIS

Ariew, R. (1999). *Descartes and the Last Scholastics*. Ithaca, NY: Cornell University Press.

Ariew, R., J. Cottingham e T. Sorell (eds.) (1998). *Descartes' Meditations. Background Source Materials*. Cambridge: Cambridge University Press.

Armogathe, J.-R. (1977).*Theologia Cartesiana: L'explication physique de l'Eucharistie chez Descartes et dom Desgabets*. Haia: Martinus Nijhoff.

Arriaga, R. de (1632). *Cursos Philosophicus*. Antuérpia: Baltasar Moretus.

Bitbol-Hespériès, A. (1990). *Le principe de vie chez Descartes*. Paris: J. Vrin.

Blackwell, C. e S. Kusukawa (eds.) (1999). *Philosophy in the Sixteenth and the Seventeenth Centuries: Conversations with Aristotle*. Aldershot: Ashgate.

Boyle, R. (1991). "The origin of forms and qualities according to the corpuscular philosophy". In: M. A. Stewart (ed.) *Selected Philosophical Papers*. Indianapolis: Hackett, pp. 1-96.

Coimbra (1984). *Commentarii Collegii Conimbricensis* [...] *in octo libros physicorum Aristotelis*. Hildesheim: Olms (obra originalmente publicada em 1594).

Dear, P. (1988). *Mersenne and the Learning of the Schools*. Ithaca, NY: Cornell University Press.

Descartes, R. (1996). *Le Monde, l'homme*. Ed.: A. Bitbol- Hespériès e J.-P. Verdet. Paris: Seuil.

Des Chene, D. (1996). *Physiologia: Natural Philosophy in Late Aristotelian and Cartesian Philosophy*. Ithaca, NY: Cornell University Press.

Fabri, H. (1669-1671). *Physica, id est, scientia rerum corporearum*. Lyon: Laurent Anisson.

Feingold, M. (ed.) (2003). *Jesuit Science and the Republic of the Letters*. Cambridge, MA: MIT Press.

Fonseca, P. (1964). *Commentariorum Petri Fonsecae Lusitani [...] in libros metaphysicorum Aristotelis [...]* Hildesheim: Olms (obra originalmente publicada em 1615).

Garber, D. (1992). *Descartes' Metaphysical Physics*. Chicago: University of Chicago Press.

Hellyer, M. (2005). *Catholic Physics: Jesuit Natural Philosophy in Early Modern Germany*. North Bend, IN: University of Notre Dame Press.

John of St. Thomas (1930-1937). *Cursus philosophicus thomisticus*. Ed.: P. Beato Reiser. Torino: Marietti (obra originalmente publicada em 1637-1638).

Marenbon, J. (1987). *Later Medieval Philosophy (1150-1350)*. Londres: Routledge.

Menn, S. (1995). "The greatest stumbling block". In: Ariew, R. e M. Grene (eds.). *Descartes and his Contemporaries*. Chicago: University of Chicago Press, pp. 182-207.

Newman, W. R. (2004). *Promethean Ambitions. Alchemy and the Quest to Perfect Nature*. Chicago: University of Chicago Press.

Schmitt, C. (1967). "Experimental evidence for and against a void: the sixteenth-century arguments". *Isis* 58, pp. 352-366. Reimpresso em: *Reappraisals in Renaissance thought*. Londres: Variorum Reprints, 1989).

Schmitt, C. e Q. Skinner (eds.) (1988). *The Cambridge History of Renaissance Philosophy*. Cambridge: Cambridge University Press.

Stone, M. W. F. (2005). "Scholastic schools and early modern philosophy". In: D. Rutherford (ed.). *The Cambridge Companion of Early Modern Philosophy*. Cambridge: Cambridge University Press, pp. 299-327.

Suárez, F. (1965). *Disputationes metaphysicæ*. Hildesheim: Olms. Reimpresso a partir dos volumes 25 e 26 de suas *Opera Omnia*. Paris: Louis Vivès, 1856-1859. (Obra originalmente publicada em 1597).

Toletus, F. (1985). *Opera omnia philosophica*. Hildesheim: Olms. (Obra originalmente publicada em 1615-1616).

3

Descartes e Agostinho

CATHERINE WILSON

A relação de Descartes com seu predecessor, o bispo de Hipona do século V, Santo Agostinho, tem atraído muitos comentários e o interesse de estudiosos. Entre os padres da Igreja Primitiva, Santo Agostinho destacou-se no estabelecimento da doutrina cristã. Suas teorias do pecado, da vontade humana, dos anjos e demônios, da relação da autoridade temporal com a religiosa e da natureza da alma foram dominantes durante séculos. Mesmo com o surgimento de Santo Anselmo e de São Tomás de Aquino, que representaram uma abordagem mais intelectual da síntese da filosofia com a teologia, o cristianismo de Agostinho influenciou tanto católicos quanto protestantes, inclusive Lutero e Calvino. A influência de Agostinho só começou a esvaecer no final do século XVII, embora tenha permanecido sempre forte em certos setores cristãos. A relação entre o teólogo medieval e o filósofo do início da era moderna levanta muitas questões historiográficas, tanto internas aos textos, relativas às suas respectivas doutrinas e argumentos, quanto externas a estes, relativas à posição de Descartes e sua influência nas comunidades intelectuais do século XVII.

Há diversos pensamentos e argumentos paralelos nos escritos dos dois pensadores e vale a pena citar brevemente algumas passagens que chamam a atenção. Descartes, em seu *Discurso sobre o método* de 1637, afirma que, em um determinado ponto de sua vida, envolveu-se em meditações muito pouco usuais, talvez "metafísicas e incomuns demais para o gosto de todos" (1:126; AT 6:31). Havia decidido rejeitar como falso tudo de que fosse possível duvidar. Estabeleceu então que, mesmo que fosse vítima de uma ilusão acerca de tudo que parecia ter experienciado e aprendido pelo uso dos sentidos, ele, ao menos, existia.

> Notei que, enquanto eu queria assim pensar que tudo era falso, cumpria necessariamente que eu, que pensava, fosse alguma coisa. E, notando que esta verdade: *eu penso, logo existo* era tão firme e tão certa que todas as mais extravagantes suposições dos céticos não seriam capazes de abalá-la, julguei que podia aceitá-la, sem escrúpulo, como o primeiro princípio da filosofia que procurava. (1:127; AT 6:32)

Uma outra versão da apreensão de sua própria existência ante as dúvidas sobre a existência de um mundo foi apresentada nas *Meditações* de 1640.

> Eu me persuadi de que nada existia no mundo, que não havia nenhum céu, nenhuma terra, nem mentes, nem corpos: Concluía-se disso, também, portanto, que eu não existia? Não: se eu me persuadi de algo, então, eu existia sem dúvida. [...] Após ter pensado bastante nisso e ter examinado cuidadosamente todas as coisas, cumpre enfim concluir e ter por constante que essa proposição *eu sou, eu existo* é necessariamente verdadeira todas as vezes que a enuncio ou que a concebo em minha mente. [...] Mas o que então sou eu? Uma coisa que

pensa. E o que mais? Uma coisa que duvida, compreende, afirma, nega, quer, não quer e também que imagina e tem percepções sensíveis. (2:17; AT 7:24-5; cf. 1:127; AT 6:32)

Esses pensamentos "incomuns", entretanto, haviam sido antecipados por Agostinho em *A Trindade*. Agostinho sustentava que temos um conhecimento imediato de nossa própria existência e pensamento, que esse conhecimento é adquirido por meios não sensoriais e que, a esse respeito, não é possível enganar-se.

> Quem duvidaria que vive, recorda, compreende, quer, pensa, conhece e julga? Pois mesmo que duvide que vive, se duvida, lembra-se por que duvida; se duvida, compreende que duvida; se duvida, deseja estar certo; se duvida, pensa; se duvida, sabe que não sabe; se duvida, julga que não deve consentir precipitadamente. Assim, quem duvida de qualquer outra coisa, não deve nunca duvidar dessa coisa; pois se esta não existisse, ele não seria capaz de duvidar de coisa alguma. (Agostinho, 2002:56)

Em *A cidade de Deus contra os pagãos*, Livro 11, Capítulo 26, Agostinho defendeu que, independentemente de sua experiência de um mundo sensorial ser ou não ilusória, seu conhecimento de sua própria existência (e, consequentemente, o conhecimento que todos têm de sua própria existência) era seguro.

> Nós dois existimos, sabemos que existimos e amamos nossa existência e o conhecimento que dela temos. Além disso, nessas três frases que enunciei, de modo algum nos perturba a falsidade ou enganos mascarados de verdade. Pois não temos contato com essas realidades como temos com os objetos externos, através de algum sentido corpóreo. Conhecemos as cores, por exemplo, vendo-as; os sons, escutando-os; os odores, cheirando-os; o sabor das coisas, provando-as e os objetos macios ou duros, apalpando-os. [...] Mas é sem qualquer papel enganador da imaginação, com suas visões reais ou irreais, que estou bastante certo de que eu existo e amo esse existir e esse conhecer. (Agostinho, 1968, 3:532-3)

> Não preciso ceder para os acadêmicos que afirmam: "E se você estiver enganado?". Bem, se estou enganado, existo [...]; é certo que, se estou enganado, eu sou. (Agostinho, 1968, 3:533)

Embora Agostinho pensasse ter demonstrado que estava *vivo* e não simplesmente que existia, a argumentação é semelhante. Ainda assim, apesar dessas e de outras passagens que sugerem um estudo e uma influência direta, Descartes persistentemente afirmou que desconhecia os escritos de Agostinho. Quando, depois do *Discurso* ter sido enviado para a gráfica, Marin Mersenne levantou a questão e enviou algumas passagens de Agostinho, Descartes se negou a admitir sua relevância (AT 1:376). Em 15 de novembro de 1638, sua consciência talvez o tenha incomodado, pois escreveu a Mersenne; "Procurei a carta em que você citou a passagem de Santo Agostinho, mas não pude encontrá-la; tampouco consegui a obra do Santo, para que pudesse examinar o que você me disse, pelo que sou grato" (3:129; AT 2:435). Quando outro correspondente, Andréas Colvius, chamou sua atenção para o argumento da dúvida em *A cidade de Deus contra os pagãos*, em 1640, Descartes agradeceu-lhe a referência, acrescentando: "Fui à biblioteca dessa cidade [Leiden] para lê-lo e, com efeito, acho que ele de fato o usa para provar a certeza de sua existência". "Fico muito contente", ele continua, "por me ver concordar com Santo Agostinho, ainda que apenas para acalmar as mentes pequenas que tentaram encontrar defeito no princípio" (3:159; AT 3:247-8). Ele nega, entretanto, que sua intenção seja a mesma de Agostinho. Diferentemente deste, assinala, usou um argumento a partir da dubitabilidade para mostrar que "esse eu que está pensando é uma substância imaterial sem qualquer elemento corpóreo" (3:159; AT 3:247). Em outra carta, a Denis Mesland, escrita em 1644, Descartes mais uma vez expressa suas esperanças de que as semelhanças acidentais entre suas concepções e as de Agostinho facilitassem a aceitação de sua filosofia.

> Sou-lhe grato por indicar os lugares em Santo Agostinho que podem ser usados para conferir autoridade às minhas concepções. Alguns outros amigos já o fizeram e fico feliz que meus pensamentos estejam de acordo com os de um homem tão notável e santo. Pois não sou o tipo de pessoa que pretende que seus pensamentos pareçam originais; pelo contrário, faço com que minhas concepções se conformem com as dos outros desde que a verdade o permita. (3:232; AT 4:113)

Assim, Descartes inclinava-se a insistir ou bem em sua ignorância acerca de Agostinho ou na utilidade de uma coincidência um tanto superficial, porém propícia para seu projeto geral. E, com efeito, sua afirmação de que Agostinho não teria usado seu argumento da indubitabilidade como parte de sua demonstração da incorporeidade da alma é justificada. Agostinho não deduziu essa tese de um conjunto determinado de premissas. Mas seguiu Platão ao manter que a alma humana era uma substância imaterial sem qualquer elemento corpóreo, e insistiu com frequência nesse ponto.

A atitude indiferente de Descartes realmente expressava sua relação com Agostinho ou seria apenas mais um exemplo de sua tendência a subestimar o grau de influência de outros autores em seu pensamento (Kamlah, 1961; Menn, 2003)? Em abril de 1619, Descartes escreveu afetuosamente a Isaac Beeckman, com quem estudava física: "Apenas você me despertou do meu estado de indolência e reascendeu o aprendizado que então havia quase desaparecido de minha memória. [...] Se acontecer de eu produzir algo não de todo desprezível, você pode com razão reivindicá-lo como seu próprio" (3:4; AT 10:163). Entretanto, em 1630, voltou-se furiosamente contra Beeckman, que havia reclamado de sua ingratidão: "De seu *Mathematical physics* não aprendi coisa alguma além de fantasias sem valor", escreveu. "Você não deveria aceder à sua patologia enfatizando o fato de que algumas vezes aceitei o que você disse, pois ocorre ocasionalmente que mesmo a pessoa mais incompetente, ao discutir filosofia, diz muitas coisas que por absoluto acaso coincidem com a verdade" (3:27; AT 1:159). Descartes não tendia a ser generoso no reconhecimento de suas dívidas intelectuais. Entretanto, é significativo que Antoine Arnauld, o filósofo-teólogo jansenista, antes de receber respostas satisfatórias quanto a certos pontos e se converter ao cartesianismo, tenha mencionado algumas coincidências e alguns conflitos sérios com as doutrinas de Agostinho.

A apropriação de Descartes pelos teólogos e filósofos oratorianos, notadamente Nicolas Malebranche, bem como pelos jansenistas da escola de Port-Royal, foi benéfica para sua reputação, segundo Henri Gouhier, mas foi indicativa da total ausência de afinidade intelectual. Segundo Gouhier, "a alma do sistema cartesiano não é a mesma de Agostinho" e o distanciamento de Descartes era apropriado. Diz Gouhier (citado em Menn, 1998:8):

> Pouco importa que se encontre o *cogito* em um e em outro; pouco importa se os dois apologetas tenham recorrido aos mesmos procedimentos; pouco importa que os dois dialéticos tenham se desenvolvido para além dos limites do mundo sensível. Sejam os procedimentos de ambos rigorosamente paralelos, sejam idênticas suas expressões, acima de tudo isso há uma alma que essas semelhanças não atingem, e é a essa alma que um estudo como o nosso deve levar.

Desafiando a posição de Gouhier, Stephen Menn argumentou não só em favor de uma dívida cartesiana para com

Agostinho mas também em favor de uma certa harmonia nas metas e pretensões filosóficas. De acordo com Menn, o objetivo de Descartes era, *"grosso modo,* formular um sistema científico completo, que incluía uma física mecanicista e concluía com as disciplinas práticas, com base na metafísica agostiniana" (Menn, 1998: 15).

Essas duas concepções não são inteiramente incompatíveis. Se a alma do sistema cartesiano pode ser concebida como "um sistema científico completo, que incluía uma física mecanicista e concluía com as disciplinas práticas", então os dois comentadores podem estar certos. Entretanto, talvez seja mais preciso afirmar, nesse caso, que a metafísica agostiniana fornece uma estrutura e não uma base para o sistema científico de Descartes. Embora a atitude de Agostinho com relação ao mundo natural e seus objetos corpóreos seja complexa, refletindo a complexidade das doutrinas platônicas da relação entre o mundo sensível e o inteligível que o inspirou, ele atribui pouca importância à ciência natural. Diferentemente de Descartes, ele a concebia como uma distração sem valor que afastava da tarefa do aperfeiçoamento da relação com Deus e, no final da vida, rejeitou totalmente o estudo da filosofia – o pensamento crítico, analítico e especulativo – em favor da fé. A base para sistema científico de Descartes é o atomismo de Demócrito e de seus sucessores, conjugado à fisiologia de Galeno, isto é, a ciência pagã revivida na Revolução Científica, fortemente rejeitada por Agostinho. A metafísica agostiniana de Descartes complementava a imagem científica do mundo em vez de sustentá-la. Ela substituiu o monoteísmo da tradição pelo ateísmo e pelo culto à natureza dos antigos associado à ciência e, com frequência, à metafísica.

DOIS INVESTIGADORES DA VERDADE

As narrativas autobiográficas de Agostinho e suas formulações teóricas são dominadas por imagens de um corpo em movimento e em repouso. O sujeito da história pessoal de Agostinho, bem como o sujeito implicado em sua investigação filosófica, divaga, busca, escapa e, afinal, encontra abrigo e descansa. Tal como ele reconta na história de sua vida, em *Confissões*, a juventude de Agostinho foi marcada por uma vida libertina e um sentido de vileza que ele atribuiu a seu envolvimento com os corpos. Não só esteve imerso em uma vida de prazeres da cidade e envolvido em romances, como também emaranhado em uma filosofia materialista. "Meu espírito percorria as formas corpóreas", afirmou, "e eu definia e distinguia o belo como sendo aquilo que o é absolutamente por si mesmo [...] e confirmava meu argumento por exemplos corpóreos" (Agostinho, 1912, 1:191). Ele sustentava concepções metafísicas radicais: "Aquilo que não fosse estendido em algum espaço nem difundido exteriormente, nem reunido em uma massa, nem dilatado em largura ou que não tivesse recebido ou não pudesse receber alguma forma dessas dimensões, pensei ser nada" (Agostinho, 1912, 1: 335). Mesmo Deus, diz ele, concebia como "um ser imenso, penetrando por todos os lados a massa do universo" (*ibid*). Nessa fase de sua vida, ele tampouco compreendia a natureza da alma.

> Dediquei meus estudos [...] à consideração da natureza da alma, mas as falsas opiniões que tinha dos seres espirituais não me deixavam vislumbrar a verdade; ainda que a força da verdade por vezes fulgurasse aos meus olhos, logo, porém, eu desviava minha alma irrequieta de todas as substâncias incorpóreas, voltando-a para os traços, as cores e as grandezas palpáveis. E, como eu não podia ver essas coisas na minha alma, eu de fato julgava que não podia ver essa minha alma. (Agostinho 1912, 1:191)

O materialismo que Agostinho menciona nessas passagens era característico dos sistemas filosóficos mais antigos. Agostinho cita Tales como o autor do sistema segundo o qual tudo é água; Anaxímenes como o autor do sistema segundo o qual tudo é ar e os estoicos como tendo defendido que o fogo é o princípio da vida, da sabedoria, e da divindade. Desses, o sistema mais potente e abrangente era o atomismo; originou-se com Demócrito, foi desenvolvido por Epicuro e articulado de modo completo no longo poema latino de Tito Lucrécio Caro, *Sobre a natureza das coisas*, uma versão de um manuscrito grego perdido de Epicuro.

Os atomistas defendiam que só existiam partículas materiais e o vazio. A alma humana era composta de átomos especialmente sutis e delicados e não sobrevivia à morte do restante do corpo ao qual estava misturada em vida. Os deuses, se não fossem imaginários, seriam seres materiais que habitavam regiões distantes do espaço e não se interessariam pelos assuntos humanos; e a morte era o fim de toda experiência e existência. Parecia seguir-se o hedonismo ético, a doutrina segundo a qual buscar o prazer e evitar a dor seria o único objetivo razoável para os seres humanos (Lucrécio, 2001, *passim*). Platão, por meio de sua doutrina das formas separadas e imateriais, e Aristóteles, por meio de sua doutrina de formas unidas à matéria (hilomorfismo), rejeitaram o atomismo e suas implicações teológicas, embora este último tenha ao menos concedido a Demócrito um lugar de honra entre os pré-socráticos.

O jovem Agostinho foi profundamente interessado não apenas pelo materialismo mas, sobretudo, pelas doutrinas éticas dos atomistas. Mesmo após o encontro com Santo Ambrósio, que persuadiu-lhe da verdade do cristianismo, da ressurreição e de nossa obrigação para com Deus, Agostinho continuou, durante algum tempo, a crer que Epicuro estava correto ao tratar o prazer como o soberano bem. A única razão que Agostinho poderia encontrar para se abster da indulgência carnal era o fato de ser proibida e punida por Deus.

> Só o temor da morte e do Vosso futuro juízo havia de arrancar-me da lama e lavar-me. [...] Epicuro, no meu conceito, teria recebido a palma se eu não acreditasse sinceramente que, depois da morte do corpo, permaneciam a vida da alma e o fruto dos nossos méritos, no que Epicuro não acreditava. (Agostinho, 1912, 1:327)

Em sua busca por um sistema metafísico que pudesse explicar seu sentimento de conflito interno, aliviar seu sentimento de culpa e pôr fim a suas confusões acerca de como viver, Agostinho primeiramente se voltou para o maniqueísmo, a doutrina segundo a qual os princípios igualmente poderosos do bem e do mal lutavam pela supremacia no cosmos. Ao perceber que, em última instância, isso não o ajudava, voltou-se para o platonismo.

O platonismo com o qual ele se deparou foi o do *Fédon*, do *Banquete* e do *Timeu*. Esses escritos de Platão não eram valorizados em virtude do apurado argumento dialógico de Sócrates, mas por sua descrição imaginativa de um domínio suprassensível de ideias ou "formas" além do mundo de objetos sensíveis e tangíveis. De acordo com a doutrina platônica, tudo no mundo sensível é, como sustentavam os atomistas, mutável e transitório; mas existem *formas* que são eternas e imutáveis. A ontologia platônica relegava a matéria a uma existência derivada e imprecisa relativamente a essas *formas* incorpóreas; no que diz respeito à teoria moral, o platonismo se posicionava contra as concepções relativistas, pragmáticas e convencionalistas acerca do bem e do mal que prevaleciam. O *Timeu* sustenta que se pode conquistar a imortalidade ao renunciar às metas e aos desejos mundanos.

> Se um homem tornou-se absorto por seus apetites ou por suas ambições e muito se esforçou para fomentá-los, todos os seus pensamentos estão fadados a ser meramente mortais. [...] Por outro lado, se um homem seriamente se dedicou ao amor pelo aprendizado e pela verdadeira sabedoria, de modo algum seus pensamentos podem deixar de ser imortais e divinos. (Platão, 1997: 1289; 90b)

As boas ações, mantinha Platão, participavam da Forma do Bem, mas os platonistas não admitiam uma Forma do Mal. Diferentemente dos maniqueístas e dos gnósticos, eles sustentavam que o mundo, sendo o produto de uma mente divina criativa, era essencialmente e inteiramente bom. Apesar disso, os sistemas que ofereciam não deixavam de cingir o conceito de matéria com uma aura de vergonha e de desvalorização, e sua divisão entre o mundo sensível e o inteligível adequava-se bem às noções judaico-cristãs de profanação e de pecado. A alma do homem, argumentou Sócrates no *Fédon*, é indivisível, ao contrário de tudo o que é material, e, por isso mesmo, indestrutível e imortal. A alma, diz Platão,

> (...) é mais semelhante ao divino, imortal, inteligível, uniforme, indissolúvel e sempre a mesma, enquanto o corpo é mais semelhante ao que é humano, mortal, multiforme, ininteligível, solúvel e nunca consistentemente o mesmo (Platão, 1997: 70; 80b).

Através de seus encontros com os platônicos, descritos no Livro 7 de suas *Confissões* e no Livro 8 *de A cidade de Deus contra os pagãos*, Agostinho passou a valorizar a existência e o significado das coisas incorpóreas – Deus e a alma (Agostinho, 1912, 1: 393 e ss.). Julgava que o materialismo era uma teoria proposta, por razões ideológicas, por pessoas viciadas em prazer, como ele próprio o foi, ou ao menos proposta por pessoas induzidas por seu amor pelos objetos percebidos por meio dos sentidos. Descreveu-os como filósofos "que adotavam uma crença nos elementos materiais da natureza porque suas mentes eram subservientes ao corpo", iniciando uma longa tradição de ataque *ad hominem* aos atomistas clássicos e seus ensinamentos (Agostinho, 1968, 3: 27). "Esses [...] filósofos [...] têm sido capazes de conceber apenas o que seus corações, ligados a seus sentidos corpóreos, divisaram para eles" (*ibid*). Embora "tenham dentro deles algo que não veem", não o reconheciam como tal e acreditavam erroneamente que a vida pode advir de coisas não vivas.

Sua nova síntese de teologia e filosofia deu a Agostinho o repouso que por tanto tempo almejou, livrando-o dos golpes que havia recebido durante sua busca por amor e experiência. Toda beleza corpórea, afirmava, era transitória e mutável: todos os objetos belos, exceto Deus, "nascem e morrem; [...] crescem para que possam atingir a perfeição e, uma vez perfeitos, envelhecem e morrem" (Agostinho, 1912, 1: 175). Ele via a falácia metafísica subjacente, exemplificada na idolatria dos gentios que "transformaram a glória de Sua natureza incorruptível em ídolos e em diversas figuras, à semelhança da imagem do homem corruptível, das aves, dos animais e das serpentes" e mesmo do "bezerro que come feno" (Agostinho, 1912, 1: 369). As coisas criadas, julgava, não tinham "ser absoluto", embora tampouco não fossem nada; vinham de Deus, mas lhes faltava o ser completo de Deus (Agostinho, 1912, 2: 375). Veio a entender que "a matéria de todo o universo, suas figuras, suas qualidades, seus movimentos regulares", juntamente com a vida dos animais, das plantas e dos seres humanos, não poderiam ter existência "exceto na medida em que vêm Dele, que é o ser absoluto" (Agostinho, 1968, 3: 31). O mal, concluiu ainda, não era real e consistia apenas na negação do bem, pois tudo o que é criado deve ser bom.

O ascetismo é central na maior parte das religiões e caracteriza a maioria das noções de santidade. O *Timeu* de Platão se preocupa com o estado de santidade que pode ser atingido pelos seres humanos, assim como o Novo Testamento do cristianismo. Ambos – platonistas e cristãos – exigiam a renúncia dos prazeres mundanos. Ainda assim, ambos os grupos também achavam difícil ou impossível representar a condição de santidade de outro modo que não fosse por uma linguagem e por uma imagística eróticas, o que inclui a *Canção de Salomão* do Velho Testamento, as muitas referências a noivas e casamentos no Novo Testamento e as evocações de desejo e de satisfação no *Banquete*. Houve ainda uma tensão interna em ambos os grupos entre a doutrina ontológica da "Bondade do Mundo", tal como é expressa no Gênesis e no *Timeu*, e a imposição moral de transcender o mundo, ou de morrer para ele ou de simplesmente não se importar com ele. Se o mundo das criaturas é bom, por que precisamos nos afastar dele em vez de abraçá-lo? Se somos criaturas de um ser onipotente e sumamente benevolente, como podemos nos enganar de modo tão fundamental acerca dos valores?

Agostinho deixou sem solução a maioria desses problemas – versões do antigo Problema do Mal –, embora tenha traçado, como mostrarei adiante, uma distinção implícita entre o mundo natural, que considerava como sendo essencialmente bom, e o mundo artificial de elaboração humana, que considerava fútil e libertino. Ele sustentava que uma espécie de felicidade recompensaria aqueles inteiramente submetidos aos comandos de Deus, a qual ultrapassaria a felicidade obtida pela mera contemplação da Criação. Não se pode, contudo, afirmar que essas distinções tenham bastado para dissipar o paradoxo, e Agostinho não era inteiramente avesso a paradoxos não resolvidos. Ele era fascinado por excentricidades filosóficas, tais como a ruína da humanidade em razão da mente de uma mulher e a salvação da humanidade por meio do corpo de uma mulher (Agostinho, 1997: 14), e o Problema do Mal foi um problema ao qual ele insistiu com frequência em seus escritos (Macdonald, 2001). No final de sua vida, entretanto, em suas *Retratações*, Agostinho expressou um desencantamento com toda a filosofia – até mesmo com a filosofia platônica. Só a fé deveria ser nosso guia e a Bíblia, nosso único texto.

Já no processo de sua conversão, Agostinho foi muito desencorajado pelas "disputas acerca de todas aquelas questões críticas sobre as quais li tanto entre os filósofos contradizendo uns aos outros" (Agostinho, 1912: 283). A humanidade, sustentava, "provar-se-ia muito fraca para alcançar a verdade com a transparência da razão e, por isso, foi-nos necessária a autoridade das Sagradas Escrituras" (Agostinho, 1912: 285). O que lhe parecera "absurdo" quando examinou pela primeira vez a Bíblia, agora lhe aparecia como um mistério profundo "e a autoridade do Livro mostrava-se tanto mais venerável e digna de fé sacrossanta" (*ibid.*). Descartes respondeu de modo muito diferente ao problema das vozes contraditórias na filosofia. Ele não abandona a razão nem louva o mistério; em vez disso, aplica de modo consistente sua razão humana, e essa aplicação consistente não só prova a existência de Deus sem qualquer recurso à fé – o que Descartes não considerava razoável exigir daqueles que não eram criados em uma cultura cristã – como também a confiabilidade da razão. A imortalidade da alma humana, entretanto, ele admitia, era uma questão de fé e não poderia ser provada (2: 291; AT 7: 431).

A autobiografia de Descartes compartilha alguns aspectos com a de Agostinho. No *Discurso*, ele se apresentou como um corpo em movimento, viajando pelo mundo em companhia do príncipe Maurice, e mesmo mais tarde foi uma pessoa extraordinariamente irrequieta, que com frequência mudava o lugar de moradia (Baillet, 1691). Diferentemente de Agostinho, que se tornou adepto entusiasta de uma seita atrás da outra em sua busca por algo em que acreditar, Descartes em sua juventude manteve uma certa indiferença esquiva quanto à filosofia. Ele gostava de matemática, como nos diz nas seções autobiográficas do *Discurso*, mas não foi cativado pelo restante de sua educação, com certeza não pela filosofia da natureza dos filósofos medievais que leu. Ao concluir sua educação formal, na idade em que Agostinho fazia seu percurso pelo cânone filosófico de sua época, Descartes estudava teoria musical, física, engenharia militar e fisiologia animal (Baillet, 1691). Quanto à religião, Descartes nasceu em uma cultura cristã e aceitou o catolicismo, mas não tinha o fervor de alguém que se converte a uma nova religião. Embora assegure o leitor de que "reverenciava a teologia", e tenha de fato vindo a sentir-se especialmente favorecido por Deus, suas *Meditações* não se parecem com a tradicional meditação religiosa, na qual o meditador é atraído para uma relação "eu-Vós" com uma divindade cuidadosa, amorosa, mas também exigente. Se Descartes experimentou culpa e conflito por seus prazeres sensoriais, nada diz a esse respeito ao leitor. A renúncia não é um tema condutor para ele, como o é para Agostinho.

Como tentarei mostrar mais tarde, Descartes se ocupou do Problema do Mal e foi muito bem-sucedido em sua solução, mas ao preço de abdicar da distinção entre o artificial e o natural, tão significativa para Agostinho, bem como da salvação individual. Com certeza, Menn acerta ao sugerir que os problemas platônico-agostinianos acerca do valor último das coisas corpóreas eram centrais para Descartes. No entanto, Gouhier certamente também está correto ao sugerir que a teologia agostiniana, segundo a qual a relação com Deus é profundamente pessoal e íntima e cujo cultivo é mais importante do que qualquer empenho terrestre, está muito distante da teologia de Descartes.

CONVERGÊNCIAS E DIVERGÊNCIAS

Além do recurso comum a um argumento de indubitabilidade – que a dúvida implica na existência de um sujeito que compreende, que quer –, há muitos pontos de interseção entre Agostinho e Descartes. É provável que Descartes, em sua juventude, tenha lido Agostinho ou, ao menos, tenha assistido a aulas sobre a metafísica e a teologia deste, embora ninguém tenha provado que isso tenha ocorrido. É provável que as doutrinas de Agostinho lhe tenham voltado ao espírito enquanto compunha as *Meditações*, mesmo que tenha esquecido sua fonte. Ambos os filósofos (reservei muito de seus enunciados semelhantes para o apêndice) afirmam que:

- Nossa familiaridade cotidiana com os objetos dos sentidos produz certos preconceitos.
- Para se conhecer, sobretudo a si mesmo, é essencial "afastar-se" da experiência sensível.
- Os filósofos mal-informados e as pessoas ingênuas creem que a alma é material.
- É possível saber que a alma é uma substância incorpórea.
- A atribuição de algo mental a outras criaturas é inferencial.
- Temos uma ideia inata de Deus que corresponde a Deus.
- A existência do pecado e do erro deve ser conciliada com a bondade de Deus.

Poder-se-ia acrescentar a essa lista de teses comuns a de que a natureza criada é absolutamente dependente de Deus, como enuncia Descartes na Terceira Meditação, na qual sustenta que sua existência estava garantida a cada momento apenas pela vontade e ação de Deus, com base na tese de que "uma substância, para ser conservada em todos os momentos de sua duração, precisa do mesmo poder e da mesma ação que seriam necessários para produzi-la e criá-la de novo, caso não existisse ainda" (2: 33; AT 7: 49), bem como sua afirmação na Quarta Meditação de que, por ser uma criatura, está como que em um meio caminho entre o Nada – a ausência de qualquer perfeição – e Deus – o ser absolutamente perfeito (2: 38; AT 7: 54). Com certeza, há muitas diferenças entre as doutrinas. Como já foi notado, Agostinho identificava a alma com um princípio de vitalidade, além de atribuir aos animais não apenas vida, mas também mente-percepção, lembrança e memória e intenção (Agostinho, 2002: 83), o que Descartes notadamente rejeitava (1:335; AT 11: 341-2). Além de importantes diferenças entre as doutrinas, há ainda uma distinção formal importante relativa ao objetivo dessas proposições acima listadas.

Agostinho as enunciava repetidamente de várias maneiras em muitos de seus trabalhos. Elas constituíam um painel filosófico de um modo geral coerente, embora sujeito às tensões já descritas. Ele esperava que seus leitores ponderassem esses pontos e sua relevância pelo resto de suas vidas. O que estava em questão era nada menos que sua salvação. Descartes, por sua vez, seguia o procedimento dos matemáticos.

As *Meditações* se assemelham a um único, longo e sequencial argumento. Descartes inicia com uma hipótese que pretende refutar: a de que "existe um Gênio Maligno, um Deus malicioso, que me engana acerca da existência de um mundo material e que se empenha para que eu não conheça absolutamente nada". No decorrer da redução dessa hipótese ao absurdo, estabelece várias proposições semelhantes a preceitos e prossegue para mostrar que existe um único e bom Deus, e que ele, Descartes, conhece muito sobre o mundo corpóreo e que pode conhecer ainda muito mais.

Descartes não considerava que as proposições anteriormente listadas representassem o conteúdo de sua filosofia, sendo, portanto, necessário parafraseá-las, articulá-las e repeti-las para convencer os interlocutores confusos ou céticos a corrigirem suas concepções acerca da humanidade, de Deus e da natureza. Ele se via como criador de argumento que, se cuidadosamente seguido, era tão apodítico e econômico quanto qualquer raciocínio matemático. Além dos esclarecimentos de algumas confusões, oferecidos nas *Respostas às objeções* publicadas com as *Meditações*, Descartes não via necessidade de ainda refinar ou explicar sua posição. Tampouco esperava que seus leitores dedicassem seus futuros momentos filosóficos a refletir acerca das proposições anteriormente listadas para a salvação de suas almas. Ao contrário, Descartes pretendia que seu leitor ideal o seguisse em seu raciocínio e dominasse o argumento das *Meditações*, lendo-as uma só vez com cuidado e total atenção. Uma vez que suas conclusões fossem alcançadas, o leitor deveria voltar sua atenção para os assuntos práticos – e talvez para a ciência experimental dos corpos, à qual Descartes se dedicava e que, segundo ele, constituía a "filosofia". Supostamente em 1648, dois anos antes de sua morte, ele disse o seguinte a Frans Burman:

> é preciso notar que não se deve dedicar muito esforço às *Meditações* e às questões metafísicas, ou dar-lhes um tratamento elaborado em comentários e coisas assim. Menos ainda deve-se tentar fazer o que alguns tentam e esmiuçar essas questões mais profundamente do que o autor; ele lidou com elas de modo suficientemente profundo. Basta tê-las compreendido de um modo geral e lembrar a conclusão. Se não for assim, essas questões afastam a mente das coisas físicas e observáveis, tornado-a inadequada para estudá-las. E, no entanto, são precisamente estes estudos do mundo físico que são os mais desejáveis para as pessoas, visto que trariam muitos benefícios para a vida (3: 346-7; AT 5: 165).

Escrevendo durante o surgimento da Revolução Científica e inspirado pelo programa baconiano de aumento da riqueza e da melhoria do bem-estar dos seres humanos através da compreensão dos processos naturais, Descartes estava profundamente comprometido com a expansão e com a revisão da física, da medicina e da moral tradicionais – a moralidade consistindo, em sua concepção, em um tipo de *medicina mentis* – uma teoria prática de saúde mental. Restaurou a concepção que havia sido rejeitada por Platão, Aristóteles e Agostinho, segundo a qual a matéria era composta de corpúsculos semi-invisíveis que não possuem qualquer propriedade além de figura, tamanho e movimento, e não admitia a existência de partículas indivisíveis – verdadeiros átomos – nem de vazio, colocando-a na base de suas cosmologia, física e fisiologia. Suas investigações galileanas sobre a cosmologia e a física de corpos inanimados, descritas em seu tratado não publicado *O mundo* e, mais tarde, nos *Princípios da filosofia*, foram suplementadas por suas investigações sobre a máquina animal. Estas foram registradas pela primeira vez em seu *Tratado do homem*, completado por volta de 1628-1629 e publicado após sua morte, e constituem também o foco principal das partes V e VI do *Discurso sobre o método*, bem como da Sexta Meditação. Enquanto Agostinho sustentava firmemente contra os epicuristas que a vida não poderia advir de matéria não vivente,

Descartes sustentava, com efeito, que "vida" era o nome dado ao fenômeno das máquinas não construídas pelo homem, mas que tinham vindo a ser como o resultado do tempo e do acaso (1: 329-30; AT 11: 330-1; cf. 1: 257; AT 8A: 101). Visto que a vida era um mecanismo, o aprimoramento da vida implicava nada mais difícil ou misterioso que a melhoria de qualquer máquina, exceto pelo fato de que as máquinas da natureza eram compostas de mais partes e eram mais complexas que as máquinas dos homens.

A conclusão atingida por Descartes na Sexta Meditação, e que ele esperava ser percebida por seus leitores, foi de que não apenas a natureza da mente pensante é incorpórea, como todas as nossas experiências e emoções dependem do corpo, e, sobretudo, de seu sistema nervoso. Referindo-se à "lei que nos obriga a buscar, no que depende de nós, o bem comum de todos os homens", Descartes afirmou no *Discurso* que esse tipo de reflexão

> (...) me fez ver que é possível chegar a conhecimentos que são muito úteis à vida e que, em vez dessa filosofia especulativa que se ensina nas escolas, é possível encontrar uma filosofia prática pela qual seríamos capazes de conhecer a força e as ações do fogo, da água, do ar, dos astros, dos céus e de todos os outros corpos que nos cercam, e, assim, poderíamos, do mesmo modo, empregá-los para todos os propósitos para os quais são adequados e tornar-nos como que senhores e possuidores da natureza (1: 142-3; AT 6: 61-2).

A ambição de restaurar a ciência antiga e melhorá-la, com vistas a controlar os processos da natureza, era alheia a Agostinho. Não porque ele vivesse em uma era pré-científica, mas porque dava pouco valor à ciência dos pagãos – os ensinamentos greco-egípcios em matemática, astronomia, mecânica, lógica, química prática e medicina. Embora não condenasse de modo absoluto esses estudos do mesmo modo como condenava as sedutoras artes da profecia e todo o comércio com demônios para descobrir segredos esotéricos, e que tenha até recomendado a compilação de uma enciclopédia de história natural, ele achava que lhes faltava o valor intrínseco do cuidado da alma incorpórea.

> Quanto aos outros ramos do ensino que encontramos na sociedade pagã, exceto pelo estudo das coisas passadas ou presentes que se referem aos sentidos corpóreos (inclusive a produção e experimentação das artes práticas) e pelas ciências da lógica e do número, não encontro nada de útil. Em todos esses assuntos, o lema deve ser *nada em excesso*, e isso principalmente naqueles que dizem respeito ao sentido corpóreo e que estão sujeitos ao tempo ou limitados no espaço (Agostinho, 1997: 63-4).

Para Agostinho, quanto mais ele se dava conta da insensatez de sua ligação inicial às coisas corpóreas, mais nitidamente se lhe afigurava o contraste entre as coisas ingratas e perecíveis do mundo visível e as coisas invisíveis de Deus.

> O que dizer quando, sentado em minha casa, observando uma lagartixa à caça de moscas ou uma aranha que as enreda em sua teia, não raro minha atenção é despertada? [...] Uma coisa é levantar-se depressa e outra é não cair. Dessas quedas está repleta minha vida e minha única esperança está em Tua infinita misericórdia. (Agostinho, 1912, 2: 181)

A curiosidade, para Agostinho, era uma "doença" relacionada ao pecado da concupiscência.

> A curiosidade, em nome da experimentação, espreita os objetos [...] apenas para satisfazer a paixão de tudo examinar e conhecer. [...] Por isso, o homem prossegue investigando os secretos poderes da natureza que não estão além de seu alcance, cujo conhecimento não nos traz qualquer benefício e que os homens anseiam saber só por saber. (Agostinho, 1912, 2: 177)

Uma avaliação das ambições de Descartes relativas à filosofia prática, por oposição à metafísica discutida nas Meditações I-V e na primeira metade da Meditação VI, ajuda a tornar claros tanto o paralelo interno aos textos quanto as concepções cartesianas das quais Agostinho seria um bom aliado. Primeiramente, a existência de um Deus do qual depende toda a natureza para continuar a existir, assim como todas as regularidades expressas nas leis da natureza e a existência de uma alma humana incorpórea, a qual Descartes afirmava ter demonstrado, uma vez que fornecia um contexto metafísico tão amplo que a natureza corpórea não era "tudo o que existe". Ao rejeitar o ateísmo e ao dissociar sua teoria da alma da teoria dos materialistas, que a concebiam como vaporosa, brilhante ou simplesmente atômica, Descartes deu, por assim dizer, o devido peso ao incorpóreo. Para alguns contemporâneos de Descartes, as *Meditações* apareciam como um desvio no contexto do todo de seu trabalho, imprensadas entre os textos pré-*Meditações* – os ensaios de *ótica*, *meteorologia* e *geometria*, bem como os seus tratados suprimidos sobre cosmologia e sobre animais – e os pós-*Meditações*, como os *Princípios*. Malgrado sejam um trabalho de dimensão reduzida, as *Meditações* apresentaram a natureza corpórea como pequena em relação a Deus e a filosofia da natureza como não ameaçadora em relação à teologia.

Ao desprezar as qualidades sensoriais como a cor e o odor na Terceira Meditação (2:30; AT 7:43), por serem produtos "confusos" da interação corpo-alma e negar-lhes o estatuto ontológico que tinham na ontologia aristotélica, Descartes parece ecoar a posição platônica de que o mundo da experiência é uma imagem de algo mais real ou até mesmo um tipo de ilusão. No entanto, é importante lembrar que a matéria – substância extensa – é perfeitamente real para Descartes e que ela determina completamente a natureza de nossa experiência sensorial por meio da ação dos ínfimos corpúsculos materiais e das estruturas sutis que a compõe. Além disso, ao reservar um papel para as substâncias incorpóreas, Descartes pôde separar claramente as partes de seu programa filosófico com mais chances de obter êxito – a explicação de fenômenos tais como crescimento, digestão e geração – das partes para as quais não havia uma explicação segundo a teoria corpuscular – as origens do pensamento, sobretudo o pensamento abstrato e matemático, a consciência, a intencionalidade e a linguagem. A tese da incorporeidade da alma, compreendida como um princípio de pensamento e não como um princípio vital, deixou-o com a opção de estudar o fenômeno da vida – inclusive a sensação e a emoção, e a experiência da vontade e da ação – por meios experimentais.

Vivendo na Holanda, Descartes estava livre do destino de Galileu. Entretanto, provocou a ira da comunidade protestante na Universidade de Utrecht. Ao defender-se de acusações de que havia plagiado Agostinho, Descartes pôde, mesmo aceitando as percepções de confluência entre as duas doutrinas, descrever a ciência natural e seu interesse por ela como teologicamente inócuos. A curiosidade acerca da natureza corpórea não precisa implicar uma adoração pela natureza, a "idolatria" que alarmava os teólogos. A ontologia neoepicurista que ele apresentava em substituição ao hilomorfismo aristotélico não acarretava necessariamente a mortalidade da alma. Seu aliado Mersenne aprovou essa estratégia, observando que "a autoridade de Santo Agostinho ao menos evitará que o teólogo calvinista [Vœtius] denuncie a nova filosofia como ateísmo e um perigo para a religião" (Gouhier, 1978: 31).

A DOUTRINA DA BONDADE DO MUNDO

Um elemento comum às filosofias de Agostinho e de Descartes, como observado anteriormente, é a doutrina platônico-cristã de que a criação é essencialmente boa. Assim, escreve Agostinho:

> Vós vistes, ó meu Deus, todas as coisas que criastes. Pareceram-Vos elas muito

boas e, e porque assim também nós as vemos, nós as achamos igualmente muito boas (Confissões, II).

> Graças Vos damos, Senhor! Vemos o céu e a terra, isto é, as partes corpóreas superior e inferior, ou a criação espiritual e material: [...] Contemplamos o brilho da luz por cima de nós [...] Contemplamos por toda a parte o elemento d'água, fecundo em peixes, animais e aves [...] Contemplamos a face da terra adornada com animais terrestres e o homem, criado à Vossa imagem e por causa dessa Vossa imagem e semelhança (isto é, pelo poder da razão e da inteligência), que o fazem superior a todos os viventes irracionais (Agostinho 1912, 2:455).

Ainda assim, Agostinho pede a seus leitores que o imitem no que Menn chama de seu método de "aversão", afastando-se das distrações e prazeres do mundo sensorial em direção ao Bem permanente e imutável e à contemplação de Deus. No *Simpósio*, Platão descreve um processo de ascensão pelo qual subimos uma escada, da apreciação da beleza das coisas corpóreas individuais, no degrau mais baixo para a apreciação dos belos incorpóreos, primeiramente ideias, depois formas, inclusive "o belo em si mesmo, nítido, puro, simples e não contaminado por carne humana ou por cores ou qualquer outro absurdo da mortalidade" (Platão, 1997, 211e: 494). A consciência da beleza das criaturas, como afirma Agostinho, é um estágio no caminho para o equivalente cristão: a "visão beatífica" que, de acordo com os teólogos medievais, podemos antecipar nessa vida, mas que experimentaremos apenas no paraíso quando estivermos diante de Deus. Agostinho fugiu do ardil humano – que para ele era representado por circos, ilusionistas e mágicos, e mulheres com faces e cabelos tingidos –, mas descobriu, como descreve, no final de suas *Confissões*, a beleza da natureza enquanto emanada diretamente da mão de Deus, e mesmo a beleza da mulher sem adornos, que "quanto à sua inteligência racional" tinha "uma natureza igual" à dele próprio (Agostinho, 1912: 465).

Descartes nunca se entusiasmou pela natureza visível. Parece não ter sido particularmente sensível a paisagens, pássaros ou animais em seus elementos nativos, preferindo, evidentemente, os últimos em uma mesa de dissecção. Afirmava, entretanto, que o mundo criado investigado pela física e pela metafísica expressava a benevolência e o poder de Deus. Sustentava que, sendo produto da obra de Deus, Ele havia feito um ser tão bom quanto poderia fazer, e que o aperfeiçoamento de suas capacidades, pela expansão de seu conhecimento e pela disciplina de sua vontade, dependia dele. Forneceu explicações para a falha moral e epistemológica sem fazer qualquer referência ao pecado original, considerando a tendência ao erro como um efeito colateral infeliz de uma providência benevolente (Wilson, 2003: 102, 215ff).

> Não posso negar que não seja, de alguma maneira, a maior perfeição em todo o universo o fato de algumas de suas partes não serem isentas de defeitos; enquanto outras são. E não tenho nenhum direito de me lastimar por Deus não ter me posto no mundo desempenhando o papel principal ou o mais perfeito. (2: 42-43; AT 7: 61)

> E a experiência mostra que todos os sentimentos que a natureza nos deu são [com maior frequência orientados para a preservação do homem saudável]; e, portanto, nada se encontra neles que não torne patente o poder e a vontade de Deus, que os produziu. (2:60; AT 7:87)

Os escritos de Descartes, entretanto, frequentemente parecem ser caracterizados pela mesma tensão interna exibida por Agostinho entre a tese da bondade do mundo e a necessidade da "aversão". Descartes, em suas *Meditações*, nos informa que as coisas incorpóreas são "mais facilmente conhecidas" do que as coisas corpóreas, (2:

20ff.; AT 7:30ff) e que as coisas corpóreas são conhecidas mais facilmente pelo intelecto do que pelos sentidos. "Quanto à [...] luz, às cores, aos sons, aos odores, aos sabores, ao calor, ao frio e às outras qualidades que caem sob o tato", confessa o meditador, "penso-as de modo muito confuso e obscuro, de tal forma que ignoro mesmo se são verdadeiras ou falsas, isto é, se as ideias que tenho delas são ideias de coisas reais ou de seres quiméricos" (2: 30; AT 7: 43). As propriedades sensoriais flutuam e sua atribuição é instável, como observa Descartes ao considerar um pedaço de cera (2: 20ff.; AT 7:30ff).

No sistema cartesiano, no entanto, não há qualquer indicação de que a excelência da criação, no que diz respeito a seu aspecto corpóreo, aponte para algo além ou sugira a excelência de uma vida em alguma condição futura em outro mundo. Na verdade, a alma incorpórea, que não pode, de acordo com a concepção exposta na Sexta Meditação, perceber, lembrar, imaginar ou sentir, dificilmente seria uma candidata adequada para a vida no paraíso ou no inferno. Nosso objetivo na Terra é expandir nosso conhecimento ao máximo e usá-lo para o bem do homem, e a intensa curiosidade do estudante acerca do magnetismo, do arco-íris, da neve e da fisiologia animal em toda sua complexidade não apenas é recomendável por permitir alcançar resultados úteis, como está de acordo com nossa natureza dada por Deus. Uma das marcas que um Deus onisciente deixou de sua obra em nossas almas é nossa busca por um aperfeiçoamento contínuo em nosso conhecimento empírico.

Na Sexta Meditação, Descartes completou sua demonstração a respeito da incorporeidade da alma, não apenas em pensamento, mas na realidade. Sua intenção, porém, não era a de retirar o homem de sua preocupação com as coisas corpóreas. Ao contrário, era mostrar o que a ciência da natureza corpórea pode alcançar, uma vez adequadamente compreendidas as relações entre o corpo e a alma e a gênese de nossa experiência. A importância ética da tese do animal-máquina é muito pouco mencionada nas *Meditações*, mas é desenvolvida nas *Paixões da alma*. Na concepção de Descartes, a ética é a ciência de governar nossas emoções, como sustentavam os filósofos estoicos da tradição. Ao contrário do que pensavam os estoicos, porém, as emoções, por serem criadas por Deus, são, de um modo geral, benéficas para nós, assim como o restante de nossas experiências conscientes, e apenas as emoções exageradas ou socialmente prejudiciais devem ser contidas. O autocontrole e o controle de nossos apetites são necessários, não em virtude do pecado original ou para ganhar nossa recompensa no paraíso e evitar os tormentos do inferno, mas, simplesmente, porque somos animais-máquinas cujo *output*, quando agimos apenas por emoção ou fazemos juízos precipitados, é complexo e muitas vezes indesejável. Visto que cultivar uma condição geral de *ataraxia* ou perfeita tranquilidade seria, na verdade, herético, o importante é usar a vontade de modo seletivo, como se faz em contextos epistêmicos. Com frequência, não conseguimos controlar diretamente o fluxo dos espíritos pelo cérebro e nervos e, por isso, não dominamos nossas emoções, que são a consciência dessas mudanças fisiológicas. Mas podemos, com frequência, regular nossas respostas fisiológicas, gerando pensamentos e ideias (1:343ff.; AT 11: 359ff.).

Agostinho achava que as ideias filosóficas o afastavam de seu envolvimento com as coisas corpóreas e que os pensamentos sobre Deus o tornavam capaz de encontrar e permanecer no caminho moral correto. Descartes pode ter afirmado que explicou por que pensar e imaginar seriam eficazes para combater impulsos e emoções indesejáveis. Entretanto, sua concepção implica que a geração de ideias e imagens é eficaz no combate aos impulsos e às emoções independentemente da verdade das ideias ou da precisão das imagens. Ideias sobre Deus, por exemplo, poderiam ser moralmente eficazes caso Deus existisse ou não. A ética cartesiana, portanto, era duplamente separada da teoria ética agostiniana do comando divino. Era prudente, como a teoria ética pagã, e fazia referência essencial a ideias, não a Seres ou a estados de coisas futuros. Embora o sistema ético de Agostinho pretendesse promover "uma vida de verdadeira felicidade", e ainda que certos conceitos éticos fundamentais, tais como gentileza e delito, restringissem, segundo ele, nossa interpretação das Escrituras (Agostinho, 1997: 80), de modo que era indispensável em ética um conhecimento da vontade de Deus. O medo da ira de Deus e de sua capacidade de punição motivava o aprendizado de sua vontade (Agostinho, 1997: 33).

Tanto a relativa indiferença de Descartes pela fé, quanto sua insistência em que se submetesse todas as crenças a rigorosos testes acerca de sua clareza, e que não se aceitasse proposições sem garantia própria, foram inicialmente percebidas por Arnauld como contrárias à doutrina de Agostinho. Arnauld insistia que Descartes deveria tornar claro que, "quando diz que devemos aderir apenas ao que percebemos clara e distintamente, ele falava apenas no que se referia às ciências e à contemplação intelectual, e não a assuntos relativos à fé e à conduta; as crenças prudentes da fé não estão sujeitas a esse teste". Agostinho, comentou Arnauld, avisou-nos de que "absolutamente nada na sociedade humana será seguro se decidirmos crer apenas no que pode ser considerado como claramente percebido" (2:151-2; AT 7: 216-17). Arnauld, por sua vez, declarou-se preocupado com o fato de que os ateus de sua época poderiam tentar "distorcer" as palavras de Descartes para subverter a religião. Descartes respondeu suavemente que, ao longo de todo o contexto de seu livro, deixou isso claro: "Quando afirmei que 'devemos aderir apenas ao que claramente conhecemos' estavam sempre sujeitos à exceção dos 'assuntos que pertencem à fé e à conduta da vida'" (2:172; AT 7: 248).

Tem-se descrito Descartes como aquele que uniu a metafísica platônica com a física de Demócrito (Wundt, 1914: 161) e esse juízo deve agora parecer bastante apropriado. O sistema platônico-cristão-democritiano de Descartes teria sido impossível de ser concebido se Agostinho – ou alguém como ele – não tivesse primeiro feito a síntese entre o platonismo e o cristianismo. E a mistura resultante dos três elementos constituía uma combinação potente que, por algum tempo, teve uma força considerável contra a física metafísica aristotélica que ainda dominava o currículo da filosofia da natureza na primeira metade do século XVII. A filosofia de Aristóteles podia ser atacada como não-cristã ao mesmo tempo em que se podia mostrar que sua física era obscura e sem utilidade prática. A física ridícula de Platão e as escandalosas doutrinas morais-teológicas dos atomistas podiam passar despercebidas, uma vez que suas virtudes compensavam seus defeitos, na medida em que se selecionava e combinava as melhores partes de cada uma delas.

Agostinho, nesse sentido, é responsável por alguns elementos centrais do que designamos como "racionalismo" do século XVII e que identificamos particularmente com Descartes. O casamento entre Platão e Demócrito, entretanto, não foi estável por muito tempo: a metafísica se separou da física e o racionalismo cartesiano caiu em descrédito. O "empirismo" ao qual o racionalismo é tipicamente oposto se caracteriza por seu ceticismo relativo a substâncias incorpóreas e por seu desprezo pelo ascetismo e pelo método da "aversão". John Locke, por exemplo, que substitui Descartes em popularidade no século XVIII, exemplificou as duas tendências. Ainda assim, a estima pela qual consideramos Descartes como o autor de um sistema filosófico belamente construído pode sobreviver à compreensão de que suas concepções sobre Deus, a alma e o mundo não sejam verdadeiras ou indubitáveis e que sua física e sua fisiologia, embora historicamente influentes, não eram tão certas quanto ele afirmava.

APÊNDICE: PASSAGENS RELATIVAS A DOUTRINAS COMUNS A AGOSTINHO E A DESCARTES

1. Nossa familiaridade com objetos corpóreos produz certos preconceitos:

   > Como a mente pode buscar-se e encontrar-se é, portanto, uma excelente questão: [...] [O] que está tanto na mente quanto a mente? Mas porque ela está nas coisas em que pensa com amor, e porque se acostumou a pensar as coisas sensíveis, isto é, os corpos, com amor, ela não é capaz de ser nela mesma sem a imagem dessas coisas. (Agostinho, 2002: 52-31)
   >
   > Nossa familiaridade com corpos tornou-se tanta, e nosso pensamento se projetou tão espetacularmente para esses corpos, que, quando este foi retirado da esfera incerta dos corpos e sua atenção fixada no conhecimento muito mais certo e estável do espírito, ele mais uma vez se refugia nesses corpos e busca tranquilidade de onde veio sua fraqueza. (Agostinho, 2002: 61)
   >
   > E aqui é possível reconhecer a primeira e principal causa de todos os erros. Na infância, nossa mente estava tão estreitamente ligada ao corpo que não se ocupava de outros pensamentos a não ser aqueles pelos quais sentia as coisas que o afetavam. (1: 218; AT 8A:35)
   >
   > Há algum tempo eu me apercebi de que, desde a infância, recebera como verdadeiras muitas falsas opiniões, e de que o edifício que depois nelas fundei não podia ser senão duvidoso [...] Tudo o que recebi, até presentemente, como o mais verdadeiro e seguro, aprendi-o dos sentidos ou pelos sentidos. (2:12; AT 7:17–18)

2. É necessário "retirar-se" da experiência sensível para alcançar o conhecimento, sobretudo de si mesmo:

   > Quando [a mente] é [...] ordenada para conhecer a si mesma, não se deve procurar como se esta devesse se retirar de si mesma, mas, ao contrário, deve-se retirar o que ela acrescentou a si mesma. Pois é mais profundamente no interior, não apenas com relação às coisas sensíveis que são evidentemente exteriores, mas precisamente com relação às imagens que estão em alguma parte da alma que mesmo os animais têm. (Agostinho, 2002: 53)
   >
   > Fecharei agora os olhos, tamparei meus ouvidos, afastar-me-ei de todos os meus sentidos, apagarei de meu pensamento até mesmo todas as imagens de coisas corporais, ou, ao menos, uma vez que mal se pode fazê-lo, reputá-las-ei como vãs e como falsas; entreter-me-ei apenas comigo mesmo e considerarei a mim próprio mais profundamente; desse modo, tentarei obter, pouco a pouco, um conhecimento mais íntimo de mim mesmo. (2:24; AT 7: 34)

3. Filósofos mal-informados e pessoas ingênuas acreditam que a alma é material:

   > Algumas pessoas pensavam que [a alma] é o sangue; outras, o cérebro; outras, o coração [...] Outras acreditavam que ela consistia de corpos minúsculos e indivisíveis chamados "átomos", que se unem. Outras diziam que sua substância era o ar; outras, o fogo. Outras não conseguiam pensar em outra substância que o corpo, e, visto que achavam que a alma não era um corpo, diziam que ela não era uma substância, mas a harmonia de nosso corpo [...] E, consequentemente, todas consideravam a alma como mortal; pois, sendo um corpo ou alguma disposição do corpo, não poderia viver para sempre. (Agostinho, 2002: 51)
   >
   > Considerava-me, inicialmente, como provido de rosto, mãos, braços e toda a estrutura mecânica de membros tal como ela aparece em um cadáver, a qual eu chamava de corpo. Considerava, além disso, que me alimentava, que caminhava, que sentia e que pensava; relacionava todas essas ações à alma; mas, quanto à natureza dessa alma, ou

bem não me detinha em pensar nela ou, se o fazia, imaginava que era algo extremamente raro e sutil, como um vento, uma flama ou um ar muito tênue, que perpassava minhas partes mais sólidas. (2:17; AT 7: 26)

4. Pode-se conhecer a alma como uma substância incorpórea

Quem vê em todas essas opiniões de que a natureza da mente é uma substância, e, com certeza, não uma substância corpórea, isto é, não ocupa a menor extensão de lugar com sua menor parte, e a maior extensão com uma maior parte, deve ao mesmo tempo ver que aqueles que consideram a mente como uma substância corpórea não se enganam porque sua mente não tem conhecimento, mas sim porque acrescentam essas coisas sem as quais não conseguem conceber qualquer natureza. (Agostinho, 2002: 52)

E nós, meras almas racionais, não somos perceptíveis pelos sentidos, isto é, não somos corpos, mas coisas inteligentes, visto que somos vida. (Agostinho, 2002: 61)

E, assim, reconheço certamente que nada, de tudo o que eu posso compreender por meio da imaginação, é relevante para esse conhecimento que tenho de mim mesmo, e que é necessário lembrar e desviar o espírito dessa maneira de conceber, a fim de que ele próprio possa reconhecer sua natureza o mais distintamente possível. (2:19; AT 7: 28)

Penso que a pedra é uma substância, ou uma coisa capaz de existir independentemente, e, além disso, penso ser eu uma substância [...] concebo a mim mesmo como uma coisa pensante e não extensa, e concebo a pedra como uma coisa extensa e não pensante, de tal forma que as duas concepções diferem enormemente, mas parecem concordar na medida em que representam 'substâncias'. [...] Tenho em mim a ideia de substância porque sou uma substância. (2:30-1; AT 7: 44-5)

5. A atribuição de vida mental a outras substâncias é inferencial.

Reconhecemos, a partir da semelhança conosco, os movimentos dos corpos pelos quais percebemos que outros, além de nós mesmos, vivem. [...] Na verdade, os animais percebem como vivos não apenas a si próprios como também uns aos outros e a nós. Não veem nossa alma exceto através dos movimentos de nossos corpos. [...] Portanto, conhecemos a mente de qualquer um a partir da nossa própria; e a partir do nosso próprio caso cremos nisso que não conhecemos. (Agostinho, 2002: 14)

Se olho pela janela e vejo homens atravessando a praça, como acabo de fazer, normalmente digo que vejo homens, exatamente como digo que vejo a cera. Contudo, vejo algo além de chapéus e casacos que poderiam cobrir autômatos? Julgo que são homens. E, assim, algo que pensei ter visto com meus olhos de fato compreendi apenas pela faculdade de julgar que reside em meu espírito. (2:21; AT 7: 32)

6. Temos de modo inato uma ideia ou imagem de Deus que corresponde a Deus:

Também reconhecemos em nós mesmos uma imagem de Deus, isto é, da mais alta Trindade, mesmo que esta imagem não seja igual a ele em valor, mas, ao contrário, seja longe de tanto. Essa imagem não é coeterna e [...] não é formada da mesma substância de Deus. Ainda assim está mais próxima na escala da natureza do que qualquer outra coisa criada por ele. (Agostinho, 1968, 3:531)

Alguns dos [meus] pensamentos são como imagens de coisas [...] como ocorre quando penso em um homem, ou em uma quimera, ou no céu, ou em um anjo, ou Deus. (2:25; AT 7: 37)

A ideia que me dá a compreensão de um Deus supremo, eterno, infinito [imutável], onisciente, onipotente e criador de todas as coisas que existem fora dele tem certamente em si mais realidade objetiva do que as ideias que representam substâncias finitas. (2:28; AT 7: 40)

7. A existência do pecado e do erro deve ser conciliada com a bondade de Deus.

> Quem me criou? Não foi o meu Deus, que é bom, e é também a própria Bondade? Donde me veio, então, o querer tanto o mal quanto também o bem? [...] Quem colocou em mim e quem semeou em mim este viveiro de amarguras, sendo eu inteira criação do meu Deus tão amoroso? Se foi o demônio quem me criou, de onde veio ele? (Agostinho, 1912, 1: 343)
>
> Quando considero a natureza de Deus, não me parece possível que me tenha dotado de uma faculdade que seja imperfeita em seu gênero. (2: 38; AT 7: 55)

REFERÊNCIAS E LEITURAS ADICIONAIS

Ariew, R. (1992). Descartes and scholasticism: the intellectual background to Descartes' thought. In: J. Cottingham (ed.). *The Cambridge companion to Descartes*. Cambridge: Cambridge University Press: 58-90.

Agostinho, Santo. (1912). *Confessions*. Trad.: W. Watts. Cambridge, MA: Harvard University Press (398 CE completo).

Agostinho, Santo. (1968). *The city of God against the pagans*. 7 vols. Trad.: D. S. Wiesen. Cambridge, MA: Harvard University Press. (426 CE completo)

Augustine St. (1997). *On Christian Teaching*, trans. R. P. H. Green. Oxford: Oxford University Press. (Completed 426 CE)

Agostinho, Santo. (2002). *On the Trinity*. Ed.: G. B. Matthews. Trad.: S. McKenna. Cambridge: Cambridge University Press. (Completado em 416 d.C.)

Baillet, A. (1691). *La vie de M. Descartes*. 2 vols. Paris.

Cottingham, J. (ed.) (1992). *The Cambridge companion to Descartes*. Cambridge: Cambridge University Press.

Gouhier, H. (1972). *La pensée réligieuse de Descartes*. 2ª edição. Paris: J. Vrin.

Gouhier, H. (1978). *Cartesianisme et augustianisme aux XVII siècle*. Paris: J. Vrin.

Lucretius, Titus Carus. (2001). *On the Nature of Things*. Trad.: M. F. Smith. Indianapolis: Hackett. (Composto por volta de 50 a.C.)

Kamlah, W. (1961). "Der Anfang der Vernunft bei Descartes – Autobiographisch und Historisch". *Archiv für Geschichte der Philosophie* 43: 70–84.

Macdonald, S. (2001). "The divine nature". In E. Stump e N. Kretzmann (eds.). *The Cambridge Companion to Augustine*. Cambridge: Cambridge University Press: 71–90.

Matthews, G. B. (ed.) (1999a). *The Augustinian Tradition*. Berkeley: University of California Press.

Matthews, G. B. (1999b). "Augustine and Descartes on minds and bodies". In: G. B. Matthews (ed.). *The Augustinian Tradition*. Berkeley: University of California Press: 222–232.

Menn, S. (1998). *Descartes and Augustine*. Cambridge: Cambridge University Press.

Menn, S. (2003). "The Discourse on Method and the tradition of intellectual autobiography". In: B. Inwood e J. Miller (eds.). *Hellenistic and Early Modern Philosophy*. Cambridge: Cambridge University Press: 141–190.

Nussbaum, M. (1999). "Augustine and Dante on the ascent of love." In: G. B. Matthews (ed.). *The Augustinian Tradition*. Berkeley: University of California Press: 61–90.

Plato (1997). *Complete Works*. Ed.: J. M. Cooper. Princeton: Princeton University Press; Indianapolis: Hackett.

Rodis-Lewis, G. (1992). "Descartes' life and the development of his philosophy". In J. Cottingham (ed.). *The Cambridge Companion to Descartes*. Cambridge: Cambridge University Press: 21–57.

Wilson, C. (2003). *Descartes's Meditations*. Cambridge: Cambridge University Press.

Wright, J. P. e P. Potter (eds.) (2000). *Psyche and Soma: Physicians and Metaphysicians on the Mind-Body Problem from Antiquity to Enlightenment*. Oxford: Clarendon Press.

Wundt, W. (1914). *Sinnliche und Uebersinnliche Welt*. Leipzig: Koerner.

4

Descartes e o legado do ceticismo antigo

CASEY PERIN

INTRODUÇÃO

Nos séculos XVI e XVII havia, entre os filósofos, cientistas e teólogos, um enorme interesse pelos argumentos do ceticismo antigo. Tanto a *Academica* de Cícero, fonte principal do ceticismo acadêmico de Arcesilau e Carneades, quanto o *Contra acadêmicos* de Agostinho estavam disponíveis em latim ocidental já há algum tempo. Em 1562, Henri Estienne publicou uma tradução para o latim do *Hipotiposes pirrônicas*, de Sexto Empírico, uma exposição completa a partir do terceiro século d.C. a respeito do ceticismo pirrônico. (Para detalhes acerca da redescoberta do ceticismo antigo e seu impacto no início da filosofia moderna, ver Popkin, 1979; Schmitt, 1972; Schmitt, 1983; Larmore, 1998 e Floride, 2002.) O próprio Descartes considerava que os argumentos céticos por ele apresentados, os quais pretendia refutar nas *Meditações metafísicas*, não eram diferentes dos argumentos dos céticos antigos. Em resposta à reclamação de Hobbes de que sua Primeira Meditação era uma mera reprodução de material antigo, Descartes insiste que "não estava tentando vendê-los [os argumentos da dúvida] como novidades" (2: 121; AT 7: 171). Em uma passagem da Resposta às Segundas Objeções, Descartes explica que "embora eu tenha visto muitos escritos antigos dos acadêmicos e dos céticos sobre o assunto, e tenha hesitado em requentar e servir esse repolho velho, não pude evitar dedicar uma Meditação inteira a isso" (2: 94; AT 7: 130 tradução alterada). E em carta de abril ou maio de 1638, Descartes escreve que, "embora os pirrônicos não tenham chegado a conclusões certas acerca de suas dúvidas, não se segue disso que não se possa fazê-lo" (3: 99; AT 2: 38-9). Ele sugere então que as dúvidas dos pirrônicos possam ser usadas para provar a existência de Deus. Os argumentos céticos da Primeira Meditação fazem parte do método cartesiano, o método da dúvida, para identificar um pequeno conjunto de certezas (inclusive sobre a existência de Deus) que servirão como fundamentação metafísica da ciência. A sugestão de Descartes a esse respeito é que aquilo que é novo em seu método *não* são os argumentos céticos – pois esses são exatamente os argumentos dos céticos antigos –, mas o uso que ele faz desses argumentos. Assim, em *Comentários a certo programa*, Descartes, com relação aos argumentos céticos, escreve: "não fui o primeiro a descobrir essas dúvidas: os céticos há muito tempo insistem nesse tema" (1: 309; AT 8B: 36-7).

Há, entretanto, uma distinção entre os argumentos dos céticos antigos e os argumentos céticos da Primeira Meditação. Os céticos antigos ofereceram argumentos que, de diferentes modos, tinham o objetivo de gerar *razões para suspender o juízo*. É por isso que Arcesilau e outros acadêmicos eram usualmente chamados de "aqueles que suspendem o juízo acerca de tudo" (οἱ περὶ πάντων ἐπέχοντες)e os argumentos céticos pirrônicos são apresentados por Sexto Empírico como "modos de suspensão de juízo" (τρόποι τῆς ἐποχῆς), isto é, meios de o cético pirrônico suspender o juízo ou fazer com que alguém suspenda o juízo. Uma razão para que eu suspenda o juízo acerca de uma proposição *p* é uma razão para que eu negue o assentimento tanto para *p* quanto para sua negação (ou para qualquer proposição que eu reconheça como implicando *p* ou sua negação). Descartes, ao contrário, usa os argumentos céticos da Primeira Meditação para gerar *razões para duvidar* (*rationes dubitandi*). Uma razão para que eu duvide de *p* é uma razão para que eu não esteja certo de *p*. Sendo assim, uma razão para duvidar pode ser, mas não é necessariamente, uma razão para suspender o juízo. Pois é possível que eu tenha uma razão para duvidar de *p* e, portanto, uma razão para não estar certo de *p*, mas tenha evidência suficiente para a verdade de *p*, para crer que *p*, e estar justificado ao fazê-lo. Por exemplo, sei que carros ocasionalmente não dão a partida quando está extremamente frio. O fato de estar agora extremamente frio é, portanto, uma razão para duvidar que meu carro vá arrancar. Entretanto, se, além disso, sei que no passado meu carro sempre – ou geralmente – dava a partida mesmo com frio extremo, então tenho evidência suficiente de que meu carro vai arrancar, de modo que é justificado que eu creia que meu carro vá arrancar. Dada minha experiência passada com meu carro em dias extremamente frios, minha razão para duvidar de que meu carro vá arrancar não é uma razão para que eu suspenda o juízo acerca de se ele vai ou não dar a partida.

Quero então considerar duas questões que surgem a partir da distinção entre razões para suspender o juízo e razões para duvidar. Primeira: estaria Descartes certo ao pensar que os argumentos céticos da Primeira Meditação não são diferentes dos argumentos dos céticos antigos? Mais especificamente, estaria Descartes certo ao pensar que o modo pelo qual os argumentos céticos da Primeira Meditação geram razões para duvidar não é diferente do modo pelo qual os argumentos dos céticos antigos geram o que ao menos eles próprios consideravam como razões para suspender o juízo? Segunda: será que Descartes pensa que as razões para duvidar geradas pelos argumentos céticos da Primeira Meditação constituem *por si mesmas* razões para suspender o juízo acerca de (por exemplo) se tenho mãos ou se $2+3=5$?

A ESTRUTURA DOS ARGUMENTOS CÉTICOS

Na Primeira Meditação, Descartes, na figura do meditador, busca razões para duvidar da verdade de suas crenças tanto quando possível. Ele pensa ter adquirido a maioria de suas crenças "dos sentidos ou pelos sentidos" (2: 12; AT 7: 18), e reconhece ao mesmo tempo que o fato de os sentidos o enganarem em algumas circunstâncias – por exemplo, quando um objeto é muito pequeno ou está muito distante – não constitui uma razão para duvidar da verdade de qualquer crença formada com base nos sentidos em circunstâncias mais favoráveis. Pois, explica o meditador,

> [...] há muitas crenças das quais não se pode razoavelmente duvidar, embora sejam derivadas dos sentidos – por exemplo, que eu esteja aqui, sentado junto ao fogo, vestido com um chambre, tendo este papel entre as mãos, e coisas assim. E como seria possível negar que essas mãos ou este corpo sejam meus? (2: 13; AT 7: 18).

Mas ele, então, considera a possibilidade de que estas crenças tenham sido produzidas exatamente do mesmo modo (qualquer que seja este) como foram produzidas as falsas crenças dos loucos. O meditador rejeita essa possibilidade para imediatamente considerar a possibilidade de estar sonhando e de que suas crenças, de que está sentado junto ao fogo, etc., tenham sido produzidas do mesmo modo (qualquer que seja este) como são produzidos os sonhos. Visto que nesse ponto das *Meditações* ele afirma "ver manifestamente que não há marcas assaz certas por onde se possa distinguir a vigília do sono" (2: 13; AT 7: 19), o meditador conclui que ao menos por ora não pode eliminar a possibilidade de estar sonhando. Ele considera *esse* fato como uma razão para duvidar da verdade de todas as suas crenças sobre corpos. Porém, o meditador não considera, pelo menos agora; o fato de estar em condições de eliminar a possibilidade de estar sonhando como uma razão para duvidar da verdade de suas crenças matemáticas: "Pois quer eu esteja acordado, quer esteja dormindo, dois mais três são cinco e um quadrado não tem mais do que quatro lados, e parece impossível que verdades tão patentes possam ser suspeitas de falsidade" (2: 14; AT 7: 20). Ainda assim, o meditador há muito tempo acredita ser a criação de um Deus onipotente, e essa crença o faz considerar uma outra possibilidade:

> como posso estar certo de que ele [um Deus onipotente] não tenha feito com que não haja nenhuma terra, nenhum céu, nenhuma coisa extensa, nenhuma figura, nenhuma grandeza, nenhum lugar, e que, ao mesmo tempo, tenha se assegurado que todas essas coisas me apareceriam como se existissem exatamente como me aparecem agora? Mais ainda, como algumas vezes creio que os outros se enganam até nas coisas que acreditam ter o conhecimento mais perfeito, não poderia ocorrer que eu me enganasse todas as vezes que faço a adição de dois mais três, ou que enumero os lados de um quadrado, ou que julgo alguma coisa ainda mais fácil, se é que se pode imaginar algo assim? (2: 14; AT 7: 21)

O fato de, ao menos por ora, não poder eliminar a possibilidade de que *todas* as suas crenças, inclusive aquelas cujas verdades lhe parecem inteiramente evidentes, tenham sido produzidas a partir da intenção de um Deus onipotente de enganá-lo aparece ao meditador como uma razão para duvidar da verdade de qualquer uma de suas crenças.

Os principais argumentos céticos da Primeira Meditação – refiro-me aos argumentos do sonho e do Deus enganador – são *cenários céticos* (Curley, 1978, p. 86-89; Broughton, 2002, p. 64-67). Um cenário cético é uma descrição sobre como adquiri algumas ou todas as minhas crenças e segundo o qual essas crenças são falsas ou, de algum modo, imperfeitas. Um cenário cético só constitui uma razão para duvidar se satisfaz exigências explicativas e epistêmicas. Ele deve explicar como adquiri as crenças que pretende explicar mesmo que estas sejam falsas ou, de algum modo, imperfeitas. E eu não devo poder eliminar a possibilidade de ter adquirido essas crenças do modo descrito pelo cenário cético. Dois tipos de cenário cético podem constituir uma razão para duvidar. Um cenário cético do primeiro tipo é tal se eu adquiri uma crença do modo descrito por ele e esta crença for falsa. Chamarei este tipo de cenário cético de *cenário de crença falsa*. Um cenário cético do segundo tipo é tal se eu adquiri uma crença do modo por ele descrito e *não* resultar apenas disso que minha crença seja falsa. O que *se segue* é que minha crença é imperfeita, uma vez que tem uma história causal desviante, mas é possível que uma crença com essa história causal desviante seja verdadeira. Chamarei esse tipo de cenário cético de *cenário de história causal desviante*.

Um cenário cético de qualquer um desses dois tipos constitui uma razão para duvidar, se for o caso, porque introduz uma possibilidade não eliminada, e talvez não eliminável, de que as crenças que caem sob seu escopo sejam falsas. Esse, obviamente, é o caso do cenário de crença falsa. Pois a possibilidade de que eu tenha adquirido uma crença do modo descrito por um cenário de crença falsa é exatamente a possibilidade de que essa crença seja falsa. No entanto, se eu não puder eliminar a possibilidade de que uma crença minha seja falsa, então tenho uma razão para duvidar – pois há, no mínimo, uma razão para não estar certo – da verdade dessa crença. Suponha que eu acredite (como de fato acredito) que eu tenho mãos. A possibilidade de que eu tenha adquirido essa crença como o resultado do ardil de um Deus onipotente e enganador corresponde exatamente à possibilidade de minha crença a respeito de ter mãos ser falsa. Se eu não puder eliminar essa possibilidade, então haverá uma razão para duvidar – pois há, no mínimo uma razão para não estar certo – da verdade de minha crença de que tenho mãos.

Cabe notar que Descartes apresenta o argumento do sonho e o argumento do Deus enganador como cenários de crença falsa. Se estou sonhando que *p* e creio que *p* porque estou sonhando que *p*, não se segue disso, e Descartes concorda, que minha crença que *p* seja falsa. Todavia, Descartes pensa que, no passado, ele sonhou que *p* e acreditou que *p* porque estava sonhando que *p*, e sua crença que *p* era falsa. "Quantas vezes, dormindo durante a noite, convenço-me de eventos exatamente como esses – que estou aqui vestido com meu roupão, sentado junto ao fogo –, quando, na verdade, estou nu em meu leito!" (2: 13; AT 7: 19). O que Descartes considera aqui sob a figura do meditador, e afirma não poder eliminar não é exatamente a possibilidade de sonhar que está vestido com seu roupão sentado junto ao fogo, mas a de que esteja sonhando que essas coisas são assim quando, na verdade, não são. Portanto, na Primeira Meditação, o argumento do sonho envolve o cenário no qual creio que *p* porque estou agora sonhando que *p*, quando na verdade é falso que *p*. Além disso, no contexto do método da dúvida, Descartes apresenta consistentemente a possibilidade de estar sonhando que *p* quando é falso que *p*. Na Quarta Parte do *Discurso sobre o método*, Descartes escreve que "considerando que os mesmos pensamentos que temos quando despertos ocorrem enquanto dormimos sem que qualquer um deles, nesse caso, seja verdadeiro, resolvi fazer de conta que todas as coisas que haviam entrado em minha mente não eram mais do que ilusões de sonhos" (1: 127; AT 6: 32). No texto *Em busca da verdade*, Eudoxo, o porta-voz de Descartes, pergunta: "Como você pode estar certo de que sua vida não é um sonho contínuo e que tudo que você pensa aprender dos sentidos não seja falso agora como o é quando você está dormindo?" (2: 408; AT 10: 511-12). E, finalmente, na Primeira Parte dos *Princípios da filosofia*, a segunda razão de Descartes para duvidar das crenças adquiridas com base nos sentidos "é que, em nosso sono, usualmente, parecemos ter percepções sensíveis ou imaginar inúmeras coisas que não existem em lugar algum" (1: 194; AT 8A: 6).

Um cenário de história causal desviante também introduz a possibilidade de serem falsas as crenças que caem sob seu escopo, embora o faça de modo mais indireto do que um cenário de crença falsa. Para entender isso, lembre-se de que se eu adquiri minha crença do modo descrito por um cenário de história causal desviante, então *não* resulta apenas desse fato que minha crença seja falsa. Nesse sentido, um cenário de história causal desviante é diferente de um cenário de crença falsa. Ao mesmo tempo, contudo – e esse é o ponto importante –, se adquiri uma crença do modo descrito por um cenário de história causal desviante, então *não* resulta apenas desse fato que minha crença seja verdadeira. Se adquiri uma crença do modo descrito por um cenário de história causal desviante, e essa crença for verdadeira, ela é verdadeira apenas por acidente. Assim, a possibilidade de eu adquirir uma crença do modo descrito por um cenário de história causal desviante corresponde exatamente à possibilidade de adquirir essa crença de modo compatível com o fato de esta ser falsa. Essa possibilidade, por sua vez, introduz a possibilidade de que minha crença *seja* falsa. É por isso que, se não eliminei a possibilidade de ter adquirido uma crença do modo descrito por um cenário de história causal desviante, tenho uma razão para duvidar da verdade da minha crença.

Suponha que, ao contrário de Descartes, tratemos o argumento do sonho como um cenário de história causal desviante. Suponha, além disso, que eu acredite que tenho um papel em minhas mãos. Se eu estiver sonhando, não se segue disso que minha crença seja falsa. Pois posso estar sonhando que tenho um papel em minhas mãos e estar, de fato, com um papel em minhas mãos. Mas, se eu estiver sonhando, então não adquiri minha crença do modo como penso ter adquirido. Pois penso ter adquirido minha crença porque vejo e sinto o papel em minhas mãos. Porém, se estou sonhando, então não vejo ou sinto coisa alguma. Além disso, penso que *se* adquiri minha crença de que tenho um papel em minhas mãos porque vejo e sinto o papel em minhas mãos, então não é um acaso que minha crença seja verdadeira. Pois é a partir do fato de que vejo e sinto o papel nas minhas mãos (e não apenas pareço ver ou sentir) que minha crença de que tenho um papel em minhas mãos é verdadeira. A possibilidade de eu agora estar sonhando é a possibilidade de ter adquirido minha crença de um modo que, ao contrário de ver e sentir o papel em minhas mãos, não implica sua verdade. Assim, a possibilidade de eu estar sonhando é, em primeiro lugar, a possibilidade de eu ter adquirido minha crença de um modo compatível com sua falsidade. Essa possibilidade, por sua vez, introduz a possibilidade de minha crença *ser* falsa. Por isso, se eu não eliminar a possibilidade de estar sonhando, tenho uma razão para duvidar da verdade da minha crença de ter agora um papel em minhas mãos.

Considere, nesse contexto, o seguinte tipo de caso. Suponha que, como membro de um júri, eu acredite, com base no testemunho de alguém que considero ser uma testemunha confiável, que o suspeito estava em Cincinnati na noite do crime. O advogado de defesa, então, introduz a possibilidade de que a testemunha não seja confiável, ao menos no que diz respeito a esse assunto, e, refletindo, concordo que não posso eliminar essa possibilidade. Ora, se a testemunha de fato não for confiável, não se segue disso que seja falsa a minha crença de que o suspeito estava em Cincinnati na noite do crime. Algumas vezes, uma testemunha não confiável dá um testemunho verdadeiro sobre uma questão acerca da qual ela não é confiável. Mas, se a testemunha não é confiável no que diz respeito a uma questão, se eu creio que o suspeito estava em Cincinnati na noite do crime com base apenas no testemunho dessa testemunha não confiável, e se minha crença é verdadeira, então ela é verdadeira apenas por acaso. A possibilidade de a testemunha não ser confiável, não configura em primeiro lugar, a possibilidade de que a minha crença seja falsa, mas sim a possibilidade de que minha crença, que tem como base o testemunho de alguém não confiável, tenha sido adquirida de modo compatível com sua falsidade. *Essa* possibilidade, por sua vez, introduz a possibilidade de que minha crença *seja* falsa. Por isso, se eu não puder eliminar a possibilidade da inconfiabilidade da testemunha, tenho uma razão para duvidar da verdade da minha crença de que o suspeito estava em Cincinnati na noite do crime.

Para resumir essa parte da discussão: um cenário cético constitui uma razão para dúvida, se o faz, porque introduz a possibilidade de que as crenças sob seu escopo sejam falsas. Um cenário de história causal desviante introduz essa possibilidade de modo menos direto e, portanto, de modo menos claro, do que um cenário de crença falsa. Se Descartes reconheceu esse fato, então teve uma razão para apresentar o argumento do sonho como um cenário de crença falsa e não um cenário de história causal desviante.

OS ARGUMENTOS DOS CÉTICOS ANTIGOS

Os argumentos dos céticos antigos *não* tinham a forma de nenhum tipo de cenário cético. Os estoicos afirmavam que conhecer, e não apenas crer em, algo sobre o mundo era uma questão de assentir a um tipo particular de experiência perceptiva a qual chamavam de "impressão cognitiva" (καταληπτικὴ φαντασία). Os estoicos, além disso, admitiam o princípio de que uma pessoa deveria assentir apenas a impressões cognitivas. Chamarei esse princípio de *a máxima estoica do assentimento*. Os acadêmicos, começando por Arcesilau até o fim da academia cética no primeiro século a.C., desafiaram a tese estoica de que pelo menos algumas impressões perceptivas eram impressões cognitivas. Os acadêmicos apresentaram diversos argumentos a favor da *tese da indiscernibilidade*. Trata-se da tese segundo a qual para toda impressão verdadeira é possível uma impressão falsa exatamente como ela. (Para a tese da indiscernibilidade, ver Cícero, *Academica*, 2.40-1, 2.77-8, 2.83, Sexto Empírico, *Adversus mathematicos*, 7.154.) Os próprios estoicos concediam que; *se* é verdade que para toda impressão verdadeira é possível uma impressão falsa exatamente como ela, então nenhuma impressão é uma impressão cognitiva. Assim, se os argumentos dos acadêmicos a favor da tese da indiscernibilidade forem bem-sucedidos, esses argumentos, conjuntamente com a máxima estoica do assentimento, constituem uma razão *para que o estoico* suspenda o assentimento a qualquer juízo acerca de qualquer coisa.

Os acadêmicos ofereciam dois argumentos principais a favor da tese da indiscernibilidade: um argumento a partir da existência de objetos idênticos ou perceptualmente indiscerníveis e um argumento a partir dos sonhos e da loucura. (Para esses argumentos, ver Cícero, *Academica*, 2.48, 2.83-5, 2.88-90; Sexto Empírico, *Adversus mathematicos*, 7.402-405, 7.408-410.) Cícero registra que os acadêmicos também apresentaram um argumento a partir da capacidade de Deus produzir em nós impressões convincentes, mas falsas (Cícero, *Academica*, 2.47). Muitos comentadores consideram esses argumentos acadêmicos como cenários céticos (ou, mais precisamente, cenários de crenças falsas) porque consideram que, com esses argumentos, os acadêmicos teriam introduzido a possibilidade não eliminada e ineliminável de que *qualquer* impressão perceptiva que uma pessoa tenha seja falsa. (Ver Sedley, 1982: 263; Striker, 1996a: 139, e Striker, 1996b: 160.) Assim, segundo essa interpretação, os acadêmicos defenderiam que, se tenho a impressão de que uma dada pessoa é Sócrates, eu não poderia eliminar a possibilidade de que essa impressão fosse falsa. Pois não poderia eliminar a possibilidade de ter formado essa impressão como resultado de ter visto, não Sócrates, mas seu irmão gêmeo, ou porque estou sonhando ou louco, e uma outra pessoa, ou mesmo ninguém, estaria agora diante de mim, ou porque Deus teria produzido em mim essa impressão quando, na verdade, ela é falsa.

Considere, porém, o argumento acadêmico dos gêmeos ou dos objetos perceptualmente indiscerníveis. *Se* ele deve supostamente introduzir uma possibilidade não eliminada ou ineliminável, então não passa de um triste fracasso. E isso porque, no caso da minha impressão (por exemplo) de que essa pessoa é Sócrates, o argumento deixa intactos os meus conhecimentos, cuja verdade me torna capaz de eliminar a possibilidade da minha impressão ser falsa porque estaria vendo não Sócrates, mas seu irmão gêmeo. Se eu souber que Sócrates não tem um irmão gêmeo porque (por exemplo) sei que sua mãe afirma que ele não tem um irmão gêmeo, e se eu sei que a mãe de Sócrates é uma fonte confiável de informação sobre esse assunto, então posso eliminar a possibilidade de não estar vendo Sócrates, mas seu irmão gêmeo, e, por esta razão, minha impressão é falsa. Pois o argumento acadêmico não oferece qualquer consideração que ponha em questão minha afirmação de que sei que Sócrates não tem um irmão gêmeo ou outros conhecimentos que sirvam de base para essa afirmação. Sendo assim, o argumento não mostra que eu não posso eliminar a possibilidade de que Sócrates tenha um irmão gêmeo e que eu não esteja vendo Sócrates, mas sim seu irmão gêmeo. Na verdade, é difícil ver como os acadêmicos (ou qualquer um) poderiam construir um cenário cético com uma abrangência significativa com base no fato de que gêmeos existem ou de que dois ou mais objetos são perceptualmente indiscerníveis.

O argumento dos gêmeos ou dos objetos perceptualmente indiscerníveis tem mais êxito se o considerarmos como uma tentativa por parte dos acadêmicos de estabelecer a verdade de certos condicionais contrafactuais. Pois os acadêmicos pensam que a verdade da tese da indiscernibilidade advém da verdade desses condicionais contrafactuais.

Assumem, assim, que Sócrates não tem um irmão gêmeo, que eu sei esse fato sobre Sócrates e que, como resultado de ver Sócrates, formo uma impressão verdadeira de que essa pessoa é Sócrates. Segundo minha concepção, os acadêmicos defendem que, mesmo admitindo isso, os seguintes condicionais contrafactuais são verdadeiros:

(A) *Se* Sócrates *tivesse* um irmão gêmeo, isto é, *se houvesse* alguém perceptualmente indiscernível de Sócrates, e *se*, como resultado de ver o irmão gêmeo de Sócrates, *eu formasse* a *falsa* impressão de que essa pessoa fosse Sócrates, minha falsa impressão *teria* representado a pessoa diante de mim (= o irmão gêmeo de Sócrates) *como* Sócrates exatamente do mesmo modo que minha impressão verdadeira representa a pessoa agora diante de mim (= Sócrates) *como* Sócrates.

Os acadêmicos pensavam que os condicionais contrafactuais (A) seriam verdadeiros se fosse possível que Sócrates *houvesse tido* um gêmeo, isto é, se fosse possível *ter havido* alguém perceptualmente indiscernível de Sócrates. Defendiam que, por sua vez, isso seria possível se fosse possível a dois objetos serem perceptualmente indiscerníveis um do outro. O modo mais simples de provar que é *possível* que dois objetos sejam perceptualmente indiscerníveis um do outro é recorrendo a dois objetos que *de fato são* indiscerníveis um do outro, isto é, dois ovos ou duas cobras ou dois gêmeos idênticos. Isso é exatamente o que os acadêmicos faziam.

Mas o que se segue daí? Se (A) e outros contrafactuais como este são verdadeiros, argumentavam os acadêmicos, então toda impressão perceptiva verdadeira de Sócrates é tal que é possível uma impressão falsa exatamente como ela. Se é assim, então a tese da indiscernibilidade é verdadeira no que diz respeito a impressões de Sócrates e nenhuma impressão verdadeira de Sócrates é uma impressão cognitiva. Pois se é possível que Sócrates houvesse tido um gêmeo, então é possível que houvesse uma impressão falsa para qualquer impressão verdadeira de Sócrates, formada a partir da visão do irmão gêmeo de Sócrates, que representa o objeto percebido (= gêmeo de Sócrates) como Sócrates exatamente do mesmo modo que a impressão verdadeira representa o objeto de fato percebido (= Sócrates) como Sócrates. Contudo, continuam os acadêmicos, o que se aplica a Sócrates se aplica a *qualquer* objeto perceptível. (É por essa razão que Cícero afirma que se dois objetos são perceptualmente indiscerníveis um do outro, então *tudo* pode ser colocado em questão – *Academica*, 2.84.) Para qualquer objeto perceptível O – é possível ter havido um objeto O^* distinto, mas perceptualmente indiscernível de O. Se é assim, então para qualquer impressão verdadeira de O é possível que houvesse uma impressão falsa, formada como resultado da visão de O^*, que representa o objeto percebido (=O^*) como O exatamente do mesmo modo que a impressão verdadeira representa o objeto de fato percebido (=O) como O. Se é assim, então para qualquer objeto O nenhuma impressão verdadeira de O é do tipo que não pode ser falsa; portanto, para qualquer objeto O nenhuma impressão verdadeira de O é uma impressão cognitiva. E, se é assim, então não há impressões cognitivas. *Essa* conclusão, em conjunção com a máxima estoica do assentimento, força o estoico a reter seu assentimento acerca de toda impressão e suspender o juízo acerca de tudo.

O argumento acadêmico dos sonhos e da loucura pode ser compreendido do mesmo modo. Mesmo se eu estiver acordado e são quando tenho uma impressão verdadeira de que uma dada pessoa é Sócrates, e mesmo se souber disso, os acadêmicos defendiam que, ainda assim, é possível que eu, em sonho ou em crise de loucura, tenha recebido uma falsa impressão que representa como sendo o caso que Sócrates está diante de mim exatamente do mesmo modo que minha impressão verdadeira agora me representa isso como sendo o caso. Mas o que se aplica à minha impressão de que essa pessoa é Sócrates se aplica a qualquer impressão perceptiva verdadeira que eu tenha. Se é assim, então toda impressão verdadeira é tal que é possível que haja alguma impressão falsa exatamente como ela. Logo, nenhuma impressão verdadeira é uma impressão cognitiva. O argumento acadêmico dos sonhos ou da loucura, portanto, não precisa contestar minha afirmação de que, ao ter uma impressão verdadeira de que essa pessoa é Sócrates, não estou sonhando nem louco. O argumento pretende mostrar apenas que é possível que eu tenha recebido em sonho ou em uma crise de loucura uma impressão falsa que tenha representado como sendo o caso que Sócrates está diante de mim exatamente do mesmo modo que a minha impressão verdadeira de que essa pessoa é Sócrates representa isso como sendo o caso. Isso é verdade mesmo se eu puder eliminar a possibilidade de que agora, ao ter a impressão de que essa pessoa é Sócrates, eu esteja sonhando ou louco. Pois uma possibilidade eliminada é ainda assim uma possibilidade. Entretanto, é uma consequência do argumento dos acadêmicos que, se eu sei que não estou sonhando nem louco, esse meu conhecimento não pode depender de uma impressão minha que represente algo como sendo o caso (por exemplo, que a pessoa diante de mim é Sócrates) de um modo tal que nenhuma impressão falsa pudesse fazê-lo. (Para uma apresentação e uma defesa bem mais detalhada dessa interpretação dos argumentos dos acadêmicos, ver Perin, 2005.)

A versão do ceticismo pirrônico oferecida no *Hipotiposes pirrônicas* de Sexto Empírico gera uma razão para suspensão do juízo recorrendo a aparências conflitantes. Suponha que o tomate em cima da mesa aparece para mim como vermelho. Um cético pirrônico do tipo descrito por Sexto pedirá que eu considere o fato de que o tomate aparece com alguma outra cor, por exemplo, amarelo, ou em outras circunstâncias para mim ou para outra pessoa, ou para uma criatura de outro tipo. Segundo Sexto, o fato de esses dois modos de aparecer conflitarem *não* constitui, por si só uma razão para que eu suspenda o juízo acerca da cor do tomate. Mas, para Sexto, se não há base racional para resolver esse conflito de aparências, então *tenho* uma razão para suspender o juízo acerca da cor do tomate. Sexto defende que não há base racional para resolver esse conflito de aparências argumentando que qualquer consideração que eu possa apresentar como razão para crer que o tomate é vermelho em vez de amarelo, ou *vice-versa*, inclusive o fato de que o tomate aparece como vermelho para mim neste momento, produz um regresso infinito, ou se apoia em uma suposição arbitrária ou envolve um raciocínio circular. No entanto, se é assim, e se nem um regresso infinito, nem uma suposição arbitrária, nem um raciocínio circular constitui uma razão para crer, então não tenho razão para crer que o tomate é vermelho em vez de amarelo, ou *vice-versa*. E *esse* fato é uma razão para que eu suspenda o juízo acerca da cor do tomate.

Note-se que o argumento de Sexto das aparências conflitantes não precisa satisfazer as mesmas exigências explicativas e epistêmicas que um cenário cético precisa atender. Para gerar uma razão para a suspensão do juízo acerca da cor do tomate, Sexto não precisa fornecer uma explicação de como o tomate poderia me aparecer como vermelho, ou como eu poderia crer que o tomate é vermelho, quando na verdade não o é. (Compare, porém, com Curley, 1978: 88-9). Sexto prossegue supondo que suspenderei meu juízo acerca da cor do tomate caso considere não ter qualquer razão para crer que o tomate seja de uma ou de outra cor. É por isso que sua estratégia é minar o *status* de *qualquer* consideração, sobretudo o fato de que o tomate me aparece agora como vermelho, que constitua uma razão para crer que o tomate é vermelho. Todavia, ele *não* executa essa estratégia descrevendo primeiramente como o tomate poderia me aparecer como vermelho, ou como eu poderia vir a crer que o tomate é vermelho, quando ele não o é, e depois afirmando que eu não posso eliminar a possibilidade de tomate me aparecer como vermelho, ou de eu vir a crer que o tomate é vermelho desse modo. Se creio que *p*, Sexto simplesmente introduz um candidato alternativo para crer que *q*, e, então, usa argumentos muito gerais (os chamados 'modos de

Agripa': ver *Hipotiposes pirrônicas* 1.164-77) que pretendem mostrar que não tenho razão para assentir a *p* e não a *q*, e *vice-versa*.

Parece-me, pois, que Descartes estava enganado ao pensar que os argumentos céticos da Primeira Meditação são exatamente os mesmos que os argumentos dos céticos antigos. Os argumentos da Primeira Meditação geram razões para duvidar introduzindo, de modos diferentes, a possibilidade *não-eliminada*, e talvez ineliminável, de que as crenças neles envolvidas sejam falsas. Nem os argumentos céticos dos acadêmicos ou os dos pirrônicos fazem isso. Os acadêmicos, na realidade, defendem que, para qualquer impressão perceptiva verdadeira que eu tenha há diversas maneiras de formar uma impressão falsa que seja idêntica, com relação a aspectos importantes, à minha impressão verdadeira. Contudo, eles *não* defendem que, para qualquer impressão que eu tenha, não posso eliminar a possibilidade de que, de fato, eu a tenha formado por meio de uma dessas maneiras. O cético pirrônico gera uma razão para que eu retenha meu assentimento a algum candidato à crença *p*, argumentando que eu não tenho razão para assentir a *p* em vez de a algum candidato alternativo para a crença *q* (onde *q* é ou implica a negação de *p*). A verdade *dessa* conclusão não exige que haja alguma possibilidade de que eu não possa eliminar de que *p* seja falso, mas apenas que eu não tenha razão para pensar que *p*, e não que *q* é verdadeiro.

RAZÕES PARA DUVIDAR *VERSUS* RAZÕES PARA SUSPENDER O JUÍZO

No contexto cético da Primeira Meditação, uma razão para duvidar da verdade de uma proposição *p* é uma razão para reter o assentimento a *p*. Pois neste texto Descartes se dedica à destruição geral de suas crenças e, com esse objetivo em mente, declara que

> a razão agora me leva a pensar que devo reter meu assentimento a opiniões que não são inteiramente certas e indubitáveis, como faço com as que são manifestamente falsas. Assim, para rejeitar todas as minhas opiniões, bastará que eu encontre em cada uma delas ao menos uma razão para duvidar (2: 12; AT 7: 18).

Chamemos o princípio segundo o qual devo reter meu assentimento a *p* se tenho uma razão para duvidar de *p* a *máxima forte do assentimento*. (Tomo esse termo emprestado de Broughton, 2002, p. 44-45.) A máxima forte do assentimento transforma uma razão para não se estar certo de que *p* em uma razão para reter o assentimento a *p*.

Há um ponto na Primeira Meditação em que parece ao meditador que ele deve desistir de todas as crenças que possuía no início de sua investigação nas *Meditações*. É quando ele anuncia que "[...] finalmente sou obrigado a confessar que não há nenhuma das minhas antigas crenças da qual eu não possa duvidar; e isso não por alguma inconsideração ou leviandade, mas por razões muito fortes e muito bem examinadas" (*validas & meditatas rationes*) (2: 14-15; AT 7: 21-2). Muitos comentadores atribuem aqui ao meditador a afirmação de que ele tem "razões muito fortes e muito bem examinadas" para duvidar da verdade, por exemplo, de sua crença de que tem mãos, ou de sua crença de que 2+3=5. (Ver Frankfurt, 1970: 48; Curley, 1978: 106; Stroud, 1984: 12; Macarthur, 2003: 160-4.) Mas aqui o meditador não afirma nada parecido com isso. Ele afirma ter "razões muito fortes e muito bem examinadas" apenas para uma conclusão de segunda ordem:

> (C) Para cada uma das minhas crenças anteriores, há ao menos uma razão para duvidar de sua verdade.

As "razões muito fortes e muito bem examinadas" que o meditador considera ter para (C) constituem, por óbvio, os cenários céticos introduzidos na Primeira Meditação. Ora, (C) afirma que, para cada crença antiga do meditador, ele tem alguma razão para duvidar de sua verdade. Logo, conclui-se de

(C) que, se o meditador outrora acreditava que *p*, ele agora tem uma razão para duvidar de *p*. Mas (C) não afirma ou implica coisa alguma sobre o *tipo de razão* que o meditador tem para duvidar de *p*. Mais particularmente, não se segue de (C) que a razão que o meditador tem para duvidar de *p* torne *não-razoável* sua crença que *p*. Se ele tem uma razão para duvidar de *p*, então essa razão torna *incerta* sua crença que *p*. Pois sua crença que *p* só é certa se ele não tem razão para duvidar de *p*. Mas uma razão para duvidar pode abalar a pretensão de certeza de uma crença sem abalar sua pretensão de razoabilidade. E Descartes, no papel do meditador, não pensa que as razões para duvidar apresentadas na Primeira Meditação abalem a razoabilidade de suas antigas crenças. Pois ele continua a descrevê-las como "opiniões muito prováveis – opiniões que, apesar do fato de serem, em um certo sentido, duvidosas, como acaba de ser mostrado, ainda assim é muito mais razoável (*multo magis rationi consentaneum*) acreditar nelas do que negá-las" (2: 15; AT 7: 22). (Sobre esse assunto, ver especialmente Broughton, 2002: 47-49, cf. Macarthur, 2003: 166-71.) O fato de Descartes não considerar que as razões para duvidar apresentadas na Primeira Meditação abalem a razoabilidade de suas antigas crenças explica por que, alhures, ele caracteriza essas razões para duvidar como fracas (2: 25; AT 7: 36), metafísicas (2: 25; AT 7: 36, 2: 121; AT 7: 172, 2: 308; AT 7: 460, 2: 373; AT 7: 546) e exageradas (2: 61; AT 7: 89, 2: 159; AT 7: 226, 2: 308; AT 7: 460).

Esse fato também explica por que, segundo seu próprio relato, é difícil para o meditador abrir mão de suas crenças antigas ou, tendo desistido destas, evitar formá-las de novo. O meditador, como todo mundo, está disposto a crer em quaisquer que sejam os candidatos considerados os mais prováveis para crer. É por essa razão que ele introduz o gênio maligno. Essa experiência de pensamento pretende auxiliar o meditador a superar os obstáculos psicológicos que dificultam o abandono das crenças que ele considera razoáveis. Se antes acreditava que *p*, mas agora reconhece que tem uma razão para duvidar de *p*, o meditador deve retirar seu assentimento a *p*. Isso é o que a máxima forte do assentimento lhe diz que deve ser feito. O problema é que, embora o meditador reconheça que tem uma razão para duvidar de *p*, ele também continua a considerar razoável sua crença que *p*. Em outras palavras, não sendo suficientemente sólida sua razão para duvidar de *p*, ele continua a considerar que tem mais razão para assentir a *p* do que para negar seu assentimento a *p*. E, para quem está nessa posição é difícil evitar crer que *p*.

Há uma passagem importante nas Sétimas Respostas em que Descartes explica o sentido no qual as razões para duvidar apresentadas na Primeira Meditação são "fortes e bem examinadas":

> Pode haver razões suficientemente fortes para nos compelir a duvidar, mesmo que essas razões sejam, elas próprias, duvidosas, e, portanto, mais adiante dispensáveis, como acabo de notar. As razões são fortes desde que não tenhamos outras que produzam certeza pela remoção da dúvida. Ora, visto que não encontrei tais razões compensatórias na Primeira Meditação, apesar de meditar e buscá-las, afirmei que as razões que encontrei para duvidar eram "fortes e bem examinadas". (2: 319; AT 7: 473-474)

Essas observações de Descartes merecem uma cuidadosa explicação. Na Primeira Meditação, o meditador pensa que os argumentos céticos que ele examina o compelem a duvidar de que tem mãos ou de que $2+3=5$ *apenas* no sentido de que o compelem a aceitar que há alguma razão para duvidar de que tenha mãos ou de que $2+3=5$. Esses argumentos geram razões "fortes" para duvidar porque fornecem ao meditador bases *legítimas*, apesar de frágeis, para duvidar de que tenha mãos ou de que $2+3=5$. Além disso, visto que os argumentos céticos da Primeira Meditação fornecem ao meditador bases legítimas para duvidar, não de uma ou de duas crenças, mas de todos os membros de uma classe muito grande de crenças, o meditador pensa que esses argumentos o compelem a aceitar a conclusão de segunda ordem (C). Porém, como vimos, Descartes, no papel do meditador, *não* pensa que os argumentos céticos da Primeira Meditação o compelem a duvidar por racionalmente o compelirem a abrir mão de sua crença de que tem mãos ou de que 2+3=5. (Se fosse esse o sentido no qual esses argumentos compelem o meditador a duvidar, a máxima forte de assentimento seria ociosa.) O meditador continua a considerar razoáveis as suas crenças e, por isso, é difícil para ele abrir mão dessas crenças. Parece-me que o ponto de Descartes aqui nas Sétimas Respostas é que, na Primeira Meditação, ele não tinha absolutamente qualquer razão para negar a conclusão de segunda ordem (C). Uma razão para negar (C) seria uma razão para o meditador pensar que não haveria qualquer razão para duvidar da verdade de pelo menos uma de suas antigas crenças. Na ausência de uma razão para pensar que ao menos uma de suas antigas crenças é imune à dúvida, os argumentos da Primeira Meditação fornecem fortes razões para o meditador pensar que *todas* as suas crenças estão sujeitas à dúvida.

É mais difícil compreender uma passagem da Quarta Meditação (2: 40-1; AT 7: 58-60). Suponha que eu considere uma proposição *p* e que eu não possa discernir qualquer razão para crer nem que *p*, nem em sua negação. Nesse caso, minha vontade é "indiferente" (*indifferens*) – não sinto inclinação para assentir nem a *p*, nem à sua negação. Descartes sustenta que se, por um exercício da vontade, eu assentisse ou a *p* ou à sua negação, estaria equivocado. Pois, mesmo que minha crença resultante fosse verdadeira, ela seria verdadeira apenas por acaso. Mais importante ainda, dei meu assentimento a uma proposição cuja verdade não percebi clara e distintamente: no vocabulário de Descartes, a determinação da minha vontade precedeu a percepção de meu intelecto. Agora considere, como faz Descartes, um tipo diferente de caso. Estou considerando uma proposição *p* e, embora reconheça uma razão para duvidar de *p*, ainda assim considero ter mais razões para assentir a *p* do que para assentir à sua negação, ou para suspender o juízo. Segundo Descartes, estou em uma situação em que "conjecturas prováveis" (*probabiles conjecturae*) inclinam-me a assentir a *p*. Mas, escreve Descartes,

> [...] embora conjecturas prováveis possam me inclinar em uma direção, o mero conhecimento de que são simples conjecturas, e não razões certas e indubitáveis, é suficiente para levar o assentimento em outra direção. Minha experiência nos últimos dias confirma que o simples fato de ter notado que podia duvidar, de alguma maneira, de minhas crenças anteriores foi suficiente para transformar minha confiança absoluta em sua verdade na suposição de que eram inteiramente falsas (2: 41; AT 7: 59).

Parece-me que Descartes aqui apresenta mal a experiência do meditador na Primeira Meditação. Pois lá, o meditador afirma que é difícil para ele suspender seu assentimento a suas crenças antigas *apesar* do fato de ter razões para duvidar de cada uma dessas crenças e, portanto, de não ter "razões certas e indubitáveis" a seu favor. O meditador pensa que só poderá se apartar das crenças que continua a considerar razoáveis caso se engaje em um faz-de-conta. Assim, se sua confiança inicial na verdade de suas antigas crenças se transforma na suposição de que essas crenças são falsas, essa transformação é o produto *não* do reconhecimento por parte do meditador de que as razões a favor de suas crenças são pouco certas e indubitáveis, mas de um artifício psicológico (a presunção de um gênio maligno).

DOIS ENIGMAS

Descartes, portanto, considerava que as razões para duvidar geradas pelos argumentos céticos da Primeira Meditação, por eles mesmos, *não* constituem razões para a suspensão do juízo. Parece-me que essa concepção de Descartes dá margem a dois enigmas.

O primeiro enigma é *por que* Descartes pensava que os argumentos céticos da Primeira Meditação abalavam as pretensões para o conhecimento certo, mas não as pretensões para a crença razoável. A concepção de Descartes é enigmática em virtude do fato de que muitos filósofos e teólogos nos séculos XVI e XVII usaram argumentos dos céticos antigos – exatamente os mesmos argumentos que Descartes pensava estar repetindo na Primeira Meditação – no esforço de provar que não há base racional para a crença religiosa. Considerava-se que esses argumentos mostravam que não há razão (epistêmica) para aceitar artigos fundamentais do cristianismo ou para, nas controvérsias religiosas dominantes no início do período moderno, endossar um lado e não o outro. Montaigne, por exemplo, considerava que a reflexão acerca dos argumentos encontrados em Sexto Empírico levaria as pessoas a suspender o juízo relativamente a uma ampla variedade de assuntos, inclusive assuntos religiosos, e assim poderia colocá-las na melhor condição possível para receber a graça da fé. (Ver, por exemplo, Montaigne, 1965, p. 375; Popkin, 1979, p. 42-65, e Larmore, 1998, p. 1147–1152).

O segundo enigma diz respeito à força dos argumentos céticos da Primeira Meditação – argumentos que, de um modo ou de outro, continuam a ocupar os filósofos nos dias de hoje. *Se* esses argumentos abalam as pretensões a certos conhecimentos, abalariam também as pretensões a crenças prováveis? E se esses argumentos abalam pretensões a crenças prováveis, *como* o fazem? Isto é, como nos deixam em uma posição tal, caso o façam, que temos não apenas uma razão para duvidar, e portanto uma razão para ter menos certeza, da verdade de nossas crenças sobre o mundo, mas também uma razão para abandonar essas crenças e suspender o juízo? Trata-se da posição para a qual nos levam, de diferentes maneiras, os argumentos dos céticos antigos quando bem-sucedidos. E se Descartes se engana ao pensar que as razões para duvidar geradas pelos argumentos da Primeira Meditação não constituem por elas mesmas razões para a suspensão do juízo, esta é a posição para a qual esses argumentos, se bem-sucedidos, levam-nos.

REFERÊNCIAS E LEITURAS ADICIONAIS

Allen, J. (1994). "Academic probabilism and Stoic epistemology". *Classical Quarterly*, 44: 85-113.

Broughton, J. (2002). *Descartes's Method of Doubt*. Princeton: Princeton University Press.

Burnyeat, M. (1997). "The Skeptic in his place and time". In: M. Burnyeat e M. Frede (eds.). *The Original Skeptics. A Controversy*. Indianapolis: Hackett Publishing Company: 92-126.

Couissin, P. (1929/1983). "The Stoicism of the New Academy". In: M. Burnyeat (ed.). *The Skeptic Tradition*. Berkeley e Los Angeles: University of California Press: 31-63. (Artigo original publicado em 1929.)

Curley, E. M. (1978). *Descartes against the Skeptics*. Cambridge, MA: Harvard University Press.

Fine. G. (2000). "Descartes and ancient skepticism: reheated cabbage?". *The Philosophical Review* 109: 195-234.

Floride, L. (2002). *Sextus Empiricus: The Transmission and Recovery of Pyrrhonism*. Oxford: Oxford University Press.

Frankfurt, H. G. (1970). *Demons, Dreamers and Madmen*. Indianapolis: Bobbs-Merrill.

Larmore, C. (1998). "Skepticism". In: D. Garber e M. Ayers (eds.). *The Cambridge History of Seventeenth-Century Philosophy*. Cambridge: Cambridge University Press: 1145-1192.

Macarthur, D. (2003). "The seriousness of doubt and our natural trust in the senses in the First Meditation". *Canadian Journal of Philosophy* 33: 159-182.

Montaigne, M. (1965). *The Complete Essays of Montaigne*. Trad.: D. M. Frame. Stanford: Stanford University Press. (Obras originalmente publicadas entre 1580-1595.)

Perin, C. (2005). "Academic arguments for the indiscernibility thesis". *Pacific Philosophical Quarterly* 86: 493-517.

Schmitt, C. B. (1972). *Cicero Skepticus: A Study of the Influence of the "Academica" in the Renaissance*. Haia: Martinus Nijhoff.

Schmitt, C. B. (1983). "The rediscovery of ancient skepticism in modern times". In: M. Burnyeat (ed.). *The Skeptic Tradition*. Berkeley e Los Angeles: University of California Press: 225-251.

Schofield, M. (1999). "Academic epistemology". In: K. Algra, J. Barnes, J. Mansfield e M. Schofield (eds.). *The Cambridge History of Hellenistic Philosophy*. Cambridge: Cambridge University Press: 323-351.

Sedley, D. (1982). "The Stoic criterion of identity". *Phronesis* 27: 255-275.

Striker, G. (1996a). "On the difference between the Pyrrhonists and the Academics". In: Striker, G. *Essays in Hellenistic Epistemology and Ethics*. Cambridge: Cambridge University Press: 135-149.

Striker, G. (1996b). "The problem of Criterion". In: Striker, G. *Essays in Hellenistic Epistemology and Ethics*. Cambridge: Cambridge University Press: 150-165.

Striker, G. (1997). "Academics fighting Academics". In: B. Inwood e J. Mansfield (eds.). *Assent and Argument: Studies in Cicero's Academics Books*. Leiden: Brill: 257-276.

Stroud, B. (1984). *The Significance of Philosophical Scepticism*. Oxford: Clarendon Press.

Williams, M. (1986). "Descartes and the metaphysics of doubt". In: A. Rorty (ed.). *Essays on Descartes's "Meditations"*. Berkeley e Los Angeles: University of California Press: 117-139.

Winters, B. (1981). "Skeptical counterpossibilities". *Pacific Philosophical Quarterly* 62: 30-38.

PARTE II
MATEMÁTICA E FILOSOFIA NATURAL

5

Descartes e Galileu: copernicianismo e o fundamento metafísico da física

MICHAEL FRIEDMAN

Copérnico publicou a obra *Revoluções dos orbes celestes* em 1543, substituindo o modelo geocêntrico do sistema solar, em cujo centro a Terra está em repouso, pelo modelo heliocêntrico, no qual todos os corpos planetários, incluindo a Terra, orbitam em torno do Sol, que ocupa a posição central. Durante a Idade Média Clássica,* uma combinação da astronomia ptolomaica e da filosofia natural de Aristóteles obteve um certo estatuto de ortodoxia, e alguns membros da Igreja Católica alarmaram-se, no início do século seguinte, no apogeu da Contrarreforma, quando Galileu organizou uma defesa agressiva do copernicianismo e um ataque complementar a Aristóteles, culminando na publicação de seu *Diálogo sobre os dois máximos sistemas do mundo*,** em 1632. Por essa razão, Galileu foi condenado e sentenciado a prisão domiciliar pela Inquisição Romana em junho de 1633. (Para informações básicas sobre a Revolução Coperniciana e o modo como Galileu a ela reagiu, ver Kunh, 1957.)

Em consequência direta da condenação de Galileu, Descartes interrompeu sua primeira grande obra, *O mundo ou O tratado da luz*, que deveria ser uma exposição abrangente de sua física. De acordo com esta, todos os fenômenos na natureza devem se explicados em termos de movimentos e de interação entre minúsculas partes da matéria, as quais, por sua vez, possuem apenas as propriedades puramente geométricas: extensão, figura e movimento; e sua interação mútua ocorre apenas por impacto. Em particular, segundo a teoria coperniciana de Descartes sobre o movimento planetário e sobre a luz, os planetas são levados pelo vórtice giratório de uma matéria fluida invisível, em cujo centro encontra-se o Sol – ou, de modo mais geral, uma estrela. A luz associada a esta estrela consiste no que hoje chamamos de pressão centrífuga propagada de modo retilíneo a partir de seu centro. Além disso, mesmo em seus primeiros trabalhos, a física precisaria supostamente ter

---

* N. de T.: O longo período da Idade Média é habitualmente dividido, para fins didáticos, em períodos menores. Contudo, esta divisão não é inteiramente consensual. No texto, o autor utiliza a expressão *high Middle Ages*, cuja tradução literal seria "alta Idade Média". Contudo, ela designa o período que vai do século XI ao XIII ou, em alguns casos, até meados do século XV. Em português, seguindo a tradição da historiografia francesa, designamos este período pela expressão "Idade Média Clássica", ao passo que "alta Idade Média" é utilizada para designar o período que se inicia com a queda do Império Romano do Ocidente, em 476, até o ano 1000.

** N. de T.: Título original em italiano: *Dialogo sopra i due massini sistemi del mondo, Tolemaico e Copernicano* (Florença, Giovanni Batista Landini, 1632). Para uma tradução em língua portuguesa, conferir Galileu Galilei, *Diálogo sobre os dois máximos sistemas do mundo, ptolomaico e copernicano*. Tradução, introdução e notas de Pablo R. Mariconda. São Paulo, Discurso Editorial/FAPESP, 2001.

um fundamento metafísico, pois a lei básica da natureza que governa todas as mudanças de movimento da matéria – a conservação do que Descartes chamou de 'quantidade de movimento' total – é alicerçada na unidade e na simplicidade de Deus. Através dela, Deus recria continuamente todo o universo material a cada instante, expressando sempre exatamente a mesma essência divina. Mas Descartes não levou a cabo o desenvolvimento sistemático de sua metafísica no *Tratado do mundo*; e não o fez senão muitos anos depois, primeiro como um esboço no *Discurso do método*, em 1637, e, em seguida, inteiramente nas *Meditações de filosofia primeira*,* em 1641.

Descartes ficou sabendo da condenação de Galileu no outono de 1633, e escreveu a Mersenne em novembro para dizer que estava prestes a lhe enviar o *Tratado do mundo* (então quase pronto para publicação). Mas, ao saber da condenação de Galileu, ele mudou drasticamente seus planos.

> Fiquei tão impressionado que quase decidi queimar todos os meus manuscritos ou, ao menos, não deixar que mais ninguém os lesse. Pois não poderia imaginar que ele [Galileu] – um italiano e, como soube, alguém que gozava das boas graças do Papa – pudesse ser considerado um criminoso por nenhuma outra razão além de tentar, como sem dúvida o fez, estabelecer que a Terra se move [...]. Devo admitir que, se esta concepção é falsa, também o são todos os fundamentos de minha filosofia, pois ela pode ser demonstrada muito claramente a partir deles. E ela está de tal modo associada a todas as partes de meu tratado que não poderia removê-la sem tornar defeituoso todo o trabalho. Mas como não gostaria, por nada deste mundo, de publicar um discurso no qual se pudesse encontrar qualquer palavra que a Igreja desaprovasse, preferi suprimi-lo em vez de apresentá-lo de modo mutilado. (3: 40; AT 1: 270-271)

De fato, o *Tratado do mundo* nunca foi publicado durante a vida de Descartes e ele não retornou à física antes de *Princípios da filosofia*, em 1644, no qual o sistema do *Tratado do mundo* passa a ser derivado da metafísica de Deus e da alma em sua forma mais articulada, tal como aparece nas *Meditações*. Embora seu plano inicial fosse, como Descartes explica em uma carta anterior a Mersenne, em abril de 1630, publicar primeiro sua física e, então, publicar sobre metafísica somente depois de "ver como meu tratado sobre física é recebido" (3: 22; AT 1: 144), sua nova estratégia, após a condenação de Galileu, passou a ser exatamente o contrário. A compreensão do que estava em jogo nessa condenação e da razão pela qual Descartes reagiu desse modo pode, portanto, esclarecer como exatamente, para ele, a física e a metafísica estão relacionadas.

O CRIME DE GALILEU

A condenação de Galileu em 1632 foi o auge de uma série de eventos que começaram nos anos de 1615-1616, nos quais o cardeal Belarmino, um proeminente teólogo da Contrarreforma e membro da Inquisição Romana, desempenhou uma papel crucial. Em particular, quando o copernicianismo foi formalmente censurado por heresia, em fevereiro de 1616 (sob a alegação de que muitas passagens da Bíblia descrevem a Terra como estacionária e o Sol, móvel, e de que apenas a Igreja pode legitimamente interpretar as Escrituras), o Papa Paulo V pediu a Belarmino que comunicasse pessoalmente esta censura a Galileu e que lhe ordenasse a abandonar o copernicianismo e evitasse ensiná-lo ou defendê-lo sob pena de prisão. Foi a percepção de que Galileu, ao publicar o seu *Diálogo*, em 1632, violara os termos desta ordem que levou, então, à

---

* N. de T.: Este é o título da primeira edição da obra *Meditações metafísicas*, este último tendo sido o título que prevaleceu a partir da segunda edição, em 1642.

sua condenação e à posterior prisão domiciliar. Todavia, Galileu havia tentado anteriormente evitar a censura original de 1616; primeiro, em sua *Carta a Castelli*, de 1613, e, em seguida, em sua famosa *Carta à Grã-Duquesa Cristina*,* de 1615. Os pontos fundamentais de ambas as cartas eram:

1. as Escrituras e a filosofia natural nunca podem se contradizer, visto que Deus é fonte tanto da natureza quanto das Escrituras;
2. as Escrituras dizem respeito à salvação das almas e não a questões de filosofia natural;
3. as passagens das Escrituras que parecem contradizer o copernicianismo (tais como Josué 10: 12, em que Josué ordena ao Sol que pare de se mover) não precisam ser interpretadas literalmente, pois estão escritas em linguagem comum e não colocam questões astronômicas.

Belarmino nunca respondeu oficialmente a nenhuma das *Cartas* de Galileu, mas o fez, em 1615, em uma *Carta*, intimamente relacionada às outras duas, escrita por Paolo Foscarini. Em sua resposta, Belarmino menciona tanto Foscarini quanto Galileu. Além disso, Galileu fez observações sobre a resposta do cardeal, e esta "troca" entre os dois levanta importantes questões metodológicas. (Para saber mais sobre estes documentos, e outros relacionados, ver Blackwell, 1991, cujas teses estou aqui seguindo de perto.) Belarmino está plenamente disposto a aceitar o copernicianismo como mera suposição ou hipótese capaz de salvar as aparências, mas não como uma afirmação da mobilidade física real da Terra. Belarmino também admite, porém, que se uma "verdadeira demonstração" do copernicianismo em filosofia natural pudesse ser oferecida, então seria necessário proceder com prudência ao interpretar as passagens relevantes das Escrituras.

---

* N. de T.: Cristina de Lorena, grã-duquesa da Toscana.

No entanto, nenhuma demonstração desse tipo foi apresentada e, em particular, a de que o copernicianismo salva as aparências não é uma demonstração de sua verdade. Galileu, de sua parte, concede que uma demonstração conclusiva do copernicianismo ainda não foi produzida e que o mero sucesso em salvar as aparências não constitui tal demonstração. Todavia, Galileu não aceita a interpretação simplesmente hipotética recomendada por Belarmino e continua a sustentar o caráter real, físico e verdadeiro do sistema de Copérnico.

Um enunciado especialmente claro do "realismo" de Galileu relativamente à questão copernicana aparece em sua *Primeira carta sobre as manchas solares*, de 1612, na qual ele distingue os astrônomos "matemáticos" dos astrônomos "filosóficos". Enquanto os primeiros usam qualquer instrumento que possa "facilitar seus cálculos",

> [...] os astrônomos filosóficos [são aqueles] que, indo além da exigência de, alguma forma, salvar as aparências, procuram investigar a verdadeira constituição do universo – o problema mais importante e admirável que existe. Pois esta constituição existe; ela é única, verdadeira, real e não poderia ser de outra forma. E a grandeza e a nobreza deste problema lhe confere o direito de ser colocado à frente de todas as questões suscetíveis de solução teórica (Drake, 1957: 97).

Assim, Galileu acredita firmemente que são duas coisas bastante distintas, para um sistema astronômico: salvar as aparências e ser "real" e "verdadeiro". Mas o que significam estas "realidade" e "verdade"? Como um sistema astronômico pode ir além de salvar as aparências de modo a capturar ou corresponder à "verdadeira constituição do universo"? Pode parecer que Galileu está apenas expressando aqui um realismo ingênuo e, de modo mais geral, que ele falha em não reconhecer o valor do moderno método hipotético-dedutivo, segundo o qual tudo o que podemos fazer é derivar consequências de nossas hipóteses teóricas de modo a, com isso, testá-las com os dados observacionais. Desse ponto de vista, não se trata, portanto, de nenhum tipo de "demonstração" destas hipóteses a partir dos dados observacionais.

O pronto crucial, contudo, é que a nova ciência matemática do século XVII, que se inicia com Galileu e encontra seu apogeu em Newton, envolvia uma concepção de método científico que era admitidamente distinta do tradicional ideal astronômico de salvar os fenômenos e era consideravelmente mais forte do que o moderno método hipotético-dedutivo. Segundo esta concepção, a matemática não apenas poderia ser usada para modelar os fenômenos, como há muito já vinha sendo feito na astronomia tradicional, como poderia também ser empregada progressivamente para analisar as ações das causas dos fenômenos. Quanto a isso, a célebre análise feita por Galileu da queda dos corpos e do movimento dos projéteis foi paradigmática. Mais particularmente, o movimento do projétil é analisado como o produto de duas ações independentes: a tendência a permanecer uniformemente em um movimento horizontal (de acordo com o que hoje chamamos de Lei da Inércia) e a tendência a acelerar verticalmente para baixo em uma razão constante sob a ação da gravidade terrestre. A trajetória parabólica resultante não é obtida somente pela adaptação da curva aos dados observados: ela é matematicamente derivada de uma análise das ações causais relevantes. Além disso, esta análise é, ela mesma, respaldada empiricamente, ao menos no caso do componente vertical, por experimentos que verificam a aceleração constante da queda.

Por fim, visto que nossa descrição propositadamente abstrai todas as outras ações (atrito, resistência do ar e assim por diante), este é apenas o primeiro passo da análise. Uma teoria matemática completa irá, portanto, proceder progressivamente à medida que formos capazes de incorporar ações causais adicionais (além dos supostos componentes verticais e horizontais que representam o movimento "ideal" do projétil no vácuo) ao nosso sistema inicial. Em consequência, o resultado será muito mais que um modelo entre outros para salvar as aparências (ou uma hipótese entre outras partir das quais podemos derivar os dados observacionais). Em vez disso, a interação contínua e progressiva entre análises causais matemáticas e evidências empíricas resultaria, esperava-se, ao final, em um modelo *único* – que, então, teria o estatuto de uma conclusão matematicamente "demonstrada" a partir dos fenômenos.

O copernicianismo desempenhou um papel-chave neste novo ideal metodológico. Enquanto no sistema aristotélico-ptolomaico o universo era separado em duas regiões distintas – a terrestre e a celeste – governadas por dois tipos de princípios muito diferentes, o copernicianismo tornou possível fornecer uma explicação matemática unificada do universo inteiro baseada em um único sistema de leis. A astronomia matemática tradicional poderia, a partir de então, interagir de maneira proveitosa com as novas teorias matemáticas dos fenômenos terrestres que começavam a ser desenvolvidas por Galileu e por outros. Poder-se-ia, assim, esperar atingir um dia um único modelo do universo inteiro resultante da análise progressiva de todas as ações causais envolvidas. Com efeito, Galileu esperava exatamente por esse tipo de progresso em sua teoria das marés, que visava derivar os detalhes matemáticos das marés altas e baixas a partir de dois movimentos da Terra (a rotação e o movimento orbital), fundamentais para a astronomia de Copérnico. Esta análise matemática – na interseção entre os reinos terrestre e celeste – teria, para Galileu, a validade de uma demonstração da verdade do sistema coperniciano; e ele esperava, com isso, solucionar a questão (e evitar a censura original) já em janeiro de 1616. O principal ponto de divergência entre Galileu e Belarmino era, pois, que aquele operava a partir do novo ideal progressivo de método científico: uma vez que a demonstração matemática do copernicianismo (por exemplo, do fenômeno das marés) pode perfeitamente ser produzida no futuro, a Igreja não deveria *naquele momento* condená-lo como herético com base em uma interpretação excessivamente literal das Escrituras.

Entretanto, a teoria que Galileu construiu para explicar as marés não obteve sucesso e, de modo mais geral, ele não conseguiu desenvolver uma análise matemática unificada dos fenômenos celestes e terrestres. Pouco mais de 50 anos depois da condenação de Galileu, porém, os *Princípios matemáticos de filosofia natural*,[*] de Newton, publicado em 1687, obteve finalmente êxito neste projeto, baseando-se em contribuições anteriores de Galileu, Descartes e Christiaan Huygens. Newton articulou um conceito matemático bastante geral de força (como causa do movimento) desejável para todas as ações que seus predecessores haviam analisado e, mais importante, aplicou esse conceito ao apresentar o primeiro tratamento dinâmico adequado do movimento planetário, que subsumia tanto os movimentos dos planetas quanto a gravidade terrestre sob uma única lei de gravitação universal. (Uma etapa especialmente importante para esta unificação foi o assim chamado teste da Lua, através do qual Newton demonstrou que a aceleração lunar em direção à Terra, quando se desconta a superfície desta de acordo com a lei da proporção inversa do quadrado, é quantitativamente igual à aceleração constante $g = 32$ pés por segundo da gravidade terrestre.)[**] Com isso, Newton desenvolveu o que ele chamou de uma "dedução a partir dos fenômenos" da gravitação universal, da qual se segue rigorosamente a verdade (aproximada) do sistema de Copérnico (tal como aperfeiçoado por Kepler). (A gravitação universal também torna possível um tratamento matemático mais adequado das marés, em termos de ações que a Lua e o Sol exercem sobre o mar.) Nesse sentido, o novo ideal metodológico de uma análise matemática progressiva em constante interação com as evidências empíricas acabou por finalmente ter sucesso em fornecer aquilo pelo que Galileu ansiava: uma constituição única – e, portanto, "real" e "verdadeira" – para o universo. (Para uma discussão adicional sobre a metodologia de Newton, ver Cohen, 1980, e Smith, 2002).

O DISCURSO DO MÉTODO

O trabalho de Descartes antes de 1633 girou em torno da matemática e da filosofia natural. Nos anos de 1618-1619, ele trabalhou em estreita colaboração com Isaac Beeckman, que foi um dos primeiros pensadores a buscar ativamente um programa de física micromecânica – no qual as velocidades e as direções de minúsculas partes de matéria ou corpúsculos e os resultantes impactos de uns sobre os outros eram os dispositivos explanatórios primordiais. Mais particularmente, Descartes deu início a uma análise matemática do fenômeno hidrostático baseado na consideração de tendências de movimento infinitesimais e independentes (pressões) em várias direções no interior de um fluido. Logo depois deste período, Descartes descobriu o procedimento fundamental de sua geometria analítica, que envolve uma conexão nova e profunda entre construções geométricas extensas (que usam compassos proporcionais) e o que hoje chamamos de equações algébricas. (Portanto, passava a ser possível um tratamento uniforme de todas as curvas algébricas, começando com linhas e círculos e progredindo por meio de seções cônicas e, então, com todas as curvas algébricas de graus mais altos.) Isso inflamou a ambição de Descartes no sentido de articular uma nova "matemática universal", capaz de resolver todos os problemas teóricos em qualquer área da ciência, que resulta em seu primeiro estudo metodológico, que permaneceu incompleto,

---

[*] N. de T.: Título original em latim: *Philosophiae Naturalis Principia Mathematica* (Londres, Jussu Societatis Regiae, 1687). Uma versão digital da edição original encontra-se disponível gratuitamente no projeto de Biblioteca Digital – *Gallica* – da Biblioteca Nacional da França (http://gallica.bnf.fr). Para uma tradução em língua portuguesa, conferir Isaac Newton: *Princípios Matemáticos de Filosofia Natural*. São Paulo, Edusp, 3 vols. 2002.

[**] N. de T.: O teste da Lua é apresentado no terceiro livro dos *Princípios*, proposição III, 4.

Regras para direção do espírito. A partir de meados dos anos de 1620 até os primeiros anos de 1630, Descartes também fez contribuições originais à ótica (algumas envolvendo sua nova geometria), que levaram, passo a passo, à composição do *Tratado do mundo*. (Para uma discussão detalhada dos desenvolvimentos esboçados neste e no próximo parágrafos, ver Gaukroger, 1995.)

Descartes parte de sua formulação da lei da refração, obtida pela fatoração do movimento do raio luminoso incidente em dois componentes independentes, um perpendicular e um paralelo à superfície do meio de refração, e, então, estipula que apenas o componente perpendicular é afetado. A grande inovação, porém, ocorre quando Descartes passa a ser capaz de aplicar esta lei na explicação matemática precisa de propriedades importantes do arco-íris (e de fenômenos meteorológicos associados). Foi esse trabalho, em particular, que conduziu ao sistema completo de física apresentado em *O mundo* e que é baseado no *insight* fundamental segundo o qual, ao compreender a transmissão da luz originada em corpos celestes como a propagação de uma pressão retilínea que parte do centro de um turbilhão fluido conforme as leis do movimento (particularmente o que hoje chamamos de inércia retilínea), seria possível, com isso, forjar uma conexão matemática entre fenômenos celestes (movimento planetário, a produção de luz pelas estrelas) e os fenômenos terrestres (especialmente em meteorologia). Os trabalhos de Descartes em hidrostática micromecânica, geometria, ótica e meteorologia foram todos reunidos em um projeto brilhante e abrangente de um novo sistema total de cosmologia e física.

Como sugerido no início deste capítulo, Descartes, neste período, também deu início a um trabalho importante em metafísica, e tudo indica que um encontro com o cardeal Pierre de Bérulle, um líder da Contrarreforma francesa, tenha diretamente estimulado o seu interesse pelo assunto. Bérulle era um agostiniano e, de modo mais geral, um retorno a Agostinho era um tema central da Contrarreforma, notadamente na França. Stephen Menn (1998) apresentou detalhadamente argumentos a favor da tese de que a metafísica cartesiana de Deus e da alma passou a ser, a partir daí, fundamentalmente agostiniana. Mais particularmente, Descartes segue o "método de ascensão" de Agostinho (derivado, em última análise, de fontes platônicas), pelo qual alcançamos o conhecimento de Deus a partir do conhecimento de nós mesmos: primeiramente, apreendemos que nossa natureza essencial é intelectual (e, portanto, não sensível e incorpórea); em seguida, consideramos o fato de que nosso intelecto é finito e imperfeito; finalmente, chegamos ao conhecimento de um intelecto infinito, totalmente perfeito – Deus. Descartes segue esse método tanto no *Discurso do método* quanto nas *Meditações* e, como diz a Mersenne em novembro de 1630, já havia começado a trabalhar em "um pequeno tratado de metafísica" nos anos de 1629-1630, quando descobriu uma prova "que me faz saber que Deus existe como mais certeza do que conheço a verdade de qualquer proposição da Geometria"; ou, mais explicitamente, uma prova da *"existência de Deus e de nossas almas"* quando estão separadas do corpo, a partir da qual se segue sua imortalidade" (3: 29; AT 1: 182). Além disso, a ideia central do método de ascensão, segundo a qual o conhecimento de si e o conhecimento de Deus são lados complementares da mesma visão intelectual, aparece na Carta a Mersenne, de abril de 1630, na qual Descartes, pela primeira vez, fala em um fundamento metafísico da física.

> Penso que todos aqueles aos quais Deus concedeu o uso da razão [humana] têm a obrigação de usá-la principalmente para conhecê-Lo e conhecerem a si mesmos: esta é a tarefa com a qual dei início aos meus estudos [durante os dois últimos anos] e posso dizer que eu não poderia ter descoberto os fundamentos da física se não os tivesse procurado por esse caminho. (3: 22; AT 1: 144)

Seguirei aqui, portanto, Menn em sua tese de que, a partir deste ponto, Descartes assume a estratégia de recorrer à autoridade da metafísica de Agostinho em benefício de sua própria abordagem radicalmente anti-aristotélica, da física.

No entanto, como observamos, Descartes pensou inicialmente em adiar a publicação desse "pequeno tratado de metafísica" para depois da publicação de sua física, a qual ele estava preparando para ser publicada em 1633. Ao saber então da condenação de Galileu, ele interrompeu todos esses planos ambiciosos. De fato, Descartes primeiro resolveu não publicar absolutamente nada, visto a teoria de Copérnico estar "de tal modo associada a todas as partes de meu tratado". Além disso, ela aparentemente contamina também sua metafísica, uma vez que fornece "os fundamentos de minha filosofia" e o copernicianismo "pode ser demonstrado muito claramente a partir deles". Apesar disso, Descartes elaborou gradativamente o plano de publicar de forma separada sua duas descobertas óticas (e, portanto, meteorológicas). Seu bom amigo Constatijn Huygens (e pai do grande físico matemático Christian Huygens) foi bastante encorajador a esse respeito. Descartes escreve, então, a (Constantijn) Huygens em novembro de 1635 sobre seus últimos planos.

> Planejo acrescentar a *Meteorologia* à *Ótica* e trabalhei diligentemente nisso nos primeiros dois ou três meses desse ano, pois encontrei muitas dificuldades com as quais ainda não havia me confrontado e que tive muito prazer em resolver. Contudo, devo confessar meu desânimo: assim que perdi as esperanças de aprender algo mais sobre esse tema, descobri ser impossível dedicar-me a fazer mais do que colocar as coisas em ordem e escrever um prefácio que gostaria de adicionar a este estudo. (3: 50; AT 1: 592)

Em 1635, portanto, os planos de Descartes são ainda muito limitados e seu abatimento, causado pelo fracasso de suas grandes ambições originais, é ainda bastante evidente. Aparentemente, portanto, como sustentou, por exemplo, Gilbert Gadoffre (Grimaldi e Marion, 1987) a menção de Descartes ao "prefácio", neste período, deve ser compreendida como uma referência, no máximo, à sexta parte do *Discurso do método*. Aí, na versão publicada do *Discurso*, Descartes explica primeiramente por que ele não publicou o *Tratado do mundo* (precisamente por causa da condenação de Galileu); afirma que, naquele momento, "decidiu não publicar nenhum outro trabalho durante sua vida que tivesse um escopo tão geral ou pelo qual os fundamentos de minha física pudessem ser compreendidos", e diz que, em vez disso, publica apenas "alguns temas que, não sendo altamente controversos e não obrigando a revelar mais do que gostaria sobre os meus princípios, mostram, porém, bastante claramente o que eu posso, e não posso, alcançar nas ciências" – em que os únicos trabalhos então mencionados são a *Dióptrica* e a *Meteorologia* (1: 149; AT 6: 74-5). Nessas obras, mais particularmente, ele começa com certas "suposições" (relativas à propagação linear da luz), uma vez que ele "deliberadamente evitou pôr em prática [suas] deduções" a partir dos princípios fundamentais de sua física (1: 150; AT 6: 76). E, claramente, ele procurou evitar tais "deduções" porque elas procederiam de sua teoria dos vórtices e, assim, comprometeriam-no inextricavelmente com o copernicianismo.

Em março de 1636, contudo, os planos (e o ânimo) de Descartes mudaram radicalmente. De acordo com o que escreve a Mersenne, ele planeja então publicar "quatro tratados, todos em francês", sob o título geral de

> o "Projeto de uma Ciência Universal que é capaz de elevar nossa Natureza ao seu Mais Alto Grau de Perfeição, juntamente com a Ótica, a Meteorologia e a Geometria", no qual o autor, para provar sua Ciência universal, explica os temas mais abstrusos que ele possa

escolher e o faz de tal modo que mesmo as pessoas que nunca estudaram possam compreendê-los (3: 51; AT 1: 339).

Mais ainda: "Neste *Projeto*, explico uma parte do meu Método, procuro provar a existência de Deus e da alma separada do corpo e acrescento muitas outras coisas que – creio – não irão desagradar ao leitor" (*ibid*). Descartes chegou, assim, à concepção completa da obra que seria em breve publicada, o *Discurso sobre o método para bem conduzir a razão e buscar a verdade nas Ciências, juntamente com a Dióptrica, a Meteorologia e a Geometria, as quais são ensaios desse método*.* O projeto (o *Discurso* em sua forma acabada) agora inclui um esboço do método (segunda parte) primeiramente descrito nas *Regras*, portanto, intimamente relacionado à *Geometria*, e, mais importante, um esboço da metafísica de Deus e da alma (quarta parte), que será inteiramente desenvolvido somente mais tarde nas *Meditações*. O Descartes ambicioso, grandioso e efusivo estava de volta.

O que foi responsável pela mudança radical de planos entre novembro de 1635 e março de 1636? Até agora, não podemos dizer com certeza. Há, porém, uma notável coincidência entre as trajetórias de Descartes e de Galileu durante esses meses que, acredito, vale a pena considerar. Nos anos de 1635-1636, dois amigos de Galileu, Elia Diodati e Matthias Bernegger, procuraram, depois da condenação, disseminar as ideias de Galileu no norte da Europa e defender a compatibilidade entre o copernicianismo e as Escrituras. Sua principal realização foi a tradução para o latim do *Diálogo* de Galileu, impresso em Estrasburgo (onde residia Bernegger), mas publicado e distribuído pela Elsevier* em Leiden, com um prefácio datado de 1º de março de 1635. Além disso, eles haviam originalmente desejado incluir, como apêndice, a *Carta a Cristina* escrita por Galileu, tanto no original italiano quanto na versão traduzida para o latim. Os dois textos apareceriam lado a lado, em colunas paralelas. A tradução, no entanto, não ficou pronta a tempo e, por essa razão, publicaram, em seu lugar, a *Carta* escrita por Foscarini em 1615, juntamente com uma pequena seleção de textos de Kepler. A publicação da *Carta a Cristina* foi levada a cabo em um projeto à parte e apareceu no começo de 1636, impressa em Estrasburgo, mas, uma vez mais, publicada e distribuída pela Elsevier em Leiden. Essa foi a primeira vez que a *Carta a Cristina* foi publicada, então sob o título *A nova-antiga doutrina dos mais sagrados patriarcas e estimados teólogos para prevenir o uso negligente do testemunho das Sagradas Escrituras em conclusões puramente naturais que podem ser estabelecidas pela experiência dos sentidos e demonstrações necessárias*** (para uma discussão sobre os textos, e Estrasburgo, ver Finocchiaro, 2005).

Há duas razões para se considerar este evento relevante. Por um lado, o "Mais Sagrado Patriarca" que serve de principal autoridade para Galileu é Agostinho, que é citado repetidas vezes ao longo da carta. Mais particularmente, Galileu recorre

---

* N. de T.: Título completo da obra publicada em francês em 1637: *Le Discours de la méthode pour bien conduire sa raison, et chercher la vérité dans les sciences plus la Dioptrique, les Meteors et la Géométrie* (Leiden, Imprimerie de Ian Maire, 1637). Há diversas traduções dessa obra em língua portuguesa disponíveis.

* N. de T.: Editora e livraria holandesa, pertencente à família Elzeviers. Fundada em 1580, ela se tornou símbolo das editoras científicas por ter sido responsável por cuidadosas edições de textos da literatura clássica e audaciosas publicações de obras inovadoras dos séculos XVI a XVIII (quando encerra suas atividades, em 1712). Suas publicações, pequenas e de baixo custo, contribuíram de forma decisiva para a disseminação da ciência e da literatura moderna nos meios laicos.

** N. de T.: Ainda não dispomos de uma tradução em língua portuguesa dessa obra. O leitor pode, porém, consultar uma tradução para o espanhol: *Carta a Cristina de Lorena Y otros Textos sobre Ciencia y Religión*. Ed. Moisés González, Madri, Alianza Editorial, 1984.

frequentemente a passagens da obra *Sobre o sentido literal do Gênesis** de Agostinho para argumentar que as passagens nas quais as Escrituras referem-se a fenômenos celestes, e que concernem um ponto que é ainda duvidoso mas que pode, com o tempo, ser "estabelecido pela experiência dos sentidos e demonstrações necessárias", não devem ser interpretadas em sentido demasiado literal sob pena de fazer com que as Escrituras pareçam tolas. De fato, na edição bilíngue de Estrasburgo, em latim e italiano, uma dessas citações de Agostinho ocorre na segunda página manifestamente destacada, por estar em latim e em itálico (assim como todas as citações subsequentes) em ambas as colunas paralelas. Por outro lado, em fevereiro e março de 1636, o próprio Descartes encontrava-se em Leiden, para onde havia se dirigido precisamente para tratar da publicação de seu novo livro com os Elseviers. Com efeito, Descartes começa a Carta a Mersenne, na qual anuncia pela primeira vez seus planos para o *Discurso*, explicando que havia estado em Leiden para conversar com os Elseviers, mas que havia "resolvido procurar outras pessoas" (3: 51; AT 1: 338). Parece bastante possível, portanto, que ele tenha visto uma cópia da nova edição de Estrasburgo durante essa conversa. (Afinal, Descartes deu claramente a entender, na sexta parte do *Discurso* – a qual provavelmente inclui seu "prefácio" original à *Dióptrica* e à *Meteorologia* –, que a condenação de Galileu foi um evento crucial para ele.)

Se Descartes leu uma cópia da *Carta* de Galileu nesse momento, uma nova versão de sua estratégia agostiniana pode então ter surgido. Enquanto Galileu seguiu uma estratégia relativamente frágil (e, em última análise, fracassada) de usar Agostinho para estabelecer a compatibilidade entre o copernicianismo e as Escrituras, Descartes tem uma carta muito mais poderosa na manga: ele pode mostrar que uma compreensão adequada da metafísica agostiniana fornece o fundamento para uma cosmologia e uma física essencialmente copernicianas e anti-aristotélicas. Especificamente, ele pode agora primeiro publicar sua metafísica agostiniana a respeito de Deus e da alma sem explicar todo o seu sistema de cosmologia e de física e, mais tarde, desenvolvê-lo separadamente, depois que sua metafísica tiver sido aceita. O catolicismo da Contrarreforma, especialmente na França, seria, por esse meio, forçado a aceitar a nova física de Descartes antes mesmo que a questão do copernicianismo pudesse ser levantada. E, de qualquer modo, embora a ideia de que Descartes tenha, de fato, lido uma cópia da *Carta* de Galileu seja ainda, em grande parte, uma conjectura, não há dúvidas de que essa foi precisamente a sua estratégia adotada a partir desse momento; primeiro com o *Discurso* e, em seguida, com as *Meditações*.

O FUNDAMENTO METAFÍSICO DA FÍSICA

Descartes afirma que as *Meditações* contêm os fundamentos de sua física em uma Carta a Mersenne de janeiro de 1641.

> Posso lhe dizer, entre nós, que essas seis Meditações contêm todos os fundamentos da minha física. Mas, por favor, não conte a ninguém, pois isso pode tornar mais difícil sua aprovação pelos defensores de Aristóteles. Espero que os leitores acostumem-se aos poucos com os meus princípios e reconheçam sua verdade antes de notarem que eles destroem os princípios de Aristóteles. (3: 173; AT 3: 297-298)

Aqui, sua nova estratégia está bastante evidente e fica ainda mais clara alguns meses depois (então explicitamente relacionada à condenação de Galileu), quando ele explica que seu objetivo é:

> [...] usar as suas próprias armas para lutar contra aqueles que confundem Aristóteles e a Bíblia e abusam da

---

* N. de T.: Título original, *De Genesi ad litteram*, escrito de 401 a 415.

autoridade da Igreja para dar vazão às suas paixões; refiro-me às pessoas que condenaram Galileu. Se pudessem, teriam também condenado as minhas posições. Mas, se houver a menor chance de isso ocorrer, estou confiante de que posso mostrar que nenhum dos princípios de sua filosofia concorda tão bem com a fé quanto as minhas doutrinas (3: 177; AT 3: 349-50).

A nova estratégia de Descartes consiste em mostrar que suas doutrinas estão adequadamente de acordo com a Fé antes mesmo que surja a questão do copernicianismo; por essa razão, ele acrescenta uma carta dedicatória à Sorbonne, endereçada *Aos mais eruditos e distintos homens, o Reitor e os Doutores da sagrada Faculdade de Teologia de Paris*. Na realidade, Descartes havia escrito anteriormente a Mersenne, em novembro de 1640, sobre suas preocupações quanto à "aprovação da Sorbonne, que desejo e que considero ser útil para os meus propósitos, pois devo dizer que este pequeno livro sobre metafísica que estou enviando [as *Meditações*] contém todos os princípios da minha física" (3: 157; AT 3: 233).

Mas em que sentido as seis meditações de Descartes contêm todos os princípios de sua física? Elas não contêm a fundamentação metafísica que Descartes apresentou em *O mundo* (e que publicará mais tarde nos *Princípios da filosofia*), segundo a qual as leis fundamentais do movimento (a conservação da "quantidade de movimento" total juntamente com o que hoje chamamos de inércia retilínea) são baseadas na unidade e na simplicidade de Deus. Com efeito, na quinta parte do *Discurso*, na qual Descartes resume parte do conteúdo do *Tratado do mundo*, ele é cuidadoso em "não revelar toda a série de outras verdades que deduzo dessas primeiras [a metafísica da parte cinco]" porque, "para fazê-lo, eu precisaria discutir muitas questões que estão sendo debatidas pelos estudiosos, e não desejo altercar com eles" (1: 131; AT 6: 40). Ainda que queira dizer que "mostrou o que são as leis da natureza e, sem basear meus argumentos em nenhum outro princípio que não fosse a infinita perfeição de Deus, procurei demonstrar [...] essas leis", ele deliberadamente não diz o que tais leis efetivamente são (1: 132; AT 6: 43). Isso o colocaria muito próximo de sua teoria dos vórtices e da questão do copernicianism – e, nas *Meditações*, Descartes nem mesmo menciona tal derivação das leis da natureza.

No Resumo que serve de prefácio às *Meditações*, Descartes explica que irá desenvolver "uma concepção distinta da natureza corpórea [...], em parte na Segunda Meditação [...] e em parte na Quinta e na Sexta Meditações" (2: 9; AT 7: 13). Mais especificamente, enquanto a Quinta Meditação e passagens da Segunda (o famoso argumento do pedaço de cera) tratam da "essência das coisas materiais", a Sexta refere-se à "existência das coisas materiais". Naturalmente, a essência da matéria para Descartes é a extensão puramente espacial: "a extensão da quantidade (ou melhor, da coisa que é quantificada) em comprimento, largura e profundidade" (2: 44; AT 7: 63). Pois de todas as propriedades que atribuímos à matéria apenas esta é clara e distintamente concebida pelo intelecto – a saber, como objeto da geometria pura. Ao final da Quinta Meditação, então, conhecemos a essência de "toda esta natureza corpórea que é objeto da matemática pura" (2: 49; AT 7: 71). Mas, como Descartes reitera no início da Sexta Meditação, não sabemos ainda se a natureza corpórea assim compreendida realmente existe. Provar isso é a tarefa desta mesma Sexta Meditação, cujo argumento em favor da existência da matéria é peculiar às *Meditações*. Este não aparece na Quarta Parte do *Discurso* e, mais tarde, nos *Princípios*, quando Descartes chega ao mesmo ponto, ele simplesmente reenvia o leitor às *Meditações* (Primeira Parte, §30; compare com a Segunda Parte, §1).

Antes de dar início ao argumento, Descartes sugere que, para passar da existência meramente possível da matéria extensa à sua existência efetiva, precisamos também ir além do intelecto puro.

Mas além desta natureza corpórea que é o objeto da matemática pura, há ainda o que eu habitualmente imagino, tal como cores, sons, sabores, dores e assim por diante – embora não tão distintamente. Percebo agora estas coisas muito melhor por intermédio dos sentidos, que parece ser a maneira pela qual, com o auxílio da memória, elas chegam à imaginação. Assim, para lidar de modo mais completo com elas, devo prestar igualmente atenção aos sentidos e ver se as coisas que são percebidas por este modo de pensar que chamo "percepção sensível" me fornece algum argumento certo em favor da existência das coisas corpóreas. (2: 51; AT 7: 74)

Desse modo, embora apenas as ideias do intelecto puro sejam claras e distintas, ao passo que as ideias sensíveis, em contraposição, são geralmente obscuras e confusas, precisamos ainda assim considerar a contribuição dos sentidos para estabelecer a existências das coisas materiais. Algumas páginas depois, imediatamente antes de apresentar o argumento, Descartes coloca esse ponto da seguinte maneira: "Embora eu não pense que deva aceitar de modo desatento tudo o que me parece ter sido adquirido pelos sentidos, tampouco penso que tudo deva ser colocado em dúvida" (2: 54; AT 7: 77-78).

Ao final do argumento, logo após ter concluído que "as coisas corpóreas existem", Descartes faz uma ressalva a esta conclusão, distinguindo, de novo, as ideias puramente intelectuais dos corpos externos e as ideias produzidas por intermédio dos sentidos.

> Talvez elas não sejam inteiramente como nós as percebemos pelos sentidos, pois em muitos casos a apreensão dos sentidos é muito obscura e confusa. Porém, elas possuem ao menos todas as propriedades que eu concebo clara e distintamente, ou seja, todas aquelas que, falando em termos gerais, são o objeto da matemática pura. (2: 55; AT 7: 80)

Uma vez mais, portanto, a essência da matéria é puramente intelectual, mas precisamos explicitamente considerar seus efeitos sobre nossos sentidos para sabermos que essa essência existe na natureza. Com efeito, dizer que a matéria extensa puramente geométrica existe efetivamente é, para Descartes, o mesmo que dizer que precisamente esse objeto – e não o próprio Deus, nem algum ser não extenso – é a causa de nossas ideias sensíveis.

O argumento de Descartes para esta conclusão apela, claro, diretamente para a veracidade divina.

> Visto que Deus não é enganador, é perfeitamente claro que ele não me envia essas ideias [sensíveis] diretamente por si mesmo, ou indiretamente através de alguma criatura na qual a realidade objetiva das ideias não esteja contida formalmente, mas apenas eminentemente. Pois Deus não me deu qualquer faculdade para reconhecer alguma origem para essas ideias; ao contrário, ele me deu uma grande inclinação a crer que elas são produzidas pelas coisas corpóreas. Assim, eu não vejo como Deus poderia não ser considerado enganador se as ideias tivessem outra origem que as coisas corpóreas. (2: 55; AT 7: 79-80)

Este argumento parece, à primeira vista, decepcionante. Mas ele não é problemático porque Descartes apela para a veracidade de Deus. Afinal, fundar toda a base do nosso conhecimento no conhecimento de Deus é fundamental para o projeto agostiniano de Descartes, e ele se aplica igualmente ao nosso conhecimento intelectual da matemática pura. O verdadeiro problema reside, antes, no fato de que não é imediatamente claro como a "grande inclinação a crer que [as ideias sensíveis] são produzidas pelas coisas corpóreas" difere do "impulso natural" a crer que minhas ideias sensíveis "devem vir das coisas localizadas fora de mim", tema que foi, na Terceira Meditação, anteriormente discutido e descartado (2: 26-7; AT 7: 38-9). Com efeito, este mesmo "impulso natural" me leva também a acreditar (falsamente) que minhas ideias sensíveis são *semelhantes* às coisas corpóreas.

Todavia, a Terceira Meditação traça, além disso, uma distinção precisa entre o que é tomado como um impulso natural e espontâneo e o que aprendo através da "luz natural".

> Quando digo que a "natureza me ensinou isso [que as ideias sensíveis se assemelham às coisas corpóreas]" tudo o que quero dizer é que um impulso espontâneo me leva a acreditar nisso, e não que é uma verdade que me foi revelada por alguma luz natural. Existe uma grande diferença aqui. O que quer que me seja revelado pela luz natural [...] não pode, de forma alguma, ser dubitável. Porque não pode haver uma outra faculdade que seja tão confiável quanto a luz natural e também capaz de me mostrar que tal coisa não é verdadeira. (*ibid.*)

Em contrapartida, é fácil mostrar que nosso impulso natural a crer que as ideias sensíveis assemelham-se às coisas corpóreas é enganador.

> Penso ter com frequência descoberto, em muitos casos, uma grande disparidade [entre as ideias sensíveis e seus objetos]. Por exemplo, encontro em mim duas ideias diferentes a respeito do Sol. Uma delas, que é adquirida como se fosse pelos sentidos e que é um bom exemplo daquilo que considero como tendo origem em algo externo, faz com que o Sol apareça muito pequeno. [...] A outra ideia é baseada nas razões da astronomia [...] e esta ideia mostra o Sol como sendo muitas vezes maior do que a Terra. Obviamente, ambas as ideias não podem ser semelhantes ao Sol que existe fora de mim. E a razão me persuade que a ideia que parece emanar mais diretamente do próprio Sol de fato não lhe é de modo algum semelhante. (2: 27; AT 7: 39)

Por conseguinte, a luz natural da razão – o intelecto puro – pode corrigir, e realmente corrige, nossas ideias sensíveis. Mais precisamente, ele corrige nossos impulsos naturais associados a essas ideias. Não temos, contudo, nenhuma outra faculdade capaz de corrigir o intelecto puro.

Creio que este ponto é crucial para o argumento da Sexta Meditação, pois, em primeiro lugar, imediatamente antes de enfatizar nossa "grande inclinação" a crer que as ideias sensíveis provêm das coisas corpóreas, Descartes diz que "Deus não me deu qualquer faculdade para reconhecer alguma [outra] origem para essas ideias". Ainda que nossa crença original e ingênua de que as causas das nossas ideias sensíveis sejam semelhantes às próprias ideias possa ser corrigida e refinada pelo intelecto puro, nosso juízo ponderado que diz que a extensão pura tal como concebida por Descartes é a única causa dessas ideias não poderia, caso fosse falso, ser corrigido por nenhuma faculdade humana: se *esse* fosse o caso, Deus seria, de fato, enganador. Em segundo lugar, logo após ter concluído o argumento com a afirmação de que as coisas materiais, portanto, "possuem todas as propriedades que eu concebo clara e distintamente, ou seja, todas aquelas que, falando em termos gerais, são o objeto da matemática pura", Descartes vai mais longe e estende essa conclusão para todo o nosso conhecimento (potencial) da natureza.

> E o que dizer dos outros aspectos das coisas corpóreas que são particulares (por exemplo, que o Sol tenha esse ou aquele tamanho ou forma) ou menos claramente concebidos, tais como a luz, o som ou a dor e assim por diante? Não obstante o alto grau de dubitabilidade e incerteza envolvidos, o próprio fato de que Deus não é enganador, e a consequente impossibilidade de que haja alguma falsidade em minhas opiniões que não possa ser corrigida por alguma outra faculdade dada por Deus, oferecem-me uma esperança segura de que eu posso alcançar a verdade nessas matérias. (2: 55-6; AT 7: 80)

Começando com uma compreensão segura da extensão pura tal como Descartes a concebe, posso, então, corrigir e refinar minha representação sensível da natureza: primeiramente, desenvolvendo um conhecimento (astronômico) racional do Sol e de outros corpos celestes; em seguida, investigando o principal processo causal (tal como a luz) pelo qual as ideias sensíveis me são transmitidas e, finalmente, a partir desta base, desenvolver um conhecimento científico gradual de todos os outros fenômenos na natureza (incluindo a fisiologia e a medicina). O conhecimento claro e distinto do intelecto puro, ao interagir com ou ao ser aplicado aos dados dos sentidos, fornecem, assim, a única possibilidade de um conhecimento racional e genuíno da natureza. A física – a física cartesiana – possui, agora, um fundamento metafísico.

Esta interpretação do argumento de Descartes em favor da existência da matéria na Sexta Meditação foi primeiramente apresentado em Friedman (1997) e, se for correta, permite perceber que a fundação metafísica da física contida nas *Meditações* é, acima de tudo, a fundamentação do novo ideal de método científico primeiramente proposto por Galileu – segundo o qual usamos a matemática pura em interação com ou aplicada aos dados dos nossos sentidos para analisar as ações das causas dos fenômenos naturais, de modo a aperfeiçoar progressivamente nossa compreensão científica desses fenômenos. E, ainda que Descartes não o diga neste texto, o papel capital que o copernicianismo desempenha em todo esse processo é evidente para todos os que possuem olhos para ver: é precisamente por integrar os fenômenos celestes e terrestres em uma única descrição matemática da natureza (como tentado por Galileu em sua teoria copernicana das marés e por Descartes em sua teoria dos vórtices para explicar o movimento planetário e a luz) que o novo ideal metodológico pode mais claramente conduzir ao resultado almejado. No entanto, o argumento da Sexta Meditação revelou que as ambições metodológicas da nova ciência matemática dependiam da metafísica agostiniana de Deus e da alma que Descartes desenvolve nas três primeiras meditações.

Mais precisamente, o sentido pelo qual as seis meditações de Descartes contêm todos os fundamentos de sua física pode ser agora elucidado da seguinte maneira. Nós primeiro compreendemos que nossa natureza é puramente intelectual; em seguida, descobrimos que esta natureza é inteiramente dependente de Deus e, finalmente, entendemos como nossa natureza puramente intelectual, quando aplicada aos dados dos sentidos, proporciona a base para a única ciência possível da natureza (corpórea). Assim como a contemplação agostiniana de Deus e da alma fornece a fundamentação para o novo método científico, este método científico é a manifestação ou expressão da contemplação intelectual agostiniana – e, portanto, é a nova ciência matemática, e não a filosofia natural aristotélica, que está melhor alinhada com a fé. Não que Descartes tenha apresentado uma fundamentação do novo método científico que lhe garantisse necessariamente obter sucesso. Na realidade, nos *Princípios* (Quarta Parte, §§204-207) Descartes expressa uma grande ambivalência quanto à questão de saber se o modelo *único* ambicionado por este método pode efetivamente ser alcançado. Esse método, nas palavras do próprio Descartes, oferece-nos uma "esperança segura" de obter um conhecimento racional da natureza; uma esperança que, por sua vez, está firmemente alicerçada em uma explicação inteiramente ortodoxa do nosso conhecimento racional de Deus e da alma.

Por fim, se essa interpretação é correta, há uma reviravolta adicional no argumento de Descartes que, considerada no contexto da Quarta Meditação e no restante da Sexta, aproxima-o ainda mais de Agostinho em um aspecto, ao passo que, ao mesmo tempo, afasta-o sob outro. Menn (1998) argumentou de forma convincente que o tratamento cartesiano da origem do erro na Quarta Meditação segue de perto o modelo do tratamento agostiniano do mal em obras como as *Confissões* e *Sobre o livre arbítrio*. O mal não é uma realidade positiva, mas uma privação – um defeito da nossa natureza finita, não totalmente perfeita, pelo qual ela, de algum modo, participa do não-ser. Ademais, o mal tem origem no exercício do nosso próprio livre arbítrio e, quando consideramos todas as coisas, reconhecemos que é melhor que tenhamos esta escolha. Mas Deus não poderia ter criado criaturas finitas com livre arbítrio que, todavia, nunca pecassem? Certamente. E, de fato, ele o fez: as almas angelicais que se encontram no nível mais alto da ordem da criação e cuja ilustre tarefa é manter a ordem cósmica. Entretanto, nossa tarefa humana, enquanto almas puramente intelectuais aprisionadas em um corpo, é muito diferente, e é por essa razão, como coloca Menn, "que fomos colocados em corpos terrestres corruptíveis, voltados para o nível inferior da cadeia da causalidade física, enquanto os anjos foram encarregados dos corpos celestes incorruptíveis que preservam a ordem do universo físico" (1998: 181). Porém, um universo que contém tanto seres humanos suscetíveis ao pecado quanto almas angelicais privilegiadas que não o são é, de modo geral, melhor que um universo que contenha apenas anjos. Pois "Deus, ao colocar a alma em um corpo mortal, dissemina bondade mesmo no nível mais baixo da criação, permitindo que o corpo corruptível receba perfeição através de uma alma que é capaz de seguir a ordem divina" (1998: 183).

Descartes segue esta mesma estratégia na Quarta Meditação, agora aplicada ao problema do erro intelectual (falsidade) e não ao mal moral (pecado). Assim como no caso do mal moral, o erro intelectual tem origem no exercício do nosso próprio livre-arbítrio, que, sendo infinito, pode em muito exceder a capacidade da nossa apreensão finita puramente intelectual das ideias claras e distintas. A principal fonte desse erro, na realidade, consiste em estender nossa capacidade de julgar (que, para Descartes, é um exercício da nossa vontade) a assuntos a respeito dos quais ainda não temos um entendimento claro e distinto. Entre esses, os principais são, naturalmente, os dados liberados pelos sentidos, que, por um impulso natural e espontâneo, tomamos como semelhantes às coisas corpóreas externas das quais eles procedem. Mas Deus não poderia nos ter criado com um intelecto finito e uma vontade infinita de tal modo que, contudo, nunca errássemos? Certamente. E Descartes considera de forma explícita tal possibilidade.

> Se Deus me tivesse feito assim, posso facilmente entender que, considerado como uma totalidade [na edição francesa: "como se houvesse apenas eu no mundo"], eu seria mais perfeito do que sou agora. Mas não posso por essa razão negar que seja possível haver de certo modo mais perfeição no universo como um todo porque algumas de suas partes não são imunes ao erro, enquanto outras são imunes, do que haveria se todas as partes fossem exatamente iguais. E não tenho o direito de me queixar que o papel que Deus quis que eu desempenhasse no mundo não seja o principal ou o mais perfeito de todos. (2: 42-3; AT 7: 61)

Como observa Menn (1998: 320), nessa passagem, Descartes está assumindo tacitamente a existência de anjos e apelando, como Agostinho antes dele, para a nossa tarefa humana como uma parte inferior, mas ainda assim muito importante, da criação como um todo.

Mas qual é exatamente a tarefa propriamente humana? A presente interpretação sobre o sentido no qual Descartes fornece uma fundamentação para a física traz um resultado talvez surpreendente. Ele explica no restante da Sexta Meditação que a nossa natureza é a de um composto de mente e corpo, e que, "não obstante a imensa bondade de Deus, a natureza do homem é uma tal combinação de mente e corpo que ela forçosamente é induzida a enganá-lo de tempos em tempos" (2: 61; AT 7: 88). Uma vez que nossa alma intelectual está inextricavelmente alojada em um corpo animal, ela somente pode receber informações sobre a configuração da natureza corpórea que a rodeia através de estímulos sensoriais. A função primordial dos sentidos, para o corpo orgânico, é alertá-lo para os aspectos do ambiente que podem lhe ser benéficos ou prejudiciais. De um modo geral, os sentidos executam esta função de modo bastante confiável. Diferentemente de outros animais, contudo, somos também seres espirituais dotados de intelecto e vontade que, em nosso estado inicial de imaturidade infantil, fazemos naturalmente juízos sobre os dados de nossos sentidos sem sermos ainda capazes de avaliar a diferença entre ideias claras e distintas (do intelecto) e ideias obscuras e confusas (dos sentidos). É, pois, função da ciência cartesiana empregar o intelecto puro em um aperfeiçoamento constante e progressivo desses dados aplicando o método da nova filosofia natural matemática.

Fazer ciência tal como Descartes a entende é exatamente o que melhor cumpre a tarefa que nos é própria. É desse modo que, conforme Descartes descreveu o projeto de seu *Discurso*, nós seguimos um "Projeto de uma Ciência Universal que é capaz de elevar a nossa Natureza ao seu Mais Alto Grau de Perfeição". Aqui, particularmente, encontramos a divergência mais fundamental entre Descartes e Agostinho. Não buscamos a perfeição de nossa natureza através de uma disciplina puramente espiritual de contemplação intelectual de Deus e da alma. Ao contrário, o fruto desta contemplação espiritual, para Descartes, é um engajamento ativo no mundo com a prática da nova ciência matemática, que, mediante o desenvolvimento contínuo da fisiologia e da medicina, acabará por formular igualmente o problema da perfectibilidade moral do ser humano. Ao fim e ao cabo, a visão de Descartes é profundamente moderna e, assim, indica o caminho para o posterior humanismo científico do Iluminismo do século XVIII. Mas esta é uma estória para outra ocasião.

REFERÊNCIAS E LEITURAS ADICIONAIS

BLACKWELL, R. J. *Galileo, Bellarmine, and the Bible*. Notre Dame: University of Notre Dame Press, 1991.

COHEN, I. B. *The Newtonian Revolution*. Cambridge: Cambridge University Press, 1980.

DRAKE, S., ed. *Discoveries and opinions of Galileo*. Garden City, NY: Doubleday, 1957.

FINOCCHIARO, M. A. *Retrying Galileo, 1633-1992*. Berkeley: University of California Press, 2005.

FRIEDMAN, M. "Descartes and the real existence of the matter." *Topoi*, 1997, 16: 1-10.

GARBER, F. *Descartes's metaphysical physics*. Chicago: University of Chicago Press, 1992.

GAUKROGER, S. *Descartes: An intellectual biography*. Oxford: Clarendon Press, 1995.

GRIMALDI, N. e MARION, J.-L., eds. *Le discours et sa méthode*. Paris: Presses Universitaires de France, 1987.

KUHN, T. *The copernican revolution*. Nova York: Random House, 1957.*

MENN, S. *Descartes and Augustine*. Cambridge: Cambridge University Press, 1998.

SMITH, G. E. "The methodology of the *Principia*." In: I. B. Cohen e G. E. Smith (eds). *The Cambridge Companion to Newton*. Cambridge: Cambridge University Press, 2002, p. 138-173.

---

* N. de T.: Para uma tradução em língua portuguesa, conferir Thomas Kuhn, *A Revolução Copernicana*. Lisboa: Edições 70, 1990.

6
Explicação como confirmação na filosofia natural de Descartes

ERNAN MCMULLIN

Os conceitos associados de explicação* e de confirmação desempenham um papel importante na filosofia natural de Descartes. Mas esse papel revela-se distinto daquele que somos levados a esperar pelos princípios mais gerais de sua filosofia; na realidade, distinto do que o próprio Descartes originalmente supôs. Como antes fizera Aristóteles, ele prometeu uma ciência da natureza que seria, em termos gerais, dedutiva: a garantia descenderia majestosamente das premissas afiançadas intuitivamente. Dessa forma, o objetivo supremo de seu esforço discursivo estaria assegurado. Nenhuma confirmação adicional seria necessária. Dois, e apenas dois, processos epistêmicos estariam envolvidos: intuição e dedução.

Mas o universo que ele cuidadosamente modelou de forma a acomodá-lo a este plano mostrou-se rapidamente recalcitrante, assim como o de Aristóteles, e por algumas das mesmas razões. O fluxo descendente da garantia dedutiva desmoronou e um modo de confirmação muito diverso teve que ser produzido para resgatá-lo. Um modo menos fácil de submeter a regras do que teria sido a dedução. Em torno desta mudança, todo o projeto cartesiano de uma certeza que produzisse uma ciência da natureza estava por um fio. Aristóteles já foi mencionado. E parece, pois, apropriado começar com um breve esboço a respeito de como ele lidou com uma questão que se tornaria muito mais difícil para Descartes.

PRELÚDIO ARISTOTÉLICO

Segundo Aristóteles, a marca do que é propriamente ciência (*epistêmê*) é a demonstração bem-sucedida (*apodeixis*). A demonstração procede dedutivamente de premissas conhecidas por si mesmas como verdadeiras através de *epagôgê* (*grosso modo*, intuição), para uma conclusão que é dessa forma tanto explicada quanto provada. No caso mais simples, as premissas devem explicar o que faz com que uma natureza particular possua necessariamente uma característica particular. Não devemos recorrer à conclusão para provar a verdade das premissas. "Uma vez que as primeiras premissas são a causa de nosso conhecimento, isto é, de nossa convicção, segue-se que conhecemo-las melhor, isto é, estamos mais convencidos delas do que de suas consequências precisamente porque nosso conhecimento dessas últimas é efeito do nosso conhecimento das premissas" (*Segundos analíticos*, I, 2; 72a 30-32).

Mas logo surge uma dificuldade, da qual, penso, Aristóteles estava bem

---

* N. de T.: No original, *explanation*. Este termo foi sistematicamente traduzido por "explicação", embora o termo "explanação" estivesse disponível. Tendo em vista que o autor não irá traçar nenhuma distinção entre "explicar" e "explanar", procurou-se, assim, evitar o sentido de "apresentação", o qual poderia ser associado a "explanação".

consciente. Quando tentamos explicar alguma coisa em termos de sua causa, esta coisa é ordinariamente melhor conhecida por nós do que a causa que estamos buscando. Esta última pode ser qualificada como "melhor conhecida em si mesma" uma vez que a demonstração é levada a cabo, isto é, mais inteligível em seu papel de causa. Isso, porém, não ajuda muito. O que *nos* é melhor conhecido é o que, antes de mais nada, permite levar adiante a demonstração. As coisas mais inteligíveis em si mesmas "são, de modo geral, as mais difíceis para o homem conhecer, pois são as mais distantes dos sentidos" (*Metafísica*, I, 2; 982a 23-25). A *conclusão* da demonstração é o que é mais próximo dos sentidos e, portanto, mais próximo de nossa experiência imediata. De que forma a direção pode ser revertida, como parece ser exigido pela noção de demonstração?

Aristóteles distingue entre "conhecimento do fato" (*oti*, *quia*) e "conhecimento fundamentado do fato" (*dioti*, *propter quid*). Ter conhecimento do fato significa ter a prova apenas da verdade da afirmação em questão. O conhecimento fundamentado do fato requer, além disso, o conhecimento do motivo pelo qual ele é verdadeiro, de quais são as conexões causais. Para efeito de ilustração, Aristóteles recorre aos fenômenos celestes, embora ele mesmo note, em outra passagem, que os corpos celestes "são excelentes e divinos, mas menos acessíveis ao conhecimento. A evidência que pode esclarecê-los [...] é fornecida, embora insuficientemente, pelos sentidos" (*Das partes dos animais*, I, 5; 644b 25-27). Talvez ele tenha escolhido os exemplos a seguir porque as explicações apresentadas nesses casos são tão plausíveis que lhe seria possível desconsiderar, de fato excluir, a verossimilhança das explicações alternativas e, dessa forma, como veremos, converter a explicação em demonstração.

Um exemplo de uma demonstração propriamente dita, diz ele, seria: "Tudo o que é esférico cresce de um certo modo. A Lua é esférica. Logo, a Lua cresce deste modo" (*Segundos analíticos*, I, 13; 78b 3-13). Isso *explica* a propriedade lunar observada de crescer. Mas como se sabe que a Lua é esférica? Aristóteles sugere que alteremos a ordem do silogismo: "Tudo o que cresce de um certo modo é esférico. A Lua cresce deste modo. Logo, ela é esférica". Isso fornece o "conhecimento do fato", isto é, da esfericidade da Lua, que o primeiro silogismo necessitaria para tornar-se inteiramente demonstrativo. Mas isso funciona (McMullin, 1992)?

Aristóteles nota de passagem que, para que esse argumento se sustente, a premissa maior deve ser logicamente "conversível", ou seja, ela deve poder se manter verdadeira independentemente da ordem dos termos. Ora, enquanto um raciocínio geométrico simples mostra que tudo o que é esférico crescerá de certo modo (sendo dadas algumas suposições plausíveis sobre a luz), não é de modo algum verdadeiro que tudo o que cresce de certo modo seja esférico. Certamente, isso é altamente plausível. É preciso, porém, mais do que isso para que uma demonstração estrita seja levada a termo.

Um exemplo ainda mais evidente: "Objetos luminosos próximos não cintilam. Planetas são objetos luminosos próximos [em comparação às estrelas fixas]. Logo, eles não cintilam" (*Segundos analíticos*, I, 13; 78b 30-78a 2). Mais uma vez, essa parece ser uma demonstração do fato justificado, visto que a proximidade dos planetas é apresentada como a causa de seu não cintilar. Mas ela o é efetivamente? Primeiro precisamos saber que é verdade que os planetas são próximos. Assim, de acordo com as instruções, convertemos a premissa maior, que passa a ser a seguinte: "Objetos luminosos que não cintilam são próximos". E a demonstração do fato buscado resulta em: "Planetas não cintilam. Logo, são próximos". É ainda mais óbvio nesse caso que a conversão dos termos na premissa maior é ilegítima: de modo algum resulta, de nenhuma informação dada, que objetos luminosos que não cintilam são próximos. De tudo que se sabia então, alguns deles poderiam ser ainda mais distantes do que as estrelas fixas!

A instrução lacônica de Aristóteles que consiste em trocar a ordem dos termos na premissa maior sem oferecer nenhuma razão de por que isso deveria ser admissível não faz justiça ao que *efetivamente* ocorre em tais exemplos. Não é preciso nenhuma "demonstração (imperfeita) do fato". O que Aristóteles está pressupondo, na realidade, é que a explicação fornecida pelo termo médio em cada caso (a forma esférica da lua, a proximidade dos planetas) é a *única* explicação *possível* das observações a que ele se refere, que a explicação é altamente plausível e que nenhuma explicação alternativa está imediatamente disponível.

A inferência depende claramente da qualidade da explicação apresentada, mais do que da garantia intuitiva das premissas individuais. Ela não é mais estritamente silogística ou intuitivo-dedutiva. Em vez disso, ela é retrodutiva, para usar uma expressão que devemos a Charles Peirce: "retro" porque se trata de uma inferência que parte do efeito conhecido e recua em direção à causa que o explica. O que distingue a retrodução das duas outras principais formas de inferência empregadas na investigação da natureza, dedução e indução (generalização indutiva), é a sua dependência da qualidade explicativa para sua força epistêmica (McMullin, 1992).

Mas ela não é apenas retrodutiva. Ela comporta uma alegação muito mais forte do que uma inferência retrodutiva ordinária que depende apenas da qualidade intrínseca da explicação oferecida. De modo a aproximar-se de seu ideal dedutivista original, Aristóteles também supõe implicitamente que ela é a *única* explicação e, consequentemente, dedutível a partir do efeito. Claramente, isso requer um argumento adicional metodologicamente distinto que estabeleça que uma certa explicação seja a única explicação *possível*. Como isso poderia ser feito? Examinando todas as diversas alternativas possíveis? Mostrando que nenhuma outra explicação é possível? Existe uma alusão aqui ao que foi recentemente cognominado "inferência à melhor explicação" (IME).* Essa é também um tipo especial de inferência retrodutiva que necessita um argumento segundo, metodologicamente diverso, que mostre que se trata não apenas de uma explicação dos dados, mas da *melhor* explicação, presumivelmente a melhor dentre as que são oferecidas.

Assim apresentada, a inferência com a qual Aristóteles conta para concluir que a proximidade relativa dos planetas é a razão de sua luz não ser da variedade que cintila é simplesmente retrodutiva, apelando para a qualidade da explicação que ela propicia. Ele não faz nenhum esforço adicional para mostrar que essa é a melhor explicação e, muito menos, de que é a única disponível. A distinção entre essas três, a explicação, a melhor explicação e a única explicação, também significa uma diferença entre três níveis de confirmação que elas conferem à hipótese envolvida. (Vale a pena notar que o termo *confirmar* é incomodamente ambíguo no uso ordinário da língua inglesa no que se refere a esses três níveis.)* Proponho nomeá-los assim: *nível 1*, quando se trata de conferir algum grau de plausibilidade; *nível 2*, quando se trata de estabelecer um grau mais alto de plausibilidade; *nível 3*, quando se trata de instituir uma prova cabal, equivalendo, na prática, a uma demonstração *dioti* (*propter quid*). Aristóteles reivindica uma confirmação de nível 3 para sua ilustração planetária citada acima, mas ela alcança, no máximo, o nível 2. Esta distinção será útil quando passarmos a examinar o tipo de confirmação que a explicação deve oferecer na filosofia natural de Descartes.

AMBIÇÃO CARTESIANA

A ambição original de Descartes em sua filosofia natural surpreende por ser similar à de Aristóteles, apesar da substituição, significativa, da demonstração pela certeza como meta. Tal como o ideal de método proposto

---

* N. de T.: No original, *inference to the best explanation (IBE)*.

* N. de T.: Esta observação concerne o termo *confirm*, utilizado pelo autor no original e, de certo modo, aplica-se também ao uso ordinário do termo equivalente na língua portuguesa.

por Aristóteles, o de Descartes, em uma de suas primeiras obras, as *Regulae*, reduz-se também a duas etapas, que recebem os mesmos nomes, ao menos no que diz respeito àqueles que constam do esquema aristotélico: intuição e dedução. O fundamento começa no topo e, então, supostamente, é conduzido dedutivamente para baixo, passo a passo, até o conhecimento das naturezas mais particulares. Assim, a certeza dos princípios estabelecida por intuição é gradativamente transmitida para os níveis inferiores de forma constante.

Para esclarecer o que Descartes quer dizer com "intuição", o primeiro dos dois termos-chave em seu esquema, as *Regulae* dizem o seguinte:

> Por "intuição" não me refiro ao testemunho flutuante dos sentidos ou ao juízo enganador da imaginação, que reúne mal as coisas, mas à concepção de uma mente clara e atenta, que é tão fácil e tão distinta que não há lugar para alguma dúvida sobre o que estamos apreendendo. Ou, ainda, o que é o mesmo, intuição é a concepção indubitável de uma mente clara e atenta que provém apenas da luz da razão. (1:14; *Regra* 3; AT 10: 368)

Portanto, o testemunho dos sentidos e a imaginação são rejeitados como fontes de certeza no nível dos princípios que constituem o ponto de partida da nova ciência da natureza. Essa certeza deriva unicamente da concepção de uma mente clara e atenta. No entanto, os sentidos podem estar indiretamente envolvidos em um nível posterior. Ao discutir se um poder natural pode viajar instantaneamente para um lugar distante, Descartes diz que a resposta não deveria partir diretamente de considerações sobre o magnetismo e a luz, pois esse não é o tipo de assunto "fácil e acessível" que fornece um ponto de partida do qual se pode exigir certeza. Em vez disso, "eu devo refletir, de preferência, sobre os movimentos locais dos corpos, visto não haver nada em toda essa área que seja mais diretamente perceptível pelos sentidos" (*Regra* 9; 1: 34; AT 10: 402). Nesse importante exemplo, central para todo o tratamento da luz na *Dióptrica*, a intuição, evidentemente, opera sobre os dados dos sentidos, transformando-os de modo a produzir um princípio conhecido com certeza e que possa servir como ponto de partida do que virá a seguir. A semelhança com a noção aristotélica de *epagôgê* é inequívoca.

A ênfase na habilidade da mente em formular primeiros princípios epistemicamente seguros permanece uma constante nos escritos posteriores de Descartes, embora ele descubra maneiras diferentes de fundamentá-la. No *Discurso*, por exemplo, ele fala de derivar seus "princípios apenas de algumas sementes de verdade que estão naturalmente em nossas mentes" (1: 143-144; AT 6: 64). Nos *Princípios*, por outro lado, ele fala de ideias claras e distintas.

> A percepção que pode servir de base para um juízo certo e indubitável precisa ser não apenas clara, mas também distinta. Chamo "clara" uma percepção quando ela está presente e acessível a uma mente atenta [...], "distinta" caso seja, além de clara, tão nitidamente separada de todas as outras percepções que contenha em si mesma apenas o que é claro. (1: 207-208; AT 8A:22)

É sobre essas duas maneiras particularmente diferentes de caracterizar o modo como a mente alcança os primeiros princípios que se apoia diretamente a ambição cartesiana original para a filosofia natural.

Complementando a intuição no esquema epistêmico bipartido de Descartes, há o que ele denomina "dedução". Considerando que Descartes é frequentemente crítico quanto ao modo como a lógica enrijece a mente (1: 57; AT 10: 439; 1: 119; AT 6: 17), não é surpreendente descobrir que "dedução" engloba, para ele, desde as inferências estritamente formais dos matemáticos até as sequências de raciocínio impossíveis de se qualificar como dedutivas em sentido usual. (Ver, por exemplo, sua discussão das causas da cor no arco-íris, *Meteorologia*, AT 10: 331

e ss.) O uso do termo francês *"déduire"* já possuía, naquela época, um sentido bastante ambíguo. Em vez da acepção de sentido lógico, significava deduzir[*] ou, por outro lado, extrair ou enumerar (Clarke, 1982: 65-70; 207-210). Neste último sentido, ele poderia ser associado a "indução", sendo entendido como a enumeração das etapas a serem seguidas no desenvolvimento de uma explicação ou no detalhamento das alternativas a serem consideradas em alguma das etapas de uma inferência complexa. "A dedução é feita por intuição quando é simples e perspícua, mas não quando é complexa e intrincada. Quando se trata do segundo caso, a ela denominamos de 'enumeração' ou 'indução', pois o intelecto não pode apreendê-la simultaneamente como um todo" (*Regra* 11, 1: 37; AT 10: 408). Veja, por exemplo, a determinação de Descartes do formato de lente necessário para fazer com que raios de luz paralelos entrem em foco (*Regra* 8, 1:28, AT 10:394-5)

A grande afinidade entre dedução e explicação, tal como Descartes as concebe, é particularmente importante aqui. No contexto de sua filosofia natural, deduzir a partir dos primeiros princípios é também explicar corretamente o que é deduzido. Portanto, dedução e explicação correta estão intimamente associadas. Deste modo, proceder da causa para o efeito pode ser descrito tanto como dedutivo quanto explicativo. Todavia, a operação que regressa do efeito à causa pode ser explicativa sem ser dedutiva; é aí que a hipótese entra em cena. E o procedimento dedutivo que vai da causa ao efeito pode ser explicativo sem necessariamente fornecer a explicação correta, se a causa for postulada hipoteticamente. Descartes frequentemente indica a direção para uma explicação sem, de fato, tê-la elaborado em detalhes, como se isso já fosse uma espécie de promessa de explicação. O passo da causa para o efeito nesses casos seria dedutivo no mesmo sentido de uma promessa vaga, apoiando-se, na realidade, na força do interesse explicativo. Porém, apesar disso, trata-se de uma "dedução", para Descartes, em um sistema que comporta apenas dois procedimentos epistêmicos.

Se a ambição cartesiana em relação ao procedimento ainda mostra a influência de Aristóteles, o mesmo não pode ser dito em outro campo de investigação, onde essa ambição envolve um afastamento completo da antiga tradição. A insistência de Descartes em sua epistemologia de ideias claras e distintas o conduz a uma forma extrema de reducionismo em sua ontologia, onde tudo o que ele admite são "corpos extensos em comprimento, largura e profundidade, que possuem várias formas e se movem de diversas maneiras". Isso, diz, é tudo o que ele precisa para "deduzir a verdade de outras coisas" (*Princípios*, 1: 184; AT 9B: 10). A matéria, que tinha sido considerada indeterminada na tradição aristotélica, é agora definida pela extensão, combinando matéria e forma acidental (tal como Aristóteles compreendia esses termos) e, assim, tornando a matéria inteiramente suscetível à análise geométrica. As leis da mecânica são apenas três e são tomadas como provenientes "manifestamente do mero fato de que Deus é imutável" (1: 96; AT 11: 43). Em termos modernos, elas correspondem a: continuidade de estado (forma, repouso, movimento), a menos que essa seja interrompida; conservação de movimento (*momentum*) e algo semelhante à inércia linear (*Tratado do mundo*, 1: 93-97; AT 11: 38-46). Por fim, a ação causal entre os corpos pode ocorrer somente por meio de contato.

Um tal grau de redução o força a um novo nível de explicação, o qual não possui paralelo na filosofia natural da tradição aristotélica. As propriedades como cor e peso, que são simples dados para Aristóteles, agora devem ser explicadas (ou justificadas) exclusivamente em termos de extensão (ou corpos) e movimentos, uma tarefa

---

N. de T.: No original: *"deduct"* em lugar de *"deduce"*, utilizado um pouco antes no sentido lógico. Na língua portuguesa, o mesmo termo "deduzir" comporta as duas acepções. Quanto à segunda, observe-se o uso corrente na expressão "deduzir do imposto". Quanto ao terceiro sentido citado pelo autor, embora seu uso seja menos comum, está devidamente dicionarizado.

desencorajadora para alguém menos comprometido com ideias claras e distintas do que Descartes. Como os atomistas de outrora, ele pode recorrer a esta altura apenas ao nível microscópico, ao domínio das partículas situadas muito além do que os sentidos humanos alcançam. Toda a imensa variedade do mundo sensível será explicada em termos dessas partículas e de seus movimentos. A tarefa da explicação na filosofia natural deve ser deslocada para um nível inferior e, o que é muito mais problemático em termos epistêmicos, para um nível que não pode ser observado, mas somente imaginado.

Ela é, assim, necessariamente retrodutiva: o mundo dos sentidos torna-se um vasto conjunto de efeitos cujas causas, elas mesmas não sendo diretamente acessíveis, devem ser estabelecidas por meios indiretos. Se a retrodução era um aspecto incidental no sentido dado pelo mundo unidimensional de Aristóteles, ela se torna totalmente dominante para Descartes. A explicação plausível começa a complementar, e quase suplantar, a dedução a partir de princípios seguros como fonte de confirmação. E a imaginação, como origem da explicação, toma o lugar da intuição. O que complica consideravelmente esta tarefa é o seu comprometimento com a certeza na filosofia natural. Para Descartes, hipóteses não são suficientes.* A inferência deve ser não apenas uma explicação plausível, mas a melhor (de fato, a única) explicação, conferindo uma confirmação de grau 3. À medida que acompanharmos o curso de seu pensamento em seus escritos sucessivos, veremos como ele se esforça para cumprir essa promessa.

DE O MUNDO AO DISCURSO

Já em *O mundo*, sua primeira tentativa de uma física cósmica universal, a obra que ficou inacabada e que a partir da notícia da condenação de Galileu não foi publicada, Descartes combina duas estratégias epistêmicas diferentes. Ele começa apelando para a imaginação: "Deixe seu pensamento vagar para além desse mundo para vislumbrar um outro – um mundo totalmente novo que eu trarei à luz diante de sua mente em espaços imaginários" (1: 90; AT 11: 31). E a seguir reforça esse tema: "agora que estamos tomando a liberdade de moldar [a matéria desse universo imaginário] enquanto imaginamos, atribuamos-lhe, se nos for permitido, uma natureza na qual não haja absolutamente nada que cada um de nós não possa conhecer tão perfeitamente quanto possível" (1: 90; AT 11: 32).

E como esse universo seria?

> Nem devem [os filósofos] estranhar se concebo a sua extensão, ou a propriedade que possui de ocupar espaço, não como um acidente, mas como sua verdadeira forma ou essência. Pois não podem negar que pode ser concebido bastante facilmente desse modo. E meu propósito não é explicar [...], mas tão somente inventar, como me apraz, um mundo no qual não haja nada que a mais estúpida das mentes seja incapaz de conceber. (1:92; 11:36)

O teste inicial deste universo-modelo é, portanto, a capacidade que se tem de imaginá-lo. Ele não deve ter propriedade alguma – como a gravidade, por exemplo – cuja operação não se possa imaginar, que não se possa, na realidade, representar geometricamente: "Uma vez que todas as coisas que proponho aqui podem ser distintamente imaginadas, é certo que, mesmo que não haja nada desse tipo no mundo, Deus pode, todavia, criá-las em um novo mundo. Pois é certo que Deus pode criar qualquer coisa que eu possa imaginar" (1:92; AT 11: 30). Mas não poderia Deus ter criado um mundo que *não pudéssemos* imaginar? Descartes não teria despojado a tal ponto seu universo imaginário que este não poderia mais representar o mundo real?

Na realidade, ele consegue contrabandear de volta algumas propriedades adicionais através de uma interpretação generosa

---

* N. de T.: No original, *hypothesis for him will not do*.

da "extensão": "Concebamo-la [a matéria] como um verdadeiro corpo perfeitamente sólido que preenche uniformemente todos os comprimentos, larguras e profundidades desse grande espaço" (1: 91; AT 11: 33). E a "solidez" implica para ele que a matéria--extensão não pode ser "comprimida", que ela também possui a propriedade da incompressibilidade.

A essa altura, a propriedade de ser imaginável parece estar ameaçada: como se pode imaginar uma extensão que, simplesmente enquanto extensa, repele outras extensões? E, o que é mais sério, há uma propriedade cuja ausência seus leitores não podiam deixar de notar. A quantidade de matéria na tradição escolástica tardia era definida como o produto do volume (ou extensão) pela densidade. Onde foi parar a densidade? É possível distinguir entre duas bolas de mesmo tamanho, digamos, uma de chumbo e outra de madeira, exclusivamente em termos de suas extensões, lembrando que nenhuma das duas contém, no universo de Descartes, qualquer vácuo? Afinal, cada uma deve conter tanta matéria/extensão quanto a outra.

Como Descartes persuade seus leitores de que este parco modelo pode descrever o verdadeiro, "velho", mundo em toda a sua diversidade? Como formas extensas, mesmo que sólidas, são postas em movimento pelo Criador no momento da origem do cosmos para produzir o nosso universo? A resposta de Descartes é: permitam-me *mostrar* a vocês". E segue-se a isso um virtuoso exercício de imaginação no qual as formas sólidas trituram-se umas sobre as outras e deste processo emergem três "elementos" diferentes: "partes de matéria" minúsculas, pequenas e grandes. Essas partes assumem gradualmente movimentos circulares mais ou menos ordenados, as menores e mais rápidas no centro de cada turbilhão, desempenhando um papel proeminente no Sol e outras estrelas, ao passo que as maiores e mais lentas são forçadas para fora, aglutinando-se com os planetas, algumas das quais vagam de um turbilhão a outro, tornando-se cometas, outras são arrastadas pelos planetas maiores, tornando-se luas. Embora ele não o diga, a imaginação desempenha um papel absolutamente fundamental no método retrodutivo dessa nova ciência (McMullin, 1996).

Em seguida, Descartes enfrenta o desafio, particularmente difícil para ele, de explicar o peso, isto é, "é esta força que unifica todas as partes [da Terra] e faz com que tendam para o centro, umas mais, outras menos, conforme a extensão de seu tamanho e solidez". Como isso deve ser explicado em um universo desprovido da propriedade da gravidade? Sua resposta é otimista: "Essa força [...] consiste em nada mais senão as partes do pequeno céu que circunda [a Terra], por girarem muito mais rápido do que as próprias partes [da Terra] sobre seu centro, e tendem também a afastar-se com uma força muito maior, empurrando-as de volta em direção ao seu centro". Empurrando? Ele se dá conta, porém: "É possível achar que isso coloca dificuldades, visto que acabo de dizer que os corpos mais volumosos e os mais sólidos [como os cometas] tendem a mover--se para fora da circunferência dos céus" (AT 11: 73; Descartes, 1995: 47).

Segue-se, então, um argumento extraordinariamente complicado para mostrar que, no entanto, apesar de todas as aparências, o ar sob a pedra que cai tem "a força de fazer a pedra mover-se para baixo", sendo esta porção de ar "leve em comparação com a pedra, mas pesada em comparação com a matéria pura celeste acima dela" (AT 11: 77; Descartes, 1995: 49). Trata-se de um esforço retrodutivo engenhoso, mesmo que algo forçado, que se vale inteiramente de sua força explicativa a título de confirmação. Ele não é dedutivo: há muitas outras maneiras a que se pode recorrer para levar a cabo a difícil tarefa de explicar a formação dos planetas ou o movimento de queda na superfície da Terra e que são consistentes com os escassos recursos explicativos do universo imaginado por Descartes. Tampouco seu esforço é preditivo em um sentido quantitativo, o que permitiria que fosse epistemicamente testado de outro modo que não pelo apelo persuasivo, tal como ele é, do modelo mecânico vagamente descrito, mas tão confiantemente proposto, por Descartes. As explicações que ele apresenta para naturezas específicas são, em sua maior parte, desse tipo. A confirmação que estas oferecem para os próprios modelos é de nível 1, mas é, também, de forma óbvia, de um tipo extremamente fraco.

O simples fato de que se pode encontrar um modelo moderadamente plausível poderia, contudo, ser considerado como a obtenção de uma confirmação ligeiramente mais forte, ainda de nível 1, para os princípios a partir dos quais a investigação tem início: a controversa definição minimalista da matéria como extensão juntamente com as três leis do movimento. Que se possa ao menos encontrar um tal modelo poderia ser tomado como um reforço para as credenciais epistêmicas desses princípios, ainda que, naturalmente, do modo como Descartes os apresenta, eles supostamente devam ser previamente reconhecidos como verdadeiros com base na intuição e, assim, não necessitem de confirmação suplementar. Mas ele sabia perfeitamente bem que sua definição reduzida de matéria, tão precisa quanto inusitada para a tradição em filosofia natural, e mesmo para a nossa experiência ordinária das diferenças de densidade entre corpos materiais, poderia valer-se de um grau de confirmação superior do que aquele fornecido pelas considerações baseadas na intuição que ele havia apresentado a seu favor.

O *Tratado do mundo* permaneceu inédito, mas Descartes era, como se poderia esperar, avesso a que seus *insights* ficassem sem a apreciação de um público mais amplo. Na Quinta Parte do *Discurso do método*, alguns anos depois, ele voltou ao seu ambicioso projeto de uma cosmogonia mecânica, descrevendo-o, dessa vez, apenas esquematicamente, sem nenhum dos detalhes explicativos do trabalho anterior. Em termos retóricos, esta apresentação, do modo como foi feita, carecia do apelo explicativo do *Tratado do mundo*, o que, talvez, compensasse pelo fato de dar a impressão de que as explicações, das quais necessitariam suas afirmações cosmogônicas de fato existissem, mesmo que Descartes não as tivesse disponíveis naquele momento. Desse modo, ao menos por ora, ele as eximia de um escrutínio crítico.

O que o conduziu a buscar uma explicação para a origem do universo, um projeto ausente das filosofias naturais de seus predecessores e que, além disso, corria o risco de receber uma censura teológica? A resposta é simples. Descartes era inspirado pelo modelo reducionista com o qual seu ponto de partida intuicionista estava comprometido. Se é possível explicar as complexas propriedades do mundo de hoje em termos de dimensão, forma e movimentos de partículas constituintes imperceptíveis, então é tentador fazer com que o argumento dê um passo a mais (como o fizeram os antigos atomistas), supondo que o mundo que nos é familiar poderia, portanto, ser construído gradualmente pela agregação contínua dessas mesmas partículas. Veremos mais sobre essa suposição adiante no texto.

Embora o resumo oferecido no *Discurso* seja, em geral, fiel à cosmogonia delineada em *O mundo*, há algumas diferenças de ênfase dignas de nota. Ainda está presente a insistência de que se trata de um "novo mundo" inventado por Descartes, no qual se supõe que Deus tenha criado matéria suficiente em algum lugar deste espaço recém-imaginado (mas o espaço e a matéria não são idênticos?) e colocado tal matéria em movimento "de modo a formar um caos tão confuso que qualquer poeta poderia inventar" e, então, "concedendo sua concordância regular à natureza, deixando-a agir de acordo com as leis que ela estabeleceu" (1: 32; AT 6: 42). Como antes, essas leis dependeriam exclusivamente da infinita perfeição de Deus; estas são tais que, "mesmo se Deus tivesse criado diversos mundos, não poderia haver nenhum em que elas não fossem observadas". A identificação da matéria com a extensão, porém, não é mais explicitada: a matéria deve ser apenas representada de modo a "que não haja nada, creio, que seja mais claro e mais inteligível, exceto o que acaba de ser dito sobre Deus e a alma" (1: 132; AT 6: 42).

Isso soa certamente como se o mundo que Descartes idealiza e suas leis de movimento *devessem* ser do tipo que ele propõe. E o tema da necessidade deve ser mais explorado. Ele alega ter mostrado em *O mundo* "como, em consequência dessas leis, a maior parte desse caos *deve* tornar-se disposto [...] [de modo] a assemelhar-se ao nosso céu", como "algumas de suas partes *devem* formar uma terra, outras [formar] planetas e cometas e outras, ainda, um sol e as estrelas fixas" (1: 132-133; AT 6: 43 – grifo adicionado). Ele está apresentando a cosmogonia do *Tratado do mundo* em termos deterministas os quais não estão de modo algum garantidos pelo texto tal como nós o conhecemos.

Entretanto, há uma aparente admissão ao final dessa parte da cosmogonia: "Penso que, com isso, disse o bastante [em *O mundo*] para mostrar que, para qualquer coisa observada nas estrelas e no céu do nosso mundo, algo similar deve aparecer, *ou ao menos poderia aparecer*, nos do mundo que estou descrevendo (1: 133; AT 6: 43-44 – grifo adicionado). Há uma enorme diferença entre as expressões "deve aparecer" e "poderia aparecer" nesse contexto, a primeira designando um desdobramento necessário, a outra, um hipotético; uma envolvendo uma inferência indutiva, a outra, uma inferência retrodutiva. Qual delas deve ser o caso? Isso foi se tornando, cada vez mais claramente, a questão epistêmica central do programa cartesiano, como a correspondência suscitada pelo *Discurso* logo iria mostrar (Clarke, 2006). A sentença seguinte retorna ao modo dedutivo não qualificado, ao falar da Terra: "embora eu tenha expressamente suposto que Deus não põe nenhuma gravidade na matéria da qual ela é formada, ainda assim todas as suas partes tendem exatamente para o seu centro. Mas, então, segue-se uma sequência de hipóteses: "poderia aparecer", "poderia ser formada", "poderia vir a ser" (1: 133; AT 6:644). A ambivalência do texto a esta altura é certamente significativa.

Há ainda, contudo, uma outra possibilidade de que Descartes sabia que devia ser levada em consideração. Deus poderia, no final das contas, criar todas essas estruturas em suas formas acabadas: uma alternativa "muito mais provável". Essa era uma ressalva prudente em uma época na qual a interpretação literal da Bíblia estava ganhando terreno, tal como a condenação do sistema copernicano pela Igreja acabava de mostrar de maneira cristalina. Descartes, porém, queria que seus leitores avaliassem a escolha que devia ser feita entre uma explicação da origem do cosmos apoiada extensamente na ação divina para além do curso natural e uma explicação que não ultrapassava os limites ordinários da natureza. A implicação era clara: Deus não *precisava* fazê-lo do jeito mais difícil!

DISCURSO, SEXTA PARTE

Nesse ponto, Descartes deixa de lado o *Discurso,* voltando a ele somente depois de três anos. Nesse meio tempo, ele teve a oportunidade de refletir acerca do modo como seu projeto de filosofia natural poderia ser levado adiante. Ele ainda estava confiante na cosmogonia que havia esquematizado anteriormente. Mas

> quando tentava descer às coisas mais particulares, encontrava uma tal variedade que não creio que a mente humana pudesse porventura distinguir as forma e as espécies de corpos que existem na terra de uma infinidade de outros que poderia existir se Deus tivesse querido colocá-los aí (1: 45; AT 6: 64).

Descartes estava começando a adotar um modo radicalmente não aristotélico de conceber o mundo físico, como já havíamos notado. A simplicidade e o estatuto *a priori* do ponto de partida da nova física, assim como o caráter desprovido de mistérios do novo aparato explicativo, foram adquiridos, porém, ao custo de uma guinada radical em direção ao hipotético. A eliminação das causas formal e final pertencentes à tradição anterior deixou um único tipo de explicação remanescente juntamente com uma agenda totalmente nova, na qual a imaginação desempenharia um papel tão importante quanto a intuição, a partir da qual todo o processo deveria começar. Será que o próprio Descartes se deu conta do custo da troca que ele estava propondo? Há algumas indicações nesse sentido e uma das mais claras encontra-se na sequência desse texto no *Discurso*.

A investigação que ele propõe é formalmente cosmogônica: como derivar de seus pontos de partida bastante gerais os tipos particulares de corpos que se encontram na Terra? O "único jeito", diz ele, é "avançar em direção às causas a partir dos efeitos e usar diversas observações/experimentos [*expériences*] especiais" (1: 144; AT 6: 64). Por conseguinte, a inferência, ao menos inicialmente, recua dos efeitos às causas, guiada pelas restrições impostas por seus princípios no que se refere à escolha da causa. Ele, todavia, assegura a seus leitores que nunca encontrou um tipo de objeto "que eu não pudesse explicar bastante facilmente a partir dos princípios que descobri". Mas isso é fácil demais: como saber se essa é a explicação *correta*? E sua célebre resposta é:

> devo também admitir que o poder da natureza é tão amplo e tão vasto, e esses princípios são tão simples e tão gerais, que dificilmente observo algum efeito particular do qual eu não saiba imediatamente que ele possa ser deduzido de várias maneiras diferentes a partir dos princípios. E minha maior dificuldade é, normalmente, descobrir em qual dessas maneiras ele depende deles. Não conheço nenhum outro meio para descobri-lo do que buscar observações suplementares cujos resultados variem conforme cada uma dessas maneiras de prover a explicação correta (1: 144; AT 6: 64-5).

É de se desejar alguns exemplos concretos para ilustrar como exatamente isso funcionaria: "deduzido a partir dos princípios de várias maneiras diferentes" soa como uma tarefa única, mas envolve, na realidade, diversas operações. Primeiro, ele deve imaginar uma configuração de elementos materiais (não observáveis) e seus movimentos. Em seguida, deve fornecer alguma razão para acreditar que esta configuração produziria mecanicamente os traços característicos observados do tipo terrestre em estudo (digamos, vidro ou aço, dois exemplos usados mais tarde nos *Princípios*). A inferência aqui seria tipicamente retrodutiva, fundada na força comprobatória (nível 1) da explicação oferecida. A principal restrição residiria no fato de que a configuração escolhida deveria ser consistente com os princípios gerais de sua filosofia natural. A referência para testar tal configuração proposta por meio de observações adicionais faz com que essa seja a formulação mais próxima do modelo de inferência hipotético-dedutiva encontrada em sua obra.

Mas o que complica ainda mais a situação é o formato cosmogônico escolhido para essa narrativa. Não apenas é preciso que se encontre uma configuração que explique as propriedades do corpo para o qual esse formato se volta, mas também deve-se perguntar como essa configuração ela mesma viria a ocorrer a partir da operação das leis da mecânica agindo apenas sobre o conjunto de partículas e, nesse sentido, seria dedutível desses princípios. Para que isso possa ser explicado, deve-se, por um lado, introduzir uma fonte adicional de hipóteses e, de outro, uma restrição presumivelmente suplementar acerca da escolha entre alternativas concorrentes.

Descartes combina fontes diferentes de hipóteses como se apenas uma única estivesse envolvida: "dificilmente observo algum efeito particular o qual eu não saiba imediatamente que ele pode ser deduzido a partir dos princípios de várias maneiras diferentes". Descartes faz com que isso soe como se ele deduzisse um aspecto observável do vidro, digamos a sua transparência, *diretamente* das leis de movimento e da definição da matéria. Mas há um estágio intermediário, como torna claro seu comentário anterior acerca do "avançar em direção às causas a partir do efeito". As "causas" entre as quais ele deve escolher não são os princípios primeiros. Elas são as configurações postuladas que correspondem ao tipo particular de corpo que está sendo investigado. Em uma etapa precedente dessa investigação, como ele mesmo nota, os tipos de coisas que estão sendo estudadas – estrelas, planetas, ar, fogo – são "as mais comuns e as mais simples todas" e são, "consequentemente, as mais fáceis de se conhecer". Nenhum estágio intermediário, pois, deve ter lhe parecido necessário: ele poderia definir as estrelas e coisas semelhantes por uma simples propriedade observada e, então, tentar mostrar como algo dessa espécie geral se desenvolveria necessariamente como o vórtice cosmogônico se desenvolveu. Isso, porém, não irá funcionar quando se tratar de descobrir a composição característica dos corpos terrestres investigados, como, por exemplo, o vidro.

O procedimento proposto, que lhe permitiria selecionar entre várias causas possíveis, é evidentemente dirigido à primeira parte desse processo inferencial e não à segunda, a cosmogônica. Ele prossegue enfatizando que as observações necessárias para aplicar esse projeto aos diferentes tipos de corpos "são tais e tão numerosas que nem minha habilidade nem minha renda (mesmo que esta fosse mil vezes maior do que é) seriam suficientes para todas elas" (1: 144; AT 6: 65). No entanto, o modo como essas "observações" devem ser planejadas, o que elas devem procurar e como servirão ao objetivo que lhes é atribuído, todas essas perguntas ele deixa sem resposta. E há pouca evidência em seus textos posteriores de algum esforço para suprir essa omissão.

Ao final do *Discurso*, Descartes observa que alguns de seus leitores podem ficar chocados pelo uso ocasional do termo *suposição* para descrever as afirmações que ele faz na *Dióptrica* e na *Meteorologia*. Ele pede, porém, que tenham paciência e que olhem com mais atenção o que essas obras efetivamente realizam.

> Pois considero meus argumentos tão estreitamente interligados que assim como os últimos são provados pelos primeiros, que são suas causas, também os primeiros são provados pelos últimos, que são seus efeitos. Não se deve supor que estou cometendo a falácia que os lógicos chamam de "argumentar em círculos". Pois, visto que a experiência torna a maioria desses efeitos bastante certos, as causas das quais eu os deduzo não servem tanto para prová-los, mas para explicá-los: de fato, ao contrário, são as causas que são provadas pelos efeitos. (1: 150; AT 6: 76)

Essa resposta repercute a discussão acerca do *regressus* nos comentários de Pádua sobre os *Segundos analíticos*, datados do século anterior. Os efeitos são aqueles conhecidos previamente a essas inferências. Portanto, as causas propostas devem ser consideradas antes como sua explicação e não como sua prova. Considerando-se que os efeitos *possam* "provar" as causas propostas, ao menos no sentido preciso de servir como uma confirmação de algumas delas, Jacopo Zabarella argumentou, um século antes de Descartes, que esta ascensão dos efeitos à causa a título de "prova", juntamente com a descida da causa ao efeito à guisa de explicação (lembre-se das demonstrações articuladas do fato e do fato justificado nos *Segundos analíticos*), poderia, em circunstâncias favoráveis, ser considerada como equivalente a uma demonstração (ou seja, uma confirmação de nível 3). O que é exatamente o que Descartes está afirmando aqui.

Seus correspondentes não ficaram convencidos. Respondendo a uma questão feita por Marin Mersenne, Descartes escreveu:

> você me pergunta se creio que aquilo que escrevi sobre a refração é uma demonstração. Acredito que sim, uma vez que é possível fornecer uma demonstração nesse assunto sem ter previamente demonstrado os princípios da física através da metafísica [...] e uma vez que qualquer outra questão em mecânica, ou ótica, ou astronomia, ou qualquer assunto que não seja puramente geométrico

ou aritmético, já foi alguma vez demonstrada. Exigir-me, porém, demonstrações geométricas do que depende da física é esperar que eu faça o impossível. Caso se queira aplicar o termo "demonstração" somente a provas geométricas, então se deve dizer que Arquimedes nunca demonstrou nada em mecânica, nem Witelo em ótica, nem Ptolomeu em astronomia. Pois nessas disciplinas basta que o autor pressuponha certas coisas que não são manifestamente incompatíveis com a experiência e, então, fale consistentemente, sem cometer nenhum erro lógico, mesmo que suas suposições não sejam exatamente verdadeiras. (Descartes a Mersenne, 27 de maio de 1638; Descartes, 1999: 73; 3: 103; AT 2: 141-142)

A demonstração em sentido estrito está limitada à matemática usada nessas áreas; todavia, Descartes apela para um uso mais amplo do termo, que permite ser aplicado em uma ciência suscetível apenas de aproximação devido a um elemento de idealização no ajuste do formalismo original das leis aos dados observacionais. Contentar-se com isso em seu próprio trabalho já seria ceder terreno. Mas mesmo isso ainda seria pretender demais. Nas áreas mencionadas, as tradicionais "ciências mistas", os pioneiros não precisavam pressionar para ir além das regularidades observáveis, pois achavam possível reduzi-las ao ordenamento matemático sem ter previamente uma teoria explicativa sobre o mecanismo causal envolvido. Ao passo que em seu próprio trabalho sobre a refração, como Descartes descreve nessa mesma passagem, ele supõe que a luz seja "transmitida através de um fluido muito sutil que está presente nos poros dos corpos transparentes". A analogia que ele defende entre as ciências mistas e o seu próprio trabalho falha nesse ponto. Enquanto este é retrodutivo, aquelas, em sua maior parte, não o são. Essas ciencias são reconhecidamente aproximativas em sua aplicação, mas sua explicação, para Descartes, pode revelar-se completamente falsa.

Alguns meses mais tarde, Descartes tenta mais uma vez. Em resposta a uma objeção feita por Jean-Baptiste Morin, ele replica que seria circular provar os efeitos por uma causa e, então, provar essa causa pelos mesmos efeitos. No entanto, diz, o que ele está fazendo é diferente. Ele está *explicando* os efeitos por uma causa e, então, provando a causa pelos efeitos. Há, ele insiste, "uma grande diferença entre provar e explicar" (Descartes a Morin, 13 de julho de 1638; Descartes, 1999: 75-77; AT 2: 198; CSM 3: 106). E, naturalmente, ele está certo a esse respeito. Pode-se dizer que a explicação, sem circularidade, "prova", mas apenas no sentido fraco de "confirmar" de nível 1.

Evidentemente, Descartes quer algo além de uma confirmação nesse sentido mais fraco: ele quer uma prova *real*, ou seja, uma evidência que confira certeza. Dirigindo-se a Morin, ele prossegue:

> [...] não é tão fácil ajustar uma e a mesma causa a vários efeitos diferentes se não se tratar da causa real da qual eles resultam. Há mesmo, frequentemente, alguns efeitos que são tais que, ao propor uma única causa da qual possam ser claramente deduzidos, isso é suficiente para provar que essa é sua causa verdadeira. Afirmo que todos aqueles dos quais falo são desse tipo (Descartes, op. cit.).

E ele acrescenta que sua "hipótese única" sobre a composição dos corpos foi capaz de explicar, como causa, uma profusão de fenômenos ("o sal, os ventos, as nuvens, a neve") e que espera que isso seja o bastante para convencer "aqueles que não estão demasiado convencidos de que os efeitos que eu explico não tenham outras causas além daquelas das quais os deduzi, mesmo que eu adie a apresentação de uma demonstração para outro momento". Note-se mais uma vez, a persistente ambiguidade. Uma defesa melhor seria afirmar que seu sucesso total na formulação de uma abundância de explicações específicas confirma (em nível 1) a "única hipótese" sobre a composição dos corpos que o habilita a fazê-lo. Mas até onde vão as explicações propostas para cada fenômeno confirmado: as nuvens, a neve e o restante? Em seus trabalhos iniciais, Descartes desliza facilmente de um tema a outro. Entretanto, essa ambiguidade acabará por se tornar demasiado óbvia para ser encoberta quando ele retornar, em seu novo trabalho, a essa miríade de naturezas específicas que, segundo diz, seus princípios explicam.

OS *PRINCÍPIOS DA FILOSOFIA*

Até esse momento, Descartes conseguiu encontrar desculpas para a evidente incompletude das explicações por ele oferecidas: "adio a demonstração para uma outra ocasião"; "Não gostaria de tratar muito dessas matérias publicamente" (1: 32; AT 6: 42); "Deliberadamente, evitei levar a cabo essas deduções para impedir que algumas pessoas astuciosas aproveitassem a oportunidade para construir, a partir do que elas acham que são os meus princípios, alguma filosofia extravagante pela qual eu seria censurado" (1: 150; AT 6: 76). E assim por diante. No entanto, quando a suma, por muito tempo prometida, de seu trabalho, os *Princípios da filosofia*, é finalmente concluída em 1644, esse modo de se desviar das questões não lhe é mais possível. Quer tenha sido, na verdade, somente nesse momento que ele tenha se dado conta de que seu ambicioso projeto não poderia ser realizado nos termos dedutivistas em que havia sido concebido (Garber, 1978), quer tenha se apercebido disso antes de finalizar o *Discurso*, que é a interpretação mais usual (Olscamp, 1965; Laudan, 1981), é de toda forma claro que, de modo relutante e arrastado, Descartes faz essa concessão na abertura de sua filosofia natural na Terceira Parte dos *Princípios*.

Aqui, a distinção entre confirmar os princípios básicos de sua filosofia natural e confirmar as configurações detalhadas de partículas destinadas a explicar as propriedades dos corpos terrestres impõe-se cada vez mais.

Suponha, então, que usemos apenas princípios que julgamos serem inteiramente evidentes e que todas as nossas deduções subsequentes sigam-se por raciocínio matemático: caso todos os resultados dessas deduções concordem com todos os fenômenos naturais, parece que estaríamos sendo injustos com Deus se suspeitássemos que as explicações causais descobertas desse modo fossem falsas. (1: 255; AT 8A: 99)

Isso ainda é ambíguo. Os princípios estão sendo considerados como autoevidentes, o que dá a impressão de que o sucesso explicativo das construções que ele está propondo seja suficiente para estabelecer as causas intermediárias, ou seja, as configurações materiais, que são partes dessas construções. Entretanto, Descartes prossegue alguns parágrafos depois para esclarecer que esse não é o caso. O que foi estabelecido, diz ele, são os aspectos *gerais*, os princípios básicos de sua filosofia natural, particularmente que "todos os corpos no universo são compostos de uma e mesma matéria, a qual é divisível em infinitas partes [...], que se movem em direções diferentes e possuem um tipo de movimento circular; além disso, a mesma quantidade de movimento é sempre preservada". Não obstante,

[...] não podemos determinar só pela razão o quão grande são essas porções de matéria, ou o quão rápido elas se movem, ou que tipos de círculos elas descrevem. Pois há incontáveis configurações diferentes que Deus poderia ter instituído aqui, e somente a *expérience* pode nos ensinar quais configurações ele efetivamente selecionou em preferência às outras. Assim, estamos livres para fazer qualquer suposição sobre esses assuntos com a única condição de que todas as consequências de nossas suposições devem concordar com nossa *expérience* (1: 256-7; AT 8A: 100; AT 9B: 124).

Essa passagem não é ambígua. Como havia sido insinuado na Sexta Parte do

Discurso, concede-se aqui que a extraordinária variedade de configurações descritas na Terceira e Quarta Partes, tomada juntamente com o que talvez seja o exemplo mais fascinante de construção imaginativa em toda a história da ciência, deve ser vista como hipotética, como aberta a alternativas, a ser discriminada não por seu apelo aos princípios básicos, mas por sua adequação relativa à experiência/experimento. A forma da inferência aqui é retrodutiva e não dedutiva, fornecendo uma confirmação modesta pertencente, no melhor dos casos, ao nível 1.

Mesmo um rápido olhar sobre as explicações apresentadas para as propriedades dos corpos naturais mostra o quão difícil deve ter sido, porém, conceber experimentos ou observações que permitissem escolher entre as alternativas. Ao explicar a natureza do Sol, por exemplo, Descartes atribui dois tipos de movimento às partículas do primeiro elemento, um retilíneo e outro circular. Mas elas despendem a maior parte de suas "agitações" em uma constante troca de forma "de modo a preencher exatamente todos os estreitos espaços através dos quais elas passam". Elas são, portanto, flexíveis, ou seja, possuem mais uma propriedade. No entanto, as partículas desse primeiro elemento de matéria no interior do Sol ainda retêm força suficiente para "unirem-se para essa ação na qual consiste a luz, como mostramos previamente" (Descartes, 1983: 125-126; AT 8: 131).

Qual a forma que essas partículas possuem? "Naturalmente, elas devem ser triangulares em seção transversal, porque frequentemente passam através desses estreitos espaços triangulares que são criados quando três esferas do segundo elemento estão em contato." Além disso, podemos "concebê-las como pequenos cilindros estriados com três sulcos (ou canais), os quais são espiralados como a concha de um caracol. Isso lhes permite passar através dos pequenos espaços com um movimento em espiral" (Descartes, 1983: 133-134; AT 8: 144-145). O número de sulcos, como ele se detém a argumentar, tem de ser exatamente três. E a torção dos sulcos deve ser em direções opostas, dependendo do pólo do céu do qual as partículas se aproximam. Mais tarde, a suposição de que os poros "que aceitam partículas do Norte não admitem as do Sul "desempenhará um papel importante nessa discussão acerca do magnetismo. (Para outros exemplos de modelos explicativos imaginários, ver, entre outros, o das partículas com "ramos semelhantes a braços", que torna os corpos capazes de se unirem, ou o das partículas com "ganchos ou espinhos", que explicam como o aço é temperado: Descartes, 1983: 196; 248; AT 8: 220, 282).

Essa pequena amostra é suficiente para ilustrar que é praticamente impossível determinar os tipos de observação ou de experimentos que permitam discriminar entre modelos elaborados como esses e outras construções explicativas igualmente sugestivas. Mais uma vez, Descartes está emitindo uma nota promissória, mas, desta feita, acompanhada do reconhecimento de que as configurações das quais dependem o ônus explicativo de sua ciência não podem, na prática, ser alcançadas por nenhuma dedução que venha de cima, mas apenas *a posteriori*, na melhor das hipóteses, por um procedimento que venha de baixo.

Até que ponto isso pode qualificar seu raciocínio como um tipo de inferência hipotético-dedutiva exaltada pelos filósofos da ciência contemporâneos, especialmente aqueles da tradição positivista? A resposta deve ser: de modo algum. É verdade que Descartes é forçado, no final, a admitir o caráter hipotético de suas discussões acerca da estrutura subjacente aos corpos físicos. É verdade também que ele reconhece, de um modo geral, o papel da experiência na escolha entre explicações rivais alternativas. Todavia, é aí que a semelhança acaba. A explicação que ele oferece vale-se, em primeiro lugar, da prioridade epistêmica das ideias claras e distintas para autorizar o aparato explicativo empregado: a redução dos corpos a porções da extensão e todo o restante. E isso os defensores da inferência hipotético-dedutiva nunca aceitariam.

Ainda mais significativo, faltam conexões preditivas em ambos os níveis que viemos discutindo: dos princípios às configurações e das configurações às propriedades observadas. Não é possível prever simplesmente analisando-se os princípios que a matéria irá ficar disposta em um padrão semelhante ao estelar, assim como também não é possível derivar o conjunto de fenômenos magnéticos que Descartes pretende explicar a partir das propriedades e dos movimentos das partículas entalhadas. Tudo o que se tem aqui, de fato, é a sugestão imaginativa que se espera que os leitores completem por si mesmos.

Por fim, seu tratamento de evidências potencialmente falsificadoras obtidas pela experiência pode ser temerário (Sakelleriadis, 1982). Isso é particularmente claro no caso das sete regras do impacto propostas na Segunda Parte dos *Princípios* (Descartes, 1983: 64-69; AT 8: 68-70). Diversas leis parecem contrárias à nossa experiência ordinária do impacto, como vários correspondentes de Descartes rapidamente assinalaram. Sua defesa consistiu em dizer que, antes de se julgar se um caso particular de impacto obedece ou não a essas regras, deve-se ser capaz de calcular os efeitos, sobre esses corpos, das múltiplas partículas de matéria invisíveis que os rodeiam (Descartes, 1983: 69; AT 8: 70). Naturalmente, isso tornaria as regras, na prática, quase infalsificáveis. Sobre um outro assunto, em sua resposta a Beeckman e Mersenne, os quais relataram dados observacionais que contradiziam diretamente sua explicação do movimento dos pêndulos, ele afirmou que se sentia autorizado a ignorar esses dados: "mesmo que [Beeckman] pudesse fazer milhares de experimentos para determinar [a aceleração do pêndulo] mais precisamente, ainda assim, uma vez que eles não podem ser confirmados pela razão, [...] não acredito que deva me dar ao trabalho de realizá-los eu mesmo" (Carta de Descartes a Mersenne, 18 de dezembro de 1629; AT 1: 100).

Seu ponto é que a "explicação pela razão" é prioritária em relação à observação nos casos como esse. A menos que os dados aparentemente falsificados possam ser derivados de um conjunto concorrente de leis mecânicas, elas mesmas apoiadas na "razão", eles devem ser desprezados enquanto efeitos constantes e incontroláveis de agentes mecânicos ocultos. Não há aqui nenhuma sugestão de modificação da hipótese original ou de formulação de alternativas, de aceitação do desafio de experimentos aparentemente refutadores e de elaboração de novas estratégias experimentais. A autoridade da "razão" é definitiva. Embora as hipóteses sejam onipresentes nas explicações das propriedades dos corpos físicos oferecidas, há pouco esforço em testá-las mediante a extração de consequências suplementares e a checagem para descobrir se são ou não verificadas. Por todas essas razões, fica claro que o que Descartes propõe não é, de modo algum, o que usualmente se entende por inferência hipotético-dedutiva.

CONCLUSÃO

O parágrafo final dos *Princípios* (1: 285-291; AT 8A: 323-329) tem por objetivo resumir o que foi obtido em filosofia natural, começando pela afirmação: "não há nenhum fenômeno que foi negligenciado neste tratado". Ele reconhece que todo seu sistema de explicações depende do apelo a partículas não observáveis e, portanto, apresenta um argumento de senso comum com base no crescimento das coisas vivas, em favor de tais partículas e, ao mesmo tempo, tendo o cuidado de distinguir seu sistema do atomismo de Demócrito. Mas, então: "Considerando o fato de que atribuo formas determinadas, dimensões e movimentos às partículas invisíveis dos corpos tal como os vejo, algumas pessoas podem ser levadas a perguntar como sei o que tais partículas são" (1: 288; AT 8A: 25-326).

Segue-se uma explicação algo idealizada da ordem dos procedimentos que ele adotou. Atribuindo a essas partículas somente tais propriedades (forma, dimensão, etc.), recorrendo às ideias claras e distintas e apelando para certos princípios "mais conhecidos", ele supostamente deduz, em primeiro lugar, como partículas de diferentes formas, dimensões e movimentos iriam, de fato, interagir "e quais seriam os efeitos observáveis que resultariam de tais interações". Apenas então, diz ele, ele observa justamente esses efeitos, como constituintes das propriedades dos corpos observáveis, o que lhe permite inferir que essas propriedades poderiam ser explicadas e, com efeito, *apenas* ser explicadas pelas configurações relevantes de partículas imperceptíveis. Caso esse procedimento tivesse êxito, então seria possível reivindicar uma confirmação de nível 3 ("parecendo ser impossível pensar em qualquer outra explicação para elas"). No entanto, a conhecida ambiguidade retorna: esse nível de confirmação está relacionado com as configurações *específicas* propostas para explicar as propriedades observadas ou apenas com o emprego, em geral, das configurações desse tipo?

O título do parágrafo seguinte parece confirmar essa segunda interpretação: "Com respeito às coisas que não podem ser percebidas pelos sentidos, basta explicar sua natureza possível, mesmo que sua natureza real seja diferente". E no texto: "Não obstante esse método possa nos permitir entender como todas as coisas na natureza poderiam ter se originado, não se deve, por isso, inferir que elas foram, de fato, feitas desse modo" (1: 289; AT 1: 327). Para reforçar seu argumento, ele recorre a uma analogia que encantaria os defensores contemporâneos da indeterminação da teoria pela observação. Dois relógios operados por mecanismos totalmente diferentes podem parecer exatamente iguais do exterior. Não se pode inferir com certeza, a partir da aparência externa do relógio, qual é o mecanismo interno.

Em seguida, encontramos a repercussão de um tema cuja origem remonta à teologia voluntarista do século XIV: "assim, o supremo artesão do mundo real poderia ter produzido tudo o que vemos de muitas maneiras diferentes". Quando se apela para causas não observáveis, é difícil evitar essa conclusão, quer ela seja formulada em termos de indeterminação, quer em termos teológicos por referência ao que o Criador poderia ter produzido no nível não observável para o qual se apela. Por fim, vem a melhor passagem: "Eu devo pensar que consegui o suficiente se o que escrevi é tal que corresponda de modo exato a todos os fenômenos da natureza. Com efeito, isso será suficiente para sua aplicação na vida comum". O que está muito distante da confiante promessa feita outrora.

Nem tudo, porém, estava perdido.

> Se as pessoas atentarem para as muitas propriedades relacionadas ao magnetismo, ao fogo e à estrutura do mundo todo, que deduzi neste livro a partir de alguns poucos princípios, então, mesmo que elas pensem que esses princípios foram arbitrariamente supostos por mim, ainda assim talvez reconheçam que dificilmente seria possível que tantos elementos se ajustassem em um padrão coerente se os princípios originais fossem falsos. (1: 290; AT 8A: 328)

Portanto, ainda que tenha desistido de atingir a certeza com respeito às especificidades das configurações particulares, contentando-se somente com o (problemático) nível 1 de confirmação, ela ainda promete "mais do que uma certeza moral", isto é, uma confirmação de nível 3 no que concerne aos princípios dos quais parte. Entre esses princípios, alguns desfrutam de uma "certeza absoluta" devido à sua prévia fundamentação metafísica na bondade divina. Outros, contudo, podem se beneficiar de uma confirmação adicional, a qual é fornecida, aparentemente, pelo poder explicativo que possuem, tal como revelado pelos *Princípios*. Os princípios que ele tem em mente aqui são, evidentemente, aqueles baseados na norma das ideias claras e distintas, em especial a redução da matéria à extensão tratável geometricamente, que é o aspecto mais controverso de seu sistema.

Conquanto permaneçam elementos *a priori*, a retrodução a esta altura suplantara amplamente a dedução como forma principal de confirmação, evocando um poder explicativo que procede de baixo para cima, e não ao contrário. Os princípios gerais relativos à natureza dos corpos materiais dependem de dois tipos muito diferentes de confirmação: o caminho intuitivo, que passa pela imutabilidade divina ou pelas ideias claras e distintas, e um outro percurso, o retrodutivo, que recorre à multiplicidade de explicações particulares que esses princípios permitiram ao autor construir. E esse recurso é tão persuasivo que mostra, como sugere Descartes, que esses princípios são a única explicação possível, o que, portanto, confere-lhe uma confirmação de nível 3. Quanto à profusão de explicações particulares que preenchem as páginas dos *Princípios*, estas só podem, ao contrário, requerer, no melhor dos casos, uma confirmação de nível 1 apelando para a encantadora ingenuidade dos esboços de explicação que as acompanham.

Nível 1, no melhor dos casos... Essa não era a forma disciplinada de explicação que gradualmente se configuraria nos anos seguintes (McMullin, 2006). Apenas alguns anos depois, Boyle formularia 10 requisitos que uma explicação deveria satisfazer a fim de que pudesse confirmar de modo plausível a hipótese em questão; muito provavelmente, ele tinha em mente as explicações inacabadas de Descartes. No entanto, ainda seria preciso mais dois séculos para que se começasse a explorar seriamente o mundo microscópico de Descartes, de modo tão otimista, tentou mapear. Até então, a confirmação de uma microestrutura hipotética pela explicação proporcionada finalmente provou sua capacidade de revelar, de maneira relativamente segura, os novos mundos para os quais Descartes apontou, mas nunca foi capaz alcançar.

REFERÊNCIAS E LEITURAS ADICIONAIS

Aristotle (1995). *The Complete Works of Aristotle*, trans. J. Barnes, 2 vols. Oxford: Clarendon Press.

Blake, R. M. (1966). "The role of experience in Descartes' theory of method." In R. M. Blake, C. J. Ducasse, and E. H. Madden, eds., *Theories of Scientific Method: The Renaissance Through the Nineteenth Century*, pp. 73–103. Seattle: University of Washington Press.

Buchdahl, G. (1969). *Metaphysics and the Philosophy of Science.* Oxford: Blackwell.

Clarke, D. (1979). "Physics and metaphysics in Descartes' *Principles*." *Studies in the History and Philosophy of Science* 10: 89–112.

Clarke, D. (1982). *Descartes' Philosophy of Science.* Manchester: Manchester University Press.

Clarke, D. (2006). *Descartes: A Biography.* Cambridge: Cambridge University Press.

Descartes, R. (1965). *Discourse on Method, Optics, Geometry*, ed. and trans. P. J. Olscamp. New York: Bobbs-Merrill.

Descartes, R. (1983). *Principles of Philosophy*, trans. V. R. Miller and R. P. Miller. Dordrecht: Reidel.

Descartes, R. (1995). *The World and Other Writings*, trans. S. Gaukroger. Cambridge: Cambridge University Press.

Descartes, R. (1999). *Discourse on Method and Related Writings*, trans. D. Clarke. London: Penguin.

Garber, D. (1978). "Science and certainty in Descartes." In M. Hooker, ed., *Descartes: Critical and Interpretive Essays*, pp. 114–50. Baltimore: Johns Hopkins University Press.

Garber, D. (1992). *Descartes' Metaphysical Physics.* Chicago: University of Chicago Press.

Garber, D. (1993). "Descartes and experiment in the *Discourse* and *Essays*." In S. Voss, ed., *Essays on the Philosophy and Science of René Descartes*, pp. 288–310. New York: Oxford University Press.

Grene, M. (1985). *Descartes.* Minneapolis: University of Minnesota Press.

Hatfield, G. (1993). "Reason, nature, and God in Descartes." In S. Voss, ed., *Essays on the Philosophy and Science of René Descartes*, pp. 259–87. New York: Oxford University Press.

Laudan, L. (1981). "The clock metaphor and hypothesis: The impact of Descartes on English methodological thought: 1650–1670." In L. Laudan, *Science and Hypothesis*, pp. 27–58. Dordrecht: Reidel.

Machamer, P. (1978). "Causality and explanation in Descartes' natural philosophy." In P. Machamer and R. Turnbull, eds., *Motion and Time, Space and Matter*, pp. 169–99. Columbus: Ohio State University Press.

McMullin, E. (1990). "Conceptions of science in the Scientific Revolution." In D. Lindberg and R. Westman, eds., *Reappraisals of the Scientific*

Revolution, pp. 27–92. Cambridge: Cambridge University Press.

McMullin, E. (1992). *The Inference That Makes Science*. Milwaukee: Marquette University Press.

McMullin, E. (1996). "Enlarging imagination," *Tijdschrift voor Philosofi e* 58: 227–60.

McMullin, E. (2006). "Virtues of a good theory." In S. Psillos and M. Curd, eds., *Routledge Companion to the Philosophy of Science*. London: Routledge.

Marion, J. L. (1975). *Sur l'ontologie grise de Descartes: Science Cartésienne dans les Regulae*. Paris: J. Vrin.

Morris, J. (1970). "Descartes and probable knowledge." *Journal of the History of Philosophy* 8: 303–12.

Olscamp, P. J. (1965). "Introduction." In P. J. Olscamp, ed. and trans., *René Descartes, Discourse on Method, Optics, Geometry*, pp. ix–xxxiv. New York: Bobbs-Merrill.

Sakelleriadis, S. (1982). "Descartes' use of empirical data to test hypotheses." *Isis* 73: 68–76.

Voss, S., ed. (1993). *Essays on the Philosophy and Science of René Descartes*. New York: Oxford University Press.

7

Descartes e a matemática

PAOLO MANCOSU

INTRODUÇÃO

Descartes é um dos poucos gênios da História capaz de legar contribuições à filosofia e à matemática ao mesmo tempo. Ademais, suas contribuições a essas áreas não são independentes, mas, antes, nutrem-se mutuamente. A relação recíproca entre estas áreas reflete-se na interpretação da análise e da síntese tanto na matemática quanto na filosofia; no conceito de prova; na afirmação de que a física não é senão geometria; na teoria das verdades eternas; no conceito de infinito; em suas concepções ontológicas e epistemológicas sobre a extensão e o número; no papel dos sentidos, da imaginação e da razão e suas relações com sua explicação a respeito da natureza humana; na transição do paradigma matemático da certeza para a afirmação de que a matemática precisa ser fundada na metafísica e no papel do ceticismo para esta transição; no desenvolvimento do método e da noção de *mathesis universalis* e na estrutura da *Geometria*.

Em vez de tentar abordar todos esses tópicos, concentrar-me-ei no tratamento mais profundo dos dois últimos: o desenvolvimento do método e a estrutura da *geometria*, porque isso dará um *insight* do que pode ser chamado de, segundo a feliz expressão de Brunschwicg, a *philosophie mathématique* de Descartes e nos ajudará a compreender as bases de suas escolhas fundamentais.

O impacto da matemática na filosofia de Descartes está intimamente associado a sua reflexão crítica sobre a prática matemática em sua época e à sua própria prática matemática apurada. Uma combinação de admiração pela certeza da matemática e de insatisfação com o estado desta área, tanto em sua fase contemporânea quanto na antiga, conduziu Descartes à ideia de uma "ciência inteiramente nova". A matemática serviria como o modelo para um método geral a fim de alcançar um conhecimento certo em qualquer campo, um método apresentado nas *Regras para a direção do espírito* e no *Discurso do método* e aplicado na *Geometria*. O objetivo aqui será acompanhar a dialética entre filosofia e matemática no pensamento de Descartes até 1637. A escolha deste recorte é natural, uma vez que os projetos filosóficos subsequentes de Descartes não estão tão estreitamente relacionados a questões de prática matemática. Isso não significa que Descartes tenha parado completamente de trabalhar com matemática depois desta data, enfatiza apenas que seu engajamento filosófico com a matemática tornou-se menos relacionado aos avanços da pesquisa nesta área e pode ser entendido independentemente deles.

O ENVOLVIMENTO INICIAL DE DESCARTES COM A MATEMÁTICA (ATÉ 1623)

Embora saibamos bastante sobre a cultura matemática do final do século XVI e do início do século XVII, as informações específicas sobre a educação que Descartes recebeu nesta área em La Flèche permanecem vagas. (Para explicações detalhadas a respeito da carreira científica de Descartes, ver Shea, 1991; Gaukroger, 1995; Sasaki, 2003) Há evidências de que ele aprendeu álgebra pela obra *Algebra* escrita por Clavius em 1608 (AT 4: 731). (Sobre a cultura matemática dos jesuítas, ver Romano, 1999.) No *Discurso do método*, Descartes diz que, em seus dias de escola, "comprazia-se, sobretudo, com a matemática, por causa da certeza e da autoevidência de seus raciocínios" (1: 114; AT 6: 7; OE: 45). Além disso, ele assinala a relevância da matemática para seus futuros projetos.

> Quando era mais jovem, meus estudos em filosofia incluíam um pouco de lógica e, em matemática, um pouco de análise geométrica e álgebra. Essas três artes pareciam dever contribuir com algo para o meu desígnio. (1: 119; AT 6: 17; OE: 52)

Anteriormente, nas *Regras*, porém, Descartes havia expressado certa insatisfação com a aritmética e com a geometria; em breve veremos por que. Imediatamente após ter saído de La Flèche, Descartes parece não ter se ocupado com a matemática. Seu retorno aos estudos matemáticos parece ter sido ocasionado por seu encontro com Isaac Beeckman, depois de ter se estabelecido na Holanda, no verão de 1618. Uma Carta a Beeckman, datada de 26 março de 1619, é especialmente importante para nós:

> Descobri quatro demonstrações admiráveis e completamente novas. A primeira refere-se ao famoso problema de dividir um ângulo em um número qualquer de partes iguais. As outras três dizem respeito a três tipos de equações cúbicas. [...] Permita-me ser sincero acerca do meu projeto. O que quero produzir não é algo como a *Ars Brevis* de Lull, mas, antes, uma ciência inteiramente nova, que irá prover uma solução geral para todos os problemas possíveis envolvendo qualquer tipo de quantidade, seja ela contínua ou discreta, de acordo com sua natureza. [...] Assim, espero poder demonstrar que alguns problemas envolvendo quantidades contínuas podem ser resolvidos por meio de curvas produzidas por um único movimento, como as curvas que podem ser traçadas com os novos compassos (penso que estas são tão exatas e geométricas quanto aquelas que são traçadas com compassos ordinários), e outros ainda que podem ser resolvidos somente por curvas geradas por movimentos distintos e independentes, os quais, certamente, são apenas imaginários, como a notória curva quadrática (quadratriz). Não há, creio, nenhum problema imaginável, qualquer que ele seja, que não possa ser resolvido, como esses, por tais curvas. Espero poder demonstrar quais tipos de problemas podem ser resolvidos exclusivamente por um ou outro meio, de modo que quase nada em geometria reste a ser descoberto (3: 2-3; AT 10: 154-157)

Descartes, de fato, introduziu uma variedade de compassos (AT 10: 212-248), mas aqui descreverei somente o compasso mesolábio, explicando como ele o usou para resolver uma certa equação cúbica. Visto que esse compasso também desempenha uma função central na *Geometria* de 1637, vou simplesmente fornecer uma descrição usando um desenho presente neste último texto. O compasso pode ser pensado como uma máquina que consiste de diversas réguas dispostas em conjunto, como mostra a seguir a Figura 7.1.

Considere YZ como fixo e Y como sendo o pivô que permite YX girar. Perpendicular a YX, temos uma régua fixa BC e as réguas deslizantes DE, FG, etc. Perpendicular a Y,

FIGURA 7. 1

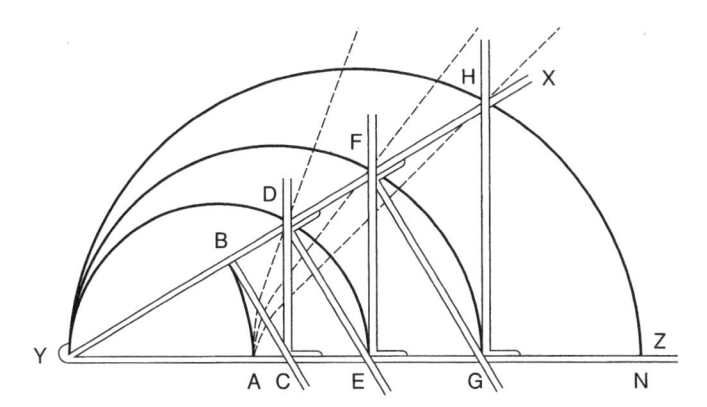

temos as réguas deslizantes CD, EF, GH, e assim por diante. A posição inicial de YX sobrepõe-se à de YZ. À medida que fazemos YZ girar em sentido anti-horário, a régua fixa BC empurra a régua deslizante CD, que, por sua vez, empurra a régua deslizante DE, e assim por diante. Através da abertura do compasso, os pontos móveis B, D, F, H, etc., descrevem curvas. Na *Geometria*, Descartes enfatizará que este dispositivo exibe um tipo de geração de curvas por movimentos regulares. Essencialmente, um compasso é um dispositivo para construir proporções contínuas. Note-se que das propriedades simples dos triângulos YB: YC=YC: YD=YD: YE=YE: YF=YF: YG, etc., admitindo que YA=YB=1 e YC=x, obtemos 1: x=x: x^2= x^2: x^3= x^3: x^4= x^4: x^5, etc.

Consideremos agora como se pode encontrar a solução para a equação cúbica $x^3=x+2$, um dos muitos casos tratados por Descartes. O problema pode ser resolvido usando-se o compasso mesolábio para construir uma seção de tamanho x. Levando-se em conta a construção do compasso, temos:

YB/YC = YC/YD = YD/YE = YE/YF

Disso, segue-se que:

YE = (YD)^2/YC = (YC)^3/(YB)^2

Uma vez que CE=YE–YC, e recorrendo ao que está acima, obtemos:

CE = [(YC)^3/(YB)^2]–YC

Sendo YB=1 e YC=x, obtemos CE=x^3-x ou, de modo equivalente, x^3=x+CE. Assim, tudo o que precisamos para resolver nossa equação cúbica é abrir o compasso de tal modo que CE seja duas vezes 1 e YC nos dará uma raiz real positiva para a equação $x^3=x+2$.

Segundo Descartes, o compasso mesolábio é tão geométrico quanto o compasso ordinário usado para traçar círculos. Isso ajuda a explicar por que Descartes escreveu a Beeckman dizendo que estava buscando uma "ciência inteiramente nova" que trataria uniformemente das duas maiores áreas nas quais a matemática estava tradicionalmente dividida: a aritmética (que lida com quantidades discretas) e a geometria (que lida com quantidades contínuas). Ele afirma que a nova ciência será capaz de resolver todos esses problemas. No caso da geometria, mostrar-se-á que certos problemas podem ser resolvidos com régua e compasso (ordinário), ao passo que outros requerem curvas especiais, tal como a quadratriz. (Na *Geometria*, a quadratriz será excluída do reino da geometria por razões que serão discutidas em detalhes mais tarde.) A nova ciência também mostrará que qualquer classe dada de problemas não pode ser resolvida por meio de técnicas mais simples do que sua complexidade o permite. Com algumas modificações, Descartes realizou a maior parte deste programa admiravelmente ambicioso em sua obra posterior, a *Geometria*, de 1637.

Assim, no início da década de 1620, Descartes havia desenvolvido um ambicioso programa de matemática e começado a ver que ferramentas seriam necessárias para sua execução. Mais importante ainda, porém, foi que ele começou a refletir acerca dessa iniciativa e a extrair dela alguns preceitos filosóficos centrais. Desses esforços resultaram suas *Regras* para a Direção da Mente, as quais agora nos voltaremos.

REGRAS PARA DIREÇÃO DO ESPÍRITO

Apesar de sua datação ter sido objeto de acalorado debate, os especialistas concordam que as *Regras* foram escritas antes de 1629. As *Regras* são um texto inacabado que Descartes nunca publicou. Originalmente, ele deveria consistir de três partes, cada uma contendo 12 regras. (Para um estudo detalhado das *Regras*, ver Beck, 1952; Marion, 1975; Sepper, 1996). Descartes dá início às *Regras* enfatizando a importância de nos concentrarmos não em ciências específicas, mas em encontrar regras que possam ser aplicadas a todo e qualquer objeto de conhecimento. O objetivo é alcançar a *scientia*, isto é, "um conhecimento certo e evidente". Muitos especialistas ressaltaram que filósofos escolásticos como Suarez caracterizaram a *scientia* mediante "certeza e evidência" (Descartes, 1977:102), mas o que esses especialistas não notaram é que tais filósofos não consideravam estes aspectos como suficientes para caracterizar a *scientia*. Em particular, a *scientia* devia também fornecer a causa ou razão. (Ver, por exemplo, Suarez, 1597: I.6.6 "O conhecimento é conhecer pelas causas com evidência e certeza"). Em contraposição, a caracterização que Descartes faz da *scientia*

não enfatiza as causas, e veremos mais adiante que isso tem consequências para sua concepção da certeza da matemática.

Na Regra 2, Descartes desqualifica a opinião provável e nos diz que "os objetos com os quais devemos nos ocupar são aqueles que nossa mente pareça ser capaz de conhecer de maneira certa e indubitável" (1: 10; AT 10:362; ROE: 5). Infelizmente, "dentre as ciências descobertas até agora", apenas a aritmética e a geometria atendem aos altos padrões estabelecidos por Descartes, porque "são as únicas a versar sobre um objeto tão puro e tão simples que elas não têm de fazer, em absoluto, nenhuma suposição que a experiência possa tornar duvidosa e são inteiramente compostas de consequências que devem ser deduzidas racionalmente" (1: 12; AT 10: 364-365; ROE: 9). A conclusão a que Descartes chega não é de que devemos nos limitar à aritmética e à geometria, mas sim "apenas aos objetos sobre o quais seja possível ter tanta certeza quanto a existente nas demonstrações da aritmética e da geometria" (1: 13; AT 10: 366; ROE: 10).

Um dos maiores debates na filosofia da matemática durante a Renascença e no século XVII, conhecido como *Quaestio de certitudine mathematicarum*, dizia respeito à certeza das matemáticas e ao seu fundamento. Uma tradição que remonta a Aristóteles atribuiu esta certeza ao fato de que a matemática emprega o melhor tipo de silogismo, conhecido como silogismo científico. Tal silogismo se caracteriza, entre outras coisas, pelo fato de que o seu termo médio fornece uma ligação causal entre o termo maior e o termo menor. No caso da matemática, acreditava-se que as causas formal e material desempenhavam a função desta ligação causal. Em 1547, Alessandro Piccolomini desafiou esta explicação da certeza da matemática, afirmando que esta não emprega silogismos científicos. Em vez disso, ele atribuiu a certeza da matemática à natureza especial de seus objetos. O jesuíta Benito Pereira também atacou a matemática por esta não possuir estatuto científico, com base na consideração de que a ela falta "o conhecimento da coisa através da causa pela qual a coisa é" (Pereira, 1576:

24). Isso desencadeou um grande debate que não precisamos retomar aqui. (Para uma extensa discussão e referências a esse respeito, ver Mancosu, 1996: cap 1) Ao definir a *scientia* em termos de certeza e evidência sem apelar para a causalidade, e ao explicar a certeza da matemática em termos da pureza e da simplicidade de seus objetos, Descartes provavelmente sabia que estava tomando posição neste debate.

Na Regra 3, Descartes nos diz que o conhecimento pode ser obtido apenas por intuição clara e evidente ou por dedução. Ele faz uma rápida observação bastante reveladora da sua imagem a respeito do conhecimento matemático:

> Apesar de sabermos de cor demonstrações feitas por outros, nunca nos tornaremos matemáticos se nos faltar aptidão intelectual para resolver qualquer problema dado. E embora tenhamos lido todos os argumentos de Platão e de Aristóteles, nunca nos tornaremos filósofos se não formos capazes de juízo sólido sobre o que está em questão. Neste caso, o que pareceria termos aprendido não seria ciência, mas história (1: 13; AT 10: 367; ROE: 12)

Assim, para se obter conhecimento matemático, não basta inventariar o conteúdo da matemática descoberto por outros. Antes, o conhecimento requer uma disposição especial da mente que permite *resolver* problemas matemáticos e, portanto, *descobrir* verdades matemáticas. Um dos principais objetivos de Descartes era extrair de sua atividade matemática certas regras que mostrariam como passar a ser um pensador criativo em matemática e, talvez, em tudo o mais que pudesse ser objeto de conhecimento.

Voltemos à intuição e à dedução. Descartes define a intuição como "o conceito que uma mente clara e atenta forma, o qual é tão fácil e distinto que não pode haver lugar para a dúvida" (1: 14; AT 10: 368; ROE: 14). A intuição nos fornece a autoevidência imediata de certas verdades.

> Assim, cada um de nós pode ver por intuição intelectual que existe, que pensa, que um triângulo é limitado somente por três linhas e um corpo esférico, por uma única superfície, e assim por diante. (*Ibid.*)

Descartes lista verdades não matemáticas como se possuíssem a mesma autoevidência que as matemáticas, sugerindo que a clareza e a evidência que caracterizam a matemática podem ser encontradas em outros domínios. Nas *Meditações*, uma obra posterior, ele vai mais longe e afirma que há verdades metafísicas que são mais certas e evidentes do que as verdades matemáticas.

A dedução é caracterizada como um "movimento contínuo e ininterrupto de pensamento no qual cada proposição individual é claramente intuída" (1: 25; AT 10: 370; ROE: 15). Através de cadeias de raciocínios que partem de proposições conhecidas com certeza, a dedução permite obter conclusões certas, se não tão autoevidentes quanto aquelas fornecidas pela intuição.

Chegamos, assim, à Regra 4 ("Precisamos de um método para investigar a verdade das coisas"), que desempenha um papel crucial nas *Regras*, porque introduz a necessidade do "método" e articula a função da matemática na constituição deste. Em seu comentário à Regra 4, Descartes repreende a todos ("quase todos os químicos, a maioria dos geômetras e muitos filósofos") aqueles que procederam de forma aleatória em suas investigações. Declarando ser melhor não investigar nada do que fazê-lo sem método, ele define esse processo da seguinte maneira:

> Por "método" entendo regras confiáveis e fáceis de se aplicar, e que são tais que, se alguém as seguir exatamente, nunca o falso será tomado pelo verdadeiro ou se despenderá esforço intelectual inutilmente, mas ampliarão seu conhecimento gradual e constantemente [*scientia*] até que se alcance uma compreensão verdadeira de tudo o que se for capaz de conhecer (1: 16; AT 10: 371-2; ROE: 20).

O método, pode-se dizer, é "seguro" e "completo". Ele nunca nos conduz a algo falso e permite alcançar toda verdade que pode ser conhecida por nós. Descartes afirma ter encontrado vestígios deste método nos desenvolvimentos contemporâneos da álgebra e na análise geométrica dos gregos (1: 17; AT 10: 373; ROE: 21-22). (Sobre esta tradição, ver Panza, 1997.) Todavia, ele não considera estas disciplinas como exemplos adequados de ciências epistemologicamente perfeitas. Em vez disso, aritmética/ álgebra e geometria oferecem exemplos particularmente perspícuos mediante os quais podemos perceber o caminho para uma disciplina diferente que "deve conter os primeiros rudimentos da razão humana e estender-se à descoberta das verdades em qualquer assunto que seja" (1: 17; AT 10: 374; ROE: 22-23).

Descartes acreditava que o trabalho dos matemáticos que o antecederam era insatisfatório com relação a seu caráter *explanatório* em dois aspectos. Primeiro, apesar de terem mostrado que certas proposições são verdadeiras, eles não souberam dizer por que elas são verdadeiras. Além disso, suas demonstrações não mostravam como o resultado pôde ser encontrado. No entanto, Descartes estava convencido de que, nos tempos antigos, alguns autores (incluindo Pappus e Diofanto) estavam familiarizados com "uma espécie de matemática muito diferente daquela comum em nossa época" (1: 18; AT 10: 376; ROE: 24), a qual eles esconderam da posteridade. Ele concebia a álgebra contemporânea, se considerada separadamente de alguns defeitos que podiam ser removidos, como sendo, em parte, uma redescoberta dos métodos de Pappus e de Diofanto.

À medida que refletia sobre a matemática, Descartes passou a acreditar que poderia explicar por ela inclui não apenas a aritmética e a geometria, mas também áreas como a astronomia, a música, a mecânica e a ótica. (De fato, durante a época de Descartes, estas ciências eram normalmente classificadas como ciências matemáticas mistas ou intermediárias.) A matemática se ocupa da "ordem e da medida", ele afirma, e deve haver uma *mathesis universalis* que contenha os princípios mais abstratos de todas essas ciências que caem sob a classificação de "matemáticas".

> Dei-me conta de que a matemática refere-se exclusivamente àquilo que concerne à ordem e à medida, sendo irrelevante se a medida em questão envolve números, formas, estrelas, sons ou qualquer outro objeto. Isso me fez perceber que deve haver uma ciência geral que explica tudo o que se pode procurar referente à ordem e à medida independentemente da matéria a que se aplicam, e que esta ciência deve ser chamada *mathesis universalis* – um termo venerável com um sentido bem estabelecido –, pois cobre tudo o que permite que essas outras ciências sejam chamadas de ramos da matemática. (1: 19; AT 10: 377-378; ROE: 24)

A Regra 4 é o único local do *corpus* cartesiano no qual Descartes refere-se à *mathesis universalis*, e este tema tem ocupado gerações de comentadores. (Com relação aos comentários sobre esse ponto, ver Crapulli, 1969; Schuster, 1980; Sasaki, 2003; Rabouin, 2005) Esta definição da matemática como a ciência da "ordem e da medida" é nova no quadro da tradição esta área precedente, na qual era frequentemente caracterizada como tendo por objeto a *quantidade*, e não fica claro em que consistiria uma ciência da ordem e da medida. É bastante evidente que uma teoria geral da proporção deveria estar aí incluída, uma vez que esta poderia tratar de problemas de medida no caso de números, de figuras, de sons, de movimentos, etc. É mais difícil dizer o que Descartes entende por problemas de "ordem". Ele repetidamente enfatiza a importância de classificar a complexidade dos problemas de acordo com a ordem de sua complexidade. (Lembre-se da *Carta a Beeckman*, na qual ele descreve, em 1619, seu programa para uma ciência completamente nova.) Ademais, ele insiste quanto à importância de se estabelecer uma ordem quando se investiga os passos necessários para a solução de um problema. Se é isso o que 'ordem' significa, é óbvio que este componente da *mathesis universalis* é diferente da teoria da proporção: não se trata de uma parte já desenvolvida da matemática e poderia, talvez, ser vista como uma parte da sua "heurística".

A necessidade de compreender melhor a noção de *mathesis universalis* levou os especialistas a estudarem as duas tradições diferentes de pensamento que desempenharam um papel na constituição desta ideia. A primeira tem origem no século XVI com a redescoberta de Proclus (editado em grego em 1533 e traduzido para o latim em 1560), que, em seu comentário à obra de Euclides, *Elementos*, descreve uma ciência comum anterior a todas as disciplinas matemáticas e parece ser identificada com uma ciência superior, quase a uma ontologia geral. A segunda tradição, exemplificada pela obra de Adrian van Roomen, *Apologia pro Archimede* (1597), caracteriza a *mathesis universalis* como uma disciplina matemática. Descartes, porém, não indica explicitamente suas fontes e, assim, não temos condições de atribuir-lhe com certeza o conhecimento particular de nenhum dos textos que, conjuntamente, compõem a reflexão tradicional sobre a *mathesis univesalis*.

Vimos como a articulação das regras do método nas *Regras*, quaisquer que sejam os detalhes deste método, originam-se em uma reflexão sobre a ciência da matemática. Além disso, quando, nas últimas regras, Descartes especifica seu método com mais detalhes, ele o faz valendo-se do modelo da análise algébrica. Veremos mais adiante um exemplo de como funciona a análise algébrica recorrendo a uma das aplicações mais maduras que Descartes faz desta análise: a solução, apresentada na *Geometria*, para o problema de Pappus.

DISCURSO DO MÉTODO

A primeira publicação de Descartes foi o *Discurso do método para bem conduzir a própria razão e procurar a verdade nas ciências, acompanhado da dióptrica, da meteorologia e da geometria, que são ensaios deste método*, publicado na França em 1637. Uma vez mais, trataremos aqui somente das questões mais diretamente relacionadas à influência que a matemática exerceu na formação do método. Na Segunda Parte do *Discurso*, Descartes observa que a lógica, a análise dos antigos e a álgebra devem contribuir de algum modo para o método, mas critica a lógica silogística por ser ineficaz quando se trata de descobrir verdades. Ela é útil apenas para explicar aquelas verdades que já foram encontradas. Em seguida, ele critica o estado atual da geometria e da álgebra:

> [...] no que diz respeito à análise dos antigos e à álgebra dos modernos, além de se estenderem apenas a matérias muito abstratas, e de não parecerem ter nenhum uso, a primeira permanece tão adstrita à consideração das figuras que não pode exercitar o entendimento sem fatigar muito a imaginação; e a segunda está sujeita de tal forma a certas regras e certas cifras que tornou-se uma arte confusa e obscura a qual embaraça a mente, em vez de ser uma ciência que a cultiva (1: 119-120; AT 6: 17; OE: 53)

Não obstante as imperfeições da lógica, da análise e da álgebra, o projeto de Descartes era extrair delas as regra do método. Na Segunda Parte do *Discurso*, ele lista suas famosas quatro regras:

> A primeira era jamais acolher alguma coisa como verdadeira se eu não tivesse conhecimento de sua verdade evidente...
> A segunda, dividir cada uma das dificuldades que eu examinasse em tantas parcelas quantas possíveis e quantas fossem necessárias para melhor resolvê-las.
> A terceira, conduzir meus pensamentos de forma ordenada, começando pelos objetos mais simples e mais fáceis

de conhecer para pouco a pouco, subir, como que por degraus, até o conhecimento dos mais compostos, e supondo mesmo alguma ordem entre objetos que não se precedem naturalmente uns aos outros.

E a última, fazer em toda parte enumerações tão completas e revisões tão abrangentes que eu tivesse a certeza de nada omitir (1: 120; AT 6: 18-19; OE: 53-54)

A longa lista de princípios apresentada nas *Regras* é aqui resumida em quatro regras fáceis. Entretanto, Descartes estava ciente de que estas regras não serviriam de auxílio prático para alguém que estivesse tentando resolver um problema. Em fevereiro de 1637, ele escreveu a Mersenne dizendo que não havia tido a intenção de "ensinar o método, mas somente falar sobre ele", pois o método consiste "muito mais em prática do que em teoria" (3: 53; AT 1: 349). A prática do método está incorporada aos *Ensaios* publicados juntamente com o *Discurso* e, em breve, voltaremo-nos para um deles, a *Geometria*. Por ora, consideremos o que diz Descartes, no *Discurso*, acerca do papel que a matemática desempenhou na descoberta do método.

O que Descartes nos oferece a esse respeito é um relato de seu processo de pensamento que está intimamente relacionado com a narração feita nas *Regras*. Impressionado com as demonstrações dos geômetras, "estas longas cadeias de razões, todas simples e fáceis", ele supôs que todas as coisas que podem ser objeto de conhecimento humano estão conectadas da mesma maneira. Para ele, o estudo de "certos raciocínios certos e evidentes" fundados na matemática não tinha por objetivo o conhecimento detalhado das ciências matemáticas, mas a abstração do que há em comum entre elas:

> [...] vendo que, embora seus objetos sejam diferentes, não deixam de concordar todas, pelo fato de nada defenderem nesses objetos senão as diversas relações ou proporções que neles se encontram, e eu pensei que seria melhor examinar somente estas proporções em geral (1: 120-1; AT 6: 19-20; OE: 56)

A passagem é manifestamente relacionada ao tema da *mathesis universalis*, ainda que o termo não seja empregado no *Discurso*. Em todo o caso, Descartes acredita que essas proporções, não obstante mais facilmente conhecidas na geometria e na álgebra, podem ser aplicadas a muitos outros domínios, sejam eles matemáticos ou não. Porém, o que ele extrai destas duas ciências específicas, geometria e álgebra, é a ideia de representar tais relações por meio de linhas e designá-las por símbolos os mais concisos possíveis. Deste modo, ele afirma poder tomar "de empréstimo o melhor da análise geométrica e da álgebra", usando "uma para corrigir a outra" (1: 121; AT 6: 20; OE: 57). Descartes expressa assim sua plena confiança nas regras que ele segue e acredita que elas são suficientes para resolver todos os problemas que possam ser colocados em álgebra e geometria. Além disso, apesar de declarar que o método pode ser estendido a outros problemas que não sejam de natureza matemática, ele enfatiza que isso requer uma investigação prévia de certos princípios metafísicos dos quais dependem os princípios das várias ciências. Os problemas relacionados a esta extensão vão muito além da simples questão sobre como aplicar a teoria da proporção a assuntos que não sejam de natureza matemática.

Isto completa, então, o complexo caminho que conduz da reflexão sobre a matemática ao método para investigar as verdades em todas as matérias que estão ao alcance do conhecimento humano. Descartes abstrai da prática matemática sua caracterização original de processo matemático; a partir daí, ele extrai as regras que servirão para caracterizar o método. Uma vez que este aplica-se tanto a temas matemáticos como não matemáticos, e visto que as regras são tão gerais e vagas, é apenas através de um exame detalhado dos *Ensaios* que podemos esperar ver o método em operação. Passemos, pois, à *Geometria*.

A *Geometria* foi publicada em 1637 como um apêndice do *Discurso do método*. (Para um estudo detalhado e referências adicionais, ver Bos, 2001). Esta obra é composta por três livros; concentrar-me-ei porém em apenas alguns aspectos dos livros I e II. No Livro I, examinaremos a definição das operações geométricas sobre segmentos de linha e a solução de Descartes para o problema de Pappus. Ambos os tópicos são essenciais para compreender a análise cartesiana. Quanto ao Livro II, discutirei apenas a primeira seção, na qual Descartes apresenta uma nova classificação para as curvas e delimita o âmbito da geometria, o que é central para a fundamentação de sua geometria. Com efeito, demarcar o objeto desta área da matemática é um problema fundamental, o qual, assim como a definição da noção de número em Frege, tem consequências importantes para a filosofia da matemática, e potencialmente para a própria prática matemática.

GEOMETRIA, LIVRO I: A ÁLGEBRA DOS SEGMENTOS

A abertura do Livro I nos diz que "qualquer problema em geometria pode ser facilmente reduzido a termos tais que o conhecimento do comprimento de certas linhas retas é suficiente para sua construção" (Descartes, 1952: 297; AT 6: 369), como exemplifica a Figura 7.2 a seguir.

Em particular, Descartes mostra como todo e qualquer problema que pode ser construído com régua e compasso deve ser resolvido por meio da redução do problema à construção da raiz de uma equação de segundo grau. A construção de equações desempenha, pois, um papel central na explicação de Descartes (sobre a construção de equações, veja Bos, 2001). Para expor como esse tipo de construção funciona, precisamos explicar de que maneira o cálculo aritmético está relacionado com as operações da geometria. Descartes apresenta construções geométricas por adição, subtração, multiplicação, divisão e extração de raízes. Ele mostra como todas essas operações podem ser interpretadas pela transformação de segmentos de linhas em outros segmentos de linhas. Sejam a e b segmentos de linha. A fim de explorar os recursos da teoria da proporção, Descartes também introduz um segmento de linha, designado por 1, que funciona como uma unidade. Descartes dá a interpretação óbvia de $a+b$ e $a-b$ (sendo a maior que b) como segmentos de linhas. Quanto a $a \times b$, a/b e $\sqrt{a}$, estes são os segmentos de linha que satisfazem as seguintes proporções:

1: a = b: ($a \times b$)
a/b: 1 = a: b
1: $\sqrt{a}$ = $\sqrt{a}$ = a

Considere novamente a construção de $a \times b$ na Figura 7.2, apresentada anteriormente.

Seja AB = 1 o segmento unidade. Se queremos multiplicar o segmento BD (designado por a) pelo segmento BC (designado por b), juntamos A e C e traçamos DE paralelo a AC. Assim, BE = BD×BC = $a \times b$. Isso pode ser verificado pela aplicação da similaridade entre os triângulos ABC e DBE. Construções semelhantes podem ser dadas para a/b e $\sqrt{a}$. A importância do exercício é mostrar como aplicações repetidas dessas operações nunca conduzem para além do domínio dos segmentos. Da geometria antiga a Viète, era habitual interpretar a multiplicação de dois segmentos como geratriz de uma área, e a multiplicação de três segmentos como geratriz de um volume. Mas, assim, não se poderia dar um sentido geométrico à multiplicação de n linhas quando

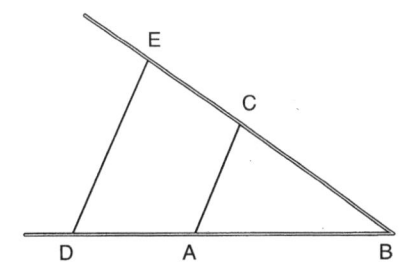

FIGURA 7.2

$n > 3$. A construção de Descartes contorna, de maneira elegante, este problema da dimensionalidade.

A partir de então, Descartes está pronto para mostrar a todos nós como problemas ordinários de geometria (aqueles que podem ser construídos com régua e compasso) podem ser resolvidos. A estratégia repousa em três passos: nomear, equacionar e construir:

- *Nomear*: Considerar o problema já resolvido e atribuir nomes a todas as linhas que parecem ser requeridas para sua solução.
- *Equacionar*: Ignorar a diferença entre as linhas conhecidas e as desconhecidas e registrar as relações entre as diferentes linhas do modo mais natural. Isso leva a uma equação (ou a um conjunto de equações) em que a mesma quantidade é expressa de duas maneiras.
- *Construir*: Construir a equação, isto é, encontrar geometricamente suas raízes.

Descartes também estabelece que todos os problemas que levam a uma equação de segundo grau podem ser construídos com régua e compasso. (Omito aqui o processo de construção para as raízes de uma equação de segundo grau.) Ele afirma que isso não poderia ter sido conhecido pelos antigos, pois seus tratados mostram que eles procediam de modo aleatório e sem método. Se tivessem um método, acrescenta Descartes, eles teriam sido capazes de resolver, em toda sua abrangência, o problema de Pappus. Veremos como Descartes emprega a estratégia de nomear, equacionar e construir examinando sua solução para o problema de Pappus.

GEOMETRIA, LIVRO I: O PROBLEMA DE PAPPUS

A declaração de Descartes de ter ido mais longe do que todos os antigos e do que seus contemporâneos apoia-se, em grande medida, em sua solução ao problema de Pappus. O problema foi formulado por Pappus na obra *Collectiones*, mas não foi enfrentado, em toda sua abrangência, antes de Descartes. O que se segue diz respeito à versão cartesiana do problema de Pappus para quatro segmentos.

O problema: dadas quatro linhas em posições, AB, AD, EF, GH, e quatro ângulos, α, β, γ, δ, pede-se encontrar um ponto C tal que se possa traçar linhas às linhas AB, AD, EF, GH, criando ângulos α, β, γ, δ, respectivamente, de tal forma que a seguinte relação satisfeita:

$$CB \times CF = CD \times CH$$

Além disso, pede-se encontrar o *locus* de todos esses pontos como C, isto é, "conhecer e traçar a curva que contém todos esses pontos" (Descartes, 1952: 307; AT 6; 380).

Descartes seleciona AB e BC como as linhas principais, ou seja, como as linhas em termos das quais todas as outras linhas requeridas pela solução devem ser expressas. Conforme a estratégia delineada anteriormente, ele começa atribuindo nomes. Os segmentos AB e BC são designados por x e y, respectivamente. Recorrendo à informação contida no problema (que as linhas dadas estão em determinadas posições), Descartes nomeia os outros segmentos conhecidos por ele (tais como EA e AG). Ademais, visto que os ângulos α, β, γ, δ, são dados, ele expressa a informação sobre seus senos e cossenos por meio de proporções entre os segmentos. Por exemplo, a proporção AB/BR nos é dada, digamos, como z/b, onde tanto b quanto z são constantes. Uma vez que AB = x, podemos, então, expressar BR como bx/z. Através de uma cadeia de proporções similares, Descartes consegue expressar CB (=y), CD, CF e CH em termos das linhas principais (x e y) e das outras informações fornecidas pelo enunciado do problema. Em seguida, vem o equacionar: Descartes formula a equação CB×CF = CD×DH, que produz uma equação de grau 2 em x e grau 2 em y. Por fim, vem a construção da equação: aqui, Descartes constrói o *locus* dos pontos requeridos mediante a fixação de um valor arbitrário para y e, então, encontra a raiz associada à equação com esses parâmetros.

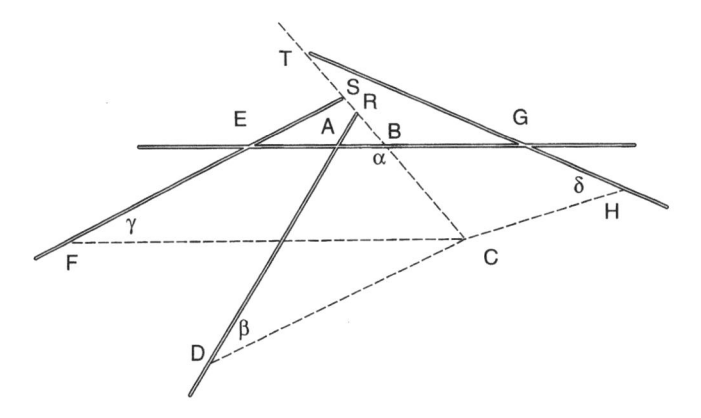

FIGURA 7. 3

Para cada valor arbitrário de y, podemos construir a raiz (relevante) da equação de segundo grau em x resultante da aplicação da construção de raízes já fornecida por Descartes. O *locus* de todos os pontos tais como C é aquele obtido pela atribuição de valores arbitrários para y e pela construção dos valores correspondentes para x.

> Então, se tomarmos, sucessivamente, um número infinito de valores para a linha y, obteremos um número infinito de valores para a linha x e, portanto, uma infinidade de pontos diferentes tais como C, por meio dos quais a curva buscada poderá ser traçada. (Descartes, 1952: 313; AT 6: 386)

Este modo de construir uma curva como se fosse ponto por ponto é conhecido como construção pontual e será importante na discussão acerca da natureza das curvas, que constitui uma parte central do Livro II.

No que se segue, voltar-me-ei para o Livro II a fim de esmiuçar a proposta positiva de Descartes para caracterizar o que é permitido em geometria. Primeiramente, descreverei os tipos de construção que Descartes aceita como capazes de gerar curvas geométricas e aquelas que produzem curvas mecânicas. Tentarei articular o conjunto de conceitos e estratégias aos quais Descartes recorre quando exclui as curvas mecânicas do domínio da geometria.

GEOMETRIA, LIVRO II: A CLASSIFICAÇÃO CARTESIANA DAS CURVAS

No início do Livro II, Descartes lembra, com aprovação, a distinção de Pappus entre problemas planos, sólidos e lineares. *Problemas planos* são aqueles que podem ser construídos por meio de linhas retas e círculos; *problemas sólidos*, os que podem ser construídos por seções cônicas, e os *problemas lineares*, os que requerem linhas mais compostas. Os problemas desta última categoria são chamados de lineares "pois, além daquelas linhas mencionadas, são usadas outras para a construção as quais possuem gêneses variadas e mais intrincadas, tais como as espirais, as quadratrizes,* as concoides**

---

* N. de T.: Ver nota (1) no final deste capítulo.
** N. de T.: Curva plana com dois ramos, que é o lugar geométrico de pares de pontos, situados sobre raios convergentes que cortam uma linha ou curva fixa, e equidistantes desta. Os prolongamentos dos dois ramos aproximam-se constantemente da linha ou curva fixa, sem jamais tocá-la.

e as cissoides,* que possuem muitas propriedades maravilhosas" (Pappus, 1933: 38). Descartes, porém, surpreende-se "que eles [os antigos] não tenham ido mais longe e distinguido entre diferentes graus dessas curvas mais complexas" e se pergunta "por que eles chamaram estas últimas de mecânicas em vez de geométricas" (Descartes, 1952: 315; AT 6: 388).

Descartes sugere que os antigos agrupavam as espirais, as quadratrizes, as concoides e as cissoides porque, em suas investigações, eles se deparam inicialmente com a espiral e a quadratriz, curvas que são apenas mecânicas, e, depois, com a concoide e a cissoide, que Descartes considera verdadeiramente geométricas. Nessa passagem, Descartes fala sobre "a espiral e a quadratriz, e curvas similares", as quais, afirma, "realmente pertencem somente à mecânica e não estão entre aquelas que, penso, devam ser incluídas aqui, pois são concebidas como se fossem descritas por dois movimentos separados cuja relação não admite determinação exata" (Descartes, 1952: 316-317; AT 6: 390). A proposta de Descartes é que por 'geométrico' deve ser entendido o que é preciso e exato, e por 'mecânico', o que não o é. As curvas a serem admitidas na geometria são estabelecidas por um critério que apela a movimentos regulares.

> No entanto, parece-me muito claro que, se fizermos a suposição habitual de que a geometria é precisa e exata, ao passo que a mecânica não o é, e se pensarmos na geometria como a ciência que provê o conhecimento geral da medida de todos os corpos, então não temos mais direito de excluir as curvas mais complexas do que as simples, desde que elas possam ser concebidas como se fossem descritas por um movimento contínuo ou por diversos movimentos sucessivos, cada movimento sendo completamente determinado por aqueles que o precedem. Pois, deste modo, é possível obter o conhecimento exato da grandeza de cada um. (Descartes, 1952: 316; AT 6: 389-390).

As curvas geométricas obtidas por intermédio do mesolábio, as quais vimos anteriormente, são exemplos paradigmáticos do que Descartes tem em mente. Um elemento comum dos dispositivos como o mesolábio é que as curvas que eles engendram possuem uma equação algébrica (Descartes, 1952: 319; AT 6: 392). (Saber se a equação algébrica é mais do que uma ferramenta na economia da *Geometria* tem sido objeto de debate acalorado; ver Mancosu, 1996: 82.) Assim, Descartes aceita a construção pontual (como no caso do problema de Pappus) e por movimentos regulares como soluções geométricas legítimas. Permitam-me indicar que concordo com Bos no que se refere a Descartes manter (em alguns casos de maneira implícita) a equivalência extensional das seguintes três classes de curvas:

1. curvas geradas mediante construção (uniforme) pontual,
2. curvas geradas por movimentos contínuos uniformes e
3. curvas dadas por equações algébricas.

Mas nem todos os movimentos ou construções pontuais serão admitidas em geometria.

Movimentos inaceitáveis

Já citei uma passagem em que Descartes declara que a quadratriz e a espiral deveriam ser excluídas da geometria por serem engendradas por dois movimentos diferentes,

---

* N. de T.: Curva plana do terceiro grau ($x^3+xy^2-2ay^2=0$), com dois ramos que se encontram formando cúspide em uma das extremidades do diâmetro de um círculo. Obtém-se cada ponto da cissoide seguindo a partir da cúspide, ao longo de uma corda, até a interseção de seu prolongamento com a tangente, diametralmente oposta à cúspide, e então voltando uma distância igual ao comprimento da corda. Inventada por Díocles, geômetra do século II a.C., que dela se serviu para solucionar o problema da duplicação do cubo.

"entre os quais não há nenhuma relação que possa medida exatamente". Examinemos mais de perto o caso da quadratriz.

A quadratriz é uma curva gerada pela interseção de dois segmentos, um que se move em movimento retilíneo uniforme, outro em movimento circular uniforme. Seja ABCD um quadrado e BED o quadrante do círculo cujo centro é A, conforme mostra a Figura 7.4, a seguir.

Suponha que AB gira uniformemente em sentido horário em direção a AD e que BC se desloca em movimento retilíneo uniforme em direção a AD, de modo que as duas linhas, AB e BC, comecem a se mover ao mesmo tempo e parem seus movimentos ao coincidir, ao mesmo tempo, com AD. O *locus* de pontos descrito pela interseção das duas linhas em movimento é a quadratriz. Algumas vezes empregada para dividir um ângulo em três (trisseção do ângulo), a quadratriz era utilizada principalmente em tentativas para determinar a quadratura do círculo,* embora tais tentativas fossem severamente criticadas já nos tempos antigos. Pappus concorda com a objeção de Sporus, segundo a qual era preciso conhecer de antemão o que era buscado, isto é, a quadratura do círculo, para que fosse possível ajustar a velocidade dos movimentos como exigido para a construção da curva. E Pappus acaba transferindo a construção para a mecânica. Investigaremos em seguida, com mais detalhes, as razões do próprio Descartes para excluir a quadratriz.

Construções inaceitáveis por pontos

Na *Geometria*, Descartes não fornece exemplos detalhados de construções inaceitáveis por pontos. Entretanto, ele declara:

---

* N. de T.: Determinar a quadratura do círculo é um problema clássico de geometria e um dos três grandes problemas da Antiguidade, juntamente com a trisseção do ângulo e a duplicação do cubo. Trata-se de construir um quadrado cuja área seja igual a de um dado círculo recorrendo apenas a um número finito de operações com régua e compasso.

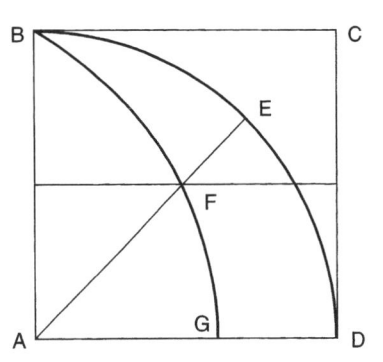

FIGURA 7. 4

é digno de nota que existe uma grande diferença entre este método, no qual a curva é traçada pela descoberta de diversos de seus pontos, e aquele usado para a espiral e curvas semelhantes. Neste último, não se encontra indiferentemente todos os pontos da curva buscada, mas apenas aqueles pontos que podem ser determinados por um processo mais simples do que aquele exigido para a composição da curva. Portanto, estritamente falando, não encontramos nenhum de seus pontos, isto é, nenhum daqueles que são tão particularmente pontos desta curva que não possam ser encontrados senão por intermédio dela. Por outro lado, não há nenhum ponto nessas curvas que forneça uma solução para o problema proposto, que não possa ser determinado pelo método que apresentei. E, visto que esta maneira de traçar uma curva a partir da determinação aleatória de diversos de seus pontos aplica-se somente àquelas curvas que podem também ser descritas por movimento regular e contínuo, não se deve excluí-la inteiramente da geometria (Descartes, 1952: 339-340; AT 6: 411-412).

Uma construção pontual do tipo da que é criticada por Descartes encontra-se em Clavius. Vimos que Pappus concorda com a objeção de Sporus segundo a qual o apelo à quadratriz para determinar a quadratura do círculo incorre em petição de princípio. Naturalmente, porém, isso deixa aberta a possibilidade de que uma construção mais elementar da mesma curva possa estar isenta dos elementos sujeitos à objeção da construção por dois movimentos independentes. Na Antiguidade, essa possibilidade foi explorada mediante a tentativa de construir a quadratriz partindo da espiral e da hélice cilíndrica, que, para Pappus, possuía um *status* geométrico mais sólido (ver Molland, 1976: 27). Essa não foi a solução proposta por Clavius. No Livro VI da segunda (e também na terceira) edição de seu *Commentaria in Euclides Elementa* (Clavius, 1591), ele apresenta uma construção por pontos da quadratriz. (Para uma descrição da construção e argumentos textuais a favor de sua conexão com Descartes, ver Gäbe, 1972; Mancosu, 1996; sobre a quadratriz na matemática dos jesuítas, ver Garibaldi, 1995.) Neste texto, Clavius afirma que sua construção da quadratriz por pontos, diferentemente daquela por movimentos independentes, é geométrica. Uma consequência óbvia que daí decorre é que a quadratura do círculo pode ser obtida geometricamente. Todavia, um exame mais atento da construção de Clavius revela que ele apenas construiu um subconjunto dos pontos da curva. Além disso, os pontos construídos são tais que, para usar as palavras de Descartes, eles podem ser "determinados por um processo mais simples do que aquele requerido para a composição da curva". Nesse sentido, Descartes rejeita a afirmação de Clavius, de que este teria produzido uma construção geométrica da quadratriz (na realidade, nem todos os pontos obtidos podiam ser construídos uniformemente), e, como veremos em seguida, ele também rejeita a afirmação de que a quadratura do círculo possa ser obtida geometricamente.

Descartes, curvas mecânicas e a quadratura do círculo

A tentativa feita por Clavius para construir geometricamente a quadratriz ressalta uma questão importante que seria conveniente levantar. Sob que bases uma curva pode ser excluída da geometria? Pois não é suficiente indicar que ela é engendrada, digamos, por dois movimentos independentes, porque pode todavia ocorrer que a mesma curva seja gerada através de outro modo geometricamente "aceitável". (As curvas não são, pois, objetos "intensionais", ou seja, descrições diferentes podem caracterizar a mesma curva: "além disso, é possível encontrar uma infinidade de maneiras diferentes de descrever essas mesmas ovais" [Descartes, 1952: 356; AT 6: 427].) Analogamente, o fato de que se pode construir um triângulo equilátero em um dado segmento empregando meios que ultrapassam o uso de régua e compasso não significa que a produção de um triângulo equilátero em um dado segmento não possa ser feita somente com o uso de régua e o compasso. Como mostra Euclides I.I, é possível construir um triângulo equilátero em um dado segmento recorrendo-se apenas à régua e ao compasso.

No caso de Descartes, o problema se torna premente, pois, para que ele possa sustentar que certas curvas, tais como a espiral e a quadratriz, são mecânicas, ele precisa mostrar que nenhuma construção geométrica pode engendrá-las. Em resumo, excluir curvas do domínio da geometria exige um exame minucioso de todas as construções geométricas possíveis e a demonstração de que a curva em questão não pode ser construída por nenhuma combinação destes procedimentos geométricos. O que é, contudo, problemático: assim como, até agora, ninguém foi capaz de levar a cabo tais provas de impossibilidade de construção por régua e compasso, também ninguém pôde proporcionar o tipo de prova de impossibilidade que seria necessário neste caso. Portanto, parece que a exclusão de curvas, tais como a espiral e a quadratriz, da classe das curvas geométricas não pôde ser senão uma *tentativa* de exclusão motivada pelo fato de que nenhuma construção aceitável foi encontrada até o presente momento. A menos que... a menos que se encontrasse um critério diferente (ou diferentes critérios) que permitisse, ao menos, o reconhecimento de curvas não geométricas por seus efeitos, por assim dizer. Defenderei que a estratégia empregada por Descartes para classificar diversas curvas como mecânicas, inclusive a espiral e a quadratriz, apoia-se em um critério local desse tipo. Chamo de 'local' esse critério porque ele não exclui todas as curvas mecânicas, mas apenas algumas. Em outras palavras, ele não fornece condições necessárias e suficientes para a exclusão das curvas mecânicas, mas apenas uma condição suficiente. Para explicar minha tese, preciso dizer algo mais sobre as curvas que Descartes exclui e sobre as razões que ele alega para a exclusão; retornarei em seguida à minha afirmação.

Eram poucas as curvas mecânicas individuais conhecidas por Descartes na época da publicação da *Geometria*. De fato, na *Geometria*, ele menciona explicitamente somente a quadratriz e a espiral como exemplos de curvas mecânicas. Vimos que elas devem ser excluídas da geometria por serem geradas por dois movimentos independentes que não mantêm uma relação exata entre si e porque sua construção pontual provê apenas pontos particulares das curvas e não todos os seus pontos. Há uma outra curva, mencionada na correspondência em 1629, que Descartes afirma ser mecânica: a hélice cilíndrica. Esta curva é importante, pois fornece um exemplo de mais um outro tipo de traçado geométrico de curvas: a construção por cordas.

Construções por cordas

Na *Geometria*, Descartes discute a construção por cordas.

> Nem se deve rejeitar o método no qual uma corda ou um laço de fita é usado para avaliar a igualdade ou diferença de duas ou mais linhas retas traçadas de cada ponto da curva buscada até outros pontos determinados, ou fazendo ângulos fixos com outras linhas determinadas. Usamos este método na *Dióptrica*, na discussão acerca da elipse e da hipérbole. (Descartes, 1952: 340; AT 6: 412)

Ele prossegue, contudo, declarando que nem todas as construções por cordas devem ser consideradas geométricas:

> não se pode admitir [em geometria] linhas que sejam como cordas, isto é, que sejam às vezes retas e às vezes curvas, porque a proporção entre linhas retas e linhas curvas não é conhecida, e também acredito que não possam ser conhecidas pelos homens. Portanto, a partir delas, não se pode concluir nada de exato (Descartes, 1952: 340; AT 6: 412).

Na Geometria, Descartes não fornece exemplos dessas construções não geométricas, mas uma leitura de sua correspondência revela ao menos duas delas. A primeira concerne à construção da hélice cilíndrica obtida com o uso de uma fita. A segunda consiste no procedimento de tornar reta a circunferência que é postulada no início da quadratura arquimediana do círculo. Comecemos por esta última. Em uma carta a Mersenne datada de 27 de maio de 1638, Descartes escreve:

> Perguntais-me sobre se penso que a esfera que gira sobre um plano descreve uma linha igual à sua circunferência, ao que respondo simplesmente que sim, segundo uma das máximas que formulei, a saber, que tudo o que concebemos clara e distintamente é verdadeiro. Pois concebo muito bem que a mesma linha pode, às vezes, ser reta e, às vezes, ser curva, como uma corda (AT 2: 140-141).

A meu ver, essa passagem constitui um grande desafio para todos aqueles que gostariam de usar a clareza e a distinção como o critério que, conjuntamente, define o que pode ser concebido geometricamente em oposição ao que pode somente ser analisado mecanicamente. (Leia mais sobre esta discussão em Jullien, 1999.) O que a passagem indica é que Descartes não tem problema algum em conceber clara e distintamente uma circunferência igual em comprimento a uma linha reta, como na quadratura do círculo de Arquimedes, na qual ele começa por tornar reta a circunferência. No entanto, visto que a proporção entre a linha reta e a circular nos é desconhecida (e, acrescenta Descartes, não pode ser conhecida), este procedimento não é geométrico. Para analisar melhor sua concepção, é preciso distinguir entre três teses:

a) Não há proporção (exata) entre as linhas retas e curvas.
b) A proporção entre linhas retas e curvas não pode ser conhecida (com exatidão).
c) A proporção entre as linhas retas e curvas não é conhecida (com exatidão).

Se substituirmos 'linha reta' por 'raio do círculo' e 'linha curva' por 'circunferência de um círculo', obteremos três afirmações relativas a um caso particular:

Ar. Não há proporção (exata) entre o raio e a circunferência de um círculo.
Br. A proporção entre o raio e a circunferência de um círculo não pode ser conhecida (com exatidão).
Cr. A proporção entre o raio e a circunferência de um círculo não é conhecida (com exatidão).

As três afirmações relativas resultam evidentemente das respectivas afirmações gerais. Embora A e B (e, portanto, Ar e Br) sejam teses claramente diferentes, não tenho razões para afirmar que Descartes realmente as considerou como distintas. Em todo o caso, ele se refere apenas a B e C. De acordo com Bos, a tese B é o próprio fundamento da distinção cartesiana entre curvas mecânicas e geométricas.

> Assim, a separação entre curvas geométricas e não geométricas, que foi fundamental para a concepção que Descartes tinha da geometria, apoiava-se, em última análise, em sua convicção de que não era possível encontrar com exatidão proporções entre as linhas curvas e retas. Esta é, na realidade, uma antiga doutrina, que remonta a Aristóteles. O papel central da incomparabilidade das retas e das curvas na geometria de Descartes explica por que as primeiras retificações de curvas algébricas (isto é, segundo Descartes, de curvas geométricas), no final de 1650, foram tão revolucionárias: elas solaparam a pedra angular do edifício da geometria cartesiana. (Bos, 1981: 314-315; ver também, quase *verbatim*, Bos, 2001: 342)

Concordo com Bos que Descartes acreditava em B e C em sua forma pura (e, portanto, também em sua relativazada), mas discordo dele sobre a função efetiva de A, B e C na economia da *Geometria*. Sustento que a retificação algébrica de certas curvas algébricas nos anos de 1650 não abalaram as fundações da *Geometria* de Descartes; de fato, ninguém, até onde eu saiba, declarou na época ter sido esse o caso. Um exame mais cuidadoso da prática de Descartes na exclusão da espiral, da quadratriz e curvas análogas revela que o fundamento desta posição teórica deve ser buscado em sua crença explícita de que a quadratura do círculo é geometricamente impossível. É esta crença, assim o defendo, que permite a Descartes ser peremptório em sua posição de que essas curvas nunca receberão uma construção geométrica. Se a retificação algébrica de certas curvas algébricas destrói A, B e C, ela deixa, porém, intactas Ar, Br e Cr, pois o círculo, ainda que tenha uma equação algébrica, não pode ser algebricamente retificado.

Podemos agora retornar à minha afirmação de que uma construção inaceitável de uma curva não pode, por si mesma, estabelecer que a curva não é geométrica porque uma construção alternativa pode revelar que a curva é, no final das contas, geométrica. Contudo, se a existência de uma curva com certas propriedades, independentemente de sua construção, permite-nos resolver um problema que, por uma razão qualquer, consideramos ser impossível de se resolver geometricamente, então, podemos concluir que a curva não pode ser geométrica. Nesse sentido, proponho que a quadratura do círculo não pode ser efetuada geometricamente e que toda a curva que nos permite realizar a quadratura do círculo deve ser uma curva mecânica (isto é, não geométrica). Acrescentarei vários argumentos em favor dessa interpretação.

Consideremos, antes de mais nada, a carta a Mersenne datada de 13 de novembro de 1629, cujo histórico é o seguinte. Mersenne aparentemente anunciou uma construção, atribuída a um certo Gaudey, para a divisão do círculo em 27, 29 e, talvez, outros números de partes iguais. Descartes responde que o círculo pode ser dividido geometricamente em 27 partes iguais, mas não em 29. Além disso, acrescenta que, se Mersenne lhe enviar a construção, ele poderá mostrar por que ela não é geométrica. De fato, tendo visto a construção, ele escreve:

> a invenção do denhor Gaudey é muito boa e muito exata na prática. Não obstante, para que você não pense que eu estava errado quando afirmei que ela não poderia ser geométrica, direi que o cilindro, que desempenha o mesmo papel que o círculo e a linha reta, não é a causa do efeito, como você explicou. O efeito depende da hélice, a qual você não mencionou, que é uma linha que não é aceita em geometria, não mais do que a que é chamada de quadratriz, pois a primeira pode ser usada para realizar a quadratura do círculo e para dividir o ângulo em um número qualquer de partes iguais de modo tão preciso quanto a segunda, e tem ainda muitos outros usos, como se pode ver no comentário de Clavius aos *Elementos* de Euclides. Com efeito, ainda que se possa encontrar uma infinidade de pontos pelos quais a hélice e a quadratriz devem passar, não é possível, porém, encontrar geometricamente, nem em uma nem em outra, os pontos que são necessários para o efeito desejado. Ademais, não podem ser traçadas completamente a não ser pela interseção de dois movimentos que não dependem um do outro. Ou melhor, a hélice obtida por meio de uma fita [*filet*] enrolada obliquamente sobre um cilindro, descreve exatamente esta linha; contudo, é possível realizar a quadratura do círculo com a mesma fita, e isso tão precisamente que não nos dá nada de novo em geometria. O que não me impede de admirar a invenção do senhor Gaudey e não penso que se possa encontrar outra melhor para o mesmo efeito. (AT 1: 70-1)

Esta longa e densa passagem congrega muitas das afirmações que eu já havia antecipado. Primeiro, mostra que Descartes tinha um conhecimento detalhado da seção sobre a quadratriz no comentário de Clavius. Segundo, ela revela que, juntamente com a espiral e a quadratriz, ele também considerava a hélice cilíndrica e a excluiu da classe das curvas geométricas. Leia atentamente o argumento presente no texto. Ambas as curvas são tais que apenas pontos especiais podem ser construídos sobre elas. Além disso, a quadratriz é excluída por ser gerada por dois movimentos independentes e a hélice, por ser engendrada por uma fita [*filet*]. Em última análise, entretanto, ambas são excluídas porque podem ser usadas para realizar a quadratura do círculo. Vemos operar aqui o critério de local para a exclusão de algumas das curvas mecânicas com base na quadratura do círculo.

Gostaria de acrescentar mais dois argumentos em favor da tese segundo a qual a quadratura do círculo atua como um critério suficiente para a exclusão de algumas das curvas mecânicas. O primeiro consiste na observação de que as três curvas mencionadas explicitamente por Descartes em sua correspondência e em seus textos sobre geometria até – e incluindo – a *Geometria* são a espiral, a quadratriz e a hélice cilíndrica.[1] Sabemos, desde Iâmblico, que as curvas utilizadas na Antiguidade para realizar a quadratura do círculo foram, precisamente, a quadratriz, a espiral e a hélice cilíndrica (Heath, 1921, 1: 225). Além disso, nas *Collectiones* de Pappus, a descrição da quadratriz (Livro IV, XXX) é imediatamente seguida de uma construção da hélice cilíndrica (Livro IV, XXXIII). Pappus justifica esta construção declarando que a descrição da quadratriz é "demasiado mecânica". A seção em questão tem por objetivo demonstrar que a quadratriz pode ser construída geometricamente por intermédio da hélice cilíndrica. No entanto, para Descartes, a força do argumento segue exatamente na direção oposta: é porque a hélice cilíndrica dá origem à construção da quadratriz e porque a quadratriz nos permite realizar a quadratura do círculo que a hélice cilíndrica não pode ser geométrica.

Finalmente, toda a minha interpretação entraria em colapso se Descartes tivesse considerado que a quadratura do círculo pudesse ser realizada eventualmente de forma geométrica. Isso, no entanto, não ocorreu. Descartes acreditava que a quadratura do círculo era geometricamente impossível. Em *carta a Mersenne* datada de 31 de março de 1638, ele escreve:

> pois, primeiramente, é contrário ao estilo geométrico formular problemas que eles não podem resolver sozinhos. Ademais, alguns problemas são impossíveis, como a quadratura do círculo, entre outros (AT 2: 91).

Voltando, então, à questão lógica de saber o que depende do quê. A quadratura do círculo é equivalente (conforme a prova de Arquimedes) à retificação da circunferência. Portanto, aquilo a que Descartes apela quando exclui a quadratriz, a espiral e a hélice cilíndrica é a ausência de uma proporção exata entre o raio e a circunferência de um círculo (isto é, a tese B*r*, mencionada anteriormente): a circunferência não pode ser retificada algebricamente. Este foi um palpite correto, como sabemos desde o trabalho de Lindemann em 1882, que prova a transcendência de π. Entretanto, isso não estava provado na época de Descartes. Esta seria a razão pela qual a retificação algébrica de curvas algébricas apresentadas nos anos de 1650 deixou intacta a distinção cartesiana entre curvas mecânicas e geométricas (algébricas). Apenas uma retificação da circunferência teria destruído o fundamento de Descartes na *Geometria*.

CONCLUSÃO

Procurei transmitir ao leitor um aspecto da complexidade da interação entre filosofia e matemática no pensamento de Descartes. Nas primeiras partes deste capítulo, vimos o papel paradigmático que a matemática desempenhou na elaboração do método e, em seguida, o quanto certos princípios "fundacionais" desempenharam uma função na formação da estrutura da geometria e de seus limites epistemológicos e ontológicos. Todavia, tais concepções fundacionais não foram sempre explicitadas por Descartes com a clareza que se poderia desejar e, assim, foi preciso analisá-las no contexto de sua prática matemática e de seus comentários sobre esta prática. Em resumo, para Descartes, a prática matemática e o pensamento filosófico estão profundamente entrelaçados, e uma interpretação de sua teoria que ignore um ou outro desses dois aspectos não será capaz de dar conta da beleza e da complexidade das contribuições históricas de Descartes para a matemática e para a filosofia.

AGRADECIMENTOS

Gostaria de agradecer aos seguintes especialistas em Descartes por muitos comentários e discussões frutíferas sobre as ideias apresentadas neste capítulo: Henk Bos, Janet Broughton, Vincent Jullien, Sébastien Maronne, Marco Panza, David Rabouin. Também gostaria de agradecer aos organizadores e participantes do evento "Interpretando a Geometria de Descartes" (REHSEIS, Paris, 18 a 19 de abril de 2005) pelo convite para apresentar a segunda metade deste capítulos e por diversos comentários encorajadores.

NOTA

1. Um pequeno obstáculo, discutido por Descartes na *Cogitationes privatae* (AT 10: 222-223), é a *linea proportionum*. No entanto, estou defendendo apenas que o critério em discussão é somente uma condição suficiente, e não necessária, para que uma curva seja geométrica. Isso porque, de um modo geral, haverá curvas, como a *linea proportionum*, que são mecânicas, mas irrelevantes (em um sentido que pode ser considerado técnico) para o problema de realizar a quadratura do círculo.

REFERÊNCIAS E LEITURAS ADICIONAIS

Beck, L. J. (1952). *The method of Descartes: A study of the rules*. Oxford, Clarendon Press.

Bos, H. J. M. (1981). "On the representation of curves in Descartes' *Géométrie*". *Archive for the History of Exact Sciences*, 24: 295-338.

Bos, H. J. M. (2001). *Redefining geometrical exactness*. Nova York, Springer.

Clavius, C. (1591). *Commentaria in Euclidis Elementorum Libri XV*. Roma.

Crappulli, G. (1969). *Mathesis universalis. Genesi di una idea nel XVI secolo*. Roma, Edizioni dell'Ateneo.

Descartes, R. (1952) *The geometry of René Descartes*. Ed.: D. E. Smith e M. L. Latham. La Salle, Illinois Open Court.

Descartes, R. (1977). *Règles utiles et claires pour la direction de l'esprit en la recherche de la verité*. Ed.: P. Costabel e J.-L. Marion. Haia, Nijhoff.

Gäbe, L.; (1972). *Descartes Selbstkritik: Untersuchungen zur Philosophie des jungen Descartes*. Hamburgo, Meiner.

Garibaldi, A. (1995). "Il problema della quadratrice nella matematica dei Gesuitti da Clavius alla meta' del secolo XVII". In: U. Baldini, *Cristoph Clavius e l'attivita scientifica dei Gesuiti nell'eta' di Galileo*. Roma, Bulzoni, p. 77-100.

8

A ótica de Descartes: a luz, o olho e a percepção visual

MARGARET J. OSLER

As teorias sobre a luz e a visão foram componentes centrais da filosofia natural de Descartes, intimamente relacionadas à sua cosmologia, física, teoria da matéria e teoria da percepção. Descartes foi um pensador sistemático, que procurou criar uma nova filosofia da natureza fundada em uma nova metafísica. Como defensor da nova filosofia mecânica, defrontou-se com vários desafios. Ele precisou substituir a explicação tradicional – de modo geral, aristotélica – dos fenômenos naturais por explicações expressas em termos de matéria e movimento, os elementos últimos das explicações da filosofia mecânica. Ao abolir as formas e qualidades reais aristotélicas de sua filosofia da natureza, Descartes precisou formular novas explicações das qualidades dos corpos e das percepções que temos deles. Seus trabalhos em ótica concentraram-se nessas questões.

BACKGROUND

Apesar das inovações de Descartes – em especial sua descrição da lei da refração e suas explicações mecânicas dos fenômenos óticos –, seu tratamento da luz e da visão era enraizado nas discussões antigas e medievais. Os antigos matemáticos gregos Euclides (*fl. ca.* 300 a.C.), Heron de Alexandria (*fl.* 62 d.C) e Claudius Ptolomeu (*fl.* 127-148 d.C) abordaram o problema geometricamente. Eles supuseram que a luz se propaga em linha reta e que seria possível analisar a visão traçando o movimento da luz desde o objeto visto até o olho. Essa prática de aplicar a geometria ao problema da visão foi chamada de matemática mista, não sendo classificada na disciplina da física nem na da matemática, tal como estas são definidas na classificação que Aristóteles faz das ciências (Osler, 2002). Nas discussões medievais, que eram organizadas segundo uma classificação aristotélica das ciências, a ótica geométrica, ou o traçado dos raios, era considerado como matemática mista (matemática aplicada ao mundo físico), e não como uma parte da física ou filosofia natural, a qual tratava das causas dos fenômenos. A explicação do fenômeno ótico era um aspecto da filosofia natural geralmente associado a teorias da visão. O autor medieval que mais influenciou o início do pensamento moderno sobre a luz e a visão foi 'Abu 'Ali al-Hasan ibn al--Hasan ibn al-Haytham, que ficou conhecido no ocidente latino como Alhazen (965 – *ca.* 1039). Alhazen adotou uma teoria da introdução, a saber, uma teoria segundo a qual a visão ocorre quando a luz entra no olho. Ele associou a prática grega do traçado dos raios a sua teoria da visão mediante a introdução de uma análise ponto a ponto do objeto e da imagem. Em vez de levar em conta o objeto e a imagem como totalidades, ele considerou cada ponto do objeto e traçou o caminho da luz desde esse ponto até o olho. As ideias de Alhazen foram divulgadas por dois autores do século XIII, o franciscano John Pecham (*ca.* 1230-1292) e o neoplatônico polonês Witelo (*fl.* 1250-1275). Ambos escreveram tratados intitulados *Perspectiva* nos quais desenvolveram a teoria da visão de Alhazen (Lindberg, 1976). Essas ideias são particularmente importantes para compreender as teorias cartesianas da luz e da visão devido ao impacto que tiveram sobre Johannes Kepler (1571-1630). Os livros de Kepler, *Ad Vitellionem paralipomena* (*Um suplemento a Witelo*) (1604) e *Dioptrice* (1611), formulam os fundamentos para o desenvolvimento da ótica no século XVII. O primeiro desses livros apresenta e desenvolve a análise ponto a ponto de Alhazen, enquanto o segundo coloca o problema de encontrar uma lei matemática da refração, em uma tentativa de explicar o telescópio de Galileu. Descartes conhecia bem esses livros e eles lhe forneceram o ponto de partida para seus próprios trabalhos sobre a luz e a visão (Ribe, 1997: 45).

O MUNDO E *O TRATADO DO HOMEM*

Desde o início, a luz desempenhou um papel importante no pensamento de Descartes. *O mundo ou Tratado da luz* e o *Tratado do homem*, ambos compostos entre 1629 e 1633, mas não publicados antes de sua morte, esboçam temas que ele continuou a desenvolver em seus escritos posteriores. O título de *O mundo* fornece evidências suficientes para se compreender que a luz era central para o projeto de Descartes em cosmologia e em filosofia natural.

Antes de começar a escrever os livros, ele esperava, como explicou, "incluir neles tudo o que eu pensava saber relativamente à natureza das coisas materiais. [...] Temendo não poder colocar em meu discurso tudo o que tinha em meus pensamentos, decidi não fazer mais do que expor de maneira bastante ampla o que então concebia ser a natureza da luz" (Descartes, 2001: 34-35; AT 6: 41-42). Mas, ele prossegue, logo tornou-se claro que explicar todos os aspectos da luz era uma tarefa quase tão ampla quanto explicar a natureza das coisas materiais em geral.

> Aproveitei, então, a ocasião para acrescentar algo sobre o sol e as estrelas fixas, uma vez que toda a luz provém deles; e sobre os céus, porque eles transmitem a luz; e sobre os planetas, cometas e a terra, porque eles a refletem; e, em particular, sobre todos os corpos na terra, porque eles são ou coloridos, ou transparentes ou luminosos; e, finalmente, sobre o homem, visto que ele é quem observa a luz. (Descartes, 2001: 35; AT 6: 42)

O objetivo de Descartes no *Tratado do mundo* era estabelecer que a causa da luz é o movimento. Para atingir esse objetivo, era necessário formular uma explicação a respeito das qualidades, uma teoria da matéria, as leis do movimento, uma explicação dos céus e uma teoria da percepção.

O capítulo que abre o *Tratado do mundo*, intitulado "Sobre a diferença entre nossas sensações e as coisas que as produzem", opera uma conexão direta entre a teoria de Descartes sobre a luz e a filosofia mecânica, da qual ele é um dos fundadores. Descartes começa a obra afirmando:

> Ao propor tratar aqui da luz, a primeira coisa que quero deixar claro é que pode haver uma diferença entre a nossa sensação da luz (isto é, a ideia formada em nossa imaginação através da mediação dos nossos olhos) e o que está no objeto que produz essa sensação em nós (isto é, o que está na chama ou no sol e é designado pelo nome de "luz") (Descartes, 1979: 1; AT 11: 1).

A íntima relação entre o fenômeno da luz, sua explicação e a análise da visão está inequivocamente evidente nessa passagem. A relação entre a teoria cartesiana da luz e a filosofia mecânica é igualmente evidente. A teoria das qualidades primárias e secundárias era um elemento-chave da filosofia mecânica, segundo a qual todos os fenômenos naturais devem ser explicados em termos de matéria e movimento e das qualidades secundárias que resultam da interação entre as qualidades primárias e nossos sentidos. Descartes desenvolveu todos esses temas em *O mundo*.

Estabelecer que a percepção da luz é causada pelo movimento era um dos temas centrais de *O mundo*. Com essa finalidade, ele trata da natureza da matéria e da nossa percepção de suas qualidades, dos elementos e de suas qualidades, das leis da natureza e do sol, das estrelas e dos cometas. Com base em sua filosofia da natureza, ele explica, então, como a luz e suas propriedades são causadas pela matéria em movimento. Descartes começa mostrando que a chama e o calor resultam da matéria e do movimento.

> Conheço apenas dois tipos de corpos no mundo nos quais a luz é encontrada: a saber, as estrelas e a chama ou fogo. E uma vez que as estrelas estão, sem dúvida, mais distantes do conhecimento humano do que o fogo, ou chama, tentarei explicar, primeiramente, o que observo com relação à chama (Descartes, 1979: 7; AT 11: 7).

Observando a ação da chama sobre a madeira, Descartes nota que a primeira move as partes pequenas da segunda.

> Agora, tendo em vista que não parece possível conceber que um corpo possa mover outro sem que ele mesmo se mova, concluo disso que o corpo da chama que age sobre a madeira é composto de pequenas partes, as quais se movem independentemente umas das outras com um movimento muito rápido e muito violento. (Descartes, 1979: 9; AT 11: 8)

Esse movimento age sobre a madeira de modo a fragmentá-la em partes menores e em cinzas, e também produzir em nós a sensação de calor, que, para Descartes, é um tipo de dor.

Para demonstrar que a luz, como o calor, resulta dos movimentos de corpos muito pequenos, Descartes analisa a natureza da matéria e a natureza do movimento, desenvolvendo, basicamente, os princípios gerais de sua filosofia natural. Para estabelecer a natureza da matéria da luz, Descartes apresenta sua teoria dos elementos. Segundo ele, há três elementos, todos consistindo da mesma matéria, mas distintos pelo tamanho de suas partículas constituintes. O primeiro elemento é o fogo, que consiste de partículas mínimas que se movem muito rapidamente e podem assumir qualquer forma. Visto que Descartes negava a existência do vazio, ele pensava que essas partículas mínimas preenchiam todos os espaços e interstícios entre as partículas maiores das quais são feitos os outros elementos. O segundo elemento, que ele alega ser o ar, é também um fluido muito sutil, consistindo de partículas esféricas "ligadas entre si como os grãos de areia ou de poeira" (Descartes, 1979: 39; AT 11: 25). Embora pequenas se comparadas às partículas do terceiro elemento, elas são grandes em comparação ao primeiro. O terceiro elemento, a terra, é composto por partículas muito maiores, que "possuem pouco ou nenhum movimento que possa ser a causa para que mudem de posição entre si" (*ibid.*). Todas as qualidades atribuídas aos corpos podem ser explicadas em termos de movimento, tamanho, forma e arranjo de suas partes. Os corpos luminosos, como o Sol e as estrelas, consistem do primeiro elemento, ao passo que a Terra, os cometas e os planetas, que não emitem luz própria, consistem em grande parte do terceiro elemento. O segundo elemento é o *medium* através do qual a luz é propagada (Gaukroger, 2002: 18).

A fim de explicar os fenômenos particulares em termos de movimentos da matéria, Descartes apela para "as leis da natureza [...], que Deus impôs sobre ela" (Descartes, 1979: 59; AT 11: 36). Identificando a natureza com a matéria, Descartes afirma que "Deus continua a preservá-la do mesmo modo como Ele a criou" (Descartes, 1979: 59; AT 11: 37). Portanto, todas as mudanças que ocorrem na matéria devem ser atribuídas a Deus. "As regras de acordo com as quais essas mudanças ocorrem eu [Descartes] chamo de 'leis da natureza'" (*ibid.*).

As leis da natureza de Descartes sistematizam a nova ciência primeiramente apresentada por Galileu Galilei (1564-1642).

> A primeira é que cada parte individual da matéria permanece sempre no mesmo estado, a menos que uma colisão com outras a force a mudar esse estado. (Descartes 1979: 61; AT 11: 38)

> Suponho como uma segunda regra que, quando um desses corpos empurra outro, ele não pode dar a este nenhum movimento sem perder o mesmo tanto de seu próprio movimento e ao mesmo tempo; nem pode receber movimento do outro corpo sem que o seu próprio seja igualmente ampliado. (Descartes, 1979: 65; AT 11: 41)

> Acrescento, como uma terceira regra, que, quando um corpo está se movendo, mesmo que seu movimento ocorra o mais frequentemente ao longo de uma linha curva e [...] não possa ocorrer ao longo de uma linha que não seja de algum modo circular, cada uma de suas partes individuais, no entanto, tende sempre a continuar o seu movimento em linha reta. E, assim, suas ações, isto é, a inclinação que possuem para se mover, são diferentes de seu movimento. (Descartes, 1979: 71; AT 11: 43-4)

Tal como faria mais tarde nos *Princípios da filosofia*, Descartes justifica essas leis da natureza apelando para a imutabilidade de Deus. As leis fornecem a base para uma análise do movimento orbital e do impacto, que são os processos físicos fundamentais no mundo mecânico idealizado por Descartes.

Pode parecer estranho que Descartes insira os fundamentos de uma nova ciência do movimento no interior de um tratado sobre a luz; mas, de fato, a nova física oferece o quadro explicativo necessário para a análise da luz e da visão como produtos da matéria em movimento. Usando as leis do movimento para comparar os movimentos e as tendências das partículas do segundo elemento àqueles da pedra em um estilingue, Descartes explica como o movimento é transmitido em raios retilíneos a partir dos corpos celestes luminosos. Quando esses movimentos atingem a superfície do olho humano, eles causam a sensação de luz (Descartes, 1979: 171; AT 11: 97). Essa luz possui diversas propriedades características, as quais devem ser analisadas por meio de alguma explicação. Dentre essas propriedades encontram-se o fato de a luz se estender instantaneamente do corpo luminoso em linha reta até qualquer distância; que os raios de luz percorrem seus caminhos sem interferir uns nos outros; e que tais raios podem ser desviados por reflexão. Considerando os raios de luz como compostos de fluxos de partículas do segundo elemento, Descartes proporcionou explicações mecânicas para todos esses fenômenos. Desse modo, ele realizou com sucesso uma tarefa importante da nova filosofia mecânica: reforçar a suposição fundamental de que todas as qualidades das coisas podem ser explicadas em termos de matéria e movimento pela demonstração de como os fenômenos da luz e da visão podem ser explicados nesses termos.

Em *O mundo*, Descartes trata do mundo inanimado. No *Tratado do homem*, ele se volta para a explicação das coisas vivas – em particular, a fisiologia humana.

> Esses homens [os que vivem no mundo imaginário descrito por Descartes em *O mundo*] serão compostos, como nós, de uma alma e de um corpo, e devo, em primeiro lugar, descrever-lhes separadamente o corpo; e então, também separadamente, a alma; e, finalmente, devo mostrar-lhes como essas duas naturezas se juntaram e se uniram para constituir homens que se assemelhem conosco (Descartes, 1972: AT 11: 119-20.).

Ele antecipa aqui a metafísica que desenvolverá nas *Meditações*. Mas, por ora, Descartes trata do corpo humano desses homens e sobre como ele pode ser explicado em termos mecânicos.

Suponho que seus corpos não sejam outra coisa senão estátuas, máquinas terrestres feitas intencionalmente por Deus para serem tanto quanto possível semelhantes a nós. Assim, Ele não apenas lhes confere externamente as formas e as cores de todas as partes de nossos corpos como também coloca em seus interiores todas as peças requeridas para fazê-los andar, comer, respirar e imitar todas as nossas funções que possam ser imaginadas como provenientes da pura matéria e como dependentes inteiramente do arranjo de nossos órgãos. (Descartes, 1972: 2-4; AT 11: 120)

Entre as funções fisiológicas que Descartes explica no *Tratado do homem*, a visão é paradigmática no tratamento da sensação e da percepção.

Este sentido depende, nessa máquina [como em nós], de dois nervos que devem indubitavelmente ser compostos de muitos filamentos. Esses filamentos devem ser tão delicados e tão facilmente deslocáveis quanto possível, uma vez que são destinados a comunicar ao cérebro as diversas ações das partículas do segundo elemento – ações que, de acordo com o que foi dito anteriormente, permitirão que a alma, quando unida a essa máquina, conceba as diversas ideias de cores e da luz. (Descartes, 1972: 49; AT 11: 151)

Descartes dá sequência a essa afirmação sobre a visão com uma descrição detalhada da estrutura do olho, mostrando como sua anatomia produz as percepções resultantes. Sua compreensão da visão dá suporte à afirmação inicial de *O mundo*, a saber, que aquilo que percebemos é dessemelhante dos objetos que causam nossas percepções. Essa assertiva distingue sua concepção daquela dos escolásticos, os quais defendiam que a forma do objeto percebido é, de alguma maneira, transferida para o olho pelas chamadas espécies visuais, que duplicam a forma no intelecto humano, o que permite dizer que temos uma apreensão direta da forma. Do mesmo modo, tal afirmação distingue Descartes dos Epicuristas, que acreditavam que a visão é produzida pela passagem da camada externa dos objetos pelo olho humano. Afastando-se de ambas as versões tradicionais do realismo direto, a teoria da visão de Descartes – tomada como modelo da filosofia mecânica – introduz um elemento subjetivo na percepção visual: os movimentos da luz estimulam os movimentos no olho, que são interpretados como uma imagem pela alma ou intelecto.

Ao discutir a produção das sensações que nos chegam de diversos sentidos, Descartes introduz um tema adicional em sua teoria do conhecimento: a questão de saber por que nossos sentidos, particularmente a visão, algumas vezes nos proporcionam percepções enganosas. Esses enganos – por exemplo, sobre a distância de um objeto – podem resultar de circunstâncias relacionadas ao objeto, de circunstâncias relacionadas aos nossos órgãos dos sentidos ou de suas distorções, ou ainda de erros de julgamento a respeito do tamanho real de um objeto a partir dos pontos reunidos no fundo do olho. Essa explicação sobre como os sentidos podem nos enganar reforça uma tese que Descartes desenvolve nas *Meditações*: a de que o intelecto é indispensável para o conhecimento (2: 57; AT 7: 82-83). Além disso, ao fornecer essa explicação mecânica a respeito das percepções enganosas, Descartes pode ter sido tentado a articular uma resposta aos argumentos céticos tradicionais sobre os sentidos tão vigorosamente empregados no *Discurso do método* e nas *Meditações*.

DIÓPTRICA (1637)

Publicada em 1637, como um dos *Ensaios* impressos juntamente com o *Discurso do método*, a *Dióptrica* contém a explicação mais completa que Descartes apresentou sobre a luz e a visão. Ele a redigiu no mesmo período em que escreveu *O mundo*, no qual frequentemente se refere a ela. A *Dióptrica* encerra as mesmas suposições e, basicamente, assume a mesma abordagem que *O mundo* e o *Tratado do homem*.

A *Dióptrica* inclui as mais significativas contribuições de Descartes para esta área da física: uma explicação mecânica do fenômeno da luz, provas das leis da reflexão e refração com base em hipóteses mecânicas e uma explicação da física e da fisiologia da visão. Sua motivação declarada para essa obra é dar conta do funcionamento do telescópio, algo que ninguém, até o momento, havia conseguido. O livro se inicia com uma enunciação do problema e conclui com dois capítulos que explicam como funciona o telescópio, descrevendo um método para polir lentes com as curvaturas adequadas. Nesse quadro, ele desenvolve uma sofisticada teoria da luz e da visão.

Buscando explicar as propriedades observadas da luz, Descartes elabora três modelos mecânicos diferentes – ele os chamou de *comparaisons** – que lhe permitem explicar os fenômenos das cores, a transmissão da luz através de matéria sólida transparente e as leis da reflexão e refração. No primeiro modelo, ele compara a luz à bengala de um homem cego, que lhe permite perceber os diversos objetos à sua volta apenas pelo tato.

> Considere a luz, nos corpos luminosos, como não sendo nada mais que um certo movimento ou ação, muito rápido e muito dinâmico, que passa em direção aos nossos olhos através do ar e de outros corpos transparentes do mesmo modo como o movimento ou a resistência dos corpos que esse homem cego encontra é transmitido para sua mão através de sua bengala. Isso evitará que você ache estranho que a luz possa estender seus raios em um instante do sol até nós; pois você sabe que a ação pela qual movemos uma das pontas de uma bengala deve, assim, ser transmitida em um instante à outra ponta, e isso deve ocorrer da terra aos céus da mesma maneira. (Descartes, 2001: 67; AT 6: 83-4)

Esse modelo também torna plausível a alegação de que a percepção das cores resulta da matéria em movimento.

> Deve-se somente considerar que as diferenças que um homem cego registra entre árvores, pedras, água e coisas similares por meio de sua bengala não parecem menores para ele do que aquelas entre vermelho, amarelo, verde e todas as outras cores parecem para nós; e que, todavia, essas diferenças não são, nesses corpos, nada senão modos diferentes de se mover ou de resistir ao movimento dessa bengala. (Descartes, 2001: 67-8; AT 6: 84)

O sucesso dessa analogia mecânica reforça a visão de Descartes segundo a qual nada que seja material passa do objeto para os nossos olhos para nos fazer ver cores ou formas e que não há nada no objeto que seja semelhante às sensações que temos deles. Como um aparte, ele se refere à controvérsia relativa à questão de saber se a visão envolve apenas o ingresso da luz no olho ou também a emissão de algo a partir do olho para tornar os objetos visíveis.

> "Uma vez que essa ação [o envio de raios visuais do olho para o objeto] não é nada além da luz, devemos notar que é apenas nos olhos daqueles que podem ver no escuro da noite, como os gatos, que essa ação pode ser encontrada" (Descartes, 2001: 68; AT 6:86).

No segundo modelo, ele compara a transmissão retilínea da luz e da passagem da luz através de matéria sólida transparente ao vinho que flui através de um barril cheio de uvas por meio de um buraco no fundo do barril.

> Considere agora que, visto que não existe vácuo na natureza, como quase todos os filósofos afirmam, e uma vez que, no entanto, há muitos poros em

---

* N. de T.: Em francês no original. O termo significa "comparações" em português.

todos os corpos que percebemos ao nosso redor, como experimentos podem mostrar muito claramente, é necessário que esses poros sejam preenchidos com alguma matéria muito sutil e muito fluida, estendendo-se sem interrupção desde as estrelas e os planetas até nós. É desse modo que essa matéria sutil está sendo comparada ao vinho nesse barril, e as partes menos fluidas e pesadas do ar e de outros corpos transparentes, comparadas aos cachos de uvas aos quais estão misturadas. Dessa maneira, você facilmente entenderá o seguinte: assim como as partes desse vinho [...] tendem a descer em uma linha reta através do buraco [e de outros buracos no fundo do barril] [...] no mesmo instante em que ele é aberto [...], sem que nenhuma dessas ações seja obstruída pela outra, nem pela resistência dos cachos de uva nesse barril [...], do mesmo modo, todas as partes da matéria sutil que são tocadas pelo lado do sol que está diante de nós tendem em direção aos nossos olhos em linha reta no mesmo momento em que os abrimos, sem que essas partes se obstruam umas às outras e tampouco sejam obstruídas pelas partículas mais pesadas dos corpos transparentes que estão entre elas. (Descartes, 2001: 69; AT 6: 86-7)

Nesse modelo, ele apela diretamente para sua teoria dos elementos.

No terceiro modelo, Descartes recorre ao comportamento de uma bola de tênis para derivar as leis conhecidas de reflexão e de refração, demonstrando assim como os fenômenos fundamentais da ótica poderiam ser incorporados em uma filosofia mecânica matematizada. Ele baseia sua demonstração nas três leis do movimento, primeiramente articuladas em *O mundo* e, mais tarde, revisadas e refinadas nos *Princípios da filosofia*.

A lei da reflexão, segundo a qual o ângulo de incidência é igual ao ângulo de reflexão (sendo ambos os ângulos medidos a partir de uma linha perpendicular à superfície refletora), era conhecida desde os tempos dos gregos antigos.

Ptolomeu foi o primeiro a publicar o resultado, embora, provavelmente, esse já fosse conhecido há muito mais tempo. A contribuição de Descartes consistiu em mostrar como a lei da reflexão acompanha as suas leis do movimento quando o modelo da bola de tênis é aplicado às partículas do segundo elemento que compõe os raios de luz. Considere uma bola movendo-se de A a B em uma velocidade constante, conforme mostra a seguir a Figura 8.1. O que acontece quando ela atinge a superfície CBE, a qual Descartes supõe ser perfeitamente plana e dura?

Dadas as suposições da explicação fornecida por Galileu para o movimento, é possível analisar o deslocamento AB na direção de dois componentes, AH e AC, movendo-se em ângulos retos entre si. Quando a bola chega a B, o componente AH, movendo-se em linha reta em uma velocidade uniforme, permanece inalterado; portanto, ele vai de H a F no mesmo intervalo de tempo em foi de A a H. Essa conclusão resulta da primeira lei do movimento que Descartes formulou em *O mundo*: "cada parte individual da matéria permanece sempre no mesmo estado a menos que uma colisão com outras a force a mudar esse estado" (Descartes, 1979: 61; AT 11: 38). O outro componente, AC, é um exemplo do impacto, um fenômeno regulado pela segunda lei do movimento: "Quando um desses corpos empurra outro, ele não pode dar a este nenhum movimento sem perder igualmente e ao mesmo tempo seu próprio movimento; nem pode receber movimento do outro corpo sem que o seu próprio seja igualmente ampliado" (Descartes, 1979: 65; AT 11: 41). Visto que, nesse caso, a bola é muito menor do que o chão contra o qual ela se choca, ela ricocheteia para longe do chão, voltando ao seu lugar original com a mesma velocidade, mas na direção oposta. Os dois novos componentes, HF e EF, combinados, colocarão a bola em F. Agora, um argumento geométrico simples prova que os ângulos ABH e FBH são congruentes. Consequentemente, os ângulos ABH (o ângulo de incidência) e HBF (o ângulo de reflexão) são iguais.

FIGURA 8.1

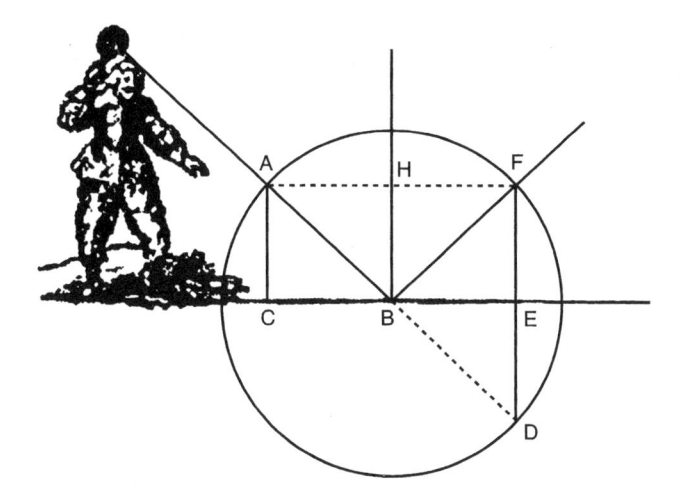

O exemplo da bola de tênis é usado por Descartes para incorporar fenômenos da ótica à filosofia mecânica.

E pode-se facilmente ver como a reflexão ocorre, a saber, conforme um ângulo que é sempre igual àquele que chamamos de ângulo de incidência. Do mesmo modo, se um raio vindo do ponto A desce ao ponto B sobre a superfície de um espelho plano CBE, ele é refletido em direção a F de tal maneira que o ângulo de reflexão FBE não é nem maior nem menor do que o ângulo de incidência ABC. (Descartes, 2001: 77; AT 6: 96)

Descartes reduz o fenômeno da reflexão ao problema do impacto mecânico com a mesma tranquilidade dos matemáticos quando dizem que uma conclusão difícil resulta *obviamente* de uma breve linha de raciocínio,

Ele aborda de modo semelhante a explicação da lei da refração. Formulada em notação moderna, a lei é a seguinte: $sin\ i = n\ sin\ r$, em que i é o ângulo de incidência; r, o ângulo de refração e n, o chamado índice de refração. Diferentemente da lei da reflexão, a lei da refração escapou aos pesquisadores desde a Antiguidade. Apesar de as lentes terem sido usadas por muitos séculos para ampliar pequenos objetos, para acender o fogo e corrigir a visão, ninguém conseguiu estabelecer a lei da refração antes do século XVII. Thomas Harriot (*ca.* 1560-1612) descobriu a lei empiricamente, mas seus resultados permaneceram inéditos até o século XX. Kepler tentou derivá-la a partir de uma análise da tabela de ângulos de Witelo, mas não obteve um resultado adequado. Estimulado pelo uso que Galileu fez do telescópio, Kepler tentou ainda analisar as lentes matematicamente, porém não conseguiu descobrir a lei. Por volta de 1620, Willebrord Snel (1580-1626) também descobriu a lei empiricamente. O conhecimento que Descartes dela alcançou pode ter sido baseado no trabalho de Snel, embora possa também ter sido fruto de seu próprio trabalho. Seu papel na descoberta é ainda matéria de controvérsia (Dijksterhuis, 2000).

A prova de Descartes para a lei da refração segue a mesma estratégia que ele empregou na lei da reflexão. Comparando uma partícula de um raio luminoso a uma bola de tênis, ele se pergunta o que aconteceria se esta batesse contra uma superfície macia como um tecido e a penetrasse. Mais uma vez, ele aborda o problema analisando o percurso da partícula pela direção dos movimentos que o compõem.

Assim, dado isso, para saber que caminho ela deve percorrer, consideremos, de novo, que seus movimentos diferem inteiramente de sua determinação a mover-se em uma ou outra direção. Por conseguinte, a quantidade desses [dois fatores] deve ser examinada separadamente. E consideremos também que, das duas partes que imaginamos compor essa determinação, apenas aquela que fizer a bola a tender de cima para baixo pode ser alterada de qualquer maneira pelo encontro com o tecido; aquela que fizer a tendência da bola em direção à mão direita deve sempre manter-se a mesma, porque de modo algum o tecido se opõe a que a bola vá nessa direção. (Descartes, 2001: 77-78; AT 6: 96-97)

Descartes aplica o modelo da bola de tênis que atinge e atravessa o tecido ao raio de luz que passa pelo ar e penetra na água, conforme mostra a seguir a Figura 8.2.

Suponha que a bola que vai de A a D choque-se com a água no ponto B. Suponha também que, quando a bola atinge a água, ela perde metade de sua velocidade. "Essa bola deve, partindo de B, atravessar em linha reta, não em direção a D, mas em direção a I." A razão para essa mudança de direção é que a água torna mais lento o componente descendente do movimento, de tal modo que EI é igual à metade de HB. Mas isso não afeta a velocidade do componente BE, que é igual ao componente AH. (Descartes, 2001: 78-79; AT 6: 98-99)

Por fim, uma vez que a ação da luz segue, nesse caso, as mesmas leis do movimento da bola, é necessário dizer que, quando seus raios passam obliquamente de um corpo transparente a outro que os recebe mais ou menos facilmente que o primeiro, eles são desviados de tal maneira que sempre ficam mais inclinados relativamente à superfície daqueles corpos cujo lado os recebe mais facilmente do que do lado do outro. E isso em exata proporção à maior facilidade com a qual um corpo os recebe em comparação com o outro. (Descartes, 2001: 80; AT 6: 100-101)

A quantidade exata de desvio da luz que passa de um meio a outro deve ser determinada experimentalmente. Para cada

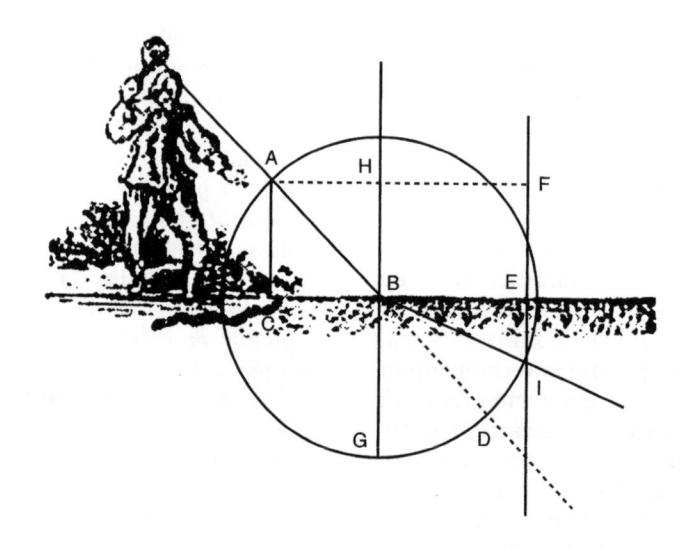

FIGURA 8.2

meio, as medidas fornecerão a constante da proporcionalidade, ou o índice de refração, para usar os termos modernos. Se essa constante é expressa em n, então a luz sofre refração de acordo com a seguinte fórmula: HB/AB = n EI/BI, ou seja, $sin\ i = n\ sin\ r$, em que i = ABH e r = EBI (Descartes, 2001: 81-82; AT 6: 100-101). Como no caso da reflexão, Descartes traça uma analogia direta entre um modelo mecânico e o fenômeno da refração de modo a mostrar que o fenômeno ótico poderia ser derivado dos primeiros princípios de sua filosofia natural.

Qual o estatuto epistemológico que Descartes atribui a esses modelos mecânicos?

> Não tendo outra ocasião de falar da luz que não seja explicar a de como seus raios entram no olho, e como eles podem ser desviados pelos diferentes corpos que encontram, não preciso me dedicar a explicar sua verdadeira natureza. E acredito que será suficiente usar duas ou três comparações que auxiliem a concebê-la da forma que me pareça mais conveniente para explicar todas as suas propriedades as quais a experiência nos apresenta, a fim de deduzir, em seguida, todas as outras que não podem ser tão facilmente observadas. Imito assim os astrônomos, que, conquanto suas suposições sejam quase sempre todas falsas e incertas, uma vez que tais suposições referem-se às diferentes observações que fizeram, nunca deixam de delas retirar diversas conclusões muito verdadeiras e bem asseguradas. (Descartes, 2001: 66-67; AT 6: 83)

Os modelos construídos por Descartes não são mais arbitrários do que aqueles dos astrônomos. Tal como os astrônomos pré--copernicianos, que consideravam que seus modelos deveriam ser construídos a partir de várias combinações do movimento circular uniforme sem alegar que esses modelos tivessem realidade física, Descartes supõe que seus modelos devem ser formulados em termos de leis fundamentais da natureza e seus elementos últimos, explicados em termos de matéria e movimento. Ele acreditava, contudo, que poderia fazer mais do que os astrônomos: ir além de modelos hipotéticos e efetivamente estabelecer a verdade de seus modelos mecânicos por um processo complexo de experimentação e observação (Garber, 1978). Comprovando-se que essas analogias mecânicas davam conta adequadamente dos fenômenos observados, elas poderiam – ao menos segundo Descartes –, então, ser deduzidas dos primeiros princípios.

> Esses nossos raciocínios podem talvez ser incluídos entre aquelas coisas absolutamente certas por aqueles que consideram a maneira como elas foram deduzidas como uma cadeia contínua a partir dos princípios primeiros e mais simples do conhecimento humano. Especialmente se se compreende suficientemente que não podemos sentir nenhum objeto externo a menos que este excite algum movimento local em nossos nervos; e que tal movimento não pode ser excitado pelas estrelas fixas, tão distantes daqui, a menos que algum movimento também ocorra nelas e em todo o céu intermediário. Pois, uma vez que se aceite essas coisas, dificilmente parecerá possível que tudo o que escrevi sobre o mundo e a Terra, ao menos no que tocas às coisas mais gerais, possa ser entendido de outro modo, diferente daquele como eu os expliquei. (Descartes, 1983: 227-228; AT 8A: 328-329)

Tendo mostrado – a seu ver de modo satisfatório – que as propriedades da luz podem ser incorporadas em sua filosofia mecânica da natureza, Descartes volta-se para a questão da visão, que ele aborda como um caso específico dos sentidos em geral. Na *Dióptrica*, ele apresenta uma explicação fisiológica da sensação, começando com a descrição dos nervos.

> Para entender em detalhes como a mente, localizada no cérebro, pode assim receber

impressões de objetos externos por intermédio dos nervos, é necessário distinguir em tais nervos três coisas. Primeiro, as membranas que os envolvem, as quais, originadas naquelas que envolvem o cérebro, são como tubos divididos em diversos ramos, que se espalham por todo o lado ao longo dos membros, do mesmo modo que as veias e as artérias. Segundo, sua substância interior, que se estende sob a forma de pequenos fios ao longo do comprimento desses tubos, desde o cérebro, onde se originam, até as extremidades dos outros membros, aos quais estão ligadas, de tal modo que podemos imaginar em cada um desses pequenos tubos muitas dessas fibras independentes umas das outras. Finalmente, os espíritos animais, os quais são como um vento muito sutil ou ar, que, vindo das câmaras ou concavidades do cérebro, escoa por esses mesmos tubos ao longo do músculo. [...] São os espíritos que fluem através dos nervos para dentro dos músculos, expandindo-os mais ou menos – ora uns, ora outros, de acordo com os vários caminhos pelos quais o cérebro os distribui –, que causam o movimento de todos os membros. [...] São os pequenos fios que compõem a substância interior dos nervos que são usados para a sensação. (Descartes, 2001: 87-88; AT 6: 109-110)

As sensações ocorrem quando os movimentos são transmitidos dos nossos órgãos sensíveis para o cérebro. Esses movimentos são transmitidos instantaneamente, "tal como puxar uma das extremidades de uma corda bastante retesada faz com que a outra se mova no mesmo instante" (Descartes, 2001: 89; AT 6: 11). Embora esses movimentos produzam imagens no cérebro, não há razão alguma para pensar que essas imagens se assemelhem aos objetos que produzem os movimentos em todas as etapas.

Devemos ao menos observar que não há nenhuma imagem que deva se assemelhar em todos os aspectos ao objeto que ela representa, pois, se assim fosse, não haveria nenhuma distinção entre o objeto e suas imagens; é suficiente que essas imagens se assemelhem aos objetos de poucas maneiras e mesmo que sua perfeição frequentemente dependa do fato de não se lhes serem tão semelhantes quanto poderiam. Por exemplo, podemos ver gravuras feitas somente de um pouco de tinta aplicada aqui e ali no papel nos representarem florestas, cidades, homens e mesmo batalhas e tempestades, ainda que, dentre as infinidades de diversas qualidades que elas nos façam conceber nesses objetos, haja apenas alguma semelhança na forma. E mesmo essa semelhança é muito imperfeita, visto que, em uma superfície completamente plana, tais objetos nos representem corpos que possuam diferentes tamanhos e distâncias, e, mesmo seguindo as regras da perspectiva, círculos são amiúde representados por formas ovaladas do que por outros círculos, e quadrados, por losangos, e assim para todas as outras formas. (Descartes, 2001: 89-90; AT 6: 113)

Mais uma vez, Descartes evoca o modelo do homem cego com sua bengala para tornar plausível sua afirmação.

Tendo considerado a sensação em geral, Descartes passa a tratar da visão. Para compreender como a visão ocorre, ele começa por investigar como as imagens são formadas no fundo dos olhos. Indo além da explicação fornecida por Kepler, baseada em uma analogia entre o olho humano e câmara escura (basicamente uma câmera *pinhole*,* usada por artistas que retratavam

---

* N. de T.: *Pinhole*, do inglês, buraco de alfinete, é o nome dado à técnica que permite o fenômeno fotográfico se dê um ambiente sem a presença de lentes. A *pinhole* consiste em captar a imagem de objeto através de uma câmara escura, ou seja, um recipiente ou espaço vedado à luz. A luz é captada para dentro da câmera por um pequeno orifício e projeta a imagem na superfície oposta ao orifício. A imagem assim obtida sofre uma inversão, sendo projetada ao contrário. A projeção de imagens por este método é uma lei física e já era conhecida desde a Antiguidade.

em perspectiva), Descartes fundamenta sua discussão a respeito das imagens que se formam no fundo dos olhos na dissecção destes órgãos – em "homens recentemente falecidos ou, na falta desses, de um boi ou de algum outro grande animal" (Descartes, 2001: 91; AT 6: 115).

Seguindo a estratégia de Kepler, que consistia em usar uma análise ponto a ponto tanto do objeto quanto da imagem retiniana, Descartes traça os raios luminosos partindo de pontos no objeto e terminando-os em pontos na superfície da retina na parte posterior do olho (Ribe, 1997: 52). Os raios devem passar por várias superfícies de contato entre os diferentes meios no interior do olho, sofrendo refração em cada uma dessas superfícies. Descartes mostra como uma imagem do objeto é produzida na superfície da retina recorrendo à lei da refração e a técnicas de traçamento de raios. Ele afirma que seria possível assim mostrar como essa imagem poderia ser transportada para o interior da superfície do cérebro. "E, a partir daí, eu poderia de novo transportá-la diretamente para uma certa pequena glândula [a glândula pineal] que se encontra no centro dessas concavidades, e que é, estritamente falando, o centro do senso comum" (Descartes, 2001: 100; AT 6: 129). O senso comum, conceito proveniente de uma tradição que remonta a Aristóteles, era considerado como um órgão no qual os dados derivados de todos os sentidos eram integrados em um indicador unitário, responsável por causar a percepção consciente. Descartes localiza o sentido comum na glândula pineal, que serve ainda como ligação entre a mente e o corpo (Cottingham, 1993: 38).

Em um comentário à parte, ele acrescenta uma explicação para um fenômeno usualmente aceito pelos primeiros filósofos naturais modernos.

> Eu poderia ir ainda mais longe, mostrando como, algumas vezes, a imagem pode passar de lá através das artérias de uma mulher grávida e alcançar alguns membros específicos do infante que ela carrega em seu ventre, formando essas marcas de nascença que causam tanta admiração aos homens letrados. (Descartes, 2001: 100; AT 6: 129)

Lembrando o capítulo de abertura de *O mundo* e antecipando sua epistemologia e sua metafísica completamente desenvolvidas nas *Meditações* e nos *Princípios*, Descartes insiste na diferença entre nossas sensações e os objetos que as causam;

> assim, ainda que essa imagem, ao ser transmitida para o interior de nossa cabeça, sempre retenha alguma semelhança com os objetos dos quais procede, no entanto, como eu já mostrei anteriormente, devemos sustentar que não é em razão de sua semelhança que a imagem nos faz perceber o objeto, como se ainda houvesse em nosso cérebro outros olhos com os quais nós poderíamos apreendê-la. Melhor que isso, devemos sustentar que são os movimentos com os quais a imagem é composta, agindo imediatamente em nossa mente, dado que ela é unida ao nosso corpo, que são constituídos pela natureza de modo a produzir tais percepções (Descartes, 2001: 101; AT 6: 130).

Que "não há necessidade de semelhança alguma entre as ideias que a mente concebe e os movimentos que causam essas ideias" é evidente pelo fato de que um golpe no olho produzirá sensações de luzes piscando, quer os olhos estejam abertos ou fechados, tanto na luz quanto no escuro" (Descartes, 2001: 101-2; AT 6: 131). Ele prossegue mostrando como todos os objetos da visão – luz, cor, localização, distância, tamanho e forma – resultam das propriedades geométricas do olho e dos movimentos no nervo óptico. Ele explica também como os juízos sobre a distância, a forma, o tamanho e a cor podem ser incorretos. Por exemplo, podemos nos enganar ao julgar a localização dos objetos percebidos "porque as impressões que vêm do exterior passam ao sentido comum por intermédio dos nervos; se a posição desses nervos está limitada por alguma causa extraordinária, isso pode nos fazer ver objetos em lugares diferentes daqueles onde eles estão" (Descartes, 2001: 108; AT 6: 141).

Descartes dedica os quatro últimos discursos da *Dióptrica* a uma análise das lentes. Recorrendo à lei da refração para demonstrar os efeitos das lentes de diversas formas sobre os raios luminosos, ele mostra como formas particulares desse tipo de superfície poderiam aperfeiçoar a visão. Parte dessa análise envolve o estudo da forma do olho humano para explicar as causas da miopia e da dificuldade em se ver com nitidez objetos próximos. Embora as lentes tenham sido usadas durante séculos para corrigir a visão, ninguém havia compreendido exatamente como elas funcionavam, e a escolha das lentes para os óculos era uma questão de simples tentativa e erro. Com o auxílio da lei da refração, Descartes foi o primeiro a explicar como as lentes funcionam para corrigir os defeitos da visão. Uma parte importante de sua explicação envolve a determinação das curvas anaclásticas, ou seja, a forma das superfícies de refração que focam os raios paralelos em um único ponto. Descartes elaborou os cálculos na *Geometria* e usou os resultados na *Dióptrica* em sua discussão a respeito das lentes (Ribe, 1997: 44).

Ele aplica o mesmo método para explicar o funcionamento do telescópio. Argumentando que as lentes hiperbólicas, em lugar das esféricas, aprimorariam a função dos telescópios, ele descreve o projeto de uma versão melhorada dessa nova tecnologia. Entretanto, o polimento de tais lentes exigia novos métodos, e Descartes destina o capítulo final da *Dióptrica* ao projeto de uma nova máquina capaz de produzir lentes hiperbólicas.

METEOROLOGIA (1637)

Uma importante propriedade da luz que não é tratada por Descartes na *Dióptrica* é a cor. Ele aborda a produção das cores como parte de sua explicação sobre o arco-íris em um outro *Ensaio* publicado com o *Discurso do método*. Com o mesmo título do tratado de Aristóteles, *Meteorologia*, esse ensaio enfoca questões acerca do reino terrestre – a natureza da matéria, os vapores, os sais, o clima, o arco-íris, os halos em torno do sol e o fenômeno *parhelia* ou aparecimento de múltiplos sóis. Descartes abre a obra com uma breve retomada de sua teoria da matéria, argumentando a favor de seus méritos com a observação de que ele não precisa mais apelar para as formas substanciais e para as qualidades reais, oferecendo assim um sistema mais parcimonioso para a explicação dos fenômenos do mundo.

O arco-íris fornece a Descartes um exemplo particularmente dramático que lhe permite demonstrar a força de sua filosofia natural.

> O arco-íris é um fenômeno da natureza tão impressionante, e sua causa tem sido buscada tão meticulosamente por mentes curiosas ao longo das eras, que eu não poderia escolher um tema mais apropriado para demonstrar como, com o método que uso, podemos chegar ao conhecimento não alcançado em todos aqueles escritos que nos estão disponíveis. (Descartes, 2001: 332; AT 6: 325)

Ao referir-se às tentativas anteriores para explicar o arco-íris, Descartes alude a uma longa tradição de discussão a respeito do fenômeno, originada em Aristóteles e que progride durante a Idade Média.

Desde o tempo de Aristóteles, filósofos, astrônomos e filósofos naturais tentaram explicar diversos aspectos do arco-íris: sua causa, sua forma, seu tamanho e a origem de suas cores. Durante a Antiguidade e a Idade Média, a geometria básica do arco-íris era conhecida, particularmente no que se refere ao seu formato circular e a sua altura máxima, que é de 42°, medida calculada pelo ângulo formado a partir da linha que parte do olho do observador até o seu centro e pela linha que parte do olho do observador até o seu topo. Outro fato notável é que os arco-íris são visíveis apenas quando o sol está na posição oposta às nuvens e à chuva e somente quando o sol está suficientemente baixo no céu. Aristóteles e alguns pensadores medievais tentaram explicar o tamanho e a forma do arco-íris em termos de diversas combinações de reflexão e refração da luz do sol em relação à massa das nuvens e das gotas de chuva.

Teodorico de Freiburg (*ca.* 1310) desenvolveu ideias inovadoras sobre o arco-íris com base em trabalhos experimentais. Provavelmente influenciado pela análise ponto a ponto da luz e da visão, formulada por Alhazen e Witelo, ele propôs que o arco-íris fosse causado pela reflexão e refração da luz do sol no interior de cada uma das gotas de chuva (Ribe, 1997: 45). Para explorar o comportamento da luz no interior das gotas, ele usou uma vasilha esférica contendo água como modelo do arco-íris e traçou o caminho dos raios de luz à medida que entravam na gota, sofriam refração em sua superfície e, então, eram refletidos de volta para fora da gota, sofrendo uma nova refração ao sair. Usando esse procedimento, ele determinou empiricamente os ângulos nos quais o arco-íris é visível e os ângulos nos quais certas cores particulares são visíveis. Ele também foi capaz de explicar a formação do arco-íris secundário, como resultado de uma reflexão adicional no interior das gotas que estão mais altas no céu do que aquelas que produzem o arco-íris primário. Ele escreveu um livro sobre esse trabalho, *De iride et radialibus impressionibus* (*Sobre o arco-íris e os raios observados*), que possui algumas centenas de páginas impressas nas edições modernas (Boyer, 1959: 110-125).

Quer Descartes conhecesse ou não a teoria de Teodorico, sua abordagem do arco-íris na *Meteorologia* é extraordinariamente similar àquela do escritor medieval. Ele começa por usar um recipiente esférico de vidro para estudar o comportamento da luz em cada gota de chuva individual, conforme o exemplo mostrado na Figura 8.3. Relatando experimentos com um frasco transparente, ele continuou realizando avaliações similares em lugares diferentes da esfera de água, obtendo resultados semelhantes aos de Teodorico.

Como Teodorico, Descartes traça o caminho dos raios luminosos no interior das gotas individuais. Ele elaborou o caminho percorrido pela luz tanto no arco-íris primário quanto no secundário, concluindo que "o arco-íris primário é causado pelos raios que alcançam os olhos após duas refrações e uma reflexão, e o segundo, por outros raios que lhes alcançam somente após duas refrações e duas reflexões" (Descartes, 2001: 334; AT 6: 329). Essa análise explica por que o arco-íris secundário é menos brilhante que o primário e também por que suas cores aparecem na ordem inversa.

Esse trabalho experimental possibilitou a Descartes dar conta das propriedades geométricas do arco-íris. Permanecia ainda a questão de saber por que o arco-íris exibe cores. Tal como virtualmente todos os autores desde Aristóteles – incluindo os jovens contemporâneos de Descartes, Francesco Grimaldi (1618-1663), Robert Boyle (1627-1691) e Robert Hooke (1635-1703) –, ele pensou que as cores resultavam da modificação da luz branca (Westfall, 1962). Uma vez mais, ele explica a cor recorrendo ao modelo de bolas: trata-se do resultado da rotação das partículas que transmitem a luz. Quando a rotação é mais rápida que o movimento de avanço das partículas, a luz aparece com mais força, sendo o vermelho a cor mais forte; quando a rotação é mais lenta que o movimento de avanço das partículas, a luz aparece como azul, sendo o violeta a cor mais fraca. A refração que a luz sofre ao entrar e sair da gota de chuva afeta a rotação das partículas, produzindo assim as cores do arco-íris.

PRINCÍPIOS DA FILOSOFIA (1644)

A luz desempenha um papel menos significativo nos *Princípios da filosofia* – o livro que Descartes esperava que fosse adotado nos colégios jesuítas em substituição aos manuais escolásticos sobre filosofia natural então em uso – do que em seus primeiros

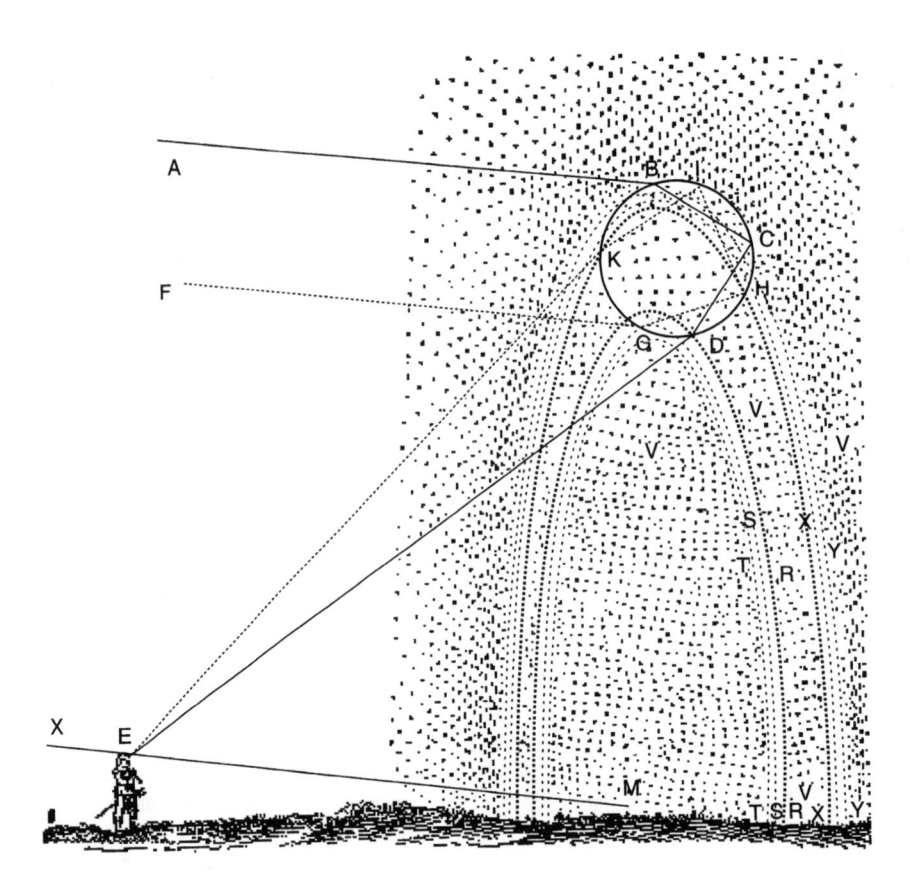

FIGURA 8.3

escritos. Em vez de tratar de temas específicos em detalhe, como o fez nos *Ensaios* que acompanham o *Discurso do método*, Descartes expôs sua nova filosofia da natureza nos *Princípios*. Ele baseou sua filosofia mecânica no que acreditava serem fundamentos metafísicos seguros e mostrou como cada aspecto da filosofia natural tradicional poderia ser incorporado em seu esquema. Assim, o livro é comparável a outros grandes tratados sobre filosofia natural do período (Osler, 2002).

Nesse contexto, a preocupação de Descartes foi, em grande medida, incorporar a luz em sua filosofia geral da natureza e em sua cosmologia. Consequentemente, ele tentou explicar como o sol e as estrelas produzem luz. Abandonando a abordagem hipotética que caracteriza sua discussão dos três modelos na *Dióptrica*, ele estabelece que a luz é uma força (*vis*) ou tendência (*conatus*) que as partículas que constituem esses corpos luminosos possuem, dotando-os da capacidade de afastarem-se dos centros ao redor dos quais elas giram. De acordo com sua cosmologia, cada corpo celeste é localizado no centro de um vórtice ou redemoinho de matéria. Os vórtices produzem uma pressão de seus centros para fora, uma força centrífuga. Essa força, por sua vez, pressiona as partículas da segunda matéria que preenche todo o espaço. Portanto, vemos a luz vinda dos centros dos vórtices desses corpos celestes e sabemos que ela é propagada instantaneamente, tal como a pressão o é. Embora Descartes aluda a alguns dos resultados publicados na *Dióptrica* e discuta a propagação da luz nos céus, nos *Princípios da filosofia* ele não acrescenta nenhum resultado novo sobre a ótica ou sobre a visão àqueles publicados em seus primeiros livros.

CONCLUSÃO

O estudo da luz e da visão desempenha um papel central na filosofia de Descartes. Diretamente conectado à sua cosmologia, física e teoria da percepção, ele constitui um dos aspectos mais detalhadamente desenvolvidos de sua filosofia mecânica. Os filósofos naturais que lhe sucederam ocuparam-se de questões sobre a luz partindo frequentemente da explicação cartesiana. A descoberta da lei da refração, feita por Descartes, estimulou uma busca por provas baseadas nos princípios fundamentais da mecânica. Pierre de Fermat (1601-1665) tentou deduzir a lei da refração a partir de uma das mais antigas suposições que guiavam os estudos naturais: que na natureza nada ocorre em vão. Fermat interpretou esse princípio afirmando que os processos deveriam ocorrer no menor tempo. Pouco mais tarde, no mesmo século, Christian Huygens (1629-1695) demonstrou como a lei resultava de sua própria teoria ondulatória da luz. Outras controvérsias sobre como estabelecer essa importante lei foram centrais para o debate no século XVII entre os que defendiam a teoria ondulatória e os que advogavam em favor da teoria corpuscular (Sabra, 1967: 136-58).

Em relação às cores, praticamente todos os filósofos naturais compartilhavam com Descartes a afirmação tradicional aristotélica de que estas resultam da modificação da luz branca. Enquanto Descartes pensava que a rotação das partículas da luz era modificada para produzir as cores, outros apelavam para mecanismos diferentes. Por exemplo, o pensador jesuíta Francesco Maria Grimaldi (1618-1663) acreditava que as cores resultavam de compressões diferentes do fluido vibrante que ele considerava ser a causa da luz. De modo semelhante, Robert Hooke explicava as cores em termos da diluição da luz vermelha e da luz azul, as quais ele considerava serem as cores primárias (Oldroyd, 2000). Isaac Newton (1642-1727) derrubou essa suposição tradicional com seu famoso experimento com a luz e as cores, publicado no *Philosophical Transactions of the Royal Society* em 1671-1672, pelo qual demonstrava que a luz branca consiste de raios coloridos irredutíveis (Westfall, 1962).

A ótica de Descartes não apenas desempenhou um papel central no desenvolvimento de seu próprio sistema natural como também estimulou importantes linhas de pesquisa nas décadas que se seguiram.

REFERÊNCIAS E LEITURAS ADICIONAIS

Boyer, C. B. *The rainbow: from myth to mathematics*. Nova York: Thomas Yoseloff, 1959.

Cottingham, J. *A Descartes Dictionary*. Oxford: Blackwell, 1993.

Descartes, R. *Treatise on Man*. Texto francês com tradução e comentários de T. S. Hall, Cambridge, MA: Harvard University Press, 1972. (Obra originalmente publicada em 1664.)

Descartes, R. *Le monde ou Traité de la lumière / The world or Treatise of the light*. Facsímile da primeira edição com tradução face à face de M. S. Mahoney, Nova York: Abaris Books, 1979. (Obra originalmente publicada em 1664.)

Descartes, R. *The Principles of philosophy*. Trad.: V. R. Miller e R. P. Miller, Dordrecht: D. Reidel, 1983. (Obra originalmente publicada em 1644.)

Descartes, R. *Discourse of the method, optics, geometry and meteorology*. Trad.: P. J. Olscamp, Indianápolis: Bobbs-Merrill, 2001. (Obra originalmente publicada em 1637.)

Des Chene, D. *Spirits and clocks: machine and organism in Descartes*. Ithaca, NY: Cornell University Press, 2001.

Dijksterhuis, F. J. "Refraction". In: W. Applebaum (ed.). *Encyclopedia of the Scientific Revolution: From Copernicus to Newton*, Nova York: Garland Publishing, 2000, p. 558-559.

Gabbey, A. (1993) "Between *ars* and *philosophia naturalis*: reflections on the historiography of early modern mechanics". In: J. V. Field e A. J. L. James (eds.). *Renaissance and Revolution: Humanists, Scholars, Craftsmen and Natural Philosophers in Early Modern Europe*. Cambridge: Cambridge University Press, p. 133-145.

Garber, D. "Science and certainty in Descartes". In: M. Hooker (ed.). *Descartes: Critical and Interpretative Essays*. Baltimore: John Hopkins University Press, 1978, p.114-151.

Gaukroger, S. *Descartes: an intellectual biography*. Oxford: Oxford University Press, 1995.

Gaukroger, S. *Descartes' System of Natural Philosophy*. Cambridge: Cambridge University Press, 2002.

Lindberg, D. C. *Theories of vision from Al-Kindi to Kepler*. University of Chicago Press, 1976.

Maull, N. "Cartesian optics and the geometrization of nature". In: S. Gaukroger (ed.). *Descartes: Philosophy, Mathematics and Physics*. Brighton: Harvester Press, 1980, p. 23-40.

Oldroyd, D. "Hooke, Robert (1635-1703)". In: W. Applebaum (ed.). *Encyclopedia of the Scientific Revolution: from Copernicus to Newton*, Nova York: Garland Publishing, 2000, p. 299-301.

Osler, Margaret J. "New wine in old bottles: Gassendi and the Aristotelian origin of physics".*Renaissance Midwest Studies in Philosophy and Early Modern Philosophy*, 2002, 26, p. 167-84.

Ribe, N. M. "Cartesian optics and the mastery of nature". *Isis* 88, 1997, p. 42-61.

Ronchi, V. *The Nature of Light: An Historical Survey*. Trad.: V. Barocas, Cambridge, MA: Harvard University Press, 1970. (Obra original publicada em 1939.)

Sabra, A. I. *Theories of light from Descartes to Newton*. Londres: Oldbourne, 1967.

Schuster, J. A. "Descartes *optician*: the construction of the law of refraction and the manufacture of physical rationales, 1618-1629". In: S. Gaukroger, J. Schuster e J. Sutton (eds.). *Descartes's Natural Philosophy*. Londres: Routledge, 2000, p. 258-312.

Shea, W. R. *The magic of numbers and motion: The Scientific Career of René Descartes*. Canton, MA: Science History Publications, 1991.

Smith, A. M. "Descartes's theory of light and refraction: a discourse on method". *Transactions of the American Philosophical Society*, 77, 1987, parte 3, p. 1-92.

Straker, S. M. *Kepler's optics: a study in the development of seventeenth-century natural philosophy*. Dissertação não publicada, Bloomington: Indiana University, 1971.

Straker, S. M. "Grimaldi, Francesco Maria (1618-1663)". In: W. Applebaum (ed.). *Encyclopedia of the Scientific Revolution: from Copernicus to Newton*, Nova York: Garland Publishing, 2000, p. 276-7.

Vinci, T. "Reason, imagination, and mechanism in Descartes's theory of perception". In: D. Garber e S. Nadler (eds.). *Oxford Studies in Early Modern Philosophy*, Oxford: Oxford University Press, vol. 2, 2005, p. 35-73.

Westfall, R. S. "The development of Newton's theory of colors". *Isis*, 53, 1962, p. 339-58.

PARTE III
EPISTEMOLOGIA E METAFÍSICA

9
O método de Descartes
MURRAY MILES

INTRODUÇÃO

Embora sem dúvida seja verdadeiro que Descartes, como muitos gênios matemáticos antes e depois dele, estava profundamente imbuído do "espírito da geometria" (Pascal), isso não implica que tenha abraçado um modelo dedutivista de ciência como um sistema formal axiomatizado, tampouco que considerasse "a quantidade e o número" (Hume) como os únicos objetos da investigação propriamente científica. Ao contrário, a concepção de Descartes de um sistema unificado das ciências contrasta bastante com o ideal geométrico que encantou filósofos com mentes matemáticas desde Pitágoras e Platão a Espinosa, Hobbes e Russell. Afinal, ele fazia uma distinção entre *o método sintético de prova*, pelo qual se deduz teoremas de definições evidentes, axiomas e postulados, do *método analítico da descoberta*, pelo qual esses mesmos teoremas (juntamente com as definições e axiomas) foram inicialmente trazidos à luz por aqueles que originalmente os descobriram. Foi através de seu trabalho sobre matemática que Descartes tomou conhecimento do método analítico, e foi nessa área que primeiramente ele o adotou (cf. CSM 1: 120ff.; AT 6: 19ff.); mas sua total abrangência e significância só ficaram claras para ele mais tarde, quando o empregou para estabelecer o primeiro princípio de sua metafísica, "penso, logo existo" (daqui para frente: o *cogito*). Voltaremos primeiramente nossa atenção para certas objeções ao princípio fundador de Descartes e não (como o usual) para suas declarações oficiais sobre método nas *Regras* (sobretudo das Regras 4 até 8) e no *Discurso* (cf. 1: 120; AT 6: 18f.).

O INTUITIVO, O DISCURSIVO E O RACIOCÍNIO

O *cogito* é o alvo de uma crítica instrutiva feita pelos autores das Sextas Objeções às *Meditações*. Para que se saiba que se pensa e existe, dizem eles, é preciso primeiro que se saiba o que é pensar e o que é existência; mas não se pode de jeito algum conhecer o que é pensar, visto que para tal seria preciso uma série infinita de atos mentais dirigidos a outros atos (cf. 2: 278; AT 7: 413). Descartes responde a isso que a certeza de que se está pensando supõe, de fato, o conhecimento do "que é pensamento e do que é existência". Mas, continua ele,

> [...] isso não exige um saber reflexivo [...], muito menos um saber do saber reflexivo, isto é, saber que sabemos e saber que sabemos que sabemos e assim por diante *ad infinitum*. Não é possível obter esse tipo de conhecimento sobre coisa nenhuma. É bastante suficiente que o saibamos por aquela cognição interna que sempre precede o conhecimento reflexivo (*cognitio illa interna, quae reflexam semper antecedit*) e que é tão inata em todos os homens que, embora possamos fingir que não a temos se estivermos tomados por opiniões preconcebidas (*praejudicia*) prestarmos mais atenção às palavras

do que a seus significados, de fato não podemos deixar de tê-la [isto é, saber o que são o pensamento e a existência] (2: 285; 7: 422).

Uma objeção relacionada ao caráter primitivo do *cogito* ocorre na *Busca da verdade*. O representante de Descartes, Eudoxus, concede "que devemos saber o que é dúvida, o que é pensamento, o que é experiência" (2: 417; AT 10: 523) para estarmos certos do *cogito*. "Mas não pense", adverte-nos, "que, para saber o que são, temos que quebrar nossas cabeças tentando encontrar o 'gênero próximo' e a 'diferença específica' que vão constituir sua verdadeira definição" (*ibid.*). Essas definições escolásticas pelo gênero próximo e diferença específica são desnecessárias. Eudoxus continua:

> Eu nunca acreditaria que existisse alguém tão estúpido que tivesse que ser informado o que é a existência antes que fosse capaz de concluir e afirmar que ele existe. O mesmo se aplica à dúvida e ao pensamento. Além disso, ninguém pode aprender essas coisas ou ser persuadido delas a não ser através de suas próprias experiências e da *consciência* ou *testemunho interno (conscientia, vel interno testimonio)* que todos experimentam dentro de si [...] Para conhecer o que é dúvida e o que é pensamento, tudo que se precisa fazer é duvidar ou pensar. Isso nos diz tudo o que é possível conhecer sobre a dúvida e o pensamento e explica mais sobre isso do que a definição mais precisa, (*ibid*, ênfase acrescentada).

O que Descartes chama de (1) "cognição interna", "consciência interna", e "testemunho interno" é, nessas passagens, comparado a dois processos mentais diferentes. Na primeiro, é contrastado com (2) atos de pensamento de segunda ordem ou de ordem mais alta sobre pensar (sobre pensar, e assim por diante); no segundo, com a (3) análise discursiva através da qual é feita a distinção entre as relações lógicas entre gêneros e espécies e incorporadas em definições formais. Na resposta de Descartes a uma outra objeção quanto ao caráter primitivo do *cogito*, a cognição imediata interna é distinta de um processo mental diferente. Segundo essa objeção adicional, o *sou* é a conclusão de um (4) silogismo, cujas premissas são "tudo que pensa, é" (maior) e "*cogito*" (menor). Assim, objeta Gassendi (2: 271; AT 9A: 205), a certeza da própria existência não é de modo algum uma verdade primitiva, mas depende de um conhecimento anterior da premissa maior.

Ora, para Descartes o raciocínio silogístico é um processo racional, ao passo que o *cogito* é intuitivo. Ele defende esse ponto abertamente em uma Carta ao Marquês de Newcastle de março ou abril de 1648:

> Você não me concede que esteja menos certo da presença dos objetos que vê do que da verdade dessa proposição: penso, logo existo. Ora, esse conhecimento não é de modo algum produto do seu raciocínio, tampouco é algo que seus mestres tenham lhe ensinado; sua mente *vê* isso, *sente* isso, *lida* com isso (3: 331; AT 5: 138, ênfase acrescentada).

Descartes, mais uma vez, ressalta o caráter intuitivo desse conhecimento nas suas Respostas às Segundas Objeções, cujos autores (como Gassendi) não distinguem a certeza intuitiva do *cogito* da inferência lógica dedutiva, afirmando que não se pode confiar no *cogito* sem um conhecimento anterior de Deus, que garante todas as inferências como essa (cf. 2: 89; AT 7: 124f.). A resposta é que, embora isso seja verdade para as conclusões de argumentos dedutivos tomados isoladamente de suas premissas, o *cogito* não é um argumento assim.

> Quando nos tornamos conscientes de que pensamos coisas, essa é uma noção primitiva, por assim dizer, que não é derivada por meio de nenhum silogismo (*ex nullo syllogismo*). Quando alguém diz "penso, logo sou ou existo", não deduz sua existência do pensamento por meio de um silogismo (*per syllogismum*),

mas reconhece ser evidente por uma intuição simples da mente (*simplici mentis intuitu*). Isso é claro pelo fato de que, se estivesse deduzindo por um silogismo, teria que conhecer previamente a premissa maior "tudo que pensa é, ou existe"; mas, na verdade, aprende isso por experiência no seu próprio caso (*apud se experiatur*) de que é impossível que ele estivesse pensando sem existir. É da natureza de nossa mente formar proposições gerais a partir do conhecimento de particulares. (2: 100; AT 7: 140f.)

A distinção operante aqui é, obviamente, a entre

a) conhecimento intuitivo (*intuitus*), adquirido por meio de experiência imediata interna de um único item (nesse caso, a própria existência), e
b) conhecimento adquirido por meio de dedução lógica ou inferência silogística enquanto um processo de raciocínio.

Na última frase, essa distinção recai entre

a) conhecimento que começa com particulares, prosseguindo então para o geral, e
b) conhecimento que procede do geral para o particular (ou para o menos geral), como o raciocínio silogístico ou dedutivo.

Qual é a natureza exata de (a), o processo pelo qual a mente "forma" noções primárias e axiomas ou primeiros princípios com base em conhecimento de particulares, um processo que Descartes considera revelador da própria natureza da mente humana? Ele ocorre *no interior* do próprio conhecimento pré-discursivo e pré-raciocinativo, de tal modo que o universal é imediatamente *intuído* no particular? Ou, ao contrário, trata-se de um processo de transição *de* um para o outro, sendo o universal apreensível apenas nas e pelas operações de raciocínio ou discursivas da mente? Veremos que a primeira é a alternativa correta e que ela lança uma luz valiosa não apenas acerca da atitude

de Descartes relativamente à lógica formal e ao método sintético como também sobre o método analítico de descoberta, que ele descreve como "o método mais verdadeiro de instrução", sendo o "único" método utilizado por ele nas *Meditações* (2: 111; AT 7: 156).

A ORDEM DA INTUIÇÃO

Que o conhecimento dos primeiros princípios de todos os tipos envolve um progresso da mente *no interior* da intuição é sugerido pela resposta de Descartes à acusação de Burman de inconsistência entre a observação nas Segundas Respostas de que nossa consciência de nós mesmos enquanto coisas pensantes não é derivada de nenhum silogismo (*ex nullo syllogismo*) e a seguinte passagem dos *Princípios* I, 10:

> Quando eu disse que esta proposição *"penso, logo existo"* é, de todas, a primeira e a mais certa que ocorra a quem quer que filosofe ordenadamente, não neguei por isso que seja necessário saber primeiro o que é pensamento, existência, certeza, tampouco que é impossível que aquilo que pensa não exista, e coisas que tais. Mas, porque estas são noções simplicíssimas e que sozinhas não proporcionam conhecimento de qualquer coisa existente, não estimei, por isso mesmo, que devessem ser enumeradas (1: 196; AT 8A: 8).

Embora o princípio "tudo que pensa, existe" seja *universal* e seja aqui admitido como, de algum modo, *anterior* ao *cogito*, não é dito nem implicado que a prioridade seja a prioridade *lógica* de uma maior universal em relação a uma conclusão particular no quadro de uma inferência silogística. É por isso que se pode legitimamente perguntar se esta passagem é realmente inconsistente com a outra.[1] Se considerarmos apenas a frase *ex nullo syllogismo*, que é aquela citada por Burman, ela não é, ao passo que se levarmos em consideração a passagem inteira, de fato, parece haver uma inconsistência fundamental.

Pois a passagem das respostas às Segundas Objeções não apenas nega que o *cogito* seja derivado de uma proposição universal previamente conhecida por um silogismo, como, além disso, em sua última frase, nega também que o conhecimento de particulares, do qual é uma instância, dependa de conhecimento prévio do geral *em qualquer sentido*, visto que nossa mente é "constituída pela natureza de tal modo que as proposições gerais são formadas a partir do conhecimento de particulares." Nos *Princípios*, por outro lado, ele claramente afirma que o *cogito* depende das noções "simples" ou *universais* de "pensamento", "existência", e "é impossível que aquilo que pensa não exista."

Embora as evidências sejam insuficientes para determinar exatamente onde Burman achava que estava a contradição, há um certo modo de construir a dificuldade que parece estar mais de acordo com a resposta de Descartes. Suponha que Burman ache essa passagem inconsistente com a frase *ex nullo syllogismo* porque estivesse com dificuldades em conceber a prioridade do geral "tudo aquilo que pensa, existe" com relação a "penso, logo existo" sem seguir o modelo silogístico. Para remover essa dificuldade bastaria chamar a atenção para uma outra forma de derivação e dependência entre itens no interior da própria ordem da intuição. Esse é, na realidade, o procedimento que Descartes adota.

Sua resposta tem três partes. A primeira torna claro que ele considera que Burman entende os *Princípios* I, 10 como afirmação de uma dependência lógica do *cogito* em relação a certas noções gerais e princípios.

> Antes da conclusão "estou pensando, logo existo", a maior "tudo aquilo que pensa, existe" pode ser conhecida, pois é uma realidade anterior à minha inferência, e minha inferência depende dela. É por isso que o autor afirma nos *Princípios* que a premissa maior vem em primeiro, a saber, porque ela é sempre implicitamente pressuposta e anterior. (3: 333; AT 5: 147)

A força óbvia disso é permitir que os *Princípios* afirmem, como supõe corretamente Burman, a dependência do *cogito* em relação ao princípio "tudo aquilo que pensa existe" e endossar essa afirmação. A outra pressuposição, de que a dependência é de natureza lógica, é evocada pelo uso dos termos "conclusão" e "maior", mas *não* é endossada, visto que a segunda parte da resposta explica o sentido, bem diferente, em que o conhecimento do *cogito* depende de certas noções universais e princípios.

> Mas não se segue que eu sempre esteja expressa e explicitamente consciente dessa anterioridade [*scil.* da "maior", "tudo aquilo que pensa, existe"], ou que eu a conheça antes da minha inferência. Isto porque estou atento apenas *ao que experimento em mim mesmo (in me experior)*, por exemplo, "estou pensando, logo existo." Não presto atenção do mesmo modo à noção geral "tudo aquilo que pensa, existe." Como expliquei antes, não separamos essas proposições [gerais] de instâncias particulares; em vez disso, é *nas* instâncias particulares que as encontramos. Esse, portanto, é o sentido em que se deve tomar as palavras citadas aqui [*ex nullo syllogismo*] (3: 333; AT 5: 147, ênfase acrescentada).

A expressão "como expliquei antes" se refere a uma distinção feita anteriormente entre "princípios comuns e axiomas" considerados "em abstrato, ou separadamente de coisas materiais e instâncias particulares" (3: 332; AT 5: 146) e os mesmos princípios e axiomas enquanto conhecidos em e através de particulares. É importante considerar essa terceira parte da resposta de Descartes a Burman ao interpretar a segunda. Falando sobre a Primeira Meditação, Descartes observa que:

> [...] nesse ponto, o autor está considerando um homem que está apenas começando a filosofar e que está atento apenas ao que sabe que conhece. Com relação aos princípios comuns e

axiomas, por exemplo, "é impossível que uma e a mesma coisa seja e não seja"; os homens, que são criaturas dotadas de sentidos (*homines sensuales*), como todos nós somos em um nível pré-filosófico, não os consideram nem prestam atenção a eles. Ao contrário, visto que estão presentes em nós desde o nascimento com tamanha claridade, e visto que os experimentamos em nós mesmos (*in semetipsis experiuntur*), negligenciamo-los e pensamos neles apenas de modo confuso e nunca em abstrato, separadamente de coisas materiais e instâncias particulares (3: 332; AT 5: 146).

Claramente, a distinção central que opera na resposta a Burman é aquela entre conhecimento implícito e conhecimento explícito. Na segunda parte, Descartes contrasta o conhecimento explícito a respeito do próprio pensamento e da própria existência (o *cogito*) com o conhecimento implícito de certos princípios gerais sem implicação existencial, por exemplo, "tudo aquilo que pensa, existe"; na terceira, é feita uma distinção paralela entre os dois tipos de conhecimento de proposições *gerais*: o conhecimento implícito de princípios universais *em concreto*, enquanto instanciados em "instâncias particulares", e o conhecimento explícito desses mesmos princípios considerados "em abstrato ou separadamente de coisas materiais e instâncias particulares." Esse é o ponto de referência para o homem comum (*homo sensualis*), que não atenta para esses princípios gerais: enquanto estiver consciente de seu pensamento, não pode deixar de os experimentar em si mesmo, isto é, de conhecê-los implicitamente, visto serem inatos (*innata*). Não tendo atentado para eles, é capaz de negar tais princípios quando esses são conduzidos a sua atenção; isso não ocorre com quem dedica sua mente atentamente para eles (*attente ad illa animadvertit*). Mesmo aquele "que está apenas começando a filosofar" atenta expressamente apenas "ao que sabe que conhece" (*scit se nosse*), negligencia as noções simples e os princípios inatos da luz natural que ele conhece sem saber que os conhece. E quando, não mais um iniciante, apreende explicitamente o *cogito*, isto é, quando o experimenta em si mesmo e presta atenção ao que experimenta, ele ainda não atenta para o princípio geral "tudo aquilo que pensa, existe" ou para as noções simples de "pensamento", "existência", "certeza", e assim por diante. A essas ele experimenta, tal como ocorre com o *cogito* particular, mas sem conhecê-las explicitamente e "em separado" do *cogito*. Isso ocorre apenas mais tarde na ordem do filosofar.

Resumindo, faz-se distinção entre três coisas na resposta a Burman:

1. o conhecimento implícito de certas noções simples e universais e princípios sem implicação existencial ("pensamento", "existência", "tudo que pensa, existe", etc.),
2. o conhecimento explícito da verdade existencial *particular* "*eu* penso, logo existo", e
3. o conhecimento *explícito* dessas mesmas noções universais e princípios referidos em (1).

Trata-se de três estágios sucessivos na ordem da própria intuição. Assim, resolve-se a dificuldade de Burman da seguinte maneira. Os *Princípios* afirmam que (1) é anterior a (2) e, na primeira parte de sua resposta a Burman, Descartes confirma que (2) realmente depende de (1). As Respostas às Segundas Objeções, entretanto, afirmam que nenhum silogismo, nenhum raciocínio está envolvido, visto ser da natureza da mente proceder do particular para o universal, isto é, como a segunda parte da resposta a Burman deixa claro, de (2) – o conhecimento explícito do *cogito* – para (3) – o conhecimento explícito dos princípios lógicos, matemáticos e metafísicos da luz natural, as verdades eternas implicitamente neles contidas, inclusive "tudo aquilo que pensa, existe". No entanto, (1), (2) e (3) pertencem todas à ordem da intuição. Estão envolvidos na questão: *insight* direto, experiência interna, testemunho interno acompanhado de vários graus de atenção ao que é intuído; *não estão em questão*: (4) os processos discursivos ou de raciocínio dos tipos mencionados anteriormente.²

Se isso está correto, então a tarefa de conciliar as Respostas às Segundas Objeções com o que é dito em *Princípios* I, 10, embora mostre que o *cogito* não pode ser um silogismo com uma premissa maior suprimida, falha com relação à distinção implícito-explícito.³ A resposta a Burman, assim, traz à luz um "movimento" ou uma "inferência" peculiar (cf. Hoenen, 1937) da mente *no interior* do próprio conhecimento pré-discursivo ou intuitivo: o progresso da mente que vai da compreensão implícita de certas noções simples e de certos princípios universais para a apreensão filosófica explícita (embora ainda puramente intuitiva) dessas mesmas noções e desses mesmos princípios *in abstracto*. O processo consiste em atentar explicitamente ao que está apenas implícito na certeza intuitiva da mente que pensa e logo existe. Nessa *atenção reflexiva*, (1) o conhecimento implícito (inato) de noções abstratas e princípios universais torna possível (2) o conhecimento *explícito* do pensamento e da existência particular *in concreto*. Esse último, por sua vez, torna possível (3) uma apreensão explícita dessas mesmas noções e desses mesmos princípios universais *in abstracto*. Todo esse processo reflexivo ou progresso da mente é intuitivo: independe do (4) emprego discursivo e raciocinativo de noções abstratas e princípios de definições escolásticas e do raciocínio dedutivo, visto que (3) torna possível (4).

Tendo em vista seu papel no método analítico da descoberta, essa atenção reflexiva para com o próprio pensamento pode ser chamada de "reflexão analítica" ou "análise reflexiva" de modo a distingui-la não apenas da reflexão lógica (seja discursiva ou por meio de raciocínio), mas também da reflexão no sentido de atos de ordem mais alta ou de segunda ordem dirigidos a atos (ver as Respostas às Sextas Objeções que na seção após à Introdução). Tendo em vista a óbvia semelhança com o que Aristóteles chamou de "exibição do universal mediante sua manifestação no particular" (*Analíticos Posteriores*, 71a), a reflexão analítica também pode apropriadamente ser chamada de "indução intuitiva." A diferença precisa entre, de um lado, a indução intuitiva ou método analítico e, de outro, a dedução lógica ou método sintético é o tema da próxima seção.

MÉTODO ANALÍTICO E MÉTODO SINTÉTICO

A explicação precedente a respeito do progresso intuitivo da mente na reflexão analítica elucida em grande medida a atitude ambivalente de Descartes a respeito da lógica formal e do método sintético de prova. No Prefácio aos *Princípios*, ele distingue "a lógica da escolástica" do "tipo de lógica que nos ensina a conduzir nossa razão a fim de descobrir as verdades que ignoramos" (1: 186; AT 9A: 13f.). Essa última é precisamente o método analítico (na expressão de Popper, "a lógica da descoberta científica"). Quanto à primeira, os comentários de Descartes sobre o método sintético, embora sejam de um modo geral desdenhosos, têm por vezes um toque de reconhecimento legítimo. Afinal, ele admite expor parte de sua doutrina na ordem sintética (o exemplo óbvio são as provas *more geometrico* anexadas às *Respostas às Segundas Objeções*), e a totalidade dos *Princípios* é organizada de uma forma que ele próprio descreve como "sintética" (3: 338; AT 5: 153).⁴ Apesar da ordem sintética de raciocínio, que procede do geral para o particular, diferir da ordem analítica de descoberta seguida nas *Meditações*, Descartes percebe que ela tem alguma utilidade, a saber, a de refletir discursivamente sobre o que foi primeiramente intuído e depois tornado explícito por meio da cuidadosa atenção voltada para o intuído; pois procedimentos discursivos e de raciocínio em definições e em silogismos podem iluminar a relação lógica entre conceitos e princípios apreendidos primeiramente de modo implícito por intuição e depois tornados explícitos por reflexão analítica. Isso está muito distante das definições frequentemente vazias e das provas estéreis baseadas em premissas meramente prováveis às quais Descartes desdenhosamente se refere como "dialéticas". Cabe notar o tom mais equilibrado de sua resposta (parcialmente citada antes) à objeção de Gassendi ao caráter primitivo do *cogito*.

> Mas o erro mais importante que nosso crítico comete é supor que o conhecimento de proposições particulares deve ser sempre deduzido de proposições universais, seguindo a mesma ordem que a de um silogismo em dialética. Aqui ele mostra como conhece pouco o modo como devemos buscar a verdade. É certo que, se vamos descobrir a verdade, devemos sempre começar com noções particulares para depois chegar às mais gerais (*embora sempre seja possível reverter a ordem e deduzir outras verdades particulares uma vez que tenhamos descoberto as verdades gerais*). (2: 271; AT 9A: 205f., ênfase acrescentada)

Há, entretanto, uma razão importante para relutância de Descartes em reconhecer o método sintético. Não se pode dizer que aqueles a quem Descartes chama de "dialéticos" não empregam de modo algum o método analítico. Ao contrário, todas as vezes que seu uso de silogismos e da ordem sintética levaram, efetivamente, a novos conhecimentos de conclusões certas, isso deveu-se ao fato de que suas premissas já continham a conclusão como *aquilo que já é implicitamente conhecido*. Assim, Descartes escreve nas *Regras*:

> Para tornar ainda mais claro que a acima mencionada arte da argumentação [isto é, a dialética] em nada contribui para nosso conhecimento da verdade, devemos ter consciência de que, com base em seu método, os dialéticos são incapazes de formular um silogismo com uma conclusão verdadeira *a menos que já dominem o assunto da conclusão, ou seja, a menos que tenham conhecimento prévio da verdade deduzida no silogismo* (1: 36f.; AT 10: 406, ênfase acrescentada).

A questão aqui não é a que mais tarde ocupou John Stuart Mill (sem dúvida bem conhecida por Descartes a partir de Sexto Empírico e dos céticos da Renascença), a saber, que o raciocínio silogístico é inerentemente circular, visto que o conhecimento da verdade da conclusão particular é uma condição necessária para o conhecimento da verdade da premissa maior universal (cf. Curley, 1978: 26f.). A resposta a Gassendi sugere que o antiformalismo de Descartes se baseia não em considerações formais como esta, mas sim na sua concepção da natureza da mente humana. Se é assim, então o sentido da cláusula final "a menos que" é o de que aquele que pratica a arte da dedução lógica, *qua dialectician*, é incapaz de descobrir qualquer verdade que já não esteja implícita nas premissas (embora ainda esteja por ser explicitamente descoberta). Ao iniciar com premissas prováveis e proceder silogisticamente, o dialético "não traz nenhuma [nova] contribuição para nosso conhecimento da verdade". Se, entretanto, ele parte de naturezas e axiomas imediatamente intuídos por reflexão em seu próprio pensamento, explicando na premissa maior e na conclusão particular apenas o que já está implicitamente contido nas premissas relativas a naturezas simples e à relação entre elas, então, mesmo que ele possa apresentar seus argumentos naquilo que visivelmente é uma ordem sintética, ele contribuirá positivamente para o crescimento do conhecimento humano – embora não por meio de seu conhecimento de padrões silogísticos, isto é, não *qua* dialético.[5]

O ponto meramente negativo da passagem das *Regras* citada anteriormente é reiterado na Regra 14, na qual, porém, em vez de sugerir que a ordem sintética pode adotar e promover o método analítico da descoberta (ao menos *per accidens*), Descartes a trata como um obstáculo positivo:

> [...] as fórmulas silogísticas não ajudam em nada na apreensão da verdade das

coisas. Assim, será vantajoso para o leitor rejeitá-las por completo e pensar todo conhecimento – exceto o conhecimento obtido por intuição simples e pura de uma única e isolada coisa – como o resultado de comparações entre duas ou mais coisas. De fato, a função da razão humana consiste quase que inteiramente em preparar a mente para essa operação. Pois quando a operação é direta e simples, não precisamos de uma técnica para ajudar-nos a *intuir* a verdade revelada pela comparação; tudo que precisamos é *da luz da natureza* (*naturae lumine*) (1: 57; AT 10: 439f., ênfase acrescentada).

Assim, embora a lógica possa algumas vezes auxiliar e completar a verdadeira "função da razão humana", o mais frequente é que ela constitua uma ameaça que nos distrai dessa função. Por essa razão, Descartes constantemente vacila ao estimar o valor da lógica formal.

Falar em "função" da razão traz à mente a metáfora pitoresca de Descartes para o método escolástico de demonstração: a razão "em férias".

> Alguns talvez se surpreendam por [...] não mencionar nenhum preceito com os quais os dialéticos supõem que governam a razão humana. Eles prescrevem certas formas de argumentação nas quais as conclusões se seguem com tal necessidade irresistível que, se nossa razão se apoia nelas, ainda que, por assim dizer, entre em férias (*ferietur*) ao *considerar uma inferência particular clara e atentamente*, pode mesmo assim extrair a conclusão certa *meramente em virtude da forma*. (1: 36; AT 10: 405f., ênfase acrescentada)

Por contraste, aquilo que Descartes chama de "discernimento na dedução metodológica de uma coisa da outra" (1: 33; AT 10: 400) pode ser denominado "razão trabalhando", ativamente elaborando, por meio de atenção cuidadosa àquilo que *já se sabe implicitamente*: a rede completa de interconexões entre ideias simples ou primitivas e verdades, bem como aquelas que delas se seguem na lógica. E assim como, por vezes, ocorre com os dialéticos (embora apenas *per accidens*) pôr sua razão para trabalhar, também algumas vezes é destino dos matemáticos cair na esterilidade por falhar no exercício de sua razão.

> Pois realmente não há nada mais fútil do que ocupar-nos com números vazios e figuras imaginárias que parecem nos contentar no conhecimento dessas ninharias. E não há nada mais fútil do que dedicar nossas energias a provas superficiais que são descobertas mais por acaso do que por método e que têm mais a ver com nossos olhos e imaginação do que com nosso intelecto; pois o resultado é que, de certo modo, *abandonamos o hábito de usar a razão*. (1: 18; AT 10: 375, ênfase acrescentada; cf. também 1: 119f.; AT 6: 17f.)

Essa prática descuidada é imediatamente contraposta ao cultivo de "certas sementes primitivas de verdade naturalmente implantadas na mente humana" (1: 18; AT 10: 376), isto é, com o exercício da própria "luz da mente" (*mentis lumen*). Que isso se refere ao método analítico da descoberta, a reflexão através da qual o implícito se torna explícito, deve estar manifesto agora.

De que maneira, exatamente, o método analítico de reflexão de Descartes difere dos métodos lógicos de derivação dedutiva baseada na forma lógica das proposições (quantificadores e conectivos lógicos) e em definições dos termos não lógicos, talvez possa ser melhor esclarecido como se segue. A análise puramente lógica de conceitos e verdades pode ser corretamente descrita como o que torna explícito o que inicialmente é apenas implícito. Ela o faz, contudo, de maneira diferente do método analítico de reflexão. Pois aquilo que é implícito no sentido de uma consequência *lógica* implícita do que é conhecido não precisa ser conhecido, nem mesmo implicitamente. Assim, dada a lógica da palavra "conhece", "*x* conhece *p*" implica que *p* é verdadeiro; e se "*p*" implica "*q*", então "*x* conhece *p*" também implica "*q*". Mas *não* implica "*x* conhece *q*" ou que *x* tenha algum dia tido uma ideia de *q*, *nem mesmo uma ideia implícita ou vaga*.[6] Entretanto, isso é precisamente o que é implicado quando *a* (algum pensamento) contém *b* (uma certa ideia ou um certo princípio) implicitamente enquanto *capaz de se tornar explícito por reflexão analítica*. Por essa reflexão não lógica, a mente não conhece primeiro algo que desconhecia completamente; ela se torna explicitamente consciente daquilo que ela já *conhece,* embora apenas implicitamente, isto é, sem ter nunca *atentado* para o fato de que o conhece. Assim, nas Respostas às Sétimas Objeções, Descartes observa: "Meu objetivo principal tem sido sempre o de chamar a atenção para certas verdades muito simples que são inatas em nossas mentes, de tal modo que tão logo sejam salientadas a outros, estes não considerarão que jamais as ignoravam (*non putat se illas unquam ignorare*)" (2: 312; AT 7: 464).

A partir disso, parece que a reflexão lógica discursiva e mediante raciocínios deve ser considerada como (quase que literalmente) "sin-tética", visto que, através dela, a mente de fato adquire algo de novo, aumenta seu estoque existente de conhecimento pelo acréscimo de algo que anteriormente não havia apreendido de modo algum, nem mesmo implicitamente. Embora estivessem implicitamente *contidas* nas premissas das quais são logicamente derivadas, antes da derivação atual tais verdades não eram *conhecidas* nem *apreendidas* de modo algum, nem mesmo vagamente ou implicitamente. Em comparação, o atentar reflexivamente para o que já está implícito no pensamento, para o que se conheça sem saber que se conhecia, deve ser chamado de analítico, e não de sintético, pois através dessa reflexão nenhum conhecimento novo é adquirido, exceto o conhecimento de segunda ordem pelo qual já se sabia implicitamente algo que agora se conhece explicitamente. Esse é o uso que Descartes faz de "análise" e de seus cognatos. Resta agora apenas mostrar

1. que o método analítico da descoberta coincide em tudo que é essencial com o processo de reflexão analítica aqui descrito e
2. que é o método pelo qual a luz natural da razão é estendida da matemática pura para as aplicadas (as ciências especiais) e mesmo para própria metafísica, isto é, para o conhecimento metafísico de Deus e da alma.

Essas são as tarefas das próximas duas seções, respectivamente.

MÉTODO E IDEAL MATEMÁTICO

O processo pelo qual nos conscientizamos do que conhecemos sem saber que conhecemos contrasta inteiramente com os métodos formais ou procedimentos que simplesmente ignoram as "sementes da verdade" (1: 18; AT 10: 376) presentes em nós. Ainda assim, o método analítico da descoberta de Descartes não é apenas um instrumento para descoberta de primeiros princípios como pontos de partida; é também um método para avançar para outras verdades de natureza derivativa (ver também Kemp Smith, 1952: 20; e Buchdahl, 1969: 130). Ele combina, portanto, (a) a descoberta de noções e verdades simples ou primitivas com (b) a revelação de verdades mais complexas implícitas nessas "sementes da verdade" originalmente implantadas por Deus na mente. Já que, como vimos, as operações discursivas e por raciocínio podem auxiliar no avanço do ponto de partida para verdades derivadas, a síntese está intimamente próxima da análise. Consequentemente, na construção das provas *more geometrico* das Respostas às Segundas Objeções, Descartes observa:

> Distingo duas coisas envolvidas no *modo scribendi geometrico,* a ordem e a maneira de demonstrar (*ratio demonstrandi*).
>
> A ordem consiste apenas no seguinte. As coisas propostas primeiro devem ser conhecidas sem o auxílio

das seguintes, e que as seguintes devem ser dispostas de tal forma que sejam demonstradas só pelas coisas que as precedem. Empenhei-me, tanto o quanto pude, em seguir essa ordem em minhas *Meditações*. [...] Quanto à maneira de demonstrar, divide-se em duas variedades: a primeira procede por análise e a segunda, por síntese (2: 110f.; AT 7: 155f.) .

A síntese, Descartes prossegue explicando, envolve "uma longa série de definições, postulados, axiomas, teoremas e problemas, para que, caso algumas das conclusões sejam negadas, possa-se mostrar que estão contidas no que as antecede" (*ibid.*). A análise, por outro lado, "nada contém que force a crença em um leitor crítico ou pouco atento" que "deixe escapar até mesmo a menor das coisas que propõe", visto haver "muitas verdades que, embora seja vital que se lhes preste atenção, esse método com frequência não as menciona, uma vez que são claras para os que prestam atenção" (*ibid.*). No modo sintético, propõe-se inicialmente as coisas que são nelas mesmas primeiras, tornando-as explícitas no começo por definições universais, axiomas e postulados, antes de deduzir teoremas e problemas a partir delas. Prossegue-se então "*a posteriori*" (*ibid.*), voltando do efeito para a causa, isto é, das conclusões (teoremas) a serem provadas para os fundamentos delas (premissas). A análise, ao contrário, começa pelo que é primeiro para nós, a saber, as verdades particulares intuitivamente apreendidas por experiência interna, procedendo então para os conceitos universais e axiomas que uma atenção cuidadosa revela como já lhes sendo implícitos. Embora cognitivamente anteriores em si mesmos, esses últimos só são revelados pela reflexão analítica mais tarde e, por isso, a síntese, que os explicita desde o início, é de certo modo "mais *a priori*" (*ibid.*) que a análise. A análise, todavia, também é *a priori*, visto que começa com verdades que são primeiras para nós e por meio de outras, continua que são descobertas mais tarde (embora sejam primeiras em si mesmas), para uma apreensão intuitiva de ainda outros conhecimentos do mesmo modo implícitos nessas primeiras verdades e capazes de se tornarem explícitos por um processo de atenção reflexiva voltada para a experiência interna.

Em termos da doutrina, essa concepção do método das *Meditações* não apenas prefigura a resposta para Burman como não representa nenhuma mudança do ponto de vista das *Regras*. Na Regra 2, Descartes afirma que "há dois modos de se alcançar um conhecimento das coisas, por experiência e por dedução (*per experientiam vel deductionem*)".

> Devemos notar que, embora nossas experiências das coisas sejam com frequência ilusórias (*experientias rerum saepe esse fallaces*), a dedução ou inferência pura (*deductionem vero, sive illationem puram*) de uma coisa a partir de outra nunca pode ser realizada de modo falho por um intelecto que tenha um mínimo de grau de racionalidade, embora possa ser omitida se não for percebida [isto é, por "inadvertência", como diz Descartes algumas linhas depois]. Além disso, as medidas com as quais os dialéticos supõem regular a razão humana me parecem de pouca utilidade aqui, embora eu não negue que sejam muito úteis para outros propósitos. Com efeito, nenhum dos erros nos quais os homens [...] incorrem se deve a uma inferência falha; os erros se devem apenas ao fato de que os homens se fiam em certas experiências insatisfatoriamente compreendidas (*experimenta quaedam parum intellecta supponantur*), ou enunciam juízos infundados ou precipitados. (1: 12; AT 10: 365)

É surpreendente o ar de obviedade absoluta com o qual os comentadores se dispõem a considerar "experiência" como se referindo à observação empírica e "dedução" à derivação lógica (ver, por exemplo, Buchdahl, 1969: 83). No que diz respeito à "dedução", as inferências silogísticas dos "dialéticos" estão expressamente excluídas pela passagem anterior, uma vez que essas inferências lógicas indiretas a partir de premissas meramente prováveis não satisfazem a condição estabelecida na definição precedente de dedução como "tudo o que é necessariamente inferido de outras coisas conhecidas *com certeza*" (1: 15; AT 10: 369, ênfase acrescentada). A "dedução ou inferência pura de uma coisa a partir de outra" é uma questão diferente, porém. Essa expressão refere-se a inferências lógicas imediatas de um tipo muito simples. Do contrário, seria difícil perceber por que "nunca pode ser realizada de modo falho por um intelecto que tenha um mínimo de grau de racionalidade", já que erros lógicos ocorrem com bastante frequência, bem como erros em cálculos matemáticos, quando se avança além das operações mais simples. Entretanto, nas *Regras*, a inferência imediata de uma proposição a partir de outra não é diferenciada de modo preciso do processo de reflexão analítica. É por isso que Descartes sugere que o erro ocorre não apenas por não se notar as inferências que devem ser feitas, mas, sobretudo, por se escolher como ponto de partida, ou como premissas, "experiências insatisfatoriamente compreendidas", isto é, aquelas que *não* são percebidas clara e distintamente. O ponto não é apenas que não se esteja seguro acerca dessas "experiências", de tal modo que estaríamos seguros acerca de qualquer coisa inferida delas por meios lógicos; o que as torna completamente "ilusórias", e não apenas não confiáveis, é o fato de que os homens ou

1. supõem que há *mais* contido nelas que apenas aquilo que está imediatamente presente à consciência ou
2. não *atentam* com cuidado para tudo que de fato está nelas contido.

No primeiro caso, eles extrapolam e, no último, restringem o que pode ser chamado de "experiências perfeitamente compreendidas". Se isso é correto, então o termo "experiências" nas passagens anteriores se refere a experiências *internas* de conceitos e verdades imediatamente presentes à consciência, os pontos de partida do conhecimento, ao passo que "dedução" inclui (juntamente com reflexão lógica) os frutos da reflexão analítica acerca dessas mesmas ideias e axiomas inatos. O método analítico da descoberta, assim, abrange tanto *intuitius* quanto *deductio* no sentido em que esses termos são usados nas *Regras*.

Essa explicação a respeito do progresso da mente na reflexão analítica ilumina de modo interessante a observação de Heidegger (1962: 57, 80) de que a medida da influência do ideal *matemático* de conhecimento no pensamento do século XVII não é tanto sua preocupação com cálculo e métodos quantitativos, mas sim a estima da *mathesis* no sentido original grego: *Zur-Kenntnis-nehmen dessen, was wir shon haben* ("tomar conhecimento do que já conhecemos"). Tão cedo quanto nas *Regras*, Descartes nota:

> [...] visto não ser fácil rever todas as conexões conjuntamente [isto é, todas as séries completas de verdades interconectadas] e, além disso, visto que nossa tarefa não é tanto a de retê-las em nossas memórias, mas sim de distingui-las com, por assim dizer, nossas mentes afiadas (*acumen ingenij*), devemos buscar um meio de desenvolver nossa inteligência de modo que possamos notá-las imediatamente sempre que haja necessidade. Na minha experiência, a melhor maneira de fazer isso é nos acostumarmos a refletir com algum discernimento (*cum sagacitate reflectere*) sobre os mínimos detalhes (*ad minima*) das coisas por nós já percebidas antes (*quae jam ante percepimus*) (1: 22ff.; AT 10: 384).

Em resumo, nada melhor que a atenção reflexiva ("refletir com algum discernimento") aos "mínimos detalhes" daquilo de que somos conscientes pré-reflexivamente ("coisas por nós já percebidas antes"). Descartes usa também o termo *perspicuitas* nas *Regras* para essa consciência pré-reflexiva, de modo que *perspicuitas* e *sagacitas* correspondem, em essência, aos termos tardios *conscientia* (ou *cognitio interna*) e *reflecter* (no sentido de "atenção reflexiva"; cf. 3: 335; AT 5: 149). Embora discernimento ou "sagacidade na dedução metódica de uma coisa a partir de outra" seja justaposto a "perspicácia na intuição distinta de coisas particulares" (1: 33; AT 10: 400), ambos são, entretanto, estágios contínuos em um processo em progressivo desenvolvimento de intuição ou de indução intuitiva. Eles "parecem se unir em uma única operação", como observa Descartes, *"por um único movimento de pensamento*, por assim dizer, que envolve intuir cuidadosamente uma coisa e passar de uma vez a outras" (1: 38; AT 10: 408, ênfase acrescentada). Pouco importa se são chamados de *insight* e "inferência", "consciência" e "reflexão", "perspicuidade" e "sagacidade", ou, como Descartes parece preferir nas *Regras*, "intuição" e "dedução". O que está em questão é a compreensão correta do método de Descartes. O ponto central é que a dedução não pode ser igualada à inferência lógica, sendo, em vez disso, uma questão de foco de atenção de modo seletivo em tudo o que está implicitamente contido em uma única intuição, tornando assim explícito o que é primeiramente conhecido apenas implicitamente. Parece claro que este é o método descrito na seção precedente sobre a ordem da intuição; resta mostrar que é idêntico à *mathesis universalis* que Descartes descobriu primeiramente por meio de seu trabalho em matemática pura, defendendo subsequentemente sua extensão para a matemática aplicada, antes de se dar conta de sua importância vital para a própria metafísica.

MATEMÁTICA UNIVERSAL, METAFÍSICA E FÍSICA

Nas *Regras*, Descartes observa que as ciências aplicadas como "astronomia, música, ótica, mecânica, entre outras" têm tanto direito de serem chamadas de "matemáticas" quanto as ciências puras da aritmética, geometria e álgebra (1: 19; AT 10: 378). A *mathesis universalis* abstrata que ele segue descrevendo é uma ciência até mesmo mais geral que a aritmética pura e a geometria (*mathesis vulgaris*), uma vez que se desvia dos temas de todas as disciplinas particulares, limitando-se a "questões de *ordem* e *medida*" (*ibid.*, ênfase acrescentada). Ao distinguir o simples do complexo referindo-se a "um terceiro termo" (cf. 1: 65; AT 10: 451), a uma "*medida* comum" (*ibid.*, ênfase acrescentada), essa "verdadeira matemática" (1: 19; AT 10: 377) reduz o complexo ao mais simples, e o mais simples ao mais simples de todos, começando toda investigação pelo mais simples e seguindo depois para o mais complexo, de acordo com a *ordem* correta.

É tentador interpretar "ordem e medida" de modo tão estrito que o conceito de uma *mathesis universalis* fique "restrito à esfera de magnitudes mensuráveis e relações de magnitude" (Mittelstraß, 1978: 192). Por fim, Descartes relata que seu método havia sido aplicado com êxito, até então (Regra 2), apenas às matemáticas puras, e toda a questão de regredir de uma matemática pura para uma matemática ainda mais universal é, manifestamente, demonstrar a possibilidade (ou antes a necessidade) de estender o método a todas as coisas físicas que admitem tratamento matemático. A Regra 12 ilustra como isso é possível no caso da teoria da cor (1: 40ff.; AT 10: 413), enquanto a Regra 13 explica como "todos os problemas [físicos] imperfeitos podem ser reduzidos a problemas perfeitos [matemáticos]" utilizando-se o exemplo do som (1: 52; AT 10: 431).

No entanto, a preferência de Descartes pelo uso de exemplos de proporções puramente numéricas, proporções de extensão e outras matemáticas puras e aplicadas fornece apoio insuficiente para essa interpretação restritiva. Na Regra 4, ele inequivocamente afirma: "essa disciplina deve conter os principais rudimentos da razão humana e estende-se à descoberta das verdades *em qualquer que seja o campo (ad veritates ex quovis subjecto eliciendas se extendere debet)*" (1: 17; AT 10: 374).[7] E, embora a ciência universal da ordem e da medida, descrita de modo mais completo nas Regras 5 e 6, seja ilustrada na sequência por exemplos predominantemente (embora não exclusivamente) extraídos da matemática e da física, ambas as regras sugerem que a *ordem* é melhor e mais amplamente compreendida em termos das *relações de prioridade e posterioridade*, ao passo que *medida* deve ser interpretada à luz da distinção geral entre *variedades do simples e do complexo* (ou "absoluto" e "relativo", como os designa Descartes de modo ainda mais geral, na Regra 6). Assim, quando Descartes, na Regra 6, escreve que "devemos atentar ao que é mais simples em cada série de coisas [...] e observar como todo o resto é mais ou menos ou igualmente afastado do mais simples", ele entende "o mais simples" como a "medida comum" do mais complexo, isto é, considera o mais simples como uma "natureza comum" (1: 57; AT 10: 440), e as naturezas comuns como medidas comuns do complexo. Se isso é correto, então a discussão sobre ordem e medida antecipa aspectos centrais do método analítico da descoberta, e é incorreto supor que esse método não possa ser aplicado fora da matemática pura e da física matemática a proposições simples e complexas expressando temas metafísicos como Deus e a alma.[8]

Não apenas essa restrição parece contrária ao sentido explícito das Regras 5 e 6 como opõe-se também ao tratamento paralelo dos exemplos da matemática e da metafísica na Regra 12, na qual Descartes distingue entre "conjunções" necessárias e meramente contingentes de naturezas simples, extraindo exemplos das primeiras a partir da matemática e da metafísica:

> [...] se digo que a soma de 4 e 3 resulta 7, a composição é necessária, pois não temos uma concepção distinta do número 7 *a menos que nela se inclua de um modo confuso 3 e 4*. Da mesma maneira, o que quer que demonstremos acerca de figuras ou números necessariamente se relaciona com aquilo que é afirmado. Isso se aplica necessariamente não apenas a coisas que podem ser percebidas pelos sentidos [isto é, *res corporeae*, inclusive objetos matemáticos puros] como também a outras. Se, por exemplo, Sócrates afirma que duvida de tudo, segue-se necessariamente que ele compreende ao menos que está duvidando e, portanto, sabe que alguma coisa pode ser verdadeira ou falsa, etc.; pois há uma conexão necessária entre esses fatos e a natureza da dúvida (1: 46; AT 10: 421, ênfase acrescentada; sobre Sócrates, cf. também 1: 53; AT 10: 433).

Não há aí a menor indicação de que Descartes veja alguma diferença entre o exemplo matemático considerado anteriormente e o processo de reflexão analítica sobre a dúvida pelo qual Sócrates descobre o que é a verdade. Essa descoberta pertence à *metafísica*: "Minha compreensão do que é uma coisa [ou substância], do que é verdade [ou certeza] e do que é pensamento parece derivar simplesmente da [reflexão sobre a] minha natureza" (2: 26; AT 7: 38) enquanto coisa pensante certa de sua própria existência. Surpreende que Descartes não tenha incluído "existência" (a ideia metafísica *par excelence*) nessa lista de suas ideias inatas, mas esta é mencionada juntamente com "pensamento" em sua resposta à primeira das objeções quanto ao caráter primitivo do *cogito* citado anteriormente. Quanto à ideia de Deus, uma Carta a Vœtius a emprega para fins de ilustração após descrever em termos gerais a maneira pela qual o conhecimento implícito se torna explícito pelo processo de reflexão analítica: "todas as coisas cujo conhecimento diz-se ser naturalmente implantado em nós não são, por essa razão, expressamente conhecidas por nós; elas o são simplesmente de tal modo que passamos a conhecê-las [explicitamente] *pelo poder de nossa própria inteligência inata, sem experiência sensorial*" (3: 222f.; AT 8B: 167, ênfase acrescentada). Ao que se seguem exemplos a esse respeito, inclusive a ideia metafísica de Deus.

> Todas as verdades geométricas são desse tipo – não apenas as mais triviais, mas todas as outras, não importando o quão

abstrusas possam parecer. Donde, segundo Platão, Sócrates pergunta a um jovem escravo sobre os elementos da geometria e faz então com que o rapaz seja capaz de descobrir em sua própria mente certas verdades que não tinha previamente reconhecido estarem lá, tentando assim estabelecer a doutrina da reminiscência. *Nosso conhecimento de Deus é desse tipo.* (*Ibid*.; ênfase acrescentada)

A partir disso, parece claro que todos (como Beyssade, 1979: 237ff., e Röd, 1971: 51f.) aqueles que enfatizam a afinidade entre o procedimento matemático e o metafísico estão corretos – sem apreciar talvez toda a extensão do processo de reflexão analítica ou indução intuitiva que Descartes tem em mente quando escreve: "a aritmética e a geometria [...] consistem inteiramente em deduzir conclusões por meio de argumentos racionais (*in consequentiis rationabiliter deducendis*)" (1: 12; AT 10: 365).

Isso quanto à matemática universal e à metafísica. Quanto à física, é lugar-comum que Descartes tenha reconhecido um limite entre coisas cognoscíveis *a priori*, como os princípios ou fundamentos da filosofia da natureza, e as explicações de fenômenos físicos particulares, tais como calor, luz, som, refração, gravidade, magnetismo e circulação do sangue. Como insistem corretamente os intérpretes preocupados em resgatar Descartes do estereótipo racionalista, o segundo tipo de explicação só pode ter êxito recorrendo-se a experimento ou observação (cf. Gewirtz, 1941, e *ibid*., n.1 para referências aos primeiros comentadores franceses que insistem nesse ponto; além disso, McRae, 1961: 64ff.; Buchdahl, 1969: 87, 96, 119ff., etc.; também Clarke, 1981: cap. 4, e muitos outros). Claro, a razão de Descartes para insistir na necessidade de investigação empírica é caracteristicamente metafísica: "o artesão supremo do mundo real poderia ter produzido tudo o que vemos de muitas maneiras diferentes" (*Princípios*, IV, 204; 1: 289; AT 8A: 327), todas elas compatíveis com a estrutura da matéria imediatamente intuída e com os princípios mecanicistas gerais conhecidos *a priori* como necessariamente verdadeiros em qualquer mundo que somos capazes de conceber; a observação, então, é necessária para se determinar que mundo Deus escolheu. Contudo, com certeza, é relativamente menos claro *o quanto* dessa ciência da natureza Descartes realmente considerava capaz de apresentar de forma semelhante a um sistema formal axiomatizável.

Parece razoável supor que a situação relativa à física pura e à física empírica é comparável àquela relativa à verdade necessária e à verdade contingente. Descartes mantém essa distinção, embora a linha de demarcação seja diferente da que hoje traçamos, pois inclui no reino da necessidade todos os conceitos básicos e as leis mais universais da física. É por isso que o método da *ordo et mensura* é aplicável a porções das ciências matemáticas aplicadas (por exemplo, astronomia, música, ótica, etc.) que hoje consideramos que exigem um tipo diferente de tratamento. É verdade que Descartes considerava essas ciências como incapazes de progredir muito sem recorrer a suposições ou hipóteses subsidiárias que não são mais acessíveis do que as certezas morais; mas além dos princípios mais gerais comuns a todas elas, ele com certeza considerava os primeiros princípios próprios de cada ciência como passíveis de ser tratados por um método *a priori*. Se o paralelo com as verdades necessárias e as verdades contingentes se aplica, é certo que tudo (embora não seja certo o quanto) o que hoje em dia se considera como hipotético fosse considerado por Descartes como cognoscível *a priori* por meio do método analítico de descoberta de verdades necessárias.

Visto que Descartes é tão otimista em relação ao que se insere sem problemas no escopo de sua ciência "dedutiva" puramente formal, torna-se difícil limitar a *mathesis universalis* a "uma teoria geral de quantidades e proporções" (Mittelstrasβ, 1979: 597), excluindo da sua esfera rigorosa tudo o que não for o que ele descreve como "os princípios de minha física" (3: 157; AT 3: 233; cf. também 2: 397; AT 7: 602). Do mesmo modo, será difícil manter uma distinção precisa entre *mathesis universalis* e *scientia* ou *sapientia universalis*, isto é, entre uma "ciência unificada" e um método científico universal (Mittelstrasβ, 1978: 177f.; cf. McRae, 1961: 62). A conclusão mais segura, no que diz respeito a Descartes, é que falar em uma "unidade lógica da ciência" (*ibid*.: 179) envolve uma ambiguidade entre

1. a interconexão lógica completa de todas as ciências particulares e
2. uma "unidade metodológica", um único *Organon* ou método para todas as ciências (*ibid.*).

Descartes parece querer dizer as duas coisas por *scientia*, *sapientia* ou (que é sinônimo) *mathesis universalis*. Ele tem em mente um método cujo campo de aplicação é coextensivo à esfera, ainda que definida de modo impreciso, da própria razão pura.[9]

CONCLUSÃO

O método aqui descrito obviamente tem uma ligação direta com a questão de saber se Descartes pode ou não ser legitimamente chamado de racionalista. É consenso geral que a resposta depende do seu grau de comprometimento com (1) uma doutrina robusta de inatismo juntamente com (2) um modelo de estrutura lógica da ciência padronizado segundo sistemas formais, axiomatizáveis. Se a concepção aqui exposta está correta, o compromisso de Descartes com (1) é indisputável. Quanto à (2), as ciências matemáticas, com efeito, fornecem a Descares um modelo universal de conhecimento científico, pois exemplificam de modo importante o método analítico da descoberta, cuja abrangência completa ele só descobre gradativamente, ao aplicá-lo primeiramente às ciências especiais e depois a própria metafísica. Se compreendermos *deductio* como Descartes de fato explica nas *Regras*, a saber, não como uma dedução lógica, mas como o processo da mente descrito anteriormente como reflexão analítica, análise reflexiva e indução intuitiva, podemos efetivamente afirmar que o método das ciências matemáticas é dedutivo, bem como paradigmático, para as ciências *a priori* (ou as partes *a priori* das ciências) em geral. Mas isso não é o que usualmente querem dizer aqueles que veem Descartes como mais um filósofo racionalista estranhamente servil ao método geométrico. Mesmo onde a diferença entre os métodos analítico e sintético não passa despercebida, ambos são raramente distinguidos de modo exato. Só à luz de tal distinção pode-se começar a compreender as regras do método apresentadas na Segunda Parte do *Discurso*.

AGRADECIMENTOS

Meus agradecimentos à *University of Toronto Press* por permitir reproduzir aqui material do meu livro *Insight and inference: Descartes's founding principle and modern philosophy* (1999). Para um tratamento completo e especializado a respeito do método cartesiano, incluindo discussão da literatura relevante em inglês, francês e alemão, esse trabalho deve ser consultado.

NOTAS

1. Cf. Williams (1962: 91): "Essa passagem é contraditória com relação a que citei antes? Burman achou que sim", Por outro lado, McRae (1972: 39): "Burman se pergunta se essa [passagem das Respostas às Segundas Objeções] é consistente com o que Descartes afirma nos *Princípios*, I, 10. Claramente parece o contrário".
2. Esse modo de conciliar as passagens em que Descartes fala de conhecimento de princípios universais, ora como anterior ao das instâncias particulares, ora posterior, parece preferível à sugestão de Wilson de que Descartes "simplesmente não conseguiu se decidir" (Wilson, 1978: 57).
3. Markie (1992: 170) simplesmente despreza essa distinção, observando a respeito da passagem da conversação com Burman: "A diferença entre conhecimento implícito e explícito me escapa".

4. Conforme a resposta indignada a Bourdin, autor das Sétimas Objeções: "Sua intenção aparente é persuadir as pessoas de que eu não aprovo o modelo silogístico de argumento e que, por isso, meu método não é racional. Mas isso é falso, como fica claro nos meus escritos, onde estou sempre disposto a usar silogismos quando a ocasião requer" (2: 355; AT 7: 522).

5. Kemp Smith (1952: 57f.) é particularmente arguto sobre esse ponto. Como ilustração, ele emprega o princípio de Descartes "coisas que são o mesmo que uma terceira coisa são iguais entre si [simbolicamente: se A=B e B=C, então A=C]" (1: 45; AT 10: 419) como a premissa maior do seguinte silogismo: todas as coisas que são idênticas a uma mesma coisa são idênticas entre si; A e C são coisas iguais à mesma coisa, B; logo, A e C são iguais entre si. Descartes admite, observa Kemp Smith, que esse silogismo apresenta as condições nas quais se apoia a verdade da conclusão. Mas o que ele pretende enfatizar é que "tomar esse caminho indireto *propicia esconder a visão do caminho pelo qual a conclusão pode ser alcançada*" (ênfase acrescentada). Isso capta de modo exato a fonte da insatisfação de Descartes com silogismos. Mas o caminho assim ocultado é o mesmo caminho ou progresso da mente descrito na *Conversação com Burman*? Tudo na análise de Kemp Smith sugere que sim. O que é expresso na premissa menor do silogismo, escreve ele, é "a condição material [...] para que A e C sejam iguais à mesma terceira coisa, B". Isso "é o todo da inferência": conhecer essa premissa menor, isto é, intuir as naturezas simples que sustentam A, B e C e as relações entre elas é, na verdade, "conhecer todo o assunto". No entanto, *o modo pelo qual a premissa menor é conhecida não só não é explicado como é, na verdade, obscurecido pela forma silogística*. Essa é exatamente a reclamação de Descartes. Quanto às "condições formais expressas na premissa maior", verdades particulares concretas não precisam ser deduzidas de verdades universais abstratas, visto que possuem "a mesma validade intrinsecamente não derivada" (*ibid*.). Trata-se de um só e mesmo processo de intuição pelo qual conhecemos verdades particulares e "apreendemos as universais correspondentes" (*ibid*.). Assim, que "dois mais dois e três mais um sejam ambos iguais a quatro e, portanto, iguais entre si, são verdades tão certas quanto o axioma que evidencia que coisas iguais à mesma coisa são iguais entre si; e, como [Descartes] afirma depois, devemos apreender intuitivamente as verdades particulares se quisermos estar em posição de discernir e aprovar a verdade geral mais ampla" (*ibid*.). O paralelo com a *Conversação com Burman* é inequívoca. Ver também o tratamento de Curley a respeito do mesmo exemplo (1978: 29ff.).

6. Conforme Edgley (1970: 14) sobre "a tentação de pressupor que toda inferência que alguém reconhece como verdadeira deva também ser verdadeira". Também Curley (1978: 28): "O princípio 'se *p* implica *q*, então (*a* conhece que *p*) implica (*a* conhece que *q*)' é muito tentador em casos em que a inferência de *q* a partir de *p* é óbvia.

7. Em Carta a Mersenne de 27 de fevereiro de 1637 concernente ao *Discurso* e aos ensaios a ele anexados, Descartes afirma: "Inseri uma certa quantidade de metafísica, de física e de medicina na abertura do *Discurso* para mostrar que meu método se estende a tópicos de todos os tipos" (3: 53; AT 1: 349), até mesmo à metafísica. Isto está, no mínimo, sugerido também em 1: 12f.; AT 6: 21 do *Discurso*.

8. McRae (1961: 62f.) sugere que a *mathesis universalis* deve ser considerada como "a ciência da 'ordem e da medida', enquanto o método ainda mais universal, comum a todas as ciências, é a ciência da 'ordem'." Entretanto, é difícil perceber como pode haver uma ordem sem que haja alguma medida no sentido de transferência de um padrão (seja um ideal ou uma unidade) em relação ao qual os itens são ordenados ou "priorizados". Sobre o sentido próprio e de transferência de *mensura*, ver a paráfrase feita por Mahoney (1982: 169) de uma passagem do *Scriptum super libros Sententiarum* de Santo Tomás (ca. 1256): "Uma medida (*mensura*) no sentido próprio do termo é aquilo pelo qual a quantidade de uma coisa (*quantitas rei*) se torna conhecida. No gênero da quantidade, é o mínimo do gênero – a saber, a unidade – que fornece a medida. No entanto, o termo 'medida' (*mensura*) foi transferido (*transumptum*) a todos os gêneros, de tal modo que se diz que aquilo que é primeiro, mais simples e mais perfeito em cada gênero é a medida de tudo o mais nesse gênero". Uma distinção semelhante é nesta época traçada por uma variedade de outros pensadores medievais e da Renascença.

9. Sobre a questão de saber se a *mathesis universalis* é absolutamente universal ou restrita às ciências matemáticas e matematizáveis, ver também a definição de "método" na Regra

4: "Por 'um método' quero dizer regras fáceis de aplicar e de tal modo que, se seguidas com exatidão, nunca se tomará o falso como verdadeiro ou se desperdiçará esforços mentais [naquilo que está além da compreensão], mas, gradativamente e com constância, aumentar-se-á o conhecimento (*scientia*) até se atingir uma compreensão verdadeira de tudo o que se é capaz (*omnium quorum erit capax*)". Com base nisso, Vollrath (1962: 280, 282) descreve a *mathesis universalis* de Descartes – um tanto incorretamente – como um *cognitio omnium*.

REFERÊNCIAS E LEITURAS ADICIONAIS

Beyssade, J.-M. (1979). *La Philosophie Première de Descartes*. Paris: Flammarion.

Buchdahl, G. (1969). *Metaphysics and the Philosophy of Science. The Classical Origins: Descartes to Kant*. Cambridge, MA: MIT Press.

Clarke, D.M. (1981). *Descartes' Philosophy of Science*. University Park: Pennsylvania State University Press.

Curley, E. M. (1978). *Descartes Against the Sceptics*. Cambridge, MA: Harvard University Press.

Curley, E. M. (1986). "Analysis in the *Meditations*". In A. Rorty (ed.). *Essays on Descartes' "Meditations"*. Berkeley: University of California Press, p. 153-176.

Edgley, R. (1970). "Innate Ideas". In *Royal Institute of Philosophy Lectures*, vol. 3: *Knowledge and Necessity*. Londres: Macmillan/St. Martin's Press, p. 1-33.

Gewirtz, A. (1941). "Experience and the non-mathematical in the Cartesian method". *Journal of History of Ideas* 2(2), p. 183-210.

Heidegger, M. (1962). *Die Frage nach dem Ding*. Tübingen: Max Niemeyer.

Hoenen, P. (1937). "Le *cogito, ergo sum* comme intuition et comme mouvement de pensée". In *Cartesio nel terzo Centenario del "Discorso del Metodo"*. Milão: Società Editrice "Vita e pensiero", p. 457-471.

Kemp Smith, N. (1952). *New Studies in the Philosophy of Descartes*. Londres: Macmillan.

McRae, R. (1961). *The Problem of the Unity of the Sciences: Bacon to Kant*. Toronto: University of Toronto Press.

McRae, R. (1972). "Innate ideas". In R. J. Butler (ed.). *Cartesian Studies*. Oxford: Blackwell, p. 32-54.

Mahoney, E. (1982). "Metaphysical foundations of the hierarchy of being according to some late-medieval and Renaissance philosophers". In P. Morewedge (ed.). *Philosophies of Existence*. Nova York: Fordham University Press.

Markie, P. (1992). "The *cogito* and its importance". In J. Cottingham (ed.). *The Cambridge Companion to Descartes*. Cambridge: Cambridge University Press, p. 140-173.

Mittelstraβ, J. (1978). "Die Idee einer *Mathesis Universalis* bei Descartes". *Perspektiven der Philosophie*, vol 4.

Mittelstraβ, J. (1979). "The philosopher's conception of *Mathesis Universalis* from Descartes to Leibniz". *Annals of Science*, 36, p. 593-610.

Röd, W. (1971). *Descartes' Erste Philosophie. Versuch einer Analyse mit besonderer Berücksichtigung der Cartesianischen Methodologie*. Bonn: Bouvier Verlag Herbert Grundmann.

Vollrath, E. (1962). "Die Gliederung der Metaphysics in eine *Metaphysica Generalis* und eine *Metaphysica Specialis*". *Zeitschrift für Philosophische Forschung*, 16 (2), p. 259-284.

Williams, B. (1962). "The certainty of the *cogito*". In W. Doney (ed.). *Descartes: A Collection of Critical Essays*. Notre Dame, IN: University of Notre Dame Press: 88-107 (tradução de um artigo publicado originalmente em francês em *Cahiers de Royaumont, Philosophie* nº IV: *La Philosophie Analytique*. Paris: Minuit: 40-57).

Wilson, M. (1978). *Descartes*. Londres: Routledge e Kegan Paul.

10
O uso cartesiano da dúvida

DAVID OWENS

Na Segunda Parte do *Discurso do Método*, encontramos uma resolução que merece de ser notada:

> [...] no tocante a todas as opiniões que até então dera crédito, o melhor a fazer seria esforçar-me para livrar-me delas, de uma vez para sempre, a fim de substituí-las em seguida ou por outras melhores, ou então pelas mesmas, depois de tê-las ajustado ao padrão da razão (1: 117; AT 6: 14).

Surgem duas questões: o que são essas "opiniões" às quais Descartes deu crédito até então? E qual é o "padrão da razão" segundo o qual elas devem ser julgadas?

No início da Primeira Meditação, Descartes nos diz que suas opiniões vêm ou "dos sentidos ou pelos sentidos" (2: 12; AT 7: 18). Aquelas que vêm *dos* sentidos, Descartes chama de "ensinamentos da natureza". Por exemplo, a natureza ensina que há objetos no mundo que me cerca que são semelhantes às ideias que recebo dos sentidos relativas à figura e cor, etc. (2: 26; AT 7: 38). As opiniões que vêm *pelos* sentidos são as opiniões de outros, que ouço e preservo pela memória (1: 218-220; AT 6: 35-38). Na infância, Descartes assimilou tanto os ensinamentos da natureza quanto os da sociedade e agora, já bem adulto, sustenta que essas opiniões são as "mais verdadeiras" (2: 12; AT 7: 18). Assim, as "opiniões" de Descartes incluem quase todas as crenças com as quais ele se depara no início de sua investigação.

Descartes não está satisfeito com essas opiniões. Por exemplo, ele afirma que

> quando digo que a "Natureza me ensina a pensar assim", entendo por isso apenas que um impulso espontâneo me leva a acreditar nisso e não que sua verdade me tenha sido revelada por uma luz natural (2: 26-27; AT 7: 39).

Claramente, Descartes pensa haver um padrão mais alto ao qual deveria conformar-se e expressa isso na Primeira Meditação.

> A razão me persuade de que eu deveria cuidadosamente suspender meu assentimento acerca de opiniões que não sejam completamente certas e indubitáveis assim como faço com relação àquelas que são manifestamente falsas. Desta forma, o menor motivo de dúvida que eu nelas encontrar bastará para me levar a rejeitar todas as minhas opiniões. (2: 12; AT 7: 18)

Aparentemente, portanto, Descartes pretende abandonar quase todas as suas crenças até que encontre razões para sustentá-las, tornando-as "certas e indubitáveis".

Tem havido muito debate acerca de como interpretar essas afirmações. Argumentou-se que a certeza cartesiana é um ideal ao qual aqueles que creem devem aspirar, e não um padrão a que toda crença razoável deve satisfazer. E, de fato, ao final da Primeira Meditação, Descartes reconhece que as crenças que pretende pôr em questão são "opiniões muito prováveis – opiniões nas quais, embora sejam duvidosas de alguma maneira [...], é muito mais razoável acreditar do que negá-las" (2: 15; AT 7: 22). Essa afirmação é importante porque mostra que o ceticismo cartesiano admite que temos evidências substanciais, apesar de inconclusivas, para várias de nossas opiniões. Mas Descartes não afirma aqui que acreditar em *p* seja razoável desde que haja evidências que tornem *p* muito provável (*pace* Broughton, 2002: 46, 87-88; ver também MacArthur, 2003: 169); ele diz apenas que se as evidências tornam *p* muito provável, então acreditar em *p* é mais razoável do que acreditar em não-*p*, um ponto que o interessa pois está considerando a possibilidade de adotar a suposição de que suas opiniões sejam efetivamente falsas. De acordo com tudo que nos é dito na passagem citada, na ausência de certeza, a única opção razoável – *tout court* – é o agnosticismo. Como veremos, ao considerar essa mesma questão na Quarta Meditação, isso é exatamente o que ele diz (ver também 2: 53; AT 7: 77).

Tem-se sustentado também que o padrão de certeza só deve ser aplicado a crenças em um contexto especial, no contexto da investigação científica ou no decorrer de nossa busca por conhecimento. (Ver Frankfurt, 1970: cap. 2; Wolterstorff, 1996: 180-218. Comparar com Broughton, 2002: 7-18, 42-61; Burnyeat, 1997: 118-120; Wilson, 1978: 42-49). Essa leitura se apoia na repetida insistência de Descartes de que seu Método da Dúvida não tem aplicação na vida prática.

> No que diz respeito à conduta da vida, estou longe de pensar que devemos assentir apenas àquilo que percebemos claramente. Ao contrário, não penso que devamos esperar nem mesmo por verdades prováveis; algumas vezes, teremos que escolher uma de muitas alternativas sobre as quais não temos qualquer conhecimento (2: 106; AT 7: 149; ver também 2: 15; AT 7: 23; 2: 172; AT 7: 248; e 2: 243; AT 7: 351).

Alguns intérpretes concluem, com Frankfurt, que a dúvida da Primeira Meditação é "puramente metodológica" ou que Descartes não pretende que a regra da certeza seja uma "regra ordinária que se aplica à crença consciente" (Broughton, 2002: 46).

Neste capítulo, pretendo argumentar que Descartes reconhece a existência de diversos estados representativos governados por diferentes padrões normativos. Crença, ou juízo, é apenas um desses estados, um estado governado em todos os contextos pela regra da certeza. As reflexões céticas da Primeira Meditação são voltadas contra as nossas crenças ou juízos. Porém, no que se refere a coisas práticas, frequentemente é apropriado evocar um outro estado representativo no processo de decisão a respeito do que fazer. Esses estados – conjecturas – não são governados pela regra da certeza e, portanto, são imunes às reflexões céticas da Primeira Meditação.

Muitos comentadores supõem que toda a argumentação cética de Descartes na Primeira Meditação gira em torno da hipótese radical de estarmos sempre sonhando ou da ideia de um enganador todo-poderoso. Mas se, como defendo, o que orienta o ceticismo de Descartes é simplesmente a exigência de certeza, essas hipóteses devem ter um papel mais específico. Ao reexaminar o argumento da Primeira Meditação na Sexta Meditação, Descartes lembra que, quando confiava nas sensações "[teve] muitas experiências que pouco a pouco arruinaram o crédito que dera aos sentidos" (2: 53; AT 7: 77), e cita exemplos de torres que pareciam redondas à distância, mas, de perto, pareciam quadradas, e coisas assim. Só então menciona que "a essas razões para duvidar, acrescentei recentemente duas outras bastantes gerais", quais sejam, os argumentos do sonho e do gênio maligno. Em outro lugar, argumentei que este último foi introduzido por um motivo bastante específico: para minar diretamente nossa crença geral na existência de objetos distribuídos em um espaço que nos circunda. E eles fazem isso da exata maneira como o erro sensorial comum abala nossas convicções acerca do que presentemente está diante de nós, privando-nos de certeza (Owens, 2000: 119-124).

Este capítulo tem duas partes. Nas duas primeiras seções, apresento as razões de Descartes para pensar que as crenças operam segundo uma exigência epistêmica estrita enunciada na Primeira Meditação. Descartes precisa nos dizer por que a não satisfação da exigência de certeza pode fazer com que uma pessoa razoável abandone sua crença, e, como vou defender, a Quarta Meditação contém uma resposta convincente a essa questão. Nas duas últimas seções, mostrarei que, para Descartes, há modos de se representar o mundo para os quais essa resposta não se aplica e que, portanto, não estão sujeitos à exigência de certeza.

O PAPEL DA REFLEXÃO

Tendo destruído a maioria das nossas convicções na Primeira Meditação, na Segunda e na Terceira Meditações Descartes dirige nossa atenção para crenças que, aparentemente, não podem ser abaladas do mesmo modo, crenças que são certas. Quando chegamos à Quarta Meditação, Descartes se dispõe a recuar e dar uma explicação a respeito de como nossa faculdade de julgar opera: tendo como contexto a experiência de fracasso seguido de algum êxito epistêmico, estamos agora prontos para descrever o mecanismo subjacente. A Quarta Meditação é o local óbvio para se buscar a explicação sobre Descartes de por que uma crença razoável requer certeza.

Eis o que encontramos. Descartes começa considerando um caso em que

> [A] [...] meu intelecto ainda não chegou a nenhuma razão que me persuada de uma coisa mais que de outra. Isso pressupõe, obviamente, que sou indiferente quanto a asserir ou negar qualquer uma das alternativas, ou mesmo se devo abster-me de dar algum juízo a esse respeito (2: 41; AT 7: 59).

Descartes imediatamente prossegue:

> [B] Além disso, essa indiferença não se aplica apenas aos casos em que o intelecto é inteiramente ignorante, mas geralmente também a todos os casos em que o intelecto não tenha conhecimento suficientemente claro no momento em que a vontade delibera. Pois, embora conjecturas prováveis possam inclinar-me em uma direção, o tão-só conhecimento de que sejam apenas conjecturas, e não razões certas e indubitáveis, basta para dirigir meu assentimento na direção oposta (*ibid.*).

A partir disso, Descartes extrai imediatamente a seguinte conclusão:

> [C] Se, entretanto, simplesmente me abstenho de formular juízos em casos em que não percebo a verdade com clareza e distinção suficientes, é claro que me comporto corretamente e evito o erro. Mas se, nesses casos, afirmo ou nego, então não uso corretamente meu livre arbítrio (*ibid.*).

Sem "razões certas e indubitáveis", faltam-nos "clareza e distinção suficientes". Nesta seção, proponho uma leitura das passagens anteriores, deixando o tratamento de objeções para a seção seguinte.

Na passagem [A], Descartes afirma que se a evidência em favor de *p* não é maior que a em favor de não-*p*, isso "obviamente implica que estou indiferente" a respeito de *p*. Seria mesmo assim? Aqueles que são escapistas e os crentes descuidados são, com frequência, negligentes quanto à evidência. Por que não posso "eu" ser um deles? Descartes está aqui chamando nossa atenção para o seguinte fato: alguém que julgue que a evidência em favor de *p* não é maior que a que é contrária a *p* ("meu intelecto ainda não chegou a nenhuma razão que me persuada") não pode chegar a crer que *p* por julgar que *deveria* crer que *p* dada essa evidência ("sou indiferente quanto a asserir ou negar qualquer uma das alternativas"); a reflexão sobre tais evidências o fará a sentir-se indiferente quanto às duas proposições. Essa pessoa está na mesma situação de alguém solicitado a ter uma posição sobre se o número de estrelas é par ou ímpar; ela pode descobrir que dispõe de uma crença não fundamentada a esse respeito, mas não poderia chegar a uma posição refletindo sobre o que considerava ser *razões para crer*.

Descartes não está aqui apresentando seus próprios padrões de epistêmicos; ao contrário, está adquirindo seu padrão a partir de um fato acerca da crença, a saber, que quando os seres humanos refletem sobre que proposição escolher quando duas proposições são incompatíveis, mas igualmente bem fundamentadas, esse processo de reflexão não gera uma inclinação para crer em uma ou em outra. Quando há forças motivacionais independentes da reflexão, é possível que se tome uma posição, mas no que se aplica à reflexão sobre o que lhe parece uma boa razão, aquele que crê permanece agnóstico acerca do assunto. O que deveria nos convencer é a "experiência própria a cada um". Embora esses fatos sobre nossa psicologia motivacional sejam "evidentes", não podem ser provados por "argumento racional" (2: 259; AT 7: 377).

Ainda estamos muito longe de uma exigência por certeza, mas a passagem [A] nos diz algo sobre o funcionamento do ceticismo cartesiano. Descartes se dedica a abalar nossas crenças através da demonstração de que elas, do modo como efetivamente são constituídas, não atendem a uma exigência que nós mesmos reconhecemos. E se a exigência por certeza deve ser o motor de um ceticismo eficaz, é essencial que Descartes proceda assim. Se ele recorrer a um padrão de justificação com o qual aqueles que acreditam já não estejam, de algum modo, comprometidos, o mais provável é que a dúvida deles se dirija ao padrão de Descartes e não às crenças que ele pretende criticar.

Examinemos o restante da citação. A passagem [B] sugere uma exigência mais forte no que se refere a crenças razoáveis: que a crença em *p* deve estar apoiada em "razões certas e indubitáveis", isto é, em evidência *conclusiva* em favor de *p*. Mais uma vez essa pretensão se apoia em uma afirmação acerca do que ocorre quando *refletimos* sobre nossas razões: "... embora conjecturas prováveis possam inclinar-me em uma direção, o tão-só conhecimento de que sejam apenas conjecturas, e não razões certas e indubitáveis, basta para dirigir meu assentimento na direção oposta". Isso confirma nossa hipótese anterior de que Descartes está pondo à prova a adequação de certas razões perguntando se a reflexão sobre elas pode motivar a crença. Segundo essa leitura, não é surpreendente que Descartes, na passagem [C], passe desse ponto para a conclusão de que a certeza é, de fato, o padrão normativo correto para uma crença.

É possível nos questionarmos acerca da plausibilidade das afirmações de Descartes sobre a indiferença reflexiva. Será que realmente sinto indiferença relativamente a dever crer em *p* ou em não-*p* quando há forte evidência (embora não conclusiva) em favor de *p*? Não é verdade que, com frequência, formo a crença que *p* nessas circunstâncias porque penso ter evidência suficiente para *p*? Na próxima seção, tratarei dessa questão, mas antes quero relacionar as passagens anteriores da Quarta Meditação com as dúvidas da Primeira.

O "eu" das passagens anteriores consiste em um deliberante epistêmico engajado tentando compreender em que ele deve crer acerca de um determinado assunto com base na evidência de que dispõe: ele não está avaliando crenças que já foram formadas. Ainda assim, na Primeira Meditação, Descartes parece estar submetendo crenças de que já dispõe a uma avaliação desfavorável. Para Descartes, essas tarefas estão conectadas: o modo como se avalia uma crença em *p* com base em uma evidência *e* consiste em se perguntar se é possível conseguir formar uma crença em *p* simplesmente refletindo acerca da força da evidência *e*. Esse é o teste que o meditador aplica de modo tão destrutivo na Primeira Meditação. Descartes exige que as conclusões do avaliador epistêmico estejam baseadas na perspectiva mais fundamental do deliberante epistêmico e sua tentativa de atender a essa exigência o leva ao ceticismo.

Nas Sétimas Respostas, dirigidas a Pierre Bourdin, Descartes resume seu procedimento na Primeira Meditação através de uma analogia despretensiosa.

> Suponha [que Bourdin] tenha uma cesta cheia de maçãs e que, preocupado com a possibilidade de algumas das maçãs estarem estragadas, queira retirar as estragadas para evitar que a podridão se espalhe. Como ele procederia? Não começaria ele por colocar todas para fora da cesta? E o passo seguinte não seria observar uma maçã de cada vez, pondo de volta na cesta apenas as que estiverem boas e deixando as outras de fora? (2:324; AT 7: 481)

Frankfurt (1970: 19-20) considera essa passagem uma confirmação de sua ideia de que a "rejeição" por parte de Descartes de todas as suas crenças é puramente metodológica e que, portanto, é preciso que ele se baseie não em exames prévios de justificativas para elas: é pouco mais que a decisão de fazer tal exame. Mas trata-se de um processo em dois estágios, dos quais colocar todas as maçãs para fora é apenas o primeiro deles.

Na Primeira Meditação, Descartes solicita-nos inicialmente para avaliar nossas crenças atuais sob a perspectiva de alguém que esteja tentando decidir se as adota ou não. Esse procedimento não envolve o tipo de distanciamento metodológico que Frankfurt identifica com a Dúvida. Tendo colocado-nos essa perspectiva, Descartes lembra-nos de várias fontes de erro que são comumente ignoradas quando se adota essas crenças e pergunta se, a partir dessa nova perspectiva, podemos explicitamente aboná-las. A resposta é que, em sã consciência, não podemos e, portanto, enquanto deliberantes epistêmicos, tornamo-nos incapazes de endossar nossas próprias crenças. É *nesse* estágio, apenas um pouco adiante na Primeira Meditação, que Descartes nos convida a abandonar essas crenças.

Mas por que adotar um procedimento assim tão indireto? Por que proceder pelo ponto de vista do deliberante epistêmico? Por que não apenas recorrer diretamente a nossas intuições acerca do que se deve e do que não se deve acreditar? Para colocar a questão de outro modo: por que a Primeira Meditação tem a forma de uma meditação? Por que insistir que seu argumento cético seja apresentado na primeira pessoa? Quando Descartes lida com essas questões (2: 110-13; AT 7: 155-160), ele insiste que a forma da meditação é indispensável, mas é menos claro quanto às razões dessa indispensabilidade. Estou ao lado de Foucault (1998: 405-406) e contra, por exemplo, Wilson (1978: 4-5), afirmando que o uso da primeira pessoa por parte de Descartes é essencial para a *força* da argumentação cética na Primeira Meditação.

A NECESSIDADE DE CERTEZA

Imagine que você está apresentando a Primeira Meditação a uma turma do primeiro nível de Epistemologia em um curso de Filosofia. Na tentativa de fazer com que seus estudantes levem Descartes a sério, você diz: "Eis aqui um homem em pé diante desse celeiro. Ele não se dá ao trabalho de andar em torno do celeiro para estabelecer que não se trata apenas de uma fachada. Ele conclui que é de fato um celeiro apenas porque o vê. Não estaria ele sendo irracional ao ignorar a possibilidade de que aquilo que está diante dele seja uma mera fachada?". Esse modo de colocar o problema não conduzirá ao resultado desejado. Os estudantes responderão que, segundo o modelo usualmente adotado em circunstâncias como esta, o homem seria irracional se *não* ignorasse essa possibilidade (a menos que tenha base para pensar que está num *set* de filmagem, etc.). E Descartes ainda tem que mostrar por que o padrão que usualmente adotamos é, na verdade, inadequado.

Para remediar a situação da aula, vamos, em primeiro lugar, tentar dizer *por que* o padrão mais frouxo parece apropriado.

Alguns podem sustentar que não há nada aqui a ser acrescentado: é simplesmente um fato que nossas normas epistêmicas não exigem tal verificação. Concordo que a explicação tenha que terminar em algum momento, mas é necessário que seja interrompida tão rapidamente? Não haveria algo a ser dito sobre por que não exigimos que nosso sujeito verifique se todo celeiro que ele vê realmente tem a parte dos fundos antes de concluir que se trata de um celeiro? Seres humanos precisam de crenças, precisam ter convicções acerca de toda uma gama de assuntos – para satisfazer sua curiosidade, para fundamentar sua vida emocional bem como para objetivos mais práticos. É por essa razão que seria irracional exigir a eliminação de qualquer fonte possível de erro. Se nos pedissem para defender nossa conclusão de que a convicção do sujeito era razoável, diríamos que alguém com uma capacidade finita de reunir, armazenar, recuperar e avaliar evidências não pode continuar indefinidamente pedindo mais evidências: em algum momento, ele deve formar uma concepção com base na evidência que tem, se é que pretende, de algum modo, tomar uma posição acerca de algo.

Diante do exposto, como apresentamos o ponto cético de modo a convencer alguém? Devemos fazer, como sugere Descartes, com que os estudantes olhem as coisas do ponto de vista de um deliberante epistêmico? Suponha que você comece sem qualquer posição sobre haver ou não um celeiro a sua frente e, então, tente formar uma opinião a esse respeito; reflita exclusivamente sobre o que você vê do lugar onde está. Tente contar a você mesmo a mesma história que contou há pouco, todas as considerações sobre os limites sob os quais opera e a necessidade de se decidir. Isto não parece resultar no impacto desejado: não parece ser o tipo de coisa que poderia convencer-lhe (na exata proporção do quanto você é racional) a tomar uma posição sobre se há ou não um celeiro diante de você.

Podemos agora defender as afirmações que Descartes faz acerca de indiferença. Em primeiro lugar, *é* verdade que sinto uma indiferença reflexiva diante de evidências inconclusivas, pelo menos desde que que eu saiba que preciso recorrer a considerações pragmáticas para me decidir. Embora muito da evidência inconclusiva esteja agrupada em favor de p e contra não-p, eu sempre poderia esperar por mais, e considerações meramente probatórias acerca da evidência nunca me explicarão por que não espero por mais. Para motivar uma crença, para explicar por que nos decidimos, precisamos recorrer a considerações pragmáticas, mas a *reflexão* sobre essas considerações não faz com que se tome uma decisão: nesse sentido, deixa a sensação de indiferença, exatamente como diz Descartes. Podemos ter decidido por causa dessas restrições pragmáticas, mas a *reflexão* sobre essas considerações não nos movem.

Descartes apresenta sua argumentação cética sob a forma de uma meditação justamente para deixar isso claro: a ineficácia da reflexão sobre considerações pragmáticas torna-se evidente uma vez que estejamos persuadidos a adotar o ponto de vista essencialmente de primeira pessoa do deliberante epistêmico. É por isso que Descartes insiste tanto em que o leitor "me acompanhe na meditação" (2:112; AT 7:158), se ele pretende livrar-se dos prejuízos e preconceitos que traz para as *Meditações*. Não compreenderíamos seus objetivos se avaliássemos as nossas crenças já formadas simplesmente de um ponto de vista externo.

A linha de raciocínio referida aparece no texto de Descartes ou é algo que devemos lhe atribuir, a fim de que aquilo que ele de fato diz faça sentido? Antes de responder, reformulo os pontos que acabo de sugerir. Aos olhos de um avaliador "externo", pode-se fazer duas questões distintas sobre uma crença a ser adotada:

a) aquele que acredita deve tomar uma posição quanto a se p?;
b) dado que ele deve tomar uma posição, deve então crer que p ou que não-p?

Mas, do ponto de vista da primeira pessoa, que é a perspectiva do deliberante epistêmico, essa distinção se dissolve. Para aquele que adotará uma crença não há duas questões separadas: devo agora tomar uma posição quanto a se *p*? Se sim, que posição devo tomar? Se a reflexão sobre certas considerações o persuade de que deve tomar uma posição quanto a se *p* é verdadeiro, essa reflexão só pode fazê-lo porque o persuade da verdade (ou da falsidade) de *p*. Ao nos fazer meditar, Descartes torna claro esse fato.

Essa linha de raciocínio se aproxima superficialmente do texto de Descartes um pouco antes, na Quarta Meditação, onde ele apresenta sua teoria do erro.

> Quando me olho mais de perto e me pergunto acerca da natureza de meus erros [...], noto que eles dependem do concurso de duas causas, a saber, do poder de conhecimento que existe em mim e do poder de escolha ou da liberdade da vontade: isto é, eles dependem simultaneamente do entendimento e da vontade. Tudo o que o entendimento faz é tornar-me capaz de perceber as ideias que são temas de juízos possíveis; considerando-o assim, precisamente sob esta luz, nota-se que não encontramos nele erro algum, no sentido próprio do termo. (2: 39; AT 7: 56)

Para errar, preciso endossar ou concordar com ideias fornecidas pelo entendimento quando essas são, em algum grau, obscuras ou confusas; e o assentimento é um ato da vontade.

Vir a crer em *p* envolve concordar que *p* (em vez de não-*p*) é a melhor opção e decidir que agora (e não mais tarde) é a hora de resolver se *p* é verdadeiro. Segundo Descartes, podemos chamar a faculdade responsável pelo primeiro resultado de "entendimento" e a faculdade que resolve o segundo, de "vontade".

Agora suponha *pace* Descartes que uma crença razoável possa ser baseada na suficiência de uma evidência inconclusiva. Haveria então duas questões a serem consideradas. Primeiramente, qual é o dado fornecido pelo entendimento? Ele faz com que *p* pareça mais ou menos plausível do que não-*p*? Quanto a esse aspecto, só a evidência parece ser relevante. Em segundo lugar, o dado fornecido pelo entendimento é suficientemente convincente e a questão suficientemente urgente de modo a tornar razoável que tomemos uma posição acerca do assunto nesse exato momento?

O fato de que Descartes dá à vontade um papel no processo da formação da crença pode fazer parecer que ele pensava que a formação de uma crença exige que atentemos antes para a clareza das ideias fornecidas pelo entendimento e depois às outras considerações que determinam se seria adequado tomar uma decisão no momento, ou seja, aceitar a proposição que o entendimento nos apresenta.

Mas, enquanto Descartes permite que existam duas fontes de motivação epistêmica aqui, isso não significa que ele entenda que existam dois tipos de razão. Quando se trata de julgamento (em vez de conjecturas), a vontade não tem motivos para assentimento, exceto aqueles derivados do entendimento:

> [...] o escopo da vontade é mais amplo do que o do entendimento; mas em vez de contê-la nos mesmos limites, estendo-a às coisas que não entendo. Visto que a vontade em tais casos é indiferente, ela facilmente se afasta do que é verdadeiro e bom, e esta é a fonte de meus erros e pecados (2: 40-41; AT 7: 58).

As *únicas* razões para a crença são fornecidas pelo entendimento ou, para falar nos termos de Descartes, "é claro pela luz natural que a concepção pelo intelecto deve sempre preceder a determinação da vontade" (2: 41; AT 7: 60).

Assim, se o entendimento nos desse apenas evidências prováveis nunca estaríamos autorizados a formar crenças. Se aquele que crê apenas processasse evidências prováveis e refletisse acerca daquilo em que deve acreditar, ele só poderia responder a questão sobre *até que ponto* uma evidência provável é suficiente para justificar a crença indo além do dado do entendimento, empregando apenas a sua vontade de um modo que parece ilícito não apenas para Descartes como para aquele mesmo que crê. Como vimos, alguém racional que acredita não pode controlar suas crenças fazendo juízos acerca do que deveria acreditar, dados os limites não evidenciais de sua vida mental.

O único modo de alguém que acredita manter controle reflexivo sobre sua vida mental é insistir na certeza: a mera probabilidade, por maior que seja, nunca será suficiente para crer. Assuntos práticos podem exigir que façamos suposições sobre como são as coisas, suposições cuja verdade o entendimento não garante; aqui, a vontade deve ir além dos dados do entendimento. Mas permitir que nossa vontade tenha um papel independente na determinação de nossos juízos é entrar em uma região na qual, *parece-nos*, que não dispomos de nada para continuar na via de razões para crenças, embora ainda possamos nos deparar com convicções (irracionais). Nesse sentido, nossa vontade é *indiferente* sempre que o entendimento é incerto.[1]

Chegamos à conclusão de que, para justificar uma crença, necessita-se de certeza. Isso não é alarmante? Será que é possível alcançar esse padrão? Não encontro uma resposta clara em Descartes. Algumas vezes, ele parece pensar que podemos e devemos limitar nossas crenças a assuntos sobre os quais é possível estar absolutamente certos. Na Sexta Meditação, há uma tentativa de mostrar o quanto a verificação cuidadosa nos torna capazes de evitar fazer juízos errôneos com base nos dados dos sentidos. Por exemplo, falando sobre os juízos que fazemos sobre figura e tamanho de objetos particulares, ele observa que

> [...] embora haja um alto grau de dúvida e incerteza a esse respeito, o simples fato de que Deus não é enganador e a consequente impossibilidade de haver alguma falsidade em minhas opiniões que não possa ser corrigida por uma outra faculdade dada por Deus me dá esperanças de que posso chegar à verdade até mesmo com relação a esses assuntos (2: 55–56; AT 7: 80).

Por outro lado, Descartes era pessimista quanto à capacidade de os seres humanos seguirem seus conselhos, e conclui as *Meditações* com as seguintes palavras:

> [...] visto que a pressão das coisas a serem feitas nem sempre nos permite parar e fazer uma verificação tão meticulosa, deve-se admitir que nesta vida humana somos com frequência sujeitos a erros acerca de coisas particulares e devemos reconhecer a fraqueza de nossa natureza (2: 62; AT 7: 90; ver também 1: 289–291; AT 8A: 389–391).

Não temos tempo para verificar a parte de trás do celeiro, embora uma justificação verdadeira exija "razões certas e indubitáveis".

Agora está claro por que Descartes pensa que a certeza é necessária para que haja crença justificada. Mas ainda não resolvemos todas as dificuldades. Por que a exigência de certeza não se aplica com a mesma força na esfera prática?

CONJECTURAS DE DESCARTES

O sucesso (temporário) da argumentação cética de Descartes o defronta com a seguinte questão: como agir sem crença? Ora, seria possível recusar-se a responder essa questão. Poder-se-ia sustentar que, uma vez a razão teórica tendo sido questionada, não faz mais sentido buscar *razões* para agir de uma maneira em preferência a outra. O instinto poderia garantir que alguém se comportasse de um determinado modo, mas a razão prática estaria fora do jogo. Essa não é a posição de Descartes. Para ele, essa abdicação de responsabilidade pela vida mental seria um anátema: o autocontrole está no centro de sua teoria ética (por exemplo, 1: 384; AT 9: 446). O abandono temporário de razões teóricas deixa a razão prática intacta e Descartes usa essa última para guiar sua vida enquanto cético. Por exemplo, ele busca conhecimento, uma busca que envolve que ele faça o juízo de qual conhecimento é bom e tenha ideias acerca da melhor maneira de obtê-lo (1: 124-125; AT 6: 28). O exame cético de Descartes pretende ser uma atividade inteiramente sob seu controle por ser conscientemente dirigida a um fim que se julga meritório e atingível.

Como se comportará Descartes em outros assuntos até que recupere seu conhecimento anterior? Tendo decidido se livrar de suas opiniões na Segunda Parte do *Discurso*, Descartes inicia a Terceira Parte esboçando uma "moral provisória" para guiá-lo, a fim de "não permanecer irresoluto em minhas ações enquanto a razão me obrigasse a sê-lo em meus juízos" (1: 122; AT 6: 23). Em resumo, a moral provisória de Descartes parece aquela que guiava os céticos pirrônicos que desejavam "viver pelas aparências". Contudo, diferentemente de Descartes, os pirrônicos renunciavam à razão prática: *eram* guiados pelo instinto (Sexto Empírico, 1994, 1: 23-30).

Descartes se dispõe a

> [...] obedecer às leis e aos costumes do meu país [...] e governar-me em todos os outros assuntos segundo as opiniões mais moderadas e menos extremas – opiniões comumente aceitas na prática pelo mais sensato daqueles com os quais eu teria de viver (*ibid.*).

Aqui Descartes não está passivamente cedendo às prescrições do senso comum e ao peso da opinião pública. Ao contrário, está ativamente escolhendo adotar certas opiniões porque as julga apropriadas. Mas se essas opiniões não são crenças, o que são?

Podemos descobrir com que tipo de formulação estamos lidando ao olhar para as razões que Descartes fornece para adotar "as opiniões mais moderadas e menos extremas". Primeiramente, há a "probabilidade":

> [...] como na vida cotidiana com frequência devemos agir sem demora, é uma verdade muito certa que, quando não está em nosso poder discernir as opiniões mais verdadeiras, devemos seguir as mais prováveis. Mesmo que nenhuma opinião pareça mais provável que outras, ainda assim devemos adotar alguma (1: 123; AT 6: 25).

Seria bastante incorreto concluir, a partir da Primeira Meditação, que qualquer opinião é tão provável (ou improvável) quanto qualquer outra. Como vimos, Descartes afirma claramente que suas "opiniões habituais" permanecem "altamente prováveis" (2: 15; AT 7: 22), o que ele só poderia saber através do intelecto. (Nesse aspecto, como no caso do papel da razão prática, o ceticismo cartesiano pode estar mais próximo do ceticismo acadêmico que do pirrônico: Sexto Empírico, 1994, 1: 226-231.) Os únicos candidatos sérios a serem conservados são as opiniões que parecem ao menos tão prováveis quanto suas concorrentes, de modo que estamos "visando à verdade" quando as adotamos. Essas opiniões, porém, são diferentes dos juízos cartesianos, uma vez que a evidência não é a única consideração relevante para sua adoção: aqui, a vontade tem suas próprias razões.

Descartes afirma que, ao abandonar suas antigas opiniões,

> [...] tinha certeza de que o melhor a fazer era seguir as dos mais sensatos. E, embora haja, talvez, entre os persas e os chineses, homens tão sensatos quanto os há entre nós, pensei ser mais conveniente pautar-me por aqueles entre os quais teria que viver (1: 122; AT 6: 23).

Ora, considero que ninguém que adote opiniões que a Descartes pareçam improváveis parecerá a seus olhos razoável. Ainda assim, uma variedade de opiniões passam nesse teste e Descartes se dispõe a seguir as opiniões daqueles "entre os quais terá que viver". Certamente, há boas razões pragmáticas para essa estratégia: se todos nós agirmos com base em suposições compartilhadas acerca do mundo, o resultado será a organização social e um enriquecimento da harmonia social. Quando Descartes acrescenta que "para descobrir quais eram verdadeiramente suas opiniões, tive que atentar mais para o que faziam do que para o que diziam", claramente tinha em mente essas considerações.

Descartes prossegue:

> [...] e quando havia várias opiniões igualmente aceitas, escolhia a mais moderada, tanto porque são sempre as mais fáceis de pôr em prática e provavelmente as melhores (o excesso costuma ser mau), como também porque, caso me enganasse, afastar-me-ia menos do verdadeiro caminho que se tivesse escolhido um dos extremos quando deveria ter escolhido o outro (1: 122-123; AT 6: 24).

Descartes, então, tece outras considerações pragmaticamente relevantes: ele deveria adotar opiniões que pudesse pôr em prática mais facilmente e sem correr grandes riscos, caso elas se mostrassem erradas.

Que tipo de coisa, então, são essas opiniões que Descartes sugere para substituir as crenças? São "conjecturas" (2: 41; AT 7: 59) ou palpites. Palpites razoáveis se baseiam em evidências. É verdade, podemos dar um palpite mesmo quando não temos evidências, mas não podemos ter um palpite razoável que *p* independentemente de qualquer evidência que tenhamos. Nesse sentido, palpites "visam à verdade". Por outro lado, não temos um palpite apenas com o objetivo de acertarmos. Temos palpites quando esperamos beneficiar-nos com isso, e, portanto, a necessidade da organização social, de evitar riscos, etc., auxiliará a determinar o palpite que faremos (Owens, 2003: 289-293).

Além disso, não há problema em controlar nossos palpites refletindo sobre considerações evidenciais e pragmáticas que, conjuntamente, tornam esses palpites razoáveis. Considere um dos exemplos de Descartes. Estou com fome, na verdade, morrendo de fome, e a única comida disponível são maçãs. Passa pela minha cabeça que essas maçãs podem estar envenenadas, embora não haja qualquer sinal disso. Digo, então, para mim mesmo que, para sobreviver, devo assumir que não estão envenenadas. Posso me convencer a fazer isso refletindo sobre essas necessidades práticas e sobre a dificuldade de se ter uma garantia absoluta de que as maçãs são inofensivas. E porque a reflexão acerca da força probatória dessas considerações *não* me deixa (uma vez que sou razoável) em um estado de indiferença relativo ao que devo fazer, essas considerações justificam meu palpite de que as maçãs são inofensivas e, por conseguinte, que eu as coma. Na verdade, Descartes diz mais, a saber, que eu seria "insano" se não comesse as maçãs (3: 189; AT 3: 423).

Pode-se concluir, nos termos que Descartes usa em outros trechos (1: 130; AT 7: 38 e 1: 289-290; AT 8A: 328), que estou autorizado a ter uma "certeza moral" de que as maçãs não estão envenenadas. Entretanto, as coisas são diferentes quando a questão é se devo acreditar que as maçãs são inofensivas. Crenças exigem "certeza metafísica" (Curley, 1993: 14-20). Ainda assim, a maioria de nós não apenas supõe que a fruta ingerida é inofensiva: acreditamos nisso e acreditamos nisso ainda que reconheçamos que seja possível aparecer uma evidência que mostre que a fruta não é inofensiva. Essas crenças são racionais? Podemos fazer-nos acreditar que as maçãs são seguras recorrendo à reflexão de que temos evidência suficiente para crer nisso, visto que não podemos passar toda a nossa vida investigando o assunto, e coisas semelhantes? Essas reflexões não têm o mesmo poder de nos convencer da verdade dessa proposição como o têm para nos fazer agir sob o pressuposto de que ela seja verdadeira; portanto (para Descartes), essas considerações não podem constituir razões para crença. Quem crê que as maçãs não estão envenenadas acredita nisso porque sente um impulso para acreditar nisso, não porque lhe parece que esteja autorizado a ter essa crença (2: 259; AT 7: 377).

Está claro, então, que a linha de pensamento que nos impede de considerar evidências inconclusivas como razões suficientes para uma crença não se aplica às conjecturas que fazemos para fins práticos. Mas quais são os princípios de raciocínio que empregamos quando formulamos e revisamos nossas conjecturas? E qual é o *status* dessas conjecturas? Descartes indica o tipo de coisa que tem em mente quando formula a segunda máxima de sua moral provisória:

> [...] ser o mais firme e resoluto possível em minhas ações e, sempre que eu tiver me decidido a tanto, seguir tão constantemente as opiniões mais duvidosas como o faria se fossem muito seguras. Nesse sentido, estaria imitando um viajante que, vendo-se perdido em alguma floresta, não deve andar a esmo, volteando ora para um lado, ora para outro, nem ainda deter-se em um lugar, mas deve caminhar o mais reto possível para um mesmo lado, nunca mudando por razões fracas, ainda que, no começo, só o acaso tenha determinado sua escolha (1: 123; AT 6: 25; ver também 3: 97; AT 2: 35).

Isso parece um princípio conhecido para tomar decisões em casos de incerteza, um princípio o qual se pode conhecer *a priori* e com certeza (*pace* Gilson, 1947: 243). Nisso, ele é semelhante ao princípio mencionado anteriormente, quando Descartes afirma: "é uma *verdade muito certa* que, quando não está em nosso poder discernir as opiniões mais verdadeiras, devemos seguir as mais prováveis" (ênfase minha). Assim, a exigência de certeza é satisfeita pelos princípios da razão prática (compare Wolterstorff, 1996: 181 e Marshall, 1998: cap.2).

Resumindo, quando Descartes afirma que sua dúvida se aplica à "investigação da verdade" e não às "ações da vida", ele não está sugerindo que devemos abandonar apenas as crenças relacionadas à ciência, mas não as relacionadas à vida. Ao contrário, ele pretende que abandonemos todas as crenças e que façamos os planos relacionados às ações da vida usando uma ferramenta diferente: conjecturas. Tanto as crenças quanto as conjecturas "visam à verdade", mas, embora possamos usar normas sujeitas a falhas para guiar nossas conjecturas, não podemos usá-las para regular nossas crenças. É por essa razão que a dúvida cartesiana abala nossas convicções sem tolher nosso raciocínio prático.

SUPOSIÇÕES DE DESCARTES

Tendo exposto sua moral provisória na Terceira Parte, Descartes inicia a Quarta Parte do *Discurso* do seguinte modo:

> [...] visto que agora desejava ocupar-me somente com a busca da verdade, pensei que era necessário agir exatamente ao contrário e rejeitar como absolutamente falso tudo aquilo em que pudesse imaginar a menor dúvida, a fim de ver se, após isso, não restaria algo em minha crença que fosse inteiramente indubitável (1: 126-127; AT 6: 32).

Aqui, Descartes vai além do mero agnosticismo. Ele "supõe" que nada é como nossos sentidos fazem parecer, que todos os argumentos que anteriormente tomara como demonstrativos não são sólidos e decide "fazer de conta que todas as coisas que até então haviam entrado no meu espírito não eram mais verdadeiras que as ilusões de meus sonhos" (*ibid*). Uma coisa é abandonar as opiniões comuns porque são incertas, outra é imaginar ou "fingir" que essas opiniões são falsas. Ainda assim, isso também é recomendado no final da Primeira Meditação (2: 15; AT 7: 22).

Podemos claramente distinguir duas atitudes cognitivas bem diferentes – conjectura e suposição – ambas as quais utilizadas por Descartes em sua jornada intelectual durante a fase que se segue ao abandono das crenças, mas apenas uma é apresentada como um substituto prático para crença. Conjecturas visam à verdade de modo diferente das suposições: um palpite falso falha enquanto palpite, uma falsa suposição não falha enquanto suposição. Embora se possa, para fins de argumentação, assumir algo em que se acredita como falso, não se pode sinceramente conjecturar ou supor que *p* quando se crê que não-*p*. Conjecturas são refreadas pela probabilidade; suposições, não (Owens, 2003: 290).

Precisamos de conjecturas prováveis para agir e não de meras suposições. Portanto, quando Descartes estabelece quais opiniões deve usar para guiar a fase cética de sua vida, o que ele visa é adotar conjecturas e não fazer suposições. Mas, uma vez que tenha estabelecido uma base para a opinião, ele inicia a Quarta Parte anunciando que seria sensato fazer certas suposições para realizar um de seus projetos práticos, a busca pelo conhecimento. Como Descartes explica nas Quintas Respostas:

> [...] é, com frequência, mais produtivo assumir falsidades em vez de verdades desse formato a fim de lançar luz sobre a verdade, como, por exemplo, quando os astrônomos imaginam o equador, o zodíaco ou outros círculos no céu, ou quando os geômetras acrescentam novas linhas a figuras dadas (2: 242; AT 7: 350).

No entanto, como meras suposições podem ajudá-lo na busca pelo conhecimento? Suspeito que suposições tenham mais de um papel para Descartes e vou considerar apenas o mais importante deles.

Imagine que Descartes esteja se sentindo bastante certo acerca de algo, talvez acerca de uma demonstração matemática. Descartes nos diz que "minha natureza é tal que enquanto percebo algo mui clara e distintamente não posso senão acreditar em sua verdade" (2: 48; AT 7: 69); com isso, parece que ele não pode duvidar da demonstração. (ver também 2: 25; AT 7: 36 e 1: 207; AT 6: 21). Ainda assim, na Primeira Meditação, Descartes afirma que "os outros se enganam quando pensam ter o conhecimento mais perfeito" e indaga se "eu não poderia de modo semelhante me enganar todas as vezes em que faço a adição de dois mais três ou em que conto os lados de um quadrado, ou em assuntos ainda mais simples, se é que se pode imaginar algo mais simples" (2: 14; AT 7: 21; ver também 1: 194; AT 8A: 6). Deste modo, embora possa ser incapaz de duvidar agora da demonstração, ele pode perceber que em algum outro momento é possível que se aponte alguma falácia, sutil ou não. Esse tipo de reflexão provoca uma dúvida sobre o que é percebido clara e distintamente?

Várias respostas a essa questão têm sido examinadas e uma réplica completa envolveria tratar do problema do círculo cartesiano. Mas há, ao menos em um ponto, acordo entre os comentadores: as coisas clara e distintamente percebidas não podem ser colocadas em dúvida pelo cético cartesiano no sentido em que as opiniões que vêm dos e pelos sentidos podem e devem ser postas em dúvida (cf. Williams, 1983: 345-350; Wolterstorff, 1996: 189). É verdade que Descartes fala de dúvida em ambos os contextos e não distingue explicitamente as duas formas de dúvida (2: 101; AT 7: 141 e 2: 308; AT 7: 460). Contudo, a menos que se faça essa distinção ao lê-lo, será difícil explicar sua insistência em afirmar que não pode deixar de crer no que percebe clara e distintamente. Há ainda mais um ponto. Descartes deve confiar em suas percepções claras e distintas para executar suas provas por *reductio*, com as quais rechaça essas suposições ameaçadoras. Como ele poderia crer na irrefutabilidade dessas provas senão acreditando também no que percebe clara e distintamente (Wolterstorff, 1996: 214-15; Owens, 2000: 126-7)?

As suposições têm um papel crucial na construção dessas provas por *reductio*. Descartes reage às "dúvidas" concernentes ao que é clara e distintamente percebido *supondo* que a proposição em questão está errada, ou que o argumento é inválido, e, em seguida, verifica o que se segue dessa suposição. Se o que se segue é algum absurdo, então ele dispõe de uma demonstração de que tal erro não existe. Uma mera suposição ou palpite de que são válidos não forneceria nenhuma base para que se acreditasse mais firmemente em sua validade. Essa é precisamente a estratégia que Descartes emprega para lidar com a sua hipótese cética mais radical, a que ocorre tanto nos *Princípios* quanto nas *Meditações*:

> [...] disseram-nos que existe um Deus onipotente que nos criou. Ora, não sabemos se talvez ele quisesse nos criar como o tipo de ser que está sempre enganado, mesmo quanto aos assuntos que nos parecem sumamente evidentes; pois esse engano constante não parece ser uma possibilidade menor do que o engano ocasional que, como notamos em ocasiões anteriores, ocorre (1: 194; AT 8A: 6; ver também 2: 25; AT 7: 36).

As reflexões acerca dessa possibilidade não pretendem tornar dubitáveis nossas percepções claras e distintas, o que seria impossível. Ao contrário, levam Descartes a fazer a suposição de que existe um Deus enganador na tentativa de derivar dela um absurdo, o que ele faz (ou pensa que faz) com sucesso na Terceira Meditação (2: 35; AT 7: 51).

Há muito mais a ser dito sobre os assuntos abordados nessa seção. O que espero ter estabelecido é que

a) não devemos confundir as conjecturas que governam a vida do cético cartesiano com as suposições que ele faz no decorrer dela e
b) devemos distinguir as dúvidas que forçam o cético cartesiano a adotar conjecturas no lugar de suas crenças antigas daquelas "dúvidas" que se resolvem pela suposição de que o que é percebido clara e distintamente pode ser falso.

NOTA

1. Na passagem [A], Descartes afirma que a ausência de razões persuasivas "pressupõe, obviamente, que sou indiferente quanto a asserir ou negar uma das alternativas, *ou mesmo se devo abster-me de dar algum juízo a esse respeito*" (minha ênfase). De acordo com essa cláusula final, sou indiferente não apenas acerca do que acreditar, mas também quanto a formar alguma crença sobre o assunto. Ainda assim, Descartes conclui a passagem [C] afirmando que *devo* suspender a crença nessas circunstâncias. Assim, como é possível que a indiferença como tal seja indicativa da ausência de razão? Essa dificuldade pode levar alguém a ler "indiferença" como se tivesse relação com um poder de escolha, um poder que tenho independentemente de minhas razões. Mas Descartes é bastante claro ao afirmar que indiferença é algo que sinto "quando não há razão me inclinando nem para um lado nem para o outro" e de que "se sempre visse claramente o que é verdadeiro e bom [...] seria impossível me encontrar alguma vez no estado de indiferença" (2: 40; AT 7: 58; veja também 3: 245; AT 4: 173; e 3: 233; AT 4: 115). A solução dessa dificuldade é ler "indiferença" como se esta se referisse a uma indiferença do intelecto: nosso intelecto não fornece qualquer indicação quanto ao que devemos fazer com nosso poder de assentir. Não se segue daí que a vontade se sinta indiferente entre assentir e não assentir: quando não temos orientação do intelecto, vemos que não devemos assentir.

REFERÊNCIAS E LEITURAS ADICIONAIS

Broughton, J. (2002). *Descartes's Method of Doubt*. Princeton: Princeton University Press.

Burnyeat, M. (1997). "The sceptic in his place and time". In M. Burnyeat e M. Frede (eds.). *The Original Sceptics*. Indianapolis: Hackett, p. 92-126.

Curley, E. (1993). "Certainty: psychological, moral and metaphysical". In- S. Voss (ed.). *Essays on the Philosophy of Science of René Descartes*. Oxford: Oxford University Press, p. 12-30.

Foucault, M. (1998). "My body, this paper, this fire". In M. Foucault. *Aesthetics*. Londres: Penguin, p. 313-417.

Frankfurt, H. (1970). *Demons, Dreamers and Madmen*. Indianapolis: Bobbs-Merrill.

Gilson, E. (1947). *Discours de la méthode: texte et commentaire*. Paris: J. Vrin.

MacArthur, D. (2003). "The seriousness of doubt in the First Meditation". *Canadian Journal of Philosophy*, 33, p. 159-182.

Marshall, J. (1998). *Descartes's Moral Theory*. Ithaca: NY: Cornell University Press.

Owens, D. (2000). "Scepticisms: Descartes and Hume". *Proceedings of the Aristotelian Society, Supplementary Volume* 74, p. 119-142.

Owens, D. (2003). "Does belief has an aim?". *Philosophical Studies*, 115, p. 275-97.

Sextus Empiricus (1994). *Outlines of Scepticism*. Ed.: J. Annas e J. Barnes. Cambridge: Cambridge University Press.

Williams, B. (1983). "Descartes's use of scepticism". In M. Burnyeat (ed.). *Sceptical Tradition*. Berkeley: University of California Press, p. 337-352.

Wilson, M. (1978). *Descartes*. Londres: Routledge.

Wolterstorff, N. (1996). *John Locke and the Ethics of Belief*. Cambridge: Cambridge University Press.

11

Conhecimento de si

JANET BROUGHTON

Descartes fez uma das mais conhecidas afirmações da filosofia: *ego cogito, ergo sum*: "penso, logo existo" (1: 195; AT 8A: 7). Ele considerava que "qualquer um que filosofasse de modo ordenado" teria que apreender essa verdade como "a primeira e mais certa" (*ibid.*). A partir daí, ele defendeu que o "eu" cuja existência é descoberta através do *cogito* é melhor compreendido se pensado como uma coisa que pensa. Na Segunda Meditação, ele explicou o que é tal coisa. É, "com certeza, uma coisa que duvida, que concebe, que afirma, que nega, que quer, que não quer" (2: 19; AT 7: 28); Descartes acredita que um meditador vai considerar razoavelmente fácil ver que esses são diversos modos de pensar e que ele pode atribuí-los a si mesmo com certeza. É mais difícil para o meditador perceber que uma coisa pensante também é "algo que imagina e que sente", mas ele considera que, se adequadamente concebidas, suas imaginações e sensações também são pensamentos que podem ser atribuídos para si mesmo com certeza (*ibid.*). Quando o meditador de Descartes reconhece o que sabe sobre si mesmo, e a certeza com a qual conhece isso, ele observa: "sei claramente que posso alcançar uma percepção mais fácil e mais evidente de minha mente do que de qualquer outra coisa (2: 23; AT 7: 34)". Nas meditações subsequentes, ele sustentou que, por começar com sua compreensão de si próprio, ele pode prosseguir e alcançar o conhecimento de Deus, das verdades matemáticas e das verdades sobre a existência e a natureza do mundo físico: sua apreensão de verdades sobre si mesmo o torna capaz de estabelecer todas as verdades básicas que, juntas, constituem a "filosofia primeira", como diz o título das *Meditações*.

Não pode haver nenhuma dúvida de que Descartes deu ao conhecimento de si uma espécie de papel especial a executar em nossos esforços para chegar a uma compreensão adequada do resto da realidade. Mas qual seria exatamente esse papel, e por quê? Segundo muitos leitores, Descartes concebia nosso conhecimento de nossas próprias mentes enquanto um papel especial em virtude de este possuir um conjunto especial de características. (Por exemplo, ver Williams, 1978: 32-101, 305-308; ver também Rorty, 1979. Para uma crítica da narrativa histórica de Rorty, ver Hatfield, 2001.) O conhecimento que temos de nossa mente é certo: não posso duvidar de minhas crenças acerca de minha própria existência e de meus próprios pensamentos. Ele é incorrigível: não posso me enganar em minhas crenças sobre minha existência e sobre meus pensamentos. É imediato: tenho conhecimento de meus próprios pensamentos simplesmente por ter consciência deles – não os descubro por descobrir antes alguma outra coisa. É evidente: se penso em algo, então sei que pensamento estou tendo. E porque tem essas características especiais, o conhecimento de si é central no sentido de ser fundamental: meu conhecimento de minha própria existência e de meus próprios estados mentais me fornece premissas indispensáveis das quais infiro meu conhecimento a respeito de todo o resto.

Ainda que se possa encontrar algum apoio a todas essas afirmações interpretativas nos textos dos escritos filosóficos de Descartes, algumas delas são controversas. Embora muitos leitores de Descartes sustentem essas concepções acerca de sua explicação do conhecimento de si, poucos estudiosos do cartesianismo as aceitariam hoje integralmente e sem reservas. Por outro lado, não há um claro consenso entre os teóricos acerca de qual é a concepção de conhecimento de si *de fato* introduzida por Descartes. Meu objetivo neste capítulo não é tentar resolver o debate interpretativo, mas explorar algumas das questões interpretativas e filosóficas com as quais os debatedores devem lidar.

Vou começar analisando rapidamente as *Regras*, onde, pela primeira vez, Descartes articula alguns dos temas que se mostram importantes para seu pensamento posterior. Depois disso, ocupar-me-ei, sobretudo, com as *Meditações*. Para explorar a certeza do conhecimento de si, examinarei brevemente a Primeira Meditação e considerarei então diversas passagens da Segunda Meditação. Para ver se Descartes pensa que o conhecimento de si é incorrigível e imediato, explorarei sua concepção de consciência de si. Examinarei uma questão acerca da evidência do conhecimento de si pela indagação a respeito do que Descartes pensa que podemos saber sobre os *tipos* de pensamentos que temos. Finalmente, considerarei se, para Descartes, compreendemos melhor a prioridade do conhecimento de si ao afirmarmos que este é fundamental.

O TEMA NAS *REGRAS*

Mesmo já nas *Regras para direção do espírito,* Descartes concebia a mente como o local unificado de todas as nossas atividades cognitivas. Na Regra 12, ele explica que, diferentemente dos animais, temos um único poder cognitivo que, "em sentido estrito, é puramente espiritual", mas que pode operar de muitos modos:

> Ao ser aplicado juntamente com a imaginação [corpórea] ao senso "comum" [corpóreo], dizemos que vê, que toca, etc.; ao ser aplicado à imaginação [corpórea] apenas [...], dizemos que se recorda [...] ou que imagina ou concebe; e, finalmente, ao agir por si próprio, dizemos que compreende [*intelligere*] (1: 42; AT 10: 415-416).

Nas *Regras*, Descartes emprega com frequência o termo "intelecto" para designar esse poder cognitivo único e abrangente, cujo exercício é essencial à sensação, à lembrança, à imaginação e à compreensão humanas. As *Regras* pretendem, antes de tudo, orientar as operações cognitivas de lembrar e imaginar com as quais nosso poder cognitivo empenha uma parte do cérebro, a qual Descartes chama de *phantasia* ou imaginação corpórea. Descartes acrescenta, porém, que, quando nosso poder cognitivo "age por si próprio", é capaz de conhecer coisas por meio de um "tipo de luz inata, sem auxílio de qualquer imagem corpórea"; esse é o tipo de cognição que pode "nos representar o que é a cognição [*cognitio*], ou a dúvida, ou a ignorância, ou o ato da vontade [...] e coisas assim" (1: 44; AT 10: 419). Embora essa cognição não envolva qualquer "imagem corpórea", "ainda assim temos uma verdadeira cognição de tudo isso, cognição que é tão fácil que, para tê-la, tudo o que precisamos é ser dotados de razão" (1: 44-45; AT 10: 419). Quando temos essa cognição, estamos usando nosso intelecto *puro*: estamos usando nosso poder cognitivo na medida em que ele opera independentemente de imagens corpóreas.

Em alguns sentidos, essa primeira teoria sobre nosso poder cognitivo parece ter afinidade com as teorias aristotélicas da cognição, mas esse "poder cognitivo" também parece ser um precursor do "pensamento" sobre o qual Descartes reflete na Segunda Meditação. Não fica claro, porém, o quão próxima é essa antecipação. Nas *Regras*, Descartes recorre ao poder cognitivo agindo "por si próprio", independentemente de nossos cérebros, para explicar como podemos conhecer nossa cognição, nossa dúvida, nossa ignorância e nossos atos da vontade;

mas ele não discute, como faz mais tarde, o conhecimento que temos de nossos atos da compreensão, imaginação e recordação. Tampouco afirma, como faz posteriormente, que nosso poder cognitivo, agindo por si próprio, pode nos tornar capazes de conceber a extensão, a essência da matéria. Ao menos nesses sentidos, sua teoria posterior se diferencia da prototeoria das *Regras*.

CONHECIMENTO DE SI E O MÉTODO DA DÚVIDA

Descartes desenvolve em mais detalhes sua concepção de conhecimento de si nas *Meditações*, obra para a qual me volto agora. No texto que a precede, o *Discurso*, Descartes relutou em falar muito acerca do ceticismo e foi por isso, acreditou ele, que a concepção de conhecimento de si no *Discurso* foi insatisfatória (3: 55; AT 1: 353). Contudo, nas *Meditações*, ele desenvolveu de forma mais completa o papel metodológico do ceticismo, e a concepção de conhecimento de si fornecida, sobretudo na Segunda Meditação, parece estar intimamente relacionada à abrangência da dúvida cética. Passo a enumerar alguns aspectos da dúvida que gostaria de considerar.

Na Primeira Meditação, o meditador resolve suspender seu assentimento a quaisquer crenças para as quais encontrar a menor razão para duvidar. Ao refletir, ele encontra razões para duvidar de uma quantidade surpreendente de crenças. Descartes considera a hipótese cética radical de que ele tenha sido criado por um Deus onipotente que tenha

> [...] feito com que não haja nenhuma terra, nenhum céu, nenhum corpo extenso, nenhuma figura, nenhuma grandeza, nenhum lugar e, não obstante, ao mesmo tempo tenha se assegurado de que todas essas coisas apareçam a mim como existentes exatamente como as vejo agora (2: 14; AT 7: 21).

Ele continua:

> Mais ainda, como algumas vezes creio que os outros se enganam em casos em que pensam ter o conhecimento mais perfeito, não pode ocorrer que eu, do mesmo modo, venha a me enganar todas as vezes em que faço a adição de dois mais três ou em que conto os lados de um quadrado, ou em algo ainda mais fácil, se é que se pode imaginar algo mais fácil? (*ibid.*).

Ele não consegue ver um modo de descartar essa hipótese e, portanto, ela serve como base para suspender o seu assentimento a uma quantidade extremamente grande de crenças.

De fato, no começo da Segunda Meditação, o meditador se indaga se lhe resta alguma proposição à qual possa dar seu assentimento. Se ele põe de um lado tudo aquilo de que pode duvidar, "o que permanece verdadeiro? Talvez apenas o fato de que nada é certo" (2: 16; AT 7: 24). Entretanto, na hipótese cética radical do Deus Enganador, há pelo menos "um Deus, ou qualquer outro nome que se lhe queira dar, que põe em mim os pensamentos que tenho agora" (*ibid.*): isso não seria um indício de que eu não posso duvidar da existência de Deus? A isso o meditador responde: "posso eu próprio ser o autor desses pensamentos" (*ibid.*). E isso levanta em sua mente a questão sobre se sua crença em sua própria existência, no lugar de sua crença na existência de Deus, é aquilo que pode resistir ao seu esforço concentrado para encontrar razões para duvidar de suas crenças. Se tal questão resistir à sua dúvida, então ele poderá ficar absolutamente certo de que existe: terá estabelecido que seu esforço concentrado para encontrar razões para duvidar não fornece uma razão para duvidar de sua própria existência.

Anteriormente, citei a passagem dos *Princípios* em que Descartes afirma que o conhecimento da própria existência é "o primeiro e o mais certo que ocorre a quem filosofa de modo ordenado". O "modo ordenado" que ele tem em mente é aquele segundo qual o filosofamos quando começamos por suspender o juízo favorável a toda crença para a qual se possa encontrar alguma razão para duvidar; e nosso conhecimento de nossa própria existência é "o primeiro e o mais certo", ao menos no sentido de que não podemos duvidar de nossa própria existência, mesmo quando usamos a hipótese cética mais radical para duvidar de nossas crenças. Voltarei a esse ponto na última seção deste capítulo.

NOSSO CONHECIMENTO DE NOSSA EXISTÊNCIA

Na Segunda Meditação, o meditador alcança a certeza sobre sua própria existência por meio de um conjunto de reflexões que tomam a forma de um diálogo interno:

> Persuadi-me de que nada há absolutamente no mundo, nenhum céu, nenhuma terra, nenhuma alma, nenhum corpo. Não se segue disso que eu também não existo? Não: se me persuadi de algo, então eu certamente existia. Mas há um enganador ardiloso e de poder supremo que constantemente e de modo deliberado me engana. Nesse caso, também não há dúvida de que existo, se ele me engana; e engane-me o quanto puder, ele nunca poderá fazer com que eu nada seja enquanto eu pensar ser alguma coisa. De modo que, após ter considerado cuidadosamente todas as coisas, posso estabelecer que essa proposição: *eu sou, eu existo* é necessariamente verdadeira todas as vezes em que é enunciada ou concebida em minha mente (2: 17; AT 7: 25).

Não obstante o pensamento aqui expresso por Descartes possa ser intuitivamente acessível e persuasivo, essa passagem contém algumas surpresas e desafios para leitores cuidadosos.

Uma grande surpresa é que, em nenhum lugar, Descartes faz o meditador dizer "penso, logo existo". O mais próximo que o meditador chega da formulação do *cogito* se dá com a seguinte afirmação: "se me persuadi de algo, então certamente existia". Porém, convencer-me de algo é apenas um dos muitos modos de pensar: o meditador, de fato, não faz uma afirmação mais abrangente aqui. A afirmação que faz a seguir é ainda mais restrita (aqui, faço uma paráfrase): "se Deus me engana, então existo", "se estou pensando que sou algo, Deus não pode fazer com que eu nada seja" e "sempre que concebo *eu existo, eu existo* deve ser verdadeira". (As duas últimas afirmações são mais restritas porque especificam aquilo sobre o que estou pensando: minha existência.)

Ficamos perplexos ao refletir sobre a estrutura "se... então" das afirmações nas quais Descartes vai do pensamento à existência. Ela sugere que o meditador está fazendo um tipo de inferência, a que começa com "eu penso (ou me convenço) (de tal e tal coisa)" e disso extrai a conclusão "eu existo". Gassendi escreve: "Você poderia ter feito a mesma inferência de qualquer uma de suas outras ações, visto que é sabido pela luz natural que tudo que realiza uma ação existe" (2: 180; AT 7: 259). Descartes responde que isso não é verdade.

> Não estou inteiramente certo de nenhuma de minhas ações, com a única exceção do pensamento. [...] não posso, por exemplo, fazer a inferência "caminho, logo existo", exceto se estar consciente de que se passeia for um pensamento. (2: 244; AT 7: 352)

Por exemplo, se fui criado por um Deus enganador, então tenho razão para duvidar se estou de fato caminhando, ou mesmo se tenho um corpo, quando me pego caminhando. Todavia, diz Descartes nesse contexto, do que *posso* estar absolutamente certo é que eu penso estar caminhando. E isso indica que o meditador de Descartes pode estar certo de que existe *porque* pode estar certo de que pensa: a estrutura "se... então" parece ser tal que repassa a certeza da apreensão da cláusula "se" para a apreensão da cláusula "então". Entretanto – e eis aqui o problema – o meditador só estabelece com certeza que ele pensa *depois* de estabelecer sua certeza de que existe. Nos parágrafos em questão, ele faz um grande esforço para descobrir o que é precisamente pensar, e é apenas quando descobre isso que ele percebe que pode estar certo de que pensa.

Em parte como reação a essas surpresas e desafios, alguns leitores supõem que, na própria passagem do *cogito*, Descartes não pretendia derivar a certeza de "eu existo" da certeza de "eu penso", mas, em vez disso, pretendia trazer à luz um outro aspecto do nosso conhecimento de nossa própria existência. Alguns pensaram que ele estava tentando sustentar que há algo particularmente autodestrutivo no meu pensamento "eu não existo" e, pela mesma razão, algo particularmente autocomprobatório no meu pensamento "eu existo". Nessa interpretação "performativa", consideraríamos o meu pensamento "eu existo" tal como se eu dissesse as palavras "eu estou falando". (Ver Hintikka, 1962; para uma crítica a essa interpretação, ver Frankfurt, 1966.) Um desafio para essa interpretação é explicar a conexão íntima que Descartes parece estabelecer entre a afirmação feita pelo meditador de que ele existe e seu esforço para duvidar o máximo possível.

Um outro modo de interpretar Descartes seria considerar que ele estivesse sugerindo não poder duvidar de sua própria existência porque sua própria existência é uma condição de possibilidade para se formular dúvidas radicais sobre o que quer que seja. Suponha, por exemplo, que Descartes acredite que só podemos levantar uma dúvida radical sobre determinada crença se pudermos construir uma hipótese cética sobre essa crença, e que qualquer hipótese cética terá que apresentar um cenário no qual eu adote a crença em questão e que, ainda assim, por alguma razão, ela seja falsa. (Por exemplo, estou sendo sistematicamente enganado por meu criador.) Mas, nesse caso, uma hipótese cética que não posso construir coerentemente é uma hipótese cética sobre minha crença de que eu existo, porque não posso incluir nela tanto meu acreditar que *p* quanto a falsidade de minha crença que *p*. Contudo, se não posso levantar uma dúvida radical sobre "eu existo", então posso estar absolutamente certo de que eu existo (Ver Curley, 1978: 70-95; Broughton, 2002: 108-119.).

Esse modo de considerar a certeza do nosso conhecimento de nossa própria existência traça uma conexão bastante precisa entre a dúvida metodológica e o conhecimento de si. Como veremos em breve, também podemos ler Descartes no sentido de produzir uma conexão precisa entre a dúvida e o nosso conhecimento de nossos próprios pensamentos.

A CERTEZA SOBRE NOSSOS PENSAMENTOS

Depois de descobrir que pode estar certo de que existe, o meditador imediatamente levanta a questão acerca do que é esse "eu" de cuja existência ele pode ter certeza. Ele busca uma caracterização desse "eu" a que ele tem se referido até então apenas em termos vagos. O meditador desenvolve sua caracterização explorando aspectos de seu método da dúvida: ele havia acreditado em muitas coisas sobre si próprio até aquele momento, mas, porque resolveu não concordar com nada que pudesse dar origem a alguma dúvida, ele busca uma caracterização desse "eu" que exclui qualquer coisa que seja dubitável.

Ele havia pensado a si mesmo como uma alma somada a um corpo: o corpo sendo o que ele tem em comum com um cadáver e a alma, algo etéreo que realiza as funções vitais (como alimentar-se, locomover-se), juntamente com o sentir e o pensar. (Pode haver relevância na semelhança entre essa concepção e aquela a respeito de seres humanos elaborada em algumas filosofias escolásticas; veja Carriero, 1986.) Uma vez que suspendeu o assentimento à existência de qualquer coisa corpórea, o meditador exclui o corpo da caracterização de si mesmo; restam a alma e suas operações. Das operações da alma, ele exclui as funções vitais: não se pode comer ou se mover sem um corpo. Exclui, além disso, o sentir, visto que sentir também requer um corpo – por exemplo, ver requer olhos (por exemplo, 1: 195; AT 8A: 7).

O que resta da concepção original que o meditador tinha de si mesmo? Aparentemente, apenas a alma etérea e uma de suas operações: o pensar. Descartes reflete sobre a alma e seu pensar. Ele havia concebido sua alma como algo muito tênue que perpassava seu corpo. Embora uma alma tão espectral não fosse visível nem tangível, ainda assim seria algo estendido por todo o corpo, tendo, portanto, uma localização e uma figura. Descartes admite que, por tudo o que até o momento havia aprendido, sua alma bem poderia ser uma tal coisa etérea, do mesmo modo que, por tudo o que tinha até o momento aprendido, ele bem poderia ter um corpo. Mas, mesmo assim, sua dúvida exige que ele exclua de sua concepção de si mesmo não apenas seu corpo como também sua alma enquanto a concebe como algo físico, tendo uma localização e uma figura.

O meditador reduziu sua concepção original de si mesmo ao que parece ser um simples núcleo: algo que pensa. Agora, porém, o meditador passa examinar o que é pensar, e sua concepção de si mesmo emerge mais rica do que esperávamos. Na fase da redução, ele descreveu o pensar como a atividade de "uma mente, ou intelecto, ou espírito, ou razão" (2: 18; AT 7: 27) e o contrastou com o sentir (e, por implicação, com o imaginar). Mas nessa fase posterior, o meditador reconsidera o imaginar e o sentir como atividades que ele pode conceber sem conceber um corpo, e, quando são entendidos desse novo modo, eles também contam como "pensar". Essa é uma afirmação do meditador em uma passagem que citei no início do capítulo: "Mas o que sou eu? Uma coisa que pensa. O que é isso? Com certeza, uma coisa que duvida, que concebe, que afirma, que nega, que quer, que não quer, e também que imagina e que sente" (2: 19; AT 7: 28).

Quando o meditador concebe todas essas atividades como modos de pensar, ele pode atribuí-las a si mesmo com absoluta certeza. E, tal como imediatamente passa a afirmar, ele também descobre que pode estar certo, não apenas a respeito de proposições como "eu duvido" ou "eu sinto", mas também quanto a proposições como "duvido que eu esteja sentado próximo ao fogo" ou "estou vendo uma tela de computador" (desde que "sentir" e "ver" sejam considerados de um âmbito mais restrito). Isto é, ele pode estar certo ao menos de algumas afirmações acerca do tipo de estado mental em que se encontra e do conteúdo de seu estado mental.

No restante desta seção, examinarei a certeza do conhecimento sobre os conteúdos de nossos estados mentais. Na seção seguinte, examinarei o que Descartes afirma sobre consciência de si para investigar questões relacionadas acerca da incorrigibilidade e da imediaticidade desse conhecimento.

Por que Descartes pensa que podemos ter certeza de que nossas atribuições de estados mentais a nós mesmos são verdadeiras? Consideremos um exemplo. Aqui estou, sentado em frente ao meu computador, olhando para a tela. Suponha que eu faça a seguinte afirmação: "Estou vendo uma luz". Descartes afirmaria que eu posso estar absolutamente certo de, de fato, ver uma luz? Bem, antes tenho que redefinir o ver de tal forma que "vejo uma luz" não implique "estou usando meus olhos" (ou "há uma fonte de luz na minha frente"). Eis como o meditador põe as coisas:

[é] [...] o mesmo "eu" que sente, isto é, que percebe e conhece as coisas como que pelos órgãos dos sentidos. Por exemplo, vejo agora uma luz, ouço um ruído, sinto calor. Mas estou dormindo e, portanto, tudo isso é falso. Ainda assim, é certo que me *parece* que vejo, que ouço, que sinto calor. Isso não pode ser falso; e isso é propriamente o que em mim se chama sentir e isto, tomado assim, precisamente, não é outra coisa senão pensar. (2: 19; AT 7: 29)

Neste ponto, reflito sobre minha experiência atual para identificar o que até agora tenho chamado de *parecer que vê uma luz*. Trata-se de um estado em que posso me encontrar quando estou dormindo em um quarto escuro e sem usar meus olhos; Descartes está afirmando que estou nesse estado quando vejo uma luz. Ele não nega que haja uma diferença entre o que ocorre quando sonho ver uma luz e o que ocorre quando, de fato, vejo uma luz, mas sugere que a diferença diz respeito apenas a se meus olhos estão abertos, se há uma fonte de luz estimulando minhas retinas, e assim por diante. Trata-se de fatos físicos sobre a cadeia causal envolvida na visão. Aparentemente, Descartes sustenta, portanto, que dois estados mentais cujas características intrínsecas sejam exatamente as mesmas podem ter causas físicas diferentes. Com efeito, Descartes pode estar disposto a afirmar que é possível que haja dois estados mentais com exatamente as mesmas características intrínsecas, embora um tenha uma causa física e o outro, uma causa não física. (Isto, talvez, esteja implícito em alguns dos detalhes do argumento da Sexta Meditação, ou seja, que minhas sensações são, na verdade, causadas por coisas corpóreas.)

Assim, se por "ver" quero me referir apenas ao estado em que também posso estar durante um sonho, então a concepção de Descartes é a de que, quando estou vendo uma luz, posso ter certeza de estar vendo uma luz. No entanto, por que exatamente estou autorizado a afirmar que tenho certeza quando faço essa afirmação autoatributiva? Há pelo menos dois tipos de resposta que podemos tentar dar a essa questão. Uma seria examinar o que ocorre se tentarmos usar as hipóteses céticas da Primeira Meditação para pôr em dúvida a afirmação autoatributiva. Outra seria examinar o modo como surgem as afirmações autoatributivas a partir da capacidade de autoconsciência que nos permite atribuir nossos estados mentais a nós mesmos.

Suponha que um criador poderoso esteja se empenhando ao máximo para me enganar. Poderia ele me fazer acreditar que estou vendo uma luz, quando não estou, de fato, vendo uma luz? Obviamente, ele poderia fazer com que eu falsamente acreditasse que tenho olhos, que há uma fonte de luz diante de mim e que estou usando meus olhos para ver a fonte de luz. Mas nossa questão é se ele poderia, para usar nosso modo tradicional de falar, fazer com que eu falsamente acreditasse que *me parece que vejo a luz*. O meditador de Descartes claramente pensa que a resposta é "não", e provavelmente muitos de nós concordariam. Algumas pessoas podem sustentar que essa resposta não precisa de justificativa ou de explicação, embora outras possam pensar que deveríamos ser capazes de dizer por que a hipótese do enganador não pode chegar a esse tipo de juízo. Não se tem uma clareza exata a respeito de quais dessas respostas Descartes gostaria de dar.

Caso Descartes achasse que deveríamos ser capazes de explicar ou defender o enunciado "que posso ter certeza de que me parece que vejo uma luz", como ele poderia tentar fazê-lo? No exemplo que estamos considerando, o enganador supostamente me faz errar quanto a um juízo como "eis aqui uma luz". O tipo de juízo com o qual nos ocupamos aqui é o que podemos chamar de *juízo de percepção*. Um juízo de percepção é, no mínimo, um julgamento sobre o modo como as coisas são fora da nossa mente, cuja base não é um capricho, uma conjectura ou uma imaginação, mas sim algum tipo de impressão que experimentamos. Aqui, meu juízo de que está presente uma luz se baseia em uma impressão de "luz-aqui". Assim, como poderia o enganador me fazer errar acerca de meu juízo de percepção? Ele não poderia fazer com que, de algum modo, fosse falsa a minha impressão de "luz-aqui";

nesse caso, eu não estaria fazendo um juízo de percepção e não poderia estar enganado quanto ao meu juízo de percepção. Tudo o que ele pode fazer é garantir que minha impressão de "luz-aqui" não seja uma sensação de luz, uma vez que isso implica que uma luz esteja presente e que eu tenha olhos para vê-la. Assim, se a hipótese cética é sobre um juízo de percepção, ela tem a minha impressão de "luz-aqui" incorporada diretamente nela. Portanto, se a hipótese cética é sobre um juízo de percepção, ela não pode pôr em questão minha crença de que estou tendo uma impressão de "luz-aqui". E tal impressão é apenas (ou lhe é muito semelhante) a sensação reduzida da qual Descartes afirma que não podermos duvidar.

Todavia, essa linha de raciocínio explica o enunciado "que posso ter certeza de que me parece que vejo uma luz?". Não acredito. Mesmo se admitirmos que ter uma impressão de "luz-aqui" seja uma condição para o meu juízo de percepção, e, portanto, esteja envolvida em qualquer hipótese cética sobre esse juízo de percepção, isso não explica por que devemos considerar o juízo "parece-me que estou vendo uma luz" como indubitável. Afinal, *ele* não é um juízo de percepção, uma vez que não é um juízo acerca do modo como as coisas são fora da minha mente.

Concedo que haja algo de muito estranho em dizer, por exemplo, "talvez um enganador esteja me fazendo crer que me parece que estou vendo uma luz, quando de fato não me pareça que estou vendo coisa alguma". Mas o que exatamente é estranho nisso? Para responder a essa questão, talvez pudéssemos tentar formular uma linha de raciocínio acerca da crença segundo a qual me parece que vejo uma luz que seja semelhante à linha de raciocínio esboçado para o juízo de percepção de que estou vendo uma luz. No entanto, o próprio Descartes, na passagem que estamos considerando, não parece seguir essa alternativa. Suspeito que ele pensava ser óbvio que o juízo de que estou tendo tal-e-tal impressão é indubitável. O que ele considerava que carecia de demonstração era que, ao duvidar de um juízo de percepção, não duvido, por isso, do juízo de que estou tendo uma impressão a ele relacionada.

CONSCIÊNCIA DE SI E CONHECIMENTO DE NOSSOS PENSAMENTOS

Se quisermos saber por que Descartes considera que as afirmações de autoatribuição podem constituir conhecimento, devemos abandonar a questão acerca do que lhes acontece quando sujeitas à dúvida radical. Em vez disso, devemos indagar de que modo, na concepção de Descartes, elas surgem da atividade cognitiva reflexiva que nos torna capazes de atribuir nossos próprios estados mentais a nós mesmos. (Operações mentais "reflexivas" são aquelas voltadas para a própria mente.) Muitos leitores creem que, para Descartes, pertence à natureza mesma do pensamento que sejamos conscientes de todos os nossos pensamentos, e que essa consciência constitui um conhecimento incorrigível e imediato de nossos pensamentos. E muitos leitores afirmariam que, em última instância, a razão de Descartes para supor que estamos autorizados a ter certeza sobre nossas autoatribuições de pensamentos é a de que pensamentos têm essa natureza especial.

Nas Respostas às Segundas Objeções, Descartes escreve que "pensamento" é um termo por ele utilizado

> para incluir tudo quanto está de tal modo dentro de nós que somos imediatamente seus conhecedores [*conscii*]. Assim, todas as operações da vontade, do entendimento, da imaginação e dos sentidos são pensamentos [*cogitationes*] (2: 113; AT 7: 160).

(Descartes emprega o termo "imediatamente" nessa passagem para descartar o que está dentro de nós enquanto consequência do pensamento, como os movimentos voluntários de nossos corpos que se originam em pensamentos.) Ele prossegue afirmando que uma "ideia" é a forma de qualquer dado pensamento [*cogitationis*] por cuja percepção [*perceptionem*] imediata temos conhecimento desses mesmos pensamentos" (*ibid.*). Por "percepção" ele não quer dizer sensação; com efeito, como veremos, Descartes não identifica a percepção de uma ideia com nenhum tipo de pensamento, mas, em vez disso, entende-a como um elemento na estrutura deste. Talvez possamos compreender a noção de percepção imediata da forma de um pensamento ao afirmar que se trata de *captar* a "forma" do pensamento.

Assim, instâncias particulares de pensamento – sentir, querer, compreender, e assim por diante – têm algo em comum: em cada caso, estamos conscientes de nosso pensamento ao perceber imediatamente uma ideia, ou a "forma" do pensamento. Essa noção de "forma" não é usual atualmente, embora na tradição herdada por Descartes os termos "ideia" e "forma" tenham sido, com frequência, empregados de modo intercambiável. Ele diz mais acerca dessa noção de "forma" na Terceira Meditação, na qual escreve:

> Alguns dos meus pensamentos são como imagens de coisas e só a estes convêm propriamente o termo "ideia" – por exemplo, quando imagino um homem, ou uma quimera, ou o céu, ou um anjo ou Deus. Outros pensamentos têm diversas formas adicionais: assim, quando eu quero, ou temo, ou afirmo ou nego há sempre algo particular que considero como objeto de meu pensamento, mas, além da semelhança com esse objeto, meu pensamento inclui algo mais (2: 25-26; AT 7: 37).

O termo "adicionais" sugere que *todos* os pensamentos têm uma forma por ser "como se fossem imagem de coisas", embora alguns pensamentos possam, além disso, incluir "formas adicionais". Como Descartes deixa claro nas Respostas às Segundas Objeções, essas ideias ou imagens estão na mente, não no cérebro; e, como sugere a inclusão de Deus e de um anjo na lista da Terceira Meditação, ideias ou imagens não precisam ser de algo corpóreo. Talvez um modo de se compreender o que Descartes pretende aqui seja afirmar que ideias ou imagens representam algo à mente que é imediatamente por ela percebido. Tomadas conjuntamente, essas passagens das Respostas às Segundas Objeções e da Terceira Meditação sugerem que *todos* os pensamentos são instâncias da percepção imediata ou apreensão de uma representação, uma percepção ou apreensão pela qual nos tornamos conscientes do pensamento. (Para mais detalhes acerca da noção de "forma" e sua de história, ver Alanen, 2003: cap. 4)

Consideremos um exemplo: suponha que eu imagine um dragão. Estou tendo um pensamento, e o pensamento tem a forma-de-dragão, ou seja, é o pensamento de um dragão. Ao perceber imediatamente uma ideia-dragão, ou ao apreender uma representação de um dragão, torno-me consciente de meu pensamento, isto é, torno-me consciente do meu pensamento de um dragão. Note que Descartes parece fazer uma distinção entre o pensamento (a imaginação de um dragão) e minha consciência do pensamento; mas na passagem das Respostas às Segundas Objeções ele, além disso, parece afirmar que, *necessariamente*, sempre que tenho um pensamento, tenho consciência de tê-lo, e sempre que tenho consciência de ter um pensamento, estou tendo esse pensamento. (Ver também 2: 33-34; AT 7: 49 e 2: 77; AT 7: 107 e ainda 2: 171-172; AT 7: 246. Aqui e nos próximos dois parágrafos, sigo Radner, 1988; veja também Miles, 1999: caps. 6, 8 e 15.)

Hobbes se perguntava se Descartes não teria se comprometido com um regresso ao infinito, de tal forma que cada pensamento é acompanhado por um pensamento *desse* pensamento, e esse pensamento por um pensamento *desse* pensamento, e assim por diante (2: 122-123; AT 7: 173). Naturalmente, Descartes negou que tenha se comprometido com tal regresso ao infinito, mas não apresenta claramente suas razões. Visto que ele distingue entre pensar e estar consciente, podemos talvez perceber quais poderiam ser as suas razões. Se, por um lado, tenho necessariamente consciência de qualquer pensamento que eu tenha, essa consciência, por outro lado, não constitui um outro *pensamento*; por exemplo, ao imaginar um dragão, tenho consciência de que tenho um pensamento de um dragão, mas não preciso estar tendo um *pensamento* de mim mesmo tendo um pensamento de um dragão. Isto não significa que eu não possa ter um pensamento de um pensamento: o meditador com certeza tem pensamentos de seus pensamentos, uma vez que atribui seus pensamentos a si mesmo, ordena-os de diversos modos, recorre a eles, e assim por diante. Melhor dizendo, o que Descartes estaria negando é que, ao ter um pensamento, necessariamente também temos um pensamento desse pensamento.

Onde isto nos leva no que concerne ao nosso esforço para compreender a natureza especial dos juízos de autoatribuição? Se Descartes concebe a consciência e o pensamento do modo como esquematizei, então, o que é um tanto surpreendente, se quisermos explicar por que Descartes sustentou que os juízos de autoatribuição podem ser conhecidos com certeza, não podemos fazê-lo simplesmente apelando para sua concepção de consciência e de pensamento. Pois, embora, segundo essa concepção, pertença à própria natureza do pensamento o fato de sermos conscientes de todos os nossos pensamentos, essa consciência não constitui *conhecimento* de nossos pensamentos. Só temos *conhecimento* de nossos pensamentos quando fazemos juízos sobre eles, e para fazer juízos acerca de nossos pensamentos, precisamos ter pensamentos de nossos pensamentos. Note-se que isso também significa que, embora possamos ser imediatamente conscientes de todos os nossos pensamentos, essa consciência não constitui, nela mesma, *conhecimento* imediato de nossos pensamentos.

Não tenho dúvidas de que Descartes acreditava que a consciência que temos de nossos pensamentos tem um papel crucial em nosso conhecimento de nossos pensamentos e também na certeza que podemos alcançar ao fazer juízos de autoatribuição (ver 1: 95; AT 8A: 7); voltarei a esse ponto em seguida. Contudo, o que Descartes não nos fornece é uma explicação sobre *como* a consciência envolvida nos pensamentos nos torna capazes de alcançar a certeza quando fazemos juízos de autoatribuição. É importante notar que, se ele tivesse fornecido essa explicação, poderia ter sido necessário deixar uma margem para a possibilidade de erro nos juízos de autoatribuição: afinal, assim como meus pensamentos sobre DNA podem estar errados (eles podem, por exemplo, não ser claros), meus pensamentos sobre meus pensamentos também podem estar errados (*também* podem não ser claros). Isso indica que devemos ter cuidado com a leitura de Descartes como um filósofo que alega não podermos errar nos juízos que fazemos sobre quais são os nossos pensamentos. Ele pode preferir afirmar que tais juízos têm a possibilidade de ser tão corrigíveis quanto qualquer outro. (Para algumas considerações diferentes que apontam para conclusões semelhantes, ver Wilson, 1978: 150-65.)

Na Segunda Meditação, acredito que Descartes realmente pretende afirmar que podemos estar certos ao fazer juízos que atribuem pensamentos a nós mesmos, ao menos quando pensamos clara e cuidadosamente acerca do que exatamente podemos atribuir à mente. Há, porém, poucos indícios a respeito de por que esses juízos resistem à hipótese do Deus Enganador, assim como da razão pela qual minha autoconsciência lhes confere um *status* epistemológico especial. Eu acrescentaria, entretanto, que no projeto geral das *Meditações*, Descartes se apoia relativamente pouco na certeza desses juízos. Em vez disso, ele parece estar muito mais preocupado em que o meditador clarifique seus pensamentos e identifique seus objetos ou causas. Assim, não deveria surpreender que ele não explore mais detalhadamente as razões em favor da certeza dos juízos de autoatribuição. (Ver Wilson, 1978: 75-6.)

O ALCANCE DE NOSSO CONHECIMENTO DE NOSSOS PENSAMENTOS

Já vimos uma razão para nos perguntarmos se Descartes desejaria realmente afirmar que temos conhecimento de todos os nossos pensamentos: se por um lado ele crê que temos *consciência* ou *percepção interna* de todos os nossos pensamentos, por outro lado ele não pensa que essa consciência, por si só, constitua conhecimento. Passagens como esta deveriam nos fazer hesitar: "Crer em algo e saber que se crê nisso são atos diferentes de pensamento, e um, com frequência, ocorre sem o outro" (1: 122; AT 6: 23). Há diversas linhas de pensamento que poderíamos seguir para estabelecer se Descartes considera o conhecimento de si como sendo, em algum sentido, evidente. A questão específica que quero levantar aqui é se ele quer afirmar que a consciência de si nos dá conhecimento de que *tipo* de pensamento estamos tendo. Descartes defende que o ato de pensar sobre nossos pensamentos nos revela que estamos sentindo, querendo, compreendendo, e assim por diante? Suspeito que a resposta dependerá do tipo de pensamento estivermos considerando.

Começarei dizendo algo sobre a relação entre pensar e o exercício da faculdade do intelecto. Isso me auxiliará a descrever alguns sentidos relevantes em que todos os pensamentos são semelhantes, e alguns sentidos em que alguns tipos de pensamento são diferentes de outros.

Como vimos nas passagens das Respostas às Segundas Objeções e da Terceira Meditação, Descartes sustenta que pensamentos são instâncias da percepção imediata ou apreensão de uma representação, uma percepção ou apreensão pela qual nos tornamos conscientes do pensamento. O fato de que todos os pensamentos possuam essa estrutura pode ajudar a explicar por que Descartes afirma que tanto o *pensar* constitua sua essência (2: 54; AT 7: 78) quanto, de algum modo, o *intelecto* seja o núcleo de sua essência, em oposição à imaginação ou à sensação (2: 51; AT 7: 73 e 2: 54-55; AT 7: 78-9). Se a apreensão de uma representação é um ato intelectual, então é possível compreender por que Descartes afirma que "há alguma intelecção no conceito formal" mesmo das minhas faculdades da imaginação e da sensação (2: 54; AT 7: 78). Todavia, embora essas faculdades incluam algo de intelectual, elas são as que eu exerço enquanto uma mente encarnada. Eu poderia ser separado de meu corpo, sem pensamentos imaginativos ou sensoriais e, assim mesmo, pensar, porque eu ainda assim seria capaz de ter pensamentos puramente intelectuais. Pensamentos puramente intelectuais são, nesse sentido, especiais; apesar disso, *todos* os nossos pensamentos compartilham uma estrutura geral, já que são todos instâncias da percepção imediata ou apreensão de uma representação, uma percepção ou apreensão pela qual nos tornamos conscientes do pensamento. É por essa razão que os diversos tipos de pensamento que tenho são modos distintos de pensar.

A questão que quero colocar agora é a seguinte: em que medida Descartes acredita que podemos ter conhecimento do *tipo* de pensamento que estamos tendo simplesmente por refletir sobre o próprio pensamento? Suponha que eu pense sobre Deus e, em seguida, reflita acerca desse pensamento, produzindo em minha mente um segundo pensamento. O que posso conhecer acerca do primeiro pensamento simplesmente refletindo sobre ele? Bem, ao ter o primeiro pensamento, tornei-me consciente dele ao apreender uma representação de Deus. Ao refletir sobre ele, fico consciente de um segundo pensamento ao apreender uma representação do primeiro pensamento; a representação que apreendo no meu segundo pensamento é uma representação do fato de que me tornei consciente do meu primeiro pensamento ao apreender uma representação de Deus. Meu segundo pensamento, de acordo com Descartes, proporciona um conhecimento de meu primeiro pensamento. O que conheço é que me tornei consciente de um pensamento ao apreender uma representação de Deus.

Agora, suponha que imagino um triângulo e que, em seguida, reflita sobre *esse* pensamento. Mais uma vez, o que posso conhecer sobre o primeiro pensamento simplesmente refletindo sobre ele – simplesmente que estou tendo um segundo pensamento que é um pensamento do primeiro? A resposta possivelmente seria a de que o que eu conheço é que me tornei consciente de um pensamento ao apreender uma representação de um triângulo. Porém, daríamos exatamente a mesma resposta se perguntássemos o que posso saber acerca de um outro tipo de pensamento: meu pensamento puramente intelectual não-imaginativo de um triângulo. A questão, então, é se a consciência que temos de nossos pensamentos pode, de algum modo, conferir-nos também um conhecimento sobre o *tipo* de pensamento que estamos tendo.

A passagem da Terceira Meditação pressupõe, por exemplo, que se desejo sorvete, ou se tenho medo de sorvete, ou se afirmo a existência de sorvete, então minha volição, ou emoção ou juízo é, em si mesma, uma "forma" incluída no meu pensamento. Assim, o fato de que desejo, ou temo ou afirmo é algo que posso conhecer refletindo sobre meus pensamentos. Mas a passagem da Terceira Meditação não diz se as diferenças entre as representações intelectual, imaginativa e sensível se refletem em "formas" distintas disponíveis à minha apreensão quando reflito sobre um pensamento intelectual, imaginativo ou sensível. Com efeito, na Terceira Meditação, o meditador afirma que algumas de suas ideias parecem ser inatas, algumas fictícias e algumas adventícias, mas que só saberá dizer qual é qual depois de "ter certeza de suas verdadeiras origens" (2: 26; AT 7: 38). Isso sugere que o caráter de meu pensamento enquanto intelectual, imaginativo ou sensível não é algo que eu possa saber apenas refletindo sobre esses mesmos pensamentos.

Isso parece estar em certa tensão com uma passagem da Segunda Meditação que consideramos antes:

[é] [...] o mesmo "eu" que sente, isto é, que percebe e conhece as coisas como que pelos órgãos dos sentidos. Por exemplo, vejo agora uma luz, ouço um ruído, sinto calor. Mas estou dormindo e, portanto, tudo isso é falso. Ainda assim, é certo que me *parece* que vejo, que ouço, que sinto calor. Isso não pode ser falso; e isso é propriamente o que em mim se chama sentir e isto, tomado assim, precisamente, não é outra coisa senão pensar (2: 19; AT 7: 29).

Aqui, o meditador parece afirmar que esses pensamentos têm algum tipo de característica sensorial que ele descobre simplesmente refletindo cuidadosamente sobre eles. (Algo semelhante à imaginação: "Mesmo se [...] nenhum objeto da imaginação for real, o poder da imaginação é algo que realmente existe e é parte do meu pensamento" [*ibid.*].) É claro que o meditador está disposto a aceitar que ele não pode responder à questão sobre a "verdadeira origem" de, digamos, que lhe pareça ver uma luz: ele não sabe se seu pensamento é causado pela luz afetando seus órgãos sensíveis, ou pelo que quer que seja que cause os sonhos, ou por um criador enganador. Ainda assim, ele parece estar afirmando que há algo sobre seu pensamento que é distintamente sensível e que ele pode discernir isso acerca do pensamento apenas refletindo sobre ele. Mas o que poderia ser esse algo distintamente sensível senão uma "forma" de pensamento, como desejar, temer ou asserir?

Talvez a resposta seja que o pensamento identificado pelo meditador como sensação venha juntamente com um segundo pensamento, um que seja acerca da origem da sensação. Isso talvez esteja indicado na frase "como se fosse pelos sentidos". Esse pensamento adicional sobre a origem pode ser tudo o que identifica o pensamento original como uma sensação, mas acho que Descartes pode estar preparado para dizer algo um pouco mais forte. Embora eu não ache que ele diria que as sensações têm características intrínsecas que nenhum outro pensamento possui, talvez ele esteja querendo dizer que tanto os pensamentos dos sentidos quanto os da imaginação compartilham características fenomenológicas distintivas que o pensamento intelectual não tem: por exemplo, a forma como uma rosa imaginária aparece, ou o modo como cheira uma rosa aspirada. Suspeito, além disso, que ele defenda a possibilidade que temos de saber que nossas sensações e nossas ideias imaginativas têm essas características fenomenológicas simplesmente pela reflexão sobre elas. Isto é, essas características fenomenológicas são inseparáveis do "como se fossem imagens de coisas" que apreendemos quando imaginamos ou temos sensações. Com efeito, em alguns lugares, Descartes parece disposto a afirmar que essas características fenomenológicas constituem praticamente tudo o que constitui as formas e que apreendemos quando temos sensações.

> Quando dizemos que percebemos cores nos objetos, é o mesmo que afirmar que percebemos algo nos objetos cuja natureza não conhecemos, mas que produz em nós uma certa sensação muito clara e viva a que chamamos de sensação de cor. [...] Se julgarmos simplesmente que há algo nos objetos [que é fonte de nossas sensações] cuja natureza não conhecemos, evitamos o erro. (1: 218; AT 8A: 34)

Descartes considera que exista alguma diferença entre pensamentos imaginativos e sensoriais que não podemos notar apenas por meio da reflexão sobre eles? Na Sexta Meditação, ele parece sugerir que, ao termos pensamentos sensoriais, estamos conscientes de ser passivos, e que, ao termos pensamentos imaginativos, estamos conscientes de realizar um esforço. Porém, de fato, a concepção madura de Descartes é a de que, enquanto alguns pensamentos imaginativos envolvem volição, outros – como os pensamentos oníricos – não envolvem (*Paixões da Alma*, 1: 20–21, 26; 1: 336–338; AT 11: 344–45, 348–349).

Nada disso significa que não haja quaisquer outras diferenças entre pensamentos dos sentidos, da imaginação e do intelecto. Eles diferem quanto às suas "verdadeiras origens": as sensações se originam em objetos que estimulam nossos órgãos sensoriais e em nossos cérebros; os pensamentos da imaginação se originam em outros estados de nossos cérebros; e os pensamentos intelectuais não se originam em nossos cérebros de modo algum, mas são inatos em nossas mentes. Descartes, é claro, acredita que podemos ter conhecimento, ao menos em muitos casos, de que tipo de pensamento estamos tendo. Mas, em certa medida, esse é um conhecimento cujas bases se estendem muito além da reflexão acerca desses pensamentos.

Esta seção deste capítulo examinou a questão a respeito do que podemos conhecer acerca dos tipos de pensamentos que temos apenas pela reflexão sobre eles. Naturalmente, também valeria a pena indagarmos sobre o que podemos conhecer, simplesmente por meio da reflexão sobre nossos pensamentos, acerca das representações que percebemos quando temos esses pensamentos. Mais uma vez, a resposta pode ser: menos do que supomos. Pode ser importante distinguir entre perceber clara e distintamente algo e perceber obscura e confusamente algo, embora eu não vá fazê-lo aqui.

Nesta seção e na anterior, tentei sugerir que não é nada óbvio que Descartes considere evidente o conhecimento de si. Ter simplesmente um pensamento pode não ser equivalente a ter conhecimento de que pensamento estou tendo.

A PRIORIDADE DO CONHECIMENTO DE SI

Afirmei anteriormente que, no projeto das *Meditações*, Descartes põe relativamente pouco peso na certeza acerca dos juízos de autoatribuição. Isso torna difícil compreender sua afirmação de que o conhecimento de si tem um papel central em nosso esforço para compreender adequadamente a realidade. Afinal, no início da Segunda Meditação, o meditador afirma que "para mudar o globo terrestre de lugar, Arquimedes não pedia nada mais exceto um ponto fixo e seguro" (2: 16; AT 7: 24), e, manifestamente, o meditador encontrou seu próprio ponto fixo e seguro em seu conhecimento de si mesmo. Segundo a concepção usual da prioridade do conhecimento de si, tenho conhecimento certo, incorrigível, imediato e evidente de meus próprios pensamentos e, por meio de uma série de inferências que começam com esse conhecimento de mim mesmo, chego ao conhecimento de Deus e do mundo físico. Isso seguramente explicaria por que Descartes considerava o conhecimento de si prioritário em relação aos outros conhecimentos e central para nosso esforço em alcançar outros conhecimentos; contudo, se não estamos inteiramente satisfeitos com esse modelo interpretativo, de que outro modo podemos entender por que o conhecimento de si é prioritário ou fundamental?

É verdade que Descartes chega ao conhecimento de Deus por meio de uma inferência que envolve sua ideia de Deus, e é verdade também que chega ao conhecimento do mundo físico por meio de uma inferência que envolve suas sensações. Não obstante, penso que nenhuma dessas inferências se encaixa bem no modelo fundacionalista usual. Para que o argumento causal em favor da existência de Deus funcione, Descartes tem que estabelecer que sua ideia de Deus possui um conteúdo que não pode ser derivado do que ele conhece sobre si mesmo por meio de reflexão; do contrário, ele próprio seria uma causa adequada de sua ideia de Deus. Ele, porém, não estabelece tal ponto acerca de sua ideia sustentando que tem um conhecimento imediato e completo de seus pensamentos; ao invés disso, trata-se de algo que ele estabelece recorrendo a uma argumentação bastante complexa. E assim, na inferência que estabelece a existência do mundo físico, Descartes não precisa sustentar que tem um conhecimento imediato e certo de suas sensações; em vez disso, ele utiliza a premissa (uma de muitas) segundo a qual ele compreende clara e distintamente que tem uma faculdade passiva de sentir. De todo modo, o conteúdo de suas ideias sensíveis não é relevante para o argumento, porque este leva à conclusão de que os objetos que causam as sensações têm as características presentes não nas sensações, mas em nossas ideias inatas de extensão e seus modos.

Penso que se compreende melhor a prioridade do conhecimento de si no pensamento de Descartes de outro modo. Ele acredita que o primeiro passo para compreender a realidade é compreender a natureza de nossas faculdades cognitivas: *com* o que podemos conhecer a realidade. Trata-se de uma orientação bem geral compartilhada com, por exemplo, Locke, Hume e Kant. Podemos encontrar essa ideia mesmo nas *Regras*, em que Descartes, na Regra 8, trata desse tema muitas vezes. Como ele afirma em uma dessas vezes, "precisamos uma vez na vida investigar que tipo de cognição [*cognitionum*] a razão humana pode ter, antes de nos perguntarmos particularmente acerca do conhecimento [*cognoscendas*] das coisas" (1: 31; AT 10: 396-397). Parte da Regra 8 enfatiza o valor de se descobrir o que nossas faculdades cognitivas *não* nos permite conhecer, de tal modo que não percamos tempo com indagações ociosas ou nos enganemos pensando que conhecemos mais do que conhecemos. No entanto, a Regra 8 também sugere que, se compreendermos primeiramente nossas faculdades cognitivas, estaremos aptos a fazer um trabalho melhor ao conhecer as outras coisas, tal como, em certo sentido, um ferreiro que, partindo do zero, fará melhor se produzir primeiramente suas próprias ferramentas antes de tentar produzir espadas ou capacetes (1: 31; AT 10: 397).

Podemos encontrar muitas passagens nas *Meditações* em que o conhecimento de si tem um papel prioritário e construtivo na obtenção de uma compreensão da realidade. Uma delas está na Segunda Meditação, em que Descartes reconhece que seu conhecimento de sua existência e de seu pensamento não é uma cognição que advém dos sentidos, nem da imaginação. Isso lhe mostra que ele possui uma outra faculdade cognitiva – "puramente intelectual" ou "inspeção puramente mental" – pela qual pode conhecer as coisas (2: 21, 22; AT 7: 31, 43). E uma das lições da passagem sobre o pedaço de cera é a de que o exercício dessa faculdade cognitiva tem um papel na cognição das coisas físicas e da mente, o que sugere que uma compreensão da realidade física incluirá necessariamente a contribuição de uma faculdade da mente não-sensorial e não-imaginativa – o mesmo tipo de faculdade que torna possível o conhecimento de si.

Na Terceira Meditação, encontramos outras situações em que o conhecimento de si desempenha um papel especial. Descartes reflete sobre seu sucesso em alcançar o conhecimento de si mesmo e identifica um aspecto que essa percepção de sua existência e de seus pensamentos tem: ela é clara e distinta. O conhecimento de si que ele alcançou na Segunda Meditação lhe mostra o que é clareza e distinção, permitindo-lhe assim formular a questão central sobre se tudo que ele percebe clara e distintamente é algo que pode aceitar como sendo certo. Talvez igualmente importante, permite-lhe indagar também se os diversos juízos os quais ele é inclinado a fazer dizem respeito a assuntos que percebe clara e distintamente. Por exemplo, ele se inclina a pensar que as coisas físicas lhe transmitem sua semelhança através de suas ideias sensíveis, mas, ao refletir, dá-se conta de que seu pensamento não é claro e distinto.

Em termos mais gerais, muito da Terceira Meditação é uma reflexão acerca da estrutura geral das ideias, ou das formas de pensamento. Descartes examina seu caráter representativo e sua realidade, tanto formal quanto objetiva, e a partir disso, decorre o conhecimento da existência de Deus. Muito da Quarta Meditação é uma reflexão acerca da natureza de nossas faculdades volitivas do pensamento e da distinção entre essas e nossa faculdade cognitiva do pensamento; daí procede a compreensão da norma básica para o juízo. Muito da Quinta Meditação diz respeito ao modo pelo qual a distinção de nossas ideias nos torna capazes de compreender a natureza verdadeira e imutável das coisas. E, naturalmente, a Sexta Meditação é uma rica reflexão sobre a natureza de nossas faculdades da imaginação e, sobretudo, da sensação a partir da qual se dá a compreensão de nossa relação com o mundo físico.

Iniciei este capítulo esboçando uma concepção de conhecimento de si que muitos leitores encontram na filosofia de Descartes: que o conhecimento de si é certo, incorrigível, imediato, evidente e fundamental. Como sugerem as questões interpretativas que examinei, há razões para perguntarmos se a concepção de Descartes realmente é conforme esse modelo. Ele, de fato, parece tratar as afirmações que fazemos acerca de nossa existência e de nossos estados como se fossem indubitáveis, ao menos quando temos o cuidado de formular tais afirmações em termos austeros. Mas há pouca evidência de que ele quisesse enfatizar a indubitabilidade dessas afirmações ao usá-las como premissas em inferências com conclusões sobre o mundo fora da mente. Suas análises complexas da estrutura do pensamento e do papel do intelecto talvez sugiram que o pensamento reflexivo pode levar ao conhecimento de si, mas não mostram conclusivamente que ele considerasse nosso conhecimento de nossos estados mentais incorrigível, evidente ou imediato. Descartes tem um compromisso geral com a ideia de que, para compreender a realidade, precisamos compreender e desenvolver as faculdades da mente, ao menos à primeira vista, porém, isso é diferente da ideia de que o conhecimento do mundo exige a investigação do mundo interno e o exame do modo como, a partir daí, chegar ao mundo externo.

Como intérpretes de Descartes, deparamo-nos com o desafio de desenvolver e articular uma interpretação mais sutil do modo como ele entendeu o conhecimento de si. Embora eu suspeite que essa interpretação se afaste da visão padrão de várias maneiras, pode ainda assim estar suficientemente próxima a ela de modo a merecer tanto os elogios quanto, e sobretudo, as críticas que a concepção tradicional tem atraído por tanto tempo. Isso fica para ser visto depois. Todavia, os debates sobre a visão "cartesiana" do conhecimento de si com certeza se refinariam se as afirmações, os argumentos, as ambições e as pressuposições peculiares a Descartes fossem reconhecidos. Ele é, ao mesmo tempo, um filósofo mais familiar e mais extravagante do que se pode ser levado a pensar.

REFERÊNCIAS E LEITURAS ADICIONAIS

Alanen, L. (2003). *Descartes's Concept of Mind*. Cambridge, MA: Harvard University Press.

Broughton, J. (2002). *Descartes's Method of Doubt*. Princeton: Princeton University Press.

Carriero, J. (1986). "The Second Meditation and the essence of the mind". In A. O. Rorty (ed.). *Essays on Descartes' "Meditations"*. Berkeley: University of California Press: 153–176.

Curley, E. (1978). *Descartes Against the Skeptics*. Cambridge, MA: Harvard University Press.

Descartes, R. (1998). "The World" *and Other Writings*. Trad.: S. Gaukroger. Cambridge: Cambridge University Press. (Obras originalmente escritas no período que se inicia em 1629.)

Frankfurt, H. (1966). "Descartes's discussion of his existence in the Second Meditation". *Philosophical Review*, 75, p. 329-356.

Hatfield, G. (2001). "Epistemology and science in the image of modern philosophy: Rorty on Descartes and Locke". In J. Floyd e S. Shieh (eds.). *Future Pasts: The Analytic Tradition in Twentieth-Century Philosophy*. Oxford: Oxford University Press, p. 393-413.

Hintikka, J. (1962). "*Cogito ergo sum*: inference or performance?". *Philosophical Review*, 71 (1), p. 3-32.

Miles, M. (1999). *Insight and Inference: Descartes's Founding Principle and Modern Philosophy*. Toronto: University of Toronto Press.

Radner, D. (1988). "Thought and consciousness in Descartes". *Journal of the History of Philosophy*, 26 (3), p. 439-452.

Rorty, R. (1979). *Philosophy and the Mirror of Nature*. Princeton: Princeton University Press.

Williams, B. (1978). *Descartes: The Project of Pure Enquiry*. Atlantic Highlands, NJ: Humanities Press.

Wilson, M. (1978). *Descartes*. London: Routledge and Kegan Paul.

12

Descartes sobre as ideias verdadeiras e falsas

DEBORAH J. BROWN

INTRODUÇÃO

Uma concepção compartilhada por filósofos medievais era a de que a função distintiva do conhecimento era fazer com que houvesse, de algum modo, uma união entre o mundo e a mente, fazer com que o mundo, de alguma maneira, *entrasse* na mente de modo a torná-lo inteligível, e, para isso, as funções das sensações eram indispensáveis. Segundo a concepção de Aristóteles, que caracterizava os movimentos conservadores na filosofia do início do século XVII, essa união era alcançada através da transmissão das "formas" dos objetos materiais às faculdades sensível e intelectual da alma humana. Considerava-se que, dependendo do tipo de modalidade sensível que estivesse operando, os objetos materiais imprimiam suas formas quer diretamente em algum órgão sensível, quer primeiramente no ambiente, em geral no ar que havia entre aquele que percebia e o que era percebido, de modo muito semelhante àquele em que o anel de sinete imprime na cera sua forma, mas não sua matéria (Aristóteles, *de Anima* II, 12). Os objetos mais imediatos da cognição eram, assim, as qualidades sensíveis – as formas perceptíveis acidentais e mutáveis – que, de modo um tanto misterioso, formavam a base para nosso conhecimento das formas "substanciais", as essências imutáveis das coisas materiais. A noção de "in-formação" era, nesse sentido, bem literal. O fato de, através das sensações, a alma compartilhar as mesmas formas naturalmente inerentes às coisas materiais a tornava capaz de conhecer a natureza de tais coisas. A teoria da sensação de Descartes é, em muitos aspectos, revolucionária, mas talvez, sobretudo, porque, ao examinar essa suposição, de que os sentidos comunicam à mente os modos de ser dos objetos materiais, descobre que ela deixa a desejar.

Em sua forma grosseira, a teoria aristotélica do conhecimento por in-formação é indefensável. Formas não podem estar *no* ambiente ou *na* alma do mesmo modo como inerem aos objetos de cognição. Percebe-se um cavalo sem que o ar, ou os olhos ou a alma se transforme em um cavalo. Assim, alguns consideravam o modo como a forma existe no ambiente ou na alma como análogo ao modo como estava presente em um espelho, não transformando a mente ou o espelho no tipo de ser representado, mas inerindo a um outro modo de ser. Tomás de Aquino se refere a esse modo não-natural de inerência como ser "espiritual" ou "intencional" (*Summa Theologiae* I, questão 78, a. 3; *In Aristotelis Librum de anima Commentarium* II, cap. XII, Lectio 24, 553). Visto que a função das faculdades sensíveis é apresentar à mente as qualidades reais das coisas materiais (ou, em casos raros, coisas que pelo menos poderiam ser qualidades reais), uma concepção como essa não poderia admitir erro ou falha no processo cognitivo-perceptivo. Como sugere Aristóteles em *de Anima* II, 6, pode-se ser levado a crer que alguma coisa é branca, ou que uma coisa branca está em algum lugar que não está de fato, mas perceber uma brancura consiste em que uma brancura *está* presente na alma.

O problema do erro dos sentidos, que Descartes vê como um problema inevitável para os aristotélicos, não é o mesmo que o problema da não confiabilidade dos sentidos ou o problema de os sentidos não serem imunes às dúvidas céticas da Primeira Meditação. Se assim fosse, a resposta a essas dúvidas deveria ter como objetivo restaurar a fé nos sentidos como veículo de conhecimento. Isso, porém, não é o que ocorre. A prova da existência dos corpos e a solução da dúvida do sonho na Sexta Meditação pretendem ser consistentes com um ceticismo que persiste acerca do que os sentidos nos dizem sobre a natureza dos corpos. O diagnóstico apresentado para o fracasso do empirismo aristotélico consiste em afirmar que ele se baseia em uma compreensão inadequada da natureza e da função da sensação. Aprendemos, na Sexta Meditação, que a principal função da sensação é comunicar-nos o mundo não tanto para o conhecermos, mas para nos movermos nele com sucesso, enquanto agentes corpóreos. Nesse contexto, o erro dos sentidos pode se revelar, e facilmente se revela, uma característica estrutural de um projeto bem-sucedido: um sistema que percebe os objetos materiais como portadores de certas propriedades que eles podem não ter de fato é mais perfeito do que um sistema no qual os sentidos dizem sempre a verdade, mas que não consegue sobreviver. Levando-se essa ideia a sério, pode-se explicar muito acerca de como os sentidos predispõem-nos a julgar incorretamente que o mundo é de um certo modo, e mesmo por que, afinal, temos intuições empíricas tão fortes. Dada nossa "inclinação natural" a confiar nos sentidos como guias do modo como o mundo é (2: 26-7; AT 7: 38 e 2: 53; AT 7: 77), somos levados a pensar que apenas as ilusões sensoriais detectáveis e as alucinações são desvios da norma, e não vemos a quantidade possível de erro no interior da faixa da normalidade. Somos inclinados, sobretudo, a desconsiderar a possibilidade de que as qualidades que nossos sentidos apresentam como pertencentes aos objetos materiais possam não existir.

O fato de Descartes reconhecer a possibilidade desse tipo de erro sensorial o leva a uma forte e profunda objeção ao empirismo. Além disso, porém, gera problemas para sua própria teoria das ideias e ameaça a coerência interna do sistema metafísico exposto nas *Meditações*. Pois, como seus precursores escolásticos, Descartes também acredita que o conhecimento envolve algum tipo de assimilação entre aquele que conhece e o que é conhecido e, embora desmereça a doutrina das formas intencionais "voltejando no ar" (1: 154; AT 6: 85), mantém tanto a noção segundo a qual há dois modos de ser, sugerindo que as coisas têm ser nelas mesmas ("ser formal") e enquanto objetos do pensamento ("ser objetivo"), quanto a noção de que um pensamento ou, mais precisamente, uma ideia é diferenciada pelo objeto que, de algum modo, inere à mente. Diversos termos são utilizados de maneira intercambiável para caracterizar o ser dos objetos do pensamento: "ser objetivo", "realidade objetiva", "complexidade objetiva", "perfeição objetiva"; contudo, quanto a saber se todos esses termos significam o mesmo é necessário, como veremos, um argumento (2: 28-29; AT 7: 41-42; 2: 75-76; AT 7: 104-105; 1: 198-199; AT 8A: 11; 1: 306; AT 8B: 362-363).

Ao preparar seu ataque contra o empirismo, Descartes se dispõe a estabelecer ao menos a possibilidade de que algumas ideias (mais provavelmente, mas não necessariamente, as ideias dos sentidos) sejam "materialmente falsas". As ideias materialmente falsas "representam não-coisas como se fossem coisas" (*non rem tanquam rem representant*) e são perniciosas justamente porque representam corpos como portadores de propriedades qualitativas que eles, de fato, não possuem (2: 30; AT 7: 43). De acordo com a filosofia mecanicista de Descartes, os corpos são diferenciados quantitativamente por propriedades ou "modos" – como tamanho, figura e movimento – com referência aos quais explicamos todos os diferentes efeitos que os corpos produzem nos seres humanos, inclusive todas as nossas percepções de luz, cores, sons, temperaturas, qualidades táteis, sabores e odores (1: 217-18; AT 8A: 33-5). Na física, esse projeto reducionista ocorre paralelamente ao deslocamento da ênfase da função epistemológica da sensação para sua função biológica. Todavia, nada disso diminui o *status* das sensações como ideias, como modos mentais que apresentam objetos à mente para sua consideração, ainda que de maneira confusa e obscura. O problema, entretanto, é que o desejo de Descartes de preservar, por um lado, um papel genuinamente epistemológico para as sensações e, por outro lado, o desejo de mostrar como elas podem perfeitamente ser falsas, levam-no em direções opostas: a atribuir objetos a essas ideias e a negar que elas necessariamente tenham objetos, embora sempre pareçam tê-los.

O exame a respeito de como Descartes resolve essa tensão nos esclarece não apenas qual é a sua "teoria do erro" dos sentidos, como algumas vezes é denominada, mas também em que consiste a própria ideia de ideia para ele. Antes de passarmos ao exame dessa tensão, portanto, será frutífero dar um passo atrás e considerar o que estava em questão no momento da bifurcação dos modos de realidade das ideias e, sobretudo, o que isso significou para Descartes.

REALIDADE OBJETIVA NO CONTEXTO CARTESIANO

Na Terceira Meditação, Descartes percebe que alguns de seus pensamentos são "como imagens de coisas" (*tanquam rerum imagines*) e é a esses que o termo "ideia" se aplica em sentido próprio (2: 25; AT 7: 37). Essa afirmação não compromete Descartes com uma teoria imagística das ideias. Ao contrário, ele está se opondo de maneira inflexível ao tratamento das ideias como imagens e a qualquer sugestão de que as ideias sensíveis se pareçam com os corpos que as causam (1: 167; AT 6: 131). O que ele pretende ao se referir às ideias "como imagens" é, em vez disso, sustentar que uma ideia se define por sua relação com um objeto – "como ocorre quando penso em um homem, ou em uma quimera, ou no céu, ou em um anjo, ou em Deus" uma ideia existe em mim (2: 25; AT 7: 37). É somente em virtude dessa relação que é apropriado falar em verdade ou falsidade com relação a ideias. Quando, do ponto de vista do cético, Descartes considera o que pode conhecer a partir de suas sensações, sua conclusão é que estas só não podem estar erradas se as consideramos como modos de afecção da mente, como "pensamentos", e é só então que se aplica adequadamente o verbo "sentir" (*sentire*) (2: 19; AT 7: 29). Considerados desse modo, como afecções da mente, a questão da verdade ou da falsidade dos pensamentos não se coloca. O termo "ideia" é reservado para as ocasiões em que se está tratando de pensamentos estritamente em relação a seus objetos, e é só então que podem surgir questões relativas à sua verdade ou falsidade.

A definição de "ideia" na Exposição Geométrica dos argumentos nas *Respostas às Segundas Objeções* é ligeiramente diferente. Lá ele escreve: "pelo nome 'ideia' compreendo a forma de qualquer pensamento (*cogitatio*) por cuja percepção imediata tenho consciência desse mesmo pensamento (*cogitatio*)" (tradução alterada de 2: 113; AT 7: 160). Embora Descartes não o afirme explicitamente nessa passagem, o uso de "forma" nesse contexto, dada a herança escolástica, sugere que o que dá forma a um pensamento é a identidade com seu objeto, a qual torna a mente capaz de identificar precisamente que pensamento está tendo. Posso estar consciente de outros aspectos de meu pensamento além de seu objeto – se, por exemplo, trata-se de desejo, temor, juízo, e assim por diante –, mas pensamento no sentido de compreender conscientemente alguma coisa só é possível em virtude da presença de um objeto na mente. Assim, Descartes imediatamente acrescenta que o uso da linguagem e a compreensão do que se diz implica que haja na mente uma ideia do significado das palavras usadas (2: 113-114; AT 7: 160-1).

Um pouco antes, na Terceira Meditação, a noção de "realidade objetiva" é introduzida para explicar o aspecto representacional do pensamento e o sentido pelo qual as ideias possuem diferentes graus de realidade. Apenas as ideias são avaliadas em dois graus de ser. Como modos da mente, todas as ideias têm o mesmo grau de "realidade formal". As ideias são igualmente modos de uma substância pensante finita e imaterial. Consideradas, porém, como ideias a respeito de coisas diferentes, as ideias diferem muito em seu grau de realidade objetiva. Assim, a ideia de uma substância tem mais realidade objetiva do que a ideia de um modo e a ideia de Deus tem um grau infinito de realidade objetiva ou perfeição (2: 27-28; AT 7: 40; ver também 2: 117; AT 7: 165-166). Descartes recorre, então, à tese de que as ideias herdam diferentes graus de realidade (objetiva) dos objetos que representam, a fim de argumentar em favor da existência de Deus. Estendendo o princípio escolástico de que deve haver ao menos tanta realidade formal na causa eficiente e total de um efeito quanto no efeito da realidade objetiva das ideias, Descartes argumenta que só um ser infinito poderia ser a causa da ideia de Deus, que tem uma realidade objetiva infinita (2: 27-28; AT 7: 40-41; cf.: Suárez, *Disputationes metaphysicæ*, disp. 26, seções 1, 2, 5-6). A realidade objetiva de uma ideia é algo em si mesma e não um puro nada, e, nesse sentido, necessita de uma explicação causal.

O mérito dessa aplicação peculiar da noção de realidade objetiva não nos interessa aqui. Note-se, em vez disso, que a ênfase no argumento causal de Descartes em favor da existência de Deus está no papel que a realidade objetiva desempenha na determinação do *grau* de realidade representado em uma ideia. Isso indica, para alguns (por exemplo, Nelson 1996: 17-18), que a noção de realidade objetiva não tem qualquer relação com o modo como as ideias representam os objetos particulares, mas sim com o grau de realidade que elas representam e, portanto, não sugere um segundo modo de ser para os objetos na mente. Pretendo defender que essa interpretação está equivocada. Defendo, juntamente com Alanen (1994), a tese de que a realidade objetiva de uma ideia é o que faz com que uma ideia seja precisamente ela mesma porque é exatamente a *mesma coisa* que é representada pela ideia, uma coisa que existe de um modo especial de ser no interior da própria mente (cf. Kaufman, 2000). As considerações a seguir sustentam essa interpretação.

Em primeiro lugar, como foi dito acima, a noção de realidade objetiva é introduzida na Terceira Meditação em conexão com a questão sobre o modo como as ideias se diferenciam, o que, por sua vez, está relacionado àquilo que elas representam (2: 28; AT 7: 40). As ideias não se diferenciam por seu grau de realidade formal, tampouco são suficientemente distintas por seu grau de realidade objetiva. A ideia de Deus pode ser a única a possuir um grau de realidade objetiva que nenhuma outra tenha; uma vez que todas as substâncias possuem o mesmo grau de realidade formal, assim como todos os modos, qualquer ideia de uma substância terá o mesmo grau de realidade objetiva que a ideia de qualquer outra substância, bem como a ideia de um modo qualquer não será distinguível em seu grau de realidade objetiva de qualquer outra ideia de modo. Assim, se a realidade objetiva de uma ideia não determina se uma ideia representa uma cabra, o sol, um triângulo, e assim por diante, mas apenas sinaliza o grau de realidade (objetiva) que uma ideia tem em função do grau de realidade formal de seu objeto, então, deve-se dizer algo mais para explicar o que diferencia as ideias entre si. É difícil saber o que se deveria dizer. Dizer que a conexão entre uma ideia e um objeto é forjada em um juízo pelo intelecto parece apenas deslocar a questão para a explicação a respeito de como o intelecto representa (independentemente!) o objeto que ele liga à ideia. Apelar para meras conexões causais (por exemplo, a ideia de sol é um modo mental, provocado por um estímulo sensorial originado pelo sol) tampouco funcionará, a menos que essas conexões possam explicar como a mente pensa no sol e não em qualquer outro estímulo mais próximo na cadeia causal.

Uma leitura mais natural é considerar que Descartes introduz a noção de realidade objetiva precisamente como um modo de unir a mente ao mundo. Uma ideia é um modo da mente que, segundo essa leitura, é *idêntico* (em um modo objetivo de ser) à coisa que ela representa.

O debate entre Descartes e Johannes Caterus nas *Primeiras Objeções e Respostas* reforça essa interpretação. Caterus adota uma posição mais deflacionista, que ele considerava prevalecer na escolástica, segundo a qual a noção de realidade objetiva significa um "ato do intelecto que termina à maneira de um objeto" e que não modifica o objeto externo, podendo, na verdade, nem mesmo envolver qualquer objeto externo; ora, não havendo mudança natural, não há necessidade de causa (2: 66; AT 7: 92). Pensar no sol não afeta o sol, e, embora seja útil designar o sol como o objeto de um determinado pensamento, a sua designação extrínseca não gera qualquer novo modo de ser que precise ser explicado. "Existência objetiva", nesse sentido, não significa nada de atual, quer se trate de seres imaginários, coisas meramente concebidas ou verdades eternas. Nada disso, segundo Caterus, precisa de explicação causal (2: 67; AT 7: 93-94).

A resposta de Descartes é altamente reveladora. Ele concorda com Caterus: não há qualquer alteração no objeto externo do pensamento. Com relação ao objeto externo, caso exista, "existir objetivamente no intelecto" é uma mera "denominação extrínseca", mas isso é irrelevante. (Posso dizer que vejo um gato no espelho sem pensar que isso altere o gato de alguma maneira, mas nada disso evidencia a necessidade de explicar como o espelho apresenta o gato.) Referindo-se à existência objetiva, Descartes afirma estar tratando de uma ideia que "nunca está fora do intelecto; nesse sentido, existir objetivamente não significa nada além de existir no intelecto do modo como os objetos costumeiramente ali existem" (2: 74-75; AT 7: 102). Ele exemplifica essa explicação pouco elucidativa da seguinte maneira:

Assim, por exemplo, se me perguntam o que ocorre ao sol quando ele existe objetivamente no meu intelecto, eu responderia melhor dizendo que nada ocorre exceto uma denominação extrínseca, a saber, que ele termina uma operação do intelecto à maneira de um objeto. Se, entretanto, a respeito da ideia do sol, perguntam-me o que ela é, devo responder que é a coisa pensada, uma vez que ela existe objetivamente no intelecto, pois ninguém compreende isso como sendo o próprio sol, uma vez que essa denominação é extrínseca a ele, tampouco existir objetivamente no intelecto significa que ele [o sol] termina uma operação à maneira de um objeto, mas sim existir no intelecto da maneira como costumeiramente os objetos ali existem. Assim, *a ideia do sol é o próprio sol existindo no intelecto* não formalmente, como existe no céu, mas objetivamente, isto é, da maneira como os objetos costumeiramente existem no intelecto (2: 74-75; AT 7: 102, tradução alterada, ênfase acrescentada).

Os termos dessa passagem dão mais ênfase à terminologia de "existência objetiva" (*objective esse in intellectu*) que à de "realidade objetiva". A resposta de Descartes é que a ideia do sol não é o sol como ele existe no céu, nem um *fictum*, ou um ser imaginário ou uma entidade meramente conceitual, mas sim o *próprio sol enquanto concebido*, e ser concebido significa, ele insiste, *ser (esse)*. O que tem de ser deve ter uma causa. Considere a ideia de uma máquina muito complexa. Descartes sustenta que a questão não é como a mente causa suas próprias operações, mas como ela vem a pensar essa *coisa*, uma máquina com uma estrutura altamente complexa, seja ela real ou não, e esse fato deve ter uma causa adequada, ou bem uma máquina real da qual foi copiada, ou bem o conhecimento de mecânica, ou bem a capacidade de invenção humana (2: 75; AT 7: 103-104). A explicação não pode ser a de que essas ideias surgem do nada, de algum defeito ou imperfeição em nossa natureza, do mesmo modo que a explicação a respeito de por que alguém tem uma ideia de uma máquina complexa não pode ser a falta de experiência em mecânica (2: 75-76; AT 7: 104-105; 2: 96-97; AT 7: 134-135). (Do mesmo modo, mesmo se as essências reais e as verdades eternas não exigissem causa – o que Descartes nega – é necessário que haja alguma explicação sobre como as ideias acerca delas existem em nossas mentes.) Tudo isso sugere fortemente a leitura dos dois-modos-de-ser.

O uso da terminologia de ser objetivo no lugar de realidade objetiva não se limita à correspondência de Descartes com Caterus. A terceira definição da Exposição Geométrica das Respostas às Segundas Objeções define a realidade objetiva de uma ideia como "o ser da coisa (*entitatem rei*) representado pela ideia, uma vez que este está na ideia" (2: 113; AT 7: 161). Visto que, para Descartes, não há, em geral, distinção entre o *ser* de uma coisa e a própria coisa, isto sugere fortemente que a realidade objetiva de uma ideia é a coisa representada e não meramente uma medida do grau de realidade da coisa representada. E uma vez que Descartes também sustenta que uma coisa concebida não precisa existir atualmente, isto sugere, mais ainda, um compromisso com o ser dos possíveis. Essa inferência é coerente com o argumento da Quinta Meditação de acordo com o qual a existência possível do que é representado está garantida porque as ideias claras e distintas representam essências reais (2: 83; AT 7: 116). Se temos uma ideia clara e distinta de um triângulo e de suas propriedades geométricas, pensamos em alguma coisa, a saber, na natureza dos triângulos, mesmo que não exista na realidade triângulo algum (2: 44-45; AT 7: 64-65). Tudo isso leva a crer que pensar em uma coisa que efetivamente não existe, mas que é possível, é ter sua essência na mente, e que essências têm ser, sejam elas instanciadas ou não (ver também 3: 280-281; AT 7: 350).

É importante perceber o que está ocorrendo aqui. Ao defender a noção de realidade objetiva como portadora de uma implicação ontológica, Descartes entra em um debate que começa no século XIV acerca do estatuto dos possíveis. Os seguidores de John Duns Scot sustentavam, e os tomistas negavam, que os objetos possíveis tinham existência. Para um tomista, falar de naturezas meramente possíveis indicava apenas modos como Deus poderia ser imitado na natureza e não seres em si mesmos. Embora os seguidores de Duns Scot considerassem que, para que algo se tornasse atual, era necessária a vontade de Deus, a mera concepção de algo por Deus determina que esse algo tem um certo modo de ser (*Ordinatio I*, dist. 36). Nesta questão, podemos facilmente ler Caterus como adepto do tomismo e Descartes, do escotismo. Para Descartes, uma ideia clara e distinta representa alguma coisa: o objeto dessa ideia e o produto do intelecto e da vontade de Deus, já que intelecto e vontade não se distinguem (2: 45; AT 7: 64). Visto que pensamos, não é possível escapar dessa relação direta com a realidade. A realidade objetiva pertence à ideia "por sua própria natureza" (2: 29; AT 7: 42) e indica algum tipo de ser, ainda que "muito menos perfeito" do que aquilo que existe atualmente (2: 28-29; AT 7: 41-42 e 2: 113; AT 7: 161).

A relação entre ideias e seus objetos é, portanto, uma relação *intrínseca* com toda a perplexidade das conclusões metafísicas que isso acarreta. A ideia do sol é o próprio sol enquanto existente na mente de um modo diferente de ser em comparação com aquele que ele tem no céu. Por que é tão difícil aceitar essa interpretação? Bem, como é possível que, por um lado, uma ideia seja idêntica a um modo da mente e, por outro lado, seja idêntica a um objeto externo, como o sol? Michael Ayers alega que o que Descartes deve estar querendo dizer com "ser objetivo" é algo como a noção moderna de objeto intencional, um objeto que não é idêntico a nenhum objeto mundano, mas está no lugar desse objeto na mente. Ayers argumenta:

Qual é a mera distinção de razão e qual é a distinção real:

1. a distinção entre a ideia enquanto modo de pensamento e a ideia enquanto objeto intencional do pensamento ou
2. a distinção entre essa última (ou seja, a coisa enquanto existente na mente) e o objeto real (a coisa enquanto existente na realidade)?

Parece claro que, ao menos com base em suposições ordinariamente realistas, não pode haver uma coisa, a ideia, que seja realmente idêntica a *ambos*: o modo de pensamento *e* o objeto real (Ayers, 1998: 1067).

Ayers entende que Descartes faz uma distinção real entre o objeto intencional e o objeto real, comprometendo-se com um tipo de realismo representacional (a concepção de que a mente não conhece diretamente os objetos externos, mas somente por meio de máscaras de entidades objetivas/intencionais) que implica, infelizmente para o projeto epistemológico cartesiano, "que não posso pensar (imediatamente) o sol real (ou o Deus real!)" (Ayers, 1998: 1068).

Voltaremos, mais tarde, ao desafio de Ayers. Por ora, basta dizer que Descartes não se impressionaria com a direção para a qual Ayers o conduz. As ideias, diz ele, não deveriam ser chamadas de "entidades conceituais" se, com isso, pretende se caracterizar coisas que têm existência conceitual, mas não real. Essa terminologia só é apropriada para referir-se a ideias enquanto operações do intelecto, o que é diferente de designá-las como se fossem relacionadas com os seus objetos (2: 96-97; AT 7: 134). A noção moderna de objeto intencional, além disso, não faz distinção entre naturezas possíveis e naturezas impossíveis, ao passo que, para Descartes, os objetos de nosso estoque básico de ideias *só* podem ser extraídos daquilo que é – ou pode ser – realmente instanciado. Essa condição é demonstrada mais claramente na discussão da falsidade material, para a qual, finalmente, voltaremo-nos agora.

A FALSIDADE MATERIAL E SEUS PROBLEMAS

Como um passo preliminar ao argumento em favor da existência de Deus na Terceira Meditação, Descartes se pergunta se qualquer uma de suas ideias possui tanta realidade objetiva que seria impossível que tivesse vindo apenas dele e que, portanto, pudesse ser usada para estabelecer a existência de coisas fora dele. Poucas ideias de coisas corpóreas se mostram claras e distintas e nenhuma delas contém objetivamente um grau de realidade tão grande que não possa ter sido originada a partir apenas da sua mente (2: 30; AT 7: 43). As que estão em pior situação nessa categoria são as ideias das qualidades sensíveis, que são pensadas por todos nós de maneira muito confusa e obscura – ideias a respeito de luzes e cores, sons, odores, sabores, calor e frio e as outras qualidades táteis. Sobre essas, Descartes escreve: "Ignoro se são verdadeiras ou falsas, isto é, se as ideias que tenho delas são ideias de certas coisas ou não de coisas" (2: 30; AT 7: 43, tradução alterada). Descartes, então, distingue entre a verdade e a falsidade que as ideias possuem, verdade ou falsidade "material" e verdade ou falsidade "formal", as quais pertencem ao juízo. As ideias de calor e de frio são candidatas à falsidade material. Essas ideias são tão confusas e obscuras que não podemos afirmar se o frio é meramente a ausência de uma coisa ou realidade, ou se é o calor que é assim, ou se ambos são qualidades reais ou se nenhum dos dois o é (2: 29-30; AT 7: 43-44). As Respostas às Quartas Objeções acrescentam a ideia de cor a esse grupo, "se é verdade, como eu disse, que essas ideias não exibem nada real" (2: 163; AT 7: 234, tradução alterada).

Para realmente compreender a noção de falsidade material, é necessário considerarmos a função que ela desempenha e que não pode ser exercida pela noção ordinária de falsidade formal. A noção de falsidade material pretende explicar por que estamos dispostos a certos tipos de erro de juízo. É porque todas as ideias são "como se fossem de coisas", porque apresentam coisas com um modo positivo de ser, que uma ideia materialmente falsa é anterior – e nos inclina – a um juízo falso.

> Visto não poder haver nenhuma ideia que não seja como se fosse de coisas (*nisi tanquam rerum*), se for verdade que o frio nada mais é do que a ausência de calor, a ideia que o representa a mim como algo real e positivo merece ser chamada de falsa; o mesmo se aplica às outras ideias desse tipo. (2: 30; AT 7: 44)

Uma ideia só é materialmente falsa se fornece, desse modo, material para um juízo falso (2: 163; AT 7: 233). Descartes afirma que, embora qualquer ideia que forneça material para um juízo falso possa ser chamada de materialmente falsa, o termo só é apropriado quando há uma grande margem para erro. Ideias confusas que são conscientemente construídas pela vontade, tais como as ideias de uma quimera ou de um falso Deus, tipicamente fornecem pouca margem para erro, ao passo que as ideias dos sentidos, particularmente as relacionadas ao apetite, fornecem uma maior margem para erro e são as que mais merecem ser chamadas de materialmente falsas (2: 163-164; AT 7: 233-234). Isso sugere (embora Descartes não o diga explicitamente) que uma ideia que não tenha sofrido nenhuma mudança intrínseca pode deixar de ser materialmente falsa se, através de um crescente conhecimento de sua origem, ela deixa de inclinar a um juízo falso. As coisas ainda podem aparecer de um certo modo, como um pedaço de madeira que está parcialmente imerso na água sempre aparecerá inclinado de acordo com a lei da refração, mas, a menos que estejamos apegados aos hábitos infantis, não seremos induzidos a confiar nos sentidos (2: 295-296; AT 7: 438-439).

As ideias sensoriais podem ser as principais candidatas à falsidade material, mas têm um papel epistêmico crucial relativo ao nosso conhecimento de que o mundo material existe. As sensações são signos de certeza enviados por um Deus benevolente sobre nosso lugar em um mundo material. Visto que Deus não é enganador e que essas ideias parecem advir de corpos, Descartes conclui que os próprios corpos devem ser a causa formal de "tudo que encontramos objetivamente em suas ideias" (2: 55; AT 7: 79-80). No entanto, ele nega que os corpos ou Deus sejam a causa da falsidade material das ideias. Em vez disso, é verdadeiro pela luz natural que toda ideia materialmente falsa "vem do nada", que ela está em mim apenas por causa de uma deficiência e da ausência de perfeição da minha natureza (2: 30; AT 7: 44).

Nenhuma dessas duas marcas das ideias materialmente falsas – que elas representam não-coisas como se fossem coisas e que advêm do nada – se conforma muito bem à explicação geral das ideias de Descartes. Nas Quartas Objeções, Antoine Arnauld apresenta dois dilemas, ambos com o objetivo de mostrar que, no sentido técnico usado por Descartes, não pode haver uma ideia materialmente falsa. Chamaremos o primeiro de *dilema da não-existência objetiva* e o segundo, de *dilema das ideias sem causa*.

Arnauld começa perguntando se, no caso do frio ser uma privação, poderia haver uma ideia que pudesse ser, ao mesmo tempo, *de frio* e falsa:

> O que é a ideia de frio? É o próprio frio existindo objetivamente no intelecto. Mas, se o frio é uma ausência, ele não pode existir objetivamente no intelecto através de um ideia cuja existência objetiva é uma entidade positiva. Portanto, se o frio é meramente uma ausência, não pode haver uma ideia positiva dele e, assim, não pode haver uma ideia que seja materialmente falsa (2: 206; AT 7: 206).

Ao formular esse argumento como um dilema, temos:

> *O Dilema da Não Existência Objetiva:* Ou bem a ideia do frio é o frio existindo objetivamente "como existe no intelecto" ou não é. Se é o frio

existindo objetivamente, então o frio é algo positivo e a ideia não é materialmente falsa. Se o frio não existe objetivamente, então não é a ideia de frio, mas sim (se for uma ideia) uma ideia de outra coisa. Em nenhum desses casos temos uma ideia materialmente falsa de frio.

Arnauld recomenda o abandono da noção de falsidade material. Há outras maneiras de se explicar como nossas ideias sensoriais nos inclinam a erros de juízo sobre o mundo natural. Podemos admitir que todas as ideias sejam verdadeiras e positivas e, ao mesmo tempo, negar que sejam sempre as ideias que parecem ser. Talvez aquilo que pensamos ser a ideia de frio e seja, na realidade, a ideia de uma outra coisa e então, nesse caso, a falsidade reside em um juízo (formalmente falso) acerca do verdadeiro objeto da ideia. A ideia de frio não seria ela mesma mais falsa do que a ideia de Deus é falsa simplesmente porque os idólatras a empregam para coisas diferentes de Deus (2: 145; AT 7: 207). Todavia, a ideia de Deus é a ideia que é por causa da presença objetiva de Deus na mente. Arnauld não diz que coisa objetivamente existente na mente tornaria verdadeira e positiva a ideia de frio, caso o frio fosse uma privação, o que sugere que há algo mais nestes exemplos do que ocorre na atribuição errada de uma ideia de outra forma verdadeira, como a ideia de Deus.

A segunda objeção de Arnauld aparece na seguinte passagem:

> Além disso, qual é a causa desse ser objetivo positivo a partir da qual vem a força de que essa ideia possa ser materialmente falsa? Você afirma "eu existo", dado que existo a partir de nada. Assim, o ser objetivo positivo de uma ideia pode ser a partir de nada, o que particularmente contradiz os princípios fundamentais desse célebre homem (2: 146; AT 7: 207, tradução alterada).

Temos então:

O Dilema das Ideias sem Causa:
Ou bem a realidade objetiva da ideia de frio é causada por algo ou por nada. Se é causada por algo, sua causa ou bem é uma privação, e nesse caso a ideia é verdadeira, ou sua causa é algum outro ser positivo, e nesse caso a ideia não é a ideia de frio, mas tampouco é falsa ou sem causa. Se a realidade objetiva da ideia de frio vem do nada, os princípios de causalidade usados para estabelecer a existência de Deus são violados.

Manifestamente, Descartes precisa evitar a segunda alternativa do dilema. Se a realidade objetiva de uma ideia pode vir do nada, por que a realidade objetiva da ideia de Deus não poderia também advir do nada? E a primeira alternativa? Descartes poderia aceitar que a realidade objetiva da ideia de frio tem sua origem em algo e, ainda assim, afirmar que a ideia é materialmente falsa? Aparentemente, Arnauld pensa que não. Se a ideia de frio advém de uma privação, então – parece –, as privações podem ser causas, e, se podem ser causas, então com certeza podem ser objetos de ideias verdadeiras. Pelo mesmo raciocínio, se algo diferente de uma privação é a causa/objeto da ideia, a ideia de frio é a ideia desse algo e, portanto, tampouco é falsa. Em nenhum desses casos temos uma ideia falsa consistente com o princípio de causalidade de Descartes.

A raiz comum a ambos os dilemas de Arnauld é o conflito entre a teoria da existência objetiva das ideias e a noção de falsidade material. A primeira parece implicar que, para que uma ideia seja de x, x deve possuir existência (objetiva), enquanto a última exige que, se uma ideia de x é falsa, x não tem existência alguma. Se pudéssemos afirmar que frio tem apenas um ser intencional, então poderíamos tanto falar *sobre* frio quanto negar a possibilidade de sua existência. Deve ficar claro, porém, que esta não é uma opção para Descartes. Por que, então, ele não aceita a recomendação eminentemente sensata de Arnauld, de que o erro reside no que julgamos ser o objeto das nossas ideias?

Uma leitura influente, apresentada por Margaret Wilson (1978), sustenta que Descartes termina por abandonar a noção de falsidade material. Uma outra leitura tenta conciliar a doutrina da realidade objetiva com a noção de falsidade material. Façamos uma comparação entre essas duas leituras.

LEITURA 1: DESCARTES ABANDONA A FALSIDADE MATERIAL

À luz das dificuldades expostas anteriormente, surge a questão de saber se, em última instância, Descartes tomou sua teoria do erro como de algum modo dependente da noção de falsidade material. Wilson duvida que o tenha feito e pensa que ele próprio veio a ter tal dúvida após as *Respostas*, retrocedendo ou, pelo menos, dando menor importância à noção de falsidade material. Tanto nas *Meditações* quanto na resposta a Arnauld a falsidade material é associada à qualidade confusa e obscura das ideias sensíveis. Contudo, se o problema relativo a essas ideias é que elas representam seus objetos com uma confusão e obscuridade tal que não nos permite dizer quais são seus objetos, por que, pergunta Wilson, a confusão e a obscuridade presentes nessas ideias não basta para afiançar o afastamento dos sentidos proposto por Descartes (Wilson, 1978: 115-16)?

É verdade, como nota Wilson, que a noção de falsidade material não aparece mais nos textos tardios, tais como os *Princípios da filosofia*, e que, embora Descartes se refira à mesma lista de ideias sensíveis dubitáveis nos *Princípios* I, 70, como ideias que "não representam coisa alguma fora de nosso pensamento", não há incompatibilidade com a sugestão de Arnauld de que todas as ideias são verdadeiras e positivas, mas não são necessariamente as ideias que pensamos que são (1: 218; AT 8A: 35). Embora a discussão das ideias sensíveis nos *Princípios* I, 66-71, mantenha a posição de que não se pode saber se cores, luzes, etc., existem com base apenas no fato de termos ideias sensíveis de cores, luzes, etc., bem como não podemos afirmar que a dor existe no pé simplesmente porque sentimos a dor "como se fosse em nosso pé", o erro em questão diz respeito ao fato de *julgarmos* que as qualidades estão nas coisas, quando, de fato, não estão (1: 217; AT 8A: 33). Além disso, esses erros se relacionam com o fato de que essas ideias são confusas e obscuras, e ocorrem em virtude de sua utilidade para o organismo humano em desenvolvimento discernir objetos de forma a corresponder à variedade de modos como é afetado por eles (*Princípios* I, 71; 1: 218-219; AT 8A: 35-36). Cores e dores só são clara e distintamente percebidas quando consideradas como sensações ou pensamentos (1: 217; AT 8A: 33). O erro surge quando pensamos que cores, luzes, dores, e assim por diante estão presentes nos corpos, o que só é garantido para os casos de nossas ideias sensíveis de tamanho, figura, movimento e número, uma vez que essas coisas são percebidas clara e independentemente como "atual ou possivelmente" presentes nos objetos (1: 217-218; AT 8A: 34-5).

O que particularmente não aparece nas discussões acerca do erro dos sentidos nos *Princípios* é a sugestão de que ideias são falsas quando representam não-coisas como se fossem coisas. Isso não é o mesmo que dizer que a noção de falsidade material é incompatível com a discussão ali presente. Até aqui, Descartes só é culpado do pecado da omissão. E há razões para pensar que, por mais que ele adorne a concepção evolucionária do modo como nos parece "natural" julgar erradamente que todas as nossas ideias dos sentidos são semelhantes às qualidades reais dos corpos, o que nos dispõe a esses juízos falsos está, em última instância, associado ao modo como as ideias sensíveis apresentam seus objetos à mente. Afinal, é porque sentimos dor "como se fosse em nosso pé" que julgamos que a dor é no pé e não em nossas mentes. Para que faça sentido o papel cognitivo dessas ideias, é necessário que haja alguma coisa mais forte do que confusão e obscuridade acerca "de algo-que-não-sabemos-o-quê" (1: 218; AT 8A: 34). Não é confuso que a dor apareça como se fosse no pé (em oposição a estar na cabeça, ou no peito). E embora ainda tenhamos que compreender exatamente em que consiste a confusão e a obscuridade dessas ideias, a discussão acerca do erro sensível nos *Princípios* torna-se consideravelmente enfraquecida se não pudermos supor que, como pano de fundo, há uma formulação mais exata do tipo de engano que a concepção original de falsidade material pretendia fornecer.

Os textos tardios também sugerem que essa noção ainda era parte do projeto antiempirista de Descartes. Quando, em 1648, Franz Burman objeta ao tratamento de Descartes referente às ideias falsas com base no fato de que os erros só surgem quando as ideias são incorretamente "referidas" nos juízos a coisas externas, este, segundo o registro de Burman, responde da seguinte maneira:

> Mesmo se eu não as referir [as ideias dos sentidos] a algo fora de mim mesmo, há todavia ocasião para erro, pois sou capaz de errar com respeito à sua própria natureza, como ocorre quando considero a ideia de cor e digo que esta é uma coisa, uma qualidade ou, mais precisamente, a própria cor que é representada por essa ideia. Por exemplo, se eu disser que a brancura é uma qualidade, mesmo se eu não referir essa ideia a algo fora de mim, e mesmo que eu não afirme ou suponha que alguma coisa é branca, ainda assim eu seria capaz de errar em abstrato e quanto à própria natureza ou ideia da brancura ela mesma (3: 337; AT 5: 152, tradução alterada).

Esses erros "em abstrato" fazem alusão à noção de falsidade material. Eles apontam para um tipo de erro mais profundo do que aquele que surge meramente por uma má aplicação ou uma "referência errada" de uma ideia a algo em um juízo. A passagem sugere, em primeiro lugar, que o que está em questão aqui é o estatuto das cores, do frio, do calor, etc. como coisas, qualidades reais ou modos do corpo e, em segundo lugar, que a definição anterior de Descartes, a respeito de ideias materialmente falsas "representando não-coisas como se fossem coisas", ainda estava bastante presente em sua mente no final de sua vida.

Se Descartes pensou que a noção de falsidade material era consistente com sua teoria geral das ideias, deve ser porque considerava haver algum modo de conciliá-las. Isso é o que, de fato, encontramos segundo uma leitura que trata a noção de falsidade material como parte central do projeto cartesiano.

LEITURA 2: CONCILIANDO FALSIDADE MATERIAL E REALIDADE OBJETIVA

A resposta de Descartes ao primeiro dilema está contida na seguinte passagem da Resposta às Quartas Objeções:

> Quando, entretanto, ele [Arnauld] afirma que a ideia de frio é o próprio frio tal como este se encontra objetivamente no intelecto, penso que seja necessário fazer uma distinção: pois, com frequência, ocorre com as ideias obscuras e confusas, dentre elas as de calor e de frio, que sejam referidas a uma coisa diferente daquela da qual elas são ideias. Assim, se o frio é apenas uma privação, a ideia de frio não é o próprio frio como se estivesse objetivamente no intelecto, mas outra coisa que, erradamente, tomo por essa privação; na verdade, é a própria sensação que não tem qualquer existência fora do intelecto (2: 163; AT 7: 233, tradução alterada).

Ideias materialmente falsas, como todas as ideias, têm realidade objetiva, mas disso não se segue que privações ou não-coisas tenham existência objetiva. No caso da ideia de frio, ela é apenas "a própria sensação" que inere objetivamente ao intelecto. A falsidade dessas ideias consiste no fato de serem "referidas" a algo diferente daquilo do qual elas são ideias. Tudo isso precisa ser elucidado porque, à primeira vista, a resposta de Descartes é insatisfatória. Se uma sensação é o que é representado na ideia de frio, o que nos autoriza a pensar essa ideia como falsa? As sensações são modos reais e positivos da mente, e qualquer ideia que represente algo real como algo diferente do que é, não está, por isso, representando uma não-coisa como se fosse alguma coisa. Mais ainda, o que é "referir" uma ideia? Se referir é o mesmo que predicar uma ideia de algo em um juízo, por que Arnauld não estaria certo ao afirmar que a única falsidade que surge reside no juízo e não nas ideias?

Para começar a elucidar essas afirmações, precisamos retroceder um pouco. Mais cedo, em sua resposta a Arnauld, Descartes faz uma distinção confusa entre "ideia" tomada em sentido "formal", enquanto representando isso ou aquilo, e "ideia" tomada "materialmente", apenas como uma operação do intelecto. Trata-se de uma distinção confusa porque esse uso de "formal" e de "material" não acompanha a distinção entre verdade e falsidade formal e material (2: 162-163; AT 7: 232). O que exerce a função de matéria na mente são as operações ou os atos mentais, e, nesse sentido de "material", a verdade ou falsidade não estão em questão. Porém, quando Arnauld nega que possa haver uma ideia de privação que a represente como algo positivo, somos informados que ele está considerando as ideias no sentido *formal*, enquanto representando isso ou aquilo, por analogia com as formas intencionais da psicologia escolástica. Nesse sentido, Arnauld está correto ao pensar que todas as ideias são verdadeiras e positivas, já que "seja o frio uma coisa positiva ou uma ausência, isso não afeta a ideia que tenho dele" (2: 163; AT 7: 231-232). Trata-se de uma concessão importante porque significa que a ideia de frio existe independentemente de o frio ser uma qualidade real ou uma privação. Mais tarde, aprendemos que esta ideia é assim em virtude da sensação particular que nela está envolvida. Em outras palavras, as condições de identidade da ideia de frio são totalmente internas e, dessa perspectiva interna, a ideia é verdadeira em sua forma. Entretanto, se Arnauld está certo em tomar as ideias dos sentidos desse modo formal, que erro precisamente estaria sendo cometido em uma ideia materialmente falsa?

Uma resposta a essa última questão é que, ao falar em "referir" a ideia de frio a algo diferente daquilo do qual ela é ideia, o que Descartes faz é invocar um tipo de erro categorial. Se o frio é uma privação, o único objeto presente à mente através da ideia é a sensação, mas confundimos isso que, na realidade, é um modo da mente com um modo do corpo e, por isso, predicamos a ideia a corpos e não à mente (ver Field 1993). Essa interpretação tem um grande apelo intuitivo. E é coerente com a concepção geral de Descartes de que a raiz de toda má filosofia relativa à natureza e às funções da alma está na confusão das funções e dos modos da alma com os do corpo (1: 314; AT 11: 223–225; 1:329; AT 11: 330). Mais ainda, está de acordo com a fenomenologia das ideias dos sentidos. Quando sinto frio ao tocar o gelo, inclino-me a pensar que estou sentindo algo genuinamente presente no gelo, e não em minha mente. Esse não é um tipo comum de erro, mas de uma questão de confundir uma categoria ontológica (mental) por outra (física). Sentir o frio no gelo não é o mesmo que, em uma noite escura, tomar uma vaca por um cavalo, mas um sinal de uma confusão profunda acerca do tipo de ser que está sendo representado na ideia.

Como essa interpretação se ajusta aos outros aspectos da teoria das ideias sensíveis de Descartes? É difícil conciliar a afirmação que Descartes formula na Sexta Meditação, de que os corpos devem ser a causa formal de tudo o que está presente objetivamente nas ideias, com sua análise da falsidade material. As ideias sensíveis, tanto as materialmente verdadeiras quanto as materialmente falsas, são causadas pelo impacto dos corpos em nossos órgãos dos sentidos, mas os corpos não podem conter formalmente sensações e, portanto, não podem ser a causa formal das sensações que inerem objetivamente ao intelecto. Em segundo lugar, a explicação usual de Descartes a respeito das ideias sensíveis não é a de que elas representam sensações, mas sim, ainda que de modo confuso e obscuro, que representam corpos ou modos dos corpos. Com efeito, essas ideias mais frequentemente "apresentam a verdade", uma vez que rastreiam as diferenças entre os corpos segundo os modos diversos como eles nos afetam (2: 69; AT 7: 89). Por conseguinte, a partir do fato de que percebemos, através dos sentidos, "uma grande variedade de cores, sons, odores e sabores, bem como diferenças de calor, dureza e outras coisas semelhantes", estamos corretos ao inferir que os "corpos possuem diferenças que correspondem a tais percepções, mesmo que talvez não se lhes assemelhem" (2: 56; AT 7: 81). Mas como é possível que as ideias dos sentidos nos apresentem verdades sobre os corpos se essas diferenças não estão objetivamente presentes nas ideias? Finalmente, e mais uma vez, o erro parece residir no juízo sobre o objeto da ideia e não na própria ideia.

Talvez o que se precise para resolver essas dificuldades seja um exame mais detalhado do que se deve entender por "referir". Se "referir" significa nada além de predicar uma ideia de alguma coisa em um juízo, então parece difícil resistir à objeção de Arnauld. Entretanto, o que é bastante interessante, essa noção não é sempre usada nesse sentido. Nas *Paixões da alma*, ela é introduzida para diferenciar as sensações das paixões relativamente à maneira como as coisas aparecem e não como as julgamos ser.

> Todas as percepções que ainda não expliquei vêm à alma por intermédio dos nervos. Elas se diferenciam entre si, dado que referimos umas a objetos de fora, que afetam nossos sentidos, outras ao nosso corpo ou a alguma de suas partes, e outras ainda à nossa alma. (1: 337; AT 11: 345)

A maneira pela qual uma ideia é referida faz parte da definição de uma sensação ou de uma paixão (*Paixões da alma*, artigo 27; 2338; AT 11: 349).

> Assim, quando vemos a luz de uma tocha e ouvimos o som de um sino, esse som e essa luz são duas ações diversas que, só por produzirem dois movimentos diversos em alguns de nossos nervos, e por meio deles adentram nosso cérebro, dão à alma duas sensações distintas. E referimos essas sensações aos objetos que supomos ser sua causa, de modo que pensamos ver a própria tocha e ouvir o sino e não que temos apenas percepções sensíveis dos movimentos que deles procedem. (1: 337; AT 11: 346)

Ouvir um som como sendo "do sino" é o mesmo que referi-lo ao sino. Quando me refiro ao frio em relação ao gelo, parece que o que está presente à mente é realmente o gelo, assim como a sua forma, a qual também refere-se ao gelo. No entanto, tudo o que está objetivamente presente na primeira ideia é um sentimento, ao passo que uma forma está objetivamente presente na segunda. Em ambos os casos, parece que uma qualidade sensível de um determinado corpo está sendo percebida, com base na qual posso ser levado a um juízo (formalmente) falso de que tanto o frio quanto a figura são qualidades do gelo. A função exercida pela noção de falsidade material é explicar como as aparências podem ser falsas e desse modo fornecer material para juízo falso. Qual é, porém, a estrutura do ato pré-judicativo que apresenta as aparências das coisas?

As passagens das *Paixões da alma* citadas anteriormente sugerem a seguinte formulação do que seja referir uma percepção a algo:

Referir A para B é perceber (ou ter experiência de) A como um modo de B.

Essa formulação faz com que a referência seja parte da experiência sensível e não um juízo subsequente. Referir a sensação de frio ao gelo é sentir o frio como estando no gelo. Referir uma dor ao pé é sentir a dor como sendo no pé. Nos dois casos, o conteúdo objetivo da ideia é experimentado como se fosse um modo do corpo. Todavia, visto que as sensações têm de ser reais, essa formulação parece avançar pouco em relação à afirmação de Descartes de que algumas dessas ideias representam coisas como não-coisas. Note-se, entretanto, que é possível formular a função de referir de tal maneira que se trate de um modo do corpo representado como uma coisa:

Referir A para B é perceber (ou ter experiência de) B como modificado por A.

Essa formulação é equivalente, em termos extensionais, a (1). Ter experiência de A como um modo de B é precisamente experimentar B como modificado por A. Nessa formulação, referir a dor ao pé é ter experiência do pé como doendo. Referir o frio ao gelo é sentir o gelo como sendo frio.

A segunda formulação da função de referir esclarece o modo pelo qual as ideias sensíveis, com exceção das paixões, não são primariamente autorrepresentativas (embora o sejam secundariamente). Elas representam, principalmente, corpos enquanto modificados de certas maneiras. Ambas as formulações sugerem, entretanto, que referir é uma questão de *combinação* de uma ideia, nesse caso uma sensação, com outra ideia, a de uma determinada substância material que, por uma associação causal (possivelmente habitual), é confundida com o próprio sujeito do modo. Porque tenho uma sensação de frio quando entro em contato com gelo, uma combinação natural ou uma *con-fusão* (um ajuntamento por fusão) entre as ideias de frio e de gelo ocorre habitualmente em minha mente e o complexo como um todo representa uma não-coisa como sendo uma coisa, do mesmo modo que o composto formado pela vontade de duas ideias em uma ideia de cavalo alado representa uma coisa que não é (uma natureza que não é verdadeira e imutável) com sendo algo (2: 83; AT 7: 117-118). Podemos chamar esse composto de ideias como uma espécie de julgamento, visto que ocorre no intelecto e cabe ao intelecto separar seus componentes, se quiser obter clareza e distinção. Contudo, se esse composto é um juízo, ele é logicamente prioritário com relação ao tipo de juízo que fazemos quando damos *assentimento* a proposições como "este gelo é (realmente) frio" ou "Cavalos alados existem" (2: 294-296; AT 7: 437-439; cf. Nelson, 1996: 24-25).

Os exemplos de referência de ideias dos sentidos sugerem um tipo de ambiguidade que pode ser detectada em nosso uso ordinário dos predicados sensíveis. Dizemos que sentimos a aspereza da areia. Isso é o mesmo que dizer que temos experiência de uma sensação de aspereza ou que a areia tem a qualidade de ser áspera, ou ambos? Falamos tanto de episódios dolorosos quanto de dores nos pés, de vista colorida e de paisagem colorida, alternando entre descrições de nossas experiências e descrições de objetos materiais. Na verdade, parece mais apropriado tratar esses predicados, de um modo geral, como descrições de objetos materiais – de outro modo, deveríamos supor que a experiência auditiva possa ser ruidosamente alta e não que o barulho seja do aparelho de som, ou que a visão seja brilhante e não que o reflexo venha da piscina. Poderia Descartes estar tentando articular algo semelhante a essas ambiguidades comuns das nossas experiências sensíveis? Se for esse o caso, temos uma solução engenhosa para o problema da falsidade material. Na segunda formulação da função de referência (2), uma ideia sensível combinada a uma ideia de um corpo em particular produz uma ideia complexa, caracterizando um corpo modificado em relação à maneira apresentada no componente sensível. Quando não há nada no corpo que seja formalmente do mesmo tipo do que está objetivamente presente na ideia sensível, então o composto representará efetivamente uma não-coisa (como o frio e a cor) como se fosse uma coisa. Quando há um modo do corpo do mesmo tipo do que está objetivamente presente na ideia sensível, como é o caso da forma, não há nenhum erro categorial envolvido no composto (o que não é o mesmo que dizer que a ideia sensível representa corretamente a forma). E podemos mesmo conjecturar que errar "em abstrato" acerca de ideias sensíveis significa combiná-las habitualmente a um universal, uma ideia abstrata do corpo em geral, de tal maneira que as ideias complexas formadas apresentam qualidades sensíveis como aquelas que *poderiam* modificar corpos.

Compreender "referir" assim traz importantes implicações para a coerência da noção de falsidade material. Lembremo-nos de nossa preocupação anterior sobre a maneira pela qual as ideias sensíveis podem "registrar verdades" sobre corpos se as diferenças registradas entre os corpos não estão objetivamente refletidas em nossas ideias. Se essas diferenças estivessem formalmente nos corpos e objetivamente presentes nas ideias sensíveis, poderíamos explicar a afirmação de Descartes de que os corpos são a causa formal de tudo o que está objetivamente contido em nossas ideias sensíveis. A explicação anterior a respeito da função de referir oferece, entretanto, um modo alternativo de vincular as ideias sensíveis a fatos acerca de corpos, além da unificação objetiva. Em *Princípios* I, 69, Descartes afirma que nossa apreensão cognitiva das diferenças entre os corpos, as quais são relativas a cor, cheiro, gosto, etc., diferentemente de nossa apreensão clara dos modos quantitativos, "deve ser referida aos sentidos" e não explicada por referência apenas a corpos (1: 217; AT 8A: 33). Uma interpretação possível dessa afirmação consiste em afirmar que o nosso conhecimento dos corpos através das ideias qualitativas não é direto, diferentemente do que ocorre com as ideias quantitativas, que envolvem uma unificação objetiva entre a mente e o mundo. A afirmação de Descartes na Sexta Meditação segundo a qual podemos *inferir* que há diferenças genuínas entre os corpos a partir das ideias sensíveis não depende de que essas diferenças estejam objetivamente presentes. Compare isso com a maneira pela qual inferimos, a partir de uma mudança de imagens na tela de uma televisão – digamos, de uma banana para um peixe –, que há uma diferença entre os sinais elétricos transmitidos sem que essa diferença seja representada nas imagens. (Embora julguemos que haja algo mais ocorrendo, não *vemos*, na realidade, nada além de uma banana e de um peixe). Analogamente, estamos tão autorizados a inferir que os corpos existem, a partir de nossas percepções de cores quanto a partir de percepções de movimento ou de forma, mas disso não se segue que o processo representacional e inferencial seja o mesmo nos dois casos (1: 217; AT 8A: 34). O primeiro se baseia em uma inferência que parte da associação regular e da combinação de ideias das sensações com ideias de corpos, e o segundo se baseia na unificação objetiva entre ideias e modos genuínos dos corpos.

Entretanto, se é assim, de que maneira os corpos podem ser a causa *formal* de tudo o que está objetivamente presente em nossas ideias sensíveis, isto é, uma causa que possui formalmente todas as qualidades produzidas no efeito, já que os corpos não podem ser modificados por sensações (2: 114; AT 7: 161)? Essa questão é extremamente problemática, mas a interpretação apresentada anteriormente nos permite reduzir um pouco seu impacto. Tal afirmação é formulada no contexto no qual Descartes está interessado em estabelecer como as ideias dos sentidos justificam a inferência de que os corpos existem. Agora sabemos que essa inferência pode ser diretamente justificada quando nossas ideias sensíveis representam "todas as propriedades que compreendo clara e distintamente, isto é, todas aquelas que, vistas de modo geral, estão envolvidas no objeto da matemática pura" ou pela via indireta descrita anteriormente, caso as ideias sejam obscuras e confusas (2: 55; AT 7: 80). Os corpos devem ser considerados apenas como a causa formal dos aspectos objetivos das ideias sensíveis que apoiam diretamente essa inferência. Os corpos não deveriam ser considerados a causa formal do que está objetivamente presente na ideia materialmente falsa que "surgem do nada" – ou seja, quando a ideia é falsa em virtude do que sua causa formalmente *não possui*, em vez do que possui. Explicaremos o que isso significa mais tarde nesta seção, mas observe que ideias sensíveis materialmente falsas devem aparecer como exceção à regra anteriormente mencionada. Se o que chamamos de frio nos corpos é uma privação ou uma não-coisa, e uma sensação está, por sua vez, objetivamente presente na ideia, só pode ser a mente que (involuntariamente) dá forma à ideia quando um certo tipo de movimento ocorre no sistema nervoso (1: 304; AT 8B: 358-359).

Se o frio é uma privação, então, quando a ideia do frio representa um corpo como modificado de um modo positivo, a ideia será materialmente falsa, mas não nociva à união. Tampouco deixará de ser informativa. A falsidade dessas ideias as torna inadequadas para serem incluídas na física, mas necessárias para a vida cotidiana e para compreendermos nosso lugar no mundo material.

RESPOSTA AO DILEMA DAS IDEIAS SEM CAUSA

Embora seja considerada em geral como uma crítica devastadora, a segunda objeção de Arnauld pode ser facilmente neutralizada, pois ela se funda em uma suposição que não é compartilhada por Descartes: que a realidade objetiva das ideias materialmente falsas não deve ter causa. Lembremo-nos que, na Terceira Meditação, Descartes afirma que "se [essas ideias] são falsas, isto é, se representam não-coisas, sei pela luz natural que elas advêm do nada" (2: 30; AT 7: 44). O que, nessa passagem, é dito advir do nada aqui? A passagem não deixa explícito e, por isso, compreensivelmente, Arnauld é levado a assumir que o que não tem uma causa é a *idea-cum-sua-realidade-objetiva*. Não obstante, mesmo nessa passagem, o que quer que advenha do nada está associado à falsidade da ideia. E, nas Respostas às Quartas Objeções, Descartes fornece a seguinte explicação do que ele quer dizer:

> Não afirmo que [uma ideia] se torne *materialmente falsa* a partir de algum ser positivo, mas apenas a partir da obscuridade que, entretanto, tem algum ser positivo como sua matéria, a saber, a própria sensação [*sensum*]. E, na verdade, esse ser positivo está em mim na medida em que sou uma coisa verdadeira [*res vera*]. A própria obscuridade que, somente ela, concede-me a ocasião para julgar que essa ideia, a sensação de frio, representa algum objeto localizado fora de mim e que é chamado de "frio" não tem uma causa real, mas surge apenas porque minha natureza não é perfeita em todas as suas partes (2: 164; AT 7: 234-5, tradução alterada, ênfase acrescentada).

Por que deveria fazer alguma diferença para a objeção de Arnauld que uma ideia, considerada como sendo materialmente falsa, advenha do nada? Não estamos, ainda assim, tendo algo a partir de nada? Note-se que, nessa passagem, o que se afirma advir do nada não é a realidade objetiva da ideia, mas sua falsidade material. A última tem como base a obscuridade da ideia, mas isso não significa que seja causada, pois a obscuridade advém de nada além de um defeito ou de uma imperfeição da minha natureza. Se eu fosse Deus, eu não teria essas ideias. Mas *não ser Deus* não é uma coisa e, portanto, tampouco uma causa. Sem dúvida, há boas razões teológicas para Descartes negar que a falsidade (assim como o mal) seja causada, mas há, além disso, um interessante ponto semântico/metafísico. Embora uma ideia que represente algo de "real e positivo" precise de uma explicação causal, o mesmo não deve ser dito de uma representação equivocada ou de uma falsidade *per se*, e isso parece correto em termos gerais. Se fico desfilando por aí como a rainha da França, dizemos que minha auto-apresentação é falsa "porque" não existe (nos dias de hoje) uma rainha da França, mas *não existir uma rainha da França* não é uma coisa e, por isso, não pode ser uma causa.

A resposta aí apresentada sugere que a obscuridade da ideia tem alguma matéria, mesmo que a obscuridade não seja causada. Podemos explicar como uma sensação de frio é produzida pelo movimento de partículas que colidem com os receptores sensoriais e pelo fluxo dos espíritos animais através dos nervos, mas a natureza desse processo causal e a da união entre corpo e alma se tornam mais obscuras no processo. Tudo o que está presente na mente, tudo o que é "percebido como estando no objeto de nossa ideia" é a própria sensação (2: 114-115; AT 7: 161). Considerando-se formalmente a ideia de frio (como a sensação inerente ao intelecto), ela é verdadeira e positiva, e tem uma causa. A ideia, porém, também é habitualmente referida a corpos e, por isso, é falsa. É esse aspecto da ideia que pertence à nossa imperfeição.

A IDENTIDADE DAS IDEIAS

É o forte comprometimento de Descartes com uma teoria da existência objetiva das ideias que gera todo o problema da falsidade material, e, segundo alguns, esse comprometimento é totalmente injustificado. Lembremo-nos da objeção de Ayer, segundo a qual uma ideia não pode, ao mesmo tempo, ser idêntica a um modo da mente e a um objeto externo, bem como de sua afirmação que a única solução razoável é negar qualquer identidade estrita entre a coisa objetivamente existente na mente e sua contraparte realmente existente. A leitura de Ayer nega a unificação objetiva da mente com o mundo, a qual defendo ser central à teoria das ideias e à epistemologia de Descartes. Haveria algum modo de salvar esse aspecto da posição de Descartes do absurdo para o qual Ayer chama nossa atenção?

Eis uma solução para a objeção de Ayer. Considere o termo "ideia" para denotar um todo composto de duas partes metafísicas essenciais: um modo da mente e um objeto, como, por exemplo, o sol. Assim como um todo não pode existir separadamente de suas partes, tampouco uma ideia pode existir separadamente do modo da mente e do objeto que a define como a ideia que ela é. Portanto, a ideia do sol *não* é realmente distinta nem do modo da mente, nem do próprio sol. Nada disso, entretanto, implica que um modo da mente seja idêntico ao sol. Embora um todo não possa existir sem todas as suas partes, suas partes podem existir separadamente umas das outras.

Quando dizemos que a ideia de sol não é realmente distinta do próprio sol, queremos nos referir ao sol real, atual ou possível. Quando o sol está em uma relação com o pensamento, ele tem um ser objetivo e sua existência nessa relação exige uma explicação, mesmo que ele mesmo não seja afetado ao ser concebido. Essa leitura é perfeitamente consistente com as "suposições ordinariamente realistas". O sol poderia existir mesmo se ninguém pensasse nele, e a ideia é a ideia do sol, e não de um sol substituto, intencional ou ideal. Eu diria, além disso (embora faça com que alguns de meus amigos se contorçam), que exatamente o mesmo (*token*) modo da mente que é parte da minha presente ideia do sol também poderia existir, ao menos por um ato de Deus, sem o sol, mas nesse caso não seria a ideia do sol. O fato de todas as ideias terem o mesmo *grau* de realidade formal não elimina as diferenças formais entre elas, e, assim, um modo da mente pode ser identificável por seus aspectos formais independentemente de sua realidade objetiva *qua* ideia. Talvez seja pelo aspecto formal de um modo da mente do qual somos conscientes que o identificamos como um sentimento de tristeza, que é causado por sangue grosso e vagaroso, "embora a própria mente possa, talvez, não conhecer as razões para estar triste" (1: 281; AT 8A: 317). Via de regra, parece que o modo da mente tem que contribuir com algo de seu para o composto ideacional, para evitar que haja na ideia algo além de seu objeto (o que parece se opor à concepção de Descartes). Mas ainda que esse mesmo modo da mente que constitui parte da ideia do sol pudesse ser preservado apenas por Deus como elemento de outra ideia juntamente com outro objeto para que fosse, em algum sentido, identificável, isso ainda seria consistente com a tese de que ele seja realmente distinto do sol.

O que ocorre com as ideias materialmente falsas nesse quadro? Diferentemente da ideia de sol, a ideia de frio não consiste em uma unificação da mente com o mundo, mas sim na existência subjetiva e objetiva de uma só e mesma coisa, "a própria sensação". Houve precedentes para esse passo – Eustáquio de São Paulo (cujo texto Descartes admirava) usava a existência simultaneamente subjetiva e objetiva das ideias para explicar a autoconsciência (*Summa philosophiae quadripartita*, 4.1, d.I, q. 2). Nicolas Malebranche, por outro lado, considerava o colapso entre ser objetivo e subjetivo uma razão suficiente para rebaixar as sensações da categoria de ideias (*A busca da verdade*, Livro III, Parte 2). Mas, na doutrina de Descartes, esse colapso é exatamente o que devemos esperar. As ideias sensíveis de frio, cor, dor, etc., estão ligadas ao mundo não por uma unificação objetiva, mas por nosso hábito de "con-fundi-las" com ideias do corpo. É o papel cognitivo que desempenham, e não sua realidade objetiva, que explica por que pensamos que são realmente ideias de corpo, por que nos são úteis para registrarmos diferenças entre os corpos, e por que são, portanto, mais provavelmente falsas do que verdadeiras.

As ideias sensíveis são claramente percebidas quando, e somente quando, são consideradas como afecções da mente e, presumidamente, essa capacidade de clareza, tal como nossa capacidade geral de clareza, é apenas a capacidade de distingui-las por seus objetos, as sensações que envolvem. Contudo, na medida em que as "referimos" às coisas externas, nossa atenção é dirigida para fora da mente, para coisas que nos são importantes enquanto seres corpóreos. Essas duas facetas das ideias sensíveis, interna e externa, complementam-se. Pois, ao descrever a qualidade de nossas sensações (e ao ensinar nossas crianças a fazê-lo), resvalamos facilmente para a descrição das coisas em torno de nós que dão origem às sensações. A sensação áspera da areia se torna a aspereza da areia; a sensação da dor se torna a dor no pé; a sensação do frio, o frio do gelo. Exceto no caso das paixões, que referimos à própria alma, tendemos a tomar como externos o conteúdo de nossas ideias sensíveis e essa inclinação é, ao mesmo tempo, bastante natural e útil para seres como nós e a raiz da maioria dos danosos erros judicativos que fazemos sobre o mundo natural.

REFERÊNCIAS E LEITURAS ADICIONAIS

Alanen, L. (1994). "Sensory ideas, objective reality and material falsity". In J. Cottingham (ed.). *Reason, Will and Sensation: Studies in Descartes's Metaphysics*. Oxford: Clarendon Press.

Alanen, L. (2003). *Descartes's Concept of Mind*. Cambridge, MA: Harvard University Press.

Aquinas, St. T. (1959). *In Aristotelis librum De anima commentarium*. Ed.: A. M. Pirotta. Torino: Marietti.

Aquinas, St. T. (1964–1981). *Summa Theologiae*. Cambridge: Blackfriars.

Ariew, R. e M. Grene. (1995). "Ideas, in and before Descartes". *Journal of the History of Philosophy*, 56, p. 87-106.

Ayers, M. (1998). "Ideas and objective being". In D. Garber e M. Ayers (eds.). *The Cambridge History of Seventeenth-Century Philosophy*, vol. 2. Cambridge: Cambridge University Press, p. 1062-1107.

Beyssade, J. M. (1992). "Descartes on material falsity". In P. D. Cummins e G. Zoeller (eds.). *Minds, Ideas and Objects: Essays on the Theory of Representation in Modern Philosophy*. Atascadero: Ridgeview Press, p. 5-20.

Bolton, M. (1986). "Confused and obscure ideas of sense". In A. O. Rorty (ed.). *Essays on Descartes' Meditations*. Berkeley: University of California Press, p. 389-403.

Chappell, V. (1986). "The theory of ideas". In A. O. Rorty (ed.). *Essays on Descartes' Meditations*. Berkeley: University of California Press, p. 177-196.

Duns Scotus, J. (1950). *Ordinatio*. In *Opera Omnia*, vols. 1-7. Civitas Vaticana: Typis Polyglottis Vaticanis.

Field, R. (1993). "Descartes on the material falsity of ideas". *Philosophical Review*, 102 (3), p. 309-334.

Hoffman, P. (1996). "Descartes on misrepresentation". *Journal of the History of Philosophy*, 34, p. 357-381.

Kaufman, D. (2000). "Descartes on the objective reality of materially false ideas". *Pacific Philosophical Quarterly*, 81, p. 385-408.

Menn, S. (1995). "The greatest stumbling block: Descartes' denial of real qualities". In R. Ariew e M. Grene (eds.). *Descartes and his Contemporaries: Meditations, Objections and Replies*. Chicago: University of Chicago Press, p. 182-207.

Nelson, A. (1996). "The falsity of sensory ideas: Descartes and Arnauld". In E. Kremer (ed.). *Interpreting Arnauld*. Toronto: University of Toronto Press, p. 13-32.

Normore, C. (1986). "Meaning and objective being: Descartes and his sources". In A. O. Rorty (ed.). *Essays on Descartes' Meditations*. Berkeley: University of California Press, p. 223-241.

Simmons, A. (1999). "Are Cartesian sensations representational?". *Nous*, 33, p. 347-69.

Suárez, F. (1605). *Disputationes Metaphysicæ*. In *Opera Omina*, vols. 25-26. Paris: Vivès.

Wells, N. J. (1984). "Material falsity in Descartes, Arnauld and Suárez". *Journal of the History of Philosophy*, 22, p. 25-50.

Wells, N. J. (1990). "Objective reality of ideas in Descartes, Caterus and Suárez". *Journal of the History of Philosophy*, 28, p. 33-61.

Wilson, M. D. (1978). *Descartes*. Londres: Routledge and Kegan Paul.

Wilson, M. D. (1990). "Descartes on the representationality of sensation". In J. A. Cover e M. Kulstad (eds.). *Central Themes in Early Modern Philosophy*. Indianapolis: Hackett.

13

Percepção clara e distinta

SARAH PATTERSON

A percepção clara e distinta ocupa um lugar central na filosofia de Descartes. Seu trabalho mais conhecido, as *Meditações*, pretende ensinar seus leitores a perceber clara e distintamente. Ele escreveu para Mersenne afirmando que "devemos formar ideias distintas a respeito das coisas sobre as quais queremos julgar, e isso é o que a maioria das pessoas não faz e principalmente o que tenho tentado ensinar nas minhas Meditações" (3: 165; AT 3: 272). Aprendemos, na Quarta Meditação, que tudo o que percebemos clara e distintamente é verdadeiro: "se, sempre que eu tiver que formar um juízo, restringir minha vontade ao que o intelecto revela clara e distintamente, e nada além, então é impossível que eu me engane" (2: 43; AT 7: 62). Tornamo-nos convictos disso pelo nosso conhecimento de que somos criados por um Deus perfeito; visto que nossas percepções claras e distintas são coisas reais, elas devem vir de Deus e, portanto, não podem ser falsas (1: 130; AT 6: 38, 2: 43; AT 7: 62, 1: 203; AT 8A: 16).

O apelo de Descartes à perfeição de Deus para garantir a verdade das percepções claras e distintas dá margem à famosa acusação de circularidade. Há, porém, uma outra conhecida acusação contra o recurso de Descartes à clareza e distinção como um critério de verdade: ele não forneceria um princípio adequado de clareza e distinção. Essa acusação foi feita por Leibniz, que exigia um critério para clareza e distinção que fosse "palpável" e "mecânico" (citado por Gewirth, 1943). A objeção também foi colocada para o próprio Descartes por Gassendi em suas réplicas às *Meditações*: "por favor note, distinto senhor, que a dificuldade não parece ser quanto a se devemos compreender clara e distintamente algo se queremos evitar o erro, mas sim sobre qual capacidade ou método nos permitirá descobrir que nosso entendimento é tão claro e distinto de modo a ser verdadeiro e fazer com que seja impossível que nos enganemos" (2: 221; AT 7: 318; ver também 2: 194-195; AT 7: 279). Embora a noção de percepção clara e distinta apareça nas *Regras*, no *Discurso* e nas *Meditações*, ela não é definida em nenhum desses trabalhos. Descartes apresenta uma definição nos *Princípios da filosofia*, ao afirmar que uma percepção é clara quando ela está presente e manifesta a uma mente atenta, e distinta quando não apenas é clara, mas é tão precisamente separada das outras que absolutamente nada mais contém em si além do que é claro (1: 207-208; AT 8A: 22). No entanto, sem alguma elaboração dos termos cruciais dessa definição, é difícil inferir como usá-la para identificar as percepções genuinamente claras e distintas.

Este capítulo se inicia com um esboço sobre os aspectos relevantes da teoria das ideias que fornecem a base para a noção cartesiana de percepção clara e distinta. Discuto brevemente algumas interpretações dessa noção e, então, retorno à resposta de Descartes a Gassendi. Visto que esses passos enfatizam a importância de eliminar o preconceito como uma preparação para perceber clara e distintamente, examino tanto o tipo de preconceito que é obstáculo para uma percepção clara e distinta quanto a via estabelecida nas duas primeiras Meditações para alcançar tal tipo de percepção. Esse exame sugere uma certa explicação a respeito da clareza e distinção que discutirei traçando uma relação com a definição oferecida nos *Princípios*. Passarei, em seguida, a colocar alguns problemas que surgem a partir das observações de Descartes sobre a clareza e distinção e a obscuridade e confusão das ideias sensíveis. A seção final retorna ao papel das ideias claras e distintas no projeto de Descartes e à questão de saber se ele oferece um critério adequado de clareza e distinção.

IDEIAS E PERCEPÇÕES

A teoria cartesiana da percepção clara e distinta é estabelecida no interior de sua teoria das ideias. Ideias, modos de pensamento, percepções, operações intelectuais e conhecimento (*notitia*) são todos descritos, em diferentes ocasiões, como sendo claros e distintos. Além disso, Descartes também se refere a perceber, compreender, pensar e conhecer clara e distintamente. Algumas vezes, ele menciona as ideias como se fossem objetos de atos de percepção: "tudo que o intelecto faz é me tornar capaz de perceber as ideias que são matéria para juízos possíveis" (2: 39; AT 7: 56). Ele, porém, também faz referência a ideias como atos de percepção. A percepção, definida como "a operação do intelecto", é um dos dois modos gerais de pensamento de que a mente é capaz, sendo o outro a volição (1: 204; AT 8A: 17). Mas ideias são operações do intelecto (2: 7; AT 7: 8), logo, são percepções (Chappell, 1986: 182). Kenny (1967) alega que Descartes usa "ideia" de modo equivocado, considerando que, algumas vezes, o termo significa um ato de percepção, outras, o objeto mental desse ato, e que isso tem uma consequência fatal para sua teoria da percepção clara e distinta. Se tanto o objeto quanto o ato podem ser claros e distintos ou obscuros e confusos, o resultado é incoerente: temos que admitir absurdos como uma percepção obscura de uma ideia clara, ou uma percepção clara de uma ideia obscura (Kenny, 1967: 248-249).

A objeção de Kenny pressupõe que ideias enquanto atos e ideias enquanto objetos podem variar independentemente quanto ao seu grau de clareza. Mas há fortes indícios de que Descartes concebe esses dois sentidos de ideia (enquanto "ato" e enquanto "objeto") como mais intimamente relacionados do que isso implicaria (Nadler, 1989: 126-130). Descartes distingue dois sentidos da palavra "ideia" no Prefácio das *Meditações*. Ele escreve que "ideia" pode "ser tomada materialmente, como uma operação da mente" ou "pode ser tomada objetivamente, como a coisa representada por essa operação" (2: 7; AT 7: 8). Ideias, no sentido objetivo, não são descritas como os *objetos* dos atos ou percepções, que são ideias no primeiro sentido, contrariamente à leitura de Kenny (1967: 229). Em vez disso, as ideias consideradas objetivamente são as coisas *representadas pelos* atos ou pelas operações que são as ideias consideradas materialmente. Isso implica que ideias enquanto atos, isto é, enquanto pensamentos ou percepções, são, elas mesmas, representacionais. Não há nada de surpreendente nisso, pois, para Descartes, todo pensamento é representacional no sentido em que são dirigidos a objetos. Mas como as ideias tomadas no sentido objetivo podem *ser* as coisas representadas pelos pensamentos? Essa tese sugere que só pensamos sobre ideias, o que é, na verdade, a interpretação de Kenny a respeito da concepção de Descartes (Kenny, 1967: 242). Todavia, podemos evitar essa interpretação se atentarmos para o modelo de pensamento que Descartes emprega.

O termo "objetivo" nesse contexto diz respeito à noção de um objeto de pensamento, a coisa visada pelo pensamento. Descartes, na Terceira Meditação, refere-se à "maneira de ser pelo qual uma coisa existe objetivamente no intelecto por meio de uma ideia" (2: 29; AT 7: 41). A "coisa" aqui é o objeto do pensamento; portanto, objeto de uma ideia tomada no sentido material, que é uma operação do intelecto ou uma percepção. Nas Respostas às Primeiras Objeções, Descartes explica que uma ideia é "a coisa que é pensada conquanto tenha uma existência objetiva no intelecto" (2: 75; AT 7: 102). A coisa que se pensa existir objetivamente no intelecto é a coisa representada pelo pensamento. Uma coisa x se torna um objeto de pensamento, algo representado por um ato de pensamento, quando existe objetivamente no intelecto por meio de uma ideia. Onde há uma ideia considerada materialmente, um ato de pensamento que representa ou que é direcionado a um objeto x, há uma ideia considerada objetivamente, um objeto x para o qual o pensamento é dirigido. A ideia de x considerada materialmente como um ato de pensamento que representa ou visa a x é constituída por um x existente objetivamente (como um objeto de pensamento) no intelecto. Isso é corroborado pelo exemplo de Descartes: "A *ideia do sol é o próprio sol* existindo no intelecto – não formalmente existente, como ele existe no céu, é claro, mas objetivamente, isto é, do modo como os objetos usualmente estão no intelecto (2: 75; AT 7: 102, ênfase acrescentada). Assim, a ideia de sol considerada materialmente é simplesmente um pensamento a respeito do sol, e a ideia de sol considerada objetivamente é a coisa representada por esse pensamento, o sol, existindo como um objeto do pensamento no intelecto. Arnauld descreve o caráter duplo, material e objetivo, das ideias cartesianas da seguinte maneira:

> Considero percepção e ideia como sendo a mesma coisa. Entretanto, [...] essa coisa, embora única, mantém duas relações: uma com a alma que ela modifica, a outra com a coisa percebida [...] e o termo "percepção" indica mais diretamente a primeira relação; o termo "ideia", a outra relação (Arnauld, 1775: 198, citado por Nadler, 1989: 167).

Como foi dito anteriormente, para Descartes, todos os pensamentos são direcionados a objetos; em termos contemporâneos, todos pensamentos são intencionais. Visto que toda modificação da mente é pensamento, isso significa que toda modificação da mente é intencional. Tal concepção se reflete na classificação que Descartes faz, na Terceira Meditação, de "todos os seus pensamentos". Ele identifica duas classes de pensamento: as ideias no "sentido estrito" e as outras, tais como emoções, volições e juízos que consistem em ideias com "formas adicionais" (2: 25-26; AT 7: 37). Ideias no sentido estrito são pensamentos a respeito de objetos, "como ocorre quando penso em um homem, ou em uma quimera, ou o céu, ou um anjo, ou Deus" (2: 25; AT 7: 37). Todos os pensamentos da outra classe incluem ideias no sentido estrito ou pensamentos a respeito de objetos: "quando quero, ou temo, ou afirmo, ou nego, há sempre uma coisa em particular que tomo como o objeto de meu pensamento, mas meu pensamento inclui algo mais do que a semelhança dessa coisa" (2: 25-26; AT 7: 37). Por conseguinte, todo pensamento é direcionado a um objeto, embora, obviamente, a coisa que é o objeto possa não existir atualmente (como no caso da quimera). Esses exemplos de ideias tomadas enquanto pensamentos sobre objetos podem sugerir que ideias sejam não proposicionais, mas Descartes claramente reconhece que elas podem ter uma forma proposicional. Nos *Princípios*, ele lista coisas, afecções de coisas e verdades eternas como "todos os objetos de nossa percepção"; e verdades eternas, ou noções comuns, são proposicionais (1: 208-209; AT 8A: 22-23). Além disso, sua teoria sobre o juízo exige que algumas ideias sejam proposicionais. O intelecto percebe, ou "propõe algo para ser afirmado ou negado" (2: 40; AT 7: 57); um juízo, passível de verdade ou falsidade, resulta da afirmação ou negação da vontade. Como Gewirth enfatiza, um tal ato da vontade somente pode, portanto, produzir um juízo se o que o intelecto propõe for proposicional (Gewirth, 1943: 89). A descrição proposta por Descartes do processo de formação de um juízo com base em uma percepção clara e distinta fornece um exemplo: "nos últimos dias, tenho indagado se alguma coisa existe nesse mundo, e descobri que, pelo simples fato de pôr essa questão, segue-se bastante evidentemente que eu existo. Não podia deixar de julgar que uma coisa que compreendi tão claramente [*sc.* e tão distintamente] fosse verdadeira; [...] porque, para uma grande clareza no meu entendimento, segue-se uma grande inclinação na vontade" (2: 41; AT 7: 58-59). O que o entendimento aqui percebe ou compreende é proposicional; a percepção de sua verdade provoca o assentimento da vontade. Desse modo, as percepções que são claras e distintas ou obscuras e confusas são percepções *que p* bem como percepções *de x*, e ideias (visto serem simplesmente percepções consideradas em termos de seu conteúdo) variam do mesmo modo. Percepções de *x* e percepções que *p* são intimamente ligadas, visto que tudo o que percebemos clara e distintamente como contido na natureza de algum objeto *x* – isto é, tudo o que está contido na ideia de *x* – pode ser verdadeiramente afirmado de *x* (2: 114-115; AT 7: 162-163). Assim, "a divisibilidade está contida na natureza do corpo", já que não podemos conceber um corpo "tão pequeno que não possamos dividi-lo, ao menos em nosso pensamento" (2: 115; AT 7: 163). Presumivelmente, é por isso que "um átomo nunca pode ser concebido distintamente, já que o próprio significado do termo implica uma contradição: o de ser um corpo e ser indivisível" (3: 154; AT 3: 191). Logo, o conteúdo de (o que está contido em) uma percepção ou ideia clara e distinta *de* corpo implica *que* o corpo seja divisível.

ALGUMAS EXPLICAÇÕES SOBRE A PERCEPÇÃO CLARA E DISTINTA

A explicação mais conhecida a respeito da clareza e distinção cartesiana é, provavelmente, aquela fornecida por Gewirth (1943). O núcleo da interpretação de Gewirth é a noção de que uma ideia de *x* é minimamente clara se ela contém a propriedade que constitui a essência ou natureza de *x*, e minimamente distinta se não contém nada contraditório à essência de *x*. Uma ideia minimamente clara e distinta de *x* torna-se mais clara se nela forem incluídos mais atributos que estejam necessariamente conectados à natureza de *x*. Desse modo, a ideia também se torna mais distinta, já que "quanto mais rico seu conteúdo, mais distinta a ideia daquilo que não é ela" (Gewirth, 1943: 90). Isso dá margem a que uma ideia seja clara e não obstante confusa, caso ela contenha o que constitui a natureza de seu objeto e algo contraditório a essa natureza (Gewirth, 1943: 87, nota 34). Esse é o caso da ideia de dor em uma parte do corpo, que Descartes dá como exemplo de uma ideia que é clara, porém confusa; ela contém a sensação de dor, que é um modo de pensamento, mas a confunde com a ideia de algo semelhante à sensação existente em uma parte do corpo extenso.

A tese de que ter uma ideia clara e distinta de *x* envolve compreender o que pertence e o que não pertence à natureza de *x* aparece em outras interpretações além da de Gewirth. Curley, por exemplo, observa que "ter uma ideia clara e distinta de uma coisa [...] consiste em ver o que está e o que não está envolvido em ser esta coisa ou uma coisa desse tipo" (Curley, 1986: 169-170); mais especificamente, ele propõe que "ter uma ideia clara e distinta de uma coisa, ou de um tipo de coisa [...], consiste em reconhecer que há certas propriedades que não podemos deixar de atribuir a uma coisa desse tipo (clareza) e outras que não somos de modo algum compelidos a lhe atribuir (distinção)" (*ibid.*). Do mesmo modo, Smith afirma que uma ideia de *x* é clara apenas se ela exibe o elemento, ou os elementos, que compõe(m) a natureza de *x*, bem como a relação que os unifica, caso *x* seja complexo (Smith, 2001: 294).

Gewirth faz uma distinção entre o que significa ser uma ideia clara e distinta e o método pelo qual essas qualidades devem ser determinadas. Sua explicação desse método é feita com base nas *Regras para a direção do espírito*; ele afirma que se percebe uma ideia complexa clara e distintamente pela sua redução a uma combinação de naturezas simples (Gewirth, 1943: 94). Gewirth não é o único comentador a voltar-se para as *Regras*. Smith (2001) baseia sua explicação sobre a clareza e distinção na teoria da enumeração formulada nessa obra. Há razões, entretanto, para sermos céticos quanto ao valor das *Regras* como suporte para uma interpretação acerca da percepção clara e distinta tal como ela aparece na filosofia tardia de Descartes. As *Regras*, um trabalho inicial abandonado antes de Descartes iniciar sua física, para a qual as *Meditações* pretendem fornecer a fundamentação metafísica, possui objetivos e métodos muito diferentes daqueles presentes nas *Meditações* e nos *Princípios*. As *Regras* pretendem oferecer um procedimento passo a passo para a construção e a solução de problemas matemáticos o qual possa ser estendido a problemas que surgem nas ciências empíricas – na verdade, um método universal para solucionar problemas. As *Meditações*, por sua vez, pretendem converter o meditador à metafísica subjacente à física cartesiana, ensinando-o a perceber clara e distintamente. A retirada dos sentidos e a eliminação dos preconceitos por meio da dúvida hiperbólica, tão capital para esse processo, estão ausentes nas *Regras*. Tenho dúvidas, portanto, quanto à valia de se impor o método redutivo das *Regras* ao procedimento analítico das *Meditações*. Mas isso não significa necessariamente que não haja uma explicação do método de Descartes para determinar a clareza e a distinção das ideias. Como aponta Humber (1981), o critério de Descartes para distinguir percepções genuinamente claras e distintas consiste em seu procedimento para gerar essas percepções. O próprio Descartes afirma isso em sua resposta a Gassendi. Assim, voltemo-nos para a resposta de Descartes, a fim de examinarmos mais detalhadamente seu procedimento para obter percepções claras e distintas.

OBSCURIDADE, CONFUSÃO E PRECONCEITO

Quando Gassendi pergunta "que método ou habilidade" nos tornará capazes de descobrir se nossa compreensão é clara e distinta, Descartes concorda que esse método é necessário, mas afirma já tê-lo apresentado nas *Meditações*.

> Afirmo que forneci cuidadosamente esse método no local apropriado, onde primeiramente eliminei todos os preconceitos e depois listei todas as minhas principais ideias, distinguindo as claras daquelas obscuras e confusas. (2: 250; AT 7: 362, tradução alterada)

A referência a uma listagem de todas as principais ideias é mais adequada aos *Princípios*, onde essa lista é fornecida explicitamente, do que às *Meditações*. No entanto, Descartes afirma que, nas *Meditações*, "explicou, ou ao menos mencionou", todos os exemplos relevantes de percepção clara e distinta e de percepção obscura e confusa; ele instrui seus leitores a pensar nisso para "se acostumarem a distinguir o que é claramente conhecido do que é obscuro", já que "isso é algo que é mais facilmente aprendido por exemplos do que por regras" (2: 116; AT 7: 164).

Isso não significa que o método seja facilmente aprendido. Em uma obra anterior, o *Discurso*, Descartes já havia observado que "há alguma dificuldade para reconhecer quais são as coisas que percebemos distintamente" (1: 127; AT 6: 33). Ele admite que o argumento do *Discurso* tornou-se obscuro pelo fato de ele não ousar expor os "argumentos mais fortes dos céticos", a fim de acostumar o leitor a separar a mente dos sentidos (3: 55; AT 1: 353). Esses argumentos céticos têm um papel central nas *Meditações*, em que são desenvolvidos com o objetivo de retirar a mente dos sentidos e libertá-la dos preconceitos (2: 9; AT 7: 12). Essa eliminação dos preconceitos é crucial para tornar o meditador capaz de aprender a distinguir o que é clara e distintamente percebido do que é obscuro, como mostra a resposta de Descartes a Gassendi. Quando Gassendi sugere que a eliminação de preconceitos deveria ter sido feita com uma "simples e breve afirmação", em vez de passar por toda a dúvida da Primeira Meditação, Descartes desdenha: "Será mesmo tão fácil nos livrarmos de todos os erros que internalizamos desde crianças?" (2: 242; AT 7: 348). Ele acrescenta que é muito improvável que aqueles que se esforçam tão pouco para eliminar os preconceitos consigam dominar o método para distinguir o que percebemos claramente daquilo que apenas pensamos perceber claramente (2: 260; AT 7: 379). É necessário tamanho esforço para tornar claras e distintas nossas percepções sobre as noções fundamentais da metafísica precisamente porque "elas conflitam com muitos preconceitos derivados dos sentidos que, por hábito, nos apegamos desde a infância"; assim, "só aqueles que realmente se concentram e meditam e retiram suas mentes das coisas corpóreas [...] alcançarão o conhecimento perfeito delas" (2: 111; AT 7: 157). Visto que a eliminação dos preconceitos é tão crucial, vale a pena examinar que preconceitos Descartes tem em mente e como eles constituem obstáculos para a percepção clara e distinta.

Descartes, nos *Princípios*, escreve que

> em nossa infância, a mente estava tão imersa no corpo que, embora tenha percebido muitas coisas com clareza, nada, porém, jamais percebeu com distinção. Contudo, apesar disso, a mente emitiu juízos sobre muitas coisas e essa é a origem dos muitos preconceitos que muitos de nós jamais abandonaram" (1: 208; AT 8A: 22, tradução alterada).

O preço por conservar esses preconceitos é explicado nas Sétimas Objeções:

> aqueles que não abandonam seus preconceitos encontrarão dificuldades para adquirir um conceito claro e distinto a respeito de qualquer coisa; pois é óbvio que os conceitos que tivemos em nossa infância não eram claros e distintos e, portanto, se não forem postos de lado, afetarão quaisquer outros conceitos que adquirirmos mais tarde e os tornarão obscuros e confusos (2: 352-353; AT 7: 518, tradução alterada).

Evidentemente, Descartes considera que os preconceitos que adquirimos na infância são o principal obstáculo para a percepção clara e distinta. Mas qual é exatamente a relação entre preconceitos prejuízos e ideias obscuras e confusas?

Preconceitos são opiniões que continuamos a aceitar devido a juízos anteriormente feitos (2: 270; AT 9A: 204), são proposições que "avançamos sem atenção e em cuja verdade acreditamos apenas porque nos lembramos de que anteriormente [as] havíamos julgado verdadeiras" (2: 271; AT 9A: 205). Assim, preconceitos não são necessariamente falsos, mas juízos que fizemos sem razões suficientes, proposições que afirmamos sem compreendê-las com suficiente clareza para ver se são verdadeiras. Isso significa que esses juízos não podem ser baseados na percepção clara e distinta do que afirmo, visto que essa percepção forneceria razão suficiente para o juízo. Formamos preconceitos porque somos capazes de julgar quando não percebemos claramente; como diz Descartes nos *Princípios*, "podemos assentir a muitas coisas que conhecemos apenas de modo muito obscuro e confuso" (1: 204; AT 8A: 18). Consequentemente, onde há um preconceito, há uma ideia obscura e confusa, e a preponderância de preconceitos testemunha a preponderância de percepções obscuras e confusas. Descartes, porém, acredita que nossa situação embaraçosa é ainda pior do que isso sugere. Nosso costume de assentir a preconceitos produz a falsa crença (ela própria um preconceito) de que eles se baseiam em percepções claras e distintas. A ideia confusa de dor em uma parte do corpo que Descartes discute nos *Princípios* é um desses casos. Consideramos a dor "não como existente apenas na mente, ou em nossa percepção, mas como existente na mão, ou no pé, ou em qualquer outra parte do corpo" (1: 217; AT 8A: 32). Equivocadamente, supomos que algo semelhante à dor que percebemos existe fora de nossas mentes, na mão ou no pé, exatamente como supomos incorretamente que algo semelhante às cores que percebemos existe fora de nossas mentes, nas coisas coloridas; e essa suposição "é algo que, *graças ao nosso costume de assim julgar, pareceu-nos que víamos clara e distintamente*" (1: 216; AT 8A: 32, tradução alterada, ênfase acrescentada).

As *Meditações* mencionam ainda outros casos em que tomamos ideias confusas e obscuras por claras e distintas. Na Terceira Meditação, Descartes descreve a crença de que ideias sensíveis são causadas por objetos a elas semelhantes como "algo [...] que por costume acreditei perceber *claramente*, embora de fato não fosse assim" (2: 25; AT 7: 35, ênfase acrescentada). Na Sexta Meditação, é especificado um erro relacionado a isso, expresso como "um costume de julgar inconsideradamente": a crença de que percepções sensíveis servem como pedra de toque confiável para a formação de juízos imediatos acerca da natureza essencial dos corpos externos (2: 56, 57-8; AT 7: 82, 83). As percepções sensíveis são suficientemente claras e distintas para fornecer informações acerca do que é benéfico ou prejudicial para o composto corpo-alma, mas proporcionam apenas informações obscuras sobre a natureza essencial dos corpos externos. A Segunda Meditação identifica a crença de que os corpos externos, que podem ser sentidos e imaginados, são compreendidos mais *distintamente* do que as coisas imateriais, que não podem sê-lo (2: 17, 20; AT 7: 26, 29). Deste modo, pensamos que nossos preconceitos baseiam-se em percepções claras quando não é este o caso; pensamos que os sentidos nos apresentam percepções claras da natureza essencial dos corpos externos quando, de fato, não o fazem, e pensamos que temos uma concepção distinta da natureza corpórea quando, na realidade, não temos. Tomar por engano percepções obscuras e confusas por claras e distintas não é um erro ao qual nos tornamos vulneráveis apenas quando lemos as *Meditações* e somos introduzidos ao conceito cartesiano de percepção clara e distinta. Graças aos nossos preconceitos, trata-se de um erro que já estamos acostumados a cometer: "Poucos distinguem corretamente entre o que, de fato, percebem [distintamente] e o que pensam perceber [distintamente], pois poucos estão acostumados a percepções claras e distintas" (2: 348; AT 7: 511). Não só não estamos acostumados a percepções genuinamente claras e distintas como estamos tão acostumados a percepções obscuras e confusas que as tomamos pelas genuínas. Descartes pensa que "a maioria das pessoas não tem nada mais que percepções confusas durante toda sua vida" (1: 220; AT 8A: 37). Entretanto, o costume de assentir a essas percepções confusas é tão familiar que as tomamos como claras e, assim, "cometemos o erro de pensar que percebemos claramente o que não percebemos de modo algum" (1: 218; AT 8A: 35).

Temos agora alguma ideia do modo como, segundo Descartes, o costume de assentir a ideias obscuras e confusas tem origem na infância e persiste na vida adulta. Esse costume de assentir, que pode perdurar a vida inteira, não é facilmente interrompido. Como diz Descartes, nas palavras do meditador da Primeira Meditação, "minhas opiniões habituais me voltam amiúde e, malgrado meus desejos, capturam minha crença, que fica como que *sob sua custódia*, o que é o resultado de uma longa convivência com a lei do costume" (2: 15; AT 7: 22, ênfase acrescentada). Há um tema comum a essas opiniões habituais: elas refletem o fato de que, durante a infância, a mente está imersa no corpo e preocupada com coisas sensíveis. Voltando-se para seu estado pré-meditativo, o meditador observa que as ideias sensíveis eram "muito mais vivas e mais nítidas, e mesmo, à sua maneira, mais distintas" aquelas formadas por si mesmas (2: 52; AT 7: 75). As ideias sensíveis competem por sua atenção mesmo ao longo da meditação; ele descobre que "quando relaxo minha concentração [...] as imagens das coisas percebidas pelos sentidos cegam minha visão mental" (2: 32; AT 7: 47). Visto que a pressão das ideias sensíveis é uma pressão em direção "aos juízos inconsiderados da infância" (1: 222; AT 8A: 39), ela deve ser refreada. Assim, se o objetivo de Descartes é ensinar seus leitores a produzir ideias claras e distintas, então ele tem uma tarefa dobrada: deve quebrar o hábito de assentir a preconceitos e deve afastar suas mentes das ideias sensíveis. Ambas as tarefas são iniciadas na Primeira Meditação. Descartes observa que livrar a mente dos preconceitos e afastá-la dos sentidos é o maior benefício da dúvida produzida pelos argumentos da Primeira Meditação (2: 9; AT 7: 12). A dúvida funciona como um solvente dos preconceitos porque estes baseiam-se em percepções obscuras e confusas, e é exatamente isso que os torna dubitáveis. Descartes escreve que a dúvida é possível toda vez que nossa percepção for "mesmo que levemente obscura e confusa" ; pois qualquer grau de obscuridade é suficiente para nos fazer duvidar nesses casos (2: 103; AT 7: 145). Obscuridade e confusão não são apenas suficientes para duvidar, são um fator necessário: percepções claras e distintas tornam a dúvida impossível. A renúncia a crenças pretendida na Primeira Meditação, escreve Descartes escreve em suas Respostas às Sétimas Objeções,

> só se aplica àqueles que ainda nunca tiveram percepções claras e distintas. Os céticos, por exemplo, para quem essa renúncia é lugar comum, nunca, *qua* céticos, perceberam claramente coisa alguma. Pois o mero fato de perceberem algo claramente significaria que eles teriam parado de duvidar, e, portanto, deixado de ser céticos (2: 321; AT 7: 476-467).

A Primeira Meditação, no entanto, não apenas provê razões para o meditador duvidar de suas crenças habituais; isso não seria suficiente para livrar a mente do domínio de suas opiniões habituais. Para contrabalançar o "peso do preconceito" e corrigir "a influência deformadora do hábito", Descartes faz com que o meditador finja que suas antigas opiniões são "totalmente falsas e imaginárias" (2: 15; AT 7: 22). Ele relaciona esse procedimento à tentativa de dobrar um pedaço de madeira torto para o lado oposto, a fim de alinhá-lo (2: 242; AT 7: 242). A simulação de falsidade é realizada de uma maneira programada para afastar a mente dos sentidos; o meditador finge que está sendo enganado por um gênio do mal que lhe dá ideias ilusórias a respeito dos sentidos. Ele supõe que "o céu, a terra, o ar, as cores, as figuras, os sons e todas as coisas externas" são ilusões fabricadas pelo gênio, bem como a crença de que ele possui mãos, olhos, carne, sangue e sentidos (2: 15; AT 7: 22-3). Todavia, como exatamente a remoção dos sentidos e a eliminação dos preconceitos resultantes da dúvida da Primeira Meditação tornam o meditador capaz de produzir e reconhecer ideias claras e distintas? É o momento de examinar esse processo, analisando a maneira pela qual o meditador é conduzido a uma percepção clara e distinta da mente e do pedaço de cera na Segunda Meditação.

PERCEPÇÃO CLARA E DISTINTA NA SEGUNDA MEDITAÇÃO

O Resumo declara que a Segunda Meditação torna o meditador capaz de formar "um conceito da alma que seja o mais *claro* possível além de *distinto* de todo conceito de corpo" (2: 9; AT 7: 13, ênfase acrescentada). Descartes adverte que "para se erradicar o antigo hábito de *confundir* coisas intelectuais com coisas corpóreas, e substituí-lo pelo hábito oposto de *distinguir* as duas coisas, é necessário um estudo detalhado e persistente"; é por essa razão, afirma, que dedicou toda a Segunda Meditação apenas a esse tema (2: 94; AT 7: 131, tradução alterada, ênfase acrescentada). Esse contraste entre *confundir* e *distinguir* indica que "distinto" e "confuso" são contrários, assim como "claro" e "obscuro". Indica também que há uma conexão entre tornar distinta a ideia de x e distinguir o que pertence a x daquilo que incorretamente se atribui a x. Não surpreende que Descartes afirme que o hábito de confundir as ideias do que pertence à mente com as ideias de coisas que podem ser percebidas pelos sentidos tem origem na infância. Porquanto a mente estivesse de tal forma vinculada aos órgãos corpóreos na infância, "ela nunca aplicava seu intelecto a algo, a menos que, ao mesmo tempo, representasse algo na imaginação. Considerava, portanto, o pensamento e a extensão como sendo a mesma coisa e todas as noções que eu tinha sobre coisas relativas ao intelecto eram relacionadas ao corpo" (2: 297; AT 7: 441). Ao conservar, na vida adulta, esses preconceitos da infância, "nada conhecia com distinção suficiente e nada havia que não se supusesse ser corpóreo" (2: 297; AT 7: 441). A preocupação permanente da mente com as coisas sensíveis, de algum modo, inverteu-se, fazendo com que ela pudesse perceber clara e distintamente sua própria natureza. Descartes afirma que a Segunda Meditação ensina o único método para afastar a mente dos sentidos, a fim de tornar-se capaz de distinguir aquilo que pertence a ela própria daquilo que pertence ao corpo. Mas o que é exatamente esse método?

O Resumo da Segunda Meditação o apresenta,

> [...] a mente, usando sua própria liberdade, supõe a não-existência de todas as coisas de cuja existência possa haver a menor dúvida; e, ao fazê-lo, a mente reconhece que é impossível que ela própria não exista. Isto é também de grande utilidade, porque, desse modo, ela distingue facilmente as coisas que lhe pertencem – isto é, que pertencem a uma natureza intelectual – das que pertencem ao corpo (2: 9; AT 7: 12, tradução alterada).

As coisas que a mente supõe ser não existentes são as coisas percebidas pelos sentidos, as coisas corpóreas. O meditador supõe que tudo o que a mente vê é espúrio, que ela não tem sentidos, que o corpo, a figura, a extensão, o movimento e o lugar são quimeras (2: 16; AT 7: 24). Assim, a presunção de ser enganado por um gênio do mal afasta o meditador de sua preocupação com os sentidos. Quando primeiramente lhe ocorre o pensamento de que ela, entretanto, é algo, sua resposta é: "Mas acabo de negar que tenha sentidos ou corpo. O que se segue daí? [...] Serei tão ligado a um corpo e aos sentidos que não possa viver sem eles?" (2: 16; AT 7: 24-25). A frase "o que se segue daí?" reflete a concepção obscura e confusa que o meditador tem sobre si mesmo como algo corpóreo, que teve origem no hábito da infância de referir ao corpo tudo o que pertencesse à mente. O meditador começa a superar essa concepção ao refletir que, se ele se persuadisse de algo, ou se fosse vítima de algo que o enganasse, então deveria existir. Isso lhe mostra que "*eu sou, eu existo* é necessariamente verdadeira todas as vezes que a enuncio, ou a concebo em meu espírito" (2: 17; AT 7: 25). Não obstante, o eu que agora sabe que existe não tem uma compreensão suficiente do que é (2: 17; AT 7: 25). A percepção que o meditador possui de sua própria natureza ainda é obscura e confusa. Ele começa a tomar esta ideia mais clara removendo dela tudo o que é posto em questão pela suposição de que é enganado por um gênio maligno. Isso dá início ao processo de eliminação dos elementos corpóreos presentes na concepção que o meditador tem de si mesmo e, desse modo, inicia-se o processo de distinção entre o que pertence à mente e o que pertence ao corpo.

O que pertence à mente, descobre o meditador, é o pensamento. Na realidade, o pensamento aparece na percepção obscura e confusa que o meditador tem de si mesmo como uma coisa corpórea, mas é referido à alma enquanto responsável pelas atividades corpóreas de nutrição, movimento, sensação e imaginação, tal como um vapor permeando o corpo (2: 17; AT 7: 26). Na concepção que o meditador tem de si mesmo, o pensamento é isolado desses outros elementos pelo processo da dúvida. Ele considera que, enquanto pensar, é impossível que não exista; isso é certo. É possível, porém, que ele pare de existir se parar de pensar. Assim, a única coisa que o meditador pode afirmar sem temer o erro, a única coisa que é "necessariamente verdadeira", é que ele existe enquanto pensa. Nesse sentido, o pensamento é "inseparável" daquilo que ele sabe existir (2: 18; AT 7: 27). O meditador conclui que é uma coisa pensante, uma mente, ou intelecto, ou razão: "palavras cujo sentido eu ignorava até agora" (2: 19; AT 7: 27). Nesse momento, a mente percebe, pela primeira vez, sua própria natureza. Mas há mais a fazer para revelar o que pertence a essa natureza e distinguir isso do que pertence à natureza do corpo; mais a fazer, em outras palavras, para formar uma ideia clara e distinta da mente e para começar a formar uma ideia clara e distinta do corpo. A ideia que o meditador tem de si mesmo como uma coisa pensante foi formada pela subtração de elementos estranhos, elementos que não pertencem ao eu e cuja existência foi descoberta através do processo da dúvida. O próximo passo é ampliar essa ideia, explorando o que mais pertence à coisa pensante.

Descartes está particularmente preocupado em desfazer o hábito de pensar em termos corpóreos, de usar a imaginação no lugar do intelecto, confundindo assim o que pertence à mente com o que pertence ao corpo. O meditador considera que imaginar é "simplesmente contemplar a figura ou imagem" das coisas corpóreas, mas a existência dessas coisas está em questão. A mente, portanto, deve "afastar-se com o máximo de cuidado" da imaginação, do mesmo modo como deve afastar-se dos sentidos, "se pretende perceber sua própria natureza o mais distintamente possível" (2: 19; AT 7: 28, tradução alterada). Quando a mente reflete sobre si mesma sem empregar imagens de coisas corpóreas, descobre que é capaz de vários atos, tais como duvidar, conceber, afirmar, negar, querer, imaginar e sentir (2: 19; AT 7: 28-9). O meditador pergunta: "Qual deles podem ser distintos do meu pensamento? Qual deles pode ser considerado como separado de mim? O fato de que sou eu que duvido e concebo e quero é tão manifesto [*manifestam*] que não vejo como torná-lo mais claro [*evidentius*]" (2: 19; AT 7: 29, tradução alterada). Esses atos, presume-se, não podem ser distinguidos do pensamento porque são maneiras de pensar, são modos do pensamento; e são modos do pensamento do qual a mesma coisa pensante é o sujeito. É necessário um pouco mais de esforço para mostrar ao meditador que o eu que duvida, concebe e quer é também o eu que imagina e que sente. Descartes considera que, mesmo se nenhuma das coisas (corpóreas) que ele imagina for real, o poder de imaginá-las, ainda assim, é "parte do meu pensamento" (2: 19; AT 7: 29). O caso das sensações, ou de "percepção de coisas corpóreas como se fosse pelos sentidos" (2: 19; AT 7: 29, tradução alterada), é menos explícito. Descartes nota que mesmo quando durmo e, portanto, quando não percebo sensivelmente a luz, o som ou o calor, ainda assim me parece que os percebo dessa forma. Minha certeza de que pareço sentir sobrevive à dúvida, e sentir, nesse sentido estrito, é "simplesmente pensar" (2: 19; AT 7: 29). Descartes chama a atenção para o fato de que perceber algo sensivelmente nesse sentido estrito, assim como imaginar algo, não exige que a coisa exista: podemos saber que pensamos sentir os corpos enquanto continuamos a duvidar que exista algum corpo.

Nesse ponto, a concepção clara e distinta da mente está basicamente estabelecida. O meditador sabe que ele é, nos termos da Terceira Meditação, "uma coisa que pensa: isto é, uma coisa que duvida, que afirma, que nega, que concebe algumas coisas, que ignora muitas, que quer, que não quer e também que imagina e que sente" (2: 24; AT 7: 34, tradução alterada). Não obstante, Descartes faz, então, com que o meditador se confronte com um de seus preconceitos epistêmicos: a crença de que as coisas corpóreas, que podem ser imaginadas e percebidas pelos sentidos, são "mais distintamente percebidas" do que o eu, que não pode sê-lo. O ataque a esse preconceito se dá por meio da reflexão sobre um pedaço de cera, um corpo que pode ser tocado e visto e que, portanto, é do tipo considerado como concebido "mais distintamente do que todos" (2: 20; AT 7: 30). A cera pode ser percebida por todos os cinco sentidos; ela "tem tudo o que parece ser necessário a um corpo para que ele seja conhecido o mais distintamente possível" (2: 20; AT 7: 30). Contudo, o fato de que os aspectos apreendidos pelos sentidos podem mudar e a mesma cera permanecer mostra que não são os sentidos que fornecem ao meditador uma apreensão distinta da cera como um objeto que permanece no curso das mudanças. A cera é um corpo que pode se apresentar aos sentidos de diferentes maneiras e, ao mesmo tempo, permanecer a mesma cera. Seguindo essa linha de raciocínio, o meditador decide "prestar atenção, remover o que não pertence à cera e ver o que permanece" (2: 20; AT 7: 30, tradução alterada) – isto é, aplicar um procedimento subtrativo similar ao utilizado para revelar a natureza da mente. O procedimento conduz à concepção da cera como uma coisa que é "capaz de ser extensa de muitas maneiras diferentes" daquelas que podem ser concebidas pela imaginação (2: 21; AT 7: 31). Visto que essa compreensão do potencial que a cera possui de assumir diferentes figuras ultrapassa a capacidade representativa da imaginação, ela deve, então, ser uma compreensão intelectual. A natureza da cera é, e sempre foi, percebida pelo intelecto, "a mente pura"; a diferença é que essa percepção pode ser "imperfeita e confusa, como era antes, ou clara e distinta, como é presentemente, conforme o grau da minha atenção [*minus vel magis* [...] *atendo*] *quando penso no que consiste a cera* (2: 21; AT 7: 31, tradução alterada). A passagem de uma percepção confusa e obscura para uma percepção clara e distinta da cera é efetivada por uma maior atenção àquilo em que a cera consiste, ao que ela é; e, supostamente, o mesmo ocorre, *mutatis mutandis*, na passagem para uma percepção clara e distinta da mente.

O que uma maior atenção àquilo em que a cera consiste, ou a mente, envolve? Em cada um desses casos, o meditador descobre, primeiro, que certas propriedades consideradas como pertencentes à natureza da coisa em questão não lhe pertencem de fato (pode-se chamar essa etapa de fase eliminatória). Ele descobre, em seguida, que certas propriedades ainda não reconhecidas como pertencentes à natureza dessa coisa de fato lhe pertencem (pode-se chamar essa etapa de fase de ampliação). A fase eliminatória leva à concepção que revela o que constitui a natureza da coisa (pensamento, extensão), a fase de ampliação alarga essa concepção explora o que pertence a essa natureza (vários modos de pensamento, inumeráveis maneiras de ser extenso). O meditador se concentra inicialmente na essência da coisa, excluindo o que não lhe pertence e, então, adiciona o que lhe pertence de fato.

A NATUREZA DA PERCEPÇÃO CLARA E DISTINTA

Os dois exemplos de percepção clara e distinta fornecidos na Segunda Meditação sugerem uma explicação inicial de clareza e distinção de gênero semelhante à de Gewirth: uma percepção clara e distinta de *x* revela o que constitui a natureza de *x* e não contém nada que não pertença a uma natureza assim constituída. Porém, ainda que esta seja parte da explicação do que significa para uma percepção ou ideia ser clara e distinta, isso não pode ser toda a história. Como ressalta Smith (2001), Descartes fala de clareza e distinção como uma questão de proporção; por exemplo, "se a minha percepção da cera parecia *mais* distinta [...], deve-se admitir que agora me conheço ainda *mais* distintamente" (2. 22; AT 7: 33, ênfase acrescentada). E como também enfatiza Smith, as definições de clareza e distinção fornecidas nos *Princípios* implicam que uma percepção pode ser clara sem ser distinta. A proposta inicial não indica como a clareza e a distinção podem admitir proporções e nem como uma percepção pode ser clara e confusa. Voltemos, então, às definições apresentadas nos *Princípios*.

Nas *Meditações*, "clareza" e "distinção" parecem ser utilizados como termos correlatos, como o são "obscuro" e "confuso". No entanto, suas definições nos *Princípios* implicam que uma percepção pode ser ao mesmo tempo clara e confusa, embora não possa ser distinta se não for clara. Diz-se que uma percepção é clara quando "está manifestamente presente [*praesens et aperta*] à mente atenta – assim como dizemos que vemos claramente as coisas quando, estando presentes a um olho que vê, estas movem-no de maneira suficientemente forte e manifesta"

(1: 207; AT 8A: 22). Uma percepção distinta é aquela que, além de ser clara, "é tão precisamente separada das outras que absolutamente nada mais contém em si além do que é claro" (1: 208; AT 8A: 22). Evidentemente, portanto, uma percepção distinta deve ser clara. Descartes usa o exemplo da dor para mostrar que uma percepção clara não precisa ser distinta. Quando alguém sente muita dor, a percepção da dor é extremamente clara (*claríssima*, o superlativo de *clarus*), mas nem sempre é distinta, visto que muitas vezes as pessoas a confundem com um juízo obscuro. Esse juízo diz respeito à natureza de algo, semelhante à sensação de dor, que se considera existir na parte dolorida do corpo (1: 208; AT 8A: 22). Mais adiante, nos *Princípios*, Descartes observa que, quando se julga que a dor é uma coisa (*res*) real que existe fora da mente na parte dolorida, não há como compreender de que coisa se trata; aqueles que fazem juízos como esse ignoram o que supõem existir na parte dolorida (1: 217; AT 8A: 33). Nas Respostas às Segundas Objeções, Descartes escreve que sempre que chamamos uma concepção de obscura e confusa, é porque ela contém algum elemento que ignoramos (2: 105; AT 6: 147). Quando confundimos a dor sentida com algo semelhante à dor existente em uma parte do corpo, há algum elemento que ignoramos na percepção, a saber, aquilo que pensamos ser semelhante à sensação e existente na parte do corpo. A percepção clara porém confusa de dor *é* clara, porém não *inteiramente* clara: ela contém um elemento que não é compreendido, que não está manifestamente presente à mente.

As percepções de dor, tal como as percepções de outras qualidades sensíveis, colocam problemas específicos de interpretação que serão discutidos na próxima seção. A questão agora é como a proposta que tem por base o texto das *Meditações* está relacionada à definição oferecida nos *Princípios*. A proposta indica que uma percepção clara e distinta de x revela aquilo que constitui a natureza de x e aquilo que pertence a uma natureza assim constituída. A definição afirma que uma percepção clara e distinta de x contém apenas o que está manifestamente presente à mente atenta. A proposta e a definição podem ser conectadas se supusermos que a natureza de x e aquilo que lhe pertence tornam-se manifestamente presentes à mente atenta em uma percepção clara e distinta de x. O fato de que uma percepção distinta não contém coisa alguma que não esteja manifestamente presente significa que uma percepção assim não contém coisa alguma que esteja escondida ou oculta, nenhum elemento que ignoremos.

Entretanto, afirmar que nada em uma percepção distinta de x está escondido ou oculto não é o mesmo que afirmar que a percepção revela tudo que se possa conhecer sobre x. Afirmar isso seria desconsiderar uma distinção que Descartes insiste em fazer, a saber, a distinção entre percepção adequada e percepção distinta. O conhecimento adequado e, supostamente, a percepção adequada, "deve conter absolutamente todas as propriedades da coisa a qual é o objeto de conhecimento" (2: 155; AT 7: 220). Descartes sustenta que um intelecto criado pode ter conhecimento adequado de muitas coisas, mas não pode saber que tem esse conhecimento a menos que Deus lhe conceda uma revelação especial desse fato (2: 155; AT 7: 220). Visto que não é necessária a revelação divina para que se saiba que se tem uma percepção clara e distina, uma ideia de x não precisa conter todas as propriedades de x para que seja clara e distinta. Todavia, o fato de uma percepção clara e distinta não conter coisa alguma escondida ou oculta significa que nada que esteja contido na percepção possa ser, sob exame mais detalhado, descoberto como não pertencente à natureza de x. Na verdade, supostamente não há nada em uma percepção distinta de x que exija um exame mais detalhado para que sua relação com a natureza de x seja afirmada, pois tal coisa não estaria inteiramente presente e manifesta à mente atenta. Naturalmente, é possível expandir uma percepção já clara e distinta de x pela inclusão de mais elementos pertencentes à sua natureza, ou que se seguem dela. Mas isso seria tornar a percepção mais distinta incluindo nela mais do que é claro, como nota Gewirth. Isso indica como clareza e distinção podem ter proporções. Descartes afirma que "quanto mais atributos descobrimos na mesma coisa ou substância, mais claro o nosso conhecimento dessa substância" (1: 196; AT 8A: 8). É por essa razão que descreve a mente como mais bem conhecida do que o corpo na Segunda Meditação, pois, para todo atributo que distinguimos em um corpo, podemos distinguir o atributo de concebê-lo na mente (2: 249; AT 7: 360). Assim, o exame da cera permite que o meditador conheça sua própria mente "ainda mais distintamente" (2: 22; AT 7: 33).

Descartes comenta que "um conceito não é de qualquer modo mais distinto porque se inclui menos nele; sua distinção depende simplesmente em distinguirmos claramente o que incluímos nele de todo o resto" (1: 215; AT 8A: 31). Tomo isso para dizer que nossa percepção de x não se torna mais distinta simplesmente se reduzirmos o número de propriedades que atribuímos a x. Como vimos, ampliar o conteúdo de uma percepção pode torná-la mais distinta. A percepção de x se torna distinta por garantirmos que não há nada nela que não pertença à natureza de x. Nesse sentido, uma percepção se torna mais clara e mais distinta pela inclusão de mais propriedades pertencentes à natureza de seu objeto e pela exclusão de tudo o que não pertence a essa natureza. Uma percepção de x pode ser clara, porém confusa, caso contenha o que pertence à natureza de x juntamente com algo que não lhe pertença. Torna-se distinta pela exclusão de tudo o que não pertence à natureza de x, de tal modo que o que pertence à natureza de x não mais é confundido com o que pertence a algo diferente.

QUESTÕES ACERCA DAS IDEIAS SENSÍVEIS

Como afirmamos anteriormente, todos os pensamentos cartesianos (e, portanto, todas as ideias cartesianas) são intencionais: todas são dirigidas a objetos. Descartes, notadamente, faz com que o meditador diga, na Terceira Meditação, que suas ideias de calor e frio são tão obscuras e confusas – "contêm tão pouca clareza e distinção" – que não é possível dizer se são ideias de coisas reais ou de não-coisas; não é possível dizer se são ideias de qualidades reais, ou de privações, ou de nenhuma das duas (2: 30; AT 7: 44). O que está sob ataque aqui é a concepção aristotélico-escolástica de calor, frio e outras propriedades sensíveis como qualidades reais semelhantes às sensações e inerentes aos corpos. Na Sexta Meditação, o meditador aprende que é correto pensar que os corpos que causam as ideias sensíveis de calor e frio, de algum modo, diferem entre si, mas que é incorreto concluir que diferem por possuir qualidades semelhantes às próprias ideias sensíveis. Julgar desse modo é cometer o erro de tratar as percepções sensíveis como se elas fornecessem guias confiáveis para as essências dos corpos externos, a respeito dos quais elas nada significam que não seja obscuro e confuso. Seu objetivo próprio é significar à mente os benefícios e prejuízos que os corpos externos oferecem ao composto humano do qual esta é parte e, nessa medida, são suficientemente claras e distintas (*eatenus sunt satis clarae et distinctae*, 2: 57-8; AT 7: 83).

Essas afirmações suscitam duas questões sobre as ideias sensíveis. Primeiramente, as percepções sensíveis obscuras e confusas são percepções de quê? Em segundo lugar, o que Descartes quer dizer quando afirma que são suficientemente claras e distintas, visto que nos informam acerca de benefícios e prejuízos? Para a primeira questão, é importante que Descartes diga que as ideias sensíveis fornecem uma informação *obscura e confusa* sobre as essências dos corpos externos, e não que elas não fornecem tal informação. Ao falar das *essências* dos corpos externos, considero que esteja falando de sua natureza intrínseca como uma configuração da extensão, por oposição à sua propriedade relacional de afetar de certa maneira o funcionamento dos corpos humanos. Assim, o que ele afirma é compatível com a visão de que percepções sensíveis são percepções da estrutura corpuscular dos corpos externos, embora apresentem essa estrutura de modo tão irremediavelmente obscuro e confuso que não possamos discerni-las das próprias ideias. Descartes escreve na Quarta Parte dos *Princípios* que "as propriedades dos objetos externos às quais aplicamos os termos luz, cor, odor, sabor, calor e frio [...] são, até onde podemos ver, simplesmente diversas disposições nesses objetos [versão francesa: nas figuras, nos tamanhos, nas posições e nos movimentos de suas partes] que os torna capazes de provocar vários movimentos em nossos nervos" (1: 285; AT 8A: 322-3). Um objeto é verde, portanto, em virtude de ter uma estrutura corpuscular que o torna apto a produzir certas ideias em nós. Contudo, nenhuma espécie de interpretação do tipo daquela que é buscada na Segunda Meditação nos tornará capazes de transformar uma percepção sensível de verde em uma ideia clara dessa natureza corpuscular.

Como é possível que um Deus não enganador nos tenha dado essas ideias irremediavelmente obscuras e confusas? É aqui que o propósito apropriado das ideias sensíveis fica claro. As ideias sensíveis representam propriedades disposicionais de entidades externas de um modo que é útil para a preservação de nossos corpos. Através delas, ressalta-se o poder dos corpos externos de nos auxiliar ou de nos prejudicar (para discussão, ver Simmons, 1999). Porém, quando Descartes afirma que as ideias sensíveis são suficientemente claras e distintas, uma vez que nos informam acerca desses poderes, estaria ele querendo dizer que elas são ideias claras e distintas dos poderes *tout court*? Se elas são ideias claras e distintas dos poderes *tout court*, então, supostamente deveríamos ser capazes de descobrir seus objetos pela reflexão e análise das próprias ideias. Mas nosso conhecimento de que são ideias de poderes que prejudicam ou auxiliam chega-nos por uma via indireta, pelo exame de seu papel na natureza que nos foi concedida por Deus. Assim, talvez, ao afirmar que as ideias sensíveis são *suficientemente* claras e distintas, ele simplesmente queira dizer que sua obscuridade e confusão não constituem uma barreira para sua função preservativa: uma vez que compreendemos seu significado, podemos usá-las como base para juízos confiáveis acerca dos poderes que os corpos possuem de nos prejudicar ou ajudar.

De que maneira as sensações internas, como dor e fome, encaixam-se nessa imagem de ideias sensíveis? Tal como as sensações de luz e de som, as sensações de dor e de fome nos são dadas para ajudar a preservar o composto alma-corpo. Mas enquanto as sensações de luz e de som nos informam acerca de poderes das entidades externas, as sensações de dor e de fome nos informam acerca de nossos próprios corpos. Descartes, na Sexta Meditação, escreve que "nada há que minha própria natureza me ensine mais vivamente do que o fato de que tenho um corpo, e que quando sinto dor algo está errado com o corpo, e que quando estou com fome [...] o corpo precisa de comida" (2: 56; AT 7: 80). No entanto, assim como as sensações de luz e de som, as sensações de dor e de fome são modos de pensamento, ideias ou percepções; e se são ideias, devem ter um caráter intencional. O que elas representam? São percepções de quê? A resposta natural é que são percepções dos nossos próprios corpos, representações de estados de nossos corpos. Na Sexta Meditação, Descartes faz uma conhecida afirmação: se ele estivesse meramente presente em seu corpo, como um piloto em um navio, não sentiria dor quando o corpo fosse ferido, mas perceberia o ferimento apenas pelo intelecto. Isso é pelo menos compatível com a concepção de que sentir dor é um modo de perceber o ferimento do corpo. Como no caso dos sentidos externos, a percepção é irremediavelmente confusa; uma sensação de dor no pé não pode ser depurada e transformada em uma percepção clara e distinta do ferimento no pé. Sensações de fome, sede e dor nada são "além de *modos confusos de pensar* que surgem da união [...] da mente com o corpo" (2: 56; AT 7: 81, ênfase acrescentada).

Até aqui, tudo bem; as sensações internas estão agrupadas juntamente com as sensações externas enquanto percepções obscuras e confusas dos corpos destinadas a auxiliar na preservação do composto alma-corpo. Contudo, a discussão acerca das ideias sensíveis nos *Princípios* segue um caminho diferente. Ali, Descartes introduz a noção de percepções *claras,* mas confusas. Ele afirma que a percepção de dor intensa é clara, mas "nem sempre" distinta, porque é comumente confundida com um juízo obscuro e confuso de que algo semelhante à percepção existe no local dolorido. Na realidade, alega Descartes, a sensação pura é percebida claramente. Isso sugere que a sensação nela mesma possa se tornar clara e distinta *tout court,* caso eliminemos o juízo obscuro. Isso, porém, é certamente muito pouco plausível; se dores são percepções de danos causados aos nossos corpos, com certeza são percepções irremediavelmente obscuras e confusas desses danos.

Felizmente, não precisamos interpretar Descartes como se estivesse afirmando que a própria sensação pode se tornar uma ideia clara e distinta de seu objeto. A ideia que é inicialmente clara e confusa, mas que pode se tornar clara e distinta, não é a própria sensação, mas uma ideia que tem a sensação como seu objeto. A ideia ou percepção da dor – a ideia do que a dor é – torna-se confusa quando se introduz um juízo incorreto e obscuro sobre o que é a dor. Se pensamos a dor simplesmente como uma sensação, uma ideia ou modo de pensamento, nossa ideia dela será clara e distinta (1: 216; AT 8A: 32). Contudo, a ideia clara e distinta em questão aqui é uma ideia *de* dor, não a ideia que é a própria dor. Se ela for clara e distinta, deve ser verdadeira; e esse é o caso, pois a dor que é seu objeto é um modo de pensamento e a ideia a representa assim. A ideia que é a dor permanece como uma percepção irremediavelmente obscura e confusa do corpo.

A mesma explicação em dois níveis encontra-se na discussão de Descartes acerca da ideia de frio nas Respostas às Quartas Objeções. Arnauld pergunta como a ideia de frio poderia ser materialmente falsa se, de acordo com o modelo de intencionalidade de Descartes, ela é o próprio frio existindo objetivamente no intelecto (2: 145; AT 7: 206). Descartes responde que a obscuridade das "ideias confusas provenientes dos sentidos" (2: 163; AT 7: 233) significa que podemos errar relativamente a seus objetos (como nos enganamos quanto ao objeto da dor, tomando-o como algo semelhante à sensação existente na parte dolorida). A obscuridade da ideia de frio advinda dos sentidos, "a sensação real" (2: 164; AT 7: 235), leva-nos a confundir a sensação com algo semelhante existente na própria coisa fria. Há duas ideias confusas ocorrendo aqui: a própria sensação e a ideia da sensação a qual a representa como uma qualidade existente em um corpo frio. A ideia que é a sensação merece ser chamada de materialmente falsa, explica Descartes, porque sua obscuridade fornece o material para um juízo falso: "a obscuridade da ideia [*sc.* a sensação] [...] me leva a julgar que *a ideia da sensação de frio* representa um objeto denominado "frio" que está localizado fora de mim" (2: 164; AT 7: 234-235, ênfase acrescentada).

Nessa explicação em dois níveis, a atenção se volta para a ideia que toma a sensação como seu objeto. Nos *Princípios,* a ênfase está na importância de tornar essa ideia clara e distinta mediante o reconhecimento de que se trata da ideia de um modo de pensamento, de uma ideia de uma ideia. Descartes escreve que "a dor, a cor e coisas assim são percebidas clara e distintamente quando consideradas meramente como sensações ou pensamentos. Contudo, quando julgamos que são coisas reais existentes fora de nossas mentes, não há meio de compreender que tipo de coisas elas são" (1: 217; AT 8A: 33). Os modos da mente não devem ser confundidos com qualidades dos corpos, que possuem apenas modos da extensão. No entanto, se dor é um modo da mente, uma ideia, deve ter um objeto intencional. Essa dimensão intencional da dor não aparece na discussão dos *Princípios.* Tudo o que Descartes diz sobre a própria sensação poderia ser o que Ayers chama de "um efeito branco",* sem qualquer conteúdo, apesar de obscuro e confuso (Ayers, 1991: 62). Supostamente não se trata de um acidente. O modelo segundo o qual a ideia de *x* é o próprio *x* objetivamente existente no intelecto rende muito pouco quando a ideia em questão é tão irremediavelmente obscura e confusa que, a partir dela, não é possível recuperar o objeto que ela contém.

CONCLUSÃO

O que é incontestavelmente verdadeiro sobre ideias ou percepções claras e distintas, tal como Descartes as concebe, é que elas são verdadeiras. Percepções claras e distintas inclinam nossa vontade ao assentimento, e, se nosso criador tivesse modelado nossas mentes de modo a sermos inclinados a assentir a falsidades, Deus seria enganador. Visto que Deus não é enganador, moldou nossas mentes de tal maneira que as percepções claras e distintas nos inclinam a assentir apenas a verdades. Mas Deus poderia ter feito isso de duas maneiras distintas e há, portanto, duas interpretações possíveis sobre a natureza da percepção clara e distinta. De acordo com a primeira, a percepção clara e distinta é uma experiência fenomenologicamente distinta, um tipo de sentimento que inclina a vontade ao assentimento. Deus teria moldado nossa mente para que tivéssemos essa experiência apenas quando percebêssemos conteúdos que são verdadeiros e, assim, somos inclinados a assentir apenas a verdades. De acordo com a segunda, uma percepção clara e distinta é a percepção de um conteúdo que consideramos evidentemente verdadeiro, e Deus modela nossas mentes de modo a considerarmos verdadeiros os conteúdos evidentemente verdadeiros. Essas noções de percepção clara e distinta podem ser descritas, respectivamente, como fenomênica e intencional. Na visão intencional, clareza e distinção são características do conteúdo percebido, ao passo que, na visão fenomênica, são características do perceber. Na visão fenomênica, a inclinação para assentir ao que é percebido clara e distintamente é um tipo de inclinação bruta, enquanto na visão intencional é um tipo de inclinação racional. A visão fenomênica está de acordo com uma leitura bastante difundida acerca da concepção cartesiana da mente, a que David Chalmers expressa quando diz que "com sua famosa doutrina de que a mente é transparente para si mesma, [Descartes] quase identificou o mental com o fenomenal" (Chalmers, 1996: 12). Nessa visão, reconhecer percepções genuinamente claras e distintas é uma questão de reconhecer um sentimento fenomênico distinto, o qual se conhece por ser experimentado e não por ser descrito. Isso é consistente com a afirmação de Descartes segundo a qual se aprende melhor o método para identificar essas percepções a partir de exemplos do que por regras, além de poder ser empregado para dar conta do fato de que sua única tentativa de fornecer uma definição explícita seja tão pouco informativa. Se o que é perceber clara e distintamente só puder ser identificado ostensivamente como o tipo de experiência que torna impossível a dúvida, não surpreende que Descartes tenha feito pouco mais do que simplesmente comparar esta experiência com uma dor.

Todavia, de acordo com a explicação da percepção clara e distinta que venho desenvolvendo, devemos preferir a visão intencional. A concepção de clareza e distinção como qualidade subjetiva da experiência não se ajusta perfeitamente ao que Descartes diz sobre sermos inclinados a crer quando percebemos clara e distintamente. Nas *Regras*, ele escreve que "sempre que duas pessoas fazem juízos opostos sobre a mesma coisa [...] nenhuma delas, parece, tem conhecimento [*scientia*]. Pois, se o raciocínio de uma delas fosse certo e evidente, ela seria capaz de expô-lo à outra de modo a convencer seu intelecto também" (1; 11; AT 10: 363). Se alguém percebe alguma verdade clara e distintamente, tem razões convincentes para crer nessa verdade. Nesse caso, porém, deveria ser possível apresentar essas

---

* N. de T.: No original: *blank effect*.

razões a outros de modo a convencê-los também. O *cogito* fornece um paradigma de percepção clara e distinta: não podemos não crer que existimos quando pensamos, porque compreendemos que isso só pode ser verdadeiro. É o conteúdo do que percebemos clara e distintamente que nos inclina ao assentimento. Na Terceira Meditação, a inclinação racional a crer no que percebemos clara e distintamente é contrastada com a "inclinação natural" a crer na existência de corpos externos semelhantes a nossas ideias sensíveis; a última é um "impulso cego"; a primeira, um "juízo confiável" (2: 26-7; AT 7: 38-40).

Qual seria, então, a posição de Descartes em relação à objeção que colocamos no início, a saber, de que ele não dispõe de um critério satisfatório para identificar percepções claras e distintas? A força da objeção depende do que conta como um critério satisfatório. Descartes disse a Gassendi que, nas *Meditações*, apresentou um método para a distinção entre as percepções claras e distintas genuínas e as espúrias. Mas o método não é infalível; ainda é possível cometer erros, pensar que se percebe clara e distintamente quando não é o caso. Isso torna o critério insatisfatório? Trata-se de uma falha fatal para o projeto cartesiano? Certamente, pode parecer que sim, se esse projeto for interpretado como uma resposta à dúvida cética que deve banir toda a possibilidade de erro. Não é, contudo, dessa maneira que Descartes exibe seu objetivo. Como vimos, as *Meditações* foram projetadas para nos ensinar a formar percepções claras e distintas. Esse ensinamento é necessário porque, sem ele, permanecemos atolados no erro generalizado, em preconceitos e ignorância que resultam de nossa confiança infantil nos sentidos. Não é a possibilidade de erro que torna possível (e necessária) a dúvida da Primeira Meditação, mas o fato do erro. Segundo Descartes, a mera possibilidade de um erro no qual não temos razões para crer não precisa nos incomodar (2: 103; AT 7: 145). As crenças do meditador são vítimas da dúvida no início das *Meditações* porque são baseadas em percepções obscuras e confusas, e afirmadas devido à inclinação do hábito e não pela inclinação racional das percepções claras e distintas. Ele pode até mesmo duvidar da verdade do que lhe parece mais evidente, visto que não percebe clara e distintamente o autor de sua natureza. Através da meditação, ele forma juízos que resistem à dúvida porque são baseados em uma percepção clara e distinta da verdade do que é afirmado. Mais especificamente, ele passa a perceber clara e distintamente que seu criador não é enganador e que a faculdade intelectual com a qual este o dotou pode somente tender à verdade (2: 104; AT 7: 146). Ele tem agora um novo modo de utilizar as faculdades que lhe foram dadas por Deus e uma nova compreensão sobre a natureza da criação divina. No entanto, isso não elimina a possibilidade de erro; ele permanece capaz de errar quando utilizar mal as suas faculdades. Nas palavras finais das *Meditações*, "devemos reconhecer a fragilidade de nossa natureza" (2: 62; AT 7: 90). Nossa falibilidade é inescapável; mas, uma vez que Descartes não está investido do objetivo de fornecer uma panaceia contra todo erro possível, isso não é fatal para seu projeto.

REFERÊNCIAS E LEITURAS ADICIONAIS

Arnauld, A. (1775). *Des vraies et des fausses idees*. In *Oeuvres de Messire Antoine Arnauld*, vol. 38. Paris: Sigismond D'Arnay.

Ayers, M. (1991). *Locke*. Londres: Routledge.

Chalmers, D. J. (1996). *The Conscious Mind*. Nova York: Oxford University Press.

Chappell, V. (1986). "The theory of ideas". In A. O. Rorty (ed.). *Essays on Descartes' Meditations*. Berkeley: University of California Press, p. 177-198.

Curley, E. M. (1986). "Analysis in the Meditations: the quest for clear and distinct ideas". In A. O. Rorty (ed.). *Essays on Descartes' Meditations*. Berkeley: University of California Press, p. 153-176.

Gewirth, A. (1943). "Clearness and distinctness in Descartes". *Philosophy*, 13, p. 17-36. As indicações da paginação referem-se à reimpressão em J. Cottingham (ed.). *Descartes*. Oxford: Oxford University Press, p. 79-100.

Humber, J. (1981). "Recognizing clear and distinct perceptions". *Philosophy and Phenomenological Research*, 41, p. 487-507.

Kenny, A. (1967). "Descartes on ideas". In W. Doney (ed.). *Descartes: A Collection of Critical Essays*. Notre Dame, IN: University of Notre Dame Press, p. 227-249.

Nadler, S. (1989). *Arnauld and the Cartesian Philosophy of Ideas*. Princeton: Princeton University Press.

Nelson, A. (1996). "The falsity in sensory ideas: Descartes and Arnauld". In E. Kremer (ed.). *Interpreting Arnauld*. Toronto: University of Toronto Press, p. 13-32.

Simmons, A. (1999). "Are Cartesian sensations representational?". *Nous*, 33, p. 347-369.

Smith, K. (2001). "A general theory of Cartesian clarity and distinctness based on the theory of enumeration in the *Rules*". *Dialogue*, 40, p. 279-309.

14

Causa sem inteligibilidade e causa sem Deus em Descartes

MICHAEL DELLA ROCCA

OS DOIS PASSOS REVOLUCIONÁRIOS DE HUME

Em seu clássico artigo "Causalidade e Propriedades", Sydney Shoemaker – aparentemente para sua própria surpresa – termina por endossar a concepção de que conexões causais dão suporte à necessidade física. "Assim me vi", diz ele no final de seu artigo, "em companhia do que anteriormente considerava uma companhia reacionária" (Shoemaker, 2003: 232). É estranho que a adoção de uma visão como essa acerca da causalidade cause surpresa porque, durante muitos anos, a concepção de que a causalidade é uma conexão necessária foi dominante na filosofia. Na verdade, por algum tempo, a concepção ainda mais forte e hegemônica – e que não é adotada por Shoemaker – foi de que a conexão necessária entre causa e efeito é uma conexão conceitual. Essa concepção é mais forte porque implica que não seja concebível que a causa exista sem que o efeito exista, ao passo que a concepção mais fraca não envolve essa implicação. (A posição mais forte é sustentada, de diferentes modos, por Malebranche, Espinosa e Leibniz.) Como é possível uma mudança tão drástica nas opiniões, de modo que somente com dificuldade possamos agora imaginar um espaço filosófico no qual a ideia de causalidade como conexão necessária – sem falar de conexão conceitual – seja uma opção? A resposta – em uma palavra – é "Hume". Hume, obviamente, teve uma ajuda considerável de Locke, Berkeley e outros. Mas só com Hume houve uma ruptura decisiva com a noção de causalidade enquanto conexão conceitual.

Ao dizer que Hume aboliu essa noção, não quero dizer que o próprio Hume estivesse inteiramente livre de ambivalências relativas a essa questão. Acredito, na verdade, que Hume tenha ficado intrigado com sua conclusão de que causas não são conceitualmente conectadas a seus efeitos. Essa preocupação, creio, aparece na observação de Hume de que suas definições de causa são "tão imperfeitas" que devem ser "extraídas de algo estranho e alheio" à causa (Hume, 1975: 76; ver também Hume, 1978: 266-267). No entanto, aqui não é o lugar para entrar nessas sutilezas da posição de Hume; em vez disso, farei uma exposição rápida da posição de Hume acerca de causalidade porque isso pode, creio, ajudar a situar a posição de Descartes vis-à-vis seus predecessores aristotélicos e seus sucessores ocasionalistas.

A crítica humeana da ideia de causalidade como conexão conceitual é parte de sua investida mais geral contra a ideia de que causas explicam seus efeitos, de que elas tornam seus efeitos inteligíveis. É óbvio que, como pretende a explicação por conexão conceitual, se é parte do próprio conceito de A que, se A existe, então existe um efeito B, podemos ver como se pode dizer que A – considerado nele mesmo – explica B. Nesses casos, basta considerar A para que possamos, por assim dizer, antecipar B. Contudo, mesmo sem essa insistência na conexão conceitual, muitos filósofos afirmavam que havia algo na causa – tomada nela mesma – que tornava possível que a causa explicasse o efeito, que o tornasse inteligível. Esse era um tema central da explicação aristotélica da causalidade que predominou na filosofia escolástica, com a qual Descartes estava familiarizado. Em termos muito gerais e simplistas, de acordo com essas concepções, uma substância age sobre outra em virtude de suas formas substancial ou acidental. A forma substancial, é claro, fornece um componente que, juntamente com a matéria, resulta em uma substância completa. Mas também, e o que é mais relevante para nossos propósitos, a forma substancial (juntamente com as formas acidentais) é o *locus* da explicação causal. Essas formas – como se afirmava e como se esperava que fosse – nos permitem explicar o comportamento característico das substâncias finitas (ver Nadler, 1998: 515). Descartes compreendia a tradição aristotélica desse modo. Ao escrever para Regius em 1642, Descartes afirmou que as formas substanciais "foram introduzidas pelos filósofos apenas para explicar as ações próprias das coisas naturais, das quais elas supostamente eram os princípios e as bases" (2: 208; AT 3: 506). A conexão entre uma substância e seu efeito fornecida por uma forma não levaria a algo tão forte quanto uma conexão conceitual. Afinal, pensava-se que, para que a forma operasse, não bastava apenas que a substância tivesse essa forma. Ao contrário, para que existisse o efeito era também necessário à substância, no mínimo, a sua conservação por parte de Deus e, para muitos autores da tradição aristotélica, era preciso ainda o concurso de Deus juntamente com a atividade da substância (Freddoso, 1988). Apesar disso, as formas de uma substância eram vistas como especialmente adequadas a permitir-nos explicar o efeito.

Como acabei de sugerir, a explicação dos efeitos em termos de formas substanciais era a esperança. Obviamente, essas esperanças foram frustradas – muito antes de Hume – pelos filósofos e cientistas mecanicistas, inclusive Descartes, que consideravam as explicações em termos de formas como sendo, na melhor das hipóteses, não iluminadoras. Essa crítica pode ser apropriada, mas o que deve ser enfatizado é que a pretensão dos aristotélicos era considerar as causas como explicação de seus efeitos e essa pretensão era compartilhada por filósofos não aristotélicos que consideravam a causalidade como uma conexão conceitual.

Hume argumenta que as pretensões explicativas de ambos os lados estavam falidas. Para Hume, as causas *não* tornam seus efeitos inteligíveis. De fato, há causas das quais se seguem efeitos de modo regular, mas essa regularidade não é suficiente para explicar o efeito em termos de sua causa, para nos fazer compreender por que o efeito existe. De acordo com Hume, não há nada na causa – tomada nela mesma – que nos permita ver a iminência do efeito. Isso contrasta com a concepção aristotélica segundo a qual a substância tem uma forma que nos permite prenunciar – considerando apenas a causa – o surgimento do efeito. Para Hume, tampouco é o caso, como o seria no quadro da concepção de causa como conexão conceitual, que apenas do conceito da causa se possa inferir que o efeito irá ocorrer. De acordo com Hume, portanto, as causas não tornam inteligíveis seus efeitos. É claro que a causa *juntamente com* certos fatos independentes, tais como a regularidade ou a conjunção constante, podem, segundo ele, explicar o efeito. O ponto crucial aqui, porém, é que a causa – considerada nela mesma – não explica o efeito. Essa rejeição da tese de que causas tornam inteligíveis seus efeitos é o que chamarei de primeiro passo da crítica de Hume à noção de causalidade.

O segundo passo é a exclusão de Deus da concepção humeana de causalidade. Antes de Hume, a maioria das concepções filosóficas de causalidade atribuía a Deus um papel principal. É claro que, para os ocasionalistas, Deus é diretamente ativo ao causar as mudanças, e de tal modo ativo que, segundo as concepções de causalidade rivais, ultrapassaria a extensão da ação direta de Deus. Mas Deus também tem um papel causal bastante significativo em muitas concepções não ocasionalistas. Como já mencionei, nas concepções aristotélicas, Deus deve conservar as substâncias finitas na existência para que elas sejam causas; para a maioria dos aristotélicos, Deus deve, além disso, concorrer na ação dessas substâncias. Atribuir esses papéis a Deus não se enquadra bem com a faceta naturalista de Hume. Assim como no caso da causalidade como conexão conceitual, somente com Hume houve uma ruptura decisiva com a tendência de dar a Deus uma função direta na filosofia da causalidade.

Onde se encaixa Descartes com relação a esses desenvolvimentos? É difícil dizer – e não apenas porque Descartes está entre os filósofos mais cautelosos. É difícil, também, porque, sobretudo em interpretações recentes, o pensamento de Descartes acerca da causalidade tem sido, de algum modo, assimilado ou bem aos predecessores de Aristóteles ou bem a seus sucessores ocasionalistas. Esses esforços interpretativos têm tido enorme importância e devemos muito a esse trabalho. Não obstante, devemos também estar abertos à possibilidade de que a proposta fundamental da concepção cartesiana de causalidade seja considerada em termos muito diferentes. Sustentarei que, se prestarmos uma cuidadosa atenção à maneira como o próprio Descartes expõe a questão, veremos – surpreendentemente – que sua concepção de causalidade envolve em grande medida os dois movimentos revolucionários de Hume que acabei de mencionar.

O OCASIONALISMO COMO HERDEIRO DO ARISTOTELISMO

Para preparar nossa discussão acerca da concepção de causalidade de Descartes, consideremos brevemente a transição entre uma concepção aristotélica de causalidade e o tipo de causalidade que encontramos, em particular, em Malebranche. Como vimos, na concepção aristotélica, as formas são o *locus* da explicação causal. Com o advento da ciência mecanicista, essas explicações causais foram rejeitadas como ilegítimas. Tornou-se difícil então ver como objetos finitos – livres das formas aristotélicas – poderiam genuinamente explicar as mudanças em outros objetos finitos. Uma resposta a esse problema – uma resposta que levou especialmente a sério a preocupação com a explicação – foi o ocasionalismo de Malebranche. Se – como os aristotélicos – está se procurando algo que possa genuinamente explicar a mudança, e se os objetos finitos estão destituídos de suas formas e o poder causal não pode mais exercer esse papel, então parece natural voltar-se para Deus como o agente causal.

Malebranche foi induzido a esse passo em direção a Deus em virtude de uma compreensão especialmente forte da natureza da conexão causal. Para Malebranche, conexões causais são conexões conceituais: a partir do conceito da causa, pode-se deduzir que o efeito existe. Como diz Malebranche: "Uma causa verdadeira, tal como a compreendo [*c'est ainsi que je l'entends*], é tal que a mente percebe uma conexão necessária entre ela e seu efeito" (Malebranche, 1980: 450).

Embora o próprio Malebranche não apresente a questão desse modo, essa concepção pode ser considerada como resultante do Princípio da Razão Suficiente, o princípio segundo o qual todos os fatos têm explicação. Se A causa B, então deve haver uma conexão de algum tipo entre eles. Mas o PRS exige que haja uma explicação para o fato de haver essa conexão. A conexão conceitual entre A e B fornece essa explicação, e se os conceitos de A e de B estão conectados, então (pensava Malebranche) a mente pode perceber a conexão entre A e B ao compreender esses conceitos. Além disso, se não houvesse uma conexão conceitual entre eles, parece que não haveria explicação acerca do que faz com que haja uma conexão entre A e B, e assim a conexão entre A e B apareceria como um fato bruto e inexplicável. Pode-se desta maneira ver o compromisso racionalista com uma explicação que envolva a definição de causa em termos de conexão conceitual. Sob essa perspectiva, não surpreende que mesmo os *não ocasionalistas* comprometidos com uma versão forte do Princípio da Razão Suficiente – filósofos como Espinosa e Leibniz – também se comprometam com a concepção de causalidade como conexão conceitual. Espinosa e Leibniz evitam o ocasionalismo porque, diferentemente de Malebranche, estão dispostos a ver conexões causais no mundo dos objetos finitos. Dado que Malebranche sustenta que só a vontade de um ser infinito é tal que dela se segue necessariamente outras coisas, a vontade divina pode ser considerada como a única causa genuína. Os objetos finitos, no máximo, dão ocasião para Deus exercer sua vontade; eles não causam nada por si mesmos.

O apelo de Malebranche à causalidade como um tipo de conexão conceitual considera a noção de causalidade como explicação em uma direção que os filósofos aristotélicos não aceitam. Entretanto, tanto Malebranche quanto o aristotélico típico são movidos pela concepção de que as causas – tomadas nelas mesmas – explicam seus efeitos. É claro que nem todo ocasionalista insiste, como faz Malebranche, em uma conexão conceitual entre causa e efeito, e esses filósofos podem, assim, ter um compromisso menor com o PRS. Ainda assim, mesmo aqueles que não o fazem são motivados por uma preocupação com a inteligibilidade: porque os objetos finitos não têm as formas que poderiam fundamentar uma explicação causal genuína, apela-se para Deus, cuja atividade torna as mudanças inteligíveis.

Em virtude do compromisso compartilhado de considerar as causas como aquilo que torna os efeitos inteligíveis, os ocasionalistas podem ser incluídos entre os herdeiros da tradição aristotélica, apesar de consideráveis diferenças entre as duas concepções. Essa comunidade e esse contraste entre ocasionalistas e aristotélicos nos dão uma boa base para a compreensão da concepção cartesiana de causalidade. Argumentarei que, embora Descartes de fato rejeite as formas para (a maior parte de) objetos finitos, essa rejeição não o leva ao ocasionalismo, em parte porque ele também rejeita o ponto de concordância entre aristotélicos e ocasionalistas, a saber, nega que causas – por elas mesmas – tornam seus efeitos inteligíveis.

O PRINCÍPIO DE CAUSALIDADE DE DESCARTES E A INTELIGIBILIDADE

Antes de considerarmos como essa recusa aparece no sistema cartesiano, será útil considerar antecipadamente uma objeção à tese de que Descartes rejeita esse ponto de concordância entre os aristotélicos e os ocasionalistas. A objeção surge do princípio causal que Descartes notadamente assume na Terceira Meditação. Esse princípio pode ser lido de modo a comprometer Descartes com a tese de que – ao contrário do que sugeri em seu nome – as causas tornam inteligíveis seus efeitos.

Nos preparativos para sua conclusão em favor da existência de Deus, Descartes expõe a seguinte exigência para uma relação causal:

> É coisa manifesta pela luz natural que deve haver ao menos tanta realidade na causa eficiente e total quanto no seu efeito. Pois, pergunto eu, de onde o efeito tira sua realidade senão da causa? E como poderia a causa a comunicá-la se não a tivesse em si mesma? Segue-se daí não só que coisa alguma pode surgir do nada, mas também que aquilo que é mais perfeito – isto é, o que contém em si mais realidade – não pode decorrer do que é menos perfeito. [...] Por exemplo, uma pedra, que previamente não existia, não pode começar a existir se não for produzida por algo que contém, seja formal ou eminentemente, tudo o que se encontra na pedra (2: 28; AT 7: 40-1).

Para compreender esse princípio, vamos tentar esclarecer a noção cartesiana de graus de realidade. Descartes introduz aqui uma hierarquia ontológica. No nível mais alto estaria um substância infinita; essa substância não dependeria absolutamente de nada para existir. No nível seguinte estão as substâncias finitas que dependem – ou ao menos podem depender – de algo, a saber, de uma substância infinita, mas que independem de qualquer outra coisa. Finalmente, há os modos, ou acidentes ou estados de substâncias finitas que dependem dessas substâncias finitas. Deus seria o único exemplo de uma substância infinita. As mentes e os corpos criados seriam exemplos de substâncias finitas e pensamentos determinados ou qualidades da extensão seriam exemplos de modos de substâncias finitas. Parece que a força motriz que orienta essa classificação é o grau relativo de independência das coisas em cada nível. (Ver, sobretudo, 2: 130; AT 7: 185.)

Explicada dessa forma, a hierarquia ontológica de Descartes parece grosseira. Mas há sinais em Descartes de gradações mais refinadas que emergem sob pelo menos dois modos diferentes nos textos. Primeiro, Descartes sugere que a mente tem mais realidade do que o corpo (3: 265; AT 4: 292). Depois, Descartes apela para a maior ou menor complexidade (*artificium*) de certos corpos que, por essa razão, têm mais ou menos realidade (2: 10–11, 75–76; AT 7: 14–15, 103, 104; *Princípios* I, 17). Nenhuma dessas maneiras de se considerar uma hierarquia mais rica é inteiramente desenvolvida.

Compreendido em termos dessa hierarquia ontológica, o princípio causal de Descartes é simplesmente a afirmação de que algo mais elevado na escala da realidade não pode ser causado por algo mais abaixo na escala de realidade. É isso que sugere a afirmação de Descartes na passagem do início da Terceira Meditação: que deve haver ao menos tanta realidade na causa quanto em seu efeito. Entretanto, aparentemente, há ainda uma leitura mais robusta desse princípio que também é sugerida pelos textos. Descartes afirma que toda a realidade do efeito deve ser encontrada na causa, como diz nas Respostas às Segundas Objeções: "toda realidade ou perfeição que há em uma coisa está presente formalmente ou eminentemente em sua causa primeira e adequada" (2: 126; AT 7: 165; ver também 2: 55; AT 7: 79). A leitura menos robusta do princípio requer apenas que nada que seja mais elevado na escala de realidade possa ser causado por algo mais abaixo. A leitura mais robusta especifica que não é qualquer coisa com um grau mais alto de realidade que pode causar um determinado efeito. A causa tem que ser algo pertencente ao nível mais alto da escala de realidade que contenha a mesma realidade que o efeito contém. A causa pode conter a realidade do efeito de duas maneiras: formalmente ou eminentemente. A causa contém formalmente a realidade do efeito apenas no caso em que a realidade do efeito existe na causa exatamente do mesmo modo como existe no efeito. Se um movimento em um corpo causar movimento em outro corpo, esse seria um caso que contém o modo formal, porque o mesmo tipo de coisa – movimento – se encontra na causa e no efeito. A causa contém eminentemente a realidade do efeito quando a mesma realidade está presente na causa de forma mais elevada. Descartes dá o exemplo de Deus, que, não sendo extenso, cria corpos que são extensos.

Por que Descartes aceita esse princípio causal? Ele parece considerá-lo como uma verdade evidente, equivalente, diz ele, à afirmação de que nada surge de nada. Podemos compreender o ponto de Descartes se nos voltarmos para a noção de explicabilidade: se houvesse uma realidade no efeito que já não estivesse contida de algum modo na causa, então – poderíamos perguntar – de onde veio essa realidade adicional? Pode parecer que a presença dessa realidade adicional exige uma explicação. Mas, nesse caso, não haveria uma explicação disponível. Descartes defende isso nas Respostas às Segundas Objeções: "Se admitimos que há algo no efeito que não estava antes presente na causa, devemos também admitir que esse algo foi produzido por nada (2: 97; AT 7: 135)".

O fato de Descartes considerar esse cenário problemático sugere que ele está evocando o Princípio da Razão Suficiente, isto é, o princípio segundo o qual, para cada coisa que existente há uma razão para que ela exista (Broughton, 2002: 155-160).

O fato de que, em seu princípio causal, Descartes possa estar se apoiando em uma versão do Princípio da Razão Suficiente, na noção de explicação, pode parecer indicar que ele considera, de fato, as causas como explicações para seus efeitos. Mas não é assim. O princípio causal apenas afirma que *dado que* uma coisa causa a outra, a realidade dessas coisas deve, de algum modo, estar correlacionada: a realidade da primeira coisa deve ser ao menos tão proporcional quanto a da segunda coisa, ou a realidade da segunda coisa deve, de algum modo, estar contida na primeira. Entretanto, a existência dessa correlação, por si mesma, não torna inteligível a outra coisa. Para Descartes, que a causa tenha uma certa (um certo grau de) realidade não ajuda a explicar por que o efeito tem uma certa (um certo grau de) realidade. Essa explicação, contudo, ocorre no contexto de uma relação causal pressuposta. Sem a pressuposição de que exista essa relação seria possível ver, considerando-se apenas A – a coisa que é, de fato, a causa – e considerando-se qual realidade que A tem, que B – a coisa que é, de fato, o efeito – existe? Nada no princípio de causalidade nos diz o que em uma coisa *faz* com que uma outra exista; nenhuma parte do princípio de causalidade prescreve que uma coisa – considerada nela mesma – nos permite ver que outra está por vir. Assim, apesar de princípio de causalidade de Descartes manifestar uma preocupação admirável com que não haja relações causais inexplicáveis, o princípio não compromete Descartes com a concepção de que certas coisas – consideradas nelas mesmas – explicam outras.

CAUSALIDADE ENTRE CORPOS

Passaremos agora a três casos centrais de causalidade, nos quais encontraremos evidência em favor da concepção de que, para Descartes, as causas, por elas mesmas, não tornam seus efeitos inteligíveis e em favor da concepção de que ele não adota uma explicação ocasionalista de causalidade para o domínio dos objetos finitos. Nesta seção, enfocarei a causalidade entre corpos; na próxima seção, examinarei a interação entre mentes e corpos.

As razões em favor da leitura ocasionalista da explicação cartesiana da aparente causalidade entre corpos são simples e fortes. Como um bom mecanicista, Descartes nega que corpos tenham formas no sentido aristotélico; em vez disso, as únicas características dos corpos são a extensão e o movimento (ver *Princípios* II, 64). Dado que os corpos cartesianos são tão austeros, nada exerce o papel que as formas aristotélicas exercem para explicar as mudanças no mundo físico; segundo essa leitura, os corpos não causam mudanças em outros corpos. Porquanto Descartes considere toda mudança nos corpos como função do movimento dos corpos (ver *Princípios* II, 23), o ponto de Descartes é, mais especificamente, que corpos não causam mudanças no movimento de outros corpos.

O que, então, causa mudança nos corpos? Na leitura ocasionalista, a resposta é clara: Deus e somente Deus. Descartes, quando explicitamente considera o tema da causa do movimento, afirma, realmente, que Deus é a causa "primeira e universal" do movimento. Além disso, afirma que Deus é a causa "geral" do movimento e distingue essa causa das causas particulares "que produzem em uma parte da matéria algum movimento até então ausente" (*Princípios* II, 36). Deus é a causa geral do movimento no seguinte sentido: quando Deus criou a matéria, causou nela certa quantidade de movimento. Porque Deus é imutável em sua atividade, ele deve agir continuamente de modo a manter a mesma quantidade de movimento que conferiu inicialmente ao mundo material. Descartes afirma:

> No início, ele criou o mundo juntamente com seu movimento e repouso; e agora, apenas em virtude de seu concurso regular, ele preserva, no universo material, a mesma quantidade de movimento e de repouso que pôs no início. [...] Deus

moveu as partes da matéria de modos diferentes quando as criou, e agora preserva toda essa matéria do mesmo modo e pelo mesmo processo pelo qual originalmente a criou; segue-se do que eu disse que só esse fato torna mais razoável pensar que Deus, do mesmo modo, preserva a mesma quantidade de movimento da matéria (*Princípios* II, 36, tradução alterada).

Assim, a partir da imutabilidade de Deus, sabemos que a mesma quantidade de movimento é sempre preservada no mundo material. Contudo, saber somente que Deus age de modo a preservar a mesma quantidade de movimento no mundo material como um todo não é suficiente para sabermos como o movimento é distribuído entre os corpos particulares. Isto é, Descartes ainda não especificou os casos particulares de movimento, os casos que são responsáveis pelas mudanças "em uma parte individual da matéria".

Pode parecer natural pensar que os próprios corpos seriam as causas particulares de movimentos. No entanto, quando tem a chance de especificar as causas particulares do movimento, Descartes não poupa esforços para afirmar que essas causas são as leis da natureza – leis que derivam da atividade imutável de Deus, tal como esta é descrita no princípio que se refere à conservação do movimento em geral. Assim, para Descartes, devido à imutabilidade de Deus, as coisas particulares tendem a permanecer no mesmo estado, o movimento de cada corpo tem uma tendência a ser retilíneo e há certas regras que governam as mudanças de movimento quando dois corpos colidem. Derivar essas leis a partir da imutabilidade de Deus é, no mínimo, problemático, mas o ponto relevante para nosso objetivo é que a atividade de Deus parece ser diretamente responsável pelo movimento dos corpos, ao conferir movimento ao mundo material de modo regular. (Ver Garber, 1993: 14; Hatfield 1979. Ver também 3: 381; AT 5: 404.).

Ao atribuir a Deus esse papel na produção dos movimentos particulares, o que diz Descartes acerca da atividade causal dos próprios corpos? Na leitura ocasionalista cartesiana, em virtude do papel de Deus na causalidade de movimentos particulares, os corpos em si mesmos não são, para Descartes, as causas do movimento. Deus e as leis pelas quais ele age são as únicas causas de movimento no mundo (com a possível exceção do movimento causado por mentes finitas – um tema a que retornarei na próxima seção). Assim, segundo essa leitura, quando um corpo A colide com um corpo B, o movimento de B é causado não por A, mas por Deus, que impele B em conformidade com sua atividade imutável. Como afirma Descartes a More, "Deus impele a matéria preservando a mesma quantidade de movimento ou a transferindo tal como aí a dispôs no início" (3: 381; AT 5: 404, tradução alterada).

Acredito que Garber e os outros acertam ao ler esses textos como demonstração de que Deus causa diretamente o movimento ou, pelo menos, penso que esses intérpretes foram bastante bem-sucedidos ao ler esses textos dessa maneira. Mas penso que os intérpretes ocasionalistas estão enganados ao concluírem da afirmação de que Deus é causa do movimento que, por essa razão, para Descartes, corpos não causam movimento. Ao contrário, para Descartes, corpos causam movimento, apesar de – ou, antes, como veremos, *pela razão de* – Deus causar o movimento.

Para estabelecer esse ponto, é importante esclarecer o sentido no qual *não* defendo que Descartes acredite que corpos causam movimento. Pode-se questionar a leitura ocasionalista notando que há inúmeras passagens em que Descartes parece, de fato, afirmar ou sugerir – em oposição à leitura ocasionalista – que os corpos causam movimento (ver, por exemplo, 3: 330; AT 5: 135; *Princípios* II, 22, 23). Essas passagens, contudo, não são absolutamente conclusivas. Pois, como Garber e Hatfield se esforçam para esclarecer, para determinar a concepção oficial de Descartes acerca de causalidade do movimento, deve-se examinar as passagens em que ele considera explicitamente esse tema. Pode bem ocorrer que, em outras passagens nas quais não esteja preocupado em esclarecer sua concepção sobre a causa do movimento, ele fale sem rigor. Com efeito, ele aparentemente atribui poder causal a corpos em algumas passagens. Em relação ao intérprete ocasionalista de Descartes, porém, se considerarmos as passagens em que Descartes tem o cuidado de explicar detalhadamente sua visão acerca do movimento – como no trecho da Parte II dos *Princípios*, que começa no parágrafo 36, no qual ele afirma que é o momento de buscar as causas do movimento –, veremos que Descartes tem o cuidado de atribuir à atividade causal a Deus e não aos corpos.

Esse ponto metodológico é inquestionável e nos ajuda a apreciar a ameaça mais significativa à leitura ocasionalista que está presente nas passagens nas quais Descartes afirma, ou sugere, que os corpos são causas e o faz exatamente nos contextos em que está preocupado em esclarecer sua concepção oficial de causalidade no mundo dos corpos. Há pelo menos duas passagens. Primeiro, em *Princípios* II, 40, depois de ter introduzido sua terceira lei do movimento, que especifica as mudanças no movimento dos corpos por impacto, Descartes afirma: "E todas as causas particulares das mudanças que ocorrem nos corpos são explicadas por essa terceira lei, ao menos aquelas que são, elas próprias, corpóreas".

Do ponto de vista linguístico, assim como de outros pontos de vista, é claro que por "aquelas que são, elas próprias, corpóreas" Descartes quer dizer aquelas *causas* que são, elas próprias, corpóreas. Essa compreensão da passagem é incompatível com uma interpretação ocasionalista de Descartes, à luz do fato de que, nesse contexto, ele está preocupado em expor sua visão oficial de causalidade no domínio material.

A segunda passagem também ocorre no contexto da explicação oficial das causas do movimento na Parte II dos *Princípios* II, 37, em que Descartes articula sua primeira lei do movimento: "Cada coisa, uma vez que é simples e não dividida, permanece sempre no mesmo estado, tanto quanto pode, e nunca muda exceto como resultado de causas externas (*causis externis*)". Como o resto da discussão deixa claro, entre as causas externas que podem alterar o movimento de um corpo estão os outros corpos. Aqui também Descartes se expressa de modo incompatível com a leitura ocasionalista. (Para uma discussão mais detalhada, ver Della Rocca, 1999.)

Assim, não podemos considerar a afirmação de Descartes de que Deus é a causa do movimento como indicativa de que ele nega que se possa também afirmar legitimamente que corpos causam movimento. Para Descartes, o papel de Deus na causação do movimento é, em oposição à interpretação ocasionalista, de algum modo compatível com a ideia de corpos também terem um papel legítimo nessa causação.

Na verdade, Descartes afirma explicitamente em *Princípios* II, 43, que a atividade causal dos corpos, no que diz respeito ao movimento, *consiste na* relação que os corpos têm com a atividade de Deus na causação do movimento: "Esse poder consiste [*consistat*] simplesmente no fato de que tudo tende, tanto quanto pode, a persistir no mesmo estado, como estabelecido em nossa primeira lei". Essa tendência dos corpos a persistirem no mesmo estado é, como especifica Descartes em *Princípios* II, 37, simplesmente função da atividade imutável de Deus ao causar movimento. Assim, a concepção de Descartes é de que o nexo de causalidade de movimento de um corpo em outro corpo consiste na causação de Deus quanto a esse mesmo movimento.

É difícil perceber como poderia ser coerente afirmar, como o faz Descartes, que a ação dos corpos com relação ao movimento de outros corpos não é nada além de Deus movendo esses outros corpos. Retornarei a essa questão acerca da incoerência, mas primeiro quero explicar como o fato de Descartes conceber os corpos como causalmente ativos mostra que ele está dando o primeiro passo humeano, que está indo tanto contra os aristotélicos quanto os ocasionalistas ao negar que as causas tornam seus efeitos inteligíveis.

Para Descartes, como acabamos de ver, um corpo A causa mudança no movimento de B. Mas não há nada em A e em seu movimento, considerados em si mesmos, que nos torne capazes de perceber que o efeito irá ocorrer ou que explique esse efeito. Ao contrário, a explicação do movimento de B envolve a atividade de Deus. Entretanto, apesar dessa falta de conexão explicativa entre A e o movimento de B, A *causa* o movimento de B. Nesse, bem como em todos os outros casos de causalidade entre corpos, temos causalidade sem que a inteligibilidade se dê apenas em função da causa.

Ao negar que os corpos que causam um movimento tornam esse movimento inteligível, Descartes rejeita o ponto central de concordância que distingue os ocasionalistas como herdeiros da tradição aristotélica. Assim, no que concerne à causalidade entre corpos, Descartes fundamentalmente não é nem ocasionalista, nem se alinha à tradição aristotélica. É claro que, visto que rejeita o ocasionalismo e considera que corpos são causas, pode-se compreender o sentido em que Descartes concebe Deus, tal como os aristotélicos, como meramente conservando os corpos na existência ou como concorrendo com as ações dos corpos (ver Hattab, 2000; Pessin, 2003; Schmaltz [no prelo]; Clatterbaugh, 1999: 59). Todavia, essa assimilação de Descartes aos aristotélicos permite encobrir o seu desacordo fundamental tanto com os ocasionalistas quanto com os aristotélicos, além de eclipsar seu acordo com Hume. No tratamento cartesiano da causalidade entre corpos, Descartes ultrapassa os ocasionalistas e adota uma concepção de causalidade – causalidade sem inteligibilidade – que irá se estabelecer apenas bem mais tarde com Hume. De certo modo, Descartes representa um Shoemaker ao avesso: o fato de estar à frente de seu tempo em direção a Hume e se afastar de uma concepção mais racionalista de causalidade é a imagem especular do movimento "reacionário" de Shoemaker em direção a uma concepção pré-humeana, mais racionalista.

Se voltarmos à incoerência potencial que identifiquei na posição de Descartes, podemos ver que ele também dá uma versão daquilo que chamei anteriormente de segundo passo humeano. A incoerência em potencial surge do fato de que Descartes considera os corpos como causas de movimento apesar do fato de ser Deus que impele um corpo que é atingido por outro. Como é possível que corpos tenham um legítimo papel causal a ser exercido se Deus exerce esse papel causal? Certamente, se outros *corpos* além de A tivessem movido o corpo B, então – salvo por algum tipo de determinação em excesso (o que Descartes com certeza rejeitaria para o caso de Deus) – teríamos problemas em considerar A também como uma causa genuína do movimento de B. Por que uma linha de raciocínio semelhante não mostra que, dada a causalidade de Deus, o corpo A não é uma causa genuína do movimento de B?

Descartes responderia essa questão insistindo que o estatuto de Deus é excepcional e por isso as regras que se aplicam à atividade dos objetos finitos não se aplicam a Deus. Se objetos finitos – diferentes de A – causam o movimento de B, então A não pode ser considerado como causa do movimento de B. Mas quando o objeto diferente de A que causa o movimento de B é Deus, então tudo muda. Estamos jogando com regras diferentes e, portanto, Deus pode ser a causa do movimento de B (sem entrar em conflito com o fato de A causar exatamente aquele mesmo movimento). Em virtude desse estatuto excepcional da atividade de Deus, essa atividade é, para Descartes, incompreensível.

Esse apelo à incompreensibilidade e excepcionalidade aparece em inúmeras outras áreas na filosofia cartesiana, e a difusão desse fenômeno em Descartes faz com que seja mais plausível considerar que ele se aplica aqui também, na sua concepção de causalidade. Assim, para tomar um exemplo particular central, Descartes acredita que as verdades eternas como "2+2=4" são legitimamente necessárias apesar do fato de que Deus poderia tê-las feito de outro modo (ver, por exemplo, 2: 261, 291; AT 7: 380, 432; 3: 235; AT 4: 118). Para Descartes, não podemos perceber como essas duas afirmações são compatíveis, mas, precisamente porque Deus e sua atividade são incompreensíveis, não deveríamos esperar perceber como conciliá-las. (Descartes apela explicitamente à incompreensibilidade de Deus com relação a isso em 2: 294; AT 7: 436; 3: 23, 235; AT 1: 146, AT 4: 118.) A maioria dos filósofos sustentaria que "2+2=4" é legitimamente necessário. A vontade de Deus não pode ter controle sobre a verdade dessa afirmação. Assim, ao afirmar que "2+2=4" é necessário, esses filósofos estariam se comprometendo com a negação de que a vontade de Deus possa realizar certas coisas. Mas, para Descartes, podemos admitir uma necessidade legítima para verdades como "2+2=4" e, ao mesmo tempo, dar uma abrangência total à vontade de Deus. Em outras palavras, em relação a Descartes, não precisamos nos preocupar se ao afirmar a necessidade de certas verdades estamos atropelando Deus. Para Descartes, Deus pode cuidar de si próprio.

Semelhante é o caso da liberdade. Descartes afirma que nossas ações são livres e indeterminadas apesar do fato de Deus determinar todas as coisas. Pode parecer impossível conciliar essas afirmações e, no entanto, são ambas verdadeiras. A afirmação de Descartes é incompreensível apenas porque são ambas verdadeiras (veja especialmente *Princípios* I, 41 e 3: 277; AT 4: 333). Mais uma vez, não precisamos nos preocupar em estar atropelando Deus. A liberdade de nossas ações e o fato de que nossas ações são indeterminadas de modo algum impedem a ação de Deus de determinar todas as coisas. Mais uma vez, Deus pode cuidar de si próprio: não precisamos nos preocupar se, ao manter uma afirmação importante sobre as coisas finitas, não estamos invadindo o território de Deus. (Para casos similares, ver Della Rocca, 2003).

E assim também para o caso da causalidade. Assim como a atividade de Deus não ameaça a necessidade nem a liberdade (embora possa se considerar que ameacem), a atividade de Deus de causar movimento – talvez surpreendentemente – não ameaça a causalidade genuína de movimento nos corpos por outros corpos. Ou melhor – para dizer de outro modo –, ao afirmar que corpos causam movimento em outros corpos, com isso não estamos, segundo Descartes, limitando o tipo de coisa que Deus pode fazer com relação a esse movimento.

Por oposição, para o ocasionalismo, qualquer papel causal dos corpos limitaria inaceitavelmente o papel causal de Deus e, portanto, concluem os ocasionalistas, corpos não exercem um papel causal. Os aristotélicos tendem a ser mais otimistas do que os ocasionalistas quanto à perspectiva de dar coerentemente aos corpos um papel genuíno causal, compatível com a manutenção de um nível adequado de atividade para Deus. Mas, como os ocasionalistas, eles também se preocupam em não atropelar Deus. Mais uma vez: para Descartes, não é necessário preocupar-se: Deus pode cuidar de si próprio.

No que diz respeito à causalidade de movimento, é quase como se, para Descartes, Deus não tivesse qualquer papel. É claro que ele exerce um papel principal, mas, precisamente porque a atividade de Deus é excepcional e incompreensível, podemos afirmar que corpos causam movimento sem nos preocuparmos com implicações dessas afirmações em relação à atividade de Deus. Do mesmo modo, a atividade de Deus é, em certo sentido, irrelevante para as afirmações de necessidade e liberdade aplicadas às coisas finitas. Ao pôr Deus acima da causalidade de movimento, ao dar a liberdade de não nos preocuparmos com o modo como Deus se encaixa na nossa metafísica, de certo modo Descartes está dando o segundo passo humeano. Hume prefigurou uma concepção de causalidade em que Deus não exerce nenhum papel metafísico. Descartes abre a mesma possibilidade ao permitir não nos preocuparmos acerca de encaixar Deus em nosso sistema metafísico, ao permitir tratarmos Deus como irrelevante quanto à atribuição de causalidade a objetos finitos. É claro que Descartes, diferentemente de Hume, põe a questão da irrelevância de Deus no contexto de suas concepções gerais acerca do estatuto excepcional de Deus e da incompreensibilidade da atividade de Deus. Do ponto de vista de Hume, mesmo o apelo a um Deus incompreensível e excepcional é apelar demais para Deus. Enquanto Descartes pretende pôr Deus acima de qualquer cena, Hume parece pretender tirá-lo de cena totalmente. Mas o ponto central é o mesmo nos dois filósofos: podemos prosseguir como se Deus fosse irrelevante para a verdade das afirmações acerca de objetos finitos como causas. E, mais uma vez, que essa é uma tese do pensamento de Descartes sobre causalidade que é confirmada pela sua concepção geral e sistemática acerca da incompreensibilidade da atividade de Deus.

CAUSALIDADE ENTRE MENTES E CORPOS

Podemos perceber evidências de que Descartes também dá os dois passos humeanos tanto no caso da interação corpo-mente (*i.e.*, nos casos em que um corpo age sobre uma mente) quanto no caso da interação mente-corpo. Mas, antes de extrairmos essa conclusão, precisamos estabelecer que Descartes aceita que haja esses dois tipos de interação.

Um desafio para considerar Descartes admitindo a causalidade entre mente e corpo provém de sua concepção de que a mente e o corpo têm naturezas radicalmente diferentes. A mente, por natureza, é pensante e não extensa, e o corpo, por natureza, é extenso e não pensante. Mais especificamente, o atributo principal da mente é o pensamento e, assim, todas as propriedades mais particulares da mente pressupõem ou se referem ao pensamento (*Princípios* I, 53; afirmações semelhantes se aplicam ao corpo e seu atributo principal, a extensão). Para Descartes, não há conexão conceitual entre pensamento e extensão: pode-se conceber que uma mente exista sem com isso conceber que um corpo existe e pode-se conceber que um corpo existe sem com isso conceber que uma mente existe. Mais ainda, apenas do fato de que uma mente tenha certas propriedades mentais, não se pode inferir que ela também tenha certas propriedades físicas, e vice-versa para o corpo (ver 1: 298; AT 8b: 349-350).

Muitos têm pensado que, em virtude da dessemelhança radical entre a mente e o corpo, haja algo ilegítimo acerca da relação causal entre eles. Com certeza, alguns cartesianos posteriores e outros adotaram essa objeção. Mas não há evidências de que Descartes aceite ou aceitaria essa objeção. Na verdade, ele explicitamente a rejeita em uma carta a Clerselier (2: 275; AT 7: 213). Pode-se pensar, entretanto, que o princípio causal de Descartes impeça a causalidade heterogênea. Mas, embora o princípio causal, como vimos, de fato coloque algumas condições às relações causais, ele não exige que as causas e os efeitos sejam de tipos semelhantes. Descartes, no máximo, exige apenas que as causas contenham a mesma realidade que seus efeitos e admite explicitamente que essa realidade não precisa estar do mesmo modo na causa e no efeito: a causa pode conter eminentemente a realidade do efeito, em um modo mais elevado. Isso permitiria que coisas dessemelhantes interagissem, pelo menos nos casos em que a causa tivesse mais realidade que o efeito. Entretanto, já que é possível a Descartes acreditar que os corpos têm menos realidade do que as mentes, então pode ainda haver uma dificuldade – a partir do princípio causal –, em particular com relação à interação entre corpo e mente.

Descartes não apenas não considera a heterogeneidade como obstáculo à causalidade entre mente e corpo como também fica claro que ele aceita a causalidade nesses casos. Descartes explicitamente afirma que mentes causam mudanças em corpos e afirma isso justamente em passagens onde está oficialmente tratando do tema da causalidade (ver, por exemplo, 3: 358, 371, 381; AT 5: 222, 347, 403-404). Até mesmo Garber, que considera Descartes inclinado ao ocasionalismo, concorda com essa leitura.

Segundo Garber, é significativo que a única forma substancial que Descartes reconhece no mundo dos objetos finitos seja a alma humana, a qual Descartes afirma ser a forma substancial do homem ou do ser humano (2: 246; AT 7: 356; 3: 207, 208, 279; AT 3: 503, 505; AT 4: 346). Para Garber, é porque a mente é uma forma substancial que ele acredita que Descartes admite a mente humana como causa genuína de mudança no corpo (ver Garber, 1992: 276). Garber pode ter razão ao afirmar que o fato de Descartes considerar a mente como uma forma substancial pode estar relacionado ao fato de ele considerar a mente como causalmente ativa. Mas acho que Garber se engana ao sugerir que, para Descartes, é necessário que haja uma forma substancial para que uma substância finita possua poder causal: como vimos, há ampla evidência de que, para Descartes, corpos – destituídos de formas substanciais – são agentes causais.

Considerar Descartes admitindo a causalidade entre corpo e mente é mais complicado, mas, apesar disso, claro. Como vimos, aqueles que consideram Descartes como um ocasionalista no caso do tipo corpo-corpo pensam que, uma vez que corpos tenham sido despojados de formas, são incapazes de causar mudança em outros corpos e que Deus deve ocupar o lugar desse trabalho causal. Do mesmo modo, pode-se defender que, uma vez que corpos não têm formas, também são incapazes de causar mudanças mentais (Garber, 1993: 20). Embora Garber não considere claro que Descartes tenha adotado essa concepção de causalidade entre corpo e mente, ele afirma ter indicações de que Descartes estaria se aproximando dessa concepção no final de 1640, indicações com base no uso crescente de vocabulário menos obviamente causal e aparentemente mais ocasionalista nos *Princípios* e na tradução francesa dos *Princípios* (que Descartes aprovou).

O primeiro e mais importante ponto a ser deduzido em resposta a essa linha de raciocínio é motivado pela afirmação de que, para Descartes, dado que corpos são apenas extensos, sem formas, e, portanto, não podem tornar o movimento inteligível, então tampouco podem causar mudanças na mente. Mas de novo essa pressuposição é falsa: Descartes, como vimos, considera que corpos causam mudanças em outros corpos, e não considera que a ausência de formas impeça os corpos de possuir poder causal. O segundo ponto é que, embora seja sugestivo que Descartes empregue o termo "ocasião" e outro vocabulário não causal em algumas passagens, como Garber reconhece, não há qualquer indicação de que esteja usando esses termos no sentido técnico e explicitamente não causal em que os ocasionalistas mais tarde utilizarão.

Uma possível razão para pensar que corpos não causam mudanças em mentes advêm do princípio de causalidade da Terceira Meditação de Descartes. Como vimos, de acordo com esse princípio, a causa deve conter, formal ou eminentemente, a realidade que o efeito tem, ou seja, a causa deve conter essa realidade da mesma forma ou de forma mais elevada, de forma mais excelente. Parece claro que, para Descartes, dada a dessemelhança radical entre mente e corpo, a realidade de um efeito mental não pode estar contida eminentemente em um corpo, pois isso exigiria que o corpo, como diz Margaret Wilson, "contivesse perfeições mais excelentes do que os modos mentais" (Wilson, 1999: 46). Mas isso, como afirma Wilson, não é plausível, visto que Descartes explicitamente considera a mente como "muito mais nobre do que o corpo" (3: 265; AT 4: 292). Entretanto, se a realidade de uma mudança mental não pode estar contida em um corpo seja formal ou eminentemente, segue-se então que um corpo não pode ser causa de mudança mental.

Um modo de escapar dessa dificuldade é, como sugere Wilson, fazer uma distinção entre realidade objetiva de uma ideia ou de um estado mental – isto é, seu conteúdo representacional – e sua realidade formal, sua condição como estado ou modo do pensamento. Talvez o corpo não possa conter a realidade de modos de pensamento em termos formais. Com efeito, Descartes sugere isso na Terceira Meditação quando afirma que, considerados apenas como modos do pensamento, isto é, abstraindo-se seu conteúdo ou sua realidade objetiva, as ideias procedem da minha mente (2: 27-28; AT 7: 40). Entretanto, embora os corpos não contenham a realidade formal das ideias e, por isso, não causam as ideias consideradas formalmente, os corpos podem conter formalmente a realidade que as ideias, particularmente as ideias de corpos, objetivamente têm. Assim, corpos seriam elegíveis para causar ideias de corpos considerados objetivamente. Entretanto, embora corpos possam conter formalmente o que as ideias de tamanho, figura e movimento possam conter objetivamente, é mais difícil perceber como os corpos podem conter formalmente o que as ideias de cor, sabor e som contêm objetivamente, visto que essas qualidades não caracterizam os corpos. Wilson sugere de forma plausível que, para Descartes, visto que essas ideias "exibem tão pouca realidade" (2: 30; AT 7: 44), essa realidade está contida eminentemente nos corpos.

As causas mentais de efeitos físicos ou as causas físicas de efeitos mentais tornam esses efeitos inteligíveis? Descartes parece dizer que não. Exatamente porque não há conexão conceitual entre o mental e o físico, qualquer conexão entre mentes e corpos teria que ser estabelecida pela vontade de Deus. (Na verdade, dada a doutrina cartesiana da criação das verdades eternas, mesmo as conexões conceituais são, de algum modo, estabelecidas pela vontade de Deus. Mas em sua discussão sobre a interação entre mente e corpo, na Sexta Meditação e alhures, Descartes põe entre parênteses suas teses acerca de Deus como criador das verdades eternas.) E, afirma Descartes, Deus estabelece essas relações causais do modo mais benéfico para o bem-estar do corpo ao qual a mente está, de algum modo, unida.

> Deus poderia ter feito a natureza do homem de modo que esse mesmo movimento no cérebro indicasse uma outra coisa à mente; poderia, por exemplo, ter feito com que a mente fosse consciente do próprio movimento que ocorre no cérebro, ou no pé, ou em qualquer região intermediária; ou poderia ter indicado algo totalmente diferente. Mas nada teria contribuído tão bem para a conservação do bem-estar do corpo (2:60-1; AT 7:88).

Esse exemplo diz respeito à causalidade entre corpo e mente, mas, dada a separação conceitual entre pensamento e extensão, há um papel similar para a vontade de Deus a ser exercido no estabelecimento da causalidade entre mente e corpo. (Isso é indicado, por exemplo, nas *Paixões da Alma* I, 44.)

Aqui, podemos perceber que, para Descartes, nada na mudança física prescreve, por si só, uma determinada mudança mental; com base apenas em uma mudança física não podemos perceber que uma certa mudança mental está por vir. Assim, a mudança física por si só não explica a mudança mental. Para explicar a mudança mental é necessário um outro fator – a saber, a vontade de Deus, a qual faz com que seja o caso que uma certa mudança física cause certa mudança mental. (Pontos semelhantes se aplicam à causalidade entre mente e corpo.) Portanto, assim como no caso da causalidade do tipo corpo-corpo, percebemos que, para Descartes, causas físicas por si mesmas não tornam seus efeitos mentais inteligíveis (e vice-versa). Assim, no cenário da causalidade entre o mental e o físico, Descartes também dá o primeiro passo humeano.

Retornemos ao segundo movimento de Hume para vermos se ele também aparece no caso das relações causais entre mental e físico. Lembre-se de que esse movimento é a eliminação de Deus da concepção de causalidade. No caso da causalidade do tipo corpo-corpo, Descartes não elimina Deus de sua concepção de causalidade, mas se aproxima do segundo passo humeano porque nos torna capazes de prosseguir como se Deus fosse irrelevante relativamente a nossas afirmações que atribuem causalidade aos objetos finitos. Para Descartes, não devemos nos preocupar se estamos atropelando Deus quando consideramos um corpo como causa de movimento em outro corpo.

Haverá uma despreocupação semelhante em Descartes quanto ao papel de Deus no que diz respeito à causalidade do tipo mente-corpo e corpo-mente? A concepção de Descartes acerca da liberdade sugere que ele de fato dá como que o segundo passo humeano ao menos no que se refere aos casos de relações causais do tipo mente-corpo. Lembre-se de que para Descartes nossas ações são livres e indeterminadas, embora, talvez em um outro sentido de "determinar", Deus determine essas ações. A liberdade e a ausência de determinação de nossas ações livres – inclusive nossas supostamente ações livres de mover nossos corpos – não interferem na determinação de Deus dessas mesmas ações. Pode-se pensar que o fato de termos essa liberdade seria um obstáculo ao poder de Deus sobre essas ações; mas não o é. Podemos atribuir uma liberdade robusta a nossas ações sem termos a preocupação de, ao fazê-lo, colocarmos limites inapropriados ao poder de Deus.

Um ponto semelhante – mas que se aplica à causalidade de objetos finitos em geral – é sugerido em uma carta importante a Elizabeth de 6 de outubro de 1645. Nessa carta, Descartes afirma que Deus é a causa total de todas as coisas do mundo de objetos finitos – sejam eles livremente causados pela mente humana ou não. Descartes afirma:

> Devo por fim dizer que todas as razões que provam que Deus existe e é a primeira causa imutável de todos os efeitos que não dependem da livre vontade humana, provam do mesmo modo, eu penso, que ele também é a causa de todos os efeitos que dependem desta. Pois o único modo de provar que ele existe é considerá-lo como um ser soberanamente perfeito; e ele não seria soberanamente perfeito se pudesse ser o caso que algo ocorresse no mundo sem que isso adviesse inteiramente dele. [...] Deus é a causa universal de todas as coisas de modo que é também a causa total de todas as coisas (3: 272; AT 4: 313-314).

Aparentemente, atribuir poder causal a coisas finitas não ameaça a atividade de Deus. Desse modo, podemos prosseguir atribuindo poder causal a objetos finitos como se Deus não exercesse nenhum papel e sem nos preocuparmos se atropelamos Deus. Para Descartes, como vimos, Deus pode cuidar de si próprio.

Mais uma vez, podemos ver que, exatamente como Shoemaker abandonou seus predecessores contemporâneos e imediatos para assumir sua posição pré-humeana "reacionária", Descartes se afasta de seus predecessores aristotélicos e de seus sucessores ocasionalistas para dar um de seus revolucionários passos humeanos acerca de causalidade.

REFERÊNCIAS E LEITURAS ADICIONAIS

Broughton, J. (2002). *Descartes's Method of Doubt*. Princeton: Princeton University Press.

Clatterbaugh, K. (1999). *The Causation Debate in Modern Philosophy: 1637–1739*. Nova York: Routledge.

Della Rocca, M. (1999). "'If a body meet a body': Descartes on body-body causation". In: R. J. Gennaro e C. Huenemann (eds.). *New Essays on the Rationalists*. Nova York: Oxford University Press: 48–81.

Della Rocca, M. (2003). "Descartes, the Cartesian circle, and epistemology without God". *Philosophy and Phenomenological Research* 70: 1–33.

Freddoso, A. (1988). "Medieval Aristotelianism and the case against secondary causation in nature". In: T. V. Morris (ed.). *Divine and Human Action: Essays in the Metaphysics of Theism*. Ithaca, NY: Cornell University Press: 74–118.

Garber, D. (1992). *Descartes' Metaphysical Physics*. Chicago: University of Chicago Press.

Garber, D. (1993). "Descartes and occasionalism". In: S. Nadler (ed.). *Causation in Early Modern Philosophy*. University Park: Pennsylvania State University Press: 9–26.

Hatfield, G. (1979). "Force (God) in Descartes' physics". *Studies in History and Philosophy of Science* 10: 113–40.

Hattab, H. (2000). "The problem of secondary causation in Descartes: a response to Des Chene". *Perspectives on Science* 8: 93–118.

Hume, D. (1975). *An Enquiry Concerning Human Understanding*. Oxford: Clarendon Press. (Obra originalmente publicada em 1748.)

Hume, D. (1978). *A Treatise of Human Nature*. Oxford: Clarendon Press. (Obra originalmente publicada em 1739.)

Malebranche, N. (1980). *The Search after Truth*. Trad.: T. M. Lennon e P. J. Olscamp. Columbus: Ohio State University Press. (Obra originalmente publicada em 1674–1675.)

Nadler, S. (1996). " 'No necessary connexion': the medieval roots of the occasionalist roots of Hume". *Monist* 79: 448–466.

Nadler, S. (1998). "Doctrines of explanation in late scholasticism and in the mechanical philosophy". In: D. Garber e M. Ayers (eds.). *The Cambridge History of Seventeenth-Century Philosophy*. Cambridge: Cambridge University Press: 513–552.

Pessin, A. (2003). "Descartes's nomic concurrentism: finite causation and divine concurrence". *Journal of the History of Philosophy* 41: 25–49.

Schmaltz, T. (2008). *Descartes on Causation*. Nova York: Oxford University Press.

Shoemaker, S. (2003). "Causality and properties". In: S. Shoemaker, *Identity, Cause, and Mind*. Oxford: Clarendon Press: 206–233.

Wilson, M. (1999). "Descartes on the origin of sensation". In: M. Wilson, *Ideas and Mechanism*. Princeton: Princeton University Press: 41–68.

15
Descartes sobre a substância

VERE CHAPPELL

O conceito de substância tem exercido um papel central nas teorias metafísicas de filósofos ocidentais. Aristóteles foi o primeiro a dar à substância uma posição privilegiada, e foi seguido pela maioria dos filósofos da escolástica cujo pensamento dominou a alta Idade Média. Descartes foi educado na tradição escolástica: incorporou muito da sua doutrina e sobretudo sua terminologia em seus escritos metafísicos. Mas embora fale de substância nas *Meditações*, ele não fornece uma explicação nítida sobre o tema: as concepções que expressa diferem pouco daquelas de seus antepassados escolásticos. Mais tarde, em suas réplicas às objeções feitas contra as *Meditações*, sobretudo nas *Respostas às Quartas Objeções* em resposta a Arnauld, Descartes desenvolve algumas teses que opostas à posição escolástica, mas ainda assim não fornece uma explicação sistemática a respeito de substância. Essa explicação, contudo, aparece de fato mais tarde, nos *Princípios da Filosofia*, e neste trabalho Descartes chega a conclusões novas e adicionais sobre substância.

Neste capítulo, mapearei o desenvolvimento da concepção cartesiana de substância, desde sua primeira aparição nas *Meditações*, passando por sua elaboração nas *Respostas às Objeções* até o tratamento sistemático que ela recebe no contexto do abrangente esquema da ontologia que ele esboça nos *Princípios*.

O USO DE DESCARTES DO TERMO "SUBSTÂNCIA"

Em seus escritos científicos, Descartes usa o termo "substância" significando "matéria" – não a matéria-prima de Aristóteles, cuja existência ele nega, mas o material específico de que é composto um corpo. Assim, ele fala de substância do cérebro (1: 100; AT 11: 129) e de substância dos "céus e das estrelas" (1: 133; AT 6: 133). Nesse uso, "substância" não está no lugar de uma coisa individual com sua própria identidade; está no lugar de um componente dessa coisa, daquilo de que ela é feita; e, por assim dizer, toma emprestada sua identidade dessa coisa.

Nos escritos metafísicos de Descartes, entretanto, começando pelo *Discurso*, "substância" é usado principalmente para designar substâncias individuais: essa ou aquela substância, ou essas substâncias. Quando os comentadores falam da concepção cartesiana de substância, é principalmente esse uso do termo que têm em mente. O tema deles, portanto, é a concepção cartesiana de substância individual ou de substâncias, e não de substância de alguma coisa. Nesse capítulo, em sua maior parte, esse também será meu tema.

Digo "em sua maior parte" porque, além desses dois usos, há ainda um outro sentido de "substância" nas *Meditações* e nos *Princípios* que designa não uma substância individual mas algo que é atribuído a substâncias individuais. Indico a seguir alguns exemplos desse uso, em minha discussão a respeito do tratamento de substância por parte de Descartes nos *Princípios*.

SUBSTÂNCIAS INDIVIDUAIS NAS *MEDITAÇÕES* E NAS *RESPOSTAS ÀS OBJEÇÕES*

O que então é uma substância individual para Descartes? Sua primeira caracterização é dada em um aposto que se segue a uma referência à substância na Terceira Meditação: uma substância é "uma coisa capaz de existir por si [*per se*]" (2:30; AT 7: 44). Entretanto, seu significado pode não estar claro, e Descartes, nesse momento, nada faz para explicá-lo. (A tradução para a língua inglesa de Cottingham usa palavras diferentes, mas não torna mais claro o que Descartes quer dizer: "É uma coisa capaz de existir independentemente". Independentemente de quê, pergunta-se, e de que modo?) O que Descartes faz, no lugar disso, é fornecer alguns exemplos de substâncias. Ele afirma que uma pedra é uma substância, e que ele mesmo também é. Por "ele mesmo" aqui ele quer dizer "ele enquanto uma coisa pensante", o que é o mesmo que dizer "uma mente", pois isso é tudo o que ele sabe ser nesse estágio das *Meditações*. (Na Sexta Meditação, depois de afirmar ter provado que existem corpos no mundo, Descartes se identifica com um ser composto, que consiste tanto de um corpo quanto de uma alma: ele chama a isso de "meu eu total" [*me totum*] 2: 56; AT 7: 81). A pedra, diz ele, é "uma coisa que é extensa e que não pensa": isso é o que Descartes, em outras passagens, chama de substância corpórea ou corpo. Ele próprio, isto é, sua mente, é uma coisa que pensa e que não é extensa. Assim, essas duas substâncias "diferem enormemente" uma da outra, "mas parecem concordar quanto a ambas serem substâncias". Um modo mais aristotélico de dizer isso seria afirmar que "corpo" ou "substância extensa" e "mente" ou "substância pensante" são nomes de duas espécies de um único gênero chamado "substância", de modo que a diferença entre um corpo individual e uma mente individual é uma diferença de tipo. Descartes, entretanto, não fala usualmente nesses termos aristotélicos.

Se substâncias são coisas que existem *per se*, então o modo alternativo de existir é, supostamente, *per aliud*, por alguma outra coisa, embora Descartes não use essa expressão. Então, quais são as coisas que existem desse outro modo? No final do parágrafo da Terceira Meditação que venho citando, Descartes discrimina "vários pensamentos [*cogitationes*]" que ele tem por si mesmo, isto é, pela substância que ele é; e distingue, além disso, "extensão, figura, posição e movimento" de substâncias corpóreas – por exemplo, a pedra – às quais pertencem. Essas últimas, diz ele, "são meros modos de uma substância", e embora não diga, é razoável pensar que ele considera meus diferentes pensamentos também como modos de uma substância. Com certeza, há diferenças entre modos como pensamentos e modos como extensão, figura, posição e movimento, além do fato de que pertencem a tipos diferentes de substância. Pensamentos são determinados eventos particulares, que ocorrem em um dado momento e não duram muito tempo, enquanto extensão e o restante são características "determináveis" (como alguns filósofos as chamaram) que podem em um certo grau ir e vir, mas que de, um modo geral, persistem por longos períodos de tempo. Determinadas instâncias dessas características determináveis – posições e figuras particulares, por exemplo – também são características que persistem, embora movimentos particulares, como pensamentos, sejam eventos. Apesar dessas diferenças, entretanto, todas essas entidades são modos, conforme Descartes usa o termo.

(Há uma questão terminológica que deve ser registrada. Em seus escritos metafísicos iniciais – *Meditações* e *Respostas às Objeções* –, Descartes usa os termos "modo", "atributo", "qualidade", "propriedade", "afecção" e "acidente" mais ou menos de modo intercambiável e, assim, de modo pouco rigoroso. Nos *Princípios*, entretanto, estipula diferentes significados para alguns desses termos, dando um sentido específico e restrito a cada um. Vou ignorar esses sentidos específicos, entretanto, e usar a expressão "modos ou atributos" para designar todas essas coisas indiscriminadamente, sem prestar atenção aos diferentes tipos que Descartes mais tarde distingue.)

Pode ser, então, que modos ou atributos sejam as entidades, ou que estejam entre as entidades, a partir do que Descartes pretende distinguir substâncias pela sua caracterização como coisas que existem por si mesmas. Que essa seja sua posição é confirmado em uma passagem das *Respostas às Segundas Objeções*, escritas pouco depois do término das *Meditações*. Nessa passagem, ele define uma substância como "todas as coisas em que algo que percebemos está de modo imediato, como em um sujeito, ou através do que algumas coisas existem", e explica que entre as "coisas que percebemos" estão "propriedades, ou qualidades, ou atributos [*omnes res cui inest immediate, ut in subjecto, sive per quam existit aliquid quod percipimus, hoc est aliqua proprietas, sive qualitas, sive attributum, cuius realis idea in nobis est, vocatur* Substantia] (2: 144; AT 7: 161). (Ele não inclui modos nessa lista, mas isso não tem importância, já que, nesse momento, está utilizando todos esses termos como equivalentes.)

Assim, para Descartes, substâncias, uma vez que são coisas que existem por si mesmas, não são modos nem atributos, que são coisas que existem em e por meio de coisas que não elas mesmas, a saber, substâncias. Descartes diz ainda que um modo existe em uma substância "de modo imediato, como em um sujeito" – qualificação que supostamente serve para distinguir modos de partes de uma substância, que também pode ser considerada como existindo nelas.

DESCARTES E ARISTÓTELES

Até agora, a concepção cartesiana de substância (individual) se parece mais com a concepção escolástica tradicional baseada, em última instância, nas *Categorias* de Aristóteles. (O termo que Aristóteles usa para a "substância" escolástica e cartesiana é "*ousia*".) Aristóteles, dentre as "coisas que existem", faz uma distinção entre

1. aquelas que são "ditas de um sujeito",
2. aquelas que estão em um sujeito (mas "não como partes") e
3. aquelas que não estão "em um sujeito nem são ditas de um sujeito" (Aristóteles, 1963: 4; *Categorias* §1: 1a20).

São as coisas classificadas no (3) que ele afirma serem "mais estritamente, principalmente e sobretudo" chamadas de substâncias (Aristóteles, 1963: 5: §5: 2a11 ff.). Em seguida, ele se se refere a elas como "substâncias primeiras" e as distingue de substâncias segundas, que são coisas contidas na classe (1): essas, diz ele, são as "espécies" e os "gêneros" nos quais as substâncias primeiras existem, isto é, às quais elas pertencem. (Algumas vezes, utilizarei a palavra "tipo" para referir-me conjuntamente às espécies e gêneros.) A diferença é que as substâncias primeiras são individuais – cada uma é "um certo 'isto'" e é "numericamente uma" – enquanto tipos são universais – eles são predicados de muitas coisas.

(Dividi em três grupos "as coisas que são" para Aristóteles, para facilitar a comparação de sua concepção com a de Descartes. Mas Aristóteles mesmo lista quatro divisões. A quarta divisão coincide com a minha [3]; mas ele subdivide a minha [1] em [1a] coisas que "são ditas de um sujeito, mas que não estão em sujeito algum" e [1b] aquelas que "tanto são ditas de um sujeito quanto estão em um sujeito", e minha [2] em [2a] coisas que "estão em um sujeito, mas não são ditas de sujeito algum" e [2b] as que tanto estão em um sujeito quanto são ditas de um sujeito. Visto que [1b] e [2b] têm exatamente os mesmos elementos, essas duas subdivisões se condensam em uma, dando origem à terceira divisão mencionada por Aristóteles. A segunda e a terceira divisões de Aristóteles coincidem com minha subdivisões [1a] e [2a], respectivamente.]

Aristóteles afirma então que todas as coisas que são, não sendo substâncias primeiras, "ou bem são ditas de substâncias primeiras como sujeitos ou são nelas como sujeitos". E conclui que "se não existissem substâncias primeiras, seria impossível que qualquer uma [dessas] outras coisas existisse" (Aristóteles, 1963: 6; §5: 2a34 ff.). Assim, essas outras coisas dependem das substâncias primeiras: por definição, são coisas que ou estão em coisas ou são ditas de coisas que não elas mesmas, logo, para existir, necessitam dessas coisas para estar em ou para serem ditas de; e substâncias primeiras são identificadas como as coisas que satisfazem essa necessidade. As substâncias primeiras, ao contrário, não têm essa necessidade, visto que não estão em e nem são ditas de algo que não elas próprias. Nesse sentido, são independentes dessas coisas.

A concepção de Descartes de substância e modos ou atributos, como até aqui apresentei, parece bem próxima à de Aristóteles. Descartes define uma substância do mesmo modo como Aristóteles define uma substância primeira, e sua concepção de modos ou atributos é semelhante à concepção de Aristóteles das coisas que estão em, e, consequentemente, são dependentes de, substâncias. Além disso, os exemplos citados pelos dois autores coincidem consideravelmente. Aristóteles concordaria com Descartes que uma pedra é uma substância primeira, e Descartes concordaria com Aristóteles que um cavalo individual também o é. Aristóteles, é claro, não consideraria a mente como uma substância, nem Descartes (eu defendo) consideraria um homem individual como substância, mas essa diferença n]ao é uma consequência de concepções diferentes acerca do que é uma substância, e sim de concepções diferentes acerca do que são mentes e seres humanos.

É verdade que Descartes não deixa espaço para as coisas "ditas de" de Aristóteles, e isso deixa uma lacuna importante em sua ontologia. Mas Descartes também não nega que essas coisas existam; nos *Princípios*, ele, de algum modo, corrige esta omissão introduzindo a noção de atributos principais, os quais (defenderei), em sua natureza e função, são muito semelhantes às substâncias segundas de Aristóteles.

Tanto os modos ou atributos de Descartes quanto as coisas de Aristóteles na categoria (1) estão em substâncias não como partes, mas (como diria Descartes) da maneira como modos ou atributos costumam ser nas substâncias. (Outros filósofos disseram que modos ou atributos "pertencem a" ou "são inerentes a" ou "residem em" substâncias.) Ambos os filósofos afirmam que essas coisas dependem das substâncias. Um aspecto dessa dependência é expressa pela tese de Aristóteles de que as coisas que estão nas substâncias não poderiam existir se as substâncias não existissem. Mas isso não é o significado completo de dependência. Pois é compatível com essa tese que alguns modos existam separadamente das substâncias, contanto que sejam substâncias nas quais outros modos existam. Mas Aristóteles também afirma, como vimos, que todas as coisas que não são substâncias – todos os modos e atributos – ou bem existem em ou bem são ditas de substâncias, e isso significa que nenhuma dessas coisas existe por si mesma, separadamente de uma substância. Descartes tem a mesma concepção e a justifica apelando para a "noção comum" da escolástica de que "nenhum atributo real pode pertencer a nada", o que é equivalente a "todo atributo real deve pertencer a algo" (2: 114; AT 7: 161; cf. 1: 210; AT 8A: 25). Essa concepção também é sustentada pela rejeição de Descartes da doutrina escolástica de acidentes reais, segundo a qual é possível a alguns modos ou atributos pertencerem a duas substâncias distintas, em sequência, passando, por assim dizer, de uma para a outra enquanto, ao mesmo tempo, mantêm sua identidade. A concepção de Descartes, ao contrário, é a de que nenhum modo, uma vez que exista em uma substância, pode vir a existir em uma outra substância sem que se torne um outro modo. (Suponha que um corpo x em movimento seja atingido por um corpo y em repouso, e disso resulte que y

comece a se mover e x pare de se mover. Pode-se descrever isso como um caso de transferência de movimento: o mesmo movimento é transferido de um corpo para o outro. Mas Descartes diria que, precisamente falando, o movimento em x é uma coisa distinta do movimento em y, não importa o quão semelhantes sejam nem a relação causal entre eles.) Não é claro se o próprio Aristóteles aceitava ou se aceitaria a tese dos acidentes reais, embora seja pouco provável que os escolásticos tivessem endossado tal tese se não estivessem convencidos de que Aristóteles a sustentava. (Obviamente, a compreensão católica romana da Eucaristia pressupõe a tese dos acidentes reais, e isso deu aos escolásticos um poderoso motivo adicional para sustentá-la.) A posição de Descartes, no entanto, elimina claramente a possibilidade de um mesmo modo existir sucessivamente em duas substâncias diferentes.

Em todo caso, tanto para Descartes quanto para Aristóteles há uma assimetria na relação entre substâncias e modos ou atributos. Nenhum modo ou atributo poderia existir se uma ou outra substância, ou uma substância específica, não existisse; e em ambos os casos a isso implica que o inverso não ocorre. Mas qual é exatamente o inverso da posição de que modos e atributos dependem de substâncias? Com certeza, nenhum dos dois filósofos admitiria a possibilidade de um mundo no qual houvesse substâncias mas nenhum modo ou atributo. Ou que nem mesmo uma única substância pudesse existir sem possuir algum modo ou atributo. O que ambos sustentam é que, embora todo modo ou atributo que seja verdadeiramente atribuído a uma substância exija a existência de alguma substância, ou mesmo de uma substância em particular, nenhuma substância exige que todos os modos ou atributos nela existentes devam necessariamente nela existir. Como diriam tanto Aristóteles quanto Descartes, toda substância tem modos ou atributos que são "essenciais" a ela, de tal modo que ela não poderia existir se estes não somente não existissem, mas não existissem *nela* – e toda substância tem modos ou atributos que não são essenciais mas "acidentais", isto é, de tal modo que poderiam não estar presentes ou desaparecer sem que isso afetasse a existência do sujeito. Talvez isso seja uma diferença suficiente para sustentar a assimetria da relação entre substância e modo ou acidente.

MODOS E ATRIBUTOS: TROPOS

Ao falar de modos e atributos, sobretudo ao distinguir os que são essenciais dos que são acidentais, devemos ter o cuidado de especificar a que modo ou atributo nos referimos. A racionalidade é uma propriedade essencial do homem, segundo Aristóteles; para Descartes, o pensamento é uma propriedade essencial de mentes, como ser extenso é de corpos. Mas há diferentes formas ou variedades de pensamento – querer e duvidar, por exemplo – e diferentes maneiras de ser extenso – em tamanho e figura, por exemplo. Descartes denomina essas diferentes formas e maneiras de "modos", usando o termo em sentido diferente do que tenho até aqui usado. Como ser extenso em geral, esses diferentes modos da extensão também são essenciais aos corpos: todo corpo deve ter tamanho e figura. Mas há ainda um outro nível de especificidade que deve também ser computado, pelo menos para o caso das propriedades de substâncias extensas. Todo corpo tem não apenas tamanho e figura; todo corpo tem um tamanho e uma figura específicos – 91 centímetros e cilíndrico, por exemplo – e também essas coisas nesse nível são modos ou atributos das substâncias às quais são inerentes. (Filósofos têm denominado os modos como o tamanho e a figura de propriedades "determináveis", e os modos como ter 91 centímetros e ser cilíndrico, de propriedades "determinadas": ver *The Cambridge Dictionary of Philosophy,* s.v. "determinable".) Entretanto, as últimas propriedades, isto é, as determinadas, não são propriedades essenciais aos corpos. Corpos diferentes têm diferentes tamanhos e figuras específicos, e o mesmo corpo pode ter diferentes tamanhos e figuras em momentos diferentes. Aristóteles expressa isso em uma passagem bem conhecida nas *Categorias*: "Uma substância, embora permanecendo numericamente uma e a mesma, pode receber contrários. Por exemplo, um homem individual – um e o mesmo – torna-se pálido em um momento e escuro em outro, e quente e frio, e mau e bom" (Aristóteles, 1963: 11; §5: 4a10).

Quando se trata de modos ou atributos, aristotélicos ou cartesianos, deve-se ter o cuidado de observar também uma outra distinção. Ser extenso é um universal porque é uma espécie que reside "em muitas coisas", bem como o tamanho ou ter um tamanho ou outro, ou ainda, ter um tamanho específico: 1 metro, por exemplo. Mas, embora ter 1 metro seja mais específico do que ter um tamanho, e mais específico ainda do que ser extenso, também é um universal, uma espécie que muitas substâncias podem compartilhar: todas elas podem ter o mesmo tamanho; podem todas ter 1 metro; podem, inclusive, possui exatamente 1 metro. Mas, além desses modos ou atributos universais relacionados à extensão, devemos reconhecer também um outro membro da mesma família, a saber, uma instância particular de ter 1 metro. Suponha que a régua pendurada na minha mesa de trabalho no porão (chame de "r") tenha a propriedade de ter 1 metro (é, na verdade, uma régua padrão). Então, essa propriedade, precisamente designada por "r tem 1 metro", pertence a r exatamente na mesma medida em que o comprimento ou a extensão pertencem a r, embora, diferentemente dessas, não seja um universal, mas algo particular, tão particular quanto à régua que a possui. Além disso, para que essa propriedade exista, ela depende não apenas de uma substância qualquer, mas de r em particular. Se r deixar de existir, essa propriedade também deixará de existir, pois ela não pode existir separadamente de r. Entretanto, o contrário dessa última proposição, isto é, que r não pode existir sem ter 1 metro, não é o caso, pois ao menos alguma dessas propriedades não precisa ser essencial (embora alguns filósofos – talvez Leibniz seja um deles – sustentem que todas as propriedades de uma substância, particulares e gerais, sejam propriedades essenciais).

As propriedades particulares, tais como minha régua ter 1 metro, têm sido chamadas de "tropos" (ou "propriedades instanciadas", ou "particulares abstratos": ver *The Cambridge Dictionary of Philosophy*, s.v. "trope"), e esse é o termo que utilizarei daqui para frente. Nem todos os filósofos reconhecem a existência dos tropos; alguns sustentam que uma propriedade (ou modo, ou atributo, ou qualidade) deve ser universal. Mas não há dúvida de que Aristóteles os admite. Assim, ele afirma que "aquilo que é individual e numericamente um, sem exceção, não é dito de um sujeito, mas nada impede que exista em um sujeito". O "conhecimento individual de gramática" que Sócrates possui, por exemplo, "é uma das coisas em um sujeito" (Aristóteles, 1963: 4; §2: 1a26 ff.). Aristóteles, entretanto, não considera que seja um tropo tudo aquilo que existe em um sujeito, visto que o conhecimento pode ser "em um sujeito, a alma [por exemplo, de Sócrates]", mas "é também dito de um sujeito, 'o conhecimento de gramática'" (Aristóteles, 1963: 4; §2: 1a30 ff.). Note-se que, em casos como esse, o sujeito do qual a coisa é dita é diferente do sujeito no qual ela está.

E quanto a Descartes? Ele aceita o conceito de tropos? A resposta a essa questão é controversa. Quanto a mim, creio que Descartes reconhece tropos e que "a cor, a figura e o tamanho" do (pedaço) de cera que ele examina na Segunda Meditação, por exemplo, são muito claramente tropos, assim como o são os pensamentos particulares que ocorrem nas mentes e os movimentos particulares dos corpos.

Jonathan Bennett, no entanto, discorda. Bennett afirma que é possível tornar metafisicamente "respeitáveis" algumas das teses de Descartes sobre causalidade se – e somente se – a causalidade for considerada como "transferência de tropos". Mas "Descartes [...] rejeita tropos em todas as suas funções", segundo Bennett, porque tropos, como ele os concebe, são acidentes reais, e acidentes reais são impossíveis: a própria ideia, portanto, implica em uma contradição (Bennett, 2001, 1: 90-5). Mas Bennett admite que um tropo cartesiano "poderia migrar de uma substância para outra" e mesmo existir "sem qualquer substância para a qual inerir" (p. 92). Do modo como leio Descartes, entretanto, ele não se compromete e não sustenta essa concepção de tropos – tampouco se comprometem com essa concepção os filósofos que reconhecem tropos. Na verdade, como já indiquei, considero que o tropo é um modo ou uma propriedade particular cuja existência exige a existência não apenas de alguma substância ou outra, mas da própria substância à qual ele é inerente. Sua identidade depende dessa substância, e ele não pode existir separadamente desta.

Descartes pode até sustentar que todos os modos ou atributos são tropos, ao menos aqueles que são reais. Nos *Princípios*, como veremos, ele introduz uma tese segundo a qual os universais não têm existência real: são nada mais que "modos de pensamento", quer dizer, são ideias que não têm existência fora de nosso pensamento. Se isso é verdade, então nenhum modo ou atributo real pode ser um universal. Se houvesse modos reais, eles teriam que ser particulares, logo, tropos. Essa é uma questão interessante, que vale a pena ser melhor examinada.

DUAS QUESTÕES ADICIONAIS SOBRE SUBSTÂNCIAS NAS *MEDITAÇÕES*

Até aqui, limitei minha atenção à concepção de substâncias fornecida por Descartes nas *Meditações* e nas *Respostas às Objeções*. Mas não considerei todas as passagens nesses escritos em que Descartes fala sobre substâncias. Na Terceira Meditação, ele acrescenta duas teses que merecem registro. A primeira é de que Deus é uma substância e, portanto, deve ser incluído na categoria de substâncias, juntamente com mentes e corpos. É verdade que o Deus de Descartes é uma substância infinita e eterna, e, portanto, não criada, enquanto mentes e corpos são finitos, criados e existem no tempo, mesmo que uma vez criados durem para sempre. Mas nada sugere que Deus e criaturas não sejam substâncias no mesmo sentido do termo ou membros da mesma categoria ontológica (2: 31; AT 7: 45).

A segunda tese é de que algumas coisas têm mais perfeição ou realidade do que outras. Como todo leitor das *Meditações* sabe, essa afirmação é crucial para o sucesso da pretensa prova cartesiana da existência de Deus na Terceira Meditação; ainda assim, a tese de que realidade tem graus é notadamente obscura. Uma das poucas coisas claras sobre ela, entretanto, é apresentada pelos exemplos de Descartes nesta Meditação: não só uma substância infinita tem mais realidade do que as substâncias finitas como todas as substâncias têm mais realidade do que qualquer modo ou atributo (2: 27; AT 7: 40). A tese de que uma substância infinita tem mais realidade do que uma substância finita parece violar a afirmação de Aristóteles de que "uma [substância primeira] não é mais substância do que outra: o homem individual não é mais substância do que o boi individual" (Aristóteles, 1963: 7; §5: 2b26). Claramente, Descartes pode não considerar que "ter mais realidade do que" implique "ser mais substância do que"; mas, em suas *Respostas às Terceiras Objeções* (a Hobbes), ele afirma que "uma substância infinita e independente é mais coisa [*magis res*] do que uma finita e dependente" (2:130; AT 7: 185), e, com frequência, usa os termos "coisa" [*res*] e "substância" de maneira intercambiável.

SUBSTÂNCIA NO RESUMO DAS *MEDITAÇÕES*

No Resumo das *Meditações*, que Descartes escreveu depois de concluir o trabalho, mas antes de compor suas *Respostas às Objeções* feitas a este, ele se propõe a explicar por que não incluiu argumentos em favor da imortalidade da alma em seu livro – prosseguindo imediatamente, então, a esboçar tal argumento. Esse argumento começa com a definição de uma substância como uma coisa "que, para existir, deve ser criada por Deus". Essa definição difere da que ele fornece no corpo das *Meditações*, e embora mencione uma consequência desta nas *Respostas às Segundas Objeções* e outra em uma carta a Regius (3: 208; AT 3: 505), tal definição não é repetida em nenhum outro lugar de suas obras – um fato curioso que Descartes nunca se encarrega de explicar. Descartes afirma então que, se algo é uma substância de acordo com essa definição, então, é "por [sua] natureza incorruptível e jamais pode deixar de existir, a menos que seja reduzida a nada por Deus" (2:10; AT 7: 14). Seu último passo no argumento afirma que, por essa definição, a mente humana é uma substância. Segue-se daí que a mente (ou alma: Descartes com frequência não as distingue) é "imortal por sua própria natureza" (*ibid.*).

Grande parte do peso desse argumento está em sua premissa inicial, a saber, na definição de substância, para a qual Descartes não oferece qualquer justificativa, nem aqui e nem em outro lugar de suas obras. Em uma ocasião, ele afirma que as coisas que satisfazem essa definição são substâncias *puras*, como se estivesse introduzindo uma nova noção mais refinada do que a de substância *simpliciter*. Mas, se essa é a sua intenção, ele não a anuncia, e essa não é uma noção que ele mencione tanto em outros lugares. Se essa não é a sua intenção; se ele, ao contrário, pretende estar definindo o mesmo conceito que aquele que ele toma em outros lugares como sendo o conceito de substância, então as consequências são bastante radicais. Pois a extensão desse conceito é bem diferente da do outro.

Por essa definição, embora as mentes humanas ainda sejam qualificadas como substâncias, os corpos humanos individuais não o são. A única coisa corpórea ou extensa que vale como substância, de acordo com essa definição, diz Descartes, é "o corpo, tomado em geral" – *corpus* [...] *in genere sumptum* –, pelo que ele parece querer dizer "tudo que é corpóreo tomado junto e considerado como uma única coisa", ou "o todo que consiste de todos os corpos individuais do mundo". Ora, é verdade que, dada a física de Descartes, corpo nesse sentido é algo "por [sua] natureza incorruptível e jamais pode deixar de existir, a menos que seja reduzido a nada por Deus", de tal modo que "ele também jamais pereça". Mas um corpo individual, inclusive um corpo individual humano, que Descartes chama e trata como substância em todas as suas obras, não é outra coisa que "uma certa configuração de membros e outros acidentes como este ligados conjuntamente [*conflatum*]" (cf. 2: 109; AT 7: 153). Mentes individuais não têm membros, ou partes, mas têm acidentes sob a forma de diferentes pensamentos em diferentes momentos. Todavia, "mesmo que todos os acidentes da mente mudassem, [...] ela não se tornaria, por essa razão, uma outra mente". Um corpo humano, ao contrário, "perde sua identidade pelo simples fato de mudar a figura de alguma de suas partes". Segue-se daí que, conclui Descartes, um corpo "pode facilmente perecer, [ao passo que] a mente é imortal por sua própria natureza" (2: 10; AT 7: 14).

Se um corpo não pode sobreviver à mudança na figura de suas partes, então é razoável pensar que ele tampouco pode sobreviver à mudança no número de suas partes: ele perde sua identidade se até mesmo uma de suas partes for acrescentada ou subtraída. Essa é a tese que recentemente alguns filósofos chamaram de "essencialismo mereológico" (veja *The Cambridge Dictionary of Philosophy*, s.v. "haecceity" [hecceidade]). Essa tese, porém, é incompatível com a posição com a qual Descartes se compromete mais tarde, a saber, que toda parte de uma substância (material) é ela mesma uma substância (ver a seguir). Visto que Descartes parece mais fortemente comprometido com essa posição – sustentando-a em outros lugares em sua obra –, é provável que, no Resumo, ele não tenha pretendido introduzir uma nova definição de substância, uma definição que substituiria a que ele já havia fornecido (e a qual forneceria de novo). No entanto, o que ele pretendia permanece obscuro.

SUBSTÂNCIA NAS *RESPOSTAS ÀS QUARTAS OBJEÇÕES*

Nas *Respostas às Quartas Objeções*, Descartes tenta defender seu argumento da Sexta Meditação em favor da distinção real entre a alma humana e o corpo. Esse argumento exige a premissa de que *x* e *y* são distintos se "posso compreender clara e distintamente [*x*] sem [*y*] [*possim unam rem absque altera clare et distincte intelligere*]" (Sexta Meditação: VII, 78; II, 54). Em resposta a um contraexemplo proposto por Caterus, o autor das Primeiras Objeções, Descartes restringe essa premissa a coisas completas, e afirma que o exemplo de Caterus é apenas uma "abstração do intelecto" (VII, 120 ff.; II, 86). A crítica de Arnauld ao argumento que contém essa premissa restrita é que, se tudo o que Descartes sabe sobre a alma é que ela é uma coisa pensante, então ele não sabe o suficiente para estar certo de que se trata de uma coisa completa. A isso Descartes responde, primeiramente, que "por uma 'coisa completa' eu quero dizer apenas uma substância dotada das formas e qualidades que me permitem reconhecer que é uma substância"; e, em segundo lugar, que só o fato de se saber que a mente tem o atributo pensamento é suficiente para permitir o reconhecimento de que se trata de uma substância. Descartes prossegue elaborando essa resposta, mas não precisamos entrar nos detalhes dessa discussão. O que importa para o nosso objetivo é notar as duas observações que ele faz ali acerca de substâncias.

A primeira é uma definição de substância, que vem a ser diferente da que ele forneceu na Terceira Meditação e elaborou nas *Respostas às Segundas Objeções*. "A noção de substância", diz ele, "é apenas isso – que ela pode existir por si própria [*per se*], isto é, sem o auxílio [*ope*] de qualquer outra substância (VII, 226; II, 159). A primeira parte dessa definição é idêntica àquela que ele disse antes. Entretanto, a cláusula explicativa que se segue é diferente. Aqui, ele afirma que uma substância não deve depender de outra *substância* para existir, enquanto nas passagens anteriores ele estipulou que uma substância não deve depender de seus *modos* ou *atributos* para existir (ou, pelo menos, de todos os seus modos ou atributos). Surge a questão: que tipo de relação ele estipulou que não pode se dar entre uma substância e outra? Não pode ser a relação que se dá entre um modo e uma substância porque só os modos (ou atributos) mantêm essa relação, e nenhuma substância é um modo.

Uma possibilidade é de que seja uma relação causal: por exemplo, uma relação em que a substância *x* depende da substância *y*, dado que *y* produz ou cria *x*, e que *x* não existiria se *y* não a tivesse criado. Essa é a relação que Descartes parece ter em mente nos *Princípios*, em que, como veremos, ele propõe ainda uma outra definição de substância. Uma outra possibilidade é de que seja algum tipo de relação parte-todo. Se as partes de uma substância são substâncias, então a substância *x* dependeria da substância *y* se *y* for uma parte de *x* e se toda substância, para existir, tiver que possuir as partes que tem – isto é, se o essencialismo mereológico de substâncias for verdade. Negar que uma substância depende de outra, nesse caso, seria negar que o essencialismo mereológico se aplica às substâncias.

Há ainda a possibilidade de uma relação parte-todo indo na direção oposta, por assim dizer: a relação segundo a qual, se as partes de uma substância *x* são substâncias, então elas dependem de *x* porque não existiriam se *x* não existisse; esta é uma posição que um certo tipo de holista metafísico pode adotar.

Descartes de fato sustenta que as partes de uma substância (ao menos de uma substância corpórea) são substâncias (corpóreas). (Esse é o segundo do dois pontos mencionados acima.) Assim, ele afirma nos *Princípios*: "cada uma das partes de uma substância [corpórea], definida por nós no pensamento, é realmente distinta das outras partes da mesma substância" (uma distinção real, ele nos diz antes, no mesmo parágrafo, "só existe entre duas ou mais substâncias") (VIIIA, 28; I, 213). Nas *Respostas às Quartas Objeções*, ele defende sua tese com um exemplo. Uma mão humana, afirma, é uma parte do corpo humano, mas esse fato não impede que ela própria seja uma substância. É verdade, reconhece Descartes, que uma parte como uma mão é, algumas vezes, chamada de "substância incompleta", mas isso não pode significar que ela "não seja capaz de existir *per se*"; pois, se isso fosse verdade, ela não seria uma substância. Em vez disso, o que isso significa é que, "embora não seja incompleta enquanto substância, é incompleta quanto a referir-se a uma outra substância com a qual forma [*componunt*] uma unidade em si mesma [*unum per se*]". Descartes não nos diz aqui o que é necessário para que algo se qualifique como um *unum per se*, mas, a partir do caso da mão, podemos inferir que o corpo humano inteiro é um exemplo de algo que se qualifica. Ele prossegue afirmando que, "exatamente do mesmo modo, a alma e o corpo são substâncias incompletas ao serem atribuídas a um ser humano o qual, conjuntamente, compõem [*componut*]. Mas, se consideradas em si mesmas, são completas" (VII, 222; II, 156 ff.).

Esses dois casos, entretanto, não são exatamente paralelos. A mão é uma parte do todo do corpo humano, que é uma substância e, supostamente, também um *unum per se*. Disso não se segue, porém, que o ser humano seja uma substância; na verdade – eu mantenho –, não é uma substância, apesar de ser um *unum per se* (para defesas detalhadas dessa posição, veja Chappell, 1994; Voss, 1994; Kaufman, 2008).

Ao adotar essa tese de que as partes de substâncias (materiais) são elas mesmas substâncias, Descartes rompe radicalmente com as concepções de seus antecessores escolásticos. A posição de Descartes não está em conflito apenas com a concepção dos escolásticos de organismos vivos, que são, de acordo com eles, paradigmas de substância. Ela abala também a tese da forma substancial, que é crucial na concepção escolástica para a individualidade de toda substância. Descartes, entretanto, nunca explicita os detalhes de sua concepção, deixando sem respostas muitas questões a esse respeito. Tampouco explicita suas razões para adotá-la – apenas fornece uma defesa contra as objeções postas por Arnauld a seu argumento em favor do dualismo entre corpo e alma, que é uma de suas preocupações centrais em todas as *Meditações*. Há ainda a questão relativa à coerência dessa tese com o restante do pensamento de Descartes sobre substância material individual – uma questão que merece mais atenção do que os intérpretes de Descartes têm dado. (Há uma discussão dessa tese em Garber, 1992, e Stuart, 1999, e é inteiramente explorada em Kaufman, inédito.)

SUBSTÂNCIA NOS *PRINCÍPIOS*

Descartes escreveu os *Princípios* pouco depois das *Meditações* e das *Objeções e Respostas* que as acompanham. Nesse trabalho, ele apresenta sua concepção na forma de um livro didático escolástico, na esperança de assim encorajar os professores jesuítas a lê-lo. Nele, há uma concepção de substância mais completa do que a anterior, mas que também parece estar em conflito com algumas teses daquela. A concepção é parte de uma ontologia sistemática que especifica a natureza de todas "as coisas que caem sob nossa percepção" e as relações que elas mantêm umas com as outras. (Por "percepção", aqui, Descartes não quer dizer "percepção sensível": as coisas que percebemos são todas as coisas das quais temos alguma compreensão ou consciência.)

Descartes apresenta os elementos básicos de sua ontologia nos §§48-59 da Parte I dos *Princípios* (1: 208-13; AT 8A: 22-28). Os artigos seguintes ao §59 aperfeiçoam e exemplificam o esquema básico, mas não o expandem, de fato. Para pôr a concepção de Descartes acerca de substância no contexto que ele fornece, vou começar pelo esquema básico e elaborá-lo de modo ordenado (embora não exatamente na ordem que ele segue).

Para facilitar a referência, proponho o seguinte gráfico, apresentado na Figura 15.1, que enumera as várias categorias de entidades que o esquema envolve e mostra as relações entre elas. Linhas diferentes no quadro representam diferentes "níveis" no esquema, que são numerados na margem esquerda; asteriscos em cada nível representam "nós", ou pontos, nos quais duas subcategorias não coincidentes de uma categoria são distintas uma da outra; as subcategorias estão conectadas por linhas à esquerda e à direita do nó, e a linha acima do nó aponta para a categoria que está sendo subdividida.

Dentre uma categoria de coisas que percebemos, Descartes primeiramente distingue "verdades eternas" de "coisas ou afecções de coisas": este é o nó de primeiro nível da estrutura. As verdades eternas, diz Descartes, "não existem fora de nosso pensamento", o que implica que elas existem dentro do pensamento. Ele deve considerá-las, portanto, como meros objetos de pensamento, *entia rationis*, para usar a terminologia escolástica, ou "seres objetivos", para usar sua própria terminologia das *Meditações*. Note-se, além disso, que elas não têm existência fora de *nosso* pensamento, isto é, do pensamento humano. Descartes não diz que nós, seres humanos, *criamos* essas verdades: elas não precisam ser produtos de nossas mentes. Mas é em nossas mentes, e apenas aí, que elas "residem". (Partes do parágrafo anterior e dos próximos parágrafos se baseiam em Chappell, 1997: 113-17.)

A outra categoria que Descartes introduz no primeiro nível é "coisas ou afecções de coisas [*res rerumve affectiones*]". Não se trata de uma única categoria, mas sim de um composto de duas: coisas de um lado e afecções de coisas no outro. Descartes eventualmente as distingue identificando a primeira com "substâncias" e a outra com "atributos". Nesse ínterim, ele as trata conjuntamente. (Algumas vezes, ele até mesmo se refere à categoria composta simplesmente como "coisas" [*res*], embora, por vezes, eu use a denominação hifenizada "coisas-e-afecções--de-coisas" ao me referir a elas.) Penso que a razão para que ele assim proceda é o desejo de introduzir mais duas distinções que atravessam a distinção entre substâncias e atributos. Uma dessas distinções é entre "as coisas mais gerais" e coisas que se restringem a um único gênero; a outra diferencia coisas intelectuais ou pensantes de coisas materiais. Em cada ocorrência na sentença anterior, a palavra "coisas" é uma abreviação de "coisas-e-afecções-de-coisas". Mas eu duvido que Descartes de fato pense que haja substâncias entre as coisas mais gerais. Acredito que ele sustente que todas essas

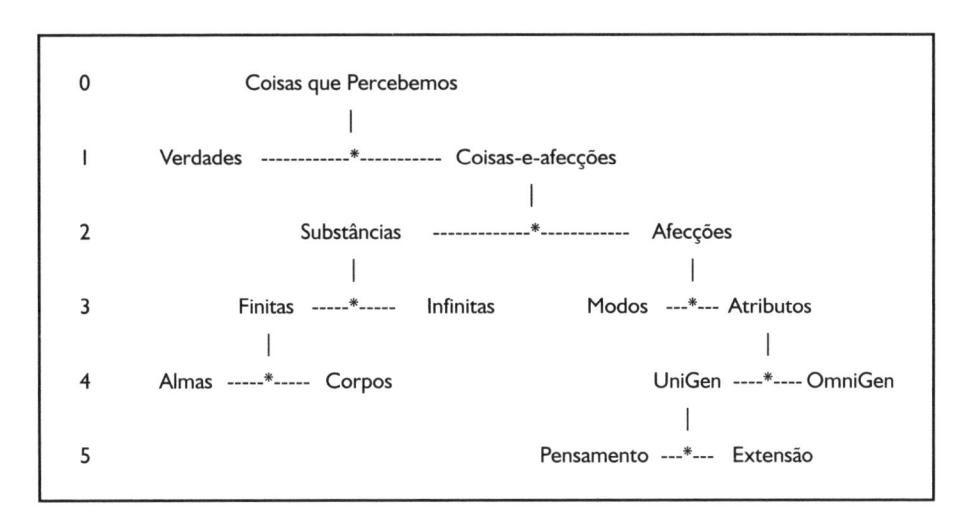

0			Coisas que Percebemos			
1	Verdades	----------*----------		Coisas-e-afecções		
2			Substâncias	------------*------------		Afecções
3		Finitas	-----*----- Infinitas		Modos ---*--- Atributos	
4	Almas	-----*----- Corpos			UniGen ----*---- OmniGen	
5					Pensamento ---*--- Extensão	

FIGURA 15.1
Esquema ontológico de Descartes

coisas sejam atributos, ou pelo menos coisas atribuídas a substâncias. (Nesse ponto, discordo da posição que tive em Chappell, 1997.) Por outro lado, ele, com certeza, sustenta que a distinção intelectual-material se aplica tanto a substâncias quanto a atributos. (Em breve, considerarei essas duas distinções adicionais.)

Descartes toma as verdades eternas como objetos de pensamento, isto é, seres objetivos. Pode-se supor que ele considera as coisas-e-afecções-de-coisas como entidades existentes fora do pensamento humano, isto é, como seres atuais (para usar um termo cartesiano que se encontra nas *Meditações*). O fato é que ele considera muitas coisas (*i.e.*, substâncias) e muitas afecções de coisas (*i.e.*, atributos) como seres atuais, mas não todos eles. No §57 da passagem, ele introduz uma distinção entre atributos que estão "nas coisas mesmas das quais eles são ditos atributos" e aqueles que estão "apenas em nosso pensamento". Pode-se fazer a mesma distinção, creio eu, entre substâncias, embora Descartes não manifeste isso aqui. Mas isso é apenas a distinção entre seres atuais e seres objetivos, entre aqueles que existem fora do nosso pensamento e os que existem em nosso pensamento.

A partir do §51, Descartes se concentra nas substâncias por elas mesmas, distinguindo-as de atributos. Primeiramente, ele fornece uma definição de substância, a qual é ao mesmo tempo parecida e diferente das definições dadas em trabalhos anteriores. Por substância, diz ele, "não podemos entender senão a coisa que existe de tal maneira que não precise de nenhuma outra coisa [*res*] para existir" (1: 210; AT 8A: 24). Essa definição se parece com as outras porque declara que uma substância é independente de outras coisas. E é diferente da definição das *Meditações* e das *Respostas às Segundas Objeções* as outras coisas especificadas porque nestes trabalhos são modos e atributos. Nas *Respostas às Quartas Objeções*, as outras coisas são substâncias, mas o tipo de independência fica em aberto; como vimos, a independência ali pretendida poderia ser causal ou mereológica, isto é, uma relação entre partes e todo. Nos *Princípios*, entretanto, a independência que Descartes tem em mente é uma relação entre uma substância e outras substâncias, e é uma relação de natureza causal.

Isto fica claro pelo que Descartes afirma imediatamente após sua definição de uma substância. Por essa definição, ele indica que só há uma substância, a saber, Deus, o único ser que "independe de qualquer outra coisa". As almas e os corpos individuais, que até aqui têm sido chamados de substâncias, dependem de Deus para existir. Tendo criado-os *ex nihilo*, Deus causou a existência deles em primeiro lugar e os mantém existindo a cada momento desde então por seu "concurso", o que equivale a recriá-los continuamente. No entanto, diz Descartes, os corpos e as almas individuais não dependem de nenhuma substância senão de Deus, seja para sua existência inicial ou para continuar existindo. Assim, almas e corpos criados são como Deus, exceto no que se refere a um único quesito; e, por causa dessa semelhança, é legítimo chamá-los de "substâncias", embora o termo deva ser tomado em um sentido fraco, qualificado ou relativo. Como diz Descartes, "o termo 'substância' não se aplica *univocamente* [...] a Deus e a suas criaturas". Essa posição ele não assume e nem sugere em seus trabalhos anteriores.

Há uma passagem interessante na tradução francesa dos *Princípios*, publicada três anos depois da edição em latim; Descartes, de um modo geral, elogiou a tradução, que foi feita por seu amigo Picot, mas não necessariamente a aprovou em todos os seus detalhes. A passagem foi acrescentada no final do texto em latim no §51, na qual se lê o seguinte: "Entre as coisas criadas, algumas são de tal natureza que não podem existir sem outras. Entre essas, por sua vez, distinguimos as que precisam apenas do concurso ordinário de Deus [para existir] – a essas chamamos de substâncias – das restantes, que chamamos de qualidades e atributos dessas substâncias" (1: 210; AT 9B: 47). Se a concepção expressa nessa passagem é de fato a de Descartes, então sua definição de substância nos *Princípios* não é diferente daquela, mas a inclui, fornecida nas *Meditações*, pois torna a existência de substâncias independente de seus atributos e de outras substâncias (exceto Deus).

AS COISAS MAIS GERAIS

De todo modo, Descartes distingue substâncias de atributos nos *Princípios*, e, tendo no §51 definido substâncias, passa a considerar os atributos. Entretanto, antes de discutir os atributos, quero rever sua concepção sobre as "coisas mais gerais [*res maxime generalia*]", que ele menciona pela primeira vez no §48 e depois discute entre os §55, 57 e páginas seguintes. (Descartes a menciona pela primeira vez nos *Princípios*, pois, na Terceira Meditação e nas *Respostas às Segundas Objeções*, ele apenas lista exemplos, sem qualquer designação geral). Essa categoria é apresentada como subordinada à categoria composta de coisas-e-afecções-de-coisas, porém, como observado acima, nenhuma substância parece se incluir nela; logo, todas essas coisas devem pertencer à parte do composto relativa às afecções.

Descartes não especifica a natureza dessas "coisas mais gerais" no §48, embora dê exemplos. Os exemplos que ele dá são "substância", "duração", "ordem" e "número"; mais tarde, ele acrescenta à lista "existência" (§56) e, talvez, "tempo" (§57). Todos estes itens, para Descarte, parecem ser atributos, exceto substâncias. Que ele considera existência como um atributo é claro pela sua apresentação do Argumento Ontológico na Quinta Meditação. Muitos filósofos posteriores, de Kant a G. E. Moore, rejeitaram essa concepção de existência, e, nas Quintas Objeções, Gassendi criticou Descartes por sustentá-la (2: 224-7; AT 8: 322-336). Mas Descartes rejeitou a posição de Gassendi, e manteve-se firme (2: 262-3; AT 7: 382-384).

A ocorrência de "substância" nessa lista de coisas mais gerais, entretanto, é perturbadora, visto que, como já afirmei, nenhuma substância está incluída entre as coisas mais gerais. O que Descartes tem em mente aqui, provavelmente, é o fato de que uma substância pode verdadeiramente ser atribuída a substâncias (individuais), e a cada uma elas, seja corpo ou alma (ou mesmo Deus, apesar da tese de Descartes, nos *Princípios*, de que Deus e coisas finitas são substâncias em sentidos diferentes do termo). Mas a segunda "substância" na frase "Essa substância é uma substância" não é usada para designar uma substância individual, tampouco está no lugar de um modo ou atributo – o tipo de coisa que tanto Descartes quanto Aristóteles diriam que existe *em* um sujeito. Ao invés disso, é um termo de classe ou categoria: dizer que *x* é uma substância nesse sentido é colocar *x* na classe ou na categoria cujos membros são todas e as únicas substâncias (individuais) que são (ou podem ser). A categoria de substância é assim semelhante classificação de espécie ou gênero aristotélicos. Trata-se de uma "substância segunda", que é um universal – o tipo de coisa que Aristóteles afirmaria ser *dita de* um sujeito. Descartes não reconhece explicitamente essas coisas em sua ontologia, como notamos, mas, apesar disso, parece estar comprometido com sua existência.

ATRIBUTOS UNIGENÉRICOS

Descartes afirma que essas coisas mais gerais "se estendem a todos os gêneros de coisas", isto é, podem ser atribuídas a todos os tipos de substâncias. É adequado, portanto, referir-se a elas como atributos "omnigenéricos". Evidentemente, o contraste é com atributos que se aplicam a substâncias no interior de um único gênero: atributos unigenéricos. Que gêneros de substâncias existem para Descartes? No §48, ele informa que reconhece "não mais do que dois gêneros supremos [*summa*] de coisas, as intelectuais ou cogitativas e as materiais". Visto que, nesse ponto de sua exposição, Descartes ainda não separou atributos de substâncias, isso implica que tanto atributos quanto substâncias existem nesses dois gêneros. Os atributos que pertencem a eles

Descartes chama de "pensamento" ou "pensar" e "extensão", respectivamente; as substâncias são "mentes" e "corpos". Embora não esteja explícita nesse momento, em breve surge a tese de que esses dois gêneros separam a categoria de substância de modo exaustivo e excludente: não há substâncias omnigenéricas, tampouco substâncias não genéricas. Quanto aos atributos, a divisão não é exaustiva nem excludente. Pois atributos omnigenéricos, por natureza, não são intelectuais nem materiais e pertencem tanto a mentes quanto a corpos. Com certeza, na concepção de Descartes não há um tipo de atributo que não pertença a nada, e não há mente ou corpo aos quais ao menos algum não se aplique. (Pode-se afirmar que o Deus de Descartes, embora tendo existência e número, não tem duração: sendo eterno, ele não está no tempo de modo algum.)

Cabe notar que Descartes não cita nenhuma base ou princípio para a tese de que não há mais do que dois *summa genera* de coisas. É claro que ele tem um argumento, ou talvez diversos argumentos, para sua afirmação de que mentes e corpos são realmente distintos – o que equivale a afirmar que nenhuma substância pode pertencer a ambos os gêneros.

Pode-se levantar uma questão acerca da minha afirmação de que a distinção de Descartes entre coisas materiais e coisas intelectuais, ou mentes e corpos, é exaustiva e excludente. Pois, no §48, após dar exemplos de atributos que caem sob o gênero de coisas materiais e de coisas intelectuais, Descartes introduz o que se parece com um terceiro gênero de atributos. Esses atributos envolvem, diz ele, "certas outras [coisas] [*alia quaedam*]" que "experimentamos em nós", e que "não devem ser referidas [*referri*] apenas à mente, tampouco somente ao corpo, [mas] provêm de [*proficiscuntur*] da estreita e íntima união de nossa mente com nosso corpo". Entre essas "outras coisas", ele lista, "primeiramente, os apetites como a fome e a sede; em segundo lugar, as emoções ou paixões da mente que não consistem apenas de pensamento, como a emoção da ira, da alegria, da tristeza e do amor; e, finalmente, todas as sensações, tais como as de dor, de prazer, de luz, de cores, de sons, de odores, de sabores, de calor, de dureza, e de outras qualidades táteis".

Contudo, qual é exatamente a posição defendida por Descartes nessa passagem? Suas palavras não deixam essa posição inteiramente clara. Uma possibilidade é de que ele considere apetites, emoções e sensações como constituintes de uma categoria ontológica separada, um tipo distinto de atributo, separado de, e equivalente aos, atributos intelectuais e materiais que (presume-se) devam ser referidos apenas à mente e ao corpo, respectivamente. Segundo essa compreensão, Descartes não seria um dualista, mas um "trialista", como John Cottingham defende, ao menos no que se refere aos atributos.

Esse "trialismo" é atribuído a Descartes em Cottingham, 1985, com base em outros textos e não nesse dos *Princípios*. Outros intérpretes assumem posição mais forte de que Descartes é um trialista com relação não (apenas) a atributos, mas também a substâncias, isto é, que ele reconhece três gêneros distintos de substâncias, incluindo seres humanos – ou "uniões corpo-mente" –, além de mentes e corpos separadamente; ver Broughton e Mattern, 1987; Hoffman, 1986; Schmaltz, 1992; Markie, 1994. Anunciei minha oposição com relação a essa forma forte de trialismo em muitos pontos, anteriormente. Minhas razões para rejeitá-lo estão em detalhes em Chappell, 1994, de acordo com Voss, 1994. Para um argumento mais cuidadoso contra o trialismo (de substâncias) – e talvez mais sensato do que o meu e o de Voss –, veja também Kaufman, 2008.)

Em alternativa, poderia ser a concepção de Descartes que essas entidades pertencessem a uma ou a outra das duas categorias e diferisse dos outros membros apenas em um nível categorial.

Minha tese é de que Descartes aceita a última dessas duas alternativas. Considero apetites, emoções e sensações como ontologicamente pertencentes à categoria de atributos intelectuais, e não como constituintes de um tipo distinto de atributo. A base para essa compreensão é o que Descartes afirma sobre sentir et alli na Segunda Meditação, a saber, que essas e outras atividades conscientes, "tomadas precisamente", não são outra coisa que formas de pensamento, não menos que compreender e duvidar (2: 19; AT 7: 29). Esses atributos se distinguem dos outros nessa categoria porque, para existir, exigem causas materiais e intelectuais. (De modo similar, atributos da categoria matéria só exigem causas materiais.) Mas não é o tipo de causa de um ser que determina sua categoria ontológica, ao menos no nível em que as coisas materiais e intelectuais são reconhecidas. Pois causas, segundo Descartes, atravessam esses limites categoriais (ver, por exemplo, 2: 275; AT 9A: 213).

ATRIBUTOS EM GERAL

Chegamos agora à categoria de atributos de Descartes, que é o outro componente de sua categoria composta de coisas-e-de-afecções--de-coisas. Ele não fala muita coisa sobre atributos em geral; são as divisões no interior dessa categoria que tomam sua atenção. Sua compreensão básica de atributos deriva da máxima já mencionada no §11 da Parte I dos *Princípios*, de que "o nada não tem atributos", do que se segue que um atributo não pode existir sem uma substância à qual ele pertence (1: 196; AT 8A: 8). Essa mesma máxima serve, como vimos, para definir o que é uma substância para Descartes, ao menos nas *Meditações* e nas *Respostas às Segundas Objeções*: uma substância é um ser que existe *per se*, isto é, independentemente de qualquer atributo. Um atributo, ao contrário, é um ser que existe *per aliud*, em que o *aliud* é uma substância.

No §53 da Parte I dos *Princípios*, Descartes introduz uma das subcategorias de atributos de seu interesse e, ao fazê-lo, apresenta um dos princípios mais fundamentais de sua ontologia. Uma substância, declara, tem muitos atributos, "mas para cada substância há uma propriedade principal [*sc.* ou atributo] que constitui sua natureza e essência e à qual todos [seus outros atributos] são referidos [*referuntur*]". Por "uma" propriedade principal, aqui, Descartes que dizer "exatamente uma" e não "ao menos uma"; e uma propriedade "ser referida" a outra, ele nos diz duas frases mais tarde, consiste em "pressupô-la [*praesupponere*]". Todavia, quando ele diz que "todas" as outras propriedades de uma substância são referidas a essa principal, ele não quer dizer "todas" literalmente e sem qualificação. Ele quer dizer todas as propriedades unigenéricas, pois sua afirmação não se aplica, por exemplo, à existência ou ao número. Do mero fato de que algo existe, ou é um, nada se segue acerca de qual é a sua propriedade principal.

A propriedade principal das mentes é, naturalmente, o pensamento, e a dos corpos, a extensão; e Descartes identifica com frequência em seus escritos o pensamento e a extensão como as essências dessas substâncias, respectivamente. Entretanto, ele tem algum problema ao definir "essência". Uma dificuldade é distinguir essências de atributos omnigenéricos, visto que ele afirma a mesma coisa acerca de ambos, a saber, que estão "sempre presentes" nas coisas que os têm: uma substância (uma vez que os tenha) nunca deixa de tê-los. E não apenas jamais deixa de tê-los de fato como não poderia deixar de tê-los e ainda assim existir. Na verdade, Descartes chega a afirmar (no §62) que uma substância e sua duração são distintas meramente *ratione*, o que significa que a substância "não pode ser compreendida sem" tal atributo. Isso é exatamente o que ele sustenta acerca da distinção entre uma substância e sua essência: um corpo ou uma mente não podem ser compreendidos como não tendo extensão ou pensamento, respectivamente.

Assim, qual é a diferença então entre uma essência ou natureza e um atributo omnigenérico para Descartes? É certo que uma essência ou um atributo principal determina um gênero de coisas, na verdade o gênero mais alto (só havendo dois desses atributos), no sentido de que a classe que contém todas as substâncias, e apenas as substâncias que ela tem, constitui um gênero, enquanto um atributo omnigenérico, não. Mais uma vez, a essência de uma substância é vinculada a cada um de seus atributos unigenéricos – ou, para pôr em termos mais cartesianos, o conceito de um está contido no do outro – enquanto seus atributos omnigenéricos não estão implicados em cada um de seus atributos unigenéricos. Isso, é claro, não surpreende, visto que estes pontos estão envolvidos nas definições de Descartes do termo "gênero" e na minha definição de "unigenérico".

A partir dessas considerações parece que, como observei antes, os atributos principais cartesianos têm algumas afinidades com as substâncias segundas de Aristóteles, tanto em natureza quanto em função. Seria interessante explorar mais o paralelo, na tentativa de explicar por que Descartes pensa que cada substância tem um atributo principal, em primeiro lugar, e por que ele pensa que há apenas dois destes. No entanto, essa não é uma tarefa que ele próprio tenha se proposto.

Nesse ponto, Descartes volta sua atenção para algumas outras subdivisões no interior da categoria de atributos. No §56, ele distingue atributos no sentido estrito de modos e qualidades e, depois, diferencia modos (no sentido estrito) de qualidades. Mais tarde, no §59, ele demarca a *differentiae* aristotélica, propriedades e acidentes, na categoria mais ampla, e os distingue uns dos outros. Entretanto, ele não parece dar muito peso a essas distinções. Descartes não fala mais em tais distinções depois e nem é guiado por elas no restante da elaboração de seu esquema ontológico.

Mais importante para ele é uma distinção que introduz no §57, entre "atributos ou modos [que] estão nas coisas mesmas [*in rebus ipsis*] das quais são ditos ser atributos ou modos, [e] outros [que] estão apenas em nossos pensamentos [*in nostra tantum cogitatione*]". Trata-se da distinção a qual me referi antes como aquela entre atributos atuais e atributos meramente objetivos, e que atravessa as outras divisões que ocorrem no interior da categoria toda de atributos. (A distinção atual-objetiva também se aplica a substâncias, e também atravessa as principais divisões subsistindo entre elas. Para mais detalhes sobre a distinção entre atributos atuais e objetivos e substâncias, ver Chappell, 1997: 120 ff.) Tanto os atributos atuais quanto os objetivos estão nas subcategorias dos atributos intelectuais e nas subcategorias dos atributos materiais, e ambos se encontram em ambos os lados da divisão entre atributos omnigenéricos e atributos que caem sob um único gênero de coisas. Descartes explicita isso quando distingue "número, [...] considerado em abstrato ou em geral [de número] nas [...] coisas criadas" e chama o primeiro de "meramente um modo de pensamento [*tantum modos cogitandi*]" (1: 212; AT 8A: 27). (Considero que "ser simplesmente um modo de pensamento", como pretende Descartes aqui, é equivalente a "existir apenas em nosso pensamento"; de todo modo, "modo de pensamento" não quer dizer aqui o que ele quis dizer nas *Meditações* e alhures, quando disse que duvidar, compreender, afirmar e coisas assim são "modos de pensamento" (2: 19; AT 7: 28 ff.; cf. 2: 125; AT 7: 177). Nessas passagens, um modo de pensamento é uma espécie ou um tipo de pensamento, não um objeto de pensamento.) E o que se aplica a números aqui deve se aplicar também a existência, ordem e duração – embora não a substância.

Na mesma passagem, Descartes qualifica número, "considerado apenas em abstrato e em geral", de "universal", de onde é levado, §58 e páginas seguintes, a uma discussão sobre universais em geral. Entre estes ele considera não apenas os atributos omnigenéricos, mas também os "cinco universais comuns" da escolástica aristotélica: "gênero, espécie, diferença, propriedade, acidente", e em cada grupo supostamente incluiria as "coisas ditas de um sujeito" de Aristóteles, a sua própria substância ominigenérica e outras classes e categorias como essas.

O que Descartes diz sobre universais aqui deixa claro que ele não é realista a esse respeito, nem na variação platônica, nem na aristotélica. Em vez disso, ele é conceitualista, bem do modo que Locke é (ver *The Cambridge Dictionary of Philosophy*, s.v. "conceptualism".) Eventualmente, diz-se que os conceitualistas têm problemas para explicar o conhecimento matemático, mas Descartes tem uma solução engenhosa para esse problema (para mais detalhes, ver Chappell, 1997: 123-127).

Após apresentar sua concepção de universais [§57-59], Descartes elabora o esquema ontológico que introduziu nos artigos precedentes descrevendo os tipos de distinção que se pode fazer entre os vários tipos de entidades que catalogou. Substâncias se destacam entre as entidades que são os sujeitos dessas distinções, mas Descartes não diz nada de novo sobre elas nessa discussão, nem acrescenta nada à concepção de substância por ele já desenvolvida.

SUBSTÂNCIA NAS OBRAS TARDIAS DE DESCARTES

Descartes publicou os *Princípios* bem tarde em sua vida, mas depois produziu muitos trabalhos – e muitas cartas. Ele discute substância em alguns desses escritos: em seus *Comentários a certo programa*, texto publicado em 1648, e em dois conjuntos de cartas, a Arnauld (em 1648) e a Henry More (em 1649). Contudo, nada do que ele diz nessas discussões traz muita luz a seu tratamento de substância nas *Meditações*, nas *Respostas às Objeções* e nos *Princípios*.

Essa última afirmação, a de que Descartes não diz nada novo sobre substância em seus escritos pós-*Princípios*, é contestada por Paul Hoffman. Ele sustenta que há uma passagem nos *Comentários* (a saber, 1: 298; AT 8B: 349-50) na qual Descartes toma uma posição que colide com o importante princípio afirmado nos *Princípios*, Parte I, §53, de que nenhuma substância simples tem mais do que um atributo principal. Ele diz ainda que essa passagem "suplanta" a passagem dos *Princípios*. Se essas afirmações fossem verdadeiras, então a concepção de Descartes acerca de substância com certeza teria passado por uma mudança significativa depois da publicação dos *Princípios*.

Mas a primeira dessas afirmações não é verdadeira. Hoffman leu mal a passagem dos *Comentários*: aí não é dito o que ele alega. Quanto à segunda afirmação, Hoffman não oferece nenhuma razão para se pensar que a passagem dos *Comentários* "suplanta" à dos *Princípios*. É verdade que um trabalho foi escrito depois do outro, mas isso por si só não é conclusivo. A passagem anterior pode ainda ser a que expressa a concepção estabelecida e considerada por Descartes, e a passagem posterior pode distorcer ou expressar mal sua verdadeira posição. (Apresentei minhas razões contra as afirmações de Hoffman em Chappell, 2006, que está disponível em meu *website*, em http://:www.courses.umass.edu/chappell/publications.html.)

Assim, mantenho minha opinião de que, em seus escritos tardios, Descartes nada diz de novo acerca de substância. Sua posição final é a apresentada nos *Princípios* I.

CONCLUSÃO

Nesse capítulo, fiz a distinção entre os três estágios no desenvolvimento da concepção cartesiana de substância. O primeiro é expresso nas *Meditações* e nas *Respostas às Segundas Objeções*; nesse estágio, as concepções cartesianas de substância não são muito diferentes daquelas dos antecessores escolásticos, e, assim, não muito diferentes das de Aristóteles, cujo trabalho tanto influenciou o pensamento escolástico. No segundo estágio, apresentado em resposta a Arnauld, Descartes se afasta da herança escolástica ao adotar a tese de que todas as partes de uma substância material são elas próprias substâncias. Finalmente, nos *Princípios*, seu terceiro conjunto de pensamentos surge no contexto de um esquema ontológico completo. Aqui, a inovação mais importante é sua noção de um atributo principal para cada substância, conjugada às teses de que há apenas dois atributos principais, pensamento e extensão, e que toda substância individual tem exatamente um desses.

Entretanto, mesmo com essas inovações, as conclusões de Descartes acerca de substância não representam um rompimento total com a tradição filosófica. Com efeito, as tensões e os problemas inerentes às suas concepções em evolução eram claros para seus sucessores imediatos do século XVII, inclusive para Espinosa, Malebranche e Leibniz. É na obra destes que vemos uma metafísica da substância que se liberta totalmente da herança filosófica escolástica aristotélica.

AGRADECIMENTOS

Além dos trabalhos citados a seguir, beneficiei-me da leitura de um artigo não publicado sobre substância de autoria de Justin Broackes, de esboços do capítulo de Marleen Rozemond e do capítulo de Paul Hoffman que integram este presente volume. Entre as minhas referências, achei o artigo de Peter Markie (Markie, 1994) particularmente útil. Além disso, ambos os editores, Janet Broughton e John Carriero, fizeram sugestões valiosas.

REFERÊNCIAS E LEITURAS ADICIONAIS

Aristotle (1963). *Aristotle's "Categories" and "De Interpretatione"*. Trad.: J. L. Ackrill. Oxford: Clarendon Press.

Audi, R. (ed.). (1995). *The Cambridge Dictionary of Philosophy*. Cambridge: Cambridge University Press.

Bennett, J. (2001). *Learning from Six Philosophers*, 2 vols. Oxford: Clarendon Press.

Broughton, J. e R. Mattern. (1978). "Reinterpreting Descartes on the notion of the union of mind and body". *Journal of the History of Philosophy* 16: 23–32.

Chappell, V. (1994). "L'homme cartésien". In: J.-M. Beyssade e J.-L. Marion (eds.). *Descartes: objecter et répond*. Paris: Presses Universitaires de France: 403–426.

Chappell, V. (1997). "Descartes's ontology". *Topoi* 16: 111–27.

Chappell, V. (2006). "Comments on Hoffman on principal attributes". Disponibilizado online, juntamente com a resposta de Hoffman, em http://www.courses.umass.edu/chappell/publications.html.

Cottingham, J. (1985). "Cartesian trialism". *Mind* 94: 218–30.

Garber, D. (1992). *Descartes's Metaphysical Physics*. Chicago: University of Chicago Press.

Hoffman, P. (1986). "The unity of Descartes's man". *Philosophical Review* 95: 339–370.

Hoffman, P. (1999). "Cartesian composites". *Journal of the History of Philosophy* 37: 251–270.

Kaufman, D. (2008). "Descartes on composites, incomplete substances, and kinds of unity". *Archiv für Geschichte der Philosophie* 90(1): 39-73.

Kaufman, D. (inédito). "Cartesian Corporeal Substances: The Material World and Its Residents in Descartes' Metaphysics".

Markie, P. (1994). "Descartes's concepts of substance". In: J. Cottingham (ed.). *Reason, Will and Sensation*. Oxford: Clarendon Press: 63–87.

Schmaltz, T. (1992). "Descartes and Malebranche on mind and the mind-body union". *Philosophical Review* 101: 281–325.

Stuart, M. (1999). "Descartes's extended substances". In: R. J. Gennaro e C. Huenemann (eds.). *New Essays on the Rationalists*. Nova York: Oxford University Press: 82–104.

Voss, S. (1994). "Descartes: the end of anthropology". In: J. Cottingham (ed.). *Reason, Will and Sensation*. Oxford: Clarendon Press: 273–306.

16

Descartes e a metafísica da extensão

C. G. NORMORE

Os conceitos de corpo, extensão e espaço são centrais para o pensamento de Descartes e tão intimamente conectados uns com os outros que não é exagero sugerir que compreender um é compreender todos eles. Há outros conceitos, notadamente o de movimento (e repouso) e o de duração (e tempo), que são apenas levemente menos conectados e que uma explicação completa da metafísica subjacente à física de Descartes envolveria. Mas, uma vez que a noção de extensão em sentido mais ou menos técnico está no centro dos conceitos de corpo e de espaço, movimento e duração podem ser compreendidos como extensos apenas em um sentido amplo do termo, e não tratarei deles aqui.

A ontologia oficial de Descartes inclui apenas substâncias e seus modos. Quando nos concentramos nos conceitos de corpo, de extensão e de espaço surgem várias questões sobre como esses conceitos estão relacionados aos de substância e modo. Os corpos são substâncias ou modos? Descartes sustenta que corpos têm partes. As partes dos corpos são substâncias, modos ou um terceiro item não presente na ontologia oficial? Quantos corpos existem e quantos deles são substâncias? Como são individualizados? Descartes sustenta também que diferentes corpos podem ocupar o mesmo lugar ou espaço em momentos diferentes. O que então é espaço ou lugar e como se relaciona ao corpo e à extensão?

O objetivo desse capítulo é explorar algumas teses tradicionais, porém merecidamente controversas acerca dessas questões. Uma é a de que, em pelo menos um uso, "extensão" funciona para Descartes como um substantivo contável. Há precisamente tantas extensões quantas forem as substâncias extensas e cada substância extensa (ou extensão) é exatamente uma extensão. Uma segunda tese é a de que cada parte de uma substância extensa (ou extensão) é, ela própria, uma substância extensa (ou extensão), de tal modo que há indefinidamente muitas substâncias extensas. Uma terceira tese é a de que os corpos que aparecem nas leis do movimento de Descartes não são (exatamente) substâncias extensas, nem o são os corpos humanos ou os objetos tipicamente materiais da vida cotidiana – gatos, câmeras, e coisas assim. Uma quarta tese é a de que um espaço, no sentido de um "lugar externo", é apenas a substância extensa que o "ocupa" em um dado momento – embora o mesmo espaço possa ser substâncias diferentes em momentos diferentes.

EXTENSÃO E SUBSTÂNCIA EXTENSA?

Ao menos à época dos *Princípios* I, 53, Descartes afirma que a relação entre extensão (*extensio*) e substância extensa (*res extensa*) é a que existe entre uma substância e seu atributo principal (1: 210; AT 8A: 25). De acordo com os *Princípios* I, 63, pensamento e extensão podem ser considerados como constituintes das naturezas da substância pensante e da substância extensa e, assim, "não devem ser concebidos de outro modo senão como a própria substância pensante e a substância extensa – isto é, como mente e corpo" (1: 215; AT 8A: 30-31). Se consistentemente levamos a cabo essas considerações, somos levados a concluir que um sujeito, *res extensa*, e aquilo que é dito desse sujeito, extensão, são exatamente a mesma coisa. Como pode ser isso e quais as suas consequências?

Deixe-me enfatizar a forma da afirmação. É que, para Descartes, (um) corpo é (uma) extensão. Nesse quadro, (um) corpo não é (uma) extensão de alguma outra coisa – de alguma "coisa" (*res*) que não seja extensão, mas é a própria extensão. Caso se pretenda, como Descartes o fez, falar sobre uma coisa aqui, então essa coisa é a própria extensão. Há um correlato natural desse quadro para a mente. Nesse, (uma) mente não é algo que tem pensamento, mas é ela própria (um) pensar (embora, como veremos, ela não seja um pensamento). Se isso está correto, então Descartes aboliu ou ao menos alterou consideravelmente as distinções tradicionais entre substâncias e qualidades ou, em termos mais gerais, entre coisas (em sentido bem amplo) e suas propriedades (igualmente em sentido amplo).

Já vimos a afirmação de Descartes, nos *Princípios* I, 63, de que a extensão é a natureza da substância extensa e por isso devemos considerá-la como "não sendo outra coisa que" substância extensa, isto é, corpo. Ali, ele explica que encontramos dificuldades para abstrair a noção de substância em geral porque a distinção entre as noções de pensar e extensão e a de substância é apenas uma distinção de razão. Pode-se achar isso enigmático. É plausível que haja apenas uma distinção de razão entre (digamos) pensamento e substância pensante, mas como poderia haver apenas uma distinção de razão entre pensamento e a própria substância se a distinção entre substância e substância extensa é apenas de razão?

Entendo que Descartes aqui esteja defendendo o ponto delicado de que, embora, à medida que temos uma concepção de substância seja esta uma abstração a partir de nossa concepção de substância extensa e substância pensante, é na verdade difícil formar essa concepção abstrata precisamente porque extensão é o que uma substância extensa é, e pensamento é o que uma substância pensante é, e não há aspecto comum que pensamento e extensão tenham além do aspecto puramente formal de serem capazes de ser determinados em modos. Essa forma de pensar é bem manifesta no artigo seguinte, em *Princípios* I, 64, no qual Descartes explica como se pode considerar pensamento e extensão também como modos de substância. Ao fazermos isso, não compreendemos pensamento ou extensão neles mesmos, mas sim pensamento ou extensão enquanto determinados de um modo ou de outro. Entre a substância e a determinação assim compreendida há, como aponta Descartes, uma distinção modal, porque embora (digamos) uma substância pensante não possa ser entendida na qualidade de não pensante, pode ser compreendida como não pensante neste ou naquele pensamento.

A concepção de que não devemos distinguir uma substância de sua natureza, por exemplo, uma substância extensa de sua extensão, não é uma noção que Descartes tenha subitamente adotado nos *Princípios*. Já nas *Regulae* (Regra 14) encontramos um texto surpreendente em que Descartes fala de (uma) extensão como a portadora de propriedades. Ele escreve:

> Por 'extensão' queremos dizer tudo o que tem comprimento, largura e profundidade, deixando de lado a questão sobre se é um corpo real ou meramente um espaço. Considero que essa noção não precisa de nenhuma elucidação adicional, pois não há nada mais fácil de perceber por nossa imaginação. É claro que o homem ilustrado emprega com frequência distinções tão sutis que dispersam a luz natural e detectam obscuridades mesmo em assuntos perfeitamente claros para um campônio. Assim, devemos apontar para essas pessoas que, pelo termo 'extensão', não queremos dizer algo distinto e separado do próprio sujeito, e que, de um modo geral, não reconhecemos entidades

filosóficas que não sejam genuinamente imagináveis. Pois, embora alguém possa se convencer de que não seja contraditório que a extensão *per se* exista nela própria, mesmo que tudo o que é extenso no universo fosse aniquilado, ele não estaria incorporando uma ideia corpórea ao conceber isso, mas apenas um juízo incorreto do intelecto puro (1: 58-9; AT 10: 442-443).

Considero que Descartes aqui afirma que aqueles que pensam que podem conceber um espaço inteiramente vazio estão errados precisamente porque conceber uma extensão é conceber uma coisa extensa e, portanto, não pode haver uma ideia genuína de um vácuo extenso. Assim, aquele que pensa que um vácuo extenso não é autocontraditório não está compreendendo a ideia, mas fazendo um juízo incorreto.

Em *O mundo* (escrito ao menos alguns anos mais tarde), vemos Descartes defendendo a mesma posição, afirmando não apenas que onde se encontra uma extensão há alguma coisa extensa, mas que distinguir extensão daquilo que é extenso (aqui, "matéria") é um erro filosófico que a escolástica comete. Falando na concepção escolástica de matéria, ele escreve:

> Todavia, os filósofos são tão sutis que conseguem achar dificuldades nas coisas que parecem extremamente claras aos olhos dos outros homens, e a lembrança que guardam da 'matéria primeira', que sabem ser difícil de conceber, pode desviá-los do entendimento da concepção que exponho. Assim, devo dizer-lhes aqui que, a menos que eu me engane, toda a dificuldade que eles têm relativamente à sua matéria advém apenas do fato de que querem distingui-la de sua quantidade e de sua extensão externa, isto é, da propriedade que ela tem de ocupar espaço. [...] Mas eles não deveriam estranhar se eu suponho que a quantidade que pertence à matéria que descrevo não é diferente de sua substância, da mesma forma que o número não difere das coisas numeradas, e que concebo sua extensão ou a propriedade que ela tem de ocupar espaço não como um acidente, mas como sua verdadeira forma e essência (AT 11: 35-36).

Que a relação entre extensão e a coisa extensa é exatamente a do número com as coisas numeradas é a analogia que guia Descartes nesse assunto. Ele a desenvolve nos *Princípios* II, 8, em que entra em detalhes sobre as relações entre a quantidade e a substância extensa. Primeiramente, ele insiste que a distinção "é apenas conceitual, como a que há entre número e a coisa numerada". Depois, mostra que podemos considerar a natureza de uma substância extensa separadamente de sua quantidade porque "compreendemos essa natureza como sendo exatamente a mesma em qualquer parte do espaço e no espaço todo", o que, para mim, significa que, ao conceber o que é ser uma substância extensa, não precisamos conceber nenhuma em particular. Como ele imediatamente mostra, a situação é a mesma com os números. Para compreender *10*, não precisamos compreender nenhuma coleção particular de 10, assim como, para compreender 10 pés, precisamos compreender como certos 10 pés, mas não precisamos conceber quaisquer 10 pés em particular. Nos *Princípios* II, 9 ele resume essa posição assim:

> Outros podem discordar, mas eu não acho que eles tenham uma percepção alternativa do assunto. Quando fazem distinção entre substância e extensão ou quantidade, ou bem não compreendem nada pelo termo 'substância', ou bem têm uma ideia confusa de substância incorpórea que falsamente atribuem à substância corpórea, e relegam a ideia verdadeira de substância corpórea à categoria de extensão que chamam, entretanto, de acidente. Assim, não há correspondência entre o que exprimem verbalmente e o que apreendem em suas mentes (1: 216-217; AT 8A: 45).

Com efeito, como a passagem das *Regras* citada acima já indica, na raiz da rejeição da inteligibilidade de um vácuo por parte de Descartes está a noção de que conceber uma extensão é exatamente conceber alguma coisa extensa. Por exemplo, nos *Princípios* II, 16, ele escreve:

> É manifesto que pelo fato de a extensão do espaço ou de lugares internos não ser diferente da extensão do corpo, não se pode admitir um vácuo no sentido filosófico, isto é, [um] no qual não haja qualquer substância. Pois a partir disso somente, que um corpo é extenso em cumprimento, largura e profundidade, podemos corretamente concluir que este é uma substância, porque é de todos os modos inconsistente que haja uma extensão de nada, e, além disso, deveríamos concluir do espaço que supostamente é vácuo que, visto haver uma extensão nele, necessariamente há nele uma substância (1: 229-230; AT 8A: 49, tradução alterada).

Descartes nunca abandona essa concepção. Em uma carta ao Marquês de Newcastle de outubro de 1645, Descartes afirma que nossa ideia de matéria é exatamente a de espaço.

> Eu também disse expressamente em meu artigo 18 da Parte II que considero que a existência de um vácuo envolve uma contradição porque temos a mesma ideia de matéria quando temos a de espaço. Dado que essa ideia representa para nós uma coisa real, estaríamos nos contradizendo, e afirmando o contraditório do que pensamos, se disséssemos que o espaço é vazio, isto é, que algo que concebemos como uma coisa real não é real. (3: 275; AT 4: 329)

Posteriormente, ainda, como no verão de 1648 ele manteve em sua conversa com Roberval (se este pode ter crédito) que o corpo e o espaço são inteiramente o mesmo (AT 11: 689).

É claro, o foco da discussão de Descartes não é nos mostrar que a substância extensa é apenas extensão, mas sim mostrar que extensão é sempre substância extensa – isto é, que não há extensão sem algo extenso. Note-se, entretanto, que o problema que ele parece perceber na suposição de que possa haver extensão sem alguma coisa extensa não é de que exista um absurdo conceitual envolvido em pensar a extensão mesma como um sujeito de propriedades, mas sim que existe um absurdo conceitual envolvido em admitir tal sujeito e ao mesmo tempo insistir que é preciso mais para se ter uma substância. Esse é o tema de Descartes do começo ao fim – que extensão só é matéria, isto é, substância extensa. Extensão traz consigo a noção de ser um sujeito. Nada mais é necessário.

Comentadores têm relutado em aceitar uma identificação direta de extensão com matéria em Descartes. Suspeito que a razão principal para essa relutância é filosófica. Extensão parece ser um aspecto ou uma propriedade de alguma coisa. Substância, por outro lado, parece ser uma portadora de aspectos de propriedades. Identificar os dois parece provocar um erro categorial. Essa preocupação já aparece no escritor João de Filopono, no século XVI, que, em parte por essas razões, aparentemente, considera extensão distinta de corpo.

> Pois o que é extenso em três dimensões não é automaticamente um corpo, uma vez que é em virtude de ser outra coisa que o corpo extenso em três dimensões. Corpo é substância; quantidade é uma propriedade de substância, e também ter três dimensões é uma propriedade de substância. Mas corpo é substância, e, assim, ter três dimensões é uma propriedade de corpo. Pois é corpo porque é composto de matéria e uma determinada forma, mas, uma vez que quantidade é uma propriedade inseparável de corpo, ele é extenso em três dimensões. (Furley, 20; Filopono, 561)

Descartes não pensa que corpo seja composto de matéria e forma, visto que ele nega em geral que haja formas substanciais de seres materiais, mas pode-se naturalmente supor que ele pensa que *res extensa* seja uma coisa (matéria) que tem a propriedade essencial e inseparável de ser extensa em três dimensões. Isso é precisamente o que considero que ele nega. Matéria não é uma coisa que tem extensão; em vez disso, é extensão e é, por isso mesmo, por assim dizer, uma coisa. É possível que isso faça sentido em termos filosóficos?

Primeiramente, vou tentar dar algum sentido histórico. Há dois pensamentos que precisamos ser capazes de pensar para que essa posição que atribuí a Descartes faça algum tipo de sentido. Um é que uma quantidade enquanto tal pode ser capaz de ser portadora de propriedades e, assim, Filopono está errado ao pensar que ter três dimensões seja uma propriedade de alguma coisa que tem uma quantidade, e não a própria quantidade. O outro é que quantidade não é apenas um aspecto de uma substância, nem mesmo um aspecto inseparável ou essencial, mas sim a própria substância.

Esses pensamentos têm uma história na tradição medieval que pode ser útil para lançar alguma luz acerca de como pode acontecer que Descartes tenha sido capaz de enevoar a distinção tradicional entre quantidade e substância em um piscar de olhos.

A quantidade é uma das nove categorias acidentais de Aristóteles e, segundo uma interpretação tradicional dessas categorias, um item que pertença a qualquer uma delas é dependente de uma substância tanto para sua existência quanto para sua individuação. Há, entretanto, sinais de que, em Aristóteles, a matéria é de algum modo um princípio de individuação. Que a matéria possa explicar a individuação é uma noção enigmática, visto que parece ainda menos provável que a matéria seja candidata a ser um indivíduo do que a forma. Como então poderia a matéria, tão extremamente carente de individuação ela própria, explicar a individuação de substâncias? Avicenas corta esse nó górdio distinguindo a matéria enquanto tal da matéria quantificada e sugerindo que a matéria quantificada é individuada por sua quantidade. Não é claro o que precisamente Avicenas tinha em mente, mas Tomás de Aquino retomou a sugestão e a usou para resolver um problema teológico muito complexo – o da fenomenologia da Eucaristia.

Como compreende Tomás de Aquino, o que ocorre na Eucaristia é que o pão da hóstia e o vinho na taça são convertidos em Corpo e Sangue de Cristo, mas, ainda assim, as qualidades acidentais de pão e vinho permanecem, porém não como acidentes do Corpo de Cristo. Permanecem como? Esses acidentes são formas acidentais e, assim, são individuadas por uma relação que têm com outra coisa. O que precisamente é essa outra coisa?

Formas acidentais são formas, e formas nelas mesmas, para Tomás de Aquino, não são universais nem individuais. Enquanto na mente, elas são universais. Enquanto nas substâncias individuais, são individuais. Mas, visto não serem individuais nelas mesmas, Tomás de Aquino entende que têm de ser tornadas individuais. Formas individuais são individuadas pelo sujeito no qual inerem, mas o que exatamente é isso? Tomás de Aquino sugere que as formas substanciais de substâncias materiais são individuadas pela matéria que informam. Mas, ainda segundo a sua concepção, a única matéria em uma substância é a matéria-prima. Matéria-prima nela mesma não é mais individual do que formas substanciais. Como então pode ocorrer que dois princípios que não são individuais combinem fazendo algo que o é? Em seus escritos teológicos, Tomás de Aquino parece lidar com esse problema sugerindo que a matéria é individuada antes, logicamente, de ser informada por uma forma substancial. A matéria é individuada por ter dimensões, isto é, por ser quantificada. (Isso torna a quantidade, que afinal de contas é um acidente para Aristóteles, um acidente muito estranho na verdade.)

A concepção aquiniana parece ser a de que, nos casos corriqueiros, tanto substâncias materiais quanto acidentes materiais são individuados por existirem em parcelas individuais da matéria, as quais são, elas mesmas, sujeitos primeiros de quantidades com dimensões (o que os padres dominicanos, em sua tradução da *Summa Theologiae* chamam de "*quantitas dimensiva*") pelos quais os acidentes são imediatamente individuados. No caso específico da Eucaristia, a matéria é transformada na matéria do corpo de Cristo, mas a quantidade com dimensões permanece como um item subsistente que ainda serve como base para (e agora pode ser considerada como o sujeito de) outros acidentes. Assim, Tomás de Aquino ajusta o quadro aristotélico segundo o qual aquilo que um acidente é que um modo que uma substância é, mas do modo minimamente necessário para explicar a Eucaristia. Ele sustenta que todo acidente diferente da quantidade requer um sujeito distinto dele, mas admite que, por milagre, pode existir quantidade sem inerir em um sujeito e que ela pode servir como sujeito de outros acidentes.

Se isso é correto, então vemos na explicação da Eucaristia dada por Tomás de Aquino que a quantidade pode servir como sujeito de acidentes qualitativos. Vemos, além disso, que, para Tomás de Aquino, embora a quantidade não possa existir naturalmente separada de uma substância, ela o pode sobrenaturalmente – não há nada na natureza da quantidade que requeira alguma coisa além do concurso usual de Deus para sustentar sua existência. Assim, na Eucaristia, Deus tem que realizar um milagre exercendo, além dos papéis usualmente exercidos por ele, o papel de sustentar, o qual é ordinariamente exercido por uma substância criada quando se trata da quantidade.

Tomás de Aquino, em seus escritos teológicos, propõe que a quantidade é tanto primitivamente individuada, e não pela substância na qual é inerente, quanto pode ser miraculosamente conservada pelo poder de Deus sem inerir em qualquer substância, mas não há pistas ou partes dessa tese em seus comentários a Aristóteles, em que ele sustenta sua posição "ortodoxa" de que a substância na qual ela é inerente está envolvida naquilo-que-é um acidente, inclusive quantidade – posição que parece implicar que haveria uma contradição em um acidente existir separadamente de toda e qualquer substância. O passo seguinte, para a concepção de que quantidades e qualidades têm ser em si mesmas de tal modo que não é necessário um milagre para existirem separadamente de substância, pode ser encontrado, como Georgio Pini recentemente mostrou, na versão final de Scotus sobre a Eucaristia. Enquanto Tomás de Aquino começa como um filósofo com a intuição aristotélica de que acidentes são únicos – no sentido de que, para que um acidente seja, é preciso que uma substância seja tal-e-tal –, e enquanto teólogo apenas relutantemente abre uma exceção, apenas para quantidade e apenas no contexto da Eucaristia, Scotus, no final de sua vida, parece ter concluído que, por razões filosóficas e teológicas, qualidades, quantidades e relações são seres genuínos e que nenhum ser criado genuíno, seja substancial ou acidental, é essencialmente dependente (isto é, dependente para ser o que é) de qualquer outro ser criado. Na concepção madura de Scotus, nada há naquilo que uma quantidade ou uma qualidade é que torne necessário que ela seja inerente em alguma coisa. Assim, a existência de quantidades desassociada da de substâncias não necessita de um milagre. O que precisa, se não de um milagre, pelo menos de uma explicação, é por que o mundo é organizado de modo que acidentes normalmente e naturalmente são inerentes a substâncias. Não se pode mais derivar esse aspecto da ordem da natureza diretamente da natureza dos itens, das substâncias e dos acidentes envolvidos. Além disso, os acidentes não adquiriram uma nova robustez ontológica; chegamos ao que Descartes descreve como a tese dos acidentes reais.

Descartes critica a tese dos acidentes reais com base na ideia de que ela constitui acidentes em substâncias. A crítica, nesse contexto, é reveladora porque mostra como Descartes pensou que aquilo que podia existir separadamente de toda outra substância criada seria *ipso facto* uma substância. Assim, se quantidades podem existir sem existir em alguma outra coisa como sujeito, então, no olhar de Descartes, elas são substâncias.

Scotus aceita a independência ontológica da qualidade com relação a substâncias mas, diferentemente de Tomás de Aquino, não privilegia a quantidade como portadora de outros acidentes e, embora forneça um fundamento para a concepção de que a quantidade é uma substância, não extrai daquela esta consequência.

Ockham o faz. Ockham tem cuidado ao endossar qualquer teoria em particular acerca do estatuto ontológico da quantidade, mas há uma concepção que ele consistentemente atribui a Aristóteles e que parece ser a sua própria concepção. Tal é a de que "nenhuma quantidade é realmente distinta da substância e da qualidade" e que a "quantidade continuamente permanente é apenas uma coisa com uma parte distinta de uma outra parte em situação [*situs*], de tal modo que essas duas expressões, 'quantidades continuamente permanentes' e 'coisas com partes distintas entre si', têm significados tão equivalentes que seus termos poderiam ser convertíveis" exceto, como ele acrescenta, por haver alguma diferença quanto à sua constituição lógica ou gramatical – uma diferença que não afeta o que discriminam – que impeça que sejam sinônimos. Ele acrescenta: "E, portanto, quando uma substância tem uma parte distinta de outra parte em situação, e do mesmo modo quando isso ocorre com uma qualidade, uma quantidade não será outra coisa que a substância e uma quantidade não será outra coisa que a qualidade". Ao voltar-se para a quantidade discreta ele resume essa concepção desse modo:

> Quanto à quantidade discreta, dizem que números são simplesmente coisas numeradas. A partir disso, dizem, assim como a unidade de uma coisa não é *um* acidente acrescentado à coisa que é *uma*, o número não é um acidente acrescentado às coisas que são numeradas (*S.L.* 1, cap. 44; minha tradução).

Há muitas passagens como esta na obra de Ockham e elas têm sido lidas pelos seus intérpretes como parte do projeto deste nominalista de eliminar as quantidades em favor das substâncias e qualidades. Elas podem, entretanto, ser vistas de modo diferente: afirmando que onde quer que haja quantidade há *ipso facto* ou bem uma qualidade ou bem uma substância. Porém, visto que Descartes pensa que uma qualidade real seria uma substância, essas alternativas equivalem à mesma coisa; assim, temos aqui uma base fértil para a ideia de que a extensão (quantidade continuamente permanente) é simplesmente substância extensa.

Como sugerido acima, há bases textuais para atribuir essa posição a Descartes. Há, entretanto, textos que parecem apontar para uma direção diferente e que levaram alguns autores à conclusão de que é possível rejeitar esta possibilidade, ou seja, de atribuir essa concepção a Descartes com base apenas em textos. De acordo com a maioria dos autores que tem essa orientação, as passagens mais vigorosas estão nas objeções de Hobbes às *Meditações* de Descartes e nas suas respostas àquelas. Segundo uma leitura dessas passagens, Hobbes acusa Descartes de, no caso do pensamento (*cogitans*) e da substância pensante (*res cogitans*), sustentar exatamente a posição que estou atribuindo a ele com relação à extensão e à substância extensa, o que Descartes, indignado, nega com base no que parece generalizável também para o caso da extensão. Hobbes sugere que, ao argumentar partindo da indubitabilidade de seu pensamento para a conclusão de que ele é um (a coisa) pensante, uma *res cogitans*, Descartes combina uma substância com um modo. Descartes se esforça por negar essa combinação. Como vejo, a objeção de Hobbes não é a que Descartes tenha inferido ilegitimamente do fato de que está pensando a conclusão de que ele é um (uma coisa) pensante, uma *res cogitans*, mas sim a que tenha inferido (seja de modo legítimo ou não) do fato de que está pensando a conclusão de que ele é um pensamento (*cogitans*). Descartes lida com a acusação de modo interessante. Insistindo (corretamente) que o particípio *cogitans* em latim preserva uma ambiguidade entre o ato de pensar e aquele que pensa – o pensador –, ele afirma, de modo indignado, que seu uso deve ser compreendido da segunda maneira, de tal modo que *cogitans* seja compreendido como o portador de modos e atos. Descartes não nega, como queria Hobbes, a identidade entre uma substância com sua essência (mais uma vez, uma tese comum entre os escolásticos tardios, embora problemática para Hobbes e para muitos tomistas). Em vez disso, insiste que, em um sentido relevante, ser *cogitans* é ser uma substância. Assim, a discussão com Hobbes prossegue como se espera no caso de Descartes estar assumindo que uma atitude como *cogitans* também é um sujeito. *Pari ratione*, o mesmo deve se aplicar à extensão.

Há ainda uma outra consideração que aponta em direção da conclusão de que a extensão não é uma característica de alguma outra coisa a ela subjacente. É a de que Descartes não parece ter uma concepção positiva de substância distinta de seus atributos e, portanto, não há nada positivo em comum entre a *res cogitans* e a *res extensa* – a *res* presente em ambas tem o papel apenas de insistir, mais uma vez, contra aqueles que pensam como Hobbes, que não estamos aqui tratando de uma característica de alguma coisa e, assim (como sugere Descartes nos *Princípios* I, 51), o conceito de substância finita nos diz apenas que sua existência não requer nada além de Deus. Penso que a base real para a oposição à ideia de que corpo é apenas extensão é a preocupação filosófica de que aceitá-la é cometer um erro categorial. Minha própria preocupação é se não aceitá-la não seria um erro filosófico, ao menos no contexto do pensamento de Descartes. Suponha que sustentemos que matéria não é extensão mas sim algo extenso – alguma coisa que é logicamente anterior a ser extenso. Ora, como Helen Cartwright notou, há um problema com a comparação entre quantidades de coisas. Ela dá o exemplo de uma receita que diz: "Pegue partes iguais de farinha e de mostarda". Suponha que eu pegue uma colher de chá de cada e você, uma onça. Teríamos nós dois seguido a mesma receita? Uma colher de chá de mostarda pesa mais do que uma colher de chá de farinha, assim, pela minha medida, você pegou mais farinha do que mostarda, e pela sua eu peguei mais mostarda do que farinha. Compare com um livro acerca de subornos que diga: "Certifique-se de dar quantidades iguais de ouro para o rei e para o bispo". Nesse caso, não importa que medida eu use. Posso levar, para cada um, meio quilo de ouro, meio metro cúbico de ouro, ou qualquer outra medida. Note-se que não posso fazer o mesmo se o livro disser: "Certifique-se de dar quantidades iguais de coisa brilhante ao rei e ao bispo". Eu sigo esse conselho se a um dou um metro cúbico de ouro e a outro um metro cúbico de contas de vidro, ou se a um dou um quilo de ouro e a outro um quilo de contas de vidro, ou... ? Ouro não é uma coisa dourada mais do que é uma coisa brilhante. É uma variedade.

Agora, considere o exemplo da cera de Descartes na Segunda Meditação. Descartes aproxima a cera do fogo, ela derrete e seu tamanho (*magnitudo*) aumenta.

Sed esse, dum loquor, igni admovetur: saporis reliquiæ purgantur, odor expirat, color mutatur, figura tollitur, crescit magnitudo.

[Mas, enquanto falo, aproximo a cera do fogo e olho: o que restava de sabor é eliminado, o cheiro se esvai, a cor se modifica, a forma é perdida, o tamanho aumenta.] (2: 20; AT 7: 30)

Seu tamanho se modificou. Teria a sua *extensio* se modificado? Admitindo que a matéria que supomos aqui seja essencialmente extensa, isso significa que tenha essencialmente um volume fixo? O que isso significa? Posteriormente, embora não nas *Meditações*, Descartes explica como o tamanho da cera pode mudar ainda que a *extensio* não mude. Sua explicação é que, quando a cera derrete, pequenas partículas de outra coisa se introduzem entre as partículas da cera de tal modo que, embora as partículas da cera sejam exatamente as mesmas de antes, elas estão mais afastadas umas das outras do que antes. A cera tem a mesma extensão. Mas o que isso pode significar? Podemos imaginar uma situação (em um vórtice, por exemplo) em que, por mais que dividamos, sempre encontraremos partículas de não-cera entre partículas de cera. Que extensão teria a cera então?

A proposta que endosso evita todos esses problemas. Nessa proposta, um corpo é uma quantidade, um volume, se você preferir, e a medida volumétrica é a sua medida. Nessa proposta, "extensão", como "ouro", é um termo tipo, e, visto que Descartes não é atomista, proponho, do mesmo modo que, intuitivamente, eu poderia pegar uma onça (ou uma colher de chá!) de meu ouro e misturá-lo com o seu ouro tanto quanto se quisesse, sem afetar a quantidade de ouro que é minha, também posso pegar uma determinada quantidade de extensão e misturá-la tanto quanto se queira com uma extensão que não esteja nessa *quantidade*, sem que por isso a quantidade da extensão original se modifique.

CORPOS E SUBSTÂNCIAS EXTENSAS

Se substância extensa e extensão são idênticas para Descartes, o que dizer de extensões? Podemos legitimamente afirmar que, assim como Descartes não faz distinção entre extensão e *res extensa*, tampouco o faz entre uma extensão particular e uma *res extensa* particular? Podemos, a partir dessa linha de raciocínio, concluir que cada extensão para ele é uma substância extensa distinta?

Se nos voltarmos mais uma vez para os *Princípios* II, 8, parece que vemos Descartes identificando uma quantidade contínua particular, isto é, uma extensão particular, com uma substância extensa.

> Na realidade, entretanto, é impossível tirar da quantidade ou da extensão até mesmo a menor fração, sem com isso remover também o mesmo da substância; e, inversamente, é impossível remover a menor quantidade da substância sem com isso tirar exatamente o mesmo da quantidade ou extensão.

É exatamente na próxima passagem, no início de *Princípios*, II, 9, que ele insiste que aqueles que distinguem substância de extensão estão confusos. A princípio, então, temos razões para pensar que Descartes de fato identifica substâncias extensas particulares com extensões particulares. Entretanto, antes de podermos explorar mais essa questão, deve-se dizer alguma coisa sobre a relação entre corpo e substância extensa. Deve-se dizer alguma coisa porque a discussão a respeito de se devemos entender Descartes sustentando que há uma substância extensa ou muitas tem sido confundida em virtude de suposições acerca da relação entre corpo e substância extensa – e, assim, se estou certo, em virtude de suposições acerca das relações entre corpo e extensão.

Começarei então perguntando se a identidade e a distinção da extensão nos dá a identidade e a distinção dos corpos. Descartes, de um modo geral, é notadamente reticente acerca de questões sobre individuação. Ele nunca, por exemplo, oferece-nos qualquer coisa como um critério de individuação de mentes. No que diz respeito aos corpos, ele é um pouco mais eloquente. Uma das discussões mais explícitas está em sua carta a Mesland, de 9 de fevereiro de 1644. Nela, ele distingue dois sentidos de "corpo" (*corps*). Em um sentido, quando falamos de "corpos em geral", diz Descartes, um corpo continua exatamente o mesmo, de tal modo que podemos dizer dele que é *idem numero* – isto é, numericamente o mesmo – quando cada partícula de matéria que o constitui é a mesma. Em outro sentido, quando falamos do corpo de um ser humano, dizemos que temos o mesmo corpo se falamos daquilo que está unido à mesma alma humana. Nesse sentido, parece, partes inteiramente diferentes de matéria poderiam estar unidas à mesma alma em momentos diferentes e ainda assim ser o mesmo corpo (humano).

No caso de corpo em geral, então, o critério de identidade do corpo é a identidade das partes que constituem o corpo, e – o que não é surpreendente se o que foi dito acima sobre quantidade, extensão e *res extensa* estiver correto – a identidade das partes é considerada como identidade da quantidade que constitui o corpo. Compreendido desse modo, corpo é substância? Caso seja, quantas substâncias existem?

Essa pergunta é um modo de se chegar à questão acerca de quantas substâncias extensas Descartes pensa existir, mas não é exatamente a mesma questão porque, penso, a questão acerca de quantas substâncias extensas existem foi embaralhada pela suposição de que, se há muitas substâncias extensas, para Descartes, elas são corpos, não no sentido técnico empregado quando ele fala de corpo em geral na carta a Mesland, mas ou bem no sentido em que falamos de corpos na vida cotidiana – mesas, cadeiras e coisas assim – ou bem em sentido mais técnico, mas ainda assim distinto daquele utilizado por Descartes ao se referir a corpos nos *Princípios* II, 25, quando afirma:

> Por um corpo ou uma parte de matéria eu entendo tudo o que é transferido conjuntamente, embora isso possa de fato consistir de muitas partes que têm outros movimentos nelas mesmas. (AT 8A: 53-54, tradução alterada)

Frequentemente, supõe-se que a condição a que Descartes aqui se refere – a condição de ser um conjunto de matéria ou extensão com um movimento comum – é a que ele considera como um critério metafísico de individuação para substâncias extensas. Isso não me parece provável, uma vez que há um problema filosófico em individuar substâncias extensas pelo movimento, um problema ao qual penso que Descartes seria bastante sensível. Suponha que consideremos que seja critério para corpos a existência de um movimento em comum de tal modo que, se o universo inteiro estivesse em repouso relativo, haveria apenas um corpo. Ora, então um único corpo tem um único movimento. Mas, para Descartes, movimento é, no máximo, um modo, e um modo é sempre um modo *de uma substância* e ontologicamente dependente daquilo do qual ela é modo. Se levarmos a sério a individuação – como uma questão metafísica e não epistemológica –, temos que admitir que há um embaraço, a saber: como algo pode ser feito para ser o que é por meio de algo logicamente posterior a ele e ontologicamente dependente dele?

Além disso, Descartes afirma que o movimento é relativo. A relatividade do movimento significa que não encontramos mais movimento-modo em um determinado corpo do que nos outros corpos relativamente aos quais dizemos que o determinado corpo se move. Isso implica que podemos individuar corpos por seus movimentos apenas em relação a outros corpos que já foram desse modo individuados. Mais uma vez, isso não é um problema epistêmico insuperável, mas, se a individuação for uma condição metafísica necessária para uma substância ser, isso viciaria por completo a iniciativa.

O que então está pretendendo Descartes nos *Princípios* II, 25? Minha sugestão é a de que ele não está definindo "corpo", mas sim selecionando os corpos relevantes para a sua física. As leis do movimento de Descartes se aplicam precisamente a corpos no sentido dos *Princípios* II, 25 – isto é, a itens que têm um movimento em comum e que estão, entre eles mesmos, em movimento relativo. Mas, se negarmos que o movimento possa individuar corpos, não ficamos sem poder fazê-lo?, e isso não nos leva a concluir que há apenas corpo substancial para Descartes – a saber, o todo da substância extensa?

Digo que não. Mesmo concedendo que aquilo que Descartes diz na carta a Mesland acerca do corpo em geral é infundado, se considerado como um critério – visto que fornece uma condição para a identidade de corpos em termos de partes que, por sua vez, são outros corpos, o que pressuporia portanto que, de algum modo, já poderíamos individuar corpos –, mesmo assim, isso seria compatível com a ideia de que as substâncias extensas para Descartes são corpos no sentido de quantidades às quais toda parte é essencial. A razão pela qual essas duas ideias são compatíveis é a de que não precisamos supor que Descartes considera que seja possível fornecer os critérios de individuação para substâncias. Ele nunca fornece critérios de individuação para mentes e isso não fez com que muitos supusessem que ele pensa que não existem mentes distintas. Por que, então, considerar corpos no sentido de partes da extensão/matéria à qual toda parte é essencial exigiria algo além? A busca por critérios de individuação só tem sentido se consideramos que indivíduos têm que ser individuais. Minha sugestão é que Descartes se contenta em considerar primitiva a individualidade de objetos básicos.

Se a linha de raciocínio que venho seguindo até agora está no caminho certo, Descartes pensa que o universo material consiste de matéria, ou extensão, ou de corpo (podemos falar de qualquer um desses, indiferentemente), e que os corpos da física cartesiana, bem como o corpo humano e os objetos materiais da vida ordinária, não são substâncias materiais. O que então é a substância material ou são as substâncias materiais a que Descartes com frequência se refere?

Minha sugestão é que há muitas substâncias materiais no universo de Descartes e que estas não são nem os corpos de sua física nem os objetos materiais cotidianos. São corpos no sentido de "corpo" que Descartes tem em mente em sua discussão de "corpo em geral" na carta a Mesland; são "quantidades" (para usar um termo emprestado de Helen Cartwright, que, por sua vez, tomou-o emprestado de Russell, que, por sua vez,...).

Há muito pouca evidência textual em favor de uma posição monista em Descartes. Não há qualquer texto no qual ele negue a existência de muitas substâncias extensas e há uma grande quantidade de textos em que fala de maneira mais ou menos casual acerca de substâncias no plural. O monismo é uma posição interpretativa cuja força advém da suposta fragilidade das posições que lhes são alternativas. Uma vez abandonada a concepção de que a única alternativa ao monismo seria supor ou bem que uma cadeira, uma mesa ou uma pedra são de fato três substâncias extensas separadas, ou bem que corpos que colidem na física de Descartes

são substâncias separadas, a alternativa monista perde seu charme.

A alternativa que proponho é a de que cada quantidade ou parcela de matéria seja uma substância por si mesma, que aquilo que chamo de quantidades de matéria não tenha mais critérios extrínsecos de individuação do que os que as mentes individuais têm, e que o mesmo corpo no sentido corriqueiro possa ser constituído de diferentes quantidades ou matérias em tempos diferentes.

É notório que, nos *Princípios*, Descartes escreve:

> Por exemplo, embora possamos ainda não saber com certeza se existe alguma substância extensa ou material, o mero fato de que temos uma ideia de tal substância nos torna capazes de estar certos de que esta pode existir. E podemos estar certos também de que, se existente, toda e qualquer parte dela, enquanto delimitada por nós em nosso pensamento, é realmente distinta das outras partes da mesma substância (1: 213; AT 8A: 28).

Descartes é bastante explícito quanto a haver de fato indefinidamente muitas partes atuais de matéria. Ao falar do movimento de um vórtice que não é perfeitamente circular, ele escreve que

> [...] o que ocorre é uma divisão infinita, ou indefinida, das várias partículas de matéria; e as subdivisões resultantes são tão numerosas que, por menor que façamos uma partícula em nosso pensamento, sempre compreendemos que ela é divisível em partículas ainda menores (*Princípios* II, 34; 1: 239).

Descartes enfatiza que esse é um caso de divisão real, e não meramente potencial, acrescentando que para produzir a parte "estreita" de um vórtice irregular

> [...] é necessário que suas partículas imagináveis, que de fato são inumeráveis, mudem minimamente suas

posições relativas. Essa mudança minuta de posição é um verdadeiro caso de divisão (*Princípios* II, 34; 1: 239).

Pode-se pensar que isso resolve a questão. Descartes é explícito ao afirmar que distinção real é o critério para distinção entre substâncias e que qualquer parte da matéria é realmente distinguível de outra. O que então poderia evitar que chegássemos à conclusão de que quaisquer duas quantidades de matéria ou extensão são substâncias distintas?

Bem, podemos ponderar, tendo em vista os *Princípios* I, 51, se a existência de uma determinada quantidade de matéria é suficientemente independente da existência do restante das quantidades de matéria para contar como uma substância. Esclarecendo, o problema não é que alguma quantidade de matéria não seja realmente distinguível de alguma outra em particular; é se alguma quantidade é realmente distinguível de todas as outras (tomadas conjuntamente). Descartes deixa claro que substância extensa considerada como um todo é indefinidamente ampla (*Princípios* II, 21). Também deixa claro que a noção de vácuo propriamente dito é "repugnante à razão" (*Princípios* II, 16). Nada disso é inconsistente com a concepção medieval universal de que Deus, em razão de sua onipotência, poderia simplesmente extinguir alguma coisa – digamos, minha mão esquerda. Tendo em vista outras concepções de Descartes, segue-se (como ele aponta em *Princípios* II, 34; 1: 231) que, se Deus assim o fizesse, simplesmente nada haveria entre o final do meu antebraço e o ar em torno; os dois estariam em contato. Isso não parece ser algo impossível. Do mesmo modo, Deus poderia, aparentemente sem contradição, extinguir exatamente a mesma porção de extensão que agora é o meu dedo indicador, ou qualquer volume arbitrariamente determinado dela.

O problema está na outra direção. Descartes afirma que é impossível que Deus tenha feito apenas uma quantidade definida de extensão e, assim, parece que ele tampouco poderia ter feito apenas a matéria de um dedo ou extinguir toda matéria exceto aquele pedaço. Nesse caso, resta a questão de qual seria a resposta de Descartes ao enigma. Note-se que não há outra quantidade de matéria em particular que Deus não pudesse ter conservado um dedo sem ela, a questão é apenas se a existência dessa parcela pressupõe a existência de alguma parcela indefinida.

Essa questão só é um problema para a minha proposta se entendermos o critério de substancialidade que Descartes oferece nos *Princípios* I, 51, como querendo dizer que, se A é uma substância criada, então Deus pode criá-la sozinha sem criar qualquer outra substância. O critério admite com certeza essa interpretação, mas não a exige. Pode-se entender que, se A é uma determinada substância criada, então Deus pode criá-la sem criar nenhuma outra determinada substância. Compreendido assim, então a dependência por parte de uma determinada extensão de uma outra indefinidamente ampla não viola o critério, visto que, embora aparentemente Deus não possa criar a extensão que é atualmente meu dedo esquerdo sem criar uma extensão indefinidamente ampla, não há nenhum todo indefinidamente amplo em particular cuja existência seja exigida pela quantidade do meu dedo indicador: qualquer uma serve.

Essa solução exige que não consideremos nenhuma determinada quantidade (inclusive a atualmente indefinidamente ampla) como individuada apenas por meio de suas relações com outras, mas se encaixa bem com a segunda parte da proposta – a de que parcelas individuais de matéria são individuadas primitivamente do mesmo modo como Descartes parece pensar que são individuadas as mentes. Dizer que quantidades individuais de matéria sejam primitivamente individuais não significa negar que sejam essencialmente dependentes exatamente das muitas partes que elas têm.

CORPOS, ESPAÇO E A ONTOLOGIA DA VIDA COTIDIANA

Agora, suponha que o quadro de substância material que pintei seja correto. O que são então os corpos da física de Descartes e os objetos da vida cotidiana? A resposta a essa questão, proponho, está intimamente conectada com a relação entre substância extensa e espaço.

Descartes não dispõe de nossa concepção pós-newtoniana de espaço. Em vez disso, ele distingue dois conceitos: lugar interno e lugar externo. Denomina lugar interno de "espaço" (*spatium*), mas lugar externo, de algum modo, é mais próximo de nossa noção familiar.

Ele define lugar interno no *Princípios* II, 10, afirmando que: "Espaço ou lugar interno, e substância corpórea contida nele, não diferem *in re*, mas apenas no modo como estamos acostumados a concebê-los (AT 8A: 45; minha tradução).

A doutrina de Descartes aqui é tradicional. Ele segue uma linha de pensadores, a qual inclui Bacon, Ockham, Buridan e Suárez, ao afirmar que o lugar interno é exatamente a própria substância extensa. Dado que o lugar interno de uma quantidade de extensão é exatamente a própria extensão, ela se move com a extensão.

Nos *Princípios* II, 15, Descartes define lugar externo como a superfície interna dos corpos circundantes (uma imagem atribuível a Aristóteles). Para ele, enquanto o lugar interno de um corpo é apenas a extensão ou o próprio corpo, sua tese acerca de lugar externo é mais complicada, uma vez que Descartes pretende defender que é inconcebível um espaço vazio – e, portanto, não podemos conceber um espaço sem que um corpo o ocupe – e, ainda, que o mesmo espaço não precisa ser ocupado pelo mesmo corpo em momentos diferentes.

Margaret Wilson (1978: 86-7) segue uma tradição que inclui Rodis-Lewis quando sugere que Descartes descreve a relação entre espaço (no sentido de lugar externo) e corpo como a que existe entre espécies de indivíduos, mas eu acho que falar de gênero e singular obscurece o tema pelo menos para nós, e, embora aqui se fale de considerarmos o corpo como um singular e o espaço como tendo apenas uma unidade genérica, podemos dominar mais firmemente o que ele tem em mente se pensarmos a descrição como "primeiro-ministro do Canadá". Essa condição foi primeiramente satisfeita por John A. Macdonald, depois por Wilfrid Laurier, depois ainda por Mackenzie King, e assim por diante. Todos ocuparam o mesmo cargo e, embora cada um deles, na ocasião em que ocupava o cargo, fosse o mesmo primeiro-ministro do Canadá, pessoas diferentes, em momentos diferentes, foram o primeiro-ministro do Canadá. Do mesmo modo, quando um corpo está localizado entre outros ele é um espaço específico (possivelmente descontínuo). Corpos diferentes podem *ser* o mesmo espaço em ocasiões diferentes. Os critérios para ser o mesmo corpo são diferentes dos critérios para ser o mesmo espaço.

O que dizer agora da relação entre substâncias extensas e objetos materiais cotidianos?

A primeira coisa a ser dita é que, embora algumas vezes Descartes denomine objetos materiais cotidianos de *substâncias*, ele não quer dizer que sejam substâncias em seu sentido técnico. Por exemplo, nos *Comentários a Certo Programa* contra Regius, ele escreve:

> Devemos notar que, em sujeitos compostos por muitas substâncias, uma dessas substâncias em geral sobressai, e consideramos essa substância de tal modo que qualquer uma das outras substâncias com a qual a associamos são apenas modos dela. Assim, um homem que está vestido pode ser considerado como um composto de homem e roupas. Mas, com relação ao homem, o fato de estar vestido é apenas um modo, embora roupas sejam substâncias (1: 299; AT 8B: 351).

Se levarmos a sério as referências a substâncias e modos aqui, teremos que concluir que a mesma coisa pode ser tanto substância quanto modo! Mas isso Descartes rejeita explicitamente. Com efeito, nos seus comentários, na mesma resposta a Regius, ele diz claramente:

> Quando afirma que a natureza das coisas deixa em aberto a possibilidade de que a mesma coisa seja uma substância ou um modo, o que ele diz é bastante contraditório, e mostra o quão irracional é sua mente (1: 300; AT 8B: 352).

Assim, parece claro que Descartes não considera que uma coisa é substância ou modo no sentido estrito dependendo do nosso modo (contingente) de considerá-la.

Nem todos os corpos de nossa vida cotidiana estão no mesmo pé para Descartes. Sugeri anteriormente que ele não vê necessidade de critérios de identidade nem para almas nem para as verdadeiras substâncias extensas. Ele claramente não vê necessidade para tal e fornece, entretanto, um critério para corpo humano. Como explica na carta a Mesland, um corpo humano é "precisamente o todo da matéria unida à alma daquele homem" (3: 243; AT 4: 166).

O que isso torna claro, parece-me, é que aquilo que individua corpos humanos é a presença de uma alma. Isso não significa que não haja usualmente outros aspectos característicos de um corpo humano. Na Parte I, 30, das *Paixões da Alma*, por exemplo, Descartes enfatiza que:

> O corpo é uno e de alguma forma indivisível em virtude da disposição de seus órgãos, os quais se relacionam de tal modo uns com os outros que a remoção de qualquer um deles faz com que o corpo todo torne-se defeituoso.

A diferença entre um corpo vivo e um corpo morto é que, no caso do último, "uma das partes principais corrompeu-se" (Parte I, 6), situação que faz com que a alma deixe de estar unida. Contudo, o que a transubstanciação mostra é que é possível que uma alma esteja unida a uma matéria que não é organizada da mesma forma que um corpo humano, ou que tenha essa organização somente de uma maneira bizarra, deixando a superfície da matéria inteiramente semelhante à de um pedaço de pão ou de uma gota de vinho. Assim, embora o corpo humano tenha uma certa organização, não é metafisicamente necessário que algo tenha essa organização para valer como corpo humano.

Uma consequência de tudo isso, parece-me, é que não se pode conceber um corpo humano *qua* corpo humano separado de uma alma. Isso não é o mesmo que dizer que não se pode conceber a matéria que momentaneamente é um corpo humano separada de uma alma e não é o mesmo que dizer que não se pode conceber o que um corpo humano vivo e um corpo humano morto têm em comum separadamente da alma. Quando concebemos um corpo humano como tal, concebemo-lo como unido a uma alma. É por isso que há essa união íntima entre corpo e alma.

O corpo humano é um caso muito especial. Nesse caso particular, temos um critério de individuação que é independente de nossos interesses. No que concerne à individuação de corpos não humanos (no sentido ordinário de "corpos"), os critérios de individuação frequentemente parecem ser mais dependentes de nós. Observe mais uma vez o que escreve Descartes em seus Comentários a Regius:

> Devemos notar que, em sujeitos compostos por muitas substâncias, uma dessas substâncias em geral sobressai, e consideramos essa substância de tal modo que qualquer uma das outras substâncias com a qual a associamos são apenas modos dela. Assim, um homem que está vestido pode ser considerado como um composto de homem e roupas. Mas, com relação ao homem, o fato de estar vestido é apenas um modo, embora roupas sejam substâncias (1: 299; AT 8B: 351).

Essa passagem é interessante em muitos aspectos. Primeiro, Descartes se refere explicitamente a sujeitos compostos de diversas substâncias. Segundo, ele não afirma (é óbvio) que as roupas são modos do homem, mas que elas podem ser *"vistas ou consideradas* como tal. Há em Descartes a tendência à concepção de que fazemos objetos projetando critérios de unidade. Na passagem citada, ele se refere a fazermos uma unidade do homem e suas roupas.

Em uma passagem interessante das *Paixões da Alma*, ele fala de amor como "uma emoção [...] que compele a alma a juntar-se voluntariamente a objetos que lhe parecem agradáveis" e comenta o "voluntariamente" dessa maneira:

Ademais, pela palavra 'voluntariamente' não pretendo falar aqui de desejo, que é uma paixão à parte e se relaciona com o porvir. Em vez disso, quero falar de consentimento pelo qual nos consideramos presentemente unidos com o que amamos, de sorte que imaginamos um todo do qual pensamos constituir apenas uma parte, e do qual a coisa amada é a outra (1: 356; AT 11: 387).

Seria tentador prosseguir até o ponto de sugerir que o tipo de união substancial que a alma humana tem com o corpo humano envolve alguns dos mesmos fatores. Mas devemos ter cautela. Descartes insiste (notadamente contra Regius) que o ser humano é uma substância e nunca sugere que fazemos substâncias pensando em coisas como substanciais. Ele apenas sugere que podemos considerá-las ou tomá-las como tais.

Mas Descartes nem sempre fala de modo estrito de substâncias e modos. Com frequência, chama os corpos da vida cotidiana de "substâncias" e os trata como adquirindo seus nomes a partir de como nos aparecem (3: 285; AT 4: 375). Não é plausível supor que as diferenças que constituem todos os tipos de corpos que distinguimos de algum modo dependem de nós. A natureza, afinal, é a obra de um artífice divino. Ainda assim, muito depende de nós e, na medida em que as distinções entre corpos são funções de nossos interesses, podemos com alguma razão sugerir que o que há na ontologia cartesiana de vida cotidiana é, de algum modo, uma questão do que pomos nela.

AGRADECIMENTOS

Esse capítulo teve uma longa gestação e um parto difícil. Versões anteriores de parte desse material foram apresentadas no encontro da *Pacific Division of the American Philosophical Association*, em 1991, e nos departamentos de filosofia da *Wayne State University* e da *University of Queensland*, em 1997. Versões mais recentes foram apresentadas em 2006, nos departamentos de filosofia da *U.C. Davis, Queen's University* (Kingston), *University of Oslo, Harvard University, Columbia University* e *Ohio State University*, e também no *Atlantic Canada Seminar in Early Modern Philosophy*. O artigo se beneficiou enormemente da discussão nesses encontros e em uma série de seminários em História na *UCLA*, em janeiro de 2007. A versão final deve muito ao estímulo de Paul Hoffman, aos olhares incrédulos nesses seminários e ainda mais ao companheirismo e pensamento de Deborah J. Brown e John Carriero – *sine qua non*.

REFERÊNCIAS E LEITURAS ADICIONAIS

Aquinas, Thomas (1946). *Summa Theologiae*. In: *The Summa of St. Thomas Aquinas*. Trad.: Frades da Província Dominicana Inglesa. Nova York: Benziger Bros.

Aquinas, Thomas (1968). *On Being and Essence*. Trad.: Armand A. Maurer. Toronto: Pontifical Institute of Mediaeval Studies.

Brown, G. (1989). "Mathematics, physics, and corporeal substance in Descartes". *Pacific Philosophical Quarterly* 70: 281–302.

Cartwright, H. (1970). "Quantities". *Philosophical Review* 79: 25–42.

Duns Scotus, J. (1999). *Opera Philosophica*, vol. 1. St. Bonaventure, NY: Franciscan Institute.

Garber, D. (1992). *Descartes' Metaphysical Physics*. Chicago: University of Chicago Press.

Grant, E. (1981). *Much Ado About Nothing: Theories of Space and Vacuum from the Middle Ages to the Scientific Revolution*. Nova York: Cambridge University Press.

Hoffman, P. (2002). "Descartes's theory of distinction". *Philosophy and Phenomenological Research* 64: 57–78.

Ockham, W. (1974). *Summa Logicae*. In: *Opera Philosophica*, vol. 1. St. Bonaventure, NY: Franciscan Institute.

Philoponus, J. (1991). *Corollaries on Place and Void*. Trad.: David Furley (edição conjunta com Simplicius, *Against Philoponus on the Eternity of the World*. Trad.: Christian Wildberg). Londres: Duckworth.

Pini, G. (2004). "Substance, accident and inherence: Scotus and the Paris debate on the metaphysics of the eucharist". In: O. Boulnois, E. Karger, J.-L. Solere e G. Sondag (eds.). *Duns Scot a Paris, 1302–2002*. Turnhout: Brepols: 273–311.

Pini, G. (2005) "Scotus's realist conception of the categories: his legacy to late medieval debates". *Vivarium* 43: 63–110.

Rodis-Lewis, G. (1950). *L'Individualité selon Descartes*. Paris: J. Vrin.

Slowik, E. (2001). "Descartes and individual corporeal substance". *British Journal for the History of Philosophy* 9: 1–15.

Wilson, M. (1978). *Descartes*. Londres: Routledge e Kegan Paul.

17

O papel de Deus na filosofia de Descartes

JOHN COTTINGHAM

INTRODUÇÃO:
A IMAGEM CARTESIANA

Toda época tende a reinterpretar ou adaptar as ideias de grandes filósofos canônicos para seus próprios propósitos, e as ideias de Descartes não são isentas desse processo. Com efeito, talvez mais do que qualquer outro grande pensador, Descartes se tornou uma espécie de ícone filosófico, exibido em manuais e comentários, ou mesmo sob uma variedade desordenada de aparências, durante os últimos 100 anos. Em uma versão da história das ideias amplamente divulgada há algumas décadas, ele aparece como o "racionalista" metafísico arquetípico, que tentava extrair um sistema dedutivo completo de filosofia e ciência *a priori* de premissas inteiramente derivadas de reflexão interna. Na fase "linguística" que dominou a filosofia na esteira das ideias de Wittgenstein, Descartes foi menosprezado como o advogado da falácia de que a linguagem e o pensamento poderiam ocorrer no interior de um domínio inteiramente subjetivo ou privado. E na virada "naturalista" que caracterizou a maior parte do passado filosófico mais recente, ele é frequentemente atacado como o paladino de uma teoria dualista da mente – a concepção de que a consciência é um fenômeno inteiramente imaterial, completamente atribuível a uma alma não física.

Todas essas imagens de Descartes são questionáveis, mas isso não evitou que galgassem um lugar seguro no conjunto de suposições-padrão que condicionam os estudantes e os intérpretes a usar o rótulo "cartesiano". Na verdade, a imagem de "racionalista" é desmentida pela importância que Descartes atribui à experimentação e a hipóteses empíricas testadas na experiência (Clarke, 1982; Cottingham, 1992); a imagem segundo a qual a filosofia de Descartes tem origem a partir de um domínio de ideias privadas ou subjetivas é desmentida por sua crença em um domínio objetivo de sentido (Cottingham, 1998a); e o rótulo de "dualista", embora contenha inegáveis elementos de verdade, requer muita qualificação se atentarmos para a insistência do próprio Descartes no caráter essencialmente corpóreo de grande parte da nossa experiência humana, sobretudo de nossas sensações e emoções (Cottingham, 1998b).

Paralelamente a essas interpretações específicas e contrainterpretações de vários aspectos da filosofia de Descartes, há uma questão interessante com a qual todos os que abordam o pensamento do "pai da filosofia moderna" mais cedo ou mais tarde devem se confrontar: o que exatamente o próprio Descartes pensa estar essencialmente fazendo – qual era sua autoimagem enquanto filósofo? Para muitas gerações modernas de estudantes, formados em cursos usuais de "Introdução à Filosofia", a resposta é óbvia: ele é principalmente um "epistemólogo" – isto é, pretendia estabelecer o que pode ser *conhecido* com certeza. Segundo essa concepção, as questões mais importantes na filosofia cartesiana são interrogações como: "os sentidos são confiáveis?"; "posso realmente saber se estou acordado ou dormindo?"; "juízos do tipo 'dois mais dois são quatro' são imunes ao erro?" e "posso estar certo da existência de um mundo externo?". Mais recentemente, a imagem de Descartes como epistemólogo foi em parte substituída pela de Descartes como cientista: os desafios nas *Meditações* sobre ilusões e sonhos, e o gênio maligno propenso a nos enganar, são (segundo essa concepção) apenas preliminares à construção de um novo sistema científico, que oferece um conjunto completo de explicações da natureza do universo e de tudo em seu interior (Wilson, 1979; Garber, 1992; Clarke, 2003).

Essas concepções gerais do projeto cartesiano têm muito a nos dizer, embora também precisem ser tratadas com cautela se pretendem nos fornecer "a chave" da filosofia de Descartes. René Descartes foi um desses raros gigantes filosóficos – talvez haja dois ou três em cada século, se tivermos sorte – cuja genialidade resiste à fácil classificação, e cujo pensamento é suficientemente original e instigante para resistir ser reduzido a um conjunto simples de fins e objetivos. Para o propósito do presente capítulo, entretanto, pretendo não tanto criticar quaisquer dessas explicações alternativas, mas chamar a atenção para algo que curiosamente está ausente de todas as imagens icônicas de Descartes mencionadas até agora.

Alguém que lance um olhar às várias imagens esboçadas acima pode ser perdoado por supor que Descartes, seja como for interpretado, é, acima de tudo, um filósofo *secular*. Um construtor-de-sistema *a priori*, patrono da *"Cartesian privacy"*,* filósofo da mente, epistemólogo, protocientista – todas essas imagens se encaixam, em sua maior parte, como modelos ou como alvos, no interior da agenda da academia moderna

---

* N. de T.: Essa expressão foi mantida no original porque sua tradução por "privacidade" poderia induzir o leitor à equivocada impressão de que se trata de alguma posição cartesiana quanto à sua vida pessoal. Ao invés disso, o autor está se referindo a uma expressão cunhada pelo artigo de Anthony Kenny, "Cartesian Privacy", publicado em George Pitcher (ed.). *Wittgenstein*. Londres: Macmillan, 1968: 352-370.

de filosofia de língua inglesa. Mas, se leitores iniciantes em Descartes escolherem qualquer uma de suas grandes obras, o *Discurso*, as *Meditações*, ou os *Princípios*, surpreender-se-ão muito ao ver que aquilo que tem lugar nobre na construção de seu sistema filosófico é algo que hoje quase nunca se encontra nas agendas típicas dos pesquisadores – um apelo a Deus. Nos departamentos de filosofia contemporâneos, é claro, ainda há um considerável número de acadêmicos que discute argumentos em favor da existência de Deus e outros tópicos relacionados à crença religiosa; mas o trabalho deles, em sua maior parte, ocorre dentro dos limites de um ramo especializado da filosofia chamado "filosofia da religião", o qual, em regra, tende a não verter para o conteúdo dos argumentos e debates da "corrente principal" que preocupam aqueles que trabalham com o restante da matéria. Para Descartes, ao contrário, a natureza e a existência do divino é algo que está no coração de todo o seu sistema filosófico – algo sem o que ele seria inteiramente irreconhecível.

O ECLIPSE DE DEUS EM CONCEPÇÕES DE CARTESIANISMO

Como então é possível que algo tão central à filosofia de Descartes tenha esmaecido, em maior ou menor medida, de nossas imagens contemporâneas de seu trabalho? Uma resposta já foi indiretamente aludida, e está conectada com a "revolução naturalista que tem arrebatado os filósofos anglófonos nas últimas três décadas" – uma revolução inspirada na visão de que os filósofos devem "ou bem [...] adotar e seguir o exemplo do bem-sucedido método das ciências, ou [...] operar atrelados às ciências, como um ramo abstrato e reflexivo" (Leiter, 2004: 2-3). O número considerável de filósofos que atualmente subscrevem essa visão cientificista de como a filosofia deve proceder (se eles prestarem alguma atenção à história de seus temas) pode ter algum interesse nas concepções de Descartes sobre método científico, ou sobre critérios de conhecimento, ou em sua discussão, por exemplo, acerca da relação entre as capacidades e faculdades humanas e animais; mas esse grupo tende a ignorar os argumentos e afirmações de Descartes acerca de Deus, seja por estes serem irrelevantes para o que é central na corrente principal da filosofia ou, talvez, por serem considerados como consequência embaraçosa da concepção medieval de mundo que ainda condiciona o modo como Descartes foi formado.

Paralelamente a este motivo "moderno" secular para deixar de lado os elementos religiosos da filosofia de Descartes, tem havido, por outro lado, uma considerável resistência em aceitá-lo como um filósofo devotamente religioso, o que é sugerido por suas referências frequentes, muitas vezes reverenciais, a Deus. Historicamente, a Igreja Católica, da qual Descartes foi membro por toda sua vida, tem suspeitado fortemente da filosofia cartesiana, considerando-a não ortodoxa e potencialmente subversiva da fé. Logo após sua morte, a Igreja pôs os escritos de Descartes no Índice dos Livros Proibidos; e, nos séculos seguintes, "a imagem de Descartes como anticlerical e, na verdade, como uma força antirreligiosa", embora "profundamente contrária a sua real disposição" (Williams, 1978: 24), mostrou-se bastante resistente. São muitos os fatores existentes detrás dessa concepção eclesiástica errônea de Descartes como um perigo para a religião. Em primeiro lugar, ele era associado a Galileu como defensor da "nova" cosmologia centrada no sol que estava *prima facie* em conflito com afirmações bíblicas, as quais aparentemente, implicavam em uma Terra fixa e central. E, embora Descartes, depois da condenação de Galileu pela Inquisição em 1633, tenha prudentemente suspendido a publicação de seu tratado sobre *O mundo*, e apesar do fato de ele ter concluído seu principal livro didático, *Os princípios da filosofia* (1644), afirmando submissão à autoridade da Igreja, seus esforços não o protegeram de suspeita no clima tenso e de confronto religioso do século XVII.

Uma questão mais tecnicamente dogmática que indispôs Descartes durante sua vida foi a da transubstanciação (a doutrina segundo a qual o pão e o vinho da Eucaristia se transformam no corpo e no sangue de Cristo). O problema aqui era que Descartes pretendia substituir a filosofia da física aristotélica tradicional, que dominava o pensamento medieval, por uma nova concepção geométrica de matéria que consistia apenas de extensão em largura, largura e profundidade. A Igreja usava os conceitos aristotélicos para explicar como a "substância" do pão se transforma no corpo de Cristo, enquanto os "acidentes" (a cor, o cheiro, o sabor, entre outras propriedades do pão) permanecem inalterados, e desconfiava de um novo esquema da física que pudesse recusar essa explicação. Descartes protestou afirmando que sua nova física era compatível com o "milagre divino da transubstanciação" (2: 177; AT 7: 254), mas a controvérsia continuou por todo o resto do século (Gaukroger, 1995: 357).

Atualmente, é claro, a Igreja não tem nenhum problema com um sistema planetário que tem o sol como centro, nem consideraria o matematicismo da física como ameaça à doutrina da Eucaristia; mas, por tudo isso, a imagem eclesiástica de Descartes permanece negativa em muitos lugares. Em um conjunto de reflexões publicadas no ano de sua morte, o último Papa João Paulo II, Karol Wojtyla, apontou para um período de desintegração moral que caracterizou grande parte do século XX, primeiramente com o surgimento do totalitarismo, depois com a erosão dos valores tradicionais da família, e, talvez surpreendentemente, prosseguiu traçando as raízes filosóficas desse colapso moral até algumas das ideias centrais introduzidas por Descartes. A deterioração teve início, afirmou ele, com o modo como Descartes construiu sua filosofia, baseando-a na fundamentação da consciência de si individual, o famoso *Cogito ergo sum* ("Penso, logo existo").

O *Cogito ergo sum* mudou radicalmente o modo de fazer filosofia. No período pré-

-cartesiano, a filosofia, isto é, o *Cogito* ("eu penso"), ou antes *Cognosco* ("Eu adquiro conhecimento"), subordinava-se ao *esse* (ser), que era considerado primário. Para Descartes, ao contrário, o *esse* aparece como secundário, ao passo que ele considerava o *Cogito* como primário. Isso [...] marcou o abandono decisivo do que até então tinha sido a filosofia, em particular a de Tomás de Aquino [...]. [Para Tomás de Aquino] Deus, enquanto ser inteiramente autossuficiente (*Ens subsistens*), era considerado o suporte indispensável para todo *ens non subsistens*, para todo *ens participatum*, isto é, para todo ser criado e, consequentemente, para o homem. O *Cogito ergo sum* trouxe em seu interior uma ruptura com essa linha de pensamento. O *ens cogitans* (ser pensante) tornou-se, assim, primário. Depois de Descartes, a filosofia tornou-se uma ciência do pensamento puro: tudo que é *ser* – o mundo criado, e mesmo o Criador, é posto no âmbito do *Cogito* como conteúdo da consciência humana. A filosofia se ocupa dos seres enquanto contidos na consciência e não com o que existe independentemente dela. (João Paulo II, 2005: 9)

A orientação aqui mencionada, concentrada nos conteúdos de consciência pessoal em oposição a uma realidade externa independente, de fato, é uma linha conspícua no pensamento filosófico do século XX, mais notadamente encontrada na escola da "fenomenologia" fundada por Edmund Husserl, em cujas *Meditações cartesianas* (1931) defendeu que: "Por minha vida, minha experiência e ação, só posso entrar no mundo que adquire seu sentido [*Sinn*] e validade [*Geltung*] *em mim e para mim mesmo*" (Husserl, 1988: cap. 1, §8). Uma visão tão autocentrada pode na verdade ser vista como sinistra, se tomada como dando primazia à consciência individual de modo a ameaçar a existência de valor objetivo e de significado; mas uma leitura cuidadosa mostra que é anacrônico projetar retrospectivamente essa concepção a Descartes.

É certo que Descartes, de fato, iniciou sua busca pela verdade estabelecendo certeza indubitável de sua própria existência. Como ele afirma na Quarta Parte de sua autobiografia intelectual, o *Discurso sobre o método*, "percebendo que essa verdade, *eu penso, logo existo*, era tão firme e certa que mesmo as suposições mais extravagantes dos céticos foram incapazes de abalá-la, decidi que poderia aceitá-la sem escrúpulos como o primeiro princípio da filosofia que eu procurava" (1: 127; AT 6: 32). Ainda assim, simplesmente não se segue disso que, para Descartes, o "eu" descoberto seja "primário" no sentido de não mais precisar da sustentação de um criador autossubsistente, no qual insistia a teologia tradicional. Ao contrário, sempre que Descartes discute seu argumento do *cogito*, ele enfatiza a natureza temporária e frágil de sua autoconsciência: "Eu sou, eu existo – isto é certo. Mas por quanto tempo? Por todo o tempo em que eu pensar. Pois poderia ocorrer que, se eu parasse de pensar, deixaria totalmente de existir" (2: 18; AT 7: 27). Essa autoconsciência não é apenas uma chama oscilante que poderia apagar-se a qualquer minuto, mas Descartes logo prossegue usando essa mesma fragilidade de seu pensamento como indicador decisivo de sua dependência completa de um poder maior do que ele mesmo.

> Todo o tempo da minha vida pode ser dividido em uma infinidade de partes, cada uma das quais não depende de maneira nenhuma das outras; e, assim, do fato de ter existido um pouco antes não se segue que eu deva existir atualmente, a não ser que neste momento haja alguma causa que me produza e me crie, por assim dizer, novamente, isto é, que me conserve. Pois é bastante evidente para todos os que considerarem com atenção a natureza do tempo que uma substância, para ser conservada em cada momento individual de sua duração, precisa do mesmo poder e da mesma ação que seria necessário para produzi-la e criá-la de novo, caso não existisse ainda. (Terceira Meditação, 2: 33; AT 7: 49)

Para Descartes, minha própria existência pode ser a primeira coisa que eu conheço, mas, tão logo reflita sobre isso, percebo que eu poderia a qualquer momento deixar de existir se não houvesse uma força independente me preservando. Devo minha existência a Deus, o criador infinito de todas as coisas; e, com efeito, Descartes defende que o ato inicial da criação é distinto apenas verbalmente ou conceitualmente da mesma ação divina eterna e perpétua através da qual sou "preservado" a cada momento individual da minha existência.

Para escapar da interpretação "subjetivista", muito difundida mas profundamente equivocada, da filosofia cartesiana, é necessário observar uma distinção crucial insistentemente afirmada por Descartes em entrevista a um jovem discípulo holandês, Frans Burman, em 1648: "o método e a ordem da descoberta são uma coisa, os da exposição, outra" (3: 338; AT 5: 153). Uma distinção semelhante é feita em um trabalho bem anterior, as *Regulae*, ou *Regras para a direção da inteligência natural* (*ca.* 1628), entre "considerar as coisas segundo o modo que corresponde ao nosso conhecimento delas" e "considerar as coisas segundo o modo como elas existem na realidade" (1: 44; AT 10: 418). Em sua obra-prima, as *Meditações*, Descartes pretende que o leitor lhe siga em uma via de descoberta subjetiva: ele começa suas meditações "solitário" (2: 12; AT 7: 18), perguntando-se do que, se de algo, ele pode estar certo, chegando ao *Cogito* indubitável, e então prossegue até reconhecer a existência de seu criador. Como afirma anteriormente nas *Regras*, "*Sum, ergo Deus est*" ("Sou, logo Deus existe"; 1: 46; AT 10: 422). Mas a prioridade do eu com relação a Deus é apenas uma prioridade *epistêmica*. Descartes, como Santo Agostinho fez muitos séculos antes, olha para seu próprio eu interior para descobrir seu criador; mas nada disso nega a prioridade genuína de Deus na "ordem da exposição" – isto é, a ordem que seria seguida na exposição das coisas de acordo com seu estatuto na realidade. Longe de dar início a uma "ruptura" com a tradição, Descartes aqui, retornando a Aristóteles, segue a linha tradicional, que foi mais tarde articulada pelo grande filósofo cristão Tomás de Aquino no século XIII, quando este distinguiu as coisas que eram "prioritárias do nosso ponto de vista" (*priora quoad nos*) daquelas que eram prioritárias nelas mesmas" (*priora simpliciter*) (Tomás de Aquino, 1911: Parte Ia, q. 2 art. 2). Do ponto de vista epistemológico, a via pode seguir do conhecimento do eu para o conhecimento de Deus (embora, mesmo nesse caso, a transição para Deus seja, segundo Descartes, imediata e inevitável); do ponto de vista ontológico, ao contrário, Deus tem absoluta primazia. Como Descartes deixa claro na Terceira Meditação, a substância infinita que é Deus tem "mais realidade" do que uma substância meramente finita como eu. O próprio reconhecimento de minha imperfeição (que pode se dar antes, em minha ordem da descoberta) já pressupõe a prioridade ontológica dessa realidade maior e mais perfeita.

> Vejo claramente que há mais realidade na substância infinita do que na substância finita e, portanto, que, de alguma maneira, tenho em mim a noção do infinito anteriormente à do finito, isto é, de Deus antes que de mim mesmo. Pois como seria possível que eu pudesse conhecer que duvido e que desejo – isto é, que me falta algo –, e que não sou inteiramente perfeito, se não tivesse em mim nenhuma ideia de um ser mais perfeito que o meu, em comparação com o qual eu conheceria as carências de minha natureza? (Terceira Meditação, 2: 31; AT 7: 46)

Mas, para concluir essa seção, o que dizer da observação de João Paulo II citada anteriormente, de que na filosofia de Descartes até mesmo o Criador está "no âmbito do *Cogito*"? Epistemologicamente, talvez, ela esteja correta, uma vez que o meditador examina as ideias que encontra nele mesmo e isola uma, a saber, a ideia de Deus, para uma investigação especial. Mas o método de Descartes na Terceira Meditação é precisamente o de concentrar-se no conteúdo daquela ideia a fim de demonstrar que esta *não* poderia ter sido produzida por ele próprio enquanto eu pensante, mas exige a existência real de um autor autossuficiente que, "ao me criar, pôs em mim essa ideia para ser como que a marca do artífice impressa em sua obra" (2: 51; AT 7: 51). Todo o procedimento é explicado por Descartes com grande precisão em seu trabalho posterior, os *Princípios da filosofia*, no qual a primazia ontológica de Deus é clara como um cristal:

> Há, porém, nesse modo de provar a existência de Deus, a saber, por sua ideia, uma grande vantagem: que ao mesmo tempo venhamos a conhecer, tanto quanto permite a fraqueza de nossa natureza, que é ele afinal. Pois ao considerarmos sua ideia que é ingênita em nós, vemos que ele é eterno, onisciente, onipotente, fonte de toda bondade e verdade, criador de todas as coisas e, finalmente, que ele tem em si todas aquelas coisas nas quais podemos reconhecer claramente alguma perfeição infinita, ou seja, não limitada por imperfeição alguma (*Princípios*, Parte I, art. 22; 1: 200; AT 8A: 13).

A FONTE DE CIÊNCIA

O argumento cartesiano que acabamos de referir, muitas vezes conhecido como o "argumento pelos efeitos", é o seu principal instrumento para passar da consciência de si ao conhecimento de Deus. Sua ideia de ser infinito tem um certo conteúdo representativo, argumenta ele, que não pode ser explicado como a produção de sua própria mente finita e limitada: a causa da ideia deve ter tanta perfeição quanto o que se encontra representado no conteúdo da ideia, e, portanto, a causa deve ser "uma substância eterna, infinita, imutável, independente, supremamente inteligente, e supremamente poderosa, pela qual todas as coisas foram criadas" (2: 31; AT 7: 45).

Por ser complexo em seus detalhes e envolver algumas suposições controversas acerca da causalidade, esse argumento foi alvo de muitas críticas por parte de comentadores (Kenny, 1968; Williams, 1978). Mas, mesmo que não seja transparente de modo a levar ao assentimento universal, "até mesmo entre os Turcos", como gostaria Descartes (3: 342; AT 5: 159), visto que o argumento aponta para um aspecto fascinante de nossa concepção humana dessa infinitude chamada "Deus": a infinitude é um conceito que entendemos claramente e, ao mesmo tempo, reconhecemos como sendo "para além de nós" – visto que escapa totalmente de nossa compreensão. Como afirma Descartes, "não importa se não compreendo [*comprehendere*] o infinito, ou que haja uma infinidade de atributos adicionais de Deus que [...] talvez eu não possa atingir pelo meu pensamento" (2: 32; AT 7: 46); basta que eu o entenda – como posso tocar uma montanha sem ser capaz de abraçá-la, ou de pôr meus braços a sua volta (3: 25; AT 1: 152). Nossa concepção humana de Deus, tal como é reconhecida desde uma longa tradição que remonta a S. Boaventura no século XIII, e mesmo antes, é uma concepção de algo infinitamente além de nós, cuja compreensão está intimamente ligada à consciência de nossa própria fraqueza e finitude (*Intinerarium* [1259], em Boaventura, 1891: Pt. III, §3).

Uma forma pela qual aspiramos transcender essa finitude é usando a faculdade da razão que diferencia nossa espécie, a dádiva que Descartes, mais uma vez seguindo uma longa tradição, considerava como uma luz brilhando em cada alma humana (a *lumen naturale*, ou *lux rationis*, a "luz natural" ou "luz da razão" divinamente doada). Ainda assim, o ambicioso projeto de Descartes de encontrar um novo sistema filosófico e científico não será satisfeito com lampejos isolados de iluminação racional como "duvido, logo devo existir". Seu objetivo é usar essas intuições oscilantes para acender uma fogueira flamejante que "trará à luz a verdadeira riqueza de nossas almas, abrindo a cada um de nós os caminhos pelos quais podemos encontrar [...] todo o conhecimento que possamos precisar para a conduta da vida", e "os meios de usá-lo para adquirir todos os itens mais recônditos de conhecimento que a razão humana é capaz de possuir" (2: 400; AT 10: 496).

Esse projeto, como o próprio Descartes reconhece, pode parecer grandioso demais para ter credibilidade (*ibid.*). Mas aqui, mais uma vez, o apelo a Deus emerge como a chave para o progresso. Pois, depois de alcançar uma consciência de Deus, e de "ter olhado com admiração e consideração a incomparável beleza dessa imensa luz, conforme o olho do meu intelecto obscurecido puder suportar". (Terceira Meditação, 2: 36; AT 7: 52), o meditador cartesiano anuncia que "da contemplação do verdadeiro Deus, no qual todos os tesouros da sabedoria e das ciências estão encerrados", ele pensa poder ver bem distante, em direção ao conhecimento de outras coisas (2: 37; AT: 53).

Essa frase que acabamos de citar, e que abre o parágrafo inicial da Quarta Meditação, é, na versão em latim do texto original de Descartes, uma citação quase exata da Bíblia. Em sua *Carta aos Colossenses* (2: 3), São Paulo falou do "mistério de Deus e do Pai e de Cristo, *em quem estão encerrados todos os tesouros da sabedoria e do conhecimento*" (*in quo sunt omnes thesauri sapientiae et scientiae absconditi*). Descartes, cujos leitores contemporâneos reconheciam imediatamente a referência à *Vulgata* (o texto-padrão da Bíblia traduzido para o latim), muda sutilmente o termo *scientiae* no singular ("conhecimento") para o plural *scientiarum* ("ciências"). Para São Paulo, Deus (em Cristo) é a fonte misteriosa de toda sabedoria; para Descartes, alcançar o conhecimento de Deus abre caminho para "as ciências" – para a verdadeira compreensão científica.

A expressão "as ciências" é como que um *slogan* no pensamento de Descartes. Em seus cadernos iniciais, escritos na época de suas viagens à Alemanha ainda quando jovem, meditações de um dia em um "quarto aquecido a lenha" seguido por uma noite de sonhos agitados deram-lhe a convicção de que estava destinado a encontrar um novo sistema filosófico e científico, e foi quando Descartes escreveu que "as ciências atualmente estão mascaradas, mas, se as máscaras forem retiradas, elas seriam reveladas em toda a sua beleza" (1: 3; AT 10: 215). Mais tarde, deu a seu primeiro trabalho publicado o título de "Discurso sobre o método para conduzir corretamente a razão e alcançar a verdade das ciências" (1: 111; AT: 6: 1). A "máscara" a que se refere Descartes, em sua concepção, era a dificuldade da distorção das antigas categorias aristotélicas de explicação, que evocavam coisas como "formas substanciais" e "qualidades reais". Por exemplo, pedras caíam na terra porque possuíam a qualidade "peso" (*gravitas*), o que, por sua vez, era explicado como uma propriedade definitória possuída por coisas que tinham a forma ou essência da matéria terrestre. Esse aparato, entretanto, reclamava Descartes, era mais obscuro do que aquilo que ele deveria explicar (3: 208; AT 2: 506). Para alcançar a verdade, as ciências deveriam retirar as máscaras e, em troca, voltar-se para as noções quantificáveis da matemática, reveladas a cada alma pela luz da razão. Como diz Descartes no *Discurso*:

> Notei certas leis que Deus estabeleceu de tal modo na natureza, e sobre as quais imprimiu tais noções em nossas almas, que, depois de refletir bastante sobre elas, não poderíamos duvidar que não fossem exatamente observadas em tudo o que existe ou ocorre no mundo (1: 131; AT 6: 41).

Leitores modernos, entretanto, podem tender a voltar a esse ponto e perguntar se a nota teísta aqui é realmente necessária. Ao substituir a noções vagas de qualidades da ciência medieval pelas leis expressas em termos quantitativos, Descartes (juntamente com seu ilustre contemporâneo Galileu) com certeza pode ter dado um passo enorme – mas teria realmente essa mudança do século XVII, em nosso entendimento acerca de como descrever e predizer o mundo físico, alguma relação com as afirmações metafísicas sobre Deus?

Para responder a essa questão, precisamos, talvez, retomar o sentido do quão revolucionário esse novo método científico do século XVII foi – um sentido que pode ter sido perdido em virtude da familiaridade. Que o grande livro do universo, segundo Galileu, deveria ser escrito em linguagem matemática é, de qualquer modo, um fato notável – e que talvez não tenhamos ainda assimilado inteiramente. O universo parece operar de acordo com equações precisas da matemática – equações que nos tornam capazes de fazer previsões de extraordinária precisão, se pusermos os valores adequados nas variáveis relevantes. (Isso é verdade, aliás, mesmo na matemática da física quântica moderna, que, apesar de seu "princípio de indeterminação" no nível microindividual, fornece predições e resultados explicativos de surpreendente precisão no nível macro.) As formulações do próprio Descartes (em seu trabalho sobre física) podem ter sido imperfeitas, mas, com as realizações de seus sucessores, Newton e depois Einstein, até o presente, parece que estamos chegando perto de algo mais satisfatório: nossas intuições matemáticas, intricadamente elaboradas e alimentadas por hipóteses que podem ser verificadas em observações cuidadosas, de fato, parecem ser capazes de refletir o funcionamento da natureza. A imagem de Descartes de tudo isso – que nossas mentes humanas finitas, embora de alcance limitado, são, em princípio, capazes de refletir as estruturas matemáticas e lógicas estabelecidas pelo nosso Criador no funcionamento do universo – pode não ser a única imagem possível de nossa relação com o cosmos, mas é aquela cuja coerência e força com certeza não pode ser dispensada.

Para compreender melhor esse ponto, é importante ver que o papel de Deus no sistema de Descartes não é simplesmente o de um "motor principal" ou "primeira causa" misteriosa do tipo considerado por Aristóteles e, subsequentemente, desenvolvida nos dois primeiros dos cinco "modos" ou provas de Deus oferecidas por Tomás de Aquino. Com certeza, isso é parte da história: nos *Princípios* de Descartes, Deus é descrito como "a causa primária do movimento" uma vez que "no início, ele criou a matéria e, com ela, o movimento e o repouso" (Parte II, artigo 36; 1: 240; AT 8: 61). No entanto, o universo cartesiano é um universo corpuscular que funciona estritamente de acordo com certas leis expressas matematicamente – a lei da conservação do movimento, a lei do movimento retilíneo e a lei do impacto – e os resultados dessas leis são trabalhados em termos de sete regras para o cálculo da velocidade e da direção do movimento dos corpos depois do impacto (artigos 37-52). O que Deus faz na cosmologia de Descartes é, por assim dizer, escrever as equações que governam o comportamento de todas as partículas das quais o cosmos é composto – determinar os valores das constantes matemáticas que dão o ritmo, a figura e a ordem de nosso mundo. Além disso, porque a ação de Deus é imutável, e ele "sempre opera de modo constante e imutável" (artigo 36), o universo é perpetuamente mantido no ser e conservado sem nenhuma mudança do alcance das leis gerais. O Deus de Descartes está, assim, longe da caricatura que, segundo a acusação de seu contemporâneo Blaise Pascal, ele nos teria fornecido: a de um motor inicial que "dá um tapinha" no universo para que esse se mova e, então, deixa-o por conta própria (*Pensées*, 1660; em Pascal, 1962: 1001). Ao invés disso, Deus é a única força dinâmica perpétua em um cosmos que, sendo simplesmente "matéria extensa", seria, sem Deus, tão sem atividade quanto um mero conjunto de figuras geométricas.

Desta forma, o poder e a inteligência divinos surgem, no sistema de Descartes, como a verdadeira fonte de toda realidade – tanto de tudo que existe quanto de todo conhecimento humano a respeito de tudo que existe. Essa inteligência e esse poder criativo fazem com que o universo exista a partir do nada, decretam que as leis da lógica e da matemática governem o universo por um ato da vontade tão livre quanto o ato pelo qual o próprio universo foi criado (3: 25; AT 1: 152) e implantam nas mentes finitas das criaturas uma compreensão limitada mas, a princípio, perfeitamente exata dessas leis (2: 42-43; AT 7: 61-62). Esse epílogo ressonante com que Descartes conclui sua exposição destas questões nas *Meditações* não são reflexões tardias vagamente devotas, mas uma expressão essencial da absoluta centralidade de Deus para todo o seu sistema metafísico e físico de filosofia.

> E, assim, reconheço muito claramente que a certeza e a verdade de toda ciência dependem unicamente do meu conhecimento do verdadeiro Deus: de sorte que, antes que eu o conhecesse, não podia conhecer perfeitamente nenhuma outra outra coisa. E, agora que o conheço, tenho o meio de adquirir um conhecimento perfeito no tocante a uma infinidade de coisas, não somente das que concernem Deus, mas também das que concernem coisas cuja natureza é intelectual, além de tudo o que pertencem à natureza corpórea, na medida em que ela pode servir de objeto às demonstrações dos geômetras (2: 49; AT 7: 71).

A DIMENSÃO ÉTICA

De tudo o que foi dito até aqui, pode parecer que o papel divino é evocado por Descartes principalmente como apoio estrutural necessário para seu sistema científico. Isso é verdade, desde que entendamos o rótulo "científico" em um sentido bastante amplo – mais amplo do que aquele que se encontra hoje no uso corrente do inglês. Hoje em dia, ainda que a distinção entre "fatos" e "valores" tenha sido recentemente submetida ao escrutínio filosófico, ainda assim tendemos a pensar ciência como algo concernente à descrição e explicação do mundo natural, enquanto as questões éticas acerca de como devemos viver, ou acerca da natureza da bondade e da justiça, são consideradas como objetos de uma área da investigação humana bastante distinta. Para Descartes, as coisas eram diferentes. Ele não se descreveria como um "cientista" (no século XVII, essa noção ainda não havia sido inventada), mas sim como um filósofo. Mas um "filósofo" não significa (como significa agora com tanta frequência) alguém que trabalha sobre um tópico teórico especializado dentro de um assunto acadêmico precisamente definido, e sim alguém comprometido em desenvolver uma compreensão sistemática e abrangente do todo da realidade, incluindo tanto a "filosofia natural" (mais ou menos o que agora chamamos de "ciência") quanto uma filosofia moral. Um dos manuais populares publicados nos tempos em que Descartes estava na escola era o *Compêndio de filosofia em quatro partes* (sendo elas: lógica, ética, física e metafísica), o qual promulgava que "o objetivo de um sistema filosófico completo é a felicidade humana" (*Summa philosophiae*, 1619; em Eustáquio de São Paulo, 1998). O projeto de Descartes para seu próprio sistema não era menos ambicioso e, na verdade, usou uma metáfora orgânica para ressaltar a natureza unificada de seu pensamento.

> Toda a filosofia é como uma árvore. As raízes são a metafísica; o tronco, a física, e os galhos que emergem do tronco são todas as outras ciências, que podem ser reduzidas a três principais, a saber, medicina, mecânica e moral. Por "moral" entendo o sistema moral mais avançado e perfeito que pressupõe um conhecimento completo das outras ciências, e é o nível mais alto de sabedoria. (1: 186; AT 9B: 14)

A moral pode surgir como um dos ramos mais importantes do sistema filosófico em razão da metafísica teísta em que o sistema estava enraizado. O Deus que, para Descartes, é a fonte da criação física também é a fonte da bondade; e a "luz da razão", ao tornar os humanos capazes de intuir as estruturas matemáticas que subjazem ao universo, também lhes permite perceber o bem. Isso, mais uma vez, pode parecer estranho para o leitor moderno, visto que tendemos a considerar bondade e verdade como domínios bem diferentes;

mas Descartes é bastante influenciado pelo modelo platônico segundo o qual o bem e a verdade são aspectos de uma única realidade subjacente. Na Quarta Meditação, somos informados que, quando a mente focaliza com perfeita clareza um objeto, segue-se automaticamente o assentimento da vontade: isto é, quando se vê que há uma razão clara para a verdade de uma proposição (por exemplo, que dois mais dois são quatro), o que ocorre não é uma mera percepção intelectual passiva, mas um juízo espontâneo de assentimento – "Sim: é verdade!". E, exatamente do mesmo modo, segundo o modelo de Descartes, quando se focaliza com clareza alguma ação e se vê que há uma razão clara para ela ser boa, mais uma vez, julga-se automatica e espontaneamente – "Sim, isso deve ser feito!" A vontade é a faculdade de afirmar ou negar uma verdade e de buscar um bem (ou evitar o oposto). Como coloca Descartes, "quanto mais me inclinar em uma direção, porque eu entendo claramente que as razões da verdade e da bondade apontam para isso dessa forma, [...] mais livre será minha escolha (2: 40; AT 7: 57-58).

O teor da passagem, com suas insinuações de algo semelhante à submissão religiosa (compare 2: 36; AT 7: 52), é significativo, uma vez que tendemos a pensar o "tempo moderno" inaugurado por Descartes como o paladino do poder independente, crítico e autônomo da humanidade, para que cada um de nós determinasse a verdade por si próprio. Descartes com certeza foi um pensador crítico, que resistia a aceitar a autoridade do conhecimento estabelecido e insistia que cada um de nós seguíssemos por nós mesmos as disciplinas da investigação reflexiva (ver *Discurso*, parte I, 111ff., AT 6: 1ff.). O destino da jornada, porém, para Descartes, não é um estado independente e inteiramente autodeterminado, mas sim uma consciência da luz divina que, uma vez percebida, não nos deixa fazer outra coisa a não ser assentir. Assim como a prece antiga afirmava que "servir a Deus é a liberdade perfeita", o modelo cartesiano de intelecto humano livre é o de um intelecto que é tão tomado pela clareza da bondade e da verdade divinamente ordenadas que percebe não ser possível nenhuma outra opção senão a de alinhar-se em sua direção.

Essa visão harmoniosa, de inspiração teísta, pode parecer bastante em desacordo como as realidades usuais da luta, do erro e da falha humanas; mas Descartes de fato está consciente da fraqueza de nossa natureza, e dispensa um grande esforço tentando explicá-la de modo consistente com sua crença em um criador divino, fonte de toda bondade e verdade. Por muitos séculos, teólogos anteriores a Descartes se debateram (assim como subsequentemente continuaram a fazer) com o chamado "problema do mal" – a existência de tanta maldade e de tanto sofrimento no mundo supostamente produzido por um criador sumamente bom; Santo Agostinho, no século IV, havia oferecido o que atualmente chamamos de uma "teodiceia" (reivindicação da justiça de Deus), concepção que depositou grande ênfase no mau uso humano de nossa vontade livre. Descartes, fortemente influenciado por Agostinho (cf. Menn, 1998), segue uma linha muito semelhante em sua própria teodiceia na Quarta Meditação. Se nossas mentes são iluminadas pela luz divina, como é possível que façamos juízos falsos, ou escolhamos mal, ou um bem menor, quando o bem maior está cintilante em nossa frente? Descartes, como vimos, mantém que enquanto focalizamos na verdade revelada pela luz só podemos dar o assentimento; mas porque nosso intelecto é *finito em extensão*, há muitas verdades que não percebemos claramente. Nesses casos, deveríamos suspender o juízo, mas, em vez disso, com frequência, precipitadamente fazemos um juízo – e "nesse uso incorreto da vontade livre" encontra-se "a essência do erro" (2: 41; AT 7: 60).

No plano puramente teórico, essa receita para evitar o erro ("Suspender o juízo quando a verdade não é clara") é altamente recomendável, mas no plano da moralidade prática, Descartes tem que admitir que nem sempre podemos nos dar ao luxo de uma abstenção tão arredia ao compromisso (1: 122; AT 6: 22). Com frequência, temos que fazer escolhas mesmo se a evidência não é conclusiva; as pessoas precisam comer, sem que para isso tenham que esperar por uma análise clínica completa do pão diante delas. O problema é agravado pelo fato de que muito de nossa vida humana ordinária não diz respeito a juízos intelectuais abstratos, mas está inextricavelmente ligada a sensações corpóreas e emoções as mais complexas – toda uma série de estados afetivos, desde fome e sede, prazer e dor, até esperança, medo, raiva, alegria, tristeza, e assim por diante. A crença em um criador benevolente enfrenta um desafio direto aqui, o qual Descartes deve se confrontar, por muitas razões.

Em primeiro lugar, nossos estados sensíveis nem sempre parecem ser indicadores confiáveis daquilo que é bom para nós: "Doentes podem desejar comida ou bebida que os podem prejudicar" (2: 58; AT 7: 84). Descartes (em fase posterior de seu projeto de teodiceia, dessa vez na Sexta Meditação) responde que o complexo corpo-alma é designado por Deus a funcionar de acordo com princípios fixos: certos estados fisiológicos (por exemplo, escassez de líquido no corpo) produzirá certos sinais psicológicos (por exemplo, uma sensação de secura na garganta). E embora possa haver algumas condições, como a hidropisia, em que não é recomendável beber quando se tem sede, entretanto, "o melhor sistema que poderia ser projetado é aquele que [um determinado estado do sistema nervoso e o cérebro] produziria uma certa sensação que, de todas as sensações, é a que conduz mais particularmente e com mais frequência à preservação do ser humano com saúde" (2: 60; AT 7: 87).

Essa imagem de um sistema de correlações corpo-alma divinamente projetado que, de modo geral, funciona em favor de nossa sobrevivência e bem-estar enquanto seres humanos é, entretanto, ameaçada por outro problema: o de um conjunto complexo de estados emocionais e disposições conhecidas na época de Descartes como "as paixões". Com frequência – e isso é uma questão antiga em filosofia moral –, os sentimentos de raiva, ou de excitação, ou de medo, ou de entusiasmo podem nos desviar do bom caminho, fazendo com que algum bem apareça como mais importante, ou algum mal mais ameaçador, do que realmente é. As paixões, como diz Descartes em um determinado momento, geralmente "representam bens aos quais eles tendem com maior esplendor do que merecem, e nos fazem imaginar prazeres maiores antes que os possuamos e *melhores* que nossas experiências subsequentes nos mostram ser". O resultado, muito conhecido, é que dar rédeas às nossas paixões pode com frequência levar a "insatisfação, arrependimento e remorso" (3: 264; AT 4: 285).

A ética teocêntrica de Descartes, entretanto, oferece-nos uma saída. Ele sustentava, como vimos, que os seres humanos são equipados, através da "luz da razão", com percepções claras e distintas do bem, e que a contemplação do bem não nos deixa escolha que não a de desejar buscá-lo. A concentração humana, entretanto, é fraca e limitada, e não podemos sempre estar centrados nos vereditos claros da luz da razão. Além disso, enquanto criaturas corporalizadas, temos também respostas emocionais que, embora em geral conduzam ao nosso bem-estar (o medo nos leva a fugir do perigo, a raiva ajuda a nos defender, a atração nos leva a procurar amigos e companheiros), podem algumas vezes nos desviar. A solução para isso, segundo Descartes, está em recorrer aos resultados da ciência cartesiana: nosso conhecimento científico do funcionamento das paixões, e o modo como estão relacionadas aos mecanismos fisiológicos, tornar-nos-á capazes de manejá-las e controlá-las, de modo a alinhá-las com o que nossa razão percebe como bom e, assim, convertê-las em fonte de alegria (3: 264; AT 4: 285).

A elaboração dessa teoria moral cartesiana, embora bem sutil e complexa em seus detalhes éticos, psicológicos e fisiológicos (Cottingham, 1998b), no final, deixa-nos, com uma imagem da boa vida que é notadamente positiva. Há um forte sentido de uma presença benevolente nas raízes de nossa humanidade. Longe de ser o produto do "destino ou acaso ou uma cadeia contínua de eventos" (2: 14; AT 7: 21), nossa natureza humana carrega a impressão de nosso criador. Nosso intelecto ou a "luz da razão" é dado diretamente por Deus; quanto ao aparato sensorial e emocional que em parte deriva de nossa natureza corpórea, quando aprendemos a compreender e controlar seu funcionamento, vemos que não "há absolutamente nada que se encontre nelas que não testemunhe o poder e a bondade de Deus" (2: 60; AT 7: 87).

CONCLUSÃO

Ao fazer essa investigação detalhada acerca do papel de Deus na filosofia cartesiana, pode ser útil observar que aquilo que pode ser chamado de sabor "religioso" do pensamento de Descartes não deve ser confundido com a explicação religiosa da filosofia, baseada na fé, que se encontra, por exemplo, em seu contemporâneo Pascal e, de modo extremo, em pensadores mais tardios como Søren Kierkegaard. Descartes reconhece, além da luz natural da razão, uma "luz sobrenatural" de fé (2: 106; AT 7: 148), mas resulta que o conceito de fé não tem um papel significativo em seu sistema filosófico. Deus é central, mas trata-se de um Deus estabelecido pela razão e que sustenta a racionalidade de um sistema de ciência e moralidade que oferece aos seres humanos poder genuíno para melhorar suas vidas (1: 142; AT 6: 62). As batalhas mais obscuras da alma – o pensador solitário existencialista, abandonando o conforto de sistemas seguros de filosofia e lutando para manter um ato de fé, "nas profundezas, a mais de setenta mil braças de água" (Kierkegaard, 1846) – estão anos-luz distantes da concepção de mundo de Descartes.

Descartes, a quem permanece apropriado chamar um dos inauguradores da ciência moderna, tem tanto otimismo sobre a natureza humana e nosso futuro que é declarado por alguns dentre os mais entusiasmados defensores modernos da ciência-mais-tecnologia como a chave para melhorar nossa sorte. Mas, para Descartes, diferentemente de muitos dos atuais entusiastas da ciência, esse otimismo está enraizado em uma cosmologia que fornece um ponto fixo seguro. Dada a certeza de um universo racionalmente ordenado e um criador sumamente bom, podemos ter certeza de que temos à nossa disposição os meios para alcançar o conhecimento do que é verdadeiro e bom e para regular nossas vidas de modo a nos permitir ser orientados na direção da verdade e do bem. Esse quadro pode não ser tão "moderno" quanto se espera de um pensador que, com frequência, é chamado de pai da modernidade; mas continua sendo, por tudo isso, um quadro inspirador do que um sistema filosófico que se baseia em crenças religiosas pode aspirar articular.

REFERÊNCIAS E LEITURAS ADICIONAIS

Aquinas, St. T. (1911). *Summa Theologiae*. Trad.: Frades da Província Dominicana Inglesa. Londres: Burns, Oates e Washbourne. (Obra originalmente publicada entre 1266–1273)

Bonaventure (1891). *Itinerarium mentis in Deum* ["Journey of the mind towards God"]. In: *Opera Omnia*. Collegium S. Bonaventurae: Quarachhi. (Obra originalmente publicada em 1259.)

Clarke, D. (1982). *Descartes' Philosophy of Science*. University Park: Pennsylvania State University Press.

Clarke, D. (2003). *Descartes's Theory of the Mind*. Oxford: Clarendon Press.

Cottingham, J. (1992). "The Cartesian legacy". *Proceedings of the Aristotelian Society, Supplementary Volume* 66: 1–21.

Cottingham, J. (1998a). "'The only sure sign ...'. Descartes on thought and language". In: J. M. Preston (ed.). *Thought and Language*. Cambridge: Cambridge University Press: 29–50.

Cottingham, J. (1998b). *Philosophy and the Good Life: Reason and the Passions in Greek, Cartesian and Psychoanalytic Ethics*. Cambridge: Cambridge University Press.

Eustachius a Sancto Paulo (1998). *Summa philosophiae quadripartita* ["Compendium of Philosophy in Four Parts"]. (Obra originalmente publicada em 1619.) Extratos traduzidos em R. Ariew, J.

Cottingham e T. Sorrell (eds.), *Descartes' Meditations: Background Source Materials*. Cambridge: Cambridge University Press.

Garber, D. (1992). *Descartes's Metaphysical Physics*. Chicago: University of Chicago Press.

Gaukroger, S. (1995). *Descartes: An Intellectual Biography*. Oxford: Clarendon Press.

Husserl, E. (1988). *Kartesianische* Meditationen. Trad.: D. Cairns. Dordrecht: Kluwer. (Obra originalmente publicada em 1931.)

Kenny, A. (1968). *Descartes: A Study of His Philosophy*. Nova York: Random House. Reimpressão: Bristol: Thoemmes Press, 1993.

Kierkegaard, S. (1941). *Concluding Unscientific Postscript*. Trad.: D. F. Swenson. Princeton: Princeton University Press. (Obra primeiramente publicada em 1846, sob o título *Afsluttende Uvidenskabelig Efterskrift*.)

John Paul II (2005). *Memory and Identity*. Londres: Orion.

Leiter, B. (ed). (2004). *The Future for Philosophy*. Oxford: Clarendon Press.

Menn, S. (1998). *Descartes and Augustine*. Cambridge: Cambridge University Press.

Pascal, B. (1962). *Pensées*. Ed.: L. Lafuma. Paris: Seuil, 1962. (Obra originalmente publicada em 1660.) As referências indicam a numeração dos extratos feita pelo editor, que é seguida por diversas outras edições e traduções, e não ao número da página dessa edição.

Williams, B. (1978). *Descartes: The Project of Pure Enquiry*. Londres: Penguin. (Reimpressão: Londres: Routledge, 2005.)

Wilson, M. (1979). *Descartes*. Londres: Routledge e Kegan Paul.

18
O Círculo Cartesiano e o fundamento do conhecimento

JOHN CARRIERO

Nas duas primeiras frases das *Meditações*, Descartes escreve que tendo se apercebido

> [...] de que recebera muitas falsas opiniões como verdadeiras e de que aquilo que depois fundei em princípios tão mal assegurados não podia ser senão mui duvidoso e incerto, de modo que me era necessário tentar seriamente, uma vez em minha vida, desfazer-me de todas as opiniões a que até então dera crédito, e começar tudo novamente desde os fundamentos, se quisesse estabelecer algo de firme e de constante nas ciências (2: 12; AT 7: 17).

O que são esses fundamentos do conhecimento? Bem, de acordo com Descartes, tudo que percebo claramente é verdadeiro. Algumas vezes, isso é chamado de "regra da verdade". (O que ele diz, com frequência, é que tudo que percebo clara e distintamente é verdadeiro. Contudo, ele também pensa que tudo que percebo claramente é verdadeiro e isso simplifica as coisas para deixar de lado as complicações introduzidas pela percepção distinta.) A regra da verdade representa um fato acerca de minha natureza: fui feito por Deus de tal modo que tudo que percebo claramente é verdadeiro. Portanto, o estabelecimento da regra da verdade envolve certa porção de uma metafísica bastante substantiva a meu respeito, sobre meu lugar no universo e sobre o próprio universo. Vou me referir a essa constelação de concepções – a regra da verdade, minha natureza, sua origem em Deus – como a "base metafísica" da cognição.

De imediato, surgem questões sobre a coerência do projeto fundacionalista cartesiano. É natural pensar que o fundamento do conhecimento deveria, de alguma forma, sustentar ou reforçar todo conhecimento humano, de tal modo que, até que conheçamos os fundamentos, não possamos conhecer nada, pelo menos não no sentido completo de conhecer. Descartes parece sustentar algo nessa linha. Perto do final da Quinta Meditação, ele escreve: "Assim, reconheço manifestamente que a certeza e a verdade de todo conhecimento [*omnis scientia certitudinem & veritatem*] dependem unicamente do meu conhecimento [*cognitione*] do verdadeiro Deus; de sorte que, antes que eu o conhecesse [*nossem*], não podia ter conhecimento perfeito [*perfecte scire*] de nenhuma outra coisa" (2: 49; AT 7: 71; conforme traduzido em publicações escolares mais recentes da edição de J. Cottingham, R. Stoothoff e D. Murdoch [CSM]). E isso levanta questões.

Primeiro, como mostra Arnauld, se só posso conhecer alguma coisa somente por meio do conhecimento dos fundamentos do conhecimento, não fica claro como venho a conhecer os próprios fundamentos do conhecimento.

> Tenho ainda uma questão, a saber, como o autor evita raciocinar em círculos quando afirma que temos certeza de

que aquilo que percebemos clara e distintamente é verdadeiro apenas porque Deus existe.

Mas só podemos ter certeza de que Deus existe porque percebemos isso clara e distintamente. Portanto, antes que possamos estar certos de que Deus existe, devemos ser capazes de ter certeza de que tudo o que percebemos clara e evidentemente é verdadeiro. (2: 150; AT 7: 214)

Arnauld apropria-se de Descartes para sustentar que minha certeza da existência de Deus se apoia na minha certeza da regra da verdade (assim, "antes que possamos estar certos de que Deus existe, devemos ser capazes de ter certeza de que tudo o que percebemos clara e evidentemente é verdadeiro"); em outras palavras, que sabemos que Deus existe por saber a base metafísica da cognição. Mas, visto que conhecer a base metafísica da cognição exige conhecer que Deus existe, parece que estamos em um círculo.

Em segundo lugar, como o autor das Segundas Objeções apontou, parece falso afirmar que não posso conhecer nada *antes* de conhecer os fundamentos do conhecimento. O meditador não descobre, nas próprias *Meditações*, sua existência antes de aprender que Deus existe? Aliás, alguém não poderia saber geometria sem nunca ter aprendido que o criador o fez de tal modo que sua percepção clara é sempre verdadeira?

Essas objeções constituem ao menos uma versão do que é chamado de Círculo Cartesiano. Penso que aqui o problema básico seja podermos entender a ideia de que conhecer a base metafísica da cognição de algum modo sustenta e reforça todo o conhecimento humano sem com isso admitir a consequência indesejada de que conhecemos tudo *pelo* conhecimento dos fundamentos (Arnauld) ou que não podemos conhecer nada *até que* conheçamos os fundamentos (Segundas Objeções). Há uma segunda versão do Círculo, especialmente relacionada com a questão sobre se Descartes pode responder a dúvida cética (particularmente o problema colocado pela chamada dúvida do "gênio maligno") de modo não circular. Ocupar-me-ei disso brevemente no final desse capítulo. Na maior parte do capítulo, entretanto, quero focar na versão do Círculo que ocupou os contemporâneos de Descartes, a saber, na relação entre conhecer e conhecer a base metafísica da cognição.

Parece claro para mim que Descartes pensou detalhadamente sobre essa relação e que ele tem coisas filosoficamente interessantes a dizer sobre isso. Mas o território era novo – visto que era nova a ideia de que a filosofia deveria começar por estabelecer os fundamentos do conhecimento – e é preciso uma certa dose de paciência com seu texto para seguir seu pensamento sobre o assunto. Uma coisa que vem a ser muito importante mas muito facilmente não percebemos é que Descartes não está lidando com um único e uniforme modo de cognição (ou "conhecimento"), e sim, na verdade, com dois modos diferentes de cognição (ou "conhecimento"): percepção clara e *scientia*. Prestando cuidadosa atenção a cada um deles, especialmente ao que cada um deve fornecer e como, acredito que seremos capazes de progredir na compreensão do pensamento de Descartes sobre esse tópico.

PERCEPÇÃO CLARA E VER QUE ALGO É ASSIM

Quero começar considerando a noção de Descartes de percepção clara e distinta. Parece-me que certas imagens da relação entre percepção clara e a regra da verdade subestimam seriamente o que uma percepção clara e distinta alcança por si só, antes que se tenha aprendido por que a regra da verdade se aplica.

Embora Descartes não use o termo "clara" em seu texto, a primeira amostra de percepção clara aparece na passagem do *cogito*. Ali, do interior da dúvida metodológica, o meditador é levado a ver que algo é o caso:

> Independentemente de tudo o que acabo de enumerar, como sei que não existe

alguma coisa da qual não se pode ter a menor dúvida? Não haverá algum Deus, ou seja como for que eu o chame, que ponha em mim esses pensamentos que tenho agora? Mas por que penso isso, se eu mesmo posso ser o autor desses pensamentos? Nesse caso, pelo menos, não seria eu alguma coisa? Mas acabei de negar que eu tenha sentidos ou corpo. Esse é o ponto de impasse: o que se segue daí? Serei de tal modo ligado ao corpo e aos sentidos que não possa existir sem eles? Mas eu me persuadi de que nada existia no mundo, que não havia nenhum céu, nenhuma terra, nem mentes, nem corpos. Não se segue daí que eu também não exista? Não: se me persuadi de algo, então certamente eu existia. Mas há algum enganador mui poderoso e ardiloso que deliberadamente e constantemente me engana. Nesse caso, também não há duvidas de que existo, se ele me engana; e por mais que ele me engane não poderá jamais fazer com que eu nada seja enquanto eu pensar ser alguma coisa. De sorte que, após ter pensado cuidadosamente todas as coisas, por fim, devo concluir [*denique statuendum sit*] que esta proposição, *eu sou, eu existo*, é necessariamente verdadeira [*necessario est verum*] todas as vezes que a enuncio ou que a concebo em minha mente (2: 16-17; AT 7: 24-5).

O que Descartes está tentando introduzir através de um conjunto de considerações apresentadas no início desta passagem é a experiência de ver que alguma coisa deve ser, de um certo modo, a experiência da apreensão a verdade. Considere a frase conclusiva da passagem: "[...] por fim, devo concluir [*denique statuendum sit*] que esta proposição, *eu sou, eu existo*, é necessariamente verdadeira [*necessario est verum*]". O "devo" implícito em *statuendum sit* (literalmente: cumpre sustentar) e o *necessario* pretendem capturar a experiência da visão de que algo tem que ser o caso (como em Ahá!, então deve ter sido o mordomo!") e o *verum* torna explícito que a visão do meditador de que algo é de um certo modo é uma questão de se atingir a verdade. Essa experiência de ver que algo deve ser de um certo modo é, com certeza, notável para o meditador que, apenas há um momento atrás, submetido à dúvida cética, perguntava-se se não haveria praticamente nenhuma verdade ("Então, o que permanece verdadeiro? Talvez apenas o fato de que nada há de certo"). É o momento em que ele reconhece que – a despeito da dúvida cética – tem a capacidade de ver que ao menos *algumas* coisas são verdadeiras, como, por exemplo, que ele existe.

Falarei um pouco mais sobre a experiência de "ver que algo deve ser de um certo modo", a qual Descartes está tentando produzir no meditador. É o que ocorre quando, como dirá Descartes na Terceira Meditação (§9), "a verdade de algo me é revelada pela luz natural". Embora ter uma verdade revelada a você por luz natural soe um tanto misterioso, eu acho que a experiência que Descartes tem em mente é bastante comum e familiar (o que não nega que ele a considere notável e fácil de se ignorar). É o que ocorre quando alguém nota que, enquanto pensa ou se engaja em argumento cético, deve-se existir. Mas é também o que ocorre quando se percebe que o lado maior de um triângulo é oposto ao seu maior ângulo. Descartes diz, além disso, em III, §9, que quando algo é revelado pela luz natural "não pode de modo algum estar aberto à dúvida". Considero isso familiar também. Enquanto me ocupo com a reflexão do *cogito*, não sou capaz de duvidar que existo; *ou*, quando considero um triângulo, não sou capaz de não julgar que seu maior lado se opõe a seu maior ângulo. É claro que não é o simples fato de que eu me encontrar incapaz de duvidar, como se estivesse sob influência de uma sugestão hipnótica. Há uma razão para não poder duvidar: a saber, vejo que (nas circunstâncias atuais) *deve* ser o caso que eu exista, ou que os três ângulos do triângulo somem dois ângulos retos. (Devo dizer que não vejo para Descartes distinção importante entre alguma coisa me ser revelada pela luz natural e minha percepção clara de a coisa ser o que é.) Em III, §9,

Descartes opõe ter uma verdade revelada pela luz natural à crença em algo por meio do que ele chama de "impulso espontâneo". Segundo ele, inicialmente, somos levados a quase todas as nossas crenças sobre nosso corpo e bem-estar físico por esses impulsos e propensões. Por exemplo, quando estou com sede, simplesmente "me encontro" inclinado a crer que beber seria bom para mim. Nesse caso, minha inclinação a crer não é determinada por nenhuma percepção clara de que beber seria bom para mim.

Ora, ainda não temos uma ideia muito clara sobre como essa visão de que algo é assim interage com a dúvida do gênio maligno. Examinaremos essa interação quando atentarmos para o início da Terceira Meditação. Mas creio que mesmo o pouco que vimos até agora faz com que seja improvável que Descartes sustente a concepção que lhe é frequentemente atribuída, que, em minha opinião, obscureceu enormemente nossa compreensão de como ele vê o conhecimento humano. Trata-se da concepção segundo a qual, até que eu conheça a regra da verdade (e, assim, até que eu conheça a base metafísica de minha cognição ou até eu ser capaz de refutar a dúvida do gênio maligno), perceber claramente apenas me fornece o que algumas vezes se chama de "certeza psicológica". Explico-me.

Até onde sei, "certeza psicológica", no contexto de uma exegese de Descartes, aparece pela primeira vez no clássico e influente artigo "The Cartesian Circle", de Alan Gewirth (na época, "Gewirtz"), de 1941. Para Gerwirth, certeza psicológica é o estado de uma crença compulsória de alguém que se encontra percebendo claramente algo mas ainda não refutou o gênio maligno. Nesse artigo, ele caracteriza a certeza psicológica como o tipo de certeza que se tem quando "a mente é compelida a assentir à verdade de percepções claras e distintas diretamente presentes, mas sobre as quais a dúvida metafísica ainda é possível" (p. 386). Mas acho difícil compreender isso como uma *certeza*. Se a dúvida metafísica ainda está aberta para o meditador, então há uma dúvida que ele pode considerar (e talvez deva considerar). Se, por alguma razão, em um determinado momento, ele não é capaz de considerá-la, eu diria ser mais preciso descrever sua condição como "quase" certa ou "só faltando estar certa".

Mais importante ainda, é difícil compreender como a compulsão ao assentimento funcionaria nessa situação. Por um lado, como muitos comentadores concordam, inclusive Gewirth, a compulsão por percepção clara e distinta seria racional; por outro lado, a incapacidade do meditador de considerar uma dúvida pertinente enquanto percebe faz parecer que a percepção clara produz nele um ponto temporariamente cego, como se o brilho de sua percepção clara o tornasse insensível a considerações cuja relevância ele, em outras circunstâncias, reconheceria.

Não acho que isso possa estar correto. Parece estranho o modo como Descartes estrutura a experiência do *cogito*. Não é o caso que eu esteja quase certo de que existo; eu estou certo de que existo (aqui, estou de acordo com Broughton, 2002: 184-185). Quando estou desenvolvendo o *cogito*, não é o caso que, de algum modo, eu deixe de reconhecer uma consideração cética (o gênio maligno) que em outra ocasião me impressionaria (e deveria me impressionar); ao contrário, a dúvida não me perturba porque posso *ver* que existo ou, como afirma Descartes, "por fim, devo concluir [*denique statuendum sit*] que esta proposição, *eu sou, eu existo*, é necessariamente verdadeira [*necessario est verum*] sempre que a enuncio ou a concebo em minha mente". Pode ser que o *cogito* seja especial de um *modo específico* que o torne, assim, imune à dúvida do gênio maligno, pois a minha existência está diretamente implicada na própria dúvida (*viz.*, que *eu* fui criado por um gênio maligno, ou que um gênio maligno *me* engana; ver Broughton, 2002: caps. 6 e 7). Entretanto, acho que a posição de Descartes é a de que *qualquer* percepção clara é imune à dúvida. Textualmente, Descartes sustenta que é impossível duvidar de qualquer percepção clara quando se está diante dela. E, mais uma vez, não faz sentido considerar essa incapacidade como um tipo de defeito, como se minha percepção clara me fizesse não atentar para uma consideração cética pertinente, tornando-me psicologicamente incapaz de adotá-la. Em vez disso, a razão pela qual eu, na minha condição atual, (corretamente) acho a consideração cética impotente é que minha percepção atual torna claro para mim que algo é assim. Desse modo, por exemplo, se estou percebendo claramente por que os três ângulos de um triângulo devem somar dois ângulos retos – elaborando minha percepção, observando várias relações, e assim por diante –, a concepção de Descartes não é apenas a de que eu não *posso* suspender meu assentimento com base na dúvida do gênio maligno, mas também que eu não *deveria* suspender meu assentimento.

Assim, mesmo que haja diferenças filosóficas interessantes entre, de um lado, a relação do *cogito* com a dúvida do gênio maligno e, de outro lado, a relação da matemática claramente percebida à dúvida, essas diferenças não parecem, eu penso, uma diferença quanto à imunidade à dúvida. Logo, na passagem em que, assim me parece, Descartes é mais explicitamente preocupado em posicionar a percepção clara vis-à-vis a dúvida do gênio maligno, a saber, o quarto parágrafo da Terceira Meditação, ele trata "algo de muito simples e imediato na aritmética e geometria" como em pé de igualdade com o *cogito* ("por mais que me engane, ele não poderá jamais fazer com que eu nada seja") (2: 25; AT 7: 35-36).

PERCEPÇÃO CLARA E REGRA DA VERDADE

Se compreendemos a percepção clara ao longo das linhas que acabo de sugerir, de tal modo que alguém que perceba claramente a verdade sabe que seu juízo é determinado pela verdade, então pode parecer que não há necessidade de estabelecer a regra da verdade ou de responder à dúvida do gênio maligno: quem percebe claramente parece poder prosseguir muito bem, sem fazer isso.

Para se ter um quadro melhor do que significa conhecer a regra da verdade e da interação entre percepção clara e distinta e a dúvida do gênio maligno, devemos começar considerando com cuidado a introdução de Descartes a respeito da regra da verdade. Isso ocorre perto do início da Terceira Meditação.

> Estou certo de que sou uma coisa pensante. Não saberei também, portanto, o que é requerido para me tornar certo de alguma coisa? Nesse primeiro ponto do conhecimento [*cognitione*] só se encontra uma clara e distinta percepção daquilo que afirmo; isso não seria suficiente para me assegurar da verdade [*certum de rei veritate*] se, em algum momento, pudesse acontecer que uma coisa que eu concebesse tão clara e distintamente se verificasse falsa. E, portanto, parece-me que já posso estabelecer como regra geral que tudo o que percebo mui clara e distintamente é verdadeiro. (2: 24; AT 7: 35).

Descartes introduz a regra como o resultado de uma reflexão sobre o que deu certo no exame da existência e da natureza da mente na Segunda Meditação. Duas coisas parecem assim se seguir. Primeiro, a regra da verdade é uma tese de ordem maior, isto é, uma tese sobre a natureza de nossa cognição: envolve adotar uma posição reflexiva sobre nossa cognição. Segundo, o procedimento que Descartes segue faz mais sentido se, durante a própria experiência do *cogito*, o meditador realmente estiver certo e não apenas quase certo. Isto é, faz mais sentido se considerarmos o meditador dizendo para si mesmo: "Lembro-me de estar certo de estar alcançando a verdade. Aquela cognição estava marcada por uma clareza e uma distinção especiais. Talvez tudo o que eu perceba clara e distintamente seja verdadeiro". Em oposição, o fluxo do pensamento parece na verdade estranho se o meditador estiver quase certo: "Lembro-me de estar psicologicamente compelido a crer que eu existia com base em considerações internas racionais que eram tão convincentes que tornaram impossível que eu duvidasse, mesmo ainda havendo, devo admitir, uma evidente preocupação com o gênio maligno. Essa cognição estava marcada por uma clareza e uma distinção especiais. Talvez tudo o que eu perceba clara e distintamente seja verdadeiro". "Verdadeiro"? O resultado natural dessa cadeia de reflexão não seria: "Estou pronto a lançar a hipótese de que tudo o que percebo clara e distintamente está em uma ordem racional interna que compele ao assentimento"?

Pode-se objetar, nos termos do próprio texto, que que Descartes ressalta é a certeza: "Estou *certo* de que sou uma coisa pensante. Não conheço, portanto, o que é necessário para estar *certo* de qualquer coisa?" (ênfase minha). E, é claro, estar certo de algo é compatível com estar errado, como em: "Mas eu estava certo de que ele tinha armas de destruição de massa". Não sei se a palavra "certo" em inglês sempre funciona dessa maneira, mas, de qualquer modo, Descartes assume aqui que não posso estar certo de algo falso, pois ele prossegue imediatamente com a observação de que uma percepção clara e distinta "não seria suficiente para que eu ficasse certo da verdade da coisa [*certum de rei veritate*], se fosse possível que algo que eu percebesse com tanta clareza e distinção fosse falsa". Da forma como Descartes usa o termo, a certeza traz com ela a verdade. (Isso será importante para uma compreensão adequada de algumas de suas observações no início da Quinta Meditação.)

A regra da verdade é então introduzida como uma hipótese de segunda ordem sobre a natureza da minha cognição que alcancei refletindo sobre o que parece me permitir alcançar a verdade quando estou em um estado como o do *cogito*. No parágrafo seguinte, ele começa a examinar as perspectivas dessa hipótese. Embora tivesse "admitido [*admisi*] como inteiramente certo e evidente" coisas que realmente não eram – de acordo com a conexão entre certeza e verdade já observada, considero "*admitir* como certo" (ênfase minha) como sendo diferente de *ser* certo de fato, de tal modo que se pode admitir como certas coisas que de fato não o são –, essas eram as coisas que "pensei ter percebido clara e distintamente, embora de fato não fosse assim" (2: 24-25; AT 7: 35). (Cabe notar, ainda que para apenas combater certas visões populares da posição cartesiana sobre a "transparência" do pensamento, que Descartes admite bem abertamente o fato de que, por falta de cuidado ou atenção, pode-se pensar ter percebido claramente quando não se percebeu assim, ou julgar-se tendo experimentado um estado como o do *cogito* sem que realmente o estivesse.) Assim, a hipótese de que tudo que percebo clara e distintamente é verdadeiro é ao menos consistente com minha experiência passada.

Embora a hipótese seja plausível e pareça consistente com a experiência passada, ela apenas conta como parecendo ser verdadeira. Descartes introduz isso chamando a atenção, no quarto parágrafo da Terceira Meditação, para a dúvida do gênio maligno. Trata-se de um parágrafo notável no qual ele põe a dúvida do gênio maligno cara a cara com a percepção clara e distinta. Isto é importante para se compreender como Descartes vê a relação entre a percepção clara e o conhecimento dos fundamentos do conhecimento.

O parágrafo começa:

> Mas, quando considerava alguma coisa muito simples e direta no tocante à aritmética e à geometria, como por exemplo, que dois e três somados são cinco, e outras coisas semelhantes, eu não as concebia com clareza ao menos suficiente para assegurar que eram verdadeiras? Certamente, se julguei depois [*postea judicavi*] que podia duvidar destas coisas, não foi por outra razão senão a de que tenha me ocorrido que talvez algum Deus pudesse ter me dado uma tal natureza que eu me enganasse mesmo no concernente às coisas que me parecessem as mais manifestas. Mas todas as vezes que minha opinião preconcebida [*praeconcepta*] do soberano poder de Deus se apresenta a meu pensamento, sou constrangido a confessar que lhe é fácil, se ele o quiser,

> proceder de tal modo que eu me engane mesmo sobre aquelas coisas que penso [*puto*: julgar, acreditar] ver com muita evidência com os olhos de minha mente (2: 25; AT 7: 35-6).

Nas duas primeiras frases, o meditador parece tentado a afirmar que a regra da verdade está na base de sua experiência com coisas muito simples. Parece-lhe óbvio em tais situações que é a clareza de sua percepção que o leva à verdade; pode parecer óbvio para ele até mesmo que seja da natureza da percepção clara sempre levar a esse resultado. Mas, recuando e avaliando sua situação cognitiva, ele tem que admitir que tudo o que sabe é que "talvez algum Deus pudesse ter me dado uma tal natureza que eu me enganasse mesmo no concernente às coisas que me parecessem as mais manifestas". A questão aqui levantada, penso eu, é de fato acerca da ausência de conhecimento da parte dele; o meditador não conhece suficientemente sua natureza para afirmar por que aquilo que parece ser o caso – que tudo o que ele vê claramente é verdadeiro – deveria de fato ser o caso. Embora suas experiências como as do *cogito* sejam sugestivas nessa direção, elas não mostram que esse deve ser o caso.

Note-se que Descartes descreve a dúvida a respeito do que é claramente percebido como um juízo que ele faz "depois" [*postea*]. Pode-se pensar que seu objetivo seja mostrar que levantar essa questão acerca da natureza dela é algo que simplesmente não ocorreu ao meditador antes. Acho que há uma outra razão para o *postea*: quando percebo clara e distintamente algo, a verdade está presente a mim e eu sei que está: não há lugar para dúvida. A dúvida só se torna possível depois, quando paro de perceber claramente que algo é assim. Descartes desenvolve cuidadosamente esse ponto no restante do parágrafo, fazendo com que o meditador entre e saia de um estado do tipo do *cogito*. Enquanto está em um estado como esse – quando foca nas "coisas mesmas" –, é óbvio para ele que está diante da verdade:

> E, ao contrário, todas as vezes que me volto para as coisas mesmas [*ipsas res*] que penso [*arbitror*: julgo] perceber mui claramente, sou de tal maneira persuadido delas que espontaneamente declaro [*sponte erumpam*]: engane-me quem puder, ainda assim, jamais poderá fazer com que eu nada seja enquanto eu pensar que sou algo; ou que algum dia seja verdade que eu não tenha jamais existido, sendo verdade que eu agora existo; ou então que dois e três somados sejam mais ou menos do que cinco, ou coisas semelhantes que vejo claramente não poderem ser de outra maneira senão como as concebo (2: 25; AT 7: 36).

Mas, depois que sai desse estado do tipo do *cogito*, ele volta à questão de segunda ordem acerca do autor de sua natureza anteriormente introduzida no parágrafo:

> E visto que não tenho nenhuma razão para acreditar que haja algum Deus que seja enganador, e que eu ainda não saiba ao certo se existe um Deus em absoluto, qualquer razão para duvidar que dependa somente dessa opinião é bem frágil e, por assim dizer, metafísica. Mas, a fim de poder afastá-la inteiramente, devo examinar se há um Deus tão logo a ocasião se apresente; e, se achar que existe um, devo examinar se ele pode ser enganador: pois sem o conhecimento dessas duas verdades não vejo como possa jamais estar plenamente certo [*plane certus*] sobre coisa alguma (2: 25; AT 7: 36).

Devemos atentar para o "plenamente [*plane*]" no "plenamente certo" presente na última frase: antes que eu conheça a base metafísica da cognição, não posso estar plenamente certo. Entretanto, mais cedo na meditação, foi sugerido que, quando estou em um estado do tipo do *cogito*, estou certo, indo além da convicção meramente racional, atingindo à verdade. Evidentemente, há dois tipos de certeza, ambas envolvendo a verdade, a certeza absolutamente ordinária e a absoluta certeza.

Isso se confirma, como veremos, na Quinta Meditação, na qual Descartes deduz que há diferentes "graus [*gradus*]" de certeza. É claro que não é óbvio como é possível haver mais do que um grau de certeza. Descartes, de fato, não explica isso antes do final da Quinta Meditação.

O modo como Descartes avança e recua em estados como o do *cogito* é magistral. Há (e penso que deve ser assim) algo de perturbador nessa experiência de agora-você-vê/agora-você-não-vê. Quando estou em um estado como o do *cogito*, é manifesto para mim que estou diante da verdade. Quando saio de um estado do tipo do *cogito*, não vejo mais que algo é assim. Se experimento uma tendência a continuar a dar meu assentimento ao que acabei de perceber claramente na ausência da visão clara, parece que essa tendência é simplesmente um tipo de inércia cognitiva provocada pelo arrebol da percepção prévia. Eu teria mais do que o simples arrebol, entretanto, se eu visse por que deveria ser o caso o fato de que, quando estou em um estado como o do *cogito*, sempre estou diante da verdade. Pois, compreendendo isso, conjugado ao fato de ter estado em um estado como o do *cogito*, ser-me-ia oferecido, com efeito, um outro modo de ver o que antes percebi como verdadeiro. Porém, na ausência de tal compreensão, posso então começar a me preocupar – Descartes diz duvidar – acerca da eficácia do estado do tipo do *cogito* em que estive um momento atrás: estaria eu realmente vendo a verdade ali ou apenas me pareceu ter visto a verdade?

Não nego que se possa ter vertigens em relação a como Descartes concebe a diferença entre estar em uma experiência como a do *cogito* e sair dela. Por exemplo, obviamente, há questões delicadas acerca dos limites temporais de uma experiência como a do *cogito* e o papel da memória tanto nela quanto entre ela e a cognição subsequente. Mais ainda, há questões acerca da unidade ou integridade cognitiva do meditador: caso se tenha distância suficiente da experiência passada do *cogito*, pode não ser difícil adotar uma perspectiva de segunda ordem e tratá-la, como creio estar de fato fazendo Descartes, como se "em terceira pessoa". Fazer isso é mais difícil, entretanto, quando a experiência está fresca na mente; parece então induzir a um tipo de esquizofrenia epistêmica. De um momento para outro, dependendo de se ele dirige sua atenção às "coisas mesmas" ou a Deus e à origem de sua natureza, o meditador se encontra ou bem no estado de estar certo de ao menos algumas coisas (e isso envolve, penso eu, estar diante da verdade e saber que se está diante da verdade) ou bem no estado de duvidar se mesmo suas melhores percepções o levam à verdade.

Uma das coisas que pode encorajar Descartes em sua via para pensar a diferença entre estar em uma experiência como a do *cogito* e lembrar-se de ter estado em uma experiência como a do *cogito* é que, uma vez que se tenha o conhecimento da base metafísica de nossas cognições, a diferença se torna praticamente sem importância. Seja como for, podemos muito bem concordar com ele que há uma distinção filosófica importante a ser feita entre a cognição de primeira ordem e a reflexão de segunda ordem sobre a natureza daquele que conhece, embora seja necessário trabalhar os detalhes. E podemos concordar, mais ainda, que as dúvidas que surgem no nível reflexivo de segunda ordem acerca de eu ser o tipo de conhecedor que chega à verdade pode ter um efeito desestabilizador (para ser vago) na confiança ao se atingir a cognição de primeira ordem.

Voltemos nossa atenção para a Quinta Meditação. É no final dessa meditação que Descartes fornece detalhes sobre a relação entre certeza e certeza plena, entre o que é disponível para nós antes de conhecermos a base metafísica de nossa cognição e o que é disponível apenas depois de a termos descoberto. Mas, relativamente no começo dessa meditação, Descartes faz um par de observações interessantes que me parecem prenunciar a discussão por vir no final deste texto. Comecemos com elas.

No final do sexto parágrafo, ele escreve:

E, conquanto não o tivesse demonstrado [a saber, demonstrei, amplamente que todas as coisas que concebo claramente são verdadeiras – *demonstravi illa omnia quae clare cognosco esse vera*], todavia a natureza de minha mente é tal que não me poderia impedir de julgá-las verdadeiras, ao menos enquanto as concebo clara e distintamente. E me recordo de que, mesmo quando estava ainda completamente ligado aos objetos dos sentidos, tivera entre as mais constantes verdades [*pro omnium certissimus habuissem*] aquelas que eu concebia clara e distintamente no que diz respeito às figuras, aos números e às outras coisas que pertencem à aritmética e à geometria, ou em geral à matemática pura e abstrata (2: 45; AT 7: 65).

Penso que, se fôssemos considerar apenas a segunda metade da primeira frase, "a natureza de minha mente é tal que não me poderia impedir de julgá-las verdadeiras, ao menos enquanto as concebo clara e distintamente", poderíamos pensar que o ponto de Descartes é que sou psicologicamente compelido a assentir a certas coisas (Curley, 1978: 163, por exemplo, interpreta assim). Mas essa leitura, penso eu, não se coaduna muito bem com o restante da passagem, que eu leio da maneira seguinte. Descartes acaba de encontrar a última peça da base metafísica da cognição, a saber, sua doutrina das naturezas verdadeiras e imutáveis (que diz respeito ao que ocorre quando concebemos distintamente, em oposição a apenas claramente). Para evitar mal-entendidos, ele pretende nos indicar onde teríamos chegado, mesmo se não soubéssemos a fundamentação metafísica de nossa cognição. É claro, diz ele, não é necessário que se conheça tudo isso para fazer matemática, para conhecer verdades matemáticas. (Ele, na verdade, está antecipando uma objeção do autor das Segundas Objeções aos efeitos que resultam da concepção de Descartes segundo a qual um ateu não pode saber geometria.) Ainda se estaria certo de estar diante da verdade enquanto se fizesse matemática, e, por essa razão, Descartes, antes de adotar seu projeto fundacionalista, considerava as verdades matemáticas como "as mais certas [...] de todas". É possível ler essa passagem de outras maneiras. Mas, se consideramos que aqui Descartes está tratando de uma quase certeza, e não de certeza, parece que o que seria o *ponto* dessa passagem se torna bastante confuso: alguém que não conhecesse a fundamentação metafísica da cognição, ainda assim teria percepção matemática internamente organizada e racionalmente convicente. Sim, mas e daí? Que consolo temos a partir daí?

Essa leitura geral do final do §6 é confirmada, penso eu, por uma observação que Descartes faz no final do §7:

> Portanto, ainda que tudo em que tenho meditado nesses dias anteriores resultasse não ser de modo algum verdadeiro, a existência de Deus deve manter-se em meu espírito ao menos com o mesmo grau [*gradu*] de certeza que concedi até agora [*hactenus*] a todas as verdades das matemáticas (2: 45; AT 7: 65-6).

Aqui, Descartes afirma que, mesmo se eu estivesse errado acerca da fundamentação metafísica de nossa cognição ("ainda que tudo em que tenho meditado nesses dias anteriores resultasse não ser de modo algum verdadeiro"), eu teria certeza da existência de Deus – de fato, o mesmo grau de certeza que a matemática já havia sustentado para mim. Como no § 6, não acho que Descartes esteja afirmando aqui que, mesmo se eu estivesse errado quanto à fundamentação de meu conhecimento, ainda assim teria o consolo de ser racionalmente persuadido de que Deus existe, esteja a verdade onde estiver. Em vez disso, penso que, como vimos antes (2: 24; AT 7: 35), para Descartes, certeza envolve *verdade*. Mesmo se eu não houvesse descoberto a fundamentação do conhecimento, ainda assim teria certeza de que Deus existe. É certo que a frase "ao menos o mesmo grau de certeza" implica que haja um grau maior de certeza – considero que esse grau maior seja a "certeza plena" mencionada no final do quarto parágrafo da Terceira Meditação (2: 25; AT 7: 36) –, mas não devemos transformar isso em um convite para fazer com que o grau mais baixo de certeza seja algo menos do que é ele de fato, uma quase certeza ou só faltando a certeza. O grau mais baixo de certeza ainda é um tipo de *certeza*, que, para Descartes, envolve ver algo como verdadeiro.

Mas como é possível haver dois graus de certeza? Se, quando percebo claramente, já apreendo a verdade (e sei que a apreendo), o que mais poderia ser certeza? Como existe espaço para um "grau" mais alto de certeza, ou para uma "certeza plena", adicional em oposição à certeza comum?

Vamos nos aproximar dessa questão considerando a introdução de Descartes a respeito da ideia de *scientia* nos últimos quatro parágrafos da Quinta Meditação. (Em termos gerais, ter *scientia* é a condição em que o meditador se encontra depois de reconhecer a base metafísica de sua cognição.) Essa discussão culmina com uma observação que consideramos logo no início deste capítulo:

> Assim, reconheço com muita clareza que a certeza e a verdade de todo conhecimento [*omnis scientia certitudinem & veritatem*] dependem unicamente da minha consciência [*cognitione*] do verdadeiro Deus; de sorte que eu era incapaz de conhecer perfeitamente [*perfecte scire*] qualquer outra coisa até que o conhecesse [*nossem*]. E agora tenho o meio de adquirir um conhecimento pleno e certo [*plane nota & certa*] no tocante a uma infinidade de coisas, não somente aquelas concernentes sobre o próprio Deus como também outras coisas cuja natureza é intelectual, além de tudo o que pertence à natureza corpórea a qual é objeto da matemática pura (2: 49; AT 7: 71).

Pode-se considerar essa passagem como uma sugestão (como aparentemente pensaram os autores das Segundas Objeções) de que não podemos conhecer nada antes de conhecermos os fundamentos do conhecimento, surgindo assim o espectro do Círculo Cartesiano. Entretanto, uma inspeção mais detalhada dessa passagem indica que Descartes tem em vista dois modos diferentes de cognição. Há *scientia* ou *perfecte scire*, a condição alcançada depois de se reconhecer os fundamentos do conhecimento. E há o meio pelo qual se reconhecem esses fundamentos, que é, penso eu, simplesmente percebê-los claramente – isto é, simplesmente perceber claramente que o autor de minha natureza não é enganador e que isso implica que tudo o que percebo clara e distintamente é verdadeiro. (Embora Descartes aqui mencione apenas Deus, considero que isso seja um tipo de abreviação, e que, para ter *scientia*, preciso também perceber claramente o resto da base metafísica da cognição.)

Como compreender esses dois modos de cognição? Percebe-se que Descartes está sendo cuidadoso com sua terminologia aqui, e talvez se debatendo um pouco com ela, como se (talvez em razão da originalidade de seu projeto de estabelecer os fundamentos do conhecimento) ele não tivesse à mão um vocabulário que respondesse a suas necessidades. Vamos dar uma breve olhada no vocabulário.

A percepção clara, por si só, como vimos, implica apenas o grau mais baixo de certeza, o que podemos chamar de certeza simples ou certeza *simpliciter*. Assim, a cognição que Descartes caracteriza como *certus*, em oposição a *plane certus*, pertence a esse tipo. Penso também que os termos cognição (*cognitio*), sobretudo cognição clara (ver Respostas às Segundas Objeções, AT 7: 141), *noscere* (conhecimento no sentido de consciência de), e *scire*, quando não vem qualificado por *perfecte*, todos pertecem a esse tipo de cognição. Além disso, *ignorare* (i.e., não *noscere*; não ter consciência de) sinaliza a ausência desse modo de cognição. Para o segundo tipo de cognição, Descartes usa as expressões *scientia, plane certus, perfecte scire*, e *plane nota & certa*. Usarei o termo *scientia* em latim para sinalizá-lo. A palavra era um termo técnico bem estabelecido na tradição, e creio que Descartes tomou a palavra emprestada da tradição.

O que é *scientia*, segundo a tradição? *Scientia* era o termo utilizado pela tradição latina para traduzir o grego *epistêmê*. *Epistêmê* é conhecimento justificado de fatos, isto é, o tipo de conhecimento que se tem de uma coisa ao ver por que ela é verdadeira. Para os aristotélicos, silogismos deveriam não apenas tornar certas as suas conclusões, mas também exibir causas relevantes e assim fornecer uma explicação de porquê a conclusão é verdadeira. Muitos comentadores pensam que é melhor traduzir a palavra grega *epistêmê* pela palavra *understanding*, em inglês ["compreensão", em português], ao invés de "conhecimento", para sinalizar essa relação com a explicação: ter *epistêmê* (ou *scientia*) de algo não é apenas estar certo de que é assim, mas é também compreender por que é assim. Ora, para Descartes, também *scientia* ou *epistêmê* envolve certeza e explicação, embora, como vou sugerir, ele altere a noção de um modo fundamental.

Como, segundo Descartes, *scientia* está relacionada à certeza? Sua tese básica sobre isso é a de que, sem uma compreensão de minhas faculdades cognitivas e de porquê elas me levam à verdade, estou continuamente sujeito à experiência de agora-você-vê/agora-você-não-vê presente na Terceira Meditação. Eis como ele apresenta sua tese:

> Minha natureza é tal que, tão logo perceba algo bastante clara e distintamente, não posso deixar de acreditar que seja verdade; no entanto, já que sou também de tal natureza que não posso manter a minha visão mental ligada sempre a uma mesma coisa, de modo a manter-me percebendo-a claramente, e que amiúde me volta a lembrança de ter julgado anteriormente uma coisa verdadeira quando deixo de observar as razões que me obrigaram a julgá-la dessa maneira, pode acontecer que nesse ínterim outras razões se me apresentem, as quais me fariam facilmente mudar de opinião se eu não tivesse conhecimento [*ignorarem*] de Deus. E, assim, eu jamais teria conhecimento verdadeiro e certo [*scientiam*] de quaisquer coisas, mas sim somente opiniões vagas e inconstantes (2: 48; AT 7: 69).

No restante do parágrafo, ele torna isso um pouco mais concreto com a introdução de um exemplo da geometria em contraposição à preocupação de que ele poderia ter uma natureza defeituosa (apenas "um pouco mais" concreto porque ela não leva de fato o meditador a uma prova geométrica):

> Por exemplo, quando considero a natureza de um triângulo, torna-se evidente para mim, imerso como sou em geometria, que seus três ângulos são iguais a dois ângulos retos, e não me é possível não acreditar nisso enquanto aplico meu pensamento à sua demonstração (2: 48; AT 7: 69-70).

Pedem-nos que imaginemos alguém prestando atenção a uma demonstração que, penso eu, lança-o naquilo que estou chamando de um estado como o do *cogito*. Ajuda se lembrarmos que Descartes considera como demonstração um conjunto de sugestões que ajudam a ver que algo é, ou deve ser, de certo modo, e não algo abstrato que relaciona premissas e conclusões de acordo com regras de preservação da verdade. Ora, se esse alguém pudesse permanecer nessa condição durante toda a sua vida – isto é, se ele continuamente "visse através" das coisas sobre as quais pensasse da maneira como quem presta inteiramente atenção a um argumento matemático –, então não haveria lugar para certeza "plena": ele teria tanta certeza quanto possível. Entretanto, ninguém pode permanecer continuamente em uma tal condição de modo a que seu juízo seja constantemente determinado por percepção clara; e, quando ele sai de uma condição como a do *cogito*, há espaço para dúvida:

> Mas tão logo eu desvie os olhos de minha mente e as afaste da demonstração,

e embora me recorde de tê-la claramente percebido, pode ocorrer facilmente que eu duvide de sua verdade caso ignore que há um Deus [*Deum ignorarem*]. Pois posso persuadir-me de ter sido feito de tal modo pela natureza que possa enganar-me facilmente de vez em quando, mesmo nas coisas que acredito compreender com mais evidência e certeza. Isso parece ainda mais provável quando me lembro de haver muitas vezes estimado muitas coisas como verdadeiras e certas, e que, em seguida, outras razões me levaram a julgá-las como absolutamente falsas (2: 48; AT 7: 70).

Quando não estou em um estado como o do *cogito*, isto é, quando não estou percebendo claramente, mas em vez disso apenas me lembro de previamente ter estado em tal condição, meu juízo atual não é determinado pela minha apreensão clara da verdade. Como Descartes nota, minhas razões atuais para crer que os três ângulos de um triângulo são iguais a dois ângulos retos passam por eu ter um dia percebido claramente *e* por uma crença sobre a minha natureza, a saber, que ela é confiável de tal modo que aquilo que percebo claramente é, de fato, verdadeiro. (Algumas vezes, descreve-se isso como uma dúvida sobre a confiança na memória, o que não é correto.) Quando estou em uma condição como a do *cogito*, minha percepção da verdade determina meu juízo. Mas o que há para determinar meu juízo quando não estou mais em uma condição como a do *cogito*, quando as considerações evidentes, por assim dizer, não estão mais diante dos olhos de minha mente? Bem, há o fato de que as considerações evidentes foram uma vez percebidas claramente. Mas em que isso ajuda a encontrar a verdade agora, a menos que eu presuma que antes, quando percebi claramente, apreendi corretamente as coisas, isto é, que meu juízo foi determinado de acordo com a verdade? Até que eu compreenda por que isso é assim, parece que sempre vai haver lugar para duvidar daquilo que antes percebi claramente, mas que, passado algum tempo, não percebo claramente:

"Sim, lembro-me de ter percebido isso claramente, mas talvez eu seja constituído de tal modo que esteja errado mesmo quando percebo claramente". Alguém que tenha percebido a base metafísica de sua cognição pode completar esse quebra-cabeças: ele compreende que o autor de sua natureza não é enganador e, portanto, é capaz de ver por que é o caso que tenha sido feito de tal modo que aquilo que percebe claramente é verdadeiro. Assim, quando sai de uma percepção clara, a dúvida que pode surgir para aqueles que não compreendem isso não surge para ele. Ele tem a certeza plena.

Uma coisa que pode fazer com que seja difícil seguirmos o pensamento de Descartes nesse contexto é uma tendência quase inconsciente nos leitores modernos, como nós, de pensar o conhecimento em termos mais abstratos, digamos, como uma questão de ter crenças verdadeiras que sejam justificadas de modo correto. Se pensarmos nessa linha, é difícil realizar o sentido do movimento de ida e volta entre "agora-você-vê" e "agora-você-não-vê" que me parece ser essencial para o modo como Descartes pensa a epistemologia. Pois – gostaríamos agora de perguntar –, se no meio de uma experiência de um *cogito* ou no meio de uma demonstração geométrica, o meditador justificar uma crença corretamente de modo a valer como conhecimento, como ele *perderia* ulteriormente essa justificação? É importante reconhecer aqui que, embora Descartes possa ser o pai da epistemologia moderna, ele não pensa a epistemologia em termos de posse de "justificações" abstratas. Para Descartes, uma demonstração, como indicado anteriormente, não é uma "justificação", mas um modo de ver que algo é assim; e o que faço quando percebo claramente é ver que algo é tal. O que *scientia* consegue me permitir fazer é compreender (agora) por que se eu percebi (em algum momento no passado) claramente que algo é assim, isto é assim.

Scientia, na tradição aristotélica, envolve tanto certeza quanto compreensão sistemática. O mesmo é verdade para Descartes. Mesmo assim, o tratamento cartesiano de *scientia* é completamente novo.

Para perceber isso, considere sua sugestão, já explorada, de que há um grau de certeza disponível ao geômetra que envolve considerações extrageométricas. Isso é sinal de uma ruptura com o pensamento aristotélico acerca de *scientia*. Para os aristotélicos, a certeza acompanhada de *scientia* supostamente fluía dos primeiros princípios de um assunto em particular até a conclusão. (Os primeiros princípios, embora melhor conhecidos em si mesmos, não são necessariamente melhor conhecidos por nós; proposições geométricas particulares podem ser mais óbvias para nós do que os princípios básicos de geometria que as explicam.) Quando o geômetra percebe como o teorema decorre dos princípios que, após a reflexão, revelam-se evidentes, seu conhecimento se torna mais certo. Aqui, a certeza acompanhada de *scientia* é adquirida por meio de um melhor domínio da própria disciplina. Descartes afirma, como vimos, que há um grau mais pleno de certeza disponível ao geômetra do que este, o qual surge de sua compreensão de sua natureza como um ser cognitivo e seu lugar dentro do universo que ele conhece. Isso consiste, com efeito, em exigir como parte da sistematicidade envolvida em *scientia* que haja um capítulo que explique a sua própria como um conhecedor.

Na verdade, se há uma concepção "cartesiana" de conhecimento, ou uma espécie de fundacionalismo cartesiano, eu estaria inclinado a localizá-lo aqui, no pensamento de que o conhecimento humano em seu sentido completo (chame de *scientia* ou de qualquer outra coisa) necessariamente inclui um tipo especial de perspectiva (talvez *a priori*) sobre nossa posição enquanto conhecedores. Essa ideia, penso eu, mostrou-se mais influente do que muitos detalhes particulares da explicação do conhecimento de Descartes, e pode bem ter eventualmente levado à ideia – a qual, segundo eu penso, não está presente no próprio pensamento de Descartes – de que ter conhecimento, no sentido completo, envolve ser capaz de se justificar.

Voltemos ao Círculo Cartesiano. Manter firmemente em vista a diferença entre percepção clara e *scientia* ajuda-nos a entender por que Descartes não sustenta que conheço tudo aquilo que conheço *por* conhecer a fundamentação do meu conhecimento, e, assim, por que não há um círculo fundacional. A percepção clara funciona, tenha eu alcançado ou não *scientia*. É claro que, uma vez que eu tenha alcançado *scientia* (ao perceber claramente a base metafísica do conhecimento), vou ver minha percepção clara de modo diferente. Agora, vou assumir que as coisas que no passado percebi claramente eram percebidas tal como são, e, assim, *scientia* dotará essas coisas de uma certeza plena, isto é, de uma certeza que persiste quando paro de percebê-las claramente. Mas o fato de que *scientia* estende desse modo o valor das minhas percepções claras não implica que as percepções claras sejam elas próprias, no momento em que as tenho, de algum modo menos do que certas, ou apenas "psicologicamente" certas ou quase certas.

Tem-se a aparência de circularidade apenas quando se colapsa essas duas formas de cognição, percepção clara e *scientia*, em algum sentido relativamente simplório de conhecimento. Então, de fato, começa a parecer que, em vez de dizer que toda *scientia* depende da percepção clara de Deus (a base metafísica da cognição), Descartes estaria dizendo que todo conhecimento depende do conhecimento de Deus. Os Segundos Objetores parecem ter lido Descartes como se ele trabalhasse com uma concepção única e simplória de conhecimento. Eles objetam que, em sua opinião, conclui-se que nada poderia ser conhecido na Segunda Meditação antes da demonstração da existência de Deus: "Você diz que não está certo de coisa alguma, e que não pode conhecer [*cognoscere*] coisa alguma clara e distintamente antes de alcançar um conhecimento [*noveris*] claro e distinto da existência de Deus", do que se segue que "você ainda não conhece clara e distintamente [*clare & distincte scire*] que é uma coisa pensante" (2: 89; AT 7: 124-125). Eles objetam também: "Um ateu é [*cognoscere*] clara e distintamente consciente de que os três ângulos de um triângulo são iguais a dois ângulos retos; mas ele está tão distante da suposição da existência de Deus que a nega completamente" (2: 89; AT 7: 125).

Como se pode imaginar, Descartes responde indignado. Reclama que, na Quinta Meditação, afirmara em "palavras expressas [*expressis verbis*]" que era necessário o *cognitio* de Deus para a certeza *subsequente* do que é clara e distintamente percebido (2: 100; AT 7: 140). Além disso, ele protesta que nunca negou que um ateu pudesse ter *cognitio* claro e distinto de um teorema geométrico; negou apenas que essa cognição contasse como *scientia* (2: 101; AT 7: 141). Ao ignorar a explanação paciente (e mesmo elaborada) de Descartes sobre como as coisas atualmente percebidas clara e distintamente se tornam subsequentemente sujeitas a dúvida (para alguém que não conhece o autor de sua natureza), e negligenciando sua distinção entre percepção clara e distinta e *scientia*, os Segundos Objetores criaram uma dificuldade onde não há nenhuma.

No início desse capítulo, afirmei que é natural pensar que conhecer os fundamentos do conhecimento deveria sustentar ou reforçar todo conhecimento humano, de tal modo que até conhecermos tal fundamentação não poderíamos conhecer coisa alguma, ao menos não no sentido completo de conhecer. Agora, estamos em posição de avaliar o sentido em que isso é verdade para Descartes. Com certeza, para Descartes não é verdade que seja necessário conhecer a fundamentação para um sucesso cognitivo. A percepção clara funciona sem que eu compreenda a base metafísica da cognição. Quando percebo claramente, a verdade me é revelada e tenho consciência que ela me está sendo revelada. Entretanto, simplesmente perceber claramente não leva a ter conhecimento no sentido completo, a ter certeza plena ou a ter *scientia*. (Descartes elabora essa ideia em termos do caráter episódico da percepção clara, mas pode-se imaginar, penso eu, outros modos de elaborar o que não é satisfatório acerca de ter-se apenas percepções claras.) Segundo Descartes, para se alcançar conhecimento no sentido completo, certeza plena ou *scientia*, deve-se

ter compreendido a base metafísica de sua própria cognição (percebendo claramente essa base) e assim, com efeito, ter-se uma explicação reflexiva e elaborada da sua própria natureza enquanto conhecedor.

Há uma segunda versão do Círculo Cartesiano que eu gostaria de mencionar que tem relação com o emprego de argumentos céticos nas *Meditações* por parte de Descartes. Na Primeira Meditação, Descartes se pergunta se o autor de sua natureza poderia tê-lo criado de modo a errar quanto às coisas mais simples e óbvias, ou, como diz mais tarde, na Quinta Meditação, se ele pode ter "uma disposição natural a enganar-se de vez em quando nas coisas que penso perceber com mais evidência" (2: 48; AT 7: 70). Vou seguir o costume e me referir a isso como a dúvida do gênio maligno (embora, de algum modo, "criador maligno" ou "criador imperfeito" fosse mais preciso). De todo modo, a dúvida do gênio maligno é de grande alcance, estando em seu domínio absolutamente tudo, não importando o quão evidente seja (Descartes dá como exemplos de coisas que a dúvida põe em questão: "a soma de dois e dois são quatro" e "a contagem dos lados em um quadrado chega a quatro como resposta"). Isso torna circular qualquer tentativa de rejeitá-la: qualquer raciocínio ou argumento que se possa usar ao tentar responder a dúvida parece exigir coisas (premissas, modos de inferência, etc.) colocadas em questão pela dúvida.

Fica em aberto, assim, a questão a respeito de quanta diferença há entre essas duas versões do Círculo. Se se pensa, como me inclino a pensar, que a função principal da dúvida do gênio maligno é fazer com que o meditador se dê conta de que ele não tem uma compreensão correta dos fundamentos de seu conhecimento, então as versões do Círculo seriam diferentes modos de colocar o mesmo problema. Isto é, se o que torna a dúvida do gênio maligno proeminente é o fato de ou bem eu não ter uma explicação dos fundamentos do conhecimento (como Descartes talvez pense que ocorra com as pessoas comuns) ou bem o fato de eu ter uma concepção equivocada dos fundamentos do conhecimento (como Descartes talvez pense que ocorra com os escolásticos aristotélicos, os quais consideram que a sua relação cognitiva básica com o universo se dá pelos sentidos), então afirmar que devo refutar a dúvida do gênio maligno antes de poder conhecer qualquer coisa seria equivalente a afirmar que devo ter uma compreensão correta da fundamentação do meu conhecimento antes de poder conhecer alguma coisa. Assim, do modo como vejo, da mesma forma como estou certo de que aquilo que percebo claramente é verdadeiro enquanto estou percebendo claramente antes de ter discernido os fundamentos do conhecimento, estou certo de que o que percebo claramente é verdadeiro antes de replicar à dúvida do gênio maligno.

Mas, pela mesma razão, se não se pensasse que a força da dúvida do gênio maligno deriva da compreensão inadequada do meditador sobre os fundamentos de seu conhecimento, poder-se-ia pensar que há uma diferença importante entre as duas versões do Círculo, e poder-se-ia pensar, mais ainda, que mesmo que Descartes seja capaz de estabelecer os fundamentos do conhecimento de modo não circular, ele pode não ser capaz de replicar à dúvida do gênio maligno de modo não circular. Vou esboçar uma circunstância em que isso pode ocorrer. Trata-se de uma caricatura, mas não tão distante, espero, a ponto de ser um falso testemunho.

O conhecimento humano, pode-se sugerir, começa necessariamente com *representações* ou, nos termos de Descartes, com *ideias*. Tudo o que temos para prosseguir, tudo o que temos acesso são nossas próprias representações ou ideias. Sendo assim, como é possível que conheçamos alguma coisa além de nossas próprias ideias – ou mesmo que *haja* uma verdade ou realidade além de nossas ideias? Talvez essas ideias simplesmente sejam implantadas em nós por algum gênio maligno. Se tomarmos esse caminho, torna-se difícil não ver a clareza apenas como uma propriedade que algumas dessas representações (suspeitas) têm e outras não, e então é uma questão em aberto se representações claras, mesmo quando possuem uma ordem interna e coerência racional, realmente nos levam à verdade ou à realidade. Uma ideia como essa, penso eu, é a fonte da visão de que, antes de refutar o gênio maligno, apesar de nossas percepções estarem "racionalmente" em ordem e "internamente" em ordem, ainda assim elas não podem ser mais do que "psicologicamente" certas. Nesse sentido, usar minhas ideias claras para defender que minhas ideias claras me conduzem pelo mundo é circular. A tese de que as representações que possuem a propriedade da clareza têm também a característica de me vincular à verdade ou à realidade precisa de uma base *independente* daquilo que minhas ideias claras supostamente me mostram, se não pretende ser escandalosamente circular.

Não tenho espaço suficiente para uma defesa total, portanto, vou simplesmente registrar minha sensação de que embora fascinante, não se trata aqui de uma problemática de Descartes. Os intérpretes que entendem Descartes como engajado nessa problemática descrevem-no com frequência resolvendo pela referência pontual a alguma incoerência profunda na hipótese cética de que nosso pensamento não nos conecta à realidade. Consequentemente, como insiste Janet Broughton, seria necessário dois momentos filosóficos no tratamento da dúvida do gênio maligno de Descartes – um primeiro, negativo, mostrando que a hipótese segundo a qual meu pensamento não me conecta com a realidade é incoerente, e um subsequente, construtivo, desenvolvendo a Base metafísica da cognição. Como aponta Broughton, é muito difícil discernir um momento negativo independente no texto (Broughton, 1984: 599-600), e se houver esse momento, pareceria vir depois e não antes do momento construtivo (Broughton, 2002: 185-186).

Penso que o momento negativo é uma fantasia, a qual foi inventada para dar a Descartes uma solução a um problema que é alheio a seu pensamento. Pois uma das coisas mais importantes que descobrimos nas *Meditações*, logo no início, na passagem do *cogito* (que é o ponto arquimediano), é que nosso pensamento nos conecta com a verdade. Considere mais uma vez a conclusão da passagem do *cogito:* "Assim, após ter examinado cuidadosamente todas as coisas, cumpre enfim concluir [*denique statuendum*] que essa proposição, *eu sou, eu existo*, é necessariamente verdadeira [*necessario est verum*] todas as vezes que a enuncio ou que a concebo em minha mente" (2: 17; AT 7: 25). Esse momento serve de pivô para o meditador: ele *vê* que ele existe, e, então, descobre que tem a notável capacidade de ver que as coisas são assim, de apreender a verdade (muito do restante das *Meditações* é dedicado a explicar como é possível essa realização formidável). Enquanto ele percebe que existe, pode afirmar que deve haver algo de errado com a dúvida do gênio maligno, mesmo que não possa dizer o quê, e mesmo se uma vez ele saiu de sua percepção clara, a dúvida pode retornar em sua total generalidade. Percepções claras atuais nunca são meras representações de relações dubitáveis com a realidade. Pensar de outro modo – compreender a experiência do *cogito* como se ainda houvesse lugar para uma dúvida metafísica que de algum modo não está atualmente disponível ao meditador paralisado pela clareza suas percepções – é esquecer o que *é* perceber claramente para Descartes e substituir sub-repticiamente tal concepção por algo como uma ideia berkleyana bidimensional.

AGRADECIMENTOS

Versões anteriores desse capítulo foram apresentadas ao Departamento de Filosofia na Universidade de Pittsburgh em abril de 1997; no *Twentieth World Congress of Philosophy*, Boston, em agosto de 1998; e no *Fifth Annual Meeting of the California Scholars in Early Modern Philosophy*, Berkeley, em setembro de 1998, em que Janet Broughton e Roger Florka proporcionaram comentários. Sou-lhes grato por seus comentários durante a conferência, os quais me ajudaram a desenvolver a versão atual. Sou grato a Broughton, além disso, por suas sugestões cuidadosas acerca da versão atual.

REFERÊNCIAS E LEITURAS ADICIONAIS

Bennett, J. (1990). "Truth and stability in Descartes's *Meditations*". *Canadian Journal of Philosophy, Supplementary Volume* 16: 75–108.

Broughton, J. (1984). "Skepticism and the Cartesian circle". *Canadian Journal of Philosophy* 14: 593–615.

Broughton, J. (2002). *Descartes's Method of Doubt.* Princeton: Princeton University Press.

Curley, E. (1978). *Descartes Against the Skeptics*. Cambridge, MA: Harvard University Press.

Della Rocca, M. (2005). "Descartes, the Cartesian circle, and epistemology without God". *Philosophy and Phenomenological Research* 70: 1–33.

Frankfurt, H. (1965). "Descartes' validation of reason". *American Philosophical Quarterly* 2: 149–156.

Gewirth, A. (1970). "The Cartesian circle reconsidered". *Journal of Philosophy* 67: 668–685.

Gewirtz, A. (1941). "The Cartesian circle". *Philosophical Review* 50: 368–395.

Loeb, L. (1992). "The Cartesian circle". In: J. Cottingham (ed.). *The Cambridge Companion to Descartes*. Cambridge: Cambridge University Press.

Rickless, S. (2005). "The Cartesian fallacy fallacy". *Nous* 3: 309–336.

19
O inatismo em Descartes
ALAN NELSON

A tese de ideias inatas está entre as centrais no sistema filosófico de Descartes. Ela tem um papel muito importante em seu primeiro trabalho não publicado, *Regras para a direção do espírito*, e aparece em sua correspondência até 1637, quando é mais uma vez ressaltada no *Discurso sobre o método*. As *Meditações* e os *Princípios* fazem bastante uso dela. E, em 1648, menos de dois anos antes de sua morte, a doutrina é elaborada nos *Comentários a Certo Programa* e nas *Conversações com Burman*. No título original das *Regras*, *Regulae ad Directionem Ingenii*, o termo *ingenium* traduz-se mais precisamente (embora de modo menos atraente) por "inteligência natural" do que por "espírito" ou "mente". Com efeito, o que é inato, natural, congênito, inseminado (como em sementes), primitivo ou primário a respeito da mente está intimamente conectado com a metafísica, a epistemologia e o método científico e filosófico de Descartes.

É uma pena que, apesar da ubiquidade das ideias inatas em seus escritos, nunca tenha se tornado parte da estratégia de exposição de Descartes escrever em um único lugar precisamente qual era a função sistemática dessa tese. Em consequência, quando os leitores de Descartes, tanto seus contemporâneos quanto os nossos, deparam-se com suas afirmações espalhadas, encontram uma aparente inconsistência, confusão ou trivialidade. O plano desse capítulo é, primeiramente, construir uma exposição sistemática da tese das ideias inatas. Veremos razões filosóficas e textuais em favor da conclusão de que Descartes tinha uma teoria das ideias inatas altamente sistemática e consistente. Essa explicação, então, será utilizada para lidar com as objeções e as críticas que se acumularam durante séculos. Concluiremos brevemente examinando o fato surpreendente de que as principais posições e argumentos de Descartes ainda operam na psicologia cognitiva moderna de modo muito próximo ao original. E permanecem, é claro, tão controversas quanto eram entre os contemporâneos e os sucessores imediatos de Descartes.

Para apresentar os aspectos sistemáticos e unificados da teoria cartesiana das ideias inatas, uma estratégia explicativa usada por Descartes em outros contextos pode ser bastante útil. Em seu trabalho anterior, *O mundo*, Descartes pretende explicar os fenômenos naturais observados apelando para leis fundamentais da natureza. Entretanto, a explicação científica perderia muito de sua força se fosse aplicada ao mundo completamente formado, povoado por coisas vivas, como é descrito no *Gênesis*. Descartes queria compreender leis conectadas com a essência das coisas e não leis que poderiam ter sido feitas sob medida para ajustarem-se a um conjunto bastante especial de "condições iniciais". Consequentemente, em *O mundo*, Descartes pretende explicar de que modo poderia ter surgido o mundo tal como atualmente o observamos a partir da extensão criada por Deus no movimento caótico. A questão é que, visto que suas leis da natureza são suficientes para derivar os fenômenos que agora observamos a partir de quaisquer condições iniciais, temos uma explicação a respeito dos fenômenos baseada em princípios fundamentais. Descartes percebeu que essa explicação colidia com a tese então exigida pela fé, segundo a qual o mundo foi criado em sua forma presente há "cinco ou seis mil anos"; prosseguiu, então, "à guisa de uma fábula", solicitando ao seu leitor que "deixasse seu pensamento especular para além desse mundo para ver um outro mundo – inteiramente novo que colocarei diante de sua mente" (1: 90; AT 11: 31-32). Embora Descartes jamais tenha publicado *O mundo*, ficou tão satisfeito com o tipo de exposição ali presente que a reapresentou no *Discurso* (1: 131-133; AT 6: 41-45) e produziu uma nova versão dela nos *Princípios* (1: 257; AT 8A: 101-102).

Passemos então a considerar agora uma fábula paralela, na qual Deus cria coisas pensantes (mentes) em vez de um mundo extenso. O objetivo na física é iniciar com princípios muito claros e demonstrar o resto do assunto a partir dessas sementes de conhecimento. O mesmo se aplica para uma ciência da mente. Comecemos a investigação com umas poucas ideias inatas como sementes, e então exponhamos como o restante brota a partir delas. O pensamento será explicado não de trás para frente, a partir do que é observado, mas sim pela demonstração de como o pensamento pode surgir de princípios metafísicos fundamentais (1: 208-209; AT 8A: 23; e 1: 32; AT 11: 399). Nessa história – que denominaremos a Fábula –, o que valerá como estrutura inata, ingênita e implantada dessas mentes? Um outro modo de colocar essa questão é considerar: quais são os elementos mínimos que devem ser implantados na criação de qualquer mente de modo que, por assim dizer, seja gerada a riqueza do seu pensamento? Podemos deixar de lado, por ora, ideias para as quais as próprias mentes criadas sejam parcialmente responsáveis. Mais tarde ficará claro que essa classe de ideias, as "factícias" ou ideias forjadas da Terceira Meditação, pode ser gerada ou construída a partir das ideias inatas simples que se devem inteiramente a Deus. Essa será uma explicação do tipo mais estimado por Descartes.

O início do inventário de estruturas que Deus implanta nas mentes que ele cria na Fábula é evidente. Essas coisas pensantes terão ideias inatas delas mesmas enquanto pensantes. O método metafísico de Descartes exige que se comece com uma percepção clara e distinta do próprio pensamento. Quando se segue esse método de metafísica meditativa tal como apresentado em escritos como as *Meditações*, a ideia do próprio pensamento é a primeira a se tornar clara e distinta e, nesse sentido especial, é a primeira verdade bem conhecida. Essa autoconsciência reflexiva revela a ideia de pensamento como sendo inata no sentido mais forte possível (2: 113; AT 7: 160). Deus, além disso, incute uma ideia dele mesmo como a marca do artesão, de modo que a ideia de Deus também é, manifestamente, inata nas mentes. E, visto que essa ideia contém o máximo de realidade objetiva, ela é, nesse sentido, prioritária com relação a qualquer outra ideia inata. Uma outra parte da arquitetura inata que é conferida às coisas pensantes em sua criação é uma ideia de extensão da qual flui o conhecimento da geometria, constituindo assim o conhecimento da essência da matéria. Esses casos familiares e bastante incontroversos somam apenas três ideias inatas até aqui. Todavia, como veremos no que se segue, esse grupo – chamemos de grupo pensamento/extensão/Deus – fornece às coisas pensantes capacidades de grande alcance.

É de muita importância que cada uma dessas ideias inatas seja percebida clara e distintamente quando se filosofa de modo correto. Tudo o que é clara e distintamente percebido é verdadeiro; e o criador infinito, não sendo enganador, confere a suas coisas pensantes criadas ideias verdadeiras que lhes dá conhecimento de Deus e do que ele cria. Mas, segundo Descartes, muitos pensadores nunca percebem coisa alguma clara e distintamente, e mesmo o filósofo mais cuidadoso usualmente pensa com ideias que em alguma medida são obscuras e confusas. Que grau de firmeza pode haver na conexão entre inatismo e clareza e distinção? Toda percepção clara e distinta é de uma ideia inata? Algumas vezes, ideias inatas são confusas? Se elas o são, seu papel epistemológico especial parece seriamente comprometido. Se ideias inatas não são sempre atualmente presentes, mas, em vez disso, são disposições, então é difícil compreender o sentido em que são inatas. Para encontrar a melhor resposta de Descartes a essas questões é preciso um exame da ontologia básica das ideias. Ficará claro que a teoria da percepção clara e distinta é do mesmo tipo da teoria das ideias inatas.

É possível articular melhor a aparentemente problemática equivalência entre ideias inatas e percepções claras e distintas por meio do desenvolvimento da teoria cartesiana destas últimas, e é o que faremos; antes, entretanto, devemos nos ocupar com a dificuldade interpretativa apresentada pelas ideias inatas que não são correntemente claras e distintas. Deve-se remover a dificuldade pela admissão de que ideias inatas são usualmente obscuras e confusas, sem, contudo, diminuir seu estatuto epistêmico. ("Obscuro e confuso" é o complemento terminológico de Descartes de "claro e distinto"; ver 1: 207; AT 8A: 22.) O que é primeiramente necessário, portanto, é uma explicação de como ideias se tornam obscuras e confusas. Sabemos que, para Descartes, ideias confusas estão fortemente conectadas à mente e à percepção sensível incorporadas, e, consequentemente, à imaginação e à memória. As sensações ordinárias resultam em ideias confusas e interferem nas percepções distintas da mente das ideias inatas a seu pensamento. Em nossa Fábula, se tudo no pensamento é explicável, Deus deve dotar os pensantes com a capacidade de ideias sensíveis. São ideias informalmente caracterizadas como advindo das faculdades da sensação, imaginação e memória. Nossa questão, portanto, é como confusão e falsidade tipicamente surgem no que concerne a ideias sensíveis.

Todas as ideias, em um certo sentido, são verdadeiras: não contêm uma falsidade intrínseca, se consideradas estritamente como modos do pensamento. A maioria das ideias, entretanto, é materialmente falsa porque fornece "material" para juízo falso (2: 39; AT 7: 56; para um tratamento completo sobre falsidade material nessa linha, ver Nelson, 1996). Ideias maximamente claras e distintas se distinguem por não fornecer matéria para juízo falso: tudo o que é incondicionalmente claro e distinto é incondicionalmente verdadeiro. Um modo de compreender isso é enfatizar que a afirmação de uma ideia clara e distinta não envolve erro. Essas afirmações não se estendem a qualquer contribuição ou acréscimo imperfeito feitos à ideia por aquele que pensa, portanto, nenhuma privação ou limitação é imposta sobre essa percepção pela atividade daquele que pensa. Em outras palavras, percepções claras e distintas só contêm o que procede da perfeição do criador não enganador e infinito daquele que pensa. Na Regra 8, Descartes escreve que "não pode haver falsidade a não ser nas naturezas compostas que o intelecto juntou" (1: 32; AT 10: 399). O ponto é elaborado na Regra 12.

> Naturezas simples são autoevidentes e nunca contêm falsidade. Pode-se demonstrar isso facilmente se distinguimos a faculdade pela qual nosso intelecto intui e conhece coisas e a faculdade pela qual ele faz juízos afirmativos ou negativos. (1: 45; AT 10: 420)

A mesma ideia aparece aproximadamente 15 anos mais tarde, na carta a Mersenne.

> Em todo o caso, penso que todas as [ideias] que não envolvem afirmação ou negação são inatas em nós; pois o órgão dos sentidos não nos traz nada que seja semelhante à ideia que surge em nós na ocasião de seu estímulo e, portanto, essa ideia deve ter estado em nós antes. (3: 187; AT 3: 418)

Assim, ideias que não envolvem afirmações ou juízos que avancem além das próprias ideias são verdadeiras sem reserva. Em outras palavras, ideias para as quais aquele que pensa não contribui com acréscimos, às quais juízos obscuros não se vinculam, são verdadeiras. Em resumo, as ideias que são criadas como estrutura inicial daquele que pensa e não dependem de juízos por ele acrescentados são verdadeiras. Esse inatismo é a base ontológica da famosa regra da verdade da Quarta Meditação. Tudo o que é claro e distintamente percebido é parte da estrutura inata criada pelo Deus não enganador. Assim, tendo-se o cuidado de afirmar apenas o que é claro e distintamente percebido, afirma-se o que é verdadeiro. A falsidade resulta da contribuição privada do pensador finito ao seu próprio pensamento. Voltemos então à Fábula e às ideias ingênitas e inatas características da filosofia de Descartes.

O tratamento cartesiano das noções de verdade/falsidade e de distinção/confusão pode dar a impressão de fornecer uma classificação bem ordenada, mas, em última instância, bastante enganadora, através da qual pensamento/extensão/Deus são associados à percepção distinta e as ideias sensíveis, associadas à percepção confusa. E esse esquema parece ser confirmado pela famosa classificação tríptica das ideias como inatas, adventícias ou factícias na Terceira Meditação. Seriam então as ideias confusas, que surgem de estímulos dos órgãos sensíveis, parte da estrutura inata com a qual a mente foi criada, ou seriam "adventícias", vindo à mente a partir de fora – possibilidade levantada na Terceira Meditação?

Nesse contexto, os críticos de Descartes respondem de modo implacável, mostrando que ele caracterizou inequivocamente ideias sensíveis como inatas, inviabilizando assim a possibilidade de um critério epistemológico perfeito para inatismo. Se as ideias sensíveis são confusas e inatas, então inatismo não pode estar relacionado a clareza ou a conhecimento. Um texto crítico aparece nos *Comentários*, em que Descartes escreveu:

> Não há nada em nossas ideias que não seja inato à mente ou à faculdade de pensar, com a única exceção daquelas circunstâncias relacionadas à experiência, como o fato de que julgamos que esta ou aquela ideia que temos imediatamente diante de nossa mente refere-se a uma determinada coisa localizada fora de nós [...]. Mesmo as ideias dos movimentos [transmitidas pelos órgãos sensíveis] e das figuras são inatas em nós. As ideias de dor, cores, sons e coisas semelhantes devem todas ser ainda mais inatas se, na ocasião de certos movimentos corpóreos, nossa mente for capaz de apresentá-las a si mesma, pois não há qualquer semelhança entre essas ideias e os movimentos corpóreos (1: 304; AT 8B: 358-359).

À luz dessas considerações, tem se afirmado com frequência que o fato de Descartes atribuir o estatuto de ideia inata a ideias sensíveis deve-se à sua substituição das teorias da percepção escolástico-aristotélica. Descartes combina uma explicação mecanicista da fisiologia das percepções com o ocasionar concomitante de ideias sensíveis (Buchdahl, 1969; Adams, 1975). É impossível que algo extenso literalmente entre na mente como a teoria escolástica parece exigir. Isso levou os comentadores a objetar que Descartes esteja tentando mobilizar ideias inatas para pelo menos duas tarefas distintas. Uma seria a de fornecer àqueles que pensam o contato cognitivo com verdades metafísicas fundamentais. A outra seria a de subscrever a teoria revolucionária mecanicista da percepção sensorial. A alegada confusão, então, consiste em juntar as ideias inatas distintamente perceptíveis (e seu papel epistemológico especial) com as ideias sensíveis (e seu papel explicativo especial na teoria da percepção sensível). As ideias sensíveis de Descartes têm sido consideradas como exemplos de ideias confusas e materialmente falsas que só podem nos fornecer informações incertas sobre coisas particulares fora de nosso pensamento. Essa é uma das bases para a alegação mais geral de que a tese cartesiana das ideias inatas resulta em confusão porque com ela Descartes tenta explicar muitas coisas inerentemente diversas (ver, por exemplo, Buchdahl, 1969; McRae, 1972; Jolley, 1990). Além disso, parece que ficamos com o sentido "trivial" de que todas as ideias sem exceção são inatas.

A acusação de que Descartes aqui confunde duas questões filosóficas é muito precipitada e não se sustenta. Para defender a coerência da teoria de Descartes e desenvolver sua verdadeira posição devemos começar removendo uma das aparentes divisões entre ideias sensíveis e o grupo de ideias inatas eu/extensão/Deus. Trata-se de uma aparente divisão entre estatutos epistêmicos: as primeiras se relacionam a confusão e obscuridade, enquanto as últimas são clara e distintamente perceptíveis e levam ao conhecimento metafísico. Nesse contexto, é fácil ignorar o fato importante de que Descartes especifica circunstâncias especiais nas quais ideias sensíveis são clara e distintamente perceptíveis. Nos *Princípios*, há uma afirmação desse tipo. A circunstância típica na qual nossas ideias sensíveis são de fato confusas e falsas resulta de fazermos juízos ruins acerca de sua conexão com coisas fora de nosso pensamento. Mas esses erros são evitados se tivermos "o cuidado de notar que dor e cor, e assim por diante, são percebidas clara e distintamente quando consideradas apenas como sensações ou pensamentos" (1: 217; AT 8A: 33). Esse tema é desenvolvido nas Respostas às Sextas Objeções, no contexto da resposta a uma questão sobre os papéis epistêmicos relativos do intelecto e dos sentidos. Descartes ali distingue três graus de resposta sensorial. A primeira é a resposta puramente corpórea a um estímulo externo, e a segunda envolve "os efeitos imediatos produzidos na mente como resultado desta estar unida a um órgão corpóreo" (2: 294; AT 7: 437). O terceiro grau de resposta sensorial envolve os juízos feitos acerca de objetos externos – juízos tipicamente feitos em virtude de hábitos adquiridos na infância. Esses juízos dizem respeito "às circunstâncias relacionadas à experiência" (a sentença citada anteriormente, proveniente dos *Comentários*), inclusive nossos itens externos individuantes e o que é a eles atribuído. Sem qualquer esforço filosófico especial, esses juízos tornarão confuso e obscuro o segundo grau, onde "não ocorre falsidade" (2: 296; AT 7: 438). Inversamente, se não se acrescentasse nenhuma afirmação ou negação a esses efeitos imediatos na mente, o segundo grau seria claro e distinto e traria com ele a afirmação de sua verdade, como já mencionei. Considerarei em breve essa verdade e sua base inata.

Primeiro, entretanto, é importante reconsiderar o texto dos *Comentários*. Podemos agora ver que Descartes afirma ali que as únicas ideias sensíveis que não são inatas são as que resultam de nossos juízos confusamente produzidos sobre coisas fora de nosso pensamento. Isso é perfeitamente paralelo às Respostas às Sextas Objeções (citadas no parágrafo anterior), ao afirmar que é um juízo sobre causas externas a nossas ideias o que tipicamente as torna obscuras e confusas. Uma técnica para considerar ideias sensíveis apenas como os "efeitos imediatos" na mente de seu ser unido ao corpo seria uma técnica para tornar claras e distintas nossas ideias sensíveis. Para avaliar o paralelo entre ideias sensíveis e as outras ideias inatas, é importante perceber que a reflexão filosófica que resulta em uma percepção clara e distinta de Deus, por exemplo, será iniciada tipicamente por alguma percepção sensível conectada com sensação, imaginação ou memória. Pode ser a audição da palavra "Deus" ou a visão de uma inscrição ou imagem apropriada, ou ainda a imaginação ou lembrança de uma imagem assim. Isso, com certeza, não é o mesmo que dizer que a ideia de Deus seja corpórea; em vez disso, é dizer apenas que o começo de um caminho cognitivo em direção à percepção clara e distinta é quase sempre uma representação sensível confusa. Do mesmo modo, um juízo que resulta em uma ideia sensível confusa pode ter sido provocado por movimentos nos órgão sensíveis. Por exemplo, ser visualmente estimulado por uma maçã pode provocar o juízo habitual de que o vermelho está na maçã. Para remover essas confusões e substituir uma ideia sensível complexa por uma ideia inata clara e distinta é necessário refletir sobre o complexo confuso. Se aceitássemos a Fábula como não-ficção, teríamos uma explicação de como as ideias inatas funcionam na sensação e no pensamento metafísico – contextos que pareciam diferentes. Isso, por sua vez, seria próximo ao estabelecimento de uma explicação das quatro ideias inatas ou classes de ideias que discutimos até aqui. Há ideias sensíveis inatas, mas todas as nossas ideias, inclusive essas, se tornam confusas em virtude de juízos acerca das coisas externas.

Resta considerar a função epistemológica das ideias sensíveis inatas na metafísica (em oposição à sua função em assuntos práticos). Isso significa caracterizar a verdade que sua percepção clara e distinta torna manifesta. A resposta deve ser que se trata de conhecimento do "que pertence à união do corpo com a alma" (3: 227; AT 3: 692) e, de certo modo, conhecimento da própria união. Esse não pode ser o conhecimento do modo como a mente e o corpo, de algum modo, fundem-se pelo poder infinito de Deus; quando consideramos distintamente pensamento e extensão como candidatos para unificação, percebemos sua distinção real. Trata-se, em vez disso, do conhecimento do fato de que o ser humano é uma unidade. Tendo em vista a recepção quase que universalmente negativa do tratamento cartesiano do ser humano como uma união de substâncias realmente distintas, pode parecer estranho que ele sustentasse que a própria união é acessível através de uma ideia inata que busca a verdade. Ele, entretanto, não deixa dúvida de que a ideia de união é "congênita", "primitiva", ou "primária", todos sinônimos comuns de "inata".

> Primeiramente, considero haver em nós certas noções primitivas, as quais são como originais sob cujo padrão formamos todos os nossos outros conhecimentos. E não há senão muito poucas dessas noções [...]; enfim, quanto à alma e ao corpo em conjunto, temos apenas a noção da sua união [...]. Considero também que toda a ciência dos homens consiste tão-somente em bem distinguir essas noções e não atribuir cada qual senão às coisas a que pertencem [...]; não podemos buscar essas noções simples em outra parte exceto em nossa alma que, por sua natureza, tem-nas todas em si, mas que nem sempre as distingue suficientemente umas das outras, ou não as atribui aos objetos aos quais devemos atribuí-las. (3: 218-219; AT 3: 666-667, ênfase acrescentada; ver também 3: 357; AT 5: 222 e 1: 209; AT 8A: 23)

Descartes sustentava que o pensamento, com frequência e predominantemente, é muito confuso, mas também que um filósofo cauteloso pode trabalhar para distinguir os elementos confusos até que eles sejam percebidos clara e distintamente. O paralelo entre ideias sensíveis e o grupo eu/Deus/extensão se confirma pelo simples fato de que também é preciso habilidade filosófica para tornar claro e distinto eu/Deus/extensão. Temos estas ideias desde o nosso nascimento, mas as temos de modo confuso antes da formação filosófica. Em outras palavras, "ter" uma ideia inata, mesmo que ocasionalmente, não significa necessariamente que ela naquele momento seja clara e distintamente percebida. Humanos têm a "capacidade" de perceber clara e distintamente as ideias inatas que eles têm de modo confuso exatamente desse modo. Por exemplo, no que concerne aos adultos, Descartes observa que quem puder usar de modo significativo a palavra "Deus" mostra que tem a ideia, mas essa capacidade linguística definitivamente não exige uma percepção clara e distinta (3: 185; AT 3: 393-394).

A principal técnica para exercer nossa capacidade de tornar claras e distintas nossas percepções confusas de ideias inatas é, é claro, o famoso processo meditativo que envolve o dispositivo da dúvida hiperbólica. (Para uma explicação mais completa da conexão entre meditação e inatismo, ver Newman, 2005.) Isto permite abstrair o objeto da ideia inata para longe dos resultados que obscurecem metafisicamente maus juízos. Quando o processo de "tornar distinto" é levado até o fim, o resultado é uma percepção clara e distinta de uma ideia inata (cf. Leibniz, 1981: 100). É desse modo que uma ideia que é inata pode ainda ser "aprendida", o que, para alguns comentadores, parece impossível (ver Kenny, 1968: 102-103). Quando se descreve ideias inatas como implícitas, submersas, potenciais, faculdades, capacidades ou disposições, deve-se compreender essa descrição como uma forma de dizer que são usualmente confusas e obscuras.

Essa interpretação da teoria cartesiana das ideias inatas como uma concepção inteiramente unificada tem se utilizado de uma interpretação correlata da dicotomia entre ideias claras e distintas, de um lado, e ideias confusas e obscuras, de outro. Essa conexão deveria ser mais explícita. Um ponto de partida que se reflete na terminologia de Descartes é o de que a classe de ideias claras e distintas complementa a classe de ideias confusas e obscuras (1: 207-208; AT 8A: 21-22). Assim, ideias confusas fornecem matéria para juízos falsos e contêm os resultados de contribuições prévias daquele que pensa (sob a forma de juízos falsos anteriores). Ideias distintas, por oposição, não fornecem material para juízos falsos – ao contrário, elas inevitavelmente afirmarão sua verdade. Isto está de acordo com as afirmações da "regra da verdade", por exemplo,

a) Tudo o que é percebido clara e distintamente é verdadeiro, e
b) Para garantir a verdade, suspenda o juízo sempre que puder.

Um meditador competente será capaz de duvidar metodicamente de tudo, exceto de percepções claras e distintas (ver, por exemplo, 2: 41; AT 7: 59 e 1: 207; AT 8A: 21). Assim, há fortes razões para pensar que Descartes afirma que uma ideia confusa é sempre uma mistura indeterminada de elementos mais simples. Pode-se torná-la menos confusa (mais distinta) por meio da separação das ideias componentes – literalmente, distinguindo-as umas das outras. Como se faz isso? O método favorito de Descartes, e o mais seguro, é o meditativo tal como praticado em sua forma mais completa e pura nas *Meditações*, embora este também apareça de forma mais truncada e resumida na *Busca da Verdade*, no *Discurso*, e nos *Princípios*.

Ideias confusas são ideias compostas; elas têm elementos que são literalmente confusos no pensamento. Ideias perfeitamente distintas são perfeitamente simples. Começando-se com ideias confusas, pode-se progredir em direção à percepção distinta pela separação das ideias que estão confusamente juntas. Em outras palavras, uma ideia é confusa quando aquele que pensa a considera como uma unidade e não se dá conta de que ela é literalmente uma fusão (con-fusão) de ideias componentes.

> Em quase todos os casos de conhecimento imperfeito ocorre que muitas coisas são apreendidas conjuntamente como uma unidade, embora, mais tarde, tenham que ser distinguidas por um exame mais cuidadoso. (2; 300; AT 7: 445)

> Sempre que dizemos que uma concepção é obscura ou confusa é porque ela contém algum elemento que ignoramos. (2: 105; AT 7: 147; ver também 1: 32; AT 10: 399)

Agora, temos uma explicação dos juízos obscuros e confusos que resultam em ideias obscuras e confusas. Juízos errôneos acerca dos objetos dos sentidos são os mais acusados. (É claro, esses erros surgem da falta de rigor metafísico, mas, com frequência, são apropriados e úteis no exame do que é benéfico ou prejudicial para a união (2: 57; AT 7: 83). É significativo que a confusão resulte de nossos próprios juízos e não derive diretamente de Deus. Só as ideias que podem ser percebidas clara e distintamente, as verdadeiras, constituem a estrutura criada de coisas pensantes finitas. As ideias confusas contribuem para a privação de perfeição no pensador finito. John Cottingham fez a importante observação de que as ideias inatas de Descartes são como "blocos lógicos de construção" a partir dos quais são construídas outras verdades (Cottingham, 1976: xxxv-xxxvi), mas não revela como constituem também o resíduo último da análise da falsidade (Nelson, 1997). Assim, as ideias confusas têm seus elementos fundidos por juízos falsos. Pode-se dizer que esses juízos são, eles próprios, confusos porque não resultam em verdade, mas são também literalmente confusos (*i.e.*, con-fusos) porque acumulam mais obscuridades na composição da ideia. Por exemplo, se alguém julga que o sol tem 200 pés de diâmetro com base em uma imagem visual, a imagem visual confusa é composta do juízo de que o objeto que a causa tem 200 pés de diâmetro. O próximo pensamento que se tem sobre o sol provavelmente inclui o tamanho julgado juntamente com uma imagem visual, e esse próximo pensamento provavelmente não será uma conjunção explícita de dois itens distintos; ao contrário, a imagem e o tamanho julgado serão confundidos um com o outro. Essa confusão é adicional ao que já está na imagem: extensão, cor, calor, o nome "sol", etc. Incidentalmente, podemos ver agora a classificação provisória das ideias na Terceira Meditação sob uma nova luz. Todas as ideias são compostas a partir das quatro ideias inatas, e, assim, em certo sentido, todas as ideias são inatas. Entretanto, as ideias são adventícias quando envolvem o terceiro grau de resposta sensorial: juízos confusos sobre o que está fora do pensamento.

É natural perguntar agora como é que nossas ideias se tornam confusas em primeiro lugar. Nossa Fábula admite que todas as nossas ideias sejam construídas a partir de nosso complemento inicial de ideias inatas epistemologicamente distintas. Se, para se começar, só se tem ideias inatas, como é possível que haja juízos que as confundem? Para responder a essa questão é necessário lembrar que a criação de coisas pensantes é apenas parte da criação de seres humanos. Seres humanos são primeiramente levados às verdades diretamente relevantes à natureza humana, e não às verdades metafísicas reveladas por percepções claras e distintas de ideias inatas (2: 57; AT 7: 83). Isso significa que Deus faz questão de que na infância sejam feitos juízos que conduzam à preservação da união, embora tornem as verdades metafísicas confusas e obscuras. A maioria dos filósofos modernos do início do século XVII não via sentido em especular sobre os detalhes da cognição na infância pré-linguística. E isso se devia, algumas vezes, a razões teológicas (como em Descartes), a razões empíricas (como em Hume) ou a razões metodológicas (como em Kant).

Nossa Fábula introdutória progrediu até o ponto em que as especificações das criaturas que pensam incluem eu/Deus/extensão e ideias sensíveis. Além disso, a ideia primitiva à qual todas as sensações se referem é a ideia de união. Podemos, portanto, considerar a lista atual de ideias inatas até o número quatro: eu/Deus/extensão/união. Voltemos agora à Fábula e consideremos a questão das ideias inatas além destas quatro. Pode-se extrair da famosa discussão de Descartes acerca do inatismo, na Quinta Meditação, uma sugestão para aumentar essa lista. Ali, Descartes discute extensão no contexto de inferência matemática. Ele escolhe como principal exemplo a percepção clara e distinta da "natureza verdadeira e imutável" de um triângulo. Se uma ideia inata de triângulo é acrescentada ao grupo de quatro ideias inatas já estabelecido, então quadrado, pentágono e uma infinidade de outras ideias geométricas não podem ser proscritas. Uma sugestão semelhante seria incluir ideias inatas separadas para todos os itens sensíveis referidos à união: cores, odores, dores, e assim por diante. Se a Fábula continuar com Deus permeando uma infinidade de ideias inatas discretas nos pensadores, então a estória dificilmente poderá ser literalmente compreendida. Pareceria que só uma coisa pensante infinita poderia literalmente pensar uma infinidade de ideias, e não parece ajudar que essas ideias tipicamente poderiam ser confundidas em um pensador finito. Isso força a recontar a Fábula de um modo mais familiar aos intérpretes de Descartes, de tal modo que as ideias inatas sejam criadas apenas como disposições, com todos os seus problemas filosóficos consequentes (como parcialmente listados em Stich, 1975). Em termos mais gerais, o uso, na Quinta Meditação, de ideias inatas para fundamentar a dedução de propriedades geométricas e a existência necessária de Deus tem sido considerado como outro exemplo de que Descartes não consegue sistematizar seu tratamento de ideias inatas (como em McRae, 1972).

Podemos optar por manter-nos em nossa Fábula original e simples, atentando para o fato de que triângulo, quadrado, etc., são todos figuras extensas. Essas figuras são modos de se pensar sobre a extensão obtida considerando a extensão como caracteristicamente limitada e definida. Essas "maneiras" ou modos de pensar a extensão envolvem a imaginação, "imaginação distinta" quando as percepções são apropriadamente alcançadas e quando estas são muito certas (2: 44; AT 7: 63-4). É possível também que alguém treinado em matemática use a linguagem, em vez de linhas imaginadas que delimitem a extensão, para chegar a verdades matemáticas. Alguém treinado em matemática pode, por exemplo, chegar ao pensamento de uma figura de mil lados sem imaginar distintamente mil lados, desde que possa dispor apropriadamente das palavras "figura de mil lados" ou "quiliógono" como símbolos de limitações de extensão. Isso sugere que toda percepção geométrica que leve a conhecimento metafísico capta a mesma natureza verdadeira e imutável – extensão. A variedade da percepção matemática e do conhecimento vem da variedade dos modos pelos quais a imaginação pode limitar a extensão. Assim, se a imaginação das palavras ou da proximidade das linhas nos leva a perceber a ideia inata de extensão, a percepção pode ser muito clara e distinta. A grande flexibilidade com a qual a imaginação nos torna capazes de considerar a natureza extensa verdadeira e imutável explica a insistência de Descartes no fato de que, embora possa ser conhecida apenas pelo intelecto apenas, a extensão é mais bem conhecida com o auxílio da imaginação. É assim melhor conhecida porque multiplica nossos modos ou explicações cognitivas do conhecimento. Se formos forçados a penetrar nessa flexibilidade e escolher uma natureza verdadeira e imutável de figuras inscritas (2: 84; AT 7: 118) e outras figuras complexas, a única candidata plausível é a própria extensão (ou a ideia inata de extensão; ver Nolan, 1997).

Uma outra consideração em favor da redução de toda ideia inata geométrica à ideia de extensão vem das *Regras*. Um caso notável é o exemplo do triângulo e como ele aparece em deduções geométricas:

> Por exemplo, posso ter conhecimento de um triângulo, mesmo que nunca tenha ocorrido a mim que esse conhecimento envolve conhecer também o ângulo, a linha, o número três, figura, extensão, etc. Mas isso não nos impede de dizer que a natureza de um triângulo é composta dessas outras naturezas e que estas são mais bem conhecidas do que o triângulo, pois são exatamente essas naturezas que compreendemos estar presentes nele (1: 46; AT 10: 422).

O triângulo é o exemplo de Descartes de uma ideia inata geométrica na Quinta Meditação, e é o exemplo mais frequentemente dominado pelos comentadores. Mas, aqui, vemos a natureza do triângulo exposta como uma composição. Ou, mais precisamente, essa natureza pode ser considerada como um simples referente a um teorema que se segue dela. Mas ângulo, linha, etc., são mais simples e ainda mais básicos. Com efeito, a ideia de ângulo se decompõe em linhas, e o número três é, ele mesmo, composto, e assim por diante. Há aqui uma regressão da simplicidade? Não, a extensão é o "máximo absoluto". Extensão é a natureza maximamente simples a partir da qual todas as outras naturezas geométricas derivam em virtude de que todas a "compartilham" (1: 21; AT 10: 382) – são diferentes delimitações ou modos de pensá-la. É interessante notar que isso significa que uma cognição de um triângulo como uma figura plana fechada tri-angular não é perfeitamente simples. Tal cognição inclui os lados e ângulos imaginados (ou seus substitutos simbólicos).

Segue-se que pensar um triângulo desse modo não pode ser perfeitamente claro e distinto. Clareza e distinção perfeitas exigiria a distinção última com relação à própria extensão.

Pensamento/Deus/extensão/união são, assim, os simples finais dos quais todos os outros são compostos nas *Regras*. Um tratamento mais completo de como o inatismo matemático se reduz à ideia inata de extensão está em Nolan (2005). Não há espaço aqui para desenvolver uma redução paralela de ideias inatas sensíveis à natureza simples do ser humano, a união, mas as considerações são muito semelhantes. A principal diferença é que os vários modos de se considerar a união depende mais de sensações (inclusive apetites e emoções) e menos da imaginação (2: 51; AT 7: 73-75; 3: 3227; AT 3: 692). Do mesmo modo que a extensão pode ser delimitada por ser composta por linhas imaginadas, a união pode ser delimitada por cor, dor, e assim por diante.

Uma outra sugestão, ainda, para expandir o conjunto de ideias inatas exigido para uma coisa pensante seria incluir noções comuns ou axiomas. Aí incluídas não apenas aquelas enumeradas pelos geômetras antigos como também proposições metafísicas como "'O que está feito não pode ser desfeito'; 'Aquele que pensa não pode deixar de existir enquanto pensa'; e inúmeras outras" (1: 209; AT 8A: 24). Descartes não se refere explicitamente a esses itens como inatos, mas eles são perceptíveis clara e distintamente (1: 209; AT 8A: 24), e vimos que isso é coextensivo a ser inato. Ao contar a Fábula, devemos agora decidir se o criador incluirá noções comuns como partes da base mínima estrutural do pensamento. Como no caso das ideias matemáticas, as noções comuns se mostraram derivadas de ideias mais simples; a percepção de uma noção comum não corresponde a uma coisa simples no mundo (1: 208, 209; AT 8A: 22-3). Descartes explica como isso funciona para a noção comum segundo a qual "Figura é o limite de uma coisa extensa", focalizando-se em como as ideias de "figura" e de "limite" funcionam na proposição.

É por isso que, visto estarmos mais preocupados com as coisas apenas na medida em que são percebidas pelo intelecto, chamamos de 'simples' apenas as coisas que conhecemos tão clara e distintamente que não podem ser divididas pela mente em outras mais distintamente conhecidas. [...] Isso deve ser tomado em um sentido muito geral, de modo que nem mesmo as coisas que ocasionalmente abstraímos desses simples são exceções. Abstraímos, por exemplo, quando dizemos que figura é o limite de uma coisa extensa, concebendo pelo termo 'limite' algo mais geral do que figura, visto podermos falar do limite de uma duração, do limite de um movimento, etc. [...] Visto que o termo 'limite' também se aplica a outras coisas – tais como o limite de uma duração ou de um movimento, etc., coisas de um tipo totalmente diferente de figura –, ele deve ter sido abstraído dessas também. Assim, ele é algumas vezes composto de muitas naturezas bastante diferentes, e o termo 'limite' não tem uma aplicação unívoca em todos os casos. (1: 44; AT 10: 418-419)

O que aqui é crucial é que embora figura e limite possam ser considerados como relativamente simples, eles são abstraídos do que é mais simples – extensão (no caso da figura) e outras coisas (no caso de limite). Em ambos os casos, sobretudo no caso do limite, as abstrações envolvem a composição de ideias mais simples. Mesmo a ideia (geral) de substância criada é abstraída desta maneira, e, portanto, composta das ideias de extensão e pensamento (1: 210; AT 8A: 24 e 1: 215; AT 8A: 31). Se o criador na Fábula exige que seus pensadores tenham a capacidade de pensar noções comuns, então, mais uma vez, basta pensamento/Deus/ extensão/união. (Para uma abordagem mais completa do tratamento de Descartes sobre abstração e universais, ver Nolan, 1998b.)

Descartes pareceria justificado em insistir que há apenas quatro ideias inatas que podem ser maximamente claras e distintas. Ele poderia ainda admitir que as coisas que essas ideias representam podem ser pensadas de vários modos, dependendo de que caminho cognitivo se segue ao atingir uma percepção clara e distinta. Pode-se também admitir que ele pode afirmar que todo modo de pensar uma das quatro ideias fundamentais merece ser chamado de "ideia inata". Como se avalia é uma questão meramente verbal. Cada uma dessas ideias a que damos o seu próprio nome representa o mesmo objeto que a ideia inata fundamental denomina. Por exemplo, se permitirmos que "triângulo", "quadrado", "pentágono", etc., sejam nomes para maneiras ou modos de pensar a extensão, então estes serão nomes de atributos no sentido técnico do termo dado nos *Princípios* (1: 214; AT 8A: 30; para um tratamento desse importante texto, ver Nolan, 1997). Isso significa que triângulo e o restante são apenas "conceitualmente" distintos de extensão.

Passemos agora a rever as alegações familiares de dificuldades fatais na teoria cartesiana de ideias inatas. A maioria delas deriva da caracterização das ideias inatas como faculdades, potenciais, capacidades ou disposições. Podemos plausivelmente afirmar que mentes "têm" ideias inatas se elas ocasionalmente ou nunca as percebem clara e distintamente? Como vimos, Descartes precisa admitir que muitos seres humanos nunca têm uma percepção clara e distinta, e que aqueles que as têm não estão constantemente apreendendo clareza e distinção. Mais ainda, nenhum ser humano tem uma percepção clara e distinta no estágio fetal ou durante a infância. Descartes parece embaraçado com esses fatos e seu comprometimento com a tese de que as ideias inatas constituem a estrutura do pensamento. As ideias inatas devem ser poderes ocultos para produzir a ocorrência de percepções quando apropriadamente ocasionadas? Uma crítica-modelo a esse tipo de posição sob um ponto de vista contemporâneo está em Stich (1975; introdução).

As mentes produzidas em nossa Fábula da criação não estão sujeitas a nenhuma dessas dificuldades. O pensamento dessas mentes consiste tipicamente em uma confusão de inúmeros juízos, sensações, etc. Nesse estado típico de confusão e obscuridade, as mentes definitivamente não percebem clara e distintamente ideias inatas. Mas percebem, entretanto, confusamente suas ideias inatas. Seu pensamento confuso é constituído pela confusão das ideias simples e primárias que são o material a partir do qual o pensamento é construído. Dada essa interpretação, nada é mais natural do que afirmar que todas as mentes "têm" ideias inatas, desde que elas existem. Mesmo enquanto fetos ou crianças, seu pensamento é uma confusão de ideias inatas. É perfeitamente natural também afirmar que uma mente tem uma disposição ou capacidade de perceber clara e distintamente suas ideias inatas. Sob que condições essa disposição é ativada? Quando a mente torna distintos os pensamentos confusos. Descartes, com frequência, explica cuidadosamente como isso é feito; uma vez mais, a explicação do processo de distinção das ideias de mente, Deus e extensão presente nas *Meditações* é paradigmática. Em resumo, uma mente sempre "tem" ideias inatas que normalmente constituem os múltiplos itens confusos de pensamento indistinto. Isso justifica descrever as próprias ideias como dispostas a se tornar distintas quando o tipo correto de exercício cognitivo é realizado. Pela mesma razão, é justificado afirmar que a mente tem a "capacidade" ou a "disposição" de perceber clara e distintamente as ideias inatas. Obviamente, essas assim chamadas "capacidades" ou "disposições" são ontologicamente fundamentadas e nada parecidas com as potencialidades aristotélicas rejeitadas pelos filósofos modernos. É instrutivo comparar essa interpretação com o tratamento de McRae (1972) a respeito da conexão entre inatismo e conhecimento reflexivo. McRae aborda o esforço de Descartes em distinguir conhecimento explícito de conhecimento implícito. A ideia de Deus, por exemplo, está implícita no *cogito* e de certo modo é prioritária à ideia de mente, mas esta é prioritária no sentido de primeiro tornar-se explicitamente conhecida no decorrer das *Meditações*. McRae analisa a distinção implícito/explícito em graus de atenção. O conhecimento é explícito no mesmo grau em que a atenção se ocupa dele. É implícito na medida em que a atenção não é voltada a ele. Essa análise pode ganhar peso em Leibniz em virtude de sua teoria das percepções inconscientes. Em Leibniz, há uma conexão entre o grau em que uma percepção é consciente e sua demanda por atenção. Descartes não pode apelar para graus de consciência dispersos no subconsciente. Como ressalta Margaret Wilson (1978: 154-165), a mente é consciente de tudo em seu pensamento. O que Wilson chama de transparência epistêmica do pensamento cartesiano colapsa qualquer distinção implícito/explícito que poderia auxiliar no velho problema acerca de ideias inatas como disposições. Não pretendemos afirmar que na infância se esteja sempre consciente da ideia de Deus flutuando no pensamento, embora em consideração desatenta. A Fábula, entretanto, permite-nos associar o implícito com o confuso e o explícito com o distinto. Na infância, tem-se uma ideia de Deus que é tão confusa que ela não é reconhecida como tal. O conhecimento de Deus é, portanto, implícito no sentido de que a ideia confusa pode, mais tarde, tornar-se distinta. As mentes estão sempre conscientes de ideias confusas e essas ideias consistem, em última instância, de confusões de elementos inatos. Assim, quando uma ideia confusa é considerada por engano como simples, ela ainda pode ser clara se, em alguma ocasião, obtiver a maior parte da atenção da mente. Lembre-se de que Descartes relaciona clareza com atenção, ao definir e contrastar "claro" e "distinto" (1: 207-8; AT 8A: 22). Mas uma ideia confusa, embora clara, não constitui conhecimento explícito e distinto de uma ideia inata. McRae se engana, portanto, ao supor que a atenção sempre conduz à distinção e à clareza.

Chegou a hora de considerarmos o estatuto de nossa Fábula. Ela foi introduzida para responder à queixa de que Descartes nunca apresenta um tratamento unificado sobre as ideias inatas. Essa queixa levou críticos recentes à conclusão de que não há um tratamento unificado, de tal forma que ideias inatas são parte de uma tentativa desordenada de considerações inerentemente diversas sob um único guarda-chuva teórico. Vimos que há boas razões para supor que a teoria explicitada na Fábula é de fato do próprio Descartes e que ele a introduziu nos vários textos acerca de ideias inatas. Se, em vez disso, concluíssemos que Descartes não se deu ao trabalho de costurar as várias posições que tentava seguir, a Fábula ainda assim serviria para mostrar como sua posição precisaria ser ajustada para preservar as vantagens filosóficas da tese geral.

A questão da estrutura mental inata mostra ramificações surpreendentes quando se considera o século XXI. O impulso mais importante vem das contribuições de Noam Chomsky à fundamentação da ciência cognitiva. Muitos de seus principais argumentos foram apresentados com paralelos históricos provocativos em seu livro *Cartesian linguistics: A chapter in the history of rationalist thought* (1966). Chomsky defende que o conhecimento humano de sua primeira língua excede a base experimental disponível. A pobreza do estímulo é especialmente notável em crianças pequenas, um fato que lembra o "parto geométrico" que Sócrates extrai de um jovem no *Menon*. Parte do processo da aprendizagem da primeira língua, conclui Chomsky, deve depender de uma estrutura inata. Nesse contexto, Chomsky refere-se com aprovação a Herbert de Cherbury, Cudworth e às Quintas Respostas de Descartes (Chomsky, 1966: 60-69). A passagem de Descartes é a seguinte:

> Incidentalmente, não concedo que as ideias dessas figuras surgiram em nossas mentes pela via dos sentidos, como todos comumente pensam. [...] Figuras geométricas são na maior parte compostas de linha retas; ainda assim, nenhuma parte de uma linha que fosse realmente reta afetaria nossos sentidos, visto que, quando examinamos essas linhas que aparecem de forma reta com uma lente de aumento, vemos que elas são bastante irregulares e sempre formam curvas

onduladas. Portanto, quando em nossa infância vemos pela primeira vez uma figura triangular desenhada em um papel, não pode ter sido essa figura que nos mostrou como conceber o verdadeiro triângulo estudado pelos geômetras, já que o verdadeiro triângulo está contido na figura apenas do mesmo modo como a estátua de Mercúrio está contida no bloco bruto de madeira. Mas, visto que a ideia do verdadeiro triângulo já estava em nós e podia ser concebida por nossas mentes mais facilmente do que a figura mais complexa do triângulo desenhado no papel, quando vimos a figura complexa não apreendemos a figura que vimos, mas sim o verdadeiro triângulo (2: 262; AT 7: 381-382).

Em outras palavras, o conhecimento do verdadeiro triângulo não pode ser explicado mediante o recurso de estratégias empíricas; verdadeiros triângulos nunca são percebidos pelos sentidos. Ao contrário, a explicação da capacidade de discriminar figuras triangulares no ambiente deve se dar pelo conhecimento prévio de triângulos. Esse texto é significativo também por relacionar o triângulo da figura desenhada com a estátua no bloco bruto de madeira. É claro que a estátua está na madeira apenas na mente do escultor, mas, na mente, a ideia inata de extensão está muito mais literalmente "na" ideia sensível bruta de um triângulo desenhado – é um elemento (ligeiramente) confuso dessa ideia sensível. Leibniz introduziu essa ideia para rejeitar o ataque de Locke ao inatismo. Além disso, ele melhorou o exemplo cartesiano da estátua, distinguindo as figuras arbitrariamente em um bloco de mármore daquelas feitas pelos veios do mármore (Leibniz, 1981: 80).

Chomsky simpatiza com as aplicações muito amplas de inatismo racionalista, mas o tipo de estrutura inata que ele exige na linguística é representada em modelos sofisticados e abstratos de conhecimento gramatical. Isso significa que o inatismo de Chomsky é decididamente pós-leibniziano; o conhecimento inato é implícito e não é conscientemente disponível. Como vimos, as credenciais científicas atuais de conhecimento inato implícito reavivou uma questão antiga. Como se pode resolver a tensão existente entre a tese cartesiana de que o pensamento é essencialmente consciente e a tese inatista de que ideias inatas são normalmente implícitas? A Hipótese do Inatismo, como tem sido conhecida, de fato foi estendida do conhecimento da gramática para considerações mais profundas e abrangentes na filosofia da mente e na psicologia. Um projeto mais proeminente introduzido por Jerry Fodor (Fodor, 2000, por exemplo) postula um sistema simbólico inato que subjaz inconscientemente a todos os conceitos expressos nas linguagens naturais. Essa estratégia da linguagem-do-pensamento supera até mesmo a de Descartes, ao postular uma ampliação do alcance e da especificidade do poder representativo inato. O argumento central de Fodor é semelhante ao que se pode encontrar em Descartes. Para que uma representação seja interpretada, os conceitos envolvidos na interpretação já devem estar disponíveis. Sob pena de um regresso infinito, um estoque suficiente de conceitos deve ser prévio, isto é, inato, à experiência sensível. Entretanto, uma diferença importante é que Descartes pensava que o estoque de ideias inatas era muito pequeno. Fodor lê o registro experimental como contando contra essa composicionalidade extrema. Ele, portanto, admite um estoque imenso de conceitos inatos.

Além disso, Fodor defende que a oposição clássica entre racionalistas e empiristas tornou-se vazia com o avanço da ciência. Mesmo classicamente, é difícil compreender a diferença entre uma ideia inata "implícita" e a capacidade de ter explicitamente uma ideia quando condicionadas adequadamente pelos sentidos. Um empirista pode afirmar que a ideia inata do racionalista é simplesmente o que se aprende por experiência. Mas, no que diz respeito à "capacidade de ter uma ideia explícita com base na experiência" do empirista, o racionalista pode contra-atacar que esta capacidade seja simplesmente o que ele chama de ideia inata (2: 130-133; AT 7: 185-189). Consequentemente, o debate atual tende a se distanciar das preocupações filosóficas tradicionais e seguir na direção das discordâncias acerca de como as teorias psicológicas empíricas mais bem-sucedidas devem se configurar. (Para mais detalhes sobre essas considerações menos caracteristicamente filosóficas, ver Fodor, 2000, para o ponto de vista neorracionalista; Prinz, 2002, para o neoempirista; e Carruthers *et. al.*, 2005, para uma revisão da literatura científica recente.)

Nesse capítulo, defendeu-se que Descartes considera profundamente elucidativo explicar tudo nas coisas pensantes como resultante de um pequeno estoque de ideias inatas implantadas por Deus na criação. Como em sua física, o artifício de uma história em fábula é um instrumento útil de exposição, já que permite construir uma explicação desde o início sem ter que imediatamente se confrontar com fenômenos complexos. Para Descartes, a estória explicativa é uma fábula porque ele estava comprometido com a afirmação de que Deus criou o mundo com toda a perfeição que ora encontramos nele. Sob uma perspectiva científica contemporânea, a estória é ainda mais fabular porque o apelo direto à criação de Deus não é explicativo. Em contextos da biologia, o substituto é a teoria evolucionista. Vemos, por exemplo, Chomsky (1966: 59ff.) defendendo que a faculdade linguística inata deve ter evoluído de ancestrais não linguísticos. Entretanto, essa estratégia explicativa é ainda fundamentalmente cartesiana. Muitas explicações evolucionistas (com a de Chomsky) são obrigadas a recorrer a estórias "arranjadas" – fábulas – na ausência de histórias evolucionistas explícitas. Isso, porém, não deprecia o poder da teoria em questão.

AGRADECIMENTOS

Recebi muitos comentários úteis sobre versões e apresentações anteriores de Lex Newman, Larry Nolan, Kurt Smith, John Whipple; em seminários de pós-graduação e em um colóquio na Universidade da Califórnia, em Irvine; e dos organizadores desse volume.

REFERÊNCIAS E LEITURAS ADICIONAIS

Adams, R. M. (1975). "Where do our ideas come from?". In: S. Stich (ed.). *Innate Ideas*. Berkeley: University of California Press: 71–88.

Buchdahl, G. (1969). *Metaphysics and the Philosophy of Science: The Classical Origins, Descartes to Kant*. Oxford: Oxford University Press.

Carruthers, P., S. Laurence e S. Stich (eds.). (2005). *The Innate Mind*. Nova York: Oxford University Press.

Chomsky, N. (1966). *Cartesian Linguistics*. Nova York: Harper and Row.

Cottingham, J. (1976). *Descartes' Conversation with Burman*. Oxford: Oxford University Press.

Fodor, J. (2000). *The Mind Doesn't Work That Way*. Cambridge, MA: MIT Press.

Jolley, N. (1990). *The Light of the Soul*. Oxford: Oxford University Press.

Kenny, A. (1968). *Descartes*. Nova York: Random House.

Leibniz, G. (1981). *New Essays on Human Understanding*. Trad.: P. Remnant e J. Bennett. Cambridge: Cambridge University Press. (Obra originalmente publicada em 1765.)

McRae, R. (1972). "Innate Ideas". In: R. J. Butler (ed.). *Cartesian Studies*. Nova York: Barnes and Noble: 32–54.

Malebranche, N. (1997). *The Search After Truth*. Trad. e ed.: T. Lennon e P. Olscamp. Cambridge: Cambridge University Press. (Obra originalmente publicada em 1674–1712.)

Nelson, A. (1996). "The falsity in ideas: Descartes and Arnauld". In: E. Kremer (ed.). *Interpreting Arnauld*. Toronto: University of Toronto Press: 13–32.

Nelson, A. (1997). "Descartes's ontology of thought". *Topoi* 16: 163–178.

Nelson, A. (2005). "The rationalist impulse". In: A. Nelson (ed.). *A Companion to Rationalism*. Oxford: Blackwell: 3–11.

Newman, L. (2005). "Descartes' rationalist epistemology". In: A. Nelson (ed.). *A Companion to Rationalism*. Oxford: Blackwell: 179–205.

Nolan, L. (1997). "Reduction and nominalism in Descartes's theory of attributes". *Topoi* 16: 129–140.

Nolan, L. (1998a). "The ontological status of Cartesian natures". *Pacific Philosophical Quarterly* 78: 161–180.

Nolan, L. (1998b). "Descartes's theory of universals". *Philosophical Studies* 89: 161–180.

Nolan, L. (2005). "The role of the imagination in rationalist philosophies of mathematics". In: A. Nelson (ed.). *A Companion to Rationalism*. Oxford: Blackwell: 224–249.

Prinz, J. J. (2002). *Furnishing the Mind*. Cambridge, MA: MIT Press.

Stich, S. (ed.) (1975). *Innate Ideas*. Berkeley: University of California Press.

Wilson, M. D. (1978). *Descartes*. Londres: Routledge and Kegan Paul.

20

Descartes sobre a vontade no juízo

LEX NEWMAN

Na doutrina de Descartes, a vontade tem papel central no juízo, um papel que esse capítulo pretende explicar. A primeira seção situa a vontade na ontologia cartesiana mais ampla da mente. A segunda seção caracteriza a contribuição da vontade para o juízo. A terceira seção trata sobre o controle voluntário da vontade sobre o juízo. A quarta seção considera se, segundo a doutrina de Descartes, compreende-se melhor nossa responsabilidade epistêmica no juízo como uma forma de compatibilismo ou de incompatibilismo.

VONTADE NA ONTOLOGIA DA MENTE

Descartes sustenta que a essência completa da mente é *pensamento*. Segundo ele, "cada substância tem uma propriedade principal que constitui sua natureza e essência, e a que todas suas outras propriedades são referidas"; ele acrescenta que "pensamento [*cogitatio*] constitui a natureza da substância pensante" (1: 210; AT 8A: 25). Sobre o termo *pensamento*, Descartes escreve: "uso esse termo para incluir tudo quanto está de tal modo em nós que somos imediatamente seus conhecedores" (2: 113; AT 7: 160). Os pensamentos da mente são de dois tipos, como afirmado nos *Princípios* 1: 32:

Todos os modos de pensar que experimentamos dentro de nós podem ser referidos a categorias gerais: percepção, ou a operação do intelecto e a volição, ou a operação da vontade. Percepção sensorial, imaginação e entendimento puro são simplesmente diferentes modos de percepção; desejo, afirmação, aversão, negação e dúvida são diferentes modos de vontade (1: 204; AT 8A: 17).

Essa diversidade cognitiva é consistente com a tese de que a essência da mente é apenas pensamento, porque "querer, compreender, imaginar, sentir e assim por diante são simplesmente modos diferentes de pensar" (3: 56; AT 1: 366).

Descartes caracteriza a vontade como um *poder* – uma capacidade para fazer, para agir: "A vontade consiste simplesmente em que podemos fazer uma coisa ou deixar de fazer (isto é, afirmar ou negar, perseguir ou fugir)" (*Meditações* IV, 2: 40; AT 7: 57). Ao referir-se à vontade como uma *faculdade* da mente, Descartes não pretende sugerir regiões discretas de infraestrutura mental – a "alma não tem em si nenhuma diversidade de partes" (*Paixões*, 47; 1: 346; AT 11: 364). Em vez disso, como escreve, "o termo 'faculdade' denota nada mais que uma potencialidade" (*Comentários*, 1: 305; AT 8B: 361). Quando esse poder é exercido, isto é, quando a potencialidade é atualizada, as operações mentais resultantes são *volições*. Volições são as ações da mente – voltarei a esse ponto mais adiante.

As volições são de dois tipos principais: "um consiste nas ações da alma que terminam na própria alma", como, digamos, quando queremos aplicar nosso pensamento a ideias puramente intelectuais; "o outro consiste nas ações que terminam em nosso corpo, como ocorre quando, pelo simples fato de termos vontade de andar, resulta que nossas pernas se mexem e nós caminhamos" (*Paixões*, 18; 1: 335; AT 11: 343). Por vezes, esse último tipo gera conflitos com as causas corpóreas. Pois, embora "a vontade seja por natureza de tal modo livre que nunca possa ser compelida" (1: 343; AT 11: 359), algumas vezes seus efeitos colidem com movimentos opostos. Descartes sustenta que o centro corpóreo da interação corpo-alma é a glândula pineal, e é aí que surgem esses conflitos. A vontade pode mover a glândula em uma certa direção, enquanto a atividade dos nervos (espíritos animais) a impele para outra – "o mais forte impede o efeito do outro" (*Paixões*, 47; 1: 346; AT 11: 365). Podem surgir conflitos também a partir de outro tipo de volição, sob a forma de inclinações rivais na vontade; por exemplo, a contemplação tanto de razões que sustentam quanto de razões que contestam uma proposição pode dar margem a inclinações opostas – uma em direção ao assentimento, a outra em direção à suspensão (cf. *Meditações* IV; 2: 41; AT 7: 59).

As volições dirigidas a movimentos corpóreos resultam no famoso problema da interação – a saber, acerca de como uma mente imaterial interage causalmente com um cérebro material. Descartes parece pensar que o problema não é especialmente grave; que a interação alma-corpo é apenas um caso especial de causação compreendida em termos de Deus ter ordenado que um tipo de item (causas) produza um outro (efeitos). Em termos mais gerais, Descartes sustenta que todos os princípios – seja acerca da matemática, da lógica, da mecânica ou da interação corpo e alma – *são* todos verdadeiros porque Deus ordenou que fosse assim (cf. carta a Mersenne de 27 de maio de 1630; 3: 25; AT 1: 151-153). Isso marca um diferença bastante significativa entre nossas vontades e a vontade divina. "Deus não quis", escreve Descartes, "que os três ângulos de um triângulo fossem iguais a dois ângulos retos porque reconheceu que não poderia ser de outro modo"; ao contrário, "é porque ele quis [...] que os três ângulos de um triângulo necessariamente são iguais a dois ângulos retos que isso é verdade e não pode ser de outro modo" (*Respostas*, 6; 2: 291; AT 7: 431-432).

Descartes caracteriza as volições como *ações* da mente: "Estritamente falando, o entendimento é a passividade da mente e a vontade, sua atividade" (carta a Regius de maio de 1641; 3: 182; AT 3: 372). Para uma melhor compreensão, considere que nessa concepção todo pensamento é, ao mesmo tempo, uma ação e uma paixão – uma paixão relativa à mente na qual ele ocorre e uma ação relativa ao ator/agente que o produz:

> Noto que tudo quanto faz ou acontece é em geral chamado pelos filósofos de "paixão" em relação ao sujeito a quem tal acontece, e uma "ação" com respeito àquele que faz com que tal aconteça; de sorte que, embora o agente e o paciente sejam amiúde muito diferentes, a ação e a paixão não deixam de ser sempre uma e mesma coisa com dois nomes, devido aos dois sujeitos diversos (*Paixões*, 1; 1: 328; AT 11: 328).

A título de ilustração, pense em uma situação em que haja dois dominós adjacentes, A e B, na qual o movimento de A produz uma mudança no movimento de B. A mudança de movimento de B com relação a ele próprio é uma passividade – algo a induziu do exterior. Com relação a A, a mudança de movimento de B é uma atividade – a ação de A. A aplicação da distinção aos pensamentos da mente introduz uma complicação. Pois, embora mudanças no movimento de um dominó sejam sempre a ação de algo externo a ele, mudanças nos pensamentos da mente algumas vezes são ações desta mesma mente. Descartes reserva o termo *volição* para esses pensamentos que são ações dessa mente (cf. *Paixões*, 17, 21). Assim, embora todo pensamento possa, de modo apropriado, ser concebido como uma percepção da mente na qual ele ocorre, nem todo pensamento pode de modo apropriado ser considerado como uma volição. Quando os pensamentos são apropriadamente assim considerados, é numericamente o mesmo pensamento que conta, sob um aspecto, como uma ação da mente e, sob outro aspecto, como sua paixão – a escolha dos termos sendo de algum modo fluida.

> E, embora no que diga respeito à nossa alma seja uma ação o querer alguma coisa, pode-se dizer que é também uma paixão perceber nela o que ela quer; todavia, dado que essa percepção e essa vontade são efetivamente uma e mesma coisa, sua denominação se faz sempre pelo que é mais nobre, e por isso não se costuma chamá-la "paixão", mas apenas "ação". (*Paixões*, 19; 1: 335-6; AT 11: 343)

Note-se que estamos considerando paixões no sentido *geral* (cf. *Paixões*, 17, 21, 25), segundo o qual todo pensamento pode de modo apropriado ser considerado uma paixão. Descartes discute também um sentido *específico* – um "sentido mais exato" –, segundo o qual paixões são apenas aquelas percepções que surgem da glândula pineal (*Paixões*, 21, 27).

Importante: referências a *atos* são sujeitas à ambiguidade. Em um sentido, um ato é uma *atualidade*, sendo seu oposto uma potencialidade não atualizada. Nesse sentido, Descartes algumas vezes se refere a qualquer pensamento que ocorra – seja uma percepção ou uma volição – como um ato ou operação da mente; por exemplo, ele escreve a Hobbes que "há outros atos que chamamos de 'atos de pensamento' [*sunt deinde alii actus, quos vocamus cogitativos*], tais como conceber, querer, imaginar, ter percepções sensíveis, e assim por diante" (2: 124; AT 7: 176). Em outro sentido, um ato é uma *ação*, sendo o seu oposto uma paixão. Daqui em diante, reservo *ato* para discutir atualidades – ocorrências atuais, sejam ações ou paixões. Uso o termo *ação* para referir-me àquelas atualidades que são opostas às paixões.

VONTADE E JUÍZO

Ao julgar, a mente afirma ou nega algo – ou lhe dá assentimento, ou lhe nega assentimento. Descartes sustenta que uma coisa é a mente estar consciente de algo, isto é, perceber algo; outra coisa é afirmá-lo ou negá-lo. Ele atribui essas funções a faculdades distintas da mente. A consciência é atribuída ao intelecto; a afirmação e a negação são atribuídas à vontade. Na concepção de Descartes, a consciência se alinha bem com o lado passivo da mente, enquanto o assentimento se alinha melhor com seu lado ativo. Como defende David Rosenthal, há boas razões para agrupar assentimento com outros casos exemplares que Descartes classifica como operações da mente, inclusive desejar e temer (Rosenthal, 1986: 411-416). Descartes sustenta que, embora juízo exija consciência, ele consiste na afirmação ou negação. Julgar *é* um ato da vontade.

Com relação ao juízo, a mente adota uma das três alternativas concernentes ao conteúdo da consciência – *i.e.*, a vontade, em termos gerais, assume um dos três estados doxásticos: *assentimento* a esse conteúdo, *dissentimento* dele, ou *suspensão* de juízo. (Para ser breve, referir-me-ei simplesmente ao assentimento e à suspensão de juízo. Assumo assim que aquilo que for dito acerca do assentimento pode ser estendido ao dissentimento.) No sentido relevante, o assentimento não é apenas um ato de fala nem um gesto convencional que possa ser expresso de modo insincero. Como Bernard Williams escreve sobre a concepção de Descartes: "Ele está tratando da questão sobre se eu aceito uma proposição para mim mesmo – no sentido de 'aceito' em que o homem que insinceramente afirma 'eu concordo' não aceita a proposição. Assentimento é o que se faz quando realmente se crê no que está em questão" (Williams, 1978: 176).

A que tipo de conteúdo perceptivo a mente assente? Segundo Williams, "posso assentir apenas a algo cuja natureza é uma proposição: alguém acredita, ou nega que acredita, *que algo é o caso*. Assim, se Descartes pretende dizer que assentimos a ideias, ele deve incluir ideias proposicionais. Ele deve admitir que há uma ideia de *"que a soma dos ângulos de um triângulo é igual a dois ângulos retos"* (Williams, 1978: 182). Os textos admitem essa leitura, pois Descartes usa o termo *ideia* abrangendo todo tipo de conteúdo perceptivo. Como nota Jill Buroker:

> "O conteúdo de uma ideia pode ser muito complexo, e essa complexidade pode ser expressa proposicionalmente. Um exemplo famoso é a afirmação feita por Descartes na Quinta Meditação: que a compreensão da ideia de um triângulo reto implica no reconhecimento de que ele tem 'as propriedades que permitem a inferência de que seus três ângulos não são maiores do que dois ângulos retos' [2: 47; AT 7: 68]" (Buroker, 1996: 6).

Não surpreende, portanto, que alguns textos indiquem que os objetos dos juízos sejam proposições (cf. 2: 259; AT 7: 376f. e 2: 300; AT 7: 445), ao passo que outros sugerem que sejam ideias (cf. 2: 39; AT 7: 56); essas duas caracterizações têm apenas modos diferentes de expressar o mesmo ponto.

As referências ao que é *afirmativo* são potencialmente ilusórias. Em um sentido, a afirmação é uma propriedade de proposições, como nos enunciados afirmativos que predicam alguma qualidade de um sujeito. Em um outro sentido, a afirmação é uma ação da mente quando ela assente a uma proposição. O juízo pode envolver as duas formas de afirmação. Por exemplo, diante da proposição afirmativa *que eu estou sentado junto ao fogo*, minha vontade pode afirmá-la, mas posso também, por outro lado, negar meu assentimento. Com efeito, o método da dúvida pressupõe uma capacidade de considerar hipoteticamente várias proposições céticas sem assentir a elas. Como explica Descartes, "o que é assim imaginado e atribuído hipoteticamente não é por isso afirmado pela vontade como verdadeiro, mas apenas proposto ao intelecto para exame" (Carta a Buitendijck em 1643; 3: 230; AT 4: 64).

Relacionado a isso, há uma ambiguidade no discurso sobre *juízo* que surge da tendência de empregar as palavras que designam operações mentais – *crença, percepção, juízo* e coisas semelhantes – para referir-se ora à ação mental, ora aos objetos dessas ações. Ao falarmos de crenças ou percepções, em algumas ocasiões queremos nos referir aos itens em que acreditamos ou que percebemos – por exemplo, ao dizer: "Entre suas crenças está a de que nosso sistema planetário é heliocêntrico". Em outras ocasiões, queremos referir-nos às ações mentais de acreditar ou perceber – por exemplo: "A sinceridade de sua crença na concepção heliocêntrica não está em questão". O mesmo ocorre com *juízo*. Podemos querer nos referir à proposição sobre a qual se julga ou, em vez disso, à ação mental de assentir/julgar. Descartes, de um modo geral, emprega o vocabulário de juízo para referir-se aos atos de assentir, mas há exceções. Por exemplo, em alguns casos que envolvem a lembrança de juízos passados, ele claramente se refere às proposições sobre as quais se julgou e não às ações de julgar (cf. *Meditações* V, 2: 48; AT 7: 69-70).

Descartes caracteriza um juízo, em parte, em termos da percepção do intelecto, embora a responsabilidade última seja atribuída à vontade. Em regra, a mente só deve dar assentimento quando a percepção do intelecto for clara e distinta:

> [Se] simplesmente me abstenho de formular meu juízo sobre uma coisa quando não a concebo com suficiente clareza e distinção, é evidente que me comporto

corretamente e que evito o erro. Mas, se em tais casos a afirmo ou a nego, então não me sirvo como devo de meu livre arbítrio. Se escolho a alternativa que é falsa, então obviamente cairei em erro; se opto pela outra alternativa, então é por puro acaso que alcanço a verdade, e eu ainda prossigo em erro (*Meditações* IV; 2: 41; AT 7: 59-60).

É significativo que o conteúdo apresentado pelo intelecto (ou a negação desse conteúdo) seja o que constitui uma "alternativa que é falsa" (voltarei a isso mais adiante). O ponto da passagem, entretanto, não é caracterizar a verdade e a falsidade, mas explicar que falhamos quando assentimos a proposições que são falsas – isto é, mesmo quando elas são simplesmente falsas por tudo que sabemos. Um dos objetivos principais da Quarta Meditação é introduzir uma teodiceia para o erro, mostrando que a responsabilidade pelo erro no juízo é nossa e não de Deus. (Para mais detalhes sobre a teodiceia, ver Newman, 1999.) Na concepção de Descartes, eu falho não tanto em virtude do estado de meu intelecto, mas em razão do que faço com minha vontade:

> Noto que [os erros nos juízos] dependem do concurso de duas causas, a saber, do poder de conhecer [*cognoscendi*] que existe em mim e do poder de escolha, ou seja, meu livre arbítrio; isto é, eles dependem tanto de meu entendimento quanto de minha vontade, simultaneamente. Ora, tudo o que o intelecto faz é permitir-me perceber as ideias que são sujeitos de juízos possíveis; quando considerado estritamente sob esta luz, resulta não conter nenhum erro, no sentido próprio deste termo.
> [...]
> Qual é a fonte, então, de meus erros? Deve ser simplesmente esta: o espaço da vontade é mais amplo do que aquele do intelecto; mas, em vez de restringi-la dentro de tais limites, eu estendo o seu uso às coisas que não entendo (*Meditações* IV; 2: 39f.; AT 7: 56-8).

A passagem acrescenta: "Nesse mau uso do livre arbítrio pode ser encontrada a privação que constitui a essência do erro" (2: 41; AT 7: 60). Essa identificação do erro de julgamento com a atividade de um livre arbítrio concorda com a compreensão mais geral de Descartes de responsabilidade:

> Noto em nós apenas uma coisa que nos possa dar a justa razão de nos estimarmos, a saber, o uso de nosso livre arbítrio e o império que temos sobre as nossas vontades; pois só pelas nossas ações que dependem desse livre arbítrio é que podemos com razão ser louvados ou censurados (*Paixões*, 152; 1: 384; AT 11: 445).

Descartes sustenta que a própria possibilidade de erro de julgamento surge de um descompasso entre o intelecto e a vontade:

> A percepção do intelecto se estende apenas às poucas coisas que lhe são oferecidas e é sempre muito limitada. A vontade, porém, pode de algum modo ser dita infinita, uma vez que observemos, sem exceção, que o seu alcance se estende a qualquer coisa que possa ser objeto de alguma outra vontade, até mesmo a vontade imensurável de Deus. Portanto, é fácil para nós estender nossa vontade além do que claramente percebemos. E, quando fazemos isso, não é de admirar que aconteça de nos enganarmos (*Princípios* I: 35; 1: 204-5; AT 8A: 18).

Considero que essa referência à infinitude da vontade, juntamente com a comparação com a vontade divina, refere-se apenas ao escopo da vontade e não à sua natureza. O objetivo da passagem não é esclarecer que nossa vontade possui um poder ilimitado – como se fosse, a esse respeito, comparável à vontade divina –, mas sim que somos capazes de assentir a mais proposições do que somos capazes de perceber claramente. A limitação em nosso intelecto explica a possibilidade do juízo errado; o mau uso de nossa livre vontade explica sua atualidade.

Note-se que Descartes só aplica essa explicação de juízo em contextos de investigação rigorosa e não de ações práticas (cf. *Meditações* I; 2: 15; AT 7: 22). Quanto à questão prática, agir com base em percepções sensíveis dubitáveis não é apenas necessário para nossa sobrevivência; Descartes afirma que, para propósitos práticos, essa percepção é "suficientemente clara e distinta" (*Meditações* VI; 2: 57; AT 7: 83).

Alguns leitores de Descartes consideram problemáticos vários aspectos da explicação precedente. Quero examinar três dessas preocupações. Um aspecto problemático diz respeito a suas observações sobre a natureza da verdade e da falsidade. Mais cedo, na Terceira Meditação, ao investigar quais os pensamentos "que podem propriamente ser verdadeiros ou falsos", Descartes escreve que ideias "não podem, propriamente falando, ser falsas" (2: 25; AT 7: 36-37); e acrescenta, em uma passagem a seguir, que a "falsidade no sentido estrito, ou falsidade formal, só pode ocorrer em juízos" (2: 30; AT 7: 43). Em uma leitura *prima facie*, essas passagens estão em tensão com partes da explicação tal como a caracterizei. A sugestão é que verdade e falsidade, estritamente falando, não são propriedades dos conteúdos proposicionais percebidos pelo intelecto, mas dos atos da vontade de assentir. Margaret Wilson afirma que Descartes "tende a fundir as noções de *falsidade* e de *erro*" (Wilson, 1978: 141) – uma acusação que, com certeza, tem mérito. Ela sustenta, ademais, que uma certa superposição contribui para o equívoco de se localizar a falsidade no juízo e não no erro, acrescentando que Descartes deveria afirmar que os conteúdos percebidos pelo intelecto "*são* verdadeiros ou falsos independentemente de serem afirmados ou negados"; o que "Descartes deveria afirmar" é que "as ideias 'percebidas pelo entendimento' podem ser (verdadeiras ou) falsas, mas que o erro surge não na 'percepção', e sim na afirmação" (*ibid.*).

Minha opinião é que aquilo que Wilson afirma que Descartes *deveria* dizer é o que ele, *de fato*, sustenta. Na verdade, a leitura *prima facie* dessas observações problemáticas da Terceira Meditação é incompatível com inúmeras outras passagens claras. Por exemplo, afirmações claras na Quarta Meditação – o lugar clássico das teses acerca do juízo – implicam que o conteúdo percebido pelo intelecto tem valor de verdade independentemente do assentimento da vontade. Lemos ali que devemos "nos abster de fazer juízos em casos em que [nós] não percebemos a verdade com clareza e distinção suficientes" (2: 41; AT 7: 59f.), o que implica que o conteúdo perceptivo do intelecto tem valor de verdade independente. A passagem continua: "Se eu for para a alternativa que é falsa, então obviamente me engano; se eu pegar o outro lado, então é por puro acaso que chego à verdade" (*ibid.*) – afirmações que do mesmo modo implicam em valor de verdade das alternativas percebidas no intelecto. Considere também a implicação de vários textos acerca das assim chamadas verdades eternas. Há "proposições que são eternamente verdadeiras" (*Princípios* I: 75; 1: 221; AT 8A: 38), um estatuto de que elas gozam mesmo quando contempladas sem assentimento em mentes "cegas por opiniões preconcebidas" (*Princípios* I: 49f.; 1: 209; AT 8A: 24). Finalmente, considere o que Descartes escreve a Mersenne acerca da verdade: "A palavra 'verdade', em sentido estrito, denota a conformidade do pensamento com seu objeto" (carta de 16 de outubro de 1639; 3: 139; AT 2: 597). Na leitura mais natural, o que comporta essa relação de *conformidade* são conteúdos representados no intelecto e não as ações da vontade. Essa passagem não faz sentido se, como supõe Wilson, Descartes nega que os conteúdos percebidos pelo intelecto tenham valor de verdade "independentemente de nossas afirmações ou negações".

Como então devemos interpretar as duas passagens problemáticas da Terceira Meditação sobre a falsidade formal? Até agora, não há uma interpretação consensual, mas permita-me oferecer uma linha de sugestão. Na primeira passagem, o que Descartes de fato escreve não é que ideias

– sem qualificação – não possam ser verdadeiras ou falsas, mas que "se as considerarmos apenas nelas mesmas e não as relacionarmos a alguma outra coisa, elas não podem, propriamente falando, ser falsas" (2: 26; AT 7: 37). Dada a qualificação – ideias "consideradas nelas mesmas" –, a observação não precisa significar que não haja valor de verdade em *todas* as ideias, mas apenas nas ideias não-relacionais; esse é o resultado correto, se assumimos que o valor de verdade pertence apenas às ideias com estrutura proposicional. Isso, entretanto, não ajuda no que concerne à segunda passagem, pois, ao afirmar que "a falsidade em sentido estrito, ou a falsidade formal, só pode ocorrer em juízos" (2: 30; AT 7: 43), essa passagem parece descartar que conteúdos proposicionais não julgados possam ser estritamente falsos. Antes de extrair essa conclusão, lembre-se de que antes notamos uma ambiguidade na expressão *juízo*. Com efeito, ao nos referirmos a juízos, algumas vezes pretendemos nos referir a atos mentais de julgar, e algumas outras vezes a proposições julgadas. Se, ao afirmar que a falsidade "só pode ocorrer em juízos", Descartes quer dizer as proposições julgadas, então a observação é inócua. Embora esse não seja o modo usual como Descartes utiliza o termo *juízo*, algumas vezes ele o faz assim, e o contexto da observação na Terceira Meditação toleraria essa leitura. As questões mais amplas são muito complexas, e há mais textos a serem conciliados além dessas duas passagens da Terceira Meditação. Qualquer que seja a sua interpretação correta, devemos ter cuidado para não interpretá-las de modo conflitante com tantas outras passagens que indicam que o conteúdo perceptivo considerado pelo intelecto pode, de fato, ter valor de verdade.

Um segundo aspecto da explicação de Descartes acerca do juízo que tem preocupado alguns leitores diz respeito a se ele pode defender a tese de *graus* de crença. É inegável que algumas crenças são mais fortes que outras. Entretanto, a concepção de Descartes parece afirmar que a vontade ou bem totalmente assente (ou dissente), ou totalmente suspende o juízo – nunca assente parcialmente, em relação a um conteúdo específico. Edwin Curley objeta que, ao considerar o assentimento como "uma ação do tipo tudo-ou-nada", Descartes não é sensível à existência de graus de crença (Curley, 1975: 166). Como resposta, há muitas maneiras de se entender graus de crença. Embora algumas explicações sejam problemáticas para Descartes, seus críticos precisariam mostrar que não há nenhuma explicação plausível aberta para ele. Um tipo de explicação simpática a ele localiza a variação de grau na *base* perceptiva para o assentimento, e não na *ação* de assentir, *per se*. Para ilustrar, contraste casos de assentimento a uma proposição clara e distintamente percebida com o assentimento a uma proposição confusamente percebida. No primeiro caso, a base para o assentimento torna a proposição evidente em um *grau maior* do que no último, mas podemos entender ambos os casos como envolvendo um pleno assentimento da vontade. Do mesmo modo, embora o jogador possa fazer apostas com diferentes graus de confiança, e por isso apostar diferentes quantidades de dinheiro, ele aposta plenamente em cada um dos casos. Essa compreensão dos graus de crença permite compreender a intuição de que nossas crenças têm vários graus de convicção, e é inteiramente consistente com a explicação de Descartes.

O terceiro aspecto da explicação de Descartes que é contestado e que eu quero considerar diz respeito a sua concepção de assentimento como uma operação da vontade e não do intelecto. Articulando uma objeção importante, Curley pergunta: "Se meu intelecto afirma que o sol é muito grande, não estaria *eu* já julgando que é assim? Será mesmo necessário que a vontade acrescente sua concordante 'opinião'? (Curley, 1975: 174). Em defesa de Descartes, a questão exata é *se* o intelecto é propriamente concebido de forma a *afirmar do* conteúdos proposicionais, em oposição a meramente ser consciente deles. O assentimento é sempre dado *a* algum conteúdo proposicional percebido. Descartes sustenta a divisão de trabalho segundo a qual a percepção é tarefa do intelecto, enquanto o assentimento é uma tarefa posterior executada pela vontade. Como Curley concebe o trabalho, há apenas uma única tarefa. A percepção da proposição *é* o assentimento a ela, não havendo nenhum outro trabalho a ser feito. Curley defende que a "análise conceitual" revela que quando, digamos, a mente suspende o juízo com base no fato de considerar equilibrados os argumentos favoráveis e contrários, a ação de suspender o assentimento não é "uma *consequência* de considerar se os argumentos favoráveis e contrários estão uniformemente equilibrados. É simplesmente o próprio estado de considerá-los assim" (Curley, 1975: 175, ênfase acrescentada). Por que, então, Descartes distingue as duas tarefas? Nos *Comentários a Certo Programa*, ele explica:

> Percebi que além da percepção, que é um pré-requisito do juízo, precisamos da afirmação e da negação para determinar a forma do juízo, e, mais ainda, que com frequência estamos livres para suspender nosso assentimento, mesmo se percebemos o assunto que está em questão. Assim, eu lhes atribuí o mesmo ato de julgar, que consiste simplesmente em assentir (*i.e.*, em afirmar ou negar) à determinação da vontade e não à percepção do intelecto (1: 307; AT 8B: 363).

Descartes conclui aqui que o assentimento a uma proposição é "além" de sua percepção, porque essa percepção pode resultar em assentimento em uma ocasião e resultar em suspensão do juízo em outra. Se, como defende Curley, perceber *p é* assentir a *p*, então não *poderia* haver circunstâncias nas quais percebemos *p* sem assentir. Entendo a observação de Descartes de que "com frequência estamos livres para suspender nosso juízo" como uma alusão ao método da dúvida. Por exemplo, hoje, quando olho para a torre a distância, ela pode aparecer em minha percepção como redonda, exatamente como apareceu ontem; entretanto, diferentemente de ontem, posso hoje suspender meu juízo, empregando a dúvida cética. Descartes pensa que esses exemplos mostram que numericamente a mesma proposição – por exemplo, *que a figura da torre é como aparece* – pode ser acompanhada por diferentes estados doxásticos. Segue-se, como ele escreve, que o assentimento é algo "além da percepção".

Em defesa de Curley, pode-se argumentar que a situação é diferente quando se trata de percepção clara e distinta. Descartes escreve que "nossa mente tem uma natureza tal que não pode evitar assentir ao que ela compreende claramente" (3: 147; AT 3: 64-65). Como explica Alan Nelson: "Uma percepção clara e distinta *invariavelmente* é acompanhada pelo assentimento da vontade. Além disso, é parte da 'natureza' da vontade que isso ocorra" (Nelson, 1997: 1963). Tendo em vista essa tese, pode-se argumentar que em casos claros e distintos o trabalho de assentir é totalmente abarcado na percepção. Wilson introduz o seguinte argumento:

> Se consideramos que "perceber clara e distintamente *p*" significa ou implica "perceber que *p* é verdadeiro", todo o trabalho de assentir já está atribuído ao entendimento – não há lugar, logicamente, para um ato da vontade (Wilson, 1978: 145; cf. Williams, 1978: 183).

Nesse ponto, contudo, devemos perguntar o que é perceber *que* uma proposição é verdadeira? Em que consiste uma tal proposição? "Perceber *que p* é verdadeiro" não pode significar simplesmente que "na sua percepção, *p* é representado como sendo verdadeiro"; tampouco ajuda acrescentar que *p* é representado como *certamente* sendo verdadeiro". Descartes argumenta de modo persuasivo que, antes de contar com o método da dúvida, pode nos parecer que acreditamos em muitas proposições "das quais é impossível duvidar" – "por exemplo, que estou aqui sentado junto ao fogo", e assim por diante (*Meditações* I; 2: 12f; AT 7: 18). Embora em nossa percepção essas proposições sejam representadas como sendo certamente verdadeiras, aprendemos a usar a dúvida para suspender nosso assentimento a elas mesmo enquanto as percebemos. Sendo assim, o que *significa* "perceber *que*"? Nos casos em que sentimos uma certeza extra, essa forma de discurso talvez seja uma espécie de enfeite verbal adequado para expressar uma grande convicção psicológica. Isso, porém, é muito pouco relevante para a questão metafísica de saber se o assentimento é algo "além da percepção". Talvez perceber *que*" signifique apenas isso: que, além da proposição ser representada como verdadeira em sua percepção, a mente deu o passo seguinte de *afirmar que* ela é verdadeira. Nesse caso, a expressão *perceber* é usada – nesse caso especial – tanto para (a) a consciência da proposição de que esta parece ser verdadeira quanto (b) a afirmação de que a proposição é verdadeira. Se isso é o que "perceber *que p* é verdadeira" significa, então dificilmente se conclui que Descartes se engane ao distinguir (a) de (b). O resultado, ao contrário, é que o termo "percepção" é usado no discurso com um escopo mais amplo do que Descartes admite. Dado *seu* uso, o termo "percepção" é estritamente circunscrito para incluir apenas a consciência, mas não o juízo atual: "Tudo o que o intelecto faz é me tornar capaz de perceber as ideias que são objetos de juízos possíveis" (*Meditações* IV; 2: 39; AT 7: 56). Ele sustenta que, quando a percepção é clara e distinta, o assentimento é compulsório, mas disso não se segue logicamente que a percepção e o assentimento sejam idênticos. Começa-se a suspeitar que a linha de objeção de Wilson e de Curley consiste mais em um desacordo semântico com Descartes do que um verdadeiro desacordo. Paul Hoffman sugere o seguinte tipo de linguagem como alternativa a "perceber *que*", no contexto da concepção de Descartes:

> Em vez de afirmar, por exemplo, que percebo clara e distintamente que um triângulo tem três ângulos, deveríamos afirmar que tenho uma percepção clara e distinta de um triângulo tendo três ângulos ou que percebo clara e distintamente um triângulo como tendo três ângulos. Podemos também afirmar que percebemos clara e distintamente como verdadeira a proposição que um triângulo tem três ângulos (Hoffman, 2003: 263).

VONTADE E CONTROLE VOLUNTÁRIO DO JUÍZO

Descartes sustenta que "temos a vontade livre, que nos permite suspender nosso juízo quanto a assuntos dubitáveis e, assim, evitar o erro" (1: 194; AT 8A: 6). Como vimos, sua tese é de que o controle voluntário da vontade sobre o assentimento é essencial para responsabilidade epistêmica e, de modo mais geral, que "o exercício de nossa vontade livre e o controle que temos sobre nossas volições" é o que torna possível que 'possamos com razão ser louvados ou censurados" (*Paixões*, 152; 1: 384; AT 11: 445). O programa da dúvida metódica das *Meditações* envolve o exercício cuidadoso desse poder voluntário sobre a vontade; de fato, ele envolve, como o meditador observa, um "plano para conduzir minha vontade para uma direção inteiramente oposta", suspendendo assim o assentimento acerca de minhas antigas opiniões (2: 15; AT 7: 22). O objetivo dessa seção é esclarecer como Descartes compreende esse controle voluntário.

Dois tipos principais de concepção são atribuídas de modo plausível a Descartes. Uma concepção atribui à vontade um poder de controle voluntário *direto* sobre os estados doxásticos – isto é, estados de assentimento, dissentimento ou suspensão. O controle é direto porque o esforço voluntário é dirigido diretamente ao estado doxástico e não a qualquer outra coisa. A mente tem o poder direto de querer crer em proposições. O modelo alternativo ao controle voluntário doxástico nega esse controle direto, sustentando que o controle da vontade é *indireto*. Indireto em que sentido? Descartes caracteriza esse controle indireto para o caso das paixões:

> Nossas paixões também não podem ser diretamente excitadas nem suprimidas pela ação de nossa vontade, mas sim apenas indiretamente, pela representação das coisas que costumam estar unidas às paixões que queremos ter, e que são contrárias às que queremos rejeitar. Assim, para excitarmos em nós a audácia e suprimirmos o medo, não basta ter vontade de fazê-lo, mas é preciso aplicar-nos a considerar as razões, os objetos ou os exemplos que persuadem de que o perigo não é grande; de que há sempre mais segurança na defesa do que na fuga; de que teremos a glória e a alegria de havermos vencido, ao passo que não podemos esperar nada da fuga senão o pesar e a vergonha de termos fugido, e coisas semelhantes (*Paixões*, 45; 1: 345; AT 11: 362-3).

Estendendo esse modelo de controle indireto para o caso de juízos: nosso assentimento não pode ser diretamente provocado ou suprimido pela ação de nossa vontade, mas apenas indiretamente através da representação de coisas que usualmente estão conjugadas ao estado doxástico desejado – a saber, por meio de representação de *razões para crer* (em termos amplos): o *assentimento* a uma proposição é determinado pela atenção perceptiva a razões que a justifiquem; o *dissentimento* é determinado pela atenção a refutar razões; a *suspensão*, ou a dúvida, é determinada pela atenção a enfraquecer razões.

Na terminologia usual, o primeiro tipo de posição – controle doxástico direto – é chamado de *voluntarismo* mas o último, não. A terminologia é enganosa, uma vez que opções não voluntaristas também admitem controle voluntário, embora indireto. O debate que atualmente interessa não é acerca de se Descartes considera que temos controle doxástico voluntário, sim se ele considera que esse controle voluntário é direto ou indireto. Adotarei, portanto, uma terminologia diferente, referindo-me à tese do controle direto como Voluntarismo Direto e à tese do controle indireto como Voluntarismo Indireto. Como ficará claro, embora se possa defender com bons argumentos as duas interpretações, prefiro a leitura do Voluntarismo Indireto.

Interpretações como Voluntarismo Direto encontram alguma base na concepção de juízo da Quarta meditação. Segundo essa concepção, temos o dever epistêmico de "simplesmente abstermo-nos de julgar em casos em que não percebemos a verdade com clareza e distinção suficientes" (2: 41; AT 7: 59). Isso parece sugerir que – simplesmente por tentar – podemos controlar nosso assentimento. Como observa Janet Broughton, Descartes "resolve suspender o juízo sobre tudo o que ele não apreende clara e distintamente, e descreve o obstáculo a esse procedimento como a dificuldade de lembrar essa resolução, e não uma incapacidade de assim proceder durante a tentativa" (Broughton, 2002: 58). Sobre esses casos em que não temos percepção clara e distinta, Descartes acrescenta que temos "a liberdade de assentir ou não assentir" (2: 42; AT 7: 61), uma observação que Michael Della Rocca considera "mais naturalmente sugerir" um poder de "controle direto" sobre o assentimento (Della Rocca, 2006: 148).

Aqueles que interpretam o Voluntarismo Direto podem considerar o método da dúvida como fornecendo uma base adicional. Ao explicar o método, Descartes faz com que seu meditador afirme, acerca de suas antigas opiniões: "Devo retirar meu assentimento a essas antigas crenças tão cuidadosamente quanto o faria com respeito a falsidades óbvias, se pretendo descobrir algo de certo"; e acrescenta: "Parece-me um bom plano dirigir minha vontade para a direção inteiramente oposta e enganar-me" (*Meditações* I; 2: 15; AT 7: 21-22). Essas observações podem ser lidas como se sugerissem uma capacidade de controle direto do assentimento. Como resume Broughton, a atitude da Primeira Meditação "está aqui e agora em meu poder para suspender o juízo acerca da verdade de tudo em que acreditei" (Broughton, 2002: 58).

Curiosamente, os que interpretam o Voluntarismo Indireto podem, do mesmo modo, citar tanto o método da dúvida quanto a tese da Quarta Meditação como base para sua interpretação. Por exemplo, considere o modo com a dúvida metódica se desenvolve. Os dois primeiros parágrafos da Primeira Meditação oferecem uma lógica geral para a dúvida metódica. Se Descartes pretende assumir o controle voluntário direto do assentimento, por que não faz com que seu meditador suspenda diretamente o assentimento a todas a suas opiniões prévias – qual é o sentido de enumerar razões específicas para duvidar? O que a enumeração de razões sugere é que Descartes pretende invocar o controle voluntário indireto sobre o assentimento. Como escreve Della Rocca, Descartes "deixa claro na Meditação I que a suspensão da crença surge depois de considerações de razões para duvidar e não por um mero decreto mental (Della Rocca, 2006: 149). Para dar apenas um exemplo, no início da Primeira Meditação, Descartes esclarece o tipo de crença baseada nos sentidos acerca da qual somos ordenados a suspender o juízo: "Que estou aqui, sentado junto ao fogo, vestindo um roupão de inverno, segurando esse pedaço de papel em minhas mãos" (2: 13; AT 7: 18). Em vez de nos fazer suspender o juízo *simplesmente tentando fazê-lo*, Descartes mostra como duvidar dessas proposições observando as razões para duvidar: devo prestar atenção à dúvida do sonho e, através dela, indagar-me se *realmente* estou "segurando esse pedaço de papel em minhas mãos", ou estou apenas sonhando. E note que o mesmo ocorre com qualquer proposição sobre a qual devemos suspender o juízo. Com efeito, com relação à observação do meditador, de que "será um bom plano dirigir [sua] vontade para a direção inteiramente oposta", ele imediatamente evoca razões para duvidar: "Suporei, portanto, [...] algum gênio maligno" (2: 15; AT 7: 22).

Será que Descartes considera opcional a reflexão sobre as razões para duvidar ou, em vez disso, considera esta essencial para levar a cabo seu método? O que ele escreve no Apêndice às Respostas às Quintas Objeções indica a necessidade de minar as razões para de fato determinar a vontade a duvidar:

> Eu afirmei que havia alguma dificuldade em expulsar de nossas crenças tudo o que previamente aceitávamos. Uma das razões para isso é que, antes de podermos decidir (*déterminer*) duvidar, precisamos (*besoin*) de alguma razão para duvidar; e é por isso que em minha Primeira Meditação expus as minhas principais razões para duvidar (2: 270; AT 9A: 204).

Note-se também que essa compreensão do papel da dúvida sugere um modo de compreender a concepção da Quarta Meditação sobre nosso dever epistêmico de suspender o assentimento, exceto se nossa percepção é clara e distinta: a saber, que o dever de suspender o assentimento é um dever de atentar às razões para duvidar.

É importante notar que há objeções simplistas às quais nenhum tipo de interpretação precisa sucumbir. A concepção de Voluntarismo Direto não precisa implicar a concepção fenomenologicamente implausível de que *todo* estado doxástico é diretamente determinado por um ato da vontade. De fato, a variante mais comum do Voluntarismo Direto efetivamente ressalta, como escreve Descartes nos *Princípios* 1: 39, "que em *muitos* casos temos o poder de dar ou suspender nosso assentimento de acordo com nossa vontade" (1: 205; AT 8A: 19, ênfase acrescentada). A qualificação é importante em razão da tese de que o assentimento não é opcional quando a percepção do intelecto é clara e distinta. O próprio Williams, que está entre os intérpretes que adotam o voluntarismo direto, explica duas restrições relacionadas a essa tese:

> As restrições são, primeiramente, que a vontade não é evocada no que se refere àquilo que o pensador considera, e continua a considerar, como razões esmagadoras em favor de uma certa crença;

segundo, que seu uso mais importante consiste em ser evocada negativamente, isto é, em conexão com a suspensão da crença (Williams, 1978: 178).

Assim, a principal circunstância na qual a vontade exerce seu poder de diretamente controlar o assentimento ocorre quando a mente é *indiferente* quanto a dar ou suspender o assentimento. Um tipo paralelo de objeção dirigida ao outro campo interpretativo tampouco é persuasivo. A tese do Voluntarismo Indireto não precisa implicar a concepção fenomenologicamente implausível de que *todo* estado doxástico seja indiretamente determinado pela vontade. Com efeito, essa interpretação exige que todo estado doxástico seja determinado pelo intelecto, mas pode admitir que a percepção do intelecto surge, em geral, a partir dos sentidos e não da vontade.

Consideramos apenas um pequeno exemplo dos textos e das considerações que podem ser citados em favor de uma ou de outra interpretação. Concentrei-me em considerações relacionadas ao método da dúvida e à teoria do juízo, visto que elas são amiúde consideradas como suporte à interpretação de Voluntarismo Direto – uma conclusão que, como tentei mostrar, não é absolutamente clara. Alem de citar considerações textuais, os intérpretes indagam, algumas vezes – em nome da clareza –, qual seria a concepção que um filósofo inteligente como Descartes *deveria* defender. Com relação a isso, afirma-se amplamente que nossos estados doxásticos não estão sujeitos ao controle voluntário direto. Williams defende que "a tese de que o assentimento depende da vontade está longe de ser clara, que dirá o modo como ela depende", pois a voluntariedade parece não ser nem necessária nem suficiente para uma crença: "Não é verdade que há um grande número de coisas em que simplesmente não se pode crer, e outras em que não se pode evitar crer? (Williams, 1978: 176). Wilson acrescenta que "é claro que não podemos decidir crer ou assentir em algo, e a partir daí crer ou assentir" (p. 145). Na mesma linha, Curley sugere um experimento psicológico introspectivo para revelar que o Voluntarismo Direto é uma teoria filosófica incorreta:

> Considere algumas proposições para as quais você literalmente não tem nenhuma evidência em uma ou outra direção. Pode não ser tão fácil quanto você pode supor pensar um exemplo que satisfaça estritamente essa condição, mas estou nessa situação quanto à proposição "em Júpiter choveu há três horas". Agora, prestando atenção com cuidado no que está acontecendo em sua mente, acredite nela. Ou, se preferir, não acredite nela. Ou faça os dois, alternadamente. Aconteceu alguma coisa? A menos que sua experiência seja muito diferente da minha, suspeito que não. Na verdade, temo que, se minha salvação depender de acreditar ou não nessa proposição, serei condenado (Curley, 1975: 178).

É difícil discordar dessa colocação de Curley. Não surpreende, portanto, que Williams, Wilson e Curley critiquem a teoria do juízo de Descartes como malconcebida, pois todos atribuem a ele uma versão do Voluntarismo Direto. Infelizmente, nenhum deles dá argumentos para essa interpretação.

Sugiro que a aparente implausibilidade do Voluntarismo Direto deveria – tanto quanto outras coisas – dar motivo para esforços mais agressivos em favor de uma interpretação como a do Voluntarismo Indireto. A interpretação do Voluntarismo Indireto recebeu *alguma* atenção na literatura (cf. Kenny, 1972; Cottingham, 2002, 1988; Della Rocca, 2006), embora não tenha recebido a defesa sistemática que, a meu ver, merece.

VONTADE, JUÍZO E O DEBATE COMPATIBILISTA

Os filósofos têm debatido longamente acerca de dois principais tipos de concepção de requisitos de liberdade para se louvar ou censurar pelas ações. Estamos interessados em um caso especial desse debate aplicado a ações epistêmicas – a saber, as ações de dar e suspender o juízo. Um tipo de concepção é chamado *compatibilismo*, porque admite que a responsabilidade por nossas ações é compatível com o fato dessas ações terem sido predeterminadas. O outro tipo de concepção é chamado *incompatibilismo*, porque defende o oposto, ou seja, que a responsabilidade por nossas ações não é compatível com o fato destas serem predeterminadas. O objetivo dessa seção é tentar estabelecer se a concepção de Descartes acerca de nossa responsabilidade epistêmica ao julgar é melhor compreendida como compatibilista ou incompatibilista. (O debate é amiúde estruturado em termos de um total determinismo geral. Para nossos propósitos, entretanto, será suficiente considerar um determinismo mais limitado segundo o qual *todo elemento do processo de formação do juízo* é predeterminado por circunstâncias anteriores. É a essa tese limitada a que daqui por diante vou me referir quando falar de determinismo.)

O problema central na interpretação da posição de Descartes surge a partir de uma aparente tensão em suas opiniões. As interpretações compatibilistas citam textos e doutrinas que parecem comprometê-lo ou bem com o determinismo, ou bem com o fato de que temos responsabilidade epistêmica mesmo em circunstâncias deterministas. Considere, primeiramente, essa última. Os intérpretes compatibilistas frequentemente citam a doutrina já discutida, segundo a qual a percepção clara e distinta determina o assentimento da vontade. Pelo menos nesses casos, prossegue o raciocínio, o assentimento da vontade surge de circunstâncias deterministas. E, importante, são casos paradigmáticos de juízos apropriados. Se nesses casos paradigmáticos o assentimento é determinado, então a concepção de Descartes é compatibilista. Esse raciocínio parece ser reforçado por afirmações semelhantes na Quarta Meditação, como a seguinte:

> Para que eu seja livre, não é necessário que eu seja inclinado para algum dos dois lados; ao contrário, quanto mais eu me inclino em uma direção – seja porque compreendo claramente que as razões da verdade e do bem para lá apontam, seja por tenho em meus pensamentos mais íntimos uma disposição produzida por Deus –, mais livre é minha escolha (2: 40; AT 7: 57-58).

O ponto aparente dessa passagem é que o fato de a percepção clara e distinta determinar o assentimento da vontade é compatível com nosso desfrute da liberdade quanto ao juízo resultante; na verdade, somos *mais livres* nesses casos.

Outras considerações sugerem a concepção mais firme segundo a qual Descartes é na verdade um determinista. Um modo de se compreender essa concepção é por via de questões acerca da soberania e da preordenação divinas. Se todas as coisas – inclusive as vontades das criaturas – dependem da vontade divina, a aparente conclusão é que nossa volição é sujeita à preordenação e ao controle divinos. E, visto que Descartes defende uma tese especialmente veemente da soberania divina, pareceria, portanto, que ele é um determinista.

Considerações como essas fornecem bons argumentos em favor de uma interpretação compatibilista. Vere Chappell resume o caso: Descartes sustenta "que volições são causadas por Deus", bem como "por percepções claras" e, durante todo o tempo, "mantém-se comprometido com a liberdade de toda volição"; consequentemente, "*segue-se* que Descartes é um compatibilista com relação a cada uma dessas relações" (Chappell, 1994: 188).

Do outro lado do debate, as interpretações incompatibilistas citam seus próprios textos e doutrinas. Entre as concepções libertárias nitidamente incompatibilistas está a noção de liberdade de alternativas possíveis. Desse modo, só somos livres se podemos escolher entre duas ou mais alternativas contrárias, cada uma delas estando genuinamente em aberto – isto é, nenhuma das quais foi predeterminada pelo passado. Em oposição, as concepções deterministas defendem que só uma das "alternativas" está de fato em aberto, a qual é uma consequência inevitável do passado; as concepções deterministas são, portanto, caracterizadas em geral pela dedução de que o agente *não poderia ter feito de outro modo*, dada a história passada do mundo. Vários textos parecem ligar a concepção cartesiana de responsabilidade epistêmica à noção de liberdade de alternativas possíveis. Nos *Princípios*, 1: 37, ao esclarecer o que faz com que uma pessoa "mereça louvor ou censura", ele escreve:

> O escopo extremamente amplo da vontade é parte de sua própria natureza. E é uma suprema perfeição do homem que ele aja voluntariamente, isto é, livremente; isso o torna, de certo modo peculiar, o autor de suas ações e merecedor de louvor pelo que faz. Não louvamos os autômatos por produzirem com precisão todos os movimentos para os quais foram construídos, porque a produção desses movimentos *ocorre necessariamente*. É seu artífice quem é louvado por havê-los fabricado tão precisos, *porque não os fabricou necessariamente, e sim livremente*. Pela mesma razão, quando abraçamos a verdade, esse ato voluntário é muito mais um mérito nosso *do que se não pudéssemos fazer de outro modo* (1: 205; AT 8A: 18f., ênfase acrescentada).

É significativo que Descartes distinga nosso comportamento livre, merecedor de louvor, do comportamento necessário de um autômato. Seu argumento não é que o comportamento do autômato não mereça louvor em razão da ausência de uma mente; isso deixaria de fora o que é essencial, pois podemos conceber mentes em que pensamentos se desenvolvem de modo determinado. Em vez disso, o argumento é que o comportamento automático não merece louvor porque "ocorre necessariamente" – por desenrolar-se de forma determinada, segundo essa leitura da passagem. A liberdade de alternativas possíveis é considerada como uma condição necessária de responsabilidade. As cartas de Descartes a Mersenne, entre 1644 e 1645, transmitem o mesmo ponto. Ele caracteriza o poder de autodeterminação da vontade em termos de "um poder positivo de determinar a si mesmo" (3: 234; AT 4: 116); em uma carta seguinte, ele relaciona a concepção com possibilidade de alternativa, notando que o poder positivo da vontade é "uma faculdade de determinar a si mesmo a um ou outro de dois contrários" (3: 245; AT 4: 173).

Temos, portanto, dois tipos de passagens que parecem estar em tensão – algumas passagens sugerem compatibilismo, outras, incompatibilismo. Como pergunta Lilli Alanen:

> Como é possível que ele [Descartes] afirme que a vontade é determinada pelo bem claramente percebido e, ao mesmo tempo, que tem um "poder positivo e real de se determinar", independentemente das percepções do intelecto? (Alanen, 2003: 232).

Como conciliar esses dois conjuntos de textos?

A aparente tensão sugere a alguns leitores uma interpretação mista segundo a qual Descartes muda de concepção. Segundo Tad Schmaltz, a concepção dos *Princípios* (publicado em 1644) "exige indiferença e ausência de determinação", o que parece estar claramente em desacordo com a concepção das Meditações, de 1641 (Schmaltz 1994: 7-8). Schmaltz cita a passagem 1: 37 dos *Princípios* (citada acima) como marca da diferença entre as concepções de 1641 e 1644. Ele conclui que os *Princípios* marcam "uma tentativa sincera da parte de Descartes de modificar sua concepção da liberdade humana presente na Meditação IV (p. 13). Michelle Beyssade oferece uma linha de argumentação um pouco diferente da tese de mudança de concepção, apontando para uma alteração significativa do texto em latim das *Meditações* para a edição francesa de 1647. (Sabe-se que Descartes aprovou a tradução, embora os detalhes de sua aprovação sejam desconhecidos.) Beyssade explica:

[O] que no texto em latim Descartes considera como desnecessário para a liberdade humana, isto é, como não constituinte da essência da liberdade, é o poder de escolha entre contrários [...].

Por oposição, o que no texto em francês Descartes considera como desnecessário para a liberdade humana, que não é constitutivo de sua essência, o que ele dissocia da liberdade, *é o estado de indiferença, de indecisão ou de equilíbrio* resultante da ignorância (Beyssade, 1994: 194).

Segundo ela, o texto em latim rejeita explicitamente que a liberdade de alternativas possíveis seja necessária para a responsabilidade epistêmica, e o texto em francês apoia essa rejeição ao usar um vocabulário neutro quanto a essa liberdade.

Os que se opõem à tese da mudança de concepção também têm fontes de apoio. Uma estratégia para responder a Schmaltz envolve mostrar ou que as concepções de 1641 citadas continuam a ser sustentadas em 1644, ou que as concepções de 1644 citadas já eram sustentadas em 1641 – uma estratégia que parece promissora. Por exemplo, a concepção de 1641 segundo a qual uma percepção clara e distinta compele ao assentimento é afirmada nos *Princípios* de 1644 (cf. Artigo 43); e é sugestivo que as referências de Descartes de 1644 ao comportamento determinista em autômatos apresentem, ao menos em parte, continuidade com relação a seus escritos publicados anteriormente. (Deve-se dizer que esses fatores não passam despercebidos por Schmaltz e que ele os discute.) Quanto à linha de argumentação de Beyssade, seus oponentes certamente enfatizarão que sua tese depende do que ela própria admite ser uma tradução controversa do latim (Beyssade, 1994: 194).

Atualmente, domina na literatura uma interpretação compatibilista. Minha opinião é que a literatura recente não tem dado a devida atenção às considerações que sustentam uma interpretação incompatibilista. (O trabalho de C. P. Ragland é uma notável exceção; cf. Ragland 2006.) No restante deste capítulo, esboçarei algumas linhas principais de defesa dessa interpretação.

Notamos duas linhas principais de suporte à interpretação compatibilista – uma acerca do caráter aparentemente determinista do juízo e a outra acerca da soberania divina. Reconsideremos cada uma delas.

A tese segundo a qual a percepção clara e distinta compele ao assentimento não precisa ser compreendida em termos compatibilistas. Em sua correspondência com Mesland, Descartes indica que o exercício da vontade livre se estende até mesmo a esses casos.

> Pois está sempre aberto a nós abstermo-nos de adotar um bem claramente conhecido, ou de admitir uma verdade claramente percebida, se considerarmos uma boa coisa demonstrar assim a liberdade de nossa vontade. (3: 245; AT 4: 173)

Como muitos comentadores argumentaram (cf. Kenny, 1972: 29; Schmaltz, 1994: 11; Hoffman, 2003: 266), essa observação pode ser interpretada em conjunção com uma carta anterior na qual Descartes se refere à nossa capacidade de ajudar a controlar a atenção de nosso intelecto. Desviando nossa atenção do que é claro e distinto, podemos "reter" e, assim, "demonstrar a liberdade da nossa vontade". Nada no texto das *Meditações* de 1641 contraria essa compreensão. Ao contrário, Descartes é claro: a compulsão ao assentimento só acompanha clareza e distinção *atuais* (*Meditações* 3; 2: 25; AT 7: 36; e *Meditações* 5; 2: 48; AT 7: 69f.). Como afirmado anteriormente, no que diz respeito à interpretação relacionada ao Voluntarismo Indireto, admitimos um certo grau de *input* voluntário sobre nossa atenção. No tipo de interpretação incompatibilista que eu proponho, a liberdade da vontade de alternativas possíveis surge em relação a esse poder de ajudar a dirigir a atenção e não ao poder de controle direto do assentimento. Essa interpretação resolve bem a suposta tensão entre sustentar que a percepção clara e distinta determina o assentimento *e* que a responsabilidade epistêmica depende da liberdade de alternativas possíveis: os estados doxásticos da vontade *são* determinados pelos estados perceptivos do intelecto, mas o louvor ou a censura epistêmica da vontade deriva de sua capacidade de ajudar a controlar a atenção perceptiva do intelecto.

Outras questões problemáticas para a interpretação incompatibilista também podem ser explicadas. Lembre-se que a afirmação da Quarta Meditação nota que "não é necessário que eu seja inclinado em ambos os sentidos": que "quanto mais me inclino em uma direção [...], mais livre é minha escolha". Embora essas afirmações possam parecer implicar uma concepção compatibilista, a explicação do próprio Descartes sugere o contrário. Em uma Carta a Mesland, Descartes escreve que a noção de liberdade a que se refere "consiste simplesmente na facilidade de operação":

> Foi nesse sentido que escrevi que me dirijo mais livremente a algo quando houver mais razões me conduzem a ele; pois é certo que, nesse caso, nossa vontade se move com mais facilidade e força [*majori tunc cum facilitate atque impetu se movere*] (3: 246; AT 4: 174ff.).

"Mais facilidade" em que sentido? Sugiro a seguinte resposta. Quando nossa atenção perceptiva envolve razões opostas – razões pró e razões para duvidar –, há um cabo de guerra intelectual, sendo a vontade impelida para direções opostas. As razões pró "podem me impelir em uma direção", e a atenção a razões para duvidar podem "impelir meu assentimento para a outra direção" (2: 41; AT 7: 59). Esses casos não auxiliam a vontade com o mesmo controle fácil dos estados doxásticos, como ocorre quando se dirige a atenção perceptiva diretamente a ideias clara e distintamente percebidas. Em qualquer um dos casos, temos a mesma responsabilidade, e em qualquer um dos casos a vontade tem o poder da liberdade positiva, embora o controle da vontade sobre os estados doxásticos não admita a mesma agilidade. É nesse sentido que sou tanto *mais livre* quanto haja "mais razões me impelindo ao" assentimento, do que em casos em que haja menos razões; e sou *mais livre* quando só percebo razões que compelem – isto é, quando não sou indiferente. Como acrescenta Descartes a Mesland: "Se seguimos a direção em favor da qual parece haver mais razões, determinamo-nos mais facilmente" (3: 245; AT 4: 174). Entendido assim, as observações a princípio problemáticas são bem compatíveis com uma interpretação incompatibilista.

Nem o apelo à soberania divina torna o argumento persuasivo. O argumento, lembre-se, envolve que o fato de tudo – inclusive nossas volições – depender da vontade divina implica que Descartes é um determinista. Note-se, entretanto, que, embora conceda que nossa vontade livre "não é incompatível" com essa dependência, Descartes a caracteriza como "uma dependência de um outro tipo" (carta à princesa Elizabeth de 3 de novembro de 1645; 3: 277; AT 4: 333). No caso das verdades eternas, que, segundo ele, também dependem da vontade divina, Descartes considera que estas são necessárias *porque* Deus quer assim. Do mesmo modo, Descartes pode sustentar que as criaturas têm vontades independentes da determinação divina porque Deus assim o quer. Isso é bastante paradoxal – para as *nossas* mentes, em todo caso. No entanto, como Descartes escreve a Mersenne: "De um modo geral, podemos afirmar que Deus pode fazer tudo o que compreendemos, mas não que ele não possa fazer o que não compreendemos. Seria imprudente pensar que nossa imaginação alcança todo o seu poder" (3: 23; AT 1: 146). O que importa para nosso propósito é que – diante de questões acerca da pré-ordenação divina – Descartes não demonstra mais inclinação a abandonar uma concepção incompatibilista da vontade do que a desistir da necessidade das verdades eternas (cf. Ragland, 2006). Em última análise (de que nossa mente é capaz), há mistérios que não podemos resolver inteiramente. Na mesma passagem dos *Princípios* em que contrasta nosso comportamento louvável com o comportamento necessário do autômato, Descartes explica "como conciliar a liberdade de nossa vontade com a pré-ordenação divina":

> Mas podemos nos desembaraçar dessas dificuldades se recordarmos que a nossa mente é finita e que o poder de Deus é infinito – poder pelo qual Ele não apenas sabia desde toda a eternidade aquilo que é ou pode ser como também aquilo que quis e pré-ordenou. Podemos alcançar um conhecimento suficiente deste poder para perceber clara e distintamente que Deus o possui, mas não podemos ter um suficiente alcance *para ver como Ele deixa as ações livres dos homens indeterminadas*. No entanto, estamos de tal modo cônscios da liberdade e da indiferença que está em nós que nada há que compreendamos de maneira mais evidente e perfeita. Com efeito, seria absurdo em razão de não compreendermos uma coisa que sabemos, a partir de sua natureza, que deve ser incompreensível para nós, duvidar de outra que compreendemos intimamente e experimentamos em nós mesmos (*Princípios* I: 41; 1: 206; AT 8A: 20, ênfase acrescentada).

Descartes é claro ao defender que o problema central que surge da pré-ordenação divina surge da nossa incapacidade "para ver como Ele deixa as ações livres dos homens indeterminadas". E isso chama a atenção de um ponto que merece ser ressaltado. O próprio fato de Descartes se esforçar para ajustar sua concepção acerca da nossa responsabilidade epistêmica com a pré-ordenação divina constitui uma forte evidência de que sua concepção de responsabilidade é fundamentalmente incompatibilista – que *sua* concepção "deixa as ações livres do homens indeterminadas". Pois, na concepção compatibilista segundo a qual as ações livres dos homens são *determinadas*, não há qualquer dificuldade de conciliação com a pré-ordenação divina.

AGRADECIMENTOS

Agradeço a John Carriero, Sean Greenberg, Paul Hoffman, Nicholas Jolley, Ron Mallon, Elijah Millgram, Alan Nelson, Shaun Nichols, C. P. Ragland e Samuel Rickless por *feedbacks* úteis sobre as ideias desse capítulo.

REFERÊNCIAS E LEITURAS ADICIONAIS

Alanen, L. (2003). *Descartes's Concept of Mind*. Cambridge, MA: Harvard University Press.

Beyssade, M. (1994). "Descartes's doctrine of freedom: differences between the French and Latin texts of the Fourth Meditation". In: J. Cottingham (ed.). *Reason, Will, and Sensation: Studies in Descartes's Metaphysics*. Oxford: Oxford University Press: 191–206.

Broughton, J. (2002). *Descartes's Method of Doubt*. Princeton: Princeton University Press.

Buroker, J. V. (1996). "Arnauld on judging and the will". In: E. J. Kremer (ed.). *Interpreting Arnauld*. Toronto: University of Toronto Press: 3–12.

Caton, H. (1975). "Will and reason in Descartes's theory of error". *Journal of Philosophy* 72: 87–104.

Chappell, V. (1994). "Descartes's compatibilism". In: J. Cottingham (ed.). *Reason, Will, and Sensation: Studies in Descartes's Metaphysics*. Oxford: Oxford University Press: 177–190.

Cottingham, J. (1988). "The intellect, the will, and the passions: Spinoza's critique of Descartes". *Journal of the History of Philosophy* 26: 239–257.

Cottingham, J. (2002). "Descartes and the voluntariness of belief". *Monist* 85: 343–360.

Curley, E. M. (1975). "Descartes, Spinoza and the ethics of belief". In: E. Freeman e M. Mandelbaum (ed.). *Spinoza: Essays in Interpretation*. La Salle, IL: Open Court: 159–189.

Della Rocca, M. (2006). "Judgment and will". In: S. Gaukroger (ed.). *The Blackwell Companion to Descartes' Meditations*. Oxford: Blackwell: 142–159.

Hoffman, P. (2003). "The passions and freedom of will". In: B. Williston e A. Gombay (eds.). *Passion and Virtue in Descartes*. Amherst, NY: Humanity Books: 261–299.

Kenny, A. (1972). "Descartes on the will". In: R. J. Butler (ed.). *Cartesian Studies*. Oxford: Blackwell: 1–31.

Nelson, A. (1997). "Descartes's ontology of thought". *Topoi* 16: 1963–78.

Newman, L. (1999). "The Fourth Meditation". *Philosophy and Phenomenological Research* 59: 559–591.

Ragland, C. P. (2005). "Descartes on divine providence and human freedom". *Archiv f. Gesch. d. Philosophie* 87: 159–187.

Ragland, C. P. (2006). "Is Descartes a libertarian?" In: D. Garber e S. Nadler (eds.). *Oxford Studies in Early Modern Philosophy*. Oxford: Oxford University Press: 57–90.

Rosenthal, D. M. (1986). "Will and the theory of judgment". In: A. O. Rorty (ed.). *Essays on Descartes' Meditations*, 405–34. Berkeley: University of California Press.

Sarkar, H. (2003). *Descartes' Cogito*. Cambridge: Cambridge University Press.

Schmaltz, T. M. (1994). "Human freedom and divine creation in Malebranche, Descartes and the Cartesians". *British Journal for the History of Philosophy* 2: 3–50.

Williams, B. (1978). *Descartes: The Project of Pure Enquiry*. Atlantic Highlands, NJ: Humanities Press.

Wilson, M. D. (1978). *Descartes*. Londres: Routledge and Kegan Paul.

21
Onipotência, modalidade e conceptibilidade

LILLI ALANEN

Este capítulo discute a doutrina de Descartes acerca da criação das verdades eternas e sua interpretação. As afirmações de Descartes sobre a inovadora tese segundo a qual as verdades eternas são livremente estabelecidas por Deus são esparsas e espalhadas. E não é muito clara a concepção de modalidade com a qual Descartes está comprometido ou mesmo se ele dispõe de alguma concepção acerca da natureza e do fundamento das verdades necessárias e das verdades possíveis. Duas linhas gerais de interpretação têm prevalecido. De acordo com a primeira, Descartes defenderia que não há modalidades absolutas ou necessidade – haveria somente necessidade para nós, interpretada pelos comentadores como modalidade epistêmica ou conceitual. (Versões dessa linha de interpretação podem ser encontradas em Marion, 1980; Plantinga, 1980; Bouveresse, 1983; ela também foi equivocadamente atribuída a Frankfurt, 1977.) Essa leitura compromete Descartes com um possibilismo universal e radical, que é inconsistente com outros princípios fundamentais de sua filosofia. Tal posição seria incoerente, para não dizer extravagante e excêntrica. Muitos estudiosos, para evitar essa conclusão, tentaram atenuar as consequências da doutrina de Descartes mediante uma distinção entre diferentes tipos de verdades necessárias ou eternas. Alegou-se que Descartes teria isentado algumas verdades necessárias de sua doutrina da criação e, assim, distinguiria entre verdades "eternas" que devem ser consideradas absolutamente necessárias, as quais nem mesmo Deus poderia alterar, e outras verdades "eternas" criadas por Deus, cuja necessidade não seria absoluta e as quais o Criador, se assim o quisesse, poderia destruir. (Interpretações pertencentes a essa segunda linha podem ser encontradas em Guéroult, 1968; Funkenstein, 1975; Curley, 1984; Ishiguro, 1986). O problema aqui não é apenas onde e como traçar a distinção entre os diferentes tipos de verdades necessárias, mas também dar conta da relação entre eles, o que, até o momento, ninguém conseguiu fazer de modo satisfatório. Bennett (1994) procurou evitar as dificuldades das interpretações anteriores, mas acaba por deixar Descartes como um tipo de esquizofrênico, dividido entre duas linhas incompatíveis de pensamento sobre a verdade, uma pragmatista e a outra objetivista ou realista. A doutrina da criação, tal como Bennett a compreende, adequa-se somente à primeira. Tudo isso deixa-nos com o desafio suplementar de fornecer uma interpretação que seja apropriada a todas as diversas afirmações de Descartes sobre o assunto.

Uma vez que as duas linhas de interpretação compartilham suposições sobre a racionalidade que são rejeitadas por Descartes, ambas fracassam em fazer justiça às suas afirmações sobre as verdades eternas. A concepção de Descartes é, de fato, radical, mas não incoerente e tampouco o compromete com qualquer forma de possibilismo universal ou voluntarismo irracionalista (Alanen, 1985; 1988). Que a incoerência seja apenas aparente torna-se claro quando se entende que é um erro buscar uma teoria modal aplicável tanto ao ato divino da criação quanto às verdades que ele cria e que Deus eternamente quer. Quando se garante que não há verdades modais prévias ao ato divino da criação, é possível mostrar, como fez Kaufman (2002), que as seguintes afirmações podem ser assumidas por Descartes sem inconsistência e sem que a terceira delas acarrete o possibilismo universal:

1. as verdades eternas são livremente criadas por Deus;
2. as verdades eternas são necessariamente verdadeiras, e
3. para qualquer verdade eterna P, Deus poderia ter desejado que não-P fosse verdadeira.

A doutrina de Descartes faz surgir questões importantes relativamente à natureza e ao fundamento da racionalidade, da verdade lógica e da conceptibilidade. Ela só pode ser inteiramente compreendida e avaliada no quadro dessas questões, embora não seja voltada para nenhuma dessas questões em particular. Trata-se, antes de mais nada, de uma tese teológica que nos informa algo que Descartes considerava importante sobre a natureza e o poder de Deus. O que ela nos informa é que todas as coisas, tanto as atuais quanto as possíveis, aí incluídas a verdade e a bondade, dependem de Deus, em quem a vontade, o entendimento e o poder são indistinguíveis; ela nos informa ainda que a natureza simples e infinita de Deus está além da compreensão pelo entendimento humano, que apreende as coisas apenas parcialmente e por distinções. Essa concepção teológica, defendo, tem consequências inesperadas para a fundamentação da modalidade e da racionalidade.

Na primeira parte deste capítulo, apresento e comento brevemente as afirmações de Descartes sobre sua doutrina. Na segunda parte, considero algumas das interpretações mais interessantes e as dificuldades a que elas conduzem. Na última parte, desenvolvo minha própria leitura da doutrina cartesiana da criação e seu significado para sua concepção da racionalidade e de seus limites.

I

As afirmações mais explícitas da doutrina de que Deus criou livremente as verdades eternas (necessárias) são encontradas na correspondência de Descartes. Apesar de não ser discutida com grandes detalhes nas obras publicadas, ela é mencionada nas Respostas às *Meditações* (na Quinta e na Sexta respostas) e vem à tona nos *Princípios*. É um dos pontos sobre os quais Descartes, cujo pensamento evoluiu consideravelmente acerca de outros temas, nunca mudou de opinião. A doutrina é anunciada, pela primeira vez, em uma famosa Carta a Mersenne, na qual Descartes escreve que as verdades matemáticas, chamadas de verdades eternas por Mersenne, são postas por Deus e inteiramente dependentes Dele. Descartes pede ainda a Mersenne que "declare e divulgue por toda a parte" que "essas verdades são estabelecidas por Deus na natureza, assim como um rei estabelece as leis em seu reino", que elas são inteiramente inteligíveis para nós e "inatas em nossas mentes, assim como um rei imprimiria suas leis no coração de seus súditos, se ele possuísse poder suficiente para fazê-lo" (3: 23; AT 1: 145).

É interessante notar que, ao discutir primeiramente as verdades eternas, Descartes considera as verdades matemáticas e sustenta que a questão é de especial relevância para sua nova física. Como sabemos a partir de seus escritos publicados, a ciência mecanicista da natureza de Descartes é construída a partir da suposição de que as leis da natureza são leis matemáticas que podem ser deduzidas de certas noções primitivas e autoevidentes sobre a natureza de Deus (AT 6: 41, 64; 8A: 2, 83ff.; AT 11: 47). Nenhuma das verdades matemáticas deriváveis de noções inatas e exemplificadas na ordem da natureza são necessárias ou imutáveis em si mesmas. Descartes escreve:

> Dir-se-á que, se Deus estabeleceu essas verdades, ele poderia mudá-las como um rei muda suas leis. A isso, a resposta é: sim, ele pode, se sua vontade pode

mudar (Carta a Mersenne, 15 de abril de 1630; 3: 23; AT 1: 145-146).

Mas a vontade de Deus não pode mudar. Portanto, essas verdades são eternas e imutáveis porque Deus, que as quer desde a eternidade, é imutável. Ainda assim, elas não são imutáveis em virtude de qualquer necessidade intrínseca. Visto que são livremente estabelecidas por Deus, elas poderiam ser diferentes do que são. Dizer que todas as leis que determinam todos os movimentos no universo são independentes da vontade de Deus equivaleria, de fato, a sujeitar Deus "ao Styx e às moiras", comprometendo Descartes com um necessitarismo do tipo que Espinosa viria a advogar e o qual ele, obviamente, gostaria de evitar.

É importante observar o contraste que Descartes vê entre a inteligibilidade das leis da natureza, por um lado, e, por outro, a incompreensibilidade do poder de Deus. As leis da natureza, comparadas na carta seguinte a Mersenne às essências das coisas, são evidentes e completamente inteligíveis para a mente humana (27 de maio de 1630; 3: 25; AT 1: 152). Mas as essências das coisas físicas, segundo Descartes, são redutíveis à mera extensão. Todas as verdades evidentes e certas que a mente humana pode descobrir a seu respeito são, consequentemente, verdades matemáticas relativas aos modos atuais ou possíveis da extensão. (Veja, por exemplo, *Meditações* 5 e 6, AT 8A: 380.) Elas são completamente inteligíveis porque podem ser derivadas de noções autoevidentes impressas em nossas mentes finitamente criadas. Elas podem ser apreendidas por qualquer um que use seu intelecto de maneira apropriada. A natureza infinita de Deus, por sua vez, não pode ser apreendida por nós: ela é e permanece incompreensível. Dizer que as verdades eternas, as quais nossas mentes finitas podem compreender são incriadas e, assim, independentes do intelecto e do poder de Deus, equivaleria a tornar a mente de Deus em algum sentido comensurável à nossa. Equivaleria a dizer não só que entendemos as mesmas verdades que Deus entende, mas também que essas verdades são prioritárias e impostas como que do exterior ao intelecto de Deus, sujeitando o poder incompreensível de Deus a leis que são perfeitamente inteligíveis para nossas mentes finitas. Essas duas alegações correlacionadas sobre nossos poderes cognitivos são de grande importância para o projeto de Descartes: podemos adquirir uma ciência perfeita da natureza ao descobrir as leis que Deus estabeleceu para sua criação; no entanto, porque essas leis ou "essências" são livremente postuladas por Deus, que as transcende, elas não são parte e não emanam da sua essência. Não podemos e não precisamos ver ideias na mente de Deus para entender as leis da física. A onipotência de Deus não é constrangida pelas leis do mundo que ele criou, nem sua infinita grandeza é comprometida por nossa ciência (Alanen, 2003). As verdades que têm essências ou, o que é o mesmo para Descartes, entes possíveis, como objeto são eternamente verdadeiras porque são desejadas e feitas por Deus.

> [...] As verdades eternas [...] *são verdadeiras ou possíveis somente porque Deus as conhece como verdadeiras ou possíveis. Elas não são conhecidas por Deus como verdadeiras de qualquer maneira que implique que elas sejam verdadeiras independentemente Dele.* Se os homens efetivamente entendessem o sentido de suas palavras, eles jamais diriam, sem blasfemar, que a verdade de algo é prioritária ao conhecimento que Deus tem desse algo. Em Deus, querer e conhecer são uma só coisa, de tal modo que *pelo fato mesmo de querer algo ele conhece este algo e é apenas por essa razão que tal coisa é verdadeira.* Portanto, não devemos dizer que *se Deus não existisse essas verdades seriam verdadeiras*, pois a existência de Deus é a primeira e a mais eterna de todas as possíveis verdades e aquela unicamente da qual todas as outras derivam. (Carta a Mersenne, 6 de maio de 1630; 3: 24-25; AT 1: 148-149; as passagens em itálico estão escritas em latim no texto francês)

A passagem é de difícil compreensão. A primeira linha sugere que o conhecimento de Deus, e, por conseguinte, de seu intelecto, tem de algum modo, primazia em relação à verdade e à possibilidade dos objetos de seu conhecimento. Todavia, lemos em seguida que seu querer algo é prioritário em relação ao conhecimento que tem deste algo. Na realidade, Descartes rejeita toda distinção entre o querer e o conhecimento que Deus tem das verdades eternas; e não é somente sua necessidade, mas também sua possibilidade como objetos de conhecimento (isto é, sua própria conceptibilidade) que depende do querer e do conhecimento de Deus. A soberania de Deus não é limitada por qualquer verdade necessária sobre objetos possíveis porque a possibilidade mesma das coisas depende, na mesma medida de sua existência, do conhecimento de Deus, de sua vontade e de seu poder. Descartes prossegue:

> É fácil se enganar sobre isso porquanto a maioria dos homens considera Deus como um ser infinito e incompreensível, o único autor do qual todas as coisas dependem. [...] Aqueles que não possuem pensamentos mais elevados que estes podem facilmente tornar-se ateus; e, visto que compreendem perfeitamente as verdades matemáticas e não compreendem perfeitamente a verdade da existência de Deus, não surpreende que pensem que as primeiras não dependem da segunda. Não obstante, eles deveriam ajuizar o contrário: sendo Deus a causa cujo poder ultrapassa os limites do entendimento humano e visto que a necessidade dessas verdades não excede nosso conhecimento, estas devem ser algo inferior e sujeito ao poder incompreensível de Deus (3: 24-5; AT 1: 148-149).

Embora Descartes concorde com agostinianos e tomistas que as verdades eternas dependem de Deus, ele diverge quanto ao modo pelo qual essas verdades dependem Dele. Para eles, as verdades eternas estão contidas no intelecto de Deus e são inseparáveis da essência divina da qual emanam "como raios do sol", conforme a imagem neoplatônica empregada por Descartes para retratar a concepção de seus oponentes. Descartes justifica que Deus produz livremente as verdades, como uma causa eficiente e total (*ut efficiens et totalis causa*). Dizer que Deus produz as verdades livremente implica que poderia não tê-las produzido: "assim como era livre para não criar o mundo, ele não seria menos livre para tornar falso o fato de que todas as linhas que partem do centro do círculo até sua circunferência sejam iguais" (carta a Mersenne, 27 de maio de 1630, 3: 25; cf. 2: 294; AT 1: 52). A liberdade de indiferença própria de Deus é diferente da liberdade humana no sentido de que ela não é restrita a qualquer par de alternativas prévias (2: 929; AT 7: 433). Descartes reconhece que as noções de causalidade e de criação são inadequadas para explicar a maneira pela qual as verdades eternas (morais e matemáticas) dependem de Deus, visto que elas não são existentes reais. Não obstante, tal como as leis políticas, elas têm um certo tipo de "ser moral", e Deus pode ser denominado sua causa eficiente, assim como um rei pode ser denominado a causa das leis que promulga (3: 23; AT 1: 146). O importante não é saber como elas dependem de Deus, mas *que* elas dependem inteiramente dele (2: 294; AT 7: 436).

Descartes não mudou sua posição desde suas primeiras correspondências até o momento em que responde às Sextas Objeções (1640); Defende-a, ainda, em uma Carta a Arnauld datada de 29 de julho de 1648 (3: 358-9; AT 5: 223-4). Ele formula sua posição quase *verbatim* em oposição à concepção de Suárez (Gilson, 1912; Cronin, 1960; Marion, 1980; Wells, 1981). A teoria endossada por Suárez era compartilhada por muitos dos pensadores do medievo tardio e amplamente aceita também por contemporâneos de Descartes. Ele porém se afasta não somente dessa doutrina largamente aceita como também de suposições comuns sobre a racionalidade e sobre as condições de inteligibilidade em geral compartilhadas pela maioria dos escolásticos e pelos primeiros filósofos modernos.

Os escolásticos contemporâneos de Descartes faziam uma distinção entre o poder absoluto de Deus e seu poder ordinário, definindo o primeiro em termos do logicamente possível: Deus tem o poder de fazer qualquer coisa que possa ser descrita sem implicar contradição em termos verdadeiros e atuais. Deus (por seu poder ordinário) poderia ter criado outro mundo ou alterado as leis físicas que ordenou no mundo físico. Todavia, não poderia ter violado as leis da lógica; ele não poderia ter criado, por exemplo, um ser que fosse, ao mesmo tempo, um homem e um asno, pois a asnidade não pode, de acordo com a boa lógica aristotélica, ser predicado de seres humanos sem contradição dos termos. O que implica contradição não descreve qualquer coisa possível ou concebível. Tal restrição em bases puramente lógicas não era considerada como determinante de nenhum conjunto de limites ou envolvia qualquer deficiência quanto ao poder de Deus, pois o que implica contradição não é factível nem concebível: não é nada. Além disso, como Tomás de Aquino ressalta, não se deve dizer que Deus não pode fazer o que é impossível nesse sentido, mas antes, já que envolve contradição, que isso não pode ser feito (ST 1a: 25, 3; cf. Alanen, 1985; Alanen e Knuuttila, 1988).

Contudo, Descartes rejeita esse modo de explicar o poder de Deus. Insistindo que Deus criou ou estabeleceu as verdades necessárias tal como uma causa livre e eficiente, ele enfatiza, contra a posição rejeitada, a total dependência tanto do necessário quanto a do possível em relação à vontade divina. Isso, como alguns o entendem, significa abolir a própria distinção entre o necessário, como aquilo que não pode eventualmente não ser, e o possível, como aquilo que pode ou não ser. Igualmente, a verdade e a consistência lógica passam a ser separadas: Descartes, de fato, não apenas parece dizer que Deus pode fazer (ou poderia ter feito) com que proposições necessárias fossem falsas, mas também pode fazer com que proposições contraditórias sejam ao mesmo tempo verdadeiras. Considere as declarações a seguir:

[A] Volto-me para a dificuldade de conceber como era livre e indiferente para Deus fazer com que não fosse verdadeiro que a soma dos três ângulos do triângulo fosse igual a dois ângulos retos ou, em geral, que contraditórias não pudessem ser verdadeiras conjuntamente. É fácil de dissipar essa dificuldade quando se considera que o poder de Deus não pode ter qualquer limite e que nossa mente é finita e criada de modo a ser capaz de conceber como possíveis as coisas que Deus, de fato, quis que fossem possíveis, mas não capaz de conceber como possíveis coisas que Deus poderia ter tornado possíveis, mas que, todavia, ele quis que fossem impossíveis.

[B] A primeira consideração [de que o poder divino é ilimitado] nos mostra que Deus pode não ter sido determinado a fazer com que contraditórias fossem verdadeiras conjuntamente e, portanto, que ele poderia ter feito o oposto. A segunda consideração [que nossas mentes são finitas] assevera que, mesmo que isso seja verdade, não devemos tentar compreendê-lo, pois nossa natureza é incapaz de fazê-lo. (carta a Mesland, 2 de maio de 1644; 3: 235; AT 4: 118)

[C] Mas eu não penso que devemos dizer de qualquer coisa que ela pode não ter sido criada por Deus. Pois, visto que tudo o que envolve verdade e bondade depende de Sua onipotência, eu nem mesmo ousaria dizer que Deus não pode fazer uma montanha sem vale ou que um mais dois não deva ser três. Eu somente digo que Ele me deu uma mente tal que eu não posso conceber uma montanha sem vale ou que a soma de um mais dois que não seja igual a três, e que tais coisas implicam contradição em minha concepção. (carta a Arnauld, 29 de julho de 1648; 3: 358-359; AT 5: 224)

[D] Afirmo com confiança que Deus pode fazer tudo o que eu concebo ser possível, mas não tenho a mesma confiança para negar que Ele possa fazer aquilo que está em desacordo com meus conceitos – apenas digo que isso implica contradição. (A More, 4 de fevereiro de 1649; 2: 263; AT 5: 273)

A interpretação dessas passagens cruciais é controversa. Estaria Descartes pensando aqui em modalidades objetivas reais – em verdades que, segundo o entendimento comum, são necessárias ou possíveis nelas mesmas, absolutamente? Ou ele estaria pensando em modalidades epistêmicas, que tratam as verdades eternas criadas por Deus como meramente subjetivas, epistêmicas ou mesmo, talvez, necessidades psicológicas, dependentes da constituição de nossas mentes? Será que ele teve alguma concepção clara das modalidades? Em um momento, ele apela para o princípio da não-contradição para argumentar que uma concepção consistente de Deus implica absoluta indiferença em Deus, de tal modo que nada pode preceder o ato divino da criação. Ele explica:

> [...] é impossível imaginar que qualquer coisa seja pensada no intelecto divino como boa ou verdadeira, ou merecedora de crédito, ou ação ou omissão previamente à decisão divina de querer fazer com que seja assim. Não estou falando aqui de prioridade temporal: quero dizer que não há nem mesmo prioridade de ordem, ou de natureza, ou de "razão racionalmente determinada", como eles a chamam, de tal modo que a ideia que Deus tem do bom não o impeliu a escolher uma coisa em vez de outra (2: 292; AT 7: 433).

A terminologia nessa última citação demanda uma explicação. A maioria dos escolásticos reconhecia a seguinte distinção: primeiro, a "distinção real" entre coisas existentes de forma independente; segundo, o que Descartes (usando um termo de Suárez em seu próprio quadro conceitual) chama de "distinção modal", que se aplica à distinção entre um modo, como, por exemplo, a circularidade de uma pedra – uma modificação acidental de seu atributo principal, a extensão – e a (extensão da) pedra ela mesma; terceiro, uma distinção de razão, que era considerada meramente conceitual e que é a que nos concerne aqui. A distinção de razão era, ela mesma, subdividida em dois tipos: a de razão raciocinada (*d. rationis ratiocinatae*) com algum fundamento na realidade – como a que existe entre diferentes aspectos ou propriedades formais de uma coisa, que podem ser pensados em separado, mas não podem existir separadamente, como racional e animal no homem, ou a bondade e a misericórdia em Deus – e a de razão raciocinante (*d. rationis ratiocinantis*), definida como uma distinção feita pela razão humana sem qualquer fundamento na realidade, que poderíamos chamar de puramente terminológica. Descartes sustenta que a natureza de Deus é simples e indivisível, portanto, não há nenhum fundamento para uma distinção de razão do primeiro tipo entre o intelecto e a vontade de Deus (cf. 3: 26; AT 1: 153). Destarte, não há distinção de qualquer ordem, temporal ou mesmo meramente racional, entre ato pelo qual Deus pensa em algo e o ato pelo qual Deus quer este algo.

> Por exemplo, Deus não quis a criação do mundo no tempo porque visse que isso seria melhor do que se o criasse na eternidade; nem quis que os três ângulos do triângulos fossem iguais a dois ângulos retos porque reconhecesse que isso não poderia ser de outra forma, e assim por diante. Ao contrário, é porque ele quis criar o mundo no tempo que é melhor que assim seja do que se o tivesse criado desde a eternidade; e é porque ele quis que os três ângulos de um triângulo fossem necessariamente iguais a dois ângulos retos que isso é verdade e não pode ser de outro modo, e assim por diante em outros casos. (2: 292; AT 7: 433)

Leibniz considerou as consequências dessa doutrina totalmente perturbadoras e "estranhas". Se a bondade, a verdade e a justiça são o que realmente são somente porque Deus as quis assim, então a bondade é a posterior à Sua vontade e não pode ser "um motivo para sua vontade", que "seria um certo decreto absoluto, sem qualquer razão" (carta de Leibniz a Christian Philipp, fim de janeiro de 1680; Loemker, 273). Ele também escreve:

> [...] ninguém defenderá que a justiça e a bondade têm origem na vontade divina sem, ao mesmo tempo, sustentar que a verdade também aí tem origem: um paradoxo inaudito pelo qual Descartes mostrou o quão grandes podem ser os erros dos grandes homens; como se a razão pela qual o triângulo possua três lados, ou duas proposições contrárias sejam incompatíveis ou o próprio Deus exista fosse porque Deus quis que assim fosse (Leibniz sobre os princípios de Pufendorf, carta de 1706; Leibniz, 1988: 71-72).

Leibniz, contudo, não leva em consideração que Descartes não reconhece qualquer distinção, e a *fortiori* qualquer oposição, entre a vontade e o intelecto de Deus, que é simples e indivisível.

II

Descartes nunca definiu explicitamente o que ele quis dizer com a expressão "verdade eterna". A categoria de verdades eternas, *grosso modo*, corresponde à classe de verdades que são necessárias no sentido tradicional, segundo o qual são verdades cuja negação envolve contradição lógica. Ela não se limita, todavia, às verdades lógicas e matemáticas, mas cobre, igualmente, as verdades metafísicas e os princípios morais, como o supracitado "Deus quis criar o mundo no tempo".

De acordo com a interpretação da doutrina cartesiana da criação das verdades eternas, a qual Curley denomina equivocadamente "interpretação *standard*", Descartes sustentaria que não há, na realidade, nenhuma verdade necessária no sentido referido.

Essa interpretação atribui a Descartes a concepção de que, de um ponto de vista estritamente lógico, absolutamente tudo é possível para o Deus cartesiano. Curley formula isso com a tese segundo a qual para qualquer proposição p, p é logicamente possível ((p) $M(p)$). Ele observa que há razões sistemáticas sérias para rejeitar tal tese: Descartes não poderia defender um possibilismo universal sem abdicar de princípios fundamentais de sua filosofia e de sua ciência; na verdade, sem renunciar a todo o seu projeto filosófico (Curley, 1984).

A própria interpretação de Curley pode ser menos problemática e mais plausível em termos sistemáticos, mas parece, como ele mesmo admite, "trocar um paradoxo por outro". Da mesma maneira que Peter Geach, Curley entende a doutrina de Descartes como algo que envolve "não a negação de que haja verdades necessárias, mas a negação de que as que são necessárias sejam necessariamente necessárias". Curley desenvolve essa ideia, expressando-a em termos de modalidades reiteradas, recorrendo ao simbolismo da lógica modal. No lugar da fórmula de possibilismo irrestrito (p) $M(p)$, teríamos (p) $MM(p)$ ("para todo p, é possível que p seja possível"), com as equivalentes reiterações de modalidades para a necessidade (Curley, 1984: 581-583, 589 e ss.).

Essa proposta dilui a doutrina de Descartes, tornando-a o que Alvin Plantinga caracteriza como "possibilismo restrito", segundo o qual as proposições modais (proposições que atribuem modalidades a outras proposições) estariam sob o controle de Deus, mas não as próprias verdades necessárias. Deus não poderia ter tornado falsa a expressão 2+2=4, "ele apenas poderia ter feito o caso que poderia fazer com que esta fosse falsa. Ele poderia tê-la tornado possivelmente falsa" (Plantinga, 1980: 112-113). Entretanto, isso vai de encontro com o que Descartes explicitamente afirma (como citado anteriormente), a saber, que Deus poderia ter feito com que fosse falso, por exemplo, o fato de que todas as linhas que partem do centro de um círculo até sua circunferência sejam iguais ou que os três ângulos de um triângulo sejam iguais a dois ângulos retos. Há sérios problemas com o possibilismo restrito, como é exposto claramente por Kaufman (2002).

Curley, que também está ciente de alguns dos problemas dessa interpretação, especula que Descartes simplesmente estava confuso sobre o estatuto modal que queria conferir às verdades eternas, e Plantinga, quanto a ele, nota que Descartes não separa tipos diferentes de possibilismo, mas parece mesclar o possibilismo universal e o possibilismo restrito. Curley, porém, está de acordo com o que Plantinga considera como o "propósito fundamental" do pensamento de Descartes: ele não restringe o controle de Deus sobre as verdades eternas do modo como o possibilismo restrito o faz (Plantinga, 1980: 103-104, 112-113). Contudo, atribuir o possibilismo universal radical a Descartes é problemático tanto por razões textuais quanto sistemáticas, e tornaria sua posição não apenas inconsistente como ininteligível e extravagante. Concluir, por outro lado, que Descartes não dispunha de uma ideia clara e distinta a respeito da natureza das verdades necessárias e estava confuso acerca do estatuto que queria lhes conferir não é caridoso nem crível, além de possuir pouco apoio nos textos.

Ishiguro (1986) e Bennett (1994) pretendem escapar desse dilema ao qual nos conduzem as alternativas até agora consideradas. As verdades eternas de Descartes, como vimos, possuem uma natureza genuína e imutável que não pode ser arbitrariamente alterada, um vez que tenham sido criadas. Essas verdades, sugere Ishiguro, podem ser descritas como "regras ou formas da operação da mente livremente criada por Deus". Elas dependem da constituição de nossa mente e são, na linguagem de Kant, dadas "como formas a priori do pensamento". A noção cartesiana de modalidade não é, assim, só epistêmica e conceitual, pois "ela não depende de estágios históricos do nosso conhecimento nem do desenvolvimento de nossos conceitos" (Ishiguro, 1986: 461-463; cf. Wilson, 1978). Concordo que as verdades eternas de Descartes têm o caráter de condições transcendentais a priori do pensamento racional e da ciência. Elas não dependem de qualquer fato histórico contingente acerca da psicologia cognitiva humana; antes, elas são condições universais de inteligibilidade necessárias para qualquer ser racional criado ou intelecto.

No entanto, Ishiguro encontra ainda na teoria cartesiana das modalidades uma distinção similar àquela que Leibniz faz entre necessidade absoluta e necessidade *ex hypothesi*, embora não seja coincidente com a distinção leibniziana entre leis da lógica e da matemática, de um lado, e as leis da física, de outro. Tampouco serviria para distinguir as verdades que nem mesmo Deus poderia alterar, como, por exemplo, verdades sobre a própria natureza de Deus e sua existência, que seriam absolutamente necessárias, daquelas que seriam hipotéticas no sentido de que dependeriam do ato livre divino da criação. Em vez disso, ela argumenta, a distinção que Descartes faria entre necessidade absoluta e necessidade hipotética é "interna à própria lógica" e "emerge do modo pelo qual ele compreende a negação e do fato de que estamos limitados por nosso pensamento e pelo poder expressivo de nossa linguagem" (Ishiguro, 1986: 464).

Isso significa que Descartes reconheceria modalidades absolutas não epistêmicas: "A impossibilidade de realizar algo que cai sob um conceito contraditório é *absoluta*" (Ishiguro, 1986: 465). Deus não poderia criar nossas mentes com os mesmos conceitos, digamos nosso sistema numérico com seus símbolos e regras, e, ao mesmo tempo, fazer com que fosse verdade que 2+2 fosse igual a 5 ou, de modo geral, fazer com que fosse verdade o que contradiz nossos conceitos. O sentido de *absoluto* introduzido aqui pode parecer fraco, uma vez que a modalidade absoluta seria contingente relativamente à maneira como foram constituídos os intelectos criados por Deus, isto é, relativamente ao aparato conceitual e lógico que lhes foi fornecido. Sendo dado esse aparato, seria impossível, mesmo para Deus, instanciar algo que implicasse contradizer os nossos conceitos. Isso significa ainda que o que é necessário, dados os nossos conceitos, não seria necessariamente necessário. A necessidade cartesiana não seria uma necessidade absoluta no sentido dos escolásticos e da "necessidade lógica" de Leibniz, mas, antes, assemelhar-se-ia à necessidade hipotética leibniziana, que é dependente da escolha de Deus. Para Descartes, a necessidade seria, pois, "uma necessidade condicional" (Ishiguro, 1986: 467).

Essa interpretação interessante e intrigante possui a vantagem de salvar Descartes da incoerência do possibilismo universal sem limitar ou diluir sua doutrina, como o faz o possibilismo restrito. Além disso, a impossibilidade de realizar o que contradiz nossos conceitos é, e permanece, absoluta: o Deus de Descartes não poderia tornar contradições verdadeiras, algo que Ishiguro acredita que Descartes nunca afirmou. Ela também preserva a intuição cartesiana de que as verdades eternas poderiam ser diferentes do que são se Deus tivesse decidido criá-las (e também ao nosso intelecto) de outro modo. E até confere certa inteligibilidade a isso: podemos conceber que as verdades eternas poderiam ter sido outras, embora nosso entendimento permaneça limitado por aquelas criadas por Deus. Podemos conceber, como explica Ishiguro, "que Deus nos fez incapazes de entender outras possibilidades" (Ishiguro, 1986: 467) – possibilidades que, supostamente, são inconcebíveis para nós, mas que poderiam ser totalmente concebíveis em um sistema conceitual com verdades eternas diferentes. Em resumo, Descartes seria capaz de conciliar duas coisas: defender que as verdades eternas poderiam ser outras que não aquelas que efetivamente são, sem se comprometer com a afirmação problemática de que contradições efetivas poderiam ser tornadas verdadeiras pela onipotência de Deus. De fato, o que é dito nas passagens a que Ishiguro se refere é que Deus poderia ter feito com que verdades necessárias não fossem verdadeiras (Ishiguro, 1986: 460). As verdades eternas, no melhor dos casos, teriam chance de não ser verdadeiras, ou seja, Deus poderia simplesmente não tê-las criado, caso em que elas não teriam valor de verdade.

Essa leitura pode ser apoiada por muitos, mas não por todos os textos. (Ishiguro se refere a passagens como [A], [C] e [D] mencionadas anteriormente, ao passo que afirmações como [B] são mais problemáticas para a sua interpretação.) Ademais, ela depende de suposições acerca da forma como Descartes compreende a negação – tratando-a não como um conteúdo de uma proposição, mas como uma operação exercida sobre ela, o que cria uma assimetria entre o estatuto da necessidade e o da impossibilidade na teoria de Descartes (Ishiguro, 1986: 468). Dados os conceitos que efetivamente dispomos de número e de outros símbolos aritméticos (aí incluídas as regras que governam seu uso), nem mesmo Deus poderia fazer com que $2+2$ resultasse em 5 ou tornar verdadeiro qualquer enunciado contraditório: não haveria nada a ser tornado verdadeiro. Se, porém, Deus nos tivesse dado livremente, tal como lhe cabia, conceitos completamente diferentes ou se ele nos tivesse dado mentes sem nenhum conceito numérico ou regra aritmética, proposições como $2+2=4$ simplesmente não seriam verdadeiras, isto é, elas não teriam absolutamente nenhum valor de verdade. A necessidade das verdades eternas não é, por conseguinte, absoluta, mas contingente.

Isso é desconcertante, pois, como ordinariamente se entende, dizer que uma verdade é contingente implica que ela seja possível e que ela possa ser negada sem contradição. A possibilidade é comumente definida em termos de necessidade e de negação e vice-versa. A negação ou recusa de uma verdade necessária é considerada equivalente à afirmação de uma contradição; portanto, dizer que uma proposição é necessária é dizer que sua negação implica contradição. Ora, se a impossibilidade de se efetivar uma contradição (tornar uma contradição verdadeira) é absoluta, então a impossibilidade de se atualizar a negação de uma verdade necessária parece também ser absoluta. O ponto da interpretação de

Ishiguro, todavia, é que se a negação, nesse contexto, não é tratada como parte do conteúdo de uma verdade necessária negada, mas como uma operação sobre ela executada, por assim dizer, do exterior, recusar uma verdade necessária torna-se possível sem implicar a afirmação de uma contradição. Isso evitaria que Descartes tivesse assumido alegações absurdas quanto a Deus fazer com que contradições, isto é, asserções ininteligíveis – ou pior, vazias – fossem verdadeiras. Nada é asserido em uma proposição contraditória: é precisamente por essa razão que ninguém jamais pensou que isso envolvesse uma limitação do poder de Deus.

Mas o quanto essa sugestão – em si mesma engenhosa – pode, no final das contas, auxiliar a entender Descartes? A evidência evocada por Ishiguro – a discussão do erro na Quarta Meditação – é, na melhor das hipóteses, inconclusiva (Ishiguro, 1986: 468-469). No entanto, um apoio indireto lhe foi fornecido por Normore (2006) no que diz respeito às concepções de alguns lógicos medievais que defendiam a existência de uma importante distinção a ser feita entre proposições afirmativas e negativas, pois somente as primeiras teriam implicação existencial e, portanto, valor de verdade. Descartes aplica essa ideia não a coisas efetivamente existentes, mas a entes possíveis, que devem sua possibilidade à vontade de Deus, de modo que, "se Deus se eximisse de querer a possibilidade de algum objeto, todas as sentenças modais afirmativas sobre esse objeto seriam falsas". Não haveria nenhum triângulo para se afirmar o que quer que fosse sobre ele. Essa interpretação explica "como as verdades necessárias podem ser somente contingentemente necessárias sem respaldar a afirmação problemática de que Deus poderia tornar contradições verdadeiras". (Normore, 1992). Mas isso funciona aqui? A necessidade das verdades eternas não é mais nem menos absoluta do que a impossibilidade de verdadeiras contradições: ambas dependem, na mesma medida, dos conceitos ou do sentido dos termos nos quais são formuladas, e as primeiras são tão dependentes da escolha de Deus quanto as últimas.

Considere o seguinte exemplo retirado da carta [A], citada anteriormente, que é usada por Ishiguro como apoio à sua interpretação. Nela, Descartes explica que é a limitação do nosso entendimento que torna inconcebível para nós que Deus poderia livremente ter feito com que "não fosse verdadeiro que a soma dos três ângulos do triângulo fosse igual a dois ângulos retos ou, em geral, que contraditórias não pudessem ser verdadeiras conjuntamente". A história da matemática fornece uma ilustração a respeito de como podemos entender isso:

> De fato, podemos ver como a proposição acima seria verdadeira em uma geometria euclidiana e falsa, em geral, em uma geometria riemanniana. Logo, como Descartes escreve, Deus poderia ter instanciado duas aparentes contraditórias (p. ex., quando cada uma pertence a uma geometria diferente). Aprendemos que cada uma das aparentes contraditórias eram verdades condicionais, dependentes de condições antecedentes diferentes, distintas, e não contraditórias (Ishiguro, 1986: 468).

O ponto de Ishiguro é que não usamos realmente o mesmo conceito de triângulo em geometrias diferentes. E, se não o fazemos, então as proposições estão longe de ter o mesmo conteúdo e, portanto, são contraditórias apenas em aparência. Ademais, o ponto de Descartes no enunciado ao qual Ishiguro se refere parece ser negar que a possibilidade de tornar verdadeiras proposições autocontraditórias seja inteligível para o nosso intelecto limitado. Enquanto o poder de Deus é ilimitado, nosso poder de concepção é limitado a "conceber como possíveis somente as coisas que Deus quis que fossem verdadeiramente possíveis, mas não capaz de conceber como possível coisas que Deus poderia ter tornado possíveis e que ele, porém, quis que fossem impossíveis". Assim, não devemos tentar compreender o que, por natureza, somos incapazes de compreender (3: 235; AT 4: 118-119).

A preocupação aqui é que a assimetria entre a negação de uma verdade necessária e a asserção de uma contradição evocada por Ishiguro não faz, no final das contas, muita diferença. A necessidade e a impossibilidade são ambas hipotéticas, ou condicionais, pois são ambas relativas à linguagem e aos conceitos nos quais são formuladas ou, se assim se preferir, à constituição de nossa mente. Seria possível colocar esse mesmo ponto de modo ainda mais forte: elas dependem muito das condições do pensar e da racionalidade, tal como determinadas por Deus. Não obstante, uma vez que essas condições antecedentes das quais dependem o conteúdo e a verdade de uma proposição são supostas ou dadas, seu estatuto modal (necessidade e possibilidade, bem como a impossibilidade) é absoluto. A assimetria, se há alguma, é antes no escopo do que Deus pode fazer. Falando em termos de linguagem (sistemas conceituais), poderíamos dizer, sem nos afastarmos demais da interpretação de Ishiguro, que Deus pode criar infinitas linguagens – ou conjuntos de condições antecedentes – que são incomensuráveis, instanciando, no quadro conceitual de cada uma delas, o que é impensável ou impossível nas outras. Nesse sentido atenuado, Deus pode tornar (aparentes) contradições verdadeiras conjuntamente. Porém, Deus não poderia tornar verdadeira uma efetiva contradição; assim, as declarações mais radicais de Descartes (citadas anteriormente) permanecem inexplicadas por essa leitura.

O que conta a seu favor é conceder uma aura de inteligibilidade às afirmações enigmáticas de Descartes sobre a modalidade sem comprometê-lo com suposições sobre limites *a priori* que restringiriam a onipotência de Deus. Podemos, em certa medida, compreender que Deus poderia ter criado tais maneiras alternativas de pensar às quais não temos acesso. No entanto, gostaria de argumentar que isso não é realmente um ponto positivo, pois contraria afirmações explícitas de Descartes segundo as quais nenhum poder ou modalidade pode ser dissociado do querer e do entendimento efetivos de Deus, assim como não podemos entender o poder de Deus.

Uma linha de interpretação mais promissora encontra-se em Frankfurt (1977), cuja leitura foi apresentada de forma inapropriada como um exemplo padrão de atribuição do possibilismo universal a Descartes (Curley, 1984: 570). Frankfurt também entende a necessidade das verdades eternas de Descartes como uma necessidade relativa à natureza do entendimento humano e, como Ishiguro, parece considerá-las não como psicológicas, mas antes como uma certa espécie de condições *a priori* da inteligibilidade e da ciência racional de tipo kantiano (Frankfurt, 1977; 45). Frankfurt, porém, leva a sério o que Descartes diz sobre a ininteligibilidade do poder ilimitado de Deus, sem tentar explicar (minimizando) suas alegações enigmáticas sobre a capacidade divina de fazer com que seja verdadeiro o que envolve contradição e, portanto, é inconcebível para nós. Ao contrário, ele toma essas alegações quase que literalmente e admite, como penso que deve ser feito, que o poder acreditado por Descartes a Deus de fazer, por exemplo, com que seja verdadeiro que o raio do círculo seja desigual, ou qualquer outra proposição autocontraditória, ultrapassa nosso entendimento. Frankfurt reconhece que buscar uma explicação logicamente coerente de tais asserções é um erro.

Como, então, essa leitura consegue evitar que Descartes esteja comprometido com um possibilismo universal radical? Para Frankfurt, Descartes não contesta que haja verdades necessárias cuja negação implique em contradição lógica e que sejam, portanto, inconcebíveis para nós. O que Descartes rejeitaria não é que haja verdades que não possam ser negadas sem contradição, mas que o próprio princípio de contradição, em virtude do qual as coisas não-contraditórias são, consequentemente, concebíveis para as mentes racionais (criadas), também determina o que é concebível ou possível para Deus. Não podemos conceber o que é autocontraditório, mas não decorre disso que não possamos conceber algo no que diz respeito ao poder infinito de Deus. Isso torna a modalidade subjetiva – meramente relativa às nossas mentes? Apenas se supusermos, adicionalmente, que existe alguma modalidade de ordem superior absoluta em relação a qual tais mentes possam ser contrastadas –, porém não há nada além da nossa percepção. O poder de Deus transcende nosso entendimento e não é inteligível em termos de princípios e noções modais que dependam deste. Em vez de comprometer Descartes com alguma supernoção de possibilidade que pudesse dar conta do poder de Deus, a moral da leitura de Frankfurt, tal como a entendo, é simplesmente que não existem verdades possíveis ou necessárias antes ou independentemente do ato voluntário de Deus de criá-las.

III

Essa é também a linha de interpretação que defenderei aqui. Deixem-me primeiramente resumir a discussão até agora. Considero que a ideia expressa pelas controversas afirmações de Descartes é, em linhas gerais, que seria um erro assumir alguma noção de modalidade a partir da qual o conceito cartesiano de poder divino pudesse ser explicado, e que não devemos nem mesmo tentar fazer isso. Não há nenhuma modalidade anterior ou independente ao ato pelo qual Deus exerce o seu poder – e anterior aqui não deve ser entendido como simplesmente temporal, mas como uma prioridade lógica ou racional. Seria igualmente equivocado interpretar Descartes como defensor de um possibilismo "universal" ou de qualquer outro tipo, como seria o caso de interpretá-lo como se defendesse que algumas coisas são necessárias previamente ao ato divino da criação. Em ambos os casos, Descartes diria que se trata de uma tentativa ilegítima de entender o poder de Deus por meio dos "nossos" conceitos modais, ou seja, através de noções modais – as únicas que existem – que foram livremente instituídas por Deus e que não podem, por isso, ser aplicadas ao seu ato de instituí-las. As interpretações discutidas aqui ilustram diferentes modos de cometer o mesmo erro: tentar encontrar alguma perspectiva comum a partir da qual possamos mensurar o que Deus pode e o que Deus não pode fazer. Assim, na leitura de Curley, Deus poderia tornar possivelmente possível o que agora é impossível, mas não poderia torná-lo possível. Na leitura defendida por Ishiguro, por outro lado, o poder de Deus é limitado a escolher um dentre muitos conjuntos fixos e consistentes de condições de inteligibilidade. Curley e Ishiguro são levados às suas posições porque as alternativas seriam ou o "possibilismo universal", e portanto o irracionalismo, ou a atribuição de algum tipo de confusão e inconsistência a Descartes. Em ambos os casos, o pressuposto era sobre o que Descartes estava mais interessado em negar: que existe uma ordem modal independente e prioritária na ordem das razões ao ato divino de querer, entender e criar algo. Pois tanto a ideia de modalidades reiteradas, usada por Curley para explicitar sua proposta, quanto a necessidade hipotética e contingente sugerida por Ishiguro pressupõem uma modalidade absoluta: ambas admitem precisamente o que a posição de Descartes põe em questão.

Uma imagem leibniziana de uma ordem eterna de inteligibilidade que compreenda uma infinidade de mundos (logicamente) possíveis dentre os quais Deus escolheria criar o mundo atual é estranha a Descartes. Esta é a mesma versão lógica que Ishiguro encontra em Descartes, na qual não apenas as leis da física como também o esquema conceitual que torna o mundo inteligível para nós são contingentes em relação à decisão de Deus. No primeiro caso (Leibniz), uma ordem lógica preexistente de compossibilidade e de mútua exclusão que estrutura as relações entre as coisas em "mundos" alternativos é pensada como sendo fixa desde a eternidade. No segundo caso (Ishiguro), as relações lógicas de consistência e as regras semânticas dos "esquemas conceituais" são determinadas de antemão e independentemente do ato pelo qual Deus as escolhe. Não está ainda muito claro como a noção de escolha deve funcionar no último caso – que tipo de escolha ou decisão haveria para Deus, nesta situação? Sabemos que o Deus de Leibniz é obrigado a escolher o "melhor" de uma infinidade de mundos possíveis. O que poderia guiar o Deus cartesiano de Ishiguro em sua escolha entre esquemas conceituais? Se não houver nenhuma forma de especificar os princípios de decisão entre esquemas alternativos, então não fica claro o que exatamente sua leitura esclarece quanto ao poder de Deus.

Tal como a entendo, qualquer modelo que separe uma ordem de inteligibilidade daquela relativa aos seres físicos possíveis e atuais (essências e coisas existentes) criados por Deus está excluído da concepção que Descartes tem da onipotência, pela qual ver, querer e criar são uma só e mesma coisa. Descartes, alguns dirão, tem uma percepção pobre da lógica e, em particular, da lógica modal, contudo, não é confuso a esse respeito: ele não propõe a doutrina da criação das verdades eternas como uma explicação para a modalidade nem, aliás, para o fundamento da lógica. Em vez disso, ele se detém na ideia da simplicidade de Deus e de sua natureza transcendente. O mundo e as coisas que Deus criou trazem uma estrutura modal que é fixa e imutável apenas porque Deus quer e ordena dessa forma, mas nada precede e nada predetermina essa ordem que é livremente estabelecida por Deus *ex nihilo*. Ao criar o universo, Deus cria as coisas e suas relações mútuas, determinando também os princípios de sua conceptibilidade. Esses princípios, tendo sido estabelecidos por Deus, não podem determinar seus atos de criação. Mas, então, não há maneira pela qual possamos explicá-los ou entendê-los. Não há nenhum quadro comum e absoluto a partir do qual possam ser colocadas questões sobre o que é possível independentemente do que Deus fez com que fosse possível. Nem há, como foi dito anteriormente, padrões independentes de racionalidade ou de possibilidade compartilhados pelos seres racionais e por Deus, por intermédio dos quais seus atos pudessem ser explicados e avaliados.

Segue-se daí que o que acaba de ser alegado, ou seja, que as modalidades são meramente subjetivas, isto é, relativas a nós?

As seguintes passagens problemáticas das Segundas Respostas parecem sugerir duas concepções conflitantes de modalidade:

> Se por *possível* você quiser dizer, como comumente se faz, o que quer que não contradiga os conceitos humanos (*illum omne quod non repugnat humano conceptui*), então é manifesto que a natureza de Deus é possível nesse sentido. [...] Ou então você deve estar imaginando (*Vel certe fingitis*) algum outro tipo de possibilidade que pertença ao próprio objeto, mas que, a menos que concorde (*conveniat*) com o primeiro tipo, não pode ser nunca conhecida pelo intelecto humano (2: 107; AT 7: 151).

A possibilidade aqui é caracterizada em termos de ausência de contradição, tal como a possibilidade absoluta dos escolásticos, e isso é assimilado ao que é concebível em termos dos conceitos humanos por oposição a uma certa possibilidade fictícia relacionada ao objeto. Se alguém simula ou imagina que existe algo na realidade possível ou atual acima ou para além do que é concebível em termos dos conceitos humanos, ou seja, alguma possibilidade inconcebível para nós, não se saberia nada sobre isso. Descartes prossegue:

> Toda autocontradição (*omnes implicantia*) ou impossibilidade (*impossibilitas*) está somente em nossa concepção (*solo in nostro conceptu*), que não pode conjugar ideias mutuamente inconsistentes (*ideas sibi mutuo adversantes male conjungente*), não podendo ser colocada em nada que esteja fora do nosso intelecto. Pois o próprio fato de que algo esteja fora do nosso intelecto torna manifesto que este algo não é autocontraditório, mas possível. A autocontradição em nossa concepção nasce apenas de sua obscuridade e confusão, não podendo nunca estar em ideias claras e distintas (2: 107-108; AT 7: 152).

Bennett pensa que a possibilidade absoluta é reduzida aqui a uma possibilidade meramente subjetiva. Que 2+2=4 e sua negação não possam ser verdadeiras conjuntamente significaria que, dado o conceito de números que temos, elas não podem ser conjugadas por nossa mente. Descartes trataria a "possibilidade que se relaciona com o próprio objeto" como um dispositivo, como algo "fabricado para os propósitos do argumento e não uma parte de nosso repertório conceitual natural". Ele ofereceria uma "análise conceitual" que define a possibilidade pela relação com os "nossos" conceitos e que toma esse conceito subjetivo "como o sentido comum do termo 'possível'". Conceitos não seriam entidades pertencentes a um terceiro reino de tipo fregeano, e sim "aspectos da condição humana" (Bennett, 1994: 648). Não haveria nenhuma modalidade independente dos conceitos humanos: Deus, ao criar nossos conceitos, cria também as modalidades. "Deus confere às verdades modais seu estatuto de verdade". Ele torna necessariamente verdadeiro que 2+2=4, tornando-nos incapazes de conceber esse axioma de outro modo" (Bennett, 1994: 649). Necessidade e possibilidade seriam subjetivas – relativas aos conceitos humanos dados por Deus – e não haveria nenhuma modalidade para além delas.

Descartes de fato equaciona possibilidade (absoluta) e ausência de contradição em termos, mas isso não conduz a uma interpretação subjetivista da modalidade. Além disso, ele parece insistir que os termos aqui são "conceitos humanos", mas, eu gostaria de defender, daí não se segue que eles sejam subjetivos. O que Descartes diz na passagem supracitada não precisa ser entendido como um separador de possibilidades ou seres possíveis aos quais temos acesso epistêmico a partir dos próprios objetos (possíveis) considerados independentemente dos conceitos pelos quais os concebemos. A "possibilidade que pertence ao próprio objeto" não é um dispositivo fabricado para os propósitos do argumento. O que é evocado aqui como contrafatual não é a inexistência de possibilidades independentes dos conceitos, mas que haja um tal tipo de possibilidade que seja inconsistente com aquela (possibilidade objetiva) à qual nossas ideias dão acesso. Não existe, no que diz respeito a essa última, nenhuma defasagem ou véu entre nossas ideias, ou, mais precisamente, entre a realidade objetiva (conteúdo) de nossas ideias e os objetos que elas apresentam diretamente (Normore, 1986; Alanen, 2003). Uma vez que nossas ideias são claras e distintas, elas são realidades objetivas ou essências (isto é, coisas possíveis), que também são criaturas de Deus, e, assim, não dependem meramente dos conceitos dos quais a mente humana é eventualmente dotada. Essas essências são imutáveis; conceitos humanos podem variar.

As proposições verdadeiras que descrevem suas naturezas não devem ser pensadas como absolutas (independentes de Deus) nem como relativas (dependentes da mente), mas simplesmente como necessárias; e quando são clara e distintamente entendidas, sabemos que elas são necessariamente verdadeiras por vermos que não podem ser negadas sem contradição. A possibilidade, tanto quanto a necessidade, depende das essências e das coisas criadas por Deus e isso ocorre de tal modo que Ele também fez com que elas fossem concebíveis para a mente humana. Tampouco existem dois tipos de possibilidade ou verdades possíveis como supõem os escolásticos: uma absoluta, definida em termos de possibilidade lógica, independente de Deus mas coextensiva como que eles chamam de poder "absoluto" de Deus, e uma relativa, dependente do poder "ordenado" de Deus, ou seja, das leis que Ele ordenou para o mundo que criou. Tanto a possibilidade quanto a necessidade dependem na mesma medida do poder de Deus, embora uma forma melhor de descrevê-las seria dizer que elas são simplesmente possíveis e necessárias. Longe de distinguir entre necessidade absoluta e relativa, para Descartes, há apenas um tipo de necessidade e possibilidade, *simpliciter*: o que pode ser formulado sem contradição é possível e o que não pode ser negado sem contradição é necessário. Não há nenhuma distinção adicional entre tipos de modalidade para Descartes.

IV

Pode parecer que chegamos a um novo problema porque o poder de Deus agora começa a ter ares de uma causa bruta e ininteligível. Todavia, isso ocorre porque nós, humanos, com nossas mentes limitadas, não podemos entender uma ação livre que não pressuponha cursos alternativos de ação, distintos e concebíveis, para que o agente perceba e delibere antes de agir – não há como concebermos o que venha a ser querer, fazer e entender algo em um único ato. Mais uma vez, a lição a ser retirada da maneira radical pela qual Descartes expressa sua doutrina da criação das verdades eternas é, precisamente, que não entendemos o poder de Deus – algo que os lógicos medievais tentaram fazer ao explicá-lo em termos de possibilidade formal, lógica. Mas então tudo o que parece que temos é aquilo que Normore chama de "tradição do pacto"* (no interior da qual a noção moderna de lei se desenvolveu) e a palavra divina: podemos evocar a promessa de Deus ou o pacto com seu povo que ele próprio obedecerá as leis que impôs à natureza. A evidência da promessa de Deus em manter a ordem da natureza e nos conceder acesso a ela é, contudo, questionável: "Há um sentido importante no qual a tradição do pacto paira no ar. De acordo com esta concepção, se a natureza existe é com o livre acordo de Deus, mas se este acordo se prolongará não é inteiramente claro" (Normore, 2006: 275). Surge a mesma preocupação quanto às leis da natureza e sua imutabilidade quanto às leis da razão em Descartes: só podemos confiar que elas permanecerão inalteradas, e, tal como Normore interpreta Descartes, a imutabilidade de Deus é sua única resposta. De acordo com a minha leitura de Descartes, uma outra resposta se apresenta, a qual consiste em ver que a própria questão (por que devemos confiar nas leis da razão?) faz pouco sentido. Por que devemos nos preocupar, uma vez que não há nenhuma maneira pela qual possamos colocar em questão a necessidade das verdades eternas ou mesmo persistir em duvidar delas? Se entendemos "algo muito simples e direto em aritmética ou geometria, como, por exemplo, que a soma de dois mais três é igual a cinco", e entendemos essas coisas "de modo suficientemente claro para afirmar sua verdade" – então nós simplesmente não acreditamos que elas poderiam ser falsas, como, por exemplo, que "a soma de dois mais três fosse mais ou menos que cinco, ou outra coisa desse tipo na qual eu visse uma contradição manifesta" (2: 25; AT 7: 35). Portanto, não podemos senão aceitar e afirmar sua verdade. A força da expressão "não podemos" não é uma questão de mera convicção psicológica, pois não há como atribuir sentido a coisas que são diferentes do modo como são clara e distintamente percebidas. De fato, não podemos nem mesmo pensá-las como diferentes, mesmo que tentemos, visto que tudo o que fazemos ao tentá-lo é formar enunciados aos quais nenhum conteúdo pode ser dado e que não podem, portanto, servir como veículos de pensamentos coerentes. Toda preocupação (acerca de verdades sendo produzidas por alguma forma bruta ou advindas do nada) somente se origina a partir da suposição de que deve haver alguma verdade e modalidade prioritária ao ato pelo qual Deus produz as coisas, proporcionando-lhes algo como um fundamento inteligível. Porém, por que se deve fazer tal suposição? As explicações devem chegar a um fim em algum ponto, e o poder imperscrutável de Deus para a criação é esse ponto para Descartes.

Podemos ver agora a distância que separa Descartes de Suárez e de outros "escotistas" quando ele insiste em que nada é "verdadeiro ou possível independentemente de Deus" (3: 24; AT 1: 149) e, ao mesmo tempo, opondo-se às concepções de Agostinho, de Tomás de Aquino e dos platonistas cristãos que pensam as essências como parte da – e contidas na – natureza eterna e racional de Deus, quando declara que, em vez disso, elas são criadas por Deus como sua "causa

---

* N. de T.: No original, *convenantal tradition*.

eficiente e total". O que ele oferece em lugar disso não é outra teoria lógica ou metafísica, mas, antes, uma confissão de ignorância:

> Eu não as concebo [as essências] como emanando de Deus como raios do sol; mas sei que Deus é o autor de tudo e que essas verdades são alguma coisa e, consequentemente, que ele é seu autor. Digo que eu sei disso e não que o concebo ou compreendo, porque é possível saber que Deus é infinito e todo-poderoso, embora nossa alma, sendo finita, não possa compreendê-lo ou concebê-lo (concevoir). Do mesmo modo, podemos tocar uma montanha com nossas mãos, mas não podemos colocar nossos braços em volta dela tal como podemos fazê-lo em volta de uma árvore ou outra coisa que não seja mais larga do que eles. Compreender (comprendre) algo é envolvê-lo em um único pensamento; para saber (savoir) algo, basta tocá-lo com o pensamento (3: 25; AT 1: 152).

Se se quer reservar a palavra "criar" para as coisas existentes, Descartes propõe, como equivalente, "dispôs ou fez" para o ato pelo qual Deus produziu as essências ou verdades eternas (3: 25; AT: 151-2). As verdades eternas, como ele explica em outra passagem, "não têm existência fora do nosso pensamento" (1: 208; AT 8A: 22; 1: 209; AT 8A: 23; veja também Entrevista com Burman, AT 5: 167). O que as caracteriza é que é impossível reconhecer ou aceitar sua negação: aceitamo-las como verdades eternas porque sua negação envolve contradição e isso é impensável. Descartes lista uma versão do próprio princípio de não-contradição como um de seus exemplos ("É impossível para a mesma coisa ser e não ser ao mesmo tempo"), mas ele não separa princípios lógicos de princípios matemáticos ou metafísicos nesse contexto ou qualquer outro lugar (1: 209; AT 8A: 23). Descartes apela para a impossibilidade de reconhecer suas negações, ou para a necessidade que experimentamos de aceitar tais verdades (por exemplo, na Segunda e na Quarta Meditação). Isso, porém, como já foi argumentado, não significa um recurso a fatos psicológicos sobre como nossas mentes operam. Ao negar a existência desses princípios fora de nosso pensamento, ou ao falar dos conceitos como conceitos humanos (2: 107; AT 7: 151), Descartes não está rejeitando sua validade objetiva nem reduzindo as necessidades conceituais a leis psicológicas: elas não são leis gerais que descreveriam hábitos de pensamento observáveis. Dizer que as verdades eternas residem em nossas mentes não significa que elas sejam códigos de regularidades que governam processos efetivos de pensamento, mas, antes, que elas são pré-condições universais ou normas do pensamento racional em geral. Nem sempre prestamos atenção a elas ou as observamos – a maioria do que se passa em nossas mentes no curso ordinário da vida não atende às exigências de uma percepção clara e distinta, mas são, preferencialmente, pensamentos obscuros e confusos. Porém, conforme aspiramos à verdade e a juízos verdadeiros, devemos cuidadosamente atentar para o que entendemos clara e distintamente e, portanto, para as verdades eternas que "residem" em nossas mentes. O ceticismo radical simulado na Primeira Meditação ilustra que sérias dúvidas sobre o que percebemos de forma evidente não são possíveis sem suposições extravagantes como a do Gênio Maligno (2: 25; AT 7: 36). Não devemos, contudo, ser tão presunçosos a ponto de pensar que Deus, aos criá-las, teve que se pautar por elas também ou que existe um domínio de objetos de pensamento – de seres possíveis e verdades lógicas – prévio ao ato pelo qual Deus faz algo, ao qual podemos ter acesso e compartilhar com Ele.

Em diversos contextos, Descartes trata as leis fundamentais e os conceitos da física como comparáveis às verdades da razão e alega que, assim como é impossível, como todos concordam, conceber contradições lógicas, é impossível pensar em um universo que é limitado por ou que contenha vácuo (3: 363; AT 5: 272; 3: 358-9; AT 5: 224). Isso mostra o quão pouco Descartes atenta para – ou tem cuidado em fazer – distinções que Leibniz se esforça para traçar entre diferentes tipos de necessidade, como a hipotética ou física e a lógica ou absoluta (aí acrescida também a necessidade moral). Se ele o tivesse feito, onde chegaria? Visto que aqui ele também se refere ao modo como nossas mentes são feitas, teria considerado que as leis da natureza são necessárias apenas em relação ao tipo de conceitos com os quais nossa mente está equipada ou teria, em vez disso, considerado sua necessidade como relacionada à natureza das coisas que Deus criou? Como sabemos, ele não segue esse caminho nas *Meditações* quando argumenta que Deus, em sua benevolência, criou ambas conjuntamente, ajustando nosso entendimento e seus conceitos básicos de modo a compreender a natureza das coisas que criou. Teria ele, além disso, feito alguma diferença entre os princípios da lógica e as outras verdades – tratando as primeiras como meras condições formais do pensamento? Podemos somente especular sobre qual teria sido sua resposta e se ele reconheceu distinções entre forma e conteúdo dos pensamentos ou proposições do tipo das que têm sido discutidas desde Kant.

Sugiro que suas declarações mais radicais tenham por objetivo assinalar a incomensurabilidade entre o intelecto de Deus e o nosso. O pensamento a respeito de que o intelecto de Deus poderia ser acessível à mente humana era uma heresia para Descartes. Por que os atos ou conteúdos de um ser infinito e incompreensível deveriam satisfazer os critérios de inteligibilidade aos quais nossa razão e entendimento do mundo têm de se conformar? Aceitar isso não é apenas supor que Deus criou o intelecto humano para que se assemelhasse ao seu (a única diferença entre uma mente finita e uma mente infinita seria uma diferença de escopo), mas é ainda dizer que Deus *não poderia* ter criado a mente humana de qualquer outro modo. Qualquer intelecto ou mente estaria limitada ao mesmo conjunto de possibilidades. Tais consequências são inaceitáveis para Descartes, pois são, como vimos, incompatíveis com o que ele considera ser a verdadeira concepção da natureza simples e indivisível de Deus.

Em alguns dos textos, Descartes parece dar prioridade à vontade e, assim, inverter a ordem tradicional das faculdades de Deus. Sua posição, por essa razão, tem sido caracterizada como um voluntarismo extremo. Esse rótulo, tal como o compreendo, é inadequado e somente faz sentido se forem aceitas as distinções tradicionais entre razão e vontade, o que, justamente, Descartes rejeita. Voluntarismo, como entendido ordinariamente, pressupõe não apenas uma distinção, mas também uma oposição entre razão e vontade e, usualmente, devido a esse contraste, é associado ao irracionalismo. No entanto, não existem tais distinções a serem feitas no que se refere a um criador onipotente cuja natureza é simples, indivisível e infinita, algo que podemos apenas saber, mas não conceber. Conceber (*concipere*) ou compreender (*comprehendere*) são modos pelos quais nossa mente finita conhece as coisas clara e distintamente, mas não podem ser estendidos ao infinito. Uma vez que nossa mente opera por distinções e delimitando seu objeto, ela nos pode dar somente uma compreensão parcial e incompleta. Podemos pensar em Deus enquanto querendo algo, ou entendendo algo, ou ainda fazendo algo, mas não todos de uma só vez nem produzindo o que quer que seja, ou tornando qualquer coisa verdadeira ou boa. Podemos adicionar *indefinidamente* porções ou partes de atributos divinos separados concebidos distintamente, mas isso nunca equivalerá a entender sua infinitude (3: 339; AT 5: 154). O melhor que nosso entendimento pode fazer é tocar, mas não circundar o infinito.

A concepção de Descartes é muito diferente das correntes racionalistas predominantes, mas não é irracionalista nem incoerente. Ele já foi considerado, embora incorretamente, como tendo antecipado, por exemplo, o convencionalismo de Carnap ou naturalismo de Quine (Wilson, 1978), e Bennett (1994) viu uma tendência pragmatista em Descartes devido ao seu tratamento referente às verdades eternas. Comparar teorias históricas com trabalhos muito posteriores pode ser inoportuno e enganador, especialmente nesse caso, pois Descartes ignora a maioria das distinções entre tipos de princípios necessários e verdades que as teorias posteriores pressupõem. Ainda assim, caso se deseje encontrar paralelos com concepções mais próximas e familiares, minha preferência recai sobre o tipo de antifundacionalismo associado a Wittgenstein. Se a verdade, a modalidade e a bondade não têm outro fundamento senão o decreto (que nos é incompreensível) pelo qual Deus as ordena, então não há justificação racional independente ou moral a lhes ser conferida. Algumas observações de Wittgenstein no debate sobre ética teológica e a correta concepção da essência do bem mostram que ele e Descartes parecem ter compartilhado certas intuições acerca da forma apropriada de conceber Deus e do seu papel desempenhado em explicações racionalistas. Relata-se que Wittgenstein fez as seguintes considerações contra os racionalistas representados por Schlick, que sustentavam que há uma razão pela qual Deus deseja o bem:

> [...] de acordo com a interpretação mais superficial, o bem é bom porque Deus o quer assim; de acordo com a interpretação mais profunda, Deus deseja o bem porque isso é bom. Penso que a primeira concepção é a mais profunda: bem é aquilo que é ordenado por Deus. Pois tal concepção poda qualquer explicação quanto ao "por que" o bem é bom. Em outras palavras, "isto é bom porque Deus quer assim" é a correta expressão para a falta de fundamento (*Grundlosigkeit*) (Citado em Waisman, 1967: 115).

AGRADECIMENTOS

Este capítulo deveria ser uma revisão de um artigo anterior intitulado "Descartes, Conceivability and Logical Modality" (1991), mas acabou sendo substancialmente reescrito para este livro. Estou profundamente agradecida pelos proveitosos comentários e pela paciência dos organizadores. Também gostaria de agradecer a Michael Kremer por ter chamado minha atenção para observações de Wittgenstein.

REFERÊNCIAS E LEITURAS ADICIONAIS

Alanen, L. (1985). "Descartes, Duns Scotus and Ockham on omnipotence and possibility". *Franciscan Studies* 45: 157-188.

Alanen, L. (1988). "Descartes, omnipotence and kinds of modality". In: P. H. Hare (ed.). *Doing Philosophy Historically*. Buffalo: Prometheus Books, p. 182-196.

Alanen, L. (2003). *Descartes Concept of Mind*. Cambridge, MA: Harvard University Press.

Alanen, L. e S. Knuuttila (1988). "The Foundations and Conceivability in Descartes and his Predecessors". In: S. Knuuttila (ed.). *Modern Modalities*. Dordrecht: Kluwer Academic Publishers, p. 1-69.

Bennett, J. (1994). "Descartes's theory of modality". *Philosophical Review*, 103, p. 639-667.

Beyssade, J.-M. (2001). "Un entretien avec Burman?". In J.-M. Beyssade. *Études sur Descartes – l'histoire d'un esprit*. Paris: Éditions du Seuil.

Bouveresse, J. (1983). "La théorie du possible chez Descartes". *Revue International de Philosophie*, 146, p. 293-310.

Cronin, T. (1960). "Eternal truths in the thought of Descartes and his adversary". *Journal of the History of Ideas*, 4, p. 553-559.

Curley, E. M. (1984). "Descartes on the creation of the eternal truths". *Philosophical Review*, 93, p. 569-597.

Frankfurt, H. G. (1977). "Descartes on the creation of the eternal truths". *Philosophical Review*, 86, p. 36-57.

Funkenstein, A. (1975). "Descartes, Eternal Truths, and the Divine Omnipotence". *Studies in the History and Philosophy of Science*, 6, p. 185-199.

Gilson, E. (1912). *La Liberté chez Descartes et la théologie*. Paris: Alcan.

Guéroult, M. (1968). *Descartes selon l'ordre des raisons*. 2 vols. Paris: Aubier-Montaigne.

Ishiguro, H. (1986). "The status of necessity and impossibility in Descartes". In A. O. Rorty (ed.). *Essays on Descartes's Meditations*. Berkeley: University of California Press, p. 459-472.

Kaufman, D. (2002). "Descartes' creation doctrine and modality". *Australasian Journal of Philosophy*, 80, p. 24-41.

Kaufman, D. (2005). "Immutability and necessity in Descartes". *Journal of History of Philosophy*, 43, p. 1-19.

Leibniz, G. W. (1988). *Political Writings*. Ed. e trad.: P. Riley. Cambridge: Cambridge University Press.

Marion, J.-L. (1980). *Sur la théologie blanche de Descartes*. Paris: Presses Universitaires de France.

Normore, C. G. (1986). "Meaning and objective being: Descartes and his sources". A. O. Rorty (ed.). *Essays on Descartes's Meditations*. Berkeley: University of California Press.

Normore, C. G. (1992). "Descartes's possibilities". In G. J. D. Moyal (ed.). *René Descartes. Critical Assessments*. Londres: Routledge. Vol. 3, p. 68-83.

Normore, C. G. (2006). "Necessity, immutability, and Descartes." In: V. Hirvonen, T. Holopainen e M. Tuominen (eds.). *Mind and Modality: Studies in History of Philosophy in Honor of Simo Knuuttila*. Leiden: Brill Academic Publishers, p. 257-283.

Plantinga, A. (1980). *Does God Have a Nature?* Milwaukee: Marquette University Press.

Waisman, F. (1967). *Wittgenstein und der Wiener Kreis*. Ed.: B. F. McGuinness. Oxford: Blackwell.

Wells, N. (1961). "Descartes and the scholastic briefly revisited". *New Scholasticism*, 35, p. 1-124.

Wells, N. (1981). "Suárez on eternal truths". *Modern Schoolman*, 58, p. 73-104.

Wilson, M. (1978). *Descartes*. Londres: Routledge.

22
O dualismo de Descartes

MARLEEN ROZEMOND

O dualismo mente-corpo é geralmente visto como uma imensa e importante contribuição feita por Descartes à filosofia: a mente ou alma é uma entidade distinta do corpo e pode existir sem ele. Todavia, um pouco de reflexão a esse respeito nos mostra que isso pode não estar totalmente correto: a ideia de que os seres humanos possuem uma alma imaterial que pode sobreviver ao corpo é tão antiga quanto Platão. Ainda assim, a concepção de Descartes era nova em seus dias, mas por outra razão: ele redesenhou as fronteiras entre o mental e o físico. Ao fazê-lo, formulou uma noção do mental que está na base do tratamento moderno do problema mente-corpo. A primeira seção do presente capítulo será dedicada à inovadora concepção cartesiana a respeito do mental.

Em outro sentido, o tratamento cartesiano sobre o dualismo é significativo graças ao argumento que ele oferece a seu favor e que continua a chamar a atenção não apenas dos estudiosos da história da filosofia, mas também no quadro do debate contemporâneo da filosofia da mente (ver Schiffer, 1976; Shoemaker, 1983; Almog, 2002). O dualismo de Descartes e sua argumentação são amplamente vistos como focados em afirmações quanto à divisibilidade da mente em relação ao corpo, mas oferecerei aqui uma interpretação alternativa. Na segunda seção, examinarei seu dualismo e vou defender que ele não consiste na ideia de que a mente e o corpo são separáveis. Com isso, preparo o caminho para minha análise de seu tão conhecido argumento a favor do dualismo nas terceira e quarta seções. Concluo relacionando o dualismo de Descartes e seu argumento tanto com seu contexto histórico quanto com as discussões contemporâneas sobre o problema mente-corpo.

A NOVA CONCEPÇÃO DA MENTE DE DESCARTES

O pano de fundo filosófico mais importante para Descartes é a escolástica aristotélica. Ele foi criado nessa tradição e viu a si mesmo como alguém que lhe apresentava uma alternativa, embora, como ilustrarei a seguir, ele tenha retido algumas de suas concepções. Para os aristotélicos, a alma, *anima*, é a forma do corpo. A alma de um ser vivo particular, digamos uma vaca, faz desse ser o tipo específico de coisa viva que ela é. É o princípio da vida, o qual explica a gama de atividades que manifestam a vida: nas plantas, nutrição e crescimento; nos animais, além dessas, movimento e percepção, e, nos seres humanos, acresce-se a todas as anteriores a atividade intelectual e a vontade. Para os escolásticos aristotélicos, por seu compromisso cristão com a vida após a morte, a alma intelectual humana pode existir depois da morte do corpo. No que se segue, relacionarei a posição de Descartes com a de Tomás de Aquino. Este, naturalmente, antecede Descartes em praticamente 400 anos, mas, nas questões que aqui serão discutidas, os escolásticos temporalmente próximos a Descartes e aqueles citados por ele concordam com Tomás de Aquino.

Tomás de Aquino argumenta que a atividade intelectual deve ser executada por um ser incorpóreo:

> O princípio intelectual, que é chamado mente ou intelecto, realiza uma atividade por si mesmo [*per se*], da qual o corpo não participa. Nada, porém, pode operar por si mesmo a menos que subsista por si mesmo; pois a atividade somente diz respeito a um ser em ato e, portanto, algo opera tal como é. Por essa razão, não dizemos que o calor aquece, mas que algo quente aquece. Consequentemente, a alma humana, que é chamada intelecto ou mente, é algo incorpóreo e subsistente (*Summa Theologiae*, 1.75.2).

Assim, a atividade intelectual é uma operação exclusiva da alma humana – ao contrário do composto corpo-alma – e isso requer que a alma seja uma entidade subsistente, ou seja, uma entidade que existe por si mesma e que pode existir sem o corpo. Tomás de Aquino e outros escolásticos tinham uma concepção diferente da percepção sensível e de outras atividades que hoje consideramos como mentais. A percepção sensível pertence ao composto alma-corpo, ou ao corpo animado, e não à alma separadamente (*Summa Theologiae*, 1.77.8). Consequentemente, há uma marcante diferença entre a concepção tomista da alma e as inquietações modernas referentes ao problema da relação mente-corpo: Tomás de Aquino enfoca a atividade *intelectual* humana ao defender a incorporeidade da alma. No quadro da filosofia contemporânea, a questão mais difícil no que tange à possibilidade de a alma ser compreendida em termos físicos diz respeito à consciência, enfocando o que significa ter experiências que pertenceriam ao domínio do sensível, como, por exemplo, a dor e as sensações de cor. Tal diferença encontra sua origem na reformulação conceitual do mental feita por Descartes.

Diferentemente de seus predecessores escolásticos, Descartes, com efeito, identifica a alma com a mente e distancia-se da posição destes ao restringir o papel da alma, ampliando, ao mesmo tempo, o papel da mente. Ele restringe o papel da alma ao torná-la o princípio do pensamento e por lhe retirar a responsabilidade pelas outras manifestações tradicionais da vida: nutrição, crescimento, movimento. Ele explica a Gassendi:

> [...] os primeiros homens talvez não tenham distinguido entre, de um lado, o princípio que, em nós, é responsável pela nutrição, pelo crescimento, e que executa, sem qualquer pensamento, todas as outras funções que temos em comum com as bestas, e, de outro lado, o princípio pelo qual nós pensamos. Eles aplicaram a ambos um único termo, "alma". Então, ao notarem que o pensamento é distinto da nutrição, eles chamaram aquilo que pensa de 'mente' e acreditaram que essa é a principal parte da alma. Eu, contudo, ao notar que o princípio responsável por nossa nutrição é inteiramente diferente do princípio pelo qual pensamos, disse que o termo "alma" é ambíguo quando usado para se referir a ambos. E, para compreendê-lo como o primeiro ato ou a principal forma do homem, deve ser compreendido somente como o princípio pelo qual nós pensamos. Para tanto, empreguei, tanto quanto possível, o termo "mente", de modo a evitar ambiguidades. Pois não considero a mente como uma parte da alma, mas como toda a alma que pensa (2: 246; AT 7: 356).

Descartes escreve aqui que o termo "alma" é ambíguo e concede que, em certo sentido, os outros papéis – que não o pensamento – que Aristóteles atribuía à alma envolvem, de fato, uma alma. Mas ele os relega ao domínio da explicação mecanicista, que, na realidade, destitui-os de toda relação com a alma. Essa expansão do papel da explicação mecanicista não é explícita nas *Meditações*, mas é central para sua famosa discussão acerca dos seres humanos, dos animais e das máquinas na Quinta Parte do *Discurso do método*, em que defende que o corpo humano é uma máquina. Os seres humanos também possuem uma alma racional, que é responsável pelo pensamento e que não pode ser explicada pelo mecanicismo. Portanto, que nós tenhamos uma alma dá conta dos nossos comportamentos que manifestam o pensamento, como é o caso da linguagem. Os animais, porém, são *apenas* máquinas: todos os seus comportamentos podem ser explicados mecanicamente (1: 139-141; AT 7: 55-60)

Atualmente, os filósofos tendem a questionar a concepção cartesiana de que o mental não pode ser explicado cientificamente e que deve ser imaterial. Mas sob a perspectiva de seus contemporâneos, a concepção de Descartes acerca do escopo da explicação científica materialista era considerada notável por seu otimismo. A reação de Arnauld ilustra esse ponto:

> Parece inacreditável, à primeira vista, que isso possa ocorrer sem o auxílio de nenhuma alma, a saber, que a luz vinda do corpo de um lobo e refletida nos olhos de um cordeiro mova o finíssimo nervo ótico e que, por causa desse movimento, os espíritos animais se difundam através dos nervos de modo a tornar necessário que o cordeiro fuja (2: 144; AT 7: 205).

Assim, Descartes restringe a noção de alma à de mente e pensamento. Por outro lado, ele amplia a concepção da mente relativamente à concepção dos aristotélicos, para os quais a mente era o elemento intelectual, racional, em nós. Para Descartes, a mente ou o sujeito pensante é "uma coisa que duvida, que entende, que afirma, que nega, que quer, que não quer, que imagina e que também sente" (2: 19; AT 7: 28). Ele estende, pois, o conceito de mente quando lhe confere funções como a percepção sensível e a imaginação, as quais, para os escolásticos, eram funções que pertenciam ao corpo animado enquanto sujeito.

DUALISMO, SUBSTÂNCIAS E ATRIBUTOS PRINCIPAIS

O dualismo de Descartes, é importante lembrar, é um dualismo de substâncias: seu ponto era que a mente e o corpo são realmente distintos. O que significa dizer que a mente e o corpo são realmente distintos? Alguns intérpretes acreditam que seu dualismo consiste na divisibilidade da mente e do corpo (Wilson, 1978: 185-190). É certamente correto que Descartes estava interessado na afirmação modal da possibilidade de que a mente exista sem o corpo, pois isso importa para o debate acerca da possibilidade de uma vida após a morte (2: 10; AT 7: 13). Todavia, na minha interpretação, seu dualismo não consiste nessa afirmação modal. Mais ainda, e contrariamente à opinião comum, não acredito que afirmações modais sobre a divisibilidade da mente e do corpo sejam centrais para seu principal argumento em favor do dualismo, ao qual irei me referir como o Argumento da Distinção Real. Em vez disso, o que é central para este argumento e para o dualismo de Descartes é sua concepção da substância e da essência da mente como coisa pensante e do corpo como coisa extensa, em que "essência" é compreendida em um sentido não-modal. Com efeito, penso que essas afirmações capturam elementos importantes do que faz com que ainda nos apeguemos ao argumento (ou, ao menos, alguns de nós): a natureza ou essência do pensamento nos aparece de modo manifesto como radicalmente diferente da natureza do corpo, e isso coloca a questão de saber se a mente e o corpo são coisas distintas. Na presente seção, examinarei o dualismo de Descartes e defenderei que ele não deve ser entendido como consistindo de uma afirmação modal. Isso requer explorar sua noção de distinção real e sua teoria da substância. Na próxima seção, retornarei ao Argumento da Distinção Real.

Para Descartes, uma distinção real entre duas entidades consiste no fato de que são substâncias diferentes (*Princípios*, 1.60; 2: 9, 54, 159, 285-286; AT 7: 13, 78,

226, 423). A noção de distinção real não era uma novidade de Descartes e tem suas origens na teoria escolástica das distinções. Um tratamento importante a respeito desse tema pode ser encontrado nas *Disputationes Metaphysicae* de Francisco Suárez, uma obra muito influente no século XVII. Suárez definia a distinção real como uma distinção que existe entre uma coisa e outra: *una ab alia re*. O termo coisa – *res* – é aqui usado em uma acepção técnica: modos não são *res* nesse sentido, como Suárez deixa bastante claro (*Disputationes Metaphysicae* 7.1.1). Em seu sentido técnico, para Descartes, apenas substâncias são *res*, e não modos, e ele também por vezes emprega o termo *res* em um sentido que exclui modos (ver 2: 54; AT 7: 78; ver também a tradução apresentada a seguir). Para Suarez, a divisibilidade era um *signo* da distinção real. Ele a considerava uma razão suficiente, mas não necessária para a distinção real e, portanto, a divisibilidade não é constitutiva da distinção real (*Disputationes Metaphysicae*, 7.2.9-27). Descartes algumas vezes define a distinção real em termos de divisibilidade (2: 114; AT 7: 162), entretanto, nas Segundas Respostas, ele apresenta a divisibilidade como um *signo* da distinção real (2: 95; AT 7: 132). Isso sugere que, também para Descartes, a distinção não consiste na divisibilidade.

Visto que Descartes escreveu que a distinção real é a que existe entre substâncias, sua noção de substância é importante. Ele define a substância como uma coisa "que existe de tal modo [*ita*] que não precisa de nada mais para existir" (*Princípios*, 1. 53). É tentador ler essa definição como uma afirmação de que a substancialidade consiste na habilidade de existir à parte de qualquer outra coisa. Nesse caso, a distinção real seria, no final das contas, redutível à divisibilidade. Todavia, essa definição afirma que a substância não precisa de qualquer outra coisa para existir *como resultado* de seu modo atual de existência: uma substância "existe de tal modo [*ita*] que não precisa de nada mais para existir". O que isso significa?

A ontologia básica de Descartes contém substâncias e modos. Um modo existe em outro ou por meio de outro, uma substância, ao passo que a substância existe ou subsiste por si mesma, é uma *res per se subsistens* (3: 207; AT 3: 502; 2: 157, 159; AT 7: 222, 226; 1: 297; AT 8A: 348). Descartes também caracteriza a substância como aquilo "no qual inere [*inest*] imediatamente, como em um sujeito, alguma propriedade, ou qualidade, ou atributo do qual uma ideia real existe em nós" (2: 114; AT 7: 161). Essas duas caracterizações são os dois lados de uma mesma moeda: substâncias são entidades que existem por si mesmas; os modos existem por meio delas, uma vez que nelas inerem. Mais uma vez, essa caracterização segue uma caracterização comum de substância e de qualidade no interior da escolástica aristotélica. Intuitivamente, a ideia é que uma substância pode existir sem qualquer outra coisa *porque* existe por si mesma, *porque* é uma coisa em si mesma. Modos são qualidades, propriedades de coisas: eles existem na medida em que inerem em outra coisa e, por isso, não podem existir sem um sujeito de inerência. Um pedaço de cera é uma coisa que existe por si mesma. Sua forma e seu tamanho são suas propriedades, as quais existem porque pertencem ao pedaço de cera. Por conseguinte, se se destruísse o pedaço de cera, forma e tamanho desapareceriam. O pedaço de cera, ele mesmo, não é uma propriedade de alguma outra coisa de tal maneira que sua existência dependa, nesse mesmo sentido, dessa outra entidade.

A concepção de Descartes a respeito dos modos como sendo particulares está implícita nesse quadro. A forma particular da cera, enquanto oposta à qualidade geral de ser, digamos, redonda, não pode subsistir sem seu sujeito de inerência particular. Isso não significa que esses itens não possuam relações de dependência diferentes dessa dependência ontológica, em particular relações causais. No entanto, as relações causais são irrelevantes para as noções de modo e substância – ou, mais precisamente, as relações causais entre as criaturas são irrelevantes: Descartes considera o fato de que as substâncias criadas sejam causalmente dependentes de Deus como sendo relevante para o sentido no qual as coisas criadas são substâncias. Portanto, o que Descartes pretende estabelecer quanto à mente e ao corpo é que cada um é uma coisa por si mesma e que são diferentes tipos de coisas. Em suma, a ideia fundamental a respeito da distinção real entre a mente e o corpo não consiste em afirmações modais acerca da divisibilidade, mas, de fato, tem consequências modais.

A compreensão não modal da distinção real entre a mente e o corpo é, na realidade, bastante importante para o interesse que Descartes tem no dualismo. Seu propósito é atribuir ao corpo exclusivamente aqueles modos que podem ser objeto de explicação mecanicista. A mente é o sujeito incorpóreo de estados que não podem receber esse tipo de explicação. Com isso, ele pretende fornecer suporte metafísico para sua concepção de que as explicações mecanicistas podem dar conta de todos os fenômenos do mundo físico. Essa preocupação com o mecanicismo, porém, está associada somente à ideia de que o corpo e a mente são substâncias com diferentes tipos de propriedades e não às suas capacidades de existirem separadamente. (Vale notar que, filosoficamente falando, é possível separar dois domínios explicativos sem adotar o dualismo de substâncias, como é ilustrado pelo monismo anômalo de Donald Davidson.) A ideia de que a mente é um tipo diferente de substância também é relevante para a questão sobre a vida após a morte: na história desse tema, é importante a ideia de que os corpos acabam por deixar de existir devido à decomposição. Se a alma não é o corpo, sua natureza é diferente e isso ajuda a fundamentar sua imortalidade.

Nas *Meditações*, a importância de uma compreensão não modal da distinção real entre a mente e o corpo surge logo após a conclusão do Argumento da Distinção Real. Descartes conclui o argumento da seguinte maneira: "é certo que sou realmente distinto do meu corpo e que posso existir sem ele" (2: 54; AT 7: 78). Descartes, de fato, expressa aqui a ideia modal de que ele (isto é, sua mente) pode existir sem seu corpo. Mas, logo em seguida, ele escreve:

> Além disso, encontro em mim faculdades para modos de pensar especiais, a saber, as faculdades de imaginar e de sentir. Eu posso conceber clara e distintamente a mim mesmo como um todo sem elas, mas não vice-versa, elas sem mim, ou seja, sem uma substância intelectual na qual inerem; pois elas incluem alguma intelecção em seus conceitos formais e, por conseguinte, percebo que elas são distintas de mim como modos o são de uma coisa. Eu também reconheço outras faculdades, tais como mudar de lugar, ter diversas formas e assim por diante, que não podem ser concebidas sem alguma substância na qual inerem. Mas é manifesto que se essas [faculdades] existem, elas devem inerir em uma substância corpórea ou extensa, e não intelectual, porque seus conceitos claros e distintos certamente contêm alguma extensão, mas nenhuma intelecção (2: 54-55; AT 7: 78-79).

Descartes não menciona uma palavra aqui sobre a vida após a morte, para a qual a afirmação modal referente à capacidade da mente de existir sem o corpo é importante. Em vez disso, ele enfoca a ideia de que a mente e o corpo são diferentes tipos de substâncias, cada qual com diferentes tipos de modos. A sensação e a imaginação lhe pertencem, ou seja, à sua mente; as faculdades de mudar de lugar, assumir diversas formas e semelhantes pertencem a uma substância corpórea.

Isso nos conduz a outro aspecto da teoria cartesiana da substância que é crucial para os nossos propósitos: sua concepção da essência de uma substância, que ele chama de seu atributo principal.

> Há uma propriedade principal para cada substância, que constitui sua natureza e essência e à qual todas as outras se

referem. Especificamente, a extensão em largura, comprimento e profundidade constitui a natureza da substância corpórea, e o pensamento constitui a natureza da substância pensante. Pois todo o restante que pode ser atribuído ao corpo pressupõe a extensão e é somente um modo da coisa extensa; de modo similar, o que quer que encontremos na mente é somente um dos diferentes modos de pensar. Assim, por exemplo, a figura só pode ser concebida na coisa extensa; o movimento, no espaço extenso e a imaginação, a sensação ou a vontade, apenas em uma coisa pensante. Por outro lado, porém, a extensão pode ser concebida sem a forma ou o movimento, e o pensamento, sem a imaginação ou a sensação, e assim por diante – como é evidente para qualquer um que se ocupa desse tema. (*Princípios*, 1.53)

Visto que ele está falando de essências, poder-se-ia esperar que Descartes insistisse que uma substância não pode existir sem seu atributo principal, pois as propriedades essenciais de uma entidade são comumente concebidas como propriedades sem as quais essa coisa não pode existir. Ora, ele, na verdade, acredita que uma substância não pode existir sem seu atributo principal, mas esse aspecto não é o que faz dessa propriedade a essência de uma substância: outros atributos também pertencem necessariamente a uma substância (se ela existe), tais como a duração, o número e a existência (*Princípios*, 1. 56, 62). Essas são características gerais que pertencem a todo tipo de substância, qualquer que ela seja. Em vez disso, para Descartes, um atributo principal é a essência ou a natureza de uma substância porque todos os outros tipos específicos de características, seus modos, "referem-se" a esse atributo. Elas são maneiras de ser do atributo principal e, como se diz habitualmente, *pressupõem-no*, tanto ontologica quanto epistemologicamente. Essas características não podem existir nem ser concebidas sem seu atributo principal. Assim, o atributo principal determina quais propriedades uma substância possui. A intuição que está por trás da concepção de Descartes não é difícil de perceber. Um atributo principal é como, por exemplo, a estrutura atômica do ouro a qual determina as propriedades e o comportamento deste elemento, tais como sua cor, peso e solubilidade em água régia. Portanto, contrariamente ao que se poderia esperar, o atributo principal não constitui a essência de uma substância em virtude de lhe ser inseparável, mas por seu papel crucial de fundamentar os modos da substância.

Descartes não emprega explicitamente a noção de atributo principal nas *Meditações*, mas ela está presente em seu pano de fundo. De fato, vemos sua função de fundamentar os modos de uma substância emergir na Sexta Meditação, quando ele escreve que a sensação e a imaginação são modos de sua mente porque "posso conceber clara e distintamente a mim mesmo como um todo sem elas, mas não vice-versa, elas sem mim, ou seja, sem uma substância intelectual na qual inerem". E o movimento, a forma e o tamanho são modos do corpo porque seus conceitos claros e distintos contêm extensão (2: 54-55; AT 7: 78-79).

É útil comparar a concepção cartesiana de substância com duas outras: uma que poderíamos chamar de Concepção como Mero Substrato* e a concepção escolástico-aristotélica da substância corpórea. Segundo a Concepção como Mero Substrato, uma substância é somente um sujeito de inerência de propriedades. (Essa concepção é comumente atribuída a Locke; ver Locke, 1975: Livro 2, cap. 23. Para uma interpretação diferente da concepção lockeana da substância, ver Ayers, 1975.) As propriedades inerem na substância, mas não são constituintes da substância. Para os escolásticos aristotélicos, por sua vez, uma substância corpórea é um composto de matéria-prima e de forma substancial. A matéria-prima é um mero sujeito uma vez que ela é, também, desprovida de qualquer aspecto e é somente um substrato para a

---

* N. de T.: No original, *Bare Subject View*.

forma substancial. A substância, porém, consiste em matéria-prima mais a forma substancial, e esse composto é o sujeito de vários tipos de acidentes, tais como qualidades e relações.

Descartes claramente rejeita a Concepção como Mero Substrato, pois pensa que uma substância contém seu atributo principal. Nesse sentido, ele explica que, para pensarmos algo como uma coisa completa – o que significa para ele pensar esse algo como uma substância –, devemos incluir o atributo principal. Por exemplo, para conceber a forma como uma coisa completa, deve-se incluir extensão e substância, e não apenas substância (carta a Gibieuf, 2: 156; AT 7: 221). Na realidade, Descartes parece adotar uma concepção diametralmente oposta à Concepção como Mero Substrato, pois, algumas vezes, afirma que um atributo principal e sua substância são uma só e mesma coisa considerada de diferentes maneiras. Isso sugere que o atributo principal constitui totalmente a substância e que não há lugar para um mero sujeito de inerência (*Princípios*, 1.63, 1: 297; AT 8B: 348). A identificação entre substância e atributo principal também é sugerida pela recusa cartesiana da noção escolástica de matéria-prima (1: 91-92; AT 11: 33, 35). Em termos aristotélicos, o resultado é que uma substância consiste exclusivamente de uma forma substancial ou, nos termos do próprio Descartes, de um atributo principal. Acredito que essa é realmente sua concepção, mas uma discussão completa dessa tese iria nos conduzir muito longe. (ver também Marion, 1986: 161-180)

PENSAR SEM UM CORPO

Voltemo-nos agora para a defesa que Descartes faz do dualismo. Vale a pena notar que o Argumento da Distinção Real era o seu principal, embora não único, argumento. No *Discurso*, ele sustenta que a linguagem e uma ampla gama de capacidades humanas não podem ser explicadas pelo mecanicismo e requerem uma alma imaterial (1: 139-141; AT 6: 55-60). Nas *Meditações*, defende que a mente e o corpo são distintos com base na indivisibilidade da alma e da divisibilidade do corpo (2: 59; AT 7: 85-86). O Argumento da Distinção Real, todavia, é seu argumento mais importante para o dualismo. Na formulação que recebe nas *Meditações*, esse argumento tem dois pontos nevrálgicos: um na Segunda e outro na Sexta Meditação. Na Segunda Meditação, Descartes sustenta que, apesar da dúvida levantada da Primeira Meditação acerca da existência dos corpos, ele, ainda assim, está certo de que existe e de que pensa. Após eliminar uma lista de candidatos para estabelecer o que ele é, com base no fato de que esses não resistem à dúvida sobre os corpos, ele conclui:

> Pensamento ? Agora descubro: isso por si só não pode ser tirado de mim. Eu sou, eu existo – isso é certo. Mas por quanto tempo? Enquanto eu pensar. Pois poderia talvez ocorrer que, se eu deixasse de ter qualquer pensamento, deixaria totalmente (*totus*) de existir. Nada admito agora que não seja necessariamente verdadeiro. Eu sou, portanto, estritamente falando (*praecise tantum*), uma coisa que pensa, isto é, uma mente, um espírito, uma razão, termos cujo sentido me era antes desconhecido (2: 18; AT 7: 27).

Recorrendo aos resultados da Segunda Meditação, Descartes afirma na Sexta Meditação que ele dispõe de uma percepção clara e distinta da mente como uma coisa pensante, como uma coisa não extensa. Ele, então, usa essa percepção para mostrar que ele, isto é, sua mente, é uma substância diferente do corpo.

> Porque sei que todas as coisas que eu concebo clara e distintamente podem ser produzidas por Deus tais como as concebo, basta que possa conceber clara e distintamente uma coisa sem a outra para estar certo de que uma é distinta ou diferente da outra, já que podem ser postas separadamente (*seorsim poni*),

ao menos por Deus. E não importa por que potência se faça essa separação, para que sejam consideradas como diferentes. Consequentemente, pelo próprio fato de que sei com certeza que eu existo, e que, ao mesmo tempo, noto que nada mais pertence à minha natureza ou à minha essência, a não ser que sou uma coisa que pensa, concluo corretamente que minha essência consiste somente em que sou uma coisa que pensa. E embora talvez (ou, antes, certamente, como direi logo mais) eu tenha um corpo ao qual estou muito estreitamente conjugado, todavia, já que, de um lado, tenho uma ideia clara e distinta de mim mesmo, uma vez que sou apenas uma coisa pensante e não extensa, e que, de outro, tenho uma ideia distinta do corpo, uma vez que eu sou apenas uma coisa extensa e que não pensa, é certo que eu sou realmente distinto de meu corpo e que posso existir sem ele. (2: 54; AT 7: 78)

Como Descartes utiliza o resultado da Segunda Meditação para chegar ao dualismo? De acordo com uma interpretação muito comum, a ideia básica do Argumento da Distinção Real é, *grosso modo*, a seguinte. Na Segunda Meditação, Descartes descobre ser concebível que a mente possa existir sem o corpo graças a premissa de que tudo o que é concebível (clara e distintamente) é possível. Mas, se a mente e o corpo podem existir um sem o outro, então eles devem ser substâncias distintas. Nessa concepção, a afirmação modal de que a mente pode existir sem o corpo é central. Porém, como já havia indicado anteriormente, não penso que ela o seja e oferecerei uma interpretação alternativa.

Analisarei o argumento excluindo, uma por uma, diversas maneiras pelas quais a mente e o corpo poderiam ser a mesma substância e usando a exposição das *Meditações* como ponto de referência:

1. a discussão sobre a mente na Segunda Meditação conduz à conclusão de que o pensamento não é um modo do corpo, mas um atributo principal;
2. o Argumento da Distinção Real apoia-se na tese de que a extensão constitui a natureza do corpo, sendo seu atributo principal. Logo, a mente e o corpo tampouco são idênticos pelo fato de a extensão não ser um modo do pensamento. Isso nos deixa com
3. a possibilidade de que a mente e o corpo constituam uma única substância com dois atributos principais.

Para Descartes, essa possibilidade está excluída porque uma substância tem somente um único atributo principal. Na presente seção, veremos como Descartes estabelece (1); na próxima seção, trataremos de (2) e (3).

Dentre as questões mais importantes acerca do Argumento da Distinção Real está a seguinte: o que exatamente Descartes acredita ter estabelecido no experimento de pensamento da Segunda Meditação e como ele acredita poder provar o dualismo sob essa base? Na Sexta Meditação, Descartes descreve assim o resultado da Segunda Meditação:

> Noto que nada mais pertence à minha natureza ou à minha essência, a não ser que sou uma coisa que pensa – *nihil plane aliud ad naturam sive essentiam meam pertinere animadvertam, praeter hoc solum quod sim res cogitans* (2: 54; AT 7: 78; ver também 2: 7, 154; AT 7: 8, 219).

Essa frase pode significar duas coisas:

1. que ele não notou algo mais que pertencesse à sua natureza ou essência, ou
2. que ele notou que nada mais pertencia à sua natureza ou essência. (Para uma discussão sobre essa ambiguidade, ver Curley, 1978: 196; Kenny, 1968 86 e ss.) A primeira dessas afirmações é mais fraca e mais fácil de mostrar do que a segunda. Mas o problema é saber se ela seria suficiente para sustentar o dualismo.

A segunda afirmação é tão forte que o dualismo se seguiria simplesmente pela validação das percepções claras e distintas. No entanto, ela é mais difícil de se defender e alguns críticos sugeriram que a Segunda Meditação não pode fazer esse trabalho.

Segundo minha interpretação, Descartes tem em vista a afirmação mais fraca, e a seguinte passagem da Segunda Meditação é destinada a deixar isso claro:

> E o que mais? Usarei minha imaginação. Eu não sou esse conjunto de órgãos que é chamado de corpo humano; eu não sou um ar tênue difundido por esses órgãos, nem vento, fogo, vapor, sopro ou qualquer coisa que imagine. Pois presumi que essas coisas nada são e a posição permanece: eu, não obstante, sou alguma coisa. Pode acontecer, talvez, que essas mesmas coisas que eu suponho nada ser, pois me são desconhecidas, não sejam realmente diferentes das que eu conheço? *Eu não sei, ainda não discuto isso: apenas posso julgar sobre coisas que me são conhecidas* (2: 18; AT 7: 27, ênfase acrescentada).

Aqui, portanto, Descartes alega que ainda não pode decidir se ele, isto é, sua mente, é material. Assim, a questão agora é determinar se essa afirmação mais fraca – de que ele sabe que é uma coisa pensante, mas não pode dizer ainda se também é material – é suficiente para o argumento de Descartes em favor do dualismo. Penso que ela é suficiente, desde que compreendamos que Descartes argumenta nessa passagem que o pensamento é um atributo principal.

Voltemo-nos agora para o modo como ele faz isso.

Nas Quartas Respostas, Descartes explica que, na Segunda Meditação, ele descobriu que podia perceber sua mente como uma coisa completa, isto é, como uma substância, e que isso é decisivo para o seu argumento:

> A mente pode ser percebida distinta e completamente, ou suficientemente, pois pode ser considerada como uma coisa completa sem nenhuma dessas formas ou atributos pelos quais reconhecemos que o corpo é uma substância, como penso ter suficientemente mostrado na Segunda Meditação (2: 157; AT 7: 223).

Visto que, na Segunda Meditação, Descartes considera a mente apenas como uma coisa *pensante*, podemos parafrasear seu resultado da seguinte maneira: o pensamento é percebido como suficiente para que a mente seja uma substância. Nos termos da teoria cartesiana da substância, isso significa que o pensamento é um atributo principal e não um modo. O experimento de pensamento contribui para esse resultado ao mostrar que o pensamento não é um modo do corpo. (Descartes, por vezes, formula essa tese sustentando que o pensamento não pressupõe a *extensão* porque a *extensão* é o atributo principal do corpo.)

Podemos entender por que Descartes pensa ter alcançado esse resultado à luz de sua concepção acerca das relações entre modos e substâncias: os modos não podem ser concebidos sem as substâncias e sem o atributo principal que eles pressupõem. Nos *Comentários a Certo Programa*, um tratado no qual ele corrige os erros de seu seguidor Regius, Descartes explica seu pensamento da seguinte forma:

> [...] embora possamos facilmente conceber uma substância sem o modo, pertence à natureza do modo não poder claramente concebido ser por nós a menos que concebamos, ao mesmo tempo, uma substância da qual ele é modo, como expliquei em *Princípios* 1.61 e com o que concordam todos os filósofos. É manifesto, porém, a partir de sua quinta regra, que o nosso autor [Regius] não atentou para essa regra: pois ele admite que podemos duvidar da existência do corpo enquanto não podemos, ao mesmo tempo, duvidar da existência da

mente. Portanto, segue-se que a mente pode ser entendida por nós sem o corpo e que, por conseguinte, não é um modo dele (1: 298; AT 8B: 350).

Logo, a mente não é um modo do corpo porque podemos duvidar da existência do corpo enquanto não duvidamos – na realidade, enquanto estamos certos – da existência da mente, e porque um modo não pode ser claramente concebido sem que se conceba o tipo de substância ao qual este pertence. (Descartes fala aqui que a mente não é um modo do corpo. O ponto, na realidade, é que a Segunda Meditação presumivelmente mostra que o *pensamento* não é um modo do corpo.) Descartes concede que podemos pensar em um modo sem pensar em seu atributo por meio de uma abstração da mente – no sentido de não pensar de forma alguma no atributo. Contudo, quando considerarmos ambos conjuntamente, o modo e seu atributo, veremos que o modo depende desse atributo (carta a Gibieuf, 19 de janeiro de 1642, 3: 202; AT 3: 474-475; ver também 3: 188; AT 3: 421). O experimento de pensamento da Segunda Meditação tem então por resultado mostrar a Descartes que o pensamento não é um modo da extensão.

Manifestamente, o que está em aberto é saber se podemos ter concepções *claras e distintas* do tipo correto. Se as preocupações céticas são ignoradas, a estrutura filosófica do argumento não inclui a referência explícita à noção de percepção clara e distinta. Não inclui ainda a referência explícita a Deus, cuja função no argumento consiste, a meu ver, em validar as percepções claras e distintas. Essa interpretação da função de Deus não é controversa (ver Curley, 1978: 198-200; Wagner, 1983), mas tal como a compreendo, é o próprio Descartes que a descreve dessa forma nas Quartas Respostas (2: 159; AT 7: 226).

Estamos agora em posição de examinar se a versão fraca da afirmação "eu não conheço nada mais que pertença à minha natureza ou à minha essência, exceto que sou uma coisa que pensa" é suficiente para os propósitos de Descartes. Uma vez que ele acredita que um modo depende epistemicamente de seu atributo, de tal forma que se pode ver a conexão entre um modo e seu atributo quando se os considera conjuntamente, o resultado crucial para o Argumento da Distinção Real é a afirmação relativamente fraca de que a consideração conjunta do pensamento e da extensão não nos obriga a atribuir a extensão à coisa pensante.

A mera ideia de que o pensamento não é um modo da extensão não é suficiente para estabelecer que o pensamento seja um atributo principal. Ele poderia ser um modo de algum outro atributo ou poderia ser *idêntico* à extensão ou a alguma outra qualidade corpórea. Descartes não prestou muita atenção a essa última possibilidade, considerando-a obviamente errada. A solução, ele acreditava, estava em se usar o próprio intelecto em oposição à imaginação, não sendo necessário, pensava, recorrer a um *argumento*, mas a um afastamento dos sentidos que incluía um afastamento da imaginação e a limitação de se usar exclusivamente o intelecto puro (2: 297; AT 7: 441; 2: 287; AT 7: 425). Descartes se via como fornecedor de um *argumento* apenas contra o erro de atribuir pensamento e extensão à uma só e mesma coisa (2: 285; AT 7: 422-423). Em outras palavras, ele estava interessado em defender o dualismo de substâncias e não o dualismo de propriedades. Devo confessar que sinto certa simpatia em relação a essa abordagem, desde que se lhe assegure sua concepção mecanicista – relativamente simples – de corpo. Mesmo que o pensamento fosse corpóreo, não parece plausível que seja idêntico à extensão ou ao movimento de porções da matéria extensa de Descartes. Com certeza, muitos casos de não-identidade nos aparecem como óbvios sem provocar o sentimento de que necessitam de um argumento. Para tomar um exemplo extremo, considere-se a não-identidade entre o número 7 e um pedaço de cera. No que se segue, tomarei como assegurada a suposição cartesiana de que a ideia segundo a qual o pensamento é um atributo principal inclui sua não identidade com a extensão.

A possibilidade de que o pensamento pressuponha alguma outra propriedade como atributo principal reclama maior discussão. Essa possibilidade não é necessariamente ameaçada pela tentativa de mostrar que a mente é uma substância incorpórea, pois, se o pensamento fosse um modo de alguma outra propriedade que, por sua vez, fosse um atributo principal distinto e independente da extensão, então, a conclusão almejada ainda poderia ser obtida. Essa objeção colocaria um problema se (a) o pensamento fosse um modo de alguma outra propriedade *corpórea* ou (b) o pensamento fosse um modo de alguma propriedade pressuposta tanto pelo pensamento quanto pela extensão. Destarte, como excluir essas possibilidades?

Descartes pode ter pensado que a estratégia da Segunda Meditação era suficiente para excluir (a): se é possível conceber-se a si mesmo como uma coisa pensante sem se atribuir qualquer propriedade corpórea, isso poderia, dada a concepção cartesiana da relação modo-substância, ser suficiente para obter a conclusão de que o pensamento não pressupõe a corporeidade em qualquer sentido relevante. E é razoável supor que ele tenha pretendido que a Segunda Meditação tratasse de quaisquer propriedades corpóreas. Um crítico pode objetar que a Segunda Meditação, ao fazê-lo, presume que o meditador tenha um conhecimento exaustivo sobre a natureza do corpóreo. Dados os impressionantes desenvolvimentos na concepção do corpo ao longo da história da filosofia, essa atitude pode ser considerada, na melhor das hipóteses, como otimista. Não muito mais tarde, filósofos e cientistas incluíram a noções de força que, na visão de Descartes, eram o resultado de uma confusão entre o mental e o físico. De fato, visto que Descartes acreditava ter alterado a noção de corpo, ele pode ter considerado a possibilidade de qualidades corpóreas que lhe eram desconhecidas.

E o que dizer de (b), a possibilidade de que exista alguma outra propriedade que seja pressuposta tanto pelo corpo quanto pela extensão? Descartes negligencia essa possibilidade, mas ele pode perfeitamente ter acreditado que considerar o pensamento e a extensão conjuntamente poderia igualmente excluí-la. Em uma passagem das Terceiras Respostas, ele sugere que, caso se considere conjuntamente modos que pressuponham o mesmo atributo, vê-se que eles têm esse atributo em comum. Descartes afirma que, quando consideramos ao mesmo tempo diversos modos da mente, vemos que eles têm o pensamento em comum, e o mesmo pode ser dito a respeito dos modos do corpo. E Descartes afirma que não vemos nenhuma conexão entre o pensamento e a extensão (2: 124; AT 7: 176; ver também as Sextas Respostas, 2: 285; AT 7: 423-424).

Essa resposta pode, de fato, deixar um crítico insatisfeito. Uma das preocupações é que essa estratégia supõe, mais uma vez, que estamos familiarizados com todas as possíveis qualidades relevantes. Mas é perfeitamente possível que haja qualidades que desconhecemos, de forma que, ao considerarmos conjuntamente o pensamento e a extensão, não vejamos nenhuma conexão por desconhecer tais qualidades. É possível julgar que podemos conceber a nós mesmos como coisas pensantes, não--físicas, independentemente da questão de saber se todas as qualidades físicas de que estamos cientes devem nos pertencer ou se o pensamento e essas qualidades físicas pressupõem algum atributo comum. Mas e se existirem qualidades físicas das quais não estejamos cientes?

Uma dificuldade diferente é a seguinte: podemos estabelecer que o pensamento não pressupõe a extensão ou alguma outra qualidade em virtude de um procedimento *a priori* qualquer? A relação atributo-modo pode não ser sempre detectável *a priori*, mesmo se estivermos cientes de todas as qualidades relevantes. Esse é um problema sério para o argumento. Realmente, questões acerca do modo pelo qual é possível estabelecer a natureza do pensamento dessa maneira *a priori* são centrais para o sucesso do argumento cartesiano em favor do dualismo ou para qualquer interpretação desse argumento. Por exemplo, mesmo na ausência de uma conexão *a priori* entre pensamento e extensão, é perfeitamente possível que o pensamento seja idêntico a – ou intrinsecamente dependente de – processos físicos.

Em particular, esse problema emerge quando se aceita a tese de que há verdades necessárias que não são *a priori*. (Para uma discussão relevante, ver Kripke, 1972; Schoemaker, 1983.) No entanto, é importante notar que, em minha interpretação, essa tese não coloca necessariamente um problema. Expliquei a confiança que Descartes deposita em considerações *a priori* em termos de uma tese específica que ele adota: sua concepção de substância, que envolve a relação modo-atributo. Essa explicação é compatível com a existência de verdades necessárias *a posteriori* sobre outros temas que não a relação modo-atributo. Assim, a mera existência em geral de verdades necessárias *a posteriori* não acarreta que o experimento de pensamento não forneça a Descartes o que ele precisa.

Além disso, é possível que haja uma conexão *a priori* entre pensamento e materialidade, a qual não seja, porém, detectável pelo tipo de procedimento seguido na Segunda Meditação – ela poderia ser muito mais difícil de detectar. (Arnauld coloca esse tipo de problema nas Quartas Objeções, 2: 141-143; AT 7: 201-204; para a resposta de Descartes, ver 2: 157-159; AT 7: 223-225). Mais uma vez, a concepção particular de Descartes acerca da natureza da relação entre modo e atributo explica por que ele pensa que seu procedimento é adequado. Nesse sentido, um crítico deve, especificamente, atacar essa concepção. Essa concepção é plausível para uma série de exemplos que encontramos em seus escritos, tais como o movimento, a forma, a sensação e a imaginação, mas, realmente, parece uma concepção muito forte no que se refere à relação mais geral entre a essência da substância e seus modos.

ATRIBUTOS PRINCIPAIS E A NATUREZA DO CORPO

O quão perto estamos da conclusão de que a mente e o corpo são substâncias efetivamente diferentes? Vimos como uma maneira de recusar o dualismo é rejeitada: a possibilidade de que o pensamento seja um modo do corpo. Que o pensamento seja um atributo principal, contudo, não é suficiente para estabelecer que a mente não seja efetivamente extensa. Se a minha mente é uma coisa completa pensante em virtude do atributo pensamento, segue-se que é possível para a minha mente existir apenas como uma coisa pensante e não-extensa. Mas esta conclusão é compatível com a ideia de que é efetivamente extensa. O argumento procede excluindo duas outras posições não dualistas: (2) a possibilidade de que a extensão seja um modo do pensamento e (3) a possibilidade de que haja uma única substância com dois atributos principais, pensamento e extensão. Descartes depende de duas outras premissas: a extensão é o atributo principal do corpo e cada substância possui exatamente um único atributo principal.

É fácil descurar da importância da ideia de que a extensão é um atributo principal e, de modo geral, as discussões sobre o argumento enfocam a mente sem prestar muita atenção ao corpo. No entanto, a concepção de Descartes sobre o corpo é fundamental e ele a via dessa maneira. A afirmação de que a extensão é o atributo principal do corpo é essencial em dois sentidos. Primeiro, é a *extensão* e não qualquer outra propriedade que é o atributo principal do corpo. Descartes considerava que as concepções existentes do corpo, em especial as da escolástica aristotélica, eram confusas quanto ao que pertencia ao corpo e aquilo que pertencia à alma. Descartes se colocava no papel de esclarecer esse tipo de confusão, nomeadamente em sua crítica a respeito das noções escolásticas de qualidade real e de forma substancial. Uma vez esclarecidas as noções de corpo e de alma, tomando o corpo como o que é extenso, e a alma como o que pensa, podemos facilmente ver, ele sustenta, que eles são diferentes:

> Quando as coisas são separadas somente por uma abstração da mente, nota-se, necessariamente, sua combinação e união ao se considerá-las conjuntamente. Mas não se pode notar qualquer combinação quando se considera o corpo e a alma, desde que sejam concebidos como se deve fazê-lo, um como aquilo que preenche o espaço, o outro como aquilo que pensa (carta de julho de 1641 – possivelmente a Launay, 3: 188; AT 3: 420-421).

Assim, enquanto as discussões sobre o argumento de Descartes em favor do dualismo tendem a negligenciar sua concepção sobre corpo, ele próprio a considerava crucial. E, de fato, a concepção que se tem de corpo é importante para o modo como se traça a linha que divide o mental e o físico e para a questão de saber como abordar o problema do dualismo. Dadas as mudanças radicais que a noção de corpo sofreu ao longo da história da filosofia e das ciências naturais, qualquer tratamento a respeito do problema mente-corpo provavelmente será afetado pelas concepções acerca da natureza do corpo vigentes no período, concepções estas que podem perfeitamente mudar.

Subsequentemente, é fundamental para o argumento de Descartes que o corpo tenha um *atributo principal* diferente do pensamento. Em outras palavras, é importante que o corpo seja uma substância em virtude de alguma propriedade diferente do pensamento e que não tenha que pensar para ser uma substância. Descartes considera essa ideia bastante óbvia e, seguramente, ela também o parece para a maioria das pessoas. Concebe-se facilmente uma coisa completa corpórea, não pensante, tal como uma pedra, e facilmente tomamos por garantido que tais coisas existem. Todavia, deve-se observar que Leibniz, por exemplo, discorda: para ele, todas as substâncias são substâncias percipientes e os corpos extensos cartesianos não são substâncias reais. No termos de Descartes, Leibniz não considera a extensão, mas apenas a percepção, como um atributo principal.

Nesse estágio do argumento, estamos supostamente convencidos de que o pensamento e a extensão são atributos principais. Por conseguinte, estão excluídas duas maneiras pelas quais a mente poderia ser considerada um corpo: o pensamento não pode ser um modo da extensão e a extensão não pode ser um modo do pensamento. Resta a possibilidade de uma substância que tenha os dois atributos principais, pensamento e extensão. Essa possibilidade é eliminada pelo que chamo de Premissa do Atributo, segundo a qual cada substância tem exatamente um único atributo principal.

Já nos deparamos com essa premissa durante o exame da explicação cartesiana a respeito da substância nos *Princípios* 1.53, em que ele escreve que cada substância tem um atributo principal o qual constitui sua natureza ou essência. Essa premissa não é, em geral, de modo algum explicitada quando Descartes argumenta em favor da distinção real entre a mente e o corpo, mas a ela recorre nos *Comentários a Certo Programa*. Regius havia escrito: "Uma vez que esses atributos [extensão e pensamento] não são opostos, mas diversos, não há nenhum obstáculo que impeça que a mente seja um atributo pertencente ao mesmo sujeito que a extensão, embora um não esteja compreendido no conceito do outro" (1: 294-295; AT 8B: 343). Descartes responde que isso é possível para os modos, mas recusa que isso seja possível para os atributos:

> Sobre os outros atributos que constituem as naturezas das coisas, não se pode dizer que aqueles que são diferentes e que não estejam contidos um no conceito do outro pertençam ao mesmo sujeito. Pois isso equivaleria a dizer que um e o mesmo sujeito possui duas naturezas diferentes, o que implica contradição, ao menos quando a questão diz respeito a um sujeito simples e não-composto, como é o caso aqui (1: 298; AT 8B: 349-50).

Os especialistas negligenciaram a função da Premissa do Atributo, o que, sem dúvida, deve-se ao fato de Descartes não explicitá-la em sua discussão sobre o Argumento da Distinção Real. Com efeito, nem mesmo ele parece ter avaliado sua importância. Não obstante, as razões para pensar que o argumento realmente depende dessa premissa são muitos fortes. Descartes claramente aceita a premissa, como fica claro em *Princípios* 1.53, e nos *Comentários*, em que explicitamente atribui a esta um papel em sua defesa do dualismo. Além disso, filosoficamente falando, o argumento exige *algo* que desempenhe a mesma função que, proponho, a premissa. Sem isso, o argumento estabelece a possibilidade de uma substância pensante não-extensa, mas não elimina a possibilidade de que uma substância pensante – tal como a minha mente, ou a de Descartes e, a propósito, mentes humanas em geral – seja, na realidade, extensa e corpórea. (Deixo aberta a possibilidade de uma substância *composta* que consista de uma combinação de substância extensa e de substância pensante, embora em minha interpretação Descartes não aceite essa possibilidade. Na passagem citada anteriormente, o próprio Descartes refere-se a *sujeitos* compostos. O que está em discussão aqui é se ele sustenta que a mente e o corpo são, cada um, substâncias diferentes, independentemente da questão de saber se um composto de substâncias e também uma substância.)

Mas por que Descartes aceita a Premissa do Atributo? O mais próximo que podemos chegar de uma defesa da premissa encontra-se nos *Comentários*: ele diz que uma substância não pode ter duas naturezas porque isso implicaria em contradição. Isso não nos diz muito. Uma explicação possível é a seguinte. Vimos que Descartes identifica substância e atributo principal. Uma substância contém nada mais, nada menos, do que seu atributo principal: não há constituintes adicionais. Mas então pode simplesmente ocorrer que onde houver dois desses atributos deva também haver duas substâncias. Em contrapartida, segundo a Concepção do Mero Substrato, dois atributos poderiam ser acomodados em uma única substância (simples), pois poder-se-ia dizer que ambos inerem nesse único sujeito. E, com efeito, quando Descartes torna explícito, nos *Comentários a Certo Programa*, que uma substância (simples) tem um único atributo principal, sua identificação entre substância e atributo ganha destaque.

Uma explicação diferente é sugerida pela tese cartesiana segundo a qual um atributo principal determina quais tipos de propriedades, ou modos, que uma substância tem. A esse respeito, um atributo principal cartesiano é como a forma substancial escolástica e como a estrutura atômica do ouro, que determina as propriedades e o comportamento deste elemento. As propriedades de uma substância são *unificadas* por esse atributo, o que está de acordo com a ideia, comum na história da filosofia, de que uma substância é uma unidade em sentido forte: o atributo principal engendra uma unidade qualitativa. Essa imagem pressupõe que uma substância tenha somente um atributo assim. Suspeito que é a essa ideia que Descartes se refere quando afirma que uma substância não pode ter mais do que uma natureza. Na realidade, suspeito que, para muitos filósofos desse período, era inquestionável que uma substância tivesse uma única essência unificada. Para formular a questão em outros termos: caso se aceite que algo possa ser apenas uma coisa pensante, o que poderia significar considerá-la como sendo também uma coisa extensa? (Ver Schiffer, 1976: 36-37; para uma discussão diferente, mas relacionada, ver Van Cleve, 1983: 43.)

É possível recusar o uso que Descartes faz da Premissa do Atributo de diferentes maneiras. Assim, pode-se recusar a premissa e contestar a ideia de que uma substância tem uma única natureza. A posição de Locke pode exemplificar essa atitude. Ele aceitava a visão de que há grande disparidade entre o mental e o físico, mas argumentava que Deus poderia ter acrescentado pensamento à matéria (Locke, 1975: 2.23.32; 4.3.6). Pode-se ainda aceitar a premissa, mas recusar o argumento de Descartes em favor da tese de que pensamento e extensão são duas naturezas diferentes. Já discutimos a possibilidade de que ele estivesse errado ao pensar que naturezas possam ser identificadas com base no tipo de independência conceitual que ele considera como sendo um critério confiável. Poderíamos discutir que o pensamento deve ser, inerentemente, algo estendido, e que pensamento e extensão estão unidos em uma natureza. É possível defender que o pensamento *humano* pressupõe um corpo e é parte da natureza humana em sentido amplo. De fato, os escolásticos aristotélicos adotam uma versão dessa posição. Para eles, a atividade intelectual humana, mas não a atividade intelectual angélica ou a divina, depende da sensação e da imaginação, as quais, para eles, são função de um organismo vivo.

Temos agora uma análise completa do argumento e estamos em posição de esquematizá-lo da seguinte maneira:

1. Eu posso duvidar de que eu sou extenso, mas não posso duvidar (isto é, eu estou certo) de que penso.
2. Para quaisquer propriedades (intrínsecas) Ψ e Φ, se é possível duvidar de que algo seja Φ enquanto não se duvida (ou seja, enquanto se está certo) de que este algo seja Ψ, então Ψ não é um modo de Φ.
3. O pensamento não é um modo da extensão (1 e 2).
4. A extensão é o atributo principal do corpo, isto é, da substância corpórea.
5. Se o pensamento não é um modo da extensão, então é um atributo principal distinto da extensão.
6. O pensamento é um atributo principal distinto da extensão (3 e 5).
7. Toda substância (simples) tem exatamente um único atributo principal.
8. A substância que é o sujeito dos meus pensamentos (minha mente) não é extensa (4, 6 e 7).
9. Minha mente é uma substância diferente do corpo (4, 8 e Lei de Leibniz).
10. Se A e B são substâncias diferentes, então são realmente distintas.
11. Minha mente é realmente distinta do corpo (9 e 10).

Para sublinhar os movimentos significativos: (1) apresenta o resultado do experimento de pensamento da Segunda Meditação, que, para Descartes, leva à conclusão de que o pensamento é um atributo principal por intermédio do apelo à sua concepção da relação entre modos e atributos, que é formulada em (2). A extensão também é um atributo principal (6) e, ao acrescentarmos a Premissa do Atributo (7), o argumento conduz à distinção real entre a mente e o copo mediante algumas outras premissas básicas.

CONCLUSÃO

Comecei este capítulo explicando em que sentido a concepção cartesiana da mente representou uma grande ruptura com a escolástica aristotélica ao incluir outros estados que não os intelectuais, tais como a sensação e a imaginação, que eram concebidos pelos aristotélicos como estados de um corpo animado. Dessa forma, é a concepção cartesiana da mente que está na base da filosofia da mente contemporânea. Ao mesmo tempo, existe um elemento de continuidade em relação à tradição aristotélica em seu tratamento dos vários tipos de estados mentais: os estados não-intelectuais estão como que nas margens da mente para Descartes, o que não foi mantido pelos filósofos posteriores. Isso é algo importante para a correta compreensão do Argumento da Distinção Real. As discussões contemporâneas sobre o problema mente-corpo enfocam os estados sensoriais, tais como os sentimentos de dor e as experiências com cores, que colocam questões particularmente difíceis para o materialismo. É tentador ler o Argumento da Distinção Real sob esse mesmo foco. E o principal argumento de Descartes em favor do dualismo é frequentemente considerado como sendo base de uma concepção de pensamento em seu sentido mais amplo, que inclui intelecção, sensação e imaginação. Na verdade, porém, esse argumento depende de sua concepção da atividade intelectual, o que é fortemente sugerido por suas observações imediatamente *após* a conclusão do argumento na Sexta Meditação:

> Além disso, encontro em mim faculdades para modos de pensar especiais, a saber, as faculdades de imaginar e de sentir. Eu posso conceber clara e distintamente a mim mesmo como um todo sem elas, mas não vice-versa, isto é, elas sem mim, ou seja, sem uma substância intelectual na qual inerem; pois elas incluem alguma intelecção em seus conceitos formais e, por conseguinte, eu percebo que elas são distintas de mim como modos o são de uma coisa (2: 54; AT 7: 78).

Portanto, ele introduz a sensação e a imaginação como modos da mente *depois* de concluir o argumento. E o argumento baseou-se em uma concepção da essência da mente, que Descartes apresenta aqui como intelectual: sensação e imaginação incluem intelecção e é por essa razão que pertencem à mente. De fato, ele sugere reiteradamente que o foco sobre a sensação revela antes a união da mente e do corpo, em vez de sua distinção (2: 56, 160; AT 7: 81, 228-229). Ele descreve as sensações como modos da mente enquanto unida ao corpo, e não como modos da mente pura (3: 203; AT 3: 479; 3: 206; 3: 493). E escreve que, ao inteligir, mas não ao imaginar ou ao sentir, a mente opera independentemente do corpo (2: 248; AT 7: 358). Por conseguinte, Descartes vê uma diferença significativa entre os diversos tipos de pensamento em suas relações com o corpo, uma diferença que condiz com seu apelo à natureza do intelecto quando argumenta em favor do dualismo.

Assim, no que tange à sua dependência do intelecto, o argumento cartesiano em favor do dualismo está mais próximo do argumento tomista em favor do estatuto da alma como uma entidade incorpórea subsistente do que do problema contemporâneo da mente, com sua ênfase nos estados sensoriais. Tal como Tomás de Aquino e outros aristotélicos, Descartes defende a imaterialidade da alma com base em considerações sobre o intelecto, e não sobre os sentidos. E enquanto Descartes faz da sensação e da imaginação modos da mente, mas com uma dependência especial em relação ao corpo, mais tarde, os modernos não farão essa distinção entre os estados intelectuais e os outros estados mentais. Nesse sentido, Espinosa e Leibniz mantêm um paralelismo integral entre o mental e o físico (para uma discussão mais abrangente, ver Carriero, 1986; Wilson, 1978; Rozemond, 1998: cap. 2). A esse respeito, pois, é melhor considerar Descartes como uma figura intermediária, que preserva um elemento de continuidade em relação aos aristotélicos, ao mesmo tempo em que prepara o caminho para uma concepção segundo a qual todos os pensamentos são, em sentido amplo e em igual medida, modos da mente.

Apresentei uma interpretação a respeito do Argumento da Distinção Real segundo a qual ele depende, de modo decisivo, da concepção cartesiana de substância. O argumento se baseia na ideia de que modos pressupõem – ontologica e epistemologicamente – atributos principais, de tal maneira que o experimento de pensamento da Segunda Meditação pode revelar que o pensamento não é um modo corpóreo. E ele se apoia em sua Premissa do Atributo. Essa interpretação pode aparentemente torná-lo irrelevante para o debate contemporâneo acerca do problema mente-corpo. Uma razão para isso é que alguns dos argumentos de Descartes podem dar a impressão de ser obviamente pertinentes às preocupações atuais, uma vez que colocam a questão do dualismo de propriedades: como podemos determinar se os estados mentais são (em algum sentido) idênticos a estados físicos? Defendi que Descartes estava mais interessado em estabelecer um dualismo de substâncias. Segundo ele, se usarmos o intelecto puro, como as *Meditações* supostamente nos levam a fazer, rapidamente veremos que o dualismo de propriedades é verdadeiro. Disso não se segue, contudo, que o emprego de um procedimento como o da Segunda

Meditação não possa ser relevante para um tratamento mais ambicioso do dualismo de propriedades. A questão colocada por esse procedimento é se podemos estabelecer *a priori* o dualismo de propriedades do modo como Descartes o faz na Segunda Meditação. No entanto, dado seu interesse no dualismo de substâncias, seu argumento o faz simplesmente para colocar uma questão bem menos considerada, mesmo que não queiramos adotar sua teoria para prosseguir: o que significa para tipos de qualidades tão radicalmente diferentes como o são as qualidades físicas e mentais, para Descartes – e como para muitos filósofos hoje, pertencer a uma mesma coisa individual (ver Schiffer, 1976: 36-37)? Faz algum sentido pensar a mente e o corpo como uma só e mesma coisa?

REFERÊNCIAS E LEITURAS ADICIONAIS

Almog, J. (2002). *What Am I? Descartes and the Mind-Body Problem*. Oxford: Oxford University Press.

Aquinas, Tomás de (1964-). *Summa Theologiae*. Nova York: McGraw-Hill.

Ayers, M. R. (1975). "The ideas of power and substance in Locke's philosophy". *Philosophical Quaterly*, 25, p. 1-27.

Carriero, J. (1986). "The Second Meditation and the essence of the mind". In A. Rorty (ed.). *Essays on Descartes' Meditations*. Berkeley: University of California Press.

Curley, E. M. (1969). *Spinoza's Metaphysics. An Essay in Interpretation*. Cambridge, MA: Harvard University Press.

Curley, E. M. (1978). *Descartes against the Skeptics*. Cambridge, MA: Harvard University Press.

Kenny, A. (1968). *Descartes. A Study of His Philosophy*. Nova York: Random House.

Kripke, S. (1972). "Naming and necessity". In D. Davidson e G. Harman (eds.). *Semantics of Natural Language*. Dordrecht: Reidel.

Locke, J. (1975). *An Essay Concerning Human Understanding*. Ed. P. H. Nidditch, Oxford: Oxford University Press.

McCann, E. (1986). "Cartesian Selves and Lockean substances". *Monist*, 69, p. 458-482.

Marion, J.-L. (1986). *Sur le prisme métaphysique de Descartes*. Paris: Presses Universitaires de France.

Rozemond, M. (1998). *Descartes's Dualism*. Cambridge, MA: Harvard University Press.

Schiffer, S. (1976). "Descartes on his essence". *Philosophical Review*, 85, p. 21-43.

Schoemaker, S. (1983). "On an argument for dualism". In C. Ginet e S. Shoemaker (eds.). *Knowledge and Mind*. Oxford: Oxford University Press, p. 233-258.

Suárez, F. (1856). *Opera Omnia*. 26 vols., Paris: Vivès.

Van Cleve, J. (1983). "Conceivability and the Cartesian argument for dualism". *Pacific Philosophical Quaterly*, 64, p. 35-45.

Wagner, S. J. (1983). "Descartes's arguments for mind-body distinctness". *Philosophy and Phenomenological Research*, 43, p. 499-517.

Wilson, M. D. (1978). *Descartes*. Londres: Routledge.

23
A união e a interação entre mente e corpo

PAUL HOFFMAN

Com frequência, Descartes é descrito como um vilão na história do pensamento ocidental com base na tese de que seu dualismo corpo e mente – sua concepção de que coisas pensantes e coisas extensas são substâncias realmente distintas – levou a filosofia para o caminho errado. A principal objeção ao dualismo cartesiano é que, tendo uma vez distinguido mente e corpo como substâncias realmente distintas, torna-se impossível prover uma explicação satisfatória de sua conexão. Esse problema da conexão ou união entre corpo e mente é frequentemente traçado como sendo o que explica como a mente e o corpo interagem causalmente, isto é, como pensamentos na mente produzem movimentos no corpo e como movimentos no corpo produzem sensações, apetites e emoções na mente. Como afirma Kenny:

> Essas observações tornam claro *que* corpo e mente estão conectados e *por quê* eles devem estar conectados como estão, mas não explicam *como* estão conectados. Nos princípios de Descartes é difícil ver como uma substância pensante não extensa pode causar movimento em uma substância extensa não pensante, e como a substância extensa não pensante pode causar sensações na substância pensante não extensa (Kenny, 1968: 222-223).

Entretanto, a própria passagem que Kenny cita da Sexta Meditação sugere o contrário, a saber, que a união da mente com o corpo é metafisicamente mais fundamental que a interação corpo e mente, e pretende explicá-la:

> [...] todos esses sentimentos de fome, de sede, de dor, etc., nada são exceto maneiras confusas de pensar que provêm e dependem da união e como que da mistura entre a mente e o corpo (2: 56; AT 7: 81).

Além disso, parece-me que a noção da união do corpo com a mente tem papel igualmente importante, se não mais importante, para Descartes, a saber, o de explicar por que o produto da união do corpo com a mente, o ser humano, deve ser considerado como uma unidade genuína ou um *ens per se*, isto é, uma substância e não um mero agregado ou amontoado.[1] Assim, há de fato três problemas diferentes sob o nome de união corpo e mente: um é o da interação do corpo com a mente; o outro é o da relação entre corpo e mente, e o terceiro é o da união do composto. Até bem pouco tempo atrás, este último problema não era levado a sério pelos comentadores de língua inglesa. Os comentadores franceses tenderam a considerar a questão mais seriamente, mas, com exceção de Geneviève Rodis-Lewis, não foram muito simpáticos a Descartes (Rodis-Lewis, 1950: 76ff.).

Minha hipótese controversa é de que as soluções de Descartes para esses problemas da união entre corpo e mente são baseadas no fato de ele conservar duas doutrinas metafísicas aristotélicas fundamentais. A primeira doutrina é a do *hilomorfismo*: que a mente e o corpo se relacionam como forma e matéria e que o composto ser humano que resulta é ele mesmo uma substância. A segunda doutrina é a *identidade entre ação e paixão*: que sempre que um agente causal age sobre alguma coisa (referido como paciente), o que o agente faz (a ação) e o que o paciente recebe (a paixão) é o mesmo. Enquanto a primeira doutrina aristotélica é familiar à maioria dos filósofos contemporâneos, a segunda, básica para a explicação aristotélica da causalidade, é muito pouco conhecida ou discutida.

O HILOMORFISMO DE DESCARTES

A concepção de que Descartes adota o hilomorfismo é uma forma daquilo que algumas vezes é chamado de trialismo cartesiano. Devemos, entretanto, ter cuidado, pois pode-se distinguir duas versões de trialismo, e o hilomorfismo nos compromete com apenas uma. De acordo com a versão mais fraca, Descartes é um trialista porque pensa que mentes, corpos e seres humanos são todos substâncias. O hilomorfismo é adequado a essa primeira versão (mas alguém poderia adotar essa versão – ou seja, afirmar que o ser humano é uma substância – sem adotar a explicação hilomórfica da união corpo e mente). De acordo com a versão mais forte, Descartes é um trialista porque pensa que há três classes de substâncias criadas: mentes, corpos e seres humanos, cada qual com seu próprio atributo principal. Pode-se ser um trialista fraco sem que se seja um trialista forte. Portanto, pode-se defender que o ser humano é uma substância e negar que esta tenha seu próprio atributo principal característico. Em vez disso, mentes (coisas pensantes) e corpos (coisas extensas) são as únicas duas classes de substâncias criadas, e seres humanos são produzidos a partir delas.

Quem adota a versão fraca de trialismo pode ser levado a adotar a versão forte pelas seguintes considerações. Nos *Princípios*, Descartes afirma que cada substância tem uma propriedade principal que constitui sua natureza e essência, o que sugere fortemente que, se é uma substância, o ser humano deve ter um atributo próprio característico (1: 210; AT 8A: 25). E há uma passagem de sua correspondência com a princesa Elizabeth que tem sido tomada como sugestiva de que Descartes reconhece três atributos básicos – que, além de extensão e pensamento, ele reconhece também um terceiro atributo que é sua união.

> Primeiramente, considero haver em nós certas noções primitivas, as quais são como originais, sob cujo padrão formamos todos os nossos outros conhecimentos. E não há senão muito poucas dessas noções. Em primeiro lugar, existem as mais gerais – as do ser, do número, da duração, etc. –, que convêm a tudo quanto possamos conceber. Então, em relação ao corpo em particular, possuímos apenas a noção de extensão, da qual decorrem as noções de figura e de movimento; e, quanto à alma somente, temos apenas a noção de pensamento, em que se acham compreendidas as percepções do entendimento e as inclinações da vontade; enfim, quanto à alma e ao corpo em conjunto, temos apenas a noção de sua união, da qual depende a noção da força de que dispõe a alma para mover o corpo, e o corpo para atuar sobre a alma, causando seus sentimentos e suas paixões. (3: 218; AT 3: 665)

É importante notar que Descartes adota a noção de união entre corpo e mente como algo primitivo, isto é, não sujeita à análise, mas parece implausível lê-lo aqui como se sugerisse que a união entre corpo e mente devesse ser considerada como um atributo, isto é, como algo que constitui a natureza ou essência de uma substância. Em vez disso, ele apenas indica que a relação entre mente e corpo é algo primitivo e não analisável, o que ecoa uma observação anterior a Regius:

> Você deve professar que acredita [...] que a mente é real e substancialmente unida ao corpo, não por justaposição

ou disposição, como você afirma em seu último artigo – pois isso também abre à objeção e, em minha opinião, não é verdade –, mas por um modo verdadeiro de união, como todos admitem abertamente, ainda que ninguém explique que modo é esse, e, portanto, você tampouco é obrigado a fazê-lo (3: 206; AT 3: 493).

Visto que a união que os outros "admitem abertamente" é a relação entre mente e corpo concebida como a relação entre forma e matéria, entendo que Descartes afirma uma tese filosófica forte, refletida na carta a Elizabeth, segundo a qual a relação entre forma e matéria é uma noção primitiva e não analisável. Admite-se que a forma informa ou inere à matéria, e essa relação cria um laço mais forte do que a mera disposição ou justaposição, mas não há mais análise ou explicação a ser dada acerca dessa relação.

Qual é a evidência de que Descartes adota uma explicação hilomórfica do ser humano?

1. Em sua carta a Regius, de janeiro de 1642, ele afirma que a alma humana "é a verdadeira forma substancial do homem" (3: 208: AT 3: 505).
2. Nessa mesma carta a Regius, ele afirma que a alma humana é "reconhecida como a única forma substancial, enquanto o restante [das assim chamadas formas substanciais] é composto por configuração e movimento de partes [de matéria]" (3: 207: AT 3: 503).
3. Nas *Regras*, ele afirma que o corpo é informado pela alma humana (1: 40; AT 10: 411).
4. Nos *Princípios*, ele afirma que a alma humana informa todo o corpo (1: 279; AT 8A: 315).
5. Nas Respostas às Quintas Objeções, ele observa que as pessoas usavam o termo "alma" para referir-se tanto ao princípio pelo qual somos alimentados e crescemos quanto ao princípio pelo qual pensamos; e ele afirma que "como está sendo tomado, sobretudo, como "primeira atualidade" ou a "forma principal do homem", deve-se compreendê-lo como se referindo apenas ao princípio pelo qual pensamos, o qual tenho chamado "alma" tanto quanto possível, para evitar ambiguidade" (2: 246; AT 7: 356).

As três passagens seguintes exigem uma explicação. Nessas passagens, Descartes alude a uma adoção da concepção escolástica de que a mente ou a alma existe inteiramente em todo o corpo e inteiramente em cada uma de suas partes. Visto que essa noção é parte e parcela da concepção hilomórfica escolástica da relação entre a alma e o corpo, sua adoção por parte de Descartes conta como uma evidência significativa de que ele adota a concepção hilomórfica do ser humano.[2]

6. Nas *Paixões da Alma*, ele afirma que "precisamos reconhecer que a alma está verdadeiramente unida ao corpo todo, e que não se pode propriamente dizer que ela esteja em qualquer de suas partes com exclusão de outras" (1: 339; AT 11: 351).
7. Na Sexta Meditação, ele afirma que "embora a alma toda pareça estar unida ao corpo todo, todavia um pé, um braço ou qualquer outra parte estando separada do meu corpo, é certo que nem por isso haverá aí algo subtraído da minha alma" (2: 59; AT 7: 86).
8. Nas Respostas às Sextas Objeções, ele afirma que o modo como compreende a alma como coextensiva ao corpo é que ela é "toda no todo e toda em quaisquer de suas partes" (2: 298; AT 7: 442).

Trata-se de um considerável corpo textual de evidências, suficiente para passar o ônus da prova aos oponentes da interpretação hilomórfica, sobretudo porque não há passagens em direta oposição. Isto é, não há passagens nas quais Descartes nega que a alma seja a forma substancial do corpo, ou nega que a alma informe o corpo todo, ou nega que a alma exista toda no todo do corpo e toda em suas partes. Para rejeitar a interpretação hilomórfica, é necessário defender que ele estava sendo insincero em todas essas passagens. Essa tese da insinceridade só pode ser mantida se houver evidências de que ele se compromete com outras teses fundamentais que sejam inconsistentes com sua adoção explícita do hilomorfismo.

Alguns comentadores tendem a não levar a sério as observações a Regius com base no fato de que Descartes estaria apenas lhe aconselhando a dizer coisas que evitariam mais controvérsias com as autoridades da Universidade de Utrecht. Entretanto, visto que a maior parte de seu conselho a Regius relativo à questão de se o ser humano é um *ens per se* é uma paráfrase de partes de sua Resposta à Quartas Objeções (objeções de Arnauld) escritas na mesma época, esse argumento em particular em favor da insinceridade torna-se consideravelmente fraco. As respostas de Descartes às objeções de Arnauld têm sido consideradas como as mais significativas de suas respostas, mesmo quando os comentadores tendem a descuidar suas implicações para sua compreensão de substância, que será discutida mais completamente a seguir.

Os que se opõem à interpretação hilomórfica apontam para quatro preceitos fundamentais que são, segundo eles, inconsistentes com o hilomorfismo.

Primeiro, alguns comentadores (como eu) negam que a união seja um atributo principal e citam como base a passagem dos *Princípios* em que Descartes afirma que cada substância tem uma propriedade principal que constitui sua natureza e essência como evidência conclusiva de que ele não considera o ser humano como uma substância. E todos concordam que uma explicação hilomórfica da união corpo e alma implica que o ser humano seja uma substância. Minha resposta a essa objeção continua a ser que a passagem dos *Princípios* é substituída por uma discussão mais completa nos *Comentários a Certo Programa*:

> Quanto aos atributos que constituem as naturezas das coisas, não se pode dizer que os que são diferentes, e de tal forma que o conceito de um não esteja contido no conceito do outro, estejam conjuntamente presentes em um único sujeito; pois isso seria equivalente a dizer que um e o mesmo sujeito tem duas naturezas diferentes – uma afirmação que implica uma contradição, ao menos quando se trata de um sujeito simples (como é o presente caso) e não um composto (1: 298; AT 8B: 349-350).

Descartes revela aqui que sua verdadeira posição é mais complexa do que aquela exposta nos *Princípios*. Ele crê que mesmo um sujeito simples pode ter dois ou mais atributos do tipo que constitui a natureza das coisas, desde que nenhum possa ser concebido independentemente do outro. Os comentadores que consideram central a passagem dos *Princípios* para compreender o dualismo cartesiano tentam desconsiderar essa passagem argumentando que, visto que Descartes só se refere a sujeitos compostos e não a substâncias compostas, não se justifica inferir que ele considera que haja substâncias compostas. Não acho crível esta estratégia. Parece pouco caridoso ler Descartes como introduzindo um novo tipo de sujeito de atributos (do tipo que constitui a natureza das coisas) que seja algo diferente de uma substância sem nos dizer que tipo de coisa é.

Vere Chappell fez uma objeção à minha interpretação da passagem dos *Comentários*, afirmando que Descartes não está de fato adotando a concepção de que uma substância simples pode ter mais do que um atributo se um for concebido através do outro. Ele observa que, um pouco antes, nesse mesmo parágrafo, Descartes afirma que há uma contradição em dizer que atributos principais são diferentes, mas não opostos, oferecendo como justificativa a noção de que não há mais oposição entre atributos principais do que o fato de serem diferentes:

> Ele acrescenta 'esses atributos não são opostos, mas apenas diferentes'. Mais uma vez, há uma contradição nessa

afirmação. Pois, quando se trata de atributos que constituem a essência de alguma substância, não pode haver maior oposição entre eles que o fato de serem diferentes; e quando ele admite que um atributo é diferente do outro, isto equivale a dizer que um atributo não é o outro; mas "é" e "não é" são contrários (1: 298; AT 8B: 349).

Chappell interpreta que essa passagem significa que Descartes está inflando a diferença entre atributos principais de modo a equivaler à oposição; assim, se os atributos principais forem diferentes, serão contrários, o que implica que é contraditório que eles existam em um único e mesmo sujeito.

Leio Descartes, ao contrário, deflacionando a oposição entre atributos principais de modo a torná-la uma mera diferença. Na minha interpretação, o caminho para a contradição é mais complicado: se um atributo principal A é diferente de um atributo principal B, e nenhum deles está contido no outro, segue-se que um sujeito contendo A e B tem duas naturezas ou essências; mas é contraditório que uma substância simples tenha mais de uma natureza ou essência. Descartes estaria admitindo que uma substância com dois atributos principais diferentes (isto é, não idênticos) não tem duas essências desde que o conceito de um esteja contido no conceito do outro. Acredito que alguns medievais gostariam de afirmar que Deus fornece um exemplo desses atributos cujos conceitos não são independentes, mas são distintos apenas pela razão: Deus tem mais que um atributo principal, mas tem uma única essência.[3]

Eu argumentaria que, embora as duas leituras da passagem tenham uma certa plausibilidade, a minha se encaixa melhor no texto. A leitura de Chappell exige reinterpretação de duas cláusulas centrais. Primeiro, ele nos diz que Descartes, ao afirmar que um atributo não é o outro, quer dizer de fato que um *é o contrário* do outro. Em segundo lugar, ele nos diz que, quando afirma "Quanto aos atributos que constituem as naturezas das coisas, não se pode dizer que os que são diferentes, e de tal forma que o conceito de um não está contido no conceito do outro" (*quae sunt diversa, & quorum neutrum in alterius conceptu continetur*), o que Descartes de fato quer dizer é "Quanto aos atributos que constituem a natureza das coisas, não se pode dizer que os que são diferentes, *na medida em que* o conceito de um não está contido no conceito do outro". Isto é, Chappell defende que devemos considerar a cláusula final como um aposto da precedente e não, como se lê naturalmente, como introduzindo mais uma restrição. A minha leitura não exige essas reinterpretações.

A atribuição a Descartes da concepção de que o ser humano é uma substância composta por duas essências que podem ser concebidas clara e distintamente de forma independente uma da outra pode parecer igualmente incompatível com a atribuição a esse autor de uma concepção hilomórfica do ser humano. Pois pode ser dito que o hilomorfismo exige que um ser humano tenha só uma essência. Entretanto, creio que isso é um erro acerca da tese geral do hilomorfismo. Embora seja verdade que Tomás de Aquino sustentava isso, outros proeminentes escolásticos, como, por exemplo, Scotus e Ockham, defendiam que um ser humano exigia mais do que uma forma substancial, inclusive a forma de corporeidade, de alma sensitiva e de alma intelectiva, e, além disso, sustentavam que essas formas substanciais eram realmente distintas umas das outras.

Marleen Rozemond sustenta que essa defesa da interpretação hilomórfica de Descartes é inadequada porque Ockham e Scotus fizeram uso de uma fonte adicional que Descartes não tinha, a saber, a noção de formas subordinadas umas às outras, constituindo assim uma hierarquia (Rozemond, 1998: 145). Concedo que Descartes nunca menciona essa ideia de uma hierarquia dos elementos constituintes de uma substância composta, mas ele faz uso de uma noção bastante semelhante que creio ser suficiente, a saber, a de que um elemento de um sujeito composto seja o elemento principal em relação ao qual os outros, embora substâncias, podem ser considerados modos (1: 299; AT 8B: 351).

Em segundo lugar, os comentadores têm objetado que o fato de Descartes negar que a alma seja princípio ou fonte de vida é inconsistente com uma concepção hilomórfica da relação entre alma e corpo. Certamente, é verdade que uma das principais diferenças entre Descartes e seus predecessores aristotélicos é que ele pensava que a vida podia ser explicada em termos mecanicistas através apenas da extensão e que, portanto, não era necessário que a alma fosse o princípio da vida. Mas, como mostra a passagem anterior das Respostas às Quintas Objeções, Descartes pensava que isso não era empecilho para considerar a alma, compreendida como nada além do princípio pelo qual pensamos, como a forma principal do ser humano. Descartes está certo ao afirmar que esses dois papéis tradicionalmente atribuídos à alma – o de ser a forma principal do ser humano e o de ser o princípio da vida – são logicamente distintos. Em geral, formas não são fontes de vida, caso contrário não poderia haver explicação hilomórfica de coisas inanimadas, tais como uma esfera de bronze ou fogo.

Em terceiro lugar, os comentadores têm objetado que a analogia com o relógio nas *Paixões da Alma* mostra que ele não pode seriamente estar comprometido com o hilomorfismo:

> A fim de evitarmos, portanto, esse erro, consideremos que a morte nunca sobrevém por ausência da alma, mas somente porque alguma das principais partes do corpo se corrompe. Reconhecemos que o corpo de um homem vivo difere do de um morto apenas como um relógio, ou outro autômato (isto é, uma outra máquina que se mova por si mesma), quando está montado e tem em si o princípio corporal dos movimentos para os quais foi instituído, com tudo o que se requer para o seu funcionamento, difere do mesmo relógio, ou outra máquina, quando está quebrado e o princípio de seu movimento para agir (1: 329-30; AT 11: 330-1).

Robert Pasnau argumenta que essa passagem mostra que Descartes não leva realmente a sério sua afirmação, em uma carta a Mesland, de que a identidade do corpo humano depende de sua relação com a alma:

> Em primeiro lugar, considero o que é exatamente o corpo de um homem, e vejo que essa palavra "corpo" é muito ambígua. Quando falamos de um corpo em geral, queremos dizer uma determinada parte da matéria, uma parte da quantidade da qual o universo é composto. Nesse sentido, se a menor porção dessa quantidade fosse removida, julgaríamos sem nenhum problema que o corpo estaria menor e não mais completo; e se qualquer partícula da matéria mudasse, diríamos logo que o corpo não era mais exatamente o mesmo, não era mais *numericamente o mesmo*. Mas, quando falamos do corpo do homem, não queremos dizer uma parte em particular da matéria, ou uma que tenha um determinado tamanho; queremos dizer simplesmente o todo da matéria que é unido à alma desse homem. E assim, apesar de essa matéria mudar, e sua quantidade aumentar ou diminuir, ainda assim acreditamos ser o mesmo corpo, *numericamente o mesmo* corpo, desde que permaneça conjugado e substancialmente unido à mesma alma (3: 242-243; AT 4: 166).

Trata-se de uma objeção importante, uma vez que é um elemento crucial da explicação hilomórfica da relação entre corpo e alma que a alma atualize o corpo em sentido apropriado. Se a identidade do corpo humano é determinada pelo fato de ele ser unido à alma, como é afirmado na carta a Mesland, então há um sentido poderoso e adequado segundo o qual a mente efetivamente atualiza o corpo. Mas se desconsiderarmos a carta, então não parece haver nenhum sentido poderoso e adequado segundo o qual a mente atualiza o corpo.

A razão dada para sustentar que a analogia com o relógio é inconsistente com a carta a Mesland é que ele não deveria admitir que o relógio quebrado é idêntico ao relógio em bom funcionamento se a relação entre eles é semelhante à do corpo de um homem vivo e o de um homem morto, visto que a carta a Mesland implica que o corpo de um homem vivo não é idêntico ao de um homem morto. A primeira coisa a se notar ao responder a essa objeção é que os predecessores escolásticos de Descartes que adotavam a concepção hilomórfica do ser humano discordavam acerca de se um cadáver era idêntico ao corpo humano vivo. Tomás de Aquino sustentava que não era. Scotus e Ockham sustentavam que era. De fato, a afirmação de que deve ser idêntico para explicar por que tem os aspectos acidentais que tem, tais como sua cor e forma , foi ponto de partida para um de seus argumentos em favor da atribuição de uma forma distinta de corporeidade aos seres humanos. Assim, não há nada que contrarie o hilomorfismo no fato de Descartes adotar a concepção de que o corpo do homem vivo é idêntico ao corpo do homem morto. Além disso, há pelo menos dois modos de conciliar sua analogia do relógio com sua explicação sobre a identidade do corpo humano presente na carta a Mesland. Primeiro, pode-se entender que ele não afirma, na analogia do relógio, que o corpo humano é idêntico a um cadáver, mas, em vez disso, afirma que uma determinada parte de matéria que constitui o corpo humano vivo antes de morrer pode ser idêntica à determinada parte de matéria que constitui o cadáver. De acordo com Descartes, uma determinada parte de matéria permanece numericamente a mesma, desde que consista exatamente das mesmas partículas. O corpo do homem morto pode, pelo menos por um período curto de tempo, ser constituído pela mesma determinada parte de matéria que constituiu o corpo do homem vivo, e, portanto, poderia ser o mesmo corpo nesse sentido do termo "corpo". Depois, poder-se-ia argumentar que o principal objetivo de Descartes na carta a Mesland era explicar como determinadas partes numericamente distintas de matéria poderiam valer numericamente como o mesmo corpo. Não há nada de inconsistente na carta a Mesland ao manter que uma determinada parte de matéria permanece numericamente o mesmo corpo humano enquanto essa determinada parte existir, mesmo se não estiver mais unida à alma. Isso ainda permitiria a afirmação de que a alma atualiza o corpo no sentido forte – o que torna uma determinada parte de matéria um corpo humano é o fato de que está, ou esteve, unida à alma.

Em quarto lugar, os comentadores objetaram que, ao afirmar, como ele fez, que mente e corpo são substâncias, *entia per se*, ou coisas completas consideradas nelas mesmas, Descartes não pode admitir uma outra substância, coisa completa, ou *ens per se*, a partir delas. É básico à concepção hilomórfica que os constituintes da substância não podem eles mesmos ser substâncias. O composto que consiste de substância e alguma outra coisa será sempre um *ens per accidens*.

Para responder a essa objeção, vou chamar a atenção para uma omissão importante dos intérpretes cartesianos com relação a esse tópico. Os comentadores simplesmente não têm reconhecido que a concepção de Descartes a respeito do que é ser uma substância criada é muito fraca, muito mais fraca do que a de seus predecessores aristotélicos. Nenhum aristotélico afirmaria que uma mão é uma substância, mas alguns deles, mais particularmente Tomás de Aquino, admitem que há um sentido fraco do que é ser uma coisa completa, ou um *ens per se*, segundo o qual uma mão pode ser considerada como uma coisa completa ou um *ens per se*. Quando Descartes afirma que mente e corpo são substâncias ou coisas completas, ele quer dizer apenas nesse sentido fraco segundo o qual Tomás de Aquino admitia que uma mão é uma coisa completa ou um *ens per se*. A passagem crucial é a da Resposta às Quartas Objeções (às objeções de Arnauld):

Sei que algumas substâncias são comumente chamadas 'incompletas'. Mas se são ditas incompletas porque não podem existir sozinhas *per se*, confesso que me parece contraditório que sejam substâncias, isto é, coisas que subsistem *per se* e que ao mesmo tempo são incompletas, isto é, incapazes de subsistirem *per se*. Mas em um outro sentido podem ser ditas substâncias incompletas, a saber, de tal modo que, enquanto substâncias, não têm nada incompleto, mas somente enquanto se referem a uma outra substância com a qual compõem uma outra coisa *per se*.

Assim, uma mão é uma substância incompleta quando é referida ao corpo todo do qual é parte; mas é uma substância completa quando considerada sozinha. E, do mesmo modo, mente e corpo são substâncias incompletas quando são referidas ao homem o qual compõem; mas, se consideradas sozinhas, são completas (2: 156-157; AT 7: 222).

Tudo o que pode existir separadamente de um sujeito contará para Descartes como um *ens per se* ou substância, e essa é a base de seu argumento de que a noção escolástica de um acidente real é contraditória:

Em segundo lugar, é completamente contraditório que haja acidentes reais, já que tudo o que é real pode existir separadamente de qualquer outro sujeito; entretanto, tudo o que pode existir assim, separadamente, é uma substância, não um acidente. A afirmação de que acidentes reais não podem ser 'naturalmente' separados de seus sujeitos, mas apenas o podem pelo poder de Deus, é irrelevante. Pois ocorrer 'naturalmente' não é nada além de ocorrer pelo poder ordinário de Deus, que não difere de modo nenhum de seu poder extraordinário – o efeito no mundo real é exatamente o mesmo. Portanto, se tudo o que pode naturalmente existir sem um sujeito é uma substância, tudo o que pode existir sem uma substância, mesmo que pelo poder de Deus, não obstante extraordinário, também deveria ser chamado de substância (2: 293; AT 7: 434-5).

Assim, Descartes não está comprometido com a concepção de que a mente e o corpo são substâncias, ou *entia per se*, no sentido forte em que os aristotélicos consideravam o ser humano como substância. Um ser humano aristotélico não é incompleto com relação a alguma outra coisa, mas a mente e o corpo humanos cartesianos são incompletos em relação ao ser humano. Visto que a mente e o corpo são *entia per se* apenas no sentido fraco de serem capazes de existir separadamente de uma substância, são o tipo de coisa que os aristotélicos consideravam elegíveis a ser constituintes de substâncias.

Marleen Rozemond objetou que essas considerações não seriam suficientes para mostrar que Descartes sustenta uma concepção hilomórfica da relação entre a mente e o corpo. Ela defende que os escolásticos exigiam ainda que os constituintes da substância fossem incompletos em essência e que tivessem uma tendência natural a estarem unidos uns com os outros. Em um artigo anterior, dei uma dupla resposta (veja Hoffman, 1999). Primeiro, defendi que a carta de Descartes a Regius, de dezembro de 1641, deveria ser traduzida como lhe aconselhando a dizer que ele havia demonstrado que o corpo e a alma, *em virtude de suas naturezas*, são substâncias incompletas (*dixisti animam & corpus, ratione ipsius, esse substantias incompletas*) (3: 200; AT 3: 460). Atualmente, estou convencido da correção da tradução padrão segundo a qual ele aconselha Regius a dizer que ele havia demonstrado que corpo e alma, *em relação ao homem*, são substâncias incompletas. Evidências convincentes contra a minha tradução da frase *ratione ipsius* são fornecidas por um trecho de sua carta ao padre Dinet, na qual Descartes caracteriza o que Regius disse como "aquelas substâncias são chamadas de incompletas em relação ao composto (*ratione compositi*) que surge da sua união" (Haldane e Ross, 1911, 2: 363; AT 7: 585-586).

Em segundo lugar, afirmei que Rozemond não tem razão ao desconsiderar a observação de Descartes, na carta ao padre Dinet, de que as coisas que são incompletas com relação a alguma outra coisa têm uma tendência natural a ser unidas. Eis a citação completa:

> Portanto, eles [os que propõem a tese de que a união de mente e corpo surge *per accidens*] não negam a união substancial pela qual a mente é ligada ao corpo, tampouco negam a tendência natural de cada parte a essa união, como fica claro pelo fato de que eles acrescentam imediatamente depois: "Essas substâncias são chamadas de incompletas em relação ao composto que surge de sua união" (7: 585).

O que eu ressaltaria agora acerca dessa passagem é que Descartes expressa a concepção de que mente e corpo têm uma tendência natural a ser unidos, isto é, é natural que eles sejam, mesmo que não faça parte da sua essência ser unida. Além disso, isso decorre do fato de ser o caso que mente e corpo sejam incompletos em relação ao composto ser humano, isto é, algo que é um *per se*. Penso que é perfeitamente razoável que Descartes trace uma distinção entre o que é essencial a uma coisa e o que é natural para essa coisa, e, além disso, penso que ele ainda pode afirmar ter uma concepção hilomórfica de um ser humano, desde que mantenha que não é natural para suas partes que elas sejam separadas.

Minha conclusão é que Descartes de fato não tem outros compromissos fundamentais que sejam incompatíveis com sua adoção expressa do hilomorfismo. Portanto, não há boas razões para acusá-lo de insinceridade, acusação cuja seriedade creio ser subestimada pelos que a fazem. Concluiria também que a explicação de Descartes sobre a unidade do composto humano não é pior que a de seus predecessores aristotélicos com quem ele é com frequência desfavoravelmente comparado.

A INTERAÇÃO ENTRE MENTE E CORPO

O modelo causal aristotélico com o qual Descartes estava familiarizado é bem diferente de nosso modelo causal pós-humeneano. Depois de Hume, o exemplo paradigmático de causação é uma bola de bilhar batendo em outra, e a segunda bola de bilhar rola para longe. Nesse caso, há dois eventos, em que o evento anterior é a causa do evento subsequente. Para os aristotélicos, o exemplo paradigmático de causação seria uma pessoa levantar um vaso. O efeito é o vaso ser levantado e a causa poderia ser vista ou bem como a pessoa que o levantou ou o ato da pessoa de levantá-lo. Nesse caso, seria errado afirmar que o efeito é um evento ou processo subsequente à causa. O fato de o vaso ser levantado não é subsequente em termos temporais ao ato da pessoa de levantá-lo (nem diríamos que é subsequente à pessoa). Na verdade, pode-se sustentar a afirmação mais forte de que, nesse caso, só há um único evento ou processo. A pessoa levantar o vaso não é um evento ou processo diferente de o vaso ser levantado. Esse modelo de causalidade aristotélico se caracteriza pela tese da identidade da ação e da paixão: a ação do agente é uma e a mesma mudança que a paixão sofrida pelo paciente.

Até há pouco tempo, provavelmente em virtude da falta de atenção às *Paixões da alma*, os comentadores ignoravam o fato de Descartes adotar o modelo aristotélico de causalidade. Mas ele o faz nos dois primeiros artigos das *Paixões da alma*.[4] No primeiro artigo, ele apresenta a tese da identidade da ação e da paixão:

> Considero que tudo quanto se faz ou acontece de novo é geralmente chamado pelos filósofos uma paixão em relação ao sujeito a quem acontece, e uma ação com respeito àquele que faz com que aconteça; de sorte que, embora o agente e o paciente sejam amiúde muito diferentes, a ação e a paixão não deixam de ser sempre uma e a mesma coisa com

dois nomes, devido aos dois sujeitos diversos aos quais podemos relacioná-la (1: 328; AT 11: 328).

Para que não reste nenhuma dúvida de que Descartes está simplesmente atribuindo a doutrina a outros e não a adotando, ele a utiliza no segundo artigo:

> Depois, também considero que não notamos que haja algum sujeito que atue mais imediatamente contra nossa alma do que o corpo ao qual ela está unida. Por conseguinte, devemos reconhecer que aquilo que na alma é uma paixão é comumente no corpo uma ação (1: 328; AT 11: 328).

Descartes, nesse segundo artigo, revela que modificou a doutrina de um modo importante. Enquanto os aristotélicos localizam a ação do agente no paciente com base na tese de que as mudanças se localizam no paciente e não no agente que provoca as mudanças, Descartes localiza a ação do agente no agente. Assim, Descartes se compromete com a concepção de que, quando um agente age sobre um paciente, esse evento ou processo existe simultaneamente em ambos. Visto que, para Descartes, todos os eventos (ao menos aqueles no mundo criado) estão incluídos sob sua categoria ontológica de modo, isso implica que há modos que pertencem a dois sujeitos ao mesmo tempo, ou modos ambivalentes. Quando o corpo age sobre a mente, esse modo ambivalente será um movimento, quando for uma ação existente no cérebro (Descartes notadamente atribui os movimentos cerebrais relevantes à glândula pineal), e será uma sensação ou paixão da alma, quando for uma paixão existente na mente. Quando a mente age sobre o corpo, o modo ambivalente será uma volição, caso seja uma ação na mente, e será um movimento (mais uma vez da glândula pineal), caso seja uma paixão no corpo.

Como um determinado tipo de ação vem se ligar a um determinado tipo de paixão? Isto é, por que um tipo de movimento do cérebro é o mesmo evento que minha sensação de vermelho e um outro tipo de movimento do cérebro, o mesmo evento que a minha sensação de amarelo? Por que um tipo de volição é o mesmo evento que o movimento de uma parte de meu cérebro em uma direção e um outro tipo de volição, o mesmo evento que o movimento de uma parte de meu cérebro em outra direção? A tese de Descartes é que, originalmente, essas junções são naturais, isto é, são instituídas pela vontade de Deus. O que apenas recentemente tem sido discutido pelos comentadores é que Descartes, além disso, considera que podemos alterar ao menos algumas dessas junções por meio do que ele chama de hábito (essa concepção foi desenvolvida detalhadamente por Shapiro, 2003). Ele defende que, através de técnicas que classificaríamos como modificação de comportamento, podemos fazer com que um tipo de movimento do cérebro que naturalmente causa uma determinada paixão, como medo ou raiva, causasse uma outra paixão. Na verdade, isso é o que explica nossa liberdade, ou ao menos explica a liberdade daqueles com almas fracas. Descartes considera que, para sermos livres, devemos ser capazes de agir de acordo com nossos juízos firmes e determinados acerca do bem e do mal. A força da alma das pessoas não é a mesma, e os juízos firmes e determinados das pessoas com almas fracas são dominados por suas paixões. Mas se, pela aquisição de um hábito, podemos controlar as paixões que temos, podemos então evitar sermos dominados por paixões indesejadas.

O que foi considerado como a queda da metafísica cartesiana é a história das objeções à explicação de Descartes sobre a interação mente-corpo (Watson, 1966). Como pode uma substância imaterial produzir mudanças no corpo e como pode o corpo produzir mudanças em uma mente imaterial? Minha tese é de que se trate de uma das mais profundas ironias na história da filosofia que o problema da interação tenha, de modo tão influente, sido colocado de modo a fazer com que Descartes pareça pior do que outros filósofos.

Considere o panorama filosófico antes de Descartes. Seus predecessores aristotélicos traçavam uma distinção precisa entre automotores e não automotores que coincidia com a distinção entre coisas vivas e coisas não vivas. Defendiam que o princípio de movimento em um automotor não poderia ser um corpo, mas tinha que ser sua forma, isto é, sua alma. No caso dos seres humanos, a alma era considerada como totalmente imaterial. Descartes veio e sustentou uma tese radical. Afirmou que pode haver automotores, notadamente relógios e animais, que não têm alma, cujo princípio interno de movimento é inteiramente corporal. É essa tese radical que se esperaria ser alvo do ataque a Descartes, mas, em vez disso, ele foi atacado exatamente pelo que manteve da teoria de seus predecessores, a saber, que um princípio imaterial pode ser a fonte de automovimento.

A explicação de Descartes de nossa capacidade de automovimento não apenas é pior que a de seus predecessores; eu diria que nos iludimos se pensamos que fizemos um progresso significativo com Descartes nos fornecendo uma explicação satisfatória de ação. Que possamos mover partes de nossos corpos é uma das características mais fundamentais da existência humana. Sabemos que, para fazê-lo, temos que fazer partes do nosso cérebro moverem-se. Como fazemos com que as partes certas de nosso cérebro se movam? A resposta de Descartes, mais uma vez fundamentalmente a mesma que a de seus predecessores, recorre à noção de vontade. Sua tese é de que podemos produzir volições para fazer coisas, e essas volições são atos da mente que terminam no corpo, isto é, a paixão com a qual eles são ligados é o movimento apropriado do cérebro. Podemos pensar essas volições, para Descartes, como tentativas. Se eu tento mover minha língua de um certo modo, essa tentativa é ligada com o padrão apropriado de descarga de neurônios (segundo a tese da identidade entre ação e paixão, minha tentativa de mover a língua de um certo modo é o mesmo evento que a descarga desses neurônios). Mais uma vez, na concepção de Descartes, a aquisição de um hábito pode levar a uma recarga. Em vez de se ligar com a minha tentativa de mover a língua de um certo modo, a descarga desse padrão de neurônios pode vir a ser ligada à minha tentativa de emitir uma determinada palavra.

Parece-me provável que Descartes esteja correto ao afirmar que, se devemos ser considerados como a causa de nossos movimentos corpóreos, deve haver algo mais básico que possamos fazer – descrevamos isso como querer fazer algo ou como tentar fazer algo – através do qual nossos cérebros se movam de modo correto. Não vejo nenhuma alternativa filosoficamente superior. Por exemplo, podemos tentar afirmar que a coisa mais básica que fazemos é mover as partes relevantes do cérebro e assim prescindir da noção de querer ou de tentar como uma ação mais básica. Entretanto, não vejo isso como uma melhora em termos de poder explicativo, porque a sugestão de que as coisas mais básicas que fazemos é mover as partes do cérebro parece ao menos tão misteriosa quanto a sugestão de que a coisa mais básica que fazemos é querer ou tentar fazer coisas. Ou, mais uma vez, pode-se tentar explicar a ação abrindo inteiramente mão da noção de agente causal, isto é, negando que, em um nível mais fundamental de explicação, faço coisas e, em vez disso, adotar o modelo humeneano segundo o qual o eu e sua ação são analisados em termos de sequências de eventos. Esse é o caminho principal que a filosofia analítica da mente parece seguir, mas penso que essas tentativas de fornecer análises reducionistas da ação acabam sendo explicações eliminadoras (isto é, explicações segundo as quais se descobre que a coisa a ser analisada não existe).

A objeção de Gilbert Ryle, segundo a qual explicações da ação da mente sobre o corpo como a de Descartes levam a um regresso infinito, não convence (Ryle, 1949: 67). O fato de Descartes recorrer a volições ou tentativas como as ações mais básicas que ocasionam movimentos corpóreos voluntários não implica que sejam necessárias outras volições ou tentativas para ocasionar essas volições ou tentativas. Mas é verdade que a ação no final seria algo bruto e não analisável – a própria noção de ação mais básica exige isso. Isso não é o mesmo que dizer que não pode haver explicação causal a respeito de por que queremos ou tentamos fazer algo. Descartes está comprometido com a tese de que somos compelidos a querer ou tentar realizar uma ação, quando temos uma ideia clara e distinta de que tal ação é boa.[5]

Com relação a essa explicação da ação do corpo sobre a alma, Descartes merece crédito tanto por eliminar as *species* sensíveis dos escolásticos (aquelas formas imateriais e sensíveis que se pensava serem emitidas pelo objeto sensível e recebidas pelos órgãos dos sentidos) quanto por reconhecer que sensações e emoções têm como causa imediata movimentos no cérebro. Para manter as coisas em perspectiva, é importante conservar em mente que muitos dos sucessores de Descartes adotaram posições radicais e contraintuitivas no que concerne à possibilidade da ação do corpo sobre a alma. Espinosa e Leibniz negaram que corpos pudessem ser causas de pensamentos de qualquer tipo, inclusive de sensações. Berkeley e Reid sustentaram que só seres dotados de vontade podem ser causas. Malebranche sustentou que só Deus pode ser uma causa.

Com certeza, a explicação de Descartes de por que determinados tipos de movimentos do cérebro são ligados a determinados tipos de sensações ou paixões – e que eles são desse modo porque assim Deus quis ou foram ligados por hábito – não é satisfatória. Mas muitos filósofos contemporâneos reconheceriam que ainda não temos uma explicação melhor e que a perspectiva de encontrarmos uma outra melhor é pouco provável.

Vou concluir registrando uma irônica má compreensão de Descartes presente na cultura popular. Por ter feito a distinção entre a mente e o corpo, pensa-se comumente que Descartes tem levado as pessoas a crerem de modo equivocado que a saúde de nosso corpo independe de nosso estado da mente. Mas, na verdade, a concepção de Descartes é de que a saúde de nosso corpo depende não apenas de nossas paixões, mas também de nossas crenças. Sendo assim, escreveu a Elizabeth que "não há pensamento mais apropriado para preservar a saúde do que uma forte convicção e uma crença firme de que a arquitetura de nossos corpos é tão perfeita que, quando estamos bem, não podemos facilmente cair doentes" (3: 237; AT 5: 65).

NOTAS

1. Minha tese é de que Descartes considera necessária a sua abordagem da relação entre mente e corpo para uma explicação ontológica da unidade do ser humano composto, embora ela só forneça uma explicação teleológica das sensações que temos e considera desnecessário fornecer uma explicação ontológica de nossa capacidade de ter essas sensações.
2. A existência do todo no todo e do todo na parte é parte e parcela do hilomorfismo porque era considerada como condição necessária para que algo contasse como forma substancial. Entretanto, como apontou Mark Kulstad, não pode ser uma condição necessária por si mesma, do contrário, visto que Deus era considerado como existente todo no todo do universo e todo na parte, a conclusão objetável seria que Deus é a alma do mundo. Marleen Rozemond (2003: 363) afirmou que essa linguagem é "evocativa do hilomorfismo", e nesse ponto ela concorda comigo. Entretanto, ela defende que isso não mostra que Descartes adota um "hilomorfismo plenamente desenvolvido". Tanto quanto posso ver, ela oferece duas razões para isso: primeiramente, Descartes não considera a alma a fonte de vida de cada parte do corpo; segundo, essa analogia com o relógio nas *Paixões* mostra que ele rejeita o hilomorfismo (pp. 363-364). Discuto a seguir ambas as objeções.
3. Nessa concepção, o Deus de Espinosa não seria uma substância simples e sim composta porque os atributos de Deus são conceitualmente independentes.
4. Ele adota também a tese da identidade entre ação e paixão em carta de agosto de 1641 a um correspondente desconhecido (3: 192-3; AT 3: 428).
5. Alan Nelson (1997) entende que Descartes mantém, em princípio, que é impossível

que tenhamos ideias claras e distintas sobre assuntos práticos porque a complexidade de particulares externos tornam, em algum grau, confusas as ideias que temos deles.

REFERÊNCIAS E LEITURAS ADICIONAIS

Descartes, R. (1911). *The Philosophical Works of Descartes*. Trad.: E. Haldane e G. Ross. Cambridge: Cambridge University Press. (Reimpresso com correções em 1931.)

Hoffman, P. (1999). "Cartesian composites". *Journal of the History of Philosophy* 32: 251–270.

Kenny, A. (1968). *Descartes: A Study of His Philosophy*. Nova York: Random House.

Nelson, A. (1997). "Descartes's ontology of thought". *Topoi* 16: 163–178.

Rodis-Lewis, G. (1950). *L'Individualité selon Descartes*. Paris: J. Vrin.

Rozemond, M. (1998). *Descartes's Dualism*. Cambridge, MA: Harvard University Press.

Rozemond, M. (2003). "Descartes, mind-body union, and holenmerism". *Philosophical Topics* 31: 343–67.

Ryle, G. (1949). *The Concept of Mind*. Chicago: University of Chicago Press.

Shapiro, L. (2003). "Descartes' 'Passions of the Soul' and the union of soul and body". *Archiv für Geschichte der Philosophy* 85: 211–241.

Watson, R. (1966). *The Downfall of Cartesianism 1673–1712: A Study of Epistemological Issues in Late Seventeenth Century Cartesianism*. International Archives of the History of Ideas, vol. 11. Haia: Martinus Nijhoff.

24
Animais
GARY HATFIELD

É notório que Descartes propôs que animais (não humanos) são simplesmente máquinas, sem sensações ou sentimentos. Essa proposta, que nela mesma parece ridícula, torna-se inteligível quando vista no interior do esquema filosófico mais amplo de Descartes. Nesse esquema, as sensações e os sentimentos só podem surgir em uma mente: uma substância imaterial, distinta da matéria. Por várias razões, Descartes nega que animais possuam mentes e, com base nisso, que tenham sentimentos.

No corpo da filosofia antiga, medieval e renascentista e da teologia, que caracterizaram a filosofia de Descartes, a maioria dos pensadores considerava abrangente e importante a distinção entre animais não humanos e animais humanos. A maioria dos filósofos sustentou que apenas o animal humano é racional, autorreflexivo e livre para deliberar e escolher. Consideravam os animais não humanos como capazes de ter sensibilidade e alguma capacidade cognitiva simples, mas incapazes de ter noções universais (tais como o conceito de *animal*, aplicável a todos os animais) ou de representar cognitivamente algo, exceto corpos particulares e concretos. Em termos teológicos, a maioria sustentava que, enquanto a alma humana é imortal, outros animais ou bem não têm alma, ou bem têm uma alma que perece com o corpo. Descartes reforçou a distinção metafísica entre humanos e outros animais, preservou a imortalidade da alma humana e argumentou que, se outros animais tivessem alma, estas também seriam imortais – uma consequência teologicamente heterodoxa que ele rejeitou, negando assim que os animais tivessem alma.

Apesar disso, animais são como seres humanos porque estão vivos, comem e bebem para manter seus corpos, têm órgãos sensíveis e se movem. Muitos pensadores antigos explicavam essas coisas em comum atribuindo uma forma inferior de alma, uma *alma animal*, tanto para humanos quanto para animais não humanos. Platão sustentava que essa alma animal comum explica a sensibilidade semelhante em homens e animais, e que os humanos têm, além disso, uma alma intelectual. Aristóteles e seus seguidores medievais defendiam que as almas humanas e animais compartilham o poder *vegetativo* (ou vital) de nutrição, crescimento e reprodução e poderes *sensitivos* de sensação e movimento, mas que só a alma humana tem o poder da *razão* ou do *intelecto*.

Visto que Descartes nega qualquer tipo de alma aos animais, seus outros compromissos filosóficos implicam que ele deve explicar os poderes sensitivos e vitais dos animais não humanos por meio de causas puramente materiais. Com efeito, ele acolheu bem essa tarefa, pois se empenhou no projeto mais amplo de fornecer explicações puramente mecanicistas de todos os fenômenos naturais do mundo material. Os corpos animais formam unidades funcionais que se adaptam às circunstâncias ambientais e se preservam comendo e bebendo, quando precisam. Os pensadores anteriores evocavam as almas animais para explicar essa unidade funcional e esse comportamento direcionado para um fim. Descartes, em sua nova física, procurou descobrir ou formular hipóteses de mecanismos materiais que explicariam as capacidades psicológica e de comportamento dos animais, inclusive como se preservam procurando comida e bebida, reproduzem-se e modificam o seu comportamento para adaptar-se às circunstâncias. Em termos metafísicos, sua nova perspectiva levantou o problema de explicar a unidade funcional do corpo animal considerada como uma estrutura puramente material, desprovida de um poder de organização ativo, como a alma sensitiva.

O projeto de Descartes se torna ainda mais desafiador se perguntamos de onde vêm esses mecanismos capazes de desempenhar as funções dos seres vivos. Formalmente, Descartes adota a tese teológica ortodoxa de que Deus projetou e criou os mecanismos corpóreos dos humanos e dos animais. Entretanto, em sua filosofia natural, ele se empenha em explicar a origem dos animais como parte do desenvolvimento natural do universo a partir de um caos original de partículas materiais. Sob essa perspectiva naturalista, ele precisa explicar como, por meio de processos puramente materiais, os corpos funcionalmente organizados das coisas vivas (plantas e animais) podem ser produzidos a partir de matéria não viva. Sem um criador que os projete, como surgem os corpos animais capazes de digerir comida, crescer, reproduzir e realizar os comportamentos necessários para preservar a vida e a saúde?

Esse capítulo considera os problemas filosóficos relacionados aos animais não humanos (e algumas vezes humanos), inclusive seu estatuto metafísico, físico e moral, sua origem, o que os torna vivos, sua organização funcional e a base de suas capacidades cognitiva e sensitiva. Procedo assumindo o que a maioria dos seguidores e intérpretes de Descartes afirmou: que Descartes sustentou que os animais não têm sensibilidade, sentimento ou representações cognitivas genuínas de coisas. Entretanto, alguns especialistas interpretam Descartes de outro modo, negando que ele tenha excluído sensibilidade, sentimento e representação dos animais, e eu também considerarei a evidência para essas interpretações. Finalmente, daqui para frente, quando usar a palavra "animal" sem qualquer qualificação, ela significa animal não humano.

ESTATUTO DOS ANIMAIS

Entre os filósofos gregos da Antiguidade, Platão admite que os animais possuem uma razão mitigada e Aristóteles negou que eles tivessem razão. Tomás de Aquino, o único filósofo de maior importância entre os teólogos cristãos medievais, sistematizou essa negação. Ele extraiu a conclusão – que Agostinho de Hipona, o teólogo cristão mais importante da antiguidade tardia, havia apenas sugerido – de que só os animais humanos têm uma alma imortal (Sorabji, 1993). Ao fazê-lo, Tomás de Aquino posicionou a espécie humana no limite entre o mundano e divino. Seres humanos estão ligados ao mundo animal através de suas capacidades corporais, mas são semelhantes aos anjos e análogos a Deus através de suas almas imateriais e, portanto, imortais.

O argumento filosófico de Tomás de Aquino em favor do estatuto especial da espécie humana deriva da teoria que Aristóteles formulou sobre as faculdades vital e cognitiva de plantas, animais e seres humanos, que atribuía tipos diferentes de alma a cada um: almas vegetativas a plantas; almas sensíveis a animais; mas almas racionais apenas a seres humanos. Assim como a alma sensitiva dos animais também incorpora os poderes vegetativos (nutrição, crescimento e reprodução), a alma racional humana incorpora tanto este quanto o poder sensitivo (sensorial e motor). Os poderes mais altos e racionais, que pertencem unicamente aos humanos, incluem intelecção e ação voluntária, ou vontade livre (Tomás de Aquino, 1964-1981: I. 76. 4, 79. 1). Seguindo uma pista de Aristóteles, Tomás de Aquino argumenta que as almas vegetativa e sensitiva são intrinsecamente unidas a órgãos corpóreos em sua operação e que, por isso, perecem com o corpo da planta ou do animal (Sorabji, 1993: 201). Em oposição, o poder racional da alma humana opera independentemente de qualquer órgão corpóreo (ainda que, para a alma humana pensar ao longo da vida, ela precise usar a faculdade da imaginação, que requer um órgão corpóreo, no cérebro) (Hatfield, 1998: 954-961). Assim, supõe-se que a alma racional seja imaterial e imortal. Essa generalização da explicação aristotélica das almas animal e humana e de seus poderes e estatuto era amplamente defendida na época de Descartes (por exemplo, Dupleix, 1990: 521-652; Eustáquio de São Paulo, 1998: 83-92).

Agostinho e Tomás de Aquino sustentaram uma outra tese acerca da relação entre humanos e animais: que animais são criados para o uso da espécie humana e, assim, podem ser abatidos e comidos (Sorabji, 1993: 198). A distinção metafísica entre racional e não racional, conjugada à tese sobre a providência de Deus, tornaram os animais meios para fins humanos.

Houve dissidentes com respeito à distinção cognitiva e moral entre humanos e animais. Os atomistas antigos, Epicuro e Lucrécio, defenderam que todas as mentes são puramente materiais, formadas de matéria sutil, isto é, de átomos materiais muito tênues nos corpos dos humanos e dos animais não humanos (Lucrécio, 1994: 71-72). Esses átomos só possuem as qualidades de forma, tamanho, movimento e peso (p. 45-46). As sensações surgem quando grupos de átomos – em forma de imagens, no caso da visão – entram nos órgãos sensíveis e no cérebro. O pensamento ocorre quando as imagens interagem com a matéria sutil da mente (p. 113-116).

No século XVII, Thomas Hobbes desenvolveu uma posição semelhante. Ele concordava que a sensação só envolve meras interações entre a matéria no interior e no exterior de corpos sensíveis, e, além disso, restringiu o conteúdo do pensamento a imagens. Nesse sentido, ele não reconhecia qualquer distinção intrínseca ou metafísica entre a cognição humana e a animal: o pensamento humano é uma função da faculdade da imaginação – faculdade que os teóricos em geral, inclusive Tomás de Aquino, concordam em atribuir tanto aos humanos quanto aos animais. Hobbes explicava que a capacidade humana de raciocinar surgia com a aquisição da linguagem. Por fornecer uma série de símbolos, a linguagem aumentaria o poder da imaginação para pensar (Hatfield, 1998: 972-975).

No século anterior a Descartes e Hobbes, Michel de Montaigne (1965) argumentava que os humanos não são de um tipo diferente dos animais, nem moral nem cognitivamente. Seus argumentos se baseiam em uma literatura que se refere frequentemente a Lucrécio. Com efeito, ele negava qualquer distinção metafísica entre humanos e animais, fosse ela baseada em supostas diferenças de racionalidade ou de posição moral.

Descartes ampliou e redefiniu o abismo entre os animais e os seres humanos. Segundo ele, as teorias de Aristóteles e de Tomás de Aquino davam conta das almas humanas mediante a adição de um novo poder – o da razão – à alma animal (3: 62; AT 1: 415). Descartes, por sua vez, rejeitou a alma animal, o que ensejou a tarefa (que ele almejava) de explicar as capacidades tanto dos corpos humanos quanto dos corpos animais por meio de configurações de matéria desprovida de alma: a matéria sem qualquer propriedade exceto forma, tamanho, posição e movimento. Ele ainda mantém os seres humanos no limite entre o mundo material e o divino: eles têm corpos, mas também têm mentes imateriais. Tal como ele via as coisas, o pensamento e o sentimento são funções de uma substância pensante inextensa e imaterial. Mas, além disso, visto que ele concebia o sentimento como uma função do pensamento, se os animais tivessem almas que sentissem, eles exibiriam sinais de pensamento (1: 140-141; AT 6: 58-59; 3: 374; AT 5: 345).

No *Discurso do Método*, Descartes apresenta dois critérios que provam que os animais não mostram sinais de pensamento e, na verdade, "não têm absolutamente nenhuma razão" (1: 140; AT 6: 58). Ele descreve os animais como corpos puramente materiais, que ele chama de "máquinas" em virtude de sua intrincada organização. Argumenta então que, embora essas máquinas possam exibir todos os comportamentos característicos dos animais, dois aspectos de seu comportamento revelariam que elas não possuem mentes. Primeiro, "elas nunca poderiam usar palavras ou conectar outros signos, como fazemos para expressar nossos pensamentos a outros" (1: 140; AT 6: 56). Papagaios e pegas podem pronunciar palavras que soam como a linguagem humana, mas eles não exibem o comportamento que indica uma fala legítima: "Eles não podem mostrar que estão pensando no que estão falando" (1: 140; AT 6: 57). Segundo, embora máquinas sem mentes possam fazer muitas coisas de forma melhor do que os seres humanos (como as abelhas ao construir o favo de mel), elas falhariam em muitas outras tarefas. Isso mostra que sua capacidade deriva de mecanismos inatos e não da razão, porque "a razão é um instrumento universal que pode servir em todas as espécies de situações" (1: 140; AT 6: 57). Se os animais tivessem razão, mostrariam o mesmo tipo de capacidade geral de resolver problemas que os seres humanos.

Descartes afirma que esses argumentos revelam o enorme abismo entre os animais e os seres humanos: "Quando sabemos o quanto as bestas diferem de nós, compreendemos muito melhor os argumentos que provam que nossa alma é de natureza inteiramente independente do corpo e, consequentemente, que ela não é destinada a morrer com ele" (1: 141; AT 6: 59). Assim como Tomás de Aquino, ele concluiu que a razão é um poder imaterial, de tal modo que sua posse prova que a alma humana é capaz de sobreviver ao corpo. Diferentemente de Tomás de Aquino, Descartes se nega a admitir uma alma vegetativa ou uma alma sensitiva. Em seu *Tratado do homem*, redigido no início dos anos de 1630 e descrito no *Discurso* (de 1637), ele afirma que seus animais-máquinas poderiam desempenhar funções vitais e sensitivas sem "qualquer alma sensitiva ou vegetativa" (1: 108; AT 11: 202). Tratava-se, com efeito, de negar que os animais possuíssem qualquer sensibilidade, sob a suposição de que a matéria por ela mesma é incapaz de sentir (3: 98-100; AT 2: 38-41).

Poucos anos depois, em carta a seu principal correspondente, Marin Mersenne, Descartes esclarece a relação entre a sensibilidade e a alma humana (ou "racional"). Ele concede que os animais possam exibir o tipo de comportamento que nós exibimos quando sentimos dor, mas afirma que eles, de fato, não sentem dor, porque não têm mentes:

> Não explico o sentimento de dor sem referência à alma. Pois, em minha opinião, a dor existe apenas no intelecto. O que explico são todos os movimentos externos que acompanham esse sentimento em nós; nos animais, são apenas esses movimentos que ocorrem, e não a dor em sentido estrito (11 de junho de 1640; 3: 148; AT 3: 85, 11).

Os animais, podemos concluir, não possuem a faculdade de "entendimento" e, portanto, não possuem alma ou mente; logo, eles não sentem dor. (Sobre a equiparação da alma imaterial à mente segundo Descartes, veja 2: 114, 246; AT 7: 161, 356).

Ao afirmar a sensibilidade como dependente do intelecto, Descartes se afasta da posição aristotélica e não deixa espaço para uma alma animal que não tenha razão e entendimento, mas que, ainda assim, possua sensibilidade. Nas *Meditações*, Descartes elabora sua teoria da mente de tal modo que ilumina essa conexão entre a sensibilidade e o intelecto. A matéria é uma substância extensa espacialmente e não pensante e a mente é uma coisa não extensa e pensante (2: 54; AT 7: 78). Elas não compartilham nenhuma propriedade: a matéria não pode pensar e os pensamentos (ou a mente que os pensa) não são extensos. Além disso, a propriedade essencial da substância pensante é o intelecto ou entendimento. A percepção sensorial e a consciência dependem do atributo intelectual da substância pensante (2: 54-5, 113, 382; AT 7: 79, 160, 559). A substância pensante também tem uma faculdade de volição, isto é, de querer; querer é um tipo de pensamento, ou uma atividade-de-pensar (2: 19; AT 7: 28; 1: 204; AT 8A: 17).

A teoria de Descartes, portanto, assinala duas outras diferenças entre seres humanos e animais, além do uso da linguagem e do raciocínio em geral: os seres humanos têm sensibilidade e consciência, os animais, não; os seres humanos exercem a vontade, os animais, não. Negar a vontade aos animais era algo comum. Tomás de Aquino falava de "apetite" animal, em vez de vontade (1964-1981; I. 81.3); para ele, esse apetite envolvia sensibilidade e sentimento.

Finalmente, Descartes não adota a tese usual de que os animais foram criados para o uso humano. Ele não o nega explicitamente, mas afirma que nunca poderíamos saber isso, porque não somos capazes de discernir os propósitos de Deus. Em virtude dessa última razão, ele bane, de um modo geral, da filosofia da natureza a busca por "causas finais" (2: 39; AT 7: 55): "Seria muita presunção de nossa parte imaginar que todas as coisas foram criadas por Deus apenas para nosso benefício, ou mesmo supor que o poder de nossas mentes poderia apreender os propósitos de Deus ao criar o universo" (1: 248; AT 8A: 81). Ele admite que, eticamente, pode ser "um ato de piedade afirmar que Deus fez todas as coisas para nosso benefício"; entretanto, supor, "no estudo da física", que "todas as coisas foram de fato feitas para nosso benefício, no sentido de não terem qualquer outro uso", seria "totalmente ridículo e absurdo", visto que "muitas coisas existem, ou algum dia existiram, embora não estejam mais aqui, as quais nunca foram vistas ou pensadas por qualquer homem e nunca foram úteis a ninguém" (1: 248-9; AT 8A: 81).

A ORIGEM DOS ANIMAIS

As explicações medievais e do início da era moderna sobre o modo como as coisas vivas (plantas e animais) se reproduzem afirmam comumente que isso ocorre pela propagação de "sementes" ou pela mistura de fluidos seminais. No esquema aristotélico, os animais machos fornecem a "forma" das coisas vivas (a alma animal), e os animais fêmeas, a "matéria". Segundo Tomás de Aquino e seus seguidores, Deus infunde a alma racional nos animais humanos quando o embrião atinge um estágio apropriado de desenvolvimento (Roger, 1997: 49, 72).

Esse processo pode explicar a origem de animais individuais, mas como os primeiros progenitores (macho e fêmea) surgiram? Agostinho, Tomás de Aquino e outros teólogos cristãos acreditavam que Deus projetou e criou pares originais de plantas e animais, dos quais as coisas vivas subsequentes procedem pelo processo usual de reprodução. Entretanto, a criação específica e a reprodução sexual não eram as únicas explicações acerca da origem de (pelo menos) plantas e animais. Muitos pensadores, aí incluídos alguns pensadores cristãos, sustentavam que, depois da criação, algumas plantas e mesmo alguns animais, tais como insetos ou larvas, surgem por geração espontânea (Roger, 1997: 61). Quando as condições são adequadas, podem surgir insetos ou larvas em carne putrefata, lama ou galhos secos. Na verdade, Lucrécio sustentava que a geração espontânea poderia explicar até mesmo a origem das primeiras plantas e primeiros animais: eles nasceram da Terra nos primeiros tempos, quando sua crosta era mais quente e úmida.

Lucrécio formulou uma concepção da formação do céu, da Terra, das plantas e dos animais a partir da agregação fortuita de átomos no vácuo. Os átomos, que naturalmente caem (lembre-se que os átomos têm peso, além de forma, tamanho e movimento), desviaram-se de sua queda uniforme quando, de modo inexplicável, alguns deles, em algumas ocasiões, "deram uma guinada" (1994: 43). A colisão resultante entre as partículas levaram à formação do céu e da Terra. Com o tempo, os átomos combinaram-se de modo variável; na verdade, eles "se juntaram de todos os modos possíveis e testaram tudo o que poderia ser formado por sua combinação" (p. 139). Entre essas combinações, estavam as coisas vivas. Uma vez que a Terra estava formada, ela produziu espontaneamente plantas (p. 148). Em seguida, fez surgir todos os animais, inclusive os seres humanos, por um processo que ainda ocorre algumas vezes:

> Mesmo agora, multidões de animais são formadas a partir da Terra com a ajuda da chuva e do calor genial do Sol. Assim, não teria sido surpreendente se, naqueles tempos, quando a Terra e o éter eram jovens, tivessem tomado forma e se desenvolvido mais e maiores (p. 149).

Processos semelhantes àqueles que (aparentemente) agora causam a geração espontânea produziram todos os tipos de animais nos primeiros tempos. Primeiro, formaram-se os pássaros; depois, como havia "um intenso calor e umidade no solo", foram formadas "larvas ligadas à terra por raízes". Essas larvas produziram mamíferos que foram amamentados com o jorro de "um suco semelhante ao leite" proveniente da terra. Na verdade, "eis uma outra prova de que o nome de mãe foi corretamente atribuído à terra, visto que ela produziu a raça humana e deu à luz todo animal que corre selvagem nas altas montanhas" (p. 149).

Descartes conhecia suficientemente bem o trabalho de Lucrécio para tentar citá-lo de memória (3: 63; AT 1: 417). Em seus dias na Holanda (1618-1619), ele estudou o atomismo (e matemática) com Isaac Beeckman (AT 10: 67-8). Em 1619-1620, deu início a um manuscrito intitulado *Democritica*, em referência a Demócrito, o atomista da Antiguidade (AT 10: 8). Nesse período, ficou cativado pela concepção atomista e pode ter considerado, de modo semelhante ao padrão atomista, a alma como uma matéria sutil, tal como o vento ou o fogo (1: 5; AT 10: 218; 2: 17; AT 7: 26). Mais tarde, ele rejeitou o atomismo em favor da explicação corpuscular (a concepção de que a matéria é infinitamente divisível, enquanto os átomos são indivisíveis) e adotou a noção de que a alma, ou mente, é imaterial. Apesar disso, quanto ao mundo material, ele interpretou e desenvolveu a cosmogonia atomista em termos corpusculares.

Descartes descreveu a formação do sistema solar e da Terra em dois trabalhos principais, os *Princípios da filosofia* e, anteriormente, *O mundo* ou *Tratado da luz*. Em ambos, ele adotou a "doutrina da fé cristã", segundo a qual a Terra e suas plantas e animais foram criados por Deus tal como o são atualmente (1: 256; AT 8A: 99-100; também 1: 90, 99; AT 11: 32, 120). No entanto, na filosofia natural, considerava mais útil desenvolver ("hipoteticamente", dizia ele) uma explicação na qual o papel de Deus se limita a criar o caldo material de partículas em movimento a partir do qual surge um mundo como o nosso. Ele escreveu nos *Princípios*:

> Se queremos entender a natureza das plantas ou dos homens, é muito melhor considerar como eles cresceram pouco a pouco de sementes do que considerar como foram criados por Deus no começo do mundo. Assim, podemos ser capazes de pensar certos princípios muito simples e facilmente conhecidos que podem servir, por assim dizer, como sementes a partir das quais é possível demonstrar que as estrelas, a Terra, e, na verdade todas as coisas que observamos nesse mundo visível, podem ter brotado (1: 256; AT 8A: 100).

Descartes começa com a hipótese de que Deus criou a matéria simples extensa que forma um espaço pleno de partículas de vários tamanhos; ele concede a essas partículas uma certa quantidade de movimento que mantém constante quando transferida entre as partículas, de acordo com suas três leis do movimento (1: 240-3; AT 8A: 61-6). Descartes descreve como, desse caldo, se formam o Sol e os sistemas planetários, como se formam na Terra os continentes e as montanhas e como se formam os minerais.

Em seguida, ele deveria ter explicado como as plantas e os animais se formaram, mas Descartes não trata desse assunto nos *Princípios* nem em *O mundo*. Contudo, ele estava trabalhando no assunto. No *Discurso*, descrevendo o ainda não publicado *O mundo*, ele quer nos fazer crer que, da matéria em movimento, "com o tempo, todas as coisas puramente materiais tornaram-se como agora as vemos" (1: 133-4; AT 6: 45). Afirma então já ter fornecido uma explicação sobre a formação de plantas em *O mundo*, mas que a explicação sobre os seres humanos e os animais o impediu de continuar:

> Da descrição de corpos inanimados e de plantas prossegui descrevendo os animais e, em particular, os homens. Mas ainda não tinha conhecimento suficiente para falar sobre eles do mesmo modo que falei das outras coisas – isto é, demonstrando os efeitos a partir das causas e mostrando de quais sementes e de que modo a natureza deve tê-los produzido (1: 134; AT 6: 45).

A parte do trabalho na qual ele descreve a formação das plantas não substituiu (supondo que ele de fato a tenha escrito); ele continuou a desenvolver sua explicação sobre a geração dos animais, mas nunca a publicou.

Em 1639, Descartes escreveu a Mersenne que "o número e o arranjo ordenado dos nervos, das veias, dos ossos e de outras partes de um animal não provam que a natureza seja insuficiente para formá-los, desde que se suponha que em tudo a natureza age exatamente de acordo com as leis da mecânica" (3: 134; AT 2: 525). Tendo excluído previamente a geração dos animais de sua obra *O mundo*, porque "levaria muito tempo" para explicá-la (3: 39; AT 1: 254), ele agora se vangloria de "poder explicar em todos os detalhes, como o fiz em meu *Meteorologia*, ao explicar a origem de um grão de sal ou de um cristal de neve", dizendo que, se fosse começar de novo *O mundo*, incluiria essa explicação (3: 134-5; AT 2: 525). Dez anos mais tarde, ele manifestou insatisfação com sua explicação sobre a "formação" dos animais, mas, embora desencorajado, acreditava poder terminá-la, *bem como* toda sua física, tendo em vista o tempo e os experimentos necessários (AT 5: 261).

Se Descartes não chegou a uma concepção satisfatória a respeito de como os animais podem surgir naturalmente do caos, não foi por falta de tentativa. Em alguns de seus primeiros pensamentos registrados sobre a geração (tanto espontânea quanto por acasalamento), ele esboça o processo básico, que é iniciado pelo fluxo circular de matéria sutil (espíritos e sangue) e estimulado pelo calor; essa matéria em fluxo une as partículas por pressão, formando estruturas tubulares e bolsas fechadas, eventualmente acumulando um corpo inteiro (AT 11: 505-6). O mesmo processo pode formar espontaneamente os animais na natureza: "É necessário tão pouco para fazer um animal que, de fato, não surpreende que vejamos tantos animais, tantas larvas, tantos insetos formando-se espontaneamente em toda matéria putrefata" (AT 11: 506). Em janeiro de 1648, enquanto compunha parte de sua *Descrição do corpo humano* sobre a geração, ele manteve a concepção básica: a geração por procriação ocorre quando os fluidos seminais do macho e da fêmea formam uma espécie de vórtice intrauterino, através do qual são produzidos vários órgãos e membros (1: 321-4; AT 11: 252-7). Em sua conversa com Burmam nessa época (3: 349; AT 5: 168-9), ele deixou claro também que considerava metafórica a explicação da criação no *Gênesis*. Portanto, podemos assumir que Descartes acreditava que as plantas, os animais e os corpos humanos foram realmente formados naturalmente à medida que o cosmos se desenvolvia, assim como os corpos animais são formados atualmente através de interações materiais no curso da procriação.

VIDA, SAÚDE E FUNÇÃO

As plantas, os animais e os seres humanos exibem as marcas tradicionais de vida:

nutrição, crescimento e reprodução. Além disso, os animais têm órgãos sensíveis e um aparato motor que lhes permite buscar nutrientes, evitar danos e localizar benefícios. Descartes reconhece que esses fenômenos são exibidos pelas coisas vivas. Ele afirma que todos esses fenômenos podem ser explicados em termos mecanicistas, pela "disposição" ou "configuração" da planta ou dos órgãos animais, assim como o comportamento de um relógio é explicado por seus "contrapesos e rodas" ou suas "rodas e molas" (1: 108; AT 11: 202; 1: 139-41; AT 6: 55-9). Ademais, sustenta que o mesmo mecanismo pode explicar como os animais se comportam de modo a se aproximar do que é benéfico e evitar o que é prejudicial para seus corpos (Descartes, 1998: 163; AT 11: 193, 519).

A explicação desses fenômenos que predominava na época de Descartes recorre à teleologia aristotélica. Uma explicação teleológica, ao explicar um processo, apela para fins ou propósitos ou consequências. As plantas e os animais absorvem nutrientes *para* que seus corpos cresçam e se sustentem, acasalam-se *para* reprodução, evitam danos e buscam benefícios *para* preservar seus corpos. Em termos aristotélicos, o desenvolvimento, a manutenção e a reprodução da planta ou do animal é o fim ou a "causa final" da alma ou poder vegetativo da planta ou do animal; a preservação e a reprodução do animal é a causa final da alma sensitiva do animal (Aristóteles, 1984: 661). Os teólogos cristãos, como Tomás de Aquino, adaptaram a tese de que as almas inferiores buscam fins ou causas finais à concepção que tinham sobre o mundo criado. Assim, segundo eles, as plantas e os animais buscam viver e se reproduzir porque Deus achou por bem fazer coisas que têm essas finalidades (Tomás de Aquino, 1964-1981: I.44.4, 47.1.77.3). A noção de fim ou causa final tem aqui um aspecto externo (Deus como criador, que ordena as coisas de acordo com sua bondade) e um aspecto interno (Deus cria coisas que têm, nelas próprias, os fins internos aristotélicos).

Como notado acima, Descartes procurou banir da filosofia da natureza qualquer apelo aos propósitos de Deus. Suprimiu também as almas vegetativa e sensitiva e, desse modo, evitou explicar o comportamento de autopreservação exibido pelas plantas e pelos animais em termos de causas finais, que são incrustadas nessas almas. No mundo material, ele admitiu apenas a causalidade por impacto de corpos (grandes ou pequenos) em outros corpos. Diferentemente da física aristotélica, não há "formas" incorporadas nas causas finais através das quais os movimentos sejam dirigidos e ordenados, mesmo de coisas que sejam inanimadas.

Descartes então removeu todas as causas finais do mundo? Na verdade, não. Como muitos intérpretes observaram (por exemplo, Laporte, 1928; Simmons, 2001), o próprio Descartes apelou para a teleologia e às causas finais nas *Meditações*. Ele descreve os propósitos de Deus ao estabelecer a relação mente-cérebro: Deus procurou alinhar as sensações com estados do cérebro de modo a fazer com que as sensações contribuam melhor para "a preservação do homem saudável" (2: 60; AT 7: 87). Deus fez a sensação mental de sede como um indicador confiável de que devemos beber, e fez com que as sensações dos sentidos externos, de um modo geral, levem-nos em direção ao que é benéfico e para longe do que é prejudicial ao corpo (2: 56; AT 7: 81).

Até aqui, Descartes recorre à teleologia apenas com relação aos propósitos de Deus que concernem à relação mente-cérebro. Descartes usou esse vocabulário teleológico também para descrever as partes do corpo (Hatfield, 1992: 361), ao falar de "funções" ou "usos" dessas partes. Isso inclui as funções gerais usualmente associadas à alma vegetativa (nutrição, crescimento e reprodução) e funções mais específicas, como as alterações no sangue para torná-lo adequado à nutrição do corpo ou à produção de espíritos no cérebro (1: 108; AT 11: 202; 1: 318; AT 11: 244, tradução alterada). Essas funções resultariam das intenções e dos atos criativos de Deus? Descartes, em passagens já citadas, afirma que sim. Alguns intérpretes (por exemplo, Garrett, 1999), com base nisso, afirmam que ele admite as causas finais e a teleologia apenas nos atos criativos de Deus (bem como nos propósitos dos agentes humanos). Entretanto, Descartes também oferece uma cosmogonia na qual plantas e animais surgem do caos, sem uma criação específica. Nesse caso, o que significaria função? A tese de que as partes animais cooperam para preservar a saúde do animal pode ser explicada em uma cosmogonia natural?

Para responder a essas questões, precisamos desembaraçar várias noções de teleologia para ver qual delas Descartes adota ou não. Ao fazer isso, devemos ter em mente por que Descartes queria evitar causas finais na natureza. Independentemente de reconhecer que as mentes agem com propósitos, Descartes consideraria ininteligível qualquer caso em que alguma coisa que ainda não aconteceu (um "estado final" futuro), ou no qual alguma coisa que não está em contato com um corpo (um "estado final" distante), pudesse influenciar o movimento de um corpo.

Primeiro, devemos distinguir causas *externas* de *internas*. Uma causa final externa viria de um criador ou de um projetista; ela tem uma teleologia externa porque os fins são externamente fixados. Se construo uma ratoeira, projeto-a com uma estrutura que atingirá um resultado desejado. Meu desejo de capturar ratos fixa o fim e, assim, determina a função da armadilha. Do mesmo modo, se Deus considera bom ajustar nossas sensações ao nosso sistema nervoso, então sua intenção externa fixa a função dessas sensações (preservar o corpo). No esquema tradicional, segundo o qual Deus projeta corpos animais, as funções de suas partes seriam fixadas externamente. Descartes oferece um esquema diferente, no qual um mundo como o nosso surge sem que Deus modele diretamente suas partes. Na cosmogonia naturalista de Descartes, Deus institui leis de movimento que produzem "um mundo bem perfeito" (1: 91; AT 11: 35); essas leis dependem da vontade de Deus (1: 92; AT 11: 36; 2: 294; AT 7: 435-6), e, ao escolher as leis, Deus também escolhe o tipo de mundo que elas produzem. Entretanto, o mundo e as coisas nele surgem de um caldo inicial de partículas, que pode ter sido totalmente caótico (uma configuração arbitrária: 1: 257; AT 8A: 101-3). Assim, Deus não organizou inicialmente as partículas para que, por um determinismo laplaciano, elas se desenvolvessem em uma sequência de causas fixas que conduz ao nosso mundo. Ao contrário, nosso mundo emerge de processos naturais. Isso sugere que, ainda que Deus preveja o resultado, os processos naturais devem criar as entidades organizadas no mundo, desde sistemas solares e montanhas a plantas e corpos animais. Vejamos se esses processos sustentam uma noção de causa final interna, ou teleologia imanente.

Causas finais internas são imanentes às coisas que agem. É possível distinguir duas espécies de teleologia imanente: aquela na qual o estado final causa diretamente o comportamento ("estado final causado") e aquela na qual uma tendência prévia a produzir um certo estado final causa a existência atual de um tipo de coisa ou de um tipo de mecanismo ("estado final selecionado"). No caso do estado final causado, o fim ou propósito influencia causalmente o corpo. Esse tipo de causalidade final é possível para seres dotados de mente: o estado final de atravessar a rua, tal como é representado na minha mente, faz (causalmente) com que minhas pernas se conduzam de certa maneira. Os aristotélicos postulavam esse tipo de causalidade mesmo para matéria não pensante, pois sustentavam que o movimento do elemento "terra" se dirige para o centro do universo. O elemento se move em direção ao centro por seu próprio poder, sem qualquer intermediário como força de atração e, desse modo, o globo redondo da Terra é formado. Descartes restringe esse tipo de finalidade do estado final causado a seres pensantes, rejeitando a versão aristotélica que o admite para a matéria não pensante (ou, incorretamente, acusando os aristotélicos de postularem pequenas almas na matéria que sabem aonde ir: 2: 298; AT 7: 442; 3: 216; AT 3: 648).

No caso da finalidade do estado final selecionado, existe um tipo de coisa ou de mecanismo (ou continua a existir) porque ele regularmente atinge um certo resultado (Wright, 1973). Casos de estado final selecionado podem ser divididos em duas classes. Na primeira classe, uma coisa existe porque seu projetista ou criador previu (ou talvez apenas acreditou) que ela atingirá um certo efeito. Tem-se aqui finalidade externa e interna. O projetista escolhe o efeito, mas a coisa tem a função de realizá-lo. Faço a ratoeira, mas ela existe em razão do que ela pode fazer (ou em razão do que eu penso que ela pode fazer). Portanto, a ratoeira nela mesma tem a função (fim imanente) de capturar o rato. Na segunda classe, processos naturais "selecionam" uma coisa em razão do que ela pode fazer. Por meio da operação ao acaso de causas naturais, uma coisa ou um mecanismo surge com um determinado efeito: por exemplo, um animal que pode correr mais rápido do que outros de seu tipo para evitar predadores. O animal mais rápido continua em existência (reproduz-se), enquanto o mais lento é capturado e, portanto, não se reproduz. Não há teleologia externa, visto que o processo de seleção ocorre cegamente, sem propósito: ainda assim, esse processo produz coisas que servem a um fim. Esse tipo de estado final de seleção ocorre na teoria da seleção natural de Darwin, segundo a qual variantes de um traço biológico são selecionadas porque contribuem para a sobrevivência de um determinado tipo de animal. Existem corações porque eles bombeiam sangue. Seu fim imanente é bombear, porque foram cegamente selecionados para isso.

A teleologia interna das operações funcionais de animais, inclusive crescimento, reprodução, busca de benefícios e fuga de prejuízos, poderia ser explicada se Descartes sustentasse que Deus projetou os mecanismos que promovem essas funções vitais; aqui, a teleologia externa fixaria a teleologia interna. Entretanto, visto que Descartes pretendia formular uma cosmogonia na qual plantas e animais surgem naturalmente do caos, ele precisa de um mecanismo para seleção de fins que possa sustentar sua noção de função.

Embora ele não descreva esse mecanismo, havia uma descrição disponível para ele. Lucrécio não apenas postulou que as várias espécies surgiram originalmente por geração espontânea como também especulou que foram produzidos muito mais tipos de animais do que os que hoje existem. Entre os produtos da geração espontânea estariam os "monstros e os disformes", como os "animais sem boca", ou animais "deficientes pela adesão de seus membros a seus corpos, de modo que não podiam fazer coisa alguma, nem ir a lugar algum, nem manter distância do perigo, nem pegar o que precisavam". A natureza os "impediu" de se multiplicar porque eles não podiam se alimentar e talvez não pudessem se acasalar e procriar (1994: 150). Outras espécies antigas, embora capazes de se alimentar e de procriar, teriam desaparecido na competição:

> Todas as espécies que atualmente se vê aspirando o ar da vida foram protegidas e preservadas desde o início do mundo ou por astúcia, ou por coragem, ou por velocidade. Além disso, há muitas que sobreviveram sob a proteção humana porque sua utilidade as confiou ao nosso cuidado (*ibid.*).

O leão vive por coragem; a raposa, por esperteza; o veado, pela rapidez; o cão, pelo cuidado humano. Em oposição, outras espécies se extinguiram:

> Aquelas que não foram dotadas de nenhum desses recursos naturais, incapazes de viver por suas próprias fontes ou de contribuir para o bem-estar do homem, em troca do que poderíamos deixar sua espécie se alimentar em segurança sob nossa proteção – todas essas, encurraladas na labuta de seu próprio destino, foram expostas e tornadas presas fáceis para outros, até que a natureza extinguiu sua espécie (p.151).

Eis, assim, um mecanismo de seleção de estado final que poderia explicar a ocorrência de organismos que exibem teleologia imanente. Lucrécio, que rejeitava a teleologia do tipo que chamei de "externa" (p. 116-117), forneceu um mecanismo através do qual são selecionados tipos de organismos, e seus descendentes existem em razão do funcionamento de suas partes. Embora ele não tenha expressamente descrito os órgãos das espécies sobreviventes como possuidores de teleologia imanente, falou (p. 116) de seu "uso" (um termo que conota função), e descreveu um mecanismo de seleção que suportaria a atribuição de teleologia imanente. (Embora a posição de Lucrécio seja de um modo geral semelhante à seleção natural de Darwin, ele não considerava que as espécies tardias tivessem se desenvolvido a partir das primeiras por seleção ou variações hereditárias; para ele, todas as espécies surgiram de uma vez, já com as diferenças entre elas, e algumas desapareceram por processos de seleção.)

Os escritos conservados de Descartes incluem passagens que descrevem a formação do sistema solar e da Terra, além da geração espontânea de animais. Ele promete, mas não cumpre, uma explicação sobre a formação original de plantas e animais. Descartes repete a noção de Lucrécio de que, com o tempo, a matéria do universo combina "de todo modo possível" (Lucrécio, 1994: 133, 139), sujeita a suas próprias leis da natureza: "Pela operação dessas leis, a matéria deve assumir sucessivamente todas as formas de que é capaz; e, se considerarmos essas formas em ordem, eventualmente seremos capazes de chegar à forma que caracteriza o universo em seu estado atual" (1: 258; AT 8A: 103). Assim, embora não haja evidência direta de que Descartes postulava a seleção por fins, os mecanismos se encaixam em sua cosmogonia naturalista, como testemunham as passagens acima de Lucrécio. (Descartes também sustentava que os sistemas solares surgiram naturalmente, mas não utilizou tal terminologia funcionalista a esses sistemas – supostamente porque aceitava a visão tradicional de que as partes das coisas vivas exibem uma especial unidade e integridade de função, de tal forma que noções como saúde e doença se aplicam a elas, mas não a sistemas solares.)

Admitamos que a seleção por fins pode explicar a teleologia imanente na cosmogonia caótica de Descartes, e assumamos que Descartes queria tratar suas afirmações sobre função como instâncias de teleologia imanente. Isso lhe daria base para atribuir funções a plantas e órgãos animais que tivessem origem inteiramente natural. Precisamos ainda lidar com um desafio metafísico, que questiona se Descartes pode acomodar a unidade funcional do animal-máquina em sua metafísica. A ideia de seleção por um fim assume tacitamente que tipos de órgãos com estruturas hereditárias formam tipos naturais que possuem integridade orgânica. Duas considerações militam contra essa suposição na filosofia da natureza de Descartes.

Primeiro, como muitos intérpretes observaram (Laporte, 1928: 389; Des Chene, 2001: 135), nas *Meditações*, Descartes parece negar a realidade da noção de bom funcionamento corpóreo aplicada ao corpo humano considerado como uma coisa natural. Focando a máquina corpórea nela mesma (independentemente de sua relação com a mente), ele observa que descrevê-la como funcionando inadequadamente (quando está doente) é meramente uma "denominação exterior" (2: 59; AT 7: 85). Ele compara essa descrição com a de um relógio quebrado, afirmando que a propriedade do relógio de estar quebrado não é metafisicamente real, porque o suposto defeito só ocorre em relação à intenção de seu artífice de registrar as horas e aos usuários dos relógios (teleologia externa).

O primeiro problema, o de que não se deve atribuir integridade funcional a corpos animais independentemente de propósitos externos não é muito plausível. Assumindo que Deus é quem projeta o corpo humano (o que Descartes afirma publicamente), a tese de que estar doente e desviado da intenção de seu projeto é "meramente" externa parece estranha: com certeza, o projeto de Deus poderia consertar os propósitos internos dos mecanismos corpóreos. Mas talvez

Descartes não quisesse dar um peso grande à hipótese do projeto (Descartes, 2000: 65; AT 11: 524). Há ainda uma razão para duvidar da coerência de sua classificação de uma descrição do funcionamento *apropriado* do corpo como uma denominação meramente externa, pois ele sustentava que a morte é constituída pelo fato de que o corpo se torna corrompido ou quebrado (1: 314-15, 329-30; AT 11: 225, 330-1). Afirmar que estar quebrado não tem qualquer realidade genuína nesse caso seria atribuir um estatuto tênue à própria morte, embora, para Descartes, a morte tenha a consequência metafísica de que a alma deixa o corpo. Supostamente, a alma deixa o corpo porque detecta o fato de que o corpo está quebrado. Visto que a alma não dirige diretamente (ou mesmo entende) o funcionamento do corpo, deve haver um fato bruto natural de estar quebrado ao qual a alma responde na morte. (Uma segunda resposta trataria o mau funcionamento como um fato físico, em vez de metafísico, por minha discussão do segundo problema.)

Segundo, os intérpretes objetaram que Descartes não podia ter uma noção de teleologia imanente porque em seu sistema corpos animais não são propriamente substâncias (Laporte, 1928: 391-4) e não formam tipos naturais (Des Chene, 2001: 116). Exceto Deus, há apenas dois tipos de substância para Descartes: mentes e corpo. Mentes existem como indivíduos separados. A objeção prossegue supondo que Descartes tenha sustentado, ou deveria ter sustentado (Grene, 1985: 100-1), que toda a matéria constitui uma única substância; o que chamamos de corpos individuais são apenas agrupamentos provisórios de partículas no interior de uma única substância material. Se é assim, apenas substâncias têm posição metafísica genuína. Então, corpos animais, como todos os corpos individuais, são entidades meramente especulativas – isto é, um mero produto dos modos como humanos distinguem e classificam o mundo para seus propósitos práticos.

Para alguns propósitos *metafísicos*, a organização funcional de um corpo e sua existência como uma entidade podem ser meramente "irrelevantes" e especulativas. Entretanto, isso não necessariamente impede que concebamos os corpos animais como entidades adequadamente unificadas para os propósitos da *física ou filosofia da natureza* de Descartes. A objeção de que os corpos individuais e os tipos de corpos têm um estatuto metafísico tênue também se aplica a vários tipos de coisas que Descartes põe no centro de sua filosofia da natureza, inclusive sua noção de "partícula" (uma porção de uma única substância material) e os três tipos de matéria que ele descreve nos *Princípios* (definidos pelo tamanho e forma das partículas); aplica-se, além disso, aos vários tipos de coisas materiais que ele examina em sua filosofia da natureza: vórtices, sóis, planetas, magnetos, metais, e assim por diante. Talvez, estritamente falando, vórtices, magnetos e sal não sejam tipos metafisicamente reais na metafísica de Descartes. No entanto, Descartes achava que, no âmbito da filosofia da natureza, as propriedades do sal podem ser estudadas, esquematizadas e discutidas, ainda que o sal seja um produto relativamente tardio dos processos que formaram a crosta da Terra e os oceanos (AT 8A: 220-32).

Em sua filosofia da natureza, Descartes acreditava que, a partir de seus primeiros princípios – partículas se deslocando de acordo com as leis do movimento –, ele poderia deduzir *a priori* (isto é, a partir de suas causas) os constituintes básicos do mundo: os tipos básicos de partículas, a formação dos vórtices, estrelas, luz e planetas, e, até mesmo, em seus momentos ambiciosos, a formação da água, do ar, do fogo e dos minerais (1: 144; AT 6: 64). Outras coisas mais particulares, inclusive talvez o aço e os magnetos (AT 8A: 281-7), não podem ser derivados *a priori*: precisamos inferir suas propriedades a partir da história natural (por observação). Plantas e corpos animais pertencem com certeza a essa última classe. Mas isso não necessariamente diminui sua pretensão de ser um tipo físico. Pois, se só a própria matéria tem uma essência substancial, então nenhum tipo físico, podendo ou não ser derivado *a priori*, é um tipo metafísico.

Quando Descartes atribuiu uma única essência – extensão – a todo o mundo material, distanciou-se revolucionariamente da filosofia da natureza aristotélica. Em consequência, precisou repensar a noção de um tipo natural em sua própria filosofia da natureza. Metafisicamente, ele descreveu extensão como a "natureza e essência" da substância material (1: 210; AT 8A: 25), que é consistente com o fato de haver apenas um tipo natural de substância no mundo material (matéria extensa). Mas, além disso, ele fala em "naturezas" de vários tipos de corpos: ar, água, o interior da Terra, mercúrio, magnetos (1: 271-6; AT 8A: 231-79), plantas, animais e pessoas (1: 186; AT 9B: 14). Ele, portanto, usava o termo "natureza" de duas maneiras. O segundo uso sugere que, em seu esquema físico, magnetos, plantas e animais são tipos *físicos* reais.

Metafisicamente, esses tipos não possuem uma natureza substancial que seria peculiar a cada um deles. Eles certamente não têm as naturezas aristotélicas: formas substanciais que governam sua atividade e que os individualiza como tipos na física de Aristóteles. Descartes, entretanto, propõe uma noção equivalente às naturezas aristotélicas. Tendo observado que só surgem mudanças em uma matéria extensa através de movimento, ele atualiza a noção de natureza corpórea:

> [...] qualquer variação na matéria ou diversidade em suas muitas formas depende de movimento. Isso parece ter sido amplamente admitido pelos filósofos, visto que afirmaram que a natureza é o princípio do movimento e do repouso. E o que querem dizer com "natureza" nesse contexto é aquilo que faz com que todas as coisas corpóreas assumam as características que percebemos na experiência (1: 232-3; AT 8A: 53).

Descartes sugere que uma natureza é uma configuração de matéria em movimento que produz um conjunto padrão de efeitos, inclusive a variedade de coisas corpóreas e suas características. Um tipo natural, portanto, seria uma configuração que existe em muitas instâncias. No mundo de Descartes, isso significa que um tipo natural surge de processos regulares a partir do caos ou dos padrões subsequentes regulares que se desenvolvem. Talvez, no sistema de Descartes, isso seja realidade suficiente para tipos físicos e para corpos funcionais organizados.

SENTIDO E COGNIÇÃO

Animais têm comportamentos semelhantes aos dos humanos quando engajados em uma experiência sensível (3: 99, 303, 365; AT 2: 39, 4: 574; 5: 276). Eles respondem diferentemente à luz, ao som e a outros estímulos sensíveis: um cachorro pode chorar quando preso ou choramingar bem alto. Animais podem ser treinados a agir diferentemente do usual: a choramingar ao ouvir um violino (3: 20; AT 1: 134) ou a permanecer em silêncio quando uma perdiz voa e não fugir ao ouvir um tiro, mas, em vez disso, seguir a ordem de apanhar a perdiz morta (1: 348; AT 11: 370). De modo mais geral, animais buscam o que é benéfico e evitam o que é prejudicial (AT 11: 519).

Todos admitiam essas habilidades dos animais, inclusive Descartes. Durante o século XVII, havia um constante debate sobre a maneira de explicá-las.

Antes de Descartes, filósofos que negavam razão aos animais usualmente não negavam a eles sensibilidade e cognição, ou (algumas vezes) conhecimento. Embora Aristóteles tivesse restringido a cognição animal à percepção sensível, o comentador árabe Ibn-Sina [Avicenas] propôs que se admitisse um poder cognitivo especial aos animais, a "faculdade estimativa", para explicar como eles apreendem propriedades que não são próprias a nenhum sentido: como ocorre quando a ovelha percebe que o lobo é um inimigo, embora ser um inimigo não seja uma propriedade especificamente visual. Tomás de Aquino aceita a faculdade estimativa, e esta se tornou uma tese comum acerca da alma sensitiva (Sorabji, 1993: 64). Antes da hipótese cartesiana do animal-máquina se tornar conhecida, os autores do século XVII concordavam que os animais possuíam poderes cognitivos. Debatiam acerca de se deviam chamar esses poderes de "conhecimento" e se esses poderes constituíam uma forma limitada de racionalidade que não exigia imaterialidade e, assim, não prognosticavam imortalidade (por exemplo, La Chambre, 1989).

Descartes alterou todos esses debates aplicando sua hipótese de animal-máquina ao controle e à direção do comportamento. Argumentou, tanto com bases metafísicas quanto científicas, que, embora animais exibam comportamentos complexos, são máquinas sem sensações.

Em termos metafísicos, seu novo sistema o levou a considerar a sensação como algo intrinsecamente intelectual. Todas as propriedades da mente derivam das duas formas principais de pensamento, intelecção e vontade (1: 204; AT 8A: 17). A intelecção inclui sensação, imaginação e intelecto puro (a capacidade de compreender sem contemplar imagens). A vontade inclui desejo, dúvida e afirmação ou negação. A sensação e a memória, bem como as paixões e os desejos mundanos, dependem da união e interação do corpo e da alma, mas o efeito mental nessas sensações ou emoções é um modo de intelecção. Assim, negando-se intelecto aos animais, nega-se a eles sensações.

A nova concepção cartesiana de matéria segundo a qual esta possui apenas propriedades geometricamente descritíveis de forma, tamanho, posição e movimento, era ainda mais radical no século XVII do que sua nova concepção da mente, pois destituiu a matéria de alma, excluindo dela princípios ativos, formas substanciais e qualidades reais aristotélicas (Henry, 1997: 59-70). Os aristotélicos consideravam que as almas dos animais eram formas substanciais. Se Descartes pudesse encontrar uma razão para rejeitar essas formas, teria um argumento para negar almas sensitivas aristotélicas aos animais.

Descartes ofereceu argumentos metafísicos e de filosofia da natureza para sustentar sua rejeição de formas substanciais (e almas dos animais). Os argumentos metafísicos que pretendiam estabelecer que a extensão é a essência da matéria são bem conhecidos. Ele, além disso, ofereceu argumentos da filosofia da natureza (ou física) em favor da tese corpuscular, com base em sua inteligibilidade e parcimônia (Hatfield, 1985: 151-6). Os argumentos a partir da inteligibilidade encontram-se em *O mundo* (1: 90-1; AT 11: 33) e no *Discurso* (1: 132; AT 6: 42-3); e aqueles que têm base na parcimônia, em *Meteorologia* (Descartes, 1965: 268; AT 6: 239) e em carta a Morin (3: 107; AT 2: 200). Descartes não afirmou que esses argumentos *refutam* a tese das formas substanciais; em vez disso, ele mostra que pode explicar todos os fenômenos naturais *sem recorrer* a essas noções.

Isso é exatamente o que Descartes afirma fazer no *Tratado*: explicar todas as funções dos animais – inclusive o comportamento guiado pelos sentidos e a busca pelo que é benéfico e fuga do que é prejudicial – apenas por meio de causas mecânicas. Não precisaria de "uma alma sensitiva ou vegetativa ou um outro princípio de movimento e de vida, exceto seu sangue e seus espíritos, que se agitam pelo calor do fogo que continuamente queima em seu coração – um fogo que tem a mesma natureza dos fogos que ocorrem em corpos inanimados" (1: 108; AT 11: 202). Com efeito, Descartes imagina uma máquina hidráulica na qual estruturas inatas ("instintos": Descartes, 1998: 163; AT 11: 192), estímulo sensorial e estados internos do organismo (como a ausência de alimento: Descartes, 1998: 164; AT 11: 194-5) dirigem o fluxo dos espíritos animais para os músculos de modo a produzir o comportamento adequado.

Descartes nesse contexto afirma ser capaz de explicar em termos mecanicistas as funções da alma sensitiva, incluindo aquelas que os aristotélicos explicavam recorrendo a poderes cognitivos. Ele usou uma combinação de instinto com memória associativa para explicar as principais capacidades psicológicas dos animais: respostas sensoriais e motoras, aprendizado associativo (que pode explicar o treinamento) e comportamento circunstancialmente adequado. Se suas explicações provassem isso, ele poderia então insistir na relativa inteligibilidade de seus princípios básicos (arranjos e movimentos de partículas que possuem apenas forma e tamanho) e na parcimônia de sua explicação (apenas corpúsculos materiais, em oposição a milhares de formas substanciais, uma para cada tipo de planta e de animal).

Ele admitiu que seus argumentos de filosofia da natureza não *provam* que formas substanciais não são reais e que, portanto, os animais não têm alma sensitiva. Ele afirmou ter fornecido simplesmente explicações mais simples e inteligíveis do que aquelas que recorrem a essas entidades. Seus argumentos metafísicos deveriam supostamente substituí-las. Nas *Meditações* (2: 44, 54; AT 7: 63, 78) e nos *Princípios* (1: 210; AT 8A: 25), ele afirmou ter estabelecido que a matéria tem *apenas* as propriedades de forma, tamanho, posição e movimento. Essa descoberta pretendia excluir das coisas puramente materiais todas as formas substanciais (que são princípios ativos), qualidades reais (inclusive as qualidades primárias aristotélicas de calor, frio, umidade e secura, que Descartes deve agora explicar recorrendo apenas à matéria extensa em movimento) e pensamento, inclusive sensação.

O argumento metafísico de Descartes para excluir a alma dos animais recorre a essas premissas: se animais têm sensibilidade, então devem ter mentes; assim, devem exibir intelecto e razão, mas não o fazem. Seu argumento, é claro, está sujeito a questionamento. Primeiro, pode-se perguntar por que se deve negar razão aos animais. Examinei os argumentos de Descartes em favor dessa conclusão na sessão anterior.

Segundo, pode-se perguntar por que não poderia haver mentes que fossem apenas sensíveis. Essa questão sugere que se possa atribuir aos animais uma forma inferior de alma ou mente, capaz de sentir e de cognição limitada, mas sem recursos para o uso de linguagem e sem inteligência geral. Em termos metafísicos, a razão de Descartes para excluir essa possibilidade se baseia em seu pretenso *insight* de que a intelecção é uma propriedade essencial da mente, o que significa que todas as mentes a possuam necessariamente. Além disso, ele afirma que, se os animais fossem dotados de mentes inferiores, estas ainda assim teriam que ser imateriais e, portanto, imortais, uma consequência que ele rejeita apoiado em bases metafísicas e teológicas (2: 287; AT 7: 426; 3: 304; AT 4: 576; 3: 366; AT 5: 277). Sustenta ainda que a faculdade da vontade é essencialmente infinita (2: 40; AT 7: 58), o que implica que, se a mente dos animais tivesse vontade, essa vontade seria necessariamente tão livre quanto a vontade humana, o que ele e seu público consideravam implausível.

O terceiro problema coloca a questão a respeito de por que a matéria não pode produzir sensação ou mesmo pensamento. Descartes poderia responder negando que a matéria, ou estados materiais, sejam capazes de representação, ingrediente essencial (ele poderia afirmar com plausibilidade) na percepção sensorial e no pensamento. Essa resposta poderia, além disso, fornecer uma razão mais forte em favor de sua posição acerca do segundo questionamento.

Na psicologia aristotélica, a alma sensitiva recebe representações das coisas através de "espécies sensíveis" que são transmitidas por um meio. Na visão, a qualidade da cor (uma "qualidade real") é transmitida para o olho como uma espécie sensível. Os escolásticos aristotélicos definiam as espécies como "intencionais", o que significava, primeiro, que elas têm um *ser diminuído* (uma explicação das "formas sem matéria" de Aristóteles: 1984: 674) e, segundo, que elas *representam* a qualidade no objeto.

Descartes atribui a capacidade de representar à mente e não à matéria. Na verdade, segundo uma interpretação de sua filosofia, representar é a própria essência da mente (Hatfield, 2003a: 259). Se ele de fato iguala intelecção com representação, então, ao afirmar que intelecção é a essência da mente estaria afirmando também que representação é sua essência. Essa noção explica a consciência sugerindo que, enquanto representação de poderes, as mentes essencialmente representam (e assim são conscientes de) seus próprios estados (2: 382; AT 7: 559). Se, além disso, assumimos que o poder de representar é essencialmente geral – de tal modo que qualquer ser capaz de representar seria dotado não apenas de representação sensorial como também da capacidade de formar conceitos gerais –, então temos um argumento em favor da premissa mais utilizada por Descartes: de que, se animais tivessem alma, teriam razão ou intelecto.

Essa última suposição, acerca da generalidade de qualquer poder representativo, pode ser pedir muito. Pode-se muito bem perguntar por que Deus não poderia criar mentes inferiores (3: 304; AT 4: 576), que possuíssem apenas poderes restritos de representar, sem intelecção pura e vontade, e tendo apenas sensibilidade e apetite sensorial (Pardies, 1972). Ou talvez ele pudesse criar animais que raciocinam sobre particulares, mas não têm conceitos gerais nem a capacidade de refletir (La Chambre, 1989), e assim não exibem a capacidade geral de resolver problemas que Descartes estabelece como um critério para se possuir mente. Na verdade, o próprio Descartes admite que as faculdades do intelecto podem ter diferentes graus de perfeição (2: 40; AT 7: 57). Se fosse obrigado a conceder a possibilidade metafísica de mentes inferiores nos animais, Descartes teria recorrido ao seu argumento da filosofia da natureza, segundo o qual a sua explicação sobre o comportamento dos animais sem alma é preferível por sua parcimônia (Newman, 2001) e inteligibilidade. A questão a respeito da sensibilidade dos animais se tornaria então um problema da filosofia da natureza, acerca de se as explicações cartesianas puramente mecanicistas do comportamento dos animais são adequadas, ou se noções como representação e sensação são de fato necessárias em qualquer explicação plausível sobre o comportamento dos animais.

OS ANIMAIS DE DESCARTES SÃO MÁQUINAS QUE NÃO SENTEM?

Embora a maioria dos seguidores de Descartes (Rosenfield, 1968: Apêndice, B-D) e a maioria dos intérpretes entendam que Descartes nega sensação aos animais, uma minoria defende que ele atribui propriedades mentais limitadas a eles (Vartanian, 1953: 210-212), tornando-os sensíveis, mas não (reflexivamente) conscientes (Cottingham, 1998). Esses intérpretes recorrem a evidências textuais, e alguns, além disso, sustentam que Descartes precisa recorrer à intencionalidade para que sua explicação sobre as capacidades comportamentais dos animais tenha êxito (Gaukroger, 2002: 201, 203).

Em carta de 1649 ao filósofo inglês Henry More, Descartes refina sua posição anterior (3: 148; AT 3: 85) de que os animais não têm sensações. Nela, ele indica que é impossível *provar* que os animais têm ou não têm sensações, "visto que a mente humana não atinge seus corações" (3: 365; AT 5: 277). Desistindo da certeza, ele considera a negação da sensibilidade como a conclusão "mais provável", uma posição consistente com um recuo para os argumentos da filosofia da natureza (em oposição a argumentos metafísicos).

Intérpretes que afirmam que Descartes de fato assume que animais têm sensações apontam, sobretudo, para duas passagens. A primeira é sua carta de 1646 ao marquês de Newcastle, na qual ele fala de animais expressando "a expectativa de comer" e "seus medos, suas esperanças ou suas alegrias" (3: 303; AT 4: 574). Descartes aqui diz que os animais "expressam" suas emoções ou paixões. Esse modo de falar também é encontrado no *Tratado*, no qual Descartes menciona as "paixões" do corpo do animal na ausência de mente. (No *Tratado*, as descrições de Descartes se aplicam aos comportamentos dos animais e dos homens que ocorrem sem pensamento: 2: 161; AT 7: 229-30; 3: 149; AT 3: 122). Na verdade, em uma carta de 1638, ele adverte que as pessoas inferem incorretamente que os animais têm "sensações e paixões como as nossas" porque os animais se comportam de modo semelhante a como nos comportamos quando temos sensações. Segundo ele, a opinião correta é que os animais ainda são "autômatos" sem "qualquer sensação real ou emoção", mas que seu comportamento aparente, entretanto, é semelhante ao nosso (3: 99-100; AT 2: 39-41). Essa posição permite-nos facilmente interpretar que a carta ao marquês atribui a animais apenas *contrapartes corporais* às paixões: estados internos que explicam o comportamento animal, mas que não envolvem sensações genuínas.

A segunda passagem ocorre na carta a More, na qual Descartes nega que os animais tenham sensações e pensamentos "como nós" (3: 365-6; AT 5: 277). Depois de fornecer vários argumentos para mostrar que essa conclusão é a mais plausível segundo as evidências, Descartes continua:

> Por favor, note que estou falando de pensamento, e não de vida ou de sensação. Não nego vida aos animais, visto que a considero como consistindo simplesmente de calor no coração; e nem mesmo nego sensação, uma vez que esta depende de um órgão corpóreo. Assim, minha opinião não é tão cruel para os animais como é indulgente para os seres humanos – ao menos àqueles que não são dados às superstições de Pitágoras –, visto que os absolve da suspeição de crime quando matam ou comem animais (3: 366; AT 5: 278-9).

Muitos pontos merecem atenção. Primeiro, o termo em latim traduzido por "sensação" é *sensus*, que pode significar simplesmente a faculdade do sentido. Assim, o termo só implica necessariamente que animais têm órgãos que os orientam quando estimulados, deixando em aberto como essa função se realiza, seja por sensibilidade ou por mecanismos insensíveis. Segundo, a qualificação "uma vez que depende de um órgão corpóreo" sugere que Descartes aqui admite nos animais uma faculdade sensível tomada estritamente em termos mecanicistas. Terceiro, é difícil compreender a última frase de Descartes sobre matar e comer animais, se supusermos que ele lhes atribui sensações genuínas. Parece plausível que Descartes pretendia aliviar a preocupação humana relativa a matar e comer seres dotados de sensibilidade, sugerindo que, em última análise, os animais não possuem realmente sensibilidade. Na leitura alternativa, ele estaria afirmando que os animais possuem sensibilidade, mas não são capazes de refletir, o que não conforta muito os que se preocupam com a dor dos animais. No final, a passagem pode ser facilmente assimilada aos outros trabalhos em que Descartes descreve processos sensoriais puramente materiais e sem sensações nos corpos animais como forma de realizar muitas das funções realizadas pelas sensação consciente nos seres humanos (por exemplo, 2: 161-2; AT 7: 229-31; 3: 148; AT 3: 85).

A outra estratégia para defender que Descartes atribui sensibilidade aos animais recorre a recursos explicativos que ele parece precisar (ao menos segundo a compreensão atual) para elucidar as capacidades comportamentais dos animais. Gaukroger afirma que, já que Descartes atribui respostas sensoriais diferenciadas aos animais (eles respondem adequadamente a diferentes estímulos ambientais), ele deve lhes atribuir também a capacidade de "processar informação", o que significa que eles devem "interpretar estímulos" e formar "representações" (Gaukroger, 2002: 203). Essa reconstrução se apoia em intuições acerca do que é necessário "para explicar a cognição animal, não para justificá-la" (p. 200). Ela torna os animais "sensíveis, mas autômatos não conscientes" (p. 203). Animais são sensíveis em virtude de representarem e interpretarem estímulos, e não conscientes porque, sem uma mente, não têm capacidades racionais humanas para reflexão; e são autômatos porque seus estados sensíveis são atualizados em um corpo material concebido em termos mecanicistas, sem uma mente imaterial.

Minha leitura alternativa é que Descartes restringe representação genuína e cognição a seres humanos em virtude da posse exclusiva de mentes por parte desses. Descartes explica o fenômeno aparente da cognição animal recorrendo a processos não intencionais mecânicos. Segundo essa concepção, ele interpreta os processos nos sistemas sensoriais dos animais como causas complexas materiais. A imagem na retina e as imagens correspondentes no cérebro (que Gaukroger pensa ser em representações) são padrões materiais que entram no processo cego associativo da memória sensorial (Descartes, 1998: 150-2; AT 11: 177-9). Descartes "remove" a atribuição aristotélica de estados cognitivos genuínos a animais, mas, ainda assim, pretende *explicar* as capacidades comportamentais dos animais de maneira não cognitiva. Recomendo essa interpretação como a mais consistente com a firme distinção de Descartes entre matéria e mente.

O LEGADO DE DESCARTES

A filosofia de Descartes deixou um duplo legado no que diz respeito à psicologia e à teoria da mente. Através da tese do dualismo corpo-alma e da consequente unificação do fenômeno mental como fenômeno consciente na consciência, sua filosofia encorajou a noção de acesso fenomenal como um aspecto definidor do mental. Através da tese do animal-máquina, quase que conduziu diametralmente a uma concepção materialista do animal e, assim, da psicologia humana e foi um precursor do behaviorismo do início do século XX. Consideraremos esse segundo aspecto em primeiro lugar.

A tese de Descartes do animal-máquina era parte de sua cosmogonia naturalista. Embora a ideia de que o mundo tenha se desenvolvido a partir de partículas de matéria em movimento tenha sido introduzida pelos atomistas antigos, Descartes deu força a ela em *O mundo* e na Parte Três e na Parte Quatro dos *Princípios*. O desenvolvimento natural do sistema solar e dos aspectos geológicos da Terra tornou-se objeto imediato de debate e de pesquisa (Roger, 1982). O desenvolvimento natural das coisas vivas a partir da Terra foi reconsiderado e desenvolvido no século XVIII (Vartanian, 1953: 273-288). Hume, citando a cosmogonia epicurista (e, portanto, de Lucrécio), afirmava que um processo equivalente à seleção-por--fins poderia explicar o "uso das partes" das plantas e dos animais e a aparente "adequação de meios para fins" dessas partes (Hume, 1977: 184-185). Independentemente de Descartes conhecer ou não (ou de ter ou não escolhido) a seleção-por-fins como a explicação da unidade funcional dos organismos, os autores posteriores a conheciam (e a escolheram). Afinal, Darwin argumentou convincentemente que a seleção natural pode explicar a capacidade de adaptação dos organismos. Mesmo assim, a interpretação apropriada da teleologia imanente nas descrições contemporâneas das funções orgânicas permanece em discussão (Ariew, Cummins e Perlman, 2002).

A concepção do animal-máquina de Descartes foi uma precursora importante de *O homem-máquina* de La Mettrie e do materialismo de Diderot e de outros *philosophes* franceses (Vartanian, 1953: 221-246). Thomas Willis (1971) preparou o caminho afirmando que animais puramente materiais que possuem uma alma de matéria sutil poderiam ter sensibilidade, tornando assim sensível o animal-máquina. La Mettrie e Diderot propuseram que os seres humanos poderiam ser entidades inteiramente materiais que são conscientes e racionais. A afirmação materialista de que estados mentais podem ser reduzidos (ou talvez identificados) a estados materiais ganhou adeptos, embora o tema continue em discussão. O dualismo da substância atualmente está morto, mas não porque os materialistas tenham mostrado como explicar consciência e representação mental em seus termos. Na verdade, não há atualmente uma explicação física ou material aceita de sensação consciente, de representação mental ou de pensamento conceitual. Se pode e vai existir essa explicação é algo sob discussão e permanecerá assim até que (se for o caso) o problema corpo e alma seja resolvido.

O dualismo de Descartes deu início também a uma outra linha na história da psicologia. Muitos pesquisadores do século XVIII que estudavam a percepção sensorial adotaram um tipo de "dualismo empírico" dos fenômenos físicos e mentais, deixando de lado a metafísica da substância mental (Hatfield, 1995). Inspiraram-se no exemplo de Descartes, segundo o qual os processos psicológicos de percepção profunda podem ser explicados considerando-se tanto a fisiologia quanto a psicologia mentalista. Sua concepção de que a união corpo-alma é relevante na explicação da percepção sensorial encorajou os pesquisadores a buscarem descrições baseadas empiricamente nas relações mente-cérebro (Hatfield, 2000).

A fusão dessas duas linhas nos séculos XIX e XX levou a outras questões acerca da definição do mental e da adequação da psicologia não mentalista. Os behavioristas J. B. Watson e B. F. Skinner buscaram explicações não mentais para os comportamentos animal e humano. E. C. Tolman questionou esse projeto desde o seu interior, como o fez a psicologia da *Gestalt* e a subsequente psicologia perceptiva e cognitiva do ponto de vista externo (O'Neil, 1982: cap. 9). Ao mesmo tempo, psicólogos fisiológicos consideravam o animal-máquina de Descartes e concluíram que não é necessário a concomitância da consciência com todas as capacidades psicológicas, inclusive a formação de hábito e os processos sensoriais que precedem a experiência sensível (Huxley, 1884). Um modelo tratou os processos latentes como reflexivos e mecânicos, ecoando o animal-máquina de Descartes. Uma outra concepção sugeria que processos não conscientes podem, ainda assim, ser mentais, isto é, podem incluir conteúdo representacional combinado segundo mecanismos inatos ou aprendidos (Hatfield, 2003b). Aqui, a representação é divorciada da consciência.

Em termos morais, podemos perguntar se a hipótese do animal-máquina de Descartes deixou um legado de crueldade para com os animais. Seu seguidor, Malebranche, é conhecido por sua indiferença aos gritos que provocou ao chutar uma cadela prenha enquanto observava que animais eram máquinas insensíveis (Rosenfield, 1968: 70). Alguns cartesianos usaram a descoberta teológica de Agostinho segundo a qual um recém-nascido inocente não merece dor ou sofrimento para sustentar a hipótese do animal-máquina. Em virtude do pecado original da humanidade, as crianças humanas não são inocentes e, portanto, sua dor é justa. Visto que os outros animais nascem inocentes, não merecem sofrer, e, portanto, são insensíveis e não sofrem (Rosenfield, 1968: 47).

O próprio Descartes teve um cachorro (AT 5: 133), mas esse fato não fornece base para a sugestão de que ele realmente não acreditava que cachorros não possuíssem sensibilidade. Nas décadas seguintes à morte de Descartes, o argumento mais convincente em favor da sensibilidade dos animais foi o que ele sugeriu e rejeitou (2: 162; AT 7: 231; 3: 99; AT 2: 39): seus órgãos são análogos aos nossos, e nós temos sensibilidade (Pardies, 1972).

Se aceitarmos que a hipótese do animal-máquina de Descartes é compreensível em vista de seus outros comprometimentos filosóficos, poderemos, ainda assim, considerar implausível sua concepção de que os animais não têm sentimento nem cognição básica. Isso seria consistente com a conclusão de que a hipótese era parte de um programa intelectual que estimulou o crescimento da filosofia e da psicologia. Mesmo que as teses desse programa tenham sido progressivamente abandonadas, as questões e problemas levantados por ele permanecem vivos.

REFERÊNCIAS E LEITURAS ADICIONAIS

Ariew, A., R. Cummins e M. Perlman (eds.). (2002). *Functions: New Essays in the Philosophy of Psychology and Biology*. Oxford: Oxford University Press.

Aristotle (1984). *On the Soul*. In: J. Barnes (ed.). *Complete Works of Aristotle*, vol. 1. Princeton: Princeton University Press: 641–692.

Cottingham, J. (1998). "Descartes's treatment of animals". In: J. Cottingham (ed.). *Descartes*. Oxford: Oxford University Press: 225–233.

Descartes, R. (1965). *Discourse on Method, Optics, Geometry, and Meteorology*. Trad.: P. J. Olscamp. Indianapolis: Bobbs-Merrill. (Obra originalmente publicada em 1637.)

Descartes, R. (1998). *The World and Other Writings*. Trad.: S. Gaukroger. Cambridge: Cambridge University Press. (Obra originalmente publicada em 1664.)

Descartes, R. (2000). *Écrits physiologiques et médicaux*. Trad.: V. Aucante. Paris: Presses Universitaires de France. (Manuscritos originais escritos entre 1630 e 1640, publicados pela primeira vez em 1664, 1701, 1859.)

Des Chene, D. (2001). *Spirits and Clocks: Machine and Organism in Descartes*. Ithaca, NY: Cornell University Press.

Dupleix, Scipion (1990). *La Physique, ou science des choses naturelles*. Paris: Fayard. (Obra originalmente publicada em 1603; essa edição: 1640.)

Eustachius a Sancto Paulo (1998.) *A Compendium of Philosophy in Four Parts*. Trad.: J. Cottingham. Extratos selecionados em R. Ariew, J. Cottingham e T. Sorell (eds.). *Descartes' Meditations: Background Source Materials*. Cambridge: Cambridge University Press: 69–96. (Obra originalmente publicada em 1609.)

Garrett, D. (1999). "Teleology in Spinoza and early modern rationalism". In: R. J. Gennaro e C. Huenemann (eds.). *New Essays on the Rationalists*. Nova York: Oxford University Press: 310–335.

Gaukroger, S. (2002). *Descartes' System of Natural Philosophy*. Cambridge: Cambridge University Press.

Grene, M. (1985). *Descartes*. Minneapolis: University of Minnesota Press.

Hatfield, G. (1985). "First philosophy and natural philosophy in Descartes". In: A. J. Holland (ed.). *Philosophy, Its History and Historiography*. Dordrecht: Reidel: 149–164.

Hatfield, G. (1992). "Descartes' physiology and its relation to his psychology". In: J. Cottingham (ed.). *The Cambridge Companion to Descartes*. Cambridge: Cambridge University Press: 335–370.

Hatfield, G. (1995). "Remaking the science of mind: psychology as a natural science". In: C. Fox, R. Porter e R. Wokler (eds.). *Inventing Human Science*. Berkeley: University of California Press: 184–231.

Hatfield, G. (1998). "The cognitive faculties". In: M. Ayers e D. Garber (eds.). *The Cambridge History of Seventeenth Century Philosophy*. Cambridge: Cambridge University Press: 953–1002.

Hatfield, G. (2000). "Descartes' naturalism about the mental". In: S. Gaukroger, J. Schuster e J. Sutton (eds.). *Descartes' Natural Philosophy*. Londres: Routledge: 630–658.

Hatfield, G. (2003a). *Descartes and the Meditations*. Londres: Routledge.

Hatfield, G. (2003b). "Psychology old and new". In: T. Baldwin (ed.). *The Cambridge History of Philosophy, 1870–1945*. Cambridge: Cambridge University Press: 93–106.

Henry, J. (1997). *The Scientific Revolution and the Origins of Modern Science*. Londres: Macmillan.

Hume, D. (1977). *Dialogues Concerning Natural Religion*. Ed.: N. Kemp Smith. Indianapolis: Bobbs-Merrill. (Obra originalmente publicada em 1779.)

Huxley, T. H. (1884). "On the hypothesis that animals are automata and its history". In: T. H. Huxley. *Science and Culture*. Nova York: Appleton: 206–254.

La Chambre, M. C. de (1989). *Traité de la connaissance des animaux*. Paris: Fayard. (Obra originalmente publicada em 1648.)

La Mettrie, J. O. de (1994). *Man a Machine and Man a Plant*. Trad.: R. A. Watson e M. Rybalka. Indianapolis: Hackett. (Obras originalmente publicadas em 1748.)

Laporte, J. (1928). "La finalité chez Descartes". *Revue d'Histoire de la Philosophie* 2: 366–396.

Lucretius (1994). *On the Nature of the Universe*. Trad.: R. E. Latham, revisada por J. Godwin. Londres: Penguin.

Montaigne, M. de (1965). *Apology for Raymond Sebond*. In: *Complete Essays of Montaigne*. Trad.: D. M. Frame. Stanford: Stanford University Press: 318–457. (Obra originalmente publicada em 1580.)

Newman, L. (2001). "Unmasking Descartes's case for the bête machine doctrine". *Canadian Journal of Philosophy* 31: 389–426.

O'Neil, W. M. (1982). *The Beginnings of Modern Psychology*. Sidney: Sydney University Press.

Pardies, I.-G. (1972). *Discours de la connoissance des bestes*. Ed.: L. Cohen Rosenfield. Nova York: Johnson Reprint. (Obra originalmente publicada em 1672.)

Roger, J. (1982). "The Cartesian model and its role in eighteenth-century 'theory of the Earth'". In: T. M. Lennon, J. M. Nicholas e J. W. Davis (eds.). *Problems of Cartesianism*. Kingston e Montreal: McGill-Queens University Press: 95–112.

Roger, J. (1997). *The Life Sciences in Eighteenth-Century French Thought*. Ed.: K. R. Benson, trad.: R. Ellrich. Stanford: Stanford University Press. (Obra originalmente publicada em 1963.)

Rosenfield, L. Cohen. (1968). *From Beast-Machine to Man-Machine: Animal Soul in French Letters from Descartes to La Mettrie*. Nova York: Octagon Books.

Simmons, A. (2001). "Sensible ends: latent teleology in Descartes's account of sensation". *Journal of the History of Philosophy* 39: 49–75.

Sorabji, R. (1993). *Animal Minds and Human Morals: The Origins of the Western Debate*. Ithaca, NY: Cornell University Press.

Thomas Aquinas (1964–1981). *Summa Theologiae*. Cambridge: Blackfriars. Cited by part, question, and article.

Vartanian, A. (1953). *Diderot and Descartes: A Study of Scientific Naturalism in the Enlightenment*. Princeton: Princeton University Press.

Willis, T. (1971). *Two Discourses Concerning the Soul of Brutes, Which is That of the Vital and Sensitive in Man*. Gainesville: Scholars' Facsimiles and Reprints. (Obra originalmente publicada em 1683.)

Wright, L. (1973). "Functions". *Philosophical Review* 82: 139–68.

25
Como fabricar um ser humano: paixões e explicação funcional em Descartes

AMY M. SCHMITTER

Descartes está longe de ser o primeiro filósofo a discutir as emoções e nem mesmo é o primeiro a tratá-las sob a rubrica "paixões". Sob o termo grego *pathos*, e, mais tarde, sob os termos latinos *affectio*, *pertubatio* ou *passio*, elas ocuparam um lugar importante nas filosofias antiga e medieval da mente e da ação, na ética, na retórica, na medicina e na biologia. Descartes, porém, deu um novo impulso à investigação filosófica ao tratar as paixões como tipos de *percepções* – percepções geradas no corpo, mas percebidas pela mente. Mais especificamente, Descartes caracterizou as paixões como "aquelas percepções, sensações ou emoções da alma que atribuímos particularmente a esta, e que são causadas, mantidas e fortalecidas por alguns movimentos dos espíritos" (1: 338-9; AT 11: 349). Embora tenha incluído "sensação" e "emoção" para indicar que perturbam a alma, o foco principal de Descartes é estabelecer o modo pelo qual as paixões são *recebidas* pela alma como percepções. Nossas disposições para receber essas percepções são, como ele afirma, inerentemente e altamente funcionais. Esse é um ponto crucial, que divide a maioria dos filósofos do século XVII em dois campos: os que, como Malebranche, seguem Descartes, atribuindo, ao menos teoricamente, funcionalidade às paixões, e aqueles que, como Hobbes e Espinosa, negam inteiramente a possibilidade de aplicar tais noções às paixões. Apesar da imagem popular difundida de que Descartes seria um filósofo inteiramente sem sentimentos, sua abordagem definiu os termos de um intenso debate filosófico sobre as paixões que se estendeu por várias gerações.

Com efeito, Descartes concede às paixões um escopo e uma importância comparável a poucos outros filósofos. Sua última obra acabada, *As paixões da alma*, é dedicada a mostrar o papel das paixões para nossa razão prática, para o exercício da virtude, para a saúde física e mental e para a constituição da união entre a mente e o corpo. Outros trabalhos exploram ainda outros aspectos: a correspondência de Descartes com a princesa Elizabeth da Boêmia, em 1643 e 1645, discute se as paixões opõem-se à liberdade da vontade; a *Descrição do corpo humano* considera os "humores", ao passo que o diálogo *A busca da verdade por meio da luz natural* considera o papel das paixões para o correto raciocinar e para o método; as paixões enriquecem e tornam mais complexa a ontologia dos *Princípios da filosofia*, além de serem uma questão importante para a filosofia da mente desenvolvida por Descartes em seus escritos.

Tudo isso é parte integrante do interesse mais geral de Descartes no que ele chama de percepções "que têm o corpo como base", ou seja, as percepções geradas por vários movimentos em nossos corpos: elas incluem a percepção sensível, os sonhos, certos tipos de alucinações e imaginações e paixões. Muito do que levou Descartes a se interessar por esse tema vem de seu projeto fundacional estabelecido nas *Meditações de filosofia primeira*, particularmente o que se refere a justificar nossas faculdades inatas, criadas por Deus. Porque têm sua origem em Deus, tudo o que verdadeiramente pertence à nossa natureza é, quando usado apropriadamente, confiável e mesmo autorizado. Ainda que somente o que constitui nossa natureza e seus usos demande esclarecimento, nossas disposições inatas a receber percepções do corpo são certamente parte de nossa natureza e, portanto, Descartes mantém quem elas tendem a contribuir para o nosso bem-estar. Não obstante, nossas percepções que têm sua origem no corpo colocam dificuldades específicas para esta estratégia e, diante tais dificuldades, a Sexta Meditação introduz a novidade de uma genuína explicação *funcional*, que dá conta da operação material de disposições úteis em termos puramente mecânicos.[1] Descartes desenvolve essa abordagem especialmente para as "sensações internas", tais como a fome e a sede. Mas, uma vez estabelecida, ela fornece o quadro conceitual para tratar, de um modo geral, as percepções que têm sua origem no corpo e as paixões, em particular.

A REJEIÇÃO DA TELEOLOGIA E SEUS LIMITES

> Se, por acaso, uma pessoa se voltasse para o atelier de um relojoeiro e, pensando em informar-se sobre relógios, indagasse de que metal ou de que material cada parte havia sido composta, o que dera as cores ou produzira os sons, sem examinar o uso efetivo do instrumento ou por quais movimentos sua *finalidade* é melhor alcançada e sua perfeição atingida, é manifesto que esse investigador, assim agindo, iria fracassar em compreender a real natureza do instrumento. Se um filósofo, do mesmo modo, [...] descobrisse somente quais efeitos cada paixão exerce sobre o corpo [...], [ele não contemplaria] o homem *como um homem real e como um agente humano*, mas como um relógio ou uma máquina comum (Shaftesbury, 1999: 131).

Escrevendo nos primeiros anos do século XVIII, o conde de Shaftesbury identifica Descartes como o principal culpado pelo fracasso do exame das finalidades e dos propósitos aos quais servem as paixões. Mas, embora Shaftesbury possa estar equivocado ao considerar a explicação cartesiana como meramente mecânica, falar da abordagem funcionalista de Descartes parece um afastamento demasiado em direção à teleologia. Pois é notório que Descartes suspeita de explicações teleológicas, particularmente quando elas supõem causas irredutivelmente dotadas de propósitos para dar conta do modo como as coisas agem no quadro do sistema físico do movimento. Tais suposições, como ele sustenta, são típicas de estratégias obscurantistas das explicações escolástico-aristotélicas. Ao invés disso, Descartes recorre a uma certa modéstia epistêmica: "Eu considero que o tipo de causa que habitualmente é derivada de um fim não possui uso algum na física, pois essas causas envolvem a precipitação de me supor capaz de investigar os propósitos de Deus" (2: 39; AT 7: 55).

O problema é que a recomendação de modéstia é, ela mesma, motivada pela teodiceia da Quarta Meditação, na qual Descartes elucida a ideia da infinita bondade divina sob a condição de que entender os propósitos de Deus frequentemente está fora do nosso alcance. Assim, o próprio projeto da teodiceia que conduz à virada em direção à explicação funcional na Sexta Meditação parece solapar desde o início todo discurso em termos de propósitos. De fato, porém, a principal objeção de Descartes à teleologia e às formas associadas de explicação é direcionada ao seu uso na *física*: "Não iremos nunca derivar qualquer explicação referente às coisas *naturais* dos fins que Deus ou a Natureza tinham ao criá-las" (1: 202; AT 8A: 15, tradução alterada). As Quintas Respostas empregam exatamente essa razão para distinguir os tipos de conjecturas apropriadas à ética das explicações da física, que devem permanecer nas "mais sólidas [*firmissimis*] bases" (2: 258; AT 7: 375, tradução alterada), as quais dão o conhecimento da coisa em si (veja 3: 341; AT 5: 158). As

Meditações e os *Princípios da filosofia* sustentam que a natureza das coisas físicas consiste simplesmente em ocupar (ou desocupar) espaço e suas propriedades distintivas são todas modos da extensão. Essa ontologia simplificada destina um papel explicativo somente à causação mecânica: isto é, à causa eficiente restrita às transferências de movimento de uma parte da extensão à outra enquanto determinada por forma, tamanho, posição (relativa) e movimento. Coisas extensas não têm propósitos, apenas "tendências" ao movimento.

No entanto, finalidades no *interior* do mundo físico são uma coisa e finalidades *para* o mundo físico, outra. Descartes admite que Deus pode ter desígnios que o tenham motivado para a criação da natureza, ainda que a sua infinitude "incompreensível" nos impeça de especular sobre seus eventuais projetos. Não obstante, atribuir propósitos à mente divina não é absurdo no mesmo sentido em que o é atribuí-los a uma pedra: são nas mentes que os propósitos encontram sua raiz ontológica. A campanha de Descartes contra a teleologia, destarte, possui duas plataformas: a modéstia epistêmica proíbe explicações globais a respeito dos desígnios, tanto os da mente quanto aqueles do corpo.[2] Ainda mais fundamentalmente, as considerações ontológicas são um importante empecilho para a atribuição de propósitos aos corpos. O que elas deixam em aberto é o recurso limitado e aproximado às intenções enraizadas na intencionalidade das mentes. Nesse sentido, podemos admitir que o papel da natureza de Deus e seus planos estão além da nossa compreensão sem deixar de buscar algum vislumbre dos desígnios de Deus nos casos *específicos* envolvendo mentes.

RECONCILIANDO A BONDADE DIVINA COM O ERRO NA PERCEPÇÃO E NO JUÍZO

Isso é exatamente o que faz a Quarta Meditação ao tratar das nossas propensões a formar juízos teóricos equivocados. O problema é simples: Deus tem o poder e a vontade de fazer a mim e às minhas faculdades "perfeitos em seus gêneros" (2: 38; AT 7: 55). Ainda assim, eu cometo erros. Ora, essas duas alegações podem ser reconciliadas se a minha aparente "imperfeição" intelectual contribui para a perfeição do todo, o que Descartes (de maneira relutante) admite ser possível. Mas nem a piedade, nem a busca por iluminação se contenta meramente com uma possibilidade remota. Em vez disso, devemos procurar adaptar nossa compreensão de perfeição à ideia clara e distinta (embora não adequada) do poder infinito e da bondade de Deus, *bem como* aos fatos sobre nossa natureza. O próximo passo da defesa de Descartes é, então, identificar quais as partes de nossa natureza fornecem a oportunidade para erro, o que ele encontra na interação da vontade e do intelecto na formação de juízos. Erramos quando voluntariamente nos comprometemos com aquilo que não compreendemos inteiramente – algo que sem dificuldades julgamos ser um mau uso tanto da vontade quanto do intelecto. Portanto, nossos erros têm origem não em algo positivo em nossas naturezas, nenhuma *faculdade* de produção de erro, mas em um uso descuidado de nossas faculdades.

Mesmo assim, permanece o problema. Por que Deus não me equipou com um mecanismo à prova de falhas contra o mau juízo ou me dotou de percepções claras e distintas sobre tudo o que possa surgir na minha frente ou, ainda, imprimiu "fortemente em minha memória a resolução de nunca formular um juízo acerca de coisas que não compreendo clara e distintamente?" (2: 42; AT 7: 61) Por que, além disso, somos tão inclinados a uma "certa fraqueza" que nos torna descuidados mesmo acerca de princípios de juízos que nós reconhecemos? A essas preocupações, Descartes recorre em alguma medida à incompreensibilidade dos propósitos divinos. Mas isso, por sua vez, é usado para rever a nossa noção de nossas próprias "perfeições", de tal modo que "a maior e principal perfeição do ser humano encontra-se" em sua capacidade de reconhecer e corrigir seus erros (2: 43; AT 7: 62). Com efeito, conforme desenvolvemos nossas capacidades de autocorreção, identificando o que nos dá oportunidade de errar, nossa compreensão a respeito de nós mesmos permite que evitemos não apenas o erro, mas que geremos conhecimento positivo. Desse modo, nossa corrigibilidade indica nossa perfeição. Esse é o trunfo final de Descartes em defesa de nossa natureza.

Mas essa cartada final na Quarta Meditação não conclui a estória. Pois estamos propensos a não apenas errar ao julgar, o que gera "falsidade formal", mas também a certos tipos de erro "perceptivo", ou de representação. Nossas percepções que se baseiam no corpo, sobretudo, fornecem material para erro. Elas o fazem apresentando imagens ilusórias do mundo que nos inclinam a juízos incorretos. Sob esse aspecto, há uma profusão de erros a evitar. Somos responsáveis pela falsidade formal por ir além de nossas faculdades, mas nossas percepções nos fornecem base material para julgar mal, independentemente de nossas vontades. Assim, a culpa parece ser tanto nas nossas estrelas quanto em nós mesmos: somos dotados de uma faculdade perceptiva falível.

O reconhecimento da extensão do problema exige a conclusão da Quinta Meditação de que a essência das coisas extensas é apenas extensão e seus modos, bem como a demonstração, na Sexta Meditação, da existência dessas coisas a partir de relação causal com nossas percepções na Sexta Meditação. Isso nos deixa em apuros: visto ser Deus um bom atirador, as coisas extensas devem existir – mas, visto ser Deus um bom atirador, elas não podem existir *como* as percebemos, pois nossas percepções sensíveis (e outras percepções que têm o corpo como base) têm qualidades que não podem ser ajustadas à natureza clara e distintamente compreendida das coisas extensas. A estratégia de Descartes, em geral, permanece a mesma de antes: devo conceder que é impossível que haja "qualquer falsidade em minhas opiniões que não possa ser corrigida por alguma outra faculdade fornecida por Deus" (2: 55-6; AT 7: 80). Mas suspender o juízo, como recomendado na Quarta Meditação, não basta para corrigir a má representação *material* de nossas percepções que têm o corpo como base. Tampouco explica por que nossas percepções que têm o corpo como base nos armam essas ciladas.

Nossas disposições inatas a percepções que têm o corpo como base são muitas: naturalmente, experimentamos dores e prazeres, "fome, sede e outros apetites, e, além disso [...] tendências físicas à alegria, tristeza, raiva e a emoções semelhantes" (2: 52; AT 7: 74), bem como sensações de "extensão, formas e movimentos de corpos, e "sensações, cores, odores, sabores e sons" (2: 52; AT 7: 75). Essas ideias são duplamente inatas: somos dotados das disposições de recebê-las e as recebemos sem ensino ou auxílio, desde o início de nossas vidas. Por essa razão, nossos erros têm uma história natural, indo desde nossas tendências naturais a experimentar essas ideias à nossa tendência aparentemente inata de, com base nelas, formular crenças de senso comum, mas erradas (2: 52-3; AT 7: 75-6). Porém, por mais natural que seja essa história, ainda assim há espaço para a autocorreção. É verdade, nossa disposição a experimentar percepções que têm o corpo como base é inata. E é, em um certo sentido, incorrigível: não podemos treinar a nós mesmos a *não* ter essas experiências, e nossa experiência não rastreia mudanças nos nossos juízos acerca da constituição do que experimentamos. Podemos, entretanto, corrigir nossa compreensão "daquilo que a natureza nos ensina" experimentando essas disposições. Pois se trata de um erro, na verdade um mau juízo, pensar que nossas percepções que se baseiam no corpo naturalmente nos dispõem a formular crenças acerca de como o mundo externo se mantém, independentemente de nós. Note-se que Descartes não defende que nossas percepções não nos ensinam nada: percepções são sempre de algum modo *sobre* alguma coisa, a qual elas representam *como* tal-e--tal. Nesse sentido, nossas percepções têm conteúdo representativo independentemente de juízo, e temos disposições inerentes para certos tipos de representações. No entanto, isso não significa que não podemos errar quanto ao que, como e para que essas percepções representam. Esses erros podem bem ser universais, mas nem por isso são qualificados como ensinamento da natureza – nem por isso deixam de ser *nossos* erros.

Ora, Descartes não nega a verdade de muitas crenças de senso comum, por exemplo, que experimentamos sensações por conta de nossos corpos. Ele tampouco contesta a suposição de que outros corpos "sejam a fonte dessas várias percepções sensíveis [e] têm diferenças correspondentes a elas, embora talvez não sejam semelhantes a elas" (2: 56; AT 7: 81). Somos naturalmente dispostos a crer em ambas as afirmações, e nenhuma outra consideração nos força a reconsiderar nossas concepções. Essas suposições, então, realmente contam como "o que a natureza me ensina". Entretanto, minha compreensão clara e distinta da natureza da extensão exclui muitas sensações como até mesmo *possíveis* modificações de coisas extensas. Visto não serem do mesmo tipo ontológico, assumir que de algum modo se assemelham a modificações de coisas extensas é precipitado, e mesmo sem sentido. Tudo que estou autorizado a crer é que essa natureza me ensina que minhas sensações *correspondem* a modificações de coisas extensas. Infelizmente, isso ainda nos deixa sem explicação sobre por que as experimentamos como experimentamos. Sem qualquer explicação alternativa, nossas suposições precipitadas podem acabar não parecendo tão precipitadas assim.

Em vez disso, Descartes nos pede para rever nossa avaliação do tipo de compulsão que sentimos quando experimentamos essas percepções. Bem como fez Galileu antes dele, Descartes assimila esses (aparentes) "aspectos de coisas corpóreas, que são ou bem particulares [...] ou menos claramente compreendidas, tais como luz ou som [...] e coisas assim" (2: 55; AT 7: 80), a "sensações de dor, fome, sede e etc." (2: 56; AT 7: 81). Ora, não somos tão descuidados a ponto de pensarmos que a dor que sentimos quando cutucados com uma vareta pontiaguda é de algum modo uma propriedade da vareta. O que a natureza nos ensina é bem diferente: "a *evitar* o que nos traz sentimento de dor e a *buscar* o que nos traz sentimento de prazer, e assim por diante" (2: 57; AT 7: 82, ênfase acrescentada). O que experimentamos, portanto, não é tanto uma imagem neutra do mundo, mas um conjunto de placas de estrada e sinais de trânsito. Se tentamos ler esta estrutura independente do mundo diretamente a partir dessas diretrizes práticas, violentamos a própria experiência das sensações, e "pervertemos a ordem da natureza" (2: 57; AT 7: 83, tradução alterada). Isto é, nós *invertemos* a ordem de explicação: sensações não representam coisas extensas independentes, que por acaso agem no corpo; em vez disso, elas representam como as coisas externas estão agindo em nosso corpo – a partir do que não há uma simples inferência acerca de sua natureza intrínseca. Ainda assim, sensações representam ao apresentar o que apresentam como adequado a coisas externas. Esse tipo de má representação pode bem ser parte de sua funcionalidade, entretanto, pois sua finalidade é predispor-nos a agir sobre e no mundo, e isso exige apresentação de ao menos alguma informação acerca do mundo, como, por exemplo, "que existe alguma coisa na [vareta] [...] que produz em nós o sentimento de [...] dor" (2: 57; AT 7: 83).

Nossas sensações, na verdade, têm uma dupla tarefa: apresentam informação sobre o mundo e guiam nossas ações com base nessa informação. Essa dualidade pode ser uma fonte de confusão. Por um lado, a qualidade pela qual representam como as coisas afetam o corpo tem um caráter motivacional intrínseco: ela sinaliza as ações que devemos realizar diante do que está ocorrendo em e para nosso corpo. Por conta de sua simplicidade, dores e prazeres exibem essa sinalização de modo bem claro: motivam-nos a evitar ou buscar – de fato, há pouco mais do que esses sinais. A inovação de Descartes consiste em considerar todas as sensações que não são clara e distintamente percebidas como modos da extensão como sinais práticos acerca de nossa situação. Por outro lado, sensações devem nos dizer *algo* sobre o mundo – ao menos acerca de suas partes próximas – para informar-nos como realizar as ações por elas sinalizadas. Estão repletas de informação, mas informação filtrada e selecionada por finalidades práticas. O desafio para nós é aprender a ler essa informação distinguindo o que pertence ao signo e o que conta como informação sobre o mundo.

Assim, a defesa de nossas sensações e de outras percepções com base no corpo se apoia em seu estatuto de guias práticos para conduzir nossos corpos pelo mundo e, ao mesmo tempo, para preservar sua integridade, salvaguardando assim a união entre o corpo e a alma. Embora tenhamos um corpo equipado com conhecimento psicológico e físico suficientes para ser capaz de, raciocinando e partindo do estado do mundo, alcançar uma avaliação do que preservaria a sua integridade, nós, criaturas finitas, seres humanos recém-formados no nascimento, estaríamos mortos muito antes de conseguirmos reunir uma porção necessária de compreensão teórica para esse raciocínio. É por isso que somos equipados com as disposições que temos: elas constituem um sistema de pronta resposta que deve operar desde o início de nossas vidas, em alta velocidade, e de modo a compelir nossa atenção – mesmo com o risco de uma má compreensão teórica.

A ANALOGIA COM O RELÓGIO E A FABRICAÇÃO DO CORPO

A defesa, porém, ainda não está livre de dificuldades. Pois ao menos algumas de nossas disposições parecem ser reprovadas no teste prático: a sede ilusória do doente hidrópico ou a dor imaginária do amputado não são funcionais, mas disfuncionais. Percepções do hidrópico e dores imaginárias intrinsecamente representam mal as relações que temos com várias coisas como úteis ou prejudicais. Trata-se de uma má representação prática, que pode nos motivar a ações que prejudiquem a integridade do corpo ou, ao menos, desperdicem nossos esforços. Essas percepções são tipicamente sinais de saúde precária. Mas na medida em que nossos corpos são vulneráveis a doenças e danos, e somos dispostos a percepções disfuncionais, parece haver um "erro da natureza" real.

Para lidar com esse último problema, Descartes faz o que talvez seja seu movimento mais engenhoso: ele o recoloca através da analogia com o funcionamento de um relógio. Como um relógio, temos certas finalidades. Essas finalidades fazem com que o relógio seja o que ele é: de algum modo, elas constituem sua "natureza". De modo semelhante, podemos afirmar que nossas finalidades estão em nossa natureza. Mas, exatamente como um relógio quebrado não mostra as horas, quem sofre de hidropisia não faz as ações que preservam a integridade do corpo. Há algo na sua composição que trai a finalidade que deveria existir "por natureza". Descartes, entretanto, insiste em um ponto defendido mais tarde por Hume (1978: 132): não há nenhuma falha miraculosa na lei universal da causalidade mecânica. O relógio quebrado e aquele que sofre de hidropisia seguem exatamente as mesmas leis causais que a máquinas com bom funcionamento e os que são saudáveis e bebem. *Nesse* sentido, então, eles seguem sua natureza inerente; eles não podem evitar fazê-lo. Ficamos com dois sentidos bem diferentes de "natureza": um que se refere às "finalidades", que nos permite identificar a coisa como o tipo de coisa que ela é, e o outro, que se refere a seu estatuto de coisa extensa, física. O que gera o erro parece ser o que é verdadeiramente intrínseco às coisas: suas configurações de partes, que pertencem à sua "natureza" no segundo sentido. Assim, falar de uma "aberração" na natureza do relógio quebrado ou da pessoa doente, porque não realizam o que *nós* tomamos por suas finalidades, é aplicar uma denominação "extrínseca" dependente de nosso pensamento (2: 59; AT 7: 85, tradução alterada).

Esses dois sentidos de natureza surgem a partir da consideração do relógio segundo duas descrições diferentes: ou bem como uma peça da maquinaria projetada pelos humanos ou como uma configuração de partes extensas em movimento. Essa última tem a vantagem de ser básica, visto que as únicas propriedades que podemos encontrar *no* relógio que o tornam capaz de servir para qualquer uso estão em sua configuração de partes. Desse modo, o relógio é propriamente compreendido como uma configuração de partes extensas que são postas em funcionamento por humanos, os quais as manipulam para que sirvam a um fim extrínseco. Contudo, por mais engenhoso que seja o projeto do relógio que possamos criar, ele não pode violar a natureza da natureza extensa. Tampouco o podem nossos corpos; eles são sempre compostos de partes extensas e divisíveis em outras partes extensas todas elas seguindo leis puramente mecânicas de movimento. O que quer que aconteça quando estamos doentes ou avariados se explica inteiramente por essas leis como o que ocorre quando estamos bem.

Mas, exatamente por essa razão, não devemos sem mais descartar "denominações extrínsecas". Se, por exemplo, restringimos a descrição apenas às configurações físicas de nossos corpos, podemos ser incapazes de distinguir um estado doentio de um saudável. Em termos mais gerais, descrições restritas à configuração física do mundo podem nos roubar muito de nossa capacidade de diferenciar, de alguma forma bem-fundada, nossos corpos do restante da extensão.[3] E, por mais "extrínseca" que possa ser a descrição normativa de nossa natureza corpórea em termos de saúde e preservação, ainda assim ela se aplica a nossos corpos – exatamente como a explicação funcional se aplica a um relógio. Denominações extrínsecas não são *ipso facto* falsas ou inaplicáveis. Elas apenas nos induzem a erro se pensarmos que descrevem a constituição e a operação *internas* das coisas, inclusive as leis do movimento que governam a conservação e a transferência de movimento através de suas partes extensas. Podemos configurar partes de extensão, ou tentar configurá-las, de tal modo que suas operações internas governadas por leis naturais terminem por servir a nossos propósitos. O que não podemos fazer é configurar partes da extensão de modo a que elas mesmas *tenham* esses propósitos. É por isso que há problemas legítimos de engenharia relativos a máquinas de construção: precisamos descobrir como organizar a extensão de modo a forçar que seus movimentos estejam a nosso serviço, e torná-los funcionais para que nunca sejam capazes de fazer com que a extensão *intrinsecamente* tenha propósitos.

A explicação de nossas percepções que têm o corpo como base deve considerar como elas são fabricadas. A explicação da *origem* de sua funcionalidade pode na verdade ser teleológica, já que repousa nos propósitos de Deus ao constituir nossas naturezas. Mas, uma vez que tenhamos estabelecido que nossas percepções servem a alguns fins, podemos explicar sua funcionalidade sem nos referirmos à estória teleologicamente dirigida de sua gênese, e sim simplesmente pelas operações mecânicas dos mecanismos corpóreos. Trata-se de uma explicação verdadeiramente funcional, que fornece a última peça da teodiceia de Descartes, a qual mostra como podemos qualificar como obras-primas de boa engenharia sem introduzirmos uma teleologia robusta ou vacilarmos quanto à possibilidade de uma má representação ocasional. Em virtude de a matéria ser cega a propósitos e intrinsecamente divisível, suas operações mecânicas estão sempre sujeitas a rompimentos.

Nesse contexto, podemos considerar nossos corpos como sendo bem-fabricados se eles operarem para nos apresentar os tipos de percepções funcionais sob condições ideais de operação. Ora, o tipo de condição não ideal que Descartes considera na Sexta Meditação diz respeito ao que é interno ao corpo, como, por exemplo, a introdução de um patogênico, no caso da hidropisia, ou pelo rompimento do limite de nossos nervos, no caso das dores ilusórias. Essas condições fornecem o ambiente no qual o cérebro e a glândula pineal operam, que os põe no final receptivo de uma cadeia causal desviante. Para os propósitos de Descartes, uma cadeia de causas é desviante quando produz percepções que não representam apropriadamente a cadeia causal, como, por exemplo, causando movimentos que nos dispõem a sentir dor "em" nossa mão, quando não há qualquer risco para nossa mão, ou não há mão para correr o risco. O que um bom construtor deve fazer é antecipar como a máquina funcionará nas situações para as quais foi projetada e projetá-la para funcionar nas situações em que usualmente se encontrará, minimizando assim a chance de sofrer cadeias causais desviantes.

Isso é exatamente o que Deus fez (1: 60-1; AT 7: 87-8); na verdade, Deus deu um passo além. Pois não estamos apenas equipados com o que prova ser um bom projeto: nosso bom projeto funciona para preservar as condições ideais sob as quais é projetado para funcionar. É claro que nem sempre é bem-sucedido: ocorrem doenças, danos, deteriorações. O fato de sermos tão vulneráveis deve-se provavelmente ao simples fato de nossa finitude (afirmação feita mais tarde por Espinosa, 1985: 547). Ainda assim, um projeto realmente inspirado deveria conter a capacidade de diagnosticar nossa condição e de corrigi-la, quando necessário. Esse sistema autodiagnosticador, é claro, seria ele mesmo suscetível a um mau funcionamento. Mas, ao operar independentemente de outros sistemas, poderia fornecer uma verificação deles.

Nossa fabricação é automantenedora exatamente desse modo. Na verdade, ela até permite auto*correção*. A Sexta Meditação apresenta muitas das fontes de automanutenção a nosso dispor: a interação de nossas modalidades sensíveis, nossa memória e, sobretudo, nosso intelecto, "que tem, até agora examinado todas as causas de erro" (2: 61; AT 7: 89). Isso é análogo ao uso de nosso intelecto para corrigir nossos juízos teóricos. Embora sejamos sempre capazes de juízos descuidados, também temos a capacidade de aprender acerca de nossas faculdades e de treinar a nós mesmos para usá-las apropriadamente. Do mesmo modo, temos a capacidade de aprender acerca de nossas disposições a percepções que têm o corpo como base, particularmente acerca da operação mecânica dos sistemas corpóreos subjacente a seu funcionamento. Esse conhecimento é ele próprio um instrumento poderoso e flexível para autodiagnóstico e autocorreção. A Sexta Meditação termina com um exemplo dessa capacidade: um teste para distinguir o estado de vigília do sonho, no qual usamos nossa memória para avaliar as conexões e a coerência de nossa experiência (veja 2: 61; AT 7: 89). A falta da coerência usual caracteriza a cadeia causal desviante (embora inócua) que produz a experiência do sonho por meio de movimentos no cérebro operando na ausência de suas causas externas usuais. Em termos gerais, as concepções das *Meditações* fornecem, no interior da natureza da extensão, as operações mecânicas de nossos corpos e órgãos dos sentidos, e o caráter relacional e de interesse sensível de nossas percepções que têm o corpo como base, deveriam tornar-nos capazes de usar as percepções para diagnosticar nossas próprias condições de operação e desenvolver ainda mais as capacidades de autodiagnóstico e de terapia. A esse respeito, Descartes teve grandes esperanças para o progresso da medicina; aprender como tratar doenças e manter a saúde é desenvolver nossas capacidades de autodiagnóstico, automanutenção e autocorreção.

O LUGAR ESPACIAL DAS PAIXÕES

No entanto, as exigências da preservação do corpo requerem que haja ao menos algum modo rudimentar de verificar se nossa percepção está operando funcionalmente a partir do momento em que nossos corpos estão em atividade. Essa talvez seja a região própria das paixões (veja Rorty, 1992). Visto que as paixões são uma espécie de percepção baseada no corpo, elas serão funcionais do mesmo modo que *todas* as percepções que têm o corpo como base são funcionais – para a preservação da integridade corpórea, e, assim, da união corpo-alma. O diagnóstico da condição atual do corpo, e das condições nas quais ele opera, é parte dessa funcionalidade geral. As paixões, sobretudo quando consideradas de modo holístico, fornecem capacidades de autodiagnóstico para o sistema funcional. Essa não é a única competência das paixões: Descartes enfatiza que certas paixões constituem o "prazer mais doce dessa vida" e, como tal, são fins em si mesmas. Com efeito, talvez por essa razão consideramos a preservação da integridade física, para o que as paixões são meios, como um fim em si – porque a experimentamos através das paixões, boas em si mesmas (Rorty, 1986; Schmitter, 2005; Brown, 2006: cap. 2).

De um modo geral, para que nossas percepções funcionem como guias práticos, elas devem ser mais do que meras percepções: devem nos motivar, ou pelo menos influenciar, a ações. É óbvio que elas o fazem dando uma direção de motivação fundada em seu caráter intrinsecamente hostil ou atraente. Dores, prazeres e apetites, como fome ou sede (e talvez variedades de repulsa), caracterizam-se por esse aspecto. *As paixões da alma*, ao mesmo tempo em que confere uma fenomenologia, uma etiologia e uma estrutura mais complicadas às paixões do que aos apetites, supõe que as paixões de algum modo nos dirigem. Essa direção não é o mesmo que desejo, que é uma paixão distintiva (1: 350, 358; AT 11: 375, 392). Mas, com a importante exceção da "admiração" e suas espécies, todas as paixões apresentam um objeto ou como bem ou como mal; por exemplo, amamos o que pensamos ser bom ou benéfico, e odiamos o que pensamos ser mal ou prejudicial, e "da mesma consideração do bem e do mal nascem todas as outras paixões" (1: 350; AT 11: 374). "Bem" e "mal" nesse contexto são conceitos relativos: uma coisa é boa ou má *para nós*, que a registramos como atraente ou hostil.[4] Como "emoções da alma que a predispõem a buscar duas coisas muito diferentes" (1: 359; AT 11: 394), atração e repulsa são apenas *movimentos* – isto é, direções de motivação.

Em oposição, parece menos plausível que a "grande variedade [de sensações] de cores, sons, odores e sabores, bem como diferenças de calor, aspereza e coisas assim" (2: 56; AT 7: 81), predisponham-nos intrinsecamente a buscar alguma coisa. Estas são as sensações que John Locke chamou de "qualidades secundárias", e, como vimos, houve uma respeitável tradição que as comparou com dores, prazeres e apetites. Mas o objetivo das comparações era negar a tese segundo a qual essas sensações apresentam propriedades intrínsecas à natureza dos corpos, e não afirmar que eram motivadoras. Embora possamos gostar de determinadas qualidades secundárias, tais como as sensações de doçura, seus aspectos prazerosos parecem distintos da natureza essencial das sensações. Não é um absurdo conceitual não gostar do sabor do açúcar como o seria não gostar de prazer. E muitas sensações, por exemplo, uma sensação de cor de malva, parecem neutras em termos motivacionais. Em vez disso, sensações desse tipo apenas põem em evidência as "diferenças [nos corpos nos quais têm origem] correspondentes a [sensações], embora talvez não semelhantes a elas" (2: 56; AT 7: 81). Essas diferenças nos corpos podem ser importantes para nosso interesse, mas as próprias sensações não indicam *como* são importantes ou como devemos agir em relação a essas diferenças. Ainda assim, sensações de qualidades secundárias são exatamente espécies de percepções com base no corpo que pedem uma defesa de nossas disposições para experimentá-las. Porque parecem "corresponder" a diferenças nos corpos, podemos erroneamente supor que se assemelham a eles e, assim, *projetá-las* como propriedades intrínsecas a corpos. A matéria para esses erros teóricos, entretanto, advém de seu próprio conteúdo qualitativo intrínseco. Nesse contexto, prazeres, dores e apetites parecem muito menos ilusórios.

Assim, a defesa de nossas percepções que têm o corpo como base tira partido de diferentes aspectos das sensações. Para ter a necessidade de uma defesa, as sensações devem induzir-nos a tratá-las como se fossem as propriedades intrínsecas das coisas extensas. Para fazer essa tentação dócil a uma solução, as sensações devem exibir direções de motivação. "As sensações de [...] dureza e calor, [...] outras qualidades que se revelam ao tato [bem como] a luz, as cores, os odores, os sabores e os sons" (2: 52; AT 7: 75) possuem o primeiro traço, mas usualmente não têm o segundo. Dores, prazeres e apetites possuem o segundo, mas têm pouco do primeiro. Não obstante, a Sexta Meditação engloba a todos.

As paixões, entretanto, mostram os dois traços. Por um lado, possuem a direção que as dores, os prazeres e os apetites têm. Com efeito, parecem oferecer motivações muito mais refinadas do que as dores, prazeres ou apetites. Os últimos oferecem alguns aspectos que podem ser diferentes em objetos e graus, mas pouco mais que isso. As paixões, entretanto, surgem em muitos *tipos* diferentes: Descartes conta seis "simples" e "inúmeras" outras. Cada uma pode ter diferentes objetos particulares e dirigir nossas ações vis-à-vis esse objeto de modo altamente específico e, algumas vezes, complexo. Por outro lado, as paixões podem nos levar a projetar qualidades em seus objetos. Elas não nos inclinam, como fazem as sensações, a projetar o próprio estado subjetivo em seus objetos extensos: quando tenho medo de um urso polar, não considero meu medo como uma propriedade *do* urso polar. Mas temer o urso polar envolve perceber o urso polar como perigoso, isto é, atribuir propriedade, qualidade ou valor ao urso polar, o que pode ser fonte de erro (1: 377; AT 11: 431; cf. Malebranche, 1997: 370). Esta pode ser uma razão para que Descartes se recuse a identificar a "emoção" de atração e aversão com o objeto do bem e do mal (1: 359; AT 11: 394).

Além disso, as paixões não possuem apenas as características das percepções que têm o corpo como base exigidas pela defesa de Descartes; elas relacionam o aspecto problemático, a representação do objeto, ao aspecto funcional, a qualidade motivadora. A maioria das paixões apresenta seus objetos como bons ou maus. O mesmo não ocorre com a admiração e as espécies de admiração, mas elas apresentam seus objetos como sendo *alguma coisa* – como algo novo, significante e digno de atenção, mesmo que apenas por sua extrema trivialidade (1: 353; AT 11: 380). Essas qualidades que são representadas como pertencentes ao objeto, entretanto, são qualidades relacionais. Assim, perceber o urso polar como perigoso é perceber o urso polar como prejudicial, ou mau-para-nós. Isso faz sentido: as paixões são guias para ações, e para a causa da ação, o que conta como propriedades relacionais. Contudo, Descartes, como muitos filósofos modernos, sustenta que propriedades relacionais não são inerentes aos objetos a elas relacionados. Por exemplo, estar a 10 quilômetros de Paris não é uma propriedade intrínseca de nenhum Peugeot em particular. Que o Peugeot possa estar numa relação como essa, entretanto, depende de propriedades a ele intrínsecas – a mais óbvia é que ele é uma coisa extensa finita que pode mover-se e estar localizada no espaço. Do mesmo modo, o conteúdo representativo relacional das paixões se baseia em propriedades de seus objetos; na verdade, em qualidades bem distintas e determinadas. Quando meu medo bem-fundado representa o urso polar como perigoso, a paixão é uma resposta a características apropriadamente atribuíveis ao urso polar (tamanho, presas e dentes, fome voraz), bem como a outras condições relevantes (a proximidade do urso). A paixão escolhe essas características para orientar nossa atenção com base em nosso interesse relacional e pragmático em preservar a integridade corpórea. Ao fazê-lo, ela transmite uma boa quantidade de informação sobre seu objeto; na verdade, ela pode representar seus objetos como tendo propriedades complexas. Por essa razão, as paixões podem ser muito mais refinadas em termos motivacionais do que os imperativos algumas vezes confusos e algumas vezes vagos de dores e prazeres: meu medo do urso polar me predispõe a agir de modo evasivo com o objetivo específico de evitar seus dentes, suas presas e seu apetite voraz. E, assim, as paixões podem ser altamente funcionais.

O conteúdo representativo complexo e a eficácia motivacional das paixões lhes fornecem uma fenomenologia rica e uma estrutura interna articulada. Embora com frequência experimentemos nossas paixões de modo confuso, sem distinguir entre a paixão, seu objeto e suas propriedades, a relação que têm conosco, etc., não parece haver razão, a princípio, para que não possamos desembaraçar esses componentes, mesmo em nossa *experiência*. Além disso, nossas predisposições a experimentar paixões são receptivas à correção de um modo que outras predisposições perceptivas não o são, pois podemos alterar e reformar as bases corpóreas de nossas suscetibilidades apaixonadas. Isso não parece possível com dores disfuncionais, ou prazeres ou sensações ilusórias. É verdade que Descartes sustenta que qualquer predisposição a experimentar uma determinada percepção, e não outra, se apoia, em grande parte, na constituição específica interna de nossos corpos e de sua operação mecânica. Assim, corrigir percepções disfuncionais de qualquer tipo envolve usualmente reparar nossos corpos. Mas, embora dores, prazeres, apetites e sensações disfuncionais surjam em razão de algum estado *anormal* do corpo (isto é, doença ou lesão), as paixões disfuncionais são o destino da maioria dos humanos. A correção das dores, prazeres, apetites e sensações disfuncionais cabe à patologia médica; corrigir paixões disfuncionais é muitas vezes uma questão de treinamento, sobretudo de autotreinamento e do exercício da "virtude". Tanto a medicina quanto a modificação das paixões são regimes terapêuticos que mudam a configuração interna de nossos corpos e, assim, alteram as bases corpóreas de nossas percepções. Entretanto, o máximo que podemos esperar no caso de predisposições anormais e disfuncionais a dores, prazeres, apetites e sensações é retornar às predisposições-padrão, "naturais". No caso das paixões, podemos desenvolver predisposições que sejam diferentes, melhores e genuinamente mais racionais do que o que é comum. Assim, embora um observador saudável e sem lesões, em condições ideais, veja inevitavelmente a cor marrom quando lhe é apresentado um chocolate, podemos nos exercitar para corrigir nossas predisposições a paixões, até mesmo para perder nosso medo quando nos deparamos com (alguma) perspectiva de morte.

Entre nossas percepções que têm o corpo como base, as paixões são objeto especial de apreciação normativa do que *devemos* sentir: sentir medo diante de um urso polar solto é apropriado; sentir medo de um urso de pelúcia de criança, não. As paixões também são especialmente sensíveis a juízos, exatamente porque atribuem propriedades significantes a seus objetos e à relação dos objetos conosco. Percebendo que não estou diante de um urso polar faminto e voraz, mas sim de um urso de pelúcia (ou de um holograma ou de um truque de luz), dou um suspiro de alívio *e meu medo se dissipa*. Desse modo, as correções perfeitamente ordinárias que compensam os erros podem de fato prontamente alterar nossa experiência. Também podemos afetar nossa experiência passional refinando nossos juízos acerca do que nos é realmente benéfico ou prejudicial; por exemplo, ponderando que brinquedos com a forma de animais raramente são ameaças. Mas, embora sejam sensíveis a juízos de vários tipos, nossas paixões nem sempre são *imediatamente* sensíveis (mesmo a juízos de fato), e o retreinamento de nossas predisposições emocionais normalmente requer bastante trabalho. Para afetar nossa experiência de uma paixão, um juízo deve afetar nossa percepção baseada no corpo, particularmente alterando o curso dos espíritos animais no cérebro. E, para modificar nossas predisposições a experimentar várias paixões, um juízo deve afetar nossas predisposições à percepção. São predisposições corpóreas, e isso significa que juízos (ou razão) só podem corrigir nossas predisposições a experimentar paixões engajando de algum modo nossos corpos através de técnicas específicas (veja Rorty, 1992; Schmitter, 2005). Mas tais técnicas nos permitem mudar todo o sistema de predisposição a paixões. Em si, as paixões são particularmente receptíveis a esforços para correção e parecem paradigmáticas para a defesa cartesiana da nossa natureza. Contudo, Descartes só se dirige à "perfeição" especial das paixões explicitamente depois que a longa correspondência com Elizabeth da Boêmia, que teve início em 1643, incitou-o a escrever *As paixões da alma*. É neste trabalho que Descartes desenvolve a explicação completa da funcionalidade das paixões.

A ESTRUTURA DE
AS PAIXÕES DA ALMA

As Paixões da Alma contém três partes principais: a primeira trata "as paixões em geral e incidentalmente o todo da natureza humana", enquanto a segunda se volta para o "número e a ordem das paixões", sobretudo das paixões "primitivas" (isto é, admiração, amor, ódio, desejo, alegria e tristeza). Por fim, traz uma explicação de "paixões específicas", que ou são compostas por estas seis precedentes ou são derivadas destas, com foco na "generosidade". Apesar da aparência um tanto excêntrica, o texto é em grande parte organizado em torno da explicação funcional de Descartes. A Primeira Parte localiza as paixões, descrevendo as distinções e relações entre corpo e alma através das atividades próprias de cada um. É particularmente importante a explicação da mecânica pela qual as coisas externas agem em nossos órgãos dos sentidos e transmitem movimentos à glândula pineal. Esses movimentos não constituem percepções, pois, como enfatiza Descartes, essas são "funções" da alma (*fonctions*, 1: 328; AT 11: 328, aqui, simplesmente "atividade" ou "operação"). Mas podem *causar* percepções. Percepções causadas por movimentos corpóreos constituem uma classe e um sentido de "paixão": com exceção de algumas imaginações voluntárias, são aquelas a que venho chamando de percepções "que têm o corpo como base". Entre as percepções que têm o corpo como base, Descartes distingue as que referimos a objetos externos (percepções sensíveis), as que referimos ao corpo (apetites, dores, prazeres e certos sentimentos de calor e frio localizados em nossos membros) e as que referimos à alma (paixões em sentido estrito). A classificação toda é muito bem captada na definição cartesiana específica das paixões da alma: "Aqueles sentimentos, ou percepções, ou emoções da alma, os quais referimos particularmente a ela, e os quais são causados, mantidos e fortalecidos por algum movimento dos espíritos" (1: 338-9; AT 11: 349). O termo "espíritos" advém da medicina de Galeno, mas aqui é usado apenas para indicar partes fluidas e refinadas do sangue, que se tornou rarefeito pelo coração e pelo cérebro e que pode passar através do cérebro por meio dos nervos para produzir movimento muscular (1: 320; AT 11: 248). Porque envolvem os espíritos para ter percepções, as paixões contam como sendo uma percepção que tem o corpo como base, e muito da Primeira Parte das *Paixões* explica a mecânica pela qual elas operam.

A Primeira Parte, entretanto, termina com uma breve discussão a respeito da interação entre volição e paixão, e os problemas que enfrentamos ao tornar nossas paixões receptivas às ações da alma (isto é, volições e raciocínios), de tal modo que nossas ações estarão em conformidade com nossos juízos racionais. Não ter essa receptividade constitui um tipo de fraqueza da vontade, pois seremos motivados para algum fim outro que aquele que racionalmente reconhecemos como o bem. Descartes enfatiza que, em tais casos, não há conflito entre as partes "mais nobres" e "menos nobres" da alma, e rejeita a distinção organizadora antiga e influente entre paixões "irascíveis" e "concupiscentes", isto é, entre paixões apetitivas de primeira ordem e paixões dirigidas às primeiras e capazes de verificá-las. Em vez disso, Descartes explica que só surge "conflito" quando os movimentos dos espíritos contrariam os movimentos que se originam nas volições da alma dirigidas ao corpo. Há duas fontes de movimento, ambas podendo desencadear manobras de busca ou de aversão pela direção do fluxo dos espíritos na glândula pineal. A dificuldade específica é garantir que o fim resultante desses movimentos sejam ações que estejam de acordo com nossa razão. É isso o que Descartes pretende dizer com adquirir "controle", ou mesmo "domínio", sobre nossas paixões (1: 348; AT 11: 370).

Essa questão do "controle" se relaciona com as questões que já vimos na analogia cartesiana do relógio. Ela surge porque os movimentos corpóreos subjacentes às nossas paixões são receptivos apenas de modo indireto às nossas vontades. Mas, embora possamos consertar diretamente as partes internas de um relógio, Descartes não parece aceitar a possibilidade de termos o papel de "fabricantes-de-relógio", no que diz respeito a nossos próprios corpos e cérebros. Em vez disso, na Primeira Parte, Descartes insiste que usamos as ações e percepções da alma para lidar com as estruturas mecânicas de nossos corpos que determinam como os movimentos das paixões têm impacto na glândula pineal. Esse lidar "treinando e guiando" nossas paixões é subsumido na Segunda Parte, dedicada ao "exercício da virtude" (1: 381; AT 11: 441). O exercício da virtude requer e constitui uma disciplina análoga às estratégias de autocorreção que vimos antes. *As paixões da alma* desenvolvem uma explicação extremamente refinada dessa disciplina nas seções concludentes de cada parte, apresentando um "remédio geral contra as paixões" no final da Terceira Parte (1: 403; AT 11: 487).

A segunda Parte trata a respeito de como as paixões fazem "referência à alma". O sentido exato dessa expressão é obscuro (veja Brown, 2006: cap. 4), contudo, ao menos parte do que Descartes quer dizer é o que vimos mais cedo: não atribuo a paixão *em si mesma* a seus objetos. Quando sinto medo de um urso, não penso que o urso esteja com medo. E nem, aliás, atribuo o medo a uma ou mais partes do meu corpo: eu posso sentir os efeitos do medo em partes do meu corpo, mas sou eu por inteiro que sinto medo (1: 340-1; AT 11: 353-4). Embora toda paixão faça referência à alma, cada uma faz também outros tipos de atribuições, que servem para diferenciar uma paixão de outra. Descartes deixa isso claro na "definição" de cada paixão primitiva, seguida de suas "causas", seus efeitos corpóreos e de como as paixões são "úteis" e "prejudiciais". A definição caracteriza a fenomenologia – o "sentir" qualitativo – de cada paixão. Mas isso é principalmente uma questão a respeito de como a paixão representa seu objeto, ao apresentá-lo segundo uma certa descrição avaliadora relativa a nós, bem como que efeito ela tem na vontade. Todos esses aspectos da definição estão correlacionados com estados e movimentos corpóreos, que, por sua vez, são cruciais para a função da paixão. Por exemplo, o amor é "uma emoção da alma causada por um movimento dos espíritos, os quais a incitam a unir-se voluntariamente aos objetos que lhe parecem agradáveis" (1: 356; AT 11: 387), e, "unindo-nos verdadeiros bens, aperfeiçoa-nos" (1: 377; AT 11: 432).

Ao final da Primeira Parte, Descartes especifica qual é o "efeito principal das paixões": é "incitar e predispor a alma a querer as coisas para as quais elas preparam o corpo" (1: 343; AT 11: 359). A Segunda Parte explica como as paixões nos "incitam e predispõem" em dois níveis: as percepções da *alma* "predispõem nossa alma a querer as coisas que a natureza estima úteis para nós, e a persistir nessa volição"; como os movimentos no *corpo* sustentam a percepção, "a mesma agitação dos espíritos que normalmente causa as paixões também predispõe o corpo a fazer movimentos que nos auxiliam a obter essas coisas" (1: 349; AT 11: 372). Mais importante, as mudanças no coração e no sangue fazem com que os espíritos atravessem pelos nossos nervos até nossos músculos, de modo a que possamos escapar, lutar, buscar ou realizar alguma das outras ações para as quais as paixões nos motivam. Mais uma vez, a admiração é uma exceção, visto que ela não prepara nem para buscar nem para fugir. Mas ela incita outras mudanças corpóreas, em particular no cérebro. Movimentos no cérebro podem afetar a atenção, ou produzir novas predisposições ou memórias. É assim que a admiração e suas espécies trabalham para fixar uma impressão do objeto no cérebro (1: 355; AT 11: 384).

Esses movimentos no cérebro, sejam eles incitados pela admiração, por outra paixão ou por atos mentais ou percepções completamente diferentes, são cruciais para o treinamento do corpo que empreendemos para disciplinar a virtude. As paixões também podem afetar sistemas corpóreos "na direção do fluxo", como, por exemplo, a pulsação, a quantidade e a distribuição de calor no corpo, o fluxo sanguíneo, apetite, a produção de "humores" (outro termo médico antigo para tipos de fluidos corpóreos), e assim por diante. Por exemplo, na alegria, "o pulso é regular [...]; sentimos um calor prazeroso não apenas no peito, mas também espalhado por todas as partes externas do corpo [...] [e] nossa digestão é menos ativa do que de costume" (1: 363; AT 11: 402-3. Essas mudanças corpóreas podem aparecer na fenomenologia das paixões se forem percebidas, mas são mais interessantes por seus efeitos corpóreos subsequentes. O mais óbvio, eles produzem expressões e sinais físicos: mudanças na cor do corpo, movimentos nos membros (como tremedeira, apatia, desmaio), movimentos faciais, e sons (como gargalhadas, gemidos, suspiros e pranto).

Esses efeitos principais, e muitos de *seus* efeitos, contribuem para o que Descartes identifica como a "função natural" das paixões: "incitar a alma a consentir e a contribuir nas ações que podem servir para preservar o corpo ou torná-lo, de algum modo, mais perfeito" (1: 376; AT 11: 430). A funcionalidade dos movimentos das paixões não precisa restringir-se a mover a alma: por exemplo, paixões prazerosas – aquelas que somos motivados a manter – têm o efeito de promover a saúde do corpo (3: 250; AT 4: 219-20). Do mesmo modo, as paixões desagradáveis podem ter consequências infelizes para a saúde corpórea (3: 253; AT 4: 236-7). Deteriorar nossa saúde não é exatamente uma *função* dessas paixões, mas é uma *consequência* do mecanismo pelo qual elas são funcionais: uma paixão de tristeza representa um objeto como prejudicial com base na cadeia causal pela qual esse objeto produz dano ao corpo; para pôr fim à nossa tristeza, somos motivados a interromper essa cadeia causal.

Outros efeitos corpóreos das paixões podem, do mesmo modo, ser consequências de sua funcionalidade sem que eles próprios tenham funções. As várias expressões das paixões constituem um exemplo. Malebranche sustentará mais tarde que as expressões e os outros sinais físicos das paixões trabalham "para a conservação da sociedade e de nosso ser sensível", fornecendo os meios para a comunicação das paixões (Malebranche, 1997: 377). Mas Descartes não atribui a eles nenhuma função, tratando-os, ao contrário, simplesmente como efeitos colaterais dos movimentos dos espíritos (1: 367-75; AT 11: 411-29, cf. Shapiro, 2003). Essas consequências de um sistema funcional geral são como o que veio a ser conhecido como "tímpanos" na teoria da evolução (veja Gould e Lewontin, 1979). Isto é, são subprodutos decorrentes do modo como os sistemas genuinamente foram sido fabricados. Não são, eles mesmos, funcionais – nem parte do projeto, nem desenvolvidos por pressão seletiva –, mas, desde que não sejam altamente disfuncionais, não constituem uma falha inaceitável no sistema. Dado que Descartes está comprometido com a explicação funcional sem teleologia, ele deve admitir que os mecanismos que fornecem funcionalidade sempre incluem a possibilidade de subprodutos, tímpanos e consequências não intencionadas.

Tenhamos em mente os vários efeitos corpóreos das paixões ao considerarmos a explicação de Descartes de como a virtude serve como um "remédio geral contra as paixões", o qual as coloca sob a direção de nossa razão (1: 403; AT 11: 485). Dito assim, Descartes parece um estoico moderado, que recomenda o desligamento das paixões (*apatheia*) para que se alcance a autonomia e a boa vida. E ele de fato nos avisa que, quando se trata "das coisas que não dependem de modo algum de nós, por melhores que possam ser, jamais devemos desejá-las com paixão" (1: 379; AT 11: 437). Mas, apesar de dar valor à autonomia e ao domínio do próprio destino, Descartes também se distancia do estoicismo indiscriminado (veja Descartes, 1989: 130, n. 42). Mais importante, ele não rejeita as paixões em si mesmas: "pois verificamos que são todas boas por natureza e que só devemos evitar o seu mau uso ou os seus excessos" (1: 403; AT 11: 485-6). Com efeito, as últimas palavras de *As paixões da alma* sobre as paixões as afirmam como "a maior doçura dessa vida" (1: 404; AT 11: 488).

Mais forte ainda, o principal remédio para as paixões é ele próprio uma paixão: a "paixão específica" da "generosidade", analisada na Terceira Parte das *Paixões* (veja Shapiro, 1999). A importância que Descartes confere à generosidade não pode ser subestimada. Trata-se de paixão e virtude: o principal remédio para as paixões e a chave das virtudes. A generosidade nos faz sentir estima (uma espécie de admiração) por nós mesmos, ao reconhecermos nossa vontade livre e ao resolvermos usá-la apropriadamente. Dado que a única coisa que realmente nos pertence é "essa livre disposição de [nossas] volições" (1: 384; AT 11: 446), a paixão é, ao mesmo tempo, um produto *da*, um meio *para* e uma representação *do* tipo de autonomia que Descartes valoriza. No entanto, permanece sendo uma paixão, "causada, fortalecida e mantida pelos movimentos dos espíritos" – mecanismos corpóreos que *não* estão diretamente sob nosso controle. Assim, por um lado, o desenvolvimento da paixão da generosidade requer o foco sobre aquilo que está em nosso controle; por outro lado, ele é receptivo e dependente do que está fora. Isso pode simplesmente ser o quinhão dos humanos corporificados, como Descartes reconhece quando pressionado por Elizabeth (3: 262-3; AT 4: 282). Como um fabricante que luta contra um material recalcitrante, buscamos satisfazer nossos propósitos através de um corpo incrustado no reino extenso, um reino alheio e em grande parte imune aos propósitos e às intenções. Mas, se essa é a condição humana, não é uma condição sem esperanças: ela exige que aprendamos a funcionar com e através de nossos corpos. Fazendo assim, alcançamos o tipo de autonomia que advém por apreciarmos aquilo que realmente nos pertence.

A disciplina que produz a paixão da generosidade tem dois aspectos. O primeiro deles é o projeto da fabricação de nossos corpos, para que estes sejam predispostos a todo tipo de movimento das paixões nas ocasiões adequadas. Mas, como já vimos, essa é uma forma de fabricação altamente indireta; ela procede representando para nós mesmos as "coisas que usualmente estão ligadas às paixões que queremos ter e opostas às paixões que queremos rejeitar" (1: 345; AT 11: 361-362). Essas representações produzem mudanças na imaginação corpórea e, assim, redirecionam o fluxo dos espíritos, de sorte que, literalmente, podem reorganizar a estrutura de nossos cérebros (veja Schmitter, 2005, 2006; cf. Hoffman, 1991). Segundo, devemos desenvolver nossa razão, sobretudo os "juízos firmes e determinados acerca do conhecimento do bem e do mal" (1: 347; AT 11: 367). Esses juízos são as "armas adequadas" da vontade, que permitem a ela "dominar as paixões a interromper os movimentos corpóreos que as acompanham".

Essas técnicas não podem ser praticadas isoladamente. Embora o objetivo seja reestruturar nossos corpos de modo a que nossas paixões venham a se conformar a nossos juízos, nossos juízos, do mesmo modo, podem ser moldados pelas paixões de nossos corpos reestruturados, sobretudo quando tanto os juízos quanto as paixões são ligados à determinação da vontade. Essas vontades produzirão mudanças corpóreas, e podemos vir a perceber que precisamos ajustar nossas técnicas de correção de nossas predisposições corpóreas à luz de como interagem os movimentos gerados em nossos corpos a partir de fontes diferentes. Aí, também, queremos que nossos juízos sobre o bem e o mal não sejam apenas firmes e determinados, de modo a fornecer determinação à vontade; queremos também que sejam verdadeiros – por razões instrumentais e intrínsecas (veja 1: 347; AT 11: 367-8). Embora *As Paixões da Alma* seja uma obra preocupada principalmente com o fato de como os juízos racionais servem para reformar as nossas paixões, ela admite que "remorso" e "arrependimento", estados identificados com sequências turbulentas de paixões, sejam signos confiáveis de erro (1:

352; AT 11: 377-8). E o texto de *Em busca da verdade* sugere que as paixões, bem como as "emoções internas" que não sejam geradas nem mantidas por movimentos corpóreos, possam servir como um obstáculo a nossos juízos (veja Schmitter, 2002).

A NECESSIDADE DE UM REMÉDIO GERAL

O "remédio geral", fornecido pela disciplina da virtude, explora, assim, todos os aspectos funcionais do sistema das paixões. Mas podemos nos perguntar por que precisamos de um remédio geral, visto que as paixões são "todas boas por natureza". É claro, como todas as percepções que têm o corpo como base, elas são propensas a disfunções em condições anormais, e, portanto, podemos ocasionalmente precisar de um remédio, exatamente como ocasionalmente precisamos de intervenções médicas para corrigir outras predisposições perceptuais. Mas isso não explica por que Descartes insiste em um remédio *geral*. Tampouco explica por que ele escolhe as paixões como o tipo de predisposição perceptiva com base no corpo como aquela que especialmente precisa de um replanejamento total.

A resposta, penso eu, está na paixão particular da generosidade, mas, para entender o motivo, devemos considerar algumas explicações possíveis de amplo espectro. Uma é a concepção, mais tarde adotada por Malebranche, de que o bem ao qual as paixões servem, isto é, preservar a integridade corporal e a união do corpo com a alma, simplesmente não é o mesmo que o bem apenas para a alma, e buscar o primeiro atravessa o caminho da busca pelo último (veja Malebranche, 1997: 359). Mas essa explicação de fato não serve para Descartes, que se preocupava muito menos do que Malebranche com a questão sobre como o pecado original corrompeu a união entre corpo e alma e estabeleceu seus objetivos contra os da alma. Descartes, com certeza, admite que haja diferentes tipos de bem, e que há ocasiões em que eles conflitam, como, por exemplo, quando meu desejo intelectual de terminar um artigo conflita com minha paixão por dormir. Mas isso ainda não explica a necessidade de um remédio geral.

Uma outra explicação mais provável é que, deixadas por sua própria conta, as paixões não nos podem guiar com tanta precisão quanto poderiam. Apesar das operações mecânicas de suas causas e efeitos fisiológicos, as paixões fornecem motivações extremamente refinadas. Também é assim com nossos juízos. Alinhar essas motivações refinadas com nossos juízos igualmente refinados pode exigir ajustes frequentes. Parece improvável que a estrutura mecânica que nossos corpos possuem originalmente – ou na verdade poderiam em algum momento possuir – tenha a flexibilidade para produzir apenas as paixões adequadas a qualquer situação em que possamos nos encontrar (veja 1: 139-41; AT 6: 56-9). Ainda outra possibilidade relacionada é a de que a aparição de "tímpanos" resultantes do mecanismo de nossos corpos exige que nossas respostas passem por ajustes. Efeitos que podem ser inócuos em um conjunto de circunstâncias podem se tornar disfuncionais em outros. Mais ainda, efeitos que originalmente não eram funcionais podem ser replanejados para se *tornarem* funcionais: podemos, por exemplo, treinar nossas paixões a atrelar seus efeitos fisiológicos para melhorar a saúde do corpo, mesmo que isso não seja originalmente parte da função "natural" das paixões. Nesses casos, treinar nossas paixões não apenas será um remédio para a falha do sistema como também uma melhora de seu funcionamento, fazendo com que subprodutos sirvam a nossos fins.

Nesse último ponto, o importante é que não acho que possamos capturar a natureza do remédio de Descartes, nem mesmo o que é plausível nessas explicações gerais, sem nos voltarmos mais uma vez para como a generosidade é uma paixão particular e uma virtude. É uma virtude porque expressa nossa liberdade e nossa determinação a usar bem essa liberdade. E, do mesmo modo, é uma paixão porque usa os recursos do corpo para fortalecer e manter nossa determinação. Seu valor mostra o valor de desenvolver nossa liberdade e autonomia operando em e através de nossos corpos, em um processo de autoformação. Essa autoformação e auto-aperfeiçoamento, que utiliza todos os recursos ao nosso dispor, pode ser o bem maior para nós enquanto criaturas corporificadas. Se é assim, o sistema das paixões é excepcionalmente funcional, capaz de melhorar tanto no que se refere ao nosso entendimento *quanto* à nossa experiência. E as paixões requerem "remédio" não tanto porque falham de um modo geral, mas porque podem ser aperfeiçoadas sem limites.[5]

NOTAS

1. Esse pode parecer um sentido idiossincrático de "explicação funcional", mas penso que está conforme o espírito do uso contemporâneo em biologia: considera as funções em *continuidade* com o mecanismo, requerendo que as operações dos itens funcionais se ajustem às leis que guiam as explicações mecânicas.
2. As *Meditações* apresentam o argumento da modéstia epistêmica *como se* ele eliminasse todos os usos de teleologia na física. Mas isso é muito apressado e não lida com o apelo a propósitos corpóreos naturais em casos *localizados* usados pela física aristotélica. Para tanto, é necessário pôr a introdução da explicação funcional da Sexta Meditação a serviço de formas de explicação compreensiva sem teleologia.
3. Isso ocorre porque a ontologia da extensão sozinha pode não ter recursos suficientes para identificar e individualizar nossos corpos. Essa parece ser a razão de Descartes para declarar a Mesland que "a identidade numérica do corpo de um homem não depende de sua matéria, mas sim de sua forma, que é a alma" (3: 279; AT 4: 346; veja também AT 3: 434 e 3: 208; AT 3: 505). Nessa concepção, ambos os sentidos de "natureza" realmente pertencem a nossos corpos, porque nossos corpos são ontologicamente mistos: sua constituição é uma coisa; sua identidade, outra. Veja Garber (1992: cap.4); Des Chene (2001).
4. A discussão de Descartes se concentra em espécies restritas de atração e aversão, como, por exemplo, *agréement* e *horreur*, que experimentamos quando um objeto "se apresenta à alma pelos sentidos externos" (1: 358; AT 11: 392). CSM traduz esses termos como "atração" (*attraction*) e "repulsa" (*repulsion*), reservando "aversão" (*aversion*) para um desejo que envolva *horreur*. Aqui uso "atração" (*attraction*) e "aversão" (*aversion*) em geral para indicar direções de motivação.
5. Minha análise foi beneficiada por conversas com Deborah Brown, Lisa Shapiro e Aladdin Yaqûb, que encorajaram minha tentativa de incursão na explicação funcional de Descartes. Gostaria de agradecer a John Carriero, por sugestões muito úteis, e à audiência de uma sessão do *Canadian Philosophical Association Congress*, em maio de 2006, sobretudo a Jack MacIntosh e Mark Migotti.

REFERÊNCIAS E LEITURAS ADICIONAIS

Brown, D. (2006). *Descartes and the Passionate Mind*. Cambridge: Cambridge University Press.

Descartes, R. (1989). *The Passions of the Soul*. Trad.: S. Voss. Indianápolis: Hackett. (Obra originalmente publicada em 1649.)

Des Chene, D. (2001). *Spirits and Clocks*. Ithaca, NY: Cornell University Press.

Garber, D. (1992). *Descartes, Metaphysical Physics*. Chicago: University of Chicago Press.

Gueroult, M. (1984). *Descartes Interpreted According to the Order of Reasons*. Vol. 2: *The Soul and Body*. Trad.: R. Ariew. Minneapolis: University of Minnesota Press. (Obra originalmente publicada em 1953.)

Gould, S. J. e Lewontin, R. (1979). "The spandrels of San Marco and the Panglossian paradigm: a critique of the adaptationist programme". *Proceedings of the Royal Society of London* B 205: 581-598.

Hoffman, P. (1990). "Cartesian passions and Cartesian dualism". *Pacific Philosophical Quaterly* 71: 310-333.

Hoffman, P. (1991). "Three dualist theories of the passions". *Philosophical Topics* 19: 153-200.

Hume, D. (1978). *A Treatise of Human Nature*. Ed.: L. A. Selby-Bigge e P. H. Nidditch. Oxford: Oxford University Press. (Obra originalmente publicada em 1739-1740.)

James, S. (1997). *Passion and Action: Emotions in the Seventeenth-Century Philosophy*. Oxford: Clarendon Press.

James, S. (1998). "Reasons, Passions and the Good Life". In: D. Garber e M. Ayers (eds.). *The*

Cambridge History of Seventeenth-Century Philosophy. Cambridge: Cambridge University Press: 1358-1396.

Levi, A. (1964). *French Moralists: The Theory of the Passions 1585-1649*. Oxford: Oxford University Press.

Malebranche, N. (1997). *The Search After Truth*. Trad.: T. Lennon e P. Olscamp. Cambridge: Cambridge University Press. (Obra originalmente publicada em 1674-1675.)

Rorty, A. (1986). "Cartesian passions and the union of mind and body". In: A. Rorty (ed). *Essays on Descartes, Meditations*. Berkeley: University of California Press: 513-534.

Rorty, A. (1992). "Descartes on thinking with the body". In: John Cottingham (ed.). *The Cambridge Companion to Descartes*. Cambridge: Cambridge University Press: 371-392.

Schmitter, A. (2002). "Descartes and the primacy of the practice: the role of the passions in the search for truth". *Philosophical Studies* 46: 99-108.

Schmitter, A. (2005). "The passionate intellect: reading the (non)-opposition of reason and emotions in Descartes". In: J. Jenkins, J. Whiting e C. Williams (eds.). *Persons and Passions: Essays in Honor of Annette Baier*. Notre Dame, IN: University of Notre Dame Press: 48-82.

Schmitter, A. (2006). "17th and 18th Century Theories of Emotions". In: *Stanford Encyclopedia of Philosophy*. Edição de 2006: http://plato.stanford.edu/entries/emotions-17th18th/

Shaftesbury, Lord (1999). *Characteristics of Men. Manners, Opinions, Times*. Ed.: L. Klein, Cambridge: Cambridge University Press. (Obra originalmente publicada em 1711.)

Shapiro, L. (1999). "Cartesian Generosity". In: Tuomo Aho and Mikko Yrjönsuuri (eds). *Norms and Mode of Thinking in Descartes*. Acta Philosophica Fennica 64: 249-275.

Shapiro, L. (2003). "What do the expressions of the passions tell us?". *Oxford Studies in Early Modern Philosophy* 1: 45-66.

Spinoza, B. (1985). *Ethics*. In: *The Collected Works of Spinoza*. Trad.: E. Curley. Princeton: Princeton University Press. (Manuscrito datado de – aproximadamente – 1675.)

26

A ética de Descartes

LISA SHAPIRO

Descartes não é muito conhecido por seu pensamento sobre ética. Com efeito, alguns podem se surpreender ao perceber que Descartes tem *alguns* pensamentos sobre filosofia moral. Embora os escritos de Descartes não incluam uma apresentação sistemática e definitiva dessa área da filosofia, seus escritos *são* permeados de preocupações acerca da conduta da vida, e incluem algumas porções desenvolvidas que nos podem guiar conforme tentamos descobrir exatamente em que consiste a filosofia moral de Descartes. Nesse capítulo, recorro a esses elementos dos escritos de Descartes para mostrar que ele é melhor compreendido enquanto seguidor de um tipo de ética da virtude. Uma ética da virtude considera o bem como consistindo em virtude; a virtude consiste em uma disposição a agir de modo correto por razões corretas em quaisquer circunstâncias. Em oposição, uma ética deontológica considera o bem como consistindo em um conjunto de regras ou deveres; uma ética eudaimonista sustenta que o bem é simplesmente a felicidade; e uma ética consequencialista sustenta que o bem consiste na realização de atos com os melhores resultados.

Inicio minha discussão considerando como relacionar a preocupação mais geral de Descartes com a conduta de vida à metafísica e epistemologia na base de seu projeto filosófico. Passo então aos textos nos quais Descartes oferece seu pensamento ético desenvolvido, e argumento em favor da tese de que ele adota uma ética da virtude. Meu argumento surge da percepção de que sua concepção de virtude e do bem deve muito à ética estoica, uma escola de pensamento que teve um renascimento significativo no século XVII. Desvia-se, entretanto, do estoicismo clássico de modo crítico. No final da minha discussão, volto à questão da relação entre a ética de Descartes e sua metafísica e epistemologia, e sugiro que o *Discurso do método* e as *Meditações* estão repletas de considerações da ética da virtude acerca da educação moral e do regramento das paixões, respectivamente.

A FILOSOFIA CARTESIANA E A CONDUTA DA VIDA

Embora recentemente muitos intérpretes tenham comentado acerca da dimensão ética da obra cartesiana, é justo afirmar que Descartes é muito conhecido principalmente por sua metafísica e sua epistemologia, e é por sua contribuição nessas áreas filosóficas que ele ocupa o lugar que ocupa na história da filosofia. Voltemo-nos para Descartes para acompanhar o desenvolvimento de uma ontologia da substância-modo e a forma canônica de dualismo; para ver talvez a primeira concepção moderna bem-trabalhada do mundo natural despida de todas as causas, exceto a eficiente; para vislumbrar uma concepção de conhecimento e de certeza que pretende responder ao cético mostrando-lhe que há algumas afirmações imunes à dúvida (talvez porque o próprio cético tenha que se apoiar nelas) e na qual se pode fundar todo o restante do nosso conhecimento. Tanto os historiadores da filosofia, interessados em examinar os detalhes dessas posições, quanto os filósofos contemporâneos, que acham útil refletir sobre as posições "cartesianas" (normalmente como contraste) para articular suas próprias concepções, tendem a tratar as teses centrais da metafísica e da epistemologia cartesianas abstraindo-as do restante da filosofia de Descartes. Entretanto, muito frequentemente, nos escritos de Descartes essas questões não são tratadas em abstração da questão de como lidar com a vida. A questão é como compreender a relação entre a preocupação de Descartes com essa questão e suas metafísica e epistemologia.

No Prefácio da edição francesa dos *Princípios da filosofia*, Descartes foca explicitamente sua atenção em questões de metafísica, epistemologia e filosofia natural com a preocupação de melhorar a conduta da vida:

> O termo "filosofia" significa o estudo da sabedoria, e "sabedoria" significa não só prudência em nossos assuntos cotidianos como também um conhecimento perfeito das coisas que o homem é capaz de conhecer, tanto para a conduta da vida e preservação da saúde quanto para a descoberta de todo tipo de habilidades. Mas, para que seja perfeito, esse conhecimento deve ser deduzido de suas primeiras causas; assim, para adquiri-lo – e é a essa atividade que o termo "filosofia" estritamente se refere –, deve-se começar com a busca de suas primeiras causas ou princípios (1: 179; AT 9B: 2.)

Embora a metafísica e a epistemologia possam ser objetos da filosofia propriamente dita, a busca por primeiros princípios serve à finalidade prática de alcançar a sabedoria, que Descartes, nessa passagem, manifestamente considera ser assunto prático e não teórico. Essa atenção à consequência prática da filosofia primeira está presente desde muito cedo em seus escritos. Na primeira regra esboçada nas *Regras para a direção do espírito*, Descartes aconselha aqueles que "desejam seriamente investigar a verdade das coisas" a "considerar simplesmente como aumentar a luz natural de sua razão [...] para que seu intelecto mostre à sua vontade qual decisão deve tomar em cada contingência dessa vida" (1: 10; AT 10: 361). No *Discurso sobre o método*, Descartes reafirma que seu objetivo, ao buscar a filosofia, era "aprender a distinguir o verdadeiro do falso para analisar claramente minha próprias ações e proceder com confiança nessa vida" (1: 115; AT 6: 10). Com efeito, Descartes inicia a *Dióptrica* – um dos três ensaios que acompanham o *Discurso* e um trabalho principalmente sobre as propriedades e o comportamento da luz – defendendo sua importância para a conduta da vida (veja 1: 152; AT 6: 81). Um ponto semelhante é colocado na carta pública a Voetius, de maio de 1643, na qual Descartes defende seu programa filosófico contra os ataques do teólogo, afirmando os benefícios para a vida de seu modo de fazer filosofia (3: 220-1; AT 8B: 26).

É difícil saber o que Descartes pretende ao subordinar seus interesses filosóficos a uma preocupação mais ampla com a conduta da vida. Ele poderia estar simplesmente notando a pragmática da vida cotidiana, esperando que seus *insights* filosóficos preparassem o terreno para as tecnologias que fariam as tarefas da vida cotidiana menos trabalhosas. Não é necessário que haja nada ético sobre esse tipo de preocupação. Se nos concentrarmos nos seus escritos médicos, e naqueles que envolvem o que chamaríamos de ciências aplicadas, é razoável tomar Descartes como quem simplesmente pretende tornar mais fácil a vida, sem atentar a se essa vida é bem-vivida ou não. Além disso, algumas observações de Descartes no contexto das *Meditações* parecem apoiar esse tipo de leitura. Ali, Descartes sugere que a filosofia prática é distinta da filosofia primeira. Isso poderia facilmente implicar que a conduta da vida é distinta da busca da verdade. (Veja, por exemplo, o Resumo da Quarta Meditação [2: 11; AT 7: 15], as Respostas às Segundas Objeções [2: 106; AT

7: 149] e as respostas às Quartas Objeções [2: 172; AT 7: 248]. Veja também as respostas a Gassendi [2: 243; AT 7: 351] e a Bourdin [2: 320; AT 7: 475].)

Entretanto, uma observação que Descartes faz no Prefácio à edição francesa dos *Princípios da filosofia* sugere um outro modo de pensar a relação entre sua preocupação com a conduta da vida e sua metafísica e epistemologia. Ele escreve:

> A filosofia é como uma árvore. As raízes são a metafísica; o tronco, a física; e os ramos que emergem do tronco, todas as outras ciências, que podem ser reduzidas a três principais, a saber, medicina, mecânica e moral. Por 'moral' entendo o sistema moral mais nobre e perfeito, o qual pressupõe um conhecimento completo das outras ciências e é o último nível de sabedoria (1: 186; AT 9B: 14).

A metáfora da árvore da filosofia delineia uma relação entre filosofia moral e o resto da filosofia segundo a qual a ética brota do tronco da física e está enraizada na metafísica. Não é meramente enxertada em uma árvore completamente desenvolvida. Se consideramos a preocupação com a conduta da vida como equivalente a uma preocupação ética com a questão sobre como devemos viver, podemos entender a metáfora conjugada às seguintes linhas. Para melhorar a conduta da vida, ou para melhor responder a questão sobre como devemos viver, precisamos compreender nós mesmos e o mundo em que vivemos, isto é, precisamos de conhecimento científico ou de física. E precisamos de uma metafísica adequada para chegar ao conhecimento científico. Desse modo, então, o estudo da metafísica e da epistemologia é motivado pela preocupação ética, exatamente na mesma proporção que a metafísica permeia nossa ética. Ética, metafísica e epistemologia, segundo ele, são firmemente entrelaçadas.

Assim, ao pensar sobre as observações de Descartes acerca da conduta da vida, deparamo-nos com uma questão. Sua preocupação com a conduta da vida seria meramente pragmática e, portanto, não essencialmente relacionada às suas metafísica e epistemologia? Ou sua preocupação com a conduta da vida é ética e, por conseguinte, essencialmente relacionada às suas metafísica e epistemologia? No que se segue, argumento em favor da tese de que a ética de Descartes e sua metafísica são firmemente entrelaçadas. Sob essa perspectiva, estou fortemente inclinada a considerar a preocupação de Descartes com a conduta da vida como ética, mas, para isso, meu argumento é indireto.

Há dois outros elementos para os quais chamo atenção aqui, ambos associados à metáfora da árvore da filosofia. Vou explorar cada um deles em detalhes na minha discussão da elaboração cartesiana mais acabada da ética. Primeiro, note-se que Descartes introduz a ideia de um "sistema moral perfeito" nessa metáfora. Retornarei a essa ideia depois de uma breve apresentação inicial dos textos centrais para a compreensão da ética de Descartes. Segundo, note-se que a posição da "moral" ou da ética na árvore é equívoca. Por um lado a "moral" é apresentada como um ramo juntamente com os outros dois. Por outro lado, ela é selecionada como o único ramo que fornece "o último nível de sabedoria". Ao discutir a noção cartesiana de generosidade, explicarei esse equívoco.

JUNTANDO OS PEDAÇOS DOS ESCRITOS ÉTICOS DE DESCARTES: A ÉTICA DA VIRTUDE CARTESIANA

Minha atenção agora se volta para os escritos em que Descartes desenvolve suas concepções sobre a ética, que se encontram no *Discurso sobre o método*, na correspondência com a princesa Elizabeth e em *As paixões da alma*. Depois de apresentar brevemente esses textos, considero como explicar a relação entre o "sistema moral perfeito", que vimos mencionado no Prefácio dos *Princípios*, e a *morale par provision*, que – como veremos em breve – Descartes apresenta no *Discurso sobre o método*. (*Morale par provision* é geralmente traduzida por "código provisório de moral". Assim, para não prejulgar questões interpretativas, deixarei no francês, sem traduzir.) Passo então a argumentar em favor da tese de que Descartes adota uma ética da virtude e a esclarecer sua vertente particular da ética da virtude. Por último, volto a considerar como é possível conectar a ética desenvolvida por Descartes com sua preocupação geral com a "conduta da vida", examinando como a educação moral e o regramento das paixões aparecem no *Discurso* e nas *Meditações*, respectivamente.

TEXTOS-CHAVE

Há três locais em que encontramos algum pensamento sobre ética desenvolvido nos escritos de Descartes. Primeiro, na Parte Três do *Discurso*, primeiramente publicado em 1637, em que Descartes introduz o que ele chama de uma *morale par provision*, "que consiste de apenas três ou quatro máximas" (1: 122; AT 6: 22). A primeira máxima é "obedecer às leis e aos costumes de meu país, retendo constantemente a religião em que Deus me concedeu a graça de ser instruído desde a infância, e governando-me, em tudo o mais, segundo as opiniões mais moderadas e as mais distanciadas do excesso, que fossem comumente acolhidas em prática pelos mais sensatos daqueles com os quais eu teria de viver" (1: 122; AT 6: 23). A segunda máxima é "ser o mais firme e o mais resoluto possível em minhas ações, e seguir até mesmo as opiniões mais duvidosas, uma vez que as tenha adotado, com não menos firmeza do que se elas estivessem completamente corretas" (1: 123; AT 6: 24). A terceira máxima é "procurar sempre antes vencer a mim próprio do que à fortuna, e antes modificar os meus desejos do que a ordem do mundo" (1: 123; AT 6: 25). E a quarta máxima é escolher como ocupação de vida "dedicar toda a minha vida em cultivar minha razão, e avançar, tanto quanto eu possa, no conhecimento da verdade, segundo o método que eu mesmo me prescrevera" (1: 124; AT 6: 27). Duas questões gerais de interpretação surgem dessa *morale*. Primeiro, precisamos entender essa expressão, *par provision*, ou em que sentido o código moral é provisório. Segundo, é claro, precisamos entender melhor a ética introduzida por essas máximas. A discussão a seguir lida com essas duas questões.

Adicionalmente, a correspondência de Descartes com a princesa Elizabeth da Boêmia, de 1645-1647, inclui uma discussão sobre filosofia moral.[1] Tem um interesse particular a correspondência de 1645, a qual Descartes começa com uma consideração sobre o regramento das paixões, mas, motivado por uma leitura de *De vita beata*, de Sêneca, passa rapidamente para a questão do supremo bem (algumas vezes, a expressão usada por Descartes é "o bem soberano"), incluindo uma discussão sobre a natureza da virtude e sua relação com a felicidade. Em sua breve correspondência de 1647 com a rainha Christina, da Suécia, Descartes extrai parte de sua correspondência anterior com Elizabeth e oferece um resumo de sua concepção sobre o supremo bem. Na discussão a seguir, vou examinar a explicação da virtude cartesiana para elucidar que tipo de ética da virtude Descartes adota.

Finalmente, em seu último trabalho, *As paixões da alma*, publicado em 1649, Descartes entrecorta seu tratamento filosófico natural e sistemático das paixões com uma continuação de sua discussão sobre virtude. Nesse trabalho, encontramos também uma explicação mais detalhada do regramento das paixões. Mais importante, a noção de generosidade, explicada inteiramente pela primeira vez nesse trabalho, oferece um *insight* importante sobre a ética cartesiana. Para Descartes, a generosidade é tanto uma paixão quanto uma virtude e, na verdade, é "a chave de todas as outras virtudes e um remédio geral contra todos os desregramentos das paixões" (Descartes, 1989: 109; AT 11: 454). Para ele, a "generosidade" se refere a uma compreensão de que se tem uma vontade livre e uma decisão de usar bem essa vontade; a liberalidade de dar que associamos ao termo é um efeito da generosidade. A compreensão da ética cartesiana envolve compreender esse sentido peculiar de "generosidade", seu papel no regramento das paixões e como ela é a "chave de todas as outras virtudes".

O "SISTEMA MORAL PERFEITO" E A *MORALE PAR PROVISION*

Lembre-se de que, em sua metáfora da árvore da filosofia, Descartes introduz a ideia de um "sistema moral perfeito". Quero começar chamando a atenção para os diferentes elementos da ética desenvolvida por Descartes, juntamente com a consideração de exatamente o que ele quer dizer por um sistema moral perfeito e como compreender a *morale par provision* com relação a este. As leituras canônicas consideram a *morale* do *Discurso* como sendo provisória no sentido de temporária – uma parada *en route* em direção à verdadeira moralidade. Atentar para as influências estoicas na ética de Descartes fornece-nos um modo bem diferente de compreender essas três máximas. Sugiro que leiamos as máximas como semelhantes às obrigações incondicionais dos estoicos. Sendo assim, elas envolvem em parte um sistema moral perfeito, em parte fornecem a estrutura, ou o conjunto de restrições, para a outra parte desse sistema perfeito, um conjunto de regras que governam as ações particulares, semelhante às obrigações circunstanciais dos estoicos. Compreendidas desse modo, podemos ver as máximas como provisórias em um sentido jurídico.

Comentadores recentes da ética de Descartes assumem que, para ele, um sistema moral deve ser constituído de um conjunto de regras que regulam a vida cotidiana. Isto é, eles assumem que a ética de Descartes é um tipo de teoria ética deontológica, que define o bem como um conjunto de regras que temos o dever de seguir. Segundo essa concepção, quanto mais perfeito o sistema moral, mais ações as regras desse sistema governam. Um sistema moral perfeito forneceria, assim, um conjunto completo de regras que governariam todas as nossas ações. Essa suposição, juntamente com o foco no método cético de Descartes, provoca duas compreensões opostas da *morale par provision* do *Discurso*. Segundo a primeira leitura, o conjunto de máximas morais que Descartes oferece é considerada como um substituto provisório para se carregar durante o período da dúvida cética. Embora a busca da verdade deva ser removida do contexto prático (2: 15; AT 7: 22), ainda assim é preciso lidar com o básico da vida cotidiana enquanto se está imerso nela. Segundo essa concepção, tais máximas têm o objetivo de garantir que aqueles que se ocupam da filosofia não se envolvam em problemas demais durante seu esforço de descobrir os primeiros princípios. A *morale* pretende ser provisória porque não há uma boa razão para pensar que as máximas serão mantidas, uma vez que o cético seja respondido e que os primeiros princípios tenham sido firmemente estabelecidos. Assim, a *morale* do *Discurso* não consiste em uma teoria moral, mas antes em um conjunto de medidas pragmáticas a serviço da filosofia primeira.

De acordo com a segunda leitura, a *morale par provision* tem um valor pragmático, mas está longe de ser meramente pragmática. Ao contrário, consiste em um conjunto básico de regras, que podem ser revistas, cujo objetivo é orientar as ações corretas; dessa forma, constitui uma teoria moral, ainda que embrionária. Segundo essa concepção, a *morale* do *Discurso* é considerada provisória porque as máximas ali estabelecidas consistem em uma primeira aproximação do que será o sistema moral perfeito, uma vez que, em algum momento no futuro, tenha-se respondido inteiramente ao cético. (Veja Marshall, 1998, para uma versão dessa interpretação.)

Há ainda uma terceira possibilidade de compreensão do sentido em que a *morale* do *Discurso* é *par provision*. Michèle LeDoeuff sugere que tanto os comentadores de língua inglesa quanto os de língua francesa compreenderam mal a expressão *par provision*. Em vez de significar "provisional" no sentido de "temporário", *par provision* "é um termo jurídico que significa 'o que um juízo outorga antecipadamente a um indivíduo' [...] A provisão não é sujeita a ser posta em questão pelo juízo final" (LeDoeuff, 1989: 62). Há boas razões para preferir essa terceira leitura de *par provision*.

Para entender isso, consideremos as influências estoicas na ética de Descartes. Embora as leituras canônicas da *morale par provision* estejam corretas ao ver a influência do ceticismo antigo na filosofia de Descartes, há inúmeras razões para atentar para outras influências, em particular à do estoicismo. Primeiro, as leituras canônicas também assumem que Descartes adota uma ética deontológica, e essa concepção aparentemente destrói a leitura segundo a qual Descartes adota uma ética da virtude. Uma ética centrada na virtude é, sobretudo, a que enfoca disposições a fazer a coisa certa pelas razões certas, e agir bem dessa maneira não é compreendido simplesmente como a adesão a um conjunto de regras. Entretanto, uma ética da virtude não precisa ser incompatível com um conjunto de regras que governam ações. A ética estoica era tanto uma ética da virtude quanto era preocupada em estabelecer um conjunto abrangente de regras de ação, e, assim, pode nos auxiliar a conciliar diferentes aspectos da ética cartesiana. Com efeito, as máximas do *Discurso* parecem ter um interesse maior em virtudes como determinação e autodomínio do que em estabelecer regras de ação.

Segundo, o contexto histórico em que Descartes escreve nos dá uma boa razão para crer que ele foi influenciado pelos escritos estoicos. O século XVII viu um renascimento da filosofia estoica, advindo, sobretudo, da recuperação dos textos e do trabalho de Justus Lipsius, que estabeleceu a filosofia estoica da sua física a sua ética. Enquanto, até agora, pouco se fez para traçar a influência da física estoica sobre filósofos e cientistas do início da era moderna, bem mais se tem feito para trazer à luz a influência do renascimento do estoicismo nas teorias éticas deste período. (Veja Levi, 1964; Rutherford, 2004.) O renascimento da ética e do pensamento político estoicos teve impacto no trabalho de Hugo Grotius, em *As leis da guerra e da paz*, e a ética estoica foi popularizada na França através de trabalhos de moralistas como Pierre Charron e Guillaume DuVair (Charron também foi influenciado pelo renascimento do ceticismo). Há boas razões para ler Descartes como incluído nesse renascimento estoico. Há ecos claros do pensamento estoico nas máximas que Descartes nos oferece no *Discurso*. O sábio estoico era caracterizado por seu autodomínio bem-sucedido, isto é, por alinhar seus desejos com a ordem da natureza e isso é precisamente o que a terceira máxima da *morale* exige. No mesmo sentido, assim como a segunda máxima requer resolução na ação, o sábio estoico deve guiar-se apenas por sua própria compreensão e não ser levado por influências externas. A afinidade entre as máximas de Descartes e a ética estoica sugere com certeza uma linha de influência. Do mesmo modo, o fato de Descartes escolher Sêneca para ser lido pela princesa Elizabeth é evidência de um interesse no pensamento estoico, e seu comentário mostra que ele recorre e se apropria da ética estoica para seus próprios fins (Rutherford, 2004, trabalha alguns detalhes). Olhar mais de perto a ética estoica pode bem nos ajudar a compreender melhor a *morale par provision* de Descartes e a relação desta com a noção de um sistema moral perfeito.

Algumas vertentes do estoicismo se esforçaram para articular um conjunto completo de *kathêkonta*, traduzido por "deveres" ou "obrigações", mas também por "funções apropriadas" e "ações adequadas", com a pretensão de estabelecer exatamente como o sábio agiria em toda situação imaginável. Isto é, o *kathêkonta* pretendia ser um agrupamento extensivo de regras que governam toda ação da vida cotidiana. Nesse conjunto de regras, algumas eram concebidas como gerais ou "obrigações incondicionais"; eram regras as quais o sábio adotava em suas ações em todas as circunstâncias. Incluíam, por exemplo, prescrições para mover-se em direção à saúde e aos órgãos sensíveis. Uma vez que são regras para nos guiar incondicionalmente, estabelecem restrições acerca de todas as nossas outras decisões e, assim, estruturam o modo como devemos viver nossas vidas. Os estoicos, além disso, estabelecem regras extremamente particulares, ou "obrigações circunstanciais". Essas regras determinam como a pessoa virtuosa, ou sábia, deve agir em circunstâncias muito específicas. Podem, por exemplo, exigir que demos todos os nossos pertences, caso descubramos ser um dos poucos com pertences entre muitos sem nada.

Do ponto de vista vantajoso do contexto histórico e intelectual, é natural ler as máximas da *morale par provision* como um conjunto de deveres incondicionais. Em primeiro lugar, como já vimos, o conteúdo de muitas dessas máximas tem uma notável afinidade com alguns dos princípios básicos da ética estoica. Além disso, o exame das máximas da *morale par provision* mostra que elas são estruturadas como regras gerais, aplicáveis em todas as circunstâncias. Ser firme e decidido nas ações, objetivando dominar-se a si próprio no lugar do acaso, e cultivar a razão claramente não são princípios de conduta talhados para um conjunto particular de circunstâncias. E, embora possa parecer que seguir os costumes locais e acatar as opiniões menos extremas diga respeito a circunstância específica, a máxima é apresentada como uma regra geral a ser aplicada sejam quais forem os costumes e opiniões circundantes. A primeira máxima pretende apenas nos fornecer um ponto de partida seguro para seguir o método de raciocínio que nos levará ao conhecimento. Assim, todas as quatro máximas servem como princípios abrangentes que guiam o modo de conduzir a vida; servem para estruturar o contexto no qual se tomará decisões particulares. Desse modo, elas próprias não dependem das condições nas quais essas decisões particulares serão tomadas. São semelhantes tanto em tipo quanto em sua função aos deveres incondicionais estoicos.

Seguindo essa linha, podemos ter um outro *insight* acerca do que Descartes pretende ao evocar um "sistema moral perfeito". Assim como o sistema moral completo dos estoicos inclui tanto deveres incondicionais quanto os circunstanciais, e uma vez que a ética de Descartes sofre influência da ética estoica, devemos esperar que o sistema moral perfeito cartesiano inclua não apenas um conjunto de deveres incondicionais que estruturem nossa conduta geral na vida, mas também um conjunto completo de deveres circunstanciais. Assim, o sistema moral perfeito cartesiano incluiria não só as máximas da *morale par provision*, mas também regras de ação às quais chegaríamos se tivéssemos uma compreensão abrangente do mundo – isto é, uma física completa.

Se estou certa acerca de como entender a *morale par provision* e o sistema moral perfeito de Descartes, podemos ver que as explicações canônicas não acertam o alvo. As máximas da *morale* não devem ser entendidas como medidas pragmáticas de substitutos provisórios até que se alcance o sistema moral perfeito e verdadeiro. Tampouco devem ser entendidas como aproximações do que serão as regras para a ação depois do conhecimento perfeito. Com o conhecimento perfeito, chegaremos a novas regras de ação, mas essas regras não suplantarão as máximas da *morale*. Ao contrário, a *morale* estipula os deveres incondicionais que estruturam nosso modo de conduzir a vida. Uma vez que se tenha o conhecimento completo, seremos capazes de suplementar essas regras gerais com um conjunto de regras particulares para governar nossas ações em todas as circunstâncias da vida. Esse conjunto de deveres circunstanciais não exclui, mas, ao contrário, pressupõe a validade dos deveres incondicionais.

Embora a interpretação seja, em muitos sentidos, adequada, permanece uma questão: por que a *morale* de Descartes no *Discurso* é uma *morale par provision*? Se as máximas pretendem ser um conjunto de deveres incondicionais, em que sentido elas são *par provision*?

Cabe notar que Descartes não parece de modo nenhum considerar as máximas do *Discurso* como provisórias no mesmo sentido em que as leituras tradicionais pretendem. Retraçar o percurso da segunda máxima através dos escritos de Descartes corroborará essa afirmação Ao mesmo tempo, ajudará a preparar-nos para compreender a virtude cartesiana. Lembre-se de que a segunda máxima é "ser o mais firme e o mais resoluto possível em minhas ações, e seguir até mesmo as opiniões mais duvidosas, uma vez que as tenha adotado, com não menos firmeza do que se elas estivessem completamente corretas". Esse mesmo princípio aparece antes, na correspondência de 1645 de Descartes com a princesa Elizabeth, na qual encontramos seu pensamento ético mais desenvolvido. Ali, comentando o que pensa ter afirmado Sêneca em *De vita beata*, Descartes apresenta explicitamente sua consideração sobre a virtude: "Uma decisão firme e decidida de realizar tudo o que a razão recomenda" (carta a Elizabeth, 4 de agosto de 1645, AT 4: 265). A semelhança entre esta definição de virtude e a segunda máxima é evidente, e o próprio Descartes recorre ao *Discurso* para explicar sua concepção a Elizabeth.

Também é claro que Descartes está fortemente comprometido com sua concepção de virtude. Ele reitera esse ponto inúmeras vezes em sua correspondência com Elizabeth. Em carta que lhe endereçou em 18 de agosto de 1645, escreve: "Para haver um contentamento sólido, é preciso seguir a virtude – isto é, manter uma vontade firme e constante de executar tudo o que julgamos ser o melhor, e empregar toda a força de nosso entendimento em bem julgar" (3: 262; AT 4: 277). E o mesmo é defendido em sua carta a Elizabeth de 1º de setembro de 1645: "Jamais podemos praticar qualquer virtude – isto é, fazer o que nossa razão persuade-nos a fazer – sem daí recebermos satisfação e prazer" (3: 263; AT 4: 284). Descartes também afirma o mesmo sobre a natureza da virtude à rainha Christina em carta de 20 de novembro de 1647:

> Não vejo melhor maneira de dispô-la [a vontade] do que por uma resolução firme e constante de seguir precisamente todas as coisas que se julgar ser o melhor, e empregar todo o poder da mente em descobrir quais são essas coisas. Isso por si só constitui todas as virtudes; só isso, finalmente, produz o maior e mais sólido contentamento na vida. Assim, concluo que é nisso que consiste o supremo bem (3: 325; AT 5: 83).

Além disso, a mesma concepção de virtude é apresentada em *As paixões da alma* quando, no artigo 148, ele escreve:

> Pois quem quer que haja vivido de tal maneira que sua consciência não possa censurá-lo por nunca ter deixado de fazer todas as coisas que julgou serem as melhores (que é o que chamo aqui de seguir a virtude) recebe daí uma satisfação tão poderosa para torná-lo feliz que os mais violentos esforços das paixões nunca têm poder suficiente para perturbar a tranquilidade de sua alma (Descartes, 1989: 101; AT 11: 442).

Está também contido na definição de generosidade, como veremos a seguir. (Veja também *As paixões da alma*, a. 144; Descartes, 1989: 97; AT 11: 437.) O compromisso claro de Descartes com essa segunda máxima é um argumento contra a concepção de que as máximas da *morale* são apenas provisórias. Cabe notar que Descartes também afirma a primeira e a terceira máximas da *morale* na correspondência com Elizabeth e em *As paixões da alma*, e ainda argumenta contra as leituras canônicas. (Veja 3: 257ff.; AT 4: 265ff.; 3: 263ff.; AT 4: 284ff.; 3: 267; AT 4: 294ff.; e os artigos 144-146 de *As paixões da alma*: Descartes, 1989: 97-100; AT 11: 436ff.)

Em oposição, a concepção da relação existente entre o sistema moral perfeito e a *morale* influenciada pela ética estoica que venho desenvolvendo se encaixa muito bem com o sentido jurídico de *par provision* sugerido por LeDoeuff. Provisões legais, lembre-se, não podem ser colocadas em questão no julgamento final; na verdade, restringem e estruturam o julgamento. Sugeri que pensássemos as máximas da *morale* como um conjunto de deveres incondicionais. As máximas, como deveres incondicionais, não devem ser postas em questão quando alcançarmos o sistema moral perfeito, pois, na verdade, elas estruturam os deveres circunstanciais aos quais chegaremos com o conhecimento completo. Isto é, o sistema moral perfeito cartesiano consistirá em um guia abrangente para a ação que incluirá todos os deveres circunstanciais tanto quanto os deveres incondicionais, ou máximas, que lhes dão a estrutura.

A VIRTUDE CARTESIANA

Argumentei que no centro da ética de Descartes está um conjunto de regras, algumas incondicionais e algumas circunstanciais. Entretanto, sustentei também que Descartes adota a ética da virtude. Embora possa parecer que essas afirmações sejam incompatíveis entre si, há, como notei antes, éticas da virtude que também estão preocupadas em articular um conjunto de regras para a ação: a ética estoica é uma delas. A diferença entre as duas éticas está na concepção do bem. Em uma teoria moral deontológica, o bem consiste na aderência às regras que constituem o sistema ético, e agimos mal quando não o fazemos. Uma ética da virtude sustenta que o bem consiste em virtude, e virtude não é o mesmo que aderir a um certo conjunto de regras. O rastreamento do percurso da segunda máxima mostrou que Descartes sustenta que a virtude é o supremo bem. Esse compromisso marca a ética de Descartes como uma ética da virtude. Nesta seção, vou examinar em detalhes a concepção cartesiana de virtude como nosso supremo bem. Depois de fornecer mais evidências de que Descartes de fato considera a virtude como nosso supremo bem, examino uma peculiaridade dessa concepção de virtude enquanto resolução de agir de acordo com nosso melhor juízo. Nossos melhores juízos ainda assim podem estar errados, e, portanto, Descartes precisa distinguir juízos de moral que sejam os melhores entre aqueles que são piores. Mostro como uma metafísica apropriada, conjugada à sua noção de generosidade, trata disso.

Na primeira parte de sua correspondência de 1645 com Elizabeth, Descartes não é inteiramente claro quanto ao fato de a virtude ser nosso supremo bem. Em suas observações sobre Sêneca, que dão início à discussão, ele se concentra no contentamento da mente, que constitui a verdadeira felicidade (*béatitude*). Embora não vá tão longe a ponto de afirmar que essa verdadeira felicidade seja o supremo bem, ele está preocupado sobretudo em estabelecer as causas dessa felicidade e como podemos alcançá-la. Uma vez que essa verdadeira felicidade é concebida como o fim pelo qual devemos nos esforçar, com certeza pode parecer que Descartes considera que nosso bem consiste nesse contentamento, e, portanto, que ele tem uma ética eudaimonista. Em sua carta seguinte, de 18 de agosto de 1645, Descartes se esforça por esclarecer sua posição, distinguindo felicidade, o supremo bem, do objetivo ou fim de nossas ações. Ali, ele é bem claro:

> Noto, primeiramente, que há diferença entre a verdadeira felicidade, o soberano bem, e o fim último ou o alvo a que devem tender nossas ações. A verdadeira felicidade não é o soberano bem, mas o pressupõe, e ele é o contentamento ou a satisfação da mente, que advém do fato de o possuirmos. Mas, pelo fim de nossas ações, pode-se entender um e outro; pois o soberano bem é, sem dúvida, a coisa que devemos propor-nos como fim em todas as nossas ações, e o contentamento da mente que daí resulta, sendo o atrativo que nos incita a procurá-lo, é também corretamente chamado nosso fim (AT 4: 275).

Afinal, para Descartes, felicidade ou contentamento não é nosso supremo bem. Sendo assim, ele não adota uma ética eudaimonista. Ao contrário, alcançamos a felicidade como consequência de alcançarmos o bem. Em nossas ações, devemos lutar pelo nosso bem supremo, em vez de o fazer pela felicidade. Entretanto, uma vez que é necessário e suficiente que alcancemos esse bem para alcançarmos a felicidade, podemos também pensar-nos como visando a felicidade em nossas ações. Descartes ilustra esse ponto por meio de uma analogia com uma competição de tiro com arco:

> Mas, tal como ocorre quando existe em alguma parte um prêmio para tiro com arco, suscita-se o desejo de atirar naqueles a quem se mostra esse prêmio, sem que por isso possam ganhá-lo se não veem o alvo, e os que o veem não são por isso induzidos a atirar, se não sabem que há um prêmio a ganhar. Assim, a virtude, que é o alvo, não se faz desejar muito quando a vemos totalmente só; e o contentamento, que é o prêmio, não pode ser adquirido, a não ser que o sigamos (AT 4: 277).

Mesmo se um arqueiro entra na competição para ganhar o prêmio, essa motivação sozinha não o levaria ao sucesso. Para ganhar o prêmio, ele deve de fato atirar bem e atingir o alvo. Ainda assim, um bom arqueiro pode não se sentir motivado apenas por seu talento a entrar na competição; um prêmio pode motivá-lo a competir. De modo semelhante, visar a felicidade não garante que ajamos bem e alcancemos a virtude; entretanto, saber como devemos agir nem sempre nos motiva a agir. A felicidade que vem do agir bem pode nos dar a motivação. Para Descartes, nosso bem supremo consiste em virtude e apenas em virtude, e atingir esse supremo bem só pode nos tornar verdadeiramente felizes. Em nossas ações, devemos aspirar à virtude, e somos motivados a fazê-lo em razão da felicidade que daí resulta.

A ética da virtude de Descartes é um tanto peculiar. É surpreendente que, para ele, a virtude não exige que nossos juízos acerca do que é melhor estejam corretos. Na concepção de Descartes, a virtude consiste apenas na resolução de agir de acordo com o que julgamos ser o melhor. Mas é claro que nossos juízos acerca do melhor podem estar errados. Por exemplo, com frequência, agimos do modo como julgamos benéfico para uma pessoa, talvez mesmo para nós próprios, quando de fato essas ações não são de seu, ou de nosso, interesse e são prejudiciais. Para Descartes, podemos claramente ainda assim ser virtuosos, mesmo nesses casos. Ele escreve: "Parece-me [...] que não se tem nenhuma razão para arrependimento quando se fez o que se julgava melhor no momento em que era preciso agir, mesmo se, depois, ao repensar o assunto com mais tempo, julgue-se que isto estava errado" (para Elizabeth, 6 de outubro de 1645; AT 4: 307). Na verdade, ele continua, "somos responsáveis apenas por nossos pensamentos, e a natureza humana é tal que não conhecemos tudo, tampouco julgamos improvisadamente tão bem quanto quando temos muito tempo para deliberar" (*ibid*). Elizabeth havia se mostrado preocupada com a possibilidade da concepção de Descartes ser psicologicamente implausível. Quando julgamos mal o melhor curso de ação, objeta ela, a falsidade do juízo abalaria nossa resolução de futuramente seguir nossos juízos acerca do melhor. Abalaria, assim, nossa virtude e comprometeria nosso contentamento. A concepção de virtude de Descartes, afirma ela, exige "uma ciência infinita" de tal modo que nunca erraríamos ao julgar o melhor curso de nossas ações (veja a carta de Elizabeth a Descartes de 13 de setembro de 1645; AT 4: 289). A resposta de Descartes reflete sua tese de que, mesmo quando julgamos mal as coisas, podemos ser virtuosos e contentes. Só precisamos nos manter confiantes de que nossos juízos foram os melhores que podíamos fazer nas circunstâncias. A confiança afirma nossa resolução, evita que sintamos remorsos e nos permite ficar contentes e ser verdadeiramente felizes.

A concepção cartesiana de virtude ressoa e diverge de um aspecto de uma concepção aristotélica de virtude. Aristóteles distingue a pessoa virtuosa da pessoa moderada. Ambas realizam boas ações. A pessoa moderada age bem por acaso, e não pela compreensão do bem. A pessoa virtuosa, por outro lado, age bem pelas razões certas, isto é, por uma compreensão do bem. Para

Descartes, também a ação virtuosa exige que se aja por compreensão do bem. Somos virtuosos, para ele, porque visamos julgar bem e agir de acordo com esse juízo.[2] Entretanto, a concepção cartesiana de virtude difere da de Aristóteles em um aspecto importante. Na concepção de Aristóteles, a virtude exige que o mundo coopere com nossas intenções. Não alcançamos inteiramente a virtude se nossas ações não têm êxito em seu objetivo. Se aspiramos ao bem, mas fazemos o mal, falhamos moralmente. Para Descartes, como vimos, boas intenções são suficientes para a virtude.

A concepção cartesiana de virtude também difere das concepções estoicas de virtude nesse aspecto. Como observado anteriormente, a ética estoica é uma ética da virtude. Os *kathêkonta* estoicos, obrigações incondicionais e condicionais, baseiam-se em fatos sobre a natureza humana e pretendem estabelecer não apenas as implicações da virtude, mas também os detalhes do que é exigido para alcançar o ideal estoico de "viver de acordo com a natureza". A virtude, ou viver de acordo com a natureza, é um modo de ter uma compreensão apropriada do mundo. Além disso, segundo a linha estoica, virtude é uma questão de tudo-ou-nada. Ou bem se vive inteiramente em acordo com a natureza, ou se é vicioso. Não há graus de virtude. Assim, para que se seja virtuoso, todos os seus juízos devem ser verdadeiros, e deve-se ter uma compreensão completa do mundo. Embora a concepção cartesiana de virtude inspire-se claramente na concepção estoica, ela é muito menos exigente. Para Descartes, ser virtuoso não exige juízos verdadeiros; exige, sim, que nos esforcemos para julgar bem e para agir de acordo com nossos juízos acerca do que é melhor. A objeção de Elizabeth notada anteriormente pode bem ser lida como uma pressão em direção a um neoestoicismo mais consistente. (Sua objeção em cartas posteriores, entretanto, reflete um ceticismo com relação a nosso conhecimento do verdadeiro valor das coisas e, em última instância, uma rejeição de um estoicismo exigente. Veja carta de Elizabeth a Descartes de 30 de setembro de 1645; AT 4: 303.)

Dado que a concepção de Descartes de virtude não exige juízos verdadeiros, sua pessoa virtuosa pode parecer um tanto dada à autossatisfação presunçosa, sempre confiante de ter julgado o melhor que podia, mesmo se vier a estar errada. Entretanto, em *As paixões da alma*, Descartes adverte contra a autossatisfação não virtuosa, cheia de "orgulho e arrogância impertinente", e admite uma autossatisfação virtuosa que leva à "tranquilidade e ao repouso da consciência" próprios da verdadeira felicidade (*Paixões*, a. 190; Descartes, 1989: 121-2; AT 11: 471-2). O que distingue a autoestima virtuosa da autossatisfação não virtuosa é simplesmente o fato de os juízos do agente serem realmente os melhores que ele podia ter feito. Mas como distinguir juízos melhores de piores, se não com base em sua verdade ou falsidade?

Descartes não fornece um conjunto de critérios segundo os quais podemos classificar os juízos ou testá-los para ter certeza de estarmos julgando o melhor que podemos. Entretanto, suas observações sugerem que o que importa é nosso método para julgar. Descartes escreve à Elizabeth que o uso correto de nossa razão evita que a virtude seja falsa, e o faz porque, "ao nos fazer reconhecer a condição de nossa natureza, estabelece limites aos nossos desejos" (carta a Elizabeth, 4 de agosto de 1645, AT 4: 267). O uso correto da razão inclui certamente "conhecimento da verdade". Entretanto, "porque ninguém, exceto Deus, conhece perfeitamente todas as coisas, temos que nos contentar em conhecer as verdades mais úteis a nós" (carta a Elizabeth, 15 de setembro de 1645; AT 4: 291).

As verdades enumeradas por Descartes como "as mais úteis", na carta de 15 de setembro de 1645, são justamente o conjunto de princípios básicos de sua metafísica:

> Entre essas verdades [verdades mais úteis para nós], a primeira e principal é que existe um Deus do qual todas as coisas dependem, cuja perfeição é infinita, cujo poder é imenso e cujos decretos são infalíveis. [...] A segunda coisa que é

necessário conhecer é a natureza da nossa mente, uma vez que ela subsiste sem o corpo e é muito mais nobre do que ele e capaz de ter inúmeros contentamentos que absolutamente não se encontram nessa vida. [...] Com relação a isso, o que também pode ser de muita serventia é exaltar a obra de Deus, e ter uma ideia da ampla extensão do universo, como tentei apresentar no terceiro livro de meus *Princípios* (AT 4: 291-2).

Essa lista ajuda a compreender melhor o lugar da moral na metáfora da árvore da filosofia presente no Prefácio dos *Princípios*. Se por "moral" devemos entender virtude – ou seja, resolvermos agir de acordo com nossos melhores juízos –, precisamos compreender as raízes da filosofia, a existência de Deus, a natureza e a distinção real da alma e do corpo, mas também precisamos compreender alguma coisa de física para avaliar a amplitude do universo e, assim, sermos capazes de compreender nosso próprio lugar nele. Entretanto, para Descartes, precisamos compreender a nós mesmos não apenas com relação ao mundo físico, mas também com relação a outras pessoas, cujos interesses podem bem ser diferentes dos nossos, mas de quem também dependemos. Nossos juízos de moral, para ele, giram em torno de nossa compreensão de nosso próprio lugar no mundo, nossas relações com outras coisas e agentes. Como Descartes escreve na mesma carta a Elizabeth:

> Apesar de cada um de nós ser uma pessoa separada das outras e, por consequência, com interesses que são, de algum modo, distintos dos interesses do restante do mundo, deve-se, mesmo assim, pensar que não se conhece como subsistir sozinho e que se é, de fato, parte do universo, e, mais particularmente ainda, uma parte dessa terra, uma parte desse Estado, dessa sociedade e dessa família, aos quais se juntou por sua casa, por seu juramento, por seu nascimento (AT 4: 293).

Não podemos "discernir o melhor curso de ação na vida" (AT 4: 291) sem compreender nosso lugar em um todo social e natural, e nossos juízos de moral serão melhores ou piores na proporção de nossa compreensão das relações nas quais que estamos.

Embora ter a metafísica correta possa ser essencial para juízos corretos de moral, isto não pode ser suficiente para determinar se um juízo de moral em particular é melhor ou pior. Pois, embora possamos ser capazes de alcançar certeza sobre assuntos metafísicos, somos, por nossa própria natureza enquanto seres finitos, incapazes de alcançar certeza sobre o mundo natural infinito e sobre nosso lugar nele, sem falar do nosso lugar no mundo social. Elizabeth levanta questões semelhantes em suas cartas a Descartes, em 30 de setembro de 1645 (AT 4: 303) e 28 de outubro de 1645 (AT 4: 324). Segundo Descartes, dada essa deficiência natural, a fim de regular nossa conduta devemos nos esforçar para distinguir as coisas que dependem apenas de nós daquelas que não dependem de nós. Como Descartes escreve no artigo 144 de *As paixões da alma*, "o erro mais comumente cometido no tocante aos desejos é o de não distinguirmos suficientemente as coisas que dependem inteiramente de nós das que não dependem de modo nenhum" (Descartes, 1989: 97; AT 11: 436). Na maioria dos casos, entretanto, as coisas dependem de nós, mas só em parte. Aqui, "porque a maioria dos nossos desejos se estende a coisas que não dependem de nós nem inteiramente de outrem, devemos distinguir exatamente nelas o que depende apenas de nós, a fim de estender nosso desejo tão-somente a isso (*Paixões*, a. 146; Descartes, 1989: 99; AT 11: 439). Isto é, para Descartes, a medida que orienta nossa relação com as coisas, sob a condição de conhecimento imperfeito, é a do grau em que as coisas dependem de nós, ou estão em nosso poder. (Podemos ler Descartes, em sua discussão sobre esse ponto, materializando a terceira máxima da *morale* do *Discurso*.)

Esse aspecto da virtude cartesiana oferece um método para regular as paixões, uma vez que as paixões nos dispõem à ação. Ao refletir sobre o que deve fazer em situações nas quais tem conhecimento incompleto – isto é, em todas as situações –, uma pessoa virtuosa visa a compreender seu próprio lugar no esquema de coisas; ela visa, além disso, distinguir aquilo que depende dela do que não depende. Fazer adequadamente essa distinção, para Descartes, resulta em deixar de desejar as coisas as quais não se tem o poder de fazer acontecer. Ao regular esses "desejos vãos", a pessoa virtuosa efetivamente regula suas paixões: não espera aquilo que ela própria não pode ajudar a acontecer; não teme a aproximação do perigo, visto ter certeza que fará tudo o que for capaz para evitá-lo e aceita o que não pode controlar; e não se arrepende de suas ações passadas, pois não pode trazer o passado de volta, está satisfeita por ter feito o que pensou ser o melhor e aprende a partir de seus erros. Desse modo, ela se acha contente ou verdadeiramente feliz. Obviamente, pôr assim em ordem os desejos e as paixões não é uma tarefa fácil. É rara a pessoa que é capaz de dominar seus temores e evitar ações das quais possa se arrepender ou que, embora bem-intencionadas, não saíram como o planejado. No entanto, para Descartes, somos todos virtuosos desde que nos aproximemos desse ideal, isto é, desde que nos esforcemos para distinguir o que depende de nós do que não depende.

Assim, a chave para a virtude cartesiana é ter o sentido próprio do que depende de nós. Esse sentido serve como a medida de nossa relação com as outras coisas e do nosso lugar no mundo. Descartes reconhece que esse sentido pode ser distorcido tanto quanto pode ser verdadeiro. Já vimos um pouco disso em seu tratamento da autossatisfação. O que Descartes chama de "generosidade" é, por sua própria definição, a autoestima apropriada, e, assim, constitui o sentido próprio de eu que nos dá um sentido verdadeiro daquilo que depende de nós. Para Descartes,

> [...] a verdadeira generosidade, que leva um homem a estimar-se ao mais alto ponto em que pode legitimamente estimar-se, consiste apenas, em parte, no fato de conhecer que nada há que verdadeiramente lhe pertença, exceto essa livre disposição de suas vontades, e nenhuma razão pela qual deva ser louvado ou censurado senão pelo seu bom ou mau uso, e em parte no fato de ele sentir em si próprio uma firme e constante resolução de bem usá-las, isto é, de nunca carecer de vontade para empreender e executar todas as coisas que julgue serem as melhores – o que é seguir perfeitamente a virtude (*Paixões*, a. 153; Descartes, 1989: 104; AT 11: 445-6).

Nessa definição de generosidade, as partes da concepção cartesiana de virtude se encaixam. A virtude cartesiana consiste na resolução de agir de acordo com nossos melhores juízos. Ainda que os nossos melhores juízos possam estar errados, julgamos bem se temos a metafísica apropriada e distinguimos apropriadamente aquilo que depende de nós do que não depende. Para Descartes, o que propriamente depende de nós é apenas a nossa vontade livre. Para ser virtuoso, então, precisamos compreender esse fato sobre nossa natureza. Ao fazê-lo, podemos distinguir o que depende de nós do que não depende, e podemos também compreender nosso lugar próprio no mundo. Essa compreensão, por sua vez, informa-nos sobre nossos juízos práticos e permite que usemos bem nossa vontade. Além disso, essa compreensão de nós mesmos como tendo a vontade livre nos move a aplicar nossa vontade a ela própria – isto é, decidir usar bem nossa vontade livre. Como vimos, essa resolução é o aspecto que define a virtude cartesiana. Não deveria causar espanto então que Descartes considere a generosidade como "a chave de todas as virtudes" (*ibid.*) (Para uma discussão detalhada sobre generosidade, veja Shapiro, 1999.)

Há dois elementos adicionais da concepção cartesiana de generosidade que vale a pena notar, pois ajudam a completar essa ideia de Descartes como um eticista da virtude. Primeiro, a generosidade é associada a um conjunto de atitudes e traços característicos. Uma pessoa generosa é "facilmente convencida" de que outras pessoas também compreendem que têm uma vontade livre e estão decididas a usar bem sua vontade, e, portanto, ela trata os outros com respeito e não os despreza (*Paixões*, a. 154; Descartes, 1989: 104; AT 11: 446-7). Esse respeito acompanha uma "humildade virtuosa" que "nos faz não preferirmos a nós mesmos a ninguém" (*Paixões*, a. 155; Descartes, 1989: 105; AT 11: 447). Do mesmo modo, "os que são generosos são naturalmente levados a fazer grandes coisas e, todavia, a não empreender nada de que não se sintam capazes. [...] Eles são sempre perfeitamente corteses, afáveis e atenciosos para com todos" e "inteiramente senhores de suas paixões" (*Paixões*, a. 156; Descartes, 1989: 105; AT 11: 447-8). Assim, a generosidade é a "chave de todas as paixões", não apenas porque é essencial à virtude cartesiana, mas também porque leva ao desenvolvimento de traços característicos comumente chamados de virtudes – respeito pelos outros, humildade, coragem, gentileza, afabilidade, prestimosidade, e coisas assim – bem como a temperança que acompanha a regulação das paixões. Segundo, embora de fato admita que a virtude possa ser alcançada naturalmente, Descartes reconhece a importância da educação moral. Ele escreve:

> Embora não haja virtude à qual o bom nascimento pareça contribuir tanto como a que nos leva a nos apreciarmos apenas segundo o nosso justo valor, e ainda que seja fácil crer que todas as almas postas por Deus em nossos corpos não são igualmente nobres e fortes [...], é certo, no entanto, que a boa formação muito serve para corrigir os defeitos de nascença (*Paixões,* a. 161; Descartes, 1989: 109; AT 11: 453).

Por meio de uma educação apropriada podemos vir a compreender que temos uma vontade livre e o que é usar bem essa vontade. Muitos sofrem as "deficiências de nascença" que obstruem a visão do fato de nossa liberdade. Podemos, no entanto, alcançar a compreensão necessária para a virtude por meio de uma boa formação. Uma ética da virtude é tipicamente preocupada tanto com os traços característicos do virtuoso quanto com a educação e a formação moral. A atenção de Descartes a esses elementos nas *Paixões* nos ajuda a completar sua vertente própria da ética da virtude.

A ÉTICA DA VIRTUDE DE DESCARTES E SUAS METAFÍSICA E EPISTEMOLOGIA REVISITADAS

No início de minha discussão, sugeri que seria melhor ler a metafísica, a epistemologia e a ética de Descartes como intimamente interligadas e, assim, entender sua preocupação com a conduta da vida como uma preocupação ética. O exame da ética da virtude de Descartes nos mostrou como seu projeto metafísico e epistemológico serve como base para a ética cartesiana, mas também nos ajudou a entender como sua ética orienta sua metafísica e sua epistemologia. Nossa compreensão de que temos uma vontade livre e nossa decisão de usá-la bem, ou generosidade, está no centro da concepção cartesiana de virtude, mas esse mesmo conhecimento nos dá a chave da metafísica e da epistemologia cartesianas, como é evidenciado pelo método para evitar erros apresentado na Quarta Meditação. Ali, lembre-se, o meditador resolve usar sua boa vontade fazendo juízos apenas sobre o que é clara e distintamente percebido. Pode-se muito bem pensar que, assim como ter uma metafísica apropriada contribui para virtude, ser virtuoso também pode contribuir para chegarmos à metafísica apropriada. Geneviève Rodis-Lewis (1987) sugeriu isso, argumentando que devemos pensar a generosidade cartesiana como o fruto da árvore da filosofia. Para ela, a generosidade é uma fruta com semente, e essa semente, se cultivada apropriadamente, crescerá, tornando-se a árvore da filosofia. Desse modo, a moral não é simplesmente um ramo entre os outros três ramos da filosofia, mas fornece o "último grau de sabedoria", levando-nos a ser virtuosos e garantindo que a árvore da filosofia continue a se desenvolver.

Quero concluir desenvolvendo um pouco mais a metáfora de Rodis-Lewis. Generosidade, lembre-se, é a chave da virtude por promover traços característicos do virtuoso, mas também é a chave pelo modo como figura em nossa educação moral e na regulação das paixões. Se generosidade e virtude contribuem de fato para chegarmos à metafísica apropriada, podemos esperar que o trabalho metafísico de Descartes contenha elementos da ética da virtude. Nesta seção, mostro que o *Discurso* contém um elemento de educação moral e que as *Meditações* envolvem a regulação das paixões.

A apresentação de Descartes de sua metafísica e de sua epistemologia, bem como de seu projeto científico, começa na Primeira Parte no *Discurso* com uma preocupação com a educação moral. Encontramos ali uma autobiografia seletiva do autor. Embora os detalhes que Descartes forneça tenham servido a seus biógrafos, Descartes usa ele mesmo sua própria estória de vida para estruturar o trabalho. Ele escreve:

> Meu objetivo aqui não é ensinar o método que cada qual deve seguir para bem conduzir sua razão, mas apenas mostrar de que maneira me esforcei por conduzir a minha. Os que se metem a dar preceitos devem considerar-se mais hábeis do que aqueles a quem lhes dá; e, se falham na menor coisa, são, por isso, censuráveis. Mas não proponho este escrito senão como uma história, ou, se preferirdes, como uma fábula, na qual, entre alguns exemplos que se podem imitar, encontrar-se-á talvez também muitos outros que se terá razão de não seguir (1: 112; AT 6: 4).

Descartes aqui contrasta implicitamente dois métodos pedagógicos. O primeiro, que ele rejeita, envolve fornecer um conjunto de regras de raciocínio – supostamente, o silogismo formal próprio da lógica aristotélica – que é considerado uma autoridade acima de qualquer dúvida. Um bom estudante, para raciocinar bem, deve então aplicar essas regras apropriadamente. Quem aplica bem essas regras deve ser louvado; quem não o faz, censurado. O modo preferido de Descartes de ensinar como raciocinar bem é associado com a educação moral. Aprendemos como nos comportar apropriadamente, segundo seu método, seguindo o exemplo de outros. Talvez possamos vir a avaliar criticamente as práticas usuais, mas primeiro as aprendemos, inclusive a aprender a avaliar criticamente a partir de exemplos. De modo semelhante, Descartes afirma ser ele próprio e seu método exemplares. Devemos segui-lo em seu modo de pensar, e apreciar por nós mesmos se seu método é viável, isto é, se merece seu estatuto de exemplar. Descartes efetivamente pede que o louvemos ou o censuremos de acordo com o quanto seu método nos conduz à verdade e não porque ele segue regras.

Na Primeira Parte do *Discurso*, então, temos um *insight* a respeito de como Descartes concebe uma boa educação. O modelo de uma boa educação tem todas as qualidades do tipo de uma educação moral associada à ética da virtude, e, como vimos, Descartes considera que uma boa educação promove a virtude. Aqui, entretanto, vemos que essa mesma educação também nos levará ao método apropriado para conduzir nossa razão, e, assim, para Descartes, a uma verdadeira metafísica e ao êxito em alcançar conhecimento científico.

Nas *Meditações*, também, os esforços metafísicos e epistemológicos de Descartes estão misturados com considerações da ética da virtude e, em particular, com a regulação das paixões. As paixões do meditador vêm à tona ao longo de todo o trabalho. Notadamente, o trabalho começa com um desejo de "estabelecer algo de firme e constante nas ciências" que leva aos argumentos céticos. Frequentemente negligenciadas, entretanto, as conclusões desses argumentos levam o meditador a se sentir "como um prisioneiro que *gozava* de uma liberdade imaginária enquanto dormia; quando começa a suspeitar de que sua liberdade é apenas um sonho, teme ser despertado e conspira com essas ilusões agradáveis para ser mais longamente enganado" (AT 7: 23). Somos, assim, apresentados a um meditador de caráter tímido, cheio de dúvidas, hesitação e medo. No final da obra, o meditador exibe uma confiança moderada. Ele responde aos argumentos que inicialmente causaram tanta ansiedade. Seu medo se transforma em risos acerca do ridículo das dúvidas anteriores (veja AT 7: 89). Além disso, o trabalho é pontuado por expressões das paixões, cada uma das quais parecendo marcar um momento do desenvolvimento do meditador. Por exemplo, uma vez que o meditador tenha compreendido melhor a natureza da sensação na Segunda Meditação, este medo se transforma em espanto, por estar tão inclinado a retornar a seus velhos hábitos, e em vergonha, por "ter dúvidas baseadas nas formas de falar inventadas pelo vulgo" (AT 7: 32). E, em um ponto crucial do trabalho, no final da Terceira Meditação, quando o meditador reconhece que Deus existe e é a causa de sua natureza, o meditador detém-se "para considerar, admirar e adorar a incomparável beleza dessa imensa luz [a natureza de Deus], ao menos conforme o olho de meu intelecto obscurecido puder suportá-lo" (AT 7: 52). (Para uma discussão mais detalhada sobre esse tema, veja Shapiro, 2005.) Parece que, no decorrer das *Meditações*, o meditador muda a respeito de como se sente sobre as coisas e como regula suas paixões.

É interessante que a regulação das paixões do meditador corra paralelamente ao aumento de sua compreensão. O ponto decisivo parece surgir no final da Terceira Meditação e na Quarta Meditação. Ao final da Terceira Meditação, o meditador compreende apropriadamente sua própria natureza como um ser finito, criado e mantido por um Deus infinito e ainda assim potencialmente marcado pela "marca do artesão" (2: 35; AT 7: 51). Na Quarta Meditação, ele compreende não apenas que tem uma vontade livre, mas também como usar bem essa vontade ao julgar. Essa nova autocompreensão resulta no método para evitar o erro – afirmar apenas as ideias percebidas clara e distintamente – e na resolução de seguir esse método. As semelhanças com a noção de generosidade das *Paixões* são surpreendentes, e assim como a pessoa generosa domina suas paixões, também a nova autocompreensão do meditador o leva a regular as paixões que o afetavam antes. Do mesmo modo, é claro, essa autocompreensão impele o meditador em direção à resolução de seus projetos metafísico e epistemológico. Com sua descoberta e seu compromisso com o método para evitar o erro, ele passa a apurar a natureza das coisas materiais, a distinção real entre corpo e alma e a existência do mundo material. No final da Sexta Meditação, ele tem até confiança para considerar como epistemologicamente válidas algumas de suas experiências sensíveis. Mais uma vez, os projetos metafísico e epistemológico de Descartes estão intimamente ligados à preocupação com o nosso desenvolvimento moral.

CONCLUSÃO

Em oposição à sabedoria comum, Descartes, de fato, tem concepções substanciais sobre ética. Seus escritos sobre ética revelam como ele foi fortemente influenciado pelo renascimento do estoicismo no século XVII. Como os estoicos, Descartes concebe uma ética completa, ou um "sistema moral perfeito", como composta por um conjunto de regras que governam todas as ações da vida. Algumas dessas regras são altamente particulares, dependentes de circunstâncias particulares de ação. Outras são regras gerais que formam um conjunto de princípios fundamentais que guiam incondicionalmente todas as nossas ações. Compreende-se melhor as máximas apresentadas na terceira parte do *Discurso* se as entendemos como esses princípios fundamentais. A totalidade das regras de ação, entretanto, não é, enquanto tal, constitutiva de sua concepção de bem. Ao contrário, Descartes adota uma ética da virtude; para ele, a virtude é nosso supremo bem. Para ele, a virtude é simplesmente "uma resolução firme e constante de realizar o que a razão recomenda". Trata-se de uma concepção peculiar de virtude, uma vez que ela dá a impressão de que simplesmente ter boas intenções é suficiente. Apesar disso, trata-se de uma concepção que, diferentemente da ética estoica, torna a virtude acessível a todos aqueles que se esforçam para usar bem a razão. Usar bem a razão, para ele, é uma questão não apenas de ter uma metafísica apropriada, mas também de ter o sentido apropriado de si mesmo. Essa autoestima apropriada consiste na generosidade – o conhecimento que se tem uma vontade livre e a resolução de usar bem essa vontade. Conjugado ao fato de adotar uma ética da virtude, Descartes revela alguma preocupação com o desenvolvimento dos traços característicos da virtude, a regulação das paixões e a educação moral. Sugeri, além disso, que a ética de Descartes – sua preocupação com a conduta da vida – é ligada com a metafísica e a epistemologia no núcleo de seus escritos filosóficos. Essa conexão se revela não apenas pela metáfora da árvore da filosofia do Prefácio da edição francesa dos *Princípios*, mas também pelo modo como as preocupações da ética da virtude aparecem no *Discurso sobre o método* e nas *Meditações*.

NOTAS

1. Embora Elizabeth tenha solicitado que a sua parte na correspondência permanecesse privada, Descartes claramente compartilhou seu lado: suas cartas a Elizabeth foram publicadas por Clerselier em sua edição de três volumes da correspondência de Descartes, publicada logo após a morte dele. Descartes também compartilhou o lado de Elizabeth da correspondência com a rainha Christina, sem a permissão de Elizabeth.
2. Nas *Meditações*, Descartes parece fazer uma distinção entre o epistemologicamente virtuoso e o epistemologicamente moderado em sua explicação do juízo na Quarta Meditação. Ele escreve: "Se me abstenho de formular meu juízo sobre uma coisa, quando não a concebo com suficiente clareza e distinção, é evidente que o utilizo muito bem e que não estou enganado. Mas, se em tais casos me determino a negá-lo ou a assegurá-lo, então não me sirvo como devo de minha vontade livre; se eu for pela alternativa que é falsa, então, obviamente, vou cair em erro; se eu tomar o outro lado, então será por acaso que vou chegar à verdade, e eu ainda vou estar em falta, pois é evidente pela luz natural que a percepção do intelecto deve sempre preceder a determinação da vontade". Não basta que nossos juízos sejam verdadeiros. Precisamos ter alcançado a verdade do modo correto, pelas razões corretas.

REFERÊNCIAS E LEITURAS ADICIONAIS

Brennan, T. (2005). *The Stoic Life: Emotions, Duties, and Fate*. Oxford: Clarendon Press.

Charron, P. (1986). *De la sagesse*. Paris: Librarie Arthème Fayard. (Obra originalmente publicada em 1601 e revisada em 1604.)

Cottingham, J. (1996). "Cartesian ethics: reason and the passions". *Revue Internationale de Philosophie* 50 (195): 193–216.

Cottingham, J. (1998). *Reason and the Passions in Greek, Cartesian and Psychoanalytic Ethics*. Nova York: Cambridge University Press.

Descartes, R. (1989). *The Passions of the Soul*. Trad.: S. Voss. Indianapolis: Hackett. (Obra originalmente publicada em 1649.)

Du Vair, G. (1945). *De la sainte philosophie: philosophie morale des stoïques*. Paris: J. Vrin. (Obra originalmente publicada em 1600.)

Frede, M. (1999). "On the Stoic conception of the good". In: K. Ierodiakonou (ed.). *Topics in Stoic Philosophy*. Oxford: Clarendon Press: 71–94.

Grotius, H. (1962). *De Jure Belli ac Pacis*. Trad.: F. Kelsey e A. Boak. Indianapolis: Bobbs-Merrill. (Obra originalmente publicada em 1625.)

James, S. (1994). "Internal and external in the work of Descartes". In: J. Tully (ed.). *Philosophy in the Age of Pluralism*. Cambridge: Cambridge University Press: 7–19.

Inwood, B. (1999). "Rules and reasoning in Stoic ethics". In: K. Ierodiakonou (ed.). *Topics in Stoic Philosophy*. Oxford: Clarendon Press: 95–127.

LeDoeuff, M. (1989). "Red ink in the margins". In: *The Philosophical Imaginary*. Trad.: C. Gordon. Stanford: Stanford University Press.

Levi, A. (1964). *French Moralists: The Theory of the Passions 1585–1649*. Oxford: Clarendon Press.

Long, A. A. (1986). *The Hellenistic Philosophers: Stoics, Epicureans, Sceptics*. Berkeley: University of California Press.

Marshall, J. (1998). *Descartes's Moral Theory*. Ithaca, NY: Cornell University Press.

Marshall, J. (2003). "*Descartes's Morale par Provision*". In: B. Williston e A. Gombay (eds.). *Passion and Virtue in Descartes*. Amherst, NY: Humanity Books.

Morgan, V. (1993). *Foundations of Cartesian Ethics*. Atlantic Highlands, NJ: Humanities Press.

Rodis-Lewis, G. (1957). *La Morale de Descartes*. Paris: Presses Universitaire de France.

Rodis-Lewis, G. (1987). "Le denier fruit de la métaphysique cartésienne: la générosité". *Etudes Philosophiques* 1: 43–54.

Rutherford, D. (2004). "Descartes vis-à-vis Seneca". In: S. Strange e J. Zupko (eds.). *Stoicism: Traditions and Transformations*. Cambridge: Cambridge University Press: 177–197.

Sedley, D. (1999). "The Stoic-Platonist debate on *kathêkonta*". In: K. Ierodiakonou (ed.). *Topics in Stoic Philosophy*. Oxford: Clarendon Press: 128–152.

Shapiro, L. (1999). "Cartesian generosity". In: T. Aho e M. Yrjönsuuri (eds.). *Norms and Modes of Thinking in Descartes*. Acta Philosophica Fennica 64: 249–275.

Shapiro, L. (2005). "What are the passions doing in the *Meditations*?". In: J. Jenkins, J. Whiting e C. Williams (eds.). *Persons and Passions: Essays in Honor of Annette Baier*. Notre Dame, IN: University of Notre Dame Press: 14–33

Williston, B. e A. Gombay (eds.). (2003). *Passion and Virtue in Descartes*. Amherst, NY: Humanity Books.

PARTE IV
O LEGADO DE DESCARTES

27

O legado de Descartes no século XVII: problemas e polêmicas

THOMAS M. LENNON

Descartes alterou tanto o cerne da filosofia quanto o estilo de fazer filosofia. Legou uma preocupação sem precedentes com a epistemologia que dominava o início do período moderno e que ainda está entre nós. O fato e a relevância desse legado estão acima de questão. Além disso, ele ressaltou o papel do pensador individual na conduta da filosofia, e o fez de um modo que levou a debates, facciosismo e disputas sectárias, com todas as armadilhas do dogmatismo. Suas contribuições acerca desse assunto são menos conhecidas, mais difíceis de determinar e, como será visto no final abaixo, abertas a várias interpretações.

O objetivo aqui será discutir essa turbulência ao longo do século XVII, ou seu eco no período de exatamente 100 anos desde a publicação do *Discurso sobre o método* (1637) até a carta de Hume a Michael Ramsay, nas vésperas da publicação de seu *Tratado*, no qual ele afirma a seu amigo que a leitura das *Meditações* de Descartes facilitaria a compreensão das "partes metafísicas do [seu] raciocínio" (agosto, 1737; Popkin, 1980 republica essa carta). Três outros trabalhos foram recomendados de modo semelhante por Hume: os *Princípios*, de Berkeley; *Em Busca da Verdade*, de Malebranche; e o *Dicionário*, de Bayle. Não por acaso, cada um desses três autores poderia dizer, acerca da relação de seu trabalho com Descartes, exatamente o mesmo que Hume disse acerca de seu próprio. A relevância do conselho de Hume não está apenas no reconhecimento da preeminência de Descartes na *história* da filosofia, mas na relevância contínua como uma força na então filosofia *contemporânea*, exatamente meio século depois da publicação dos *Princípios*, de Newton (1686), talvez o trabalho que mais contribuiu para o seu falecimento (Sebba, 1970). Em outras palavras, o legado aqui tematizado é o legado vivo de Descartes.

Uma chave óbvia para a filosofia de Descartes é sua preocupação com a certeza. Em temas que serão tratados aqui, sua busca pela certeza o levou a adotar o dualismo corpo-alma, a localizar a fonte de sua certeza inicial na consciência subjetiva e a fazer uma ponte sobre o abismo cognitivo entre a consciência e seu sujeito através de uma nova teoria das ideias e intencionalidade. É desnecessário dizer que há dificuldades em sua teoria, e que nem todos a aceitam, mesmo alguns daqueles que de início eram simpáticos a sua causa.

Não seria propriamente um leito de Procusto considerarmos o mundo filosófico imediatamente depois de Descartes como, embora de modo impreciso, dividido sobretudo entre os que o seguiram, ou que viriam a ser seus seguidores, e seus oponentes. A divisão foi basicamente em relação ao núcleo metafísico do sistema de Descartes, que considera que a essência da mente (imaterial) é pensamento e que a essência do corpo (material) é extensão. Esse núcleo foi defendido de vários modos pelos cartesianos; notadamente, Antony Arnauld (1612-

1694), o grande jansenista que começou como crítico de Descartes para depois vir a se tornar seu defensor mais bem capacitado; Nicolas Malebranche (1638-1715), o orador que tentou tornar Descartes compatível com Santo Agostinho; Pierre-Sylvain Regis (1632-1707), cujo *Système* foi o manual do cartesianismo que Descartes começou nos *Princípios*, mas nunca concluiu; e Robert Desgabets (1610-1678), cujo trabalho só recentemente foi publicado, a quem seu discípulo Regis descreveu como "um dos maiores metafísicos de nosso século". Seus oponentes em geral adotavam o ceticismo contra o núcleo metafísico; nomeadamente, Pierre Gassendi (1592-1655), Simon Foucher (1644-1696), John Locke (1632-1704) e Pierre-Daniel Huet (1630-1721).

INTRODUÇÃO

É comumente reconhecido, não apenas no século XVII como também em todo o período moderno até o presente, que o principal legado de Descartes é o que Gustav Bergmann nomeou de *virada epistemológica*. Devido à obra de Descartes, o desenvolvimento da filosofia a partir de seu tempo tem sido orientado por questões que, em última instância, relacionam-se à teoria do conhecimento. No final do período moderno, por exemplo, Kant levantou o que ele chamou de 'a questão transcendental': como é possível o conhecimento sintético *a priori*? Kant perguntou como podemos ter um conhecimento não tautológico independente da experiência, e elaborou a maior parte de sua filosofia em resposta a essa questão (Körner, 1955: esp. cap.1). Uma variação da resposta de Kant orientou o idealismo alemão durante todo o século XIX; e o positivismo lógico do início do século XX, que, por sua vez, de um modo ou de outro tem orientado a filosofia desde então, ainda se debatia com as questões de Kant (Friedman, 1999).

Descartes foi conduzido à virada epistemológica por uma preocupação com a certeza. Uma interpretação que tem muito crédito atualmente sustenta que Descartes pretendeu refutar o ceticismo, o que, na época, era perturbador. Segundo a primeira e mais influente versão dessa interpretação, Descartes fixou o padrão de certeza tão alto que seu projeto necessariamente falhou (Popkin, 2003: cap. 9-10). Com certeza, por várias razões, tanto filosóficas (por exemplo, a tradução e divulgação do trabalho de Sexto Empírico) quanto extrafilosóficas (por exemplo, as reviravoltas que tiveram lugar em todos os domínios intelectuais, da física e astronomia à religião e política, na época), houve um renascimento do ceticismo com uma extensão nunca vista desde a Antiguidade. Mas, embora Descartes inegavelmente buscasse certeza, suas referências ao ceticismo são poucas (nem o termo ou quaisquer de seus cognatos aparecem muito nas *Meditações*); quando ele se refere ao ceticismo, em geral, é em resposta a alguma crítica, e suas referências invariavelmente são desdenhosas (já que, para ele, os céticos são ou bem mentirosos ou incrivelmente ingênuos). Parece, portanto, que o projeto de Descartes legado à filosofia não envolvia qualquer tentativa de refutar o cético.

Uma parte importante e óbvia da virada epistemológica de Descartes envolvia o que acabou sendo chamado de fundacionalismo, a concepção de que o conhecimento precisa ter como base uma fundamentação inabalável. A metáfora que caracteriza essa concepção encontra-se nas primeiras frases das *Meditações*. Descartes argumenta ali que, se o que ele pretende fazer nas ciências pretende alcançar alguma estabilidade ou constância, precisa demolir as falsidades que adquiriu e começar de novo sob bases seguras. A posteridade não foi receptiva ao fundacionalismo, com certeza não nos tempos recentes, e ainda menos à versão de Descartes. Mas a história da filosofia moderna pode, entretanto, ser descrita como uma série de notas de rodapé a Descartes do mesmo modo que a história da filosofia ocidental é considerada como uma série de notas de rodapé a Platão. Nos dois casos, a contribuição do autor é relevante menos por suas respostas e mais pelas questões que ele coloca. A falha de Descartes a esse respeito, se de fato isso for uma falha, permanece sendo evitar a maioria das tentativas de uma alternativa ao fundacionalismo. Se a certeza não tem como base alguma fundamentação, então ela deve ser justificada de algum outro modo. Em qualquer caso, a virada epistemológica de Descartes levou a filosofia em direção à subjetividade e a uma preocupação menor com a questão sobre *o que* conhecemos do que com a questão sobre *como* conhecemos. Como veremos a seguir, ambos os resultados se refletem no "novo caminho das ideias" do período inicial da época moderna.

Há uma versão menos óbvia e mais interessante acerca da virada epistemológica de Descartes que o torna um revolucionário filosófico. Quando Descartes, através da dúvida, demoliu todas os suas antigas crenças, pretendia substituir de modo radical todos os sistemas de filosofia por um que fosse inteiramente novo, ou ao menos inteiramente remodelado (Schouls, 1989: 14). A esse respeito, seu legado pode ser mais bem compreendido em termos políticos. Como nas revoluções políticas, mais notadamente a da França de 1789, vemos desacordos levando a conflitos, com frequência violentos, não só entre os defensores e os oponentes da revolução, mas crescente entre os próprios defensores.

Parte do legado revolucionário de Descartes é rejeitar a autoridade em filosofia e escrever como se não houvesse herdado nada de qualquer filosofia anterior. Assim, nas *Meditações* não aparece nenhum nome próprio a não ser o da divindade. No *Discurso* só encontramos o nome da figura bastante obscura de Raymond Lull, a quem Descartes se refere seguramente com desprezo como aquele que fornece a arte de "falar sem juízo de assuntos acerca dos quais se é ignorante". Quando não pode evitar referir-se ao grande fisiologista William Harvey, Descartes o faz chamando-lhe simplesmente de "um médico inglês", como se qualquer cirurgião campestre da Inglaterra pudesse ter descoberto a circulação do sangue – o mesmo Harvey que também compreendeu, enquanto Descartes não, o papel do coração nesse processo (1: 119, 136; AT 6: 17, 50). Descartes vendeu sua suposta criação filosófica *ex nihilo*, apesar de seu – atualmente óbvio – débito com seus predecessores. A partir da obra de Etienne Gilson, tem havido um trabalho sistemático detalhando as fontes de Descartes como sendo precisamente aqueles escolásticos que ele mais parece querer ignorar. O resultado final, no entanto, é que Descartes deixou uma preocupação sem precedentes com a novidade e originalidade. Desse modo, sobre o conceito filosófico de substância, por exemplo, que é central no sistema de Descartes, aqueles que o leram formularam suas próprias concepções distintas umas das outras e distintas da dele. Eles o fizeram esgotando todas as possibilidades lógicas sobre o assunto: há um número finito de substâncias, há um número infinito de substâncias, há precisamente uma, não há nenhuma. E, é claro, a aversão por nomes próprios permaneceu em Berkeley, Leibniz, Espinosa e Hume, que eram os que sustentavam essas concepções de substância. Ironicamente, ninguém foi mais lido por esses sucessores, direta ou indiretamente, do que o próprio Descartes. Esse modo de fazer filosofia "como um cérebro em uma cuba" persistiu por todo o período moderno, sendo uma notável exceção Pierre Bayle, autor de textos de características intertextuais, cujo *Dicionário Histórico e Crítico* (primeira edição: 1697) foi uma tentativa quase fanática de identificar e, sobretudo, de corrigir estudos anteriores. Só em anos recentes a filosofia emergiu dessa abordagem "cérebro em uma cuba", engajando-se em um projeto como que coletivo, dado que a revisão da literatura tornou-se uma prática padrão de pesquisa. Apelos à autoridade filosófica ainda não são admissíveis, mas, ao menos, o diálogo com outros é respeitado e exigido.

Ao rejeitar o projeto conjunto, Descartes precipitou um grau de controvérsia filosófica sem precedentes. É verdade que a controvérsia filosófica não começou com Descartes, já que esta consiste no motor da atividade filosófica em todos os tempos. A troca dialética, em sua essência, é tal que, mesmo quando a filosofia pode ser feita isoladamente – por exemplo, como ocorre quando Richard Rorty pensa sobre nós individualmente em conversa com os grandes filósofos do passado –, não é uma ocupação solitária, pois a conversação deve estar lá para que possamos nela nos engajar. G. E. Moore, que conhecia alguma coisa acerca dos problemas filosóficos, disse uma vez que, se não fosse por sua leitura filosófica, nunca na sua vida teria pensado acerca de um problema filosófico. A diferença introduzida por Descartes é que os filósofos anteriores a ele parecem ter se sentido parte de um projeto comum, ainda que houvesse entre eles enormes discordâncias. Com Descartes, o projeto é inteiramente novo e, tal como seu legado, é novo em cada filósofo que o sucede.

Toda a história prévia da filosofia confirma esse conceito de atividade coletiva, revelando uma tradição conscientemente cumulativa e mesmo sincrética, ao ponto de até mesmo praticar uma forma de intertextualidade. Quando os céticos acadêmicos da Antiguidade declaravam que nada é conhecido, tomavam-se como verdadeiros platônicos, aderindo à afirmação de Sócrates de que tudo o que ele sabia era que nada sabia. Aristóteles, antes de fornecer sua própria concepção sobre um determinado assunto, tal como a alma, pesquisa as concepções de seus predecessores (*De anima*, livro 1, cap. 2). O veículo da filosofia medieval era a glosa, um comentário sobre todos os textos, de ambos os lados, relevantes para uma determinada questão. Assim, por exemplo, Tomás de Aquino, antes de expor suas famosas cinco vias para provar a existência de Deus, cataloga os argumentos existentes em favor de cada um dos dois lados da questão sobre se é possível provar a existência de Deus. (Não é por acaso que esses argumentos foram derivados de fontes ecumenicamente judaicas e árabes do Aristóteles pagão.) O último dos grandes escolásticos, Francisco Suárez, cujo período de vida coincide com o de Descartes, e que foi uma fonte importante para ele, continua a tradição de comentários. Em um texto no qual, ironicamente, Descartes baseou sua teoria das distinções, Suárez se volta para o "coração da questão, várias opiniões" (Suárez, 1947: 21). Gassendi, o rival contemporâneo de Descartes e o principal, estendeu notavelmente o estilo medieval de filosofar a ponto de, para ele, história, filosofia e física serem da mesma espécie (Joy, 1987: cap. 8, 9, esp. pp. 208-209). Se Gassendi foi um conservador metodológico, o anticartesiano Leibniz, por sua vez, foi um reacionário, não apenas por sua tentativa de restaurar as formas substanciais de Aristóteles, banidas por Descartes, mas por sua insistência naquilo que os tomistas chamavam de "filosofia perene".

O lugar de Descartes nesse esquema mostra precisamente o quão revolucionário ele foi. Pois seu objetivo era a eliminação das concepções prévias, mesmo se suas concepções substitutas contivessem nominalmente o mesmo conteúdo das anteriores. A situação é paralela ao seu procedimento nas *Meditações*, em que, pelo método da dúvida, Descartes põe em questão e considera mesmo como falso tudo o que previamente considerava verdadeiro. Mais tarde, depois de sua nova fundamentação metafísica, muito do que anteriormente acreditou e depois pôs à parte é readmitido, mas de um modo que torna suas tais concepções, no lugar de teses de outros. Ele as aceita porque ele próprio as percebe como verdadeiras, não porque uma suposta autoridade afirma serem verdadeiras. Podemos, assim, compreender melhor a aparente obstinação de Descartes contra seus críticos, em particular nas *Objeções e Respostas* com respeito às *Meditações*. No final do *Discurso sobre o método*, Descartes convidou aqueles com objeções ao que ele havia escrito a enviarem-nas a seu editor para que pudesse respondê-las. Além disso, prometeu reconhecer seus erros "muito francamente" (1: 149-50; AT 6: 75-6). Sobre essas, forneceu dois esclarecimentos no Prefácio ao leitor das *Meditações*, um sobre a natureza da mente, o outro sobre a natureza da ideia. Antes da publicação, suas *Meditações* circularam entre os principais filósofos e teólogos. Disse Descartes a Mersenne, o agente dessa circulação, "ficarei muito contente se as pessoas me fizerem muitas objeções, as mais fortes que encontrarem, pois espero que a verdade sobressaia mais a partir delas". Mas a resposta de Descartes ao que recebeu foi basicamente a mesma resposta que deu ao conjunto inicial de objeções. "Os objetores não parecem ter compreendido absolutamente coisa alguma do que escrevi, e parecem ter lido muito rapidamente. Obrigam-me a simplesmente repetir o que já afirmei, e isso é mais maçante do que se tivessem apresentado dificuldades que dessem mais trabalho à minha mente" (3: 171-172; AT 3: 293, 297). O fato é que Descartes quase nunca mudou uma palavra do que escreveu, e, com certeza, nunca abandonou uma concepção em resposta à crítica.

Seus seguidores não eram menos intransigentes, mesmo e especialmente quando declaravam seguir suas teses. Um bom exemplo é a disputa entre Malebranche e Arnauld acerca da natureza das ideias. Essa disputa intramuros entre dois cartesianos foi mais violenta do que quase todas ocorridas entre os cartesianos e seus oponentes. Foi amarga, extensa e desgastante. Talvez não seja surpresa que tenha iniciado com uma questão em teologia, a doutrina da graça, sobre o que a concepção de Descartes não poderia ser compreendida, segundo Malebranche, sem uma apreciação acerca de sua concepção de ideia. Ao investigar essa concepção, Arnauld não gostou do que encontrou, o que resultou em uma polêmica durante a década seguinte, com inúmeros e extensos debates, alguns publicados até mesmo depois da morte de Arnauld, em 1694. A alta qualidade geral da polêmica não sofreu com a incrível rapidez com que foi produzida, mas sim quando, muitas vezes, decaía para argumentos *ad hominem* e recriminações pessoais.

Um outro bom exemplo de rivalidade baseada no aparente dogmatismo cartesiano foi a reação ao atomismo daquele que viria a ser um cartesiano, Gérauld de Cordemoy. Ao comentar seu abandono da tese de Descartes que identifica matéria com espaço, um cartesiano escreveu a outro: "Cordemoy, sem pensar, causa uma cisma muito séria uma vez que remove da verdadeira filosofia uma de suas grandes colunas", e firma a do rival de Descartes, Gassendi (Clerselier a Desgabets, citado em Lennon, 1993: 23). O próprio termo "cisma" possui uso tipicamente em controvérsias religiosas.

CORPO-MENTE

Uma parte importante do legado de Descartes, no século XVII e ainda mais na filosofia atual, é o assim chamado problema corpo-mente. Essa questão não consiste em um único problema, mas em um ninho de problemas relacionados às conexões entre corpo e mente. Os problemas foram gerados pelo núcleo metafísico do sistema ao qual Descartes chegou em sua busca pela certeza.

Havia dois problemas em particular: primeiro, como é possível que o corpo possa agir sobre a mente e causar sensações como dor e cor, que são modos da mente; e, segundo, como é possível que, através da volição, a mente seja capaz de mover o corpo. O último foi explicitamente apontado para Descartes como um problema pela princesa Elizabeth da Boêmia (a quem Descartes em breve dedicaria seu *Princípios da filosofia*). Sua preocupação era que a alma, ou mente, parece incapaz de afetar o corpo de modo a ocasionar ações voluntárias. Segundo Descartes, argumentou ela, o início de um movimento depende de contato com sua causa, a qual, por sua vez, deve ter propriedades dependentes da extensão, enquanto tanto contato quanto extensão estão excluídos da mente (6-16 de maio 1643; AT 3: 661). Descartes, em sua resposta, tentou unir a alma e o corpo que na Sexta Meditação ele havia separado, ou pelo menos qualificar essa separação. Na obra, Descartes havia sustentado que alma e corpo são "realmente distintos", o que, segundo ele, significava que cada um é capaz de existir sem o outro; embora tenha sustentado que alma e corpo são distintos, afirmou também que os dois são unidos em todo ser humano vivo. O resultado é uma expansão da divisão cartesiana tripartite das naturezas simples nas *Regras*, 12, que incluía (1) naturezas puramente intelectuais, que não envolviam imagem corpórea, através das quais representamos para nós mesmos conhecimento, dúvida ou a ação da vontade; (2) naturezas puramente materiais, "que são reconhecidas como presentes apenas em corpos, tais como forma, extensão e movimento"; e (3) noções comuns a ambos, que ligam outras noções e fundamentam nossas inferências, tais como "coisas que são a mesma coisa que uma terceira coisa são idênticas entre si" (1: 44-5; AT 10: 419). Na resposta a Elizabeth, Descartes introduz uma nova noção: "quanto à alma e ao corpo em conjunto, temos apenas a noção de sua união, da qual depende nossa noção do poder que tem a alma de mover o corpo, e do poder que tem o corpo de atuar sobre a alma, causando suas sensações e paixões" (3: 218; AT 3: 665).

O que precisamente é essa união, ou como ela explica a sensação, por exemplo, provou estar longe de ser óbvio, mesmo na literatura interpretativa mais recente. Uma explicação tem sido a de conceber a união entre corpo e alma como nada além da interação entre eles. Uma objeção a essa explicação é que a união é o que deve supostamente tornar possível a interação, em vez de ser a mesma coisa. Uma outra explicação, chamada trialismo, considera a união como uma expansão do dualismo inicial de Descartes, no sentido em que as sensações são agora consideradas como modos de algo diferente tanto da alma quanto do corpo. Mas essa concepção parece ser contraditória em relação a muitos textos. Uma concepção híbrida é a de que as sensações, como repetidamente afirma Descartes, são modos da mente, mas apenas enquanto esta está unida ao corpo (Rozemond, 1998: 172-173).

Uma vez que a distinção entre corpo e alma é preservada como uma diferença em suas essências, qualquer interação entre eles parece excluída se, como muitos pensaram, causa e efeito devem ser da mesma essência. Este foi o argumento do cético Foucher, cuja conclusão foi que, já que inegavelmente há a interação, a essência da mente e a essência do corpo não podem ser o pensamento e a extensão que Descartes pensava ser, e, consequentemente, a metafísica cartesiana sucumbe inteiramente (Watson, 1987: parte 2). Apesar dessa suposta ruína parecer devastadora, foi pouco notada no século XVII, mesmo por aqueles mais ameaçados por ela. Em primeiro lugar, o princípio da semelhança causal foi explicitamente negado por cartesianos como Regis, pois o aristotelismo em que ele inicialmente se baseara havia sido rejeitado por Descartes, dentre outros, em termos indubitáveis. Também havia sido rejeitada a grande cadeia do ser, cuja gradação infinita de perfeição entre todos os seres tornou problemática a ação do corpo menos perfeito sobre a mente mais perfeita. O corpo foi elevado por Descartes e pela maioria de seus seguidores ao estatuto de substância, ostensivamente igual à mente em perfeição. Além disso, os cartesianos parecem livrar o corpo, se não da alma, de toda a ação, reservando só a Deus o poder real de causação (Hatfield, 1979). Por outro lado, o ocasionalismo, a tese de que Deus é a única causa real, e segundo a qual os estados de substâncias finitas servem apenas como ocasiões para a ação divina, não foi, como frequentemente se pensa, projetado como uma explicação *ad hoc* da interação que, de outro modo, não se explicaria. Ao contrário, Malebranche, o mais conhecido proponente dessa tese, tinha argumentos independentes para mostrar que estados mentais não podem ser causas ou efeitos um dos outros, bem como um corpo em movimento não pode ser a causa do movimento em outro corpo com o qual colide. Isto é, ele considera que aquilo que deve ser explicado por essa suposta explicação *ad hoc* é, *prima facie*, um contraexemplo dessa explicação (Lennon, 1980: 810-818).

SUBJETIVIDADE

Um epifenômeno tanto da virada epistemológica quanto do problema corpo-mente durante esse período é o nascimento da subjetividade. Descartes tem sido considerado responsável (ou criticado, como o foi pelo último papa) por ambos. A ideia básica é imediatamente aparente no início das *Meditações*, em que, segundo seu método da dúvida, a primeira certeza que ele é capaz de alcançar é a de sua própria existência enquanto coisa pensante. O lema "penso, logo existo" não ocorre aqui assim – que aparece antes, pela primeira vez, no *Discurso* –, mas, de qualquer forma, capta sua posição: ele está certo de que existe precisamente porque pensa. Só então está em posição de estabelecer a certeza sobre qualquer outra coisa: em particular, Deus, e sobre o mundo material, inclusive seu próprio corpo. A certeza é objetivamente válida – que ele existe é verdade não apenas para ele, o que quer que isso possa significar, mas universalmente –, porém é uma certeza sobre ele mesmo enquanto um sujeito, um sujeito de pensamento.

Essa subjetividade inusitada veio a ser conhecida na época como o novo caminho das ideias. A frase foi usada primeiramente no final do século por Edward Stillingfleet, bispo de Worcester, que viu na versão de Locke de uma nova subjetividade uma ameaça à religião (uma ameaça que ele já vira realizada no modo como o deísta John Toland havia usado a concepção de Locke). Segundo Locke, todo nosso conhecimento começa com ideias derivadas da experiência sensível; no entanto, resultado inevitável dessa tese, segundo Stillingfleet, é uma epistemologia insuficiente para nosso conhecimento da imortalidade, da existência de Deus e da Trindade, abrindo assim o caminho para o deísmo, o pensamento livre e o socianismo que se encontra em Toland e que, de fato, frutificou mais tarde no Iluminismo (Lennon, 1993: seção 26). Para Stillingfleet, parecia que, na verdade, a teoria das ideias de Locke tornava todo conhecimento impossível, exceto o conhecimento dos conteúdos da mente.

Agora, o que precisamente Locke entendia ser uma ideia tem sido assunto de disputa desde sua época até a literatura interpretativa mais recente. De todo modo, o que é claro é que sua teoria das ideias é uma parte de sua explicação da distinção entre aparência e realidade, que na época tinha uma urgência particular, visto que a descrição do mundo real oferecida pela Nova Ciência diferia radicalmente do mundo percebido pelo senso comum. Uma maçã parece ter não apenas as qualidades reais, como tamanho, figura e movimento, mas também as qualidades sensoriais meramente aparentes, como odor, sabor e cor. A distinção entre aparência e realidade é ao menos tão antiga quanto Parmênides (assim como a distinção entre os dois tipos de qualidades encontra-se na Antiguidade, entre os primeiros atomistas). A imensa inovação de Descartes foi tornar as aparências, isto é, as qualidades sensoriais, inteiramente subjetivas, resultando que seu método da dúvida foi muito mais radical do que qualquer coisa pensada, mesmo pelos céticos antigos. Sexto Empírico, por exemplo, não estendeu sua dúvida a seu próprio corpo, mas começou apenas com o mundo externo além dele (Burnyeat, 1982). Porém, com a aparência na mente, e independente do corpo, até a existência do próprio corpo pôde por isso mesmo ser colocada em dúvida.

Descartes foi seguido nessa concepção de aparência, de um modo geral, por todo o século XVII, o qual, nesse sentido, pôde ser chamado de o novo caminho das ideias. Uma complicação é que, previamente, uma ideia não havia sido subjetiva, mas algo com seu próprio *status* independente da mente, como, mais notadamente, no caso das Formas de Platão, que ele também chamava de ideias e considerava mais reais do que qualquer mente ou alma conhecidas. (Mesmo em casos aparentemente decadentes, como o dos ícones religiosos do início do século XVII que eram chamados de ideias, elas tinham um *status* claramente independente das mentes; veja Michael e Michael, 1989). Como será visto a seguir, Descartes pode ser interpretado como pertencente à tradição platônica, como o fez Malebranche, resultando que as ideias, que devem ser distintas das qualidades sensíveis, não são de modo algum as aparências das coisas, mas suas essências.

IDEIAS

O estatuto de ideias foi a questão central no debate entre Malebranche e Arnauld (Nadler, 1989: 81-88). Dada sua suposta relevância para a teologia, Arnauld investigou cuidadosamente a teoria das ideias dos oratorianos, que, segundo ele, possuía dois componentes fundamentais:

1. não percebemos diretamente as coisas materiais, mas apenas ideias que as representam;
2. essas ideias são realmente diferentes e independentes de nossas percepções. Arnauld considerava esses dois componentes falsos. Segundo ele, as ideias não estão entre nós e as coisas materiais, e não diferem de nossas percepções.

O debate logo se tornou extremamente complexo e técnico, mas pode ser esquematicamente apresentado, afirmando-se que Arnauld tinha duas vias de ataque. Em primeiro lugar, argumentar, com base na parcimônia, que o tipo de ideia que Malebranche requeria simplesmente não é necessária para o conhecimento; e, em segundo lugar, que essas ideias, de qualquer modo, não funcionariam como ele pensava. Assim, por exemplo, Malebranche argumentava que, a menos que as ideias sejam modelos na mente de Deus, como ele acreditava, nosso conhecimento não poderia ter a imutabilidade, universalidade, eternidade e necessidade – em resumo, a objetividade que reconhecemos que ele tem quando percebemos que a geometria que usamos para conhecer o mundo material é precisamente a geometria que os chineses usariam. O que na verdade *vemos* quando *olhamos para* as coisas materiais é uma ideia na mente de Deus que representa para nós as coisas materiais. Arnauld respondeu que, segundo essa concepção, que é supostamente uma explicação da percepção, não percebemos as coisas materiais de modo nenhum. É como se alguém dissesse que não vemos os satélites de Saturno, mas apenas as lentes de nosso telescópio, porque só podemos vê-los através do telescópio. Arnauld concorda que ideias são necessárias, mas nós ainda assim vemos coisas e o fazemos diretamente.

Ou quando Malebranche, no que ele considera ser seu argumento mais forte, tenta resolver o problema do *Mênon* e Arnauld, mais uma vez, aponta para a futilidade das ideias por ele evocadas. Malebranche tenta responder à questão sobre como podemos conhecer algo que buscamos a menos que já o conheçamos para que possamos reconhecer o que buscamos quando o encontramos. Sua resposta é que Deus, ou o Ser, está sempre presente à mente e, por isso, também as ideias de todas as coisas estão presentes, embora de forma confusa, sendo a única tarefa da mente separá-las claramente. Arnauld relacionou, com sarcasmo, essa concepção a instruções dadas a um escultor juntamente com um bloco de mármore: para saber a aparência de Santo Agostinho, ele só precisaria retirar as partes excedentes.

As concepções rivais podem ser vistas como resultantes dos diferentes modos de lidar com a ambiguidade que Descartes reconhece haver em seu uso do termo *ideia*. Pode ser tomado materialmente, disse ele, como uma operação do intelecto, ou objetivamente, como a coisa representada por essa operação (2: 7; AT 7: 8). Arnauld ressalta a primeira noção, expandindo-a ao afirmar que uma ideia de algo e sua percepção são uma e a mesma coisa, e que a coisa é um modo da mente. Mas essa coisa tem duas relações, uma com a mente, da qual é modo, e a outra com o objeto representado, sendo essa relação aparentemente de identidade, visto que Arnauld assume uma outra concepção de Descartes, *videlicet*, a de que a ideia de uma coisa é exatamente essa coisa enquanto na mente (2: 74-5; AT 7: 102). Para Malebranche não são as ideias, mas as sensações que são modos da mente, e estas não têm absolutamente capacidade representacional. Dores não são *de* ou *sobre* coisa alguma, e o que é verdade sobre dores é verdade sobre todas as sensações, como cores e sons. No vocabulário de Descartes, elas são materialmente falsas, e, portanto, ele considera Arnauld incapaz de evitar o ceticismo. Ideias, ao contrário, são as essências das coisas. Assim, Malebranche ressalta a segunda noção cartesiana de ideia. É aquilo que é conhecido, o qual, em vista de suas características de universalidade, etc., só pode estar na mente de Deus.

Malebranche, portanto, resiste ao idealismo subjetivo de Berkeley, segundo o qual a existência das coisas materiais que percebemos depende da percepção da mente, em favor do idealismo objetivo de Platão, segundo o qual, em última instância, o real são as essências fora do espaço e tempo. Isso é semelhante a um outro desvio consciente de uma concepção expressa de Descartes, *videlicet*, a criação de todas as verdades, inclusive das verdades eternas. Descartes, naquilo que ele parece ter considerado como a base metafísica de sua física, sustentava que todas as verdades dependem do decreto de Deus como as leis de um reinado dependem do rei. Ele é a causa eficiente e total da essência das coisas e da existência delas (3: 22-3, 25; 1: 145, 151-2). Essa tese está na fonte do "cartesianismo radical" de Desgabets e Regis – radical tanto no sentido de levar a concepções dramáticas, que iam além do que Descartes explicitamente sustentou, quanto no sentido etimológico de raiz do sistema de Descartes, nunca totalmente desenvolvido por ele (Schmaltz, 2002: 17). Esse é o sentido da afirmação paradoxal de que eles foram mais cartesianos que o próprio Descartes (uma atitude que Malebranche adotou quando também desviou-se das concepções expressas de Descartes).

INTENCIONALIDADE

Locke foi levado a sua teoria das ideias por seu ceticismo empirista: todo nosso conhecimento é derivado da experiência sensível, mas a experiência sensível nunca nos dá conhecimento da essência real das coisas. Tudo o que ela nos fornece é uma aparência das coisas, que é o que ele chama de ideia. Assim, uma ideia e somente uma ideia é "o objeto do entendimento quando um homem pensa" (Locke, 1977: 1.1.8; 47). A conclusão de Locke nesse texto, e em outros semelhantes, não é pelo representacionalismo: nunca somos conscientes de um mundo material, mas apenas de um substituto que fica entre nós e ele. Pelo contrário, sua opinião é de que nunca percebemos o mundo material como ele é em si, apenas como ele aparece para nós. Descartes aceitaria a validade do argumento de Locke, mas rejeitaria sua conclusão, como fica claro a partir do exemplo da cera, na Segunda Meditação. Como, então, Descartes chegou à sua teoria das ideias (seja qual for essa teoria)?

Uma explicação engenhosa é a de que a teoria das ideias de Descartes não é, como se pensa com frequência, um epifenômeno de seu dualismo; ao contrário, a dependência é inversa. O dualismo é construído para abrigar a teoria das ideias, que é construída em si de forma independente, como uma explicação de como adquirimos informações do mundo material (Hausman e Hausman, 1997: cap. 1). Segundo essa concepção, a inovação de Descartes é considerar a ideia como uma noção primitiva de intencionalidade (*i.e.*, para explicar como nossos pensamentos podem ser de ou sobre alguma outra coisa diferente deles mesmos). Ele, desse modo, estabelece a agenda para a filosofia da mente do início do período moderno, não apenas para Locke, mas também para Berkeley, Hume e outros (uma agenda que ocupa funcionalistas atuais como Dennet e Fodor). Berkeley, por exemplo, viu que o realismo depende de uma distinção ato-objeto que ele repetidamente negou, recorrendo à percepção da dor como um modelo de toda percepção. Como não há uma distinção real entre a dor e a percepção da dor – uma dor é precisamente a percepção da dor –, então todo objeto de percepção é precisamente a percepção dele. Seu ser (*esse*) é ser percebido (*percipi*). Isto é, o idealismo de Berkeley depende da rejeição da intencionalidade das ideias. Ideias não são de nem sobre coisa alguma diferente delas próprias. Do mesmo modo, Hume faz diferença entre uma impressão e uma ideia com base no grau de vivacidade e força; uma ideia de vermelho é apenas uma percepção mais fraca de vermelho do que uma impressão do vermelho, e a diferença entre uma impressão de vermelho e uma impressão de azul é apenas uma diferença de *tipos* de impressões, não em seus objetos. A intencionalidade desaparece como uma primitiva e talvez totalmente. Se o resultado é idealismo no primeiro caso, é fenomenalismo no segundo.

A ameaça feita pelo gênio enganador da Primeira Meditação é a possibilidade de que o mundo material não seja de modo algum como pensamos ser, ou, talvez, simplesmente não exista. Essa ameaça é superada pela prova da existência de Deus, que elimina o gênio enganador e justifica a aceitação das percepções claras e distintas como verdadeiras. Entretanto, a menos que as ideias sejam intrinsecamente intencionais, haveria uma ameaça ainda mais forte. O gênio pode fazer com que estejamos enganados acerca de como o mundo é mesmo se nossas ideias forem instanciadas. O mundo pode conter *x*'s e *y*'s, mas nossas ideias que parecem ser sobre *x*'s e *y*'s de fato não seriam sobre eles. Dito cruamente, não saberíamos sobre o que pensamos. Uma prova da existência de Deus não superaria essa ameaça, pois a própria inteligibilidade da prova depende de ideias que não estão sujeitas a essa possibilidade. Para mostrar como escapar desse problema, Descartes introduz uma teoria por meio da qual uma ideia deve ser causada por um arquétipo que tenha ao menos tanta realidade formal quanto a ideia tem de realidade objetiva (Hausman e Hausman, 1997: cap. 2: "The Secularity of the *Meditations*"). De fato, ao fazer a distinção racional entre uma ideia enquanto realidade objetiva (*i.e.*, possuindo um certo conteúdo e objeto) e a ideia enquanto realidade formal (*i.e.*, um modo da mente), Descartes chama a atenção exatamente para esse problema e sua solução. Por outro lado, Hume, com sua análise da causalidade como conjunção constante, permite em princípio que qualquer coisa seja causa de qualquer outra coisa, tornando-se, assim, o gênio maligno cartesiano que nem mesmo Deus poderia eliminar (Hausman e Hausman, 1997: cap. 4). Não surpreende que a intencionalidade intrínseca não tenha lugar em seu sistema.

Uma consequência da teoria de Descartes parece ser a de que, assim como as sensações são *materialmente* falsas – são sobre nada –, todas as ideias, ao menos todas as ideias simples, são verdadeiras (Hausman e Hausman, 1997: 17). Essa consequência inicialmente implausível é mitigada pela tese introduzida na Segunda Meditação, e elaborada na Quarta, segundo a qual o erro é uma função da vontade, cuja função no juízo é introduzir precisamente a complexidade lógica que torna possível que ideias sejam *formalmente* falsas. De todo modo, trata-se de uma posição que é retomada, de modo mais ou menos explícito, pelos cartesianos e pelos racionalistas de um modo geral. Leibniz, por exemplo, adota essa posição tão estreitamente que, para ele mesmo, as sensações expressam objetos. Ele rejeita a concepção de Locke segundo a qual Deus "superpõe" (*i.e.*, vincula sem que qualquer base física o exija) ideias de qualidades secundárias às suas causas, de modo que o que de fato causa a ideia de vermelho poderia ser instituído causar a ideia de azul, ou mesmo de doce. Ao contrário, a sensação tem uma relação necessária com seu objeto como uma figura geométrica tem com a figura que ela projeta em um ângulo, por exemplo, um círculo e uma elipse. Arnauld, na *Lógica de Port-Royal*, forneceu uma versão do princípio de clareza e distinção de Descartes segundo a qual tudo que estivesse contido na percepção clara e distinta de uma coisa pode ser afirmado dessa coisa, o que ele considera como a base de todo conhecimento (Arnauld, 1993: 247). Para Arnauld, o princípio parece ser analítico, visto que ele também considera idênticas a ideia de uma coisa tomada objetivamente e a própria coisa.

Malebranche atribui a base de todo o conhecimento a um princípio diferente, mas que ele considera resultar do princípio de clareza e distinção mencionado acima. Seu princípio, um princípio de intencionalidade, é que pensar é pensar em algo, ou que pensar em nada não é pensar. Ele expõe o princípio em uma revisão do argumento ontológico de Descartes em favor da existência de Deus, que ele considera ser uma "prova por simples percepção":

> Percebemos que existe um Deus tão logo percebemos o infinito, porque a existência necessária está incluída na ideia do infinito, ou, para falar mais claramente, porque só podemos apreender o infinito no próprio infinito. Pois o primeiro princípio de nosso conhecimento é que nada é não perceptível, portanto, segue-se que, se pensamos no infinito, ele deve existir (Malebranche, 1980: 323).

Malebranche exibe aqui uma concepção forte de intencionalidade segundo a qual o objeto não apenas tem que existir, mas tem que ser como o percebemos. Encontra-se esse principio em Regis e, sobretudo, em Desgabets, que expressa a tese de que não se pode pensar em nada dizendo que "a primeira operação da mente", isto é, sua concepção simples, "é sempre conformar-se a seu objeto" (Schmaltz, 2002: 137). De posse desse princípio, ele descarta o cético como alguém que ocupa uma posição perdida de antemão; e, sem isso, ele pensa que Descartes não está em posição de privilegiar seu argumento "penso, logo existo", que, portanto, não tem lugar no sistema de Desgabets. Ele une-se a Malebranche em resistência à subjetividade à qual o método cartesiano da dúvida convida. Diferentemente de Malebranche, entretanto, Desgabets não considera o objeto do pensamento como um padrão na mente de Deus que garante a necessidade, a objetividade, a universalidade e a permanência daquilo que conhecemos. Para ele, em vez disso, essas características de nosso conhecimento são garantidas pela vontade divina que, embora perfeitamente livre por uma liberdade da indiferença, é, no entanto, eterna e imutável. O resultado é que as substâncias que Deus cria, que são os objetos de nossos pensamentos, são "indefectíveis", como ele diz, e nunca se transformarão nem deixarão de existir. Um outro resultado, entretanto, é que não há possibilidades puras: o atual é o necessário, exatamente como logo declararia Espinosa – para o horror de todos. Apesar da base nesse extremo voluntarismo, a concepção de Regis e Desgabets também se aproximou de Espinosa em outros aspectos. Por exemplo, todos eles consideravam as coisas materiais individuais como meros modos da extensão. Se Regis e Desgabets também consideravam as mentes individuais como modos de pensamento, e se sua individuação depende, como a dos modos da matéria, do nosso pensamento, são temas de disputa na literatura recente (Schmaltz, 2002: 206-212).

OS OPONENTES DE DESCARTES

O historiador do século XIX do cartesianismo, Francisque Bouillier, afirmou que "durante mais de meio século, não apareceu na França um único livro de filosofia, não houve uma única discussão filosófica que não tivesse Descartes como objeto, que não fosse contra ou a favor de seu sistema" (Bouillier, 1868, 1: 430). Embora seja um exagero, a afirmação de Bouillier encerra uma verdade inegável: Descartes dominou o século XVII de um modo que ninguém sequer se aproximaria. Mesmo assim, e independentemente desse exagero, a afirmação é também ilusória porque sugere que a batalha entre Descartes e seus oponentes nesse período foi entre dois campos claramente definidos. Com certeza, houve uma luta no período discernível como uma continuação da batalha de Platão entre os deuses e os gigantes, a luta perene que ele via entre os materialistas e os amigos das formas (Lennon, 1993); mas, para ser bem preciso, essa não era a batalha entre Descartes e seus oponentes. Primeiro porque não havia nada que agrupasse os cartesianos, nenhum conjunto de teses, nem mesmo uma única tese com a qual todos concordassem. Nem mesmo a veneração pela pessoa de Descartes os agrupava, pois muitos de seus oponentes também o veneravam. Em vez disso, havia uma mais ou menos abrangente interseção de argumentos acerca de teses que formavam uma espécie de família de semelhanças entre eles.

Tampouco havia um campo definido dos oponentes de Descartes, que eram ainda mais heterogêneos do que os cartesianos. Com certeza, eles podiam ser eficazes ao planejar ações contra destino filosófico de Descartes, como ocorreu quando foram bem-sucedidos nos anos iniciais de 1600 ao se esforçarem para pôr seu trabalho no Índice dos Livros Proibidos, ou nos anos de 1670, quando conseguiram que o governo francês abolisse o ensino do cartesianismo nas escolas. Ainda assim, com frequência, diferenciavam-se tanto entre eles quanto de Descartes. Eis aqui dois exemplos de oponentes notáveis de Descartes, mas muito diferentes, que, ironicamente, mas não de modo excepcional, deveram sua inspiração inicial a ele. O *Ensaio sobre o entendimento humano*, de Locke, pode ser lido como uma polêmica anticartesiana do começo ao fim, mas não há nada além de sua aversão a Descartes que o conecte a Leibniz, cuja obra intitulada *Novos ensaios sobre o entendimento humano* detalha suas diferenças com relação a Locke. Ainda assim, o catálogo de críticas de Leibniz a Descartes é tão grande quanto o de Locke: a rejeição equivocada das causas finais, as provas fracas da existência de Deus, a insuficiência da clareza e distinção como critérios de verdade, a frivolidade do método da dúvida, as regras incorretas da comunicação de movimento (baseadas em concepções incorretas de movimento, da essência de corpo e da conservação de sua quantidade no choque), e assim por diante.

No Continente, houve uma importante aglutinação de oposição à concepção de história de Descartes, sobretudo da história da filosofia, a qual classificou Leibniz juntamente com alguns de outra forma estranhos, como aliados, como os céticos Foucher e, sobretudo, Huet (os três se correspondiam). Para Descartes, toda a filosofia anterior é, a princípio, descartada pelo método da dúvida, em favor de um novo começo para cada filósofo. Na prática, a história da filosofia veio a ser considerada pelos cartesianos como uma lata de lixo cheia de erros, atitude que se expandiu para incluir toda erudição, que Malebranche desdenhosamente repudiava como gosto por antiguidades, um amor por um passado (incorreto) somente por ser passado. Sem nomeá-lo, Malebranche claramente tinha em mente Huet como modelo dos que têm esse amor por antiguidades, e que até então tinha sido, ao menos segundo ele próprio, um simpatizante do cartesianismo (como Locke e Leibniz). Huet era um poliglota, um historiador culto exatamente do tipo que Malebranche detestava (por exemplo, um dos livros de Huet, fundamentado em fontes antigas, afirmava determinar o lugar exato do Jardim do Éden), e, por isso, ridicularizou-o em *A busca da verdade*. Estimulado por Foucher, que anteriormente havia comprometido Malebranche com a autenticidade histórica do uso da dúvida cética por Descartes, Huet lançou a crítica mais devastadora, abrangente e implacável à filosofia cartesiana já publicada (Huet, 2003). Além disso, tratava exatamente dos temas cartesianos que têm ocupado a maior parte dos comentadores atuais, tais como a dúvida, o *cogito*, critérios de conhecimento, a circularidade das *Meditações*, provas em favor da existência de Deus, etc.

A primeira edição do livro de Huet, *Crítica da filosofia cartesiana*, foi publicada em 1689 e, embora o cartesianismo já estivesse em declínio, a resposta de seus defensores foi inevitável. Primeiramente, ela veio dos acadêmicos na Alemanha e na Holanda. Na França, o paladino da causa de Descartes era Regis, que renunciou ao seu debate intramuros com Malebranche sobre a natureza das ideias, no qual defendia basicamente a posição de Arnauld, para ir contra Huet. A réplica de Regis, a *Réponse*, de 1691, foi uma tentativa bem-dimensionada e precisa de defender a filosofia de Descartes, mesmo se às vezes se desviasse de suas concepções, como no caso da abrangência do método da dúvida, que Regis indevidamente restringiu.

O legado de Descartes nesses assuntos foi de tal ordem que o debate não cessaria peremptoriamente; assim, Huet apresentou uma tréplica em uma edição bem mais expandida da *Crítica*, em 1694, que tratava do início da resposta de Regis. Huet interrompeu esta refutação em forma de expansão, aparentemente decidindo por um tipo bem diferente de resposta como mais eficaz, *videlicet*, ridícula, a própria tática que deu início à controvérsia. Huet publicou uma história do cartesianismo, cuja premissa é que, contrariamente às notificações de sua morte em Estocolmo, em 1650, Descartes estava vivo e saudável no Norte, ensinando filosofia aos lapônios. (A partir daí, o livro vai se tornando menos plausível e, de acordo com alguns, pior também). Tragado por polêmicas com os cartesianos, o nobre Huet perdeu toda a medida de limite. Aqui, a causticidade encontrada na disputa intramuros entre Malebranche e Arnauld foi generalizada em disputa extramuros entre os cartesianos e seus oponentes.

CONCLUSÃO

O que fazia com que os cartesianos que rejeitavam as concepções expressas de Descartes se sentissem mais cartesianos do que o próprio Descartes diz respeito a sua principal regra do método, a saber, aceitar como verdadeiro apenas o que é percebido clara e distintamente como verdadeiro. Impõe-se a cada um que exponha como vê essa regra, e os cartesianos o fizeram, sobretudo quanto às relevantes questões levantadas e legadas por Descartes. Assim, se Malebranche acha que Descartes descuidou-se de questões importantes como a da natureza das ideias, a coisa cartesiana que ele fez foi corrigir o erro de Descartes. Como o próprio Descartes reconhece, entretanto, o fato é que as pessoas podem errar ao crer que percebem clara e distintamente alguma verdade. Na verdade, elas podem literalmente ir para a fogueira pelo que elas consideram ser a verdade clara e distintamente percebida, sabendo que outros fazem exatamente o mesmo por concepções contrárias (2: 194-5, 250; AT 7: 278-9, 361). Embora os cartesianos sejam realistas, comprometidos com a descoberta da única, universal e objetiva verdade sobre qualquer assunto, eles de fato estão sujeitos à eterna discordância acerca do que é a verdade.

Os oponentes na batalha entre os deuses e os gigantes têm um panorama diferente. Esses nominalistas, começando por Hobbes e continuando com Locke, veem a filosofia como portadora principalmente do valor instrumental de fazer com que as pessoas concordem sobre assuntos sociais e políticos. Eles evitam conflitos, ou tentam minimizá-los, mas pagam um preço diferente quando dão uma guinada em direção ao relativismo, como a vertente da filosofia de Hume que se ocupa com a causa das crenças e não com a verdade delas. O modelo coletivo de filosofar anterior a Descartes combina com sua prática, embora mesmo entre os seus seguidores haja a valorização da novidade e da originalidade. (Nomes próprios são menos escassos no trabalho dos empiristas do que no dos racionalistas.) Na verdade, esses autores estão entre as personalidades mais marcantes e ilustres do período, dificilmente menos comprometidas com a autonomia do que os cartesianos. (Ironicamente, céticos como Huet são exceções dessa tendência geral.) O duplo legado de Descartes, de substância e mesmo de estilo, transcende a batalha entre deuses e gigantes e pode, na verdade, ser remodelado em termos mais afirmativos, visto que esse período foi, segundo quase todos os padrões, a era de ouro da filosofia.

REFERÊNCIAS E LEITURAS ADICIONAIS

Arnauld, A. e P. Nicole. (1993). *Logic or the Art of Thinking*. Trad.: J. Vance Buroker. Cambridge: Cambridge University Press. (Obra originalmente publicada em 1662.)

Bouillier, F. (1868). *Histoire de la philosophie cartésienne*, 3ª ed. Paris.

Burnyeat, M. F. (1982). "Idealism and Greek philosophy: what Descartes saw and Berkeley missed". *Philosophical Review* 90: 3–40.

Friedman, M. (1999). *Reconsidering Logical Positivism*. Cambridge: Cambridge University Press.

Hatfield, G. (1979). "Force (God) in Descartes' physics". *Studies in History and Philosophy of Science* 10: 113–140.

Hausman, D. e A. Hausman. (1997). *Descartes's Legacy: Minds and Meaning in Early Modern Philosophy*. Toronto: University of Toronto Press.

Huet, P.-D. (2003). *Against Cartesian Philosophy: Pierre-Daniel Huet's Censura Philosophiae Cartesianae*, Ed. e trad.: T. M. Lennon. *Journal of the History of Philosophy Book Series*, nº 1. Amherst, NY: Humanity Books/Prometheus. (Obra originalmente publicada em 1689.)

Joy, L. S. (1987). *Gassendi the Atomist: Advocate of History in an Age of Science*. Cambridge: Cambridge University Press.

Körner, S. (1955). *Kant*. Londres: Penguin.

Lennon, T. M. (1980). *A Philosophical Commentary*. In: N. Malebranche. *The Search After Truth*. Columbus: Ohio State University Press: 755–848. Reimpresso em *Nicolas Malebranche*, vol. 11 de V. Chappell (ed.). *Essays on Early Modern Philosophy*. Nova York: Garland, 1992: 167–257.

Lennon, T. M. (1993). *The Battle of Gods and Giants: The Legacies of Descartes and Gassendi, 1655–1715*. Princeton: Princeton University Press.

Locke, J. (1977). *An Essay Concerning Human Understanding*. Ed.: P. Niddich. Oxford: Oxford University Press.

Malebranche, N. (1980). *The Search After Truth*. Trad.: T. M. Lennon e P. J. Olscamp. Columbus: Ohio State University Press. (Obra original, *De la recherche de la vérité*, publicada em 1674–1712.)

Michael, E. e F. S. Michael (1989). "Corporeal ideas in seventeenth-century psychology". *Journal of the History of Ideas* 50: 31–48.

Nadler, S. M. (1989). *Arnauld and the Cartesian Philosophy of Ideas*. Manchester: Manchester University Press.

Popkin, R. H. (1980). "So, Hume did read Berkeley". *Journal of Philosophy* 61: 773–778. Reimpresso em R. A. Watson e J. E. Force (eds.). *The High Road To Pyrrhonism*. San Diego: Austin Hill: 289–295.

Popkin, R. H. (2003). *The History of Scepticism from Savonarola to Bayle*. Oxford: Oxford University Press.

Rozemond, M. (1998). *Descartes's Dualism*. Cambridge, MA: Harvard University Press.

Schmaltz, T. (2002). *Radical Cartesianism: The French Reception of Descartes*. Cambridge: Cambridge University Press.

Schouls, P. A. (1989). *Descartes and the Enlightenment*. Kingston e Montreal: McGill-Queens University Press.

Sebba, G. (1970). "What is history of philosophy?". *Journal of the History of Philosophy* 8: 251–262.

Suárez, F. (1947). *On The Various Kinds of Distinctions (Disputationes Metaphysicae, Disputatio VII, de variis distinctionum generibus)*. Trad.: C. Vollert. Milwaukee: Marquette University Press. (Obra originalmente publicada em 1547.)

Watson, R. A. (1987). *The Breakdown of Cartesian Metaphysics*. Indianapolis: Hackett.

28

Reações contemporâneas à filosofia da mente de Descartes

QUASSIM CASSAM

PANORAMA GERAL

É amplamente aceito que a filosofia da mente de Descartes está organizada a partir de três compromissos maiores: o primeiro, com o dualismo substancial; o segundo, com o individualismo no que se refere ao conteúdo mental; o terceiro, com uma versão particularmente forte da doutrina do acesso privilegiado da primeira pessoa. Cada um desses compromissos tem sido questionado por filósofos da mente contemporâneos. O dualismo substancial é geralmente considerado como uma concepção fracassada de antemão; o individualismo passou a ser atacado em diversos setores e a doutrina do acesso privilegiado foi enfraquecida ou rejeitada. Ainda assim, ao menos no que diz respeito às questões sobre o conteúdo mental e o acesso privilegiado, as discussões contemporâneas ainda levam em consideração o que tomam como sendo concepções cartesianas. Muito frequentemente, caricaturas grosseiras dessas concepções acabam por se tornar o foco das discussões, mas críticos mais cuidadosos estão, de modo geral, preparados para reconhecer que a filosofia da mente de Descartes é mais sutil e nuançada do que sugerem essas caricaturas.

As respostas ao dualismo substancial, a tese de que a mente e o corpo são substâncias distintas entre si, sendo uma material (corpo) e a outra, imaterial (mente), podem ser classificadas em duas categorias. Há as que questionam sua coerência e as que as rejeitam recorrendo a bases empíricas. Ainda não foi estabelecido qual das duas formas de objeção é mais apropriada; no entanto, vale a pena observar que alguns críticos do dualismo substancial estão dispostos a endossar um outro tipo de dualismo: o dualismo de propriedades. De acordo com essa versão do dualismo, que o apresenta como se referindo a dois aspectos, as propriedades mentais não são nem idênticas, nem redutíveis às propriedades físicas, mesmo que ambos os tipos, as mentais e as físicas, sejam propriedades ou aspectos de uma só substância. Isso não teria contentado Descartes, mas talvez seja o melhor que se pode fazer pelo dualismo na filosofia da mente.

O individualismo é, *grosso modo*, a concepção segundo a qual os pensamentos que uma pessoa pode ter não dependem de suas relações com o ambiente físico ou social. Os pensamentos de uma pessoa são, nesse sentido, "independentes do mundo". O individualismo, no que se refere ao mental, também conhecido como "internalismo", é frequentemente atribuído a Descartes com base em uma certa leitura de seus experimentos de pensamento da Primeira Meditação. Segundo essa leitura, Descartes estaria comprometido com o individualismo porque considera a possibilidade de que nosso ser esteja radicalmente errado sobre a natureza e a existência do mundo e que nossos pensamentos permaneceriam tais quais nessas circunstâncias. Em resposta a essa leitura, alegou-se que é um equívoco passar da premissa de que nossos pensamentos sobre o mundo poderiam estar radicalmente errados para a conclusão de que eles são individualizados individualmente e que haveria bons argumentos contra o individualismo. Sob uma perspectiva anti-individualista, portanto, a concepção cartesiana do conteúdo mental seria sem interesse, uma vez que coloca em foco, do modo mais nítido possível, os defeitos do individualismo.

A doutrina do acesso privilegiado da primeira pessoa afirma que nossos juízos introspectivos sobre nossos próprios estados mentais, ao contrário dos juízos sobre realidades não-mentais ou sobre estados mentais de outros indivíduos, gozam de um conjunto de privilégios epistêmicos. Um desses privilégios é a infalibilidade ou imunidade ao erro. A imunidade ao erro não implica imunidade à ignorância, mas as versões mais fortes do acesso privilegiado insistem em ambas as formas de imunidade. Elas argumentam que nossos juízos introspectivos sobre nossos próprios estados mentais não podem estar enganados, e que nós sempre sabemos o que se passa em nossa própria mente. Diante disso, as duas teses tornam-se fortes demais. Ainda assim, malgrado o fato de que nem a ignorância, nem o erro podem ser excluídos relativamente a muitos estados mentais, parece haver algo correto na doutrina do acesso privilegiado. Por exemplo, pode-se pensar que a razão pela qual atribuímos pensamento a nós mesmos é diferente daquela pela qual atribuímos pensamento a outros e que ao menos alguns de nossos juízos sobre nossa própria mente não podem estar errados. Sob esse aspecto, o problema é explicar a autoridade do conhecimento de si sem exagerar sua força ou escopo.

Assim como levanta questões sobre a relação mente-corpo, o conteúdo mental e o acesso privilegiado, a filosofia da mente de Descartes problematiza a relação entre esses temas. Alguns críticos materialistas do dualismo argumentaram que a doutrina do acesso privilegiado implica a falsidade do materialismo, e que argumentos em favor do materialismo e contra o dualismo são também portanto, implicitamente, argumentos contra o acesso privilegiado. Outros comentadores representaram Descartes como defensor do individualismo a partir da tese de que os nossos juízos sobre nós mesmos são infalíveis. Isso, por sua vez, desencadeou um debate entre aqueles que estavam dispostos a conceder que o acesso epistêmico que temos aos nossos próprios pensamentos não pode ser, nesse sentido, privilegiado, a menos que o individualismo seja verdadeiro, e aqueles que defendiam que podemos conhecer nossos próprios estados mentais de maneira confiável, mesmo que o individualismo seja falso.

Esses são temas complexos e a discussão torna-se ainda mais complicada por questões acerca da extensão do compromisso de Descartes com o dualismo, com o individualismo e com a doutrina do acesso privilegiado. Há os que sugerem que a posição de Descartes sobre a relação mente-corpo é, na realidade, uma forma de "trialismo" segundo a qual pensamentos são atribuídos à mente; a extensão, ao corpo, e as sensações, à união de mente e corpo. Outros recorreram à Terceira Meditação para afirmar que a imputação do individualismo a Descartes não é bem fundada. Alguns comentadores consideram ainda que Descartes sustenta que juízos introspectivos são privilegiados apenas até um certo ponto e que tais juízos não são absolutamente imunes ao erro. Essas questões de interpretação permanecem sem solução. Todavia, vale a pena mantê-las em mente, pois elas abrem a possibilidade de que as respostas contemporâneas ao dualismo, ao individualismo e à doutrina do acesso privilegiado não sejam, necessariamente, respostas às posições que Descartes realmente adotou. Por ora, contudo, ignoremos tais preocupações interpretativas e olhemos mais de perto essas respostas.

DUALISMO

P. F. Strawson escreveu certa vez que uma das características de um filósofo realmente grande é ter cometido um erro realmente grande. Ele prossegue dizendo que o dualismo cartesiano é um desses erros e que sua grandeza consiste no fato de oferecer "uma forma persuasiva, e que permaneceu influente por longo tempo, para um dos equívocos fundamentais a que o intelecto humano está sujeito quando trata de si mesmo mediante as categorias últimas do pensamento" (Strawson, 1974: 169). Mas por que o dualismo cartesiano é um erro? De acordo com Strawson e muitos outros, o problema é, fundamentalmente, que essa forma de dualismo não é apenas falsa, mas incoerente. Pois para que a noção de uma mente ou alma imaterial, tal como propõe Descartes, faça sentido, é preciso que seja possível especificar para tal critérios de singularidade e de identidade. Isso significa que "precisamos saber a diferença entre um item e outro desses" e que "precisamos saber como identificar o mesmo item em diferentes momentos" (Strawson, 1974: 173). Visto que corpos estão no espaço, assim como no tempo, podemos dar conta de sua singularidade e identidade em termos espaço-temporais. Por exemplo, podemos apelar para o princípio segundo o qual dois corpos não podem ocupar exatamente a mesma região do espaço ao mesmo tempo. No entanto, a suposição de que mentes imateriais sejam não espaciais deixa-nos sem nenhuma concepção acerca do que constitui suas singularidade e identidade. É por essa razão que, segundo essa linha de pensamento, o dualismo cartesiano é conceitualmente incoerente.

Uma resposta a essa objeção poderia argumentar que é possível contar e re-identificar mentes referindo-se aos seres humanos ou aos corpos aos quais elas estão ligadas. Onde há um ser humano, supõe-se que haja, ou que tenha havido, uma mente ligada a ele e que a semelhança do ser humano implica a semelhança da mente. Não obstante, não é claro como essa suposição pode ser justificada. Strawson coloca esse mesmo problema pelo seguinte exemplo:

> Suponha que eu esteja debatendo com um filósofo cartesiano, digamos o professor X. Se eu sugerisse que, quando o *homem*, professor X, fala, houvesse milhares de mentes pensando simultaneamente os pensamentos que essas palavras expressam, tendo experiências qualitativamente indistinguíveis das quais ele, o homem, defende, como ele poderia me persuadir de que há apenas uma tal mente? (Strawson, 1974: 174).

Diante disso, uma dualista substancial não precisaria se perturbar com a questão. Ele poderia não ser capaz de persuadir um observador externo disso, mas poderia alegar, contudo, que apreende diretamente a singularidade e a identidade de seu próprio eu. Com efeito, isso equivale a sugerir que se pode estar consciente de que seus próprios pensamentos pertencem a uma e à mesma mente imaterial, mesmo que não se possa dar nenhuma explicação geral e informativa a respeito dos critérios de singularidade e de identidade das mentes.

Entretanto, a identidade de nossa própria mente é algo que se pode apreender desse modo? Como posso excluir a possibilidade de que isso de que estou consciente como sendo uma mente que persiste seja, na realidade, uma série de mentes distintas, cada uma transmitindo à sua sucessora seus estados de consciência? Em resposta, o dualista substancial deve argumentar que a melhor explicação, e a mais simples, da unidade evidente da consciência de alguém é que sua vida mental é sustentada por uma única mente, em vez de uma sucessão de mentes. Alegar que essa é a melhor explicação não é dizer que ela não possa estar errada. Porém, o fato de que não se pode excluir completamente a hipótese das "múltiplas mentes" não estabelece que não faz sentido falar de singularidade e de identidade da mente.

A distinção entre considerações epistemológicas e conceituais é facilmente negligenciada quando, como faz Strawson, aceita-se o princípio verificacionista segundo o qual "não se sabe o que são mentes, a menos que se saiba como distinguir uma da outra e que se saiba dizer quando se tem a mesma de novo" (Strawson, 1997: 51). Dado esse princípio, é tentador defender a incoerência do dualismo substancial com base na impossibilidade de se distinguir uma mente da outra em um sentido convenientemente forte de "distinguir". No entanto, como vimos, a unidade da consciência pode ser considerada como provedora de ao menos uma evidência revisável da singularidade da mente e, de toda maneira, não é claro por que se deve aceitar o verificacionismo de Strawson. Assim, ainda nos falta uma demonstração conclusiva sobre a incoerência do dualismo cartesiano.

Isso levou alguns filósofos da mente a tentar uma linha diferente de argumentação contra o dualismo. Parfit, por exemplo, rejeita explicitamente a sugestão de que o conceito cartesiano de mente ou *ego* seja ininteligível e concede que possa haver evidências que apoiem a concepção cartesiana. Mais especificamente: se houvesse evidências suficientes em favor da reencarnação, poder-se-ia razoavelmente concluir que o *ego* cartesiano é o que cada um de nós realmente é. O problema, segundo Parfit, é que não existem boas evidências em favor da crença na reencarnação. Portanto, "mesmo que possamos compreender o conceito cartesiano de um *ego* puro, ou de uma substância espiritual, não dispomos de evidências para crer que tais entidades existem" (Parfit, 1984: 228). Assim, diferentemente de Strawson, Parfit e outros como ele rejeitam o dualismo de Descartes recorrendo a bases empíricas e não a argumentos conceituais.

Permanece controverso se a rejeição do dualismo cartesiano mediante bases empíricas é justificada ou se é apropriado criticar a posição de Descartes através de argumentos que não sejam conceituais. O que é claro é que poucos filósofos contemporâneos da mente consideram o dualismo substancial como uma opção a ser levada a sério. Eles supõem a existência de objeções decisivas a esta posição, mas em geral não são capazes de explicá-las em detalhes. A abordagem de Parfit não alcançou grande aceitação e ainda se considera, sem maiores debates, que o dualismo substancial não faz sentido. Embora isso possa ser, em última análise, correto, vimos que a acusação de incoerência é mais difícil de se justificar do que se poderia inicialmente supor. Diante da objeção de que o dualismo substancial não é capaz de explicar a singularidade e a identidade das mentes, existem diversos pontos em que o dualista pode se apegar, e o mesmo pode ser dito de outros argumentos clássicos contra a coerência do dualismo. Se isso é correto, então o dualismo substancial foi, na realidade, rejeitado e não refutado.

No entanto, é fácil ver por que o dualismo substancial nos parece tão menos atrativo do que o foi para Descartes. Se pensamos o mundo como o mundo natural e como causalmente fechado, não há lugar para um "reino separado de substâncias mentais que exerçam sua própria influência em processos físicos" (Chalmers, 1996: 124-125). Se há uma causa suficiente para cada evento físico, "não há lugar para que um 'fantasma' mental 'dentro da máquina' realize alguma operação causal extra" (Chalmers, 1996: 125). Nesse caso, o que seria uma concepção naturalista da mente? Um naturalismo reducionista não atribuiria nenhum lugar para um reino separado de substâncias mentais e consideraria que as propriedades mentais, como as dores, são idênticas a propriedades físicas, como estímulos nas fibras C. Essa é a concepção dos teóricos que defendem a identidade tipo-tipo, tais como U. T. Place, J. J. C. Smart e D. M. Armstrong. Essa forma de reducionismo naturalista, porém, tem sido amplamente criticada, e o mais impressionante é que algumas das mais conhecidas dessas críticas possuem conotações cartesianas.

Considere o argumento antimaterialista que Saul Kripke apresenta em *Naming and Necessity*. Kripke defende que "a identidade entre a dor e o estímulo das fibras C, se for verdadeira, deve ser *necessária*" (Kripke, 1980: 149). De qualquer modo, isso é o que deveria ocorrer, caso essa identidade tipo-tipo fosse análoga às identidades tipo-tipo científicas, tais como a identidade entre o calor e o movimento molecular. Ora, a possibilidade, ou a aparente possibilidade de que ocorra estímulo das fibras C sem ocorrência de dor, e de dor sem que haja estímulo das fibras C sugere que a correspondência entre ambas possui "uma certa dose inequívoca de contingência" (Kripke, 1980: 154). Essa contingência aparente não pode ser justificada do mesmo modo que a aparente contingência da correlação entre calor e movimento molecular. Nesse último caso, deve-se distinguir entre o calor e a sensação de calor, de modo que a aparente possibilidade de ocorrência de movimento molecular sem ocorrência do calor seja, na realidade, apenas a aparente possibilidade de ocorrência de movimento molecular sem a ocorrência de sensação de calor. Mas conceber o estímulo das fibras C sem a sensação de dor é conceber o estímulo das fibras C sem a dor; não há nenhuma distinção nesse caso entre a dor e a sensação de dor. Assim, quando Deus criou o mundo, tudo o que ele precisou fazer para criar o calor foi criar o movimento molecular. Mas quando Deus criou os estímulos das fibras C, ele ainda precisou fazer mais alguma coisa para criar a dor, a saber: garantir que os estímulos das fibras C fossem sentidos como dor.

Como Descartes, Kripke considera que um certo tipo de conceptibilidade é um guia para a possibilidade. Descartes argumenta em favor da distinção real entre a mente e o corpo com base no fato de que eles podem ser entendidos ou concebidos independentemente um do outro. De forma análoga, Kripke argumenta em favor da não-identidade entre a dor e a estimulação das fibras C como base no fato de que cada uma pode ser concebida como existente sem a outra. A intuição de Kripke é, nesse sentido, cartesiana e ele se apoia em sua intuição cartesiana para defender a falsidade de alguns tipos de materialismo. Ainda assim, Kripke não é um dualista cartesiano. Em sua visão, uma pessoa não poderia ter se originado de um esperma e de um óvulo diferentes daqueles que efetivamente a geraram. Isso "sugere implicitamente uma rejeição do quadro cartesiano" (Kripke, 1980: 155, n. 77) porque não há nenhuma razão evidente pela qual uma alma ou mente imaterial possa ter alguma conexão necessária com um esperma particular ou com um óvulo particular.

Uma alternativa ao dualismo cartesiano é o que Chalmers chama de "dualismo naturalista". Chalmers alega que a consciência não é logicamente superveniente em relação a algo físico no sentido em que "todos os fatos microfísicos no mundo não implicam fatos relacionados à consciência" (Chalmers, 1996: 93). Um argumento em favor de sua tese apela para a possibilidade lógica de zumbis. Um zumbi que fosse meu irmão gêmeo seria idêntico a mim, molécula por molécula, mas seria inteiramente desprovido de experiência consciente. Se um tal zumbi é concebível, isso é suficiente para estabelecer que a consciência não pode ser explicada de modo reducionista. Ainda assim, o fato de a consciência não ser logicamente superveniente em relação aos fenômenos físicos não resulta que ela não seja naturalmente superveniente em relação a esses fenômenos. O dualismo naturalista defendido por Chalmers é uma forma de dualismo de propriedades. A ideia é que "a experiência consciente envolve propriedades de um indivíduo que não são limitadas pelas propriedades físicas desse mesmo indivíduo, embora possam ser reguladas por essas propriedades" (Chalmers, 1996: 125). O que torna essa posição uma forma de naturalismo é sua insistência em afirmar que "podemos *explicar* a consciência em termos de leis naturais básicas" (Chalmers, 1996: 128). Consequentemente, a consciência passa a ser apenas mais um entre os fenômenos naturais, mesmo que propriedades conscientes não possam ser reduzidas a propriedades físicas.

As limitadas concessões ao dualismo que autores como Kripke e Chalmers estão dispostos a fazer estão associadas ao modo como concebem a natureza da consciência e a relação entre propriedades conscientes e propriedades físicas. Mas existem também estados intencionais que carecem de qualquer aspecto distintivo de consciência. O que faz de uma dor uma tal dor é a maneira pela qual ela é sentida pelo sujeito, ao passo que aquilo que torna a crença de que George W. Bush foi o presidente norte-americano a crença que é não é a maneira pela qual se sente que George W. Bush foi o presidente norte-americano. Não existe nada de específico que seja como ter essa crença tal como existe algo como sentir dor. Ao contrário, a crença de que George W. Bush foi o presidente norte-americano é o que é em parte em virtude de suas relações lógicas e normativas com outras crenças. Alguns autores viram nisso uma objeção a toda tentativa de identificar crenças a propriedades físicas ou funcionais. Todavia, isso, tal como o fracasso das explicações materialistas da consciência, não conta em favor do dualismo cartesiano. O apelo a uma mente não-física em ambos os casos não é de nenhum auxílio, pois é muito pouco claro em que sentido seria mais fácil explicar a consciência ou a intencionalidade em termos não-físicos do que em termos físicos. O que os filósofos contemporâneos retiveram da filosofia da mente de Descartes não é, portanto, sua solução ao problema mente-corpo, mas a percepção de sua dificuldade e complexidade. A última palavra fica com Kripke, que conclui sua discussão com a observação de que o problema mente-corpo permanece "inteiramente aberto e extremamente confuso" (Kripke, 1980: 155, n. 77).

INDIVIDUALISMO

O individualismo pode ser caracterizado *grosso modo* como a concepção segundo a qual "os fenômenos mentais que se experimenta são, em certo sentido fundamental, independentes da natureza dos mundos empírico e social" (Burge, 1986: 120). Mais precisamente, é a concepção segundo a qual:

> [...] estados mentais ou tipos de eventos de uma pessoa individual ou animal [...] podem, em princípio, ser individulizados de forma completamente independente da natureza dos objetos empíricos, propriedades ou relações (com exceção daquelas referentes ao corpo do próprio indivíduo, nas visões materialistas e funcionalistas), e, de modo similar, não dependem essencialmente da natureza das mentes ou atividades de outros indivíduos (não divinos) (Burge, 1986: 118-119)

De acordo com Burge, o "individualismo como uma teoria da mente deriva de Descartes" (Burge, 1986: 117). Mais especificamente, ele deriva de uma determinada leitura dos experimentos de pensamento apresentados por Descartes na Primeira Meditação. O que esses experimentos de pensamento mostram é que nossas crenças sobre o que é o mundo empírico poderiam estar radicalmente erradas, e isso poderia levar à conclusão de que a individualização de pensamentos não é influenciada por possíveis variações no ambiente. No entanto, como argumenta Burge, nenhuma conclusão desse tipo é avalizada pelos experimentos de pensamento de Descartes. Podemos conceder que nossos pensamentos sobre o mundo podem estar radicalmente errados sem conceder nada sobre "como nossos pensamentos sobre o mundo são determinados a ser o que são" (Burge, 1986: 122).

Se é correto dizer que Descartes está comprometido com o individualismo, então os argumentos contra o individualismo atingem também a filosofia da mente de Descartes. Muitos desses argumentos têm sido propostos. Um artigo seminal sobre esse ponto é "The Meaning of 'Meaning'", de Hilary Putnam. Putnam imagina um planeta chamado Terra Gêmea, que é exatamente como a Terra, exceto pelo fato de que, nele, o líquido chamado 'água' não é H_2O, mas um líquido diferente cuja longa fórmula química pode ser abreviada como 'XYZ'. Esse líquido é indistinguível da água em condições normais de temperatura e pressão, e os oceanos e lagos de Terra Gêmea contêm XYZ e não água. Imagine agora uma época em que um típico terráqueo falante de português* – chamemo-lo Oscar$_1$ – não sabe que água é H$_2$O, e em que um típico habitante da Terra Gêmea falante de português – chamemo-lo Oscar$_2$ – não sabe que 'água' é XYZ. Mesmo que os dois Oscar fossem "duplicatas exatas na aparência, sentimentos, pensamentos, monólogos interiores, etc." (Putnam, 1975: 224), a extensão do termo "água" do terráqueo – a coisa à qual o termo se aplica verdadeiramente – ainda seria H$_2$O nesta ocasião, e a extensão do termo "água" do habitante da Terra Gêmea ainda seria XYZ. Nesse sentido, os dois Oscar compreenderiam diferentemente o termo 'água', mesmo que estivessem no mesmo estado psicológico. A conclusão de Putnam é que "a extensão do termo 'água' (e, de fato, seu sentido segundo o uso intuitivo pré-analítico desse termo) *não* é uma função do estado psicológico do próprio falante" (*ibid.*).

Esse não é ainda um argumento contra o individualismo. Com efeito, a sugestão de que Oscar$_1$ e Oscar$_2$ são duplicatas exatas quanto aos sentimentos, pensamentos e monólogos interiores, não obstante sua diferença quanto ao seu ambiente físico, parece antes um argumento em favor do individualismo. Todavia, existe uma óbvia objeção à leitura que o próprio Putnam faz de seu exemplo: Oscar$_2$ não poderia ter pensamentos que envolvessem o conceito de *água*, visto que ele nunca teve qualquer contato com água ou com alguém que tivesse entrado em contato com água. Como Oscar$_1$ teve contato com água e emprega o conceito de água em alguns de seus pensamentos, e esse é ao menos um aspecto sob o qual seus pensamentos devem ser diferentes. Entretanto, como assinala Burge, essa diferença em seus pensamentos, em seus estados mentais, deriva de diferenças em seus ambientes. Sob essa forma, esse é um argumento contra o individualismo, pois esse tipo de dependência entre os fenômenos mentais dos dois Oscar quanto a seus ambientes físicos é precisamente o que o individualismo pretende negar.

Outros argumentos de Burge enfatizam o modo pelo qual os estados mentais de alguém dependem essencialmente da natureza de seu ambiente social. Suponha, por exemplo, que um paciente possua a falsa crença de que desenvolveu uma artrite em sua coxa. Essa deve ser uma crença falsa porque a artrite é especificamente uma inflamação das articulações. Mas agora imagine uma situação contrafactual na qual a história física, comportamental e de formação do paciente é exatamente a mesma do mundo atual, mas na qual a palavra 'artrite' é convencionalmente empregada tanto para artrite quanto para várias enfermidades reumáticas. Nessa situação contrafactual, o paciente não dispõe da crença de que ele possui artrite em sua coxa. Ele não poderia ter escolhido o conceito de *artrite* porque 'artrite' não significa *artrite* nessa comunidade contrafactual. A consequência é que "os conteúdos mentais do paciente diferem, ao passo que toda sua história física e mental não-intencional considerada em separado de seu contexto social permanece a mesma" (Burge, 1998: 28). Essa diferença pode ser atribuída a diferenças em seu ambiente social, assim como, em outros casos, diferenças em conteúdos mentais podem ser atribuídas a diferenças no ambiente físico.

Se forem corretos, esses argumentos contra o individualismo atingem também o que Putnam chama de "suposição do solipsismo metodológico", segundo a qual "nenhum estado psicológico propriamente falando pressupõe a existência de qualquer indivíduo além do sujeito a quem tal estado é atribuído" (Putnam, 1975: 220). Putnam afirma que essa suposição é "bastante explícita em Descartes" (*ibid.*), e Fodor alega a mesma coisa quando atribui a Descartes a visão de que "existe um sentido importante no qual a maneira como o mundo é não faz diferença para os estados mentais que

---

* N. do T.: No texto original, o autor se refere a um falante da língua inglesa. A tradução ora apresentada tem a intenção de preservar o sentido do argumento.

se tem" (Fodor, 1981: 228). Mas se o anti-individualismo estiver correto, então a maneira como o mundo é faz toda a diferença para os estados mentais que se tem e existem estados psicológicos que pressupõem a existência de outros indivíduos além do sujeito a quem tais estados são atribuídos. Os pensamentos que um indivíduo pode ter são limitados pelos conceitos que estão disponíveis para ele, e esses conceitos não são independentes do ambiente físico e social desse indivíduo.

Por que, então, os filósofos contemporâneos da mente deveriam se interessar pelo suposto individualismo e solipsismo metodológico de Descartes? Uma explicação é que essa abordagem se coaduna com a ideia de que processos mentais são computacionais. Como Fodor afirma:

> Visto que pensamos os processos mentais como computacionais [...], é natural considerar a mente como, *inter alia*, um tipo de computador. [...] Se quisermos ampliar a metáfora computacional proporcionando acesso a informações sobre o ambiente, podemos pensar no computador tendo acesso a "oráculos", os quais servem ocasionalmente para a entrada de informações na memória. [...] O ponto é que, enquanto pensarmos os processos mentais como puramente computacionais, a estrutura das informações sobre o ambiente no âmbito desses processos é esgotada pelo caráter formal do que quer que os oráculos escrevam na fita. Em particular, não interessa a esses processos se o que os oráculos escrevem é *verdadeiro*; se, por exemplo, eles são realmente transdutores espelhando fielmente o estado do ambiente ou simplesmente emitem o resultado de uma máquina de escrever manipulada por um demônio cartesiano propenso a enganar a máquina (Fodor, 1981: 230-231).

De acordo com essa explicação, a imagem computacional da mente torna significativa a "afirmação cartesiana de que o caráter dos processos mentais é, de alguma forma, independente de suas causas e efeitos ambientes" (Fodor, 1981: 231). Ela também pretende fornecer a melhor explicação para o comportamento do sujeito. É o que um agente tem em mente – suas crenças e desejos, por exemplo – que causa seu comportamento. Por conseguinte, se a imagem computacional a respeito do que o agente tem em mente se revelar a melhor explicação para o que o agente faz, então esse será um argumento poderoso para o solipsismo metodológico, com o qual essa imagem está comprometida.

É controverso, para dizer o mínimo, que esse argumento em favor do solipsismo metodológico tenha sucesso. Em especial, tem-se objetado que o argumento comportamental em favor do solipsismo metodológico falha porque se apoia em uma concepção empobrecida de "comportamento". Segundo essa linha de raciocínio, explicar o que um agente faz não é somente uma questão de explicar uma série de movimentos corporais ou de respostas motoras. O que é requerido é uma explicação sobre as *ações* do agente, e isso significa que "não se pode deixar de fora da explicação a verdade ou falsidade das crenças do agente" (Hornsby, 1986: 107). Nesse sentido, de fato importa se o que o oráculo escreve é verdadeiro. E isso importa porque "se pode esperar que uma pessoa faça o que faz em certos casos apenas se certas crenças que expliquem o que ela tenta fazer sejam verdadeiras" (*ibid.*).

Seja como for, os defensores do solipsismo metodológico possuem outros recursos argumentativos a seu dispor. Talvez o argumento mais influente em favor do solipsismo metodológico ou individualismo seja a alegação de que temos um acesso epistêmico privilegiado às nossas próprias mentes e que somente o individualismo pode explicar como isso é possível. Com efeito, suponha que os fenômenos mentais de alguém sejam, como defendem alguns anti-individualistas, dependentes de seu ambiente físico. Nesse caso, visto que não se pode estar errado sobre a natureza de seu próprio ambiente físico, parece óbvio que, a partir disso, tampouco se possa estar enganado a respeito de seus próprios fenômenos mentais. Logo, quando se considera que é possível estar enganado sobre os conteúdos de sua própria mente, então o individualismo parece ser a única alternativa séria.

Para avaliar esse argumento, precisamos examinar melhor a doutrina do acesso privilegiado. Antes de fazer isso, porém, há uma importante questão histórica que precisa ser enfrentada. Trata-se de saber se é correto interpretar Descartes como um individualista. Considere o argumento cartesiano em favor da existência de Deus na Terceira Meditação. Descartes argumenta pela existência de Deus com base na tese de que Deus deve ser a fonte de sua ideia de Deus. Isso implica que a ideia de Deus depende de maneira fundamental do fato de que aquele que pensa está inserido em um ambiente "cósmico" particular. E a ideia de Deus é, nesse sentido, mundo-dependente e, consequentemente, também o são os conteúdos mentais utilizados nessa ideia. É, portanto, falso, mesmo sob a perspectiva de Descartes, que o modo como o mundo é não faz nenhuma diferença para os estados mentais que se têm.

Na realidade, essa tentativa de ler Descartes como um proto-anti-individualista ou "externalista" é demasiado rápida. A dependência na qual o anti-individualista está interessado é aquela dos estados mentais que se tem relativamente à natureza dos mundos natural e social. Uma vez que Deus não é um constituinte do mundo empírico ou da realidade social, a dependência da ideia de Deus em relação à existência de Deus não pesa contra o individualismo. De fato, é interessante notar que a caracterização de individualismo feita por Burge enfoca explicitamente essa questão. Se, como ele estipula, o individualismo é a concepção segundo a qual os estados mentais ou eventos semelhantes de uma pessoa ou de um animal individual não dependem essencialmente das naturezas ou atividades das mentes ou de outros indivíduos *não-divinos*, então o fato de que existam ideias que dependam da natureza ou das atividades de Deus não parece colocar Descartes no campo dos anti-individualistas.

No entanto, há algo de correto na afirmação de que existem elementos anti-individualistas no pensamento de Descartes. Com efeito, Burge concede que ao atribuir a Descartes uma concepção individualista, sua posição estava "fundamentada de maneira grosseira" (Burge, 2003: 291). Na Terceira Meditação, Descartes apela ao princípio de que a causa de uma ideia deve conter ao menos tanta realidade formal quanto realidade objetiva ou conteúdo intencional, e esse princípio "parece ter um espírito nitidamente anti-individualista" (Burge, 2003: 293). Isso nos leva de volta à relação entre anti-individualismo e a doutrina do acesso privilegiado. Se é verdade que Descartes endossa essa doutrina e se apenas o individualismo pode dar sentido ao modo pelo qual o autoconhecimento é epistemicamente privilegiado, então pode parecer pouco caridoso ver em Descartes um anti-individualista. Na prática, contudo, os anti-individualistas tendem a defender que o anti-individualismo é compatível com versões respeitáveis da doutrina do acesso privilegiado. É chegado o momento de considerar se eles estão certos a esse respeito.

ACESSO PRIVILEGIADO

A doutrina do acesso privilegiado é um elemento do que Ryle chama de "O Mito de Descartes". De acordo com essa doutrina:

> [...] uma pessoa tem o melhor conhecimento direto que se possa imaginar do que se passa em sua própria mente. Estados e processos mentais são (ou normalmente são) estados e processos conscientes, e a consciência da qual irradiam não pode engendrar nenhuma ilusão ou deixar qualquer espaço para dúvidas. Os pensamentos atuais de uma pessoa, seus sentimentos e vontades, suas percepções, lembranças e imaginações são intrinsecamente "fosforescentes": suas existências e suas naturezas

são inevitavelmente reveladas a quem as possui (Ryle, 1949: 15).

Dizer que uma pessoa tem o melhor conhecimento direto que se possa imaginar do que se passa em sua própria mente significa dizer, entre outras coisas, que suas crenças fundadas introspectivamente acerca de seus próprios estados e processos mentais não podem estar erradas. Em outras palavras, essas crenças seriam infalíveis. Essa é uma das dimensões da doutrina do acesso privilegiado. Uma dimensão diferente reside na sugestão de que nossos próprios estados e processos mentais seriam "fosforescentes". Excluir a possibilidade da ignorância em relação à natureza e à existência de nossos próprios estados e processos mentais consiste em tomar esses estados como inerentemente "automanifestáveis". Isso significa que não seria possível que uma proposição que atribuísse estados ou processos mentais atuais a uma dada pessoa fosse verdadeira sem que essa mesma pessoa soubesse que ela é verdadeira.

Como a doutrina do acesso privilegiado está relacionada ao dualismo cartesiano? Por um lado, pode-se pensar que conceber a mente como uma substância imaterial espiritual não exige que se considere suas atividades como lhe sendo transparentes tal como é implicado pela doutrina do acesso privilegiado. Por outro lado, alguns materialistas têm argumentado que essa doutrina é incompatível com sua concepção da natureza da mente. Armstrong, por exemplo, defende uma versão de materialismo dos estados centrais segundo a qual processos mentais são estados de uma pessoa apta a produzir certos tipos de comportamentos. Mas o conhecimento das causas não pode ser infalível ou, como diz Armstrong, "incorrigível". Consequentemente, "é essencial [...], para o defensor do materialismo dos estados centrais, mostrar que não pode haver nenhum conhecimento logicamente indubitável, nenhum acesso logicamente privilegiado ou automanifestação dos nossos estados mentais em curso" (Armstrong, 1968: 103). Se esses estados de uma pessoa apta a produzir certos tipos de comportamentos se revelarem, na realidade, estados físicos do cérebro, então a introspecção terá de ser um processo físico no cérebro.

Isso explica por que alguns materialistas têm se oposto à doutrina do acesso privilegiado, mas não explica o que haveria de errado com essa doutrina. As objeções quanto à indubitabilidade e ao caráter automanifestável podem ser mais ou menos radicais. Os críticos menos radicais da doutrina do acesso privilegiado concedem que essa doutrina pode ser aplicada a uma classe restrita de eventos mentais, a saber: as sensações. Nesse sentido, Boghossian observa que "não parece ser concebível, no que se refere aos fatos sobre a dor, que possamos ser ignorantes quanto à sua existência ou enganar-nos acerca de suas características, tal como é exigido pela doutrina cartesiana" (Boghossian, 1998: 151). Sob essa perspectiva, o erro de Descartes refere-se aos pensamentos e emoções. Podemos tanto estar enganados quanto ignorar nossos próprios pensamentos e emoções, de modo que apenas uma versão restrita da doutrina do acesso privilegiado teria alguma chance de ser aceitável. Os críticos radicais, de modo oposto, sustentam que ela nem mesmo é verdadeira sobre sensações como a dor. É possível sentir dor sem se dar conta disso e é possível pensar que se tem dor, sem, de fato, ter dor.

Nesses termos, Armstrong é um modelo de crítico radical do acesso privilegiado. Ele cita como exemplo alguém cujas pernas começam a doer durante uma longa caminhada, mas que cessa de estar ciente da dor por estar envolvido em uma conversa animada. O mais natural a se dizer neste caso é que a dor, que é um tipo de sensação, persiste durante a conversa mesmo enquanto a pessoa não está ciente dela. É ainda verdade que a pessoa poderia se dar conta da dor dirigindo adequadamente sua atenção introspectiva; contudo, há ainda um sentido no qual as sensações deixam de ser automanifestáveis. Além disso, seria possível sustentar que existem outros fenômenos mentais correntes "dos quais não estamos conscientes e dos quais não podemos nos tornar conscientes meramente redirecionando nossa atenção" (Armstrong, 1984: 125). Um desses fenômenos é a percepção subliminar, "percepção que ocorre sem que quem percebe esteja consciente dela ou seja capaz de tornar-se consciente dela" (Armstrong, 1984: 132).

A tese de que pensamentos e emoções podem não ser automanifestáveis é bem menos controversa do que a tese de que os fenômenos sensoriais podem não ser automanifestáveis. Críticos mais ou menos radicais da tese do acesso privilegiado tendem a se referir a Freud nesse contexto. Considera-se que Freud estabeleceu que o inconsciente é "algo realmente existente que exerce um poder causal" (Armstrong, 1984: 131), embora não seja, em nenhum sentido, "fosforescente". Se, por exemplo, eu posso desejar algo sem me dar conta de que o desejo, então o desejo é um fenômeno mental que pode não ser automanifestável. Todavia, tais exemplos não excluem a possibilidade de que o mental seja, *normalmente*, automanifestável e que os fenômenos mentais inconscientes possam, em princípio, ser trazidos à consciência. Isso sugere que aqueles que consideram que o mental seja automanifestável têm algum espaço de manobra, mesmo que a explicação de Freud para o inconsciente seja aceita.

Com relação à suposta infalibilidade de juízos com base na introspecção sobre o conteúdo de nossa própria mente, os críticos radicais da doutrina do acesso privilegiado negam que qualquer um deles seja absolutamente imune ao erro. Críticos menos radicais concedem que exista alguma infalibilidade introspectiva, mas insistem que o escopo dessa infalibilidade foi exagerado pela tradição cartesiana. Em defesa da posição mais radical, tem-se afirmado que "é possível que se esteja enganado sobre os próprios pensamentos" (Davidson, 1994: 43) e que mesmo os juízos fundados em introspecção sobre nossas próprias sensações podem estar errados. É possível que alguém pense que sente dor e, ainda sim, não estar com dor. Em defesa da posição menos radical, pode-se questionar se erros relativos a sensações são realmente inteligíveis. Além disso, juízos estritamente análogos ao *cogito* parecem ser imunes ao erro, mesmo que não seja verdadeiro, em geral, que os juízos sobre nossas próprias atitudes proposicionais sejam infalíveis. Como Burge assinala, o pensamento de que estou pensando agora é tanto autorreferencial quanto autoverificável. Em tais casos, "um erro baseado em uma defasagem entre o pensamento que se tem e sobre o que se pensa simplesmente não é possível" (Burge, 1994: 74).

No que concerne à infalibilidade dos juízos semelhantes ao *cogito*, uma rejeição integral da doutrina do acesso privilegiado não parece garantida. A questão interessante não é saber se há algo como uma introspecção infalível, mas até que ponto essa infalibilidade pode ser estendida. Se apenas juízos autoverificáveis são infalíveis, então o fato de que poucos juízos fundados em introspecção acerca de nossos próprios pensamentos e sensações sejam genuinamente autoverificáveis implica que a infalibilidade introspectiva não é um fenômeno generalizado. No entanto, o autoconhecimento goza de outros privilégios que não são menos interessantes. Em primeiro lugar, pode-se pensar que há uma "presunção predominante de que uma pessoa sabe em que ele ou ela acredita" (Davidson, 1994: 43) e que a possibilidade de estar enganado sobre os próprios pensamentos não abala essa presunção. Em segundo lugar, há a ideia de que os erros sobre o que se pensa ou sobre o que se acredita não podem ser o que Burge chama de "erros brutos". Erros brutos não resultam de nenhuma falta de cuidado, ou disfunção ou irracionalidade: eles não indicam algo de errado com o sujeito que pensa. Nesses termos, juízos perceptuais ordinários podem estar brutalmente errados, mas erros brutos são impossíveis quando se trata de juízos sobre os próprios pensamentos. Por fim, juízos sobre os próprios pensamentos são diretos no sentido de que o conhecimento do qual eles normalmente se originam não é resultado de uma investigação empírica ordinária.

Há muito mais a dizer sobre cada um desses privilégios epistêmicos, mas o ponto importante para os nossos propósitos aqui é que eles são privilégios que podem ser apreciados por juízos que não são absolutamente infalíveis. Assim, mesmo que se seja cético quanto à ideia de que o autoconhecimento seja infalível, é possível pensar que ele é epistemicamente privilegiado. Em que isso é relevante para a posição de Descartes? Embora ele tenha sido frequentemente representado na condição de enfatizar que o autoconhecimento é tanto infalível quanto exaustivo, há evidências que apontam em uma direção diferente. Tem-se observado, por exemplo, que a tese de Descartes segundo a qual a mente é mais bem conhecida do que o corpo é que Newman chama de tese "comparativa" e não "superlativa", e que Descartes considera juízos introspectivos sobre nossas próprias sensações como suscetíveis de erro. Há também evidências nas obras de Descartes de um certo grau de ceticismo quanto à ideia de que o mental seja necessariamente automanifestável (ver, por exemplo, 1: 122; AT 6: 23; 2: 21; AT 7: 31; 3: 203; AT 3: 478). Portanto, se uma concepção "cartesiana" do autoconhecimento está comprometida com a infalibilidade e com o caráter automanifestável, então é pelo menos discutível se o próprio Descartes era um cartesiano. Vimos, porém, que é possível ser "cartesiano" sem ir ao extremo de defender que o autoconhecimento não é fundamentalmente diferente do conhecimento do mundo externo. O autoconhecimento poder ter autoridade sem ser infalível.

Se podemos saber o que estamos pensando sem qualquer investigação empírica, como pode ainda assim ser verdade que nossos pensamentos dependem, no que se refere à sua identidade, de nossas relações com o ambiente? Essa é uma questão acerca da relação entre o anti-individualismo e o caráter direto ou confiável do autoconhecimento. Os chamados "incompatibilistas" (Ludlow e Martin, 1998) sustentam que isso nos chama a atenção para um genuíno problema. Se eu não posso saber como é o ambiente sem uma investigação empírica, e se meus pensamentos são individualizados não individualisticamente, então eu não posso saber o que estou pensando sem uma investigação empírica. Visto que eu, de fato, sei o que estou pensando sem qualquer investigação empírica, segue-se que o anti-individualismo é falso. Em contrapartida, os compatibilistas argumentam que ambas as teses podem ser verdadeiras: que o conhecimento dos próprios pensamentos é direto e autorizado e que alguns de nossos pensamentos dependem de relações com o ambiente físico e social. Mesmo que o conhecimento do ambiente em que se está inserido deva ser empírico, daí não se segue que o conhecimento que se tem dos próprios pensamentos individualizados não individualisticamente deva ser empírico.

O debate entre compatibilismo e incompatibilismo é ainda bastante intenso. Se há algo de correto na sugestão de que Descartes flertou com o anti-individualismo, então é essencial, para seus propósitos, que o compatibilismo esteja certo. Se, por outro lado, o incompatibilismo estiver correto, então isso fortalece a leitura de Descartes como um individualista. De todo modo, as discussões contemporâneas desses e de outros tópicos em filosofia da mente começam com Descartes. Com ou sem razão, o dualismo, o individualismo e a doutrina do acesso privilegiado são todos considerados como diferentes aspectos da filosofia da mente de Descartes. A amplitude da influência que Descartes exerceu sobre a filosofia da mente pode ser aquilatada à proporção que as respostas a essas doutrinas são consideradas respostas a Descartes. Ainda que, nos dias de hoje, poucos filósofos da mente possam ficar felizes ao ser descritos como cartesianos, é difícil imaginar o que seria da filosofia da mente sem a contribuição de Descartes.

REFERÊNCIAS E LEITURAS ADICIONAIS

Armstrong, D. M. (1968). *A Materialist Theory of Mind*. Londres: Routledge and Kegan Paul.

Armstrong, D. M. (1984). "Consciousness and causality". In N. Malcolm e D. M. Armstrong. *Consciousness and causality*. Oxford: Blackwell, p. 103-191.

Boghossian, P. (1998). "Content and self-knowledge". In P. Ludlow e N. Martin (eds.). *Externalism and Self-Knowledge*. Stanford: CSLI Publications, p. 149-173.

Burge, T. (1982). "Other bodies". In A. Woodfield (ed.). *Thought and Object: Essays on Intentionality*. Oxford: Clarendon Press, p. 97-120.

Burge, T. (1986). "Cartesian error and the objectivity of perception". In P. Pettit e J. McDowell (eds.). *Subject, Thought, and Context*. Oxford: Clarendon Press, p. 117-136.

Burge, T. (1994). "Individualism and self-knowledge". In Q. Cassam (ed.). *Self-knowledge*. Oxford: Oxford University Press, p. 65-79.

Burge, T. (1998). "Individualism and the mental". In P. Ludlow e N. Martin (eds.). *Externalism and Self-Knowledge*. Stanford: CSLI Publications, p. 21-83.

Burge, T. (2003). "Descartes and the anti-individualism: reply to Normore". In M. Hahn e B. Ramberg (eds.). *Reflections and Replies: Essays on the Philosophy of Tyler Burge*. Cambridge, MA: MIT Press, p. 291-334.

Cassam, Q. (ed.) (1994). *Self-knowledge*. Oxford: Oxford University Press.

Chalmers, D. (1996). *The Conscious Mind: In Search of a Fundamental Theory*. Oxford: Oxford University Press.

Davidson, D. (1980). "Mental events". In D. Davidson. *Mental Events*. Oxford: Oxford University Press, p. 207-225.

Davidson, D. (1994). "Knowing one's own mind". In Q. Cassam (ed.). *Self-knowledge*. Oxford: Oxford University Press, p. 43-64.

Fodor, J. (1981). "Methodological solipsism considered as a research strategy in cognitive psychology". In J. Fodor. *Representations: Philosophical Essays on the Foundations of Cognitive Science*. Brighton: Harvester Press, p. 225-253.

Hornsby, J. (1986). "Physicalist thinking and conceptions of behavior". In P. Petitt e J. McDowell (eds.). *Subject, Thought, and Context*. Oxford: Clarendon Press: 95-115.

Kripke, S. (1980). *Naming and Necessity*. Oxford: Blackwell.

Ludlow, P. e Martin, N. (eds.). (1998). *Externalism and Self-Knowledge*. Stanford: CSLI Publications.

Moran, R. (2001). *Authority and Estrangement: An Essay on Self-Knowledge*. Princeton: Princeton University Press.

Newman, L. (2005). "Descartes' epistemology". In E. N. Zalta (ed.). *The Stanford Encyclopedia of Philosophy* (Edição 2005). URL: http: //plato.stanford.edu/entries/Descartes-epistemology/.

Parfit, D. (1984). *Reasons and Persons*. Oxford: Oxford University Press.

Place. U. T. (1956). "Is Consciousness a brain process?". *British Journal of Psychology*, 47, p. 44-50.

Putnam, H. (1975). "The meaning of 'meaning'". In *Mind, Language and Reality: Philosophical Papers*. Vol. 2. Cambridge: Cambridge University Press, p. 215-271.

Ryle, G. (1949). *The Concept of Mind*. Londres: Penguin.

Smart, J. J. C. (1959). "Sensations and brain processes". *The Philosophical Review*, 68 (2), p. 141-156.

Strawson, P. F. (1974). "Self, mind and body". In *Freedom and Resentment and Other Essays*. Londres: Methuen, p. 169-177.

Strawson, P. F. (1997). "Entity and Identity". In *Entity and Identity and other Essays*. Oxford: Oxford University Press.

29
Descartes e a tradição fenomenológica

WAYNE M. MARTIN

O espectro de Descartes figurou como uma presença constante na maior parte da filosofia do século XX, mas quase sempre como um emblema de posições a serem evitadas. O fundacionalismo cartesiano em epistemologia, o dualismo ontológico mente-corpo, a concepção, associada a este último, da mente como substância e como uma "coisa que pensa" – todas aparecem na filosofia recente como posições a serem refutadas, ou simplesmente abandonadas, ou consideradas *absurdas* por algum argumento por *reductio*. Todavia, para uma proeminente tradição do século XX, a estória é mais sutil e complexa. A fenomenologia do século XX, que começou a despertar como um movimento bem definido na última década do século XIX e persistiu, de uma forma ou de outra, durante o século XXI, tem em Descartes muito mais uma *causa belli* do que a habitual *bête noire*. Em uma primeira aproximação, podemos dizer que a afiliação ao cartesianismo dividiu a tradição fenomenológica. Edmund Husserl, que juntamente com Franz Brentano é usualmente reconhecido como o fundador do movimento fenomenológico, descrevia Descartes como o "genuíno patriarca da fenomenologia": ele chamou sua própria fenomenologia transcendental de "um novo cartesianismo do século XX" e insistiu em dizer que "o único renascimento frutífero é aquele que renova as *Meditações* [de Descartes]" (Husserl, 1964: 3,5). Entretanto, o mais importante assistente de Husserl, Martin Heidegger, insurgiu-se contra o legado cartesiano na filosofia moderna, que ele via como o passo em falso fundamental do pensamento moderno e como o principal obstáculo a uma fenomenologia legítima e à ontologia fenomenologicamente constituída. O *cogito ergo sum*, insistia Heidegger, deveria ser "fenomenologicamente destruído" (Heidegger, 1962: 123). No próprio Descartes, Heidegger via "um contraexemplo extremo" (Heidegger, 1985: 172) e um vantajoso substituto para seus ataques parricidas a Husserl. Como veremos, porém, essa primeira aproximação precisa não apenas ser completada, mas também qualificada e corrigida; pois a ofensiva de Heidegger contra o cartesianismo se revelará, em muitos aspectos, uma continuação da complexa apropriação que Husserl fez de Descartes. E o "neocartesianismo" husserliano, ao que parece, mostrar-se-á obrigado a "rejeitar praticamente todo conteúdo bem conhecido da filosofia cartesiana" (Husserl, 1950: 1). Ademais, malgrado toda a hostilidade de Heidegger contra Descartes e o "sujeito cartesiano", ele preserva, ao menos, uma estratégia fundamental do pensamento cartesiano.

Antes de entrar nos detalhes, contudo, devemos começar com algum tipo de esclarecimento a respeito da própria noção de fenomenologia. Infelizmente, esse é um assunto que apresenta notórias dificuldades. Tudo o que diz respeito à fenomenologia – não apenas seus resultados e métodos, como também seus propósitos fundamentais e projetos – tem sido contestado, tanto no interior da tradição quanto fora dela. Uma caracterização comum apresenta a fenomenologia como o estudo filosófico sobre as estruturas da experiência subjetiva ou, simplesmente, como o estudo da consciência. De acordo com essa concepção, a fenomenologia é uma tentativa de investigar como as coisas aparecem em nossa experiência consciente; ela estuda o "aparecer" subjetivo das coisas por oposição ao seu ser objetivo. É o exame do que "significa" ser consciente ou estar atento.* Todas essas caracterizações da fenomenologia, porém, são fortemente orientadas para a versão husserliana da tradição. Heidegger e os heideggerianos contestam todos os conceitos que acabamos de empregar: consciência, experiência, subjetividade. E, na realidade, um dos elementos de suas objeções é que esses conceitos estão eivados de preconceitos cartesianos. Em *Ser e tempo*, Heidegger prefere remontar a noção de fenomenologia às suas raizes etimológicas antigas: *ta phainomena* (que deriva, em última análise, da palavra grega que designa a luz: *phos*) e *logos* (discurso, fala ou razão). Assim, ele define basicamente a fenomenologia como um método: "deixar que o que se mostra a si mesmo seja visto a partir de si mesmo do mesmo modo pelo qual ele se mostra a si mesmo a partir de si mesmo" (Heidegger, 1962: 58).

Se buscássemos o denominador comum entre essas formulações, poderíamos caracterizar a fenomenologia como o estudo das maneiras pelas quais as coisas "vêm à luz" ou "mostram-se para nós" como o tipo de coisas que são. Quando nos voltamos para a gama de estudos particulares no interior da tradição fenomenológica, vemos que ela inclui uma enorme variedade de assuntos: desde a explicação de Husserl sobre como uma superfície bidimensional se apresenta como uma face de um sólido tridimensional, ou como uma nota é experimentada como parte de uma melodia, até a explicação proposta por Heidegger sobre a estrutura da disponibilidade dos instrumentos, ou autoridade de terceiros, ou expectativa de nossa própria morte. Em todos esses estudos,

tanto Husserl quanto Heidegger distinguem bastante claramente (embora de modos diferentes) entre fenomenologia e ciências empíricas, aí incluída a psicologia empírica. Enquanto as ciências se preocupam em identificar e explicar a natureza objetiva das coisas, seus movimentos e mecanismos (inclusive os do corpo humano), a fenomenologia pode talvez ser melhor compreendida como um ramo da teoria semântica: uma investigação sobre a estrutura da significação, ainda que, nesse caso, não se trate da significação na linguagem, mas na experiência consciente (Husserl) ou no encontro inteligível com as coisas (Heidegger).

O CARTESIANISMO DE HUSSERL

Embora tenha discutido Descartes em praticamente todas as suas obras publicadas em seu período de maturidade, em muitas de suas aulas na universidade e em suas notas (*Nachlaß*), os principais textos que tratam a respeito do cartesianismo de Husserl são certamente aqueles associados à sua célebre visita a Paris, no inverno de 1929. A visita ocorreu por ocasião de um convite feito pela Academia Francesa para que ele ministrasse um curso sobre a nova fenomenologia. O evento foi um grande acontecimento e uma evidência da crescente reputação internacional de Husserl na época. As aulas tiveram lugar na Sorbonne, no Anfiteatro Descartes; estavam presentes o embaixador alemão e o ainda jovem Emmanuel Lévinas, que se tornaria uma figura de destaque entre os fenomenólogos da geração seguinte e um importante comentador do pensamento de Husserl. Retrospectivamente, o episódio pode ser visto como um momento importante da influência da tradição filosófica alemã sobre a francesa. Quanto ao conteúdo das aulas, todavia, a direção da influência se deu em sentido contrário. As aulas foram anunciadas sob o título de "Introdução à Fenomenologia Transcendental" e foram ministradas em alemão. Ao voltar de Paris para Freiburg, Husserl preparou uma versão estendida do texto para que fosse publicado

---

* N. do T.: Esta expressão traduz aqui, e no restante do texto, o termo inglês *aware*.

em francês. A tradução foi feita por Lévinas (com o auxílio de Gabrielle Peiffer) e, por fim, apareceu na França em 1931, sob o título de *Meditações cartesianas*. O novo título era perfeitamente adequado, pois as aulas (tanto as proferidas quanto as publicadas) foram construídas como uma elaborada articulação entre o pensamento do próprio Husserl e as *Meditações* de Descartes. Vale a pena notar que esse reconhecimento efusivo e minucioso de Descartes veio dois anos depois da publicação de *Ser e tempo* e pode, perfeitamente, ter sido em parte motivado pela diatribe anticartesiana de Heidegger. As relações de influência e de rivalidade entre Husserl e Heidegger parecem ter operado em ambas as direções.

Como podemos melhor caracterizar o cartesianismo de Husserl das *Meditações cartesianas*? Recentemente, um especialista defendeu que Husserl adotou apenas uma ideia de Descartes, a qual ele alterou profundamente: "De fato, o *cogito* é a *única* coisa de Descartes que, de acordo, tem algum significado filosófico" (Smith, 2003: 12-13). Entretanto, ainda que não se possa negar que Husserl remodelou profundamente o legado cartesiano que ele reivindica, devemos também reconhecer que aquilo que ele tomou de empréstimo de Descartes vai muito além de sua provocativa apropriação do *cogito* cartesiano. A integralidade do texto das aulas de Paris possui uma forma cartesiana, sendo apresentada na primeira pessoa como um conjunto de meditações – um efeito que foi ampliado na versão publicada do texto. O arco das leituras segue o caminho que Descartes estabeleceu: de um ato de suspensão epistêmica à descoberta do sujeito e, em seguida, a um tipo de redescoberta racional de um mundo alterado. Como o próprio Husserl coloca, ele procede "de uma maneira verdadeiramente cartesiana, [como] filósofos meditando de modo radical, naturalmente, com modificações críticas e frequentes em relação às antigas meditações cartesianas" (Husserl, 1964: 5). Voltaremos, no momento oportuno, a considerar as "modificações críticas e frequentes" de Husserl; antes, porém, devemos rever os temas e as alegorias cartesianos que surgem no texto que se segue. Será útil distinguir seis pontos.

1. Filosofia radical e crise da ciência

Talvez a mais profunda afinidade entre Husserl e Descartes resida em seus diagnósticos sobre a situação das ciências contemporâneas em suas respectivas épocas. É bem conhecido que Descartes sustentava que as ciências de seu tempo estavam desordenadas e que muito do que se considerava conhecimento científico precisava passar por um completo exame e repúdio. Em parte, foi essa avaliação que motivou seu apelo a uma resposta filosófica ampla e radical. As ciências existentes deveriam ser abolidas mediante uma nova investigação filosófica rigorosamente científica que preparasse o caminho para um processo científico novo e mais seguro. Esses são objetivos radicais, tanto na postura adotada no que se refere ao passado quanto no papel que preveem para a filosofia na preparação do caminho adiante.

No século XX, poucos endossariam objetivos tão imodestos para a filosofia, mas Husserl explicitamente seguiu Descartes nesse aspecto e compartilhou seu ponto de vista. Embora a ideia de uma "Crise das Ciências Europeias" tenha se tornado o tema norteador de Husserl em sua última obra publicada (Husserl, 1970), ele já estava convicto há bem mais tempo de que as ciências naturais do século XX padeciam de uma falta de clareza crítica quanto aos seus fundamentos – uma falta de clareza que se manifestou progressivamente na crise do *fin-de-siècle* relativamente aos fundamentos da lógica, das matemáticas e da física matemática. Husserl, porém, também percebeu uma crise mais ampla da racionalidade científica da moderna cultura europeia, uma crise de confiança na habilidade da filosofia racional e da ciência matemática em cumprir suas antigas promessas (veja, por exemplo, Husserl, 1965; cf. Weber, 2004). Em tudo isso, Husserl viu uma profunda afinidade com a combinação peculiar de pessimismo e otimismo de Descartes: pessimismo quanto ao estado presente da ciência, otimismo quanto às perspectivas ilimitadas de uma ciência reformada e quanto ao papel da filosofia na concretização desse futuro mais brilhante. Para ambos os autores, esses ganhos, porém, somente poderiam ser obtidos através de um começo radicalmente novo em filosofia, e foi esse espírito de ambição radical que as *Meditações cartesianas* de Husserl procuraram adotar para uma nova era.

2. A filosofia fundacional do sujeito

No entanto, Husserl viu uma afinidade com Descartes não apenas nesses objetivos radicais: ele também compartilhava a convicção fundamental sobre a maneira pela qual esses objetivos deveriam ser atingidos. Descartes alegava que se a ciência deve adquirir fundamentos seguros, é preciso começar com o seu retorno para o sujeito. Sobre esse ponto, Husserl estava fundamentalmente de acordo, embora debatesse veementemente a posição cartesiana quanto ao significado desse movimento e, de fato, quanto ao que caracterizava esse sujeito. Não obstante, uma parte crucial do que Husserl buscava apropriar de Descartes era a convicção de que o fundamento seguro para a ciência e o escopo adequado de uma filosofia fundacionalista deveria ser encontrado em Deus, ou no Ser, ou na Lógica, mas primeiro e sobretudo em uma investigação sobre o próprio sujeito que investiga. E, em contraste com a tendência antifundacionalista da epistemologia posterior, no século XX, Husserl seguiu Descartes ao sustentar que essa investigação – e *somente* essa investigação – poderia fornecer os fundamentos epistêmicos necessários sobre os quais a reivindicação ao conhecimento científico poderia ser estruturada e defendida.

> A busca do filósofo é pelo conhecimento verdadeiramente científico, conhecimento pelo qual ele pode assumir [...] completa responsabilidade ao usar *suas* próprias justificativas absolutamente autoevidentes. Posso me tornar um filósofo genuíno apenas escolhendo livremente o foco da minha vida nesse objetivo. Uma vez assim comprometido e tendo, consequentemente, escolhido começar com total carência e aniquilamento, meu primeiro problema é descobrir um ponto de partida absolutamente seguro e regras de procedimento quando, na realidade, falta-me todo o apoio das disciplinas existentes. (Husserl, 1964: 4)

Essas palavras foram proferidas por Husserl na Sorbonne em 1929, mas os pensamentos e as ambições são inequivocamente cartesianos.

3. Métodos da dúvida

Assim, como essas grandes ambições devem ser alcançadas? Onde e como o filósofo que medita irá descobrir esse ponto de partida seguro? Aqui, uma vez mais, Husserl segue a orientação cartesiana. O principal instrumento filosófico das *Meditações* de Descartes torna-se a ferramenta principal do método fenomenológico tardio de Husserl: "Nós podemos agora deixar a *epoché* universal, no sentido claramente definido e novo que lhe atribuímos, tomar o lugar da tentativa cartesiana de uma dúvida universal" (Husserl, 1931: §32). Para Descartes, nas *Meditações*, a estratégia para um começo radicalmente novo em filosofia reside no método da dúvida radical. Se muito do que acreditei ser verdadeiro revelou-se falso, agora deixarei de lado como falso tudo que admitir a menor dúvida. Na implementação progressiva dessa resolução ao longo de sua Primeira Meditação, Descartes passa a duvidar do testemunho de seus sentidos, da existência do mundo e mesmo das mais simples verdades matemáticas. O mundo, poderíamos dizer, está perdido – não porque não mais existe, mas porque o filósofo que medita não pode fazer nenhum uso de suas convicções sobre ele. O filósofo deve encontrar um caminho para avançar sem apoiar-se nessas convicções. Para Descartes, naturalmente, esse caminho é encontrado no *cogito*: na convicção indubitável da existência do próprio meditador e, com essa existência, o domínio de pensamentos ou representações os quais, embora deles se possa duvidar na qualidade de representações acuradas de um mundo independente da mente, possuem uma presença indubitável como conteúdos da mente daquele que duvida.

Husserl considera esse método e essa descoberta da subjetividade as maiores realizações de Descartes, e um modelo para seus próprios procedimentos fenomenológicos. Já em seus escritos da primeira década do século XX, Husserl havia introduzido a ideia de uma redução fenomenológica ou "*epoché*". Na qualidade de fenomenólogos, estamos interessados na apresentação do mundo em nossa experiência consciente. Antes de examinar se nossos pensamentos são verdadeiros ou falsos, deve-se tratar da questão a respeito de como nossa experiência é capaz de portar conteúdos passíveis de serem, de algum modo, avaliados segundo sua verdade. Para Husserl, a investigação dessa questão requer que nós, deliberadamente, direcionemos nossa atenção. Tanto na vida cotidiana quanto nas ciências empíricas nossa perspectiva é ingênua. Simplesmente tomamos como ponto pacífico que nossa experiência nos dá um mundo independente: nossas preocupações residem, de uma forma ou de outra, em negociar com esse mundo. A tarefa distintiva da investigação fenomenológica, porém, exige uma suspensão dessa "atitude natural" ou "ingenuidade natural". Se queremos saber *como* a experiência consciente nos apresenta um mundo, então precisamos voltar nossa atenção para essa própria experiência a fim de examinar as estruturas que esteiam a atitude natural. (Sobre a ingenuidade da atitude natural, ver Husserl, 1965: 87).

Husserl acredita que, nesse esforço, podemos nos aproximar bastante da metodologia das *Meditações* de Descartes. Assim como Descartes suspendeu suas crenças usuais na busca de fundamentos epistêmicos seguros, também Husserl conclama o investigador fenomenólogo a "pôr suas crenças entre parênteses", a "abster-se" de suas próprias convicções, a colocar todas as crenças e teorias sobre o mundo "fora do jogo" (ver, por exemplo, Husserl, 1931: §31; 1950: 20). Uma vez que ele tenha feito isso, sua situação será muito parecida com a de Descartes na Segunda Meditação: ele não mais evocará suas concepções costumeiras sobre o mundo objetivo, tanto na forma das convicções cotidianas do senso comum quanto na forma de teorias científicas elaboradas. Todas essas convicções estão fora do alcance daquele que medita, seja ele cartesiano ou husserliano. E o que se tornará visível nessa situação é algo que, segundo ambos os autores, está sempre presente, mas não é habitualmente tematizado: o eu pensante e o seu domínio de conteúdos significativos. O mundo está entre parênteses não apenas para evitar o erro, mas para pôr no foco o domínio da consciência, que, para ambos, deve, em última instância, servir como fundamento epistêmico para todas as nossas crenças sobre o mundo.

Aqui, porém, devemos assinalar duas diferenças cruciais entre o modelo cartesiano e sua variante husserliana; a primeira pertence às operações internas dessa suspensão epistêmica e a segunda, à sua aplicação na busca de resultados filosóficos. Nas *Meditações* de Descartes, encontramos duas formulações canônicas do que podemos chamar de resolução cética ou regra para aquele que duvida. Em sua Primeira Meditação, Descartes decide o seguinte: "Portanto, no futuro, devo suspender meu assentimento quanto a essas antigas crenças tão cuidadosamente quanto eu o faria se se tratasse de falsidades óbvias, se eu quiser descobrir alguma certeza" (2: 15; AT 7: 21-22). No início da Segunda Meditação, a regra da dúvida é apresentada nesses termos: "Tudo o que admitir a mínima dúvida eu deixarei de lado do mesmo modo que faria se tivesse descoberto que se tratasse de algo completamente falso, e procederei assim até que reconheça algo de certo" (2: 16; AT 7: 24). Em ambas as formulações da regra da dúvida, encontramos uma mesma justaposição:

entre "pôr uma crença de lado" e "considerar uma crença como falsa".

Não pretendo aqui empreender uma interpretação dessa justaposição tal como ela figura no argumento de Descartes (para uma discussão detalhada, ver Broughton, 2002). O que é capital para os nossos propósitos é compreender que, para Husserl, essas duas posições epistêmicas devem ser claramente distintas. Uma primeira razão é bastante evidente, e o próprio Descartes certamente a admitiu: tratar uma crença como totalmente falsa é, *pro tanto*, tratar sua negação como verdadeira. Consequentemente, se alguém realmente procura colocar todas as suas crenças fora do jogo, então não pode deixá-las de lado exatamente do mesmo modo como se deixa de lado uma crença falsa.

Mas há uma razão suplementar a ser considerada aqui. Para Husserl, diferentemente de Descartes, o principal objetivo desse ato de suspensão epistêmica é investigar o próprio fenômeno da crença. Husserl quer saber, por assim dizer, *em que consiste* ter uma crença, ao que corresponde ter a experiência de crer (e outros estados intencionais). Por conseguinte, o que quer que esteja envolvido na aplicação da variante *husserliana* do método da dúvida não necessariamente faz com que o ato de crer desapareça por completo; isso equivaleria a perder a própria coisa que se quer investigar. Isso é exatamente o que Husserl quer dizer quando fala em "pôr minhas crenças entre parênteses". O meditador fenomenológico almeja manter suas crenças e, no entanto, deixá-las fora do jogo para os propósitos da investigação fenomenológica. O próprio Husserl enfatizou a dificuldade dessa forma especial de contorção mental, e muitos de seus sucessores chegaram, no final das contas, à conclusão de que isso era impossível. (Diversas das fotografias remanescentes de Husserl mostram-no, com a caneta em punho, esforçando-se por levá-la a cabo). O que importa aqui, todavia, é reconhecer como essa sutil diferença entre as operações da *epoché* husserliana e as da dúvida cartesiana refletem uma profunda divergência subjacente em suas ambições filosóficas, não obstante as muitas afinidades que enfatizamos. Para Descartes, o objetivo do método da dúvida é descobrir algum fato indubitável que possa, então, servir como uma espécie de premissa para assegurar novos conhecimentos sobre a realidade extramental. Para Husserl, o propósito da *epoché* é pôr à vista os conteúdos e atos de consciência de modo a revelar seus aspectos distintivos.

4. O cogito e o *ego*

O que, então, é revelado pelas condições particulares da meditação recomendada, respectivamente, por Descartes e Husserl? Para Descartes, é primeiro, e antes de tudo, a existência indubitável daquele que duvida e os conteúdos imediatos de sua mente. Esse aspecto fundacional da filosofia cartesiana recebe uma nova formulação na linguagem da fenomenologia husserliana:

> Essa '*epoché* fenomenológica' e 'colocação entre parênteses' do mundo Objetivo, portanto, deixa-nos sem confrontar nada. Ao contrário, por ela tomamos posse de algo. E o que nós (ou, para falar mais precisamente, o que eu, que estou meditando) adquirimos através dela é meu puro viver, com todo o processo subjetivo que o constitui e tudo que é significado nele, *puramente* enquanto significado nele: o universo dos '*phenomena*' no [...] sentido fenomenológico. A *epoché* pode também ser considerada como o método radical e universal pelo qual eu apreendo a mim mesmo puramente: como *ego* e com minha própria vida consciente pura. (Husserl, 1950: 20-21).

Para Husserl, pois, a *epoché* fenomenológica serve para pôr à vista os fenômenos, os objetos da investigação fenomenológica. E, como Descartes, Husserl sustenta que, com a descoberta desses fenômenos, surge uma forma peculiar de autodescoberta pura. Essa pureza pode, ela mesma, ser entendida em termos cartesianos. O que eu descubro aqui não é, certamente, a existência de mim mesmo como um corpo humano no espaço; tanto para Descartes quanto para Husserl quaisquer convicções acerca do meu corpo foram "deixadas de lado". Antes, eu descubro a mim mesmo como o que Husserl chama de "o *ego* transcendental", como o sujeito e agente da minha experiência. Voltaremos, mais adiante, a considerar o sentido do termo "transcendental" nesse contexto e a divergência fundamental em relação a Descartes que Husserl procura assinalar com esse termo. Por ora, podemos, porém, enfatizar a profunda simetria entre o percurso desses dois conjuntos de meditações. De fato, exatamente quanto a esse ponto, Husserl pode muito bem ter sido diretamente influenciado por seu estudo de Descartes. Até 1910, Husserl insistia que não havia nenhum eu [*self*] a ser descoberto na experiência; mas, com o começo de suas aulas sobre Descartes, entre 1923-1924, ele passou a descrever seu projeto fenomenológico como uma "egologia" (ver Husserl, 1956).

5. Ideias claras e distintas

No prolongamento da elaboração do projeto epistemológico de Descartes, um papel crucial foi desempenhado pelas chamadas "ideias claras e distintas". Nas próprias *Meditações*, o primeiro princípio epistêmico é aquele segundo o qual – em parte em bases teológicas – "tudo que eu percebo clara e distintamente é verdadeiro". Na prática científica de Descartes, isso significa efetivamente que as afirmações científicas garantidas epistemicamente devem ser estruturadas matematicamente. Husserl certamente não segue Descartes em todos esses detalhes. (As doutrinas teológicas das *Meditações* são quase certamente o que Husserl tem em mente quando ele se refere ao "conteúdo das *Meditações*, tão estranho a nós, homens de hoje".) (Husserl, 1950: 3.) Entretanto, ele segue Descartes quanto a considerar a idealização matemática como fundamental para a ciência moderna (esse é o tema principal da primeira parte de Husserl, 1970) e, mais importante, apropriando-se e redesenvolvendo uma explicação do caráter e da significação epistêmica da concepção clara e distinta.

Para Descartes e para Husserl, o domínio dos conteúdos conscientes revelados sob as condições particulares da suspensão epistêmica deve servir como base epistêmica última para todo conhecimento científico rigoroso. Isso se deve, em parte, ao fato de que, no início da investigação, essa é, simplesmente, toda a evidência que o meditador possui para seguir em frente; em parte, isso se deve à garantia epistêmica distintiva desses conteúdos. Para o cartesiano, essa garantia deriva da imunidade (recentemente muito contestada) ao erro própria das afirmações sobre os nossos próprios estados psicológicos. Se faço uma afirmação acerca do modo como as coisas são no mundo, estou vulnerável ao erro; mas, se limito minhas afirmações ao modo como as coisas *me parecem*, ou a *aquilo que eu creio* sobre o mundo, então estou a salvo de tal vulnerabilidade. Para Husserl, contudo, a autoridade distintiva de nosso conteúdo consciente deriva da estrutura ontológica característica dos fenômenos. Em diferentes estágios de sua carreira, Husserl caracterizou essa estrutura ontológica de diversas maneiras, mas ideia central permaneceu a mesma. Diferentemente dos objetos ordinários e extraordinários da experiência (mesas e cadeiras, pessoas e instituições, *quarks* e buracos negros), que admitem um contraste entre suas naturezas objetivas e suas aparências subjetivas, os fenômenos se esgotam em sua aparência. Simplesmente, não há "ser" por detrás do "aparecer"; portanto, não há risco de que a aparência de um fenômeno possa nos enganar quanto à sua natureza objetiva. Consequentemente, se conseguirmos nos colocar na disposição mental correta, tal que os fenômenos nos apareçam, encontrar-nos-emos diante de objetos de atenção especiais, para os quais a certeza apodítica é, em princípio, possível. Como diz Husserl, eles podem ser dados com absoluta evidência.

> Nós, meditadores, enquanto totalmente destituídos de todo conhecimento científico, precisamos ter acesso a evidências que já portam a marca da adequação para tal função, de forma que possa ser reconhecidas como precedendo todas as outras evidências imagináveis. Além disso, com respeito a essa evidência de precedência, elas devem ter uma certa perfeição, elas devem trazer com elas uma certeza absoluta (Husserl, 1950: 14).

Sem dúvida, muitos tipos de erro ainda serão possíveis em fenomenologia, em particular se permitirmos que nossos preconceitos e pressupostos sobre a mente substituam observações fenomenológicas rigorosas. Haverá também lugar para dificuldades notáveis e riscos que se apresentam quando nós tentamos encontrar palavras (*logoi*) para descrever nossos fenômenos. O discurso ordinário pode ser muito apropriado para a atividade mundana de descrever as coisas que são (*entes*), mas pode se mostrar bastante enganador quando usado para as tarefas extramundanas da descrição fenomenológica. No entanto, embora o fenomenólogo não possa, por essas razões, reivindicar uma imunidade absoluta ao erro, ele pode, segundo Husserl, afirmar justificadamente ter encontrado um campo de descrição particularmente apropriado para a certeza apodítica.

6. A volta do mundo

O ciclo epistêmico das *Meditações* de Descartes se fecha com a recuperação do que havia sido perdido. O que tinha sido dispensado pelo exercício da dúvida radical é reincorporado como objeto de um conhecimento ou bem atual ou bem possível. Mas o que é reincorporado foi também transformado. Eu conheço a mim mesmo, não como um corpo no espaço, mas como um híbrido de uma mente pensante e um corpo extenso; conheço Deus, não como uma figura da religião revelada, mas sob o aspecto racional de causa primeira e como o ser mais perfeito. E conheço o mundo material, não como é mostrado por tantos objetos dos sentidos, mas como *res extensa*, cognoscível pela física geométrica.

Também em Husserl o mundo é reincorporado e transformado. Todavia, existe uma diferença crucial. Para os propósitos da investigação fenomenológica, a recuperação do mundo não é tanto a recuperação do conhecimento do mundo tal como ele é reconstruído pelos princípios sob os quais um mundo cognoscível nos é disponível como objeto da experiência. Diferentemente de Descartes, Husserl não visa a estabelecer juízos de conhecimento específicos sobre um mundo objetivo, independente da mente. Nesse sentido, a *epoché* permanece efetiva até o final das pesquisas de Husserl: *qua* fenomenólogo, ele permanece agnóstico acerca dos traços objetivos das entidades mundanas. O que ele busca recuperar é o mundo *enquanto objeto da experiência*. Ou seja, ele procura exibir como, partindo dos dados imediatos da experiência consciente, tal como ela é descrita na redução fenomenológica, chegamos a ter experiência de mundo durável, tridimensional, de entidades naturais com propriedades objetivas. Nas aulas de Paris e nas *Meditações cartesianas*, Husserl oferece apenas o esboço mais breve dessa "recuperação", embora, em outros textos, ela seja elaborada de modo muito mais extenso. Considerando, sucessivamente, nossa experiência de um hexaedro, de uma melodia e dos Outros (isto é, outros sujeitos de experiência), ele começa a articular os complexos processos de antecipação e satisfação, ou "adumbração horizontal", pelos quais os conteúdos imediatamente dados da consciência são sintetizados como experiência de entidades desses diversos tipos. Mas a finalidade desses exercícios epistemológicos *não* é, como na tradição epistemológica cartesiana, refutar o cético ou o solipsista. Ao invés disso, Husserl visa exibir o que podemos chamar de "lógica da consciência": as estruturas formais mediante as quais os elementos da experiência consciente são combinados de modo a representar totalidades objetivas complexas.

Nesse levantamento dos empréstimos e dívidas de Husserl, já começamos a vislumbrar vários desacordos em relação ao seu modelo cartesiano. Mas além desses pontos de divergência, Husserl também oferece uma série de críticas progressivamente incisivas. Na realidade, quase toda passagem que celebra as realizações de Descartes incorpora também indicadores inequívocos dessa dimensão crítica de sua apropriação. O método cartesiano da dúvida promete um alicerce fundamental para a filosofia, mas apenas "se aplicado da maneira correta"; Descartes quis livrar-se completamente de suas próprias suposições, mas "a escolástica, permanece oculta, como um preconceito não esclarecido, em [suas] *Meditações*" (Husserl, 1950: 18, 23-24). As críticas tornam-se ainda mais sistemáticas e explícitas na publicação das *Meditações* do que o eram nas aulas originais; mas, mesmo para sua audiência parisiense, Husserl não esconde ou suaviza sua crítica:

> Nesses assuntos, Descartes fracassou. Ocorreu de tal forma que, mesmo diante da maior de suas descobertas – que, em certo sentido, ele já havia feito –, ele não consegue ver seu verdadeiro significado: a subjetividade transcendental. Ele não cruza o portão que conduz à genuína filosofia transcendental (Husserl, 1964: 9).

Como indica essa última passagem, a crítica mais incisiva e importante a que Descartes refere-se à sua compreensão do *ego* pensante, a "subjetividade", cuja descoberta Husserl credita a Descartes. Esse é um tema complexo e intensamente debatido; para nossos propósitos, simplesmente apontarei os dois aspectos mais importantes. O primeiro ponto crítico para Husserl pode ser explicado, com efeito, por sua participação em uma longa tradição germânica que critica a suposta "reificação do sujeito". (Críticas análogas podem ser encontradas em Kant, Fichte, Schopenhauer e Dilthey, entre muitos outros.) Tendo identificado o eu ou *ego* como seu ponto de partida indubitável, Descartes prossegue, como se sabe, caracterizando-o como uma "coisa que pensa", como *res cogitans*. Husserl avalia que esse é o passo em falso fundamental. Se o método da suspensão epistêmica é levado a cabo de forma estrita, então toda e qualquer afirmação sobre *coisas* deveria ser devidamente posta em suspenso; o meditador deve limitar-se à descrição dos *fenômenos*. Mas tratar o eu como uma *res* (e, em seguida, como substância) é tratá-lo como algo que possui uma natureza objetiva que transcende seu aparecer. Tal como Husserl o compreende, Descartes equivocadamente pensa ter descoberto "a partícula última do mundo" e que a tarefa que lhe resta é "inferir o resto do mundo por argumentos corretamente construídos, segundo princípios inatos ao *ego*" (Husserl, 1950: 24). Em Paris, esse foi o ponto que elevou a retórica de Husserl a seu tom mais veemente:

> Aqui, chegamos a um ponto perigoso. Parece simples compreender o *ego* puro com seus pensamentos conforme Descartes. E, ainda assim, é como se estivéssemos à beira de um precipício, onde a habilidade de caminhar calmamente e de forma segura faz a diferença entre a vida filosófica e a morte filosófica. [...] Precisamos evitar a todo custo tomar como autoevidente que tenhamos resgatado, com o *ego* puro e apodítico, um pequeno canto do mundo como o único fato indubitável sobre o mundo que possa ser utilizado pelo *ego* que filosofa. Infelizmente, Descartes cometeu esse erro com a transformação aparentemente insignificante, mas decisiva, do *ego* em uma *substantia cogitans* [...], que torna-se, então, o ponto de partida para conclusões mediante o princípio de causalidade. Em resumo, essa é a transformação que fez de Descartes o pai de um realismo transcendental especialmente absurdo (Husserl, 1964: 8-9; tradução alterada).

Não podemos aqui pretender analisar e avaliar toda a complexidade das alegações de Husserl. No entanto, o ponto mais importante é sua afirmação de que, uma vez a *epoché* tendo sido rigorosamente realizada, o *ego* que descobrimos não é um *ego* empírico e nem mesmo o *ego* de um indivíduo particular; com efeito, propriamente falando, ele não é, de modo algum, uma parte do mundo. É o que Husserl, seguindo Kant, chama de "*ego* transcendental", um agente formal em operação na experiência, que sintetiza fenômenos para produzir (ou "constituir") a experiência de um sujeito psicológico corporificado e particular apresentado a um mundo objetivo duradouro. Podemos dizer que ele é *pensamento*, em vez de uma *coisa que pensa*. Ou, para usar a formulação preferida de Husserl (e característica de sua escrita técnica): ele é "o fundamento da validação de todas as validações objetivas e fundamentos [*Geltungsgrund aller objektiven Geltungen um Gründe*]" (Husserl, 1950: 26; tradução alterada).

O segundo ponto da crítica de Husserl está intimamente relacionado ao primeiro. A avaliação de Husserl é que Descartes não apenas estava errado quanto ao estatuto ontológico do *ego* que ele descobriu, mas também negligenciou a estrutura formal básica dos seus pensamentos.

> [Descartes] ignorou a tarefa de descrever o *ego* em toda a concretude de seu ser transcendental e de sua vida, assim como não a concebeu como um projeto ilimitado a ser realizado sistematicamente. [Se ele tivesse perseguido esse projeto, teria descoberto que] a expressão *ego cogito* deve ser ampliada por um termo. Todo *cogito* contém um significado, seu *cogitatum*. [...] A consciência é sempre consciência de algo. [...] O esquema que guia nossa exposição e descrição é [consequentemente] um conceito de três faces: *ego cogito cogitatum* (Husserl, 1964: 12-14).

Aqui, encontramos as noções distintivas de Husserl sobre intencionalidade, ou caráter intencional da consciência, pensamento e experiência. Dizer de alguns estados conscientes que eles são intencionais equivale a dizer que sua identidade é fixada, em parte, por seus objetos – aquilo *de* que são consciência. Uma crença é sempre uma crença *sobre* algo, assim como o desejo, a esperança, o medo, a nostalgia, etc.; todos têm algum objeto ou estado de coisas para o qual estão voltados. A identidade de um estado intencional é, em parte, fixada por esse objeto: minha crença é a crença que é, em parte, em virtude daquilo *sobre* o que ela é uma crença. Brentano havia usado notoriamente a intencionalidade como o que define os fenômenos mentais ou fenomenológicos; para Husserl, esse era o tema central e o desafio da investigação fenomenológica. (Sobre a tese de Brentano, ver Brentano, 1973: 88-89; para uma articulação moderna e influente da posição de Brentano, ver Chisholm, 1957; sobre intencionalidade como o "problema primeiro" da fenomenologia, ver Husserl, 1965: 87).

Assim, o protesto de Husserl contra Descartes é que ele ignorou ou subestimou o fenômeno da intencionalidade. A todo "eu penso" pertence um "algo pensado" (*cogitatum*) como seu acusativo intrínseco. Certamente, Descartes distingue entre a realidade formal e objetiva de uma ideia, notoriamente na Terceira Meditação, ao argumentar em favor da existência de Deus. Mas ele não examina que consciência é essa que manifesta essa estrutura intencional particular. Se ele o tivesse feito, poderia ter realizado a descoberta que legou à tradição que o sucedeu, a saber, que os objetos da experiência não estão simplesmente dispostos aí para o sujeito, mas precisam ser construídos ou constituídos como tais.

> A fixação conceitual de uma classe de objetos intencionais conduz, na pesquisa intencional, como logo se reconhecerá, a uma organização ou ordem. Em outras palavras, a subjetividade transcendental não é um caos de experiências intencionais, mas é uma unidade de pensamento mediante síntese. É uma síntese de

muitos níveis, nos quais novas classes e indivíduos são sempre constituídos. Entretanto, todo objeto expressa *uma regra estruturada no interior da subjetividade transcendental* (Husserl, 1964: 21).

É somente por meio da ação do *ego* transcendental que a consciência assume um determinado conteúdo intencional que a torna adequada para uma avaliação em termos de verdade e mesmo, portanto, possível candidata ao erro. E é apenas enquanto correlatos de tal síntese constitutiva que os objetos estão disponíveis como portadores de verdade para nossos pensamentos. Descartes, queixa-se Husserl, era um realista; mas se ele tivesse atentado para o caráter intencional da consciência subjetiva que desvendou, ele teria descoberto a verdade do idealismo transcendental.

A CRÍTICA ONTOLÓGICA DE HEIDEGGER

Já antes da viagem de Husserl a Paris, Heidegger havia desenvolvido uma crítica fenomenológica bem mais radical ao cartesianismo, inaugurando um debate contra o pensamento cartesiano que se estendeu bastante ao longo de sua carreira. (Para um panorama dos escritos de Heidegger contra Descartes, ver Marion, 1996; para umas das primeiras formulações da crítica de Heidegger a Descartes, ver Heidegger, 1985: 171-185.) Para os nossos propósitos aqui, concentrar-me-ei nos textos que envolvem a publicação do *opus magnum* de Heidegger, *Ser e tempo* (Heidegger, 1962). Nesse contexto, é importante notar que o que foi publicado em *Ser e tempo* era uma parte substancial de um conjunto planejado para ser mais amplo. Sabemos, a partir do texto publicado, que Heidegger planejava incluir um debate crítico sistemático a respeito de Descartes como parte da Terceira Divisão de seu projeto. O trabalho, porém, foi deixado incompleto e somos obrigados a reconstruir a análise a partir das linhas gerais da publicação de Heidegger e de várias discussões relacionadas a Descartes incorporadas tanto em seus escritos publicados quanto em seus cursos. (Para o esquema de Heidegger para a Divisão III no que se refere a Descartes, ver Heidegger, 1962: 133).

Desde o início de seus escritos da maturidade, Heidegger formulou suas investigações fenomenológicas em um registro ontológico. A ontologia, tal como Heidegger a concebe, é o estudo do ser – ou, como ele alguma vezes o diz, do "sentido do ser" ou do "ser dos entes". Duas das mais fundamentais distinções de Heidegger já podem ser vislumbradas aqui. A primeira é o assim chamado "princípio da diferença ontológica", a tese segundo a qual o ser não é, ele mesmo, um ser; ele não é, por assim dizer, mais uma entre as várias coisas que são. A segunda é a distinção feita por Heidegger entre dois tipos de investigação ou "ciência". As ciências *ônticas* investigam algum tipo de ser ou entidade (a biologia estuda os entes vivos, a geologia investiga a Terra, etc.); a *ontologia*, ao contrário, ocupa-se não dos seres (ou entes, *die Seienden*; literalmente: as coisas que são), mas sim do *ser* desses entes, do que ele é ou pretende ser (ver, por exemplo, Heidegger, 1982: 11-19). Para alguém que não esteja familiarizado com os padrões de pensamento idiossincráticos (e fascinantes) de Heidegger, tudo isso terá um certo quê de fantasia. No entanto, isso tem uma aplicação direta e, na realidade, exemplar na crítica ontológica que Heidegger dirige a Descartes. No que se segue, evoco as principais linhas da explicação de Heidegger, focalizando três pontos principais.

I. A inadequação fenomenológica da ontologia sujeito-objeto

Assim como muitos críticos de Descartes no século XX, Heidegger combate o dualismo que figura no centro das doutrinas metafísicas de Descartes, bem como em seu legado filosófico. Mas, enquanto outros contestam o dualismo mente-corpo, o alvo de Heidegger é, antes, o dualismo entre a mente e o mundo, juntamente com os dualismos, intimamente relacionados, entre o subjetivo e o objetivo, entre *res cogitans* e *res extensa*, e o influente contraste metafórico entre um domínio mental, íntimo, "interno", e um domínio "externo, físico, público. Em resumo, não é a oposição mente-corpo *per se* que incomoda Heidegger, mas uma concepção do ser: o critério ontológico segundo o qual tudo o que é deve ser atribuído a um ou outro desses dois modos de ser.

Assim, o que há de errado com esse dualismo ontológico? Aqui, mais uma vez, precisamos cuidar para não assimilar demais a avaliação de Heidegger tão próxima àquelas encontradas na metafísica e na filosofias da mente tradicionais. Com efeito, a crítica de Heidegger à ontologia do dualismo cartesiano não se dá pelo fato de ela gerar problemas insuperáveis para a interação entre a mente e o cérebro, nem porque ela dependa da tese metafísica extravagante de uma "substância espiritual". De fato, Heidegger não se pronuncia quanto a essas críticas anticartesianas mais comuns. Ao invés disso, sua objeção visa, em primeiro lugar, à inadequação *fenomenológica* do sistema ontológico de Descartes.

Quanto a isso, bem como em diversas outras instâncias, Heidegger recorre a uma linha de argumentação husserliana, que ele, então, radicaliza e direciona contra o próprio Husserl. Como já tivemos a oportunidade de observar, Husserl fez do estudo da intencionalidade o centro da investigação fenomenológica. É importante lembrar que Brentano havia introduzido a noção de intencionalidade especificamente como um dispositivo mental, ou estado psicológico, que se origina de estados materiais ou físicos. Ou seja, Brentano desenvolveu a noção de intencionalidade sobretudo para assinalar uma versão da divisão ontológica cartesiana. No entanto, Husserl argumentou que a estrutura da intencionalidade permanece necessariamente misteriosa enquanto nos limitarmos as essas duas categorias ontológicas familiares. A dificuldade crucial aqui é o problema de acomodar o *objeto* intencional (isto é, o objeto de um estado intencional, aquilo "do qual" ele é ou "sobre o qual" ele se refere) no interior das fronteiras da ontologia cartesiana.

Essa questão é bastante semelhante aos debates sobre a referência vazia que figura de modo tão proeminente entre os principais representantes da filosofia analítica da linguagem, embora, nesse caso, em conexão com a estrutura intencional da *experiência* e não com a função referencial da *linguagem*. Imagine um grupo de *Conquistadores* sentados em volta da fogueira querendo descobrir como encontrar o *El Dorado*. Eis um caso de experiência intencional: claramente, eles se indagando *sobre* alguma coisa. Mas o que é isso *sobre* o que eles se indagam? O que é seu objeto intencional? Se nos limitarmos às alternativas ontológicas usuais, seremos forçados, então, a dizer que é ou bem algo "exterior", algo de físico no mundo, ou bem um estado psicológico "interno" em suas mentes. Mas nenhuma das duas opções parece ser apropriada. O *El Dorado* não existe e nunca existiu; portanto, parece claro que o objeto de seus pensamentos intencionais não é um objeto material "exterior". Ainda assim, seria uma distorção estranha do caso dizer que eles se indagam sobre a localização de algo mental: a preocupação deles era encontrar a cidade de ouro e não uma representação dela!

Esse problema tem causado perplexidade à tradição fenomenológica ao longo de gerações. Brentano, em certo momento, pareceu adotar (embora tenha em seguida abandonado) a segunda alternativa do dilema, insistindo que o objeto de um estado intencional "existe" no interior do estado psicológico (Brentano, 1973: 88). A solução de Husserl foi ampliar a ontologia usual sujeito-objeto, mediante uma estratégia bastante análoga ao recurso ao "terceiro reino" de Lotze e Frege. (Uma influente discussão a esse respeito pode ser conferida em Føllesdal, 1969; para uma crítica, veja Dummett, 1993; para uma tentativa de adequar os estados intencionais não-referenciais ao quadro da ontologia sujeito-objeto, ver Searle, 1983.) No entanto, Heidegger adotou uma posição muito mais radical. Criticando tanto a "objetivação equivocada" quanto a "subjetivação equivocada" e ridicularizando o apelo a um terceiro reino, ou domínio, como sendo "não menos duvidoso do que a especulação medieval sobre anjos" (Heidegger, 1982: 65, 215), Heidegger propõe que toda estrutura conceitual ontológica referente a uma mente interior e a um mundo exterior seja abandonada:

> Porque a habitual separação entre um sujeito com sua esfera imanente e um objeto com sua esfera transcendente; porque, em geral, a distinção entre uma esfera interna e externa é construtiva e continuamente dá ocasião a outras construções, devemos no futuro não mais falar de um sujeito, de uma esfera subjetiva [...]. A ideia de um sujeito que tem experiências intencionais apenas no interior de sua própria esfera e não no exterior é um absurdo que desvirtua a estrutura ontológica básica do ser que nós mesmos somos (Heidegger. 1982: 64).

Retomaremos daqui a pouco a consideração da análise ontológica alternativa proposta por Heidegger do "ser que nós mesmos somos". Antes, porém, vale a pena enfatizar um ponto no qual o próprio Heidegger insiste. Devemos reconhecer que a superação da ontologia do sujeito e do objeto exigirá não apenas uma mudança em nossa linguagem, mas uma mudança substancial nos padrões de nosso pensamento. O legado cartesiano moldou profundamente a maneira como pensamos sobre nós mesmos e sobre o mundo no qual nos encontramos, assim como a avaliação que fazemos dos problemas que merecem ser tratados em filosofia. Se, para citar um exemplo central, a problemática do ceticismo é concebida como o problema de transcender nossas experiências internas a fim de obter conhecimento de um mundo "consequentemente" externo, então, abdicar da ontologia da mente e do mundo significará o abandono do problema do ceticismo.

> O 'escândalo da filosofia' não é que essa prova [de que podemos ter conhecimento do mundo externo] ainda não tenha sido apresentada, mas que *tais provas sejam exigidas e buscadas repetidamente*. Essas expectativas, propósitos e exigências emergem de um ponto de partida ontologicamente inadequado. (Heidegger, 1962: 249)

2. A ontologia negligenciada por Descartes

A primeira afirmação de Heidegger em *Ser e tempo* refere-se a uma ontologia negligenciada: "A questão do ser tem sido hoje esquecida" (Heidegger, 1962: 21). E, para Heidegger, nenhum outro pensador exemplifica mais claramente esse lastimável esquecimento do que Descartes. À primeira (e talvez à segunda) vista, essa é uma alegação um tanto excêntrica. Afinal, grande parte do pensamento de Descartes parece ter se destinado a esclarecer diferentes modos de ser e determinar seus traços essenciais. Ainda assim, em um nível mais profundo, como sustenta Heidegger, a atenção que Descartes dirige à metafísica denuncia uma negligência em relação à ontologia. Ele desenvolve essa objeção em relação a duas doutrinas específicas da filosofia cartesiana. A primeira pertence ao tratamento implícito de problemas ontológicos por Descartes nos *Princípios da filosofia*. Neste trabalho, vemos Descartes traçar diversas distinções ontológicas – em particular, a distinção entre tipos de substâncias. Naturalmente, sua distinção mais célebre é entre a substância mental como *res cogitans* e a substância física como *res extensa*. Mas ele também distingue nesse texto a substância divina e a substância criada, isto é, entre Deus e suas várias criaturas. Dadas essas distinções, é apropriado perguntar o que todas essas substâncias têm em comum. Para Heidegger, essa é a pergunta crucial. Se a noção básica de uma ontologia é a noção de substância, então a questão fundamental da ontologia é: *o que é ser uma substância?* A resposta oficial de Descartes é que uma substância é algo que existe de tal modo que não depende de outras coisas para existir. Ele, porém, admite explicitamente que essa definição não pode ser aplicada uniformemente às distinções de substâncias divina e criada, pois todas as substâncias criadas dependem da substância divina para existir. A surpreendente conclusão de Descartes é que o termo básico de sua ontologia abriga uma ambiguidade ineliminável:

> Portanto, o termo "substância" não se aplica univocamente, como se diz nas Escolas, a Deus e às outras coisas; isto é, não há um sentido inteligível do termo que seja comum a Deus e às suas criaturas (1: 210; AT 8: 24).

Para Heidegger, essa concessão assinala a rejeição da questão ontológica por parte de Descartes, uma recusa de ir às últimas consequências quanto ao sentido de 'substância' e, assim, no final das contas, uma evasão da ontologia fundamental. "Essa evasão equivale ao seu fracasso em discutir o sentido do ser, que é abarcado pela ideia de substancialidade" (Heidegger, 1962: 126).

O fracasso de Descartes em confrontar a questão do ser é pleno de consequências. Heidegger alega, no âmbito de seu tratamento do que chama de "ser que nós mesmos somos", que o resultado filosófico mais famoso e fundamental de Descartes refere-se à sua própria existência ou ser (seu *sum*). Tal como Heidegger o entende, contudo, o foco de Descartes na autoridade epistêmica distintiva do autoconhecimento e na natureza do pensamento que lhe serve de garantia é obtido às custas de uma atenção suficiente ao *ser* distintivo do ente cuja existência ele afirma.

> Historicamente, o propósito da analítica existencial pode se fazer mais claro ao considerarmos Descartes, a quem se credita ter fornecido o ponto de partida da investigação filosófica moderna mediante sua descoberta do '*cogito sum*'. Ele investiga o '*cogitare*' e o '*ego*', ao menos dentro de certos limites. Por outro lado, ele deixa o '*sum*' completamente de lado, mesmo que esse seja considerado tão primordial quanto o *cogito*. (Heidegger, 1962: 71)

Heidegger alega que, exatamente nesse ponto crucial, a postura radical de Descartes em relação à tradição metafísica o abandona. Ao deixar de investigar o *sum* – o modo de ser específico do *ego* –, Descartes adota inadvertidamente e de forma acrítica a categoria ontológica (substância) que ele havia herdado dessa mesma tradição. Para Heidegger, no entanto, é essa negligência que indica o caminho para uma "analítica existencial", o projeto positivo central de *Ser e tempo*. Tomemos por assegurado o resultado cartesiano: Eu sou, eu existo. O que exatamente significa ser para algo como eu?

3. Uma alternativa fenomenologicamente adequada

Vai muito além do escopo dessas observações apresentar uma análise da alternativa ontológica que Heidegger propõe ao cartesianismo. Mas estamos ao menos em posição de esboçar alguns dos passos decisivos de Heidegger, em particular aqueles que emergem de sua crítica à ontologia cartesiana e à abordagem fenomenológica de Husserl, que, como ele afirma, falha em superá-la. O primeiro diz respeito ao modo de ser do "tipo de ser que nós mesmos somos". Em lugar da concepção cartesiana de uma substância pensante, ou de um híbrido de uma mente pensante com um corpo extenso, Heidegger propõe sua descrição do *Dasein*, cujo modo de ser ele nomeia simplesmente 'existência' ou 'ser-no-mundo'. Esses são termos técnicos complexos da fenomenologia heideggeriana; o ponto central aqui é a maneira pela qual Heidegger os mobiliza ao procurar empreender o que Descartes negligenciou. Se buscarmos uma descrição fenomenologicamente fundamentada do nosso próprio modo particular de ser, a qual responda genuinamente pela maneira como aparecemos para nós mesmos tal como o tipo de ser que somos, então vamos ver a nós mesmos não como "coisas pensantes" contemplando um mundo do qual estamos, na verdade, separados, mas antes como seres atuantes, envolvidos com outros entes que se encontram próximos, à nossa volta, em um mundo que compartilhamos com eles. Esses entes, por sua vez, não são vistos por nós como se fossem substâncias – suportes de propriedades objetivas, que são independentes e autônomos –, mas como o que Heidegger chama de "entes-à-mão", entes cujo caráter e aspectos visíveis manifestam-se somente em suas relações com outros entes e, em última análise, no contexto teleológico mais amplo em que figuram. O lócus da intencionalidade não se encontra mais nos estados conscientes, como Brentano e Husserl supuseram, mas no que Heidegger chama de "comportamento" – nas maneiras pelas quais nós, habilmente e esclarecidamente, usamos as coisas, "conduzindo-nos em direção a elas". Todo esse deslocamento pressupõe uma espécie de contexto no qual tais entes podem se manifestar – que Heidegger chama simplesmente de "mundo". O mundo, fenomenologicamente compreendido, não é uma totalidade de entes ou forças abstratas, nem deve ser entendido como um espaço geométrico no qual entes descontextualizados estão localizados. Ao invés disso, é uma estrutura sistemática temporal de contextos significativos na qual desfrutamos nosso modo particular de ser, existindo ao lado de entes e entre outros, projetados ansiosamente em uma abordagem do futuro que inclui nossa própria morte inevitável. (Para uma explicação importante sobre esses temas heideggerianos, ver Dreyfus, 1991.)

Em tudo isso, percorremos um longo caminho desde a concepção cartesiana do eu pensante e também desde a descrição husserliana do *ego* puro transcendental. Ao mesmo tempo, porém, ainda podemos reconhecer a permanência da autoridade de uma das convicções fundamentais de Descartes: qualquer filosofia adequada, para Heidegger e Husserl, assim como para o próprio Descartes, deve encontrar sua orientação e seu fundamento em um constante autoquestionamento filosófico.

REFERÊNCIAS E LEITURAS ADICIONAIS

Brentano, F. (1973). *Psychology from an Empirical Standpoint*. Trad.: L. McAllister. Londres: Routledge e Kegan Paul. (Obra originalmente publicada em 1874.)

Broughton, J. (2002). *Descartes's Method of Doubt*. Princeton: Princeton University Press.

Chisholm, R. (1957). *Perceiving: A Philosophical Study*. Ithaca, NY: Cornell University Press.

Dreyfus, H. (1991). *Being-in-the-World: A Commentary on Heidegger's* Being and Time. *Division I*. Cambridge, MA: MIT Press.

Dummett, M. (1993). *Origins of Analytical Philosophy*. Londres: Duckworth.

Føllesdal, D. (1969). "Husserl's notion of *noema*". *Journal of Philosophy*, 66, p. 680-687.

Heiddeger, M. (1962). *Being and Time*. Trad.: J. Macquarrie e E. Robinson. Nova York: Harper e Row. (Obra originalmente publicada em 1927.)

Heiddeger, M. (1982). *Basic Problems of Phenomenology*. Trad.: A. Holfstadter. Indianápolis: Indiana University Press. (Aulas proferidas em 1927.)

Heiddeger, M. (1985). *History of the Concept of Time: Prolegomena*. Trad.: T. Kisiel. Indianápolis: Indiana University Press. (Aulas proferidas em 1925.)

Husserl, E. (1931). *Ideas: General Introduction to Pure Phenomenology*. Trad.: W. R. Boyce Gibson. Londres: George, Allen e Unwin. (Obra originalmente publicada em 1913.)

Husserl, E. (1950). *Cartesian Meditations. A Introduction to Phenomenology*. Trad.: D. Cairns. Haia: Martinus Nijhoff. (Obra originalmente publicada em 1931.)

Husserl, E. (1956). *Erste philosophie: Husserliana Band VII* ["Filosofia Primeira: Husserliana, Volume 7"]. Haia: Martinus Nijhoff. (Obra originalmente publicada em 1923.)

Husserl, E. (1964). *The Paris Lectures*. Trad.: P. Koestenbaum. Haia: Martinus Nijhoff. (Aulas proferidas em 1929.)

Husserl, E. (1965). "Philosophy as rigorous science". In Q. Lauer (ed. e trad.). *Phenomenology and the Crisis of Philosophy*. Nova York: Harper e Row, p. 71-147. (Obra originalmente publicada em 1910.)

Husserl, E. (1970). *The Crisis of the European Sciences and Transcendental Phenomenology: An Introduction to Phenomenology.* Trad.: D. Carr. Evanston, IL: Northwestern University Press. (Partes I e II originalmente publicadas em 1936; primeira edição completa em alemão publicada postumamente em 1956.)

Marion, J.-L. (1996) "Heidegger contre Descartes". In C. Macann (ed.). *Critical Heidegger.* Nova York: Routledge, (1996) p. 67-96. (Obra originalmente publicada em 1987.)

Olafson, F. (1987). *Heidegger and the Philosophy of Mind.* New Haven: Yale University Press.

Pippin, R. (1997). "On being anti-Cartesian": Hegel, Heidegger, subjectivity, sociality". In *Idealism as Modernism: Hegelian Variations.* Cambridge: Cambridge University Press.

Searle, J. (1983). *Intentionality: An Essay in the Philosophy of Mind.* Cambridge: Cambridge University Press.

Smith, A. D. (2003). *Husserl and the Cartesian Meditations.* Nova York: Routledge.

Weber, M. (2004). "Science as vocation". In H. Gerth e C. W. Mills (ed. e trad.). *Max Weber: Essays in Sociology.* Oxford: Oxford University Press, p. 129-156. (Aula proferida em 1918.)

30

Nossa dívida para com Descartes

BARRY STROUD

O legado filosófico, matemático e científico de Descartes é hoje tão profundo e tão difundido em nossa cultura que sua extensão não pode ser medida com certeza e precisão. Não tentarei fazê-lo aqui. Tampouco irei procurar traçar as etapas históricas de sua aceitação, assimilação, deturpação e transformação às quais foi submetido antes de chegar até nós. Gostaria, porém, de chamar a atenção para diversas ideias gerais que me parecem ser de grande interesse e importância. Elas permaneceram manifestamente no centro – ou próximo dele – da filosofia pelo menos nos últimos cem anos. Sua influência foi talvez mais forte durante esse período do que nos cem anos que o precederam.

Um dos aspectos pelos quais a filosofia de Descartes se distingue consiste em partir da ideia de um método seguro para "bem conduzir a razão e buscar a verdade nas ciências" (1: 111; AT 6: 1). Este era um objetivo perfeitamente razoável, visto que Descartes estava, de fato, buscando a verdade nas ciências – ou onde quer que fosse encontrada – e queria estar seguro sobre a possibilidade de a ter encontrado ou não. Ele não reconhecia nenhuma distinção rígida entre a filosofia e outras formas de buscar a verdade sobre o mundo: seu objetivo era uma investigação bem-sucedida em qualquer de suas formas. Mas para que houvesse um progresso real, era preciso uma concepção de validação ou legitimação dos resultados aparentemente obtidos. O que quer que fosse adquirido por um método comprovadamente seguro deveria ser garantido como verdadeiro de modo a que se pudesse contar com ele em trabalhos futuros.

Outro aspecto distintivo da filosofia de Descartes é o seu modo particular de encaminhar essa questão do método. Ele achava que não era suficiente estudar "o grande livro do mundo", como havia feito, e obter um conjunto complicado de informações sobre o que são as coisas (1: 115; AT 6: 9). Todas essas crenças e convicções precisavam ser, elas mesmas, explicitamente justificadas quanto à sua origem ou legitimidade. Para tanto, ele decidiu levar a cabo uma investigação em seu íntimo, "para discutir comigo mesmo sobre meus próprios pensamentos" (1: 116, 118; AT 6: 11, 15). Isso deveria ser a fonte e a base de todo conhecimento que Descartes poderia por fim chamar de seu. "Eu me vi na situação de estar como que forçado a me tornar meu próprio guia", ele nos diz (1: 119; AT 6: 16).

As reflexões que ele relata não pretendem ser apenas de interesse biográfico. Descartes se apresenta (ou apresenta alguém) não apenas como um certo francês que teve certos pensamentos sobre si mesmo em um dado momento, mas, nas palavras de Bernard Williams, "como um exemplo – ainda que um exemplo particular genuinamente existente – da mente sendo racionalmente dirigida para a descoberta sistemática da verdade" (Williams, 1978: 19). "As *Meditações* não são uma descrição, mas uma encenação do pensamento filosófico seguindo [...] o caminho fundamental pelo qual o pensamento humano deve seguir, partindo da experiência cotidiana em direção ao *insight* filosófico maior" (Williams, 1978: 20). O "guia" que Descartes foi forçado a seguir era algo que cada um de nós deveria descobrir e seguir por nós mesmos.

Um amplo projeto filosófico com estes dois aspectos – o objetivo de validar ou legitimar o que consideramos ser nosso conhecimento sobre o mundo e assegurar a legitimidade por si mesmo, na primeira pessoa do singular – esteve no centro da filosofia durante a maior parte do século XX, ao menos em terras anglófonas. Desde então, a filosofia, seguindo Kant, passou a compreender a si mesma como algo distinto da, mas de algum modo ainda relacionada à, pura investigação do "grande livro do mundo". Tratava-se de levar a cabo uma tarefa mais neutra, mais crítica e, assim, exclusivamente filosófica. O projeto de justificar ou legitimar o que consideramos ser nosso conhecimento, ou ao menos oferecer uma possível justificação para ele, foi o objetivo que passou a ser conhecido sob o nome de 'epistemologia'. Visto que o projeto era concebido em sua forma mais pura, mais clássica, tratava-se de mostrar como cada pessoa, procedendo por conta própria a partir do que lhe estava disponível na experiência sensível, pode justificar suas crenças em tudo o que todos nós tomamos como sendo parte do conhecimento humano do mundo. Nos termos casuais e espontâneos com os quais os filósofos parecem lidar com a nomenclatura, isso veio a ser chamado de 'epistemologia cartesiana'.

Há ideias no cerne desse projeto que são ideias presentes em Descartes. Nessa medida, são parte do legado de Descartes. Isso não significa dizer que o uso que foi feito dessas ideias e as consequências a que conduziram seguem-se, ou podem ser deduzidos, do modo como Descartes as compreendia.

Em sua tentativa de "reformar" e "construir" seus pensamentos sobre um "fundamento" seguro, Descartes, em suas *Meditações*, decide suspender seu assentimento a qualquer coisa em relação à qual ele encontrasse "ao menos uma razão para duvidar" e que, portanto, não é "completamente certa e indubitável" (2: 12; AT 7: 18). O primeiro passo da aplicação desse método consistia em desacreditar ou aparentemente rejeitar os "sentidos" como fonte do conhecimento do mundo físico. Não havia nada de propriamente novo em chamar a atenção para ilusões ou delírios perceptuais conhecidos. No entanto, o uso engenhoso que Descartes faz de seu método geral da dúvida conduz a algo totalmente novo. Ele traz à tona o que será considerado um problema ou desafio ao conhecimento humano, que não havia sido reconhecido, e muito menos enfrentado diretamente ou resolvido, na filosofia até aquele momento.

Refiro-me ao que é chamado de 'problema do nosso conhecimento do mundo externo' ou, de modo mais simples, 'problema do mundo externo'. Sua emergência, e mesmo o sentido dos próprios termos em que é formulado, podem ser, com certeza, atribuídos ao novo tipo de reflexão que Descartes articulou na Primeira Meditação. A maneira pela qual ele introduz a possibilidade do sonho como uma razão para duvidar dos dados da experiência sensível em qualquer ocasião abriu a porta para uma possibilidade aparentemente muito mais devastadora e totalmente geral, que iria dar a impressão de ameaçar por inteiro a busca de qualquer conhecimento perceptual do mundo à nossa volta. (Para uma explicação altamente esclarecedora do que havia de novo em Descartes, que havia sido completamente inesperado na Antiguidade, e que, por conseguinte, fez surgir o problema do mundo externo, ver Burnyeat, 1982).

Se, como Descartes pensava, "não há nunca qualquer sinal seguro pelo qual" uma experiência sensível possa ser reconhecida como uma percepção sobre como as coisas realmente são, ao invés de uma parcela de sonho (2: 13; AT 7: 19), então não há nada a ser encontrado em qualquer experiência particular, tomada nela mesma, que autorize aquele que percebe a distinguir uma da outra. O método de Descartes de suspender o juízo acerca de qualquer assunto "que admita a menor dúvida" (2: 16; AT 7: 24) exige, portanto, que se suspenda, ao menos provisoriamente, o juízo contendo a proposição de que as coisas são realmente como as experiências sensíveis particulares de alguém as apresenta. Mesmo que se tenha uma experiência, *pode*-se ainda estar enganado ao acreditar que assim é como as coisas são. O mesmo método aplicado com total generalidade exige a suspensão do juízo correspondente relativamente a *todas* as experiências sensíveis. Essa é a possibilidade geral de erro que Descartes ilustra com a ficção do gênio maligno. E é o reconhecimento dessa possibilidade geral que dá lugar ao problema do mundo externo.

Um demônio poderoso cujo único objetivo é ludibriar a todos no que tange a todos os assuntos nos quais eles possam ser enganados poderia produzir experiências sensíveis que pareceriam indicar àqueles que percebem como as coisas são independentemente deles, mas que os conduziriam ao erro se as tomassem como tendo esse significado. Qualquer passo além do que é percebido, estritamente falando, seria falso. Isso não significa que aqueles que percebem não poderiam conhecer nada. O que permaneceria imune ao erro perceptual em tais circunstâncias seria o caráter distintivo da experiência sensível que se tem no momento. Deveria haver algo desse tipo relativamente ao qual aquele que percebe, sendo suficientemente cuidadoso, não poderia estar enganado, pois o que ele recebe na percepção é o que serve de estímulo ou base para qualquer crença errada na qual possa incorrer. Para operar sobre a percepção sensível, um enganador precisa, de fato, oferecer à sua vítima algo na percepção que possa, então, levá-la ao engano. Encontrar esse núcleo na experiência e suspender o juízo sobre tudo o que estiver além dele significa restringir-se unicamente aos dados da experiência sensível. Isso nos deixaria a salvo de qualquer ardil, por mais poderoso que fosse o enganador.

Essa concepção acerca do que a mera percepção pode, na melhor das hipóteses, fornecer-nos encontra expressão mais tarde na ideia de Berkeley, segundo a qual "os sentidos não percebem nada além do que percebem imediatamente: eles não fazem inferências" (Berkeley, 1949: 174-175). Hume, pela mesma razão, pensava que não era "concebível" que as impressões de nossos sentidos, consideradas nelas mesmas, pudessem nos enganar. "Pois, visto que todas as ações e sensações da mente nos são conhecidas pela consciência, elas devem necessariamente aparecer em cada particular o que são, e ser o que elas parecem ser". Supor que não seja assim seria "supor que podemos estar enganados mesmo sobre aquilo que nos é mais intimamente consciente" (Hume, 1958: 190; 1.4.2). A impossibilidade do erro puramente perceptual está também presente no bem conhecido exemplo de H. H. Price:

> Quando vejo um tomate, há muitas coisas das quais posso duvidar. Posso duvidar se é um tomate que estou vendo e não um pedaço de cera habilmente pintado; posso duvidar se há mesmo uma coisa material qualquer [...]. De uma coisa, porém, eu não posso duvidar: que existe uma mancha redonda vermelha que possui uma forma algo saliente, destacando-se sobre um fundo composto de outras manchas coloridas, que possui uma certa profundidade visual e que todo esse campo de cores está diretamente presente à minha consciência [...]. [Com isso] quero dizer que a minha consciência disso não é obtida por inferência, nem por nenhum outro processo intelectual [...], nem por qualquer passagem do signo ao significado (Price, 1923: 3).

C. I. Lewis considerava que esse elemento diretamente presente podia ser identificado em qualquer experiência sensível pela aplicação do seguinte teste:

> Subtraia, daquilo que dizemos ver, ou ouvir, ou de outro modo apreendido por experiência direta, *tudo que puder conceber como errado*: o que sobra é o conteúdo dado da experiência que induz à essa crença (Lewis, 1946: 182-183).

A implicação, para cada caso, é que aquilo que se percebe, estritamente falando, em uma dada experiência é somente aquilo sobre o que, dada a experiência, não se pode conceber como podendo ser errado. Ao evocar essa ideia, todos esses filósofos posteriores permanecem inteiramente alinhados com a aplicação que o próprio Descartes faz de seu método geral da dúvida sobre os sentidos.

Essa ideia de uma gama restrita do que os sentidos, tomados em si mesmos e no melhor dos casos, podem oferecer-nos, quando associada à suposição de que o mundo só pode ser conhecido de alguma maneira com base no que recebemos pelos sentidos, é a origem do peculiar problema epistemológico do mundo externo. Trata-se de um problema completamente geral, que coloca em dúvida todo o mundo "externo". Se a possibilidade do gênio maligno fosse realizada, todas as ligações entre o que é percebido e o que possui outra forma no mundo teriam sido quebradas. Para saber, com base na experiência sensível, que essa possibilidade não é de fato realizada e que se percebe as coisas como elas efetivamente são, seria preciso ter algumas experiências sensíveis. Essas experiências sensíveis poderiam ajudar a resolver essa questão de segundo nível somente no caso de indicarem, por elas mesmas, que a possibilidade do gênio maligno não é, de fato, atualizada. Todavia, se *o que quer* que se perceba é compatível com a atualização dessa possibilidade (como é implicado por essa concepção da percepção), então *nenhuma* percepção particular pode ser conhecida ou ser objeto de uma crença razoável para indicar que essa possibilidade não é atualizada. Assim como não há sinais seguros pelos quais uma experiência tenha condições de ser considerada como uma experiência durante a vigília e não um sonho, também não há sinal seguro pelo qual se possa considerar uma experiência como não tendo sido produzida por um gênio maligno, mas produzida por uma coisa tal como a percepção a representa.

Generalizando desse modo dúvidas possíveis a *todas* as experiências sensíveis, mesmo a percepção que se tem do próprio corpo é posta em dúvida, uma vez que esse corpo é concebido como conhecido por meio dos sentidos. Uma percepção do que tomo como sendo minha própria mão diante de mim, ou como sendo um ronco em meu estômago, é tão vulnerável às artimanhas de um gênio maligno quanto as percepções de uma montanha ou de um pedaço de papel. Desse modo, não são apenas os corpos espacialmente distintos de mim que se tornam epistemicamente problemáticos. Mesmo meu próprio corpo é projetado naquilo que, em um sentido peculiar (não-espacial), passa a se chamar o mundo "externo". Esse é um mundo "externo" para, ou "para além de", cada sujeito percipiente, no sentido de que é algo que ninguém pode perceber ou conhecer somente pela percepção sensível. A percepção não põe jamais diante dos sujeitos percipientes qualquer coisa pela qual percebam algo de verdadeiro sobre um mundo "externo" de corpos, incluindo seus próprios corpos.

Myles Burnyeat destaca que esse pensamento dá lugar à questão de saber se há algum corpo – qualquer coisa que seja distinta da mente ou do pensamento. Ele argumenta que essa questão é algo absolutamente novo na história da filosofia: ela tem origem, pela primeira vez, nas reflexões de Descartes sobre a percepção sensível. Um mundo "externo" compreendido desse modo é um mundo distinto de tudo o que é verdadeiro das "experiências subjetivas" dos que percebem. Destarte, ao colocar "o conhecimento subjetivo no centro da epistemologia", Descartes, "com isso, tornou possível o idealismo como uma posição possível a ser assumida por um filósofo moderno" (Burnyeat, 1982: 33). Tal possibilidade nem mesmo foi considerada na filosofia antiga. Nem o próprio Descartes foi levado na direção do idealismo por suas reflexões. Todavia, seu ataque aos sentidos como fonte do conhecimento do mundo acabou por tornar o idealismo uma opção filosófica significativa.

Muito da história da epistemologia no século XX foi uma tentativa de mostrar, de um jeito ou de outro, como podemos ter, e que de fato temos, conhecimento do mundo à nossa volta. Esse problema adquiriu esse caráter obstinado apenas por causa da concepção de percepção sensível que emerge com as reflexões de Descartes. Se essa concepção não fosse aceita, e desde que somos capazes de perceber o modo como as coisas são no mundo à nossa volta, seria fácil explicar nosso conhecimento do mundo. Poderíamos conhecer como as coisas são através da visão ou percebendo-as por outro meio como sendo de certa maneira. O instigante problema epistemológico do mundo externo não precisaria ser respondido tão diretamente. Ele foi entendido como uma questão acerca do modo como obtemos conhecimento do mundo à nossa volta com base na experiência sensível, mesmo que nenhuma experiência sensível particular possa ir tão longe quanto qualquer fato do mundo que afirmamos conhecer.

Essa maneira de colocar o problema pode fazer com que pareça não haver absolutamente nenhuma resposta satisfatória. Creio que essa formulação descreve de forma acurada o problema tal como ele foi compreendido por aqueles admiráveis filósofos do século XX que mais o levaram a sério. E penso que não *pode* haver nenhuma solução satisfatória ao problema assim entendido. Apenas com os limitados recursos que esta noção de percepção disponibiliza, acredito que não se pode mostrar como alguém pode saber, ou ter razões para crer em, o que quer que seja sobre o mundo "externo" com base na experiência sensível e, na realidade, sobre qualquer outra coisa que esteja além da natureza da experiência sensível que o sujeito que percebe tem no momento em que percebe.

Por vezes, sugere-se que o problema reside somente na exigência "cartesiana" aparentemente arbitrária de que a experiência adequada para uma solução satisfatória deva ser específica às percepções de cada sujeito percipiente, único e individual. Recorrendo-se às experiências compartilhadas pelos seres humanos, porém, não seria difícil explicar como obtemos razões para acreditar nas coisas em que acreditamos sobre o mundo. No entanto, as reflexões cartesianas sobre a percepção não partem de uma insistência arbitrária sobre uma solução individualista para o problema do conhecimento. O caráter essencialmente em primeira pessoa de seu projeto é, ele mesmo, um subproduto da própria concepção de percepção e da concepção de mundo "externo" à qual conduz.

Afirmar que cada percipiente percebe apenas o que ele ou ela percebe não é uma suposição arbitrária ou injustificada. É a pura verdade. O problema é saber o *que* se pode dizer que ele ou ela propriamente percebe. Essa concepção afirma que todos percebem somente aquilo sobre o que não se pode conceber que seja falso, dada a percepção em questão, e, portanto, que ninguém pode perceber que outro percipiente qualquer, ou mesmo qualquer objeto permanente inclusive seu próprio corpo, existe. A ameaça de solipsismo é uma consequência, e não uma pressuposição, dessa concepção. Nesse sentido, o pensamento de que há outros percipientes cujas percepções estejam de acordo e, assim, ajudem a respaldar as crenças que se tem é um pensamento sobre o mundo "externo" àquele que percebe. Por conseguinte, não está disponível para contribuir para a justificação perceptual das crenças que alguém tem. Isso é parte do problema, e não a solução.

As considerações que parecem ter conduzido a essa compreensão da percepção e, portanto, ao problema epistemológico geral, podem ser encontradas, sobretudo, em Descartes. Isso não significa, porém, que o próprio Descartes estivesse nessa situação aparentemente sem saída, ou que ele considerasse que todos estivessem nessa situação. Sua preocupação era denunciar, como primeira etapa de seu método, as pretensões dos sentidos como fonte, ou talvez, como única fonte, de conhecimento do mundo. Tendo feito isso, ele procurou encontrar alhures algo invulnerável a toda dúvida possível e, portanto, "absolutamente certo e indubitável". Sua estratégia consistia em tentar, então, estender o escopo da primeira certeza que encontrasse mediante reflexões suplementares acerca de cada aspecto que precisou estar presente para que ele fosse capaz de alcançar a certeza que alcançou.

O ponto de partida e o fundamento de todo o projeto é a descoberta de algo que Descartes via como devendo ser verdadeiro, mesmo que ele estivesse sendo de tal forma enganado como um poderoso demônio poderia fazê-lo. Nenhum demônio poderia fazer com que ele nada fosse enquanto pensasse ser alguma coisa. Ser enganado é pensar em algo que não é o caso, mas ele não poderia estar enganado em pensar que existia. Ninguém que pensa poderia pensar falsamente que existe. Descartes considera que "essa proposição, *Eu sou, eu existo*, é necessariamente verdadeira todas as vezes em que é proferida por mim ou concebida em minha mente" (2: 17; AT 7: 25). Certamente, esse é um dos elementos mais importantes e duradouros do legado de Descartes e, juntamente com outras ideias cartesianas, por vezes aparentemente impalatáveis, nasceu forte e profícuo. A inteira significação do *insight* fundamental estende-se em muitas direções e, até agora, nem todas foram ainda exploradas exaustivamente.

Há uma primeira questão sobre a natureza precisa e o estatuto distintivo de proposições como "Eu penso" e "Eu existo". Há uma questão adicional acerca da extensão e da variedade da classe de proposições que possuem esse caráter distintivo. E há ainda a questão sobre a origem e a natureza da certeza que as verdades descobertas possuidoras desse estatuto especial podem fornecer e o quanto essa certeza pode ser estendida a outros casos. Por óbvio, essas questões estão conectadas entre si. Elas são centrais para o projeto filosófico de Descartes e, dado o modo como as coisas se desenrolaram, para a filosofia moderna em geral.

Aquele que pensa não poderia jamais estar enganado ao pensar "Eu penso". Isso deve ser verdadeiro se ele pensa, mesmo que pense "Eu não estou pensando". O mesmo aplica-se a "Eu existo": isso não pode ser negado com verdade. Descartes toma como "autoevidente" que seja "impossível" a alguém pensar sem existir (2: 100; AT 7: 170).

Ele "vê claramente que, para pensar, é necessário existir" (1: 127; AT 6: 33). Portanto, a verdade do pensamento "Eu existo", pensado por aquele que pensa, é uma condição necessária para que o pensador pense o que quer que seja. O mesmo vale a todas as outras condições necessárias para que aquele que pensa pense. Tudo o que deve ser verdadeiro para que o pensador pense é algo que jamais pode ser falso quando pensado por aquele que pensa.

Muitas proposições não podem ser negadas como verdade porque são necessariamente verdadeiras. Elas não podem ser falsas em nenhuma circunstância e, consequentemente, não podem ser falsas quando pensadas por qualquer um que pense. Sua verdade é, nesse sentido, uma condição necessária de qualquer pensamento. No entanto, quando Descartes afirma que "Eu existo" é "necessariamente verdadeira todas as vezes em que é proferida por mim ou concebida em minha mente", ele não quer dizer que "Eu existo" seja uma verdade desse tipo, ou que seu pensamento assegure que ela seja necessariamente verdadeira nesse sentido. Ele quer dizer apenas que, necessariamente, se ele pensa, então ele existe.

Ele é, de fato, René Descartes, que existiu de 1596 a 1650. Destarte, o que ele disse sobre si mesmo durante esse período e que não poderia ser verdadeiramente negado é algo que não mais é verdadeiro sobre ele. Caso algumas coisas tivessem sido diferentes, de diversas maneiras possíveis, o que é verdadeiro sobre ele agora (que ele não existe) poderia ter sido verdadeiro em algum tempo, por exemplo em 1638, quando ele efetivamente (e portanto verdadeiramente) pensou "Eu existo". Ele poderia não ter existido em 1638. Sua existência é, pois, uma condição necessária do seu pensar sem ser ela mesma algo que se realiza necessariamente. Ela é, em um sentido totalmente apropriado, algo de contingente. Mas é uma condição necessária do seu pensamento, o qual é, ele mesmo, também algo contingente. Esse é o caráter distintivo de proposições como "Eu penso" e "Eu existo" para as quais Descartes, pela primeira vez, chamou nossa atenção.

Que algo seja uma condição necessária do pensamento de alguém não é suficiente para que essa pessoa tenha conhecimento ou certeza de sua verdade. Embora aquele que pensa não possa negar como verdade qualquer coisa que esteja nessa relação com seu pensamento, pode haver muitas coisas que ele não sabe, ou nem mesmo suspeita, que tenham essa relação. Se ele não se dá conta de que uma dada proposição se qualifica nessa categoria para ele, então não reconhecerá que se trata de uma verdade com a qual ele pode contar em todas as suas outras reflexões sem que, com isso, incorra em qualquer risco de errar. Para que uma proposição desempenhe esse tipo de função para aquele que pensa, ele precisa reconhecer, com certeza, que a sua verdade de fato mantém essa relação necessária com seu pensamento.

Descartes sustenta que, em sua certeza original acerca de sua própria existência como coisa pensante, ele encontra o que é requerido para se estar certo de alguma coisa (2: 24; AT 7: 35). Essa marca da certeza deve ser, pois, evocada a cada etapa da tentativa de levar mais adiante essa certeza. Primeiramente, ele reconhece que sua "percepção clara e distinta" de sua própria existência é uma percepção em relação à qual ele não pode estar enganado. O que ele percebe clara e distintamente como existente neste caso não poderia vir a ser um engano. Isso, porém, é porque ninguém poderia deixar de existir enquanto pensa ou percebe alguma coisa. As reflexões que Descartes mobiliza nas etapas seguintes envolvem não apenas as condições de seu pensamento como as condições de seu pensar de maneiras específicas ou de ter determinados pensamentos. Seu objetivo é alcançar novas conclusões sobre como as coisas são, ou devem ser, a partir do fato de se ter certos pensamentos os quais se sabe que se tem.

Essas inferências adicionais são, consequentemente, mais problemáticas e, como seria de se esperar, têm sido alvo da maior parte dos críticos de Descartes, desde sua época até hoje. Há uma questão recorrente sobre se e como as fortes conclusões que ele alega obter podem ser alcançadas exclusivamente a partir de tais pontos de partida. E será que os princípios evocados na dedução dessas conclusões são conhecidos com o mesmo tipo e grau de certeza – e trata-se da mesma marca ou critério de certeza – pelos os quais uma pessoa sabe que não pode jamais estar enganada em pensar que existe?

Por exemplo, Descartes examina o conteúdo de sua própria mente e aí encontra a ideia de um criador eterno, infinito, onisciente, onipotente. Suas considerações acerca de como ele poderia ter tal pensamento o conduzem do fato de que ele o pensa até finalmente à conclusão de que esse ser existe com todos esses atributos. Chega-se mesmo a afirmar que esse ser é o fiador da verdade de tudo o que Descartes percebe clara e distintamente como verdadeiro. Nenhum auxílio externo foi necessário para garantir a verdade de seu pensamento original "Eu existo". Isso foi tomado como verdadeiro simplesmente porque não poderia ser falso se ele o pensasse e porque era suficiente para estar certo de sua existência.

Tendo descoberto que não pode duvidar de que ele próprio existe e que é uma coisa que pensa, Descartes procura também determinar por reflexão o *que* exatamente ele é. Ele não pode duvidar de sua própria existência, mas sua crítica aos sentidos mostra que pode duvidar da existência de todos os corpos. Desses dois pensamentos ele parece concluir que uma coisa é possível: que ele pode existir sem um corpo. As considerações iniciais sobre Deus aparecem desempenhando um papel nessa passagem. Assim, ele é essencialmente algo de não-corporal. O dualismo que daí resulta, entre um corpo-que-não-pensa e uma mente-não-corpórea, contribuiu em muito para conferir má reputação ao legado cartesiano.

Não é surpreendente que tanta crítica tenha sido dirigida a quase todos os passos desse complexo argumento. Se temos agora uma melhor compreensão e avaliação da origem precisa das dificuldades que ele faz emergir, permanecemos ainda, ao menos nesse sentido indireto, em dívida para com Descartes. Não obstante, a dificuldade em ampliar o caráter distintivo e inegável de "Eu penso" e de "Eu existo" para outras proposições mais substantivas não diminui a importância fundamental da identificação, feita por Descartes, desse caráter distintivo e de seu potencial. Nem a dificuldade deve ser impeditiva para se tentar estendê-lo a outros casos.

A significação filosófica inovadora da investigação das condições necessárias do pensar é a ideia tão amplamente desenvolvida por Kant. Ele estava interessado não apenas em seus próprios pensamentos ou nos pensamentos de um pensador individual, mas em qualquer pensamento de todo e qualquer sujeito. E visto que, para Kant, mesmo a *experiência* do mundo é impossível sem o pensamento, ele se concentrou nas condições necessárias de qualquer experiência ou pensamento possível. Viu claramente que todas essas condições devem ter um estatuto muito especial em nosso pensamento ou conhecimento do mundo. Ninguém pode estar certo ao negar qualquer proposição que goze desse estatuto. Dado que há pensamento, essas coisas simplesmente têm que ser verdadeiras. Para Kant, essa era a chave do progresso filosófico. A metafísica poderia ser uma tarefa intelectual legítima, com resultados seguros, apenas se se restringisse à investigação das condições gerais de todo e qualquer pensamento ou experiência.

Para Kant, como para Descartes com "Eu penso" e "Eu existo", o interesse não estava primariamente naquelas proposições que devem ser verdadeiras se alguém pensa porque são, em sentido absoluto, necessárias, e, assim, devem ser verdadeiras qualquer que seja o caso. Kant considerava as proposições desse tipo, as que não podem ser negadas sem contradição, como "analíticas": o conceito do predicado do juízo já está "contido" no conceito do sujeito. Kant, porém, buscava proposições não-analíticas ou "sintéticas" que expressassem condições necessárias do pensamento e da experiência em geral. Isso porque almejava obter resultados metafísicos significativos acerca do modo como o mundo é e como deve ser.

As verdades analíticas que somente revelam que conceitos estão "contidos" em outros conceitos nos dão apenas verdades condicionais sobre o modo como as coisas devem ser *se* elas são de outro modo. A concepção kantiana da metafísica consistia em revelar verdades substantivas acerca do mundo.

Kant investigou as condições necessárias para se pensar um certo tipo de pensamento, ou para se pensar de determinadas maneiras, como Descartes também havia feito. No entanto, Kant não encontra simplesmente certos pensamentos em sua própria mente e procura por algo que deve existir assim, no mundo, caso ele os tenha. Tendo reconhecido que todas as condições necessárias do pensamento ou experiência em geral possuem o caráter distintivo da inegabilidade, ele acreditou poder provar que há certas maneiras de pensar, ou determinados pensamentos, que todo e qualquer ser pensante deve ter ou seja capaz de ter. Destarte, o que quer que se revelasse uma condição para alguém pensar de qualquer uma das maneiras específicas que ele identificou seria também uma condição necessária do pensamento ou experiência em geral. Essa condição teria, portanto, o caráter distintivo de ser inegável em nosso pensamento, tal como o que Descartes reconheceu para "Eu penso" e "Eu existo".

Para Kant, como para Descartes, a importância do fato de haver proposições com esse caráter distintivo era clara: o problema para cada um deles era mostrar que as conclusões que mais gostariam de estabelecer sobre o mundo pertenciam, de fato, a essa classe privilegiada de proposições que não podem ser negadas como verdade. A estratégia de Kant foi estabelecer que possuir tais conceitos, ou ter a capacidade de fazer tais juízos, que ele alegava serem necessários para todo pensamento ou experiência em geral, envolve a capacidade de pensar de determinadas outras maneiras, ou de desenvolver outros conceitos, e assim sucessivamente, de condição em condição. Tratava-se de demonstrar as conexões necessárias entre a posse de certas capacidades ou conceitos e a posse de certos outros. Não era apenas a questão da necessidade pela qual um conceito, ou conjunto de conceitos, deve ser verdadeiro sobre algo se certos outros conceitos, ou conjuntos de conceitos, são verdadeiros a respeito desse mesmo algo. Isso produziria apenas verdades analíticas e, portanto, necessidades condicionais. O que era preciso para fornecer resultados metafísicos substantivos eram as condições necessárias de pensamento e, portanto, pensar determinados pensamentos sobre o mundo e não apenas conexões necessárias entre os conteúdos desses pensamentos.

Mesmo que as necessidades kantianas entre diferentes maneiras de pensar pudessem ser solidamente estabelecidas por esse procedimento, elas parecem não implicar que os juízos que se mostrou serem requeridos para essas maneiras de pensar sejam efetivamente verdadeiros. Uma coisa é descobrir que não é possível pensar o que quer que seja, ou pensar de certas maneiras sem ter outros determinados pensamentos ou capacidades. Uma outra coisa, que envolve uma alegação mais forte a ser provada (como o que ocorre com "Eu penso" e "Eu existo"), é afirmar que não é possível pensar tais ou tais pensamentos sem que eles sejam verdadeiros. Alguma explicação parece ser necessária relativamente ao modo pelo qual a verdade efetiva dos pensamentos possa ser inferida do fato de que eles são, ou mesmo devem ser, pensados.

Kant, na realidade, nega essa aparente lacuna por meio de sua doutrina do idealismo transcendental. De acordo com essa concepção, aquilo de que temos pensamento ou experiência, quando são cumpridas as condições de todo pensamento e experiência, é o mundo no qual o que pensamos e experimentamos deve, em geral, ser verdadeiro. Não pode haver nenhuma lacuna absoluta entre o modo como pensamos e experimentamos as coisas e o modo como as coisas são.

Isso significaria que o embaraço aparentemente insolúvel que a crítica cartesiana faz aos sentidos parece acarretar para o ser humano que percebe simplesmente poderia não surgir. Um indivíduo singular, em circunstâncias bastante estranhas, pode, por um certo tempo, perder virtualmente todo contato sensorial com o mundo, mas não por muito tempo e não por toda sua vida experiencial. A espécie humana em geral tampouco poderia estar em tão infortunada situação. Assim, se Kant está certo, o seres humanos não podem enfrentar o que veio a ser concebido como o problema geral do nosso conhecimento sobre o mundo externo. Dispor dos pensamentos e experiências necessários pode até parecer suficiente para enfrentar esse problema por si mesmo, para garantir que o mundo ao qual se busca ter acesso epistêmico é, e na realidade deve ser, disponível pela experiência.

Essa foi a conclusão que Kant obteve de suas reflexões sobre as condições necessárias sobre todo e qualquer pensamento ou experiência. As reflexões de Descartes acerca das condições sob as quais ele pode ter os pensamentos que encontra em si mesmo, mesmo após sua ofensiva contra os sentidos e as dúvidas que a acompanharam, não o conduzem a resolver o aparente dilema epistêmico dessa maneira. Ele não ficou tentado pelo – ou, provavelmente, nem estava ciente do – fascínio do idealismo. Sua esperança no conhecimento do mundo se assentava na boa vontade de um criador benevolente. A solução idealista kantiana não evoca nenhum ente sobrenatural, mas é possível perceber que ela possui um custo igualmente inaceitável. Ambas as teorias envolvem a descoberta, por reflexão, de que algo ser verdadeiro quanto ao modo de ser das coisas no mundo é uma condição necessária para que os sujeitos pensantes possam pensar ou experimentar as coisas como o fazem. Isso proporcionaria a mesma indubitabilidade de "Eu penso" ou de "Eu existo", caso se pudesse demonstrar que a necessidade em questão é do mesmo tipo que a certeza. Uma brecha parece surgir no que seria o passo final de toda demonstração de qualquer uma dessas duas diferentes doutrinas positivas sobre o mundo. Essa brecha aparente é o foco de algumas das reflexões mais intensas e produtivas dos últimos 350 anos.

A estratégia kantiana, malgrado sua extravagância idealista, dirige nossa atenção para algo que Descartes tendeu a negligenciar: as condições sob as quais se têm pensamentos, crenças e percepções essenciais a toda e qualquer concepção do mundo. Isso pode encorajar a formulação de uma questão mais específica sobre o que deve ser verdadeiro sobre os sujeitos pensantes e percipientes para que eles sejam até mesmo vulneráveis ao tipo de falsidade absoluta quanto às suas concepções do mundo do que aquela que se imagina ser produzida pelo gênio enganador. Descartes não se ocupa diretamente dessa questão. Suas considerações sobre as dúvidas que podem ser engendradas pelo pensamento de um gênio enganador o levam a ver os sentidos como apenas provedores de sensações ou "imagens", ou "ideias" de "coisas que parecem" ser de certas maneiras. Ele não se pergunta o que torna possível aos sujeitos que percebem terem percepções com tais conteúdos. Ele sustenta, contudo, que qualquer estado de coisas no mundo que possa ser responsável pela presença de tais representações perceptuais está além do alcance da mera percepção. Essa foi a concepção que dominou a compreensão da percepção desde os dias de Descartes e tem gerado o problema do mundo externo.

Do modo como Descartes imagina a problematização dos sentidos, se algo no mundo estivesse sob o controle de um gênio enganador, então alguém com pensamentos e percepções exatamente do tipo que todos nós temos agora em nossa vida cotidiana teria crenças quase inteiramente falsas e, para além do núcleo mínimo de experiências perceptivas produzidas pelo gênio, percepções completamente inverídicas. Essa possibilidade é compatível com o que eu mesmo penso disso; por exemplo, que tudo o que existe no universo inteiro é somente esse gênio enganador e eu, tal como sou agora. Isso certamente tornaria falsas quase todas as minhas crenças atuais e percepções.

Todavia, ainda que isso me torne quase completamente enganado, é também verdade que, se tudo o que existe no universo fosse um suposto gênio enganador e eu, teria ou poderia eu ter recebido as crenças e percepções que possuo a respeito de como as coisas são agora? Isso é mais difícil de aceitar, por mais que tentemos imaginar um gênio enganador. Naturalmente, se imaginamos, como supus que devemos, que o gênio é um ente sobrenatural, ele parece poder ser capaz de fazer tudo o que possa ser consistentemente descrito. Por conseguinte, ele pode ser pensado como *convencendo*-me de que há montanhas e pedaços de papel e coisas assim, ou como *persuadindo*-me a acreditar que vejo um tomate vermelho sobre a mesa, ou, simplesmente, *dando*-me, de alguma forma, tais crenças ou percepções, mesmo que tudo o que eu pense e acredite nessas circunstâncias seja falso. Mas, ao considerarmos as condições dos pensamentos e das percepções, surge uma questão quanto à possibilidade e ao modo pelo qual ele conseguiria fazer tal coisa.

Não basta apenas estipular o que o gênio faz. Para ser convencido ou persuadido de algo, é preciso que, ao menos, eu entenda o que, desse modo, venho a aceitar. E, para isso, eu precisaria de certos conceitos ou de certas capacidades de julgar. E sabemos que alguém em um mundo radicalmente distinto daquele em que acreditamos, e no qual nos consideramos perceber, *poderia* ter os conceitos e as capacidades envolvidos na compreensão daquilo que agora compreendemos e acreditar que seja assim no mundo, como nós acreditamos? Mais uma vez, pode-se postular que o gênio enganador, como que por mágica, *dá* às suas vítimas os conceitos ou as capacidades requeridas. Isso, porém, não explica como ele faz isso e nem mesmo mostra que isso é possível. Podemos realmente entender como um agente qualquer no mundo é capaz de fazer essas coisas, ou o que ele poderia dar aos sujeitos pensantes e percipientes que propiciasse esse tipo de compreensão?

Por trás dessa questão reside uma preocupação que está no primeiro plano em muitas das recentes discussões filosóficas. Em sua forma mais geral, trata-se da questão de saber se, ou de que maneira, certas coisas pensadas pelos sujeitos pensantes devem ser no mundo para que eles possam até mesmo ter os pensamentos particulares e percepções que têm. Descartes já havia encontrado, com o seu "Eu penso" e "Eu existo", uma instância de uma resposta positiva a essa questão geral. Ele sabia que essas coisas deviam ser verdadeiras no mundo para que pudesse ter o pensamento de que elas eram verdadeiras. Sua falsidade teria significado que ele não tinha esses pensamentos.

Descartes tinha a seu dispor um modo de explicar como a existência ou a identidade de um pensamento pode depender de que aquilo sobre o que se pensa seja no mundo tal qual é pensado. Ele se perguntou *o que* ele era enquanto sua crítica aos sentidos ainda estava em vigor, e viu que não poderia duvidar de que existia mesmo que pudesse duvidar da existência de qualquer corpo. E viu que não era por saber ou acreditar em algo sobre um determinado corpo que ele estava certo de que existia. Nem mesmo poderia estar certo, a esta altura, de que existem no mundo coisas como os seres espirituais ou como as almas cristãs. Nesse estágio de sua reflexão, ele se deu conta de que "nenhuma das coisas que a imaginação me permite apreender é absolutamente relevante para esse conhecimento que possuo de mim mesmo" (2: 19; AT 7: 28).

Isso significa que ele poderia suspender o juízo sobre todos esses assuntos mundanos e, ainda assim, não ter dúvidas de que existe. Mesmo que Descartes se libertasse de todas as crenças sobre o que existe no mundo ou sobre o que ele é, ainda teria o pensamento de que existe, e esse pensamento seria verdadeiro. Que ele tenha esse pensamento não exige, portanto, que saiba ou acredite ou pense sobre si mesmo de nenhuma maneira particular. Qual pensamento Descartes pensa quando ele pensa "Eu existo" depende da identidade do sujeito pensante que tem esse pensamento. Se alguma outra pessoa pensasse "Eu existo", esse seria um pensamento diferente; o que deveria ser no mundo se o pensamento dessa pessoa fosse verdadeiro não é o mesmo que aquilo que deveria ser no mundo caso o pensamento de Descartes "Eu penso" fosse verdadeiro. Qualquer um desses pensamentos poderia ser verdadeiro sem que o outro o fosse. A diferença entre eles é uma diferença que é o caso quando eles são pensados.

Assim, a aplicação que Descartes faz de seu método da dúvida pode ser vista como contendo a semente da ideia de que seu "Eu" refere-se infalivelmente a ele independentemente do que quer que possa pensar sobre si mesmo. Ele não precisa pensar sobre si mesmo de nenhuma maneira específica, ou ter determinadas crenças sobre quem ou o que ele é, para que a referência de seu "Eu" seja corretamente determinada. De fato, Descartes reconhece, sem nenhuma possibilidade de dúvida, que ele é também uma coisa que pensa. Isso é algo que ele não pode deixar de crer acerca de si mesmo, mas a posse dessa crença não é o que lhe garante a referência segura de seu "Eu". E ser *a* (única) coisa que pensa não é algo que ele possa saber ser verdadeiro sobre ele mesmo em seu atual estado de dúvida. Desse modo, também não pode ser usado para assegurar a referência única. Entretanto, consegue referir-se a si mesmo, e apenas a si mesmo, ao pensar "Eu existo".

Outras formas de referência direta por meio de indexicais estão presentes em pensamentos de outros tipos, cuja existência e identidade dependem, de forma similar, do que é o caso no mundo acerca do qual pensa o sujeito pensante em questão. Isso pode ser visto como garantia do caráter inegável que distingue certas outras partes do que deve ser pensado por qualquer sujeito pensante para que tenha uma concepção funcional do mundo em que ele existe. Qualquer agente precisa, por exemplo, de noções sobre "aqui" e "agora" para localizar seus pensamentos sobre ele mesmo e suas possíveis ações em um tempo e em um lugar determinados. E os pensamentos que ele expressa ao usar essas palavras não dependem do que ele acredita sobre o mundo no lugar e no tempo em que tem esses pensamentos, mas de onde e quando ele efetivamente está no mundo que o rodeia.

O mesmo pode ser verdadeiro a respeito de certos empregos de termos demonstrativos como "isto" e "aquilo", quando usados para discriminar itens disponíveis na experiência perceptiva. Um objeto pensado, ou até perceptivamente presente, de certo modo pode ser essencial para a identidade de um pensamento particular sobre o mundo, mesmo se o modo pelo qual o objeto é pensado ou percebido não é essencial ao pensamento sobre ele. Em filosofia, hoje, estamos cada vez mais familiarizados com a questão ainda mais ampla acerca do quanto parecem se estender elementos como esses aspectos indexicais e demonstrativos do pensamento, e se seria possível, sem eles, qualquer relação cognitiva entre os sujeitos pensantes e o que eles podem pensar sobre o mundo.

Esses são, todos, prolongamentos adicionais de uma linha de pensamento que, comprovadamente, está presente de forma rudimentar no *insight* original de Descartes sobre "Eu existo". Embora ele não tenha desenvolvido suas implicações dessa maneira, trata-se de algo que, talvez, possa vir a superar a ideia, quase irresistível, de uma independência global e completa de todo pensamento e percepção relativamente ao que quer que possa ocorrer no mundo, quer isso seja ou não conforme a esses pensamentos e percepções. Ir totalmente além dessa concepção (cartesiana?) seria um avanço formidável para o entendimento humano. Estamos em dívida para com Descartes sobretudo por sua vigorosa articulação dessa decisiva ideia, e para qualquer outro que faça alguma coisa para explicar e ajudar a solapar esse inegável fascínio.

REFERÊNCIAS E LEITURAS ADICIONAIS

Berkeley, G. (1949). *Three Dialogues Between Hylas and Philonous*. In A. A. Luce e T. E. Jessop (eds.). *The Works of George Berkeley, Bishop of Cloyne*. Vol. 2. Londres: Nelson. (Obra originalmente publicada em 1734.)

Burnyeat, M. F. (1982). "Idealism and Greek philosophy: what Descartes saw and Berkeley missed". *Philosophical Review*, 91 (1), p. 3-40.

Hume, D. (1958). *A Treatise of Human Nature*. Ed.: I. A. Selby-Bigge. Oxford: Oxford University Press. (Obra originalmente publicada em 1739-1740.)

Lewis, C. I. (1946). *Analysis of Knowledge and Valuation*. La Salle, IL: Open Court.

Price, H. H. (1932). *Perception*. Londres: Methuen.

Williams, B. (1978). *Descartes: The Project of Pure inquiry*. Londres: Penguin.

Índice

A
ação, 40-43, 329, 391-392
  esquema agente-paciente, 42-43
  identidade ação-paixão, 381-382, 389-390, 392-393
  mudança, 41-42
  teorias aristotélicas, 40-41
  voluntário, 42-43
acidentes, 34-35, 37-38, 237-238, 263-264, 271-273
  categorias de Aristóteles, 270-271
  doutrina escolástica dos acidentes reais, 252-253, 272-273, 388-389
Agostinho de Hipona, 33-34, 48-64, 411-412
  Cidade de Deus, 48-50
  Confissões, 50-51
  Contra os acadêmicos, 65
  Descartes em dívida com, 48-51, 54-58, 61-64
  doutrina da bondade do mundo, 58-62
  e a beleza, 52-54, 59
  e a criação, 397-399
  e conhecimento da própria existência, 48-49
  e os animais, 394-396
  história pessoal, 50-52
  metafísica, 87-88
  síntese platônico-cristã, 60-61
  Sobre a Trindade, 48-49
Alanen, Lili, 340-341, 345-363
álgebra *ver também* geometria, 21-24, 117-121
Alhazen, 132-133, 144-145
alma
  Agostinho e a, 51-52
  alma pensante, 185-186
  alma vegetativa e sensitiva, 394-397, 401-402, 407
  almas animais, 394-397, 408
  definição, 35-36
  e intelecto, 364-365
  explicação escolástica, 382-383
  explicação materialista, 58, 62-63
  forma substancial, 244-245
  hipótese de múltiplas almas, 467-469
  identificação alma-mente, 364-365
  imaterialidade, 378-379, 391, 397-398
  imortalidade, 54-55, 255-256, 394
  incorporeidade, 49-50, 55-60, 62-63, 185-186
  paixões, 425-427
  Platão e a, 52-53
  relação corpo-alma, 59-60, 279-281, 381-390, 397-398
  Tomás de Aquino e a, 364-365
  ver também mente
alquimia, 45-47
Ambrósio, Santo, 51-52
análise de lentes, 22-23, 139-140, 143-144
análise reflexiva, 154-155, 164
Anaxímenes, 51-52
animais (não humanos), 394-414
  almas, 394-397, 408
  capacidades psicológicas, 408
  cognição, 394-396, 406-407, 410-411
  como autômatos, 409-411
  estatuto, 394-398
  fisiologia, 26-28
  hipótese do animal-máquina, 59-60, 365-366, 394, 396-397, 406-407, 409-413
  organização funcional, 394-395, 403-406
  origens, 397-401, 403-405
  paixões, 409-410
  sensibilidade, 394-397, 406, 408-413
  vontade, 397-398, 408
Anselmo, Santo, 48
antiformalismo, 156-157
antifundacionalismo, 361-362, 481-482
apetites, 261-263
ar, elemento, 133-135
Arcesilau, 65-66, 69-70
arco-íris, 84-85, 143-146
argumento
  da distinção real, 365-367, 369-373, 376-380
  da indubitabilidade, 49-50, 169-170, 285-286
  do deus enganador, 66-68, 90-91, 178-179, 182-185, 187-188, 190-191, 203-204
  do sonho, 66-72, 167-169
aristotélica, filosofia, 20-21, 27-28, 454-455
  ação, 40-41
  almas, 395-396

animais, 406
cognição, 182-183, 197
cosmologia, 96-97
doutrina das formas, 51-52, 132, 235-236, 407
filosofia natural, 33-47, 80-81, 92, 132
substância, 250-252, 263-266
virtude, 442-443
aristotelismo islâmico, 43-44
Armstrong, D. M., 474-476
Arnauld, Antoine, 39-40, 49-50, 60-61, 256-257, 296-297, 365-366, 453, 455-456, 458-459, 461-462
explicação das ideias, 203-205, 207-208, 211-213, 217-218, 230-231, 458-460
Arquimedes, 129-130, 193-194
Arriaga, Rodrigo, 33-34, 45-46
arte, e natureza, 44-47
árvore da filosofia, metáfora da, 290-291, 434-435, 443-444, 449
ascetismo, 53-54, 60-61
assentimento, 329-330, 341-342
a ideias obscuras e confusas, 221-223
ato da vontade, 172-174, 329-330, 332-338
hábitos do, 221-223
inclinação para assentir, 298-299
máxima do assentimento, 69-75
astronomia
astronomia ptolomaica, 80-81
copernicanismo, 28-29, 33-34, 80-88, 92
matemática, 83-85
pré-copernicana, 140-142
ptolomaica, 80-81
ateísmo, 57-58
atenção reflexiva, 154-155
atomismo, 50-53, 60-61, 99-102, 109-110, 398-399, 455-456
ver também corpuscularismo
automata (ou autômatos), 45-46
animais, 409-411
cognição, 28-29
comportamento determinado, 340-341
autossatisfação, 443-446
aversão, 60-61
Avicenas, 270-271
Ayers, Michael, 202-203, 212-214

B

Bauhin, Caspar, 34-35
Bayle, Pierre, 452, 454-455
Beeckman, Isaac, 20-22, 26-27, 40-41, 49-50, 84-85, 108-109, 114
beleza
Agostinho, sobre a, 52-54
Bellarmine, Cardeal Robert, 81-84
Bennett, Jonathan, 254-255, 351-352, 357-358
Bergmann, Gustav, 453

Berkeley, George, 391-392, 452-454, 458-461, 496-497
Bernegger, Mathias, 87-88
Bérulle, Cardeal Pierre de, 85-86
Beyssade, Michelle, 340-342
boa educação, modelo de, 447
Boaventura, São, 288-289
Boghossian, P., 474-475
Bondade do Mundo, doutrina da, 58-62
Bouillier, Francisque, 462-463
Boyle, Robert, 34-35, 37-38, 110-111, 145-146
Brahe, Tycho, 33-34
Brentano, Franz, 479, 488-491
Broughton, Janet, 181-196, 310, 336-337
Brown, Deborah J., 197-215
Burge, T., 470-471, 475-477
Burman, Frans, 56-57, 206-207, 286-287
Burnyeat, Myles, 497-499
Buroker, Jill, 329-330

C

calor e frio, sensação de, 204-213, 228-231
Calvino, João, 48
Canção de Salomão, 53-54
Carriero, John, 296-311
Cartwright, Helen, 273-275
Cassam, Quassim, 466-478
Caterus, Johannes, 200-202, 256-257
causa, 40-42, 234-248, 347-348
causas finais, 44-45, 400-403, 463-464
causas físicas de efeitos mentais, 246
causas mentais de efeitos físicos, 246
causas segundas ou secundárias, 43-44
concepção racionalista, 242-243
e efeito, 234
eficiente, 41-44, 417
explicação aristotélica, 235, 389-390
explicação cartesiana, 235-239, 254-255
explicação humeana, 234-236, 243-244
explicação por conexão conceitual, 234-237
material, 42-44
mecânica, 417, 420-421
primeira ou primária, 43-44
princípio de causalidade, 105-106, 236-239, 244-245
relação causal entre corpos, 238-244, 246
relação causal entre mente e corpo, 244-247
cenários céticos, 66-72
cenários de crença falsa, 66-70
cenários de história causal desviante, 67-69
cera, passagem da, 89-90, 194-195, 225-228, 274-275
certeza, 167-168, 452
da nossa própria existência *ver também cogito*
em relação aos nossos próprios pensamentos, 185-188
exigência de, 167-176

graus de, 302-306, 308-309
matemática, 113, 116-117
metafísica, 176
moral, 176
psicológica, 298-299
ceticismo, 30-31, 33-34, 453
acadêmico, 65, 69-73
cartesiano, 65-70, 72-76, 113, 167-176, 178-179, 182-183, 186-187, 220-221, 360-361
pirrônico, 65-66, 71-73, 174-176
ceticismo antigo , 65-66, 69-76
e os argumentos da Primeira Meditação, 65-70, 75-76
Chalmers, David, 231-232, 468-471
Chappell, Vere, 249-266, 339-340, 384-386
Charron, Pierre, 437-438
Chomsky, Noam, 323-325
Cícero, 65, 69-72
ciências ônticas, 489-490
círculo cartesiano, 296-297, 305-306, 308-310
Clavius, 125-129
cogito, 29-30, 150-155, 181, 183-185, 285-286, 298-300, 310-311, 482-483, 488-489
certeza intuitiva, 150-152
derivação, 152-153
e a dúvida do gênio maligno, 296-300
e o método fenomenológico, 483-485
objeção quanto ao caráter primitivo do, 150-151, 155-156
paradigma da percepção clara e distinta, 231-232, 297-298
conhecimento (ou cognição), 181-182, 194-196
animal, 394-396, 406-407, 410-411
assimilação conhecedor-conhecido, 197-198
"cognição interna", 150-151
função, 197
fundamentos metafísicos, 296-299, 303-306, 308-310
infantil, 318-319
intelectual, 31
objetos imediatos, 197
perceptual, 22-24, 27-29, 31
poderes cognitivos, 194-195
teorias aristotélicas, 182-183, 197
conhecimento (ou cognição) perceptual, 22-24, 27-29, 31
animais, 28-29
autômatos, 28-29
conhecimento de si, 61-62, 85-86, 181-196, 476-477
evidência do, 181-182, 195-196
conhecimento dos nossos pensamentos, 185-194
e o método da dúvida, 182-185
fundacional, 181-182, 195-196
imediaticidade do, 181-182, 186-187, 195-196

incorrigibilidade do, 181-182, 186-187, 195-196
prioridade do, 181-182, 193-196
"coisas mais gerais", 261
coisas-ou-afeccções-de-coisas
Colvius, Andrea, 49-50
Comentários a certo programa
compasso
mesolábio, 114-116, 124-125
proporcional, 21-22
compatibilismo e incompatibilismo, 338-343, 476-477
conceptibilidade, 346, 356-358, 361-362
conectivos lógicos
confirmação, 95-97, 109-111
conhecimento
afirmações autoatributivas, 186-191
conhecimento *a priori*, 453
conhecimento pré-discursivo, 151-152, 154-155
conhecimento reflexivo e inatismo, 322-323
de Deus, 85-86, 151-152, 181, 193-195, 287-289, 308-309
do fato, 96
fundamentado do fato, 96
dos nosso pensamentos, 185-194
explícito, 322-323
fundamentação do, 296-297, 304-306, 308-310
implícito/explícito, 153-155, 322-323
intuitivo, 150-152, 154-155
matemático, 116-117, 160-161
ver também scientia (ou ciência)
conhecimento de si, 61-62, 85-86, 181-196, 476-477
Conimbricensis (ou filósofos de Coimbra)
conjecturas, 176-179
consciência, 409, 479-480
pré-reflexiva, 160-161
consciência de si, 186-187, 213-214, 285-288, 313 *ver também cogito*
consciência de si [autoconsciência], 186-187, 213-214, 285-288, 313
Contrarreforma, 80-81, 85-86, 88-89
convencionalismo, 361-362
copernicianismo, 28-29, 33-34, 80-89, 92
a defesa feita por Galileu do, 80-81, 88-89
arco-íris, 145-147
cor, 36-37, 58, 71-73, 98-100, 136-137, 161-162
matéria em movimento, 137-138
percepção, 71-73, 137-138, 206-207, 221-222
produção, 143-144, 147-148
Cordemoy, Gérauld de, 455-456
corpo (humano)
atributos principais, 375-376
cadáver, 386-388

configurações das partículas, 106-111
corpo animado, 93, 275-276, 364-366, 378-379
critério de identidade, 279-280, 386-388
e substância, 257-259
em movimento, 50-51, 54-55
essência dos corpos externos, 228-230
explicação mecânica, 135-136, 421-422, 429-431
forma, 36-37, 38-39
ideias intelectuais do, 90-91
individuação, 198-199, 276-277, 279-280
máquina, 365-366
qualidades, 132
relação alma-corpo, 59-60, 279-281, 381-390, 385-389
relação causal entre a mente e o corpo, 244-247
relação causal entre corpos, 238-244
relação entre o corpo e o espaço, 279
separabilidade entre a mente e o corpo, 256-257, 365-366, 370-371
ver também dualismo mente-corpo
ver também extensão, matéria, modos ou atributos, substância
corpuscularismo, 24-25, 37-38, 56-58, 84-85, 228-229, 289-290, 398-399, 407
microcorpuscularismo, 21-22
ver também atomismo
cosmogonia, 24-25, 99-105, 313, 346-348, 397-405
mecanicista, 99-103
cosmologia, 21-22, 29-30
aristotélica, 96-97
cartesiana, 24-27, 56-57, 132, 145-147
copernicana, 28-29, 33-34, 80-89, 92
mecanicista, 24-25
Cottingham, John, 261-262, 283-295, 318-319
crença
abandono da, 167-178, 222-223
avaliação, 170-171
distanciamento metodológico, 170-171
exigência de certeza, 168-171, 173-174
falsas crenças, 66-70
formação, 173-174
fundacionalismo, 453-454
graus de, 332-334
ver também método da dúvida, razões para duvidar
Christina, rainha da Suécia, 31, 436-437, 449
Curley, Edwin, 218-220, 332-334, 338-339, 350-352, 355-356
curvas geométricas, 123-130

D

dedução, 97-99, 106-108, 116-117, 159-161
cadeias de razões, 117-118
definição, 117-118

derivação dedutiva, 157-158
e explicação, 98-99
inferência lógico-dedutiva, 151-152, 160-161
lógica, 151-152, 154-155
modelo dedutivista de ciência, 150
deísmo, 457-458
Della Rocca, Michael, 234-248, 336-337
Demócrito, 50-52, 60-61, 109-110, 398-399
demonstração, 95-97, 105-106
matemática, 117-118
substituição da certeza por, 97-98
denominações extrínsecas, 420-421
Des Chene, Dennis, 33-47
Descartes, René
Descrição do corpo humano, 27-28
desenvolvimento do feto, 27-28
e a virada epistemológica, 453-454
imagem cartesiana, 283-284
legado, 452-465, 495-506
opositores de, 462-464, 479
vida e obras, 20-33
Desgabets, Robert, 453, 461-463
determinismo, 338-340
Deus
bondade de, 63-64
causa primeira, 43-44
causalidade do movimento, 239-244, 289-291
como criador, 400-402
conhecimento de, 85-86, 151-152, 181, 193-195, 287-288, 308-309
contemplação intelectual de, 92
dependência da natureza em relação a, 55-58
dependência das verdades eternas em relação a, 347-348
existência de, argumentos em favor da, 57-58, 65, 85-86, 183-184, 193-194, 199-200, 255-256, 289-290, 297-297, 304-305, 463-464, 473-474, 488-489
hipótese do deus enganador, 66-68, 90-91, 178-179, 182-185, 187-188, 190-191, 203-204,
ideia de, 55-56, 63-64, 199-200
imutabilidade, 134-135, 239-242, 290-291, 358-359
intelecto, 360-361
onipotência, 290-291, 346-349, 354-356, 358-359
papel de Deus no sistema cartesiano, 283-295
primazia ontológica, 287-288
representação de, 191-192
substância infinita, 237-238, 254-255, 286-287
vontade, 236-237, 346-351
Diderot, 410-412
Diodati, Elia, 87-88
Diofanto, 117-118
Discurso do método, 86-88, 119-131

distinção modal, 349-350
dogmatismo cartesiano, 455-456
dor, percepção da, 206-207, 209-210, 218-219, 221-222, 226-227, 229-231, 261-262, 418-419, 422-423, 459-461
Du Vair, Guillaume, 437-438
dualismo
    de propriedades, 373-374, 466
    de substâncias, 339-340, 373-374, 411-412, 468-469
    empírico, 411-412
    naturalista, 469-471
    ontológico, 489-490
    ver também dualismo mente-corpo
dualismo mente-corpo, 31, 364-380, 410-412, 452, 455-458, 479
    a defesa de Descartes do, 369-376
    argumento contra o, 381, 467-471
    argumento da Distinção Real, 365-371, 376-380
    e a doutrina do acesso privilegiado, 474-475
dúvida
    do gênio maligno, 296-297, 299-302, 309-310
    hiperbólica, 317-318
    ver também método da dúvida

E

ego
    estatuto ontológico do, 487-488
    transcendental, 484-485
elementos, teoria dos, 133-134, 137-138
Elizabeth, princesa da Boêmia, 31, 435-436, 438-440, 443-444, 449, 456-457
emoções, *ver paixões*
empirismo, 60-61
    aristotélico, 197-198
    crítica de Descartes ao, 197-198
Epicuro, 51-52, 395-396
epistêmê, 305-306
epistemologia, 20, 23-24, 29-30, 98-99, 283-284, 307-308, 433-435, 446-447, 453-454, 495-496, 498-499
epoché
    fenomenológica, 482-485
erro, 92-93, 159-160, 168-169, 172-175, 496-497
    autocorreção, 417-418, 421-422
    erros brutos, 476-477
    evitar o, 292-293, 448
    função da vontade, 461-462
    imunidade, 467
    lógico, 159-160
    matemático, 159-160
    perceptual, 496-497
    que emerge de juízo falso, 93, 174-175, 317-319, 330-332, 417-418
    sensorial, 168-169, 197-198, 206-207

Escolástica, 364-365
    doutrina dos acidentes reais, 226-227, 252-253, 388-389
    e a alma, 382-383
    e matéria, 268-269
    e *scientia* (ou ciência), 115-116
    escotista, 201-202, 385-387
    relação substância extensa-espaço, 279
    teoria da visão, 135-136
    teoria das distinções, 366-367
espaço, 267-269
    externo, 279
    interno, 279
Espinosa, Baruch de, 150, 234, 236-237, 265-266, 379-380, 391-392, 415, 453-454, 462-463
espiral, 126-130
espíritos animais, 26-28
essência
    matéria, 38-41, 89-91
    mente, 327; 408-409
    pensante, 366-367
    substância, 263-264, 273-274, 368-369
estado do tipo do *cogito*, 298-304, 306-308, 311
Estienne, Henri, 65
estoicos, 51-52
    ceticismo, 69-70
    ética, 440-441, 443-444
    máxima estoica do assentimento, 69-72
ética
    agostiniana, 60-61
    cartesiana, 31, 60-61, 174-177, 290-294, 433-450
    Descartes como um defensor da ética da virtude, 433-450
    estóica, 436-441, 443-444, 449
    teocêntrica, 290-294
    teoria ética deontológica, 436-438
ética da virtude, 433-450
    explicação aristotélica da virtude, 442-443
    máximas do *Discurso do método*, 435-441, 449
    ética estoica, 437-438, 440-444
    regramento das paixões, 444-448
    relação metafísica e epistemológica, 434-435, 446-447
    sistema moral perfeito, 438-440, 449
Euclides, 118-119, 132
Eudoxo, 150-151
Eustáquio de São Paulo, 213-214
existência
    conhecimento da própria, 48-49, 223-225, 499-502, 504-506
    de Deus, 57-58, 65, 85-86, 183-184, 193-194, 199-200, 255-256, 289-290, 296-297, 304-305, 463-464, 473-474, 488-489
    ver também cogito
experiência, 33-35, 159-161, 479-480

experimenta, 33-35
explicação, 95-97, 99-100, 109-110
  circularidade, 105-107
  e dedução, 98-99
  funcional, 416, 430-432
  inferência para a melhor explicação, 96-97
  pela razão, 108-110
  retrodutiva, 96-97, 99-106
extensão, 36-37, 40-41, 43-44, 91-92, 100-101, 113, 249-250, 267-282, 319-320, 370-371, 405-406, 420-421
  atributo principal do corpo, 374-378
  corpos e substância extensa, 249-250, 267, 269-270, 274-278
  e ideias geométricas, 319-321
  individuação para substâncias extensas, 275-277
  pensamento e extensão, 244-245, 373-374, 377-378
  relação entre extensão e substância extensa, 267-275
  relação entre matéria e substância extensa, 270-271

F

Fabri, Honoré, 33-34
faculdade linguística inata, 323-325
falsidade
  formal, 203-205, 207-210, 331-333, 417-418, 461-462
  material, 197-199, 202-214, 230-231, 314, 467
fé, 293-294, 313
felicidade, 441-442
fenomenologia
  caracterizações da, 479-480
  crítica do cartesianismo, 479-494
  heideggeriana, 488-494
  Husserl, 285-286, 479-489
Fermat, Pierre de, 145-147
figura, 35-36
  figuras mágicas, 45-46
Filopono, João de, 270-271
filosofia moral *ver* ética
filosofia natural
  aristotélica, 33-47, 80-81, 92, 132
  cartesiana, 23-31, 44-47, 80-112, 132-148, 404-406
  causalidade, 44-45
  explicação e confirmação, 95-112
  fins, 40-41, 43-45
  mecanicista, 29-31
  papel na natureza, 40-41
física
  aristotélica, 44-45
  cartesiana, 24-25, 37-38, 40-43, 56-57, 80-82, 88-94, 132, 163-164
  cósmica, 24-27, 56-57, 99-100, 132, 145-147
  fundamentos metafísicos, 60-61, 85-86, 88-94, 459-460
  matematização da, 283-285
  micromecânica, 21-22, 84-86, 110-112
fisiologia
  animal, 26-28
  cartesiana, 44-45, 56-57
  fisiologia mecanicista, 26-28
  Galeno, 50-51
  humana, 135-136
Fodor, Jerry, 324-325, 460-461, 472-473
fogo, 133-134
Fonseca, Pedro da, 38-40
força
  conceito matemático de, 83-85
formas
  acidentais, 34-35, 37-38, 237-238, 263-264, 271-273
  doutrina das formas intencionais, 197-198
  espirituais, 38-39
  explicação aristotélica, 51-52, 132, 235-236, 407
  explicação cartesiana, 188-189
  explicação platônica, 51-53, 458-459
  explicação tomista, 271-272
  naturais, 45-46
  rejeição das, 35-36
  relação forma-matéria, 382-383
  substanciais, 35-39, 197, 235, 244-246, 270-271, 376-377, 385-386, 407-408
Foscarini, Paolo, 82-83, 87-88
Foucher, Simon, 453, 456-457, 463-464
Frankfurt, H. G., 170-171, 354-356
Freud, Sigmund, 475-476
Friedman, Michael, 80-94
fundacionalismo, 308-309, 453-454, 479

G

Gadofire, Gilbert, 86-87
Galeno, 33-34, 50-51
Galileu, 34-35, 80-85, 283-285
  Carta a Cristina, 87-89
  defesa do copernicianismo, 28-29, 80-81
  leis do movimento, 134-135
  telescópio, 132-133, 139-140
Gassendi, Pierre, 26-27, 155-156, 184-185, 216, 219-221, 261, 454-455
Gaukroger, Stephen, 20-33
gêmeos, argumento dos, 69-71
generosidade, 428-430, 436-437, 440-441, 446-447
gênio maligno, 55-56, 74-75, 168-169, 223-225, 296-297, 299-302, 309-310, 336-337, 360-361, 460-462, 496-497, 503-505
geometria, 22-23, 113, 115-116, 119-121
  álgebra de segmentos, 120-123

analítica, 84-85
antiga, 117-118, 121-122
construção geométrica, 122-123
construção inaceitável por pontos, 125-127
construção por cordas, 127-128
curvas geométricas, 123-130
e ideias inatas, 319-321
equações, construção de, 121-123
nomear, 122-123
problema de Pappus, 122-124
problemas planos, 123-125
quadratura do círculo, 127-130
geração espontânea, 398-399, 403-404
Gewirth, Alan, 218-220, 227-228, 298-299
Gilson, Etienne, 453-454
glândula pineal, 142-143, 328, 390, 425-427
gnósticos, 52-53
Gouhier, Henri, 49-51, 54-55
graça, doutrina da, 455-456
grande cadeia do ser, 457-458
gravitação universal, 84-85
Grimaldi, Francesco, 145-148

H

Harriot, Thomas, 139-140
Harvey, William, 26-27, 453-454
Hatfield, Gary, 394-414
Heidegger, Martin, 160-161, 479
    crítica ontológica, 488-494
hélice cilíndrica, 126-130
heliocentrismo, 25-26, 29-31, 80-81
Herbert de Cherbury, 323-324
Heron de Alexandria, 132
hidrostática, 21-22, 84-86
hilomorfismo, 51-52, 58, 381-390, 392-393
hipermetropia, 143-144
hipótese, 98-100, 104-105, 110-111
    cética, 178-179, 182-185, 187-188
    das múltiplas almas, 467-469
    do animal-máquina, 59-60, 365-366, 394, 396-397, 406-407, 409-412
    do deus enganador, 66-68, 90-91, 178-179, 182-185, 187-188, 190-191, 203-204
    do inatismo, 324-325
Hobbes, Thomas, 65, 150, 189-190, 273-274, 395-396, 415, 464
Hoffman, Paul, 264-266, 334-335, 381-393
Hooke, Robert, 145-146
    teoria da cor, 147-148
Huet, Pierre-Daniel, 453, 463-464
humanismo científico, 94
Hume, David, 194-195, 318-319, 389-390, 410-411, 452-454, 496-497
    explicação da sensação, 234-236, 461-462
humores, teoria dos, 26-27
Husserl, Edmund, fenomenologia, 285-286, 479-489

Huygens, Christian, 83-84, 145-147
Huygens, Constantjin, 86-87

I

Idealismo alemão, 453
idealismo transcendental, 502-503
ideias
    ideias compostas, 209-212, 317-319
    diferenciação, 199-201
    dilema da não existência objetiva, 204-205
    dilema das ideias sem causa, 204-206, 211-213
    direcionadas para objetos, 228-229
    enquanto atos, 216-217
    função referencial, 209-211
    ideias materialmente falsas, 197-199, 202-214, 230-231, 314, 467
    identidade das, 212-215
    inatas, 55-56, 63-64, 312-326
    obscuras e confusas, 205-207, 221-223, 230-231, 314-315, 317-319
    ontologia das, 314
    proposicionais, 217-219
    realidade formal, 199-200, 213-214, 245-246
    realidade objetiva, 198-203, 205-208, 212-213, 216-218, 245-246, 488-489
    sensoriais *ver ideias sensíveis*
    teoria cartesiana das, 197-219, 458-463
    teoria da existência das, 205-206
    verdadeiras e falsas 290-215 *ver também ideias claras e distintas*
ideias claras e distintas, 97-99
    essências reais, 201-202
    preconceitos em relação a, 216-217
    prioridade epistêmica, 108-109
ideias inatas, 164, 312-326
    e conhecimento reflexivo, 322-323
    grupo pensamento/extensão/Deus, 313, 315-316, 320-321
    ideias claras e distintas, 321-322
    ideias geométricas, 319-321
    meditação e, 317-318
    mente e, 321-323
    teoria sistemática das, 312
ideias sensíveis
    causa, 221-222
    claras e distintas, 229-230
    como inatas, 314-317
    confusas, 314-315
    e o grupo eu/Deus/extensão, 316-320
    erros sensíveis, 205-211
    falsidade material, 203-206, 208-209, 213-214
    fenomenologia das, 208-209
    função referencial, 209-211
    inferência a partir de, 211-212
    interno/externo, 214-215, 229-230
    papel cognitivo, 213-214

Igreja Católica, 28-29, 80-81, 88-89, 283-286
   a condenação de Galileu, 28-29, 80-81
   e a filosofia cartesiana, 283-286
   e o copernicianismo, 80-83
imaginação, 97-101, 368-369, 378-379, 407
   como modo da mente, 378-380
   como modo do pensamento, 224-225
   corpórea, 181-182
   na matemática, 113
   pensamentos imaginativos, 191-194
impacto, sete regras do, 108-109
impressões cognitivas, 69-72
Índice dos livros proibidos (ou *Index*), 283-285
indiferença reflexiva, 170-171, 173-174, 178-179
indiscernibilidade, tese da, 58-71
individualismo, 466-467, 470-474
   argumentos contra, 470-474
inércia
   retilínea, 85-86, 89-90, 99-100
   teoria da, 20-21
inferência, 107-109, 151-152, 159-161, 211-212
   silogística, 151-152
infinitude, 113
intelecto, 89-90, 172-174, 181-182
   consciência, 329
   e a alma, 364-365
   e a vontade, 330-332
   e experiência sensível, 91-92
   e percepção, 216-217, 330-331
   e percepção visual, 136-137
   humano livre, 291-293
   ideias como operações do, 216-219
   indispensável ao conhecimento, 136-137
   pensamento intelectual, 190-194, 224-225
   puro, 92, 181-182, 407
   substância pensante, 397-398
inteligência, atribuição de
intencionalidade, 460-463, 488-491
interação mente-cérebro, 328, 390, 401-402
interação mente-corpo, 93, 244-245, 292-293, 328, 381, 389-392
   interação causal, 390-391
   hilomorfismo, 51-52, 58, 381-390, 385-389, 392-393
   trialismo, 261-262, 381-382, 467
   unidade do composto, 381-384, 389-390
   ver também dualismo mente-corpo
internalismo, 466
introdução, teoria da, 132-133, 137-138
intuição, 95, 97-99, 116-117, 151-155, 160-161
   conhecimento intuitivo, 150-152, 154-155
   definição, 116-117
   indução intuitiva, 154-155, 162-164
irracionalismo, 355-356
Ishiguro, H., 351-357

J

João de São Tomás, 33-34
João Paulo II, papa, 285-288
juízo, 168-169, 173-174, 217-218
   a vontade no, 218-219, 329-335
   afirmação, 329-330
   controle voluntário da vontade sobre o, 335-339
   de autoatribuição, 189-191, 193-194
   debate sobre compatibilismo, 338-343
   errado, 174-175, 230-231, 317-319, 330-332
   formalmente falso, 209-210
   ideias confusas e, 317-319
   infalibilidade dos juízos do tipo do *cogito*, 475-477
   juízos fundados introspectivamente, 467, 475-477
   perceptual, 187-188
   responsabilidade epistêmica, 338-343
   suspensão, 67-68, 71-76, 329-330, 335-337

K

Kant, Immanuel, 194-195, 261, 318-319, 501-504
Kaufman, Dan, 346
Kenny, Anthony, 381
Kepler, Johannes, 132-133
   formação da imagem, 142-143
   lei da refração, 139-140
Kierkegaard, Søren, 293-294
Kripke, Saul, 469-471
Kulstad, Mark, 391-392

L

La Flèche, 20-21, 114
La Mettrie, J.O. de, 410-412
LeDoeuff, Michèle, 437-438, 440-441
Leibniz, Gottfried, 40-41, 216, 234, 236-237, 253-254, 265-266, 322-324, 350-353, 356-357, 360-361, 375-376, 379-380, 391-392, 453-455, 461-464
Levinas, Emmanuel, 479-480
Lewis, C. I., 497-498
Lipsius, Justus, 437-438
livre arbítrio
Locke, John, 60-61, 194-195, 323-324, 377-378, 422-423, 453, 457-458, 463-464
Lógica, 119-120
   silogística, 119-120
loucura, argumento da, 66-67, 69-72
lua
   crescente e minguante, 96
   teste da, 84-85
Lucrécio, Tito Caro, 51-52, 395-396, 398-399, 403-404

Lull, Raymund, 453-454
Lutero, Martinho, 48
luz, teoria da, 22-24, 28-29, 97-98, 132
    análise ponto a ponto, 144-145
    celeste, 145-147
    explicação mecânica, 132-137, 140-142, 145-147
    movimento como causa da luz, 132-134, 136-137
    propriedades da luz, 26-27, 134-136
    teoria grega antiga, 132
    teoria ondulatória, 145-147
    teorias medievais, 132-133
    transmissão através da matéria
    transmissão linear, 85-87, 137-138

M

magnetismo, 108-109
mal, problema do
    Agostinho, 53-54, 92-93, 292-293
    Descartes, 54-55, 63-64, 292-293
Malebranche, Nicholas, 49-50, 213-214, 234, 265-266, 391-392, 411-412, 428-431, 452-453, 455-456, 458-464
    ocasionalismo, 235-237, 457-458
Mancosu, Paolo, 113-131
maniqueísmo, 51-53
marcas de nascença, 142-143
Martin, Wayne M., 479-494
matemática, 21-22, 113-131
    análise matemática progressiva, 83-85
    antiga, 117-118
    astronomia matemática, 83-85
    certeza da, 116-117
    dialética matemático-filosófica, 113, 129-131, 162-163
    educação matemática de Descartes, 21-23, 114
    jesuíta, 126-127
    matemáticas mistas, 117-118, 132
    mathesis universalis, 22-24, 84-85, 113, 117-121, 160-166
    método, 113, 117-131
    nova ciência matemática, 82-84, 92, 94, 113, 115-116, 289-290
    ordem e medida, 117-119, 163-164
    quantitas como objeto, 118-119
    ver também álgebra, geometria
matéria, 24-27, 29-30, 36-39, 132-133
    argumento em favor da existência da, 91-92
    concepção escolástica, 268-269
    corpuscularismo, 24-25, 37-38, 56-58, 84-85, 228-229, 289-290, 398-399, 407
    definição reducionista da, 101-102
    e essência, 38-41, 89-91
    identificação entre extensão e matéria, 270-271
    individuação, 270-271
    matéria e forma, 39-41, 382-383
    matéria extensa, 89-91, 98-103
    matéria quantificada, 40-41, 100-101, 270-271, 278
    matéria-prima, 37-38, 249, 271-272
    substância como matéria, 58, 249, 397-398
materialismo, 20, 51-54, 410-411
    argumento antimaterialista, 469-470
Maurice de Nassau, 20-21, 54-55
máxima do assentimento, 69-74
    forte, 73-75
McMullin, Ernan, 95-112
McRae, Robert, 322-323
Meditações, 29-30
memória, confiabilidade da, 307-308
Menn, Stephen, 50-51, 54-55, 85-86, 93
mental
    reformulação conceitual do mental feita por Descartes, 364-366
    ver também mente
mente, 466-478
    a nova concepção cartesiana da, 364-366, 378-379, 410-411
    causalidade mente-corpo, 244-247
    como substância pensante, 365-366, 370-372, 397-398
    doutrina do acesso privilegiado, 466-467, 473-478
    essência da, 327, 408-409
    imagem computacional da, 472-473
    imaterialidade, 365-366
    individualismo, 466, 477-478
    ver também alma, pensamento
mereológico, essencialismo, 256-257
Mersenne, Marin, 49-50
metafísica
    agostiniana, 50-52, 85-89, 92
    cartesiana, 23-24, 29-31, 80-81, 85-88, 433-435, 443-447, 454-457
    meditativa, 313
Meteorologia, 85-87
método, 150-166
    afinidade matemático-metafísica, 113, 162-163
    analítico, 150-152, 154-161
    analítico da descoberta, 150-152, 154-161
    de raciocínio, 150-152, 157-158
    discursivo, 157-158
    hipotético-dedutivo, 82-83, 103-104, 106-110
    intuitivo, 150-155
    matemático, 117-131, 160-161
    sintético, 113, 154-160
método da dúvida, 65, 67-68, 167-180, 335-337, 454-455, 458-459, 463-464
    autoconhecimento e, 182-185
    conjecturas, 176-179

e o método fenomenológico, 481-484, 486-487
exigência de certeza, 171-175
reflexão, 171-172
suposições, 176-179
ver também suspensão do juízo
Miles, Murray, 150-166
Mill, John Stuart, 156-157
miopia, 143-144
modalidades, 350-352, 354-356, 358-359, 361-362
concepções conflitantes, 356-357
epistêmicas, 349-350
não epistêmicas, 352-353
objetivas, 349-350
reiteradas, 350-351, 355-356
modos ou atributos, 35-37, 250-252, 257-258, 366-367, 372-373
atributos omnigenéricos, 261-265
atributos principais, 265-266, 368-369, 371-372, 374-379, 384-385
atributos unigenéricos, 261-264
como particulares, 367-368
como qualidades, 366-367
como tropos, 252-255
da substância finita, 237-238
dependência ontológica, 35-36
distinção atual-objetivo, 263-264
distinção intelectual-material, 259-265
e dependência em relação à substância, 251-253, 257-258, 260
em outro, existir, 366-367
monismo, 277-278
ontologia substância-modo, 433-434
Premissa do Atributo, 376-380
propriedades determináveis, 253-254
realidade, 255-256
relacionados à extensão, 253-254
Montaigne, Michel de, 76, 395-396
Moore, G. E., 261, 454-455
Morin, Jean-Baptiste, 105-106
movimento
de projéteis, 82-84
orbital e impacto, 25-27, 134-135
pendular, 108-109
planetário, 84-86, 92
relatividade do, 276-277
retilíneo, 24-25, 80-81, 134-135, 289-290
forças centrífugas, 25-27, 80-81, 145-147
movimento, leis do, 24-27, 102-103, 137-140, 405-406, 463-464
automovimento, capacidade de, 391
causalidade divina do movimento, 239-244, 289-291
conservação do movimento, leis da, 289-290
e a causa da luz, 132-133
explicação galileana, 134-135, 138-139
força, 83-85
forças centrífugas, 25-27, 80-81, 145-147
impacto, lei do, 24-26, 289-290
mudança, 40-42
direcionada, 41-42
e ação, 41-43
esquema agente-paciente, 42-43
natural, 41-42
ver também causa
mundo, O, 24-31, 80-82, 86-87
mundo
conhecimento do, 181, 193-195
doutrina agostiniana da Bondade do Mundo, 58-62
e a investigação fenomenológica, 485-487
extenso, 313
formação do, 313, 398-400
representação do, 168-169
universo corpuscular, 289-290
universo material, 277-278
universo modelo, 99-102
ver também cosmogonia
Mydorge, Claude, 22-23

N

não contradição, princípio de, 349-350, 359-360
nativismo, 314-315, 319-320
naturalismo, 361-362
reducionista, 468-470
natureza, leis da, 89-90, 312-313, 360-361, 404-405
e movimento, 24-25, 134-135
imutabilidade, 358-359
inteligibilidade, 346-347
naturezas, 405-406
aristotélicas, 406
divisão tripartite, 456-457
eternas e imutáveis, doutrina das, 303-304
meramente possíveis, 201-202
necessidade, 357-361
física, 360-361
hipotética, 351-352, 360-361
lógica, 360-361
moral, 360-361
Nelson, Alan, 312-326, 392-393
Newman, Lex, 327-344
Newton, Isaac
conceito de força, 83-85
teoria da cor, 147-148
Normore, G., 267-282, 358-359
número, 113, 264-265

O

ocasionalismo, 43-44, 235-237, 239-242, 269-270, 457-458
Ockham, Guilherme de, 39-40, 272-273, 279, 385-387
olho
anatomia do, 135-136

formação da imagem, 142-143
ontologia
   a crítica ontológica de Heidegger, 488-494
   alternativa ontológica ao cartesianismo, 488-494
   da mente, 327-329
   da substância, 235-236, 258-260, 265-266, 366-367, 433-434
   das ideias, 314
   hierarquia ontológica, 237-238
   não epicurista, 58
   negligenciada por Descartes, 491-493
   ontologia sujeito-objeto, 489-491
   operações mentais reflexivas, 188-189
   platônica, 52-53
   princípio da diferença ontológica, 489-490
   reducionismo, 98-100, 198-199
ordem e medida, 117-119, 161-165
Osler, Margaret J., 132-148
ótica, 31-32, 84-86, 97-99
   análise de lentes, 22-23, 139-140, 143-144
   explicações mecânicas, 132
   geométrica, 26-29, 132
   olho, anatomia do, 135-136
   reflexão, 136-140
   refração, 22-23, 84-86, 132-133, 136-140, 142-147, 203-204
   ver também teoria da luz, percepção visual
Owens, David, 167-180

P

paixões, 42-43, 261-263, 293-294, 329, 415-432
   ação e, 42-43, 389-390
   animais, 409-410
   controle indireto, 335-336
   desligamento das, 428-429
   disfuncionais, 424-425, 428-429
   e o livre arbítrio, 415
   e sensações, diferenciação entre, 208-210
   e volições, 426-427
   efeitos corpóreos, 427-429
   eficácia motivacional, 424-425
   fenomenologia das, 427-428
   funcionalidade, 415, 427-429
   movimentos corporais subjacentes, 426-427
   papel na razão prática, 415
   percepções que têm o corpo como base, 422-424
   regramento, 430-431, 444-448
   remédio para as, 428-431
   sensíveis a juízos, 424-426
   sinais físicos, 428-429
Paixões da Alma, As, 425-430
Pappus, 118-119, 122-127, 129-130
   problema de, 22-23
Parfit, D., 468-469
Pascal, Blaise, 150, 290-291, 293-294

Pasnau, Robert, 386-387
Patterson, Sarah, 216-233
Paulo V, papa, 81-82
Paulo, São, 288-289
pecado original
Pecham, John ver também Peckham
Peirce, C. S., 97-98
Peckham, John, 132-133
pensamento, 249-250, 273-274
   certeza sobre nossos pensamentos, 185-188
   e extensão, 244-245, 373-374, 377-378
   e materialidade, 374-375
   em termos corpóreos, 224-225
   essência do, 366-367
   faculdades volitivas do pensamento, 195-196
   intelectual, 190-194, 252-253
   pensamentos imaginativos, 191-194
   pensamentos oníricos, 192-193
   pensamentos sensíveis, 191-194
   propriedade essencial das mentes, 254-255
   transparência do pensamento, 300-301
   ver também intelecto, mente
percepção sensível, 42-43, 89-91, 113, 135-136, 195-197, 261-263, 368-369, 378-379, 496-498
   como modo da mente, 378-380
   concepção escolástica, 364-365
   correção pelo intelecto, 91-92
   das qualidades secundárias, 422-424
   diferença entre nossas sensações e os objetos que as causam, 143-144
   e corporeidade, 90-92
   e o corpo animado, 364-365
   e paixões, diferenciação, 208-210
   explicação fisiológica, 141-143
   função primária, 197-198
   funcionalidade, 418-422
   intrinsecamente intelectual, 407
   na matemática, 113
   produção da, 90-92, 136-137, 186-187, 193-194
   sensibilidade animal, 394-397, 406, 408-413
   teoria do erro da, 198-199
   visão e, 135-136
percepção visual, 132
   análise ponto a ponto do objeto e da imagem, 132-133, 142-145
   e geometria, 132
   e o intelecto, 136-137
   elemento subjetivo
   enganadora, 136-137
   física e fisiologia da, 136-137
   formação da imagem, 142-143
   teoria da introdução, 132-133, 137-138
   teoria epicurista, 135-136
   teoria escolástica, 135-136
   teoria grega antiga, 132

teorias medievais, 132-133
traçado dos raios, 132-133
percepções, 132, 135-136, 216-217
   causadas por movimentos corporais, 425-426
   enganadoras, 136-137
   explicação escolástico-aristotélica, 314-315
   fisiologia das, 314-315
   inconscientes, 322-323
   intelecto e, 216-217, 330-331
   obscuras e confusas, 221-229, 232-233
   que têm o corpo como base, 415-426
   ver também percepção clara e distinta,
      percepção sensível, percepção visual
percepções que têm sua base no corpo ver
      também paixões, percepções
percepções claras e distintas, 91-92, 177-178,
      216-234, 333-335, 372-373, 461-462
   a explicação da Segunda Meditação, 223-227
   concepção intencional, 231-232
   critério, 216, 231-233
   e a ciência, a diferença entre, 308-310
   e a dúvida do gênio maligno, 301-302
   e a regra da verdade, 296-311
   e assentimento da vontade, 334-335
   e inatismo, 314, 317-318
   e o método fenomenológico, 484-486
   e ver que algo é o caso, 296-300
   explicações das, 218-220
   inclinação bruta, 231-232
   inclinação racional, 231-232
   inclinar a vontade a assentir, 230-232
Pereira, Benito, 116-117
Perin, Casey, 65-77
peso, 99-101
Philoponus, John, 270-271
Piccolomini, Alessandro, 116-117
Pini, Georgio, 271-273
Pitágoras, 150
Plantinga, Alvin, 351-352
Platão, 150, 162-163
   animais, 394-395
   Fédon, 52-53
   Simpósio, 52-54, 59
   teoria das formas, 51-53, 458-459
   Timeu, 36-37, 52-54
Platônicos de Cambridge, 40-41
Plínio, 34-35
Poitiers, Universidade de, 20-21
positivismo, 20, 108-109
Positivismo lógico, 453
possibilismo
   restrito, 351-352
   universal, 345, 352-356
preconceitos, 33, 61-62
   baseados em percepção obscura e confusa,
      220-223

   eliminação dos, 216-217, 219-221
   formação dos, 221-222
   infância, 223-224
Premissa do Atributo, 376-380
premissas, 95
pré-ordenação divina, 343
Price, H. H., 496-497
Principia (ou Princípios), 30-31
Princípio da razão suficiente, 235-237
privação, 204-205, 208-209, 211-212, 228-229,
      330-331
Proclus, 118-119
proporção, teoria da, 120-122
propriedades
   dualismo de, 466
   essenciais, 253-254
   intrínsecas, 424-425
   mecânicas, 40-41
   particulares (tropos), 253-255
   relacionais, 423-425
   ver também modos ou atributos
prova
   método sintético de, 150
   por reductio, 177-179
psicologia cartesiana, 42-43
Ptolomeu, Claudius, 132, 138-139
Putnam, Hilary, 471-472

Q

quadratriz, 115-116, 124-130
qualidades, 132-133, 135-136
   inerência, 35-36
   mensurabilidade e divisibilidade, 39-40
   primárias, 133-134
   reais, 35-37, 38-39, 132-133, 228-229, 407,
      408
   secundárias, 133-134, 422-424
   sensíveis, 35-37, 197, 202-203, 391-392
   ser em si mesmas, 272-272
quantidade, 38-39, 118-119, 163-164
   categoria acidental, 270-271
   contínua, 38-39
   discreta, 38-39, 272-273
   e matéria, 39-40, 40-41
   e substância, 39-40
   e substância extensa, 268-269
   estatuto ontológico, 272-273
   extensiva, 36-40
   intensiva, 38-39
   quantidades com dimensões, 271-272
   ser em si mesma, 271-272
   sujeito de acidentes qualitativos,
      271-272
   sujeito de propriedades, 270-271
quantificadores, 157-158
queda livre, 21-22, 27-28, 82-83, 100-102

R

raciocínio silogístico, 150-151, 156-157
racionalidade, 252-254, 346
   crise da racionalidade cartesiana, 480-482
Ramsay, Michael, 452
racionalismo, 60-61, 361-362
   cartesiano, 60-61
razões para duvidar, 72-76
   ceticismo antigo, 65-66
   Primeira Meditação, 65-66
   versus razões para suspender o juízo, 72-77
realidade
   formal, 199-200, 213-214, 245-246
   graus de, 237-238
   modos ou atributos, 255-256
   objetiva, 198-203, 205-208, 212-213, 216-218, 245-246, 488-489
   substância, 255-256
realismo, 460-461
   representacional, 202-203
reflexão
   analítica, 154-164
   lógica, 154-155, 157-158
reflexão, lei da, 136-137, 137-140
   problema do impacto, 138-140
refração, lei da, 22-23, 84-86, 132-133, 136-140, 142-147, 203-204
   modelo mecânico, 140-141
   problema do impacto, 139-141
Regis, Pierre Sylvain, 453, 456-457, 461-464
Regius, Henricus, 30-31, 376-377, 383-384
regra da verdade
Regulae (ou *Regras para a Direção do Espírito,* ou ainda *Regras para a Direção da Inteligência Natural*), 22-24
reificação do sujeito, 486-487
relógio, analogia com o, 385-386, 387-388
representacionalismo, 460-461
retrodução, 96-97, 99-108, 110-111
Rodis-Lewis, Geneviève, 381-382, 446-447
Roomen, Adrian van, 118-119
Rorty, Richard, 454-455
Rosenthal, David, 329
Rozemond, Marleen, 364-380, 385-386, 388-389, 391-392
Ryle, Gilbert, 391-392

S

sangue, circulação do, 26-27
Schmaltz, Tad, 340-341
Schmitter, Amy M., 415-432
scientia (ou ciência), 163-164
   e certeza, 305-307
   pensamento escolástico sobre, 115-116
   tradição aristotélica, 307-308
seleção
   por fins
      natural, 410-411
Sêneca, 435-436, 438-439, 441-442
ser objetivo, 200-203
Sexto Empírico, 65-66, 71-73, 76, 156-157, 458-459
Shapiro, Lisa, 433-450
Shoemaker, Sydney, 234, 242-243
silogismo científico, 116-117
silogismos, 305-306
sistema nervoso, 27-28, 56-58, 141-142
Skinner, B. F., 411-412
Snel, Willebrod, 139-140
socialismo, 457-458
sol, 107-108, 201-202, 213-214, 217-218
solipsismo metodológico, 472-474
Sporus, 124-126
Stevin, Simon, 21-22
Stillingfleet, Edward, bispo de Worcester, 457-458
Strawson, Peter, 467-469
Stroud, Barry, 495-506
Suárez, Francisco, 34-45, 115-116, 279, 348-349, 454-455
   Disputationes Metaphysicae, 33-34, 366-367
subjetividade, 453-454, 457-459, 479-480, 486-487
substância, 30-31, 365-366, 453-454
   atributos principais, 374-379
   caracterizações, 34-36, 255-258, 260-261, 366-367
   como matéria, 249
   concepção como mero substrato, 369-370, 376-377
   concepção modo-atributo, 373-375
   corpo como, 34-41, 255-257, 267, 457-458
   critérios de substancialidade, 278-280
   distinção intelectual-material, 259-262
   distinta dos atributos, 260, 261
   e essência, 263-264, 273-274, 368-369
   e quantidade, 39-40
   esquemas ontológicos, 237-238, 258-260, 265-266, 366-367, 433-434
   existente por si mesma, 366-367
   explicação aristotélica, 250-252, 263-266
   explicação cartesiana, 249-370, 375-376
   explicação escolástica, 249-253, 258-259, 265-266, 388-389
   explicação matéria-forma, 42-43
   finita, 235-238, 246-247, 255-256, 273-274, 457-458
   identificação substância-atributo, 369-370
   incorpórea, 58
   infinita, 237-238, 254-256, 286-287
   metafísica da, 265-266
   nas *Meditações*, 255-257
   nas Quartas Respostas, 256-259

nos *Princípios*, 258-261
realidade, 255-256
relações causais, 257-258, 260
substâncias corpóreas, 36-38, 257-258, 369-370
substâncias individuais, 249-251
substâncias primeiras, 250-252
substâncias segundas, 250-251, 263-264
trialismo, 261-263
unidade de uma substância com múltiplas formas, 385-386
uso que Descartes faz do termo 'substância', 249-250
ver também extensão: modos ou atributos
supernominalismo, 40-41
suposições, 176-179
suspensão do juízo, 75-76, 329-330
ceticismo antigo, 65-66, 69-72, 75-76
Primeira Meditação, 72-76

T

Tales, 51-52
teleologia, 401-404, 416-417
rejeição cartesiana da, 416-417
imanente, 403-406, 410-411
aristotélica, 400-401
telescópio, 132-133, 136-137, 139-140, 143-144
teodiceia, 292-293, 330-331, 421-422
Teodorico de Freiburg, 144-145
teologia voluntarista, 110-111
terra, elemento, 134-135
Toland, John, 457-458
Tomás de Aquino, 20-21, 33-34, 38-39, 48, 197, 286-287, 385-387
e a criação, 397-399
e as almas, 395-396
e os animais, 394-396
fenomenologia da Eucaristia, 270-272
provas de Deus, 289-290, 454-455
tomismo, 20-21, 201-202
transubstanciação, 39-40, 279-280, 283-285
explicação escotista, 272-273
explicação tomista, 35-36, 270-272
Tratado do homem, O, 24-31
trialismo, 261-263, 381-382, 467
triângulo, 320-321, 323-324, 329-330, 348-351, 353-355
geometria do, 126-127, 306-308, 334-335
ideia inata do, 319-320

V

verdade
apreensão intuitiva da, 158-159
autoevidência, 116-117
eterna, 163-164, 258-260, 331-333, 342-343, 345-348, 350-356, 358-362
matemática, 66-67, 116-118, 120-121, 181, 346-347
metafísica, 117-118
não matemática, 116-118, 120-121
negação de uma verdade necessária, 353-356
possível, 358-359
verdades *a posteriori*, 374-375
ver também razões para duvidar
Vesalius, 33-35
vida após a morte, 364-365, 368-369
Voetius, Gilbert, 30-31, 433-434
volição, 195-196, 216-218, 328-329, 339-340, 390-392, 426-427
voluntarismo, 335-339, 360-362, 462-463
direto, 335-339
indireto, 335-338, 341-342
irracionalista, 345
vontade, 172-174
em animais, 397-398, 408
no assentimento, 171-174, 218-219, 230-231, 329-330, 332-338
dissentimento, 218-219, 329-330, 335-336
divina, 236-237, 346-351
indiferente quando o intelecto é incerto, 173-174, 337-338
e livre arbítrio, 92-93, 246-247, 335-336, 340-343, 446-448
na ontologia da mente, 327-329
no juízo, 218-219, 329-335
na tomada de decisão, 330-332
e vontade livre, 92-93, 246-247, 335-336, 340-343, 446-448
vórtices, teoria dos, 25-27, 86-87, 92, 145-147, 277-278, 405-406
Vossius, Isaac, 31

W

Watson, J. B., 411-412
Williams, Bernard, 329-330, 337-339, 495-496
Willis, Thomas, 48-64
Wilson, Catherine, 48-64
Wilson, Margaret, 205-206, 245-246, 279, 322-323, 331-332, 338-339
Witelo, 34-35, 132-133, 139-140, 144-145
Wittgenstein, Ludwig, 361-362
Wullen, Johan van, 31

Z

Zabarella, Jacopo, 105-106